(上卷)

# 中国思想史

张岂之 主编

西北大学出版社

**主　编**

张岂之

**初版执笔者**

张岂之　刘宝才　龚　杰　任大援　李晓东

**修订版执笔者**

张岂之　龚　杰　刘文瑞　张茂泽　陈战峰　夏绍熙

# 《中国思想史》2011年修订版新序

《中国思想史》一书于1989年6月由西北大学出版社出版。1992年,我们对此书(77万字)加以缩写(46万字),以同样书名,仍由西北大学出版社出版。2003年缩写本出了第二版。以上两种版本都是按照大学历史学硕士生教材的要求去写的。

2002年我应高等教育出版社之邀,和几位朋友重新写了一本《中国思想文化史》教材,2006年由高等教育出版社出版。此书的《序言》中有这样的话:"在本书撰写前,在设计全书的框架时,我们着眼于这样两点:一是中国思想文化的特色;二是中国思想文化的创新性。"全书力求以文化传承与创新作为一个中心加以阐述。

从时间上计算,我们从1988年开始编著《中国思想史》,到今年(2011年)已有20多年;在这段时间里,我和合作的朋友们不但有了较多的大学教学实践经验,而且在中国思想史学术研究上也有了一些新认识,将它归结到一点,就是:大学人文学科研究生(主要是硕士研究生)的教材要有自己的特色,不同于大学本科生的专业教材;有新的研究成果(不论是学术界还是教材编著者自己的)展现。没有创新,教材的生命力就会受到影响,不能只在"简要""提炼"上下工夫,还要有相当的学术厚度;不是人云亦云,而是有编著者自己的独立思考和研究成果,也就是说要有学术特色。它不仅仅是教材,同时也具有学术专著的特色,在某些重要的学术问题上不受篇幅的限制,力求作比较深入的阐述,以便在学术讨论中较全面地阐释自己的论点。教材可以是众人研究成果的汇集,但专著主要是作者自己的研究心得。

由于有以上的理解,我计划与朋友们对《中国思想史》1989年版进行修订补充,将它修订成研究生教材参考,同时兼有学术专著性质的书稿。本书的修订用了近两年的时间,主要做了以下几项工作:首先,查阅全书引文,改正引证上的一些错误。是否彻底,现在不敢说,只能说尽了很大努力。其次,学术内容上有所增补。例如,关于中国思想史的社会历史背景,我国学术界在近些年来有不少成果可供参考。我们参加《中国思想史》写作的原作者和修订者在这方面的学习、研究,也有一些进展,深感有必要在修订本中加以补充,使之较为充实。再,关于中国思想史自身的一些学术问题,如关于学派间的思想分野、融合会通、传承创新,在修订中都有一些新的补充和论述。关于中国宗教思想、近代思想的内容和演变等都是重要问题,依据这方面的研究成果以及我们自己的看法,也作了不少增补。这里还要提到本书的特点之一,就是每编都有关于思想史原始资料的介绍,便于读者和思想史研究者进一步查阅。此次修订又增加了一些内容,并对主要的资料加以复核,力求准确,也用了不少时间。

依据以上所说,此次《中国思想史》的修订并不是一件容易的事。我们深深感到古人所说"学无止境",确实是颠扑不破的真理。

我们对中国思想史学科内涵的理解,坚持了《中国思想史》1989年版《原序》中所论述的内容。在研究方法上仍然力求做到历史与逻辑的统一。马克思主义唯物史观的基本原则——社会存在决定社会意识,也是我们一直遵循的原则。在具体的研究实践中,我们体会到:一定社会存在对于该社会上层建筑的"决定"中,并不是机械的,而是辩证的,特别是上层建筑中更加具有理论思维的部分,并不是经济基础直接决定,而是经过多种中间环节、曲折地加以反映的结果。正是依据这样的原则,我们可以看到,中国古代的一些思想家,他们的思想难以归之于哪一个阶级的专利品。他们的思想经过一定社会经济基础与上层建筑之间的辩证关系的过滤,成为中华民族在历史发展过程中具有代表性的理论思维,他们的思想属于中华民族优秀传统文化的组成部分,体现了中华民族在创造文明的过程中所作出的巨大贡献,他们思想中的精华永远是中华民族子孙们共有的精神财富。直至今天,我们还要不断研究他们的思想,传承他们的思想精华。但是,他们毕竟是历史上的思想家,他们生活在古代历史的环境中,其思想中既有与今天时代性相符的方面,也有刻印了古代历史社会某些滞后方面的痕迹,因此,对他们的思想进行具体的历史分析,在今天和未来都是必要的,既不全部肯定,也不全盘否定,以揭示历史文化发展的内在实质和现代价值,这就是我们经常所说的文化创新。一部书如果没有创新面,只是老生常谈,那就失去了应有的学术价值。

还要提到,关于社会历史的分析,我们依然使用"封建社会"这个词汇,因为我们认为现在还没有更好的词汇来代替它。与中国封建社会相适应,在国家体制上是君主专制制度。在皇权统治下,社会的尊卑贵贱不可逾越,等级、阶层与宗族的影响以及各种形式的人身依附关系和宗法关系随处可见。这些在思想史上如何曲折地反映,在今天如何认识和评价,这是中国思想史研究者应当努力加以解决的学术问题。

中国古代君主专制制度的基本层面,如皇帝和皇权至高无上的地位始终没有改变,但是皇权的治国方略则有所变化,并不是一个模式,而且思想文化对于社会经济基础的反作用,也会有不同的结果。例如,西汉时期的君主专制制度与秦代不完全相同,它主要实施政治、法律、思想文化的儒学化,讲仁义道德,讲国格,与秦代主要用法家理论治国有别。汉武帝刘彻(前156—前87年)在位54年,在他的统治下,以汉族为主体的统一多民族国家得到巩固,当时的中国以文明和富强的政治实体而闻名于世。西汉时期,中华文化、艺术都有丰硕的成果。唐代的君主专制制度不完全同于西汉,与秦代也有较大差异。唐代除实行科举选拔人才外,还重视各种思想文化的交流以及中国境内各民族融合带来的文化创造力,比较开放。唐太宗李世民(599—649年)在一定限度内能听取大臣们的意见。唐代还由于儒学、佛教、道教的相互对峙、融合,推动了佛教、道教的世俗化,这种世俗化的总趋势是劝人行善、慈悲为怀,这使国家的文化创造力得到了空前的发展。以上的举例是想说明,即或是君主专制制度也需要进行具体的历史分析,特别是在这种制度下的思想理论未必都和它完全吻合。一定社会制度与思想的矛盾,在中国历史中是经常看到的,需要学人们仔细地剖析,并作出比较准确的评价。

在中国封建社会中,除皇权统治外,还有许多思想家在探索如何治国安邦,如何创造文明,如何提升国力,如何解决社会矛盾,如何选才用人,如何看待天人关系,如何达到人与自然的和谐,如何寻找心灵的安顿处,如何找到安身立命之所,等等。这些都为中国思想史留下了宝贵的思想资料。

总之,我们在《中国思想史》(修订版)中所着力勾勒、叙述的,主要是想探索中华民族在漫长的历史过程中如何创造了思想文明成果,以便我们更好地加以传承和创新。

《中国思想史》1989年版撰写者为张岂之、刘宝才、龚杰、任大援、李晓东,主编为张岂之。如果没有1989年的初版,也就谈不上后来的修订本,刘宝才、任大援、李晓东虽然没有参加此次的修订,但我仍然要感谢他们在初版写作上所作出的贡献。

《中国思想史》2011年修订版两卷本参与者为张岂之教授、龚杰教授、刘文瑞教授、张茂泽教授、陈战峰副教授、夏绍熙博士,主编为张岂之。

在此次修订中,陈战峰、夏绍熙同志负责"先秦编",龚杰同志又将我的一些关于先秦思想史的观点和文字纳入先秦时期修订版中。龚杰同志修订"秦汉编""魏晋南北朝编""隋唐编""宋元编",龚杰、张茂泽同志修订"明清编",刘文瑞同志修订"近代编",最后由我全部统稿。特别是龚杰同志不顾年老体弱,为本书的修订做了许多工作。尽管大家都用了很大的精力,但本书的不足之处仍然是有的,这有待将来再作修订。

修订工作比较繁杂，全书史料的查对，以及提供电子文本等，是陈战峰、夏绍熙去做的。我还要感谢西北大学出版社的责任编辑们，他们的敬业精神使此书得以顺利地出版。

我还想说，一部由科研团队所写的书，它的公开出版，只是这部书学术生命的开端。它虽然面世，但它的学术生命如何，要由读者们来决定，作者并不因此而宣告一切就此结束。对于书的作者来说，应当追踪书出版以后的反映，更要不断思考书中的不足之处；随着研究的日益深化，就会发现书中还有许多需要进一步研究的问题，因而修订的任务便提到日程上。修订，并不简单是文字上的修修补补，更加重要的是对于某门学科内容的深刻理解。这样，一部书由原版到再版，到修订版，就使书的质量有了相应的提高。当然，这样做会遇到不少困难，如参与人员很难集中精力，而在人文社会科学评价体系中，对于修订工作尚未给予足够的重视，等等。尽管如此，我们还是应当提倡修订这种做法，因为它能体现作者在学术研究中前进的轨迹。

张岂之

2011 年 7 月盛暑

于西安市西北大学中国思想文化研究所

# 1988年原序

《中国思想史》是为高等院校中文、历史、教育、政治学等文科系的学生们编写的教材。1986年原国家教委召开文科教材项目评审会，将《中国思想史》作为重点项目之一，并确定我为该书主编。经过两年半的努力，这本教材现在和读者们见面了。

《中国思想史》教材的编著实行主编负责制。全书的结构、布局、基本观点、写法、章节目录等，我提出了具体的计划，和参加编写的朋友们商榷探讨后，由我最后确定。全部书稿我都作了修改。在主编负责的前提下，参加编写的同志们（连我共五位）付出了艰巨的劳动，大家根据编写教材的原则和要求，从资料出发，参阅已有的成果，经过酝酿和思考，写成初稿。写作的分工，根据各人研究之所长而定。参加编写的老师大都有多年的教学经验，而且不止一次写过课堂教学讲稿，这些都属于此教材得以顺利完成的主观原因。这本教材如果能为大学文科的同学和社会自学青年所欢迎，那么，这是由于参加此书编写的每位老师都作了很大努力的结果。

为编写《中国思想史》教材，我自己作过相当长时间的摸索和尝试，教训是不少的。1958年我的老师侯外庐先生建议，为青年们编一本类似教材性质的简明扼要的关于中国哲学史的小书。在侯先生指导下，我和其他几位同志写成《中国哲学史略》出版。不久，侯先生和我们执笔者都发现，这本小书只能说是一个纲要，许多论点没有展开。1978 年侯先生又建议另外编写一本适合青年阅读的关于中国思想史的书，于是就有《中国思想史纲》上、下册的出版。此书的优点暂且不谈，不足之处仍然是过于“浓缩”，青年们（包括大学生）读起来还是感到有许多困难[1]。

经过这些试验，我深感要编好一本教材，必须拟订并落实编写的若干基本原则。在《中国思想史》中，我们想贯彻以下几点想法：

（1）力求结合历史发展的线索给学生们介绍中国思想史的基本内容（思潮、学派、人物、著作、思想的主要点、范畴、概念等）。中国思想史是中国历史中的一个部分，不能脱离历史来写思想史。因此，编写时应注意从历史实际出发，把思想演变发展的历史原因、历史作用写清楚，这是体现《中国思想史》教材科学性和知识性的重要原则。

（2）力求准确地给学生们介绍关于中国思想史的基本史料，指出书名、版本、刊印时间等。还要设想，有些同学对这门学科有深入钻研的兴趣，这就需要为他们开出进一步阅览的书目。总之，这本教材颇重视中国思想史史料学成果之介绍。

（3）书中不宜凭空发议论，亦不宜作过多的引申和发挥，而力求抓住比较典型的材料，加以解释、分析，得出相应的观点，借此给学生们以方法论的启示。

（4）注意教材内容的稳定性。

（5）文字力求简洁、明白晓畅，尽量避免使用各种带有极端评价性的词句和公式化的虚文。

（6）对中国思想史中特有的范畴、名词术语，力求作准确的解释，在这一点上有和辞书相同的要求。我们在编著此书前刚刚完成《中国历史大辞典·思想史》分卷的编写，这方面的某些成果也被运用到这本教材中。

① 尽管如此，这些书还有不少值得借鉴之处。这本教材尽量吸取了这些读物的优长和成果。

以上六点就是我们编写这本教材的基本指导思想。为贯彻这六点，我们还有其他一些更加具体的规定，这里不再赘述。不过，原则是一回事，实际的成果又是另一回事，原则是否真的得到贯彻，实际的成果是否符合上述要求，这要请读者们来鉴定，对此提出批评意见。

在这里我还想向读者指出这么一点：在我国，思想史研究已有2000多年的历史，出现了《庄子·天下》《荀子·非十二子》《韩非子·显学》《史记·论六家之要指》《伊洛渊源录》《宋元学案》《明儒学案》《理学宗传》《近思录》《性理大全》等思想史论著和资料汇编。近代不少学者对中国思想史都有某些方面的独到研究。马克思主义传入中国后，思想史研究有了崭新的面貌，取得了显著的成果。

关于中国思想史的对象及范围等问题，早在20世纪30年代，老一辈学者就已经作过探讨。后来许多学者就此问题发表过很有见地的意见。在这里，我不想重复这些意见。我的浅见是：思想史是人类社会意识的发展史；确切地说，思想史是理论化的人类社会思想意识的发展史。中国思想史是整个中国历史的一个组成部分，是理论化的中国社会思想意识的发展史。中国历史上的政治思想、经济思想、哲学思想、科学思想、法律思想、军事思想等等，都是中国思想史的研究对象。关于思想史，既可以作分门别类的研究，例如分别研究哲学思想、政治思想、法律思想、美学思想等等，也可以是综合研究。而在综合研究中，应以反映某一历史时期的社会思潮为主要内容。按此要求，在中国思想史的综合研究中，更多是关于道德伦理思想、政治思想、哲学思想以及宗教思想的内容，而这些也是本书的重点。

关于中国思想史的学习和研究，最好能注意这样几个方面：

(1)将思想史学习研究与社会史的学习研究相结合。任何一种社会思潮和思想体系的产生，都有社会历史的原因，不是凭空出现的，因此我们在学习和研究中应当注意历史与逻辑的统一。

(2)注意社会思潮的研究。所谓思潮，就是一个历史时期思想领域内的主要倾向。思潮往往集中反映出这一时期社会政治经济与思想的相互联系。中国思想史的思潮是接连不断涌现的。在春秋战国时期,主要表现为诸子之学;在汉代,主要表现为经学;魏晋时期则为玄学;隋唐时期主要是佛教的传入和佛教的中国化;宋以后是理学;清代是考据之学;近代则是中学与西学的关系。

(3)学习研究思想史应注意科学技术史的成果。中国科学史的一些特有的范畴、概念,并不是凭空产生的。它既是科学技术成果的概括,又是中国思想升华的结晶。如“道”“气”“阴”“阳”这些范畴,就是在概括当时天文学、数学、医学、农学等自然科学的基础上产生的。这些范畴又推动了中国古代理论思维的发展。古代的理论思维虽然是朴素的,但它不是先验观念,也不是普通的日常意识,而是一种巧妙地运用概念的艺术,或称之为综合各种科学成果的科学抽象。

(4)思想史应研究思想源流和演变。对于各个思想学派的兴衰变化、学派间的相互辩论和承袭融合,前代思想家对于后世的影响以及后代思想家对于前代的继承和发展,这些都是思想史中的重要内容。

(5)在思想史的学习和研究中,应加强对各种思想学派和代表人物的主要观点的理解,实事求是地进行分析。思想的演变和发展是相当复杂的,对一位思想家来说,早期思想有可能和晚期思想不同;即使在同一时期,他自己的言论也可能会有不少矛盾之处,这些都要作全面的研究。

关于中国思想史的特点问题,我不想在这里展开篇幅加以论述,这要请读者们在读完这本教材后独立地进行归纳和分析。这里只是简括地提出一些论点,供读者们参考。关于中国思想史的特点,这是一个非常复杂的问题,学术界对此有各种看法,并没有定论。在我看来,首先,中国思想史重伦理思想和政治思想,自然哲学的分量较少,思想家们在论述自然哲学时,有不少是道德伦理思想的扩大和延伸。这在中国儒学思想中表现得格外明显。为什么道德伦理思想和政治思想在中国思想史中成为主要部分,我们在这本教材中试图从社会史和思想史的演变和发展中加以详细的论述。其次,中国思想史重辩证思维。古代的思想家们观察自然和社会现象,概括出许多理论观点,包含有丰富的辩证思维。战国时期诸子之学如此,后来儒家、道家、佛学诸思想体系也无不如此。可以说中国古代思想是辩证思维的宝库。这一点我们在教材中也力求作细致的剖析。再次,中国思想史重"天人和谐"的思维方式。尽管"天人和谐"在不同的历史时期有不同的表现形式,但天与人相通之点则是相同的。作为中国思想史中重要组成部分的儒学力求把人间的道德律令扩大为天的道德律令,并试图说明:以人为中心的天、地、人的社会和自然的结构模式都被道德律令所支配。儒学外的其他思想学派,特别是道家学派,也从不同的途径去寻求天人和谐的理论,从而展现出多种理论形式,显示了中国古代思想史的特有风貌,这一点我们在教材中也作了较详细的分析。最后,中国思想史重经学形式,许多思想家们托"圣人"而立言,通过注解经书来阐述自己的思想,很少独立地发表自己的见解。因此,中国思想史和经学史有密切的联系,我们在这本教材中从思想史的角度对中国经学的若干问题试着作了一些分析。

关于思想的历史作用问题,需作细致的分析。概括言之,历史上任何一种产生过影响的思想体系,都有两方面的作用。一方面是社会作用,而政治作用只是社会作用中的一部分,因此不能以政治作用来代替其整个社会作用,也不能把其他方面的作用都归结为政治作用。何况有些思想体系的政治作用并不明显,或者根本没有产生过有影响的政治作用。另一方面就是思想体系的理论思维的作用,这比之社会作用更加复杂,只有作深入的剖析,才能如实地阐明思想体系中各个重要的环节对于人类理论思维的发展起了什么作用。在这些问题上切忌简单化。

最后,我期待着读者朋友们对此书的批评指正。

张岂之

1988年6月于西北大学

# 2003 年重印版序

2003 年 1 月 22 日我接到西北大学出版社负责同志电话,告诉我:《中国思想史》一书(1989 年出版)将出第二版,现已编校过半,请写一篇新序。这个消息令我高兴。《中国思想史》有 70 余万字,有朋友建议:篇幅太大,可否在此基础上加以缩写,便于大学里文史方面的硕士研究生阅读。1992 年,我和《中国思想史》的其他几位编著者写出了 40 余万字的缩写本,以相同的书名仍交由西北大学出版社出版。印刷了几次,这个缩写本销路不错。但有的读者来信说,只读缩写本觉得不够,希望能读到原来 70 余万字的《中国思想史》。有的在大学读硕士学位的朋友寄款来要我代他们购买这本书,可是西大出版社的书库里已没有存货。在此情况下,出版社终于下决心将此书重新校对,改正了一些误排和错字,作第二次的印刷。令我高兴的并不是自己的书又有了印刷的机会,而是在大学读硕士、博士学位的朋友以及社会上对文、史有兴趣的读者们需要较为详尽的关于中国思想史的读物,这从一个很小的侧面反映了读者的高要求,曲折地说明人文学术也为社会所需要,这对我们来说是很大的鼓励。

我想说明的是,近十年中我和一些朋友以很大的精力从事中国思想史教材的编著,是基于这样的认识:大学人文社会科学方面的本科生以及专攻文、史的研究生需要阅读一些教材,使他们有一个坚实的求学基础,我们在这方面尽微薄之力做些工作,这不但是我们做教师的义务,而且也是我们十分乐意从事的工作。我并不认为高深的学术专著才是人文学术研究的唯一成果形式,尽心编著的教材不但可以体现学科研究的深度,而且在成果的推广方面也显示了研究的广度。只要读者朋友们欢迎,这就是对我们最大的安慰。

既然是研究生教材一类的书,在基础学科的知识和理论的介绍方面,我们在编著《中国思想史》一书时就不能不加倍地注意。对于历史上的思想家,我们是有选择的。我们不同意这样的观点:历史上留名的人物都有他们的思想,因此他们几乎都可以称之为思想家。这样的理解似乎太宽泛了一些。在我们看来,中国思想史是中国历史、中国文明史的一个重要组成部分,是理论化的中国社会思想意识的演进史。在中国历史上给我们留下理论化的关于中国社会思想的代表人物并不太多,对他们的研究主要是依据于他们的著作,这是有史料可寻的。因此,在《中国思想史》一书中,我们以较多的篇幅介绍思想史史料。尽管如此,我们的介绍可能不太完善,这要请读者朋友们加以指正。

我在写这篇新序的时候,是2003年1月底,距此书第一版出书时已整整13个春秋。那时和我一起撰写书稿的刘宝才、龚杰教授已进入老年,任大援教授现在已是中年人,李晓东博士多年和我们没有联系,不知他在天涯海角的何处。像我这样已过古稀之年的人喜欢回忆过去,我经常想念此书的合作者们,我在这里表达对他们良好的祝愿。

张岂之

2003年1月28日

于西北大学中国思想文化研究所

上卷

# 目 录

## 第一编 先秦编

## 第二编　秦汉编

## 第三编　魏晋南北朝编

## 第四编　隋唐编

# 第一编

# 先秦编

# 概　述

中华民族的思想意识和理论思维是在史前时代漫长的岁月里逐渐形成并发展起来的。

公元前21世纪,黄河中下游出现了中国历史上第一个朝代——夏代。前16世纪,黄河下游的商部落灭掉夏朝,建立起商朝。在商朝,以上帝为至上神的一元神宗教代替了祖先崇拜和自然崇拜的原始宗教。

前11世纪,在渭水流域发展起来的周人灭掉殷商,以宗法制为基础,进行"封邦建国",建立起周朝,历史上称之为西周。周人宗教思想有不少创新,并非完全承袭殷商宗教观念。上帝和祖先神分离便是西周宗教思想的一个创新。"天命"可以转移,这是周人宗教思想的又一个创新。值得注意的是,周人提出了他们自己的伦理思想,出现了"德"和"孝"的道德范畴。

殷周宗教思想和早期阴阳五行说联系在一起。阴阳本是表示自然界明暗现象的概念,西周初年,阴阳观念发展成包含有辩证思维的阴阳说,集中体现在《周易》(指《周易》经文)一书中。

西周末年,史伯和伯阳父用阴阳五行观念解释自然现象和社会现象,《诗经》中《大雅》《小雅》的许多诗篇也发出对上帝和祖先神的质问,反映出那个时代宗教思想的动摇。

春秋时代(前770—前476年)是先秦时期思想史的重要一页。这个时代私田增加。随着土地私有制的发展,中国历史上出现了第一批贵族地主。与此相应,春秋时代出现了重视人、重视民的思想。无神论倾向在扩大。同时,阴阳五行说在与具体科学如医学的结合中得到发展。在伦理思想领域,出现了"忠""仁"等新的道德范畴。

春秋战国之际,以鲁国为中心,先后出现了"私学"学派——儒家和墨家。他们被称为"私学",是由于这两大学派的学者已经不限于政治家和思想家的卿大夫或世守的职官，而普及到一部分平民中去。

儒家的开创者是孔子，他是春秋末期的大思想家和教育家。墨家是儒家学派的反对派。墨家的开创者是墨翟。按照诸子学派兴起的先后，在儒、墨之后，出现了兼采儒墨而又批评儒墨的道家。春秋末期的老子是道家最早的代表。

战国时代（前475—前221年），社会生产力得到迅速的发展。古代的土地私有发展了，因而土地的兼并和劳动力争夺进一步剧烈。由此产生了相对的古代民主制度。"士"这一阶层特别活跃起来。其中，有些人是从贵族中分化出来，有些人则出身于平民阶层。"士"享有参与政治的权利，其中也有一部分人专门从事学术活动。他们都很受各国统治者的重视。这种古代社会的变动促进了战国时代学术的繁荣。

战国时代的思想家学派繁多，被称为"诸子百家"。汉代司马谈按照诸子学说的主要倾向，把他们划分为阴阳、儒、墨、名、法、道德六家（《史记·太史公自序》）；班固《汉书·艺文志》则把诸子划分为儒、道、阴阳、法、名、墨、纵横、杂、农、小说等十家。

随着中华民族的逐渐融合以及国内频繁的交往和联系，各个学派的思想也相互影响，彼此争辩、学习和吸收，所以"百家争鸣"也包括百家相助相长的因素。

诸子百家的学术贡献是多方面的。他们的著作不但在伦理学、政治思想、哲学、逻辑等领域，而且在自然科学、经济学、国家与法的学说以及文学艺术等方面，都有可贵的成就。总之，"百家争鸣"形成了中国古代历史上文化思想繁荣的局面。

# 第一章　商周宗教思想

## 第一节　中国思想的起源

大约距今100万年前，在中国土地上就有人类生活着①。从距今100万年前到1万年前是我国原始社会的原始群落社会，以生产工具划分则为旧石器时代。在百万年的漫长时间里，人类体质的进化经过猿人、古人、新人三个阶段。距今50万年前的北京猿人，虽然上肢已与现代人基本相似，下肢也与现代人接近，但平均脑容量只有1095毫升，相当于现代人平均脑容量1400毫升的2/3强，体质上保存着明显的原始性。大约30万年前，中国土地上的人类发展到古人阶段。对马坝人、长阳人、丁村人等古人化石的研究表明，古人的体质已接近现代人。在三四万年前，古人进化到新人阶段。对山顶洞人、柳江人以及峙峪、左镇新人遗址的研究表明，新人已经具备了现代人的体质特征，并出现了人种分化，山顶洞人代表着原始的蒙古人种。从距今1万年前到前21世纪夏代国家建立，是我国原始社会的氏族社会，以生产工具划分则为新石器时代。氏族社会又经历了母系氏族公社、父系氏族公社，便走向崩溃。在私有财产和阶级产

① 在中国疆域内发现的最早猿人元谋猿人的年代，一说距今163万—164万年，一说不早于73万年。参见《新中国的考古发现和研究》。

生并发展到一定阶段时产生了国家,进入了阶级社会。在新石器时代,中国原始农业有很大的发展,形成了以黄河流域为中心主要种植粟和黍的北方旱作农业区,以长江流域为中心主要种植稻谷的南方稻作农业区。这两个相邻的农耕经济体系各具特色,同时又密切接触相互交流,为中华文明的形成和发展提供了最基本的物质条件。先民对自然与社会的思考是在以农耕为主的生产实践中发展起来的。

在原始社会里,人类认识人类自身、人类社会和自然界的各种思想体系都还没有产生,但可以看到这些思想的萌芽。特别是在氏族社会里,我们可以看到人类幼年时代的各种思想观念。其中有些观念一直影响到阶级社会,成为中国思想的遥远源头。

我们从原始社会的墓葬可以看到人类最早的灵魂观念。旧石器时代晚期的山顶洞人就已有了埋葬死者的习惯,可能有了一定的葬式。人们在尸体周围撒着红色的赤铁矿粉末,并用石器生产工具和装饰品随葬,这表明山顶洞人产生了灵魂不死的观念。母系氏族公社时代,同一氏族成员有公共墓地,形成一定的埋葬形式。半坡氏族的公共墓地集中在氏族聚居点北侧的一块土地上,死者大多数头向西方,夭折的孩子则葬于居住区内,以陶瓮作葬具,底部有一小孔,作为灵魂出入的道路。

灵魂不死是原始人思考人类个体来源产生的观念,而祖先崇拜则是原始人思考氏族来源产生的观念。当人类处于群婚群居的时代,灵魂不死观念不可能引发出祖先观念。随着生产和生活经验的增进,人们逐渐认识到限制婚姻关系的必要,到氏族社会时,婚姻关系已经从群婚进化到对偶婚和一夫一妻制家庭。氏族成员能够追述自己的世系,于是人们逐渐产生了祖先的灵魂可以庇佑本氏族成员的观念,以至形成各种崇拜仪式,这就形成了原始人的祖先崇拜观念,它具有原始宗教的性质。这里应提到,在中国古代文明中,“社”是一个非常神圣的地方,它既是宗教的寻根场所,又是祈年、祓灾、献俘的神坛。“社”字本字是“土”。甲骨文写作“ Ω ”,象征着大地母亲的乳房。这表明祭祀的对象是女性祖先,它产生于母系氏族公社时代。而在神话传说中,女娲便成为这女性祖先的代表。

随着母系氏族公社被父系氏族公社代替,祖先崇拜的对象便由女性祖先转移到男性祖先,或者说增加了对男性祖先的崇拜。人们在社坛种植树木——社木,以此象征阳具,代表男性祖先。社木又称“田且”,“且”字(祖的本字)即是阳具的象征。与祖先崇拜观念相适应,出现了大量关于英雄祖先的神话传说,将物质和文化生活的发明归于这些英雄祖先的创造。于是说有巢氏教民“构木为巢,以避群害”;燧人氏教民“钻木取火,以化腥臊”;伏羲氏教民“田渔取牲,以充庖厨”;神农氏教民“农作纺织,各得其行”。又说伏羲氏始作八卦;颛顼“绝地天通”,改变了人神杂糅的状态。还有一些传说把社会文明和器物的发明都归于传说中的华夏族共同祖先——黄帝,说黄帝发明了舟车、弓矢、屋宇、衣裳,其妻嫘祖发明养蚕,其臣仓颉创造文字,其子挠制作天干地支,伶伦制作乐器,等等。这些传说中所说的创造发明有些出现于遥远的旧石器时代,传说本身又经过氏族社会以后多次加工修饰,但这些传说的起源应在氏族社会,它是人们祖先崇拜观念的反映。氏族社会出现的祖先崇拜观念,对中国历史和文化产生了深远的影响,中国传统的礼教文化伦理观念以至宇宙发展观念里,都渗透着这一古老观念的因素。

氏族社会里出现的图腾观念也是原始意识的重要表现,它表明人和自然的关系。“图腾”是印第安语 totem 的音译,具有“亲属”和“标记”的含义。氏族社会的人们认为自己的氏族与某一自然物有亲属关系,用它作为本氏族的标记,也称为族徽。这种自然物可以是动物、植物,也可以是无生命的物体。在仰韶文化的陶器上,时常可以看到绘有鸟、鱼、鹿、蛙、人面虫身等图案。这些图案可能是氏族图腾。传说黄帝氏族以云命名,共工族以火命名,太皞族以龙命名,少皞族以鸟命名。云、火、龙、鸟都是当时的图腾。《左传》昭公十七年记载,郯子曾解释过少皞氏以鸟名官的问题,并说:“自颛顼以来,不能纪远,乃纪于近,为民师而命以民事,则不能故也。”这是说,颛顼以前是以云、火、龙、鸟的名称给各种职官命名的,颛顼后改为以职官负责的事务命名,已经不是上古的办法了。孔子听到郯子的议论以后感叹地说:“吾闻之,天子失官,学在四夷,犹信。”依据这个记载,中国在颛顼以前是使用图腾的。图腾观念表明人类生活是离不开自然界的,可以说是人类对于自然的最初的朦胧的认识,是哲学思想的萌芽。到了春秋时代,图腾崇拜在中原早已绝迹,一般人不知道是怎么回事,图腾作为一种原始宗教,表明人们对许多自然力无法理解,在自然力面前无能为力,于是把自然事物人格化,赋予它超自然的力量,祈求这种力量给自己以帮助。作为一种社会制度,它反映着人们对氏族成员之间相互关系的认识,即认为同一氏族成员之间之所以具有亲密关系,是因为他们有共同的图腾,并用这种观念维护氏族内部的团结。

当人类思维发展到能够把自身与自然界明确区分开来的时候(大约相当于旧石器时代晚期),人们便开始思考自然界的奥秘,力图认识自然,利用它以满足自身的需求。从火的使用到陶器的烧制,从采集狩猎到种植驯养,都是原始人认识并利用自然的成就。但从总体来看,原始人认识自然的能力是非常微小的,在自然力面前显得无能为力。他们想要认识自然而又不了解自然,于是把自然界想象为具有思想、感情和意志的存在。日、月、风、雨、雷、电、天、地、山、川、水、火都被人格化了。树木有灵,顽石能言,风雨有主,无物不神,成为原始人的自然观念,这就是万物有灵的观念。

在万物有灵的观念下,人们出于感激和恐惧,形成了对自然物的崇拜,用贡献牺牲、舞蹈礼拜的方式祭祀自然界的神灵,以博取神灵的欢心,达到求福避祸的目的,这就是原始的自然宗教。在母系氏族社会,自然宗教相当盛行。我国古代文献中有“山川之神”“日月星辰之神”,还有土神(社)和谷神(稷)。《礼记·祭法》说:“山林川谷丘陵,能出云,为风雨,见怪物,皆曰神。”所以有“百神”“群神”之称。我国的纳西族、傈僳族、佤族和鄂温克族中,直到现代还存在着自然宗教,可以作为文献中关于上古自然宗教存在的参证。考古学也为上古存在过自然宗教提出了物证。如陕西临潼姜寨母系氏族村落遗址上，有五片住房，每片中心有一个方形大房屋，就是供氏族集会和祭祀“百神”的地方。特别是对日、月、星的崇拜在自然宗教中占有突出的地位。中国古文字中，凡表示崇拜或祭祀的字，都以“示”作偏旁。《说文解字》说“示”字“从二”（“二”是古文字的“上”字），“三垂，日月星也”，“示，神事也”。由此可知祭祀的最早自然物是日、月、星。在中国新石器时代器物上的装饰图案中，可以见到一种十字或类似十字的符号，如“⊞”（见于仰韶型陶器）、“十”“卍”“卐”（见于马厂型陶器）、“卍”“⋇”（见于马家窑型陶器）。这类符号在欧亚许多民族的早期文化中也可以见到。这种符号就是太阳崇拜的遗物。

上述中国思想起源的简略考察说明，中华民族的思想意识是在史前时代漫长的岁月里逐渐形成生长起来的。原始社会的人们所思考的问题都具有现实内容，但由于生产力水平和认识能力的低下，对于人类自身、人类社会和自然界的认识只能产生直观、具体的观念，不能产生各种抽象的思想体系。在不能作出现实说明的领域里，用神话和原始宗教的幻想加以解释。因此，人们通过形象思维去把握人类自身、人类社会和自然界的一般规律，直观和想象就成为人类童年时代思维的特点。值得注意的是，从旧石器时代晚期到新石器时代，在中国的土地上形成了若干个文化中心。它们各具特色，发展速度有快有慢，发展程度有高有低。各个文化之间互相撞击，互相融合，这使中华文化从一开始就具有多样性并呈现出文化会通融合的态势。中华民族对自然与社会的思索正是在这样的文化环境中不断地深入的。

## 第二节　商代与西周的宗教思想

自公元前3000年以来，以黄河中下游为中心的中原地区社会文化进步显著，它大量吸取周边各文化的因素，形成一个凝聚核心，中华民族多元一体格局渐趋明显。在民族融合、社会生活、思想文化等方面取得进步的同时，中国社会的基本特征也开始形成，那就是在氏族血缘关系的基础上建立起国家组织，国家混合于家族并形成牢固的氏族、宗族观念和与之相配合的礼制，这些特征在商代和西周的宗教思想中已有明显的表现。

公元前21世纪，黄河中下游出现了中国历史上第一个朝代——夏代，夏代建国前是一个由夏部落和东夷部落组成的强大部落联盟。传说夏禹的儿子启破坏了这个部落联盟首领由夏、夷部落轮流担任的传统，夺取了部落联盟首领的职位，从此开始传子的世袭制度，这就是后代文献中所说的"天下为家"(《礼记·礼运》)。由此可知夏代国家是从父系氏族社会蜕变而来的。蜕变有一个漫长的历史过程，世袭制度没有废除氏族制，而是把父系氏族制度推广开来，用以管理国家。与此相应，宗教意识也在发生变化。传说颛顼禁止人们自由祭祀鬼神，而命令他的一个孙子重管理祭祀天上诸神的事务，另一个孙子黎管理祭祀地上诸神的事务。这就出现了最初的专门教职人员——祝巫，也就是最初的知识分子和思想家。他们垄断人与神之间的交往，形成一个特殊的社会集团。经过这些教职人员的改造，原始宗教开始变成人为宗教。《墨子》引用古书说，禹进攻三苗、征伐有扈氏的战争都是假借神意进行的，说神要惩罚这些部落，自己是"共(恭)行天之罚也"。宗教观念的政治色彩在这里已经非常明显了。但是，由于缺乏直接史料，现在还不能对夏代宗教思想作进一步叙述，而殷周甲骨文和青铜器铭文的发现，使我们对于殷代和西周的宗教思想有了较多了解。

公元前16世纪，黄河下游的商部落强盛起来，灭掉了夏朝，建立起商朝。商朝的第20位国王盘庚迁都于殷(今河南安阳小屯一带)，所以商代也称殷或殷商。商代统治了包括今河南全部和今山东、河北、山西、陕西、湖北、安徽的大部或部分地区，建立起一个空前强大的奴隶制国家。商王是这个国家的最高统治者，自称"予一人""余一人"。当时的"国之大事，在祀与戎"(《左传》成公十三年)。中央政权设立尹和太史辅佐商王管理国家大事。尹和太史之下又设置名目繁多的官吏，主办各种事务。中央对地方的控制实行一种外服制，把地方划分为侯、田、男、卫四服，进行行政管理和经济剥削。旧有的氏族制度保存下来了，但氏族关系中出现了阶级关系的新内容。随着社会关系的变化，宗教思想也发生了相应的变化，以上帝为至上神的一元神宗教代替了祖先崇拜和自然崇拜的原始宗教。

殷人把现实世界叫做“下”的世界，把神的世界叫做“上”的世界。正像在“下”的世界里有一个王是最高统治者一样，在“上”的世界里也有一个至上神是最高统治者，这就是“帝”或称为“上帝”。也正像“下”的世界里王有许多臣吏分管各种事务一样，在“上”的世界里上帝也有许多臣吏分管各种事务。自然神如日、月、山、河等神灵，都失去了独立性，成为执行上帝意志的工具。

殷人的宗教是祖先一元神的宗教。他们祭奉的至上神上帝也就是殷民族自己的祖先，亦即卜辞中的“高祖夒”。有种种的神话传说为证。卜辞中的高祖夒就是《山海经》中的帝俊，也就是《帝王世纪》中的帝喾和《国语·鲁语》中的舜。而这位殷人的始祖是人王还是上帝呢？《山海经》中说帝俊是许多圣贤的父亲，是娥皇的丈夫，好像是人王；同时又说他生育了太阳和月亮，又明显是上帝。殷人的上帝就是殷人自己的始祖，这是一个证明。《左传》昭公元年说，商的始祖高辛氏（帝喾的号）的长子阏伯被“后帝”（上帝）迁到商丘，让他负责观察火星，以定季节。《左传》襄公九年又说，阏伯是陶唐氏的火正，居住在商丘，祭祀大火星，用火星来定季节。那么，陶唐氏即是“后帝”了，而传说中的帝舜（帝喾）又是受陶唐氏的禅让而为人王的，这就是说，殷人的始祖接受了上帝的禅让。这又提供了殷人的上帝就是殷人自己的祖先的证明。玄鸟的传说也是殷人帝祖合一宗教观念的证明。传说“天命玄鸟，降而生商”（《诗经·商颂·玄鸟》），是说殷人的女性祖先简狄吞了玄鸟的卵，因而怀孕，生下契来。玄鸟是上帝派到人间来的，故而契是上帝的儿子。玄鸟就是卜辞中的凤。殷人称凤为“帝史（使）”，对其崇拜祭祀，原因就在这里（参见郭沫若《先秦天道观之进展》)。

殷代宗教的其他特点,或多或少都与帝祖合一观念有着内在联系。

(1)殷人尊天事鬼的迷信观念浓厚,占卜盛行,各地的殷商遗址中都有卜骨发现。从安阳殷墟出土的王室卜辞来看,从天时、年成、祭祀、征伐到商王个人田猎、疾病以及做梦和生孩子等,都要通过占卜求问上帝。可见在原始宗教里自然神和祖先神的职责,在这里集中于上帝一身了。

(2)政权与教权结合。作为上帝的后裔,殷王不仅是政权的最高代表,也是宗教的最高祭司。凡重要宗教仪式都由殷王主持。占卜资料都由政府官吏史、作册负责保管,成为政府档案。思想文化完全由各级政权机关的官吏掌握,没有脱离政府官吏身份的独立知识阶层,这种状况叫做“学在官府”。“学在官府”的状况一直延续到西周和春秋时代,到了春秋晚期才开始改变。殷人既把自己的祖先和上帝一体化,也就要求外族属国祭祀殷人的祖先。周原考古发现的甲骨文中,编号为 $H_{11:1}$ 的一片卜辞记载,周人用二女及羊、豕为牺牲祭祀殷人先王成汤和帝乙。另一片编号为 $H_{11:84}$ 的卜辞记载,周文王通过占卜祈求殷先王太甲的保佑(见《文物》1979年第10期载《陕西岐山凤雏村发现周初甲骨文》)。殷商王朝的政治势力伸展到哪里,殷人祖先的威灵也就伸展到哪里。

(3)殷人把人间权利义务关系纳入祖宗一元神崇拜的宗教之中。现代学者侯外庐研究卜辞中记述的殷代先王称号得出结论说:殷代诸王的名字都没有道德的含义,即没有文明社会权利义务的关系,直到殷末才开始出现“文”字,作为文明起点的证件。周代诸王的名号,如文、武、成、康,皆继承殷末的文明,接受了殷人的思想意识,扩大而为道德观念。相反,历代殷王的名号都有祖先崇拜的意义。殷王名号中的祖、示、王、父、土诸字,都具有这一意义(参见《中国思想通史》第1卷)。

公元前11世纪,在渭水流域发展起来的周人灭掉殷商,建立起周朝。周朝建立至平王迁都洛邑(前770年),这段时间约近三个世纪,史称西周。西周的疆域比商代辽阔,从现在北方的辽宁到南方的长江以南,西方的甘肃东部到东海之滨,都成了西周的统辖范围。西周时代占有统治地位的社会意识形态仍然是宗教,宗教思想依然是世界观、政治理论和伦理思想的基础,这一点与殷商时代并没有什么不同。但是由于周朝总结吸取了殷代灭亡的教训,由于宗法制度的确定,殷周之际宗教思想发生了变化,周人宗教思想中有不少创新,并非完全承袭殷商宗教观念。

上帝和祖先神分离是西周宗教思想的一个创新。周人继承殷人崇拜祖先神的观念,认为祭奉祖先是子孙的神圣义务。周武王即以不敬祖先为殷纣王的大罪。《尚书·牧誓》中说,殷纣王"昏弃厥肆祀(对祖先的祭祀)弗答",因而必须伐纣。《尚书》《诗经·周颂》和西周金文中都有大量崇拜祖先神的记载。但周人的至上神不是祖先神而是天,或称帝、上帝。周人认为,他们的祖先是上帝的儿子,被派到下界来做最高统治者,死后灵魂回到天上去,仍然是天的下属。金文中反复说:"先王其严(灵魂)在上","先王其严在帝左右"。许多青铜器铭文中都有器主祈求天或祖先保佑的词语,即对自身和子孙的祝福词,叫嘏词。嘏词反映,天是主宰人类祸福的全能神,每个人的生死寿夭、穷通祸福、利禄爵位都由天帝主宰。王取得国家统治权叫"受命",得到贤能的辅臣叫"受屏",把政权维持下去叫"永保天命"。天下大事更是取决于天的意志。天能赐福也能降祸。周人的言论中常有"受命于天"一类说法,同时也有"天降奕(大)丧于四域"(《禹鼎》),"天疾畏(威)降丧"(《师訇簋》),"天降丧于殷,殷既坠厥命"的说法。祖先神则永远是母亲般的慈爱,从不降祸给子孙后代。由此不难看出,祖先神与至上神分离的历史根源是氏族社会观念的影响。氏族社会的自然神是各氏族部落共同的信仰,祖先神则是各氏族部落不同的信仰。祖先只是本氏族部落的保护神,不能主宰其他氏族部落的命运。西周媵器(陪嫁器皿)铭文中的嘏词都以天为祈求对象,没有祈求祖先的。在周人的观念中,已经出嫁的女性子孙既已属于他族成员,本族祖先就不能加以保护,这正是氏族社会观念。

天祖分离具有现实的根源。周人灭商,周王室取代商王室做了天下的共主,面临着一个如何解释自己统治权合法性的问题。周武王虽然以荒废“肆祀”作为讨伐殷纣王的理由之一,但无论如何不能设想殷人祖先命令周人灭亡殷国。周武王动员庸、蜀、羌、茅、微、卢、彭、濮人共同讨伐纣王,仅用周人祖先神的名义显然是不够的,所以绝口不提祖先神,而宣称要“恭行天罚”,这里说的“天”就包含着不同于祖先神的意义。周灭商之后,分封大批姬姓贵族的同时,为了笼络人心,在“兴灭继绝”的名义下册封黄帝后裔于蓟、帝尧后裔于祝、帝舜后裔于陈、夏人后裔于杞,还保留了一个宋国,让殷人祭祀自己的祖先。在这种情况下,如果周人宣布其统治权是本族祖先授予的,怎么能排除他族的祖先命令其子孙反抗周人统治的可能性呢?有了区别于祖先神的至上神天,就有了各族必须共同尊奉的权威。

“天命”可以转移,这是周人宗教思想的另一创新。殷人、周人都认为统治权是神给予的,在这一点上没有不同。不同的是殷人没有“天命”可以转移的观念,一切依恃“天命”,忽视人为努力。直到商崩溃的前夕,纣王还说什么“我生不有命在天”(《尚书·西伯戡黎》),终于招致亡国。这段历史对周人是深切的教训。周人经过太王、王季、文王三代人的努力,到武王才灭掉殷国,取得天下的统治权。怎样把政权保持下去而不重蹈殷人亡国的覆辙呢?他们认真总结了殷商兴亡的历史经验,并追溯到夏代的兴亡史。《尚书·周书》中许多篇章都在讨论这一问题。周公等人的看法是:“天惟时求民主。”(《尚书·多方》)天随时都在寻找适合于做人民君主的人。最初选中了夏人,后来夏人“大不克明保享于民,乃胥惟虐于民”,所以天抛弃了它,命令商汤“简代夏作民主”(《尚书·多方》)。商汤以及中宗、高宗、祖甲历代英明的殷王励精图治,谨慎戒惧,不敢过度享乐,使殷商统治权延续下来。祖甲之后历代殷王“不知稼穑之艰难,不闻小人之劳,惟耽乐之从”(《尚书·无逸》),到了殷纣的时代,更是胡作非为,不知悔改。天又“简畀殷命”,让周人取代殷王做民之主,并要求周人贵族学习夏、商英明的国王,而把夏、商昏庸的国王导致亡国作为历史教训引以为鉴。这种天命可以转移的宗教思想表明，周人在探求三代更替的原因时形成了自己的历史观念。他们在寻找历史的因果关系时，虽然没有脱离宗教神学，却把注意力转移到人事方面。他们承认天意主宰人事，却又让人事制约着天意，多少肯定了人的能动作用。

周人进一步探究人事怎样才能制约天命的问题时，又提出自己的伦理思想，出现了"孝"和"德"的范畴。"孝"字在西周金文中写作"[illegible]"，是祭祀祖先时有所奉献的形象。周人认为"追孝""享孝"祖先，对祖先"继序思不忘"，可以祈福长寿，使族类获得幸福，并将其含义从"事死"扩大到"事生"，认为孝的对象不仅有父母、祖父母，而且包括宗室、宗庙以及兄弟、朋友、婚媾（有婚姻关系的宗室诸侯）。这样，"孝"便成为一个重要的伦理范畴。

周人提出的"德"是处事得宜的意思，包括敬天、孝祖、保民三项内容，运用在政治上即是要求明察和宽厚。周公反复说明，周人取代殷人受命，是修德所致。文王"明德慎罚"（《尚书·康诰》），缔造了周国，武王效法文王努力奉行宽厚的大德（"容德"），得到天的欢心，才得以代殷受命。只有继续推行德政，才能维持天命不坠。可见"德"比"孝"的含义更为广泛，更着重于现实生活，又与"孝"密切联系。所以，西周文献中常以"有孝有德"（《诗经·大雅·卷阿》）并举作为对贵族品格的基本要求。

周人的伦理思想与宗法制度有密切关系。从周王到大夫的各级统治者，都是嫡长子继承父位，诸子被分封为次一等级的统治者，整个国家形成一个以血缘维系的统治网。血缘成为政治的纽带，维持宗法关系就是维持政治秩序。《诗经·大雅·板》说："大邦维屏，大宗维翰，怀德维宁，宗子维城。"大诸侯国就是王室的屏障，百姓（各级大宗贵族）就是国家的栋梁，施行德政就使国家安宁，宗子就是城疆。"德"和"孝"从宗法制度产生，又为宗法制度服务。父慈、子孝、兄友、弟恭被奉为天神规定的人间关系（"民彝"），神圣不可侵犯，违背它被看成极大的罪恶，要处以刑罚。这说明周人是从巩固政权的角度强迫人们遵循宗法道德的，道德带有政治强制的性质,并不仅仅是舆论的力量。

## 第三节　早期五行说与阴阳说

阴阳五行说是中国古代思想史上出现最早的哲学形态。早期阴阳说与五行说是殷周宗教思想的重要部分,虽然它与社会思想纠结在一起,但主要内容属于自然观念,更多地受到当时科学知识的影响。

《尚书》的《甘誓》是一篇从夏代流传下来,并经过后人修饰、改定的古代文献,是夏启与有扈氏在甘地决战时发布的誓师词。全文只有87个字。其中指责有扈氏"威侮五行,怠弃三正"。这是"五行"观念的最早记载。其中所说的"五行"指的是什么,尚无法确定。殷商时代形成东、西、南、北、中五方观念和土、木、水、火、金五材观念。卜辞中有土、木、水、火四字,虽然迄今未见卜辞中有金字,但商代青铜器的存在证明,金的观念存在是毫无疑义的。五材是五种自然物质,只是还看不到这时人们对五行性质和相互关系的说明,不能证明形成了系统的认识,只是包含着发展成为系统认识的可能。

《尚书》的《洪范》篇是西周初年流传下来的历史文献。书序说,武王克商后,箕子来归顺周朝,与武王谈话,讲了天给予夏禹治理天下的九类根本法则——"洪范九畴",其中第一类就是五行:

> 五行:一曰水,二曰火,三曰木,四曰金,五曰土。水曰润下,火曰炎上,木曰曲直,金曰从革,土爰稼穑。润下作咸,炎上作苦,曲直作酸,从革作辛,稼穑作甘。

这段话讲了五行的名称:水、火、木、金、土。五行的性质和作用:水向下浸润,其味是咸的;火焰向上燃烧,其味是苦的;木具有柔韧的弹性,其味是酸的;金能够制成武器和其他工具,能给人带来痛苦;土能够种植农作物,收获甘美的果实。五行是与人们社会生活关系密切的五种自然物质。《尚书大传》还说:“武王伐纣,至于商都,停止夜宿。士卒皆欢乐达旦,前歌后舞,格于上下,咸曰:‘孜孜无怠。’水火者,百姓之所饮食也;金木者,百姓之所兴生也;土者,万物之所资生,是为人用。”这里更具体地说明了五行与人类生活的密切关系,五行观念是从社会生活中来的。《洪范》篇中五行说的内容都是现实的,但是它又把五行作为天赐给人间的根本大法,纳入一个总的宗教思想体系之中。就“五行”章本身内容来说,说的是自然物及其性质作用,但就《洪范》篇整体来说,五行只是宗教思想的一个环节,是社会意识的宗教形式中出现的积极内容。同时,我们还注意到,《洪范》篇所说的五行次序水、火、木、金、土,在排列上没有内在联系,不存在相生或相克的关系,表明这时人们还没有思考自然界不同物质的相互关系问题,只是简单地把它们作为组织世界的一些基本要素,这表现出早期五行说的朴素原始性质。

阴阳本是表示自然界明暗现象的概念。《说文解字》解释说:“阳,高明也”,“阴,暗也。水之南,山之北也”。日光照射着的山的南坡称为阳,日光照射不到的北坡称为阴。阴阳概念应该是形成于远古的概念。在殷墟卜辞中已经出现“阳”字,见于《殷墟书契前编》5·24·5。有人认为卜辞中也出现了“阴”字,卜辞中“阳冰”的“冰”字即是“阴”字(见黎子耀《阴阳五行思想与〈周易〉》,载《杭州大学学报》1979年第1—2期)。

西周初年,阴阳观念发展成包含有辩证因素的阴阳说,集中体现在《周易》(指《周易》经文,下同)一书中。《周易》形成于殷周之际,由文字和符号两部分组成,文字包括卦名、爻名、卦辞、爻辞、用辞。卦辞64条,爻辞384条,用辞2条,共450条,是《周易》文字的基本部分。这450条文字的内容包括重大历史事件、农牧业生产、军事、政治、社会生活以至谚语、歌谣等,范围极其广泛。其中反映的历史事件都不晚于西周初年。这些条文是上古占卜记录。上古人认为占卜记录包含着神对人们求问的指示,将它慎重地加以保存,形成卜辞档案保管制度。到了殷周之际,保管的卜辞档案越来越多,为了供后人占卜时参考,对卜辞档案进行选择、整理、加工,便形成上述450条文字。这些文字分别系于六十四卦之下,于是形成一本结构特殊的占卜用书。符号部分即六十四卦的符号。卦辞、爻辞和用辞本来是没有系统性的个别记录,内容互不相关,而把这些记录用八卦形式组织起来时就体现出一种带有哲学意味的理论。这种理论就是西周的阴阳学说。《庄子·天下》篇说:“《易》以道阴阳。”由阴(--)、阳(—)两种符号组成八经卦,即坤(☷)、艮(☶)、坎(☵)、巽(☴)、震(☳)、离(☲)、兑(☱)、乾(☰)。这时,抽象的阴阳观念便具体化为八经卦分别代表的八种自然物:地、山、水、风、雷、火、泽、天。它们分别具有柔或刚的性质。八卦两两相重,形成六十四卦,包括三百八十四爻,代表众多事物。阴阳观念是《周易》经文整个结构中贯穿始终的变化发展观念。

《国语》中有两段材料,从中可以看出五行说和阴阳说在西周末年的实际运用。《国语·郑语》记载,西周末年幽王的史官史伯对郑伯说:“夫和实生物,同则不继。以他平他谓之和,故能丰长而物归之,若以同裨同,尽乃弃矣。故先王以土与金、木、水、火杂,以成百物。”这就是著名的史伯论“和同”,是五行说的运用,朴素地说明了事物多样性和统一性的关系。《国语·周语》记载,幽王大夫伯阳父说:“周将亡矣!夫天地之气,不失其序,若过其序,民乱之也。阳伏而不能出,阴迫而不能蒸,于是有地震。今三川实震,是阳失其所而镇阴也。……夫水土演而民用也。水土无所演,民乏财用,不亡何待?”这就是著名的伯阳父论地震,是阴阳学说的运用。

## 第四节　西周末年宗教思想的动摇

西周末年,史伯和伯阳父用阴阳五行观念解释自然现象和社会现象,《诗经》中《大雅》《小雅》的许多诗篇发出对上帝和祖先神的质问,两者都是那个时代宗教思想动摇的表现。

宗教思想动摇在周末的诗句中有明显的反映,怨天、骂天、恨天的诗句屡见不鲜:

浩浩昊天,不骏其德。降丧饥馑,斩伐四国。(《小雅·雨无正》)

天降丧乱,饥馑荐臻。(《大雅·云汉》)

老天不赐恩德,总是降给人间灾荒、饥饿、刀兵战祸,弄得人间战乱不停,灾难无穷,戮害了多少生灵!

昊天疾威,弗虑弗图。舍彼有罪,既伏其辜。若此无罪,沦胥以铺。(《小雅·雨无正》)

周初的"天伐"是针对人间罪恶的。现在不同了,老天无端地发淫威,不讲是非也不顾及后果,隐瞒了坏人的罪恶,却使无辜的人们受害受过。

民率流亡,我居圉卒荒。(《大雅·召旻》)

邦靡有定,士民其瘵。(《大雅·瞻卬》)

靡神不举,靡爱斯牲。圭璧既卒,宁莫我听!(《大雅·云汉》)

士民被厄运驱赶着四处流亡,从国中到边疆的土地全都荒芜了。国无宁日,民无宁居。人们祈求神保佑,每位神灵都祭祀了,并没有吝啬牺牲,祭神的圭玉都用尽了,神灵却对人们的祷告充耳不闻。

这里"天"的形象与周初的"天"多么不同啊!明鉴变成昏庸,公正变成邪辟,尊严变成淫威,慈惠变成残暴。天堕落到这个地步,人们对天虽说不敢憎恨,怎么能不憎恨;虽说应该相信,又怎么能够相信。于是诅咒这可憎恨的上帝了:"昊天不佣!""昊天不惠!""昊天不平!"(《小雅·节南山》)"疾威上帝,其命多辟"(《大雅·荡》),"浩浩昊天,不骏其德"——不均、不平、不惠、残暴、邪辟、缺德,这些责备表现出强烈不满,意味着对上帝神圣地位的否定。

上帝变形了,“在帝左右”的祖先神也变形了。“不殄禋祀,自郊徂宫。上下奠瘗,靡神不宗。后稷不克,上帝不临。”(《大雅·云汉》)人们不断地祭祀,从郊外直到宫廷,祖先后稷和上帝一样不灵。于是对祖先也发出责问:“群公先正,则不我助。父母先祖,胡宁忍予?”(同上)后稷先祖、群公先正以至父母的神灵,都不赐福去祸,祖先神对子孙后代何以这样忍心?

“德”的观念本来是与上帝的意志相连的。依照周初诰命的说法,文王明德慎罚,获得了上帝的欢喜,上帝便“受命”给文王。后代周王只继续效法文王推行德政,就能“不废在王命”(《尚书·康诰》)。现在上帝、祖先神靠不住了,德的观念自然要跟着变化,且不说统治者中那些废德乱政的行为是怎样反映了宗教道德的动摇,在那些力图“中兴”的政治家头脑中,德的观念也与周初不同了。宣王的“中兴”大臣尹吉甫说:“申伯之德,柔惠且直,揉此万邦,闻于四国。”(《大雅·崧高》)申伯这个人的道德之所以值得敬仰,是因为他柔和温顺而正直,从而能使万邦服顺。尹吉甫又说:“仲山甫之德,柔嘉维则,令仪令色,小心翼翼。古训是式,威仪是力。”(《大雅·烝民》)仲山甫这个人的道德之所以值得称颂,是因为他以柔和善作准则,讲究仪容;小心翼翼地遵从古训,并勉力自已保持威仪。别人欺软怕硬,他却“不侮矜寡,不畏强御”(同上)。从这些话可以看出,德的观念已从神意变成“古训”,德的作用从迎合神意转向迎合人心,从而减少了德的神秘性质,人们更多地把它作为“揉此万邦”(“揉,治也。”朱熹《诗集传》)的政策。

周末宗教思想动摇有深刻的历史背景。上引《诗经》篇章及其他一些晚周诗篇中说到旱灾、虫灾造成的饥荒,引起人们对天的怀疑。应该承认自然灾害严重的时候,人们发现祀奉神灵并无效果,会动摇宗教迷信观念。更应该看到,自然灾害是历史上从来就有的,它在人们观念上引出的结果却因时代条件而不同。周末宗教思想动摇的主要原因,在于社会生活内部的变化。

西周建国后,宗法制和分封制结合在一起,确立了宗法贵族的特权地位。主要生产资料被逐层分封给各级贵族占有,用来剥削奴隶和平民。但各级贵族的所有权是不完全的,周王有权随时收回封地重新分配,所谓"溥天之下,莫非王土,率土之滨,莫非王臣"(《小雅·北山》)就是当时土地制度的反映。在这种制度下,"田里不鬻"(《礼记·礼运》),土地不能买卖、转让,各级贵族的财产占有权依照等级关系凝固下来,束缚着私有财产的发展。但是,西周中期以后,随着经济的发展,出现了土地买卖和抵押的情况,《倗生簋》铭文记载,格伯以三十田作为代价,买到倗生的四匹好马。《曶鼎》铭文记载,贵族匡季的众人抢了曶的庄稼,匡季用七田和五个奴隶赔偿曶的损失。20 世纪 70 年代出土的共王时代的几件卫器铭文记载土地买卖的内容更为具体:《卫盉》铭文记载矩伯庶人先后两次卖掉十三田,换取裘卫的玉璋、赤虎皮、鹿皮披肩和染色围裙,并将这项交易上报五伯,五伯派三有司到场,办理受田手续。《五祀卫鼎》铭文记载,邦君厉出卖五田给裘卫,得到井伯等人批准,井伯等令三有司派人勘定出卖的那块田界,达成交易。《九祀卫鼎》铭文记载:矩伯用一处名叫林晳里的地方买取了裘卫的一套服饰和车马器。西周后期,还出现了土地争讼事件。厉王时的《矢人盘》铭文记载,矢人侵夺散邑,引起纷争,到官府诉讼,裁决结果,矢人赔偿散氏土地。铭文详细记载了赔偿土地的四界,并由官吏勘定,最后订立了契约。这些史料说明,土地私有在西周中期以后发展起来,并得到官方承认,"田里不鬻"的古制已被打破。土地买卖必然引起贵族之间、贵族与平民之间财富占有的变化。在这种变化中,有些旧贵族没落了,穷困了,甚至破产了,于是发出不满的呼声。《大雅·瞻印》"人有土田,女(汝)反有之;人有民人,女(汝)覆夺之"与铭文中大量土地买卖的具体事实正相印证。不同的只是,上述铭文作者是在交易中获得土地的人们,以冷酷的语句把自己获得土地的事实明确记载下来,《瞻印》一诗的作者却是失去土地的贵族哀叹不平。"变风变雅"的作者大多数都是后一类人。

西周中期开始，随着国势的衰落，士阶层和平民（包括国人中的工商和公社自由民）处境也急剧恶化。昭王时南征受挫，穆王时征犬夷无功，又“欲肆其心”而“周游天下”（《左传》昭公十二年），荒废政事，出现“王道衰微”的局面。凡此都不能不加重平民的负担。到了厉王时，对淮夷累累用兵，消耗国力，王室进一步衰微。厉王为了恢复王室实力，实行违反历史潮流的“专利”政策，把贵族和公社成员在山林川泽之地开辟的私田予以取缔，重新垄断山林川泽之利。他还改变了不从公社自由民份地上收税的旧典，增加对公社自由民的剥削，这大概就是所谓“厉始革典”（《国语·周语》）的内容。这些政策直接触犯了平民利益，闹得“民不堪命”，引起舆论指责。厉王接着对舆论采取高压手段，造成“国人莫敢言，道路以目”的恐怖局面。召公看到了政治危机，劝告厉王说：“防民之口，甚于防川，川壅必溃，伤人必多，民亦如之。”他还提出“是故为川者，决之使导；为民者，宣之使言”（《国语·周语》）的忠告。厉王不听，继续倒行逆施，终于引起国人暴动，驱逐了厉王。宣王时的《𦣻盨》铭文中还提到这次“虐逐厥君厥师”的国人大暴动，担心类似的事件重演。宣王时代的所谓“中兴”并没有根本消除社会危机。在征猃狁的战争中，“南国之师”彻底溃败。接着有宣王“料民于太原”之举，说明劳动者也纷纷逃散。军溃民散，正是士和平民不堪重负的表现。许多诗篇反映的正是这种状况。周族成员从贵族到平民都对现实产生了普遍不满，于是在他们的精神世界中，对上帝祖先的信仰不能不发生动摇。当时思想虽为官府之学所独占，但随着西周社会危机的日益加深，人们逐渐突破宗教思想的束缚，用阴阳、五行观念来解释世界，思考天道与人道的关系。思想史上已开始迸发出最初的理性之光。

# 第二章　春秋时代的思想

## 第一节　春秋时代思想的两重性

春秋时代(前770—前476年)文化的基本特点是具有两重性。一方面,商周以来形成的宗教思想发生动摇,卿大夫中一些较有远见、较能正视现实的人物企图摆脱传统的束缚,开始提出新的观点;另一方面,宗教思想在整个社会意识中仍然占据着支配地位。这个时期,新的文化思想因素与旧的文化思想体系纠结在一起。具体表现是:

(1)旧时的王官之学逐渐废弛,然而文化知识仍然基本上掌握在卿、大夫一类人物手中。春秋思想史上的著名人物管仲为齐桓公卿,叔兴是周内史,史墨是晋太史,子产是郑国执政,晏婴是齐国大夫。直至春秋末期才形成私人讲学的风气,出现孔子这样的私人学者。

(2)春秋时代的学问主要还是《礼》《乐》《诗》《书》《易》。《乐》是否成书还不能肯定。此外就是关于实沈、台骀、鲧化黄熊一类的神话(见《左传》昭公元年、昭公七年)以及黄帝、炎帝、共工、太皞、少皞等的传说故事(见《左传》昭公十七年)。春秋末期才出现《孙武兵法》和《春秋》两部个人著作。

(3)春秋时代,重人、重民思想有明显发展。叔兴提出"吉凶由人"(《左传》僖公十六年),子产提出"天道远,人道迩"(《左传》昭公十八年),史嚚说

“国将兴,听于民;将亡,听于神”(《左传》庄公三十二年),季梁说“夫民,神之主也”(《左传》桓公六年),都明显地表现出脱离宗教神学的倾向。但另一方面,西周的天命思想并未崩溃。西周宗教思想的基本命题以德配天、天从民欲、畏天保民仍是春秋时人们的共同观念。人道观念与神道观念既对立又杂糅,构成这个时期的思想面貌。

(4)作为各个社会等级行为规范的礼制,在现实生活中处处遭到破坏,一些诸侯国开始公布成文法,如郑国铸刑书,晋国铸刑鼎。但是这些反映出法治思想萌芽的措施遭到许多人反对。周礼仍是处理政治事务的准则和判断国家兴衰的依据。齐大夫仲孙湫说:“鲁不弃周礼,未可动也。”(《左传》闵公元年)认为周礼是治国之本,遵从周礼就不会亡国。管仲说:“招携以礼,怀远以德,德礼不易,无人不怀”(《左传》僖公七年),“为君不君,为臣不臣,乱之本也”(《国语·齐语》)。这种政治观念在春秋时期仍占统治地位。

(5)文化发展在地域上不平衡。宗教文化在中原各国普遍动摇的同时,却在秦、楚、吴、越产生了更大影响。

春秋时代思想文化的特点,应当从社会经济关系、政治关系和民族关系的广阔背景上去观察。我国西周社会实行井田制,井田上的土地划分为公田和私田。庶人和奴隶在公田上为各级贵族进行劳动,在私田上生产自身必需的生活资料。公田和私田都不能买卖。西周中期以后,私田迅速增加,更多的劳动力被用到私田耕作上去,以至“公田不治”(《汉书·食货志》),而新辟的私田又可以买卖、交换、抵押。诸侯、贵族和周天子争夺“公田”的斗争也屡屡发生,有些“公田”变成“私田”,使井田制度普遍遭到破坏。在这种情况下,许多诸侯国为增加剥削,纷纷实行赋税改革。前685年齐国“相地而衰征”,前645年晋国“作爰田”,前594年鲁国“初税亩”,前543年郑国实行“田有封洫,庐井有伍”的措施,都具有改革的性质,即打破公田、私田的界限,按照土地数量和等次征税。同一时期内,晋国“作州兵”,鲁国“作丘甲”,郑国“作丘赋”,楚国“为掩书土田”,则是按土地数量和等次摊派军赋，客观上承认了土地私有。随着土地私有制的发展，中国历史上出现了第一批贵族地主，如齐国的田氏、鲁国的“三桓”、晋国的“六卿”等；出现了从农村公社成员转化而来的个体农民，他们开辟少量私田，私人占有，担负国家的租税、兵役、徭役；相应出现了“隐民”“私属徒”（见《左传》昭公二十五年、哀公八年）等具有封建依附关系身份的劳动者。与此同时，手工业和商业仍然以官营为主，但出现了“百工居肆以成其事”（《论语·子张》）的私营个体手工业者。他们只有少量生产资料，从事独立手工业劳动，依靠出卖产品为生。此外，这时还出现了私商，他们在社会生活中也发挥了重要作用。郑国商人弦高诈犒秦师，使郑国避免了秦军袭击；郑国统治者曾与商人订立“尔无我叛，我无强贾”（《左传》昭公十六年）的盟约；子贡经商致富，“所至，国君无不与之分庭抗礼”（《史记·货殖列传》）；范蠡经商“三致千金”（《史记·货殖列传》）。这些事例可见商人势力发展壮大的情形。总之，春秋时期，封建生产关系在西周宗法制的母体中被孕育了出来，但是旧制度还占主导地位。这就是影响春秋时代思想发展的根本原因。

当时，政治关系的变化集中表现为争霸战争。平王东迁，王室衰微，周王名义上仍是天下共主，实际上降到中小诸侯国的地位。强大的诸侯国竞相争夺控制中小诸侯国家的战争。春秋初期，出现过郑庄公小霸和鲁、郑匹敌的形势。春秋中期，中原各国互相征战，齐桓公首霸中原，接着是晋文公、宋襄公、秦穆公、楚庄王迭起。晋楚间争霸战争长达80年之久。春秋末期，长江下游的吴、越先后北上中原争霸。争霸战争的特点表现在：

(1)争霸战争破坏了周天子的权威。各霸主虽然打着“尊王”的旗号，实际上不把周天子放在眼里。各强国在争霸过程中，操纵周王支持会盟者有之，胁迫周王认可扩张土地的既成事实者有之，要挟周王加封爵位者有之。西周旧制，诸侯向天子定期纳贡，叫做“比年一小聘，三年一大聘，五年一朝”（《礼记·王制》），而《春秋》一书所记242年间，鲁国朝王仅3

次,聘周仅4次。鲁国朝齐却有11次,朝晋更有20次;聘齐16次,聘晋24次。西周旧制破坏的情形于此可见一斑。

(2)争霸战争与其他因素一起,引起各诸侯国内部宗法关系的进一步破坏。春秋中后期,各诸侯国内部以下犯上的事件层出不穷,私门与公室明争暗斗,一些卿大夫作为新兴势力的代表开始掌权,“田氏代齐”“三家分晋”、鲁“三桓”执政都是典型事例。

(3)争霸战争引起任人制度和官俸制度的变化,各大国不同程度地开始背离宗法制度的“亲亲”原则,而在更大范围内选用人才。《商君书·开塞》说“上世亲亲而贵私,中世尚贤而悦仁”,所指正是任人制度的这一变化。春秋以前只有封土赐田之制,没有俸禄之事。春秋任贤,谷禄制度取代了封土赐田之制度,任官者无土地人民,仅取谷禄而已。

华夏族和少数民族的融合则是春秋时期民族关系的基本特征。华夏族或称诸夏族,是汉族的前身,是经过夏、商、周三代形成的古老民族,居于中原地区,包括春秋时期的鲁、齐、宋、卫、晋、燕、郑、陈、蔡等国。华夏族四周散居着各少数民族。春秋时代形成了几个民族融合中心。东方以齐、鲁为中心,与郤、淮、徐、莱诸夷族融合;南方以楚、吴、越为中心,与群蛮、百濮、越族融合;西方逐渐形成以秦为中心的诸戎族融合;北方以晋国为中心,与狄族各部落融合;东北以燕国为中心,与山戎、北戎等部族融合。民族融合是通过多种途径实现的:①军事斗争的途径。各霸主打着“攘夷”的旗号,先后灭掉了许多少数部族,如齐灭莱,鲁灭根牟,晋灭陆浑之戎、赤狄潞、甲氏、留盱、铎辰,等等。②政治交往的途径。鲁国与夷人各部落友好交往;晋国实行魏绛的“和戎”建议。③杂居通婚的途径。少数民族深入华夏地区,华夏族也散居到各少数民族地区,打破了原来各族间的地区界限,形成犬牙交错的杂居局面。各族通婚也比较普遍。④还要提到经济上互相影响的途径。先进的华夏经济促进了少数民族的发展。中原农业技术传入北方地区后,有些北方少数民族变游牧为筑城定居;鲁国送给楚人“执斫”“执针”“织纴”各类手工工人,把手工业技术传到南方。少数民族的经济也对中原各国产生了很大影响。姜戎开辟了晋国的“南鄙之田”；北方族的游牧经验，南方族的冶铜、漆器技术，东方族种植的戎菽（大豆的一个品种）都传入中原地区。各族社会生活的融合，对民族文化的融合也产生了一定影响。前516年，周王室内乱，王子朝和周敬王争夺王位失败后“奉周之典籍奔楚”，孔子周游列国也到过楚国，楚大夫申叔时主张以《诗》《书》《礼》《乐》以及《春秋》《世本》《论语》、故志、训典等教育楚太子（见《国语·楚语》），都是中原文化传到长江流域的证明。前559年，戎子驹支与晋范宣子争辩时，振振有词地讲了一大篇晋史，并赋《小雅·青蝇》以发泄怨气。前525年，夷人郯子在鲁昭公的宴会上回答为什么少皞氏以鸟名官的问题时，讲了许多历史典故，孔子听到后非常佩服，这反映出北方、东方少数民族对中原文化的了解运用已经相当娴熟。

## 第二节　春秋时代的重人、重民思想

春秋时代重人轻神的言论很多。随国贤者季梁说：“夫民，神之主也。是以圣王先成民而后致力于神。”（《左传》桓公六年）鲁臣申繻说：“妖由人兴也。人无衅焉，妖不自作。人弃常，则妖兴，故有妖。”（《左传》庄公十四年）周臣史嚚说：“吾闻之，国将兴，听于民；将亡，听于神。神，聪明正直而一者也，依人而行。”（《左传》庄公三十二年）虞大夫宫之奇说：“鬼神非人实亲，惟德是依。”（《左传》僖公五年）季梁、申繻、史嚚、宫之奇都是春秋前期的人物。他们明确提出民为神主、神依人而行的观点，即是重民轻神的观点，这是春秋以前从来没有人提出过的观点。但他们都没有明确否定神的存在和作用。相反，在他们的观念中，人的作用必须通过神才能得到证明。统治者致力于农时，修明教化，亲近自己的亲族，使天下百姓和睦，神灵看到这些德行而降福，才能使国运昌盛。不过，他们的思路与“以德配天”的传统观念还很难区分开来。

稍晚，一些人物的言论明显前进了一步。周内史叔兴评论“陨石于宋五”和“六鹢退飞过宋都”这两起罕见的自然现象时说：“是阴阳之事，非吉凶所生也。吉凶由人。”（《左传》僖公十六年）鲁大夫臧文仲反对焚烧残废人求雨的迷信习俗，说：“非旱备也。修城郭，贬食省用，务穑劝分，此其务也。巫尪何为？天欲杀之，则如勿生；若能为旱，焚之滋甚。”（《左传》僖公二十一年）鲁臣闵子马说：“祸福无门，唯人所召。”（《左传》襄公二十三年）叔兴、臧文仲、闵子马都不谈鬼神的存在和作用。他们把自然变化理解为无意志的“阴阳之事”，而把人类的吉凶祸福理解为人们行为招致的结果，主张用现实的努力解救人们遇到的灾难，这是“天人相分”思想的最早表现。

春秋晚期，无神论倾向又有明显发展。晋臣士伯评判薛人与宋人的争论时说：“薛征于人，宋征于鬼，宋罪大矣。”（《左传》定公元年）认为在现实问题的争论中引用鬼神作证明是理屈词穷的表现，是以势压人，犯了大罪。春秋末期的政治家子产（？—前522年）任郑国执政时，郑国的裨灶用占星术预言宋、卫、陈、郑将有火灾，请求使用国宝举行祭祀来祈求免灾，子产没有答应。据《左传》记载，昭公十八年，宋、卫、陈、郑四国果然发生了火灾。于是裨灶更神气起来，声称“不用吾言，郑又将火”。子产仍旧没有答应他的请求，而说：“天道远，人道迩，非所及也，何以知之？灶焉知天道！是亦多言矣，岂不或信。”他认为，天道玄远，人道切近，两不相关，怎么能了解它们的关系呢？裨灶哪里懂得“天道”！这个人说的话多了，不过偶尔让他说中罢了。

这里要指出，“天道”“人道”两个范畴古已有之。《尚书·汤诰》说：“天道福善祸淫，降灾于夏。”《周易·谦卦》：“天道亏盈而益谦”，“人道恶盈而好谦”。《尚书》《周易》中的“天道”虽然也包含着天体运行过程的知识，但又是上帝意志的表现，与人事密切相关，是宗教思想体系的构成部分。子产认为天道和人道“非相及也”，主张把“天道”和“人道”加以区分。但同时派祝史筑坛祭祀水神、火神，祈祷消灾除难，又依照周礼的规定，大筑土地神庙，“祓禳四方，根除火灾”（《左传》昭公十八年），可见子产也没有与宗教思想完全决裂。

春秋时代的重民思想是西周“敬德保民”思想的发展。子产执政的时候，郑国人在乡校里游玩聚会，议论政事得失，有人建议毁掉乡校。子产说：“何为！夫人朝夕退而游焉，以议执政之善否。其所善者，吾则行之；其所恶者，吾则改之。是吾师也，若之何毁之？我闻忠善以损怨，不闻作威以防怨。岂不遽止，然犹防川，大决所犯，伤人必多，吾不克救也；不如小决使道，不如吾闻而药之也。”（《左传》襄公三十一年）子产的重民思想与他的重人轻神思想一致，是当时开明的政治思想。

还有一些关于君民关系、君臣关系的言论便直接与传统思想相冲突。《国语・鲁语上》记载，晋人杀了晋厉公，鲁成公问道：“臣杀其君，谁之过也？”里革断然回答说：“君之过也。”他认为身为国君，失威而被杀，应该由他自己负责。如果君纵私欲而弃民事，遭到夏桀、殷纣、周厉王、周幽王那样的下场也是应该的。《左传》襄公十四年记载，晋侯问：“卫人出其君，不亦甚乎？”师旷却回答说：“或者其君实甚。”他按照君主的作为将其分为“良君”和“困民之主”，认为：“若困民之主，匮神乏祀，百姓绝望，社稷无主，将安用之，弗去何为？”鲁昭公被季氏放逐，死于乾侯，鲁国百姓和各国诸侯中却没有人反对季氏。赵简子和史墨议论此事，史墨说：

> 鲁君世从其失，季氏世修其勤，民忘君矣，虽死于外，其谁矜之！社稷无常奉，君臣无常位，自古以然。故《诗》曰：“高岸为谷，深谷为陵。”三后之姓，于今为庶，主所知也。（《左传》昭公三十二年）

商周的君权是依照宗法制度确立的，又被说成“受命于天”，传统观念认为君权有天然合理性。里革、师旷和史墨冲破商周传统观念，认为君主的地位与履行自己的职责是一致的。君主不履行他们自己的职责，失去了臣民的信任，也就失去了做君主的资格，并以历史发展和自然界变化的事实论证了君臣、贵贱转化的合理性。

## 第三节　春秋时期的阴阳五行说

在《左传》《国语》中可以看到,春秋时代阴阳五行说的发展,表现在三个方面:一是阴阳说与五行说结合;二是阴阳五行学说与具体科学结合;三是阴阳五行学说在南方得到传播和发展。

阴阳说与五行说结合是春秋时代阴阳五行学说发展的集中表现。早在伯阳父称阴阳五行为"天地之气"的言论中,就包含着天地对立观念的萌芽。春秋时代,人们在天地对立观念指导下考察自然和社会,使阴阳说与五行说结合得到新的发展。周卿士单说:"天六地五,数之常也。"(《国语·周语》)认为天有阴、阳、风、雨、晦、明六种气象,地有金、木、水、火、土五行,是自然界符合规律的现象。鲁国的士师展禽,郑国的执政子产,晋国的史官史墨都有"六气""五行"或"三辰""五行"的言论。史墨还进而概括出"物生有两"的法则,认为一切事物都包括对立面,而对立面相互转化是自然界常见的现象。"六气""五行"的对立、"三辰""五行"的对立等,都不过是"物生有两"原则的具体表现,这是西周所没有的新思想。

春秋时期,阴阳五行说还在与具体科学如医学的结合中得到发展。秦医和为晋平公诊病时,有一段关于病理的议论。他说:

> 天有六气,降生五味,发为五色,征为五声,淫生六疾。六气曰阴阳风雨晦明也,分为四时,序为五节,过则为灾:阴淫寒疾,阳淫热疾,风淫末疾,雨淫腹疾,晦淫惑疾,明淫心疾。(《左传》昭公元年)

在这段议论中,除把阴阳二气扩大为六气外,又提出"五味"(辛、酸、咸、苦、甘),"五色"(白、青、黑、赤、黄),"五声"(宫、商、角、徵、羽),"六疾"

（寒、热、末、腹、惑、心），把这几个不同范畴组成一个错综的结构，用以说明病因。而它的理论基础乃是阴阳学说，所以紧接着医和用《周易》作为他的病理学说的依据，说明晋平公因男女关系不节不时，而生内热惑蛊之疾，《易》理与医理是相通的。

阴阳五行学说，在春秋时代还越出中原的地域范围，在南方得到传播发展。范蠡就是南方具有阴阳五行思想的政治家和思想家。他认为“天道”的规律是“阳至而阴，阴至而阳。日困而还，月盈而匡（亏）”（《国语·越语》）。把这一事物转化思想运用于政治，他强调时机的重要性，主张“时不至，不可强生，事不究，不可强成”，“得时无怠，时不再来，天予不取，反为之灾，赢缩转化，后将悔之”（同上）。范蠡在辅助越王勾践兴越灭吴的过程中，准备了七年，观察了七年，在时机不成熟的情况下，多次劝阻勾践取消进攻吴国的计划，而一旦时机到来，他当机立断，像“救火追亡人”那样迅速发兵，一举灭亡了吴国。

春秋时期具有阴阳五行思想的人物，在论述问题时，往往对神作出非宗教的解释，这种情形在《左传》中可以举出不少的例证。例如，关于“五行之神”的起源，依照史墨的解释，“五行之神”原来是上古帝王的臣属，是现实世界人类的叔父或儿子。他们擅长管理五行方面的事务，所任职务的名称便成了他们的姓氏，死后受人推崇而被奉为五行之神。木神句芒，火神祝融，金神蓐收，水神玄冥，土神后土就是这样起源的（参见《左传》昭公二十九年）。这种观点明白无误地包含着不是神创造了人，而是人创造了神的思想。

再如，鲁哀公九年（前486年），宋国进攻郑国，晋国的赵鞅为了决定是否伐宋救郑而进行占卜，得到“水适火”的卜兆。卜官们依据占卜兆进行推论，得出否定的结论。请看他们是怎样推论的：

史龟曰：“‘是谓沈阳，可以兴兵，利以伐姜，不利子商’。伐齐则可，敌宋不吉。”史墨曰：“盈，水名也；子，水位也。名位敌，

不可干也。炎帝为火师,姜姓其后也。水胜火,伐姜则可。”(《左传》哀公九年)

古代人的姓氏观念与祖先神有关。史龟和史墨依据晋、宋、齐三国的姓氏推论战争胜负,显然具有神秘性质。然而深一层看,姓氏和祖先神在这里也只是一种形式,他们实际上是借用水、火两种自然物的性质进行推理、判断。尽管以自然事物的性质及相互关系推论战争胜负是不科学的,但其思维逻辑中包含的理性因素却不可忽视。

又如《左传》僖公二十一年记载,这年夏天鲁国大旱,僖公打算用焚烧巫尪(残疾人)的方法求雨。臧文仲反对这种残酷的迷信活动,他说:“巫尪何为?天欲杀之,则如勿生;若能为旱,焚之滋甚。”上述具有阴阳五行思想的人物的观点,都体现出以理性反对迷信的倾向。春秋时期的阴阳五行学说已经从神学的桎梏中解放出来,唯物主义倾向得到明显发展。这是战国诸子学说中唯物主义哲学发展的前奏。

## 第四节　春秋时代的伦理观念

春秋时代,社会伦理观念也发生了变化,这表现出三方面的特点:①伦理思想开始挣脱宗教体系而以探讨人与人的关系的现实形式出现。西周时代伦理观念被包含在宗教意识中,孝与对祖先神的崇拜和祭祀不可分离,德与对天的崇拜和祭祀不可分离,春秋时代的伦理观念突破了这些局限。②伦理领域里着重讨论的是基本范畴问题。“孝”“德”等旧范畴被改造,“忠”“仁”等新范畴被提出,以确立道德标准或行为规范。③春秋时期,氏族社会习俗的残余,在社会生活特别是婚姻家庭关系中,仍然明显可见。它既具有落后于时代的恶风陋习的性质,又包含着某些原始的平等因素。

春秋时代,伦理范畴及其应用都比较广泛,单襄公有一段评论孙周

(晋悼公)的为人品质的话,他说:

> 其行也文,能文则得天地。天地所胙,小而后国。夫敬,文之恭也;忠,文之实也;信,文之孚也;仁,文之爱也;义,文之制也;智,文之舆也;勇,文之帅也;教,文之施也;孝,文之本也;惠,文之慈也;让,文之材也……此十一者,夫子皆有焉。(《国语·周语下》)

单襄公一口气提出了敬、忠、信、仁、义、智、勇、教、孝、惠、让十一个伦理范畴,显示出这个时候伦理观念比前代更加细密,同时以“文”统率这十一个伦理概念,更表现出把众多伦理概念系统化的努力。在这个以“文”为伦理纲领的系统里,出现了以前没有的或少见的忠、信、仁等新范畴,同时又沿用了敬、孝等旧范畴,并在其中注入了新的内容。

忠,无论是作为人与人关系的一般道德规范,或者作为君臣关系的特殊道德规范,在春秋以前都还没有出现,春秋时代所说的忠,在以前被包含在孝之内。因为在西周宗法制时代,整个统治阶级是以血缘关系联结起来的,大夫及其家臣为一家,推溯上去,一国以至“天下”的各级统治者都可合为一家。这样,君臣关系亦是父子、叔侄、兄弟关系。“臣子”与“君父”对称,孝不仅是子对父的道德规范,也是臣对君的道德规范。到了春秋时代,宗法制被破坏,君臣未必属于一族或“一家”,君臣之间失去了必然的血缘关系,于是从孝的观念中便自然地分离出忠的观念。春秋时代所讲的忠既不是君对臣民单方面的要求,也不是臣民对君的绝对义务。随国大夫季梁对随侯说:“所谓道,忠于民而信于神也。上思利民,忠也;祝史正辞,信也。民馁而君逞欲,祝史矫举以祭,臣不知其可也。”(《左传》宣公六年)身居高位的人(实际上就是指君),首先应该“忠于民”,“忠于民”的要求就是要“思利民”。百姓在忍饥受饿,君主置之不顾却力图满足自己的私欲以逞快意,这就违背了忠的道德规范,就不合于“道”。在这种情况下祝史的祭祀,鬼神也不会接受。同时,“君使臣以礼,臣事君以忠”(《论语·八佾》)是相对称的,君若不以礼使臣,臣也就可以不以忠事君。所以,孔子又说:“事君数,斯辱矣;朋友数,斯疏矣。”(《论语·里仁》)君臣关系与朋友关系相近,臣对君犹如对朋友一样,“忠告而善道之,不可则止,毋自辱焉”(《论语·颜渊》)。

同样,在宗法制瓦解的背景下,贤的观念受到重视。最初贤只有技能的含义,技能优异者被称为贤者,更具体地说,是指狩猎中的善射者。春秋时代,在各诸侯国的实力竞赛中,迫切需要治国、打仗的人才,而旧贵族腐败无能,许多占据高位的旧贵族文不能治国,武不能打仗,于是不得不打破宗法关系的“亲亲”原则,把人的实际才能提到重要的地位上来。《左传》僖公三十三年记载,晋臣臼季看见冀缺夫妻相敬,认为冀缺有德,请晋文公任用他。文公问道,他的父亲冀芮有罪,可以任用他吗?臼季回答说,舜惩办罪人,流放了鲧;他举拔人才,却起用鲧的儿子禹。管仲是桓公的仇人,桓公任命他为相而得到成功。《康诰》说:父亲不慈爱,儿子不诚敬,哥哥不友爱,弟弟不恭顺,这不能连累别人。《诗》说:采蔓菁,采萝卜,不要把它的下部当糟粕。要看到人的长处所在。文公任用冀缺为下大夫,后来冀缺在与狄人作战中果然立了战功。

贤者从狩猎能手的含义发展成治国、治军人才的观念,自然要与伦理道德发生联系,因而“贤”也就成为一个重要的伦理范畴。臼季对冀缺的评价也就是从“敬”“德”出发说明他有“治民”之才的。《左传》僖公二十七年记载,晋臣赵衰向晋文公推荐郤縠作元帅,理由是郤縠“说礼乐而敦《诗》《书》。《诗》《书》,义之府也。礼乐,德之则也。德义,利之本也”。《国语·晋语七》记载,张老认为魏绛可以为卿,理由是“夫绛之知能治大官,其仁可以利公室不忘,其勇不疚于刑,其学不废其先人之职。若在卿位,外内则平”。前者提出德、义两种品质作为贤的标准,后者则提出知、仁、勇、学四种品质作为贤的主要内容。所以,贤成为一种新的伦理范畴,它与孝、德等范畴不同,不单以宗法意识衡量人才,而是兼顾了智慧和能力这些方面。

如果说春秋时代没有“忠臣不事二主”的忠君观念，那个时代也就没有“烈女不嫁二男”的贞节观念。春秋时代有所谓“烝”“报”制度，平辈之间、上下辈之间都可以发生婚姻关系，甚至子可以娶生母以外的诸母，嫂可以改嫁给丈夫之弟。这是氏族社会残存的习俗。《诗经》中多有所谓“桑间濮上之意”，《郑风》《卫风》描写男女交往的诗相当多，而孔子并没有把它们看做违背伦理的“淫诗”将其删除掉。整部《论语》中也没有提倡“贞节”的词句。美妇人夏姬改嫁多次，楚庄王的大臣巫臣仍郑重地正式聘她为妻，申叔跪还庆贺巫臣“有桑中之喜”，无论是巫臣，还是申叔跪都没有要求妇女“贞节”的观念。以上氏族社会习俗在家庭婚姻关系方面的残余，则是伦理观念的历史性的绝好证据。

## 第五节　《孙武兵法》的军事思想

《春秋》一书所记，上自鲁隐公元年（前722年），下至鲁哀公十四年（前481年），共计242年的历史，其中记载的战争就有271次（据王应麟《困学纪闻》卷六）。在这战争频繁的年代里，军事问题成为重要的时代课题。

当时有一些人受陈旧的军事思想支配，坚持依照古礼打仗。宋襄公就是一例，他说：“君子不重伤，不禽二毛。古之为军也，不以阻隘也。寡人虽亡国之馀，不鼓不成列。”（《左传》僖公二十二年）结果导致失败。另外一些人从战争实际出发，总结战争规律，用以指导战争取得胜利。这些从事军事活动、研究军事理论的人物被称为兵家。

春秋末期的兵家孙武，字长卿，陈国公子完的后裔，出生于齐国长安（今山东惠民）。吴王阖闾三年（前512年），孙武以兵法见吴王阖闾，被任为将。他回答吴王阖闾关于晋国六卿“孰先亡，孰固成”的问题时，认为改革图强，亩大税轻者可以获得成功（见银雀山竹简《孙武兵法·吴问》），表明了他主张变革的政治观点。阖闾九年（前506年），孙武率兵“西破强楚”，夫差十二年（前484年）又于艾陵大胜齐军，“北威齐晋”，取得这样

孙武像

的胜利,是与他的军事思想分不开的。孙武的军事著作《孙武兵法》(又称《孙子兵法》),现存13篇,是我国现存的最古老的兵书,也是世界上最早的兵书。《汉书·艺文志·兵书略》将兵法分为权谋、形势、阴阳、技巧四类。《孙武兵法》位列权谋类之首,与其他三类兵法相比,这类兵法侧重于研究战略计谋,关注战争的全面变化及其与政治、社会的关系,因而具有较高的理论思维水平。

《孙武兵法》开宗明义,提出决定战争胜负的五项基本因素是:"道"——政治,"天"——天时,"地"——地利,"将"——将帅,"法"——法制。其中既包括了自然因素和社会因素,也包括了军事指挥者个人的素质和士兵的素质。孙武在《谋攻》篇还提出:

> 故知胜有五。知可以战与不可以战者胜;识众寡之用者胜;上下同欲者胜;以虞待不虞者胜;将能而君不御者胜。此五者知胜之道也。故曰知彼知己,百战不殆;不知彼而知己,一胜一负;不知彼,不知己,每战必殆。

"知彼知己"就是认识战争双方的客观实际,并按照客观规律决定自己的行动。他把战争双方的客观实际分为五个方面,并在各篇中阐述了各个方面的具体内容。

(1)"知可以战与不可以战者胜"。这一条表现了对战争的重视和慎重态度。孙武认为战争是关系军民生死、国家存亡的大事。《作战》篇指出:进行一场战争,动用轻车千辆,重车千辆,步卒十万,向千里之外运输粮食,加上前后方的费用,每天要开支"千金"巨资。如果进行战争而不能取胜,将使军队疲惫,经济枯竭,给列国诸侯之入侵以可乘之机,那时虽是有智谋的人,也无法善后了。"故不尽知用兵之害者,则不能尽知用兵之利也。"《火攻》篇又提出："非利不动，非得不用，非危不战。"只有在确有把握取胜的情况下方可以作战。

(2)"识众寡之用者胜"。这一条是说，要掌握敌我双方兵力数量对比，按照数量的对比关系采取相应的作战方法。《谋攻》篇具体说到兵力数量对比与相应的战术，"故用兵之法，十则围之，五则攻之，倍则分之；敌则能战之，少则能逃之，不若则能避之"。

(3)"上下同欲者胜"。《计》篇中说"令民与上同意""可与之死，可与之生，而民不畏危"，这是战争取得胜利的条件。这里包括军队内部的上下级关系和君主与将帅之间的上下关系。将士一致、君臣一致才能进行战争。如果君臣不和、上下相怨，必然导致战争失败。这里也包括对敌我双方上下关系的了解。

(4)"以虞待不虞者胜"。就是说要考察敌我双方的作战准备情况，要在战争中取胜，不但要有物质准备，尤其要有周密的谋划。"夫未战而庙算胜者，得算多也；未战而庙算不胜者，得算少也。"(《计》)通过周密准备，使自己立于不败之地，然后寻找战机，打败敌人，夺取战争的胜利；不存侥幸心理，不打没有准备的仗，不打准备不足的仗。这是孙武军事思想的一个特色。

(5)"将能而君不御者胜"。孙武很重视将的地位和作用，把"智、信、仁、勇、严"(《计》)五个条件作为选将的标准。他认为智可以权机识变，信可以使人不惑于刑赏，仁爱士卒而知勤劳，勇可以断疑取胜，严可以威震三军。君主按照这样的标准任命了将帅以后，就要放手使用，不可牵制他的行动。战争是复杂多变的，必须依据一步百变的形势当机立断。如果作战中时时处处等待君命，犹如"白大人而救火"，还没有等到指示下来，房舍早已烧成灰烬了。孙武有句名言："将在军，君命有所不受。"(《史记·孙子吴起列传》)

《孙武兵法》一书渗透着军事辩证法思想，这主要表现在三个方面：

(1)提出了战争与政治、经济的辩证关系。孙武看到战争是取得政治、经济利益的手段;军事是实现政治、经济目的的工具。所以,他认为如果能够不用兵或不打硬仗而达到政治、经济的目的更有好处。他提出:“上兵伐谋,其次伐交,其次伐兵,其下攻城,攻城之法为不得已。”(《谋攻》)上策是挫败敌国的战略计谋,其次是挫败敌国的外交,再次是进攻敌军,下策是攻城。又说,善于用兵的人,目的不在于“屈人之兵”“拔人之城”“毁人之国”,而在于“兵不顿而利可全”(《谋攻》)。这种军事功利主义与宋襄公的迂腐军事思想形成强烈对比。

(2)论述了战争中的一系列矛盾及其相互依存和转化关系。孙武提出战争中的进攻与防御、速决与持久、兵力分散与集中的矛盾,还提出敌我、主客、众寡、强弱、攻守、进退、正奇、死生、虚实、动静、勇怯、治乱、胜败等对立范畴,并认为这些矛盾和对立是互相依存,并在一定条件下互相转化的。例如,“怯生于勇,弱生于强”(《势》),“投之死地而后存,陷之死地而后生”(《九地》),“奇正相生,如循环之无端”(《势》)等。

(3)重视战争中发挥人的主观能动作用。战争是敌我双方实力和智慧的较量。敌人实力如何,谋划是否发生过失,事在敌人,因而“胜可知,而不可为”(《形》),胜利可以预见,不能凭主观愿望去取得。但发展和正确运用自己的实力,避免自己的被动,去造成敌人的被动和失败,就可以为胜利创造条件。所以孙武又说:“胜可为也。”(《虚实》)如《计》篇明确地说“兵者,诡道也”,用兵要能使敌人不知其意图,从这个意义上讲,用兵是一种诡诈的行为。所以,能打装做不能打;要打,装做不要打。要向近处,装做要向远处;要向远处,装做要向近处。给敌人以小利,去引诱他,迫使敌人内部产生混乱,然后打败他。如果敌军士气旺盛、体力充沛、团结一致,可以设法使其士气懈怠、精力疲困、上下左右离散,使敌人的强点变成弱点。又如《势》篇用“正”“奇”表达战争态势的一般形式和特殊形式,认为军事指挥者根据战况,从“正”“奇”两种基本战争态势出发,可以创造出多种多样的战术来,“无穷如天地,不竭如江河”(《势》)。因敌情变化而灵活地改变自己的作战方式,使敌人无法推测自己的作战意图和行动规律。这些都是主观能动性。

孙子还指出，胜利是可以依靠主观能动性而夺取的，但主观能动性又不能超越客观条件，也不能无视敌方的主观能动性。在《形》篇孙子指出："昔之善战者，先为不可胜，以待敌之可胜。不可胜在己，可胜在敌。故善战者，能为不可胜，不能使敌之可胜。故曰：胜可知，而不可为。"会打仗的人，先要能够站稳脚跟，保存自己，使自己立于不败之地。只有先使自己立于不败之地，才有可能调动敌人，否则就不能取得胜利。因为战争的策略可以运用，但我方不一定能够使敌方中计，更不可能完全把握准敌方能动性的发挥程度。孙子反对忽视客观条件的硬拼、强攻，他认为战争中的主观能动性是建立在对于事物的正确认识和行动的基础上。由此，《孙子兵法·谋攻》篇便总结出这样的名言："知彼知己，百战不殆；不知彼而知己，一胜一负；不知彼，不知己，每战必殆。"这就是说，如果人们对于自己一方和敌人一方都有准确和清晰的认识，从而采取正确的部署和措施，就能每战必胜。相反，如果有人对"彼"与"此"都没有深切的认识，两眼漆黑，那就谈不上发挥人的能动性，因而吃败仗便是不可免的了。

从上述的举例中不难看出，《孙子兵法》的论述都是与战争相联系的用兵之道，即兵法，但是他归纳得出的理论原则并不限于战争这种独特的社会现象，而具有更加广泛的普遍意义。也就是说，当人们的认识与行动和客观规律相契合的时候，便标志着人们自觉性的提高及其积极作用。《孙子兵法》对后代的影响已经远远超出了军事范围，它对人及其自觉性的重视，使得中国古代穷本探原的人文精神有了更加丰富的内容。

附：孙膑和《孙膑兵法》

孙膑是孙武的后裔，约与孟子同时。《史记·孙子吴起列传》记载，孙膑和庞涓同学兵法。庞涓做了魏惠王的将军，自知不如孙膑，骗孙膑到魏国，断其两足并在其脸上刺了字，想使他埋没无闻。后来孙膑被齐国使者秘密接回，做了齐威王的军师。魏惠王十七年（前354年），孙膑为齐

孙膑像

国设计“围魏救赵”，大败魏军于桂陵。魏惠王二十七年(前344年)，孙膑用行军减灶之计又一次大败魏军，逼庞涓自杀于马陵。《汉书·艺文志·兵书略》有《齐孙子》89篇，即《孙膑兵法》，汉以后失传。1972年山东临沂银雀山汉墓中发现《孙膑兵法》残简440余枚，约1.1万字，分上下两编，共30篇，从中可以看出孙膑对孙武军事思想的发展。

《孙膑兵法》提出战争中的形名关系和“以万物胜万物”(《奇正》)的观点。认为凡有形质的东西都可以用“名”(概念)来表达，凡能用“名”来表达的东西都可以用另一种东西克服。人们之所以对某种东西不能克服，是因为还没有找到战胜它的另一种东西。万物相胜的现象是无穷无尽的。这就在唯物主义的基础上回答了形与名的关系，并指出没有不可克服的敌人，而“我方”也有失败的可能。战争有胜败两种可能，所以要研究战争的规律，克服不利的方面，发扬有利的方面，以争取战争胜利。齐国的田忌与诸公子赛马的时候，孙膑为田忌谋划，主动失败一局，最终取得全局的胜利，就是对“以万物胜万物”的辩证法思想的运用。

《孙膑兵法》还认识到战争中力量对比的相对和绝对关系。“盈胜虚，径胜行，疾胜徐，众胜寡，佚胜劳”(《积疏》)，可以说是战争中取胜的普遍适用的原则。但是任何一方的盈、径、疾、众、佚都不是在一切方面没有差别的，任何一方的虚、行、徐、寡、劳也都不是在一切方面没有差别的。战争指挥者可以改变战争态势，哪一方能以己之盈当彼之虚，以己之众当彼之寡，以己之佚当彼之劳，哪一方就可以发挥自己的优势，取得战争的胜利。孙膑为齐国设计的“围魏救赵”，就是以己之盈乘彼之虚的典型战例。魏国出动主力进攻赵国，魏都大梁守备空虚。齐国要解赵国之围，不派兵去赵国寻找魏军主力作战，而是直捣守备空虚的魏都大梁，迫使魏军仓促回师自救，这样便使赵国得到解救。当魏军慌忙奔回的时候，齐军设伏于桂陵，以逸待劳，打了一个大胜仗。

# 第三章　孔子思想

## 第一节　孔子创建儒家学派

孔子像

孔子(约前551—前479年),春秋末期鲁国昌平陬邑(今山东曲阜东南)人,名丘,字仲尼。先世是宋国贵族,曾祖父时宋国内乱,避难逃到鲁国。父亲叔梁纥做过鲁国的下级武官,是当时一位著名武士。孔子幼年丧父,过着贫贱的生活。青年时做过会计("委吏")和牛羊管理人("乘田")。青少年时就非常好学,曾向苌弘学习音乐,向师襄学习弹琴,还曾向一个来朝鲁国的东方小国国君郯子请教过少皞氏"以鸟名官"的问题(见《左传》昭公十七年),表现出对古代典章制度的浓厚兴趣。大约30岁时开始的私人讲学活动是他一生的主要事业。34岁时去齐国,听到《韶》乐,被它深深吸引,竟三月不知肉味。51岁出任鲁国中都宰,后来升任司空、大司寇。因不能实现政治理想,54岁时离开鲁国,带着弟子游说列国。14年间,到过宋、卫、陈、蔡、齐、曹、郑、蒲、叶、楚等国,自称"如有用我者,吾其为东周乎"(《论语·阳货》),而各诸侯国君主都不能采用他的主张。再度回到鲁国时,他已经68岁了。晚年致力于教育,整理《诗》《书》等古代文献，并把鲁国史官记叙的《春秋》加以删修，使之成为我国第一部编年体历史著作。《论语》是孔子弟子、再传弟子整理的孔子言行录，并有孔子弟子间的谈话，是研究孔子思想的基本资料。

孔子是儒家学派的创始人。

儒的名称在商代就有了，是对一种宗教职业人员的称呼。殷代甲骨文的儒字写作“[illegible]”或“[illegible]”，是一个人沐浴的形状。殷代金文写作“[illegible]”，周代金文变形为“[illegible]”，隶定为“需”。儒字可能就是从“需”字分化出来的。因为这种教职人员在主持祭祀仪式前需要斋戒沐浴，所以用一个人洗澡的形象来代表他们。殷代甲骨文中又有“丘需”一词。按照古籍的说法，九家为一井，四井为一里，四里为一丘，即144家为一丘。丘是一个基层单位，相当于古代的一个村社。丘儒就是管理一个村社的教职人员，主要职责是主持祭祀，另一项与祭祀有关的职责是接待宾客。与这两项职责相适应，儒要掌握那些与迷信掺杂在一起的古代天文知识和礼仪规则。那时宗教与政治合一，儒的宗教职责与政治职责是分不开的。

春秋时代的儒，已经不再是与政治结合的教职人员了，而成为以传统礼仪知识谋生的自由职业者。他们出仕于朝廷，能够为公卿尽其忠顺；入居于家中，能够对父兄尽其孝悌。遇到丧事，则尽力按照“礼”的规定办事，不为饮酒乱其本性。

孔子本人具备春秋时代儒的修养，也做过儒的事情，但他不是一个普通的儒。

首先，孔子是一个有政治思想的儒。他说：

> 朝闻道，夕死可矣。
>
> 士志于道。（以上均见《论语·里仁》）
>
> 君子谋道不谋食。
>
> 君子忧道不忧贫。
>
> 道不同，不相为谋。

邦有道，则仕；邦无道，则可卷而怀之。（以上均见《论语·卫灵公》）

天下有道则见，无道则隐。（《论语·泰伯》）

道不行，乘桴浮于海。（《论语·公冶长》）

这些话中反复说的“道”，就是他的政治理想。他一生进退都是为了实现这个“道”。他把合乎其理想的政治局面叫做“邦有道”或“天下有道”，反之叫做“邦无道”或“天下无道”。孔子认为春秋时代，“礼乐征伐自诸侯出”，这种局面是“天下无道”，而西周时代的政治局面才是“天下有道”。

其次，孔子是一个学问渊博的儒。殷周以来的主要学问就是诗（举行礼仪时咏唱的歌词）、书（典籍文诰）、礼（仪式规章）、乐（举行礼仪时表演的音乐舞蹈）、射（射箭）、御（驾车）。孔子对这些方面都相当熟悉。相传，他整理删定过《诗》《书》《礼》《乐》，加上《易》和《春秋》，称为“六艺”，用来教授他的学生。在当时的儒及士大夫范围内，孔子是学问最渊博的人。更重要的是孔子对古代思想文化的态度与一般儒者不同，他不仅反复强调学习传统知识，而且强调要有自己的见解。他认为对《诗》《书》《礼》《乐》，如果只是死记硬背，学得再多，也是白学。

孔子依照“有教无类”（《论语·卫灵公》）的主张开办私学，把社会上不同阶层的人吸收到自己门下来。这样，在几十年中，形成了一个很有影响的学派——儒家学派。孔子死后，儒家分成八个派别，称为儒家八派。子思、孟子两派有承继关系，思想倾向一致，当时影响很大，在后来的整个中国封建社会被尊为儒家正宗。值得注意的是，随着郭店楚简的发现（1993年）与公布（1998年），人们对思孟学派的研究又有显著推进。孙氏之儒即以荀子为代表的一派，与子思、孟子的思想在若干方面有很大差别，在当时也有很大影响。在后来整个封建社会里，统治者兼用荀子儒学和孟子儒学。

## 第二节　孔子儒学的核心是“人学”

孔子的儒学“人学”学说，是汉族形成时期所创造出的思想文化体系。“人学”是对商周时“仁”的观念的传承创新。

仁，是一个十分古老的概念。它起源于商代。卜辞中就有“仁”字（《前》二·一九·一），即从人，从二。可见，“仁”从产生时起，就同人际关系有关。

在古代史籍中，最早出现“仁”字的是《尚书·商书·太甲下》篇。太甲是成汤的嫡长孙，太子太丁之子。因他暴虐，乱德，不遵汤法，被放逐三年，后反省自责。伊尹作《太甲》（上、中、下）三篇，告知为政安民以及仪礼上的一些规矩。其中说：“民罔常怀，怀于有仁。”（《十三经注疏》）这是史籍中第一次出现“仁”字，时间约在前16—前15世纪之间。《尚书·周书·泰誓中》记载了武王伐纣时的誓言：“虽有周（至）亲，不如仁人。”（《十三经注疏》）意思是说，纣王至亲虽多，不如我有“仁人”。这是史籍中第二次出现“仁”字，第一次出现“仁人”范畴，把“仁”与人相联系，时间约在公元前11世纪，也说明“仁人”不是孔子最早提出的。《尚书·周书·金縢》篇，时间更晚了。武王患病，周公告之神灵，欲代武王而死，其中记载了周公所说“予仁若考”（《十三经注疏》），认为自己“仁”的品质就表现在顺从祖先，忠于氏族，这是第三次出现“仁”字，第一次把“仁”与爱亲相联系，即以亲亲为仁，爱的是贵族及其后裔。

春秋时期，“仁”的观念被普遍地作为人的道德规范，这从当时的史料中可以得到佐证。据粗略统计，《诗》“仁”字出现2次，《孙子兵法》出现3次，《老子》8次，《左传》36次，《国语》61次，至于《论语》多达109次。这就说明，崇尚“仁”已成为一种时代风尚，这与春秋时期的社会变动有关。当时的社会变动引起人和人之间，如君臣、诸侯卿大夫、父子等方面的剧烈变化，从而出现了“礼坏乐崩”局面。周礼的破坏，使人们失去精神和行为的依托，于是人们便把目光转向了“仁”。从《左传》和《国语》可以看出，在孔子以前和孔子同时，许多人都讲“仁”。《国语·周语》“言仁必及人”，也就是说，凡讲“仁”必然涉及人际关系。这些为儒家“人学”的形成准备了思想资料。在此基础上，孔子加以取舍、提炼和综合，并赋予新内容，使“仁”成为“人学”的基本范畴，“人学”成为儒学的理论基石，其核心价值是：

**（一）“人学”是关于个人自身修养和人际关系的道德学说**

论语中多处为“仁”规定界说，其特点是：“仁”不是以祖先神的崇拜为出发点，而是以人的理性为基点；不是以氏族群体为出发点，而是以个人修身为基点；不是以维护一方而牺牲另一方为出发点，而是以力求照顾到人际双方的利益为基点。他不赞同把“亲亲”与“爱人”对立起来，批评所谓“慈于民”，就不会“亲亲”，就可能“杀君而后利众”（《国语·晋语》），从而克服了以“亲亲”为仁的局限性。孔子将“仁”解释为“爱人”，就显示了这样一些特点。

樊迟问“仁”，孔子回答说：“爱人。”（《论语·颜渊》）所谓“爱人”，一方面是“己所不欲，勿施于人”（同上）；另一方面是“己欲立而立人，己欲达而达人”（《论语·雍也》）。这两方面结合起来就是“忠恕之道”。“忠恕之道”被古今中外学者誉为做人的格言。为调节君臣、父子等人际关系，孔子要求双方相互尊重。父亲要儿子对他孝，他就应当以慈来对待儿子。另一方面，儿子不愿父亲对他不慈，他就要以孝来对待父亲。但是，孔子所说“爱人”并不是普遍的爱。他说：“泛爱众，而亲仁。”（《论语·学而》）他主张爱有差等，由近及远，仍然带有氏族血缘纽带的影子，不能和近代资产阶级博爱观等同。

孔子还强调，做一个有道德的高尚的人，要靠自身修养，从“我”做起。他说：“一日克己复礼，天下归仁焉。为仁由己，而由人乎哉?”（《论语·颜渊》）这里一方面主张恢复西周礼制，另一方面又把自我道德修养看成是治国平天下的起点，把治国平天下作为道德修养的目标。这种从

“我”做起的道德修养论,成为儒家“人学”人本主义思想的核心,在儒学历史演变中,这个核心始终没有变化。

儒家“人学”系统论述了各种道德范畴的内涵,并要求人们以此为准则去进行修养,从而调节人际关系,使之和睦相处,以稳定社会秩序。《论语·阳货》:“子张问仁于孔子。孔子曰:‘能行五者于天下为仁矣。’请问之。曰:‘恭、宽、信、敏、惠。恭则不侮,宽则得众,信则人任焉,敏则有功,惠则足以使人。’”恭即自重;宽即宽厚;信即信用;敏即敏捷,引申为孜孜不倦;惠即关心他人。除此,在《论语》中还有多种道德规范的分类,如:温(和)、良(善良)、恭(自重)、俭(俭朴)、让(谦让)(见《论语·学而》)等。

孔子把做人的道德修养摆在第一位。他认为,一个好学的人,不能过分要求个人的优越物质生活,重要的是要向有德的人请教,“敏于事而慎于言”(《论语·学而》),又说“君子忧道不忧贫”(《论语·卫灵公》)。他总是把道义摆在第一位,说出这样含义深刻的话:“富与贵,是人之所欲也;不以其道得之,不处也。贫与贱,是人之所恶也;不以其道得之,不去也。君子去仁,恶乎成名?君子无终食之间违仁,造次必于是,颠沛必于是。”(《论语·里仁》)他认为对人来说,不论在任何情况下都不能忘记道义,尤其是颠沛流离之际也不可弃道义于不顾。追求富贵是人之共性,但是这必须要有限制,此限制就是道义;符合道义的富贵可以取;不合道义的富贵决不可取。人为道义而活,非为富贵而生,这样才有了人生的价值,这种道德价值观是可取的。正是从这种意义上,孔子才说:“君子喻于义,小人喻于利。”(同上)按照他的本意,如果义与利统一,利是可以取的;如果丢掉义只顾利,那是不为的。总之,人的一切要遵照道义的规范,不能任其所为。这种观点提高了“人”的价值,在今天仍然有生命力,尽管在不同的时代关于道义的内容有所变化和发展。

孔子作为2500多年前的大思想家大教育家,其论述不可能超越其时代,而适应于春秋末期“人”在一定条件下解放的历史潮流,刻着当时社会历史的印迹。这就说明,任何道德规范都有历史的变动性,例如,“忠”

“孝”这样的道德范畴就随着历史条件的改变而发生内容上的差异。但另一方面，人类社会，不论是古代或当代，还有一些普遍性因素，并不因历史的变迁而改变，从这个意义上说，道德又有稳定性的一面。因此道德也能继承，而且必须继承，当然不是原封不动地搬来，其中要灌注新内容。总之，经过继承和改造的儒家道德论必然成为中国社会主义精神文明建设的一项重要内容。它将把一种新的精神力量导入经济和政治的改革活动，这些道德规范将会恰当地调整人与人之间的关系，从而使家庭、政治和经济生活获得稳定、和谐和协调。这项重大的精神工程建设，不是短期所能奏效的，需积以时日，用几代人的时间才会取得明显成效。

**（二）“人学”是关于人的价值和人的理想的学说**

儒家“人学”的一个重要内容，就是关于人的理想学说。在孔子看来，一个有道德修养的君子，必须要有理想，此理想可称之为“道”。“道”极其宝贵，其价值超过人的生命。孔子说：“朝闻道，夕死可矣。”（《论语·里仁》）当“道”与人的生命相冲突，应当毫不犹豫地牺牲个人生命，以维护“道”之尊严，这就是孔子所说“志士仁人，无求生以害仁，有杀身以成仁”（《论语·卫灵公》）。人之所以有高尚的理想，并有为理想而奋斗的精神，就因为人有道德，人能思考，人超越于其他动物。这个道理，孔子用“人能弘道，非道弘人”（同上）这八个字加以理论概括。这八个字历来注家都没有注解清楚。这八个字表述了中国思想史上最早的自觉性，认为人有发现和宣传真理的能力。很明显，这样的自觉是理性的集合，它追求的不是个人的富贵尊荣，而升华为强烈的历史使命感。

《论语·公冶长》记载：“子路曰：‘愿闻子之志。’子曰：‘老者安之，朋友信之，少者怀之。’”这里孔子生动形象地叙述了他意识到的历史使命。孔子把能够广泛地有利于人民而解除他们患难的行为称之为“圣”，将它看做是比他所推崇的“仁”更为崇高的道德，并且认为这是像尧、舜这样的“圣王”也难以做到的[1]。

由此，孔子又提出关于未来社会的理想，即《礼记·礼运》篇所记载的“大同”社会。《礼记·礼运》篇是战国末年秦汉之际的儒家学者的著作，发挥了孔子思想，集中论述儒家的社会理想，即“大道之行也，天下为公”，认为“天下”（国家）是天下人共有的。在“大同”世界里，“选贤与能，讲信修睦，故人不独亲其亲，不独子其子，使老有所终，壮有所用，幼有所长，矜寡孤独废疾，皆有所养”。在“天下为公”的世界里，老人享其天年，壮年人发挥所长，少年受到良好教育，鳏寡孤独和残废人得到社会的关怀和照料。

总之，“大同”是儒家的理想世界。“大同”理想是儒家“人学”思想体系中的重要组成部分。尽管此理想带有空想色彩，而孔子及其弟子们也找不到通向“大同”的道路，但是它毕竟集中表现了中国人民的高尚的精神境界，形成中华民族对未来美好世界憧憬和向往的心理素质。

**（三）“人学”是关于人的认识的学说**

在儒学看来，人的价值的实现，人对理想的追求等等，要靠后天的努力。所以，“人学”特别将教育论、认识论和道德论相结合，提出了“中庸”原则，这成为春秋时期最少片面性和最有特色的辩证思维。

孔子把“中庸”作为人格完善的标准，他说：“中庸之为德也，其至矣乎！民鲜久矣。”（《论语·雍也》）这是说，“中庸”作为一种道德标准，它是一种最合适的尺度；由此引申出，“中庸”作为一种认识方法，它能比较全面地观察事物；“中庸”作为一种教育理论，能鼓励人们去追求完善的人格，鼓励人们去做一个有道德的高尚的人。

什么叫“中庸”？《论语·先进》有这样一则材料：

子贡问：“师与商也孰贤？”子曰：“师也过，商也不及。”曰：

① “子贡曰：‘如有博施于民而能济众，何如？可谓仁乎？’子曰：‘何事于仁，必也圣乎！尧舜其犹病诸！……’”（《论语·雍也》）

“然则师愈与?”子曰:“过犹不及。”

这则材料的内涵极为丰富。颛孙师(子张)和卜商(子夏)都是孔子的学生。子贡问孔子:他们两人谁强一些呢?孔子说,子张有些过头,子夏有些赶不上,这两者都不是中庸之道。就是说,“过”和“不及”都是片面的,都不是“中庸”之德,不是“中庸”的认识方法。孔子提倡按照“中庸”的原则去认识事物,去做事情,去进行修养。他从认识论的角度猜测到事物由量变到质变的界限,因此,说话做事要有限度,超过或者达不到应该达到的界限,就不能正确认识事物,也不能具有高尚的品德,甚至会由善变恶。从这个意义上说,“中庸”就是古代辩证思维的一种理论概括。

在孔子的言论中,充满着“中庸”的辩证思维,如:

“子曰:‘君子周而不比,小人比而不周。’”(《论语·为政》)——君子既要善于与人相处,又不能与别人勾结。

“子曰:‘……见义不为,无勇也。’”(《论语·为政》)——说明勇敢应当与正义的行动相结合。

“子曰:‘人而不仁,如礼何?人而不仁,如乐何?’”(《论语·八佾》)——说明“仁”应当和“礼”“乐”相结合。

“子曰:‘《关雎》,乐而不淫,哀而不伤。’”(《论语·八佾》)——说明快乐而不至于无节制,悲哀而不至于伤害身心。

“子曰:‘知者乐水,仁者乐山。知者动,仁者静。知者乐,仁者寿。’”(《论语·雍也》)——说明有知识的人乐于水,有道德修养的人乐于山。这二者的结合,就是动与静、乐与寿的统一。

“子温而厉,威而不猛,恭而安。”(《论语·述而》)——说明孔子温和而又严厉,有威严而不凶猛,恭重而安静。

此外,《论语》中还多处记述了多与寡、有与无、实与虚,惠与不费、劳与不怨、泰与不骄等方面的结合和统一。所有这些都在于记述,无论是追求知识或是学做圣贤，都要讲究“中庸”之道，都要注意“叩其两端”（《论语·子罕》），将“两端”结合，注意避免“过”与“不及”。因此，孔子强调一个人的言语行动要力求合乎中庸之道；用他的另一表述，称之为“中行”，后来孟子又称之为“中道”。这是统一和结合事物“两端”的古代辩证思维，即矛盾对立统一学说的朴素表达。

**（四）“人学”是关于人与自然相互关系的学说**

人是社会的人，也是自然界的人，人不能离开自然。人际和谐离不开人与自然界的和谐，否则必将受到自然界的“惩罚”，人际和谐也会受到严重影响。孔子把以德报德用于自然界，实际上是对人的生存环境的一种回报。

孔子在创立儒学时，对自然现象也作过研究。《论语》中保存了他和弟子们对于自然认识的大量材料，有关于天文现象的认识、理化现象的认识、动植物现象的认识、农工技艺的认识等，总共54条。从这54条资料中可以看出，大部分是借自然认识作譬喻，以说明政治伦理和治学教育的意义。例如，世界上各个国家和地区都有山水草木，都有天文现象，然而却只有孔子把这些自然景物与治国和人的才能品质相互比拟。他说：“为政以德，譬如北辰，居其所而众星共之。”（《论语·为政》）用这个天文现象说明凭借道德来治理国家，人民自然归服。他说“知者乐水”“仁者乐山”（《论语·雍也》），又说“岁寒，然后知松柏之后雕也”（《论语·子罕》）。这是说，有才华的人运用其知识如流水而不止；有道德的人如山岭之坚固，松柏之耐寒，不畏风雪，傲然挺立，借以说明人与自然有着美的同一性。不仅如此，他还教育学生“多识于鸟兽草木之名”（《论语·阳货》），以体会《诗经》的内在含义，这在一定程度上发现了自然现象与社会现象的某些同一性。孔子如果没有对自然界的挚爱，是绝对发不出这样的情感的。这里就包含着生态伦理思想的萌芽。

**（五）“人学”是关于“人格”和“国格”的学说**

“人格”是讲如何做人，核心是爱人；“国格”是讲如何对待国家，要不辱国家尊严。

那么,“仁”是否包括爱国的内容？孔子的回答是肯定的。在这方面,他曾与他的学生举行了一次小规模的讨论会。管仲和召忽原来都是臣事齐国的公子纠的,后来公子纠遇害,召忽殉难,而管仲却没有殉难,子路便感到管仲有些不忠,问孔子说:管仲“未仁乎”(《论语·宪问》)！管仲不能算是仁吧！孔子回答说:“桓公九合诸侯,不以兵车,管仲之力也。如其仁！如其仁！”(同上)子路的意见被孔子否定。子贡又提出来,孔子还是坚持他的意见说:“管仲相桓公,霸诸侯,一匡天下,民到于今受其赐。微管仲,吾其被发左衽矣。”(同上)孔子是从对国家是否有利上来评价管仲,认为管仲维护了当时的社会秩序,抵御了游牧部落的入侵,使国家能够安定下来,这是爱国的行为,应该承认他是“仁”的。这里,孔子把“仁”的标准提高了一个层次,所以他要求他的学生们拓宽思路,从爱人和爱国两方面来重新认识“仁”。

为了进一步说明这个问题,孔子还对商代的三位大臣进行了评价。他所指的三位大臣,就是微子、箕子和比干。

微子是纣王的同父异母兄弟,封地在微(今山东梁山西北);箕子是纣王的诸父,官太师,封地在箕(今山西太谷东北);比干是纣王的叔父,官少师。他们三人都是纣王的臣子,见纣王无道,微子数谏不听,便忧愤地出走了;箕子急得没办法,又被纣王贬为奴隶,囚于牢狱,只好披发装疯以隐晦自己的贤明;只有比干,不顾一切地进行死谏,结果被剖心杀害。他们三人的举动虽各有所不同,但对纣王来说,都是忠君的表现,对国家来说,都是爱国的行为。因此,孔子称赞他们说:“殷有三仁。”(《论语·微子》)这是说,他们的“仁”既表现在忠君上,又表现在爱国上,反过来说,不爱国、不忠君就是不仁。爱国与忠君在古代社会中往往纠缠在一起,很难分离。

由此可见,孔子所说的“仁”,就是爱人、爱国的学问;他所追求的理想,就是爱人、爱国的理想;他所赞誉的“志士仁人”,就是中华民族爱人、爱国的楷模。从这个意义上说,孔子是中国古代把爱人、爱国思想相结合的倡导者和奠基者。[①]

## 第三节 孔子"和而不同"的会通之学

**(一)"和而不同"与"同而不和"**

我国古代文化比较喜欢讲"和"、讲"同",如孔子就是这样,可以说是一种思想传统。西方不是这样,古希腊的辩证法家赫拉克利特说:"战争是普遍的,正义就是斗争,一切都是通过斗争和必然性而产生的。"(《古希腊罗马哲学》)。

中国古代思想一般来说比较强调同一性。同一性有两种:一种是否认矛盾,不承认差异的同一性,古代称之为"同";另一种是承认有矛盾,有差异的同一性,古代称之为"和"。

西周危机,郑桓公问史伯:"周其弊乎?"史伯回答说:西周最大的弊端就是"去和而取同"。他从哲学讲到政治,提出"和实生物",认为性质不同的土金木水火配合在一起才生出百物,而"同则不继"是说,只有一种东西就不能继续下去。在政治上所谓"和",就是听取不同意见;"同"就是搞专断,听不得相反的意见。周幽王"去和而取同",倒行逆施,怎么能不发生政治危机呢?

春秋时代,"和"与"同"的区分是很清楚的。晏子曾用君臣的关系来说明"和"的重要性,同时他又批评梁丘据说:"君所谓可,据亦曰可;君所谓否,据亦曰否;若以水济水,谁能食之?若琴瑟之专一,谁能听之?'同'之不可也如是。"(《左传》昭公二十年)

孔子也是这样,他说:"君子和而不同,小人同而不和。"(《论语·子路》)意思是,正派的人以"和"为准则,但不肯盲从附和,而敢于提出自己的意

① 有关儒家"人学"的其他部分,请参阅以下各节。

见;不正派的人处处盲从附和,而不敢提出自己的见解。可见孔子是赞成“和”的,并从哲学和政治两方面加以论证。他的贡献还在于:把“和而不同”的原则运用于认识领域,即“叩其两端”的认识方法(见《论语·子罕》)。中国古代文化中“和而不同”这一创造性的优良传统一直延续了下来。

**(二)百家争鸣与门户之见**

“和”不是不争。春秋时期的学派繁多,他们相互诘辩、相互批评,又相互影响、相互吸取,成为“百家争鸣”的先唱。

“和而不同”是对“百家争鸣”这一文化现象的理论概括。它作为一项独创的学术理念,具有强大的创造力,推动着文化思想的发展。

孔子是提出并实践“和而不同”不抱门户之见的楷模。他以超前的视角启发了当时某些不同学派提出某些与其相类似的思想与主张,充分地体现了孔子思想的前瞻性和兼容性。以当时号称“显学”的儒、墨两大学派为例,仅从《论语》中《学而》《子路》章就可以看出其中的端倪:

孔子说“泛爱众”,即在亲亲的基础上,把爱推广到一般人。《孔疏》:“博爱众也。”墨子讲“兼爱”,主张爱无差等。孔、墨在爱人上是一致的,只是对爱的对象和程度有深浅的不同。双方都主张爱人,这是对当时社会以亲亲为爱的一大突破,所以,不能说相同的是形式,相异的才是实质。

孔子说“亲仁”,就是尊重道德情操高尚的人。《孔疏》:“亲仁者,有仁德者,则亲而友之。”墨子也讲“仁”,把主张“兼爱”的人称为“仁人”。双方对待“仁”和“仁人”都是赞赏的,只是对“仁人”的定义有所不同。

孔子弟子子夏说“贤贤”,就是要尊重贤人。孔子认为,子夏说的不够到位。他又明确提出要“举贤才”(《论语·子路》),要人尽其才。这与墨子讲的“尚贤”又有相同的一面,只是在举贤的做法上有所区别。

孔子说“和为贵”,墨子讲“非攻”,这二者在内容上是不一样的。和是指音乐的和谐,意思是说,用“礼”要像音乐那样和谐而有节奏,其目的是为了使民心乐和,无怨不争,揖让而天下治。这与墨子“非攻”所反对的使民心怨恨、撕裂和谐的不义战争也有相同的一面,其实质都是希望社会和谐,民心安定。

可见,墨子学说受到孔子的很大影响,他的学术渊源不是如有的学者所说仅仅是受到古籍中民间传说的夏禹形象,齐国、三晋地域文化和管仲的影响,而是直接来源于孔子。《淮南子·要略》称墨子"学儒者之业,受孔子之术"。韩愈《读墨子》说:"儒墨同是尧、舜,同非桀、纣,同修身正心以治天下、国家,奚不相悦如是哉?"又说:"孔子必用墨子,墨子必用孔子,不相用不足为孔墨。"正是说到了孔、墨"会通"的"关节点"。后来墨子因为不赞同孔子的"礼烦扰而不悦,厚葬縻财而贫民,服伤生而害事"(《淮南子·要略》),或继承或改造了孔子学说,而另立学派,但这绝不能截断孔、墨学说之间的源与流的联系。

春秋时期,儒、道之间的思想学术也有"和而不同"的方面。孔子说:"天何言哉!四时行焉,百物生焉,天何言哉!"(《论语·阳货》)又说:"无为而治者,其舜也与!夫何为哉,恭己正南面而已矣。"(《论语·卫灵公》)朱熹注:"圣人德盛而民化,不待其有所作为也。"(《四书章句集注》)老子对孔子的"礼"论也未完全否定,等等。

《周易·系辞上》:"圣人有以见天下之动,而观其会通。"(《十三经注疏》)这里提出的"会通之学"有助于深入、全面地理解"和而不同"的精神实质和实践过程。因此,建立思想史学的"会通之学",探讨不同思想学术派别的"融通"或"会通",有助于人们从整体上去认识中国传统学术思想的创新发展,这也是中国学术史的传统之一。

如果从更加开阔的学术视野出发,不仅看到思想史上学派间的差异,更加重要的是分析"差异"是如何转化为"融合""会通"的,如果我们能够在这方面进行细致的梳理研究,找出"融合"的关节点以及"融合"与"创新"的关系,也许这是克服思想史研究中某些概念化、公式化的有效途径,使思想史的研究更加具体、实在,逐步接近思想史的原貌。

总之,在中国思想文化上不抱门户之见、兼综百家的"和而不同"及其"会通之学"的优良传统不能中断,也不可能中断。

### （三）独立思考与墨守成规

创新的关键在于不墨守成规，兼综百家则需要独立思考，这些都是“和而不同”的基本要求。孔子认为，独立思考必须“绝四”。“子绝四。毋意、毋必、毋固、毋我。”（《论语·子罕》）即不能思无准则；不能固执己见；不能不辨是非；不能忘记述古（可参见《孔疏》）。前三项是自身可以做到的事，第四项是“述古而不自作”，就是要吸取前人的研究成果而创新。为此，孔子以“仁”为内容，以“礼”为形式的原则，对《诗》《书》《礼》《易》《春秋》《乐》进行了“和而不同”的编纂整理，对从夏、商、周以来的思想学术作出独立思考。他总结说：“殷因于夏礼，所损益可知也。周因于殷礼，所损益可知也。其或继周者，虽百世可知也。”（《论语·为政》）这是说，对周代的礼制做些损益（变通），还是可用的。正是在这个意义上，他说：“周监于二代。郁郁乎文哉，吾从周。”（《论语·八佾》）这只是从传承与创新的关系上说的，似乎没有必要作更多的解读。而传承与创新的关节点是“知”，所以，要划清已知与未知的界限，懂得“知之为知之，不知为不知，是知也”（《论语·为政》）和“学而知之者”（《论语·季氏》）的道理。以上就是独立思考所必须具备的条件。

由此可见，独立思考并非是无条件的标新立异，而是像孔子那样去追求真理，破除成规。虽说当时众多思想家谈仁必及人，但只有孔子第一次提出“天地之性，人为贵”（《孝经·圣治章》）的著名论断，从而破除了对“天”的宗教迷信传统和只以亲亲为仁的宗法制成规。

但孔子容纳亲亲为仁，并非不争。他坚决反对贵族们“乐骄乐”（迷恋富贵）、“乐佚游”（生活无节）、“乐宴乐”（追求享乐）之风（见《论语·季氏》）。为了抑制贵族们的成规陋习，他继《周易·乾卦·文言》之后，系统地提出义、利关系问题。他说“义者宜也”（《中庸》），即正当之意；利者，即欲求之意。两者是不同的，达到和，即统一的界限，是看人们的欲求是正当还是不正当。对此，孔子有一句名言，叫“欲而不贪”（《论语·尧曰》），欲望是允许的，贪得就超过了限度。孔子认为，迷恋富贵是贪，生活无节是贪，追求享乐是贪，不以义取也是贪。对贪欲的危害，孔子说了两个字："损矣。"(《论语·季氏》)这是"自损之道"，自己走上了损害自己的道路。《左传》把贪欲的人形象而又辛辣地比喻为"封豕"(即大猪。《昭公二十八年》)，越是贪婪越为自身准备了灭亡(被屠宰)的条件。《国语·晋语八》也有反对"贪得无艺"(艺，即准则)的记载。上述这些论断，从不同方面说明贪欲伤生，甚至会遭致杀身的后果。

独立思考与墨守成规都具有时代的特征，不同时代有不同的内容与要求，我们应历史地、辩证地进行研究。

## 第四节 孔子文质统一的才德思想

我国进入文明社会以后，很早就产生了文野之分的理论，反对野蛮而赞扬文明。在《尚书·舜典》中，就有"睿哲文明，温恭允塞"之说，把"文明"当成一种美德。《孔疏》说："经纬天地曰文，照临四方曰明。"当时的统治者把他们自己的权利，以及由此而反映出的一种品性，称之为文明美德。后来历史的发展，诸如此类的赞美之词就更多了。《易传》："见龙在田，天下文明"(《周易·乾卦·文言》)，"其德刚健而文明，应乎天而时行，是以元亨"(《周易·大有卦·象辞》)。这是以"龙"比人，说明有文明美德的人能适时行事，其事业伟大而美好，天下文绣而光明。如果缺乏文明的美德，就无法摆脱蒙昧野蛮的状态。

文野之分的理论说明了我国传统的道德学说的产生和演变，这是从历史的发展角度来看的，而传统道德学说中的文质统一思想则深入探讨了道德规范的内容和形式的相互关系问题。

任何事物都有它的内容，也有它的形式，都是形式和内容的统一。精神文明也不例外。古代哲人发现，如果只是表面上遵奉礼义规则，那是不够的。内心一定要有高尚的道德、情操；形式和内容应当完美地统一起来。早在春秋末期，孔子就说："质胜文则野，文胜质则史。文质彬彬，然后君子。”(《论语·雍也》)“质”即心地朴质,人们看不见;“文”即文采,是形之于外的东西,人人都能看得见;“彬彬”形容结合恰当,有统一之意。孔子认为,朴质多于文采,就未免粗野;文采多于朴质,又未免虚浮。只有把文采和朴质、形式和内容结合统一起来,才是有道德修养的君子。

孔子所谓内容和形式的统一,是内容决定形式的。形式包括“礼”和“乐”,都是形之于外、能看得见的东西。他说:“礼云礼云,玉帛云乎哉?乐云乐云,钟鼓云乎哉?”(《论语·阳货》)意思是,我们经常讲的“礼”,难道仅仅是指玉帛等礼物而说的吗?我们经常讲的“乐”,难道仅仅是指钟鼓等乐器而说的吗?言下之意,不能只讲形式而不顾内容。

内容既然决定形式,那么形式是不是无关紧要的东西呢?古人就争论过这样的问题。据《论语·颜渊》记载,卫国大夫棘子成说:“君子质而已矣,何以文为?”君子只要美好的本质就够了,何必要文采呢?孔子的学生子贡不同意这种看法,他说:“惜乎,夫子之说君子也,驷不及舌。文犹质也,质犹文也,虎豹之鞟犹犬羊之鞟。”这就维护了孔子“文质彬彬,然后君子”的观点。子贡认为:文和质应当统一,文离开了质不行,质离开了文也不行,二者都是重要的。比如虎豹的皮和犬羊的皮,其区别既在本质,也在文采。如果把这两类兽皮剥去有文采的毛,那虎豹的革便如犬羊的革,很少区别了。人们之所以一眼就能看出它们的区别,是因为它们的本质不同,文采也不一样。可见,内容和形式是不可分离的。在二者的关系中,首先是内容决定形式。有什么样的内容就必然具有这样的形式而不具有那样的形式,这归根到底只能由内容来说明。棘子成虽然看到了这一点,但却以此否定了形式,这就陷入了片面性。其实,形式也并不是无关紧要的东西,在一定的条件下,形式反过来对内容也会起到决定作用,子贡就以“虎豹之鞟犹犬羊之鞟”,形象生动地说明了这个道理。《礼记·典礼上》一方面认为“行修言道,礼之质也”,即言行都符合道德仁义,这是“礼”的本质所在;另一方面又说“道德仁义,非礼不成”,意思是没有“礼”这种形式,“道德仁义”也不能形成。可见,形式并不是消极、被动的因素,在注重内容的同时,决不能忽视形式的作用。

内容和形式固然是有区别的,但这种区别不是绝对的,有相对的一面。在一定的条件下作为内容的东西,在另外的条件下则可以成为形式;在一定的条件下作为形式的东西,在另外的条件下则可以成为内容。例如,在孔子那里,“乐”是“仁”的一种形式;但在《礼记》中,“乐”又变成了“礼”的内容。古人认为,“乐”用以陶冶人的感情,有了它,“礼”才具有坚实的内容。《礼记·文王世子》说:“凡三王教世子必有礼乐。乐,所以修内也。礼乐交错于中,发形于外,是故其成也。恭敬而温文。”这就是说,“乐”是内在的本质,而“礼”则是外部的形式,二者是统一的。“礼”和“乐”相结合,使人欢乐、高尚、温文尔雅,不致放浪形骸。《礼记·礼器》又说:“礼也者,反其所自在。乐也者,乐其所自成。是故先王之制礼也以节事,修乐以道志。故观其礼乐,而治乱可知也。”这里所说的“修乐以道志”,就是用音乐来陶冶人的性情,使人有高尚的情操。“乐者为同,礼者为异。同则相亲,异则相敬。乐胜则流,礼胜则离。合情饰貌者,礼乐交事也。”(《礼记·乐记》)这里进一步论述了礼乐的不同作用:“乐”的作用是和同,“礼”的作用是区别;和同使人亲近,区别使人相敬;过于强调“乐”则容易使人控制不住感情,过于强调“礼”则容易使人疏远隔离。把内容和形式、内心和行为统一起来,这就是“礼”“乐”的作用。

与内容和形式相联系,还有“礼”与“义”、“仁”与“义”等相统一的问题。《管子·心术上》说:“义者,谓各处其宜也。礼者因人之情,缘义之理,而为之节文者也。故礼者谓之有理也,理也者,明分以谕义之意也。故礼出乎义,义出乎理,理因乎道者也。”所谓“义”是说,人们各自处在不同的等级地位中,有相应的权利义务关系,其行动也应恰如其分。所谓“礼”,就是依据人们的感情欲望,按照不同的等级关系而加以规定的礼节仪式。所以,“礼”说的是符合事理,以定名分,阐明人们的等级关系。因此,“礼”是从“义”中产生的,“义”又是从“理”中产生的,而“理”是依据“道”的。总而言之,用一句话来说,“礼”符合道理,人们必须遵守。

《礼记·郊特牲》说:"礼之所尊,尊其义也。先其义,陈其数,祝史之事也。故其数可陈也,其义难知也。知其义而敬守之,天子所以召天下也。"大概意思是,遵守"礼"就要明白遵守"礼"的道理。比如尊敬老人,不只是简单地向他行个礼,而是要从内心里懂得必须尊老的道理。

总之,礼、乐、仁、义的相互关系,都可以看做是形式和内容的关系及其表现。自从孔子提出"文质彬彬"的命题以后,古人经常用"文"和"质"来表达形式和内容的关系。例如,南朝的刘勰在《文心雕龙》中也论述了这个问题。他说:"夫水性虚而沦漪结,木体实而花萼振,文附质也。虎豹无文,则鞟同犬羊,犀兕有皮而色资丹漆,质待文也。"(《文心雕龙·情采》)意思是,虚柔的水可以产生波纹,坚实的树木便能开放花朵,可见文采必须依附实质。虎豹皮上如果没有花纹,就看不出它们的皮和犬羊的皮有什么区别;犀牛的皮虽然有用,还须涂上丹漆才美观,可见本质也要求美好的形式。这就比较深刻地揭示了形式和内容的辩证关系:一方面是"文附质",形式依附内容;另一方面是"质待文",内容需要形式。双方互相依存,不可分割。可见,我国古代哲人是从长期的社会生活中概括出关于内和外相结合的理论。它接触到伦理(道德)学的一个重要问题,即人的内心活动(思想、感情、意志)与行为的关系问题。不论是哪一个时代的思想家,都回避不了这个问题。中国古代的哲人不但明确地提出来,而且在解释中也包含有辩证思维:内容与形式、内与外、质与文相反而相成。这些至今仍然可以作为我们的借鉴。说是借鉴,并不是要恢复古代的"礼""乐""仁""义",而是说要善于吸取前人道德学说的辩证思维。我们对道德的继承,首先是继承这样的辩证思维,并赋予新的内容。

## 第五节　孔子教育实践的特点

孔子是中国历史上第一位创办私学的教育家,教育是孔子一生的主要事业。他从事教育近半个世纪,先后有弟子七十二人(一说七十七人)。不少弟子学习以后,在政治、文化、教育等方面作出了有益的贡献。孔子的教育事业对打破贵族对文化教育的垄断和推动“百家争鸣”起了重要作用。

孔子以“有教无类”(《论语·卫灵公》)为教育对象。所谓“无类”,不仅是不分贵贱亲疏,而且不论出生地,他的学生分别来自齐、鲁、卫、陈、晋、宋、吴、蔡、秦、楚、燕等国。孔子以“六艺”(《周礼·地官·保氏》)和“六经”(《庄子·天运》)为教学内容,并积累了他在长期教学实践中所形成的许多经验与特点,兹择要叙述如下:

**(一)尊师爱生**

成功的教育活动往往是与和谐融洽的师生关系结合在一起,这一点在中国古代“尊师爱生”的优良传统中表现得十分突出。大教育家孔子最懂得爱护学生,他能够不顾“贫贱”“富贵”招收一切愿学之士,以一颗真诚的爱心善待每一个学生,甚至对“难于言”的“互乡”之人,孔子也能不厌其烦地给予热诚的教育。他的教育态度是:“人洁己以进,与其洁也,不保其往也。”(《论语·述而》)他不仅注重学生的学问、道德进步,而且十分关心他们的日常生活,学生有病不忘探望问候,学生有难则主动设法帮助。孔子对学生的真诚爱护,很自然地赢得了学生对老师的尊敬和爱戴。

自孔子开了“尊师爱生”的风气之先,此后的教育家相沿成习,逐渐熔铸成中国传统教育的优良传统。

**(二)启发诱导**

教学作为教师与学生共同参加的双向精神活动,教师不能不考虑到学生的积极反应和主动配合。中国古代著名教育家重视观察和研究学生的心理活动,并在适当的时候启发其心智,比较成功地运用了启发式教学。

孔子在教学中不急于灌输给学生什么,而是引导他们知道如何学习,并善于利用各种场合和时机去激发学生开动脑筋,积极思考。孔子说:“不愤不启,不悱不发,举一隅不以三隅反,则不复也。”(《论语·述而》)朱熹注云:“愤者,心求通而未得之意。悱者,口欲言而未能之貌。启,谓开其意。发,谓达其辞。”就是说,如果学生在学习过程中未通达到“愤”“悱”的心理状态,教师则不宜越俎代庖,只有在学生“心愤口悱”的情况下,教师才能启而发之,以收举一反三之效。当然,孔子的启发式教学并非只存在于学生“心愤口悱”的时候,而是贯穿于整个教学过程之中。孔子重视利用各种方式去激发学生的心智,创造自由活泼的气氛,提供平等谈话的机会,运用幽默风趣的语言艺术等。孔子说:“吾有知乎哉?无知也。有鄙夫问于我,空空如也。我叩其两端而竭焉。”(《论语·子罕》)这里,他以“无知”的谦虚态度,表示对任何人的问题都将尽其所知而告之。即使是鄙贱的人所提出的含意不清而空泛的问题,他也启发他们从问题的终、始两面进行思考,更何况是对学生们呢!所以,他在与学生共同讨论中,不主张把知识直接告诉学生,而是用反诘的方法使之深入思考,引导学生自己得出结论。

**(三)因材施教**

为了调动学生的学习主动性和积极性,教师必须对每一个学生的个性心理特征了如指掌,以便因材施教。

大教育家孔子最懂得“因材施教”的教学法。有一次,子路问孔子:听到一个好的主意,是不是应该马上行动呢?孔子答:有父兄长辈在上,应该先请教他们才是,怎么好匆忙行事呢?过了一会儿,冉求也问:听到一个好的主意,是不是应该马上行动呢?孔子答:对,应该马上行动。作为旁观者的公西华便疑惑起来,特询问孔子:为什么对同样的问题,您的回答不同呢?孔子诚恳地解释说:“求也退,故进之;由也兼人,故退之。”(《论语·先进》)显然,因材施教的关键在于对情况各异的学生有充分的了解,而后才能给予不同的诱导。孔子说“视其所以,观其所由,察其所安”(《论语·为政》),是指教师平时要注意考察学生如何待人接物,观察学生如何为学做人,这样才能及时把握住学生的心理和思想状况,从而在教学中调动学生的学习热情和天赋潜能。又如,同样问“仁”,孔子答司马牛说

“仁者,其言也讱”(《论语·颜渊》);而答颜渊则说“克己复礼为仁”(《论语·颜渊》)。这是因为颜渊学习程度较高而答以较深的理论,而对“多言而躁”的司马牛则是规劝他为仁须从最基本的容貌辞语做起。

后人对孔子“因材施教”的教法多有推崇,并广泛地应用于教学实践。这种被古代教育家广泛采用的教法对今天仍有重要作用。

**(四)温故知新**

温故知新是学习系统的而不是片段知识的重要环节,处理得当才能有所长进。《论语》的第一句话即是:“学而时习之,不亦说乎!”表达了孔子对日常学习和温习学业的重视。但是,孔子认为这句话还不能完全表达他的重视程度。所以,他又进一步提出“温故而知新,可以为师矣”(《论语·为政》),即学生们如果能在已有知识的基础上去追求新的知识,把已知与未知、旧知与新知、求学与求新结合起来,就具备来日“为师”的资格。

温故知新不可能一蹴而就,它是一个循序渐进的过程。孔子在回顾自己一生的经历时,就是如此。他从15岁开始“志于学”,经过多年的积累,直到70岁才“从心所欲不踰矩”(见《论语·为政》)。他的弟子颜渊曾深有感触地说:“夫子循循然善诱人,博我以文,约我以礼,欲罢不能。”(《论语·子罕》)子张为了在学问上循序渐进,克服“执德不弘,信道不笃,焉能为有,焉能为亡”(《论语·子张》)的缺失,于是“书诸绅”(《论语·卫灵公》),即把忠、信等写在自己衣服的大带子上,以表示其“执德”“信道”日有长进的决心。

温故知新,还必须做到学思结合。孔子说:“学而不思则罔,思而不学则殆。”(《论语·为政》)这是说,只学习不思考,只能是知识的堆砌而无所得;只思考不学习,必然流于空想而有害。为此,他曾尖锐地批评宰我白昼打盹,不学不思是“朽木,不可雕也;粪土之墙,不可圬也”(《论语·公冶长》)。

**(五)教学相长**

“教”和“学”是相辅相成的,师生通过教学实践活动以达到相互促进、共同提高的目的。

子贡引用《诗》“如切如磋,如琢如磨”(《论语·学而》)的话来说明他们师生之间相互切磋、共同讨论的教学氛围。

孔子不但“学而不厌,诲人不倦”,而且重视向学生学习。他说:“三人行,必有我师焉。”(《论语·述而》)有一次,孔子在与子夏一起讨论学问时,他感到受了弟子的启发,便很自然地说:“起予者,商也。”(《论语·八佾》)

特别难能可贵的是,孔子能诚恳地接受学生的批评。据《论语》记载,比较尖锐的批评有三次,都是子路提出的。一次是鲁国的季氏家臣派人召请孔子,孔子准备前往。子路批评说,难道您走投无路了吗?为什么要到作乱的季氏家臣公山弗扰那里去?孔子虚心地接受子路的意见而没有去(见《论语·阳货》)。而颜回处处顺从老师,孔子并不满意,他说:“回也,非助我者也,于吾言无所不说。”(《论语·先进》)上述事例可谓感人至深。

# 第四章　墨子思想

## 第一节　墨子和墨家团体

墨子像

墨子(约前480—约前400年),名翟,鲁国人。手工业者出身,具有手工业生产技能,会制造器械,熟悉"农与工肆之人"的生活状况,自称"贱人""北方鄙臣"。"墨子学儒者之业,受孔子之术,以为其礼烦扰而不说,厚葬靡财而贫民,(久)服伤生而害事,故背周道而用夏政。"(《淮南子·要略》)他学习了儒家学说,又批判了儒家学说,创立了墨家学派。墨子除在鲁国活动外,曾做过宋昭公的大夫,到过齐国和卫国,几度游说楚国。有一次见到楚惠王,惠王不能"听其道,行其义",却表示"乐养贤人",要封给他书社五里,他不受而去。越王翁中派车五十乘,答应封地五百里,使公尚过到鲁国来迎接墨子。墨子得知越王不是一个能实行自己政治主张的人,便拒绝到越国去,说:"意越王将听吾言,用吾道,则翟将往,量腹而食,度身而衣,自比于群臣,奚能以封为哉! 抑越王不听吾言,不用吾道,而吾往焉,则是我以义粜也,钧之粜,亦于中国耳,何必于越哉!"(《墨子·鲁问》)说明他奋斗一生,都是为了推行自己的学说,而不是谋求禄位。

墨子生活的时代是孔子之后至孟子之前的战国初期。这个时期,由于铁器和牛耕的普遍推广,生产力有很大发展,并引起社会经济结构的变化,其中一个突出的变化是个体经济的发展。男耕女织的小农经济和小手工业发展起来。大规模的官营手工业作坊仍然存在(主要是制造兵器、铸币、纺织行业),但私人小手工业生产成为主流,出现了个体车工、皮革工、陶工、冶金工、木工等行业,基本上改变了以前"工商食官"的状况。随着私人小手工业的兴起,出现了一个独立的手工业者阶级。这就是墨子所说的"天下群百工"(《墨子·节用中》),"工肆之人"(《墨子·尚贤上》),也就是《论语·子张》篇所说的"百工居肆,以成其事"的"百工"。这个小生产者阶级是当时社会制度大变动的产儿,又是当时社会动乱中蒙受苦难的社会集团。战国初期,兼并战争频繁,战争规模扩大。墨子说,当时的战争动辄兴师20万人,而物资、武器的准备又要超过五倍(见《墨子·非攻下》)。兼并战争的沉重负担和战争带来的灾难落在小生产者身上。墨子的学说就是这个发展起来而又遭受苦难的小生产者的阶级抗议、要求和理想。

墨子学说与西周传统文化有渊源关系。墨子读过儒家的书,还曾跟随周史官史角的后代学习过。墨子与孔子一样,"俱道尧舜"(《韩非子·显学》),言论经常称引《诗》《书》和各国《春秋》,并认为孔子之学有其"当而不可易者"(《墨子·公孟》)。这都说明墨子受过传统文化的熏陶。他的学术渊源还有两个方面:①古籍记载和民间传说中夏禹的形象对墨子产生了很深的影响。他非常敬佩夏禹的苦干和救世精神,要求弟子们向夏禹学习,并说:"不能如此,非禹之道也,不足为墨。"(《庄子·天下》)所谓"背周道而用夏政",也是主张学习夏禹。当然夏代比周代更加迷信鬼神,这也是墨子天鬼思想的渊源。②当时齐国和三晋的地区性文化对墨子产生了影响。墨子注重工农业生产,主张"以德就列,以劳殿赏,量功分禄"(《墨子·尚贤上》),与齐国文化的富民思想及三晋政治家按功论爵的主张有密切关系。墨子说:"时年岁善,则民仁且良;时年岁凶,则民吝且恶。"(《墨子·七患》)这酷似管仲所说"仓廪实则知礼节,衣食足则知荣辱"(《管子·牧民》),可见墨子深受管仲思想的影响。由于墨子综合了多种学术,他才能够脱离儒家而创立新说,成为小生产者阶级的代言人。

墨子学说有10项基本内容,即兼爱、非攻、尚贤、尚同、节用、节葬、非乐、非命、尊天、事鬼,其中包括了政治思想、社会思想、哲学思想,形成一个比较完整的体系。这个体系的各项内容相互之间存在着某些矛盾,但作为整体又是儒家思想的对立面。墨子学说中的各项内容中贯穿着一个根本精神,就是为天下兴利除害。《墨子》书中论证各项主张时无一例外地要指出,他的主张是为了"天下皆得其利"(《墨子·尚贤中》);"为万民兴利除害"(《墨子·尚同中》),是"万民之大利也"(《墨子·兼爱下》);"上利于天,中利于鬼,下利于民,三利无不利"(《墨子·天志上》)。他批评各种主张或社会现象时,也无一例外地指出,各种学说或社会现象是"天下之巨害"(《墨子·非攻下》),"不中万民之利"(《墨子·非乐上》),"上不利于天,中不利于鬼,下不利于人"(《墨子·非命上》)。这种思想的产生不是偶然的,因为小生产者是依靠自己的劳动获得物质利益的,他们没有必要隐瞒自己的功利主义;他们应有的权利被人侵吞了,所以他们要公开地提出自己的利益要求。相反,儒家讳言利。所以,义利统一与义利对立两种观点,就成为墨家与儒家思想交锋的焦点。

墨子创立的墨家学派在当时影响很大,与儒家势力抗衡,并称为"儒墨显学"(《韩非子·显学》)。墨子的弟子和信仰者遍布"天下"。《墨子·公输》篇记载,墨子劝阻楚国攻打宋国时,同时就有三百弟子在替宋国守城,防备着楚国军队进攻。《淮南子·泰族训》说:"墨子,服役者百八十人,皆可赴汤蹈刃,死不旋踵。"可见他的弟子众多,而且都是具有艰苦卓绝奋斗精神的人。最著名的弟子禽滑釐,"事墨子三年,手足胼胝,面目黎黑,役身给使,不敢问欲"(《墨子·备梯》)。墨子哀怜他,准备了酒和肉干,在地面铺了茅草,请他坐下来招待他。禽滑釐再拜而叹。墨子问:"何欲乎?"禽滑釐再拜曰:"敢问守道?"(同上)又说:"甲兵方起于天下,大攻小,强执弱。吾欲守国,为之奈何?"(《墨子·备城门》)于是墨子教给他守城之法。墨子的知名弟子还有高石子、高何、縣子硕，公尚过、耕柱子、魏越、随巢子、胡非子，管黔潋、高孙子、治徒娱等(见孙诒让《墨子间诂·后语上》)，都是过着穷苦生活、具有艰苦奋斗精神的人。

墨家学派具有比较严密的组织。它的首领称为“巨子”，墨子就是第一代巨子。后一代巨子由前一代巨子指定。巨子严格执行“墨者之法”。墨家巨子腹䵍的儿子杀了人，秦惠王怜悯他年老，只有这一个儿子，特予赦免。但腹䵍说：“墨者之法曰：‘杀人者死，伤人者刑。’……王虽为之赐，而令吏弗诛，腹䵍不可不行墨者之法。”(《吕氏春秋·去私》)仍然杀了自己的儿子。墨家一般成员称为墨者，有为墨家团体服役的义务，出仕以后对墨家团体仍然承担一定的义务。墨子的弟子耕柱子出仕楚国以后，另外几个弟子经过楚国，耕柱子没有供他们吃饱饭，这几个弟子回来便向墨子报告说：“耕柱子处楚无益矣。二三子过之，食之三升，客之不厚。”可是过了不久，耕柱子便给墨子送回“十金”，并说：“后生不敢死(有罪之谓)，有十金于此，愿夫子用之也。”(《墨子·耕柱》)墨者出仕后，如果不能实行墨家的主张，巨子就设法将他召回。胜绰仕齐时，齐人三次侵鲁，胜绰不加制止。墨子指出他是“言义而弗行”(《墨子·鲁问》)，明知故犯，为了禄位背叛墨家主张，便另派一名弟子高孙子去齐国，要求将他辞掉。

墨家学派的传授系统历来不很清楚。我们知道的墨子再传弟子只有许犯、索卢参、屈将子三人。墨子的三传弟子，我们知道的只有田系一人。战国时还有相里氏、田俅子、相夫氏、邓陵子、苦获、己齿等墨家学者，他们的师承关系已不可考。《韩非子·显学》篇说：“自墨子之死也，有相里氏之墨，有相夫氏之墨，有邓陵氏之墨……墨离为三。”《庄子·天下》篇说：“相里勤之弟子，五侯之徒，南方之墨者苦获、己齿、邓陵子之属，俱诵《墨经》，而倍谲不同，相谓别墨。”这说明后期墨家分裂为几个派别，而其中的相里氏、邓陵氏等派别都研究《墨经》。从《墨经》的内容看，这些派别都发展了墨子的认识论和逻辑思想，是后期墨家的主要派别，也是最有成就的派别。后期墨家的另一些人物推行墨子的宗教思想，后来逐渐演变成社会上的游侠。汉代以后,墨家学派逐渐湮没失传了。《汉书・艺文志》著录的墨家著作有《尹佚》《田俅子》《我子》《随巢子》《胡非子》和《墨子》六种,汉代以后极少有人研究。到了宋代,前五种著作已经失传。《墨子》一书也已残缺舛乱,经清代孙诒让等人重新整理研究,始可阅读,这是研究墨子和墨家思想的基本依据。

## 第二节 墨子的“兼爱”“非攻”思想

《墨子》书中的《兼爱》《天志》等篇反复提倡“兼相爱”“交相利”。这是墨子的基本主张。墨子认为当时国与国之间的战争,人与人之间的争夺,使得“饥者不得食,寒者不得衣,乱者不得治”(《墨子・尚贤下》),成为天下的大害,而战争与争夺的根源在于缺乏“兼爱”的精神。他说:

> 诸侯不相爱则必野战,家主不相爱则必相篡。人与人不相爱则必相贼。君臣不相爱则不惠忠。父子不相爱则不孝慈。兄弟不相爱则不和调。天下之人皆不相爱,强必执弱,富必侮贫,贵必敖(傲)贱,诈必欺愚。(《墨子・兼爱中》)

所以,他认为“兼爱”是为天下兴利除害的一剂良药。

墨子也把“兼爱”称为“仁”,把具有“兼爱”精神的人称为“仁人”,与孔子提倡的“仁”字面相同,具体内容却有很大差别。孔、墨都不满意当时社会动乱的局面。孔子不满的是“礼坏乐崩”和“小人”“犯上作乱”,墨子不满的是“国相攻”“家相篡”“人相贼”,特别是“强执弱”“众暴寡”“富侮贫”“贵傲贱”“智欺愚”。孔子站在维护周礼的立场上批判现实,墨子则站在弱者、寡者、贫贱者、愚者的立场上批判现实。孔子主张的“爱人”是依照宗法制的“亲亲”原则,对亲疏不同的人有先后轻重之分。墨子则主张“爱无差等”(见《孟子・滕文公》),“爱无厚薄”(见《墨子・大取》)。“爱有差等”与“爱无差等”之争，是儒、墨两家交锋的又一个重要问题。墨子虽然不能揭示儒家观点的实质，但他反对“爱有差等”，便具有反抗宗法等级制度的意义。

墨子对推行“兼爱”充满信心，他主张“赖其力者生，不赖其力者不生”（《墨子·非乐上》），要求处罚和谴责那些“不与其劳，获其食”（《墨子·天志下》）的寄生虫；还提出“诸加费不加于民利者，圣王弗为”（《墨子·节用中》）的节俭原则，反对厚葬、逸乐、锦衣美食的奢侈风气，要求取消一切于民众不利的浪费，把“国家、百姓、人民之利”（《墨子·非命上》）看成是协调一致的，经常讲“兴天下之利，除天下之害”（《墨子·兼爱下》《墨子·非乐上》）。墨子天真地认为“兼爱”的理想可以使社会上不同的人的利益协调一致，实现“老而无妻子者，有所侍养，以终其寿；幼弱孤童之无父母者，有所放依，以长其身”（《墨子·兼爱下》）的理想。

“非攻”就是反对攻伐战争，它是“兼爱”原则在国与国关系上的运用。当时战争是最严重的社会问题，墨子提出并组织墨家集团参加反对攻伐战争的实际活动。墨子的“非攻”思想有两点值得肯定。①墨子站在劳动者的立场上，揭露了战争的危害。《墨子·非攻中》篇列举了战争在九个方面带来的“不可胜数”的灾难，如消耗大量物资，损失大批武器，伤亡众多牛马，残杀千万人民，等等。《墨子·非攻下》指出，战争使得“农夫不暇耕稼，妇人不暇纺绩织纴”，人民“饥寒冻馁疾病，而转死沟壑者，不可胜计也”。因此得出结论说，攻伐战争是最大的不义。②墨子区分了进攻战争和防御战争，还区分了“伐”与“诛”。他坚决反对攻伐“无罪之国”的战争，尖锐抨击攻伐小国的大国，说这样的大国的统治者不好好治理自己的国土，却去掠夺小国，就像一个人“舍其文轩，邻有敝轝而欲窃之；舍其锦绣，邻有短褐而欲窃之；舍其粱肉，邻有糠糟而欲窃之”，必定是患了“窃疾”（《墨子·公输》）。但当一个国家遭到别国的进攻时，墨子主张积极防御，他发明过多种守城器械，以进行防御战争。他的弟子禽滑釐曾带300人帮助宋国守城。另一位墨家巨子孟胜为楚国阳城君守国，与子徐弱等183人殉职(见《吕氏春秋·上德》)。有人反对"非攻",诘问墨子说:"禹征有苗,汤伐桀,武王伐纣,此皆立为圣王,是何故也?"墨子回答说:"彼非所谓攻,谓诛。"(《墨子·非攻下》)这里包含着对战争性质分类的思想,值得注意。

不过,墨子既然肯定了历史上禹、汤、武王进行的"诛有罪"的战争,于是当时进攻别国的君主也可以说自己是"诛有罪"。鲁阳文君就说:"我攻郑,顺于天之志。郑人三世杀其父……我将助天诛也。"(《墨子·鲁问》)墨子回答说:"譬有人于此,其子强梁不材,故其父笞之。其邻家之父举木而击之,曰:'吾击之也,顺于其父之志。'岂不悖哉!"(同上)墨子的这个回答,显示了他的辩才,但无论如何是与他肯定"诛有罪"的观点自相矛盾的。既然肯定诛"有罪之国"的战争,就不能一概反对任何进攻性的战争。事实上,"非攻"所主张的是反对当时的一切战争,主张用和平的方法进行统一,这在当时只能是一种幻想。

## 第三节 墨子的"尚贤""尚同"思想

墨子主张实行贤人政治,他把贤人也称为"贤良之士",标准是"有力者疾以助人,有财者勉以分人,有道者劝以教人"(《墨子·尚贤下》)。在墨子看来,能够做到尽力帮助别人的人,慷慨地把财物分给别人的人,不倦地教诲别人的人,就是贤良之士。由他们来治理国家,国家就能富裕,人口就能蕃庶,社会就能安定,所以"尚贤事(使)能"是治国的根本措施。这是墨子"尚贤"思想的中心内容。

墨子提出"众贤""进贤""使能"作为实行贤人政治的三个基本环节。"众贤"就是使社会上的贤良之士增多,办法是"富之、贵之、敬之、誉之"(《墨子·尚贤上》)。要给贤良之士丰厚的物质待遇、高贵的社会地位,敬重他们的才能,表彰他们的成绩。用这种办法造成一个鼓励贤能之士成长的社会环境,鼓励人向贤人学习,这样贤人就会越来越多。"进贤"就是任用贤良之士。王公大人们用人的时候要做到“不党父兄，不偏富贵，不嬖颜色。贤者举而上之，富而贵之，以为官长；不肖者抑而下之，贫而贱之，以为徒役”(《墨子·尚贤中》)。主张破除宗法观念和个人好恶，把贤能之士推举出来加以任用。“使能”就是依据能力慎重地使用贤良之士，“听其言，迹其行，察其所能而慎予官”(同上)。能力胜任治理一国的让他治理一国，能力胜任某一部门事务的让他担任那个部门的长官，能力能够管好一个采邑的让他管理一个采邑。一旦任用，就要对被任用者“高予之爵，重予之禄，任之以事，断之以令”(同上)，使他得到民众的尊重和信任，并且给他以与职责相应的权力，使民众畏惧他，服从他。

墨子把“古之圣王”的用人之道与“今之王公大人”的用人之道加以对比，阐明他的“尚贤”思想。他列举古史传说后指出，唐尧从服泽那个地方举用了舜，夏禹从阴方那个地方举用了益，让他们执政，平治了天下。商汤发现了身为有莘氏奴隶的伊尹，武丁发现了身为筑城奴隶的傅说，立他们为三公，才使国家兴盛起来。周文王把埋没在民间的闳夭、泰颠提拔起来做辅佐大臣，获得了西土的民心。这些事实说明，“古之圣王”的用人原则是“不辨贫富贵贱，远迩亲疏，贤者举而上之，不肖者抑而废之”(《墨子·尚贤中》)。可是“今之王公大人”则不同。他们的用人原则是“亲戚则使之，无故富贵，面目佼好者则使之”(《墨子·尚贤中》)。任用这样一些人，让他“治官府则盗窃，守城则倍畔(背叛)”，让他“断狱则不中，分财则不均”(《墨子·尚贤中》)，结果是人心解体，天下大乱。墨子所阐述的“古之圣王”之道，未必完全符合历史实际。他改造了氏族社会末期的传说和三代古史的材料，把上古社会理想化，借以发挥自己的“尚贤”思想。他用“古之圣王”反对“今之王公大人”，就是用“尚贤”思想指责当时的现实，主要是指责宗法制的“亲亲”用人原则和当时政治中的腐败现象。

墨子的“尚同”思想是“尚贤”思想的发展，进一步讨论国家起源和如何治理国家的问题。墨子认为，最早的时候没有国家组织，没有刑罚政令，没有各级统治者，人们各有自己的是非，“人是其义，而非人之义，故相交非也”,“天下之乱若禽兽然”(《墨子·尚同中》)。“明乎天下之所以乱者,生于无政长也,是故选天下之贤可者,立以为天子。”(《墨子·尚同上》)天子又选择“贤可者”立为三公、国君、卿宰、将、大夫以及乡里之长。天子的职责是统一天下的是非(“一同天下之义”);三公的职责是帮助天子统一天下的是非;各级正长的职责是分别在自己管理的范围内统一人们的是非;而从下到上,逐级以上一级的是非为是非,“上之所是,必皆是之,上之所非,必皆非之”,并根据是非标准进行赏罚。家君以“爱利家”与“恶贼家”为是非标准实行赏罚,国君以“爱利国”与“恶贼国”为是非标准实行赏罚,天子以“爱利天下”与“恶贼天下”为是非标准实行赏罚。这样,各级正长所奖赏的,民众也都赞誉;各级正长所处罚的,民众也都谴责。人人都愿意得到奖赏而努力为善,人人都不愿意受到处罚而避免为恶。于是人皆为善而不为恶,天下就可以治理好了。所以墨子作结论说:“尚同为政之本而治〔之〕要也。”(《墨子·尚同下》)

在墨子以前,中国只有天命神学的国家起源理论。墨子认识到国家是历史的产物,产生于人类社会本身的需要,这在当时是一种新思想。

“尚同”也是对当时政治状况的批评。在墨子看来,他那个时代的社会虽有正长,实与没有正长相同。当时的王公大人“政以为便譬(马屁精),宗于父兄故旧,以为左右,置以为正长”(《墨子·尚同中》)。人民知道他们都是些结党营私之徒,不肯以他们的是非为是非。“上之所赏,则众之所非”,“上之所罚,则众之所誉”。王公大人们奖赏的人和事正是民众反对的人和事,王公大人们处罚的人和事正是民众拥护的人和事。在这种情形下,理所当然地,谁得到王公大人的奖赏,必然遭到民众的唾骂;谁受到王公大人的处罚,必然得到民众的同情。因此他们的“赏誉不足以劝善,而刑罚不足以沮暴”(同上),天下的是非还是不能统一,社会的状况还是一团混乱。孔子说:“勇而无礼则乱。”(《论语·泰伯》)这是把宗法制被破坏说成是社会动乱的根源。相反,墨子认为宗法制本身才是社会动乱的根源。

## 第四节　墨子的“天志”“非命”思想

墨子继承了夏、商、周三代的宗教宇宙观，明确承认上帝、鬼神的存在和主宰作用。他说：“上帝、鬼神之建设国都立正长也，非高其爵，厚其禄，富贵佚而错（措）之也”（《墨子·尚同中》），“天子为善，天能赏之；天子为暴，天能罚之”（《墨子·天志中》）。又说：“吏治官府之不絜廉，男女之为无别者，鬼神见之；民之为淫暴寇乱盗贼，以兵刃毒药水火退无罪人乎道路，夺人车马衣裘以自利者，鬼神见之。”（《墨子·明鬼下》）上帝设立天子以治理天下，根据天子行为的善恶进行赏罚，鬼神能够明鉴人间是非，这些都是传统宗教思想。但是，上帝和鬼神意志的内容是什么？墨子的回答就与传统宗教思想不同了。传统宗教思想着重论证君权神圣不可侵犯。墨子则着重论证他自己的“兼爱”主张。他说：“天必欲人之相爱相利，而不欲人之相恶相贼”，“爱人利人者，天必福之；恶人贼人者，天必祸之”（《墨子·法仪》），“天之意，不欲大国之攻小国也，大家之乱小家也。强之暴寡，诈之谋愚，贵之傲贱，此天之所不欲也，不止此而已，欲人之有力相营，有道相教，有财相分也”（《墨子·天志中》）。他认为国无分大小，都是天的地方（“天邑”），人无分贵贱，都是天的臣子（“天臣”），一切国家、一切人在“天”的面前都是平等的。墨子并不隐瞒他所树立的上帝、鬼神观念是推行自己学说的工具。他说：“我有天志，譬若轮人之有规，匠人之有矩。轮匠执其规矩以度天下之方员（圆），曰中者是也，不中者非也。”（《墨子·天志上》）墨子以“天志”衡量统治者的刑罚政令以及一切人的言论行为，成为他批评现实以及与对立学派辩论的工具。墨子的宗教思想实际上是传统宗教思想的异端，但他宇宙观的宗教形式与要求社会平等的实际内容之间存在着矛盾。宗教宇宙观限制了他学说的发展，是其学说中的消极方面。

承认上帝、鬼神的存在和主宰作用，同时又否定“命”的存在，则是墨子宇宙观的又一矛盾。他提出“力”（人的努力）来反对“命”。墨子探讨了三代“圣人”和杰出人物成功的原因以后说:“天下皆曰‘其力也’,必不能曰‘我见命焉’。”(《墨子·非命中》)一般人更依靠“力”,而不能依靠“命”,农夫不努力耕作必受饥饿,农妇不努力纺织必遭寒冷。他反复指出:“强必治,不强必乱;强必宁,不强必危”;“强必贵,不强必贱;强必荣,不强必辱”;“强必富,不强必贫”;“强必饱,不强必饥”;“强必暖,不强必寒”(《墨子·非命下》)。他还指出,有命论使天下之人不愿为善,不怕作恶,是狡猾的人(“伪民”)欺骗群众(“众愚朴人”)的工具。“力”“命”之争也是墨子与儒家争论的一个重要问题。墨子强调人的努力是儒家“死生有命,富贵在天”(《论语·颜渊》)的反命题。所谓“命”就是天命,“非命”就是否定有天命存在,必然与“天志”发生矛盾。墨子用调和的办法解决这一矛盾,他认为天不是预先决定人的祸福,而是事后依照人的努力程度给人以赏赐或处罚。这种解释虽然发挥了一些积极内容,但最终还是导致了天命论。

在论证“非命”的过程中,墨子提出鉴别言论是非真伪必须有一个标准。“子墨子言曰:〔言〕必立仪。言而毋仪,譬犹运钧之上而立(定)朝夕者也,是非利害之辨不可得而明知也。”(《墨子·非命上》)“仪”,即下文“言有三表”的“表”,也就是标准。运钧是制陶器时用的转动着的轮盘。有刻度的轮盘可以做成日晷,用来测定时间(“定朝夕”),但运钧是转动着的,就无法测定时间了。确定言论的是非真伪也必须有一个标准,所以说“〔言〕必立仪”。

接着,墨子提出了检验真理的三条标准。他说:

> 故言必有三表。何谓三表?子墨子言曰:有本之者,有原之者,有用之者。于何本之?上本之于古者圣王之事。于何原之?下原察百姓耳目之实。于何用之?废(发)以为刑政,观其中国家百姓人民之利。此所谓言有三表也。(《墨子·非命上》)

第一条是推究来历,看言论与历史经验是否一致。墨子重视历史经验,但没有把历史经验绝对化。他说:“古之善者则诛(当为述,祖述也)之,今也(之)善者不作。”(《墨子·耕柱》)第二条是考察实际情形,看言论与百姓耳目见闻是否一致。墨子重视百姓的劳动和生活经验,常常将其作为思想材料。例如他在《非命下》篇中用“纺绩织纴”“耕稼树艺”说明人应当自强不息;在《鲁问》篇中用制车技术说明利于人谓之巧;在《耕柱》篇中以筑墙劳动中要各尽其力说明什么叫义;在《非攻》篇中用稼穑不时、饥寒冻馁、疾病死亡等平民百姓的生活事实,说明攻伐战争的危害等。把平民百姓的经验引入认识论,作为真理的标准,这是认识史上的创举。第三条是检查言论的实际效用,依照理论制定刑罚教令加以实行,看它的社会效果如何。他的“兼爱”“尚贤”“节葬”“节用”“非攻”等主张,都是以社会效果为出发点的。

“三表法”表现了唯物论认识论的特色。但它有几个缺点:①片面夸大感性认识的作用,有忽视理性认识的倾向。他说:“请惑〔诚或〕闻之见之,则必以为有;莫闻莫见,则必以为无。”墨子就是以“众之所同见,众之所同闻”作为依据而作出有鬼的错误结论。东汉时期王充指出过墨子的这个错误,说他“是用耳目论,不以心意议也”“不以心而原物,苟信闻见,则虽效验章明,犹为失实”(《论衡·薄葬》)。②把真理问题叫做“是非利害之辨”,混淆了是非与利害的区别。是非是真假问题,利害是效果问题,不是在任何情况下是非与利害都是一致的。因为有害而否定“命”的存在,结论是正确的,但论证却不合乎逻辑。因为有利而肯定“鬼”的存在,结论不正确,论证也不合乎逻辑。因为有利不等于是,有害不等于非。还要提到墨子从上下同利害的观点出发,认为战争不但有害于人民,也有害于国家,用以宣传“非攻”的思想。当时就有人反驳他,说好战的是吴、楚、齐、晋,始封国时不过各有地数百里、人民数十万,现在扩张成为地有数千里、人民数百万的大国,怎么说攻战不利于国家呢?墨子不能用上下同利害的观点回答这个问题,只好说这是少数人得利,千万人受害(见《墨子·非攻中》)。

此外,墨子提出了以"取"验证知识的可贵思想。他说:"今瞽曰:钜(皑)者白也,黔者黑也。虽明目不能易之。兼黑白,使瞽取焉,不能知也。故我曰瞽不知黑白者,非以其名也,以其取也。"(《墨子·贵义》)盲人虽然能够说出黑白的抽象概念,但在行动("取")中不能分辨黑白,就应当承认盲人不辨黑白。以"取"验知,也就是依据事物的实际考察观念、理论是否正确,反对脱离实际的空谈。他说:"言足以迁〔举〕行者常〔尚〕,不足以迁行者勿常〔尚〕。不足以迁〔举〕行而常〔尚〕之,是荡口也"(《墨子·贵义》),"政者口之言,身必躬行"(《墨子·公孟》),"言必行,行必果,使言行之合,犹合符节也"(《墨子·兼爱下》),充分表现出墨子强调实行的特点。他又用以"取"验知的原则说明,君子们口头上讲仁,行事上却舍仁而行不仁,所以说君子不知仁,以此批评了政治生活中言行不一的统治者。

在逻辑思想方面,墨子提出"类""故"两个逻辑概念。他善于运用类概念归纳事物,进行推理。在与公输般辩论时,他揭露公输般"义不杀少而杀众,不可谓知类"(《墨子·公输》)。《墨子·鲁问》篇又记载:

> 彭轻生子曰:"往者可知,来者不可知。"子墨子曰:"籍设而亲在百里之外,则遇难焉,期以一日也,及之则生,不及则死。今有固车良马于此,又有奴马四隅之轮于此,使子择焉,子将何乘?"对曰:"乘良马固车,可以速至。"子墨子曰:"焉在不知来?"

这是运用类推的方法论证了正确预见是可能的。"故"就是原因或理由。墨子宣称"仁人以其取舍是非之理相告,无故从有故也,弗知从有知也,无辞必服,见善必迁"(《墨子·非儒下》)。取舍是非都要有理由,谁能够说出个所以然来就服从谁。"明故"的逻辑思想显示出墨子探究事物的原因,服从真理的精神。后期墨家进一步研究了"类""故"等逻辑范畴,在逻辑思想上取得了很大成就。

# 第五章 《老子》的思想学说

## 第一节 老子和道家学派

《老子》这本书,也称为《道德经》《老子五千言》,是道家学派的主要经典。这本书的作者是谁?是什么时期的人?西汉初年就有三种说法:一说是春秋末的李耳,与孔子同时而年长于孔子;二说是春秋末的老莱子,也与孔子同时;三说是战国中期的太史儋,在孔子死后129年,太史儋曾会见过秦献公。司马迁认为《老子》的作者是李耳,在《史记·老子韩非列传》中,较为详细地记载了李耳的生平。但他也没有完全排除另外两种说法,附带把二、三两说记录下来。当代学者对《老子》这本书的作者及其时代作了很多探讨,仍没有取得一致的结论。

老子像

根据《史记》记载,老子姓李名耳,字聃,楚国苦县(今河南鹿邑东)厉乡曲仁里人,曾任东周王室管理藏书的官吏。据说老子看到东周王室衰微的形势,便离开东周西去,至函谷关被关令尹喜挽留,著《道德经》五千言,然后出关而去,不知所终。

《史记》还记载了老子与孔子的会见以及彼此的印象。会见时孔子向老子请教关于礼的问题,老子讲的却是人生哲学,说:“子所言者,其人与骨皆已朽矣,独其言在耳。且君子得其时则驾,不得其时则蓬累而行。吾闻之,良贾深藏若虚,君子盛德,容貌若愚。去子之骄气与多欲,态色与淫志,是皆无益于子之身。吾所以告子,若是而已。”(《史记·老子韩非列传》)你所说的那个时代的人早已死了,连骨头也已经腐朽,只有言论还留传下来。君子生逢盛世就驾着车从事社会活动,生不逢时就应该像断了根的蓬草那样随风飘荡。善于做生意的商人把珍贵的货物藏起来,像是什么也没有的样子。身有盛德的君子外貌像是个傻瓜。去掉你这股旺盛的精力吧,去掉你这多余的欲望吧,去掉你这进取的神态吧,这些全都对你自身没好处。《史记》记载老子的这几句话十分传神,活生生地刻画出了一个心灰意懒、消沉颓丧的人的精神状态。不过老子却没有窒息自己的头脑。相反,他在思辨中发挥了极大的积极性,从更高层次上探讨人生,探讨宇宙,企图追求一种更加合理的现实。在这些方面他取得了很大的成就。孔子的印象是,老子这个人高深莫测,不可捉摸。孔子说:“鸟,吾知其能飞;鱼,吾知其能游;兽,吾知其能走。走者可以为罔,游者可以为纶,飞者可以为矰。至于龙吾不能知,其乘风云而上天。吾今见老子,其犹龙邪!”(同上)能飞的鸟,可以用箭来射;能游的鱼,可以用丝绳系上鱼钩来钓;能奔跑的野兽,可以用网来捕捉。至于乘风云而上天的龙,就没有办法抓住它了。老子给人的印象就是像龙一样不可把握。这里所表现出来的态度与《老子》书中的“贵柔”“无为”思想颇能相合,有助于我们对《老子》一书的理解。

老子是道家的创始人,庄子继承和发展了老子的思想。西汉司马谈的《论六家之要指》称老子、庄子为道德家,将其列为先秦至汉初六个重要学派之一;《汉书·艺文志》称之为道家,并将其列为先秦至汉初九个学术流派之一。后来人们把老子、庄子并提,因而又有老庄学派之称。老庄学派是道家的主流派。战国时还有四个学派与道家思想接近,可以名为道家别派。这四个学派是:杨朱派;宋钘、尹文派;彭蒙、田骈、慎到派;黄老学派。这些派别在当时和西汉初年曾发生过很大影响。

## 第二节 《老子》书中的“道”

“道”是老子思想体系的核心。全书81章中,直接论“道”的有37章,“道”字出现74次,运用形象、概念和推理的方法,从不同层次解说“道”。运用形象的方法从低层次对“道”作粗浅解说的,例如:

谷神不死,是谓玄牝。玄牝之门,是谓天地根。绵绵若存,用之不勤。(《老子》六章)

天地之间,其犹橐籥乎!虚而不屈,动而愈出。(《老子》五章)

这是用“玄牝”和“橐籥”两个具体事物作比喻解说“道”,说明“道”空虚而又能产生出万物,作用是无限的。前一个比喻与原始宗教的女性生殖器崇拜有关,用“玄牝”比喻“道”,强调“道”有两个特点,一是空虚,二是具有产生出万物的作用,因为空虚没有死亡所以又叫做“谷神”。后一个比喻没有提到宗教,用“橐籥”(风箱)比喻“道”,其粗俗的形象说明方式则与原始宗教的思维方式一致。

运用概念从较高层次对“道”作解说的,例如:

道可道,非常道;名可名,非常名。无,名天地之始;有,名万物之母。故常无,欲以观其妙。常有,欲以观其徼。此两者,同出而异名,同谓之玄。玄之又玄,众妙之门。(《老子》一章)

这里用来解说“道”的概念是“无”和“有”。内容也和第一种解说一样,说“道”是“无”,即认为“道”是空虚;说“道”是“万物之母”“众妙之门”,即认为“道”具有产生万物的作用。“有”和“无”“同出而异名”,是对“道”的不同称谓。这句话帛书《老子》写本中写作“两者同出,异名同胃

〔谓〕”，含义更加显豁。“有”“无”是两个不同的名称，所指的对象则是同一个“道”。失去“有”的性质，“道”就不能与万物联系；失去“无”的性质，“道”就下降为万物中的一物，“道”是“有”与“无”的统一。用“有”“无”两个概念来解说“道”，标志着《老子》一书的抽象理论思维已经具有相当的深度。

运用推理对“道”作再高一层次的解说的，可以从下面的话来看：

> “道”生一，一生二，二生三，三生万物。万物负阴而抱阳，冲气以为和。（《老子》四十二章）

这是讲的宇宙生成过程。老子认为任何事物都有阴阳两种性质（或两个方面），阴阳激荡变化而产生万物。阴阳合体的“一”是“道”赋予的，而“道”却不是“一”；如果“道”是“一”，“道”就具有了阴阳两种性质（或两个方面），失去了空虚的含义。“道”不是“一”，但它能生“一”；“道”无阴阳，但它能赋予“一”以阴阳。《庄子·天下》篇说老子的学说“主之以太一”。“太一”是“道”的别称。“太一”大于“一”产生“一”。这是说，老子的“道”是宇宙生成过程中的根本。

“道”究竟是物质还是精神？是物质或精神本身？还是物质或精神的规律？具体分析《老子》各章的文字，可知“道”有两种含义：

“道”的一种含义是指精神性的宇宙本体。这在下面的引文中说得很清楚：

> “道”之为物，惟恍惟惚。惚兮恍兮，其中有象；恍兮惚兮，其中有物。窈兮冥兮，其中有精。其精甚真，其中有信。（《老子》二十一章）
>
> 有物混成，先天地生……吾不知其名，强字之曰“道”。（《老子》二十五章）
>
> “道”冲，而用之或不盈。渊兮，似万物之宗。（《老子》四章）

故“道”生之,“德”畜之,长之,育之,亭之,毒之(古本作“成之熟之”),养之,覆之。(《老子》五十一章)

“道之为物”和“有物混成”的“物”不是物质的物,只是说有那么一个东西。这个东西“有精”“有真”“有信”,确实是存在的。这个存在的东西又是“视之不见”“听之不闻”“搏之不得”的,是“无状之状,无物之象,是谓恍惚”(《老子》十四章)。这种存在着的东西与物质世界的关系是:它“先天地生”“似万物之宗”。“天地”“万物”就是物质世界。老子认为物质世界有开始,在物质世界开始之前,“道”就存在着;它经过一个发展过程才产生出物质世界。物质世界出现以后,“道”并没有消失,它继续养育万物,使万物得以生长成熟。“道”对万物“生而不有,为而不恃,长而不宰”(《老子》五十一章),这就是“道”的性质(“德”)。这些都说明老子的“道”是一个精神性的世界本体。

“道”的另一种含义是指规律性。由于“道”的规律性作用于万物,才产生了万物的规律性,而万物的规律性又体现着“道”的规律性。老子说:“反者道之动。”(《老子》四十章)“反”是一个总规律,事物向相反的方向发展,而发展到了相反的方向以后,又要向相反的方向发展,就是返回原初的状态。因此,“反”具有对立转化和返本复初两个含义。老子说:

有无相生,难易相成,长短相形,高下相盈[1],音声相和,前后相随。(《老子》二章)

天下皆知美之为美,斯恶矣;皆知善之为善,斯不善矣。(同上)

祸兮,福之所倚;福兮,祸之所伏。(《老子》五十八章)

---

① 通行本作“高下相倾”,据帛书《老子》甲、乙本改。见高明:《老子帛书校注》,中华书局1996年版,第229页。

这些都是讲对立转化。在老子看来,对立是永恒存在的,转化是无尽止的,发展是返本复初的循环。他说:“夫物芸芸,各复归其根。归根曰静,静曰复命。”(《老子》十六章)归根复命是芸芸众物的规律,本质上就是“道”。《老子》二十五章直接讲“有物混成,先天地生”的“道”是“周行而不殆”的,“周行”就是循环运行。下文接着说:“吾不知其名,强字之曰‘道’,强为之名曰‘大’,大曰逝,逝曰远,远曰返。”用今天的话来说就是:先天地生的这个物,我不知道它的名字,勉强给它取个名字就叫做“道”,再勉强给它取个名字叫做“大”。它包含着大、逝、远、返的含义。因为“道”是“众妙之门”,所以大;因为“道”生万物,从空无变成实有,万物之生就是“道”的“远”;一切事物生长变化的结果又“各复归其根”,这就是“道”的“返”。由此可见,“道”具有规律的含义,这个规律的具体内容就是万物的对立转化,循环不息。老子又说:“人法地,地法天,天法道,道法自然。”(《老子》二十五章)认为天、地、人自然而然地循环运行,永不停顿。这种自然哲学的出现,标志着中华民族是以一个哲学化的民族出现于世界的。

老子的“道”在思想发展史上有很大的贡献。①老子在中国古代思想史上第一个提出作为哲学范畴的“道”。西周金文中开始出现“道”字,作“衜”(《貉子卣》)或“[illegible]”(《𢿬鼎》),含义为道路。《左传》中“天道”的“道”是把天象和占星术结合起来的一种迷信。《论语》中讲“天下有道”“天下无道”的“道”,指的是孔子理想的政治局面或孔子的政治理想。这说明老子以前的中国思想还没有超出人生和政治的范围而真正进入哲学领域。老子提出哲学范畴的“道”,探讨宇宙本原,且有了理论体系,这说明中国哲学思想开始脱离婴儿期而进入了青春期。当老子又回到人生和政治问题的时候,他就能从更高层次上作宏观审视。②老子完全否定了宗教世界观。老子以前,作为世界创造者的观念有“上帝”“祖先”“天命”“鬼神”。西周末到春秋时代,宗教世界观动摇了,但是还没有完全被否定。怨天、骂天本身就是以承认天的主宰地位为前提的。孔子“敬鬼神而远之”,最多不过是一种存疑态度。《诗经》《左传》《国语》中还没有人敢于否定人格神“天”的存在。《老子》书中所说的“天”都是指自然而言，人格神的“天”在《老子》一书中销声匿迹了。

## 第三节 《老子》“柔弱胜刚强”的人生哲学

在老子的宇宙观里，天、地、人都效法“道”，而“道”的作用之所以无穷无尽，是因为它的本性是柔弱。运用到人生方面，老子提出“柔弱胜刚强”（《老子》三十六章）的观点。其基本含义有两个方面：

（1）主张柔弱，反对刚强。他说：

> 人之生也柔弱，其死也坚强。草木之生也柔脆，其死也枯槁。故坚强者，死之徒；柔弱者，生之徒。是以兵强则灭，木强则折。（《老子》七十六章）

他以人的质体为例，说人活着的时候，质体柔弱；死了的时候，就变得僵硬。又以草木的质体为例，说草木欣欣向荣的时候，质体是柔软的，花凋叶落以后，就变成枯硬的了。进而推理出一般结论：“坚强”的东西都已失去生机，“柔弱”的东西则充满活力。这是从事物内在状态来说的。若从事物与环境的关系来说，他认为只有“柔弱”的东西才能够承受外力，坚强的东西则容易摧折。“木强则折”的“强”，有高大和坚硬的意思，高大坚强的树木容易引人砍伐，遇到大风会被摧折，而柔弱的小草却能随风飘摇，永远不会折断。他又说经过锤击显出锋利的东西就不能长久地保存自己。老子又以水为例说明柔弱的作用：

> 天下莫柔弱于水，而攻坚强者莫之能胜，以其无以易之。弱之胜强，柔之胜刚，天下莫不知，莫能行。（《老子》七十八章）

世间没有比水更加柔弱的了,但要冲击坚硬的东西,却没有别的东西可以代替水。老子叹息说,这种弱胜强、柔胜刚的现象,天下没有人不知道,但却没有人能从中得到启迪,真正认识到柔弱对人生的意义。人们自我表现("自见"),自以为是("自是"),自我夸耀("自伐"),自我矜持("自矜"),都是逞强。"强梁者不得其死"(《老子》四十二章),老子把这句话作为教人处世的警语。

(2)主张"处下""不争",反对"为天下先"。老子以江海作比喻,说明"处下""不争"的好处:

> 江海所以能为百谷王者,以其善下之,故能为百谷王。是以圣人欲上民,必以言下之;欲先民,必以身后之。是以圣人处上而民不重,处前而民不害。是以天下乐推而民不厌。以其不争,故天下莫能与之争。(《老子》六十六章)

江海处于低洼的地方,所以能容纳百川之流,百川都汇归江海。"圣人"具有"处下""不争"的品格,所以能够处于人民之上,而人民并不感到负累受害,乐于拥戴他而不厌弃他。因为"不争",所以天下没有人能够和他争。"夫唯不争,故无尤〔訧〕"(《老子》八章),有了"不争"的品德,就不会招来怨恨和罪过。"不敢为天下先,故能成器长"(《老子》六十七章),因为不敢居于天下人之前,所以能成为万物("器")的首长。"处下""不争"的人生态度,也叫做"守雌":

> 知其雄,守其雌,为天下谿。(《老子》二十八章)
>
> 牝常以静胜牡,以静为下。(《老子》六十一章)

在雄雌的对峙关系上,老子认为,人们对"雄"的一方有透彻的了解,而宁愿处于"雌"的一方,这样才能立于不败之地。《老子》书中反复申述这一主张，如说委曲反而能保全，屈枉反而能伸张，低洼反而能充盈，破旧反而能新生，少取反而能多得，贪多反而迷惑。又说善于作将帅的人不逞勇武，善于作战的人不激怒，善于战胜的人不对抗，善于用人的人对人谦下（见《老子》二十二章，六十八章）。所有这些讲的都是“处下”“不争”的人生哲学。

《老子》十五章给人们勾画了一个善于处世者的仪态和心境。“涣兮若冰之将释（帛书《老子》甲、乙本作“涣兮若凌释”），敦兮其若朴，旷兮其若谷，混兮其若浊。”这是善于处世者的“柔弱”的仪表：像消融的冰块那样涣散，像未经雕琢的材料那样淳厚，像山谷那样空旷，像浊水那样混沌。“豫兮若冬涉川，犹兮若畏四邻，俨兮其若容。”这是善处世者谨严的心境：像冬天涉足江河那样谨慎，像提防邻国进攻那样警惕，像做宾客那样拘谨严肃。这种思想人格与庄子笔下的那种胸襟宽广、舒畅自适的“真人”何等不同啊！

在“柔弱”与“刚强”这对矛盾中，能够看到“柔弱”的作用，这是老子的独到之处，也是他的深刻之处。这是他观察自然和社会，从许多事物的转化例子中看到“柔弱”反而能战胜“刚强”的道理。他从“反者‘道’之动”的发展观出发，抓住了“柔弱”的作用。但是，他把转化看成是无条件的，因而把“柔弱”的作用夸大了、绝对化了，这是一种片面认识。因而老子的人生哲学从总体上看是退守的、保全自己的，而不是积极进取的。

由于老子强调“柔弱”的作用，所以他不了解积极认识事物的意义。他说：“不出户，知天下；不窥牖，见天道。其出弥远，其知弥少。”（《老子》四十七章）甚至主张“绝学”“弃智”，并对一切道德理论观念持否定态度。他说：“上德不德。”这里说的“上德”是不要任何道德观念，完全顺应自然。他认为：“大道废，有仁义；智慧出，有大伪；六亲不和，有孝慈；国家昏乱，有忠臣。”（《老子》十八章）这里主张彻底抛弃伦理道德，认为各人都能“独善其身”“清静无为”，天下就可以太平了。

## 第四节 《老子》的“无为而治”

孔子说:“无为而治者其舜也与!夫何为哉?恭己正南面而已矣。”(《论语·卫灵公》)意思是卿士、诸侯把一切大事都办得很好,天子已经无事可做了。这是春秋时“无为而治”的一般含义。当时的现实情况并不是什么“无为而治”,所以孔子主张用礼、乐、仁、义治国。但老子却从“道”的学说出发,对“无为而治”作了系统论述,提出“为‘无为’则无不治”的政治思想。老子说:

> 人法地,地法天,天法“道”,“道”法自然。(《老子》二十五章)

这是说,“道”效法“自然”,天、地、人直接或间接效法“道”,所以,天、地、人也都效法“自然”。

> 功成事遂,百姓皆谓:“我自然。”(《老子》十七章)
>
> 希言自然,故飘风不终朝,骤雨不终日。(《老子》二十三章)
>
> “道”之尊,“德”之贵,夫莫之命而常自然。(《老子》五十一章)
>
> 是以圣人欲不欲,不贵难得之货,学不学,复众人之所过,以辅万物之自然而不敢为。(《老子》六十四章)

统治者的作为不干扰人民而顺乎人民的需要,事情办成功了,人民觉得是事情自然发展的结果,一点也不觉得受到外来的干预。总之,少施政教、法令,才合乎自然。这是老子的理想政治。在他看来,苛烦的政令犹如飘风骤雨,是不能持久的,因为它不合乎自然。“道”和“德”之所以尊贵,就在于它不干涉而顺任自然。一般人追求声色货利,政教礼法,实在是一种过错。理想的统治者——“圣人”应该从这种过错中解脱出来,顺任万物自我发展而不要“有为”。以上这些文字中所说的“自然”与“无为”是同一的含义。只是“自然”主要是对天地万物而言,而“无为”则主要是对人的活动而言。

除了《老子》第三十七章中的“‘道’常无为而无不为”是以“无为”描述道以外,其他章所讲的“无为”都是指政治问题。作为一种政治思想,老子讲“无为”是针对“有为”的。在他看来,“有为”政治带来的祸害非常严重。他说:“天下多忌讳,而民弥贫”;“法令滋彰,盗贼多有”(《老子》五十七章)。防禁越多,人民越陷入贫困;法令越森严,盗贼越增加。“民之饥,以其上食税之多,是以饥;民之难治,以其上之‘有为’,是以难治。”(《老子》七十五章)统治者征收大量赋税,造成人民饥饿;统治者越是强作妄为,人民越是难以管理。对“有为”政治的批评,以第五十三章的话最为激烈。这一章里写道:

> 大道甚夷,而人好径。朝甚除,田甚芜,仓甚虚;服文彩,带利剑,厌饮食,财货有馀,是谓盗夸。非道也哉!

大路很平坦,君主却喜欢走斜径。朝政腐败了,弄得农田也全部荒芜,仓库十分空虚;统治者还穿着锦绣的衣服,佩带锋利的宝剑,吃厌了精美的饮食,搜刮更多的财货。这样的统治者简直是强盗头子,多么无道啊!这里确实描绘了春秋时期的一些社会景象。那么怎样才能解决这些问题呢?老子的答案是:“无为而无不为”。“无为”,主要指的是消除独断的意志和专断的行为,含有不妄为的意思。老子说:“上士闻道,勤而行之。”(《老子》四十一章)又说:“强行者有志,不失其所者久。”(《老子》三十三章)可见老子思想并不是消极怠惰的,而是强调人们行事要以“道”为基础才能从根本上消除失误。因此,“无为”并不是什么事情都不做。它正面的说法叫做“好静”“虚静”,是一种顺乎“自然”的行为状态。老子认为这样做没有办不成功的,这就是“无为而无不为”的含义。

老子的“无为而治”是以他的历史观为理论基础的，他认为社会不是前进而是倒退的。这从他对人类社会发展阶段的划分可以看出来。他说：

> 故失“道”而后“德”，失“德”而后“仁”，失“仁”而后“义”，失“义”而后“礼”。（《老子》三十八章）

老子说的“道”“德”“仁”“义”“礼”是五个思想范畴，也是社会发展的五个阶段。老子是用思想范畴划分社会发展阶段的。人类社会最初阶段是“道”统治的，一切纯任“自然”，是完全的“无为”。第二阶段是“德”统治的，分为“无为”又无心作为（“上德”）和“无为”而有心作为（“下德”）两个时期。第二阶段与第一阶段都是“无为”的。所以老子不反对“德”。第三阶段是“仁”统治的，“为之”却出于无意。第四阶段是“义”统治的，“为之”且出于有意。第五阶段是“礼”统治的，“为之”却得不到响应，于是就伸出手臂来使人强就，即用强力使人服从。第三、四、五阶段都是“为之”的，都是“有为”的。老子在这里只说到“上仁”“上义”“上礼”的状况如此这般，没有说到“下仁”“下义”“下礼”的状况又是怎样的，无非是说在“有为”的几个阶段最好不过如此，不好时更不堪设想了。老子对社会历史的这种描述，反映出古代思想史上的“德”“仁”“义”“礼”几个基本范畴产生的历史顺序，客观上是一个重要贡献。更重要的是，他认为每后一阶段与前一阶段相比，离“无为”越远，美的善的东西越少，丑的恶的东西越多，离他的政治理想越来越远。

由此，老子提出这样一个理想社会：

> 小国寡民。使有什伯之器而不用；使民重死而不远徙。虽有舟舆，无所乘之；虽有甲兵，无所陈之。使民复结绳而用之。
>
> 甘其食，美其服，安其居，乐其俗。邻国相望，鸡犬之声相

闻,民至老死,不相往来。(《老子》八十章)

在这样的社会里,不发展物质生产和社会文明,却希望人人能得到甜美的饮食、华丽的衣服、安适的居处。老子这个舍弃文明而守其朴素的社会是一个不切实际的幻想。

# 第六章　郭店楚简、上博简与孟、荀学术

关于先秦儒家研究，中国哲学史和思想史一直沿用孔—孟—荀的模式。自从20世纪末21世纪初，郭店楚简和上博楚简相继出土公布后，形成了一个研究热潮，最主要的是丰富了先秦儒家的历史和观念。在孔子与孟子、荀子之间有一个阶段，很有可能和七十二子及其传人有关，现在一般的看法是确认了子思学派的存在，孔子及其传人的研究再也不必限于《论语》了。虽然这些简文距离“改写”或“重写”中国思想史的要求还很远，但毕竟可以为我们反思和梳理先秦思想史的发展路径和历史脉络提供助益和参考。

在这些材料里，更正了人们一个惯常的但是错误的认识。原始儒家不仅仅关注道德伦理和礼乐制度，他们也关心哲学问题，如天道性命等。当然这些在孔子那里是很难听到的，如他“不语怪力乱神”(《论语·述而》)，说“未知生，焉知死”(《论语·先进》)，“夫子之言性与天道，不可得而闻也”(《论语·公冶长》)，给人留下来的印象，是重实际、重人生、重伦理的实践家，不像探究天人之际的哲学家。但他的学生及再传学生，情形就很复杂。孔子在世的时候，他很喜欢颜渊(回)。颜渊是个不多言、能安贫乐道、善于反思、举一反三的人，是孔门德行方面杰出的学生(其他还有闵损(子骞)、冉耕(仲弓))，但命不长，孔子也说他“不幸早死”。后来孔子那些在社会上比较得志的学生，却是以言语(宰予(子我)、端木赐(子贡))、政事

(冉求(子有)、仲由(子路))、文学(言偃(子游)、卜商(子夏))为业的人。“子张居陈,澹台子羽居楚,子夏居西河,子贡终于齐。”(《史记·儒林列传》)《史记·仲尼弟子列传》中只有35人,不及一半。

郭店楚简,1993年湖北荆门郭店出土,经整理有字竹简703枚,另残简27枚,总计字数12,072字。竹简年代属战国中期偏晚,内容包括道家著作和儒家著作,共18篇。除过老子甲乙丙组、《太一生水》等之外,其余是儒家的作品,即《缁衣》《鲁穆公问子思》《穷达以时》《五行》《唐虞之道》《忠信之道》《成之闻之》《尊德义》《性自命出》《六德》《语丛》(4篇)等,内容很丰富。这批竹简给中国哲学史和思想文化史研究提供了新的材料,特别是关于先秦儒家的材料。虽然简文只是一部分,而出土竹简也只是当时思想史实际的一部分,但从中也可以管窥若干思想上的特点:①重视天人之际的探讨。人们对天人关系有了一定的认识,把握天道成为圣人的标志,这与孔子已有细微的区别,“有天有人,天人有分。察天人之分,而知所行矣”(《穷达以时》),“圣人知天道也”(《五行》),“易,所以会天道、人道也”(《语丛一》),“天生百物,人为贵”(《语丛一》)等。②重视德行和道德践履。无论在得志还是不得志的时候,都应该加强德行,而且前后一贯,君子和志士也以这个标准来划分,“五行皆形于内而时行之,谓之君〔子〕。士有志于君子道谓之志士。善弗为无近,德弗志不成,智弗思不得”(《五行》),“〔芝兰生于幽谷〕,〔非以无人〕嗅而不芳”“穷达以时,德行一也”“幽明不再,故君子敦于反己”(《穷达以时》)。③重视心性的作用。认为心有主宰的功能,可以通过对心理反应的审视来把握一个人道德修养的境界和偏好,“耳目鼻口手足六者,心之役也。心曰唯,莫敢不唯;诺,莫敢不诺;进,莫敢不进;后,莫敢不后”(《五行》)。④重视对天、命、性和生的哲学探讨。“性自命出,命自天降”(《性自命出》),“有天有命,有〔命有性,是谓〕生”(《语丛三》),“天形成人,与物斯理”(《语丛三》)。这些重要的哲学问题,在宋明理学家那里对其研究才达到了很高的水平。

上海博物馆馆藏战国竹简,是马承源等先生1994年辗转从香港古玩市场收购的。经过专家十多年的整理,从 2001 年到 2007 年,已先后出版整理成果七辑,引起中国古文字、中国哲学史、中国思想史、中国文学史、中国艺术史等领域的广泛关注。其中部分简文与郭店楚简、流传古籍相关,可以作对比研究,如《缁衣》《性情论》(郭店楚简有《缁衣》《性自命出》)等。比较著名的篇目有《孔子诗论》《缁衣》《性情论》《周易》等。上博简内容丰富,涉及哲学、文学、历史、宗教、军事、教育、政治、音乐、文字学等,是楚国迁都郢以前贵族墓中的随葬物,保留了不少秦火之前的作品,思想以儒家为主,但也有道家、兵家、阴阳家等的学说。其中竹书《周易》是迄今为止时间最早的一种,具有重要价值。

以下重点结合郭店楚简《性自命出》、上博简《性情论》、上博简《孔子诗论》及郭店楚简《五行》略谈楚简所反映的思想与孔子、孟荀的关系。

## 第一节　郭店楚简、上博简对性、情的看法

从哲学史、思想史来看,心性关系在先秦儒家那里远不如仁义、仁礼关系重要,甚至也比不上人性论重要。但是,人性论的兴起自是与对心性关系的探讨密不可分。随着郭店楚简的整理,人们发现其中讨论心、性、物之间关系的内容,有助于丰富和深化对先秦儒家思想的理解(参见张岂之主编《中国思想文化史》,北京:高等教育出版社,2006 年 5 月版,第 40—51 页;张岂之主编《中国思想学说史》,先秦卷,桂林:广西师范大学出版社 2008 年 1 月版,第 307—312 页)。传统学术观点认为,中国儒家哲学倾向于以人的道德性来规定人的本质,以道德来统摄人性,但从新近出土的简帛材料来看,事实远非如此。同时,心性关系也是考察孟、荀区别及与孔子思想联系纽带的重要方面。

**(一)“心”与“性”“物”**

先秦简帛材料,无见一例“性”字,郭店楚简多作“眚”,上博简则为“生”或“眚”,二者均不从“心”。从古文字学的角度看,“生”与“性”乃古

今字,“性”属于增加偏旁的分别字,而不是通假字。“性”是以古字“生”为声符,另加一新意符“忄”构成的今字,主要指人与生俱来的各种生理特质与本能反应,是一种静态的自然的存在,其呈现与作用有赖外力的引发与牵动。

在中国哲学史、思想史上,“心”是一个非常重要的概念。“心”在甲骨文中已出现,其字形为[illegible]、[illegible],本指人的心脏。与《孟子》以“心”为思维器官与认知器官不同,东汉许慎《说文解字》则说:“人心土藏在身之中。象形。”以“心”为生理器官,与甲骨文同。值得注意的是,“心”在早于《孟子》的郭店楚简中,具有主宰身体、占据主导地位的功能,《五行》篇即有:“耳目鼻口手足六者,心之役也。心曰唯,莫敢不唯;诺,莫敢不诺;进,莫敢不进;后,莫敢不后;深,莫敢不深;浅,莫敢不浅。”(简45—48)《国语·郑语》亦云:“正七体以役心。”表明耳目鼻口手足六种身体器官无不受心役使。荀子也说:“心者形之君也,而神明之主也,出令而无所受令。自禁也,自使也,自夺也,自取也,自行也,自止也。故口可劫而使默云,形可劫而使诎申,心不可劫而使易意。”(《荀子·解蔽》)这虽进一步提升了“心”的地位与作用,但同样强调了“心”的主导作用。不仅如此,《性自命出》则更为明确地宣称“君子身以为主心”(简67),即已充分认识到心主导身体的功能。与《孟子》相比,郭店楚简中的“心”虽已具有辨知能力与思维功能,但尚不如《孟子》那么显豁与明确。《性自命出》“虽有眚,心弗取不出”(简6),意即人虽有眚(实指性),但如果没有心的诱导、牵引,则不会显露于外。《庄子·天地》:“其心之出,有物采之。”《礼记·乐记》:“人心之动,物使之然也,感于物而动,故形于声。”由此可见,心主导、牵引作用并不是孤立、完全自主的,尚需外物的刺激与触动。通过心的作用,人才会对外来的各种刺激、触动作出不同的反应,把隐藏于体内的性表现出来,并对由性而发的各种情进行调节控制,在不断的修习中去塑造自身,成就自我。

“心”在郭店楚简中不仅直指人的生理器官——心脏,同时还用以指称人的辨知能力与思维功能。“乐者，音之所由生也，其本在人心之感于物也。”(《乐记·乐本》)音由乐所生，乐根源于人心，人心是乐、音得以产生的前提，正是因为人心具有辨知能力与思维功能，才使其能够对于外物的刺激与诱引产生不同的反应，进而作出抉择。当然，《乐记》的逻辑性比郭店楚简《性自命出》要强一些，从时间上看，《性自命出》的著作年代可能要早于《乐记》，但是两者所述的内容呈明显相关，两者的著作年代应当相去不远。

关于“性”，郭店楚简认为是一种潜在、隐而未发的能力与能量，需要外物的刺激以及心的辨知与思维以后方能显露于外，为人所见。心、性、物三者是构成人内在世界与外在世界融会贯通的基本要素，这三者使一个人的基本行为机制具有了完整性与应变性。性，是潜在的，仅凭自身难以完成由内到外的显露与提升，尚需物的刺激与诱引来作为动因，“喜怒哀悲之气，眚也。及其见于外，则物取之也”(《性自命出》简2)，“凡眚为主，物取之也”(《性自命出》简5)。可见，物乃为性动的重要外在条件，没有“物取之”，“性”潜在的性质与属性无从外显与发用，其内在的发动也会失去实际的目标与指向性，仍旧为寂虚、不动之物，此正所谓“好恶，眚也。所好所恶，物也。善不善，眚也，所善所不善，势也”(《性自命出》简4—5)。“好恶”“善不善”皆为人性潜在的属性与可能，其呈现与否以及呈现于外的最终样态并不为性自身所决定，还要看外在物、势的影响，因而，“所好所恶”“所善所不善”，与“人生而静，天之性也；感于物而动，性之欲也。物至知知，然后好恶形焉”(《乐记·乐本》)并无本质区别。不过，《乐记》之“性”尽管是人仰承于天而获得的，但它毕竟是与生俱来的禀赋与资质，且呈现为静隐的状态，需要“感于物而动”，为“性之欲”。

郭店楚简中的“心”不是完全自主与能动的，心的指向性与决断能力的发动与实现难离外物的作用，“心亡定志，待物而后作”(《性自命出》简1)，即是强调“心”的原初性与心志的不确定性，“物”在此处便充当了心志外显的重要条件，正因为如此，《性自命出》又进一步说：“待悦而后行，待习而后定。”(简1—2)可见,心志始发离不开与外物的接触,心志由内至外的运行实际上源自内心的喜悦,而心志最终坚定下来并成为人性当中的一部分则离不开个人不懈的修习、习养。《礼记·乐记》中所谓“乐者,音之所由生也,其本在人心之感于物也”则重点强调了外物对人心的影响。竹简重教,可能与心性可善可恶而需要良好的教习来培养、固定的看法有关。

当然,与“性”相比较,郭店楚简中的“心”更具有能动性与辨知性,所以《性自命出》明言:“虽有眚,心弗取不出。”《性自命出》一再申论“心”的价值与地位:“虽能其事,不能其心,不贵。求其心有伪也,弗得之矣。人之不能以伪也,可知也。”(简37—38)正是以“心”作为个人行为的根本依据与评价标准。《大学》也强调“心”的重要性,谓“心不在焉,视而不见,听而不闻,食而不知其味。此谓修身在正其心”,也就是说,没有“心”的存在与发挥作用,一切生理器官都将失去本有的功能,从而最终将修身落实于正心。此后,孟子更把能否“存心”看成君子与普通人之间的区别,他说:“君子所以异于人者,以其存心也”(《孟子·离娄下》);“非独贤者有是心也,人皆有之,贤者能勿丧耳”(《孟子·告子上》);“大人者,不失其赤子之心者也”(《孟子·离娄下》)。这种“心”虽然具有辨别是非的理性功能,但更体现了一种道德理性的特征。

“物”,甲骨文为[illegible],卜辞用做:①杂色牛;②祭祀。小篆为[illegible],左为“牛”形符,右为“勿”声符。《说文解字》云:“物,万物也。牛为大物,天地之数起于牵牛,故从牛,勿声。”《性自命出》谓“凡见者之谓物”(简12)。古汉语“之谓”与“谓之”用法不同,“之谓”以上所称解下,“谓之”以下所称解上。“凡见者之谓物”即以“凡见者”来解释“物”,也就是说,所谓的物即是一切可以被人所见者,物为外在于人的各类客观事物。朱子说:“盖天下之事,皆谓之物”,“眼前凡所应接的都是物”(《朱子语类》卷十五)。表面上,物具有一定的能动性,比如简文言“物取之”“所好所恶,物也”“待物而后作”等,但是,我们认为简中“物”更多是作为与人主观相对应的客观条件,其本身的能动性与各种作用也是与人相对应而显露的,没有人作为对应物,物的能动性与各种作用仅仅是一种潜在属性与可能。物之动性,心之取性,“物”“心”“性”三者必须相互依存才能使各自的功用得以发挥,否则便是孤零零、隐而未发的静物与潜能罢了。物要动性,须以心为中介,物要动性,先要动心,即动心在先,动性在后。心与性潜而未发,都需要经由物对应、牵引才能显露于外,但是,毕竟心具有辨知能力与思维功能,性要发动,须先经过心对物的刺激、触动作出反应后才可成行。

在竹简那里,“心”是“性”与“物”的中介,是沟通二者的桥梁。从内部发生、反应机制言,性由内到外显露的整个过程颇为复杂。这个过程大致经历了两个步骤:首先,因“物”的刺激与触动而使具有辨知能力与思维功能的“心”感动起来,亦即“物使心动”,当然,此“感动”乃是先有心之感物,次有物使心动,是谓“感动”;其次,经由“心”之辨知、判断进而作出取舍,从而使“性”在此基础上对“物”的牵引作出反应,此反应即是“性”由内到外的显露过程,也即“性由心取”。鉴于“心”“性”与“物”关系的复杂性与重要性,我们将从“物使心动”“性由心取”两个方面作以下论述。

**(二)“物使心动”**

郭店楚简《性自命出》所指称的“物”,实指一切客观存在的、为人所见的事物,当包括物、事、环境等,即“凡见者之谓物”(《性自命出》简12)。显然,郭店楚简中“物”所指范围相当宽泛,能使心动的外物也比较复杂,因而“物使心动”的过程并不简单。

从简文传达的信息看,“物”并非静态的死物,它具有刺激、诱引心性的能动性,但这种能动性并非完全独立与自主,而是与人心性相对应而存在的潜在属性而已,这正是“物”能够使“心”动起来的前提条件。“性”之外显之所以需先以“心”与外物的交接作为前提与条件,也是因为“心”已具备相当的辨知能力与思维功能,能够对于外物的刺激与诱引作出判断与取舍,而“性”则并不明显具备此种能力与功能。

如果从当时及此前的传世文献，结合以生言“性”的传统分析，春秋晚期以及战国初、中期言“性”仍难以完全摆脱这种历史传统所带来的深远影响。《诗》《书》《国语》言“性”，仅指人自然生命的本能欲望，而不是儒家人性意义上的“性”，如“俾尔弥尔性”（《诗经·大雅·卷阿》），“不虞天性”（《尚书·西伯戡黎》），“节性，唯日其迈”（《尚书·召诰》）等。

郭店楚简很重视“心”的地位与意义，正是这一重“心”的思潮，让后来学者继承了下来，尽管此时的“心”还多为强调辨知能力与思维功能，但与荀子的认识之“心”较为接近，“人之所以为人者，非特以二足而无毛也，以其有辨也”（《荀子·非相》），“心有征知。征知，则缘耳而知声可也，缘目而知形可也。然而，征知，必将待天官之当薄其类，然后可也”（《荀子·正名》），无不是对于具有辨知能力与思维功能之“心”的强调与重视。孟子主张“尽其心者，知其性也。知其性，则知天矣。存其心，养其性，所以事天也”（《孟子·尽心上》）。其知性、养性仍是以尽心、存心作为前提，也就是说，欲充分了解自身的性，须先努力扩充自己的道德之“心”，欲对“性”进行涵养，也离不开对本心的保存，这无疑是对郭店楚简由“心”到“性”思想路径的继承与再创造。

在人们的眼里，外物一般呈现为静态，但自从它以人心、人性的对立面面目出现后，外物便不复是死物，反而有了刺激、牵引人心性的属性与潜能。所以，郭店楚简《性自命出》一再言说：

喜怒哀悲之气，眚（性）也。及其见於外，则物取之也。（简2—3）

好恶，眚（性）也。所好所恶，物也。善不善，眚（性）也，所善所不善，势也。凡眚（性）为主，物取之也。金石之有声也，弗扣不鸣。（简4—6）

凡动眚（性）者，物也。（简10—11）

出眚（性）者，势也；养眚（性）者，习也。（简11—12）

这四则简文,涉及物对于人心性的重要性,论述侧重点也不尽相同。性在体内本以喜怒哀悲之气的状态存在,但正因为有了物的存在,才让性得以见(现)于外,故谓"凡动眚(性)者,物也"(简10—11),而见于外的喜怒哀悲之气,实际上已经转化为源自性的情。不仅如此,性之好恶、善不善,以及由属性与潜能转化为现实的行为与效验亦离不开外物作用。于是,物先动性,然后在性与物之间形成一种势能、互动关系,从而在这种状态与形势下性见于外,这就是"出眚(性)者,势也"(简11)。

但是,毕竟人异于一般动物,人之为人在于其心存高远的理想与生生不息的进取精神,简文在"出眚(性)者,势也"之后,紧接着又说"养眚(性)者,习也"(简11—12),也就是说,性仅见于外还不够,还需要进一步的积习、修习,从而让性在这种积极的修习当中得以培固、滋养。

**(三)"性由心取"**

人之性初时多指涉先天禀赋与自然生命本能欲望,因而在郭店楚简那里远不如后来道德人性那样富含人的主体能动性,多呈现静隐的状态,其由内至外的运行尚需依靠心的作用,此正所谓"眚由心取"。

关于"性"与"心"的关系,郭店楚简《性自命出》以双重否定的句式突显了"心"的地位与作用:"虽有眚,心弗取不出。"(简6)"性"虽在人自身,但其与外物相涉,从而能够进入外在世界,确实不离"心"的运作与作用。那么,为什么"性"必须由"心"取才能出呢?这似乎与后人对于自主与能动之性的理解大为不同,因而很值得我们重新考虑。

人类高于一般动物的根源即在于人性的开放性、不确定性与能动性。很久以来人类就形成了性源自天的传统理念,它也是天人和谐思想的精神资源与理论依据,故《性自命出》云"眚(性)自命出,命自天降"(简2—3),认为性是天所赋予人的自然之性。郭店儒家类简对性并没有明确作或善或恶的伦理性规定,在这方面,人性与天地间万物之性并无根本不同,人性虽是内在的、先天的,但其显露发用还要依靠外物的激发,而且性在外物的激发之下,会有各种不同的表现。于是,人性就在这各种不同的表现当中，展现出人性能动性的一面，在这种自省、自强与不甘沉沦的能动性当中，让人由衷地生发出一种使命感与责任心。而这种使命感与责任心就是《中庸》“能尽人之性，则能尽物之性；能尽物之性，则可以赞天地之化育；可以赞天地之化育，则可以与天地参矣”，“与天地参”，实为人与天地并立为三。

郭店楚简《性自命出》篇第二简言：“喜怒哀悲之气，眚也。及其见于外，则物取之也。”此简以“喜怒哀悲之气”而不是以善恶来界定性，从现代心理学的观点看，“喜怒哀悲”本属于情的范畴，而郭店楚简却以此论性，显然是看中了其真实不伪、自然本然的一面。而第四至六简则曰：“好恶，眚也。所好所恶，物也。善不〔善，眚也〕，所善所不善，势也。凡眚为主，物取之也。金石之有声〔也，弗扣不〕〔鸣。人之〕虽有眚，心弗取不出。”在此，竹简作者又认为人性具有“好恶”“善不善”的属性，但是作者并未直接将“好恶”“善不善”看做人性，亦未将它们画等号，而是认为人性之所以具有“好恶”“善不善”的属性，原因在于周围环境的“势”，也就是说此性要发展成什么样的形态，主要取决于周围环境的影响。人本身存有性，但是没有心的牵引、与外界发生联系，“〔人之〕虽有眚，心弗取不出”，性也就无从显露出来，这里的性更多地指涉了其自然义的一面，当是告子“生之谓性”的先声。郭店楚简《性自命出》篇中的人性论思想与强调“生之谓性”“食色，性也”（《孟子·告子上》）的告子最为接近，因为他们都认为人的本性本无善恶，所谓的善恶皆是人后天与外在环境形成了一定关系后产生的，这显然与认为性有善有恶的世硕大不相同。

上博简《孔子诗论》（以下简称《诗论》）对民性（人性）民情也多有肯定。《国风》是地方民风民俗的真实反映，具有强烈的感情色彩和真实性，作品大抵以淳朴的情感抒发为旋律，而少有所谓的靡靡之音。《国风》里涉及妇女的多达 85 首，多为婚姻、恋爱之作。孔子曾对《诗》进行过研究，从中人们可以看出孔子对于男女情事的态度还是较为开明的。

在体现孔子思想的《诗论》中，竹书作者充分肯定了诗歌表现情性的合理性。这从《诗论》对诗的点评方式可以管窥一二,最明显的例子莫过于第十简(除第十简外,《诗论》中还有第十六简(对《绿衣》"思",《燕燕》"独"之评价)、第二十六简(对《柏舟》"闷",《谷风》"背"之评价)亦有用一个字来概括某一作品主题的情况)。此简解诗甚为简要,每篇皆用一字点评,分别是:怡、时、智、归、保、情,这既体现了引导和启发的授诗特点,也是对《国风》活泼自然、淳朴不虚之情的呼应。此外,还有几处可以作为例证,在《诗论》中,第六简有"吾敬之""吾悦之"诸语词,第七简则有"信矣",第二十一简有"吾善之""吾喜之""吾信之""吾美之",第二十二简则对第二十一简具体展开,进一步强调"吾善之""吾喜之""吾信之""吾美之"。由此可知,竹书作者在读《诗》时所产生的不同感受,进而产生出不同的情感态度,足见其情感的真挚与坦率了。

在讨论具体作品的时候,作者也一再肯定"民性"的合理性,说这是"民性固然"。如第十六简:"吾以《葛覃》得氏初之诗,民性固然,见其美必欲反其本。"第二十简:"币帛之不可去也,民性固然。"第二十四简:"吾以《甘棠》得宗庙之敬,民性固然。甚贵其人,必敬其位;悦其人,必好其所为。恶其人者亦然。"在29枚竹简中,就先后出现了三次"民性固然",此足见竹书作者对于发自人们心底的素朴、真挚的自然本性的肯定。可见,孔子并非像许多人所想象的那样迂腐,而是个有血有肉、重真实情性的人。

## 第二节　郭店楚简《五行》的基本思想倾向

郭店楚简中的儒家作品《五行》共50简,分28章,是出土简文中比较完整的一篇。研究郭店楚简《五行》可与马王堆汉墓帛书《五行》作比较研究,郭店楚简有经无说,是更加早期的《五行》作品形态,某些环节有助于人们加强理解和判断。

郭店楚简《五行》篇在整体上是一种体系性较强的儒家文本。它包括德行构成、社会规范与人生修养三个层面,其中人生修养是联系前两者的纽带,最终达到"集大成""达诸君子道"的人生理想境界,在社会功用上则是"邦家兴"的现实关注。这有助于重新思考简本《五行》在先秦儒家思想流变中的地位、价值及其理论特点。

**(一)"德之行"与"德"**

德行,是简本《五行》十分重要的内容,包括"德之行"与"德"两个方面。

《五行》一开篇便提出"德之行"的问题,即人的内在的德行品质问题,认为"德之行"的特点是"形于内",在人的内心中存在。"仁形于内谓之德之行""义形于内谓之德之行""礼形于内谓之德之行""〔智形〕于内谓之德之行""圣形于内谓之德之行"(《五行》第一章,章次据李零《郭店楚简校读记》(增订本),北京:北京大学出版社 2002 年版,后同)。可见,"五行"在某种意义上便是指称五种德行品质,即仁义礼智圣。这些品质自然也会带来一系列的内心体验与感受,从而不断强化并巩固德行品质。如"仁",简文"亲而笃之,爱也。爱父,其继爱人"(《五行》第十九章),这里的仁具有亲亲友信、推己及人的特点,与孔孟"唯仁者能好人"(《论语·里仁》),"仁者,爱人也"(《孟子·离娄下》)相关。

"德之行"具体表现为五个方面,它们之间又有怎样的关联呢?简本《五行》:"闻君子道,聪也。闻而知之,圣也。圣人知天道也。知而行之,义也。行之而时,德也。见贤人,明也。见而知之,智也。知而安之,仁也。安而敬之,礼也。圣,知礼乐之所由生也。五〔行之所和〕也。和则乐,乐则有德。"(《五行》第十七章)在"五行"关系上,知之,安之,敬之,圣智仁礼主要侧重人内在的心理活动与感受,竹简作者将其与德行品质结合在一起描述,是对"德之行"的论说。至于"知而行之,义也。行之而时,德也",应合在一起理解,已知天道,并按照天道行动,这种行为是"义"("行"之义),这种行为源发的动机或德行品质也可称为"义"("德之行"之义)。"德,得也"(《广雅·释诂》卷三下),即得于内心,"内得于己也"(《说文解字》),与“德之行五和谓之德”的“德”不同,但也不妨称为“德”。关于五行的“德之行”的生发顺序,由圣智的闻见之知而生仁义礼,突出了各种德行品质在心理活动上的特点与相互关系,并显示了圣“五〔行之所和〕”的依托作用。简文由仁而义而礼而智而圣,已经把五种德之行视为一个环环相扣、和合生乐、由乐生德(《五行》第十七章)的整体,因此才会有“五和谓之德”。

“德”是“德之行”和合后的形态。“德之行五和谓之德”(《五行》第二章)。单一的德行品质只是构成德的要素,当仁义礼智圣五者相互融合、和谐共生成为高级的复合形态时,这种统一的状态才是德。这样有助于克服将五种德行品质孤立化和简单化的倾向,正因为五种德行皆统摄于德中,才使德有生成仁义礼智圣五种德行的逻辑可能,或者说德中就内在地涵养着五种德行,是一而二、二而一的关系。“德者,天道也”(《五行》第二章),德即是天道,当然这里的天不是自然意义的天,而儒学天命范畴的天,源于天命又有强烈的人文色彩,所以才能够与德联系起来。德是天道的体现,这是对德的合理性的先验预设。马王堆帛书《五行》第七章说文云:“能为一者,言能以多〔为一〕。以多为一也者,言能以夫〔五〕为一也。……一者,夫五夫为〔一〕心也。然笱(后)德。之一也,乃德已。德犹天也,天乃德已。”德是一种完整浑融的状态和品质,“德犹天”,意谓德是天之道,是天的运行规律与本质在人内心中的体现;“天乃德”,意谓天是德的最终根源,天即德的全部。

在《五行》中,与“天之道”同义的除“德”之外,还有“君子道”,它是“天之道”或“德”在君子身上的充盈、体现或践履(行),“五行皆形于内而时行之”(《五行》第三章)。

**(二)“行”与“善”**

五行除德行品质的意义外,还指一种社会规范,即外在的道德规定。

“(仁)不形于内谓之行”“(义)不形于内谓之行”“(礼)不形于内谓之[行]”“(智)不形于内谓之行”(《五行》第一章),仁义礼智是外在于内心的行为规范,它们是“形于内”的仁义礼智品质在外显行为上的体现和要求。这种规范称为“行”,与人的实在的具体行为不同,二者不仅有密切的关系,而且同时与主体的内心活动紧密相关。所以,外在的规范与主体的内在德行,也就是外显的客观准则与内隐的主观心志形成了对应副称关系。正因为如此,才使内在的品质德行在表象上显现为外在规范向内的生成(形于内),实际上,行为规范又何尝不是德行品质向外的呈现(不形于内)呢?“耳目鼻口手足六者,心之役也。心曰唯,莫敢不唯;诺,莫敢不诺;进,莫敢不进;后,莫敢不后;深,莫敢不深;浅,莫敢不浅”(《五行》第二十五章),人的行为举止受到心的支配和驱使。“闻君子道而不知其君子道也,谓之不圣。见贤人而不知其有德也,谓之不智”(《五行》第十五章),闻见而不知,意味着外在规范与内心体验隔而未和,未相互作用,所以称“不圣”“不智”,也即“不聪”“不明”。这里,简本《五行》“圣不形于内谓之德之行”,帛书本《五行》作“圣……〔不型(形)于内,胃(谓)〕之行”,学者多认为简本可能有衍文,但并未下定论。根据上面的简要分析,我们认为,也许简本《五行》此句并无错,倒是帛书本《五行》为了句式工整而谬改了。因为“圣”作为一种德行品质,与“仁”“义”“礼”“智”不同,它不完全是一种纯粹的品质,还兼有境界与主体的意蕴,“大而化之之谓圣”(《孟子·尽心下》)。更重要的是,“圣”是“德之行”五种品质中的主导要素,“圣,知礼乐之所由生也,五〔行之所和〕也”(《五行》第十七章),它会主动调节、支配五行,使它们最终达到“和”的境界和状态。所以,“圣”和一般的主观德行不同,日本学者池田知久认为“‘圣’是与其他四者不同的特别的东西,实际上它不是施于一般人的伦理”([日]池田知久著、曹峰译:《郭店楚简〈五行〉研究》,载《郭店简与儒学研究》,沈阳:辽宁教育出版社2000年版,第126页),因此,“圣”就难以外显为一种准则。以上就学理角度而言,根据仁义礼智圣五种范畴产生的过程分析,从《老子》至《孟子》及以后的仁义礼智信都未将“圣”列入其中,简本《五行》列入“圣”,表面上似不够严谨,概念有混淆之处,实则不无深意,全文将“圣”单列以突出其独特地位的地方很多,如第

七、十一、十五、十六、十七等章。

关于作为“行”的仁义礼智的相互关系，简本《五行》第十八章有集中论述：“见而知之，智也。知而安之，仁也。安而行之，义也。行而敬之，礼也。仁，义礼所由生也，四行之所和也。和则同，同则善。”从表面看，似乎与“德之行”的关系区别不大，因为仁义礼智几项用词大略相同，但也有细微的区别，如第十七章“知而行之，义也”“安而敬之，礼也”，本章则表述为“安而行之，义也。行而敬之，礼也”，两字之易彰示了“德之行”与“行”的内外有别。如果再联系前面的论述，内心的德行品质与外在的行为规范并不是截然分开的。专就内在德行言，德行与心理活动交织在一起，心理活动是确定德行品质的依据与标志，如“不变不悦，不悦不戚，不戚不亲，不亲不爱，不爱不仁”(《五行》第十二章)，“不直不肆，不肆不果，不果不简，不简不行，不行不义”(《五行》第十三章)，“不远不敬，不敬不严，不严不尊，不尊不恭，不恭无礼”(《五行》第十四章)。专就外在规范言，规范也与行为主体的心理活动紧密联系，心理活动是道德践履的具体体验与指导，“耳目鼻口手足六者，心之役也”(《五行》第二十五章)，自然也是道德规范形成的心理基础，且是行为符合规范的可供检验的明证。《五行》的作者将“德之行”与“行”中的仁义礼智以基本相同的方式表述，其用意大概正是为了明确这一点吧。同时，我们也会发现，如“圣”在“德之行”中居于主导地位一样，“仁，义礼所由生也，四行之所和也”也表明作为规范的“仁”在规范体系中的主导地位。仁既是其他规范生成的逻辑起点，也是四种“行”和合的依托，“四行之所和也”。最终建立在仁基础上的仁义礼智伦理规范便会形成“和而同”的状态，且即达至“善”。

作为道德规范的“行”包括四个因素，即仁、义、礼、智。“四行和谓之善”(《五行》第二章)，当四种规范和谐共处形成一个整体，“和则同，同则善”(《五行》第十八章)，也就达到社会要求人们的“善”的境地，因此，“善，人道也”(《五行》第二章)，善取决于人的社会行为与道德践履，是由人的社会行为形成的，具有较强的后天性。简本《五行》指出，“天施诸其人，天也。

其人施诸人，狎也”（《五行》第二十七章），此句帛书本《五行》作“天生诸亓（其）人，天也。其人施诸〔人，人〕也。其人施诸人，不得亓（其）人不为法”（《五行》第二十七章）。两个本子之间的联系，池田知久先生已作了明晰的考辨，值得注意的是帛书本同章的说文部分：“天生诸无〔亓（其）〕人，天也，天生诸亓（其）人也者，如文王者也。亓（其）人它（施）者（诸）人也者，如文王之它（施）者（诸）弘夭、散宜生也。亓（其）人它（施）之者，不得如散宜生、弘夭者也，则弗〔为法〕矣。”这段解说有助于我们更加准确地把握德与善的区别和内涵。德，是天道的体现，是“天”赋予人的先验的内在品性，像文王那样，内心已怀抱有仁义礼智圣的德行种子，而善恰是对发生在人与人之间的行为的评价，是“人施诸人”的结果，所以有“其人施诸人，狎也”“其人施诸〔人，人〕也”之语。

当人们的行为合乎已定形的社会规范后，这种行为不仅可以达到“善”的要求和境地，而且其行为本身也可以被称为“善”了。“善”的行为评价与行为本身几近合而为一，也就是“和则同，同则善”（《五行》第二十五章）。我们从两个向度和语境（第十八章与第二十五章）来阐发“和则同，同则善”，更易于厘清“善，人道也”的伦理学内涵。

**（三）“闻道”与“达诸君子道”**

如果说，“德之行”意在强调主体内在德行的构成和培育，那么，“行”则在表明客体外在规范的形式和生成。如何向内自觉培育德行，向外自由恪守规范，则是行为主体自身的修养任务了。简本《五行》也有丰富的论述，因为对修养过程重视，在理论上使“德之行”与“行”有机结合起来，使二者避免了孤立和静止的状态，从而成为鲜活的富有生命力、关注现实、具有浓郁人文气息的理论体系。某种意义上，这个环节的存在，成为“德之行”与“行”的理论中介，促进它们向现实转化并不断将主体提升到自觉自由的境界。

简本《五行》对人生修养以致天道或君子道的主体有不同的指称。随着对德或天道体味、致力的差异，道德主体也历经士、志士、贤、君子的角色转换，这种层递性的变化不仅意味着主体道德人格的不断完善，渐渐与“德”合而为一，而且意味着主体能自由恪守、“时行”社会规范，丝毫没有外在的束缚感，从而渐渐与“善”合而为一。士是对一般读书人的称呼，“士有志于君子道谓之志士”(《五行》第三章)，以“君子道”为念为努力方向的，才可配称“志士”，“胥儢儢达诸君子道，谓之贤”(《五行》第二十四章)，能够不费力便达到“君子道”境界的便是贤人，但还未至佳境，“五行皆形于内而时行之，谓之君〔子〕”(《五行》第三章)，君子既具备了内在的德行又能在一定条件下将其付诸实践，从而在德行与道德践履(或副称道德规范)方面达到完美的水平。当然，简本《五行》中的“君子”不完全是伦理意义上的君子，流露出一定的矛盾倾向，有“尊尊亲亲”的色彩(《五行》第二十章)。“贤”与“君子”皆可称得上知悉道的人，即“闻道者”，只是程度略有不同罢了。“闻道而悦者，好仁者也。闻道而畏者，好义者也。闻道而恭者，好礼者也。闻道而乐者，好德者也。”(《五行》第二十八章)根据闻道的不同心理感受将“闻道者”具体分为好仁者、好义者、好礼者、好德者，自然好德者的境界要高一些，“和则乐，乐则有德”(《五行》第十七章)，好德者达到了“和”的要求和境界。

“惟有德者，然后能金声而玉振之”(《五行》第十一章)，使德行与行为均达到“德”和“善”的要求，从而从闻道者、好德者变为一个有德者。《五行》着力强调了主体的有意识的意志努力和具体实践，不仅突出了内心的“志”“思”，而且还突出了外在的“为”，“善弗为无近，德弗志不成，智弗思不得”(《五行》第三章)。全篇对“志”与“思”有充分的强调，如“仁之思”(《五行》第五章)，“智之思”(《五行》第六章)，“圣之思”(《五行》第七章)，第三、四章还作了反面的论证，两相结合突出思“精”“长”“轻”的特点，这种对“思”的强调直开孟轲、宋明理学等心性之学的先河。此外，《五行》也突出了“为”的作用，这里的“为”，相当于具体实在的社会实践的“行”。“君子知而举之，谓之尊贤。知而事之，谓之尊贤者也。〔前，王公之尊贤者也〕；后，士之尊贤者也。”(《五行》第二十四章)这段表述就比“善弗为无近”

(《五行》第三章)明确得多,“为”是指实实在在的社会行为——“举”与“事”,而不仅仅是内心的知。其修养目的也是“集大成”“达诸君子道”(《五行》第二十四章),有德则“邦家兴”(《五行》第十七章),内外兼修,有强烈的入世精神与儒家情怀。

简本《五行》对人生修养的论述,大体上从纵向上可分为向内向外两个层次,横向上则体现为仁义礼智圣之间相生相发、相辅相成的关系。首先,作为一个行为主体既要向内不断培育、开掘德行,又要向外积极实践伦理道德。德的形成必须经过“思”“志”的努力,同时又与一系列心理活动相伴,这些心理活动伴随着德行品质,或者更明晰地说,抽象的德行品质凭借具体的心理体验得以显现和确证,因此,注意调适内心体验状态,有助于形成德行,这些心理活动是德行形成的必要条件,而充分条件自然是“天道”的先验预设了。如“仁”要经历变、悦、戚、亲、爱、仁几个过程(《五行》第十二章、第十九章),“义”要经历直、肆、果、简、行、义几个过程(《五行》第十三章、第二十章),“礼”要经历远、敬、严、尊、恭、礼几个过程(《五行》第十四章、第二十一章)。值得注意的是,在第十九章、第二十章、第二十一章,竹简作者将这种心理活动与具体行动联结,如爱亲与爱人,贵贵与尊贤,不骄与博交等,体现了对心理品质与行为活动辩证关系的朴素认识,这里已经蕴涵着通过外在行为来培育“形于内”的德行品质的可能。对于“不形于内”的“仁义礼智”道德规范来说,则依靠行为主体“见而知之”“知而安之”“安而行之”“行而敬之”(《五行》第十八章)向外的实践活动来兑现,并使之和谐共生且合乎道德规范的要求。这样,主体也能成为一个外在“行”的恪守者。主体既是“德之行”的践履者,又是“行”的恪守者,表面上似乎处于两个完全无关的过程,因为二者只是“形于内”与“不形于内”的不同,实际上,内心能使五者表现以内在形式且无感受体验的是外在的与主体未至合一的“行”,但它们反映的是“天道”与“人道”的差异,统属于“道”,因此,行为主体的活动是一个统一体,以“闻道者”的身份出现,内与外在不同层次与水平上达到对应与统一。其次,在横向上表现的仁义礼智圣的关系问题,智圣在“五行”中的重要性,前文已有涉及。圣“赫赫”,智“明明”,有“上”“下”之分(《五行》第十六章)。就楚简《五行》文本看,作者将《五行》视为由一组环环相生的部分和合而构成的整体,尤其是仁义礼智,无论是就内(《五行》第十七章)还是就外(《五行》第十八章),智皆是这一组环节的逻辑起点,即“见而知之”是“德之行”与“行”形成或实现的前提,且是由仁而义而礼而智的结果,它们之间渐次派生而各自并不消失。

在修养方法方面,竹简《五行》提出“为一”(第八章)、“慎独”(第八、九章)的总体原则,它们也是“为君子”(第八章)的基本方法。具体途径则是借助于多种“知”的方法(如“目(或释为“侔”)而知之”“喻而知之”“譬而知之”“几而知之”(《五行》第二十六章))逐渐获得与天道的同一。

从思想学术渊源考察,楚简《五行》思想诞生于孟荀之前,且蕴涵有孟荀思想的根基,是孟荀思想还未分化、位于孔子与孟荀间的思想观念。至于四端扩充的推论方式繁琐而支离,证其还未至抽象的极致,相对于《孟子》,逻辑上早出。《孟子·尽心上》说“君子之志于道也,不成章不达”,《孟子·告子上》说“养其小者为小人,养其大者为大人”“心之官则思,思则得之,不思则不得也”,《荀子·解蔽》也说“心不知道,则不可道而可非道”“心者,形之君也,而神明之主也,出令而无所受令”,可证孟荀思想有受楚简《五行》思想影响的可能。楚简《五行》表面似“天道”与“人道”相互统一,但“道”本身的性质并不甚明了,尤其是“道”的安置问题。所以,后来孟子力倡良知良能(《孟子·尽心上》),荀子屡揭修身由礼(《荀子·修身》),以不同的方式来弥补这一理论缺憾,便带有一定的必然性了。

# 第七章　孟子思想

## 第一节　孔孟之间的儒家师承关系

孟子像

孟子(约前372—约前289年),名轲,字子舆,战国邹(今山东邹县)人。相传他是鲁国贵族孟孙氏的后代,“受业子思之门人”(《史记·孟子荀卿列传》),是孔子的第四代弟子。他曾游说齐、梁、鲁、邹、滕、薛、宋等国,做过齐宣王的客卿,“后车数十乘,从者数百人,以传食于诸侯”(《孟子·滕文公下》),当时有很大影响。但他的学说被认为“迂远而阔于事情”(《史记·孟子荀卿列传》),得不到当政者的采纳实行。晚年与弟子万章等人著述《孟子》七篇。孟子被尊为封建社会的“亚圣”,他是儒家学派中地位仅次于孔子的思想家。

孟子以孔子的继承人自居。他的仁政主张、性善学说、“万物皆备于我”(《孟子·尽心上》)的观点都与孔子思想有渊源关系,对孔子思想有新的发挥。战国中期,建立封建主义中央集权制度的统一国家,是当时历史的发展趋势,各大诸侯国君主都想“莅中国而抚四夷”(《孟子·梁惠王上》),做全中国的最高统治者。孟子宣称:“如欲平治天下,当今之世,舍我其谁也!”(《孟子·公孙丑下》)以辅佐圣君统一天下的贤臣自居。

孟子的生年距孔子的卒年约为一个世纪。这一个世纪间,孔子创立的儒家学派出现了分化。

《韩非子·显学》篇中说,孔子死后儒家分为八派,《荀子·非十二子》篇中还提到不属于八派的两派,共有十个派别:子张之儒,颜氏之儒,漆雕氏之儒,子夏之儒,子游之儒,仲良氏之儒,乐正氏之儒,子思之儒,孟氏之儒,孙氏之儒。其中,孟氏之儒和孙氏之儒分别是以孟子和荀子为代表的派别,其他八个是孟子以前或与孟子同时的派别。

孔孟之间儒学传承比较可考的是孔子—曾子—子思—孟子这个系统。曾子、子思都没有著作传世①,从《论语》《孟子》中可以略知他们的思想学说,看到他们对孟子的影响。1993年湖北荆门郭店出土的楚国竹简中有《缁衣》《五行》《鲁穆公问子思》等篇,学者们认为这是与子思有关的文献。

曾子(前505—前436年),名参,字子舆,鲁国武城(今山东费县)人,是孔子的弟子。曾子发展了孔子的孝道。他说:“慎终,追远,民德归厚矣。”(《论语·学而》)慎终,是谨慎地对待父母的丧事;追远,是追念远代祖先,都属于孝道。他认为提倡孝道可以移风易俗,使老百姓变得忠厚。传说曾子侍奉父亲曾皙极尽孝道。他事亲小心恭顺,重在秉承长辈的意志,不仅是供给衣食(见《孟子·离娄上》)。曾皙喜欢吃羊枣(软枣),他死后,曾子思亲悲伤,连羊枣也不忍吃了(见《孟子·尽心下》)。曾子还忠实地贯彻孔子关于“仁”的思想。他说:“夫子之道,忠恕而已。”(《论语·里仁》)用“忠恕”二字概括孔子之学,符合孔子“仁”学的推己及人之意。又说:“仁以为己任,不亦重乎!死而后已,不亦远乎!”(《论语·泰伯》)这也就是孔子提

① 《汉书·艺文志》著录有《曾子》18篇,已佚。《史记·孔子弟子列传》记载,曾子“作《孝经》”。但据史家考证,今传《孝经》亦非曾子所作。朱熹断言《大学》的经一章“乃孔子之言而曾子述之”,传十章“则曾子之意而门人述之”(《大学章句》),是朱熹为了建立儒家道统的虚构。《汉书·艺文志》著录有《子思》23篇,已佚。《史记·孔子世家》记载,“子思作《中庸》”,怀疑者很多,尚无定论,本书不拟将它作为子思的著作处理。

倡的“杀身成仁”的精神。他把“仁”的精神推广开来，提倡仁政，反对暴政。他说：“君子思不出其位。”(《论语·宪问》)就是反对越礼，对维护孔子的“正名”主张具有重要意义。在他觉得自己将不久于人世的时候，像立遗嘱似地劝告鲁大夫孟叔子要重视三件事：严肃自己的容貌(“动容貌”)，端庄自己的脸色(“正颜色”)，说话注意言辞声调(“出辞色”)，表现出“复礼”的极端忠诚。从上述曾子对孔子学说的孝道和仁、礼思想的态度看，曾子在孔子学说的传承关系中占有特殊重要的地位。朱熹所说“曾氏之学，独得其宗”(《大学章句序》)是有根据的。此外，曾子和门人可能还是《论语》的编纂者。《论语》中对孔子弟子唯曾子和有若称子，而曾子的言论较有若为多，这些便透露出《论语》编纂者与曾子有师生关系的消息。

曾子是孔、孟之间儒学传承的中间环节。首先可以从孟子学说的内容得到说明。孟子提倡孝道，而许多关于孝道的内容就是取材于曾子的言行。孟子的“仁政”“王道”主张，更明显地受到曾子反对苛政、体察民情言论的启迪。同时还可以从孟子对曾子人格的推崇看出曾子的影响。孟子说：“乃所愿，则学孔子也。”(《孟子·公孙丑上》)他是以孔子为榜样的，对孔子的弟子们一般并不放在眼里，唯独称道曾子。孟子还有一段论勇敢的言论，意思是这样的：北宫黝是一个勇敢的人，他肌肤被刺而不颤动，眼睛被戳而不眨眼；既不忍受卑贱的人的侮辱，也不忍受大国君主的侮辱；毫不畏惧有权势的人，国君骂他，他一定回击，把刺杀国君看得像刺杀卑贱的人一样。孟施舍也是一个勇敢的人，面对不能战胜的敌人，跟面对足以战胜的敌人一样，能够保持无所畏惧的精神。而曾子的勇敢与他二人不同，曾子是以是非曲直为依据的：“自反而不缩，虽褐宽博，吾不惴焉。自反而缩，虽千万人，吾往矣。”(同上)反躬自问，正义不在我，对方纵然是卑贱的人，曾子也不去恐吓他；反躬自问，正义确实在我，对方纵是千军万马，曾子也勇往直前。在孟子看来，北宫黝、孟施舍的勇敢都是意气用事，曾子建立在正义信念基础上的勇气，才是大勇。孟子推崇曾子的人格，从曾子的名言"吾日三省吾身"(《论语·学而》)发挥出"反身而诚"的理想人格修养境界,也就是他说的"至大至刚"的"浩然之气"。孟子那种"富贵不能淫,贫贱不能移,威武不能屈"(《孟子·滕文公下》)的大丈夫人格,与后来封建社会中对君主奉行"妾妇之道"、奴颜婢膝的多数官吏形成鲜明的对比。

子思(前483—前402年),姓孔,名伋,是孔子的嫡孙,曾子的学生。孟子受业于他的弟子。子思也是孔孟之间儒学传承的一个中间环节。据《孟子·万章下》的记载,鲁缪公和费惠公都很尊重和厚待子思,但都没有重用他。鲁缪公屡次问候他,送肉给他,却没有像传说中的尧对舜那样把自己的儿子送来跟他学习,把自己的女儿嫁给他,更没有把他提拔到高位上来。于是子思很不高兴地说,鲁缪公是把他当犬马一样蓄养。有一次,鲁缪公对子思说,古代具有千乘兵车的国君若同士人交友,是怎样的君主呢?弦外之音,颇有夸耀自己礼贤下士的意思。子思干脆不客气地回答说:"古之人有言曰'事之'云乎,岂曰'友之'云乎!"就是说国君对贤者应当事之如师,而不应当视之为友。孟子发挥说:"以位,则子君也,我臣也,何敢与君友也?以德,则子事我者也,奚可以与我友?"他认为在官场是论爵位的,在乡里是论年辈的,在治国大事面前却是论"德"的。孟子这种以德抗位、傲视诸侯的思想,也是受到子思的影响。

## 第二节　孟子的"仁政"说

从孔子主张"德治"到孟子提出"仁政",是儒家政治学说的重大发展。孔子主张的"德治"即"道之以德,齐之以礼"(《论语·为政》)。孔子提倡的"仁"基本内容属于道德伦理范围,还不是一种政治学说。曾子主张以哀怜之心执行刑罚,将"仁"的思想扩展到政治思想领域。孟子进而将"仁"的思想发展为系统的"仁政"学说,为后来中国封建社会儒家的政治思想奠定了理论基础。

孟子的“仁政”学说，在经济关系方面主张“制民之产”，反对横征暴敛，使百姓能够生活下去，以保持小生产的相对稳定。

孟子认为，一般人如果没有固定的收入，就会缺乏道德观念。他们便会违法作乱，铤而走险，所以必须“制民之产”。他说：

> 是故明君制民之产，必使仰足以事父母，俯足以畜妻子，乐岁终身饱，凶年免于死亡；然后驱而之善，故民之从之也轻。（《孟子·梁惠王上》）

“制民之产”的具体方案是井田制。滕文公派毕战请教井田制的内容，孟子回答说：

> 方里而井，井九百亩，其中为公田，八家皆私百亩，同养公田；公事毕，然后敢治私事，所以别野人也。（《孟子·滕文公上》）

据他说，三代的税收制度有“贡”“助”“彻”三种，“贡”“彻”相当于实物地租，“助”即劳役地租，税率都是1/10。“贡”法是比较若干年的收成以确定税额，丰收年成可多征收而不多征；灾荒年成，应该减免也不减免，百姓连爹娘都不能养活，还得借高利贷来凑足纳税的数字。所以“贡”法是最不好的税收制度。“助”法就是将土地分为公田和私田，农民助耕公田，统治者收取公田上的农产品作为税收。丰收年成统治者可以多得收入而不影响农民的生活；灾荒年成，统治者可以少收入一些，不致使农民活不下去。所以“助”法是最好的税收制度。在孟子看来，井田的税收方式就是一种“助”法。

孟子把井田制下小农的生活状况描绘得相当美好，他说：

> 五亩之宅，树之以桑，五十者可以衣帛矣。鸡豕狗彘之畜，无失其时，七十者可以食肉矣。百亩之田，勿夺其时，八口之家

可以无饥矣。谨庠序之教,申之以孝悌之义,颁白者不负戴于道路矣。老者衣帛食肉,黎民不饥不寒,然而不王者,未之有也。(《孟子·梁惠王上》)

这段经常被史家引用的名言,其实是孟子所构想的封建社会自然经济的图画,承认农民有一定的财产权,反对杀鸡取卵式的剥削,主张征税有一定制度,使农民生活得到保证,是有利于当时社会生产力发展的。他认为,当时的农民终年劳苦,“救死而恐不赡”(《孟子·梁惠王上》),被迫铤而走险,统治者又继之以残酷刑罚,简直是张开罗网陷害百姓。他针对这种状况提出井田制,包含着为民请命的意思。

与井田制的构想相关,孟子主张“正经界”。他说:

夫仁政,必自经界始。经界不正,井地不均,谷禄不平,是故暴君污吏必慢其经界。经界既正,分田制禄可坐而定也。(《孟子·滕文公上》)

“经界”是划分井田的地界,也就是商鞅在秦国变法中“开阡陌”的“阡陌”。在孟子看来,“正经界”是实行“仁政”的首要问题,因为官吏待遇是由井田中公田的收获提供的,以粮食作为俸禄,叫做谷禄。经界不正,井田的面积就没有了标准,井田大小不一,官吏得到的谷禄就不能按制度统一,所以说“经界不正,井地不均,谷禄不平”。相反,一旦“经界既正”,实行谷禄制就没有困难了。孟子维护世禄制度,主张“仕者世禄”(《孟子·梁惠王下》),而禄又是要由田来体现的,所以他把“正经界”看成首要问题。商鞅主张废除世禄制度,所以实行“开阡陌”,允许人民买卖土地,在这一点上孟子不同于商鞅,与商鞅相比是保守的。

孟子的“仁政”学说,在政治关系方面是一种道德政治的理想,也叫做“王道”。暴力政治被称为“霸道”。孟子主张“王道”,反对“霸道”,着眼于争取民心,目的是“保民而王”(《孟子·梁惠王上》)。孟子说,虽是一个地方百里的小国，只要施仁政于民，教之以忠信，便可以率领他们用棍棒打败秦楚的坚甲利兵(同上)。为什么呢？因为一国的君主行仁政，邻国的百姓就会像对待父母一样爱慕他。如果邻国的君主要强迫人民来攻打他，就像要儿女来攻打自己的父母一样，没有不失败的。所以，行仁政的君主是无敌于天下的(《孟子·公孙丑上》)。在他看来，依靠道德来使人民服从，人民就会心悦诚服，像七十子归服孔子一样。他说，商汤统一天下时，先向东方进军，西方的百姓就不高兴，先向南方进军，北方的百姓就不高兴，都希望商汤先来到自己的地方，人们盼望商汤就像久旱盼望云雨一样(《孟子·梁惠王下》)。

孟子的道德政治思想发展了古代的“民本”思想，提出“民为贵”的观点。《尚书》中有两句话说：“民惟邦本，本固邦宁。”孟子继承了这个观点，给它提出了理论根据。孟子说：

> 民为贵，社稷次之，君为轻。是故得乎丘民而为天子，得乎天子为诸侯，得乎诸侯为大夫。诸侯危社稷，则变置。牺牲既成，粢盛既洁，祭祀以时，然而旱干水溢，则变置社稷。(《孟子·尽心下》)

就是说，在政治生活中，百姓是最重要的因素，社稷(土神和谷神，国家的象征)其次，君主又其次。得到百姓的拥戴就可以做天子。得到天子、诸侯的喜欢，不过可以做诸侯、大夫而已。一个国家的统治者要把百姓都赶出国境，另换一批百姓，在事实上和理论上都是行不通的。改换天子、诸侯的办法，孟子有“禅让”和“征诛”两说。“禅让”是孟子从氏族社会历史传说中吸取来的理想。“征诛”是孟子对三代政权交替历史的经验总结。他说汤伐桀，是“为匹夫匹妇复仇也”(《孟子·滕文公下》)；武王伐纣，是“救民于水火之中”(同上)。君如果不行仁义，残害百姓，就失去了为君的资格；虽然他还占据着君位，但已经只是“一夫”而已，杀了他并不是“弑君”。齐宣王问孟子,对于汤灭桀、武王伐纣这两件事应当怎样看?武王以臣的身份而杀了纣,是否是“弑君”?孟子明确回答说:“闻诛一夫纣矣,未闻弑君也。”(《孟子·梁惠王下》)

## 第三节　孟子的性善说和伦理思想

战国初期,孔子再传弟子世硕提出人性有善有恶的看法,产生了一定影响。《论衡·本性》篇记述:“周人世硕,以为人性有善有恶”,“宓子贱、漆雕开、公孙尼子之徒,并论情性,与世子相出入,皆言性有善有恶”。到了战国中期,人性的争论更加激烈起来。《孟子》书中记述,当时有人认为“性可以为善,可以为不善。是故文武兴则民好善,幽厉兴则民好暴”;又有人认为“有性善,有性不善。是故以尧为君而有象,以瞽叟为父而有舜,以纣为兄之子且以为君,而有微子启、王子比干”(《孟子·告子上》)。可善可不善,有善有不善两种说法也都属于世硕的人性有善有恶的一类观点。孟子提出性善论,与之对立的主要是告子的“人性之无分于善不善”的观点。在与告子的争辩中,孟子阐发了“性善”论。

生理本能是不是人的本质属性?这是孟子与告子之间关于人性争辩的一个要点。

> 告子曰:“生之谓性。”孟子曰:“生之谓性也,犹白之谓白也?”曰:“然。”“白羽之白也,犹白雪之白;白雪之白犹白玉之白与?”曰:“然。”“然则犬之性犹牛之性,牛之性犹人之性与?”(《孟子·告子上》)

告子所说的“生之谓性”的“生”,是指生来就具有的东西,或者说是指人的自然属性。孟子用反证法进行反诘,他说,如果“生之谓性”这一命题是正确的,那么白羽毛、白雪、白玉的白都是相同的,如果按同样的道理推论,也就必然得出狗的本性、牛的本性、人的本性是相同的这个荒唐的结论,从而证明“生之谓性”的命题是错误的。告子强调人与动物的共同点,而忽视了人与动物的区别。孟子则强调人与动物的区别,着眼于以人的特殊性去认识人类的本质。

道德观念是否是先天赋予的?这是孟子与告子争论的中心问题。告子认为:

> 性犹杞柳也,义犹桮棬也;以人性为仁义,犹以杞柳为桮棬。
>
> 性犹湍水也,决诸东方则东流,决诸西方则西流。人性之无分于善不善也,犹水之无分于东西也。(《孟子·告子上》)

告子否认有天赋道德观念。他比喻说,人性如杞柳,道德如杯盘,可以用杞柳为材料做成杯盘,而杞柳本身并不是杯盘。以此譬喻说明可以因人性而造成道德,而人性本身并不是道德。人性犹如回旋的流水,从东边开了缺口便向东流,从西边开了缺口便向西流,人性本身没有善不善的区别,正如回旋的流水本身没有要向东流或向西流一样。告子看到善恶是后天形成的,否认天赋道德论。孟子反对告子,所反对的是告子否认天赋道德的观点。孟子反问道:

> 子能顺杞柳之性而以为桮棬乎?将戕贼杞柳而后以为桮棬也?如将戕贼杞柳而以为桮棬,则亦将戕贼人以为仁义与?
>
> 水信无分于东西,无分于上下乎?人性之善也,犹水之就下也。人无有不善,水无有不下。(《孟子·告子上》)

前一段话是说,依照告子的观点,将杞柳加工成杯盘就破坏了杞柳的本性,后天道德修养就破坏了人的本性。这样道德就成为人不愿意接受的东西了。孟子在这里改换了论题,把有没有天赋道德观念的问题,改换成了哪种人性论有利于进行仁义教化的问题。后一段话是说，把道德观念比喻为水向东流或向西流不适当，应该把道德观念比喻为水向低处流。但是为什么“性犹湍水”的比喻就不对，性“犹水之就下”的比喻就对？要孟子回答这个问题，他只能说因为人性都是善的，成为循环论证。

既然人的本性善，那么人的不善的品质是怎样形成的？孟子认为有个人的原因，也有环境的原因。他说：

> 从其大体为大人，从其小体为小人。……耳目之官不思，而蔽于物。物交物，则引之而已矣。心之官则思，思则得之，不思则不得也。
>
> 富岁，子弟多赖（懒）；凶岁，子弟多暴，非天之降才尔殊也，其所以陷溺其心者然也。（《孟子·告子上》）

前段话是讲不善品质形成的个人原因。他说人的身体有“大体”（“心之官”）与“小体”（“耳目之官”）两部分。“大体”能够思考，因而能够分辨善恶，而“小体”则不会思考，因而不能分辨善恶。如果人们只求满足“小体”的需要，就会受到外物的蒙蔽，走入迷途。后一段话是讲不善品质形成的环境的原因。他说丰年时青年人容易养成懒惰的品性，荒年时青年人容易养成凶暴的性格。他还比喻说，种子是同样的，而收成不同，是因为土壤肥瘠、耕作勤惰、雨水多少的不同而造成的。本来林木茂盛的山头，后来变成干枯的秃山，是因为斧斤砍伐、牛羊啃食造成的。

为了把性善论贯彻到底，孟子还反驳了告子的“义外”说。告子认为，仁这种道德取决于自身，例如我爱自己的弟弟，而不爱秦人的弟弟，爱（仁）或不爱取决于我自己，这叫做“仁内”。义这种道德取决于外在对象，例如我尊敬我的长辈，也尊敬楚人的长辈，尊敬（义）是由他们年纪大而决定的，这叫做“义外”（《孟子·告子上》）。告子把一种道德观念说成是主观决定的，又把另一种道德观念说成是对象决定的，显然是自相矛盾的。

孟子主要反驳了告子的"义外"说。孟子问道：

> 异于（朱熹《孟子集注》引张氏曰："二字疑衍。"）白马之白也，无以异于白人之白也；不识长马之长也，无以异于长人之长也？且谓长者义乎，长之者义乎？（《孟子·告子上》）

这个反问包括两层意思：一层是说，白马与白发人的白没有区别，而怜悯老马与恭敬老者是有区别的，人们只能对老者产生恭敬之心（义），不会对老马产生恭敬之心，可见义还是发自内心的；另一层是说，敬长表现出的义，是敬长的人的品质，而不是被敬的长者的品质，可见"义外"说是错误的。孟子还比喻说，秦人的烤肉与自己的烤肉是不同的食物，而喜欢吃烤肉的人，对两者同样爱吃，这是本于自己的味觉。恭敬长者的意识同味觉一样，在自身（内）而不在外物（外）。孟子的观点，肯定道德意识具有主观性的一面，否认道德意识形成的外在条件。

孟子继承孔子的伦理思想，其主要贡献是把伦理范畴与性善说联系起来，作了比较深刻的探讨。孟子想着重说明人们的道德修养不仅必要，而且可能。孟子论证了道德的人性基础，例如他说：

> 恻隐之心，人皆有之；羞恶之心，人皆有之；恭敬之心，人皆有之；是非之心，人皆有之。恻隐之心，仁也；羞恶之心，义也；恭敬之心，礼也；是非之心，智也。仁、义、礼、智，非由外铄我也，我固有之也，弗思耳矣。（《孟子·告子上》）

孟子认为，恻隐、羞恶、恭敬、是非"四心"是人人生来就具有的，"四心"包含着仁、义、礼、智"四德"的萌芽，也叫"四端"。人们经过后天的学习努力，将"四端"发扬光大，仁义礼智的品德就会"若火之始然（燃），泉之始达"（《孟子·公孙丑上》），不可遏止地喷射出来，足以保有四海，治理天下。

他的结论是，仁义礼智这些伦理观念“非由外铄我也，我固有之也”。至于那些“为不善”的人，并不是他们天生的资质与别人不同，而是因为他们“不能尽其才”，而“非才之罪也”(《孟子·告子上》)。

“四德”是孟子伦理思想的主要范畴，是处理“五伦”关系的规范。“五伦”是君臣、父子、兄弟、夫妇、朋友五种主要的社会关系。“五伦”不是平列的，主要指君臣、父子关系。“四德”也不是平列的，主要是仁义。孟子说：

> 仁之实，事亲是也；义之实，从兄是也；智之实，知斯二者弗去是也；礼之实，节文斯二者是也。(《孟子·离娄上》)

这里说，仁的实质是“事亲”。在儒家的思想传统里，“事亲”是非常重大的事情。孟子也说：“事，孰为大？事亲为大”，“事亲，事之本也”(《孟子·离娄上》)。义的实质是“从兄”，同样很重要。他说：“义，人路也”(《孟子·告子上》)，“人皆有所不为，达之于其所为，义也”(《孟子·尽心下》)。义是做人之道。为达到某个目的而“为”的时候，还是应该记着不应做的事，有不应当采取的手段，不要忘乎所以，失去控制。而智的实质是懂得仁、义的内容并身体力行；礼的实质是对仁、义适当地调节和修饰。孟子又说：“仁义忠信，乐善不倦，此天爵也；公卿大夫，此人爵也”(《孟子·告子上》)，“夫仁，天之尊爵也，人之安宅也”(《孟子·公孙丑上》)。孟子称道德观念为“天爵”，社会等级为“人爵”，表示更加重视道德品质的修养，而“仁”又是“天之尊爵”，在道德品质中“仁”是最为尊贵的。

孟子特别强调仁、义，原因是他认为“未有仁而遗其亲者也，未有义而后其君者也”(《孟子·梁惠王上》)，着眼点主要还是在于政治关系。与孔子的伦理思想相比，孟子将仁义并称，明显地提高了义的重要性。他又明确地把礼作为“节文”，即仁义的形式，而不再像孔子那样讲“克己复礼为仁”，这反映了时代潮流的进步。

“义利之辨”是先秦伦理史上的一个争论激烈的问题。孟子对梁惠王说:“王何必曰利,亦有仁义而已矣。”(《孟子·梁惠王上》)如果国君开口就讲如何对自己的国有利,大夫只想如何对自己的家有利,士和庶人也都想着如何对自身有利,上上下下互相争利,这就会使道德失去价值,减弱道德的影响。一个国家处于这样“上下交征利”的状态,争夺就无法避免,亡国的危险就要到来了。在孟子看来,人们的道德行为的基点是善的本性,目的是求人心所安,而不在于追求某种利益,这是一种净化的道德观,例如“孝子仁人”厚葬父母,只是为了“尽于人心”,实现自己异于禽兽的本质,不是计算从这种行为中得到什么利益。孟子又说:“鸡鸣而起,孳孳为善者,舜之徒也;鸡鸣而起,孳孳为利者,跖之徒也。欲知舜与跖之分,无他,利与善之间也。”(《孟子·尽心上》)利与善的区别也就是利与义的区别。孟子主张“舍生而取义”(《孟子·告子上》),把义看得比生命还宝贵,还有什么利益能与义相比呢!强调义利对立、重义轻利都是孟子义利思想的主要方面。

要指出的是,孟子并不是绝对地排斥利。在讲到如何治民的时候,他认为给人民起码的物质利益,然后才能进行仁义教化。在论述“恒产”主张时,他说:“今也制民之产,仰不足以事父母,俯不足以畜妻子;乐岁终身苦,凶年不免于死亡。此惟救死而恐不赡,奚暇治礼义哉?”(《孟子·梁惠王上》)对于粮食与道德的关系,他说:“圣人治天下,使有菽粟如水火。菽粟如水火,而民焉有不仁者乎?”(《孟子·尽心上》)粮食同水火那样多了,百姓哪里还有不仁爱的呢?他说,周文王的苑囿有70里,百姓并不以为大,是因为百姓可以去砍柴、打猎;齐宣王的苑囿只有40里,百姓却以为太大了,是因为齐宣王将苑囿划为禁区而独享其乐(见《孟子·梁惠王下》)。在一次鲁、邹冲突中,邹国的官吏死了33人,没有一个百姓为官吏死难。邹穆公对百姓恨得要死,又无可奈何。他问孟子该怎么办?孟子说,当灾荒年岁,百姓老弱的弃尸山沟荒野,年轻力壮的四方逃荒,有上千人之多。国家的谷仓里堆满粮食,库房里装满财宝,却没有官吏提出救济百姓。你怎样对待人,人就怎样回报你——“出乎尔者,反乎尔也”(同上)。可见孟子对义利关系的看法,并不绝对无视劳动者的物质利益。总之,孟子认为,当人们践履道德规范的时候,要净化心灵,不是为了某种利益才这样做的,这是从道德的主体(“人”)方面说的。但一国的统治者、做官者,就不能忽视义利的统一,这是从道德的客体(“社会”)方面说的。孟子论述道德的主体与客体的关系,这是他在中国伦理思想史上的贡献。

## 第四节　孟子的尽心、知性、知天

孟子把心、性与天命联系起来,沿着孔子的思路,发展改造殷周传统的天命思想,形成伦理化的世界观。他说:

> 尽其心者,知其性也。知其性,则知天矣。存其心,养其性,所以事天也。夭寿不贰,修身以俟之,所以立命也。(《孟子·尽心上》)

这段话包括孟子世界观的基本环节、修养方法和修养目标。

孟子讲的心、性指善心、善性,心与性实际是一回事。尽心、知性是保持和发展善心、善性,实际也是一回事。他认为仁、义、礼、智等封建道德是人心中固有的,不虑而知,不学而能,叫良知、良能。例如,两三岁的小孩,知道爱父母,等到长大,知道恭敬兄长,就是不学而能、不虑而知的良知、良能。人有良知、良能,说明人性生来是善的。但先天的善并不牢固,也不完满,只能说是善的萌芽,所以也叫“善端”。如不努力保持、发展,便可能受积习和不良环境的影响失去善,变得与禽兽无异了。他说:“人之所以异于禽兽者几希,庶民去之,君子存之。”(《孟子·离娄下》)所以尽心、知性具有决定性的作用。

孟子提出的保持和发展善心、善性的方法是所谓“寡欲”和“思诚”。

他说:“养心莫善于寡欲。其为人也寡欲,虽有不存焉者,寡矣;其为人也多欲,虽有存焉者,寡矣。”(《孟子·尽心下》)这是说,养心的最好办法是减少物质欲望。物质欲望不多的人,纵使善心有所丧失,也不会丧失得很多;物质欲望很多的人,纵使善心有所保存,也不会保存得很多。孟子又说:“诚身有道,不明乎善,不诚其身矣。是故诚者,天之道也;思诚者,人之道也。”(《孟子·离娄上》)这是说,要做到诚心诚意(“诚身”),必须明白心、性本来是善的,然后专心致志地去追求善的本性(“思诚”),才能得到它。他用射箭和学棋作为例子,说心神不定是学不到棋艺的,射不中应当“反求诸己”。这从认识论角度来看,足见孟子强调认识主体的能动作用,但他着重于道德修养问题。他说:“仁,人心也;义,人路也。舍其路而弗由,放其心而不知求,哀哉!人有鸡犬放,则知求之;有放心而不知求。学问之道无他,求其放心而已矣。”(《孟子·告子上》)他并不重视关于客观世界的知识,他所重视的只是道德观念。“思诚”的目的是把那丧失掉的道德观念寻找回来。他认为从尽心开始,充分扩展善心、善性就可以治理天下国家,这些后来被儒家发展为“正心、诚意、修身、齐家、治国平天下”的学说。

孟子还提出善养“浩然之气”的修养方法。什么叫浩然之气呢?他说:

> 其为气也,至大至刚,以直养而无害,则塞于天地之间。其为气也,配义与道;无是,馁也。是集义所生者,非义袭而取之也。行有不慊于心,则馁矣。(《孟子·公孙丑上》)

浩然之气是一种最伟大、最刚强的东西,用义去培养它,它就会充满上下四方,无所不在。这种浩然之气必须与义和道相配才能存在,是义积累所产生的(“集义所生”),不是义袭取来的。一旦做于心有愧的事(“行有不慊于心”),这种气就会散发了。从这些解说中可以理解,孟子所说的浩然之气是依赖道德观念产生和存在的一种精神状态。孟子又称它为“夜气”“平旦之气”(《孟子·告子上》),即经过夜间休息,排除了日间纷扰,而呈现的清晰神志和清净心境;孟子认为这种精神状态很高尚,应存养勿失。如果失去“平旦之气”,人就离禽兽不远了。

孟子把尽心、知性与知天、知命相联系,说明他吸取了传统的天命论。孟子游说鲁国的时候,遭到臧仓谗言而没有得到任用,他说:“吾之不遇鲁侯,天也。臧氏之子焉能使予不遇哉?”(《孟子·梁惠王下》)这是说他个人的遭遇是天命在主宰着。他还说:“天下有道,小德役大德,小贤役大贤;天下无道,小役大,弱役强。斯二者,天也。顺天者存,逆天者亡。”(《孟子·离娄上》)这是说,政治清明或政治黑暗是天命决定的。顺从天的生存,违背天的灭亡,所以他主张“乐天”“畏天”。可见孟子也继承了传统的君权神授思想。历史上君权的继承制度有传说中的尧舜禅让和夏商周的传子两种方式。孟子却认为,无论禅让还是传子,都是天把统治权给予统治者的,君权是天给予的,给予贤者还是给予上一代天子的儿子,完全在于天命,“天与贤,则与贤;天与子,则与子”(《孟子·万章上》)。从这个意义上讲,禅让与传子并无好坏之分,所以他引用孔子的话说:“唐虞禅,夏后殷周继,其义一也。”(《孟子·万章上》)

不过,从上述讲天命的主宰作用的言论可以看出,孟子的知天是一种颠倒着的现实主义。他说天命主宰个人遭遇,实际是给个人遭遇挂上天命的旗号;说天命决定了“天下有道”与“天下无道”,实际是给不同的政治现状挂上天命的旗号;说天命决定禅让或传子,也不过是给禅让和传子都挂上天命的旗号而已。表面是讲天命主宰人事,实际无异说,人事是什么样子,天命就是什么样子。这样,天命只保留了权威的名字,实际起作用的还是人事。

孟子的知命观念中还有两点与传统天命论显著不同:①孟子的君权神授说中既讲“天受”,又讲“民受”。他说,所谓君权是天给的,并不是天“谆谆然命之”,“天不言,以行与事示之而已矣”(《孟子·万章上》)。怎样

“示之”呢？他举例说，百神接受尧的祭祀，就是天接受他做天子；办事成功，百姓满意，就是民接受他做天子。怎样算是百神接受尧的祭祀呢？孟子却没有说明，也许无法作出清楚的说明。“天受”是虚的，“民受”才起实际作用。所以孟子引用《尚书·泰誓》的话说：“天视自我民视，天听自我民听。”(《孟子·万章上》)表面是讲天通过民来视听，实际上是给民意加了一个天意的神圣光环，这是孟子重民思想的表现，是对传统天命论的突破和发展。②孟子提出“正命”的观点。他说：“莫非命也，顺受其正；是故知命者不立乎岩墙之下。尽其道而死者，正命也；桎梏死者，非正命也。”(《孟子·尽心上》)承认死生有命，并非要人们看到高墙将倒，偏要立于其下；不是要人们明知犯法要被判刑，偏要犯法，那样的人叫不知命，死于非命不是正命。趋福避祸、奉公守法，尽其天年而寿终正寝，这叫做正命。他又说：“生于忧患而死于安乐。”(《孟子·告子下》)人要在逆境中艰苦磨炼才能增加才能，担当起天降的大任；国家要在敌国外患的环境中奋发图强，才能生存、发展。孟子主张的正命，否定了宿命论，包含着积极有为的思想，也是对传统天命论的一个突破。

孟子的历史观强调“先知先觉”的作用。他认为，圣王贤相是能够尽心、知性、知命的先知先觉者，一般人是后知后觉者。“天之生此民也，使先知觉后知，使先觉觉后觉也。”(《孟子·万章上》)先知先觉者间隔相当一段时间就会产生，因而社会治乱也有一定的轨迹可寻。他说：

> 五百年必有王者兴，其间必有名世者。(《孟子·公孙丑下》)

“名世者”指贤臣，这个看法有一定的历史依据。从尧舜的时代到商汤的时代、从商汤的时代到文王的时代，在时间上大约都相距500年，文王到孔子大约也有500年。在儒家的观念中，尧、舜、商汤、文王都是圣人，孔子没有得到天子之位，而有圣人之德，也是圣人。所以孟子认为历史发展以500年为一个周期。但是，孟子只看到三代由兴到衰各有500年这一历史现象，把兴衰的原因归结为圣人的出现。

尽心、知性、知命作为孟子世界观的几个环链，其出发点和归宿都在于强调人的主观精神的作用，肯定人的作为，实际内容就是“四德”“五伦”的道德意识。把人的主观能动性提高到道德境界，主张人的积极有为的活动，这是孟子思想的特色，它对中国古代文化有着深远的影响。但是当他把这一点过分地夸大，以为只要反求诸己，专心致志地向内心追求，就会得到一切，从而精神上获得极大的幸福和快乐，“万物皆备于我矣。反身而诚，乐莫大焉”(《孟子·尽心上》)。这就夸大了道德意识的作用。

## 第五节　孟子与杨、墨等学派的辩论

孟子“好辩”，在当时是有名的。有人曾当面问他为什么喜欢辩论，他回答说：“予岂好辩哉？予不得已也。”(《孟子·滕文公下》)接着有一大段话讲“不得已”的原因。从尧舜讲到夏禹，又从周公讲到孔子，讲了三代治乱的历史。在他看来，天下“一治一乱”是历史的现象，而“邪说”与“暴行”则是天下大乱的根源。他认为反对“邪说”是关系天下治乱的大问题。他的话是这样的：

> 昔者禹抑洪水而天下平，周公兼夷狄、驱猛兽而百姓宁，孔子成《春秋》而乱臣贼子惧。……我亦欲正人心，息邪说，距诐行，放淫辞，以承三圣者。岂好辩哉？予不得已也。(《孟子·滕文公下》)

孟子把夏禹、周公、孔子并称，把孔子作《春秋》看得如同夏禹治水、周公兼并夷狄一样重要，都是关系天下太平、百姓安宁的大事。孟子自称是夏禹、周公、孔子事业的继承人，给自己规定的任务是端正人心(“正人心”)，消灭邪说(“息邪说”)，反对偏激行为(“距诐行”)，驳斥荒唐言论

（“放淫辞”）。孟子作为地主阶级的一个思想派别的思想家，他所进行的辩论，就是用本学派的思想学说为统一的封建国家开辟道路。

孟子对杨朱和墨家进行了激烈的抨击，原因是杨、墨与儒家的思想相对立而在当时影响很大。孟子说：“圣王不作，诸侯放恣，处士横议，杨朱、墨翟之言盈天下。天下之言不归杨，则归墨。”（《孟子·滕文公下》）孟子把杨朱的思想归结为“为我”二字加以抨击，说：“杨子取为我，拔一毛利天下而不为”（《孟子·尽心下》），“杨氏为我，是无君也”（《孟子·滕文公下》）。儒家提倡的“五伦”以君臣关系为首，君臣是相互依存的。如果人人都“为我”，不肯做臣，当然就没有君了。这在孟子看来是乱了大伦。

孟子批评了墨家的“爱无差等”（《孟子·滕文公上》）之说。孟子认为人的爱本来就是有差等的，“君子之于物也，爱之而弗仁；于民也，仁之而弗亲。亲亲而仁民，仁民而爱物”（《孟子·尽心上》）。这就是说，对万物只讲爱惜而不讲仁爱，对百姓只讲仁爱而不讲亲爱；亲爱亲人，仁爱百姓，爱惜万物，就是爱的“差等”。他诘问夷之说：“夫夷之信以为人之亲其兄之子，为若亲其邻之赤子乎？”（《孟子·滕文公上》）他认为人们爱自己的侄子比爱邻人的孩子为甚，是难免的。同样，爱自己的子女比爱别人的子女为甚，爱自己的父母比爱别人的父母为甚，都是难免的。如果“爱无差等”，那就要爱人之亲等于爱己之亲，就不足以见其父之为其父了。他说：“墨氏兼爱，是无父也。”（《孟子·滕文公下》）墨家的“兼爱”破坏了“五伦”中另一重要的关系——父子之伦，所以引起孟子激烈的反对。

与孟子同时的思想家许行，主张“贤者与民并耕而食，饔飧（自理炊事）而治”，反对统治者“厉民而以自养”（《孟子·滕文公上》）。孟子与许行的弟子陈相辩论时，强烈地反对许行的主张。孟子指出农民与手工业者要有所分工，“百工之事，固不可耕且为也”（同上）；脑力劳动与体力劳动要有所分工，“或劳心，或劳力”（同上）。他进而认为统治者都是劳心者，体力劳动者养活他们是天经地义的事。

孟子没有提到过法家人物的名字，而他的王霸之辩主要是针对法家的。孟子把儒家以仁义统一天下、治理天下的主张称为“王道”，把法家以武力统一天下、以刑罚治理天下的主张称为“霸道”，认为“霸道”会导致“争地以战，杀人盈野；争城以战，杀人盈城”（《孟子·离娄上》）的灾难。他大声疾呼，法家主张的武力兼并，法家制定的“辟草莱、任土地”（《孟子·离娄上》）的发展生产的富国方针，都违反了“王道”，因此法家犯了应当受到刑罚以至处死的罪行，这种看法过于武断。

# 第八章　庄子思想与道家别派

## 第一节　庄子和庄子的“大宗师”

庄子像

庄子(约前369—前286年),姓庄名周,宋国蒙(今河南商丘东北)人。曾在家乡做过管理漆园的小官。一生主要隐居著述,过着贫困的生活,有时靠打草鞋为生。见梁惠王时穿着打了补丁的粗布衣,断了带子的草鞋。还曾向监河侯借过米。但他蔑视功名利禄,拒绝做官。

庄子学术思想的渊源是老子的自然主义。《史记·老子韩非列传》说他“其学无所不窥,然其要本归于老子之言”。他继承和发展老子“道法自然”的观点,强调事物自生自化,否认有神的主宰。他不仅认为人类是大自然的一部分,而且认为人类与自然界的牛马一样,应当融化于自然之中。他既对当时的社会现实不满,也对传统不满,主张人类应摆脱社会束缚回到自然中去。

庄子的思想有比较广泛的社会基础。在他生活的时代,各主要诸侯国都经过变法,基本确立了封建制度。在这一社会变革过程中,失意的人们并非来自一个阶级。有的旧贵族失去了政治、经济特权,下降为平民,这些人对恢复旧制度绝望了,又对新制度不满。在曾经为反对旧制度奋斗、为建立新制度呐喊的人们中,有的在新的剥削制度下并没有得到政治、经济权益,而成为新剥削制度的受害者,同样产生了失望和不满。这些就是庄子思想的社会基础。他的消沉颓废、愤世嫉俗的思想,则反映了这些阶层人们的情绪。

庄子思想受到楚文化的深刻影响。关于庄子思想的内容,《庄子·天下》篇说是“芴(惚)漠无形,变化无常,死与生与,天地并与,神明往与,芒乎何之,忽乎何适,万物毕罗,莫足以归”。意思是说,庄子的思想恍惚变化而没有常规,包罗天地万物而不知归宿。关于庄子思想的风格,《庄子·天下》篇说是“以谬悠之说,荒唐之言,无端崖之辞,时恣纵而不傥,不以觭见之也”。意思是说,他的思想和文风悠远、放纵而不拘束。又说他的文章“以卮言为曼衍,以重言为真,以寓言为广”。“卮言”是出于无心而自然流露的言论,“重言”是假借先哲之口而发的言论,“寓言”是寄托寓意于形象的言论。这里所表现出的思想开阔,想象丰富,正是楚文化的特点。屈原的《天问》中提出过宇宙运行变化的重大问题,“南方倚人黄缭”探讨过“天地所以不坠不陷,风雨雷霆之故”(《庄子·天下》),而庄子也思考“日月安属,列星安陈”的宇宙大道理。楚俗“信鬼而好祠”(《楚辞·九歌》王逸注),从而产生出许多扣人心弦的神话。《楚辞》中的鬼神形象充满着人类的思想感情,人类可以弋游于宇宙,支配日月风雷,充满绚丽多彩的浪漫主义精神。庄子的寓言中,人与鱼对话,河与海交谈,牧童游于六合之外,可说是色彩斑斓、汪洋多姿之极。“其异想天开烘托出豪放,一语道破却不是武断,生机勃勃而又顺理成章,使人读起来既要用感情,又要用理智。”(金岳霖《中国哲学》,载《哲学研究》1985年9期)

《庄子》一书是战国道家的主流派别庄周一派的著作总集。其中哪些篇是庄周本人的著作,哪些篇是他人的著作,史学界历来有不同的以至截然相反的看法。本章评介《庄子》一书对于后世影响较大的基本观点,行文中使用庄子的名字仅表示是这个学派的思想,并不表示所引篇章都是庄子本人的著作。

关于庄子的"大宗师"的含义,郭象解释说:"虽天地之大,万物之众,其所宗而师者无心也。"(《庄子·大宗师》郭象注)崔譔解释说:"遗形忘生,当大宗此法也。"(陆德明《经典释文·庄子音义上》引)"无心"和"遗形忘生"是一种存在状态,这种状态的存在就是道。庄子主张天地万物,包括人类在内,都要以道为师。这里有庄子对自然界的理解,有对人与自然界关系的理解,也有对人生的理解。所以,"大宗师"的基本内容是:一是"自本自根"的道;二是"死生如一"和"安化"的人生观。

庄子基本上承袭了老子的"道"的范畴。他是这样描绘"道"的:

> 夫道,有情有信,无为无形;可传而不可受(授),可得而不可见;自本自根,未有天地,自古以固存;神鬼神帝,生天生地;在太极之先而不为高,在六极之下而不为深,先天地生而不为久,长于上古而不为老。(《庄子·大宗师》)

依照这个描绘,道是真实的、有信验的,然而它又是没有作为的、没有形迹的存在,它可以心传而不可口授、目见;道产生出一切事物(包括鬼神天地);它弥漫于宇宙而无所不在,贯通于古今而无时不有。

这种派生万物、超越时空的道究竟是物质呢,还是精神呢?庄子明确地回答:

> 有先天地生者物邪?物物者非物。物出不得先物也,犹(由)其有物也。(《庄子·知北游》)
>
> 夫有土者,有大物也,有大物者,不可以物;物而不物故能物物。明乎物物者之非物也,岂独治天下百姓而已哉!(《庄子·在宥》)

《知北游》篇明白地说,"道"("物物者")不是物质,并且说出了道不是物质的理由：如果道是物质，它就不能先于物质而存在了，只能由非物质的道产生出物。《在宥》篇又说，君主（“有土者”）不可受外物的支配；支配外物而不被外物役使，才能主宰外物。懂得主宰外物的不是物这个道理，不仅能够治理天下，作用还要广大得多。这是从君主对外物应持的态度说明道非物的观点。

《庄子》书中也有精、气的概念，如说“人之生，气之聚也。聚则为生，散则为死”“通天下一气耳”（《庄子·知北游》），又说“形体生于精”（同上），这与稷下黄老学派的精气说有一致之处。但是庄子认为，在精、气之上还有一个更根本的道。《庄子·至乐》篇说，庄子妻子死了，庄子“鼓盆而歌”。惠施问他为什么没有悲伤，他回答说妻子刚死的时候，他也曾悲伤过，但转念一想，“本无生”“本无形”“本无气”的人，死是回到无生、无形、无气的本然状态去，与四时运行一样自然，又何必悲伤呢？在他看来，精、气有生有灭，唯有道才是无生无灭的根本。

道是有还是无？老子认为道既是有又是无，庄子发挥了老子的思想。他说：

> 有成与亏，故昭氏之鼓琴也；无成与亏，故昭氏之不鼓琴也。（《庄子·齐物论》）

弹琴的目的是“彰声”，但是一旦弹琴就必然发出一些声音，同时也漏掉一些声音，所以弹琴是“有成与亏”；倒是不弹琴才能“无成与亏”。就声音来说，不弹琴的“无成”可以说是无，不弹琴的“无亏”又可以说是有。有、无都是指的“不弹琴”这一事物，这也就是老子说的有、无是“异名同谓”的意思。

把宇宙本体说成精神性的道，这是庄子承袭老子，与老子具有同样的思想。庄子的道论又有不同于老子之处：老子不讲“得道”，但庄子却讲“得道”。

“得道”的人,庄子称之为“真人”。《庄子·大宗师》篇对“真人”作了多方面的描绘,其中有这样几句话:

> 古之真人,不知说生,不知恶死;其出不䜣(欣),其入不距(拒);翛然而往,翛然而来而已矣。不忘其所始,不求其所终;受而喜之,忘而复之,是之谓不以心损道,不以人助天。是之谓真人。

“真人”是这样一种状态:不知道悦生,不知道恶死;出生不欣喜,入死不拒绝;无牵无挂地去,无拘无束地来;知道自己的来源,不追求自己的归宿;事情来了欣然接受,忘其死生任其复返自然,不用心智去损害道,不用作为去辅助天。在庄子看来,自然与人的关系即如铁匠与铁块的关系一样。铁匠以铁铸造器物,铸成什么器物、不铸成什么器物,不取决于铁块自身。天地是个大熔炉,造化是大铁匠,人不过是铁块罢了。人是生是死,如何生如何死,任凭自然而已。这就是“真人”了。这就是“死生如一”的人生观和“安化”的人生态度。这样的人在其他方面与普通人也不同,“过而弗悔,当而不自得”,“登高不慄,入水不濡,入火不热”,“其寝不梦,其觉无忧,其食不甘,其息深深”(《庄子·大宗师》),喜怒如四时运行一样自然,心志开阔舒畅,德行宽厚温和,精神超脱离远,不拘礼法而得到了绝对的精神自由。庄子虚构出许多怪异的人物来,反复说明“死生如一”的思想。

怎样达到“真人”的境界呢?庄子借女偊的口说,要经过“外天下”(遗忘世故)、“外物”(不受物的役使)、“外生”(不虑生死)、“朝彻”(心境清明洞彻)几个阶段,最后达到“见独”(洞见独立无待的道),就能入于无古无今、不死不生的“真人”境界。他又假托颜回的话说,得道的过程是经过“忘礼乐”“忘仁义”而达到“坐忘”。所谓“坐忘”就是“堕肢体,黜聪明,离形去知,同于大通”(皆见《庄子·大宗师》)。这就是说,一个人如果摆脱了形体的劳逸苦乐之情,不去思考现实世界的利害得失,超出了有限的现实世界,就可以达到"真人"的境界。

## 第二节 庄子的"齐物"与"逍遥"思想

庄子的"齐物"就是齐一万物,认为一切事物都没有质的稳定性和差别性,它们的存在是不真实的。他说:

> 物固有所然,物固有所可。无物不然,无物不可。故为是举莛与楹,厉与西施,恢诡憰怪,道通为一。其分也,成也;其成也,毁也。凡物无成与毁,复通为一。(《庄子·齐物论》)

这段话是从两个方面论证"齐物"的思想。首先,从事物的矛盾性作论证。庄子认为,一切事物本来都有它"然"的方面,一切事物本来都有它"可"的方面。没有什么东西不是,没有什么东西不可。同一事物,既可从这个方面说它可,又可从另一个方面说它不可。所以,小草棍(莛)和大屋柱(楹),丑陋的女人和美丽的西施,以及一切稀奇古怪的事物,从道的观点看都没有差别。其次,从事物发展转化的角度作论证。庄子认为,任何事物都有发展转化("分"),发展转化的结果必然生成另一事物("成"),而另一事物的生成,就是原来事物的毁灭("毁")。所以,从全体来看,就没有生成和毁灭,都复归为一个整体。

庄子对"齐物"思想作了充分发挥,成为他的思想体系的核心。他认为,任何事物都有它大的方面,也有它小的方面。从大的方面可以说万物皆大,从小的方面可以说万物皆小。可以说天地和米粒一样小,也可以说毫毛的尖端和丘山一样大。同样的道理,可以说东和西没有区别。尧和桀无所谓好坏。万物皆有、皆无,皆然、皆否。这里,庄子批评了凝固不变的僵化观点,但他却对事物转化的条件采取蔑视的态度而加以否定。

庄子也否定人类认识的客观性。这就是所谓的“齐是非”。本来,认识的主体不是一个,而是许许多多,例如不同的个人,不同的学派,等等。不同的认识主体对同一事物的认识由于角度不同或理解的差异,往往彼此矛盾,产生是与非的争论,这是认识真理过程中的正常现象。庄子却由此引申出否定有客观真理存在的思想。他说:

> 民湿寝则腰疾偏死,鳝然乎哉?木处则惴慄恂惧,猿猴然乎哉?三者孰知正处?民食刍豢,麋鹿食荐,蝍蛆甘带,鸱鸦耆鼠,四者孰知正味?猿猵狙以为雌,麋与鹿交,鳝与鱼游。毛嫱丽姬,人之所美也;鱼见之深入,鸟见之高飞,麋鹿见之决骤。四者孰知天下之正色哉?(《庄子·齐物论》)

庄子在这里提出什么是“正处”、什么是“正味”、什么是“正色”的问题。认为这些问题都是无法回答的。人、泥鳅、猿猴三者的住处不同,无法说何为“正处”;人、鹿、蝍蛆、鸱鸦四者的口味不同,无法说何为“正味”;人、鱼、鸟、鹿各自喜欢的对象不同,无法说何为“正色”。在这里他对不同事物的相对性作了绝对的夸大。所以他作结论说:

> 自我观之,仁义之端,是非之途,樊然殽乱,吾恶能知其辩。(同上)

为什么不可能区别是与非呢?庄子认为是与非的标准是不存在的。他设问道:假如两人进行辩论,一人胜,一人负,胜者果真就对吗?负者果真就错吗?还是两人中有一个人对,有一个人错呢?还是两个人都对,或者两个人都错呢?他认为,这些问题都是无法回答的。因为两个人各有自己的偏见,他们自己不能作出评判。如果请第三者来评判,这个第三者的看法或者与两人中的一人相同,或者与两人都不同,或者与两人都相同,无论怎样这第三者也必然有自己的偏见。既然第三者也有自己的偏见,他便同样不能作出公正的评判。两个主体以及任何第三者都不可能回答谁是谁非的问题(见《庄子·齐物论》)。庄子在这里实际提出了真理标准的问题,但是他回答不了这个认识论上的重大问题,只能从形式逻辑方面概括出许多可能性来,而没有认识到真理不但有客观内容,而且有检验真理的标准。

既否定了真理的客观标准,庄子必然要否定“知”和“不知”的区别。他假托齧缺向其师王倪发问:您是否知道万物都是以己为是以他为非吗?回答说:不知。又问:那么您知道您对这个问题毫无所知吗?回答说:不知。再问:您自己不知,是否万物也都不知呢?回答还是:不知。但是王倪紧接着说:“虽然,尝试言之。庸讵知吾所谓知之非不知邪?庸讵知吾所谓不知之非知邪?”意思是说,虽然我对您所问的三个问题都回答说不知,但是怎么晓得我所说的“知”不是“不知”呢?又怎么晓得我所说的“不知”不是“知”呢?庄子在这里所要表达的观点即是“知”与“不知”没有什么区别。因此,庄子认为,与其求知,不如“不知”,与其去认识,不如摒弃认识。他又说:“夫道未始有封,言未始有常,为是而有畛也。……分也者,有不分也;辩也者,有不辩也。……见也者,有不见也。”(同上)就是说,道本来是没有任何分界(封)的混沌一体,认识本来是没有定准的变化无常,为了争一个“是”字而划分出许多界限,分出彼此、是非等等。但天下的事理有差别就有无差别,有辩论就有不辩论。凡是争辩就会有所见有所不见。一切见解和主张都是片面的,代表这些见解的言论都是错误的。这里,庄子遇到一个理论上的困难。一定要说“无是非”的观点正确,“有是非”的观点错误,那就等于以“无是非”为“是”,以“有是非”为“非”,必然与“无是非”的观点自相矛盾。为了摆脱这个困境,庄子提出“两行”的观点。他说:“是以圣人和之以是非,而休乎天钧,是之谓两行。”(同上)“天钧”指一种自然运行的均齐状态。他的意思是说,理想的“圣人”对是与非采取不加区别的态度(“和之以是非”),对“有是非”的观点也任其自然而不置可否(“休乎天钧”),这就叫“两行”。“两行”也就是《天下》篇所说的“不谴是非，以与世俗处”。

“逍遥”的思想是建立在“齐物”思想基础上的，内容是讨论如何获得“自由”的问题。

庄子把必须依赖一定条件而存在的事物叫做“有待”。《逍遥游》中描绘了一系列事物，都是说明“有待”就算不上“逍遥”。大鹏可以飞行在九万里的高空，从北海直达南海，但要依赖“垂天之云”般的大翼和负载大翼的大风。列子“御风而行”，轻巧极了，然而“犹有所待也”，要依赖风。庄子幻想一种不依赖任何条件的绝对自由，即所谓“无待”。他说：“若夫乘天地之正，而御六气之辩（变），以游无穷者，彼且恶乎待哉！”他又说：“藐姑射之山，有神人居焉，肌肤若冰雪，绰约若处子；不食五谷，吸风饮露，乘云气，御飞龙，而游乎四海之外。”这就是庄子追求的超然物外、无所不适的逍遥人生。

依照《逍遥游》的看法，要达到超然物外、无所不适的逍遥境界，就必须抛弃功名利禄，抛弃自己的肉体。有一种人是“知效一官，行比一乡，德合一君，而（能）征一国者”（同上）。这种人丢不开名利、功业，可以获得一官半职，受到乡里的称誉，迎合君主的需要，这种人完全被名利、功业束缚着，谈不上“逍遥”。又有一种人，“举世誉之而不加劝，举世非之而不加沮”，把名誉置之度外，但不能抛弃建立功业的想法。这种人比前一种人自由一些，但也不能“逍遥”。还有一种人，不要功名利禄，却还不能舍弃自己的肉体。这种人自由比前两种人是大得多了，但仍不能摆脱肉体的束缚，自由也还是不充分的。

能够把名利、功业和肉体一并抛弃的人就是庄子所说的“逍遥”的人。这样的人精神生活是无思无虑、无情无欲、无知无识，与万物浑然一体，得到最完满的自由和幸福。《庄子·大宗师》篇写了几个对死生发表了奇特看法的人物。有的说，一个人死了，可能变成鼠肝，可能变成小虫子的膀子，是值得歌颂的造化的伟大。一个畸形的人，并不觉得悲哀，反而认为即使变得更畸形也无不可。假如自己的左臂变成鸡，便可以用来报晓;假如自己的右臂变成弹,便可以用来打斑鸠烤了吃;假如自己的尻骨变成车轮,精神变成马,就用不着另外的车马了。这样的人,还有什么祸福能使他动心呢!这种在纷扰中保持安宁的境界,就叫做“撄宁”。要安时处顺,无哀无乐,不受外物的束缚而自我解脱,这叫“悬解”。达到这样的精神境界,便与道合一了,即可逍遥于无何有之乡,得到绝对的自由。其实他所幻想中的绝对自由在现实中是绝对的不自由。“死生、存亡、穷达、富贵、贤与不肖、毁誉、饥渴、寒暑,是事之变,命之行也!”(《庄子·德充符》)与其说是一种理论,毋宁说是当时社会中软弱的小生产者和失意的人们无可奈何的声声叹息。

## 第三节　庄子的社会思想

庄子从人的自然性出发,强调人与社会的对立,否定社会生活中的种种约束和社会文明,提出回到自然中去的社会思想。

与儒家继承的商周以来的“天生烝民”的传统观念不同,庄子认为人是自然界的一部分,人的形体、生命、本性以及繁衍相继,都是自然赋予、自然发展的过程,人的本性就是人的自然性。他说:

> 彼民有常性,织而衣,耕而食,是谓同德;一而不党,命曰天放。(《庄子·马蹄》)
>
> 夫至德之世,同与禽兽居,族与万物并,恶乎知君子小人哉!同乎无知,其德不离,同乎无欲,是谓素朴;素朴而民性得矣。(同上)

从这里可以知道,庄子认为人的“常性”是“同德”和“素朴”。“同德”的内容是:人要吃饭穿衣以求生存,为了生存人们要从事耕织劳动。“素朴”的内容是无知无欲。“居不知所为,行不知所之,含哺而熙,鼓腹而游，民能以此矣”(《庄子·马蹄》)，“其卧徐徐，其觉于于；一以己为马，一以己为牛”(《庄子·应帝王》)。人类纯自然化了，如牛马、禽鸟以至草木一般，还有什么追求、心计和作为呢！还有什么君子与小人的区别呢！庄子还强调要顺应自然之理而行事。《庄子·养生主》中庖丁解牛一段，对此作了透彻的论述。庖丁为文惠君解牛，其高超的技术已至绝境。他动刀的声音合乎《桑林》乐章的舞步，合乎《经首》乐章的韵律。据庖丁自己说，他“依乎天理，批大郤，导大窾，因其固然，技经肯綮之未尝，而况大軱乎”，“彼节者有间，而刀刃者无厚；以无厚入有间，恢恢乎其于游刃必有余地矣”。可见庖丁在长期解牛实践中，对牛体的纹理、结构，已经了如指掌。他顺着牛体的纹路去动刀，不致砍到骨头上，却在骨节的缝隙间很自然地肢解了牛的躯体。将庖丁解牛的故事引申开来，就是要顺着自然法则来待人处世。所谓“依乎天理”“因其固然”，就是这个道理的哲学概括。庄子的“自然”之学提供了丰富的理论思维资料，可以启发人们思考关于自然、社会和人生的许多问题。

庄子推崇人类的自然性，是对礼乐仁义的否定。他说：“毁道德以为仁义，圣人之过也。”(《庄子·马蹄》)这里所说的“道德”即事物和人类的自然性，人的自然性中并没有礼乐仁义。“圣人”出现以后，违背自然而推行礼乐仁义，使得人类本性迷乱，社会分崩离析。他举例说，完整的树木不被雕刻，怎么会有酒器！洁白的玉石不被毁坏，怎么会有珪璋！仁义破坏了“道德”，礼乐毁弃了人性，文采迷失了五色，六律淆乱了五声，这些都是对自然性的破坏。

在庄子看来，仁义破坏了朴素的人性，仁义是虚伪、争夺以及种种社会弊端的根源。他说：

> 爱利出乎仁义，捐仁义者寡，利仁义者众。夫仁义之行，唯且无诚，且假乎禽贪者器。(《庄子·徐无鬼》)

因为“仁义”能带来“爱利”，所以人们都不能忘怀仁义，竞相争为仁义。行仁义的那些人其目的在于求得名利，虚伪而不诚实。仁义便成了他们贪求名利的工具。那些窃国大盗不就是借仁义以行其私利的吗？田成子杀了齐国国君而窃取了齐国，同样也就窃取了“圣知之法”，身处尧舜一般的高位，小国不敢非议他，大国不敢讨伐他。这岂不是一旦窃取了齐国，也就窃取了仁义，岂不是仁义成了大盗贼的护身符吗？所以庄子说：“彼窃钩者诛，窃国者为诸侯，诸侯之门而仁义存焉。”(《庄子·胠箧》)他把抨击的锋芒直指当时的“君人者”，指出他们利用“仁义”行尽欺骗、压迫、残害人民之事，同时也破坏了人民的“常性”：

> 民知力竭，则以伪继之，日出多伪，士民安取不伪！夫力不足则伪，知不足则欺，财不足则盗。盗窃之行，于谁责而可乎？(《庄子·则阳》)

人民被弄得智穷力竭，就以虚伪来应付，人君常做伪事，人民怎能不虚伪呢！伪诈并起，盗窃风行，这正是“君人者”提倡礼乐仁义破坏了人民的“常性”应得的还报。庄子把社会罪恶归源于礼乐仁义，把一切推行仁义的历史人物都看成虚伪的欺诈者，未免失之于简单、武断。但他对剥削阶级和剥削阶级意识形态的揭露一针见血，可谓是前无古人的石破天惊之论。

庄子把人类的自然性，同社会物质文明对立起来。他叙述了一个故事：子贡南游楚国，返回晋国的途中，在汉阴见到一个老人灌溉菜园，其办法十分笨拙，“凿隧而入井，抱瓮而出灌，搰搰然用力甚多而见功寡”。子贡说，有一种器械叫桔槔(在长杆一端系石块，另一端系水桶，利用杠杆原理人力提水的工具)，用它一日可灌百畦，何不用它？灌园老人告诉他说：“吾闻之吾师，有机械者必有机事，有机事者必有机心。……吾非不知也，羞而不为也。”(《庄子·天地》)认为物质文明与朴素的人性绝对不相容，所以羞而不为。在庄子看来,任何物质文明的发展都是对自然的破坏,都是一种有害无益的事情。

庄子对历史的看法类似老子,认为人类的处境越来越坏,社会的状况是越治理越混乱。《缮性》篇把历史分为四个阶段。认为人类历史上最美好的时代是上古"至德之世",那时人们虽然有区别于动物的智力,而无所用之,在"混茫"状态中过着"莫之为而常自然"的生活。燧人氏、伏羲氏开始治理天下,天下"顺而不一",比起前一个时代差了一等。神农、黄帝时代天下"安而不顺",比起"顺而不一"的状况又差了一等。唐尧、虞舜以来,提倡仁义,区别善恶,又用知识蛊惑人心,用教化泯灭朴素的人性,于是造成天下大乱。《庄子》书中反复说明治天下即是害天下的观点,发挥"不治而治"的社会思想。他以"治马"为例说:

马,蹄可以践霜雪,毛可以御风寒,龁草饮水,翘足而陆,此马之真性也。虽有义台路寝,无所用之。及至伯乐曰:"我善治马。"烧之,剔之,刻之,雒之,连之以羁馽,编之以皂栈,马之死者十二三矣。饥之,渴之,驰之,骤之,整之,齐之,前有橛饰之患,而后有鞭策之威,而马之死者已过半矣。……此亦治天下之过也。(《庄子·马蹄》)

庄子继承并发展了老子的社会理想。在老子理想的小国寡民社会中,有文字、舟车、兵甲而不用,是知其文明而守其素朴。庄子进而提出根本不存在任何文明的理想国,在《庄子》书中叫做"至德之世""至治之世",也叫做"无何有之乡"。他看到当时的现实中,圣知、仁义以及种种文明成果被"大盗"利用了,于是主张毁弃这一切。他说:

故绝圣弃知,大盗乃止;擿玉毁珠,小盗不起;焚符破玺,而民朴鄙;掊斗折衡,而民不争;殚残天下之圣法,而民始可与议

论。(《庄子·胠箧》)

不仅如此,在他看来,还应毁弃一切贤能的人,塞住师旷的耳朵,粘住离朱的眼睛,折断工倕的手指,制止曾参、史鱼的行为,封住杨朱、墨翟的口,把能工巧匠、贤人智士尽行铲除,人心才能不被扰乱,天下才能安宁、太平。在庄子的理想社会中:

民愚而朴,少私寡欲。(《庄子·山木》)

山无蹊隧,泽无舟梁。(《庄子·马蹄》)

端正而不知以为义,相爱而不知以为仁,实而不知以为忠,当而不知以为信,蠢动而相使不以为赐。(《庄子·天地》)

其生可乐,其死可葬。(《庄子·山木》)

行而无迹,事而无传。(《庄子·天地》)

一切都顺乎自然,没有物质文明,人们自然地出生,自然地成长,自然地消亡。除过自然发展过程之外,什么也没有。庄子把人类社会的原始时代绝对地美化了,和历史进化的实际状况并不完全相符。

## 第四节　战国时期的道家别派

庄子学派是战国时代道家的主流派。此外,杨朱学派与老子学说有着一致的政治倾向,理论上又有所不同;宋钘、尹文学派,彭蒙、田骈、慎到学派,黄老学派与老子学说有渊源关系,而又表现出不同的思想倾向。我们将这四派统称为道家别派。

杨朱是战国初期魏国人,又称为阳生、阳子居。孟子说:“杨朱、墨翟之言盈天下,天下之言不归杨,则归墨。”(《孟子·滕文公下》)可见杨朱学说在当时影响是很大的。《淮南子·汜论训》说:“兼爱、尚贤、右鬼、非命,墨子之所立也，而杨子非之；全性保真，不以物累形，杨子之所立也，而孟子非之。”可知杨朱学说盛行的时期在墨子与孟子之间。杨朱没有著作传世，言论散见于《孟子》《庄子》《韩非子》《吕氏春秋》等书中。《列子·杨朱》篇是后人的作品，不能作为研究杨朱思想的依据。

所谓“全性保真，不以物累形”，也就是“贵生”“重己”，反对为治理天下而劳损身心。杨朱说：“今吾生之为我有而利我亦大矣，论其贵贱，爵为天子不足比焉；论其轻重，富有天下不可以易之。”(《吕氏春秋·重己》)《韩非子·显学》篇说杨朱一派“义不入危城，不处军旅，不以天下大利易其一胫毛”，称他们为“轻物重生之士”。他们的主张与墨家摩顶放踵而利天下的精神是对立的，与孔孟学说的治世精神也是冲突的，而与老、庄一类隐士的主张有相同之处。杨朱与老、庄的学说的差别是，老子主张“少私寡欲”，庄子主张“齐生死”，杨朱则肯定人本能的感官欲望。他认为：“圣人深虑天下莫贵于生。夫耳目鼻口，生之役也。耳虽欲声，目虽欲色，鼻虽欲芳香，口虽欲滋味，害于生则止”(《吕氏春秋·贵生》)，“圣人之于声色滋味也，利于性则取之，害于性则舍之，此全性之道也”(《吕氏春秋·本生》)。在他看来，物质欲望是任何人都具有的本能的需要，而无可厚非。追求感官物质欲望是为了保全生命，节制感官物质欲望也是为了保全生命。他主张满足人的欲望，而反对纵欲。杨朱与老庄虽有这样的区别，但都对当时的政治抱着消极态度，杨朱的“贵生”与庄子的“养生”是相通的，因而杨朱的后学逐渐与庄子学派接近起来。《吕氏春秋·审为》篇记载，子华子曾反复向韩昭釐侯讲论“天下不若身之贵”的观点，詹何曾向中山公子牟讲“重生则轻利”的道理，向楚王讲“为身”而不“为国”的主张。他们二人都是杨朱的后学。《庄子》书中以赞赏的态度记述了他们两人的上述观点(见《庄子·让王》)，还有杨朱接受老子教诲而改变了行为和气质的寓言(见《庄子·寓言》)。

宋尹学派的宋钘、尹文都是稷下学者，有人认为《管子》书中的《内业》《白心》和《心术》(上、下)四篇是这一学派的遗著。也有人持不同的看法。从《庄子》书中可以知道,这个学派“不累于俗,不饰于物,不苟于人,不忮于众,愿天下之安宁以活民命,人我之养毕足而止”(《庄子·天下》)。这个学派的宗旨是不受世俗和外物的牵制,顺从民情而不苛求于人,希望天下安宁以保全人民的性命,满足人我的奉养就够了,这正是道家的精神。但这个学派又有墨家的色彩,“见侮不辱,救民之斗,禁攻寝兵,救民之战”(同上),他们为了“救世”上说下教,虽然没有人接受他们的主张,仍然不惮其烦地到处劝说。《庄子·天下》篇的作者说宋尹学派“以禁攻寝兵为外,以情欲寡浅为内”,就内心修养来说,以“情欲寡浅”为目标,则是明显地沿袭着道家的精神,而他们又抛弃了道家的出世倾向,积极从事治国活动,与老庄思想有明显的区别。

彭蒙、田骈、慎到学派的彭蒙是田骈之师,田骈是齐国人,长于辩说。慎到是赵国人,“学黄老道德之术,因发明其旨意,著十二论”(《史记·孟子荀卿列传》)。其著作已经失传,现仅存辑录的《慎子》七篇。《庄子》书中说,这个学派“公而不党,易而无私,决然无主,趣物而不两,不顾于虑,不谋于知,于物无择,与之不往”(《庄子·天下》),认为这个学派公正平易,无私无党,顺从地参与事物变化,而不起思虑,不求智谋,没有主观成见和个人好恶。慎到主张“弃知去己”,使人变成没有知虑的土块那样,否定人应有的能动作用。这与老庄的“无为”思想是完全吻合的。但在政治思想方面,慎到提出兼重“礼”“法”的主张,说“定赏分财必由法,行德制中必由礼”(《慎子·威德》),又说“大君任法而弗躬,则事断于法矣”(《慎子·君人》)。他又认为推行法治必须依靠权势地位,“贤智未足以服众,而势位足以诎贤者”(见《韩非子·难势》)。这就把道家的“无为”说成是君主“抱法处势”、无为而治天下的政治思想。这个学派也就成为从道家到法家的中间环节。

黄老学派的思想就是慎到学过的“黄老道德之术”,又称“黄老刑名之学”,在战国至汉初有很大影响。这个学派推崇传说中的黄帝和老子为创始人,真实创始人和代表人物是谁,现在还不清楚。《汉书·艺文志》

中有《黄帝四经》,是黄老学派著作,早已失传。长沙马王堆汉墓中发现的帛书中,在《老子》之前有四篇文字,题目是《经法》《十六经》《称》和《道原》,有人考证即是《黄帝四经》,而有的学者认为称做"《老子》乙本卷前四种古佚书"更为合适。但可以断定的是四种古佚书应为黄老学系统中某个重要派别的著作,是战国中期道家黄老学的有力见证。帛书中的《伊尹论九主》和传世古籍《鹖冠子》也是这一派别的著作。

黄老学派承袭了老子的"道"的范畴。把"道"作为天地自然界发生的本原。《道原》说:"上道高而不可察也,深而不可则(测)也。显明弗能为名,广大弗能为刑(形),独立不偶,万物莫之能令。"又说:"道"是"天弗能覆,地弗能载。小以成小,大以成大。盈四海之内,又包其外"。它是万物及其属性的总根源,"鸟得而蜚(飞),鱼得而流(游),兽得之而走,万物得之以生,百事得之以成"。这与老子的"道"是一致的。这个学派不同于老庄的特点是,提出"道生法"的主张,把"道"作为"法"的依据。《经法》中说:"道生法,法者,引得失以绳,而明曲直者也。故执道者生法而弗敢犯也,法立而弗敢废也。"依据无形的道而产生有形的法,法是不可违背的;严明的法令是治国的根本。"案法而治则不乱"(《称》),如果滥用法令,赏罚不当,徇私偏袒,则必然造成社会混乱。黄老之学十分重视形名问题,认为识别事物,推行法令都离不开考察事物的形名;明确事物的形名,然后循名责实,按法令的规定去检查人们的行为。《经法》中说:"必有刑名(注:帛书中"形名"均作"刑名")。刑名立,则黑白之分已","天下有事,必审刑名"。形名问题在先秦思想史上与名实问题有密切关系,名家从认识论和逻辑学的角度深入讨论过形名问题,黄老学派则把名与法联系起来,成为韩非的"刑名法术之学"的前驱。

如果说杨朱一派与道家的关系是始分而后合,成为道家别派之一,宋尹学派,彭蒙、田骈、慎到学派和黄老学派与道家的关系则是由合而分,成为道家的别派。就学术思想的出发点而言,这三派仍属于道家的支派,都沿着老子的传统,把"道"作为根本范畴。宋尹学派把"道"解释为"灵气"

或“精”,认为人做到“清静寡欲”,就可以把“灵气”安定在胸中,即可预知吉凶,通晓一切,不逢天灾,不遇人害。慎到一派更从“道体虚无”出发,主张“弃知去己”,使人没有建树、没有智慧,从而摆脱建树和智慧的拖累。黄老学派把“道”理解为“静而不移,动而不化”(《经法》)的神明。这三派在哲学思想上都没有脱离老子思想的轨道。就其发展趋向而言,三派都不同程度地抛弃了老子的消极思想,吸取了儒、墨的积极治世精神,表现出法家的倾向。宋尹一派为了救世,“不忘天下”“日夜不休”(《庄子·天下》),被当时的人们称为“救世之士”,与隐君子式的道家人物的精神风貌全然不同。慎到一派和黄老一派都提出了初步的法治思想。

在战国时期诸子百家中,道家别派的学术体系并不完整,自身存在着矛盾,在理论上的意义远不如儒、墨、名、法各家重要。但这些别派在先秦学术思想发展史上是不可缺少的一个环节。我们可以从中看到学术思想发展的综合、分化和转化过程,对于理解诸子百家相灭相生的关系是不可缺少的资料。特别是杨朱以外的三派使我们看到,道家在儒、墨的影响下抛弃了“避世”的消极思想,而转向积极治世,从而促使了法家的形成。

# 第九章　名辩思潮

## 第一节　名辩思潮的形成

“名”指概念,分析概念必然联系到概念与事物(“实”)的关系,因而名辩思潮是以逻辑和认识论为内容的一种学术思潮。人类认识发展过程是一个从简单到复杂的发展过程。在早期认识发展史上,人类从认识自然开始,进而认识社会,再进而认识思维领域的问题。这是人类认识发展史的一般进程。名辩思潮的出现,标志着中国人认识发展进到了对思维本身的研究,具有划时代的意义。

名辩思潮兴起有深刻的社会历史根源。春秋战国时代,由于社会制度的激烈变化,许多事物的“名”与“实”发生了矛盾。事物的内容发生了变化,可是仍然沿用旧的名称,不能表达已经变化了的事物的内容,出现了“名、实相怨”(《管子·宙合》)的情形,于是产生了辩析概念的需要。特别是成文法的制定和公布,在法律上产生了辩析名、实关系的需要,更促进了对逻辑问题的研究。名辩思潮的兴起,直接原因在于百家争鸣,争鸣的各学派各树一帜,自是而相非。各派为了论证自己的学说和驳斥其他派别的学说,必须进行论证,为此必须运用概念。什么是“君”?什么是“臣”?什么是“仁义”?什么是“忠孝”?什么是“天道”“鬼神”?什么是

“性命”“圣贤”？儒、墨、道各家都使用这些概念，但对其作出各自的规定，作为自己学说的逻辑出发点。当各家进行争论的时候，都必须从自己的逻辑含义出发进行论证。所以各家都有自己的方法论和思维逻辑。在争鸣过程中，各家各派都对“名”“实”关系提出各自的见解，后来又出现了专门研究这些问题的学派，于是形成名辩思潮。

孔子看到当时的现实不符合周礼的“名”，因而提出“正名”，企图用旧的“名”来匡正变化了的现实。虽然其中包含着某些逻辑学的意义，但并没有进一步从逻辑的角度加以发挥，还够不上独立的逻辑思想。

孟子力辟杨、墨，又同告子和许行学派辩论，他在辩论中重视概念的明确性和概念的分类，并揭露论敌运用概念时的四种错误，即所谓“四辞”。他说：

> 诐辞知其所蔽，淫辞知其所陷，邪辞知其所离，遁辞知其所穷。(《孟子·公孙丑上》)

“诐辞”是指偏执之辞，纠正的办法是揭露其片面性；“淫辞”是指夸张之辞，纠正的办法是揭露其随意性；“邪辞”是指背离原则之辞，纠正的办法是揭露其与大前提的矛盾；“遁辞”是指缺乏明确性之辞，纠正的办法是揭露其含混不清之处。孟子说的“四辞”既指概念，也包括判断在内。孟子运用逻辑方法所讨论的主要仍是政治伦理问题。但是他长于运用逻辑作为辩论的工具，对逻辑思想的发展起了一定作用。

老子主张“无名”，忽略概念的语言形式，使得理性思维带上神秘色彩。但他的思想具有很强的思辨性，表现出高度抽象的思维能力。庄子学派进一步研究了概念的灵活性，提出“是亦彼也，彼亦是也”(《庄子·齐物论》)的命题，“彼”“是”不仅是指事物，也是指“概念”。这个“亦彼亦是”的公式与“非此即彼”的思维方式的对立，把概念分析的水平提高了一大步。至于这个学派主观地夸大了概念的灵活性，那是另外一个问题。

墨子的逻辑思想较孔、孟、老、庄都要丰富。他主张以“实”定“名”，提出“类”“故”两个重要逻辑范畴，把“明故”“察类”作为辩论中必须遵守的逻辑原则。墨子还说过，人们可因其所长而从不同方面“为义”，“能谈辩者谈辩，能说书者说书，能从事者从事”(《墨子·耕柱》)。由此推测，墨子很可能以“谈辩”为专门学问教育部分学生。后期墨家中发展出一个支派专门从事逻辑问题的研究，与此是有渊源的。

《管子》书中提出“物至而名”(《管子·心术》)的命题，认为“物固有形，形固有名，名当谓之圣人”(同上)。承认事物本身为第一性，主张“名”与事物相符合，并且把“圣人”理解为能够正确认识事物的人，具有认识论和逻辑学的意义。

以上事实说明，各个学派为了论证自己的思想主张，反驳其他学派的观点，都不同程度地研究了逻辑问题。各家学说中都包含着多少不等的逻辑思想。百家争鸣的需要推动了中国古代逻辑思想的发展，成为名辩思潮兴起的直接原因。

名家和后期墨家中的一个支派专门从事概念分析和认识论的研究，这些派别出现后才形成了名辩思潮。

名家的起源，战国时多追溯到春秋末的郑国人邓析(前545—前501年)。他有相当的科学知识，据说是桔槔(在长杆一端系石块，另一端系水桶，利用杠杆原理人力提水的工具)的发明者。他作过《竹刑》(一部写在竹简上的法律)，是一位有名的诉讼律师。《吕氏春秋·离谓》篇记载，邓析“与民有狱者约:大狱一衣，小狱一襦袴。民之献衣、襦袴而学讼者，不可胜数”。同篇还记载了一个故事:郑国有一个富人落水淹死了，尸体被别人得到。死者家属欲买回尸体，得到尸体的人要价很高，相持不下。死者家属找邓析出主意，邓析说，放心吧！这个得到尸体的人是不可能把尸体卖给别人的。得到尸体的人找邓析出主意，邓析说，放心吧！这家富人在别处是买不到这个尸体的。这种言论就是所谓“两可之说”。《吕氏春秋·离谓》篇说他:

> 以非为是，以是为非，是非无度，而可与不可日变。所欲胜因胜，所欲罪因罪。

邓析作为一名律师是否公正，那不是逻辑学的问题。从逻辑学的角度看，他之所以能做到“所欲胜因胜，所欲罪因罪”，是因为他善于推敲法律条文的概念，巧妙地运用概念的灵活性进行推衍，又善于根据具体矛盾的特殊性进行分析，因而能对不同的行为找出法律的根据来。邓析可以说是名家的先驱人物，但他主要从事诉讼实际活动，还没有进入逻辑问题的理论研究，没有形成一个学派。名家作为一个学派是以惠施、公孙龙的辩学出现为标志的。

这里需要提及如何评价名家的问题。战国至西汉各学派的学者对名家的评论互有差异，总体来看是否定多而肯定少。阴阳家邹衍认为：“辩者别殊类使不相害，序异端使不相知，抒意通指，明其所谓，使人与知焉，不务相迷也。”（《史记·平原君列传》集解引刘向《别录》）肯定辩学有使人获得明确的知识和正确表达思想的作用。但又指责名家“烦文以相假，饰辞以相惇，巧譬以相移，引人声使不得及其意，如此，害大道”（同上）。《庄子·天下》篇的作者对名家的看法是：“能胜人之口，不能服人之心”“以反人为实而欲以胜人为名，是以与众不适”。对名家的标新立异、无视一般人习惯心理的言论抱着否定倾向。荀子从原则上肯定了“辩”的必要性，承认惠施等辩者“持之有故，言之成理”（《荀子·非十二子》），同时又指责他们“不法先王，不是礼义，而好治怪说，玩奇辞。甚察而不惠，辩而无用，不可为纲纪”（同上）。司马迁对名家的肯定是较多的，认为“若夫控名责实，参伍不失，此不可不察也”（《史记·太史公自序》），但也批评名家“苛察缴绕，使人不得反其意，专决于名，而失人情”（同上）。班固从孔子的“正名”出发，对名家则抱全面否定的态度，说名家的一套“苟钩𫓧析乱而已”（《汉书·艺文志》），即仅仅起着制造混乱的作用。

各家对名家的否定之所以很多,除过各自的学派偏见之外,主要是因为对名家学术研究的对象没有明确的认识。名家学术研究的对象是逻辑和认识论,而不是政治和伦理问题。从这样的研究对象出发,他们的立论并不需要以传统的历史文化观念(如"先王""大道"之类)作为依据;他们的目的只在探索思维形式的结构。换句话说,名家是一个研究认识论的学派,并没有把认识论淹没在政治伦理哲学中。在先秦以至整个中国古代的各个思想学派中,这是名家不同于其他学派的最为特殊之点。离开这一特殊点去评价名家,无论对其成就和错误都不易得到正确认识。

## 第二节　惠施的辩学

惠施像

惠施(前370—前318年)是战国时宋国人,曾为魏惠王相多年。主张对内实行"法治",对外联合齐、楚抗秦。针对秦国征服天下的企图提出"去尊",又随同魏惠王会见齐威王,使齐、魏互尊为王,是战国时"合纵"运动的实际组织者之一。但他知名于世主要是因为学术上的地位。惠施是名家"合同异"派的代表人物,曾与庄子进行过多次辩论。《汉书·艺文志》名家类有《惠子》一篇,已经失传。关于他的思想主要散见于《庄子》《韩非子》和《吕氏春秋》。

惠施博学多才,自然科学知识丰富。《庄子·天下》篇记载,"惠施多方,其书五车"。南方有个叫黄缭的人,"问天地所以不坠不陷,风雨雷霆之故",惠施能够"不辞而应,不虑而对",滔滔不绝地讲出万物的种种道理来。《天下》篇的作者批评惠施"其道舛驳""弱于德,强于物""散于万物而不厌""逐万物而不反"。这些批评说明惠施注重自然问题的研究,具有广博的自然科学知识和科学精神。这是惠施的辩学能够不循旧说,不受习惯思维方式束缚,善于提出与众不同的新见解的重要原因。

惠施的辩学有十个命题,是观察研究事物得出的结论,称之为“历物之意”,或称为“历物十事”。这十个命题是:

至大无外,谓之大一;至小无内,谓之小一。无厚不可积也,其大千里。天与地卑,山与泽平。日方中方睨,物方生方死。大同而与小同异,此之谓小同异;万物毕同毕异,此之谓大同异。南方无穷而有穷。今日适越而昔来。连环可解也。我知天下之中央,燕之北、越之南也。泛爱万物,天地一体也。(《庄子·天下》)

惠施是怎样论证这十个命题的,已经无从得知。但是每个命题所作的判断本身都是明确的,我们基本能够理解这段大纲式的文字表达的思想,从而考察惠施的辩学。

“历物之意”涉及一系列哲学问题:

(1)宇宙的无限性。任何有限的大都是“有外”的。惠施说“至大无外,谓之大一”,用“无外”来定义“大一”,这“大一”就意味着无限大。任何有限的小都是可以量度的。惠施说“至小无内,谓之小一”,用“无内”来定义“小一”,这“小一”就意味着无限小。“大一”“小一”的概念从宏观和微观两个方面表述了宇宙无限性的思想。由于人们感官所能把握的都是有限的事物,宇宙无限性的问题成为人类思维碰到的一大难题。先秦时代自然科学处于萌芽状态,人们还不能用实验手段证明宇宙的无限性,惠施借助丰富的想象力用“大一”“小一”的概念表述了宇宙无限性的思想,达到当时可能达到的最高水平。“我知天下之中央,燕之北、越之南也”,这是与当时一般中国人的观念相反的命题。但若从空间无限性的观念来看,说天下之中央在燕北越南亦无不可。这一命题是宇宙无限性思想的一个地理学例证。“南方无穷而有穷”实际是包含两个对立的判断的统一命题。一个判断是“南方无穷”,另一个判断是“南方有穷”。惠施的命题把两者统一起来,认为就方向而言,南方是无限的;就中国而言,南方是有限的。这就超出了形式逻辑的范围,具有辩证思维的特点。

(2)宇宙的统一性和多样性。"大同而与小同异,此之谓小同异;万物毕同毕异,此之谓大同异。"这就是说,同类事物的个体之间以同为主,叫"大同";不同类事物之间以异为主,叫"小同",而"大同"与"小同"之间的同与异都是"小同异"。宇宙中任何事物之间都有共性、统一性,所以万物"毕同";宇宙中任何事物之间又都有个性、多样性,所以万物"毕异",这就是"大同异"。惠施用"大同异"表述的宇宙万物"毕同毕异"的思想,也就是宇宙统一性与多样性相联系的思想。

(3)关于相对与绝对的关系。惠施着重强调相对性。认为"无厚不可积也,其大千里",没有厚度的事物不可能具有一定的体积,从体积来看是无,但有长宽可以扩展到千里之大,从面积看显然是有。这是说明有与无的相对性。"天与地卑,山与泽平。"李颐解释说:"以地比天,则地卑于天,若宇宙之高,则天地皆卑,山与泽平矣。"(《经典释文·庄子音义下》)依此解释,这个命题是从空间的角度说明事物的相对性。"日方中方睨"是说太阳刚到正中,同时也就开始西斜了;"物方生方死"是说一个事物刚生出来,同时也就开始死亡了。这两个判断是有差别的:"日方中方睨"既肯定了运动的间断性,又肯定了运动的连贯性,是一个正确的观点;"物方生方死"虽然承认了生死转化,有其正确的一面,但是忽视了生与死质的区别,是一个片面的认识。但惠施把两个判断连在一起,要表达的是它们的共同点,那就是事物的变动不居。

(4)关于人对客观世界的态度。从"大一"的高度看,宇宙万物(包括人类)是一个整体。战国时代有人说"天地万物,一人之身也"(《吕氏春秋·应同》),惠施的"天地一体"是同样的观点。因为"天地一体",所以他主张"泛爱万物"。这种观点与儒家的"爱有等差"不同,与墨家的"兼爱"相近,但也有不同点。墨家"兼爱"的对象限于人类。惠施"泛爱"的对象并不限于人类,还包括自然界。惠施不是从政治伦理出发,而是从知识和逻辑出发确定人对客观世界的态度,正显示出名家学术的特色。

还有“今日适越而昔来”的判断,历来解释众说纷纭。《周髀算经》说:

> 日运行处北极,北方日中,南方夜半;日在东极,东方日中,西方夜半;日在南极,南方日中,北方夜半;日在西极,西方日中,东方夜半。

据此,惠施的时代可能已经有了时差观念,懂得在同一时间,遥远的两个地方,一地为“日中”,另一地为“夜半”;一地为“今日”,另一地还是“昔日”。惠施可能是用时差的知识说明人们时间观念的相对性。“连环可解也”这一命题的解释也有不同,或认为连环成后,终有毁日,连环成后无时不在毁的过程中,故曰“可解”;或认为毁坏连环的时候,也就是解开它的时候;或认为他以不解为解,故谓“连环可解”。

“历物之意”主要是一些哲学命题,没有专门提出逻辑理论问题来讨论,但也反映出惠施的逻辑思想。首先,他提出了一些从更高层次上反映客观世界的概念。“大一”“小一”是反映客观世界的无限性和绝对性的概念;“大一”是无限的、绝对的大,“小一”是无限的、绝对的小。“大同异”强调万物皆有同、万物皆有异的绝对性。“今”“昔”“生”“死”“卑”“平”“有穷”“无穷”这些早已为人们使用的概念,在惠施的理解中又强调了它们的联系和转化,揭示了它们的相对性,也在更高层次上反映了客观事物。其次,“历物之意”运用定义的形式,从内涵方面指出了自然观和自然科学中某些“名”的确定性。“至大无外”就是“大一”的内涵,“至小无内”就是“小一”的内涵。给予“大一”“小一”以确定的内涵,便是揭示宇宙无限性的一种尝试。强调“日方中方睨”,“今”可成“昔”,实际构成了对时空相对性的定义。“无厚不可积,其大千里”,实际上是对几何学上“面”的定义,从内涵上确定了“面”这个名的确定性。再次,“历物之意”中包含着“同中辩异”和“异中求同”的推理逻辑。“大同”就是同中

有异,从同中认识异就是“同中辩异”。惠施说:

> 狂者东走,逐者亦东走,其东走则同,其所以东走之为则异。故曰同事之人不可不审察也。(《韩非子·说林上》)

“狂者”和“逐者”都在“东走”,在“东走”这一点上是“同”,但二者要干的事(“东走之为”)却不同。从异中认识同就是“异中求同”。惠施能够从个别、特殊的万物出发推论出“万物毕同毕异”等一般规律性认识,就是运用了“异中求同”的逻辑方法。惠施历论万物是有其宗旨和归宿的,批评他“骀荡而不得,逐万物而不反”(《庄子·天下》)是道家的偏见。

《庄子·天下》篇在惠施的“历物之意”之后还记述了当时辩者提出的二十一题,它们涉及名实关系、物与感觉的关系和感觉能力、生物发生学、空间性质、运动性质等多方面的问题。各命题的观点并不一致。其中有些命题有很高的科学价值和认识价值,如“一尺之棰,日取其半,万世不竭”“飞鸟之景(影)未尝动也”等。有些属于明显的诡辩,如“犬可以为羊”“鸡三足”等。也有些颇为费解,如“山出口”等。从学术思想发展的历程来看,这批辩者推动名辩思潮走向高峰,涌现出一批与惠施观点不同的人物,成为公孙龙学派的先驱者。

## 第三节　公孙龙的辩学

公孙龙(约前319—约前252年)是战国时赵国人。赵武灵王在位期间(前325—前299年)推行“胡服骑射”的改革,开创了提前传位于王子的所谓“内禅”。内禅以后,赵武灵王号称主父,伪装成使者入秦,“欲自略地形,因观秦王之为人”(《史记·赵世家》),为袭秦作准备。最后他产生了一个奇特的想法,“欲分赵而王〔原太子〕章于代”(同上),招来杀身之祸。赵武灵王使赵国强大起来,成为东方举足轻重的诸侯国,他的好出奇策、

公孙龙像

不拘传统的精神也给赵国留下巨大影响，对公孙龙的辩学起了某种诱发作用。公孙龙长于辩论，曾帮助赵国解决外交困难。据说赵、秦相约，一方欲为之事，对方给予帮助。后来秦攻魏，赵要救魏，秦谴责赵国背叛诺言。公孙龙向平原君献策说，赵国也可以派人去谴责秦国，说赵要救魏，秦国不帮助赵国救魏，这也是背叛诺言（见《吕氏春秋·淫辞》）。公孙龙做平原君客卿20余年，深得平原君“厚待”（《史记·平原君列传》）。这些都说明，他的政治主张与赵国新兴地主阶级是一致的。在学术上，公孙龙反对惠施一派的观点，成为“离坚白”派的著名代表人物。《公孙龙子》一书是流传至今的唯一的名家著作，全书六篇，《迹府》一篇是其弟子编纂的公孙龙传略，《白马论》《指物论》《通变论》《坚白论》《名实论》五篇是公孙龙的作品。

《指物论》研究事物和意识的关系，奠定了公孙龙辩学的理论基础，是全书中最重要的一篇。篇中有“物”“指”两个基本范畴。“物”就是万物之物，含义与通常所谓的“物”没有不同。“指”的本义是手指，是一个具体名词。因为人总是用手指来指指画画，“指”具有“指使”“指示”的含义；有时又成了动词，如“千夫所指”的指。指又引申为抽象名词，具有“旨”“旨意”的含义。《指物论》中基本是在“旨”“旨意”这一引申意义上使用“指”这个范畴的。作为“旨意”的“指”又有两种含义，有时表示独立于物体之外的属性，如白色、坚硬等；有时表示具体事物的属性，如白马之白色，石头之坚硬等。后一含义的“指”也称为“物指”，就是“定于物”的“指”。

《指物论》的要点是：

（1）“物莫非指，而指非指。”

（2）“指也者，天下之所无也。物也者，天下之所有也。”

（3）“指者天下之所兼。”

（4）“使天下无物指，谁径谓非指？天下无物，谁径谓指？天下有指无物指，谁径谓非指，径谓无物非指？”

第一点是说,万物都是某些属性的总和,而定于万物的属性("物指")并不是这些属性自身。例如"马"这个物,是形体、颜色、性情等属性的总和,但是马的形体、颜色、性情等并不是形体、颜色、性情等属性自身。在体现于马以及其他一切物的形体、颜色、性情("物指")之外,还有抽象的存在着的形体、颜色、性情等属性("指")。第二点是说,抽象的属性("指")是不能被感知的("无"),而物是可以感知的("有")。在这个意义上说,"物"与"指"不同,"物"不等于"指"。第三点是说,抽象的属性("指")能够自己转变为具体的物的属性("物指"),为万物所兼有。例如,抽象的"白色"可以自己转变为白马的白色,白玉的白色,白雪的白色等。这种转变是指固有的能力,并不需要凭借物。第四点是说,要认识"指"是离不开"物"和"物指"的。"指""自藏"而不显现,如果没有"物"和"物指",就不能认识"指"。人作为万物之一也是包括在"物"与"物指"之内的,没有"物"和"物指"也就没有人,那么谁来认识"指"与"物"的同异呢?归纳起来,《指物论》的基本观点是:事物的本质是"指"。"指"不是"物"和"物指",而决定"物"和"物指"。离开"物"和"物指"就不能认识"指"。

《指物论》涉及两个哲学问题:①事物和属性的关系。它认为世界上没有无属性的事物,但又认为事物只是属性的总和。②个别和一般的关系。它所说的"物指"是个别,"指"是一般。它认为一般脱离个别而存在,并且决定个别。这是逻辑上的颠倒。

《白马论》通过"白马非马"的命题进一步讨论个别和一般的关系。其论证共有五点:①"白马"与"马"的内涵不同。"马"这个概念指的是形状,"白"这个概念指的是颜色。"马"只有形状一种规定性,"白马"有形状与颜色两种规定性,所以"白马非马"。②"白马"与"马"的外延不同。要求"马",黄马、黑马皆可;要求"白马",黄马、黑马皆不可,证明"白马非马"。③本体是独立存在的。公孙龙认为"马""白"都是独立于事物存在的,两种属性结合而为"白马"。他说:"白马者,马与白也。""马"只是一种抽象的属性,而没有与颜色结合,这时只能说"有马而已耳"。不能把两种属性的结合（“白马”）看成一种属性（“马”），所以“白马非马”。④反证。如果“白马是马”为正确，那么“黄马是马”同样正确。依照形式逻辑，白马是马，黄马是马，那么白马就是黄马，这显然是错误的，所以“白马非马”。⑤反驳“离白”论。有人不同意公孙龙“白马非马”的命题，说“白马”既然有“白”与“马”两个内涵，如果暂时把“白”这个内涵抛开（“离白”），就剩下“马”这个内涵，说明“白马是马”。这一观点指出“白马”与“马”的概念在内涵上有重合部分，是符合实际的。公孙龙的反驳是这样的：“白”有两种，一种是“不定所白”的白，即作为抽象概念的白（作为“指”的白）；一种是“定所白”的白，即表现为某物的白颜色的白（作为“物指”的白）。“白马”的白色已经与马结合，不能将其与马分离。“白马”作为一个整体已不再包含抽象的“白”和“马”。“白马”的“白”是不能从“白马”这一整体中分离出去的，所以“离白”是错误的。

《坚白论》对“坚白石”的讨论进一步探讨了事物与属性的关系。在这个问题上，公孙龙有两个观点：①“坚白石”的“坚”与“白”两种属性不能同时存在。理由是：“视不得其所坚而得其所白者，无坚也；拊不得其白而得其所坚者，无白也。”公孙龙认为，人的不同感官各有局限，视觉不能辨别坚硬，触觉不能辨别颜色，所以只能说“白石”或“坚石”，否认坚、白二者在物体上的统一。②事物的各种属性可以脱离事物独立存在。理由是：“物白焉，不定其所白；物坚焉，不定其所坚。”某物为白色，但白色不限于此物的白色；某物坚硬，但坚硬也不限于此物的坚硬。又说：“坚未与石为坚，而物坚；未与物为坚，而坚必坚。”“坚”这种属性不体现于石的时候，可以体现于他物，即使不体现于任何物体上，坚本身一定就是坚硬的。人们之所以找不到这种抽象的“坚”，是因为这时“坚”处于潜藏状态存在着（“坚藏”）。公孙龙把这种存在叫做“自藏”。“自藏”着的属性是感觉与理智都不能把握的。

《通变论》即通达变化之论，也就是对变化的研究。它的中心命题是“二无一”。什么叫做“二”？公孙龙说：“一与一为二。”意思是一种属性与另一种属性（也就是两个“指”）相加为“二”。在他看来，“二”只是不同事物加在一起的一种复合物，不承认不同事物结合可以产生出新事物；他又认为这种复合物（“二”）之中又不再包含组成它的独立的原有属性（“一”），所以说“二无一”。公孙龙还认为，复合物中的某一属性虽然不同于独立存在的原有属性本身，却不能影响独立存在的原有属性本身，后者还是没有变化、不可能变化的。作为独立存在的属性的“一”永远是“一”，不能分解变化。《通变论》实质是不变论。不过在这一点上应该肯定，即《通变论》在分析复合物的不同类型时指出了种种复杂情况，其见解不无可取之处。

《名实论》着重讨论“正名”问题，对前四论作了逻辑学的总结。主要内容是：①确定“名”“实”等基本逻辑概念。文中说：“物其所物而不过焉，实也。”这是说，每一事物都有使它成为该事物而不成为它事物的质的规定性。超越了质的规定性叫“过”，未充分表现出质的规定性叫“旷”。不“过”不“旷”叫“位”“正”。“夫名，实谓也。”名是对实的称呼。②提出了“正名”的标准。文中说：“其名正则唯乎其彼此”，“彼彼止于彼，此此止于此”。名怎样才算正确呢？只能用彼一名称称呼彼一事物，用此一名称称呼此一事物。以彼名称呼彼物，必须专限于称呼彼物；以此名称呼此物，必须专限于称呼此物。反过来，一事物也只能有一个名称，而不能既以彼为名，又以此为名。一个事物只能有一个与之相应的名称，一个名称只能有一个与之相应的事物，否则在推论中就会发生误解混乱。③提出他的辩学的基本任务是“正名”，即“审其名实，慎其所谓”。

先秦时期各学派都讨论“正名”问题，各有自己的角度。公孙龙是专从逻辑学角度研究名实关系，提出其“正名”理论的。他的《名实论》注意到概念的确定性和一贯性，阐述了逻辑的同一律，这无疑是中国逻辑思想史上的贡献。但他不承认概念自身的矛盾性和多样性，不承认概念之间的联系和转化。而他本人却把他的辩学当成完美的世界观，“欲推是辩，以正名实，而化天下焉”。这显然是“过”了。公孙龙得平原君“厚待”多年,“及邹衍过赵,言至道,乃绌公孙龙”(《史记·平原君列传》)。这是一个意味深长的结局。

## 第四节 后期墨家的科学知识与辩学

后期墨家指战国中后期的墨家学者,是先秦诸子百家中自然科学知识最为丰富的一个学派,着重研究辩论中的逻辑和认识论问题。一般认为《墨子》书中的《经》(上、下)、《经说》(上、下)和《大取》《小取》六篇以及《备城门》以下各篇是后期墨家的作品。

《考工记》把手工业者(“百工”)列为战国时期的六种社会成员之一,排在“王公”“士大夫”之后,“商旅”“农夫”之前,并说“百工之事,皆圣人之作”,反映出手工业生产积累的丰富经验,并上升到理性认识,概括出一系列有价值的基本概念和公式,使具体科学知识具备了初步理论形式,从而对古代自然科学的发展作出了重大贡献。

墨经中总结的自然科学知识主要属于力学、光学、数学方面,通过下面的简表可以见其梗概。

**墨经中的力学、光学、数学知识简表**

| | 墨经引文 | 简 注 |
| --- | --- | --- |
| 力学 | “不止”“域徙” | 位移 |
| | “止”“止以久” | 静止 |
| | “无久之不止” | 瞬间运动 |
| | “有久之不止” | 常速运动(或慢速运动) |
| | “偏(遍)徙” | 物体整体转动、移动 |
| | “祭(际)徙” | 物体某一部分移动 |
| | “进行者先敷(步)近后敷(步)远”<br>“宇进无近远” | 位移的相对性 |
| | “儇(环),椇秪(俱柢)” | 滚动 |
| | “库(运),易也” | 球体、圆柱体围绕中轴的旋转 |
| | “负而不挠,说在胜” | 杠杆原理 |
| | “挈与收仮(反),说在薄(迫)” | 重力与克服重力 |

续表

| | 墨经引文 | 简　注 |
|---|---|---|
| 光学 | “景(影)不徙,说在改为” | 物影的性质 |
| | “景(影)二,说在重” | 本影、副影的形成 |
| | “景到(影倒)在午有端与景(影)长,说在端” | 倒影的形成 |
| | “景(影)迎日,说在转” | 光的折射与反射 |
| 数学 | “一少于二,而多于五,说在建位” | 数的定位 |
| | “倍,为二也” | 倍数 |
| | “异类不仳,说在量” | 不同单位的数量不能直接相比 |
| | “端,体之序(厚)而最前者也” | 近似几何学的点 |
| | “尺” | 相当于几何学的线 |
| | “区,说在寡区” | 相当于几何学的面 |
| | “厚,有所大也” | 相当于几何学的高度 |
| | “方,柱隅四權也” | 正方形 |
| | “中,同长也” | 线、面、体的中心点 |
| | “平,同高也” | 水平 |
| | “圜(圆),一中同长也” | 圆和球体 |
| | “撄,相得也” | 线、面、体互相交错 |
| | “间”(间) | 两物体之间的间格或两物体之间的被夹物 |
| | “次,元间而不相撄也” | 相切 |
| | “摶” | 正球体 |

此外,《经》(上)有四条文字,分别给生命、睡眠、做梦、气力下了定义。“生、刑(形)与知处也”,说生命是形体与知觉的结合。这个定义是荀子“形具而神生”的形神观点的前驱。“卧,知无知也”,说睡眠是知觉机能暂时停止活动的状态。这个定义说明睡眠与死亡的区别,也区分了睡眠与醒的界限。“梦,卧以为然也”,梦是睡眠时出现的景象,当时以为

是真的。“力,刑(形)之所以奋也”,力气是人的形体能够活动的原因。

墨经提出了比较系统的认识论。它肯定了人具有认识能力。《经》(上)说:“知,材也。”《经说》(上)说:“知也者所以知也,而必知,若明。”这里说“知”是认识能力,是获得知识的工具(“材”),例如眼睛(“明”)具有视的能力(“明”)。但是只有“明”,还不能有所见。《经》(上)说:“知,接也。”《经说》(上)说:“知也者以其知过物而能貌之,若见。”认识能力与客观事物相“接”才能发生认识。“接”就是感官与客观事物相遇(“以其知过物”),从而把客观事物反映到认识主体中来(“能貌之”),例如视觉功能与客观事物相遇而有所“见”。这是认识发生的基本条件。有时还需要其他条件,例如需要有光,眼睛才能看见东西(《经说》(下)“目以火见”)。但是光本身没有“见”的能力,是目借助于光而“见”。所以,通过感官才能获得认识。《经说》(下)说:“惟以五路知。”“五路”就是五官。墨经强调感觉的作用,也承认思维的作用。《经》(上)说:“闻,耳之聪也”,“循所闻而得其意,心之察也”。又说:“言,口之利也”,“执所言而意得见,心之辩也”。这是说思维器官(“心”)具有分析辨别(“察”“辩”)的作用,离开思维不能理解感觉到的东西。墨经还承认有些知识不是直接感觉得出的,关于时间(“久”)的知识就是这样。《经》(下)说:“知不以五路,说在久。”墨经的这些观点以事物的客观存在为前提,承认人的认识能力,看到认识主体与客体接触而发生认识。这是比较系统的反映论的认识论。

关于知识的分类,《经》(上)有非常简洁的概括:“知:闻,说,亲;名,实,合,为。”“闻,说,亲”是从知识的来源把知识分为三类。《经说》(上)说:“传授之,闻也;方不障,说也;身观焉,亲也。”通过别人传授得到的现成知识叫“闻知”。不受空间的限制,通过推论得到的新知识叫“说知”。“说知”的“说”与《小取》“以说出故”的“说”相同,指逻辑推理。亲身与事物接触得到的知识叫“亲知”。在三者的关系上,墨经强调“亲知”的重要性。《经说》(下)举例说:一个人在房子外边,不知房子里边是什么颜色,别人告诉他里边颜色与外边的颜色相同,他已知外边是白色,因而知道里边也是白色。这个人关于房子外边的颜色的知识是亲知,关于房子里边与外边颜色相同的知识是闻知,关于房子里边的颜色的知识是说知。可见亲知是一切知识的源泉。

"名,实,合,为"是以知识的深度把知识分为四类。《经说》(上)说:"所以谓,名也。所谓,实也。名实耦,合也。志行,为也。"这是说,只知道名称或抽象概念叫"名知"。如盲人关于形态、颜色的知识,只有抽象概念,而不能分辨这些概念所指的实物。感官接触了,却不知其名,未形成概念,叫"实知"。如小孩看到一些东西,却不能叫出其名称。能够把名称、概念与实物结合起来的知识叫"合知"。动机意志("志")与行动("行")相结合的知识叫"为知"。例如有了"存"的动机,又有制甲、修台的行动,二者相结合,才能达到国家生存的目的,才是对"存"的为知。有了"亡(无)"的动机意志,又有就诊、医疗的行动,才能真正达到无病的目的,才是对"亡"的为知。为知是"名,实,合,为"四类知识中最深刻的知识,认识是一个从浅到深的发展过程。这是对墨子区分"名""取",以"取"鉴别"知"与"不知"的认识理论的发展。

后期墨家建立的逻辑学体系,与亚里士多德的逻辑学、印度的因明学的成就可以媲美,是人类古代三大逻辑体系之一。

关于逻辑学的性质和意义,《小取》篇开宗明义说:"夫辩者,将以明是非之分,审治乱之纪,明同异之处,察名实之理,处利害,决嫌疑,焉(乃)摹略万物之然,论求群言之比。"这段精辟的论述有一个中心思想,认为研究逻辑问题的目的和意义在于追求真理,而不是为了玩弄概念游戏,以奇说怪论胜人。逻辑既可以用于探索自然界的真理("摹略万物之然"),也可以用于探求人类社会的真理("审治乱之纪");既可以用于研究社会政治,也可以用于研究思想文化("察名实之理""论求群言之比")。在各个领域里,逻辑可以使人们的认识获得明确性("决嫌疑"),使人们的行为符合国家和人民的利益("处利害")。这是墨家学派的特质在逻辑思想方面的体现。

《小取》篇接着提出逻辑学的基本原则:"以名举实,以辞抒意,以说出故,以类取,以类予,有诸己不非诸人,无诸己不求诸人。"第一个原则是"以名举实"。"举"是模拟的意思。先有实,然后有名,名词或概念要模拟客观实在的事物。第二个原则是"以辞抒意"。"辞"是语句或命题。语句或命题要表达对于客观事物的判断("意")。第三个原则是"以说出故"。"说"是推论或论证。推论或论证要阐明判断的理由("故")。第四个原则专讲类比推理,只有同类的事物才能互相比较和推论。若甲、乙同类,承认甲就必须承认乙,否认甲就必须否认乙,这是"以类取"。甲、乙同类,对方承认甲,我就把乙提出来看他是否承认,这是"以类予"。甲、乙同类,我承认了甲,对方主张乙,我就不能反对,这是"有诸己不非诸人"。我否认甲,也就不能反对对方否认乙,这是"无诸己不求诸人"。先秦诸子争鸣中,运用最多的逻辑方法是类比推论,墨经把它作为逻辑学的基本原则提出来,反映了当时思维发展的实际水平。

《小取》篇还对逻辑学的概念作了规定:①"或也者,不尽也。""或"相当于特称。②"假者,今不然也。""假"相当于假设。③"辟也者,举他物而以明之也。""辟"相当于譬喻。④"侔也者,比辞而俱行也。""侔"相当于推论。⑤"援也者,曰:'子然,我奚独不可以然也。'""援"相当于类比。⑥"推也者,以其所不取之同于其所取者,予之也。""推"相当于类推。此外,对于概念的本质、形成和分类问题,对于判断的形式和种类问题,对于推理的作用、原则、种类问题,墨经中都有论述。

后期墨家还从逻辑学角度研究了当时各学派的观点,从丰富的具体材料中总结出辩论中一些常见的逻辑错误:①"誖",即悖论,又叫自相矛盾,自语相违。道家有"智不足用""绝学无忧"的观点。《经》(下)说:"知之否之,足用也,誖","学之无益也,说在誖者"。因为"智不足用"这一思想本身也是一种智慧,提出这个命题与这个命题的内容自相矛盾,是一个悖论。因为提出"学无益"的论点使人知之,就是教人学它,所以提出这个论点就与这个论点本身自相矛盾，也是一个悖论。②“狂举”，即不知类，也就是犯了分类混乱的逻辑错误。告子有“仁内义外”说。《经说》（下）指出这是“狂举”。因为仁、义都是人的主观品质，仁、义又都施予客观对象，主观品质与客观对象的关系是内外关系。仁、义两者都属于主观品质，在两者之间划分内外就是不知类，是“狂举”。③“过”，即概念不清晰，名实关系不明确。《经》（下）说：“尧之义也，声于今而处于古，而异时，说在所义二。”意思是说，尧的“义”在名词上古今相同，但在实际上古今不同。同一个“义”，在古、今所指的实际内容不同（“所义二”）。所以，以尧善治古为前提，推出尧善治今的结论是犯了“过”的逻辑错误。④“不辩”，即回避是非。《经》（上）说：“谓辩无胜，必不当，说在不辩。”如庄子那样，认为辩论的胜负无法判断，而以“不辩”为辩是一种逻辑错误。因为辩论是追求客观事物的正确认识，“或谓之是，或谓之非，当者胜也”（《经说》（下）），对同一对象的同一性质有肯定、否定两种判断，必有一是一非，而以“当者”为真。所以“不辩”是一种逻辑错误。

后期墨家的辩学，用先秦古汉语表达逻辑概念、方法和规则，在认识论和逻辑学两个方面都相当系统，是名辩思潮中有很高成就的一个派别，在中国古代认识发展史上和逻辑学史上占有重要的地位。

# 第十章 《易传》与阴阳五行学说的神秘化

## 第一节 《易传》的思想体系

《易传》是解说和发挥《易经》的著作，产生于战国末年。它包括《彖》上下、《象》上下、《系辞》上下、《文言》《序卦》《说卦》《杂卦》十篇。对经而言称为传，又称《十翼》。后代解说和发挥《易经》的著作很多，也都是“易传”。与其他解说和发挥《易经》的著作相区别，“十翼”又称做《易大传》。

为什么对占卦的书《易经》的解说和发挥能产生出《易传》这样的哲学著作？这是因为《易经》的内容、形式和功能具备一些特点。《易经》的一些卦爻辞中包含着直接来源于现实生活中的经验总结。例如“师出以律，否臧，凶”（《师卦》初六爻辞），“无平不陂，无往不复，艰贞无咎”（《泰卦》九三爻辞），都具有一定的客观内容和认识意义，而不仅是依据卜卦工具显示的变化作出的主观臆想。《易经》的卦爻辞已经借助六十四卦、三百八十四爻的结构组成了一个系统，不再是一堆毫无联系的占卦材料。《易经》也不再是单纯作为史料保存的占卦记录，而是为后来占筮提供参考和推论的依据。这些特点都是卜辞所不具备的，这是《易经》能够发展出哲学思想的内在原因。

从《易经》的时代到《易传》的时代，经历了七八百年的漫长时间。在这期间，人们对待《易经》的看法反映了西周到战国末年人们理论思维提高的过程。殷周之际曾发生过一次宗教世界观的变革，通过这次变革形成的周人宗教世界观强调人事可以影响天命，为人类自觉的能动性开辟了一席之地。这一时代形成的《易经》是探测神意的工具，对世界的看法属于宗教世界观。例如《益卦》六二爻辞说："王用享于帝，吉。"《大有卦》上九爻辞说："自天祐之，吉无不利。"但《既济卦》九五爻辞又说："东邻杀牛，不如西邻之禴祭实受其福。"《萃卦》六二爻辞和《升卦》九二爻辞都说："孚乃利用禴。"又认为人的诚信（"孚"）可以影响神的意志。只要诚信，有时一种菲薄的祭祀（"禴"）反而比杀牛献牲的大祭更能得到神的福佑。这与西周的宗教世界观是完全一致的。春秋时期，宗教世界观严重动摇，人们对《易经》的看法也发生了变化。有人说："卜以决疑，不疑何卜？"（《左传》桓公十一年）有人说："《易》不可以占险。"（《左传》昭公十二年）在某些情况下，人们并不用《易经》占卦，而是把卦爻辞作为自己已有的某一观点的证据加以直接引用[①]。例如郑大夫游吉引用《复卦》上六爻辞"迷复，凶"作为"楚子将死"的证据（见《左传》襄公二十八年），史墨引用《大壮卦》卦象作为他的发展观的论据（见《左传》昭公三十二年）。孔子说："南人有言曰：'人而无恒，不可以作巫医。'善夫！"又说："'不恒其德，或承之羞。'"（《论语·子路》）他为了论证持之以恒的意义，引用了两个论据，前一个是"南人"的格言，后一个是《恒卦》九三爻辞。这种引证方法说明，在孔子心目中，《易经》卦爻辞与格言相似，没有特别神秘的地方。这种对待《易经》的态度也是与春秋时代理性的觉醒相一致的。但这时人们只是利用卦爻辞的个别条文表达一些零散的哲学观点。到了战国末期，《易传》对《易经》的框架结构作了全面解释，利用它创立了一个完整的哲学思想体

---

① 《左传》《国语》引用《易经》共22条，其中6条是直接引用卦爻辞作为论据。参见杨树达《周易古义》，高亨《周易杂论·〈左传〉〈国语〉的〈周易〉说通解》，李镜池《周易探源·左传中易筮之研究》。

系,因而形成《易传》这样一部哲学著作。《易传》的思想总体上属于儒家学派,但它的出现也与战国诸子学说发展的背景分不开,是理论思维发展到一定程度的产物。

《易传》各篇并非一人所作,产生的时间也先后不同,《序卦》《说卦》《杂卦》三篇较其他各篇出现更晚。但从整体来看,《易传》的内容把政治伦理教训作为核心,强调"辩上下,安民志"(《履卦·象传》),"非礼弗履"(《大壮卦·象传》),着重说明家长制的家族制度的重要。《易传》还提倡调和宗教与唯物主义的"神道设教"思想,说:"圣人以神道设教,而天下服矣。"(《观卦·彖传》)《易传》又发挥了明德慎罚的政治思想,主张"裒多益寡"(《谦卦·象传》),"赦过宥罪"(《解卦·象传》),"明慎用刑,而不留狱"(《旅卦·象传》)。这些都是儒家思想的特征,说明《易传》是儒家中一个派别的著作。司马迁和班固都记述过先秦至汉初《易》学的传授世系(见《史记·仲尼弟子列传》《汉书·儒林传》),《易传》的作者必属于与这个传授世系有关的人物。

《易传》的思想体系中包含着对自然和社会的普遍规律的认识。《系辞》说:"夫《易》开物成务,昌天下之道,如斯而已者也","《易》之为书也,广大悉备,有天道焉,有人道焉,有地道焉"。它的内容是人类认识史上积累起来的,形式是从古老的占卦巫术承袭来的。

为了把内容装入《易经》的框架,《易传》解释《易经》时,继承和发展了占卦的象数学。"象"指卦象和爻象。《易传》认为每一卦每一爻都象征着一类事物。例如《说卦》认为,乾卦主要象征着天,但也象征圜、君、父、玉、金、寒、水、大赤、马、木果等。坤卦主要象征地,但也象征母、布、釜、吝啬、均、牛、大舆、文、众、炳、墨等。巽卦主要象征风,但也象征少发、广颡、多白眼的人,经商得利等。坎卦主要象征水,但也象征忧愁、心痛、耳痛等。又如,《彖传》解释剥卦(䷖)说:"剥,剥也,柔变刚也,不利有攸往,小人长也。"认为剥卦的下五爻都是阴爻,上一爻是阳爻,象征阴性的东西在增长,阳性的东西在衰退,预示着"小人"得势。《彖传》解释复卦(䷗)说:"复,亨。刚反,动而顺行。是以出入无疾,朋来无咎。"认为复卦下一爻是阳,象征阳性的东西在复生,新生的力量正在发展。“数”指占卦中的一套数字关系,指阳数、阴数和大衍之数等。阳数也叫天数,即奇数中的一、三、五、七、九。阴数也叫地数,即偶数中的二、四、六、八、十。天数之和与地数之和相加为五十五,叫天地之数。天数具有阳刚的性质,地数具有阴柔的性质,因而八经卦中卦画为奇数的四卦(乾☰、震☳、坎☵、艮☶)为阳卦,卦画为偶数的四卦(坤☷、巽☴、离☲、兑☱)为阴卦。另外,在筮法中还有一些被赋予特别意义的数。《系辞》说:“大衍之数五十有五。”这是说占卦时使用的蓍草总数五十五叫大衍之数。“乾之策二百一十六。坤之策百四十有四。凡三百六十,当期之日。”这是说演成《乾卦》的216策与演成《坤卦》的144策相加为360策,正与一年360日相当。“二篇之策万有一千五百二十,当万物之数也。”这是说六十四卦中共有阳爻、阴爻各192爻,演成192个阳爻的策(6912)与192个阴爻的策数(4608)相加总数为11,520策,正与万物的数目相当[①]。《易传》认为这些数字都具有某种神秘性,从这些数字出发,可以说明《易经》的成变化、行鬼神的功用。

《易传》用象数解释《易经》,用《易经》的框架说明世界,对于思想内容起了一种组织作用。但是,卦、爻象与占卦中的数字关系和事物之间没有客观的内在联系,象数说牵强附会地把《易经》的卦、爻象以及占卦中的数字关系与事物联系起来,使认识神秘化,损害了思想内容。

《易传》利用了春秋时期的卦象说解释万物生成问题。春秋时期的卦象说认为:乾、坤、震、巽、坎、离、艮、兑八卦分别象征天、地、雷、风、水、火、山、泽八种自然物。《易传》把天地与其他六种自然物看成父母和子女的关系。《说卦》说:“乾,天也,故称乎父。坤,地也,故称乎母。震一索而得男,故谓之长男。巽一索而得女,故谓之长女。坎再索而得男,故谓之中男。离再索而得女,故谓之中女。艮三索而得男,故谓之少男。兑

① 以上具体数字的计算方法,参阅高亨《周易古经今注·周易筮法新考》。

三索而得女,故谓之少女。”这就是说,乾(☰)、坤(☷)两卦分别代表父母,震(☳)、坎(☵)、艮(☶)三个阳卦分别代表长子、次子、少子;巽(☴)、离(☲)、兑(☱)三个阴卦分别代表长女、次女、少女。在万物生成中,天、地的作用是“万物资始”“万物资生”(《彖传》)。六个子女的作用则是“雷以动之,风以散之,雨以润之,日以烜之,艮以止之,兑以说之”(《说卦》)。乾、坤两卦代表的天地在万物生成中起主要作用,震、坎、艮、巽、离、兑六卦代表的雷、水、山、风、火、泽在万物生成中起辅助作用。《易传》有许多类似说法,如说:“天地交而万物通也”,“天地感万物生化”,“天地相遇,品物咸章也”,“天地节而四时成”(《彖传》),“天地絪缊,万物化醇。男女构精,万物化生”(《系辞下》)。这些说法都是把物质性的天地当做万物生成的根源。

天地究竟是怎样生成的?《易传》认为天地是由太极生成的。太极在筮法中是指大衍之数,即五十五根蓍草的总体,在思想内容方面是指天地未分之混沌状态,也就是《吕氏春秋·大乐》中所说的“太一”和《礼记·礼运》中所说的“大一”。战国时代流行一种看法,认为天地是从某种混沌状态中产生出来的,《易传》也具有同样看法。问题在于《易传》还不把太极看做本原,它说:“《易》有太极。”就是说太极为《易》所有,《易》的框架结构比太极更高,更具有本原性的意义。

《易传·系辞上》解释天地万物的形成,提出这样的公式:“天尊地卑,乾坤定矣。卑高以陈,贵贱位矣。动静有常,刚柔断矣。方以类聚,物以群分,吉凶生矣。在天成象,在地成形,变化见矣。是故刚柔相摩,八卦相荡。鼓之以雷霆,润之以风雨。日月运行,一寒一暑。乾道成男,坤道成女。乾知大始,坤作万物。”这个公式常被古代思想家们所引用,其内容是:天高地卑,确定了“乾”(象征天)、“坤”(象征地)的性质,也确定了人间尊卑贵贱的位置。天动地静,由此确定了天的刚性与地的柔性。人们的主张相同就彼此结合,万物的种类相异就彼此分离,由此又有了吉凶的区别。天具有日月星辰等天象,地具有山泽平原等形态,引起天地的变化,就从这里开始。在这个公式里,值得注意的是,《系辞》肯定天地自然直至人间社会,一切都是“有对”的,如阳与阴、动与静、刚与柔、天与地、乾与坤、男与女等。唯其如此,天地与人间才有变化。鼓动万物有雷电,润泽万物有风雨;太阳和月亮在运行,一寒一暑在推移;乾的阳气化为男性,坤的阴气化为女性,这些都证明变化的源头是刚柔八卦的激荡相摩,是事物对立面相辅相成,相互作用。

关于事物的发展规律问题,《易传》继承和发展了阴阳观念,认为阴阳交感则事物发展,否则事物停滞。例如《彖传》解释咸卦说:“咸,感也。柔上而刚下,二气感应以相与。”咸卦代表事物有发展前途,在占卦中代表吉利。因为咸卦的卦象(䷞)是上兑下艮。兑(☱)为阴卦,代表阴气,性质为柔;艮(☶)为阳卦,代表阳气,性质为刚。性质为刚的阳气在下就要上升,性质为柔的阴气在上就要下降。阳升阴降,二气交感,所以事物有发展前途。《文言》解释乾卦初九爻说:“‘潜龙勿用’,阳气潜藏。”占卦遇到乾卦初九爻不可有所作为,因为它表示阳气潜藏着,不与阴气交感,所以表示事物尚无发展前途。《易传》对阴阳观念的发展在于,它不仅把阴阳看做气,而且把阴阳看做事物的属性。它把万事万物分为两类,一类具有阳的性质,另一类具有阴的性质,用阳表示一切事物中刚健的属性,用阴表示一切事物中柔顺的属性。这样,阴阳就成为一对代表万物中两种对立势力的哲学范畴。阴阳交感引起发展也就是事物内部的对立面相互作用引起发展。《系辞上》说:“刚柔相推,而生变化。”《系辞下》说:“刚柔相推,变在其中矣。”这就是用事物本身的矛盾来解释事物的发展,而不在物质世界以外寻求万物发展的动力。

《易传》说“一阴一阳之谓道”(《系辞上》),把阴阳范畴看成贯穿天道、地道、人道的总规律。对于规律与现象的关系以及规律的作用,《易传》提出了深刻的见解。按照《系辞上》的说法,天下事物是极其复杂(“天下之至赜”)和变化多端(“天下之至动”)的,人们很难把握,而规律则是简单的,人们容易把握(“乾以易知,坤以简能。易则易知,简则易从”)。掌握了规律就可以“言天下之至赜而不可恶也，言天下之至动而不可乱也”。这是从简单和复杂的角度讨论规律与现象的关系，指出掌握规律的意义。《易传》还从抽象与具体的角度讨论规律与现象的关系，看到规律是无形的、抽象的，现象是有形的、具体的。《系辞上》说：“形而上者谓之道，形而下者谓之器。”这个命题后来在中国思想发展史上产生了很大的影响。

《易传》对事物发展变化作了深入探讨，具有比较丰富的辩证法思想。在先秦思想史上，除《老子》以外，其他著作都只是接触到辩证法的个别片断，唯有《易传》的辩证法思想比较系统。

《易传》认为发展变化是一切事物的普遍规律。它说：“日中则昃，月盈则食。天地盈虚，与时消息，而况于人乎？况于鬼神乎？”（《丰卦·彖传》）这是从日月运行变化中引申出天地万物无不变化的看法，从而说明天地万物都要随时间而变化，人类社会以及“鬼神”也不能例外，世界上没有永恒不变的事物。《易传》又认为，事物内部对立面的相互作用是变化的根源，“刚柔相推，而生变化”（同上），“刚柔相推，变在其中矣”“日月相推而明生焉”“寒暑相推而岁成焉”（《系辞下》）。《易传》还认为，事物发展的规律是向对立面转化。《易经》有许多相反的卦是排列在一起的，例如，泰卦（䷊）和否卦（䷋），剥卦（䷖）和复卦（䷗），震卦（䷲）和艮卦（䷳）。《序卦》对这种排列解释说：“泰者，通也；物不可以终通，故受之以否”，“剥者，剥也；物不可以终尽，剥穷上反下，故受之以复”，“震者，动也；物不可以终动，动必止之，故受之以艮；艮者，止也”。乾卦六爻的爻辞说明事物依次上升发展，但最上一爻九六爻辞为“亢龙有悔”。《文言》解释说：“‘亢龙有悔’，穷之灾也。”就是说事物发展到极点（“穷”）就要向反面转化了。以上是《易传》辩证法思想与《老子》相同的方面。

《易传》的辩证法思想与《老子》又有不同，最突出的表现是《老子》强调柔弱，《易传》强调刚强。《乾卦·象传》说：“天行健，君子以自强不息。”这里既讲了自然界的规律性，又讲了人生哲学。天的运行永恒不止，君子应当效法天行的健壮精神，自强不息。《大有卦·彖传》说“其德刚健而文明，应乎天而时行，是以元亨”也是同样的思想。柔弱和刚强，在事物发展中各有一定作用，片面强调任何一个方面都是不符合客观实际的。《易传》高于《老子》之处在于，它在强调刚强的同时，没有完全否定柔弱的作用，它主张刚柔相应，保持正中之道，以防止刚强向反面转化。《易传》把这个思想应用到社会关系方面，作了大量发挥。它认为社会关系中君道、夫道、君子之道是刚强的方面，臣道、妻道、小人之道是柔弱的方面。刚要与柔相应，必要时可以居于柔下，损刚益柔，以贵下贱，以取得柔的方面的顺从和拥护。《师卦·彖传》说：“刚中而应，行险而顺，以此毒（役）天下，而民从之，吉又何咎矣。”《随卦·彖传》说：“刚来而下柔，动而说，随。”《屯卦·初九象传》说：“以贵下贱，大得民也。”《益卦·彖传》说：“损上益下，民说无疆，自上下下，其道大光。”《谦卦·彖传》说：“谦，尊而光，卑而不可踰，君子之终也。”柔凌驾于刚之上（“柔乘刚”）必然导致不吉利的后果，但若能“顺乎刚”而与刚相应，则可以导致吉利的结果。《易传》看到刚强和柔弱二者相反相成的辩证关系，表明对《老子》思想有抛弃也有吸取。

《易传》不同于《老子》的另一个突出表现是，《老子》主静，《易传》主动。《易传》认为，《乾卦》象征的动不仅有“万物资始”的作用，动的结果还能达到“保合太和”“万国咸宁”（《乾卦·彖传》）的高度和谐状态，“能以美利利天下”（《文言》），获得极广泛的成果。《易传》从重视运动发展出发，强调变革的思想，认为在一定条件下，人们应该顺从事物发展的趋势自觉进行变革。《系辞上》说：“化而裁之谓之变，推而行之谓之通。”“化”是事物发展的趋势，“裁”是顺从事物发展趋势主动进行变革。《革卦·彖传》说：“革，水火相息。二女同居，其志不相得，曰革。”这是说革卦之象（䷰下离上兑）是火在下而欲“炎上”，水在上而欲“润下”，于是发生斗争。离为次女，兑为少女，两者发生斗争，所以说“二女同居，其志不相得”。在这种条件下就应自觉进行变革，“革而当，其悔乃亡”。《革卦·彖传》接着说:“天地革而四时成,汤、武革命顺乎天而应乎人,革之时大矣哉!”把变革视为自然和社会发展的普遍规律,认为经过变革事物才能向前发展,这是《易传》对辩证法思想的一个重大贡献。至于“革”是不是发展中的质变,以上两处没有说明。《系辞下》“日往则月来,月往则日来,日月相推而明生焉”,以及《复卦》卦辞“反复其道,七日来复”的说法,倾向于把发展看成是往复循环,这又是与《老子》相通的。

## 第二节　邹衍的学说

观察自然现象,用来推测国家命运和个人前途的做法,在古代十分流行,并且出现了不少这类著作。汉代人把这种做法和这类著作叫做术数或数术。《汉书·艺文志》有《数术略》,为七略之一,包括了110种著作,2558卷,可见数术在先秦思想文化中占有重要地位。《数术略》又把这些著作分为天文、历谱、五行、蓍龟、杂占、形法六类。其中蓍龟、杂占两类纯属宗教迷信著作,其他四类著作中包含着天文、历法、地理等古代科学知识,也与宗教迷信结合在一起。《汉书·艺文志》说:“天文者,序二十八宿,步五星日月,以纪吉凶之象,圣王所以参政也”;“历谱者,序四时之位,正分至之节,会日月五星之辰,以考寒暑杀生之实。故圣王必正历数,以定三统服色之制”;“五行者,五常之形气也”;“貌、言、视、听、思心失,而五行之序乱”;“形法者,大举九州之势以立城郭室舍形,人及六畜骨法之度数,器物之形容,以求其声气贵贱吉凶”。把自然知识和人事吉凶牵合在一起,是数术的特点。

数术之学与阴阳五行学说本来是结合在一起的,“盖数术家陈其数,而阴阳家明其义耳”(吕思勉《先秦学术概论》)。战国时出现了一个学派,将阴阳数术思想加以发展,企图构造世界图式,以说明世界的整体联系,这个学派就是阴阳家,又叫五行家,或阴阳五行家。

阴阳五行家代表人物邹衍(约前305—前240年)是齐国人。初“以

邹衍像

儒术干世”(《盐铁论·论儒》),后来觉得儒墨两家的学问都是一曲之见,“不知天地之弘,昭旷之道”,“于是推大圣终始之运,以喻王公先列中国名山通谷,以至海外”(《盐铁论·论邹》),“深观阴阳消息而作怪迂之变”(《史记·孟子荀卿列传》)。他的思想在当时有很大影响,受到各国统治者重视。司马迁说他的著作有“十余万言”(《史记·孟子荀卿列传》),《汉书·艺文志》著录有《邹衍》49 篇,《邹衍终始》56 篇,都已失传。现在可以从《史记》和《吕氏春秋》等书中的一些资料了解他的学说。

邹衍的学说包括天文、地理、历史三个部分,构成一个庞大的体系。

他的天文知识相当丰富,据说不仅谈到天地开辟以来的自然历史过程,而且一直追溯到天地未生之前。在当时,他以善于谈论天文著名,被人们称为“谈天衍”。但其具体内容如何现已无从得知了。

他的地理学说就是“大小九州”说。据《史记·孟子荀卿列传》的转述,“大小九州”说的基本内容是这样的:儒者所说的中国,只占天下的1/81。中国名叫赤县神州,是小州之一。赤县神州的冀、豫、雍、扬、兖、徐、梁、青、荆九州[①]是夏禹所划分的,不在他说的“大小九州”之内。中国以外如赤县神州这样的小州还有八个,与赤县神州加在一起是九个小州,这叫“小九州”。相连的九个小州构成一个地理区域,周围有“裨海”环绕着,人民,禽兽不能与外界相通。这九个小州加起来构成一个大州。除赤县神州所在的这个大州之外,还有八个这样的大州,与赤县神州所在的大州加在一起是九个大州,这叫“大九州”。大九州周围有“大瀛海”环绕着,天地就在这里相接。

“大小九州”说是对世界地理的推测,反映着战国时代人们想象中的世界范围比以前扩大了。以前中国人观念中的“天下”就是中国。直到

① 此为《尚书·禹贡》所列九州名称。《尔雅·释地》所列九州无青、梁二州,有幽、营二州。《周礼·夏官·职方氏》所列九州无徐、梁二州,有幽、并二州。

孟子还说“孔子登东山而小鲁”“登泰山而小天下”(《孟子·尽心上》)。那个“天下”只是比鲁国大一筹的地理概念,是很有限的。随着工商业的发展和交通的扩大,人们想象中的世界范围也逐渐扩大。《吕氏春秋·有始览》和《淮南子·地形训》都把“四海之内”(指中国)和“四极之内”(指世界)作为两个地理概念,认为中国只是世界的一小部分。《地形训》的说法在数量方面与邹衍关于中国占世界1/81的说法很相近,可能与邹衍的地理学说有关。《有始览》的说法在数量方面与邹衍的“大小九州说”距离很大,未必就是邹衍的地理学说[①]。这证明战国时代,人们地理观念扩大了,而实际材料还不足,多用推测和想象去猜测世界。邹衍的“大小九州”说是一种猜测,带有深厚的主观幻想成分,但它大大超过了前人地理知识的局限性。

邹衍的历史学说“五德终始说”是一种神秘的历史循环观念。它以五德相胜关系说明王朝更替,先后顺序为:一是土德,二是木德,三是金德,四是火德,五是水德。水德之后又是土德,开始另一个周期,循环无穷。每一个王朝代表一德,当一个王朝衰落后,必然被代表另一德的王朝取代。而新王朝兴起的时候,在天意支配下自然界必定出现某种符应。某个君主认识到符应的含义,便成为受命者,取得统治天下的资格。他又自觉地效法符应显示的那一德的性质为新王朝制定各种制度。

《吕氏春秋·应同》篇有一段材料,是现存历史资料中关于邹衍的“五德终始说”最完整的说明:

> 凡帝王者之将兴也,天必先见祥乎下民。黄帝之时,天先见大螾大蝼。黄帝曰:土气胜。土气胜,故其色尚黄,其事则土。

① 《吕氏春秋·有始览》说:“凡四海之内,东西二万八千里,南北二万六千里”,“凡四极之内,东西五亿(十万)有九万七千里,南北亦五亿(十万)有九万七千里”。折算下来,中国的面积只占世界的1/500强。《淮南子·地形训》所说的“四海之内”数字与《有始览》同,而说“四极之内”东西、南北各二亿(十万)三万三千五百里七十五步。折算下来,中国是世界的1/75强。

> 及禹之时,天先见草木秋冬不杀。禹曰:木气胜。木气胜,故其色尚青,其事则木。及汤之时,天先见金刃生于水。汤曰:金气胜。金气胜,故其色尚白,其事则金。及文王之时,天先见火,赤乌衔丹书集于周社,文王曰:火气胜。火气胜,故其色尚赤,其事则火。代火者必将水。天且先见水气胜。水气胜,故其色尚黑,其事则水。水气至而不知,数备将徙于土。

这种历史学说的实质表现在两个方面。一方面是,认为历史发展的最高主宰者是天。天通过五行盛衰表达意志,使五行具备了道德和政治意义,早期的五行学说被神秘化了。另一个方面是,认为王朝兴替只是崇尚的颜色和具体政治措施发生变化,而且在一个周期之后又要恢复过来。变革只是现象,循环不变才是本质。应该说,在邹衍的学说中,“五德终始说”是最为荒诞不经的部分,然而“五德终始说”又是他的学说中影响最大的部分。因为“五德终始说”与孟子所说“五百年必有王者兴”一样,把改朝换代看做不可抗拒的规律,为地主阶级建立统一的新政权制造出一个理论根据,所以邹衍受到各国统治者的推崇。他到梁国时,梁惠王亲自郊迎,待以宾客之礼;到赵国时,平原君“侧行撇席”,尊敬过于宾客;到燕国时,燕照王“拥彗先驱”,事之为师。秦国更自称代表水德又是一个突出的例子。商鞅变法以后,秦国以“法”代“礼”,实行“刚颜戾深,事皆决于法”的法家政策,在战国流行的五行观念中,“水德”配四季中的冬季,有“助天诛”的含义。邹衍说“代火者必将水”,好像给法家政策提供了理论根据。邹衍的“五德终始说”并不是特定为秦国服务的,而秦国的统治者很快就看出了它的意义。《吕氏春秋》的编纂者显然有采用“五德终始说”的意向,秦统一以后,齐国人把“五德终始说”上奏给秦始皇,便立即得到采用,秦朝实行了一整套水德制度。

关于邹衍的思想方法,司马迁有一段说明:

> 其语闳大不经，必先验小物，推而大之，至于无垠。先序今以上至黄帝，学者所共术，大并世盛衰，因载其机祥度制，推而远之，至天地未生，窈冥不可考而原也。先列中国名山大川，通谷禽兽，水土所殖，物类所珍，因而推之及海外，人之所不能睹。称引天地剖判以来，五德转移，治各有宜，而符应若兹。(《史记·孟子荀卿列传》)

这个“必先验小物，推而大之”的思想方法，在时间上是由今推古，进而概括出历史规律，形成他的历史学说；在空间上是由近推远，借助想象描绘出世界整体轮廓，形成他的地理学说。无论历史学说还是地理学说，都是运用了从已知推出未知的方法建立起来的。“必先验小物”，就是立论必有所据，当时学者普遍了解的黄帝以下的历史知识和中国范围内的地理、生物知识等是他立论的依据。强调“必先验小物”具有唯物主义因素。“推而大之”是在已知前提下进行类推，这是古代思想家常常运用的逻辑方法之一，对于打破传统观念的限制和狭隘经验的束缚，具有一定的作用。

邹衍的学说是企图说明宇宙统一性的一个尝试。当他描绘统一的宇宙图式时，遇到了古代思想家遇到的共同困难：由于自然科学发展尚处于幼年时期，还不能提供足够的事实说明现实的联系，于是只好用臆想来补充缺少的事实，结果是提出了一些天才的猜想，同时说出了不少“虚妄之言”(《论衡·谈天》)。邹衍的“闳大不经”的学说体系，在历史上曾开阔了中国人的眼界，并对以后航海事业的发展起了引发作用。然而，他的学说中影响最大的部分“五德终始说”，从秦汉开始，就成为历代封建王朝的工具。历代帝王都自称“奉天承运皇帝”，就是宣称他们是奉了天命，承接“五德终始”的秩序来统治人民的。

## 第三节 兼收并蓄的《吕氏春秋》

《吕氏春秋》,秦相国吕不韦招集门下宾客编著。据《吕氏春秋·序意》"维秦八年,岁在涒滩,秋,甲子朔,朔之日,良人请问十二纪"的记载,该书重要组成部分"十二纪"在秦王政八年(前239年)就已写成。这时已经是秦灭六国而一统中国的前夜,因此,有必要结合吕不韦的身世行动和当时中国的政治形势来理解《吕氏春秋》这部书的思想内容。

吕不韦像

吕不韦(?—前235年),战国末期卫国国都濮阳(今河南濮阳西南)人,在阳翟(今河南禹县)经商,往来"贩贱卖贵",成为"家累千金"的"大贾"。后来,吕不韦发现在赵国国都邯郸当人质的秦国公子异人,以为"奇货可居",于是出钱出力为异人奔走请托,使得异人被立为秦国太子安国君(嬴柱)的嫡嗣。安国君继承王位,称秦孝文王,异人被改名为子楚,并被立为太子。孝文王死,子楚即位,是为秦庄襄王。子楚兑现当年在邯郸时"分秦国与君共之"的诺言,于秦庄襄王元年(前249年)"以吕不韦为丞相,封为文信侯,食河南洛阳十万户"(《史记·吕不韦列传》)。由于这次政治投机的成功,吕不韦一跃进入秦国的政权核心。庄襄王在位三年,于前247年去世,吕不韦拥立13岁的太子嬴政继承王位,这就是后来统一中国的秦始皇。秦王嬴政即位后,"尊吕不韦为相国,号称'仲父'。"(同上)从秦王政元年(前246年)到秦王政十年(前237年),秦国政权实际上控制在吕不韦手中。

吕不韦执政之初,秦国在政治经济方面都已发展为七雄中最强的国家。在兼并战争中取得胜利,领土不断扩大,"并巴蜀、汉中,越宛有郢,置南郡矣;北收上郡以东,有河东、太原、上党郡;东至荥阳,灭二周,置三川郡"(《史记·秦始皇列传》)。秦国还有全国最富庶的农业区,"南有泾、渭之沃,擅巴、汉之饶”(《史记·货殖列传》),在这些地区兴修水利,推广牛耕,普遍使用铁农具,生产效率得到极大提高。这时的秦国人口不足全国的3/10,土地却占有全国的1/3,而财富则占全国的10%。自秦孝公元年(前361年)商鞅入秦,孝公决心变法,贯彻“耕战”的基本国策,秦国经过百多年的发展,已经具备了统一中国的实力。

秦国还有重视外来人才的传统,为谋求富强,远在春秋的秦穆公时期,晋人百里奚、戎人由余就在秦国受到重用。进入战国时期,对秦国影响最大的政治家商鞅也是来自于卫国。战国末年,各国执政者招贤养士之风十分盛行,其中最著名的即所谓“四公子”:齐国的孟尝君,赵国的平原君,魏国的信陵君,楚国的春申君。吕不韦执政时也不甘落后,他“以秦之强,羞不如,亦招致士,厚遇之,至食客三千人”(《史记·吕不韦列传》)。当时秦国政治经济强大,对六国鲸吞蚕食,已有统一中国的趋势,吕不韦本非秦国人而官至秦相国,这些对意在谋取功名的有识之“士”都有极大的吸引力。他们投奔吕不韦门下,构成一个智囊团,为其内政外交提供智力支持。

正是在这样的背景下,吕不韦“乃使其客人人著所闻,集论为八览、六论、十二纪,二十余万言。以为备天地万物古今之事,号曰《吕氏春秋》”(同上)。

《吕氏春秋》的编著不是要创立一种独家理论体系,吕不韦“招致宾客游士,欲以并天下”(《史记·秦始皇本纪》),其最直接的目的是为现实政治服务,为即将统一中国的强秦提供一部系统的施政纲领和政治理论依据。《汉书·艺文志》将之列入杂家类,其特点是“兼儒、墨,合名、法,知国体之有此,见王治之无不贯,此其所长也”。可见杂家擅长“兼”“合”,就是为了实现“王者之治”,不囿于一家一派,对各种思想学说进行融合、会通。《吕氏春秋·执一》说:“王者执一,而为万物正……天子必执一,所以抟之也。”而“执一”的目的在于“能齐万不同,愚智工拙,皆尽力竭能”(《吕氏春秋·不二》),反映在思想上,对当时的秦国来说就是以富国强兵、征服六国为目标,承袭各个学派中适合自己志趣的东西,使其各自发挥最大的效能。正由于此,"《吕氏春秋》出,则诸子之说兼有之……《艺文志》列之杂家,良有以也"(汪中:《述学补遗·吕氏春秋序》,见陈奇猷《吕氏春秋新校释》)。

吕不韦根据政治实践的需要,组织人力编著《吕氏春秋》,他自己解释写作的意图说:"尝得学黄帝之所以诲颛顼矣,爰有大圜在上,大矩在下,汝能法之,为民父母。盖闻古之清世,是法天地。凡《十二纪》者,所以纪治乱存亡也,所以知寿夭吉凶也。上揆之天,下验之地,中审之人,若此则是非可不可无所遁矣。天曰顺,顺维生;地曰固,固维宁;人曰信,信维听。三者咸当,无为而行。行也者,行其理也。行数,循其理,平其私。夫私视使目盲,私听使耳聋,私虑使心狂。"(《吕氏春秋·序意》)可见其会通百家之学的主导思想是"法天地",就是统治者在处理自然与社会关系的问题时,只有遵循天地之理,天地人三者才能各当其位,即所谓"天道圜,地道方,圣王法之,所以立上下"(《吕氏春秋·圜道》)。百家学说都属于"私"的范围,需要根据天地之理对之进行融合、会通,取长补短,这样才能"平其私",形成一个综合的思想系统,为君主统治服务,"天下无粹白之狐,而有粹白之裘,取之众白也。夫取于众,此三皇、五帝之所以大立功名也"(《吕氏春秋·用众》)。

在形式上,《吕氏春秋》"杂"而不乱,结构整齐。全书分为《十二纪》《八览》《六论》三大部分。《十二纪》以一年四季十二个月划分,即:孟春纪、仲春纪、季春纪、孟夏纪、仲夏纪、季夏纪、孟秋纪、仲秋纪、季秋纪、孟冬纪、仲冬纪、季冬纪,每一纪下有五篇文章。《八览》即:有始览、孝行览、慎大览、先识览、审分览、审应览、离俗览、恃君览,每一览下有八篇文章。《六论》即:开春论、慎行论、贵直论、不苟论、似顺论、士容论,每一论下有六篇文章。加上《序意》一篇,对编著该书的宗旨进行概括,全书原应有161篇论文,但由于有散佚残缺,现存160篇,20余万言。书的三大部分,与《序意》所说"上揆之天""下验之地""中审之人"相合,以天地人包举一切事物,构成一本百科全书式的著作,可见全书编纂经过精心设计。

从内容看，在众多篇章中，《吕氏春秋》对先秦时期儒、道、墨、法、阴阳、名、农等各家学说主张进行消化吸收，写出了关于天文、地理、政治、经济、治国等方面的论说，司马迁说它“备天地万物古今之事”，不是没有道理的。

儒家主张仁政爱民，同时维护君权和宗法伦理道德，这些思想被《吕氏春秋》吸收过来，改造为通过施行仁义道德，举“义兵”，“诛暴君而振苦民”，通过“义战”建立君主国家，推行王道的一系列学说。“为天下及国，莫如以德，莫如以义，以德以义，不赏而民劝，不罚而邪止，此神农黄帝之政也”(《吕氏春秋·上德》)，这是施行仁政的主张；“凡为治，比先定分，君臣父子夫妇，六者当位”(《吕氏春秋·处方》)，这是维护宗法等级制的说辞；“昔先圣王之治天下也，必先公，公则天下平矣。平得于公”(《吕氏春秋·贵公》)，这是推行王道、天下为公的观点。儒家尊师重教，强调学习的重要性，《吕氏春秋》中《劝学》《尊师》等篇赞同这种观点；儒家还主张通过制礼作乐，施行教化，《吕氏春秋》中《大乐》《侈乐》《适音》《古乐》《音律》《音初》《明理》《制乐》等篇专门讨论音乐及其意义，说明乐的由来和作用，以及如何用音乐进行教化的问题。

道家思想在《吕氏春秋》整部书中占有很大的比重，这一方面是因为该书“法天地”的主导思想直接来自于《老子》第二十五章“人法地，地法天，天法道，道法自然”的论述。另一方面是因为战国末期黄老道家学说的特点是：“使人精神专一，动合无形，赡足万物。其为术也，因阴阳之大顺，采儒、墨之善，撮名、法之要，与时迁移，应物变化，立俗施事，无所不宜，指约而易操，事少而功多。”(《史记·太史公自序》)这与“杂家”《吕氏春秋》“兼”“合”的特点相通，该书中《不二》《执一》强调“执一”(即执道)，“齐万不同”就是主张会通各种学说以为王者所用。当然，道家思想最大的作用是为全书提供深刻的哲学理论依据，为解释“王者之治”奠定思想基础。“道”高深玄远，无形无名，被看做天地万物的根本：“圜道也，一也齐至贵,莫知其原,莫知其端,莫知其始,莫知其终,而万物以为宗”(《吕氏春秋·圜道》),“道也者,至精也,不可为形,不可为名,强为之谓之太一”(《吕氏春秋·大乐》)。由此推天道以明人事,“故一也者制令,两也者从听。先圣择两法一,是以知万物之情”(同上),这里所说的“一”是道是君,“两”是万物是臣,臣下服从君主应该像万物服从“道”主宰一样自然而然,这是为了说明君主制的合法性提出的观点。“道”是可以被认识的,人们应该根据“道”的自然本性来行动,这就是“贵因”,“三代所宝莫如因,因则无敌”(《吕氏春秋·贵因》)。“因”就是顺从“道”的运转规律,因时因势而行事,具体来说就是:“止者不行,行者不止,因形而任之,不制于物……若此则能顺其天,意气得游乎寂寞之宇矣,行性得安乎自然之所矣。”(《吕氏春秋·审分》)这是吸收老子“道法自然”而发展出来的思想。

然而,《吕氏春秋》并非照抄老子无为而无不为的思想,其所论的“因”是针对君主而言的一种统治术,在这一点上,《吕氏春秋》又借鉴了法家的学说。“因者,君术也;为者,臣道也。为则扰矣,因则静矣。……故曰君道无知无为,而贤于有知有为。”(《吕氏春秋·任数》)君道无为而臣道有为,这是要求君主不暴露自己的意图和欲望,把具体事务交给臣下处理,自己“去想去意,虚静以待”(《吕氏春秋·知度》),既防止臣下讨好和钻空子,又暗中考察其办事能力,辨别忠奸。这样就能形成“大圣无事而千官尽能”(《吕氏春秋·君守》)的局面。这是加强君主专制权力的学说,为了使秦国富强,《吕氏春秋》采用了申不害一派法家的主张,这与当时的政治形势是紧密结合的。庄襄王元年(前249年),“东周君与诸侯谋秦,秦使相国吕不韦诛之,尽入其国”(《史记·秦本纪》),这就宣告了周天子的灭亡。《吕氏春秋·谨听》说:“主贤世治则贤者在上,主不肖世乱则贤者在下。今周室既灭,而天子已绝。乱莫大于无天子,无天子则强者胜弱,众者暴寡,以兵相残,不得休息。”秦国自孝公开始的历代君主,能随着时代发展而进行变法,就是“贤主”。吕不韦执政时,周天子已绝,代之而起的“贤主”“天子”是确有所指的,那就是秦王嬴政。法家学说为君主集权提供了强大的理论支持，因而为历代秦王所尊奉。《吕氏春秋》吸取了法家思想，但同时又用儒家的仁政学说对商鞅、韩非一派法家主张的“严罚厚赏”进行调和，认为“赏罚之柄，此上之所以使也。其所以加者义，则忠信亲爱之道彰……故善教者，不以赏罚而教成”(《吕氏春秋·义赏》)，“凡用民，太上以义，其次以赏罚”(《吕氏春秋·用民》)。由此可见，《吕氏春秋》是以政治需要为目的，对当时重要学派的思想都下过一番融合、会通的功夫。

此外，《吕氏春秋》还保存了墨家、阴阳五行家、名家、兵家、农家等学派的思想资料，虽然有的地方有所抵牾，但这是众人编书不可避免的。《吕氏春秋》整部书的结构是以阴阳五行学说为框架建立起来的，《十二纪》每纪第一篇都取自《礼记·月令》，意在将自然事物和人事活动按照五行法则、依照四时运行的次序进行分类说明，而且《八览》首览首篇《有始览》，《六论》首论首篇《开春论》也是阴阳五行家的学说。因此，有的学者认为编纂《吕氏春秋》的主导思想是阴阳五行学说。但无论说该书以阴阳五行家思想为主导或者以道家思想为主导、具有儒家倾向，都不能掩盖其编纂时明显的政治意图以及编写过程中融合会通各个学派的“兼”“合”的特点。这也表明，中国思想史发展到战国末期这个大动荡时期，思想的综合与统一代替了百家争鸣、创立新学派的冲动，不同学派之间互相吸收与互相融合的趋势逐渐明显。

# 第十一章　战国百家之学的总结<br>——荀子思想

## 第一节　荀子与百家之学

荀子像

荀子名况字卿，汉人避汉宣帝刘询讳，称之为孙卿。战国末年赵国人。早年游学于齐，上书说齐相不遂，一度离齐去楚。齐襄王时返齐，三为稷下学宫祭酒。前266年应秦昭王聘请入秦，对秦国民风淳朴、政治清明有深刻印象。返赵后，与临武君议兵于赵孝成王前，强调“用兵攻战之本在乎壹民”，“善附民者，是乃善用兵者也”（《荀子·议兵》）。后又于前255年再次入楚，被楚相春申君任为兰陵（今山东峄县）令。春申君死后免官，居于兰陵，授徒著书终生。著作经西汉刘向校定为《孙卿子》32篇，今本《荀子》为唐杨倞据刘向本重新编排，亦32篇，其中《君子》《大略》《宥坐》《子道》《法行》《哀公》《尧问》7篇，或系门人弟子所记。其他皆为荀子自著。弟子很多，韩非、李斯和汉初传《诗》的浮丘伯都出其门下。荀子尊崇孔子，又广泛吸取各家学说的精华，成为先秦百家之学的总结者。

荀子推崇孔子、子弓，认为他们是舜、禹一样的圣人，不同于舜、禹的只是没有君王之位而已，所以说舜、禹是“圣人之得执（势）者也”，孔子、子弓是“圣人之不得执(势)者也”(《荀子·非十二子》)。荀子又非常重视儒家经典,认为《书》是政事的纲领,《诗》保存着美好的中和之声,《礼》是法的总纲和依据,《春秋》具有深奥的微言大义,主张“始乎诵经,终乎读礼”(《荀子·劝学》),要求学者以毕生的精力学习儒家经典。荀子属于儒家重要代表,但是较为激进,既主张“隆礼”,又要求“重法”,与以孟子为代表的另一个儒家派别有着明显的不同。

为了统一学术思想,荀子作《非十二子》篇对当时的许多学派进行了评价。《非十二子》篇开头说:“假今之世,饰邪说,文奸言,以枭乱天下,矞宇嵬琐,使天下混然不知是非治乱之所存者有人矣。”他认为,有一些学者利用当时天下分裂的形势,把邪说加以伪装,把奸言加以掩饰,使天下人迷惑混乱,不知是非治乱之道。所谓“矞宇嵬琐”就是怪异而烦琐的“邪说”“奸言”,也就是下文所说的许多学派“其持之有故,其言之成理,足以欺惑愚众”的意思。荀子对各家学说宗旨的这个看法未必合乎实际,但他“非十二子”的目的在于统一学术思想则十分明显;这个统一学术思想的主张正是建立中央集权的统一封建国家的历史要求。荀子本人直接说到统一学术思想与统一国家的关系。《非十二子》中说,“总方略,齐言行,一统类,而群天下之英杰,而告之以大古,教之以至顺”,是“圣人之不得势者”的事情;“一天下,财万物,长养人民,兼利天下”是“圣人之得势者”的事情。“得势”“不得势”也就是当权与不当权。荀况以不当权的封建圣人自居,他在学术思想领域“齐言行”的努力是与当权者“一天下”的政治活动相配合,为“一天下”服务的。

荀子把他所说的十二子分为六个派别:它嚣、魏牟,陈仲、史鳍,墨翟、宋钘,慎到、田骈,惠施、邓析,子思、孟轲。他批评它嚣、魏牟一派的纵欲主义不符合封建礼义和政治原则(“不足以合文通治”);陈仲、史鳍一派的禁欲主义不利于推行封建伦理规范(“不足以合大众,明大分”);墨翟、宋钘一派的“兼爱”“非攻”主张不利于推行封建等级制度(“不足以容辨异,县君臣”);惠施、邓析的“辩学”脱离“礼义”,无益于封建政治(“不可以为纲纪”)。

荀子着重批判了当时影响最大的子思、孟轲学派。《非十二子》批评子思、孟轲“略法先王而不知其统,犹然而材剧志大[①],闻见杂博,案往旧造说,谓之五行,甚僻违而无类,幽隐而无说,闭约而无解”。认为子思、孟子一派儒者的学说,虽然其方大略取法于先王,但并不懂得先王的准则,然而他们志大才多,见闻广杂,推究往古而臆造出“五行”(指仁、义、礼、智、信,或说指仁、义、礼、智、诚,或说仁、义、礼、智、圣)之说,怪诞而不伦不类,神秘而不可通晓,晦涩而不能理解。荀子严厉地批评子思、孟子的学说,并不是否定“先王”之道,而是认为子思、孟子没有理解“先王”之道的实质,他们讲解孔子学说走了样。《儒效》把人分为四等,除过“不学问,无正义,以富利为隆”的“俗人”之外,还有“俗儒”“雅儒”“大儒”三等。“俗儒”的主要特点是“不知隆礼义而杀(敦)《诗》《书》”;“雅儒”的特点是虽知“隆礼义而杀《诗》《书》”,然而不能把“法”与“教”二者互相配合;“大儒”的特点是能够“法先王,统礼义,一制度”,其思想言行既合于仁义,又与法度符合。用这个标准来衡量,子思、孟子最多不过达到“雅儒”的水平。至于子张氏之儒、子夏氏之儒、子游氏之儒,荀子都贬为“贱儒”,大约相当于“俗儒”,比起子思、孟子来更差一等。荀子是以“大儒”身份批评其他儒家派别的。

荀子对儒家以外各派学说不是一概否定,而是加以分析。《荀子·天论》说:“慎子有见于后,无见于先;老子有见于诎,无见于信;墨子有见于齐,无见于畸;宋子有见于少,无见于多。”这是他对百家之学的基本看法和态度。百家之学“有见”之处,他都相对地加以吸取,而“无见”之处,也都加以批评。清初精研诸子的傅山指出,荀子的思想实际“近于法家,近于刑名家”,而且在一些观点上,“又有近于墨家者言”,这个看法是有道理的(参见《傅山〈荀子评注〉举例》,载《晋阳学刊》1980年第1期,第75页)。

① 王先谦《荀子集解·非十二子》引卢文弨曰:“宋本正文作‘然而犹材剧志大’,无注。”又引郝懿行曰:“‘犹然而’当依宋本作‘然而犹’,此误本也。”

## 第二节　“明于天人之分”的理论

荀子在战国生产力发展的历史条件下，适应社会进步的需要，提出“天人相分”的理论。它吸取道家“道法自然”的思想而否定其中的消极无为成分，吸取墨家重视实践经验的思想而抛弃墨家“天志”“明鬼”的主张，相当彻底地否定了传统天命思想，是对先秦天人关系争论所作的一个有科学价值的总结，在古代思想史上有划时代的意义。荀子在《天论》篇对这一理论作了系统的论述，《礼论》《王制》《富国》等篇也从不同侧面作了发挥。

荀子明确提出，天是无意志、无目的的自然界。他说：

> 列星随旋，日月递炤，四时代御，阴阳大化，风雨博施，万物各得其和以生，各得其养以成，不见其事而见其功，夫是之谓神。皆知其所以成，莫知其无形，夫是之谓天。(《荀子·天论》)

天的实体是自然界的种种物质存在，即列星、日月、四时、阴阳、风雨、万物。自然界没有意志，按照本身的固有规律性运动变化着。各种自然现象相互作用使万物得以产生和发展完成。人们都看到自然界发展变化的有形结果，而看不到形成这种结果的无形过程，所以用神和天来形容它。因此，天有天的运行规律，人有人的活动领域，两者不能互相代替。他说：“天行有常，不为尧存，不为桀亡。”(同上)自然界发生变化的规律(“常”)，并不以人类社会的君主是否贤明而改变。又说：“强本而节用，则天不能贫；养备而动时，则天不能病；修道而不贰，则天不能祸”，“本荒而用侈，则天不能使之富；养略而动罕，则天不能使之全；倍道而妄行，则天不能使之吉”(同上)。社会的贫富取决于人们能否努力发展农业生产而减少浪费；人体的强弱取决于能否得到充足的给养和适时的锻炼；吉凶祸福取决于人们的作为能否有所节制。人类社会的这种规律性，自然界也是不能改变的。所以他说："治乱非天也"，"治乱非时也"，"治乱非地也"(同上)。在同样的日月星辰照耀下，同样的春夏秋冬四季变化中，同样的山川大地上，禹治理社会出现治世，桀治理社会出现乱世，说明社会的治乱在人而不在天。

荀子主张人"不与天争职"的同时，又肯定人能利用规律，顺应自然，来为人类谋福利。他说：

> 天有其时，地有其财，人有其治，夫是之谓能参。舍其所以参，而愿其所参，则惑矣。(同上)

"参"就是参与。人能够适应天时，顺应地利，参与自然界的变化。人的这种能力，叫做"能参"。实事求是地运用这种能力，叫做"所以参"。例如，根据观测到的天象来预测以后天象的变化；分辨土地条件来种植适宜的作物；顺应四季变化的规律来适时安排农事；依据阴阳调和的道理来调理万物的生长，这些方面都是人们应该做的。随心所欲，叫做"所参"。例如，把自己的想法强加于自然，勉强去做那些不可能做到的事情，考察那些根本不存在的东西，那就太糊涂了。

荀子以"能参"和"所以参"为基础，提出"制天命"的思想。他写道：

> 大天而思之，孰与物畜而制之？从天而颂之，孰与制天命而用之？望时而待之，孰与应时而使之？因物而多之，孰与骋能而化之？思物而物之，孰与理物而勿失之也？愿于物之所以生，孰与有物之所以成？故错人而思天，则失万物之情。(同上)

这里，荀子不赞成对自然界盲目崇拜和歌颂而无所作为，他对改造自然、战胜自然充满信心，对社会物质文明的发展前景抱着乐观的态度。他认为如果能够发挥人的能动性,充分利用天时、地利、人和等条件,人们就可以创造出财富,过富裕的生活。

荀子从“明于天人之分”的观点出发,批评世俗迷信。他说:

> 星队(坠)木鸣,国人皆恐。曰:是何也?曰:无何也。是天地之变,阴阳之化,物之罕至者也。怪之,可也;而畏之,非也。(同上)

行星陨落,树木发出怪响,这类自然现象什么预兆也不是,只不过是罕见罢了。因为罕见人们觉得奇怪,这是可以理解的,产生畏惧那就错了。

当时又有所谓“骨相”迷信,从观察人的形体颜色,推断吉凶善恶。荀子认为人的善恶吉凶取决于“心术”是“正”还是“恶”,与“骨相”无关。他举例说,仲尼、周公、皋陶、禹、汤等圣人的相貌并不出众;桀、纣等暴君都长得魁伟俊美;乡曲那些轻薄之子,“莫不美丽姚冶,奇衣妇饰,血气态度拟于女子。妇人莫不愿得以为夫,处女莫不愿得以为士”(《荀子·非相》)。然而他们行为不正,犯法作科,“俄则束乎有司而戮乎大市”(同上),这些事例正说明祸福不系于“骨相”。

荀子对祭祀,卜筮作了新的解释。他说:

> 日月食而救之,天旱而雩,卜筮然后决大事,非以为得求也,以文之也。故君子以为文,而百姓以为神。以为文则吉,以为神则凶也。(《荀子·天论》)

他不相信求雨的祭祀可以使天降雨,卜筮可以预知未来。人们之所以举行祭祀,进行卜筮,只是出于礼节仪式的考虑。如果真的认为祭祀和卜筮有神秘作用,那就会造成灾难。这就是“神道设教”的思想。但荀子主张祭祀和卜筮,这与他维护宗法制的政治主张有关。

## 第三节 认识论与逻辑思想

荀子认为,人有认识客观事物的能力,客观事物有可被认识的性质。他说:“凡以知,人之性也;可以知,物之理也。”(《荀子·解蔽》)这是在承认客观事物独立于人的意识之外的前提下,承认了世界的可知性。

荀子从分析感觉器官和思维器官的功能来说明认识过程。他说:“天职既立,天功既成,形具而神生,好、恶、喜、怒、哀、乐臧(藏)焉,夫是之谓天情。耳、目、鼻、口、形能各有接而不相能也,夫是之谓天官。心居中虚以治五官,夫是之谓天君。”(《荀子·天论》)他把人的感官(耳、目、鼻、口、形)称为“天官”,把人的思维器官(“心”)称做“天君”。认为感官与思维器官都是人体的自然器官,而在认识过程中有不同的作用。对事物的形体、颜色、纹理等要用目来辨别,对声音清浊、高低等要用耳来辨别,对味道的甘、苦、咸、淡、酸、辣等要用口来辨别,对气味的香、臭、臊、腥等要用鼻来辨别,对冷、热、轻、重要用形体来辨别。认识客观事物必须通过感官,这叫“缘天官”“天官之意物”“天官之当簿其类”(《荀子·正名》)。他反对脱离感性经验的内省体验的认识论。孟子“恶败”而出妻,有若“恶卧”而烧灼自己的手掌,空石之人觙(不详为何人)为了“静思”而“辟耳目之欲”(《荀子·解蔽》)。荀子认为这类压制生理欲望排斥感官作用的做法,对于认识毫无实际意义。但是,仅凭感官也不能获得认识,尤其不能完成认识,因为思维器官支配着感官。如果思维器官停止活动,感官也就失去了辨别客观事物的能力,“心不使焉,黑白在前而目不见,雷鼓在侧而耳不闻”(同上)。同时,感官有时会出现错觉。例如,夜里行路的人,“见寝石以为伏虎,见植林以为立人”,视觉受到纷扰,就“视一为两”,听觉受到纷扰则“听漠漠以为哅哅”(同上)。为了获得正确认识,还需要对感性认识加以辨别、证明。而辨别、证明感官认识的能力属于思维感官。思维感官辨别证明的能力叫做“征知”。荀子说:“心有征知。征知,则缘耳而知声可

也,缘目而知形可也,然而征知必将待天官之当簿其类然后可也。”(《荀子·正名》)

强调“解蔽”在认识过程中的作用,是荀子在认识论方面的突出贡献。他说:

> 欲为蔽,恶为蔽;始为蔽,终为蔽;远为蔽,近为蔽;博为蔽,浅为蔽;古为蔽,今为蔽。凡万物异,则莫不相为蔽。此心术之公患也。(《荀子·解蔽》)

这里列举的欲、恶、始、终、远、近、博、浅、古、今,都是事物的差异和矛盾,矛盾的双方互相依赖。认识过程中如果看到一方面而忽视另一方面,看到这一部分而忽视另一部分,就会产生片面性,“蔽于一曲而暗大理”(同上)。“大理”是全面性、整体性的真理。受到任何一个片面、局部蒙蔽,就不能通晓“大理”。所以他认为“蔽于一曲”是“心术之公患”。

荀子说:“道者,古今之正权也。离道而内自择,则不知祸福之所托。”(《荀子·正名》)这里说的“道”指事物自身的规律性,“权”指衡量真理的标准。他认为事物自身的规律性(“道”)才是真理的标准(“权”),要获得正确认识就要懂得事物自身的规律性——“知道”。“人何以知道?曰心。心何以知,曰虚壹而静。”(《荀子·解蔽》)作为规律性的“道”是无形的,不能用感官来把握,必须依靠思维器官“心”来把握。而“心”只有“虚壹而静”才能把握“道”。“虚壹而静”的含义是要人在认识过程中排除干扰,精神专一,充分发挥思维能动性。在这种状态下,思想高度集中,犹如静水明镜,洞照须眉,可以把客观事物理解得极为清楚,这种状态又叫“大清明”。

荀子的“虚壹而静”对道家主张“虚”“静”的思想有所吸收,又有所改造。《管子·心术》说:“虚,无臧(藏)也。”《管子·内业》篇说:“不以物乱官,不以官乱心。”那是把客观事物和感觉完全排除出去的绝对空虚状态。荀子则说："不以所已藏害所将受，谓之虚。"（同上）这个"虚"不是绝对的虚无，而是不因为已有某些知识而拒绝接受新的知识，也就是虚心的态度。荀子说："积土成山，风雨兴焉。积水成渊，蛟龙生焉。积善成德，而神明自得，圣心备焉。故不积跬步，无以至千里；不积小流，无以成江海。"（《荀子·劝学》）这些话是反复强调"积"的作用，"积"也就是"藏"。在荀子看来，"无臧"的状态是不存在的。"虚"并不排斥"积""臧"。相反，不断扩大充实"积""臧"是获得深刻全面知识的必经途径。"虚"与"不虚"，区别只在于能否继续接受新的知识。《管子·白心》说："持而待之，空而勿两之。""壹"绝对排斥"两"。荀子则说："心未尝不两[①]。……不以夫（彼）一害此一，谓之壹。"（《荀子·解蔽》）这个"壹"并不排斥"两"，而是承认人所要认识的事物不只一个，所要学习的知识不只一种。人可以同时兼知不同的事物。"壹"与"不壹"，区别只在于不同的知识是否相矛盾。《管子·心术》说"静则不变，不变则无过""静乃自得"，是绝对排斥"动"的。荀子则说："心未尝不动也，然而有所谓静……不以梦剧乱知，谓之静。"（《荀子·解蔽》）这个"静"也不绝对排斥"动"。不仅进行思考的时候，"心"在动，就是入睡后做梦也是"心"在动。"静"与"不静"的区别，只在于是否让梦幻干扰了正常的思维活动。

荀子的"虚壹而静"克服了道家片面强调"虚""静"的错误，对认识过程中"虚"与"臧"、"壹"与"两"（也就是"博"与"约"）、"静"与"动"等矛盾的看法上，具有辩证因素。

荀子围绕着"正名"的问题，提出"制名以指实"的命题，从不同角度讨论了名实关系，发展了我国古代的逻辑思想。

《荀子·正名》篇说："所为有名，与所缘以异同，与制名之枢要，不可不察也。"这是从名的角度提出的三个逻辑问题。他认为"正名"关乎治乱，若有"王者"兴起，必然要重视"正名"，或者循于旧名，或者作于新名。

---

① "两"，原文作"满"，依杨倞注改。

无论循旧或作新,都必须考察三个问题。

“所为有名”,即为什么要有名?荀子认为,不同事物具有不同的形状和实体,如果没有名称概念作为工具,人们在区别事物、表达思想时就会出现混乱和隔阂,思想不能互相交流,办事窒碍难成。“故知者为之分别制名以指实,上以明贵贱,下以辨同异。”(《荀子·正名》)例如,君、臣是社会中的等级,父、子、兄、弟是家族中的等级,这类关系中都有尊卑贵贱之别,这一类名的作用是“明贵贱”。农、士、工、商是社会中的职业,这类关系中只有同异之别,这类名的作用是“辨同异”。

“所缘以异同”,即根据什么来确定名的异同?荀子的回答是“缘天官”(同上),根据感官来确定名的异同。凡在感官中相同的事物,就给以相同的名,在感官中不同的事物,就给以不同的名。在荀子看来,名的作用是“指实”,而对“实”的认识必须通过感官。人类有相同的感官,对相同事物的感觉相通,对相同事物的比喻描述相似,所以人们可以根据感官所感知的客观事物的性质,相约给其一定的名,用于交往中表达对事物的认识。由此可见,名不是人们主观随意而定的,而受着事物的性质和社会习俗(“约定俗成”)的制约。

“制名之枢要”即规定名的时候应当掌握的基本原则,荀子提出的原则是:①“同则同之,异则异之”(同上)。前一个“同”“异”是指“同实”“异实”,后一个“同”“异”是指“同名”“异名”。这是说,相同的实就给其规定相同的名,不同的实就给其规定不同的名。根据这个原则,单名(一个字的名称)足以使大家了解的就用单名,单名不足以使大家了解的就用兼名(几个字的名称),想要举一类事物而言就用共名(反映一类事物共同本质的名称)。②区分名称的“共”“别”关系。“共”是一般,“别”是个别。反映一般的名称是共名,反映个别的名称叫别名。反映范围最广的一般的名称叫大共名。“物”这个名称就是大共名。“鸟禽”这个名称反映的只是“物”的一部分,对“物”来说是别名,但它没有把“物”区分尽,只是作了初步区分,还可以继续区分下来,所以“鸟禽”是大别名。这个原则既看到了名称所反映的一般与个别的对立,又看到了一般与个别的联系。③“名无固宜”和“名有固善”(同上)。用什么样的名来代表什么样的实,并不是一开始就固有的,它是人们在社会生活中“约定俗成”的,一旦“约定俗成”,它就为大家所公认而确定下来,不能任意改变。这是“名无固宜”的含义。但是“名有固善”,简单明了而又不悖理的名称就是善名。这个看法反映出,荀子看到了名是社会历史的产物,具有社会性。④“稽实定数”(同上)。就是考察实际情况,据以确定事物数量的多寡。“物有同状而异所者,有异状而同所者”(同上),这个“所”是实体的意思。“同状而异所”就是形状相同而实体不同,如两匹马,虽然可用同一名称“马”称呼,它仍是“二实”。“异状而同所”就是形状不同,但实体是一个,如某人从少到老,已经有了变化,但仍是一个实体,这叫“一实”。“人”“马”等名称本身是一种抽象,只反映人、马等事物的本质而舍去了数量,说“有人”“有马”时并没有确定有多少个人、多少匹马。“稽实定数”的原则就是要求注意事物的实际数量。

荀子指出逻辑思想中的三种谬误,他称之为“三惑”。

(1)“惑于用名以乱名”(同上)。例如宋钘所谓“见侮不辱”,墨家所谓“杀盗非杀人”以及“圣人不爱己”属于这类错误命题。“辱”有自己以为耻辱和受到别人欺侮二意,是两个不同概念。“见侮不辱”没有将两种意义区别,以后一概念代替前一概念,于是造成混乱。“人”指人类,“盗”包括在人类之中,杀“盗”也是杀人,“盗”不是好人,杀“盗”不是杀“好人”。“杀盗非杀人”的命题中,用“人”代替“好人”,于是造成混乱。“爱人”的“人”指“人类”,圣人包括在人类之中,圣人爱人也包括爱己。而在与己身相对的意义上,“人”指“别人”。用“别人”的含义代替“人类”的含义,于是造成了混乱。由此可见,“惑于用名以乱名”实际是偷换概念的逻辑错误。荀子说:“验之所以为有名而观其孰行,则能禁之矣。”(同上)制名是为了人们互相了解,只要看人们对某一名所承认的究竟是哪一种意义,这种“惑”就可以消除了。

(2)“惑于用实以乱名”。例如惠施所谓“山渊平”,宋钘所谓“情欲寡”,以及墨子所谓“刍豢不加甘”“大钟不加乐”属于这类错误命题。实际中一般情况是山高渊低,人们有种种情欲,肉食更加味美,大钟之音使人快乐。当然特殊情况下也可能水面与山头一样高(例如山顶的湖面或高原的湖面与低地的山峰),个别人很可能情欲很少,有些人可能不喜欢肉食和音乐,但这都是例外,不是一般情况。“惑于用实以乱名”是以偏概全的逻辑错误。荀子说:“验之所缘以同异,而观其孰调,则能禁之矣。”(同上)只要用感官直接观察事物之间的同异,辨别哪一种说法符合一般情况(“孰调”),这种“惑”就可以禁止了。

(3)“惑于用名以乱实”。例如《墨经》中有“有牛马非马也”这样的错误命题。一群牛马可以称为“牛马群”,从名称来看“牛马”不等于牛也不等于马。但从事实来说,有牛马是有牛又有马。“有牛马非马”是惑于“牛马”与“马”两个名称之不同,而把有牛马是有马的事实否定了。由此可见,“惑于用名以乱实”是以整体否定局部的逻辑错误。荀子说:“验其名约,以其所受,𢪛其所辞,则能禁之矣。”(同上)只要考察“牛马群”这个名称“约定俗成”的含义,用大家所接受的用法,指出这类命题违背事实,这种“惑”就可以防止了。

荀子认为,凡“邪说辟言”都不超出这三类。而“大奸”之人用这样的手法制造混乱,“使民疑惑,人多辩讼”(同上)。君主对这样的言论本应“申之以命,章之以论,禁之以刑”(同上),而不与其辩论。当今之时,“圣王没,天下乱,奸言起。君子无势以临之,无刑以禁之,故辩说也”(同上)。无势不得不辩说,一旦取得权势就不再辩说而用暴力统一思想的主张,本是儒家思想里所拥有的东西,也是法家思想的来源。

## 第四节　性恶论和社会思想

荀子主张性恶论,提出“人之性恶,其善者伪也”(《荀子·性恶》)的著名观点。其性恶论包括三个环节。

(1)荀子把人性规定为先天的自然性。他说:“凡性者,天之就也……不可学,不可事而在人者谓之性”(同上),“生之所以然者谓之性”(《荀子·正名》),“性者,本始材朴也”(《荀子·礼论》)。把人受后天环境影响和经过主观修习获得的品质称为“伪”,说:“可学而能,可事而成之在人者谓之伪”(《荀子·性恶》),“心虚而能为之动谓之伪。虑积焉,能习焉而后成谓之伪”(《荀子·正名》)。他强调“性伪之分”是“明于天人之分”的观点在人性学说方面的应用,“性伪之分”也就是人性方面的“天人之分”。这种看法把人性理解为一种单个人抽象的自然生物性。

(2)荀子认为人性与社会道德规范不相协调。他说:“今人之性,饥而欲饱,寒而欲暖,劳而欲休,此人之情性也”,“若夫目好色,耳好声,口好味,心好利,骨体肤理好愉佚,是皆生于人之情性者也;感而自然,不待事而后生者也”(《荀子·性恶》)。如果顺从人性自然发展,人与人就要互相冲突,互相争夺,“犯分乱理而归于暴”(同上),道德规范就要遭到破坏。强调人性与封建道德规范的对立,否认封建道德为人心先天所固有,是荀子性恶论的特色。

(3)荀子主张“化性起伪”,即通过人为努力转化所谓“恶”的人性,获得所谓“善”的品质,使之符合道德规范。在“性”与“伪”的关系上,他看到两者的对立,认为“性”产生“恶”,“伪”产生“善”;从“善”“恶”的对立,他又看到两者的统一,说“无性,则伪无所加;无伪,则性不能自美”(《荀子·礼论》)。这种认识成为“化性起伪”的理论根据。在荀子看来,人之性恶,并不意味着不能为善,相反,性恶正是人欲为善的原因。他说:“凡人之欲为善者,为性恶也。”(《荀子·性恶》)贫者追求富,贱者追求贵,人们追求的总是自己没有的东西;如果有了就不追求了。人的本性中没有“善”,正是人们欲为善的原因。因此,荀子强调后天人为的努力。他说:“干越夷貉之子,生而同声,长而异俗”(《荀子·劝学》),“尧舜之与桀跖,其性一也,君子之与小人,其性一也”(《荀子·性恶》)。无分民族,无分贤愚不肖,先天本性都是“恶”的,后天的“注错积俗”对人们善恶的形成起着决定作用。荀子还说:“故涂之人可以为禹,则然;涂之人能为禹,未必然也。虽不能为禹,无害可以为禹。足可以遍行天下,然而未尝有能遍行天下者也……然则能不能之与可不可,其不同远矣。”他强调“可以为禹”和“能为禹”的区别,认为人人都有学习“礼义”的能力,人人都“可以为禹”,但未必人人都能努力学习“礼仪”,未必人人都“能为禹”。人们如果没有达到禹那样的圣人的境界,那不是由于不具备先天条件,只是由于后天不够努力。这种观点目的还是强调人为努力的重要性。

荀子的性恶论和孟子的性善论是战国时代的两种人性学说。这两种人性学说的差异在于:性恶论强调“性伪之分”,是以“天人相分”思想为基础的;孟子的性善论强调天赋“四端”,是以“天人合一”思想为基础的。性恶论否认天赋道德观点的存在,性善论承认天赋道德观点的存在。性恶论以人类物质生活作为研究人性的出发点,认为社会纷争动乱是人们追求物质利益的必然结果;性善论以先天道德观念作为研究人性的出发点,把社会纷争动乱的原因归结于道德观点的丧失。由此可见,性恶论较之性善论包含了更深刻的内容。这两种人性学说的共同点在于:两者所说的人性都是从一般意义上所说的人类本性,而不是在现实社会关系中的具体的人性。两者都把人性问题的研究局限在“善”“恶”评价上,并把“善”“恶”看成超社会历史的范畴。

与性恶论密切相关,荀子在社会思想方面提出“明分使群”的社会起源说。他说:“(人类)离居不相待则贫,群而无分则争。穷者患也,争者祸也。救患除祸,则莫若明分使群矣。”(《荀子·富国》)

“群”是社会群体。荀子看到,“不相待”的人类个体必然陷入困境,例如人的体力不如牛,奔跑不如马,单个的人就不能够驯服使用牛马。人类必须依靠群体的合作,才能利用自然、改造自然。同时,每个人都有多方面的需要,“故百技所成,所以养一人也”(同上),但一个人不可能兼通百技,必须在人们之间实行分工合作,才能满足每个人的需要。人类结成群体解决了改造自然界和发展物质生活中所遇到的问题，却又带来了新的矛盾，这就是人与人之间的争夺，出现种种祸害。怎样使人类能够结成社会群体，而又避免互相之间的争夺呢？必须有“分”，即划分不同的等级，规定不同等级的权利和义务，这就是“明分使群”。

《荀子·礼论》说：

> 人生而有欲，欲而不得，则不能无求；求而无量度分界，则不能不争。争则乱，乱则穷。先王恶其乱也，故制礼义以分之，以养人之欲，给人之求；使欲必不穷乎物，物必不屈于欲，两者相持而长，是礼之所起也。

荀子没有用天命解释礼法制度的起源，而是从人类物质生活说明社会组织产生的原因，是“天人相分”思想在历史观方面的运用和深化。这个理论强调了人类与其他动物的区别在于“人能群”，即人类具有社会组织，肯定了等级制度的产生是历史的进步，也是深刻的思想。但是，他把礼法制度归结为“先王”的创造则是不对的。他还说：“君臣、父子、兄弟、夫妇，始则终，终则始，与天地同理，与万世同久，夫是之谓大本。”（《荀子·王制》）把封建等级制度看成永恒合理的社会制度，认为历史发展只是“始则终，终则始，如环之无端”（同上）的循环运动，也是一种缺陷。

与性恶论密切相关，荀子还提出“礼法”并重的政治思想。从孔子提倡以周礼治国以来，礼治成为儒家的重要政治主张。荀子继承了儒家的传统，主张“隆礼”。他说：“人无礼则不生，事无礼则不成，国家无礼则不宁。”（《荀子·修身》）又说：“礼者，贵贱有等，长幼有差，贫富轻重皆有称者也。”（《荀子·富国》）他还具体地讲到礼对不同社会地位的人的要求：君要“以礼分施，均遍而不偏”，臣要“以礼待君，忠顺而不懈”，父要“宽惠而有礼”，子要“敬爱而致文”，兄要“慈爱而见友”，弟要“敬诎而不苟”，夫要“致功而不流，致临而有辨”，妻要“夫有礼，则柔从听侍，夫无礼则恐惧而自竦也”(《荀子·君道》)。荀子还把“建国诸侯分土而守”(《荀子·王霸》)作为礼的主要内容,表明他仍然主张分封制。这些都说明荀子的政治思想没有脱离儒家礼治的基本立场。

与孔孟不同的是,荀子将礼与法并举,称为“礼法”,或称为“礼义法度”。当他用人类物质生活需要解释礼的起源的时候,当他把礼的作用规定为“养人之欲,给人之求”的时候,当他把礼看做人们物质欲望的“量度分界”的时候,他所说的礼就包含了法的意义,而与孔孟的观念有所不同。另一点不同的是,孔、孟维护世袭制度,而荀子反对世袭制度,他明确主张:“虽王公士大夫之子孙也,不能属于礼义,则归之庶人。虽庶人之子孙也,积文学,正身行,能属于礼义,则归之卿相士大夫。”(《荀子·王制》)说明社会等级制度还是存在的,而社会成员的等级地位则是可以变动的。这样,他主张的“由士以上则必以礼乐节之,众庶百姓则必以法数制之”(《荀子·富国》)与“礼不下庶人,刑不上大夫”(《礼记·曲礼上》)就有了区别。所以他反对“以族论罪,以世举贤”,主张“刑不过罪,爵不逾德”(《荀子·君子》),就具备了法家“法不阿贵”的意义。

荀子晚年的著作《成相》篇中的法治思想更加明显。这篇歌谣体的著作中写道:“君法明,论有常,表仪既设民知方。进退有律,莫得贵贱,孰私王”,“刑称陈,守其银(垠),下不得用轻私门。罪祸(过)有律,莫得轻重,威不分”,“言有节,稽其实,信诞以分赏罚必”,“君教出,行有律,吏谨将之无铍滑”。君制定明确的法令,作为人民行为的方向和官吏进退的标准,执行赏罚都以法令规定为依据而不得畸轻畸重。树立法令的权威,一切奸邪狡猾的行为和行私请托的事情都会消除,天下即可大治。这些观点与法家的思想已没有明显区别了。

荀子的礼法思想既继承了儒家传统的礼治思想,又具有法家法治思想的因素,这使荀子成为政治思想上从儒家到法家的过渡人物。他的弟子韩非、李斯发展了他的政治思想,成为法家的代表人物。

# 第十二章　法家及其总结者韩非

## 第一节　前期法家的历史悲剧

法家是先秦、汉初主张法治的一个学派。这个学派强调"不别亲疏，不殊贵贱，一断于法"(《史记·太史公自序》)，主张强化君主专制，以严刑峻法治民。其思想渊源可以上溯到春秋时的管仲、子产，而实际始祖是战国初期的李悝。李悝与吴起、商鞅、申不害是前期法家的代表人物。战国末年的韩非为法家思想的总结者。法家学说以政治思想为中心，反映春秋战国时代产生和发展中的新兴地主阶级的要求。许多法家思想家同时是领导当时各国变法改革的政治家。

《左传》昭公六年记载：郑子产铸刑书，晋叔向立即写信反对。叔向的信中说："昔先王议事以制，不为刑辟(法)，惧民之有争心也……民知有辟，则不忌于上。并有争心，以徵于书，而徼幸以成之，弗可为矣。"他认为《禹刑》《汤刑》《九刑》是夏、商、周社会衰乱期的产物，在三代的兴盛期是没有刑法的。现在郑国铸了刑法，百姓"将弃礼而徵于书，锥刀之末，将尽争之。乱狱滋丰，贿赂并行。终子之世，郑其败乎"！叔向的着眼点在如何使民不产生"争心"。他认为临事而议罪("议事以制")而不预设法律，能使人们害怕遭到不能预知的刑罚，就不敢萌生"争心"。公布了法律,人们就会依据法律条文互相争夺,而不畏惧统治者。这样,就会狱讼不断,风气败坏,使国家无法长期维持。子产复书叔向说:“侨不才,不能及子孙,吾以救世也。”子产的着眼点是“救世”。他认为,为了解决社会现实矛盾,必须实行法治,至于能否让贵族子孙世代保持特权地位,就顾不上考虑了。

《左传》昭公二十九年记载:晋赵鞅、荀寅“赋晋国一鼓铁,以铸刑鼎,著范宣子所为刑书”。孔子评论这件事说:“晋其亡乎,失其度矣。夫晋国将守唐叔之所受法度,以经纬其民,卿大夫以序守之,民是以能尊其贵,贵是以能守其业。贵贱不愆,所谓度也……今弃是度也,而为刑鼎,民在鼎矣,何以尊贵?贵何业之守?贵贱无序,何以为国?”孔子反对法治的着眼点是“尊贵”,即维持以血缘亲疏为标准的宗法等级制度。他认为实行法治,民皆以法律为准,而不再“尊贵”,就会破坏贵贱秩序,就会使世袭贵族的家业失守,就会导致亡国。“尊贵”也就是反对“民有争心”,正面说出了维护礼治就是维护“尊尊”“亲亲”的等级制度。

郑国铸刑书和晋国铸刑鼎引起的争论说明礼法和法制之争是维护氏族贵族专政和打破氏族贵族专政之争。法家以封建等级制度反对宗法等级制度。

从学派源流看,前期法家与子夏氏之儒有密切关系。在孔门弟子中子夏注重功利。孔子死后,子夏居河西为魏文侯师,并收徒传授儒家经典,形成子夏氏之儒这个学派。子游嘲笑“子夏之门人小子”,舍本逐末,只懂得“洒扫应对进退”之事(见《论语·子张》)。荀子斥其为“子夏氏之贱儒”,说他们“正其衣冠,齐其颜色,嗛然而终日不言”(《荀子·非十二子》)。这都说明子夏氏之儒在战国时代已经另立门户而与儒家正宗思想具有不同的倾向。

《韩非子·显学》中讲孔子死后儒分为八,而把子夏氏之儒排除在外,似乎韩非已经把子夏氏之儒当成法家的祖宗,而不认这一派属于儒家了。前期法家人物李悝是子夏的弟子,吴起也做过子夏的弟子,商鞅少年时期接受的思想比较驳杂，对他影响最大的是李悝，他入秦时还带着李悝编著的《法经》，这说明商鞅的思想也与子夏氏之儒有渊源关系。另一位前期法家人物申不害则“本于黄老而主刑名”（《史记·老子韩非列传》），与道家思想有密切的关系。

李悝是魏文侯（前445—前396年在位）相，编著《法经》是李悝的一个创举。他在当时各国法律的基础上编著《法经》，包括《盗法》《贼法》《囚法》《捕法》《杂法》《具法》6篇，以保护私有财产权。商鞅传授《法经》，改称法为律，在秦国实行。汉初萧何在《法经》的基础上增加《户婚律》《擅兴律》《厩库律》3篇，称为《九章律》。三国魏又增益为18篇。晋代时又对汉、魏律加以增损，成为20篇。《法经》是秦汉以后法律的滥觞，李悝实为“著书定律”的法家的真正始祖。李悝的经济政策是“尽地力之教”，宗旨是安定民众生活，鼓励发展农业生产，办法是稳定粮食价格。具体做法是将收成好的年成分为上中下三等，将收成不好的年成也分为上中下三等。遇到好年成，政府将多余的粮食收购回来，防止粮价暴跌；遇到不好的年成，政府将收购的粮食投入市场，防止粮价暴涨。他认为：“籴甚贵伤民，甚贱伤农。民伤则离散，农伤则国贫。”（《汉书·食货志》）稳定粮价能使“民无伤而农益劝”（同上），这是李悝的又一创举。后代的均输、常平仓等办法都导源于此。

吴起曾做过魏国的河西守，后因被谗，约于魏武侯十三年（公元前384年）逃到楚国，先为苑守，后为楚悼王的相。他为楚相仅仅一年时间，大刀阔斧地进行改革。他向楚悼王提出楚国的弊病是“大臣太重，封君太众。若此则上逼主而下虐民，此贫国弱兵之道也。不如使封君之子孙三世而收其爵禄，绝灭百吏之禄秩，损不急之枝官，以奉选练之士”（《韩非子·和氏》）。他明法申令，裁减多余的官职，废除了公族中疏远者的爵位，收回了他们的封地，强迫这些贵族及其下属到地广人稀的地方去垦荒。这些做法与后来商鞅在秦国的变法改革相似。司马迁说吴起“刻暴少恩”，其实就是指他推行打击世袭贵族势力的政策。又说，吴起相楚“南平百越；

北并陈蔡，却三晋；西伐秦。诸侯患楚之强”（《史记·孙子吴起列传》），说明在富国强兵方面取得了一定成就。

商鞅先在魏国求仕，因得不到梁惠王信任而离开魏国。入秦后，商鞅受到秦孝公重用，由左庶长、大庶长升为大良造（相当于相国兼将军），秦孝公六年（前356年）和十二年（前350年），主持了两次变法改革。变法的主要内容是：废井田，开阡陌，承认土地私有合法；重农抑商，奖励耕织；颁布度量衡标准器，统一度量衡；奖励军功，废除世卿世禄制；公布法令，宣布贵族犯法与庶人一样要受法律制裁；推行县制，以君主直接任命的官吏取代世袭贵族；革除戎狄旧俗，禁止父子、兄弟同室居住。商鞅提出“治世不一道，便国不法古”（《商君书·更法》）的口号，与反对变法的旧贵族展开斗争，甚至“刑公族以立威”（《盐铁论·非鞅》），主张“内不私贵宠，外不偏疏远”，以法治反对礼治。他还提出“以刑去刑”的严刑峻法理论。他说：“行刑，重其轻者，轻者不至，重者不来，是谓以刑去刑。”（《韩非子·内储说上》）意思是，要轻罪重判，使人们畏惧严峻的刑罚，不敢犯小罪，更不敢犯大罪。这样反而可以不用刑罚，不生祸乱。否则，就不能制止犯罪，也不能去掉刑罚。《史记·商君列传》说，商鞅变法的第一年内，秦国都之民有数千人认为新法不便而加以反对，“行之十年，秦民大悦，道不拾遗，山无盗贼，家给人足。民勇于公战，怯于私斗，乡邑大治”。变法为秦国富强奠定了基础。

申不害为韩昭侯相15年，即自昭侯八年（前351年）至二十二年（前337年）。他说过：“君必有明法正义，若悬权衡以称轻重，所以一群臣也。”（《艺文类聚》卷五十四，《刑法部·刑法》）又说：“尧之治也，善明法察令而已。圣君任法而不任智，任数而不任说。黄帝之治天下，置法而不变，使民而安〔不安〕乐其法也。”（同上）由此可知，申子也是讲法的，但他的思想特点是讲“术”。他的著作较为完整地保存下来的只有《大体》一篇，见于《群书治要》。这篇文字主要讲君主南面之术，认为君臣关系犹如富贵之家与盗贼的关系。臣总想窃夺君主的国家，君主必须使用种种机巧权术侦伺众臣的行径,而君主自己要“窜端匿迹,示天下无为”,不让别人看清自己的心思,才能保住君主的地位。

法家先驱者子产以开明政治家的姿态出现,为了“救世”而公布法律,实行“惠人”政策,因而破坏了礼制,引起旧贵族势力的反对。但子产还没有与旧贵族直接冲突,表明当时新旧社会势力的斗争还没有发展到激烈对抗的程度。早期法家人物所处的形势就不同了。《法经》能够产生,“尽地力之教”得以推行,都是李悝时代私有财产进一步发展,国民阶级势力壮大的反映。“尽地力”的结果,《汉书·食货志》说是“行之魏国,国以富强”。这个说法是符合历史实际的,因为战国前期的一个世纪中,魏国确实首先强大起来,团结韩、赵继承了晋国的霸业。而《史记·平准书》说,“尽地力”的结果是“庶人之富者或累巨万,而贫者或不厌糟糠”。这个说法也是符合历史实际的,“庶人”中发生贫富两极分化是私有财产发展的必然结果。但是旧制度和旧贵族势力并没有退出历史舞台。韩非子评述申不害相韩的局势说:“晋之故法未息,而韩之新法又生;先君之令未收,而后君之令又下。申不害不擅其法,不一其宪令,则奸多。故利在故法前令则道之,利在新法后令则道之。故新相反,前后相悖。”(《韩非子·定法》)“新法后令”与“故法前令”的矛盾对抗,反映了新旧社会势力的较量。旧的束缚着新的,不能不引起更加激烈的搏斗。吴起在楚国的变法对旧贵族确实算得上“刻暴少恩”,引起旧贵族的强烈仇恨,而终于被旧贵族杀害。商鞅认为:“法之不行,自上犯之。”(《史记·商君列传》)太子犯法,商鞅便对其傅其师依法施刑,也确实算得上敢作敢为,而终于遭到车裂。前期法家在历史舞台上演出的是一幕惊天地泣鬼神的悲壮场面。

## 第二节　韩非的法治思想

法家思想的总结者韩非(前280—前233年)出身于韩国贵族世家,是韩国的公子。他看到韩国在战争中屡次丧师失地,面临被秦国灭亡的

韩非像

威胁,上书韩王安建议变法图强。他的建议未被采用,便退而著书立说。他的著作《孤愤》《五蠹》等传到秦国,秦王政读后大加赞赏。前233年秦攻韩,韩王安派韩非出使秦国。他到秦国不久,便遭李斯、姚贾陷害,死于狱中。

韩非的学说以专制主义中央集权的政治理论为中心,代表新兴地主阶级的政治和经济要求。他的学术渊源主要是前期法家和道家。司马迁说,韩非"喜刑名法术之学,而其归本于黄老"(《史记·老子韩非列传》)。在政治思想方面,他总结了商鞅、申不害等前期法家的学说,提出法、术、势结合的法治学说。他对《老子》作过深入研究,著有《解老》《喻老》。此外,他又曾与李斯一起师事荀子,与儒家的荀子学派有渊源关系。现存《韩非子》一书大部分出于韩非之手。

韩非理想的政治局面是"事在四方,要在中央,圣人执要,四方来效"(《韩非子·扬权》),在全国把政治权力集中于中央政府;在中央政府又把政府权力集中于皇帝一人。这是韩非所设计的封建专制主义中央集权的政治体制。

韩非强调君主必须把法、术、势三者结合起来,缺一不可。法指成文法,"法者,编著之图籍,设之于官府,而布之于百姓者也"(《韩非子·难三》);术是君主驾驭群臣的权术,"术者,藏之于胸中,以偶众端而潜御群臣者也"(同上);势即权势地位,"势者,胜众之资也"(《韩非子·八经》)。

韩非的法、术、势结合的法治思想与荀子的"隆礼重法"理论有继承关系,更主要的则是韩非总结了前期法家变法的历史经验而提出来的。韩国和秦国实行变法后,到韩非的时候已有好几十年的时间,但还都未能统一天下,韩非认为,商、申二人的法、术未能尽善是一个原因,但主要原因还是二人的主张各有偏废。"申不害言术,而公孙鞅重法"(《韩非子·定法》)。申不害知用术不知用法,未能统一法令,奸诈的人利用法令不一逞其私,申不害虽然用了十倍的努力让韩昭侯用术,还是不能解决问题。商鞅知用法不知用术,不能知奸,“战胜则大臣尊,益地则私封立”(同上),国家的财富和兵力,反而成了“人臣”扩张私人势力的凭借。因此韩非说:“君无术则弊于上,臣无法则乱于下。此不可一无,皆帝王之具也。”(同上)韩非还认为,要推行法术必须占有权势地位。道家别派中的慎到说过:“贤人而诎于不肖者,则权轻位卑也;不肖而能服于贤者,则权重位尊也。尧为匹夫不能治三人,而桀为天子能乱天下,吾以此知势位之足恃,而贤智不足慕也。”(《韩非子·难势》)韩非子引述了这段话表示赞同。他说:“万乘之主,千乘之君,所以制天下而征诸侯者以其威势也。”(《韩非子·人主》)没有权势地位就不能推行法治,法治与权势要互相结合,“抱法处势则治,背法去势则乱”(《韩非子·难势》)。韩非子把法、术、势结合起来,形成完整的法治理论,代表先秦法家政治思想发展的成果。

韩非的法治思想重视赏和罚的作用。他说:

> 明主之所导制其臣者,二柄而已矣。二柄者,刑、德也。何谓刑德?曰:杀戮之谓刑,庆赏之谓德。为人臣者,畏诛罚而利庆赏,故人主自用其刑、德,则群臣畏其威而归其利矣。(《韩非子·二柄》)

韩非认为,运用赏罚要把握几个要点:①信赏必罚。赏罚的唯一依据是法律,除君主之外,无论什么人都要受法律的约束,“刑过不避大臣,赏善不遗匹夫”(《韩非子·有度》),“诚有功则虽疏贱必赏,诚有过则近爱必诛”(《韩非子·主道》)。②厚赏重罚。他认为人皆欲利恶害。“赏厚则所欲之得也疾,罚重则所恶之禁也急……是故欲治甚者,其赏必厚矣。其恶乱甚者,其罚必重矣。”(《韩非子·六反》)意思是说,厚赏能够使人很快得到所追求的利益,重罚能够很快制止人们为恶作乱的行为,所以越是求治恶乱心切,就越要厚赏重罚。厚赏重罚不仅对当事人是必要的,而且对民众有“劝”“禁”的作用。厚赏一人,境内民众都会受到劝勉,都会为争取厚赏去立功。重罚一人,境内民众都会感到畏惧而不敢犯法。韩非反对儒家的“仁政”主张。他说:“今世皆曰:‘尊主安国者,必以仁义智能。’而不知卑主危国者之必以仁义智能也。故有道之主,远仁义,去智能,服之以法。”(《韩非子·说疑》)③“立可为之赏”“设可避之罚”。他说:“明主立可为之赏,设可避之罚。盲者处平而不遇深谿,愚者守静而不陷险危。如此之上下之恩结矣。”(《韩非子·用人》)意思是说,法律规定的奖赏应该是人们通过努力可以得到的,法律规定的刑罚应该是人们经过努力能够避免的。这样,就像把人们引导到平坦的道路上,即使是盲人也不会掉进河里;即使是愚人,只要安分守己,也不会遇到危险,上下之间就有了恩情。赏“可为”,罚“可避”,赏罚才能发挥劝善禁恶的作用。

韩非谈论君主用“术”的言论很多。他在《内储说上》提出“七术”:“一曰众端参观,二曰必罚明威,三曰信赏尽能,四曰一听责下,五曰疑诏诡使,六曰挟知而问,七曰倒言反事。”其中“必罚明威”和“信赏尽能”属于执法的手段,与法分不开。“众端参观”指全面掌握情况,比较不同主张,以鉴别真假是非。如果受到臣下的蒙蔽,产生片面看法,会带来失误甚至灾难。“一听责下”是说要分别地一一考察臣下的才能和功过,使之不能蒙混君上。南郭先生混入齐宣王的300人的乐队中,滥竽充数蒙混了很久。但齐湣王继位后,要“一一听之”,让每个乐师分别单独演奏,南郭先生只好逃之夭夭。“疑诏诡使”是利用假命令及诡计窥探臣下或显示自己的圣明,以使臣下不敢作弊。“挟知而问”是选择一件事显示自己的明智,以慑服臣下,使之不敢隐瞒任何事情的真情。“倒言反事”是故意装糊涂、说错话、做错事,用以探测臣下。如此的手段都是不讲原则地玩弄权术。

韩非的政治思想强调暴力和权术,鄙薄仁义道德,是与他的社会伦理思想相联系的。韩非没有明确论及人性善恶问题,但从整个社会伦理思想中所反映出的观点看,他是继承并极端发展了荀子的性恶论。荀子认为人性中本无仁义道德,所以必须“化性起伪”。韩非干脆认为,好利是人的本性，人际关系唯有物质利益是真实的，儒家所推崇的仁义道德是虚伪有害的东西。《韩非子·备内》篇说："王良爱马，越王勾践爱人，为战与驰。医善吮人之伤，含人之血，非骨肉之亲也，利所加也。"卖车的愿人富贵，卖棺材的愿人死亡，不是卖车的"仁"，卖棺材的"贼"，而是他们的利益所在不同。《韩非子·外储说左上》又说，地主给雇工食物和工钱，是为了买他的劳力，"非爱庸客也"。雇工"劲力而疾耘耕""尽巧而正畦陌"，"非爱主人也"，是为了换取美食和钱布。《韩非子·六反》进而说，父母子女关系亦是如此，子女"俱出父母之怀衽"，然而生男则相贺，生女则杀之，是"虑其后便，计之长利也"。至于君臣、君民关系，更谈不上仁义道德。"臣尽死力以与君市，君重爵禄以与臣市"(《韩非子·难一》)，"君上之于民也，有难则用其死，安平则尽其力"(《韩非子·六反》)。他无情地指责一向被美化的仁义道德，针锋相对地宣称："举先王，言仁义者盈廷，而政不免于乱"(《韩非子·五蠹》)，"君不仁，臣不忠，则可以王霸矣"(《韩非子·六反》)。抱有这样的社会伦理观点，在政治伦理方面除暴力和权术之外，当然再也没有选择的余地了。

富国强兵是法家的一贯理想，也是韩非法治思想追求的目标。为了富国强兵，主要的政治经济措施便是提倡"耕战"。他认为"耕战"是富强之本，凡不利于"耕战"的政策都是乱亡之道。所以他要求提高从事耕战者的社会地位，而把不从事耕战的人一律斥之为社会害虫。《五蠹》篇把"学者""言古者""带剑者""患御者"(逃避兵役的人)和"工商之民"称为"邦之五蠹"，说："不除此五蠹之民，不养耿介之士，则海内虽有破亡之国、削灭之朝，亦勿怪矣。"为了富国强兵，韩非还主张加强思想统治，定法家于一尊，禁止除法家以外的一切学派活动。他激烈攻击法家以外的各个学派，特别是攻击当时影响最大的儒家和墨家学派，认为这些学派的理论互相矛盾，是非不分，任其发展必然引起思想混乱和社会的不安定。他主张"明主之国，无书简之文，以法为教；无先王之语，以吏为师"，使"境内之民，其言谈者必轨于法"(《韩非子·五蠹》)。

韩非的法治思想是战国后期这一特定历史条件的产物,它限制贵族特权,维护新兴的封建制度,适应了当时中国走向统一的历史趋势。但它主张对人民实行残酷的暴力镇压,崇尚阴谋权术,压制工商业发展,无论在当时或后代都产生了深远的消极影响。

## 第三节　韩非的历史进化观

《韩非子·五蠹》篇中有一段关于人类社会历史的著名论述:

> 上古之世,人民少而禽兽众,人民不胜禽兽虫蛇;有圣人作,构木为巢,以避群害,而民悦之,使王天下,号之曰有巢氏。民食果蓏蚌蛤,腥臊恶臭而伤腹胃,民多疾病;有圣人作,钻燧取火,以化腥臊,而民悦之,使王天下,号之曰燧人氏。中古之世,天下大水,而鲧禹决渎。近古之世,桀纣暴乱,而汤武征伐。今有构木钻燧于夏后氏之世者,必为鲧禹笑矣。有决渎于殷周之世者,必为汤武笑矣。然而今有美尧、舜、鲧、禹、汤、武之道于当今之世者,必为新圣笑矣。是以圣人不期修古,不法常可,论世之事,因为之备。

这段论述有两点值得注意。一点是承认历史是一个不断进化的过程,而不是永恒不变的。他把以往历史划分为上古、中古、近古,在另一个地方又把历史划分为上古、中世、当今,说:“上古竞于道德,中世逐于智谋,当今争于气力。”(《韩非子·五蠹》)这种历史分期并不科学,前后的说法又不尽一致,重要的是他明确地认识到历史是进化的,因而可以划分为不同的阶段。在韩非之前,商鞅曾说过:“上世亲亲而爱私,中世尚贤而悦仁,下世贵贵而尊官。”(《商君书·开塞》)韩非明显地继承了商鞅的观点,而与孟子所谓“五百年必有王者兴”的历史循环论对立。另一点是从历史进化的观念引导出厚今薄古的主张。他主张“论世之事,因为之备”,又说“事因于世,而备适于事”(《韩非子·五蠹》)。“世”指时代,“事”指一个时代的事业,“备”指完成这个时代的事业的办法。时代不同,所要完成的事业不同,所采取的办法也应该有所不同。当今社会的事业不同于古代,治理古代社会的办法不能用来治理当今的社会,所以“圣人不期修古,不法常可”。韩非在这一点上也是继承了商鞅,把历史进化观点作为推行变法改革的依据。韩非针对儒家说,处于当今之世,而赞美尧、舜、禹、汤和武王的治国之道是很可笑的。“明据先王,必定尧舜者,非愚则诬也。”(《韩非子·显学》)他通过宋人守株待兔和郑人买履的故事(见《韩非子·五蠹》《韩非子·外储说左上》)讥笑那些迷信“先王之道”的儒家学说,说他们犹如“守株待兔”的宋人,犹如“宁信度,无自信”的郑人,其反对复古的态度是十分坚决的。

如果说韩非承认历史进化是继承发扬了前期法家的观点,那么他对历史进化原因的检讨,则有新的贡献。《韩非子·五蠹》篇说:

> 古者丈夫不耕,草木之实足食也;妇人不织,禽兽之皮足衣也。不事力而养足,人民少而财有馀,故民不争。……今人有五子不为多,子又有五子,大父未死而有二十五孙。是以人民众而货财寡,事力劳而供养薄,故民争,虽倍赏累罚而不免于乱。

古代“民不争”,当今“民争”,社会状况发生了很大变化,韩非从人口与货财的比例关系来解释这个变化。他认为古代“人民少而财有馀”,所以“民不争”;当今“人民众而货财寡”引起“民争”。由于古代人口稀少,劳动力不足,他以前的政治家和思想家总是着眼于如何增加人口数量。韩非明确提出人口增长速度过快而引起的社会问题,在中国历史上堪称是第一人。

儒家崇古卑今,有一个重要理由,他们认为古人品质高尚,今人品质败坏。韩非则认为古人的品质并不比今人高尚,今人的品质并不比古人败坏。古今的人们行事不同,古人容易做到的事今人很难做到,那是因为物质原因造成的,而不是道德品质决定的。相传古代禅让天下,今人连一个县令的职位也不愿让人,为什么呢?他说:“古之让天子者,是去监门之养而离臣虏之劳也。古(故)传天下而不足多也。今之县令,一日身死,子孙累世絜驾,故人重之。是以人之于让也,轻辞古之天子,难去今之县令者,薄厚之实异也。”(《韩非子·五蠹》)尧做天子的时候吃、穿、住都很简陋,跟一个普通守门人不相上下。禹做天子的时候非常辛苦,跟一个奴隶不相上下,他们让位给别人,丢掉的只是简陋的供养和奴隶般的劳苦,不需要什么高尚的品质就可以做到。当今的一个县令却有许多特权,一旦死后,他的子孙出门还有车马,自然就不愿意把官位让给别人。“轻辞天子,非高也,势薄也。重争土橐,非下也,权重也。”(同上)古今之人对财物的态度不同,同样不是因为古人品质高尚,今人品质败坏。“古之易财,非仁也,财多也。今之争夺,非鄙也,财寡也。”(同上)韩非这些看法,不把道德品质看做是古今变化的原因,而把物质条件和利害关系看做古今差别的原因,是其社会进化论的重要观点。

韩非的历史观为他的法治主张提供了理论根据。社会历史是进化的,当今时代不同于古代,治理当今社会的办法就应不同于古代。当今是“争于气力”的时代,只有法治才能驾驭当今的社会,“耕战”才能发展国家的实力,过时的旧制度必须废弃。韩非的历史观反映出新兴地主阶级的积极进取精神,反映了社会进化的趋势。他企图从经济原因解释社会发展变化,也包含着合理因素。

## 第四节　韩非论“道”“理”

韩非在哲学上的贡献,主要在天道观和认识论方面。关于天道观,他继承了荀子“天人相分”的思想,吸取了老子“道法自然”的观念,对《老子》的“道”“德”范畴进行了改造,提出“理”的范畴。在认识论方面,他继承荀子重“行”的思想,对《老子》作了新的解释,提出注重“参验”的思想。

关于天人关系,韩非说:“聪明睿智,天也;动静思虑,人也。人也者,乘于天明以视,寄于天聪以听,托于天智以思虑。”(《韩非子·解老》)“天明”“天聪”“天智”相当于荀子说的“天官”“天君”。视、听、思虑是人的自然器官的功能,人借助于自然器官视、听、思虑。因此韩非所说的天与荀子所说的天一样,都是自然之天。自然界与人之间没有亲疏,人不能改变自然运动的规律性。他说:“若天若地,孰疏孰亲”(《韩非子·扬权》),“非天时,虽十尧不能冬生一穗”(《韩非子·功名》)。这些看法与荀子“天人相分”“天行有常”的观点一致。在唯物主义自然观的基础上,韩非批判了宗教迷信。他列举过许多事例,证明占卜和巫术的虚妄。例如,一次燕、赵交战之前,双方分别占卜,都得到“大吉”的卜兆,战争结果赵胜燕败。又一次秦、赵交战之前,双方分别占卜,也都得到“大吉”的卜兆,战争结果秦胜赵败。韩非问道:为什么燕、赵交战时赵国的神龟灵验而燕国的神龟不灵验?为什么秦、赵交战时秦国的神龟灵验而赵国的神龟不灵验?他自己回答说,问题不在于神龟是否灵验,而是占卜并不能决定战争胜败。“龟筮鬼神不足举胜,左右背乡(向)不足以专战,然而恃之,愚莫大焉!”(《韩非子·饰邪》)他还探讨了宗教迷信产生的原因,说:“人处疾则贵医,有祸则畏鬼。”(《韩非子·解老》)如果“圣人”在位,能使人们“少欲”而行为合理,就不会遭到刑罚法诛之祸,人们也就不轻信鬼神了。韩非还认为,决定国家命运的是法治而不是鬼神。春秋末期的吴越争霸中,越王勾践先是依靠“大朋之龟”与吴国打仗,结果是自己当了俘虏。后来他返回越国,抛弃了“大朋之龟”,“明法亲民”,结果打败了吴国。事实说明,富国强兵要依靠改革,依靠法治,不能依靠宗教迷信。“用时日,事鬼神,信卜筮,而好祭祀者,可亡也。”(《韩非子·亡征》)韩非对宗教迷信的批判比荀子更为有力。荀子否定鬼神的存在,而认为祭祀有文饰政治的作用,可予以保存。韩非则把祭祀鬼神之类的迷信看成国家将亡的征兆,坚决主张废除。

“道”是《老子》学说的主要范畴。《老子》用“道”取代神学的“上帝”,否认有意志的主宰世界的“上帝”存在,韩非吸取了《老子》思想中的合理因素,对“道”作了新的解释。他说:

> 道者,万物之所然也,万物之所稽也。(《韩非子·解老》)
>
> (道)无常操,是以死生气禀焉,万智斟酌焉,万事废兴焉。天得之以高,地得之以藏,维斗(北斗)得之以成其威,日月得之以恒其光,五常(指五行)得之以常其位,列星得之以端其行,四时得之以御其变气。(同上)

“道”是“万物之所然也”,就是说“道”使万物成为它本身那个样子。这样理解的“道”不是脱离自然界,而是与自然界俱存,体现于万物之中的。所以,“死生气禀”“万智斟酌”“万事废兴”都有“道”在其中,天地、维斗、日月、五常、列星、四时的运行变化都有其“道”。他又说,“道”是宏大无形的,“至于群生,斟酌用之。万物皆盛,而不与其宁”(《韩非子·扬权》)。万物都占有“道”,但是“道”不局限于某一物之中,而是广大无边而又没有形象,具有客观世界普遍规律的意义。

“理”是韩非提出的一个重要哲学范畴。他在“道”与“理”相对应的关系中阐述了“理”这一范畴。

> 理者,成物之文也……物有理,不可以相薄(迫),故理之为物〔之〕,制万物各异理。万物各异理而道尽稽万物之理,故不得不化。不得不化,故无常操。(《韩非子·解老》)

“理”是一种事物成其为它自身的“文”。这个“文”,依照韩非的解释,也就是事物的方圆、短长、大小、坚脆、轻重、白黑等具体性质。因为事物的具体性质不同(“不可以相薄”),万物才互相区别开来。他又说:“万物莫不有规矩。”(同上)“理”就是万物的“规矩”,即事物的具体规律。“道”与“理”的关系是“万物各异理而道尽稽万物之理”。事物的具体规律不同,而“道”总括了事物的具体规律,成为适用于一切事物的普遍规律。普遍规律适用范围极广,所以“理”体现着“道”,离不开“道”;具体规律包含着普遍规律的内容,所以“道”寓于“理”中。因为“道尽稽万物之理”,运用于任何一个事物的时候,必然要增加更为丰富的内容,所以“道”是变化无穷的,不能执一不变(“不得不化”“无常操”)。韩非提出“理”的范畴,以及对“道”“理”关系的解释,说明他已经注意到事物的普遍规律和具体规律的区别和联系。

韩非继承和发展了荀子认识论的基本观点,承认规律的客观性和人有认识规律的能力,由此出发对老子的思想作了改造。韩非说:“空窍(五官)者,神明之户牖也。耳目竭于声色,精神竭于外貌,故中无主。中无主,则祸福虽如丘山,无从识之。故曰:不出于户,可以知天下;不窥于牖,可以知天道。此言神明之不离其实也。”(同上)“神明”即精神,“实”即身体。如果一个人把精神都用于声色外貌上,内心就没有了主宰,即使大祸大福当前也无法认识。所以韩非认为《老子》“不出户,知天下”之类的话应理解为人的精神离不开人的形体(“此言神明之不离其实也”)。经过韩非的这一番解释,上述的含义便与荀子的“虚壹而静”成为同一个意思,而与《老子》的本意不同了。《老子》主张“不敢为天下先”(《老子》第六十七章),其实是一种崇尚谦退柔弱的处世哲学。韩非则作了如下解释:“故欲成方圆而随其规矩,则万事之功形矣。而万物莫不有规矩,议言之士,计会规矩也。圣人尽随于万物之规矩,故曰:‘不敢为天下先。’”(《韩非子·解老》)意思是说,事物都有自身的规律性(“规矩”),人们讨论某一事物就是探求事物的规律性。掌握了规律,做事才可以取得成功。“圣人”总是依照事物的规律性办事,这就叫做“不敢为天下先”。按照这个解释,“不敢为天下先”成了人只能服从规律而不能违背规律的意思,与老子的原意有所不同。

韩非对先验论进行了批评。他说:“先物行,先理动,之谓前识,前识者,无缘无忘(妄)意度也。”(同上)“前识”就是认为接触事物之前或事物出现之前就能够认识事物。韩非说,“前识”论者要“先物行,先理动”,但实际上不接触事物或事物尚未出现而认识事物是不可能的,那只能是妄想或臆测。他接着举例说,詹何与其弟子坐在房里猜测室外的牛是白色还是黑色,一名弟子说那是一头白蹄的黑牛,詹何说那是一头白角的黑牛。这就是“前识”论者的妄言妄度。其实,牛是什么颜色,让一个小孩去看一眼就可以明白,何必这样故弄玄虚?“前识”论者苦心伤神,即便猜对了,也不过解决了一个小孩看一眼就能解决的问题。故曰:“前识者,道之华也,而愚之首也。”(同上)“前识”是道术中华而不实的东西,是最大的愚蠢。

韩非主张用“参验”的方法判别认识的是非真伪。“参”是参照比较,“验”是检查验证。“参验”的内容就是“循名实而定是非,因参验而审言辞”(《韩非子·奸劫弑臣》)。“循名实而定是非”,在政治上的含义是君主用“循名而责实”(《韩非子·定法》)的方法考察官吏。官吏的职称是“名”,任职的人是“实”。君主按照官吏所任的官职来考察他的作为。如果作为与所任官职的职责相符,就给予奖赏,否则就给予处罚。“实”也叫做“形”,所以这种考察官吏的方法也叫“形名参同”(《韩非子·扬权》)之术。就认识论的意义来说,这里包含着要求名实一致和以实验名而定是非的思想。“因参验而审言辞”,是说对于“言辞”要用参照比较的办法来检验,以明确它的是非真假。用来参照比较的包括不同方面的情况、不同的认识,必须多方面收集情况、听取意见,作参照比较,而不存主观成见和偏见。这也就是《内储说上》所说的“众端参观”。但是,韩非认为要判断是非明辨真理,标准还是实际“功用”。他说:“夫言行者,以功用为之的彀者也”,“今听言观行,不以功用为之的彀,言虽至察,行虽至坚,则妄发之说也”(《韩非子·问辨》)。认识活动有目的性,这目的是预先确定了的。检验认识是否正确,要看依照这种认识去办事是否能达到预定的目的,即

“功用”如何。犹如射箭，有一个预先确定的靶子，是否中箭靶是检查善射与否的标准。离开“功用”是无法检验认识的。他举了许多事例说明这个观点：只看刀剑的颜色不能断定它是否锋利，用刀剑去宰杀动物，即可知其利钝；只看马的口、齿、外形不能断定它是否是良马，用马驾车一试，即可知其良驽；只看容貌、服饰，只听言辞，不能断定人的能力，给他以官职考察他办事的效果，即可知其智愚（见《韩非子·显学》）。他又说，大家都在睡觉的时候，无法分辨出谁是盲人；大家都不说话的时候，无法分辨出谁是哑巴。只要让人们睁眼看东西，让人们开口说话，谁盲谁哑就很容易分辨出来（见《韩非子·六反》）。这些事例都是强调“功用”是检验认识的标准。

韩非提出用“参验”的方法判断是非真伪，特别强调“以功用为之的彀”，这多少已含有以实践为检验真理唯一标准的因素。他实际上承认在认识中实践比理论更有权威。他正是从这一点出发，批评了当时一些学派徒托空言而不以“功用”作为衡量真伪标准的观点。他问道：孔、墨主张不同而都自称得到尧舜的真传，尧舜早已死去而不能复活，究竟儒、墨两家哪一家的主张符合尧舜的精神，由谁来判断呢？孔、墨死后，儒家分为八派，墨家分为三派，互相取舍又不相同，各派都自称得到孔、墨的真传，孔、墨死了不能复活，究竟哪一派的主张符合孔子、墨子的精神，由谁来判断呢？他认为判断是非不能用旧教条作标准，只能以“功用”作标准。

# 第十三章　先秦时期思想史料介绍

## 第一节　范围和通例

中国思想史先秦时期的史料,可以划分为文物史料和文献史料两大类。先秦文物史料是指传世的和近代以来考古发掘出土的先秦实物,包括商代和西周的甲骨,商代和西周、春秋战国的青铜器,还包括其他文物。其中,刻有卜辞的甲骨和铸有铭文的青铜器更为重要。卜辞是反映商代、西周宗教观念的重要史料,青铜器铭文是反映先秦宗教观念、宗法思想的重要史料。在中国思想史范围内,先秦时期文献史料比以后各个时期都少,文物史料的地位显得更加重要,从先秦思想史范围来讲,春秋以前文献比春秋战国阶段更少,所以文物史料的重要性就更加突出。先秦文献史料是指有关先秦思想的历史文献,大致包括这样几类:第一类是所谓"五经",即《易》《书》《诗》《礼》《春秋》。它们是几部性质不同的书。《易》是占筮用的书,《书》是政治文件,《诗》是诗歌,《礼》是礼仪制度,《春秋》是史书。第二类是春秋战国诸子学派的著述。这类著述很多,《汉书·艺文志·诸子略》共列 189 种书,大部分是先秦诸子学派著述。有许多在后代逐渐散失了,保存到今天的主要有《论语》《孟子》《易传》《墨子》《老子》《庄子》《孙子兵法》《管子》《公孙龙子》《商君书》《韩非子》《吕氏春秋》等。第三类是先秦史书，包括记载春秋历史的《左传》《国语》，记载战国历史的《战国策》和《史记》中有关先秦部分的历史。《史记》是汉代司马迁的作品，不是先秦著述，但因为司马迁写《史记》时所依据的原始资料许多没有保留到今天，所以我们研究先秦思想的时候，对《史记》应给予足够的重视。此外，有一些先秦史料在汉代或隋唐时期还存在着，甚至宋代也还可见，却在唐以后或宋以后散失了，但《史记》以后的著述中却收录了其中的某些部分。在这种情况下，《史记》以后的书籍中的记载也值得重视。例如《申子》这本书，唐代还存在，唐人的《群书治要》中录引其中《大体》篇，《史记》却没有录引。《申子》在唐代以后失传了，《群书治要》的引文就是研究《申子》的重要史料。

先秦文献有一些不同于后代文献的情况，使用先秦文献时，应该对这些通例有所了解。

**（一）先秦文献大都不是一个人的著述**

从一片最简短的甲骨卜辞到诸子文集中的每一篇著述都有执笔者，这是没有疑问的。但就整部文献来说，先秦的著述都不是由一个人执笔写成的，甚至不是由同一时期的人写成的。“五经”中的《易》是由西周初期以前周族占筮积累下来的资料整理而成的，《书》是三代先后发布的政治文诰的结集，《春秋》是各国史官执笔写下来的大事记。孔子可能整理过这些大事记，但整理者也绝不会是孔子一个人。否则“孔子卒”这件事怎么会写进《春秋》中去呢？《诗》更是西周至春秋早期的诗歌总集。至于《礼》虽有周公制作的说法，但那是靠不住的，即便承认《礼》反映西周的礼仪制度，也不能认为它就是周公的个人著作。过去的学者传说，孔子“赞《易》，修《春秋》，删《诗》《书》，订《礼》《乐》”，也只是说孔子在这些文献的最后形成中做了赞、修、删、订的工作，不能认为孔子就是这些书的作者。

春秋战国时期诸子的著作也大都不是一个人的著述。《论语》历来不题作者姓名，因为它是孔门后学记述的孔子及其弟子的言行，而不是孔子的著述。其他子书由后人补题了作者姓名,实际也都不是一个人的著述,例如《墨子》的作者题为墨翟,其中却有后期墨家的作品。《庄子》的作者题为庄周,其中却有老庄学派其他学者的著述。《管子》一书题名为管仲,其实是战国稷下学者著述的总集,其中还包括不同学派的见解。战国后期诸子著述如《公孙龙子》《荀子》《韩非子》中属于题名作者的作品占多数,也有一些篇肯定不是或不能肯定是题名作者的著述。先秦最后一部书《吕氏春秋》则是在吕不韦主持下由其门客集体编写而成的作品。

**(二)先秦文献往往杂入后代人的文字**

先秦著述历时久远,或者口耳相传,或者辗转传抄,在流传过程中本身面貌会发生某些变化。特别是秦代焚书造成先秦文献散乱,汉初学者依据保存下来的零散篇章编集成书,或由年长学者口述重记。现存先秦文献一般都是汉初学者编集起来的。先秦文献中杂入后代人的文字就成为不可避免的现象。早在6世纪时,颜之推在《颜氏家训·书证》篇中就指出了这个问题。清代王念孙、王引之父子的《读书杂志》《经义述闻》中考证出大量这类文例,随后俞樾搜集了更多的同类材料,写入《古书疑义举例》中。我们不能因为发现这类情形而否定整部文献作为先秦史料的真实性,否则就会把先秦文献全部否定掉。同时,从先秦文献中引用材料的时候,应该细心审查,避免把后人的文字作为先秦史料使用。

辨识先秦文献中杂入的后代人的文字,有赖于史学修养和理论修养。有些情况下比较容易辨识。例如一部先秦文献中,某个地方却出现了先秦还没有的地名、制度、用语,就可以肯定这个地方是杂入了后代人的文字。在没有这类证据的情况下,需要联系思想内容作深入研究,难度就比较大了,也是一般初学者不容易做到的。在这种情况下,只能尽量注意前人的研究成果,参考了前人的成果还不能确定,只好暂时存疑。

**(三)先秦文献都有注释**

流传至今的每一种先秦文献都有秦代以后人的注释,其中儒家经典的注释特别多。我们要读懂先秦文献,既有语言文字障碍,又有历史知识和思想内容障碍，单靠古汉语修养不能完全解决问题。历代的注释在这些方面都会给我们以帮助。有了注释，有些先秦文献也还不能完全读懂，但毕竟可以读懂得多些。所以，我们阅读先秦文献必须依靠汉代及汉代以后的注释。古人的注释在不同方面价值大小不同。一般来说，古人对语言文字和历史知识的注释可靠性比较大，而对思想内容的注释常常与先秦文献本身有距离，甚至完全不同。我们利用注释的时候，对古人的注释要具体分析，区别对待。

为了利用古人的注释，应该知道古人注释的体例和流派。汉代的注释有“传”“说”“训”“故”（亦作“诂”）等名目，“故、训者，疏通其文义也；传、说者，征引其事实也。故、训之体，取法《尔雅》，传、说之体，取法《春秋传》”（黄以周《儆季杂著·史说略·读〈汉书·艺文志〉》）。汉代的注释还有“注”（也写作“註”）、“解”“笺”“章句”等名目。“注”取义于灌注，好比孔道阻塞，灌水使之畅通，多为解释文字。“解”也叫“解诂”，着重于分析内容。“笺”是表识的意思，如今人读书时夹在书中的纸条式笔记，所记的内容是对原文的补充发挥或不同见解。“章句”是概括原著内容、推畅原文义旨的一种注释，是后来“批疏”“讲章”体裁的开端。魏晋开始又出现“集解”“正义”“疏”等名称。“集解”是“集各家说，记其姓名；有不安者，颇为改易”（何晏《论语集解序》），是后来“集释”“集说”体裁的开端。“正义”是唐代出现的对经书的官方解释，是在旧注的基础上引申发挥，也就是注释的注释。“疏”也是唐代出现的对注释的注释，不同于“正义”的是，“疏”是私人编写的，而不是官方组织编写的。唐以后注释古代文献的作品很多，却没有出现新的体裁。

**（四）先秦文献的格式、用字与后代距离较大**

形式整齐、条理缜密，有著述者自定的篇名、书名的最早著述当推《吕氏春秋》。多数先秦文献本来没有篇名，现在看到的篇名是后人整理编定时加上去的。《诗经》《论语》《孟子》的篇名都是编集者从各篇第一句取几个字为篇名，有的甚至不能成词，这样的篇名不能概括整篇的内容，我们不能望文生义地从篇名推测其主题和思想。另一种情形有所不同，如《墨子》《庄子》《商君书》《荀子》等书的篇名，多数可以概括整篇的内容范围或中心思想，但那些篇名也是后人加上去的。至于书名，更是后人编集成书后加上的，各书中包括的著作本是分散流传的，自然不可能有总的书名。不署作者姓名也是先秦文献格式与后代的不同点。秦王政读了《孤愤》《五蠹》而不知作者是谁，经李斯说明才知道是韩非所写。可见直到战国末年，著书仍是不署名的。许多先秦文献的作者至今无法确定，主要原因就在这里。

先秦文献用字与后代主要的不同是使用假借字多。汉字有本义、引申义、假借义。一个汉字只能有一个本义，但可以用几种引申义和更多假借义。现代人使用汉字一般不用假借，用一个字代替另一个字就是写了错别字。但先秦没有这个规矩，用假借字不算错误，所以用假借字特别多。例如一个“齐”字，不但可以从齐平的本义引申为正直、和同、适中、平等诸义，而且可以借用“齐”字代替斋戒的“斋”字、分秭的“秭”字、调剂的“剂”字、跻蹬的“跻”字、齍緶的“齍”（音咨）字、齍盛的“齍”（音咨）字、腹脐的“脐”字、齏菹的“齏”字。可以用“光”字代替“广”字，用“方”字代替“旁”字，用“明”字代替“孟”字，用“政”字代替“正”字，用“文”字代替“紊”字，用“依”字代替“隐”字，用“众”字代替“终”字，用“亡”字代替“忘”字，用“形”字代替“刑”字，用“取”字代替“聚”字，等等。当然古人用假借字也不是没有任何限制，主要是以音韵相同或相近为原则，也有少数是以字形相近互相通借。但古今字形有变化，字音变化更大，我们遇到读不懂的文句时，不能任意用另一个同音字去代替作解释。要说哪个字是假借必须有专门考证。而这又需要有古文字、古音韵和训诂的专门知识，不是一般读者所能做到的。还不具备这些方面的专门修养时，就要依靠前人的注释和好的工具书。

## 第二节 《周易》《尚书》《诗经》和《左传》《国语》

《周易》是一种古代的占筮书,本称《易》,《左传》中始称《周易》,战国末始称《易经》。《周易》经文来源于卜筮资料。《周易》经文的卜筮形式使其内容割裂零乱、片断无序地分散在卦、爻辞中。它通过对具体事物的观察描述以表达思想、解释现实和推测未来。因此,卦、爻辞具有象征意义,或从脱离字面的具体意义引申出普遍意义。在哲学思想方面,《泰》卦九三爻辞提出的"无平不陂,无往不复"的发展观念,在《复》《小畜》《噬嗑》《家人》《大有》等卦的卦、爻辞中也有类似观念。《谦》《否》《履》《中孚》《随》《小畜》《归妹》《需》《乾》《渐》《大畜》《屯》等卦的卦、爻辞中对发展变化的主客观条件作了表述。在政治思想方面,《泰》《井》《大有》《观》《临》《萃》《节》《艮》《豫》等卦的卦、爻辞中表述的德治思想,可以与《书》中的政治思想互为表里,都是重要的西周思想史料。

《周易》学在古代形成了专门学问。有人统计,汉代以后诸史著录的《易》注有好几百种,加上史志未著录的和近代著作,可达千种,仅《四库全书总目》著录的就有185种,存目317种。按流派分,有注重象数的汉学《易》和注重义理的宋学《易》。两派著述中都有一些文字考释,至今仍可参考。近代学者摆脱象数、义理,直接从经文出发,钩稽古史资料,探讨思想内容,开辟了《易》研究的新方向。

《周易》的主要注本:①东汉郑玄《周易注》(辑本),是汉代最有代表性的注本。②唐李鼎祚《周易集解》,集汉唐三十五家注,集唐以前汉学《易》之大成。③魏王弼、晋韩康伯《周易注》,"尽扫象数",以老子学说解《易》,为后来宋学《易》奠定了基础。④宋程颐《周易程传》,宋学《易》的代表作。⑤宋朱熹《周易本义》,宋学《易》的又一代表作。⑥近代学者的著作主要有闻一多《周易义证类纂》、顾颉刚《周易卦爻辞中的故事》、李镜池《周易探源》、高亨《周易古经今注》等。附带说明一点,《易》及其他古代文献的注本有不同版本。每种注本有哪些版本,收入哪些丛书中,这本教材不能一一介绍。需要时可查阅《中国丛书综录》及有关史料学专著。

与《周易》有关的《易传》是一部哲学著作,包括十篇,也叫"十翼"、《易大传》。《易传》的篇名和内容是:《彖》上、下两篇,解释六十四卦的卦名、卦义、卦辞,分别排列于六十四卦经文之后。《象》上、下两篇,解释卦名、卦义者64条,解释爻辞、用辞者386条,分别插入经文相应部分之后。《系辞》上、下两篇,主要论述《易》的意蕴与功用,也谈到筮法和八卦起源,还选释爻辞19条,独立成篇。《文言》一篇,解说《乾》《坤》两卦卦、爻辞,分别排在《乾》《坤》两卦经文之后。《说卦》一篇,主要记述八经卦所象的事物;《序卦》一篇,解说六十四卦的顺序;《杂卦》一篇,杂解六十四卦卦义,这三篇也都独立成篇。《易传》的写作时代和作者历来争论不休。目前多数人认为,《易传》是战国至秦汉之际的作品,各篇产生的时间也有先后,作者是儒家中一个派别的学者。《易传》产生于《周易》经文形成之后好多世纪。我们一定要注意,只能把《易传》作为战国思想的史料看待,不可与《周易》经文混为一谈。

《尚书》是战国以前官方文件的汇编,汉代列为"五经"之一,始称《书经》《尚书》。《尚书》是上古史书的意思。其内容为史官所记统治者的言论,体裁有诰(君对臣的讲话)、谟(臣对君的讲话)、誓(君主誓众之词)、命(册命或君主的某种命令)、典(记载重要史事的文字)。这些名称有时在篇名中标示出来,有时不标示出来,而只以人名、事件、内容为篇名。

《尚书》编集成书是在春秋战国期间,具体年代和编者没有定论。汉代学者多认为《尚书》是孔子删定的。当代学者已经论定,其中有的篇如《尧典》写成于战国,孔子删定《尚书》说法很难成立,即便孔子做过这个工作,战国时代又有人改定过,这是比较符合实际的。

《尚书》在先秦时已经广为流传,《左传》《国语》和先秦诸子中已经纷纷引用。秦代焚书之举使《尚书》几乎绝传。有个做过秦博士官的人伏胜，在秦焚书时把一部《尚书》藏入壁中。至汉初他再取出时已断烂毁失不少，只凑得29篇（或说28篇，后又加1篇），在家乡济南教授门徒。汉文帝派晁错去济南听伏胜口授，将29篇用汉代通行的字体记录下来，成为《今文尚书》。汉代又有用先秦六国文字书写的几种《尚书》传本，篇数、内容与《今文尚书》有所不同，称为《古文尚书》。西晋永嘉之乱中，《古文尚书》与其他大量古代文献都散失了，从此汉代流传过的《古文尚书》不复存在。东晋时，豫章太守梅赜自称得到一部《古文尚书》，献给朝廷。其中除包括伏胜所传《今文尚书》各篇外，又多出25篇，还多出《孔安国序》和孔安国的传文。这部《古文尚书》流传1000多年后，被证明是一部伪书。因此，其中《今文尚书》所没有的25篇不能作为先秦文献引用。这25篇的篇名是:《大禹谟》《五子之歌》《胤征》《仲虺之诰》《汤诰》《伊训》《太甲》（上、中、下）、《咸有一德》《说命》（上、中、下）、《泰誓》（上、中、下）、《武成》《旅獒》《微子之命》《蔡仲之命》《周官》《君陈》《毕命》《君牙》《冏命》。今天我们能够看到的所有《尚书》版本都是出自伪《古文尚书》，也就是说都包括以上25篇后代的托古作品，使用时需加以区别。

《尚书》今文中的虞书、夏书不可能是虞、夏时代人们所记，其中有的篇经过考证，有一定史料价值。夏书中的《甘誓》可能是商代人所写，其中提到“五行”“三正”的观念，是早期五行观念产生的最早史料。商书和周书，特别是周书各篇在思想史上有很重要的史料价值。特别值得重视的一类是反映商代和西周宗教观念的各篇，如《汤誓》《盘庚》《牧誓》《金縢》《洪范》和《大诰》等。还有一类是反映政治思想的各篇，如《西伯戡黎》《康诰》《多士》《多方》《无逸》等篇。

《尚书》注本也极多。具有代表性的注本有：①《尚书正义》，旧题孔安国传，唐孔颖达正义，是汉学的代表作。②《书经集传》，南宋蔡沈撰，是宋学的代表作。③《尚书今古文注疏》，清孙星衍撰。此书辑录汉、魏、隋、唐旧注，并对旧注作疏，是较为完备的注本。④《尚书正读》，曾运乾撰。⑤《尚书译注》,王世舜撰。后二书是近人、今人所作,便于初学。

与《尚书》有关的有一本《逸周书》,所记内容为西周和春秋史事,原有71篇,今本存60篇。刘向推测它是孔子删定《书》时选剩的材料,成书时代迄今没有定论。其中有些篇写成于先秦,或以先秦史料为据而作是可以肯定的。书中反映的宗教观念和图腾观念可以作为先秦史料研究。它的多种注本中以清陈逢衡《逸周书补注》较为翔实。

《诗经》是西周至春秋的一部诗歌总集,本称《诗》,作为儒家经典之一称《诗经》。《诗经》共305篇,包括《风》160篇,《雅》105篇,《颂》40篇。汉代人认为《诗经》中的诗是王官采集来的(见《汉书·艺文志》)。近代人指出,《诗经》中的诗有多种来源:有的是乐官采集来的;有的是官吏献给周王,而转入乐官手中的;有的是贵族为祭祀或其他用途创作的,又由乐官谱了曲;有的是诸侯进献的乐歌;还有的是各诸侯国的乐官带到周王朝的乐歌(见高亨《文史述林》)。

《左传》《国语》引诗的范围基本不超出《诗经》。《左传》襄公二十九年记载,鲁国请吴公子札听周乐,当时乐工演唱了《诗经》中的全部诗歌(只有《曹风》在吴公子札的评论中没有提及)。这些记载证明春秋末《诗经》的定本已经形成。《诗经》的整理者可能是孔子。西汉时传《诗经》的有鲁人申培、齐人辕固、燕人韩婴、鲁人毛亨四家。四家所传经文大体相同,解说互有歧异。至南宋时,其中三家传本都已散失,只有毛亨传本流传至今。

《诗经》中的《周颂》《商颂》《桧风》《豳风》是西周作品,《鲁颂》《王风》《郑风》《唐风》《秦风》是春秋时期的作品。《雅》和其他国风中有西周作品,也有春秋作品。《诗经》中不少诗篇反映了西周初年至春秋末年许多重要历史事件。作为思想史资料,《雅》《颂》中某些篇章反映了统治阶级的祖先观念和宗法思想,还反映了统治者"敬天保民"的政治观念。其中西周末期厉王、宣王、幽王时期的作品和春秋时期的作品,有不少反映出当时宗教世界观的动摇,具有无神论的萌芽。从国风部分则可以看出下层群众的反抗意识以及社会伦理观念。

古人研究《诗经》的著述中,影响最深远的是《毛诗序》。它的作者历来说法不一,《后汉书·卫宏传》认为《毛诗序》的作者是卫宏,得到近代多数学者的认可。但《毛诗序》多附会穿凿,解释与诗意相违。宋代学者开始力图摆脱《毛诗序》的束缚,重新认识《诗经》。至清代,关于《毛诗序》的争论仍在继续,其原因是宋代至清代的学者都不能从《诗经》是儒家经典的观念中解放出来。近代学者顾颉刚、郑振铎、胡适、闻一多、高亨等人,摆脱经学的束缚,从诗篇的本意去认识《诗经》,开辟了《诗经》研究的新方向。

《诗经》的主要注本:①《毛诗正义》,汉毛亨传,汉郑玄笺,唐陆德明音义,唐孔颖达疏,是汉唐研究《诗经》的代表作。②《诗集传》,宋朱熹撰,是宋代研究《诗经》的代表作。③《毛诗传疏》,清陈奂撰;《毛诗传笺通释》,清马瑞辰撰。这两本书是清代研究《诗经》的代表作。④近代以来的注本有高亨《诗经今注》等。

《左传》是《春秋左氏传》的通称,又称《左氏春秋》《左氏传》,是《春秋》三传之一,按照《春秋》编年顺序记述春秋时代的历史。历来认为《左传》的作者是左丘明。《史记·十二诸侯年表序》说:"鲁君子左丘明……因孔子史记具论其语,成《左氏春秋》。"但是清代经学家皮锡瑞认为《左传》是刘歆伪造或后汉人所作。康有为、胡适、钱玄同也都同意他的看法。皮锡瑞在《春秋通论》中提出这个看法的依据是《汉书·刘歆传》中有这样一个记载:"初,《左氏传》多古字古言,学者传训诂而已,及刘歆治《左氏》,引传文以解经,转相发明,由是章句义理备焉。"其实,这几句话并没有否定左丘明是《左传》的作者。《国语》是春秋国别史,记载周、鲁、齐、晋、楚、郑、吴、越八国的历史,共21篇。因为"其文不主于《经》(指《春秋》)"(韦昭《国语解》),又称为《春秋外传》[①]。《国语》的作者是左丘明,没

① 1973年在湖南长沙马王堆三号墓出土的帛书中有一种佚书,定名为《春秋事语》,可能是《国语》的另一传本,已严重残损。

有异议。作《左传》《国语》的左丘明是什么时代人则有不同说法,或认为是孔子以前的人,或认为是孔子弟子,或认为是战国时人。一般认为,左丘明与孔子同时,但并不是孔子的弟子。

《左传》和《国语》被看做解释《春秋》的书,这两部史书内容丰富,史料价值远在只言片语式的《春秋》之上。研究西周、春秋思想,可以在《左传》中找到许多可贵资料。《左传》中叔兴、臧文仲、史嚚、韩简的言论,反映了春秋时代天命神学的动摇和无神论思想的萌芽,见于昭公元年,僖公十五年、十六年、二十一年,庄公三十二年。医和的言论反映了春秋时期的医学思想,见于昭公元年。史墨的言论,反映了春秋时期的朴素辩证法思想,见于昭公三十二年。子产、晏婴的言行,反映了春秋时期的重人轻天思想和开明政治思想,见于昭公十八年、二十六年,襄公三十一年。此外,桓公六年、十五年等处的记载是研究春秋时代伦理观念的重要史料。《左传》中多次引用的孔子言论可与《论语》相比照,是研究孔子思想的重要史料。《国语・周语》中伯阳父论地震的言论和《国语・郑语》中史伯论五材的言论,是西周末期阴阳五行学说的重要史料,《国语・越语》保存着范蠡哲学思想的最基本的史料。

《左传》的主要注本:①晋杜预《春秋左氏传集释》,是现存最早的、流传最广的《左传》注本,唐孔颖达为其作《疏》。②晋杜预、宋林尧叟合注,唐陆德明音义《春秋左传杜林合注》;晋杜预注、清姚培谦补辑《春秋左传杜注补辑》,清顾炎武《左传杜注补正》,都是杜预注本的补充。③杨伯峻《春秋左传注》,是最新、最详备的注本。另有沈玉成《左传译文》,杨伯峻、徐提《春秋左传词典》与之相配,给阅读、研究《左传》提供了极大方便。《国语》的主要注本:①三国吴韦昭注《国语》,是现存最早的注本。②民国黄模《国语补韦》。③近人吴曾祺《国语韦解补正》。④近人徐元诰《国语集解》,博采诸家并有撰者按语。

## 第三节　诸子著述

春秋战国时期诸子著述繁富。西汉刘向将诸子分为十个学派，并认为小说家一派的著述是“街谈巷语，道听途说者之所造”（《汉书·艺文志》），因而可以不计，主要是九个学派。我们把兵家列入，仍可算十个学派。这十个学派的著述佚失很多，除阴阳家和农家外，儒、墨、名、法、道德、纵横、杂家、兵家八个学派都有著述流传至今，成为研究春秋战国思想的基本史料。

《论语》是儒家创始人孔子及其弟子的言论汇编，由其弟子或再传弟子追记写出。西汉时，有“齐论”“鲁论”“古论”三种不同的传本并行，内容互有出入。后来“齐论”“古论”失传，只有“鲁论”流传下来，就是今天《论语》的通行本，共20篇。《论语》是研究以孔子为代表的早期儒家思想的基本史料。《论语》的注本很多。三国魏何晏《论语集解》是流传最广的一种注本，南朝梁皇侃的《论语集解义疏》、宋邢昺的《论语注释经解》都是何晏《集解》的疏。宋朱熹的《论语集注》是另一个重要的注本，宋赵顺孙《论语纂疏》是朱熹《集注》的疏。清刘宝楠《论语正义》，是清代著述中最好的《论语》注本。杨树达的《论语疏证》和杨伯峻的《论语译注》则是近现代有代表性的注本。

《孙子兵法》13篇，春秋末期吴人孙武或其后学所作，是中国最早的兵书，也是研究春秋时期军事哲学的重要史料。关于孙武的唯物主义思想，主要见于《计》《地形》《用间》《谋攻》各篇。关于孙武的军事辩证法思想主要见于《势》《虚实》《谋攻》《九变》各篇。关于孙武的认识论史料，主要见于《用间》《计》篇。主要注本有：《孙子十一家注》，是东汉以后古代人所作注解的汇集，十一家是曹操、李筌、杜佑、杜牧、王晳、张预、贾林、梅尧臣、陈皞、孟氏、何氏。近现代人的注本有：杨柄安《孙子集校》，郭化若《今译新编孙子兵法》。1976年文物出版社又出版了《银雀山汉墓竹简孙子兵法》。南宋以来,一直有人怀疑《孙子兵法》与《孙膑兵法》为一书。1972 年山东临沂银雀山一号汉墓同时出土了《孙子兵法》和《孙膑兵法》,证明这个怀疑是错误的。《孙膑兵法》是战国孙膑所作,对《孙子兵法》的军事思想有所发展,已于 1975 年由文物出版社出版。1984 年中华书局又出版了张震泽的《孙膑兵法校理》。

《墨子》是墨家学派著作总集,原书 71 篇,现存 53 篇,其中《亲士》到《三辩》7 篇是墨子的作品。《尚贤》到《非儒》24 篇记墨子与其弟子的言论。这一部分中每一个篇名都有上、中、下三篇(唯《非儒》只有上、下两篇)。内容大体相同,可能是"墨分为三"后,相里氏、相夫氏、邓陵氏三派分别记述下来的。《经上》至《小取》6 篇,通称《墨经》,是后期墨家的作品,着重阐发墨家的逻辑思想和科学思想,已经扬弃了墨子的鬼神观念,是研究后期墨家思想的基本史料。《耕柱》至《公输》5 篇是墨子弟子所记墨子的生平言行。《备城门》以下 11 篇内容为守城兵法,是研究墨家军事思想的史料。清代以前,《墨子》这本书一直被忽视,只有晋鲁胜和宋乐台作过注,也都失传了。《墨子》本文被收入《道藏》保存下来。近代开始,《墨子》受到重视,出现了许多注本,主要有:清毕沅《墨子校注》,是 2000 年来对《墨子》全书第一次进行校勘整理的注本;清孙诒让《墨子间诂》,吸收了毕沅以后《墨子》研究者的成果,是现在的通行注本;吴毓江《墨子校注》,在《墨子间诂》的基础上作了进一步补充和纠正。以上几种是《墨子》全书的注本。另外,近代以来出现了多种《墨经》的注本,有的注解包括《经》上、下,《经说》上、下,《大取》《小取》6 篇,有的只包括《经》上、下,《经说》上、下 4 篇。这样的注本主要有范耕研《墨辩疏证》、鲁大东《墨辩新注》、伍非百《墨辩解故》、谭戒甫《墨辩发微》、邓高镜《墨经新释》、高亨《墨经校铨》。关于《墨子》中的军事著作的注本只有一种,即岑仲勉《墨子〈备城门〉各篇简注》。

《老子》也称《道德经》,相传为春秋末老聃著,一般认为编定于战国时期,基本保留了老子本人的思想。1973 年湖南长沙马王堆汉墓出土的帛书《老子》甲、乙本及《韩非子·解老》都是《德经》在前,《道经》在后,与今本顺序不同。《老子》书是先秦道家的主要著述之一,是研究老子的唯一直接史料。书中涉及用兵问题,但它不是兵书,而是一部哲学书,历来没有争论。新中国成立后有人提出“《道德经》是一部政治哲学著作,又是一部兵书”(郭沫若主编《中国史稿》第1册),“《老子》是一部兵书”(帛书《老子》的《出版说明》)的看法,并没有得到多数研究者的认可。现存主要古代注本有:汉河上公注《老子道德经》,魏王弼注《老子道德经注》,唐傅奕《道德经古本篇》,明焦竑《老子翼》,明清之际王夫之《老子衍》,清魏源《老子本义》等。近现代人的主要注本有:劳健《老子古本考》,奚侗《老子集解》,高亨《老子正诂》,朱谦之《老子校释》,马叙伦《老子核诂》等。帛书《老子》的出土,对这本书的文字校订、字句解释,都有一定帮助。

《孟子》,战国时孟轲及其弟子万章等作,或说是孟子弟子、再传弟子的记述。《史记·孟子荀卿列传》记为7篇,《汉书·艺文志》著录为11篇,包括“外书”4篇。“外书”4篇是否是先秦著作本来就有疑问,而后来又失传。今存“外书”4篇是明代人的伪作。今本《孟子》7篇是《梁惠王》《公孙丑》《滕文公》《离娄》《万章》《告子》《尽心》,各分上、下篇,共为14卷。这本书是研究孟子思想的基本史料。《孟子》书中多处引用了墨子的观点,可作为研究墨子思想的间接材料。《孟子》书中引用道家杨朱学派的观点(见《孟子·滕文公下》),农家许行的言论(见《孟子·滕文公上》),因为杨朱、许行、告子都没有著述传世,孟子的引文就成为研究这些学派思想的珍贵史料。《孟子》的古代人注本主要有:东汉赵岐《孟子注》,南宋朱熹《孟子集注》,南宋赵顺孙《孟子集注纂疏》,清焦循《孟子正义》。今人注本主要有杨伯峻《孟子译注》。

《庄子》是战国道家主流派老庄学派的著述总集。《汉书·艺文志》著录为52篇。今本是经西晋郭象编定的,共33篇,分为“内篇”7篇,“外篇”15篇,“杂篇”11篇。一般认为“内篇”是庄周的作品,“外篇”和“杂篇”是庄周后学的作品,也有人提出相反的看法。还有人认为“内篇”与

"外篇""杂篇"不反映作品时代的先后,而是按照内容来分的,如说"内篇明于理本,外篇语其事迹,杂篇明于理事"(唐成玄英《庄子疏序》),或说"内篇明无,外篇明有"(唐荆溪《止观辅行口诀》)。无论如何,《庄子》一书作为研究战国老庄学派的最重要的基本史料是没有问题的。应特别指出《庄子·天下》篇是我国历史上第一篇总结先秦学术思想的著作,从道家的学术观点出发,对先秦学术思想的发展过程和各学派的关系提出了看法。《天下》篇还保存了杨朱和辩者惠施等人的重要史料。《庄子》一书历代注本很多,主要有:晋郭象《庄子注》,明焦竑《庄子翼》,明清之际王夫之《庄子解》,清王先谦《庄子集解》,近人郭庆藩《庄子集释》等。

《管子》,托名管仲所作,实际是战国稷下学者的著作总集,还有汉初人附益的部分。各篇作者难以具体考定。这本书在战国末年已经流传很广,韩非说,当时"藏商、管之书者家有之"(《韩非子·五蠹》)。西汉刘向曾收集到《管子》书564篇,删去重复的以后定为86篇。今本有10篇有目无文,实存76篇。《管子》一书内容十分庞杂,包括法家、道家、名家不同学派的思想及天文、历数、舆地、农业和经济等知识。政治思想的史料,见于《牧民》《形势》《五辅》《霸形》《霸言》《立政》《权修》《重令》《八观》《正视》《治国》各篇。法治思想的史料见于《法禁》《法法》《任法》《明法》《七法》各篇。哲学思想的史料见于《宙合》《四时》《五行》《内业》《白心》《心术》(上、下)、《水地》《枢言》各篇。经济思想方面的史料见于《轻重》《侈靡》《度地》《地员》各篇。《管子》一书的注本主要有:唐尹知章注《管子》(一题唐房玄龄注),清戴望《管子校正》,郭沫若、闻一多、许维遹《管子集校》。

《商君书》,亦称《商君》《商子》,是战国时商鞅及其后学的著作,成书于战国末年。《汉书·艺文志》著录《商君》29篇,今存24篇,还有《刑约》1篇有目无文。有人认为"《商君书》与《管子》同,亦出传学者之手"(顾实《汉书·艺文志讲疏》),或认为除《境内》篇外,"其余均非商鞅所作"(郭沫若《十批判书》)。多数学者承认,《商君书》中记有秦昭王时的历史事件,又有称秦孝公谥号的文字，证明书在传抄中有后人加入的文字，但基本为商鞅著作，是研究商鞅思想的系统史料。全书贯穿着提倡“耕战”的法家主张。《更法》《开塞》等篇反映其“治世不一道”“便国不必法古”的历史观。《定分》等篇反映其“以实定名”的认识论。《画策》等篇反映其重视“时势”、依据“必然之理”办事的思想。主要注本有：清严可均校《商君书》，近现代人朱师辙《商君书解诂》，王时润《商君书斠诠》，高亨《商君书注释》。

《公孙龙子》是先秦名家流传至今的唯一著作。《汉书·艺文志》著录为14篇。今本6篇，首篇《迹府》是后人辑录的公孙龙片断事迹，其余《白马论》《指物论》《通变论》《坚白论》《名实论》5篇约1900字，是公孙龙自著。“其书大旨，疾名器乖实，乃假指物以混是非，借白马而齐物我，冀时君悟而正名实。”(《四库全书总目》)主要注本：宋谢希深《公孙龙子注》，是现存最早注本；清陈澧《公孙龙子注》；近现代人王琯《公孙龙子悬解》，谭戒甫《公孙龙子形名发微》，陈柱《公孙龙子集解》，庞朴《公孙龙子译注》。

《荀子》，汉代称《孙卿子》。西汉刘向看到过322篇，删去重复的290篇，编定为32篇。《汉书·艺文志》著录为33篇。今本32篇，是经唐杨倞重新编定的。32篇中大部分为荀况所作。《大略》《宥坐》《子道》《哀公》《尧问》各篇疑为荀子后学的杂记。《天论》论述唯物主义自然观，《非相》反对迷信巫术，《正名》讨论认识论和逻辑问题，《性恶》集中阐述人性学说，《解蔽》论述认识方法，《王制》《富国》记述社会政治思想，《礼论》探索礼的理论根据，《乐论》是音乐理论，《劝学》《修身》论述教育思想，《论兵》提出军事理论。《非十二子》是一篇学术史著作，对先秦各学派十二位代表人物它嚣、魏牟、陈仲、史鰌、墨子、宋钘、慎到、田骈、惠施、邓析、子思、孟子的学术思想进行评论，认为各家皆“持之有故，言之成理”，又各有不足之处，主张以“尧、舜之则”“孔子、子弓之义”来“总方略，齐言行，壹统类”。《荀子》的主要注本有：唐杨倞《荀子注》，清谢墉、卢文弨

《荀子篇释》,清王先谦《荀子集解》,近人梁启雄《荀子简释》。

《韩非子》,原名《韩子》,后人为与韩愈区别改称《韩非子》。《汉书·艺文志》著录为55篇,与今本篇数相同,大部分为韩非著作。《初见秦》《存韩》《难言》《爱臣》《主道》《有变》《十过》《饰邪》几篇是否为韩非的著作,存在一些争论。容肇祖《韩非的著作考》(见《古史辨》第四册)一文对《韩非子》真伪问题提出的疑问最多。总体来看,除个别传抄文句外,《韩非子》各篇都可作为研究韩非思想的史料。《韩非子》的主要注本有:清王先慎《韩非子集解》,收集了清代学者校勘、训诂的研究成果;近代陈奇猷《韩非子集释》,比王先慎的《集解》内容更为详备;梁启雄《韩非子浅释》注解比较简明。

《吕氏春秋》,亦称《吕览》,战国末秦相吕不韦集合门客编著,被视为杂家的代表作。这部书是先秦时期的最后一部文献,也是先秦文献中唯一不存在真伪问题的文献。其内容丰富,史料价值很高。全书由《八览》《六论》《十二纪》构成,共26卷160篇,20余万言。内容以儒、道思想为主,兼及名、法、墨、农、阴阳各家,保存了后代散失了的先秦各家思想史料。《劝学》《大乐》保存了儒家的有关史料。《月令》(《十二纪》中各组文章的首篇)保存了阴阳家的有关资料。《贵生》《重己》《情欲》《尽数》《审分》保存了道家有关资料。《振乱》《禁塞》《怀宠》《论威》《简选》《决胜》《爱士》保存了兵家有关资料。《上农》《任地》《辩土》保存了农家有关资料。《当染》《首时》《尊师》《高义》《上德》《去宥》保存了墨家有关资料。《应言》《淫辞》保存了名家有关资料。主要注本有:东汉高诱《吕氏春秋注》,清毕沅《吕氏春秋新校正》、清梁玉绳《吕子校补》,近人许维遹《吕氏春秋集解》等。

战国诸子学派中还有纵横家一派。纵横家的著作,《汉书·艺文志·诸子略》中著录了12种,已经全部失传。其中《苏子》一书,有人认为即今传《鬼谷子》,实不可靠。而《汉书·艺文志·六艺略》中有《战国策》33篇。章学诚《校雠通义·内篇二》说:"《战国策》一书,当与兵书之权谋,诸子之纵横家,重复互注,乃得尽其条理。”马王堆出土帛书中有一种内容与《战国策》相似,称《战国纵横家书》。无论从内容看,或从历代人的观点看,《战国策》作为纵横家的史料是没有问题的。《战国策》由西汉刘向编定,分为东周、西周、秦、齐、楚、赵、魏、韩、燕、宋、卫、中山十二国策,“其事继《春秋》以后,讫楚汉之际,二百四十五年间之事”(刘向《校战国策书录》)。其中详载张仪、苏秦等战国纵横家的策谋和言论。通行有东汉高诱的注本。

## 第四节　文物资料

文物资料又叫实物资料,是人类社会历史的遗物(如工具、武器、装饰品、日用器具)和遗迹(如宫殿、住宅、宗庙、城堡、都市、坟墓)。文物资料不但反映了各自时代的物质生活状况,也反映了各自时代的精神生活状况。例如,宗庙、坟墓和冥器反映了历史上人们的宗教鬼神观念,建筑、装饰品和生活器具的纹饰形制反映了历史上人们的审美观念。因此,广义地说,先秦文物资料对先秦思想史研究都有某种价值;带有刻、铸或书写的文字的先秦文物资料更是先秦思想史的直接资料。带有文字的先秦文物资料有很多类,例如:甲骨、青铜器、石器、简牍、帛书、陶器、铸币、印章封泥、符节、武器、工具等。其中甲骨文、青铜器铭文、简牍、帛书四类是研究先秦思想尤为重要的资料。

甲骨文是西周及西周以前的遗物。清光绪二十五年(1899 年)甲骨文首次被认识。100 多年来,经过非科学发掘时期(1899—1927 年)、科学发掘时期(1928—1937 年)和继续科学发掘时期(1949 年至今),共出土甲骨 15 万片以上。目前已经释读的甲骨文字有 2000 左右,确认了的甲骨文字有 1000 多个,基本上可以通读。

河南安阳殷墟出土的商代晚期王室占卜记事用的龟甲和兽骨占出土甲骨的绝大部分。商王常用甲骨占卜吉凶,卜毕将所问之事或所得结果刻或写于甲骨上。在甲骨文里可以看到商代国家和阶级状况的资料,可以看到商代农业、畜牧业、渔猎业、商业和交通方面的丰富资料。同样,在甲骨文中,有关商代思想文化方面的资料也很丰富。天文历法方面,有月食、日食和一些星宿的记载,也有"十三月""频大月"等置闰材料,还有干支记日和每日不同时间阶段的时称等。在气象方面,有不少卜雨、卜风及易日、云、雷、雹、雪、霍、虹等记录。在医学方面,有不少疾病的记录和生育的记载,并能准确地推知预产期。还可以看到商人崇拜上帝、四方风神、日、东母、西母等神灵,也崇拜岳、河、土等地祇和夒季、王亥、王桓等祖先神,还有鸟图腾的遗痕以及亲族制度的材料。这些方面是商代思想史的重要直接史料。到目前为止,著录甲骨文的专著已达百种,最为完备的、集大成的甲骨文资料汇编是《甲骨文合集》。这部资料由郭沫若主编,胡厚宣总编辑,中国社会科学院历史研究所《甲骨文合集》编辑组集体编辑,1978—1982 年中华书局出版。《甲骨文合集》将甲骨文内容分为三大类 21 项。即:

1. 阶级和国家

①奴隶和平民;②奴隶主和贵族;③官吏;④军队、刑罚、监狱;⑤战争;⑥方城;⑦贡纳

2. 社会生产

⑧农业;⑨渔猎、畜牧;⑩手工业;⑪商业、交通

3. 思想文化

⑫天文历法;⑬气象;⑭建筑;⑮疾病;⑯生育;⑰鬼神崇拜;⑱祭祀;⑲吉凶梦幻;⑳卜法;㉑文字

西周时代的有字甲骨,1954 年首次在山西省洪洞县发现,以后又在北京昌平白浮西周墓、陕西丰镐遗址、周原遗址等处发现。属于周原遗址的陕西岐山凤雏出土最多,其中有字者 289 片。周原地区发现的甲骨,一般认为是灭商前后的,也有人将其划分为文王,武王、成王、康王、昭王,穆王三个时期。按内容分,一类为与占卜有关的少量卜辞和大量记事辞;另

一类为记占筮时的筮数,或可称为卦象。西周甲骨记载了不少重要史料,可作为思想史资料的有:周原甲骨文中关于祭祀的卜辞,其中列举了祭名、祭时,是反映当时的宗教意识的直接史料;周原甲骨文中用数字组成的八卦符号,对研究八卦起源和《周易》有重大意义;周原甲骨文中出现了"既魄""既死"等殷墟卜辞中没有的月象观念,可与《尚书》中的月象观念参照互证,以了解西周文化的特点。已发表的完整的材料是陈全方《陕西岐山凤雏村西周甲骨概论》,刊于《四川大学学报丛刊》第十辑。

有铭文的青铜器从商代中期开始出现。商代青铜器上的铭文大都只有一个字或几个字,内容大都是族徽、人名,如"戈""妇好""司母戊""咸、父己"等。四祀邲其卣铭文50字,戍嗣子鼎铭文30字,小臣艅犀尊有铭文27字,这几件是商代最长的铭文,都是殷末的器物。

青铜器高度发达是西周文化的一个重要特征。周朝贵族大臣铸作的器物,在西周青铜器中占很大比例,也有鲁、卫、燕等诸侯国的器物。北起内蒙古、辽宁,南到江西、湖南、四川,东起山东半岛,西到甘肃、宁夏都有西周青铜器出土,其中以陕西、河南出土最多。西周青铜器的发现和研究可以追溯到西汉,大量发现和著录始于北宋,近代开始对西周青铜器进行科学发掘和研究。西周墓葬中出土青铜器较多的有陕西宝鸡茹家庄西周墓,河南浚县辛村卫国墓,洛阳北窑墓,甘肃灵台白草坡西周墓,北京昌平白浮西周墓,房山琉璃河燕国墓等。出土的窖藏铜器,以周原铜器窖藏出土最多,长安铜器窖藏、喀左铜器窖藏、四川彭县竹耳街铜器窖藏也较多。西周铜器多有长篇铭文。清道光年间出土于陕西岐山的西周铜器毛公鼎铭文497字,是现存最长的铭文,许多西周青铜器铭文记载了重大历史事件,具有珍贵的史料价值。从思想史研究来说,铭文中多有嘏词(祈求上帝、祖先保佑的词句),反映了西周人们的宗教观念和祸福观念。西周的册命金文,记述器主觐见周王,受封官职,并得到赏赐的过程,如颂鼎和膳夫山鼎,反映了西周的封赏礼仪、舆服、官制与政治思想有密切关系。有关诉讼、判决、刑罚的铭文,如曶鼎、𠑇匜、鬲攸从鼎等,反映了西周的法律制度和法制思想,很有价值。此外,不少西周铜器铭文记有铸器或有关事件的时间,是历法天文思想的重要史料。

东周的青铜器中,以各国诸侯和卿大夫的礼器数量为多。除东周王室外,吴、越、徐、楚、江、黄、单、鄀、都、邓、蔡、许、陈、宋、曾、滕、曹、薛、朱、邾、杞、纪、铸、齐、鲁、卫、虞、虢、稣、晋、赵、魏、韩、郾、代、中山等几十个国家都有青铜器流传至今。东周铜器铭文一般都很简短,也有少量长达数百字的,如秦公毁,晋公盦,齐侯钟,中山王嚳鼎、壶的铭文。

商周金文著录极多,有三种最为重要:①《三代吉金文存》,罗振玉编,罗福颐助编,共20卷。集录罗氏家藏商周金文拓本4831件,是现有搜集最全的金文拓本集。按照器类和字数编列,便于检阅。②《两周金文辞大系图录》,郭沫若编。选录了新中国成立前发现的重要铭文,包括西周金文拓本250件,东周金文拓本261件,并附有考释(除附见之器外,全书实收324器)。分别按照王世和国别编次,第一次把"一团混沌"的传世铜器变成具有体系的可供利用的科学资料。③《殷周金文集录》,徐中舒主编,收集了新中国成立以来至1980年发现的铜器铭文973件。本书收入的铭文是根据拓本或影印件重新摹写的。按照出土或收藏地区编次,附有按照器形分类、按铭文字数多少排列的索引。

早在商代就用竹简木牍作书写材料。写在简牍上的书籍称为"册""典",但战国以前的简牍还没有被发现过。汉代以来,历史上几次发现战国简牍,如汉武帝时鲁恭王在孔子旧宅壁中发现的儒家经典,晋武帝时在汲县魏墓中发现的大量竹书,南齐高帝时在襄阳楚墓中发现的竹书《考工记》等。这些实物都已不存。新中国成立后在河南、湖北、湖南、四川四省的战国墓中多次发现竹简,分别属于楚国、随国、秦国的遗物。

战国楚简已在八个墓葬中被发现:河南信阳长台关1号墓;湖北江陵的望山1号墓、2号墓,藤店1号墓,天星观1号墓;湖南长沙的五里牌406号墓,杨家湾61号墓,仰天湖25号墓。此外,在湖北随州市西郊擂鼓墩附近的曾侯乙墓中还发现了战国时随国的竹简,在湖北云梦县睡虎地

11 号墓和 4 号墓、四川青川郝家坪 50 号墓中也发现了战国时秦国的简牍。以上 12 个墓中,曾侯乙墓是战国早期的墓葬,其余都是战国中晚期的墓葬。

已发现的简牍的内容可分为四类:一是遣册,即随葬品簿录。如仰天湖 25 号墓和望山 2 号墓的竹简,均详细记载殉葬器物,可与出土实物对照。曾侯乙墓的竹简记车马兵甲等,不见于出土实物,可能为送葬所用,或车马另有葬坑尚未发现。二是占卜、祭祷记录。如望山 1 号墓、天星观 1 号墓的竹简记述墓主患病期间曾进行占卜,并向先王、先君、上下神祇举行祝祷,列出了祖先和神祇的名称。三是书籍。长台关 1 号墓竹简中有佚书一种,近 600 字,有“先王”“三代”“君子”等词,富于儒家色彩,是目前能够见到的中国最早的原本书。

简牍文字记载了丰富的内容,反映了战争的一些重大历史事件、丧葬状况、占卜祈祷风俗,特别是法律制度和经济制度,对于研究思想史是可贵的史料。

战国简牍资料主要有:随县擂鼓墩 1 号墓考古发掘队《湖北省随县曾侯乙墓发掘简报》,《文物》1979 年第 7 期;谭维四、舒之梅、郭德维《随县曾侯乙墓发掘的主要收获》,载《中国考古学会第一次年会论文集》,文物出版社 1980 年出版;湖北省博物馆《楚都纪南城的勘察与发掘》,《考古学报》1982 年第 2 期;郭德维《江陵楚墓论述》,《考古学报》1982 年第 2 期;中国社会科学院考古研究所《新中国的考古发现和研究》,文物出版社 1984 年出版;睡虎地秦墓竹简整理小组《睡虎地秦墓竹简》,文物出版社 1978 年出版;四川省博物馆、青川县文化馆《青川县出土秦更修田律木牍》,《文物》1982 年第 1 期。

近期整理与公布的《郭店楚墓竹简》与《上博馆藏战国楚竹书》(一至七)尤为重要。1993 年湖北荆门郭店出土的郭店楚简,含有字竹简 703 枚,残简 27 枚,总字数计 12, 072 字。竹简年代属战国中期偏晚,内容包括道家著作和儒家著作。道家著作共 2 种 4 篇,即《老子》(3 篇)、《太一生水》,儒家著作 11 种 14 篇,即《缁衣》《鲁穆公问子思》《穷达以时》《五行》《唐虞之道》《忠信之道》《成之闻之》《尊德义》《性自命出》《六德》(各 1 篇)、《语丛》(4 篇)。这批竹简给中国哲学史和思想文化史研究提供了新的材料,特别是关于先秦儒家的丰富而新鲜的史料(可参考荆门市博物馆《郭店楚墓竹简》,文物出版社 1998 年版)。

上海博物馆馆藏战国楚墓竹书,简称上博简,是 1994 年马承源等先生在香港古玩市场上抢救收购的。该批竹简共计 1200 余枚,内容丰富,文体多样。经过专家学者的整理,由上海古籍出版社 2001 年至 2008 年分批出版,共七辑,涉及作品 46 篇,分别是:《孔子诗论》《缁衣》《性情论》《民之父母》《子羔》《鲁邦大旱》《从政》(甲篇、乙篇)、《昔者君老》《容成氏》《周易》《中亏》《互先》《彭祖》《采风曲目》《逸诗》《昭王毁室　昭王与龚之脽》《柬太王泊旱》《内豊》《相邦之道》《曹沫之陈》《竞建内之》《鲍叔牙与隰朋之谏》《季庚子问于孔子》《姑成家父》《君子为礼》《弟子问》《三德》《鬼神之明　融师有成氏》《竞公瘧》《孔子见季趄子》《庄王既成　申公臣灵王》《平王问郑寿》《平王与王子木》《慎子曰恭俭》《用曰》《天子建州》(甲本)、《天子建州》(乙本)、《武王践阼》《郑子家丧》(甲本)、《郑子家丧》(乙本)、《君人者何必安哉》(甲本)、《君人者何必安哉》(乙本)、《凡物流行》(甲本)、《凡物流行》(乙本)、《吴命》等,是先秦思想文化研究的又一重要文献。

帛(白色丝织品)作为书写材料在先秦时与简牍并行。《晏子》外篇第七说:“昔吾先君桓公予管仲狐与谷,著之于帛,申之以策,通之诸侯。”依这个记载,公元前 7 世纪齐桓公时已用帛作书写材料了,到现在为止,已发现的先秦帛书只有楚帛书一件。1942 年在长沙子弹库楚墓中盗掘出土,现为美国私人收藏。1973 年发掘了这座墓葬,判明其年代在战国中晚期之间。这件帛书宽 38.7 厘米,长 47 厘米,书写楚国文字 900 余字,四周绘有 12 个神的奇异图形,图形旁各题神名,并附有一段文字,四角绘有植物枝叶图形。这件帛书可能是战国时代数术性质的佚书(见《中国大百科全书·考古学》彩色插图）。

还应提到，除上述先秦文物资料外，汉墓中出土的竹牍和帛书有许多汉代人抄写的先秦文献，同样是研究先秦思想史的珍贵文物资料。这样的发现主要有两处：①马王堆汉墓。它是西汉长沙国丞相、轪侯利仓及其家属的墓葬。其中发现大量帛书，经修复整理和考订，已判明的共有 28 种 12 万余字。其中的《周易》《战国纵横家书》《老子》（甲、乙本）、篆书《阴阳五行》、《春秋事语》，都是先秦思想史上有重要价值的文物资料。见于湖北省博物馆、中国科学院考古研究所《长沙马王堆一号汉墓》，文物出版社 1973 年出版；湖南省博物馆《马王堆汉墓研究》，何介钧、张维明《马王堆汉墓》，文物出版社 1982 年出版。②银雀山汉墓。这是汉武帝时期的墓葬。所出土书籍中有抄写的《孙子兵法》《尉缭子》《六韬》，这三种现有文献传本。出土简本与传本篇章分合不尽相同。还有抄写的《孙膑兵法》《守法守令十三篇》《地典篇》《唐勒篇》等已佚的先秦文献。已发表的材料有：吴九龙、毕宝君《山东临沂西汉墓发现〈孙子兵法〉和〈孙膑兵法〉等竹简的简报》，《文物》1974 年第 2 期；罗福颐《临沂竹简概述》，《文物》1974 年第 2 期；银雀山竹简整理小组《银雀山汉墓竹简（壹）》，文物出版社 1975 年出版。

第二编

# 秦汉编

# 概　述

公元前221年,秦尽灭六国,建立了统一的封建国家。

中国封建制社会的历史很长,从秦汉至隋唐时期为封建社会的前期。

秦汉两代的社会,仍然存在着宗法制社会的残余。在秦代,由于劳役地租和人身奴役的苛重,农民的地位没有多大改善,因而出现了人民推翻秦王朝的历史事件。

汉初统治者采取休养生息的政策,使社会经济得到恢复和发展。

汉初诸子之学有短暂的复兴,除名家、墨家没有著名代表人物外,各家都还有程度不等的势力。各家之中,尤以儒家和道家为盛。但从整个社会思潮来看,神秘化的阴阳五行说的影响较大。

汉初儒者仍以鲁地及其附近的邹、齐地区为活动中心。秦亡后,不少儒者搜集和传授古代的经籍,这就是后世常常提到的所谓"传经"。他们所传习的经典,不但是用当时通行的文字隶书写定的,而且解经的观点也别具一格,因而后人把他们的经学叫做今文经学。

汉初与休养生息政策相照应,有些大臣和学者重视黄老之学。这种思想倾向也反映出当时封建专制主义中央集权的局势尚未巩固,外戚、郡国王还有着相当强大的势力,他们崇道黜儒,正是为了要皇帝垂拱无为,不去干预郡国事务。到了武帝时,中央集权的局势逐渐稳固,儒、道力量的对比才发生了变化。汉武帝消灭郡国,奠定了中央集权制的局面,儒学才被定于一尊。

汉代统治者在把儒者变为"儒林"而提倡儒术的同时,还实行变法家为"酷吏"的政策。这说明儒法并用或阳法阴儒,乃是汉代统治者关于思想文化的指导方针。

从汉初儒、道之争到儒学被定于一尊,董仲舒的思想为汉代的封建制度提供了理论基础。

两汉之际的社会形势动荡不安,谶纬思想就是在这个时期产生的。它大约在西汉的哀、平之际(公元前1世纪的最后几年)盛行起来。“谶”是一种迷信的预言,企图用一种隐语来为朝代兴亡和所谓真命天子出世等附会神秘的理由。“纬”与经对称。纬书名目繁多,大抵和经名相连,内容离奇荒诞,涉及神灵、历史、地理、天文、博物、典章制度各个方面。

与此同时,经学内部形成了一个新的派别,这个派别就是古文经学。经古文早在汉武帝时就有发现,鲁恭王拆毁孔子住宅,在墙壁中间发现了用六国古文字体写成的《尚书》《礼记》《论语》《孝经》等数十篇。到成帝、哀帝时,刘向、刘歆父子在国家藏书的地方整理文献,研究古文经,古文经学和今文经学便展开了论争。

从刘向、刘歆父子到扬雄、桓谭,可以看出一种受过古文经学教育而反对谶纬思想的新思潮演进和发展的轨迹。

东汉时期的大思想家王充对经学、谶纬等的虚妄之言作了细致的考订和深刻的批评,表现出敢于坚持真理的高尚风格。他的《论衡》一书在理论思维方面也作出了重要贡献。

东汉末年农民起义高涨起来。在这个时期,出现了多种思想倾向,有评议朝政的“清议”,有在民间开始传布的道教,同时佛教也在扩大它的影响。有些思想家对汉末的政治、法律、道德等作了深刻的反思。他们在抨击现实的同时,向往一个安定和谐的世界,但他们在理论上和实践上都找不到通向这个世界的途径。这预示着思想史的演进将会出现一个新局面。

# 第一章　秦与汉初的社会及诸子学说的复兴和黄老之学

## 第一节　秦与汉初的社会及思想

公元前221年，秦王嬴政灭取六国，结束了从春秋战国以来500多年的战乱纷争，统一天下，自称“始皇帝”(《史记·秦始皇本纪》)。

**(一)秦的统一奠定了多民族国家的坚实基础**

秦始皇“初并天下”以后，其首要任务就是竭力使周边民族成为中国这个大家庭的成员。所以，在始皇帝二十八年(前219年)，即秦帝国建立后的第二年，进行了统一“百越”的战争。当年就将闽越(今福建一带)和东越(亦称瓯越，今浙江南部的瓯江流域)归入秦的版图(见《史记·秦始皇本纪》《史记·东越列传》)。始皇帝三十年(前217年)，秦始皇派大军进攻南岭，打败了壮族先民西瓯人的抵抗，统一了南越(包括今广东、广西，以及越南等地)(见《史记·南越列传》)。此外，秦国灭燕(前222年)时，将燕的属国朝鲜划归辽东巡察(见《史记·朝鲜列传》)。与此同时，秦始皇还加强了对“西南夷”(居住在今四川、云南、贵州一带)少数民族的统治，将其归入秦朝统一的行政系统(见《史记·西南夷列传》)。

在北方和西北地区，面对匈奴势力的扩张，始皇帝三十二年(前215年)一举“悉收河南地”，即河套地区，亦称河套平原(在今内蒙古自治区和宁夏回族自治区境内,为黄河上游的冲积平原。西到贺兰山,北到狼山、大青山,南临鄂尔多斯高原)。第二年秦军又越过黄河,夺回高阙(今内蒙古自治区杭锦后旗东北)、阴山(今内蒙古狼山)、北假(今内蒙古河套以北、狼山以南、大青山以西地区)等地,并于始皇帝三十四年(前213年)扩建长城,以抵御匈奴入侵。始皇帝三十六年(前211年),秦又移民三万户到北河、榆中(今内蒙古自治区伊金霍洛旗以北。见《史记·秦始皇本纪》、《汉书·匈奴列传》上)。

这样,秦始皇在位时的中国版图:"地东至海暨朝鲜,西至临洮、羌中,南到北向户(喻指南方地区),北据河为塞,并阴山至辽东(注:筑长城为界)。"(《史记·秦始皇本纪》)1975年出版的《中国历史地图集》依据《史记》等的相关文献和对若干考古遗址的分析,绘有秦帝国时的中国版图(见下页附图),"中国"就从秦以前的文化、地域概念演变为国家的概念。一个民族众多、地域广袤、物产富庶、统一的中国屹立于公元前三世纪的世界之林,而为世界人民所瞩目。此后,生活在这块共存共荣中国大地上的各族人民都以自己为中国人自豪(参见林剑鸣《秦汉史》上册,上海人民出版社1989年版,第84—85页,第二章注(13);《云南少数民族》,云南人民出版社1988年版,第282页),成为中华民族数千年来聚而不散的向心力。

**(二)确立了中央集权制的国家行政体系**

秦始皇统一六国后,对政治制度进行了重大改革,其核心内容就是"废封建,立郡县",以维护中央集权和国家统一。这项重大的政治改革是李斯(?—前208年,时任秦廷尉)提出的,得到秦始皇的认可。事情的原委是,秦始皇在平定六国的当年(前221年),即召集麾下的群臣议定秦朝的政体之事。当时,丞相王绾认为"诸侯初破,燕、齐、荆地远",应该依西周旧制,分封贵族子弟为诸侯王,使其建国统治,"群臣皆以为便"。唯独李斯对此表示反对。他分析了西周封建制的弊端,建议予以废止;主张在全国各地设置郡、县,由皇帝集权统一管辖。秦始皇称赞说:"天下共苦,战斗不休,以有侯王。……天下初定,又复立国,是树兵也,而

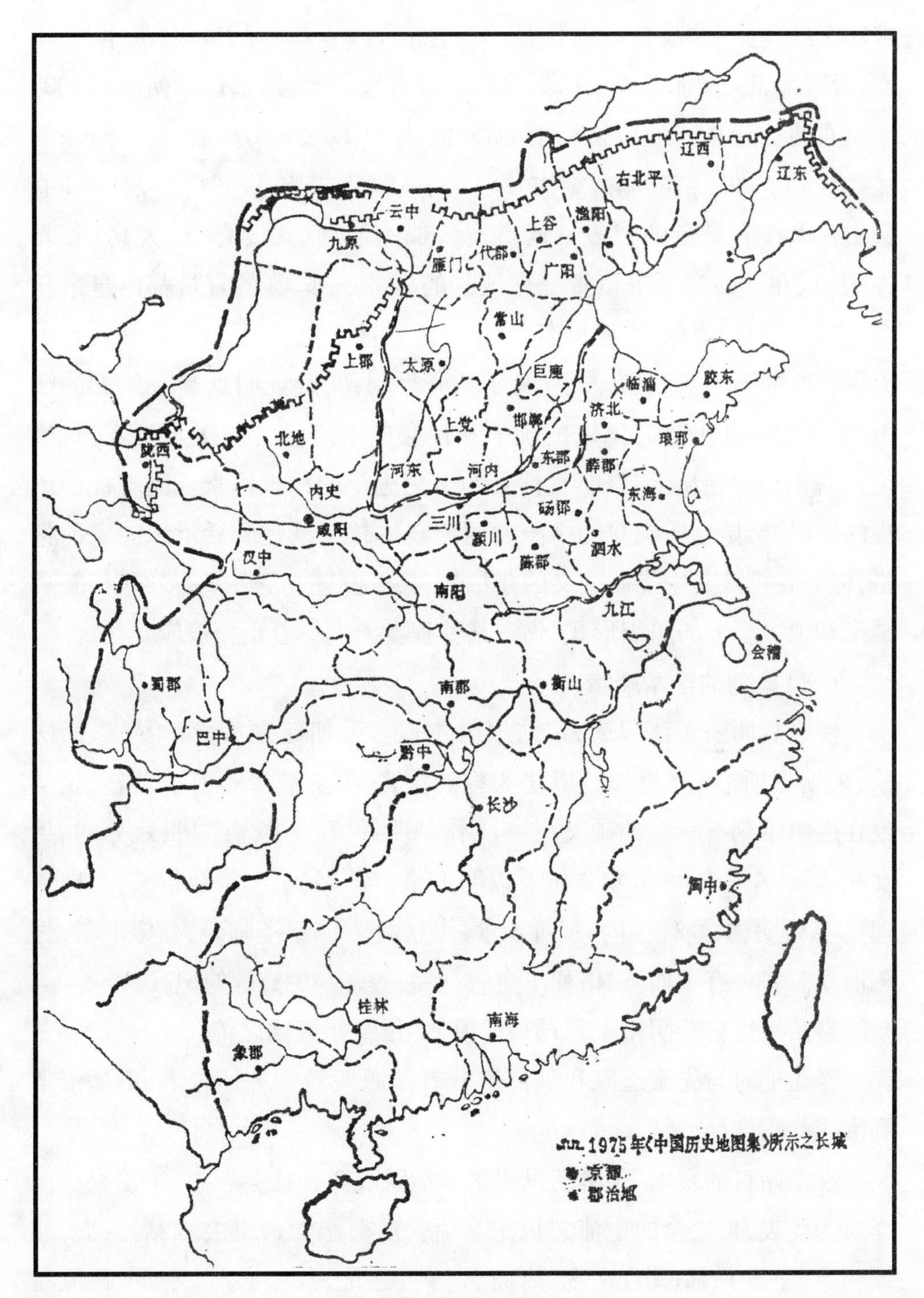
辽西
辽东
右北平
云中
渔阳
上谷
九原
雁门
代郡
广阳
常山
上郡
太原
巨鹿
临淄
胶东
济北
邯郸
上党
北地
陇西
琅邪
东郡
薛郡
河东
河内
内史
东海
砀郡
三川
咸阳
颍川
泗水
汉中
陈郡
南阳
九江
会稽
蜀郡
南郡
衡山
巴中
黔中
长沙
闽中
桂林
南海
象郡
1975年《中国历史地图集》所示之长城
京都
郡治地

秦朝时的中国地图

求其宁息,岂不难哉!廷尉议是。”(《史记·秦始皇本纪》)于是分天下为36郡,后来可能又增加了4—6郡,每郡下又分设若干县,估计秦朝约有1000个左右的县(参见严耕望《中国地方行政制度史》第一册,《秦汉地方行政制度》,台北1961年版,第35页)。按照郡县制的结构,每个郡设文官(“守”)、武将(“尉”)和监御史三人作为皇帝的代表共同负责该郡的治理;县设有令(大县)和长(小县),在郡的指令下负责处理该县的事务。郡、县的官员都由皇帝任命,享有国家的俸禄,不能世袭,可以升迁或被罢免。到了西汉,在实行中央集权制的同时,却又部分地恢复了分封制,实践证明这是政体上的败笔,因为它不利于当时国家的统一和社会的安定。唐柳宗元曾著《封建论》,肯定了秦始皇废封建、置郡县的历史进步的积极因素。随着社会历史的发展,秦始皇所确立的中国的国家政体越来越受到后世思想家的抨击,但只要剔除其中专制主义的糟粕,它关于设置上下各级行政机构管理国家和地方事务的组织形式,仍在某种程度上发挥着正面效应。

**(三)秦朝的学术端绪**

秦国从商鞅变法以来,以法家为主流。秦朝建立后,秦始皇崇尚法家,采纳李斯“以吏为师”、以法为教的主张,但对儒家也有所兼容,仅从他在巡游中刻石所立的碑文,就有“作制明法,臣下修饬”“贵贱分明,男女礼顺”“端平法度,万物之纪。以明人事,合同父子。圣智仁义,显白道理”“皇帝明德,经理宇内,视听不怠,作立大义”“秦圣临国,始定刑名,显陈旧章。……有子而嫁,倍死不贞”(《史记·秦始皇本纪》)等的记载。

秦始皇也信奉阴阳家。司马迁说他“推终始五德之传”。

至于他对与先秦道家和汉代道教有渊源关系的神仙方术,更是信奉到痴迷的程度(《史记·秦始皇本纪》)。

在秦始皇的影响下,秦朝思想学术活跃着四种社会思想:①法家。以李斯为代表,是社会的主流意识。李斯曾从荀子学帝王之术,后入秦,建议明申(不害)、韩(非)之术,修商君(鞅)之法,执法必严,才能“移风易俗,民以殷盛,国以富强”“使秦成帝业”,得到秦始皇的赏识和重用,先为客卿，后升为廷尉、丞相，是助秦始皇统一天下的股肱之臣。但他并不是纯之又纯的法家。因为他曾从学荀子，受到过儒家的熏陶，其法家思想中也存在着儒家的因子。他在楚国为小吏时，曾立志要做贤人，把不肖之人鄙视为窃食的鼠类；到秦国以后，又公开颂扬“五帝”“三王”的功业（《史记·李斯列传》）。至于焚书坑儒是否彰显了李斯法家的个性，似乎并非如此。因为焚书和坑儒是发生在不同年代的两个事件，坑儒和李斯没有直接的关联，而焚书则是出于政治上的考量。事件发生在始皇帝三十四年（前213年）。原因是儒学家淳于越反对废诸侯、立郡县，宣称：“事不师古而能长久者，非所闻也。”（《史记·秦始皇本纪》）此言既出，立即受到李斯的严厉批驳，斥责儒士、诸生是“以古非今”，不知时事变异的“愚儒”。为了抑制儒家的气势，消除政体改革的思想障碍，他请求发布得到秦始皇认可的焚书命令。值得注意的是《秦记》（秦代史书）和博士所用的《诗》《书》、诸子百家的著作，以及“医药卜筮种树”之书不在焚烧之内。而对民间所藏《诗》《书》，只有禁令，未见记载有查禁的行为（《史记·秦始皇本纪》）。严格说来，李斯只是把弘扬法家政策作为政治上的工具。到秦朝后期，为了挽救摇摇欲坠的秦政权，他甚至建议秦二世“灭仁义之途，掩驰说之口，困烈士之行”，独断专行，以严刑峻法治国（见《史记·李斯列传》），从而把法家思想发挥到极致，即使如此，他仍然没有背弃儒家“君君、臣臣、父父、子子”这一重要的政治观念。②儒家。以淳于越为代表。他是先秦时期儒学中心齐鲁之地的齐国人，其学术可能源于齐国的稷下集团。他是秦始皇可能仿孔子七十二弟子的旧例所设置的七十名博士官之一。侯生、卢生说秦始皇置“博士虽七十人，特备员弗用”（《史记·秦始皇本纪》）。这是不符合史实的。博士们掌管和解释《诗》《书》，以及诸子百家之说，向诸生传授孔子关于忠君、爱国、仁民的道理，“诸子皆诵法孔子”。秦始皇每次朝议，都有博士参与，每次巡游，都有博士、诸生随从。他在五次巡游中所刻碑文，有的可能出自博士的手笔，并曾在鲁地与当地的儒生登泰山封禅祭山川。对有所不解之事，也曾向博士、诸生询问。他的嫡长子扶苏更是儒学的信奉者,因不赞同“坑儒”,被秦始皇逐出京城到蒙恬所在的上郡(治所在肤施。今榆林东南);秦始皇死后,赵高与李斯密谋下诈诏,命扶苏自杀。扶苏不听蒙恬告诫,而以“父而赐子死,尚安复请”的儒家道德观,当即自杀,被司马迁称为“人仁”。儒家是秦朝社会的非主流意识,但其威望却不可小视。③阴阳家。根据《史记》记载,阴阳五行学说是由秦始皇所提倡。在他自称“始皇帝”以后,为了寻找改朝换代的理论根据,从阴阳家那里得到启示。邹衍等人把土、金、木、火、水五种物质元素人格化,统称“五德”,认为“五德”将依其顺序不停地更替循环,这是历史永恒不变的现象。由于传说中的周王朝是“火德”,而水能灭火,所以秦始皇不仅用“水德”为法家立论,而且宣称“秦代周德,从所不胜”,是更王换代的历史必然(《史记·秦始皇本纪》)。后来阴阳家的思想经过西汉董仲舒的发挥和东汉执政者的渲染,逐渐与汉朝儒学和谶纬经学合流,仍然影响着两汉的思想学术界。④神仙方术。以韩国客卿侯生,以及卢生为代表。这不是一般的鬼神之术。它之所以成为秦朝的一种社会思想,是因为方术之士汲取了老子的“长生久视”和庄子的“真人”之说,宣称可为人主求得“不死之药”,成为“入水不濡,入火不爇,陵云气,与天地久长”的“真人”。这种说法又成为汉朝方仙道的思想来源。其影响之大,刻在始皇帝二十八年(前219年)琅玡碑文中的“体道行德”四字,就可说明神仙方术与道家经典《道德经》的某种联系。这深得秦始皇的痴信,他派方士韩众、徐市出海寻访仙药,耗资巨万,不仅“终不得药”,而且他们还不辞而别,一去不返,加之有人告发卢生的不轨,乃在始皇帝三十五年(前212年)爆发了“坑儒”事件。此后,秦始皇还是相信“蓬莱药可得”,可见,神仙方术并未在秦朝绝迹(见《史记·秦始皇本纪》)。

综上所述,秦朝绝不是仅有法家思潮。对此,当代史学家侯外庐说:

以前有人过分夸张了焚烧《诗》《书》、百家的作用,经过近代的研究,证明这是不符合历史实际的。在汉代,古代的思想材料相当完整地保存着……不仅儒家经籍流传下来，而且诸子百家的余绪也未失坠。(《侯外庐史学论文选集》上册《中国封建社会前期的不同哲学及其发展》，人民出版社 1988 年版，第 366 页)

在秦朝“诸子百家的余绪也未失坠”，这是侯外庐的独到之论，这样才有汉初诸子学术的复兴。侯先生的论断，得到国内外学者的普遍认同。美国宾夕法尼亚大学荣誉教授卜德依据翔实的史料，对秦朝的“焚书”事件，也与侯先生在数十年前所得出的结论相同(见〔英〕崔瑞德、鲁惟一主编《剑桥中国秦汉史》第一章:“焚书坑儒”。中国社会科学出版社 1992 年版，第 85—88 页)。

秦朝的功业与其失败发人深省。其功至伟，其存短暂，这就引起许多学者的关注与思考。有的学者认为，秦朝的灭亡是由于政治上的暴虐酷刑，生活上的奢侈淫逸。但这几乎是许多王朝覆灭的共同原因。据若干文献记载，还有着特殊原因:①是经济脆弱，资源不足。秦国自商鞅变法以后，由于法律承认土地私有，奖励耕织，兴修水利，经过百余年的经营，经济获得较大增长。家给人足，“关中为沃野，无凶年，秦以富强，卒并诸侯”(《史记·河渠书》)。但经过近 10 年的统一战争，秦国的财力、物力、人力消耗很大；秦始皇统一的韩、魏、楚、赵、燕、齐六国，经过与秦国及其相互之间的血腥战争，情况同样如此。以致到秦朝建立时，“男子力耕不足粮饟(饷)，女子纺绩不足衣服，竭天下之资财以奉其政，犹未足以澹(赡)其欲也。海内愁怨，遂用溃畔(按:指逃离家乡)”(《汉书·食货志》上)。经济已到了崩溃的边缘。②是道德缺失，漠视传统。这与秦朝保留有宗法制的残余有关，也与秦始皇的个人品格有关。魏国人尉缭说:“秦王为人……少恩而狼虎心……诚使秦王得志于天下，天下皆为虏矣。”(《史记·秦始皇本纪》)神仙方术之士侯生、卢生也说:“始皇为人，天性刚戾自用……上乐以刑杀为威……上不闻过而日骄，下慑伏谩欺以取容。”(同上)这里举两例，就可以辨明真相。一次是发生在始皇帝三十五年(前 212 年)的“坑儒”事件。这与“焚书”不完全相同，“焚书”有其政治目的，“坑儒”只是因为秦始皇求药不得，而某些方士的行为又触犯了他的个人利益，于是秦始皇滥杀无辜,无论他活埋多少人,都是草菅人命的反人性行为。再一次是发生在同年,秦始皇到梁山宫,在山上看到丞相李斯的车骑仪仗甚为隆重,表示不满。后来,李斯就减少了车骑。秦始皇便认定有人泄露了自己的话,下令将当时在场的随从全部处死。因此,在他统一后的第三年(前218年)就"为盗所惊",隔了一年(前216年)又遇到所谓"盗"的行刺。汉初贾谊在《过秦论》中讽刺秦朝"为天下笑者,何也?仁义不施……也"。

面对上述情势,秦始皇既不与民休息,更不修身律己,而是"内兴功作,外攘夷狄,收泰半之赋(三分取其二)"(《汉书·食货志》上),即内则大兴土木,好大喜功;外则南征北战,急于求成,致使民生失控,民怨沸腾,陈胜、吴广揭竿而起,天下一呼百应,终于受到人民和历史的惩罚。秦朝失败的教训,为汉唐时期的思想家和政治家所记取。

在秦代覆灭的废墟上,一个统一的封建帝国汉建立起来了。地主阶级面临的历史任务是巩固和发展这个统一的封建帝国,使它不重蹈秦亡的覆辙。汉初高祖至武帝前的大半个世纪里,经过摸索和曲折,基本完成了这一历史任务。刘邦称帝之初,"大城名都散亡,户口可得而数者十二三"(《史记·高祖功臣侯者年表序》),"民无盖臧,自天子不能具醇驷,而将相或乘牛车"(《汉书·食货志》),人口锐减、经济凋敝、社会不安的状况可见一斑。至文、景二世,"流民既归,户口亦息,列侯大者三四万户,小国自倍,富厚如之"(《汉书·高惠高后文功臣表序》)。武帝时期出现一片繁荣景象,"安邑千树枣;燕、秦千树栗;蜀、汉、江陵千树桔;淮北、常山已南,河济之间千树萩;陈、夏千亩漆;齐、鲁千亩桑麻;渭川千亩竹"。全国形成不少"轺车(马车)百乘,牛车千两"的通邑大都,各地涌现出一批富足的"庶民农工商贾"。这些"无秩禄之奉、爵里之人"的庶民,可与千户侯比富,被人称为"素封"之家(《史记·货殖列传》)。经济的恢复和发展,巩固了汉代统一封建帝国的基础。

汉初实行"休养生息"的政策:①"兵皆罢归家""以有功劳行田宅"

(《汉书·高帝纪》)。一般从军归农者免除一定年限徭役,少数得到高级爵位和食邑。②号召流亡人口各归本土,恢复其故爵、田宅。③减轻租、赋、徭役。高祖时规定十五税一,景帝时减为三十税一。原定常赋每年百二十钱,丁男每年负担徭役一次,文帝时减为“民赋四十,丁男三年而一事”(《汉书·贾捐之传》)。④因饥饿自卖为奴婢的人,一律免为庶人。⑤“开关梁,弛山泽之禁”(《史记·货殖列传》),发展贸易促进物资交流。“休养生息”的政策适应了缓和社会矛盾、恢复发展经济的需要,是与秦代政治不同的。

汉初政策也有与秦代一致的方面,就是继续推行“法治”。刘邦初入关中,与民“约法三章”:“杀人者死,伤人及盗抵罪。余悉除去秦法。”(《史记·高祖本纪》)但他很快就发现,治理一个大国,没有严密的法律是不行的,“于是萧何捃摭秦法,取其宜于时者,作律九章”(《汉书·刑法志》)。当时有株连三族的刑罚,有黥、劓、斩左右趾、割舌等肉刑。文帝时以鞭笞代替黥、劓等肉刑,而受刑者往往被鞭笞而死。正如班固所说,文帝废除肉刑之举,“外有轻刑之名,内实杀人”(同上)。武帝即位后,任用张汤、赵禹等酷吏,以宁严勿宽的精神条定法令。其后法网越来越密,至有“律令凡三百五十九章,大辟四百九条,千八百八十二事,死罪决事比万三千四百七十二事”(同上)。还对居民实行乡、里编制,“令民相伍,有罪相伺,有刑相举”(《韩诗外传》卷四,第十三章),强化对人民的控制。

关于汉代统治思想,汉宣帝刘询说,“汉家自有制度,本以霸王道杂之”(《汉书·元帝纪》)。这个看法真实地反映出汉初统治思想的状况。秦代单纯实行法家政治,失败了。用什么样的理论作指导治理统一的中央集权的封建帝国,没有成功的历史经验可供借鉴。汉初统治者还在摸索之中的时候,必然采取容纳不同学派的主张。这就给不同学派留下了活动的余地。借着这个历史的契机,被秦代罢黜了的先秦诸子学说又复兴起来。除墨家、名家之外,各学派都有代表人物出现。儒家有伏胜、叔孙通、辕固生、申培;黄老学者有盖公、曹参;法家有晁错;纵横家有郦食其、蒯通;阴阳家有张苍。诸子学说的复兴实质是各学派争取成为汉代政权统治思想的竞争。在这个竞争中,各派都力图适应汉王朝统治者的需要,对各自祖述的先秦学派的思想有所发展,又都保持着各自学派的主旨而互相对立。

刘邦以武力取天下,意识到治天下与取天下的不同,他与陆贾的一次谈话中,陆贾提出"逆取顺守""文武并用",才是"长久之术"(《史记·陆贾列传》),使刘邦受到震动。但是,由于汉初特殊的历史条件,统治者并没有把儒家学说定为统治思想,而是以渗透着刑名法术的道家黄老之学作为政治的指导方针,汉初君臣中的文帝、景帝、窦太后、萧何、曹参、陈平、汲黯都是黄老之学的信奉者。窦太后喜欢《老子》,排斥儒、法,影响很大。而当时儒林博士,如申培、辕固生及一批推崇儒术的朝臣如赵绾、王臧也形成一股势力,反对黄老之学。各派之间,特别是儒道两派之间的冲突不断发生,出现了一系列儒道相绌的事件。

景帝时,辕固生与窦太后就《老子》一书的评价问题发生冲突。"窦太后好《老子》书,召辕固生问《老子》书。固曰:'此是家人言耳。'太后怒曰:'安得司空城旦书乎?'乃使固入圈刺豕。"(《史记·儒林列传》)辕固生几乎因这次冲突丧生于野豕之口,说明儒家受到压制。

武帝即位初,郎中令王臧、御史大夫赵绾建议依据儒家学说"立明堂城南,以朝诸侯"(《史记·孝武本纪》),并推荐其师申培主持其事。这件事被窦太后得知,武帝受到责备,申培免归,王臧、赵绾下狱自杀。这说明,直到武帝初年,黄老之学仍为汉代的统治思想,儒家学说一直受到排斥。

汉初长期处于被黜地位的儒家学者,做了大量历史文献研究和理论准备工作。他们在整理、传授、阐释《易》《书》《诗》《春秋》的过程中,吸收各家思想,改造先秦儒家的体系,使之适应中央集权统一封建王朝的需要,逐渐成熟起来。武帝建元六年(前135年),"窦太后崩,武安侯田蚡为丞相,绌黄老刑名百家之言,延文学儒者以数百人。而公孙弘以《春秋》白衣为天子三公,封以平津侯。天下之学士靡然乡(向)风矣"(《汉书·儒林列传》)。接着董仲舒集秦汉之际儒学之大成,在理论上形成儒学的新体系,被汉武帝接受,成为汉代统治思想,黄老之学的影响逐渐衰退。

## 第二节　云梦秦简的学术思想

1975年底至1976年初,考古学家在今湖北省云梦县境内的睡虎地发掘出秦昭王四十五年(前262年)至秦始皇三十年(前217年)之间的一批秦墓竹简,故名《云梦秦简》,或称《睡虎地秦墓竹简》。秦简的发现,对中国思想史学的学术研究具有重大价值。

**(一)秦简中思想多元并存的倾向**

经过春秋战国诸子百家争鸣,到战国中、晚期,当时思想学术界逐渐形成“百虑一致”“殊途同归”的发展趋势。如前所述,秦朝虽提倡“以吏为师”、以法为教的法家思想,但并不排斥其他非主流意识的存在。这在出土的秦简中也有所反映,主要是记载在第11号秦墓整理出的51支竹简上。因其中前有“凡为吏之道”的词语,故学者定名为《为吏之道》。

《为吏之道》的内容是阐明怎样才能做一个合格的官员,其具体要求是:①为吏的执法素质。简文提出,执法时应“审悉毋私”“安静毋苛”“严刚毋暴”“廉而毋刖”“毋以忿怒决”等。这五个“毋”,就是告诫官员在执法时,不能徇私舞弊,不能急躁苛问,不能以严为暴,不能动辄用刑(按:刖即砍脚之刑),不能情绪断案。这已与法家的“去奸之本,莫深于严刑”(《商君书·开塞》)有所偏离。②为吏的思想心态。简文受到孔子回答齐景公问政时所说的“君君、臣臣、父父、子子”(《论语·颜渊》)的启示,希望“为人君则鬼(读怀),为人臣则忠,为人父则慈,为人子则孝”,宣称“君鬼,臣忠,父慈,子孝,政之本也”,这显然是要求为吏必须兼容儒家思想。不仅如此,简文还要求官员处理好“怒能喜,乐能哀,智能愚,壮能衰,勇能屈,刚能柔,仁能忍”的转化,以保持心态平衡。这里所列举的怒喜、乐哀、智愚、壮衰、勇屈、刚柔、仁忍等七对矛盾,杂糅了《老子》第二、二十二、三十

六、四十三等章中的辩证思维。至于“忍”则与老子所说“报怨以德”(《老子》第六十三章)和孔子所说“在邦无怨,在家无怨”(《论语·颜渊》)的良好心态如出一辙。③官员的道德操守,这是前两项要求的人格保障。简文把它概括为“毋喜富,毋恶贫,正行修身”10个字。这是说,官员要以“毋恶贫”修身,以“毋喜富”律己,做到为官清廉自洁,警惕金钱诱惑,杜绝以权谋私,从而不贪财,不泄谋,不失言,不偿食,不负“以吏为师”的名号。这里深深地烙着孔子所说“不义,而富且贵,于我如浮云”(《论语·述而》),以及老子以“少私寡欲”(《老子》第十九章)处理身心关系的道德印迹。

第11号墓的秦简中,还有部分《日书》简文。内容是关于卜筮之事,可能是为了解答官员思想中的疑难或其心态失衡而作。

如果以秦简中关于思想多元并存与《史记·秦始皇本纪》及其相关《列传》的记载相互比对,就会进一步证明《史记》的基本翔实可靠。

**(二)秦简中秦律宽猛相济的初步表征**

秦律在秦简中共有五个部分,种类繁多,主要内容是在《秦律十八种》《秦律杂抄》和《法律答问》中。秦律素以严酷著称,这在简文中多有记载。其酷刑有“斩左止”“劓”“黥”“磔”(车裂)、“城旦”(即受“黥”刑以后,白天抗寇虏,夜晚筑长城)等(这里不含其他史籍所记载的更多的酷刑)。在秦律《法律答问》就有若干轻罪重判的案例,兹举其中的一例:

> 甲盗牛,盗牛时高六尺,系(囚禁)一年,复丈,高六尺七寸,问甲何论?当完为城旦。

这是说,甲偷牛一头,偷牛时,其身高六尺,尚未成年,囚禁一年,身高长了七寸,应按成年人偷盗治罪,处以“城旦”的重刑。这引起了一些思想家、政治家的反思,所以在《为吏之道》中,简文记载了“宽以治之”“有严不治”的言论,强调严中有宽,宽严相济。这在秦律《法律答问》中也有案例:

> 甲小未盈六尺，有马一匹自牧之。今马为人败，食人稼一石，问当论不当？不当论及偿稼。

这是说，甲身高仅六尺，还未成年，自己放马时，马被惊吓，吃了他人的禾稼一石，问应否论罪？不应论处，也不应赔偿禾稼。

秦律中宽严相济的发端，是上承孔子思想。其言最早见载于《左传·昭公二十年》：

> 仲尼曰："善哉，政宽则民慢，慢则纠之以猛；猛则民残，残则施之以宽。宽以济猛，猛以济宽，政是以和。"

而下启汉代儒家以礼为先、礼法兼治的法学体系。西汉桓宽在盐铁会议上就记载了贤良文学的这种主张。他们认为，用刑犹如除草，如果不别良莠，滥锄滥刑，将使"苗尽""民欺"，所以，他们反对不教而用刑，颠倒礼法的主从关系，用酷吏施严刑，专以镇压为事（见《盐铁论·后刑》）。这种追求公正、排斥极端、能够恤民的理念，使汉代的法学思想比秦朝有所进步，收到了稳定社会的功效。

## 第三节　陆贾与贾谊

陆贾、贾谊是汉初的两位儒家代表人物。他们不像伏胜、申培那样埋头整理、传授儒家经典，固守先秦儒家旧义，也不是叔孙通那种见机行事、猎取荣利的"圣人"。陆贾、贾谊总结历史经验，适应汉初形势，对儒家学说有所发挥。他们的思想具有本于儒家而融合儒、法的特点，他们两人的思想也具有不同的特色，反映出汉初 20 多年间前后形势的变化。

陆贾（前 240—前 170 年），经历了战国末年和秦汉之际两次政治变

陆贾像

动。他跟随刘邦平定天下,多次出使诸侯,奉命赴南越(今广东、广西)说服尉他去帝号接受南越王封号,臣服汉朝。后又与丞相陈平划策,剪除诸吕迎立文帝。他凭借丰富的政治阅历,直接总结秦亡的教训,提出以“仁义”治天下的主张。

陆贾《新语》12 篇都是发挥“行仁义,法先圣”的儒家政治主张。他引《穀梁传》的话说:“仁者以治亲,义者以利尊。万世不乱,仁义之所治也。”(《新语·道基》)认为仁义是万世不变的最好的政治指导思想。他举出尧、舜之治,周公之政等历史经验,说明一切先圣明王都是以仁义治天下取得赫赫政绩。又举出吴王夫差、智伯、秦代的历史教训,说明完全依靠暴力必然导致灭亡。他比喻说,居于高处的人必须有一个安稳的住处,处于高位的统治者必须有一个牢固的“巢”,以仁义为“巢”能够永久牢固不堕,以刑罚为“巢”,必有覆巢破卵之患。他的结论是:“仁者道之纪,义者圣之学。学之者明,失之者昏,背之者亡。”(《新语·道基》)陆贾所描绘的理想政治局面“至德之世”是这样一幅图景:

> 在朝者忠于君,在家者孝于亲。于是赏善罚恶而润色之,兴辟雍庠序而教诲之。然后贤愚异议,廉鄙异科,长幼异节,上下有差,强弱相扶,大小相怀,尊卑相承,雁行相随。(《新语·至德》)

以仁义为本,主要通过教诲,辅之以赏罚,建立君臣、上下、尊卑、长幼、大小、强弱、贤愚、廉鄙的社会秩序,使不同等级不同类别的人们和谐相处。这种思想是与先秦儒家思想一脉相承的。

不同于先秦儒家的特色是陆贾强调“无为”。他说:“夫道莫大于无为。”(《新语·无为》)作为正面的历史经验,他说虞舜“弹五弦之琴,歌南风之诗,寂若无治国之意,漠若无忧民之心,然天下治”,周公“师旅不设,刑格法悬”而天下治。作为反面的历史教训,他认为秦非不欲为治,然而失之于“举措暴众,而用刑太极”,结果是“事逾烦,天下逾乱。法逾滋,而奸逾炽。兵马益设而敌人逾多”(《新语·无为》)。在描绘“圣德之世”的理想时,他又说:“君子之治也,块然若无事,寂然若无声,官府若无吏,亭落若无民。”(《新语·至德》)没有连夜传送的紧急命令,没有连夜催办的紧急征调,所以夜里连犬吠鸟啼也都听不到。这里明显地对道家“无为而治”的思想有所吸取。陆贾在很大程度上把“仁义”解释为“无为”,直接反映了经过长期战乱后社会需要安定,国家需要休养生息,是具有时代特色的。在这一点上陆贾的思想与汉初流行的黄老之学是一致的。

陆贾从天人关系和古今关系两方面论证了以仁义为本的政治思想。

在天人关系方面,陆贾继承《易传》的观点,把自然界和人类社会看成一个有机联系的系统,天是生万物者,地是养万物者,人是成万物者。自然界的特点是“幽闲清静”,无意识地产生和养育万物;人类社会的特点是“附远宁静,怀来万邦”,有目的地使万物得以完成。他指出,建立君臣父子秩序,发明种植、畜牧,制作房舍、衣裳、舟车,正风俗,通文雅,都是人类特有的作用。人类以这种特有的作用与天地相配合,使天地生养的万物得以完成。这里排除了天意和天命对人事的决定权,而突出了人类社会特有的自觉能动性,但是陆贾又认为仁义是贯穿于自然界和人类社会的基本原则。不仅治理社会离不开仁义,《诗》《书》《礼》《乐》《春秋》体现着仁义,就是自然界的一切现象也都体现着仁义。他给自然界强加上道德属性,就不能完全摆脱天人合一、天人感应观念。他继承了先秦据天道以定人道的古老观念,说先圣“仰观天文,俯察地理,图画乾坤以定人道”(《新语·道基》),把自然法则说成社会法则的依据。他还进一步认为政治可以影响自然,说:“恶政生于恶气,恶气生于灾异。蝮虫之类随气而生,虹蜺之属因气而见。治道生于下,则天文度于上;恶政流于民,则虫灾生于地。”(《新语·明诚》)这就与后来董仲舒提出的天人感应思想很接近了。

关于古今关系,陆贾认为:“德薄者位危,去道者身亡,万世不易法,古今同纲纪”,“古人之所行者,亦与今世同”(《新语·术事》)。这万世不易、古今相同的“法”和“纲纪”就是仁义。无论古今,以仁义为原则治国就会成功,违背仁义原则就要失败,这是儒家的一贯思想。不同的是,陆贾认为在坚持仁义的原则下,治国的具体办法应当因古今时势不同而变化。“书不必起仲尼之门,药不必出扁鹊之方。合之者善可以为法,因世而权行。”(同上)“权行”就是推行仁义的办法依据古今时势不同而变通。“合之者善”,就是与今世实际相符合的办法为好办法。所以他又说:“善言古者,合之于今;能术远者,考之于近。”(同上)懂得了今世和近世,就可以贯通古今。他举例说,《春秋》一书上不及五帝,下不至三王,只记述了齐桓公、晋文公的“小善”和鲁国十二公的“为政”,就足以知成败,何必一定要追述遥远的五帝三王呢?这些看法显示出陆贾重视现实反对泥古的倾向,在一定程度上也承认了历史的发展。

贾谊像

贾谊(前200—前168年),18岁时就“以能诵诗书属文章”,知名于家乡洛阳(今属河南),20岁时被汉文帝召为博士,不久升迁为太中大夫。因大臣周勃等的排挤,贾谊被贬为长沙王太傅,后为梁怀王太傅。数年后,怀王坠马死,贾谊自感为傅无功,哭泣岁余而死,年33岁。著作有《新书》56篇和《鹏鸟赋》等。

贾谊和陆贾的政治思想都主张以仁义守天下。贾谊也是从总结秦代灭亡的教训来探求长治久安之策的。他的著名政论《过秦论》说:“秦以区区之地致万乘之权,序八州而朝同列,百有余年矣。然后以六合为家,崤函为宫,一夫作难而七庙堕,身死人手,为天下笑者,何也?仁义不施,而攻守之势异也。”又说:“夫兼并者高诈力,安危者贵顺权。”秦统一后若能适应形势变化,由“高诈力”转变为“贵顺权”,本来是可以长治久安的。秦没有实行这一方针的转变,招致了二世而亡的灾难。

贾谊活跃于政治舞台的时期,上距刘邦初定天下已有20多年。在这期间,刘邦消灭了异姓诸侯王,陈平、周勃为首的元老旧臣瓦解了诸吕的势力,对匈奴的和亲以及对南越王赵他的安抚政策暂时安定了边境,汉代政权已基本稳定。这是一方面。另一方面,随着休养生息带来的经济恢复发展,阶级矛盾逐步加深,潜伏着社会政治危机。贾谊敏锐地觉察到潜伏的社会政治危机,上书文帝指出当时的"事势""可为痛哭","可为流涕","可为长太息"。他忧心忡忡地指出:"进言者皆曰天下已安已治矣,臣独以为未也","夫抱火厝之积薪之下而寝其上,火未及燃,因谓之安,方今之势,何以异此"(《汉书·贾谊传》)。因此,贾谊的思想比陆贾深化了一步。

贾谊从"民本"的角度论证"仁义"的必要性。他说,政治经验告诉人们,君离不开民:安危取决于民;存亡取决于民;成败取决于民;力量来自于民。"故夫民者,至贱而不可简也;至愚而不可欺也。故自古至于今,与民为仇者,有迟有速,而民必胜之","故夫灾与福也,非降在天也,必在士民也。呜呼!戒之,戒之。夫士民之志不可不要也,呜呼!戒之,戒之"(《新书·大政》)。贾谊从先秦时期的"民本"思想引出的政治主张是必须实行"仁义",就这一点说是与陆贾一致的,但他对历史教训的总结比陆贾的认识前进了一步。

贾谊重新讨论了礼治与法治的优劣,他认为礼治优于法治。基本理由是:①"夫礼者,禁于将然之前,而法者,禁于已然之后。"(《汉书·贾谊传》)"礼"可以预防"恶",使百姓不产生"为非"的念头,有"劝善"的积极作用。"法"只能在"恶"发生以后进行惩罚,起"惩恶"的消极作用。②"礼""法"有不同的"积渐"作用。"刑罚积而民怨背;礼义积而民和亲","道之以德教者,德教洽而民气乐;驱之以法令者,法令极而民风衰。哀乐之感,祸福之应也"(同上)。礼治通过教育推行,久之成俗,民乐从之,带来长远利益;法治通过刑罚推行,积怨越来越多,形成哀戚逆反的情绪,必将招致祸乱。礼法关系就是刑德关系,贾谊不反对用刑,又认为应当把德置于政治思想的首要位置。在这两点上,他与陆贾是一致的。但是,陆贾把“仁义”与“无为”联系起来，贾谊则把“仁义”与“礼治”联系起来，反映出从陆贾到贾谊的几十年间形势的变化。

贾谊激烈批评了“无为”思想。他认为，秦之所以灭亡，主要的是它没有做应该做的事情，即没有推行礼制。他说“秦国失理，天下大败”，“失理”的内容是“违礼义，弃伦理”（《新书·时变》）。又说“四维不张”，“故君臣乖而相攘，上下乱僭而无差，父子六亲殃僇而失其宜”（《新书·俗激》），于是导致秦代灭亡。秦亡的原因不仅在于苛政，而且在于“失礼”。因而要采取的治国方针就不是“无为”，而是“有为”——建立和推行礼制。

贾谊指出当时所存在的一系列社会问题和政治问题亟须用积极有为的办法解决。匈奴势力日益强盛，不断扰乱侵犯，对汉政权构成严重军事威胁。同姓诸侯王“制大权以逼天子”（《汉书·贾谊传》），形成割据之势。社会贫富分化严重，歉收之年“富人不贷，贫民且饥”，灾害之年“卖宅鬻子，既或闻耳”（《新书·忧民》）。大批百姓舍本业从末业，“夫农事不为，而采铜日烦”（《新书·铸钱》），影响社会安定。他尖锐地指出当时的败坏世态：在光天化日之下、繁华大都之中，公然抢劫的事情出现了，利用巨额金钱和大量粮食公然行贿的事出现了，“到大父”“贼大母”“刺兄”、吏民互斗，招摇诈骗，假冒无忌，一切怪事、丑事、坏事都出现了。贾谊把这些社会问题和政治问题归结为“俗至不敬也，至无等也，至冒其上也”（《新语·孽产子》），即缺乏封建等级礼仪制度。为了解决这些矛盾，他除提出一系列具体对策（如“众建诸侯，而少其力”，国家垄断采铜、铸币，重本抑末等）之外，认为根本的办法是积极有为地推行礼制。他认为“道德仁义，非礼不成；教训正俗，非礼不备；分争辩讼，非礼不决；君臣、上下、父子、兄弟，非礼不定；宦学事师，非礼不亲；班朝治军、莅官行法，非礼威严不行”（《新书·礼》），继续高唱“无为”是不能解决社会危机的。

贾谊的思想有融合儒法的特点。在仁义和功利的关系上，他既强调仁义，又不反对功利，而把二者统一起来。他提出的一系列治安对策都贯穿着二者统一的观点。他的“民本”思想，既主张“爱民”，又主张把民看成可畏的异己力量加以控制。在礼制观念上,他认为礼既反映尊卑关系,又反映强弱关系。这种融合儒法的特点也就是所谓的“霸王道杂之”。

## 第四节　黄老之学

战国汉初的黄老学派是道家的一个支派。由于这个学派融合道、法,主张“清静自定”,适应了汉初休养生息、稳定政治局势和恢复发展经济的需要,得到统治阶级的重视而盛极一时。《史记·乐毅传赞》记载的战国末期至汉初黄老学派的传授关系是:河上丈人—安期生—毛翕公—乐瑕公—乐臣公—盖公—曹参。前六人都是隐居的学者,曹参是运用黄老之学治国的一位政治家。他接受盖公“治道贵清静而民自定”(《史记·曹相国世家》)的教导,用黄老之学治理齐国,“相齐九年,齐国安集,大称贤相”(同上)。萧何死后,曹参继萧何为相,凡事“一尊萧何约束”(同上)无所变更,也取得很好的政绩。文帝、景帝及窦太后都尊奉黄老之学。窦太后在文帝时为皇后,景帝时为太后,武帝时为太皇太后,至武帝建元六年(前135年)死去,处于中央政权的中心长达40多年。她尊崇黄老之学,这对汉初的社会产生了很大影响。此外,《史记》中提到的汉初黄老学者还有陈平、田叔、司马季主、郑当时、汲黯、王生、黄生、司马谈、刘德、杨王孙、邓章。《汉书·艺文志》的《诸子略》《兵书略》《数术略》和《方技略》中托名黄帝的著作,总计21种。这些著作除医书《黄帝内经》尚存外都已失传。1973年在长沙马王堆三号汉墓出土的帛书《老子》乙本卷前有《经法》《十六经》《称》《道原》四篇古佚书,是战国黄老学派的作品,抄写的时间大约在西汉惠帝至文帝初年,内容互有联系组成一个完整体系。有的学者认为这四篇古佚书就是《汉书·艺文志》中的《黄帝四经》。文物出版社1976年出版的这四篇古佚书释文总名为《经法》,一般称为《黄老帛书》,是目前研究黄老之学的基本依据。

黄老学派从《老子》出发,倾注全力研究人类社会的成败、得失、祸福,熔铸道、法,兼采儒、墨、名家、阴阳家的一些成分,形成自己的政治、哲学、军事思想体系。司马谈在《论六家之要指》中评述说:

> 道家使人精神专一,动合无形,赡足万物。其为术也,因阴阳之大顺,采儒墨之善,撮名法之要,与时迁移,应物变化,立俗施事,无所不宜,指约而易操,事少而功多。(《史记·太史公自序》)

这里描绘的“道家”不是老庄之学,而是《黄老帛书》中体现的黄老之学的思想面貌。

《黄老帛书》改造了《老子》“道”的范畴,把“道”形容为原初物质状态。《道原》认为,宇宙的最初状态与“太虚”混同(“迥同”),就是说没有形体,没有名称,但并不是虚无。《道原》还把“道”称为“一”,它充满于空虚而本身不是空虚,它的根本性质是无意识而有“和”的作用。《十六经》说得更明确,道是“阴阳未定”时一种无名的原初物质状态,它类似《管子·五行》篇的精气说,而与《老子》认为“道”是精神本体的思想不同。

《黄老帛书》着重论述“天”这一范畴,把天解释为自然界本身。把天的规律性理解为无意志、无目的的自然规律。它说:“天地无私,四时不息”,“参之于天地,而兼覆载而无私也”(《经法》)。天地的性质是“无私”,人要学习天地的就是“无私”。“无私”即没有意志,没有目的性。自然界没有意志却有规律性——“恒常”。“天地之恒常:四时、晦明、生杀、輮(柔)刚。”《经法》用日、月、列星的运行说明自然界的运动变化规律的客观性,与天文学知识有密切的联系。帛书又用“地气”“天地合气”“血气”说明生命现象运动变化规律的客观性,与农业、医学知识有密切关系,自然规律是无意识的,人则可以认识规律为自己造福。“天有明而不忧民之晦也,〔百〕姓辟〔闢〕其户牖而各取昭焉,天无事焉。地有〔财〕而不忧民之贫也,百姓斩木刓(刈)新(薪)而各取富焉,地亦无事焉。”(《称》)具有光明是天的客观规律,藏有财富是地的客观规律,但光明、财富不是天、地有意识地为人类准备的,采取光明、用财致富是人类利用自然为自己造福,不是天地的恩赐。“天制寒暑,地制高下,人制取予”(同上),自然界与人类各有职能。人类不能违背自然规律,否则就要失败,“顺天者昌,逆天者亡”(《十六经》),但是人类“能尽天极,能用天当”,“人强朕(胜)天”(《经法》)。这显然又是吸取了儒、法的积极思想,而与老庄有明显不同。

《黄老帛书》具有积极的进取精神,主要表现是:①从《老子》的贵柔守雌思想出发强调要达到争取民心而“有天下”的积极目的。《十六经》说:“大莛(庭)之有天下也,安徐正静,柔节先定。”这里说的贵柔守雌,不是单纯懦弱退守,而是“体正信以仁,兹(慈)惠以爱人,端正勇,弗敢以先人”(《十六经》)。《经法》说:“以强下弱,〔以〕何国不克? 以贵下贱,何人不得?”提倡恭俭、慈、爱人,提倡“以强下弱”“以贵下贱”,是为了战胜别的国家,占有别国人民,是为了“有天下”。②从《老子》的事物无不包含对立面的思想出发,强调了对立面相争的意义。《十六经》说:“阴阳备物,化变乃生”,“寒涅(热)燥湿,不能并立;刚柔阴阳,固不两行”。又说:“敌者生争,不堪不定”,“作争者凶,不争亦毋(无)以成功”。在攻伐相继、兼并盛行的战国时代只有争才能生存和发展。③从《老子》矛盾转化的思想出发,着重研究了转化条件,克服了宿命论和不可知论。《老子》说:“将欲弱之,必固强之。”《黄老帛书》运用这一观点解释黄帝如何战胜蚩尤时认为,让对方多行不义,自投于罪恶之中,自己一方还要兢兢业业,逐步从弱转强,才能达到战胜对方的目的,单纯从反面努力是不够的。《老子》认为祸福转化不可把握,《黄老帛书》则认为祸福转化有“见知之道”。“反索之无刑(形)”即可“知祸福之所以从生”(《经法》)。“无刑(形)”即事物的本原和规律。穷本究原,掌握规律性,就可以知道祸福之转化,可以“定祸福、死生、存亡之所在”,可以做到“万举不失理,论天下而无遗策”(同上)。《十六经》中还提出“因”“时”“度”作为认识转化、发挥主观能动性的原则。“因”是顺应规律性,“时”是掌握发展过程的时机,“度”是掌握恰当的限度,而不“过极失当”。

形名(亦作“刑名”)问题是《黄老帛书》研究的一个重要内容。除黄老学派外,先秦名家和法家也重视研究这一问题。名家着重从逻辑角度研究,法家将形名与法术结合,为法治提供理论依据。黄老学派的形名观念则把两方面结合起来。在形与名的关系问题上,帛书认为形先于名,名生于形,名必须与实相符。“有物将来,其刑(形)先之。建以其刑(形),名以其名。”(《称》)在辨析形名的必要性问题上,帛书既注意其认识意义,又重视其政治意义。“达于名实〔相〕应,尽知请(情)伪而不惑”(《经法》),是说形名一致是认识真理性的标准,关系认识真假的判辨。“〔名〕正者治,名奇者乱”(《十六经》),“名实不(不字衍)相应则定,名实不相应则静”(《经法》),“刑(形)名立,则黑白之分已。故执道者之观于天下殹(也),无执殹(也),无处殹(也),无为殹(也),无私殹(也)”(《经法》),是说形名对于社会治乱和治国方针有影响。黄老之学的形名观念既有认识论的含义,又有社会政治的含义。

儒家主张德治,法家主张法治,各执一端互相对立。《黄老帛书》调和儒、法,发挥了刑德并用的政治思想。《尉缭子·天官》说:“刑以伐之,德以守之。”这是对黄老之学政治思想的很好概括。

用阴阳观念论证刑德,从而把刑德提高为主宰万物的两种根本力量,是《黄老帛书》政治思想引人注目的特点。《十六经》把阳与德相联系,把阴与刑相联系。它说:“刑德皇皇,日月相望,以明其当,而盈□无匡”,“春夏为德,秋冬为刑。先德后刑以养生”。又说:“天德皇皇,非刑不行。缪(穆)缪(穆)天刑,非德必顷(倾)。刑德相养,逆顺若成。”根据这种看法,刑德如日月,如四季,两者都是光明正大的,而且互相依存,缺一不可。这就为刑德并用的政治主张提供了理论根据。

在刑与德的关系方面,《黄老帛书》认为以德为先,以德为主。它认为:“三时成功,一时刑杀,天地之道也”(《经法》),“先德后刑,顺于天”(《十六经》)。由此出发,《黄老帛书》对儒家的仁义主张作了进一步发挥,在君臣关系上提倡“主惠臣忠”(《经法》)和礼贤下士。它认为君臣两方,君是主导方面，“主主臣臣，上下不赾（斥）”，“主得□臣楅（辐）属者”（《经法》）。但君应当以臣为师友、为宾客，如果君以臣为雇佣、为奴隶，国家就要危亡。在君民关系上提倡“顺民心”“亲民”，以争取民的拥护。《十六经》托黄帝提出“畏天、爱地、亲（民）”的口号，《经法》提出的治国步骤是：“一年从其俗，二年用其德，三年而民有得，四年而发号令，〔五年而以刑正，六年而〕民畏敬，七年而可以正（征）。”先实行德政，使人民富裕，然后才能推行政令刑罚，征伐敌国。黄老的德政主要指给臣民以物质利益，与儒家的德政主要指宗法情谊和道德教化不同，是对儒家政治思想的改造。《黄老帛书》同时也把刑提到了重要地位。刑的内容之一是指对外战争。帛书把战争分为“有为利者，有为义者，有行忿者”（《十六经》）三类，反对“为利”“行忿”的战争，拥护“为义”的战争，认为“伐乱禁暴，起贤废不宵（肖）”（同上）的战争与民众利益一致，能够得到民众的支持。刑的另一个内容是对内推行法制。帛书提出“道生法”“法度者，正之至也”“是非有分，以法断之。虚静谨听，以法为符”（《经法》）等观点，把法提高到判别是非的标准的重要地位。帛书还提出执法必须“精公无私”“罪杀不赦”“赏必当功、罚必当罪”（同上）等要求，对法家政治思想有明显的吸取。

随着汉代经济的发展，封建割据势力逐步消除，统治阶级不再满足于清静无为的黄老之学，它的统治地位就被经过董仲舒改造的儒家思想所代替。黄老之学在政治上失势以后向三个方向发展：一些学者专门研究老子之学，成为研究《老子》的一种学术；另一些学者专门研究道家的养生之道，成为养生之学；还有一些把黄老之学与神仙方术结合，形成道教神学。

## 第五节　《淮南子》

《淮南子》又称《淮南鸿烈》，淮南王刘安（约前 170—前 122 年）主编。刘安是高祖之孙、武帝之叔父，以“辩博善为文辞”（见《汉书·淮南厉王刘

刘安像

长传》)著称,招集宾客数千人著书立说。《淮南子》20篇(加《要略》为21篇),是刘安与门客苏飞、李尚、左吴、田由、雷被、毛被、伍被、晋昌及诸儒大山、小山之徒所著。这部书的著作意图,一是探求避祸求福、养生保身之道,即所谓"使人知先后之祸福,动静之利害"(《淮南子·要略》);二是为统一的封建国家提供长治久安之道,即所谓究"天地之理""人间之事""帝王之道"(同上)。成书后约在建元二年(前139年),献给武帝。但事过五年(元光元年,前134年),武帝采纳了董仲舒的建议,罢黜百家而独尊儒术。又过了十二年(元狩元年,前122年),刘安自杀身死。《淮南子》的主张虽然没有得到真正实行,但它在我国古代学术史上却有重要的地位。

《淮南子》以道家思想为基础,博采众家之说。它的作者中至少有道家和儒家两派学者。全书从《老子》《庄子》中采撷的思想最多,又反复称引《诗》《易》等儒家经典。从法家学说中采取了循名责实、以法治国、因时变法等思想,又以阴阳五行说为骨架构成世界图式,吸取墨家思想较少,但在一些篇章中也有反映。因此,各篇观点不完全一致,有时同一篇中也有自相矛盾的说法。《修务训》《泰族训》有明显的儒家倾向,《原道训》《俶真训》《道应训》等则是以道家思想为主的典型篇章,而《主术训》《氾论训》《人间训》《精神训》等篇中,道、法、儒各家思想融合在一起。一般认为《淮南子》属杂家著作,原因就在于此。但是,道家思想在全书中占主要地位也是事实。《要略》篇概括全书的主旨说:"欲一言而寤,则尊天而保真;欲再言而通,则贱物而贵身;欲叁言而究,则外物而反情。"这正是道家的基本精神。高诱《叙》中也说:此书"其旨近老子,淡泊无为,蹈虚守静,出入经道","其义也著,其文也富,物事之类,无所不载。然其大较,归之于道"。《淮南子》的作者认为:"言道而不言事,则无以与世浮沉;言事而不言道,则无以与化游息。"(《淮南子·要略》)就兼采众家学说而建立的庞大思想体系而言,《淮南子》是杂家著作,与《吕氏春秋》具有同一特点。就其体系的主导倾向而言,《淮南子》以道家为基础,反映了汉初的时代精神,与《吕氏春秋》不同。就融合百家的成果而言,《淮南子》比《吕氏春秋》的内容更加丰富,体系趋于严密。《淮南子》书中固然有许多的内容只是采撷前人思想,但在一系列问题上写出了新意。

《淮南子》的宇宙生成论从道出发,把先秦道家关于道化生万物的思想与阴阳学说结合起来,穷究天地剖判、宇宙演化,对宇宙形成过程提出了系统看法。

《天文训》提出,原始的道是混沌无形状态,经历了"虚霩""宇宙""元气"几个发展阶段。之后,"元气"向轻阳和重浊两个方向分化形成天地,开始了有形发展过程,又形成日、月、四时、星辰、风雨雷霆、雾露霜雪、飞禽走兽。

《精神训》的宇宙形成论从未有天地阶段开始,经过万物形成阶段,一直讲到人类形成。它说"烦气为虫,精气为人",人是天给予的精气和地给予的骨骸结合形成的。《俶真训》借用《庄子·齐物论》的命题,吸取其逻辑思维程序,把"有"解释为现实存在的万物,把"无"解释为有形物体以外的广大宇宙空间,把"未始有有无"解释为现实世界之前的时期,又把"有始"解释为万物萌生阶段,把"未始有有始"解释为万物萌生以前的阶段,又把"未始有夫未始有有始"解释为天地初开阶段。

《淮南子》的宇宙形成论是与神学目的论对立的。它用阴阳学说说明万物的产生和发展,把宇宙演化看成自然发展过程,排除了鬼神的作用。但又用"同气相感"说明天象运行与社会治乱有关,认为天象能预示人间祸福,人事能影响天象。

《淮南子》的形神观比前人有明显的发展。它提出形、神、气为生命三要素的学说。《原道训》说:"夫形者生之舍也,气者生之充也,神者生之制也。"形(形体)是生命的基础,神(精神)是生命活动的支配者,气(也称为"气志""血气")是为生命输送能量的无形的流动体。三者具备,人才能有体力、视力、听力,才能识别黑白、分别美丑是非。形、神、气相互依赖,三种要素配合适宜则生命旺盛,一种因素失调则三者皆伤。“耳目淫于声色之乐,则五藏摇动而不定矣;五藏摇动而不定,则血气滔荡而不休矣。”(《淮南子·精神训》)精神对整个生命活动具有主导作用,精神消耗过度,整个生命就会受到损害。《原道训》比喻说:“火逾然(燃)而消逾亟。”这是中国思想史上第一次用烛火之喻说明形神关系,成为后来无神论者说明形神关系常用的比喻。形、神又可相对独立:“形伤于寒暑燥湿之虐者,形苑(病枯)而神壮;神伤乎喜怒思虑之患者,神尽而形有余。”(《淮南子·俶真训》)形体伤残而精神饱满的现象和精神枯竭而形体尚有活力的现象也存在。《淮南子》讲养生而不追求长生,认为使形、神各自的功能都发挥到尽头,然后同时消亡,就达到了养生的目的。人的精神“受于天”,形体“禀于地”(《淮南子·精神训》),天是清阳之气,地是重浊之气,所以精神和形体都本于元气。人死是“精神入其门,而骨骸反其根,我尚何存”(同上),否认人死为鬼的迷信。在形神关系上,认为“五藏”不定,则“血气”动荡;“血气”动荡,则“精神”不能守。“五藏”决定“血气”,“血气”决定“精神”,倾向于认为精神依赖形体。但精神“受于天”、形体“禀于地”的说法没有摆脱形神二元论。既然形神是来源于不同的二物,就存在着分离的可能,当形体死亡之时,精神就有可能单独存在。《精神训》承认有所谓“形有摩(死亡)而神未尝化”的情况存在。这种“未尝化”的精神虽然是气,但无论如何是承认了精神可以脱离形体而存在。

《淮南子》的认识论是有创见的。它承认客观规律和客观真理,提倡不断积累知识技能,具体研究了认识方法,表现出较强的辩证因素和理性主义。从利用和改造世界的角度提出,事物的性质具有多样性,只要全面认识事物的性质,用其所宜,任何事物都有可贵可用之处,因此说“万物一齐,而无由相过”“物无贵贱”“物无不贵”(《淮南子·齐俗训》)。它又提出,任何事物有其主要性质,认识事物性质应当抓住主要性质。不能因为孔子曾困于陈蔡就认为他提倡的六艺无用,不能因为有“医不自治”的现象就认为医不能治病,不能因为冬有雷电、夏有霜雪的特殊现象而否定冬寒夏热的趋势,不能因为植物有冬生夏死的个别现象就否定冬死夏生的主流。以次要性质否定主要性质的思想方法,被批评为“不称九天之顶,则言黄泉之底”的“两末端仪”(《淮南子·修务训》)。它又从事物的联系出发,要人们注意认识相反事物的依存和转化。《人间训》说“祸与福同门,利与害为邻”,二者是依存而又转化的。转化的条件有“性”(个人品质)和“命”(环境遭遇)两方面。《俶真训》强调“命”起决定作用,说“世治则愚者不能独乱,世乱则智者不能独治”。《人间训》强调“性”的决定作用,说“积爱成福,积怨成祸”,是一种非鬼神的报应说。《淮南子》很重视现象与本质的关系,强调要由“昭昭”(现象)而入于“冥冥”(本质)。它举例说:“琴不鸣而二十五弦各以其声应;轴不运而三十辐各以其力旋。……使有声者乃无声者也;能致千里者乃不动者也。”(《淮南子·泰族训》)二十五弦各有其声,三十辐条条转运,这是事物的现象。“琴不鸣”而成曲,“轴不运”而致千里,这是事物的本质。从外在的多样的现象进而认识内在的稳定的本质,才能真正认识事物。把握事物的本质主要依靠心(即思维)的作用。心能够“见本而知末,观指而睹归,执一而应万,握要而治详”(《淮南子·人间训》)。有这样一个故事:九方堙为秦穆公相马,回报说找到了一匹黄色的公马,派人去看却是一匹黑色的母马。秦穆公对这个连毛色和公母都弄错了的九方堙大为失望。伯乐却因此更加佩服九方堙相马本领高超。他说:“若堙之所观者,天机也。得其精而忘其粗,在其内而忘其外,见其所见,而不见其所不见,视其所视,而遗其所不视。”(《淮南子·道应训》)因为公母和毛色对于鉴别良马并不重要,所以选择良马时可以不考虑,这里包含着认识事物时可以舍弃非本质现象的思想。

在历史观方面,《淮南子》提出“事”与“道”一对范畴。“事”指每个时代的事物,包括典章制度、治国方略、伦理规范和风俗习惯。“道”指社会历史生活的规律性,它是作为宇宙总规律的“道”的一部分。关于“事”与“道”的关系,《氾论训》说:“圣人所由曰道,所为曰事。道犹金石,一调不更;事犹琴瑟,每弦改调。”又说“事”是“治人之具”,“道”是“所以为治”(《淮南子·氾论训》);“事”是“成法”,“道”是“所以为法”;“事”是庄子所说的“迹”,“道”是庄子所说的“所以迹”。总之,“事”是变化的现象(“每弦改调”),“道”是不变的本质(“一调不更”)。从“事”的方面看,它肯定人类物质文明是进化的,“民迫其难则求其便,困其患则造其备;人各以其所知去其所害,就其所利”(《淮南子·氾论训》)。宫室、机杼、耒耜、锄斧、桔槔、舟车、服牛乘马以及防御鸷禽猛兽的武器,都是人们在困难祸患逼迫下为了求其便利而创造出来的。它也肯定礼义法度是论世而立、随事而定的,“世异则事变,时移则俗易”(《淮南子·齐俗论》),“法度制令,各因其宜”(《淮南子·氾论训》)。古制未必都适合今世,今世之制未必都不善,“先王之制,不宜则废之;末世之事,善则著之”(同上)。这些看法与韩非的历史进化观一脉相承。从“道”的方面看,它又认为人类精神文明是退化的。它赞扬远古时代人类的精神“和顺以寂漠,质真而朴素,闲静而不躁,推而无故。在内而合乎道,出外而调于义,发动而成于文,行快而便于物,其言略而循理,其行侻(简易)而顺情。其心愉而不伪,其事素而不饰”(《淮南子·本经训》)。近世人性变得虚伪,风气变得败坏,仁义礼乐的出现就是精神堕落和社会衰败的象征。这又是老庄的老调重弹。

此外,《淮南子》书中还包括与黄老之学一致的“无为”观念,与老庄思想一致而又杂采孟、荀的人性思想,与儒家一致的民本思想以及本于《孙子兵法》的军事辩证法思想。从总体来看,《淮南子》体系博大,内容丰富,虽熔铸贯通之功未就,然创新之意殊多。它是汉代学者对汉以前思想文化的一次最大规模的综合汇集,反映出独尊儒术以前的学术面貌。

# 第二章　汉代经学

## 第一节　经学的统治地位

经学是解释和阐述儒家经典的学问，其名称始见于《汉书·儿宽传》，其起源往往被上溯到子夏和荀子。经字本义指丝织物的纵线，《说文解字》："经，织从（纵）丝也。从糸，巠声。"在这里经引转为书籍的含义。称重要书籍为经，以与一般书籍相区别，或将文章中的提纲部分称为经以与阐述的部分相区别，这在先秦诸子中已经出现，如《墨子》中有"经"和"说"，《管子》中有"经"和"解"，《韩非子》的《内储说》《外储说》中有"经"和"传"。经本非儒家典籍的专有名称，然而儒家典籍是被称为经的典籍的重要部分。《管子·戒》称"泽其四经"，《荀子·劝学》称"始乎诵经，终乎读礼"，《庄子·天道》称孔子"缙十二经"，都是指儒家典籍。汉武帝时，《诗》《书》《礼》《易》《春秋》始称为"五经"，后逐渐增加其他儒家著作。经学是一种未分化的学问，内容相当庞杂，涉及文字学、历史学、天文历算、鸟兽草木之训释，而政治思想、哲学思想、宗教思想则是经学的重要部分。

汉初诸子学说复兴，儒家经学有齐学与鲁学两支。传《诗》的辕固生和传《春秋公羊传》的公羊寿都是齐人，形成汉初经学的齐学；传《诗》的申培公和传《礼》的高堂生都是鲁人,形成汉初经学的鲁学。这时的经学只是作为一家与其他诸子学派并立争鸣,还没有取得独尊地位。

经学是汉代的统治思想,确切地说,经学是西汉武帝至东汉章帝两个多世纪期间的统治思想。经学统治地位的确立和发展,与当时的政治有密切关系。

武帝时期是经学成为统治思想的开始。建元元年(前 140 年),武帝令大臣、诸侯举贤良,丞相卫绾奏请"所举贤良,或治申、商、韩非、苏秦、张仪之言,乱国政,请皆罢"(《汉书·武帝纪》),得到武帝认可。这件事显示出武帝有用儒家取代百家,以经学统一思想的意图。建元五年(前 136 年)立"五经"博士,表明经学已被提升到官方学术的地位。但当时的经学并不完全适合武帝的需要。传《鲁诗》的申培被迎接到长安,武帝问以治乱之事,申培却劝武帝"力行"儒学而不要"多言",与武帝的想法不合,因而未得重用。元光元年(前 134 年),武帝诏问:"何行而可以章先帝之洪业休德,上参尧舜,下配三王?"(同上)春秋公羊学派的董仲舒建议"诸不在六艺之科、孔子之术者,皆绝其道,勿使并进"(《汉书·董仲舒传》),被武帝采纳,是经学成为统治思想的开始。但这时成为统治思想的只是经学中的春秋公羊学派,而不是整个经学。

经学取得统治地位并不等于它完全适合统治阶级的需要。儒家传统中一些内容仍然与王权存在着矛盾。一些"不达时宜,好是古非今"的经学家往往与王权发生矛盾。比如昭帝时发生灾异,《公羊》学者眭弘根据董仲舒的理论认为汉家天下应该改朝换代,上书说"汉帝宜谁差天下,求索贤人,禅以帝位,而退自封百里,如殷周二王后,以承顺天命"(《汉书·眭弘传》),结果以"妖言惑众,大逆不道"的罪名被杀。再如宣帝时下诏令立庙乐颂扬武帝功德,著名的《尚书》学者夏侯胜却反对,说武帝虽有攘夷开土之功,"然多杀士众,竭民财力,奢泰亡度""亡德泽于民,不宜为立庙乐"(《汉书·夏侯胜传》),结果以"非议诏书,毁先帝"的罪名下狱。还有一个儒家学者根据儒学经典对宣帝任用宦官、推行刑法提出激烈反对。经学内部的矛盾更加复杂。由于传授不同，经学内部分为许多派别，在独尊儒术以后，经学成为利禄之道，各派之间发生激烈争夺。某一经的大师被立为博士后，他们的经说就成为“师法”；博士弟子以“师法”说经，相互之间又有异同，各自成家，他们的经说就成为“家法”。各家各派严守“师法”“家法”，党同伐异，争论不休。一个派别争得统治者的信任，就意味着得到官位利禄，相反就意味着遭到贬抑。治《公羊春秋》的董仲舒就是与治《穀梁春秋》的江公辩论取胜后才被武帝选中的。公羊春秋派争得信任就意味着穀梁春秋学派遭到贬抑。西汉末古文经学崛起，今古文经学成为经学内部对立的两大派。为消除经学与皇权的矛盾以及经学内部的矛盾，使经学更加适合皇权的需要，朝廷便对经学的发展进行干预。宣帝时期、王莽时期和章帝时期是在皇权干预下经学发展的几个重要时期。

宣帝时为统一经学做了很大努力。甘露元年（前53年）召开了一次讨论《公羊》《穀梁》同异的会议，由于太子太傅萧望之的支持和宣帝的偏好，穀梁学派被扶植起来，取得了和公羊学派并列的地位。甘露三年（前51年）又召开石渠阁会议讨论五经同异，有五经学者22人参加。由萧望之记录各种分歧的论点，然后由宣帝亲自裁决。会议结果设立了梁丘《易》学、大小夏侯《尚书》学和《穀梁春秋》博士，又分立大戴《礼》、小戴《礼》两家博士。至此，经学十四博士基本建立。石渠阁会议使今文经学各派别全部成为官学，并形成了一些共同结论，为建立统一的经学铺平了道路。但是，这次会议讨论的内容陷入枝节问题（如大宗无后，而族中只有一嫡子，此一族中嫡子当继大宗还是当继其父？死者久而不葬，丧服是否要一直穿下去？如此等等），思想方法受师法、家法禁锢，未能充分分析说理，最后又是凭借皇帝的权力裁定是非，没有能够从维护封建统治的高度提出带有根本原则的问题，没有能够提出体现时代精神的思想体系，统一经学的目的并没有达到。

王莽统治时期，经学范围扩展。今文经学中本来就有以神学编造补充五经的倾向。西汉末年，为适应社会矛盾激化、政治危机严重的局势，今文经学进一步庸俗化，以普遍的神学编造附会五经，形成谶纬神学。谶是巫师、方士编造的预言或隐语。“纬”对“经”而言，是以宗教迷信附会儒家经典的著作。当时各派势力都把自己的政治需要转化为上帝和孔子的意志，拥护现状的一派用以说明“孔子为汉制法”；反对现状的一派用以说明汉运将终，谶纬神学泛滥成为社会思潮。西汉末经学的另一个发展是古文经学崛起。哀帝时刘歆在秘府校书，发现古文《春秋左氏传》，建议立《春秋左氏传》等古文经学博士。这一建议被否定，从而导致两派相争的激化。

王莽夺取政权的过程中充分利用谶纬和今文经学，取得政权后要复古改制，又需要古文经学作依据，所以对三个派别采取了兼收并蓄、分别利用的政策。始建国元年(9年)颁布《符命》42篇于天下，利用谶纬为他夺取政权的合法性作舆论宣传。同时宣布禁止民间擅作谶纬，又在保留原有全部今文博士的同时，增立《周官》《春秋左氏传》《毛诗》《逸礼》《古文尚书》五家古文博士。为解决经学各家各派义理分歧和烦琐的问题，王莽曾把五经章句删节为20万字。这些表明，王莽也企图建立为自己服务的统一的经学，由于王莽政权很快覆灭，统一经学的目的又没有达到。

章帝时终于建立起统一的经学，并以此作为统治思想。东汉初年，统治者继承王莽的文化政策，仍然对谶纬神学和今古文经学兼收并蓄，分别利用。光武即位之初，立即宣布图谶于天下，又召集经学大师会晤于京师，《后汉书·儒林传》举出的被召集来的经学大师有范升、刘昆、桓荣、陈元、郑兴、杜林、卫宏七人，前三人是今文学者，后四人是古文学者。但是这一兼收并蓄的政策并不能解决经学内部的矛盾。王莽政权覆灭后，今文派势力大振，企图恢复往日独占官学的地位。在激烈争辩后，光武初所立十四经学博士全是今文派，这是今文派的胜利。但是古文派势力在王莽时期已有很大发展，再也不像西汉末年那样容易压制了，不久，立《左传》博士的问题又被提了出来。这种派别纷争使统治者更加迫切地感觉到建立统一经学的必要。由于谶纬多半是隐语或预言，含义晦涩，可以作不同解释，容易被各种势力利用，不可能成为统一思想的基础，因此必须找出今古文经学的共同点，以此作为统一思想的基础，经过相当长一段时期的辩论，统一经学的条件成熟了。章帝建初四年(79年)召开的白虎观会议是经学史上一次盛大的会议，内容是讨论五经同异，宣帝"亲称制临决"，参加会议的有经学各个派别的学者。经过辩论，在"君臣之正义"和"父子之纲纪"这个共同思想基础上把各种分歧的解释统一起来，作出了各派都能接受的规范性结论。其中以今文经学的观点居多，也采用了古文经学的一些解释，清除了谶纬简单粗糙的神学编造，又把谶纬的神学精神与经学密切结合起来，表现出浓厚的神学色彩。这就是白虎观会议所产生的《白虎通义》的特点。以后经学沿着今古文融合的道路发展。

从汉代开始，经学成为中国封建文化的正统，其沿革变迁、盛衰消长，和整个封建社会政治思想、学术文化的发展演变密切相关。汉代经学家保存整理的儒家著作成为后代重要的思想资料。

## 第二节　今文经学与古文经学

今文经是汉代学者所传述的儒家经典，用汉代通行的文字(隶书)记录，大都没有先秦古文原本，而由战国以来的学者师徒父子相传，到汉代才一一写成定本。今文经包括三家《诗》(申培所传的《鲁诗》、辕固所传的《齐诗》、韩婴所传的《韩诗》)，出于伏胜的《尚书》(分为欧氏、大夏侯氏、小夏侯氏三家)，出于高堂生的《礼》(分为戴德、戴圣、庆普三家)，出于田何的《易》(分为施雠、孟喜、梁丘贺、京房四家)，出于胡毋生、董仲舒的《公羊春秋》(分为严彭祖、颜安乐两家)以及江公所传的《穀梁春秋》。以上今文学各家，三家《诗》于文帝、景帝时最早立博士，武帝时遍立五经博士，至宣帝时今文五经各家全部分立博士。

古文经是指战国时代用东方六国文字书写的儒家经典。汉代的古文经有三个来源：一是武帝末年鲁恭王扩建宫室时在孔子旧宅壁中发现的

《古文尚书》《逸礼》;二是流传于民间的《毛诗》和费直、高相所传的《易》;三是秘府中所藏的《周官》和《春秋左氏传》。许慎说《春秋左氏传》是北平侯张苍所献(见《说文序》)。以上古文经在西汉时并没有立博士,王莽时才立《周官》《春秋左氏传》《毛诗》《逸礼》《古文尚书》五家古文博士,东汉初即被取消。古文经学在西汉一直处于"私学"地位。

研究今文经的学问称今文经学,研究古文经的学问称古文经学。今文经学与古文经学的区别,从表面看只是书籍抄本的不同,从实质看它们对经书的意义理解有很大区别,对古代制度及人物评价都很不相同,因而形成两大派别。今古文经学的不同可以从两派对《六经》的排列顺序说起(依据周予同说)。今文家的次序是《诗》《书》《礼》《乐》《易》《春秋》。如董仲舒说:"《诗》《书》序其志,《礼》《乐》纯其美,《易》《春秋》明其知。"(《春秋繁露·玉杯》)不唯董仲舒这样排次,除特殊例外,今文经学对《六经》的排次都是这样。古文家的次序是《易》《书》《诗》《礼》《乐》《春秋》。《汉书·艺文志·六艺略》的排次是《易》《书》《诗》《礼》《乐》《春秋》。不唯《汉书》这样排次,除特殊例外,古文经学对《六经》的排次都是这样。今文家是按《六经》内容不同从浅到深排次,古文家则按照《六经》产生的时代先后排次。这反映出,在今文家看来《六经》是孔子为"托古改制"而写的著作,在古文家看来《六经》是"述而不作,信而好古"的孔子所整理保存下来的古代史料。对《六经》看法不同,由此对儒家创始人孔子的认识也产生出不同观点。在今文家看来,孔子主要是教育家、哲学家、政治家,甚至是"受命"的"素王",孔子把《六经》当做发挥自己思想的躯壳。在古文家看来,孔子主要是史学家、教育家,是儒学的先师,孔子的精神即在《六经》本身。由此对经学本身的认识也产生出不同的观点,今文经学重在阐发《六经》中包含的微言大义,重视《公羊春秋传》,因而很容易与纬书相结合,表现出浓厚的神学色彩。古文经学重在考究史实,重视《周礼》《左传》,因而向阐述古制、古文字的方向发展,表现出比较朴实的学风。由此出发,今古文经学对先秦学术思想的看法,对上古历史的看法,对史学史的看法以及对文字学的看法都发挥出一系列不同的观点。

今古文经学之争还有深刻的政治背景。汉代帝王一般不是站在今古文两派中的一派反对另一派,而是保持不过分倾斜的态度。采取这样的态度的表面理由,往往是爱好学问,扶持微学,增广见闻等。更深一层原因则在于汉代政治的基本原则。试看武帝的用人,他接受了董仲舒“独尊儒术”的建议,所重用的却不是董仲舒,而是“习文法吏事,缘饰以儒术”的公孙弘。用衣服作比方,“文法吏事”是衣服本身,儒术只不过是衣服上起装饰作用的镶边而已。经学本来就不是也没有被当做高于政治利益的学问,最高统治者宁可采取比较超然的态度,以便依据政治需要在今古文两派之间自由选择。今文派公羊春秋学那个“孔子为汉制法”的编造迎合了汉代的政治需要,所以能够久居官学地位。古文派左氏春秋学那个“汉为尧后”的说法很自然引申出“禅让”的观念,迎合了王莽的政治需要,所以受到王莽重视而被立于官学。在这样的政治背景下,今古文经学各有众多门徒,世代相传,壁垒森严,上下左右盘根错节,形成各自的集团。一直居于官学地位的今文派固然势力强大,古文派也成为不能压制的势力。

西汉末到东汉末今古文经学的四次重要争论,现略述如下:

第一次是刘歆(古文派)与太常博士们(今文派)的争论。西汉哀帝建平、元寿年间(前6—前1年),刘歆提出立古文经《毛诗》《古文尚书》《逸礼》《左氏春秋》博士。刘歆的理由主要有二:①经过秦代焚书和禁止挟书保存下来的今文经传残缺不全,古文可以补其残缺。《古文尚书》较《今文尚书》多16篇,《逸礼》较《礼经》多39篇。今文经传中存在脱简漏字,可以用古文校补。②今文《公羊》《穀梁》是经孔子再传、三传弟子传授而后记录的,古文《左传》是孔子同代人左丘明所传,后者更为可靠。这个见解是刘歆受命校书中看到《左传》后形成的,他曾根据这个见解与他的父亲、今文学家刘向辩论。刘歆还写了一封措词激烈的信,谴责太常博士们“犹欲抱残守缺,挟恐见破之私意,而无从善服义之公心,或怀妒嫉,不考情实,雷同相从,随声是非"(《汉书·楚元王传》)。这封信引起很深的怨恨。有的以罢官威胁,有的弹劾刘歆"改乱旧章,非毁先帝所立"(同上),刘歆被迫要求去做地方官以避祸。这次争论以无结果而告终。

第二次是韩歆、陈元(古文派)与范升(今文派)的争论。东汉光武帝建武年间(25—55年),尚书令韩歆上疏欲立古文经《费氏易》和《左传》。范升以《左传》"不祖孔子""无有本师而多反异""非先帝所存"(《后汉书·范升传》)等理由加以反对。接着又奏《左传》之失十四事,并说各家纷纷争立,"从之则失道,不从则失人"(同上)。古文派陈元又上疏以《史记》多引《左传》作为古文经可靠性的证据,遂引起对《史记》评价的争论。争论几十个回合,光武帝决定立《左传》于学官,以李封为博士。适遇李封病卒,《左传》复废。这次争论仍无结果,但古文派的影响扩大了,可见学术风气转变和古文经学渐兴的景象。

第三次是贾逵(古文派)与李育(今文派)的争论。东汉章帝建初元年(76年)贾逵条奏《左传》优于《公羊》《穀梁》之外,并以图谶附会《左传》,博取章帝信任。李育作《难左氏义》,提出41个问题反诘。至建初四年(79年)白虎观会议,双方继续反复辩论。白虎观会议的结果没有作出古文经学立于学官的决定,但肯定了古文经学的不少论点。

第四次是郑玄(古文派)与何休、羊弼(今文派)的争论。东汉桓帝至灵帝时期(147—182年),今文学家何休作《公羊春秋解诂》,并"与其师博士羊弼追述李育意,以难二传,作《公羊墨守》[1]《左氏膏肓》《穀梁废疾》"(《后汉书·何休传》)。郑玄看到后作《发〈墨守〉》《针〈膏肓〉》《起〈废疾〉》。何休见而叹曰:"康成入吾室,操吾矛,以伐我乎!"(《后汉书·郑玄传》)

从上述四次争论可以看出,汉代今古文经学争论的内容,始终以《左传》为中心,争论《左传》与《公羊传》的优劣问题。所争的目的是古文经

① 李贤注:"言《公羊》之义不可攻,如墨翟之守城也。"

学的官学地位。今文派一直利用政治力量压制古文派,反对立古文经传博士。古文派一直不甘心处于无权的私学地位。争论的发展趋势是古文派越来越壮大。东汉时期出现了郑众、杜林、桓谭、贾逵、马融等著名古文学家,遂使今古文经学趋于融合。郑玄就是这样一位融合今古文经学的大师。

# 第三章　董仲舒的公羊春秋学

## 第一节　董仲舒和《春秋公羊传》

董仲舒像

董仲舒(前179—前104年)是西汉时期的儒学大师。他刻苦好学,曾“三年不窥园”(《汉书·董仲舒传》),以悉心研究《春秋公羊传》著名。景帝时任博士官。武帝时举贤良文学之士,他应诏先后三次对策,进献著名的“天人三策”,建议“诸不在六艺之科、孔子之术者,皆绝其道,勿使并进”(同上)。武帝采纳了他的建议,“罢黜百家,独尊儒术”。董仲舒任江都易王的相国时,辽东的汉祖庙和汉高祖陵墓便殿失火,董仲舒以迷信附会政治,认为两处失火都是天意的表现。辽东祖庙失火表示在外地有不法诸侯该杀,高祖陵墓便殿失火表示在朝廷有不法大臣该杀。因此引起执政者的愤怒,将董仲舒下狱。董仲舒被释放后任胶西王相国,元狩二年(前121年)以病老辞归,专门从事著述。著作有《举贤良对策》3篇(见于《汉书·董仲舒传》)、《春秋决事》10卷(已佚)和《春秋繁露》17卷82篇。

董仲舒是汉代今文经学的春秋公羊派大师。汉代今文经学立有十四博士,但没有一个学派能够像董仲舒的公羊春秋学那样受到汉代统治者的重视,久居统治地位而产生巨大的影响,其原因在于公羊春秋学适应了汉代统一国家的需要。

《春秋公羊传》是一部解释《春秋》的著作,成书于战国时期,据说与子夏有关(见《四库全书总目·公羊春秋注疏》)。公羊春秋派认为,孔子依据鲁史作的《春秋》,虽然文字简略,却常常用一两个字表示褒贬,有"大义"存乎其中。《春秋公羊传》从《春秋》的词句中把这些"大义"发掘出来加以阐明。它重在发挥"微言大义",而不是像《左传》那样重在补充翔实的史料。

《春秋》的最末一条记载:"(哀公)十有四年,春,西狩获麟。"《左传》的解释是:"十四年春,西狩于大野,叔孙氏之车子钼商获麟。……仲尼观之曰:'麟也。'然后取之。"是平实地把"西狩获麟"这件事说清楚。《公羊传》的解释则不同,请看:

> 十有四年,春,西狩获麟。何以书?记异也。何异尔?非中国之兽也。然则孰狩之?薪采者也。薪采者,则微者也,曷为以狩言之?大之也。曷为大之?为获麟大之也。曷为获麟大之?麟者仁兽也,有王者则至,无王者则不至。

这一连串追问没有一句是从史实出发,而完全陷入推测猜想。这种解释可以说是"非常异议可怪之论"(何休《春秋公羊注疏序》),但又不是无谓的文字游戏。《公羊传》认为麟是"仁兽",又说有王者出现时麟才出现,麟就成了新出现的王者的"符命"。按照《公羊传》的意思,这新受命的王者就是孔子,麟就是孔子的"受命之符"。但麟一出现就被猎人打死了,表明孔子事实上不能成为王者。所以接着说:"西狩获麟,孔子曰:'吾道穷矣。'"于是作《春秋》,"制《春秋》之义以俟后圣"。在汉代的公羊学派看来,这"后圣"自然是汉代帝王,孔子作《春秋》是为汉代立法。

《春秋》的第一条记载:"(隐公)元年,春,王正月。"这不过是照例记

载了一个年月,没有什么深意。《公羊传》却认为这几个字包含着很深的道理,说:

> 元年者何?君之始年也。春者何?岁之始也。王者孰谓?谓文王也。曷为先言王而后言正月?王正月也。何言乎王正月?大一统也。

照此解释,“元年春王正月”这六个字每一个字都有重大意义,六个字先后的摆法都大有讲究,它们表示拥护天下统一于王(“大一统”)的大道理。董仲舒说:“《春秋》大一统者,天地之常经,古今之通谊也。”(《汉书·董仲舒传》)这个根据就是《公羊传》对《春秋》的看法,而且把公羊学派对《春秋》的这个理解进一步引申开来,说成古今天下的普遍适用的道理,用来作为汉代统一封建国家的理论依据。

与“大一统”有关的是《公羊传》的“夷狄”“中国”观念。《春秋》宣公十二年记载:“楚子围郑。夏六月乙卯,晋荀林父帅师及楚子战于邲。晋师败绩。”《公羊传》对这一记载发表议论说:

> 大夫不敌君。此其称名氏以敌楚子何?不与晋而与楚子为礼也。

按照公羊派的看法,“大夫不敌君”是《春秋》的一条“书法”,而这个记载却违背常例写了晋大夫荀林父的名氏,是有特别含义的。这个反常的记载表示孔子“不与晋而与楚子为礼”,也就是说这样记载包含着贬抑晋为“夷狄”,褒扬楚庄王为“中国”的大道理。为什么贬晋褒楚呢?因为晋的作为失去了“中国”文明精神;而楚庄王师出有名,打败了郑国不取其地,打败了晋军又哀怜晋国的士兵,则体现了“中国”的道德文化。董仲舒也说:“今晋变而为夷狄,楚变而为君子,故移其辞以从其事。”(《春秋繁露·竹林》)他并从中引申出关于中国“国格”的观念,他要求统治者的作为“无辱宗庙,无羞社稷”,强调“君子生以辱,不如死以荣”(同上)。这是董仲舒的公羊春秋学比以前人的“夷夏之辨”前进的地方。

## 第二节　“天人感应”的神学思想

董仲舒学说的特点是以儒家思想为中心,杂以阴阳五行说和黄老刑名思想,形成了一个儒学的新体系,在儒学演变历史上是一次大的变化。关于董仲舒如何吸取诸家思想,需要作一些简要的说明。

孟子说“孔子之徒,无道桓、文之事者”,绝对排斥霸道。董仲舒则说:“《春秋》之道,大得之则以王,小得之则以霸。故曾子、子石盛美齐侯安诸侯,尊天子。霸王之道,皆本于仁。”(《春秋繁露·俞序》)认为王道固然体现了仁,霸道也体现了仁。教化固然重要,法制也不能不用。为了推行他的兼采王道和霸道的政治思想,他又利用阴阳五行说进行论证,从而建立起“天人感应”的神学体系。

在天人关系上,他以荀子提出的自然界的功能“不见其形而见其功”“皆知其所以成,莫知其无形”(同上)作为自己的出发点,企图解决如何“知天”的问题。但他未能正确地回答这一问题,而是恢复了宗教神学的“天人合一”思想,并歪曲利用当时一些自然科学成果,提出更加系统的宗教神学世界观——“天人感应”思想。

董仲舒“天人感应”说认为,天主宰人类社会,天人之间存在着一种神秘的联系,天能干预人事,人的行为也能感动天。自然界的灾异和祥瑞表示着对人们的谴责和嘉奖,人的行为(主要指帝王的行为、措施和宗教仪式)能够使天改变原来的安排。这种“天人感应”思想,历史上早已出现,却从来没有像董仲舒这样作过系统的论证。

恢复宗教化的神灵之天是董仲舒“天人感应”思想的主旨。他继商周以来传统的天命论说:“天者,百神之君也”(《春秋繁露·郊义》),“唯天子受命于天,天下受命于天子”(《春秋繁露·为人者天》),“受命之君,天命之所予也”(《春秋繁露·深察名号》)。又说:“天高其位而下其施,藏其形而见其光。高其位,所以为尊也;下其施,所以为仁也;藏其形,所以为神;见其光,所以为明。故位尊而施仁,藏神而见光者,天之行也。”(《春秋繁露·离合根》)这是利用一般人所见到的自然之天的形象,把自然之天神秘化,使之具有尊贵、仁爱、神奇的性质,用神灵之天来代替自然之天。他又说:“仁之美者在于天。天,仁也”,“察于天之意,无穷极之仁也”(《春秋繁露·王道通三》)。董仲舒承认“仁”是最高道德原则,但又认为“仁”是天的意志,甚至说“仁”就等于天。这样就把道德原则说成是来源于神灵的“天”。

使阴阳五行伦理化,这是“天人感应”说的重要内容。《春秋繁露》的第十一、十二、十三、十四卷的20多篇文章反复讨论阴阳五行,所包含的观点约有五端:①阴阳五行从属于天,体现着天的意志。②阴阳消息形成四时。③木、火、土、金、水五行之间“比相生而间相胜”(《春秋繁露·五行相生》)。④把木、火、金、水、土与东南西北中五方和春夏秋冬四季以及四时相配。⑤赋予阴阳五行以伦理性质。

这些观念在先秦的阴阳五行学说中都已出现,尤其是在《吕氏春秋》的“十二纪”中已作过系统的论述。董仲舒吸取这些观念,着重在阴阳五行的伦理化方面作出说明:

> 木受水,而火受木,土受火,金受土,水受金也。诸授之者,皆其父也。受之者,皆其子也。……是故木已生而火养之,金已死而水藏之。火乐木而养以阳,水克金而丧以阴,土之事天竭其忠。故五行者,乃孝子忠臣之行也。(《春秋繁露·五行之义》)

自然界的五种物质元素之间的关系在这里被歪曲附会成为父子、君臣关系,养生送死的孝道和竭力事君的忠道被强加于五行,也就是说,他把当时伦理的主要内容强加于自然界。董仲舒还进一步把仁、义、礼、智、信强加于五行。在《五行相生》篇，把五官与五行相比附，说司农、司马、司营、司徒、司寇五种官职取法于五行：司农尚仁，取法于木；司马尚智，取法于火；司营尚信，取法于土；司徒尚义，取法于金；司寇尚礼，取法于水。五官效法五行行事，便能和谐相顺。在《五行相胜》篇又说，五官中某一官职违背所效法的那一行的伦理要求，便要发生相克相逆的现象等。

阴阳本是两种自然现象，而董仲舒却提出“阳尊阴卑”“阳贵阴贱”（《春秋繁露·阳尊阴卑》）的说法，把人间的尊卑贵贱的等级关系强加于阴阳，而且进一步发挥说：

> 阳气暖而阴气寒，阳气予而阴气夺，阳气仁而阴气戾，阳气宽而阴气急，阳气爱而阴气恶，阳气生而阴气杀。（《春秋繁露·王道通三》）

这样，阴阳两种气不仅具有寒暖的性质，而且具有予夺、仁戾、宽急、爱恶、生杀等意志和道德。显然，在这里阴阳也与五行一样被伦理化了。

为了论证神灵之天主宰人类社会，君主必须依照天意行事，董仲舒还提出“人副天数”的原理，认为人是天的副本或缩影，人的形体和精神都来源于天，与天相类似。

在精神方面，董仲舒同样将天与人的关系作了许多荒唐的比附。他说天有四季之气，而四季之气表现了天的喜怒哀乐。春气喜，夏气乐，秋气严，冬气哀。人得春气因而博爱容众，得夏气因而盛养乐生，得秋气而能立严成功，得冬气因而哀死悲恸。

“天人感应”说本来是古老的传统思想，在《诗》《书》《左传》《国语》所反映的商周思想中，这类材料很多。在春秋战国诸子争鸣时期，这种思想遭到很大冲击。在汉代封建统治强化和阴阳五行思想流行的背景下，董仲舒又恢复并发展了“天人感应”思想，使之成为统治思想。对先秦诸子学说而言，董仲舒的“天人感应”思想是一股巨大的回流。它给封建皇权加上了一层天意的神圣色彩,后来又与谶纬迷信合流,其消极影响是极为深远的。但董仲舒的"天人感应"说也包含着一定的积极成就。哲学思想方面,"天人感应"说在承认天的主宰作用的前提下,充分强调"人受命于天,固超然于群生……是其得天之灵,贵于物也。故孔子曰:'天地之性人为贵。'"(《汉书·董仲舒传》)。这里发出的不是"死生有命,富贵在天"的哀叹,而是强调人的奋发有为。在政治思想方面,董仲舒的"天人感应"思想具有监督政事、裁制君权的意义。他企图用天意来约束皇权,以天意监督政事。

## 第三节　人性论与伦理观

董仲舒把人性分为三等:"圣人之性""斗筲之性"和"中民之性",而以"中民之性"为主要研究对象。他说:"圣人之性,不可以名性。斗筲之性,又不可以名性。名性者,中民之性。"(《春秋繁露·实性》)因为"圣人之性"是先天至善的,不必教化;"斗筲之性"是先天至恶的,不可教化,所以两者都不是研究的主要对象。大多数人属于所谓"中民之性":既不是至善,也不是至恶,而是"有善质,而未能善"(《春秋繁露·深察名号》)。"有善质"因而有可能通过教化使之向善;"未能善"因而必须进行教育才能使之向善。

董仲舒的人性论可以说是孟子、荀子人性论的综合和发展,与孟子、荀子的观点都有同有异。

在"天人感应"思想体系中,人是天的副本,人的一切都来源于天,人性也来源于天。这与孟子讲人有"良知""良能",尽性可以知天有一致之处,而与荀子"天人相分"的思想不同。但董仲舒进一步阐述了人性怎样从天命而来,又是孟子所没有论述的。在对人性的具体看法上,董仲舒的观点则与孟子不同,而与荀子接近。他从文字学的角度解释说,"性"就是"生","生之自然之质谓之性"(同上)。所谓"生之自然之质"是什么样的呢？他解释说，性犹如禾、茧、卵，善犹如米、丝、雏。善出于性，犹如米出于禾，丝出于茧，雏出于卵。两方面有联系又有区别，性是天赋予的，善是人为的，所以说"米出禾中，而禾未可全为米也。善出性中，而性未可全为善也。善与米，人之所继天而成于外，非在天所为之内也"(同上)。董仲舒在强调对"自然之质"进行人为加工这点上，与荀子强调"性伪之分"有相似之处。

董仲舒不同意孟子的性善说，还有一个理由，就是他提高了善的标准。孟子只是拿人性与禽兽之性相比，看到人性与兽性不同，故说万民之性都是善的；董仲舒是用"人道之善"的标准衡量人性，所以不能说万民之性都是善的。可以说万民之性不同于禽兽之性，但这不是圣人所说的善。董仲舒所谓的"人道之善""圣人之所说善者"，是指封建制度和封建伦理的规定。他一方面把封建制度和封建伦理说成天意，使之神圣化，另一方面又看到封建制度和封建伦理必须用强制手段加以推行。说人民的本性是愚昧无知的，这是剥削阶级的偏见，但说人性并非是天然合乎封建制度和封建伦理要求的，这不失为清醒的看法。于是，董仲舒的人性论归结为王者承天意以成民性，以维护封建等级制度。

在"天人合一"的思想体系里，"天"的本质决定人的本质，"天"的意志主宰人类社会，所以董仲舒把伦理准则归于"天意"。他通过神秘化的阴阳五行学说来说明三纲五常是"出于天"。他断定阴阳之间的关系是"阳尊阴卑""阳贵阴贱"，由此进行推论说：

> 天为君而覆露之，地为臣而持载之；阳为夫而生之，阴为妇而助之；春为父而生之，夏为子而养之，秋为死而棺之，冬为痛而丧之。王道之三纲，可求于天。(《春秋繁露·基义》)

这是讲君臣是天地关系，夫妇是阴阳关系，父子是四季关系，而天地关系和四季关系也是阴阳关系，所以他又说"君臣、父子、夫妇之义，皆取诸阴阳之道。君为阳,臣为阴;父为阳,子为阴;夫为阳,妻为阴”(同上),并强调“诸在上者,皆为其下阳;诸在下者,各为其上阴”(《春秋繁露·阴阳尊卑》)。阴只能对阳起配合作用,不能与阳分享成功,阳居主导地位,阴居辅助地位,这是永恒不变的“天意”,因而君为臣纲、父为子纲、夫为妻纲也是永恒不变的“天意”。这就叫做“王道之三纲,可求于天”。董仲舒又把五常配入五行,他以仁配木,以智配火,以信配土,以义配金,以礼配水。这种配合,如我们已经说过的,是将五行伦理化,同时又反过来以五行论证“五常”的永恒合理性。

作为封建时代社会道德伦理的“三纲”,其实质是强化家族的宗法统治和封建君权,所以“三纲”的中心要求是把孝和忠绝对化。董仲舒用五行相生关系论证孝和忠是“天之经,地之义”(《春秋繁露·五行对》)。他认为四时关系体现着父子关系:春为父,夏为子;夏为父,秋为子;秋为父,冬为子。春生夏长秋收冬藏包含着子继父业、子承父志的人道意义。四时是与五行相配的,四时关系也是五行关系。在五行中土为贵,却不主四时中的任何一时,这是因为土为火所生,是火之子,不与火分享功名。子为父尽孝,臣为君尽忠皆取法于土,“忠臣之义,孝子之行,取之土。土者,五行最贵者也,其意不可以加美”(同上)。在先秦某些思想家的著作中虽然强调孝和忠,但还有“父慈子孝”“君惠臣忠”的提法,君父与臣子之间义务是相互对待的。董仲舒的“三纲”思想把臣子的义务绝对化,君父对臣子却不承担任何道德的责任。

## 第四节 “深察名号”的正名思想

《春秋繁露·深察名号》篇开宗明义说:“治天下之端在审辨大,辨大之端在深察名号。”懂得分辨什么是大事是治天下的开端,而要分辨什么是大事必须深察事物的名号。很清楚,董仲舒认为研究名号的问题关系着治天下,具有重要的意义。同时,他依据《公羊传》的观点,认为《春秋》

的真正意义在于正名。孔子之所以作《春秋》,是要奉天正名。他写道:“孔子曰:‘吾因其行事而加乎王心焉。’以为见之空言,不如行事博深切明。”(《春秋繁露·俞序》)孔子作《春秋》是通过历史事实使后人认识正名的重要性。

董仲舒的正名论包含着某些逻辑思想,这是次要的;又包含着通过名号通晓天命的神学思想,这是主要的,是他的正名论的本质。

先来叙述董仲舒正名论涉及的逻辑思想。他说:“名生于真,非其真弗以为名,名者,圣人之所以真物也。名之为言真也。”(《春秋繁露·深察名号》)仅从这个论断来看,他认为名来源于真实,不反映真实的就不能作为事物的名。有了能够“真物”的名,人们对事物的认识就清楚了。他按照《公羊传》的观点从《春秋》中举出一个例子,说明名必须“真物”。《春秋》僖公十六年记载:“春,王正月戊申朔,陨石于宋,五。是月,六鹢退飞,过宋都。”《公羊传》解释这个记载说:“曷为先言陨而后言石?陨石,记闻。闻其磌然,视之则石,察之则五。是月者何?仅逮是月也。……曷为先言六而后言鹢?六鹢退飞,记见也。视之则六,察之则鹢,徐而察之,则退飞。”这就是说,《春秋》的这条记载忠实、准确地描述了人们认识的程序。董仲舒认为这是以名“真物”的一个范例,并推论说:“《春秋》辨物之理,以正其名。名物如其真,不失秋毫之末。故名陨石则后其五,言退鹢则先其六。圣人之谨于正名如此。君子于其言,无所苟而已。”(《春秋繁露·深察名号》)

董仲舒强调名要准确地反映事物的真实,又注意到概念的种属区别。不过,这些基础的逻辑思想都是前人早已提出过的。董仲舒在此没有什么创新,而且他在进一步论证时又走向了神学。在他看来,确定“是非”的标准是“逆顺”,确定“逆顺”的标准是“名号”,而确定“名号”的标准则是所谓“天意”。名与号虽然有差别,但都是表达“天意”的。归根到底,名号反映的是“天意”。既说名号是“真物”(反映事物的真实)的,又说名号反映“天意”,这就存在着矛盾。但在董仲舒本人看来,两种说法并没有矛盾,因为他认为事物的真实情况是“天意”的体现,因而“真物”也就是表达“天意”。所以,他又说:“事各顺于名,名各顺于天,天人之际,合而为一。”(同上)强调从“天人合一”角度去理解,才能抓住他的正名论的本质。

董仲舒主张“深察名号”,目的在论证封建宗法秩序的合理性,而不在于探求新的知识。他在《深察名号》中着重阐述他对封建等级名分的看法。他认为,天子、诸侯、大夫、士、民各个等级秩序是不能混淆,也不能颠倒的,因为这些名号本身就体现着“天意”。天子这一名号意味着受命之君是“天意”的代表,应该视天如父,以孝道事天。诸侯这一名号意味着应该侍奉天子。大夫这一名号意味着应该注重忠信仁义。士这一名号意味着职责是办理上级交付的具体事务,而不参与教化人民。民这一称号意味着冥顽不灵,只能做被教化的对象。由此可见,对封建主义等级制度这样从语义上加以牵强的解释,便纳入了“天意”的框架。

“天意”与统治者的意志又是什么关系呢?董仲舒说:“天不言,使人发其意;弗为,使人行其中。名则圣人所发天意,不可不深观也”,“古之圣人,謞而效天地,谓之号;鸣而施命,谓之名”(《春秋繁露·深察名号》)。这就是说,封建伦理纲常、仁义道德(“名”)是圣人依据天意制定的。它是统治者的意志,同时也是“天意”。这样,封建伦理纲常、仁义道德就被抬高到衡量是非善恶的标准的地位。“欲审是非,莫如引名。名之审于是非也,犹绳之审于曲直也。诘其名实,观其离合,则是非之情,不可以相谰已。”(同上)总之,凡符合封建伦理纲常、仁义道德的思想、言论、行为都被确定为是和善,凡背离封建伦理纲常、仁义道德的思想、言论、行为都被定为非和恶。

# 第四章　司马迁的学术思想

## 第一节　司马迁与《史记》

司马迁像

司马迁(约前145—约前90年)是中华民族优秀学术传统和西汉时代精神孕育而生的杰出史学家和思想家。他写的中国第一部通史《史记》,成为史学史、思想史上的不朽著作。

司马迁一生大致与汉武帝在位时期相始终。他的父亲司马谈崇尚黄老之学,任太史令。司马迁10岁开始学习古文典籍,受到优良的文化教养。20到35岁之间,他两次游历名山大川。第一次"南游江淮""北涉汶泗","过梁、楚以归"(《史记·太史公自序》),足迹遍及长江中下游广大地区和今山东、河南等地。第二次一直到达今天的四川和云南西部。第一次游历回到长安后任职郎中(皇帝的侍卫),开始仕宦生活。奉侍武帝出巡的时候,"西至空桐(今属甘肃),北过涿鹿(今属河北),东渐于海,南浮江淮"(《史记·五帝本纪》)。35岁时司马迁又奉命出使巴蜀以南。他的行踪几遍全国,阅历之广是先代和当时任何学者都不能相比的。他在游历过程中,观赏祖国壮丽河山,考察史迹民俗,体验人民生活,接触下层民众,增长了知识,开阔了胸襟,对他的政治见解和历史观念的形成起了积极作用。父亲临终叮嘱要他“无忘吾所欲论著”(《史记·太史公自序》)。司马迁立志继承父志,写作《史记》,时年36岁。38岁任太史令后,他曾主持改革历法,所制定的新历法《太初历》,即通行至今的“夏历”。完成历法改革以后,司马迁即开始写作《史记》。47岁时,他因李陵案件触怒武帝,被判死刑。汉律规定,被判死刑的人可以纳钱赎罪,或受“腐刑”代死。司马迁家贫不足以自赎,遭受了残酷的羞辱性的“腐刑”。这次横祸给司马迁带来了巨大的痛苦。“肠一日而九回,居则忽忽若有所亡,出则不知所如往。每念斯耻,汗未尝不发背沾衣也!”(《汉书·司马迁传》)年轻时代对仕宦的热心,这时已经消失无余,为了完成《史记》,他忍辱含垢,坚强地活下来。他并不希望《史记》得到当权统治者的赏识,但他看重自己的事业。他说:

> 亦欲以究天人之际,通古今之变,成一家之言。草创未就,适会此祸。惜其不成,是以就极刑而无愠色。仆诚以著此书,藏之名山,传之其人,通邑大都,则仆偿前辱之责,虽万被戮,岂有悔哉!(同上)

他以文王、孔子、屈原、左丘、孙膑、吕不韦、韩非这些历史人物在逆境中发奋有为的精神自励,忍辱负重,终于写完《史记》,为中华民族留下了一份宝贵的精神财富。

《史记》在思想史上的价值,突出地表现为它的尊重史实的科学态度。在《史记》成书的年代里,儒家学说已被确立为正宗统治思想,董仲舒的神学思想弥漫整个思想界。他曾跟随董仲舒学习过《公羊春秋》,却能保持清醒的头脑,不受偏见左右,而从史实出发,实事求是,对儒、道等各个派别作出评价。司马迁高度评价孔子对学术文化的贡献。先秦诸子被列入《史记》“世家”的只有孔子一人,司马迁称孔子为“至圣”,强调指出:“自天子王侯,中国言六艺者折衷于夫子。”(《史记·孔子世家》)还为孔子的弟子写了列传，肯定整个儒家学派在学术和政治上所起的作用。但他不拘泥于孔子的言论，没有陷入儒家的学派偏见。他不赞成儒家鄙视生产劳动的态度，不同意孔、孟一概排斥暴力的主张，认为战争是“讨强暴，平乱世，夷险阻，救危世”的必要手段，“世儒暗于大较，不权轻重，猥云德化，不当用兵，大至君辱失守，小乃侵犯削弱”（《史记·律书》）。他也不赞成儒家崇古卑今的历史观点、重义轻利的伦理观点以及“为尊者讳”的“春秋笔法”。

《史记》中也常引用《老子》，对道家有不少的称赞之辞，对老子表现出深沉的尊重，并用黄老之学“以虚无为本”的思想反对武帝的“多欲”。但他也批评了道家。《货殖列传》一开头就说：“《老子》曰：‘至治之极，邻国相望，鸡狗之声相闻，民各甘其食，美其服，安其俗，乐其业，至老死不相往来。’必用此为务，晚近世涂民耳目，则几无行矣！”如果按照老子的主张，追求小国寡民、无为而治，那只有让人民闭目塞听，任何事情都干不成了。司马迁对《老子》“天道无亲，常与善人”（《老子》七十九章）的观点也依据史实提出了疑问。后来班固看到《史记》的是非标准常常与孔子不同，因而说司马迁“论大道则先黄老而后六经”（《汉书·司马迁传》），似乎把他当成道家学者。朱熹为司马迁辩护，把司马迁说成是儒家，强调司马迁与司马谈的区别。认为司马谈崇道，司马迁尊儒（见《朱文公文集》卷七十二《杂学辩》）。班固和朱熹都不甚理解，《史记》在思想史上的价值正在于不拘于学派成见的求实精神。这种精神在汉代开辟了一条新的学术思想途径。

《史记》在思想史上的价值还在于它生动具体地反映了西汉时代的精神风貌。秦末农民大起义推翻了秦王朝的统治，许多下层人物被推入历史事变的中心，建立了卓著功业，成为显赫一时的英雄。佣工出身的陈涉发难称王，虽然没有取得成功，但“其所置遣侯王将相竟亡秦”（《史记·陈涉世家》）。布衣出身的刘邦取得了天子的地位。至于汉初的功臣，出身下层的也很多，如萧何、周勃、灌婴、曹参、陈平、韩信、樊哙，他们有的曾以屠狗贩缯为生，有的出身乡亭小吏，却在当时建立了显赫的功业。

《史记》忠实记载历史事实的同时,也真实地反映了那个时代的思想观念。书中为上述人物一一列传,如实地加以叙述。甚至像韩信这样的因"谋反"而被处死的人,《史记》在批评他的同时,也赞扬了他的军事才能。西汉社会所尊崇的民间打抱不平的游侠,在《史记·游侠列传》对这些人物的歌颂中得到了真实反映。即使对酷吏的评述也反映了时代的精神。《史记·酷吏列传》一方面斥责酷吏的残忍作风,一方面又称道他们"伉直,引是非,争天下大体""据法守正""其廉者足以为仪表"。虽然酷吏有残酷镇压人民的一面,但在当时也有镇压横行乡里、骄恣不法的豪强贵族的一面。《史记》一书并没有脱离它的时代,没有也不可能在封建制度上升时期反对封建制度,而是忠实地反映出时代的爱憎和观念意识,这正是《史记》在中国思想史上的价值所在。

## 第二节　司马迁的史学思想

司马迁的最大贡献是在史学方面。司马迁提出史学的任务是"通古今之变",承认历史发展变化是其史学思想的前提,从变化中叙述历史是他的基本方法。《太史公自序》中说,写作《史记》这样一部上自三代下至秦汉的通史,就是为了"原始察终,见盛观衰",找出历史发展过程的原委和结局之间的联系。为此,他首创了史书的书、表形式。用"八书"论述典章制度的起源和古今变化;在《十二诸侯年表》中,对西周末年至春秋时代周王室的衰落和诸侯争霸政治形势的演变过程作出了精当的分析;在《秦楚之际月表》中,对秦国由一个"比于戎翟"的边远小国到统一天下的发展过程作了详尽的分析和叙述。

司马迁提出史学的另一任务是"究天人之际"。在天人关系上,他与董仲舒相反,把重心放在论证人的作用方面。战国以来,魏、齐、秦、楚相继兴起,秦终于统一天下,接着秦代短命而亡,楚汉相争,项羽失败,刘邦建立了汉朝。面对这一系列"兴坏存亡"的历史变化,司马迁都着重以人的作用加以说明。他说："秦用商君，富国强兵；楚、魏用吴起，战胜弱敌；齐威王、宣王用孙子、田忌之徒，而诸侯东面朝齐"（《史记·孟子荀卿列传》）；"秦所以东益地，弱诸侯，尝称帝于天下，天下皆西乡稽首者，穰侯之功也"（《史记·穰侯列传》）。项羽对自己的失败作过解释，刘邦对自己的成功也提出过见解。司马迁对项羽把失败归于天意表示反对，说他至死不能觉悟，不能认识失败的现实原因，"乃引'天亡我，非用兵之罪也'，岂不谬哉"（《史记·项羽本纪》）。司马迁对刘邦的解释则给以赞赏并加以引述："夫运筹策帷帐之中，决胜于千里之外，吾不如子房。镇国家，抚百姓，给馈饷，不绝粮道，吾不如萧何。连百万之军，战必胜，攻必取，吾不如韩信。此三者，皆人杰也，吾能用之，此吾所以取天下也。"（《史记·高祖本纪》）这说明司马迁解释历史变化时，自觉排斥天命迷信，坚持人们自己创造历史的观点。

更加可贵的是，司马迁没有把"人杰"描绘成天生的英雄，而是反复阐明时势造英雄的思想。所写的人物传记中如实地记述了刘邦手下的大批谋臣战将，本来只是些贫穷低下的小人物，生逢秦末大动荡的历史时代，纷纷登上历史舞台，施展其才能，从而影响了历史发展。萧何为小吏时，"录录未有奇节"（《史记·萧相国世家》）；周勃为布衣时，"才能不过平庸"（《史记·绛侯周勃世家》）；樊哙、灌婴屠狗卖缯之时，做梦也没有想到会建立"垂名汉廷，德流子孙"（《史记·樊郦滕灌列传》）的功业。时势造就了一代风流人物。另一些人生不逢时，或不能以自己的才能适应时势的需要，因而埋没无闻。

还要提到，司马迁重视物质生活在历史发展中的作用，对于政治的成败，社会的治乱，人们的社会地位和思想意识，他都试图从经济方面去作出解释。在经济与政治的关系方面上，他认为齐桓公建立霸业依靠"通轻重之权，徼山海之业"（《史记·平准书》），魏文侯强国得力于李悝的"尽地力"。而秦国统一天下得力于兴修水利，开郑国渠，"于是关中为沃野，无凶年，秦以富强，卒并诸侯"（《史记·河渠书》）。秦统一后的残酷掠夺破坏了经济,弄得“财匮力尽,民不聊生”(《史记·张耳陈余列传》),“海内之士力耕不足粮饷,女子纺绩不足衣服”(《史记·平准书》),于是导致了秦代的灭亡。在人的经济状况与社会地位的关系方面,司马迁认为后者是由财富占有多寡而决定的。秦汉两代都“重本抑末”,实行压制工商的政策。但司马迁却看到,富有的工商社会地位必然随之提高,“千金之家比一都之君,巨万者乃与王者同乐”(《史记·货殖列传》)。乌氏倮从事畜牧业致富以后,秦始皇给以封君的地位,与大臣一起参与“朝请”;巴寡妇清从事开矿致富以后能够礼抗万乘,名显天下。他还认为经济地位决定道德观念,说:“仓廪实而知礼节,衣食足而知荣辱。礼生于有废于无”,“人富而仁义附焉”。司马迁还承认追求物质利益是人们的正当要求,“‘富者’人之情性,所不学而俱欲者也”。“天下熙熙,皆为利来;天下攘攘,皆为利往”(同上),社会上各种各样的人物无不追求物质利益。正是求利的动机使农工商贾勤其业,乐其事,日夜不休地劳作。

最后要提到,司马迁对史学的现实功用的看法。《史记·高祖功臣侯者年表》中说:“居今之世,志古之道,所以自镜也,未必尽同。”这可以看做是对“通古今之变”的解释,强调研究历史的目的是今世用以“自镜”,把历史作为观察、处理现实问题的一面镜子。同时他也没有把历史经验绝对化,指出古今“未必尽同”,注意到历史与现实的联系与区别。在以史为鉴的思想指导下,《史记》采取了详近略远的写法。全书对五帝、三代的历史只写了四篇,对汉代不到百年的历史却用了全书将近一半的篇幅加以详述。在“十表”部分对三代只编写了一篇“世表”,对东周历史也只编写了两个“年表”,而对秦楚之际的历史编写了“月表”,对汉代百年的历史编写了六篇“年表”。这样详近略远的写法固然与远古史料不足、近世史料丰富有关,却也反映了他重视现实的史学思想。司马迁写史,“寓论断于序事之中”,突出地表现出以史为鉴的思想。对许多重大历史问题,他引用有识之士的著述来表达自己的观点。这种方法既不同于发表空论,也不同于“微言大义”的春秋笔法。比如,《秦始皇本纪》全文引用贾谊的《过秦论》,许多列传中详细引用当时有识之士对秦、汉形势的分析,目的都在于以史为镜,发挥史学的现实功用。

## 第三节 司马迁的天命鬼神观

《史记》评价历史事件和历史人物涉及天命鬼神的时候,所表现出的思想观点很不一致,或排斥天命鬼神,或对传统的天命鬼神观念加以改造,有些地方也承袭了传统的天命鬼神观念。

凡是能够对历史事件和历史人物的命运作出现实合理解释的地方,司马迁都排斥天命鬼神说教。田氏代齐的原因是什么呢?司马迁指出,田氏“收赋税于民,以小斗受之;其(粟)禀予民以大斗”,因而“得齐众心”“民思田氏”(《史记·田敬仲完世家》)。齐国为什么能建立霸业?司马迁指出:“吾适齐,自泰山属之琅邪,北被于海,膏壤二千里,其民阔达多匿知,其天性也。以太公之圣,建国本,桓公之盛,修善政,以为诸侯会盟,称伯,不亦宜乎!”(《史记·齐太公世家》)勾践何以能灭吴称霸?司马迁认为这是因勾践“苦身焦思”“身自耕作”“振贫吊死,与百姓同其劳”(《史记·越王勾践世家》)。秦国强大得力于“变法修刑,内务耕稼,外劝战死之赏罚”(《史记·秦本纪》),后来速亡则是因为“仁义不施,而攻守之势异也”(《史记·秦始皇本纪》引贾谊语)。在这些地方,他都是从地理、经济、人事方面说明历史演变,而不用天命鬼神作解释。评论蒙恬之死和项羽失败的时候,司马迁直接地否定了天命鬼神思想。蒙恬认为自己驱使几十万人修筑长城掘断了地脉,所以被赐死是天意的惩罚。司马迁评论说:“夫秦之初灭诸侯,天下之心未定,痍伤者未瘳,而恬为名将,不以此时强谏,振百姓之急,养老存孤,务修众庶之和,而阿意兴功,此其兄弟遇诛,不亦宜乎!何乃罪地脉哉?”(《史记·蒙恬列传》)项羽被围自刎之前反复说是“天之亡我也”。司马迁评论说:“及羽背关怀楚,放逐义帝而自立,怨王侯叛己,难矣。自矜功伐,奋其私智而不师古,谓霸王之业,欲以力征经营天下,五年卒亡其国,身死东

城,尚不觉寤而不自责,过矣。乃引‘天亡我,非用兵之罪也’,岂不谬哉!”(《史记·项羽本纪》)

另一些地方,司马迁没有或者还不能对历史现象作出现实的解释,但他看到用天命鬼神观念是解释不通的,于是对天命鬼神提出怀疑。《老子》说:“天道无亲,常与善人。”伯夷、叔齐终身洁行守义可算得上“善人”的楷模了,然而遭到饿死首阳山的下场。颜渊是孔子称赞的最贤的弟子,也算得上“善人”的楷模了,然而贫困终生、短命夭折。而传统公认的“恶人”盗跖却没有遭到惩罚竟以寿终。可见历史上和现实生活中大量事实都是天命论无法解释的。司马迁于是对天命鬼神产生了怀疑,他说:“余甚惑焉,傥所谓天道,是邪非邪?”(《史记·伯夷列传》)他对于流行的鬼神巫术的怀疑更为明显。在《封禅书》里记载了秦始皇、汉武帝求神仙的大量活动,同时如实地指出迷信活动始终“无有效”“无有验”。

还有许多地方,司马迁改造了天命鬼神观念。他说:“国之将兴,必有祯祥,君子用而小人退。国之将亡,贤人隐,乱臣贵。”(《史记·楚元王世家》)从词句看似乎与流行的天命论说法相近,但根据司马迁的这个说法,所谓“祯祥”就是“君子用而小人退”,所谓“妖孳”就是“贤人隐,乱臣贵”。传统的天命论用鬼神解释现实,司马迁用现实解释天命。《史记》中的一些地方用“天”的概念指天下大势。当论及秦统一天下时,司马迁说:“论秦之德义不如鲁卫之暴戾者,量秦之兵不如三晋之强也,然卒并天下,非必险固便形势利也,盖若天所助焉。”(《史记·六国年表》)论及刘邦得天下时,又说:“岂非天哉!岂非天哉!非大圣孰能当此受命而帝者乎!”(《史记·秦楚之际月表》)这里的“天”都有天下大势的含义。所谓“圣人”是指善于审度时势的人。至于这种天下大势究竟是什么,司马迁感到难以说明。他有时也讲“天性”,其含义往往指一定的地理条件、经济生活影响下形成的人的性格,如说“逐水草迁徙,毋城郭常处耕田之业”形成匈奴人“宽则随畜”“急则人习战攻以侵伐”的“天性”(《史记·匈奴列传》),“膏壤二千里”的广大开阔地理环境形成齐国“民阔达多匿知”的“天性”(《史记·齐太公世家》)。“天”“圣人”“天性”这些传统惯用的概念,司马迁都赋予自己的见解,使之具有与天命鬼神观念不同的内容。

但是,司马迁并没有摆脱天命鬼神观念的影响。《史记》不少地方重复了今文经学家神化古代帝王的说法,如说黄帝“生而神灵”“有土德之瑞”,帝颛顼“依鬼神以制义,治气以教化”,帝喾“生而神灵,自言其名”(《史记·五帝本纪》)。《史记》中还把许多历史事件与天象附会在一起,如说秦始皇时彗星多次出现,预示着秦灭六国和死人如麻的兵祸;“五星聚于东井”是汉兴的征兆;刘邦被围于平城时,“月晕参,毕七重”;诸吕作乱时“日蚀,昼晦”;吴楚七国叛乱时“彗星数丈,天狗过梁野”等。他总结说:“由是观之,未有不先形见而应随之者也。”(《史记·天官书》)他主张“日变修德,月变省刑,星变结和。凡天变过度乃占”(同上)。《天官书》中记述了丰富的古代天文知识,这些科学知识与占星迷信掺揉在一起。

由于司马迁出身于史官世家,“文史星历,近乎卜祝之间”(《汉书·司马迁传》)。司马迁离开巫史不分的时代还不很远,还不能完全摆脱天命鬼神观念,这是很自然的。

## 第四节　《论六家之要指》

《史记·太史公自序》中说,司马谈著有《论六家之要指》,并引述了这篇学术史论文。不过后来的研究者对此有些不同看法,涉及两个问题:①《论六家之要指》是《太史公自序》中的哪些段落?许多人认为这篇论文分上、下篇,从“《易大传》‘天下一致而百虑,同归而殊涂’”至“形神骚动,欲与天地长久,非所闻也”为上篇;从“夫阴阳四时”至“不先定其神〔形〕,而曰‘我有以治天下’,何由哉”为下篇。也有人认为《论六家之要指》本文即上面所说的“上篇”,所谓“下篇”则是司马迁的发挥。②《论六家之要指》与司马迁学术思想的关系,即司马谈、司马迁父子学术思想是否一致?从扬雄、班固开始就依据《论六家之要指》评价司马迁的学术思想,有人甚至认为"《论六家之要指》即太史公之学术也,托诸其父谈之词耳"(曾国藩《求阙斋读书录》卷三),这就是说,《论六家之要指》与司马迁的学术思想是一致的。从朱熹以来,不少学者强调司马谈崇尚黄老之学,司马迁尊崇儒家,因而不能以《论六家之要指》论司马迁的学术思想。这两个问题的分歧至今还没有解决。从《史记》全书来看,司马迁的学术思想受其父影响很大,《史记》与《论六家之要指》的学术思想是相通的。

先将《论六家之要指》"上篇"全文引录如下,然后联系《史记》进行论述:

> 《易大传》:"天下一致而百虑,同归而殊涂(途)。"夫阴阳、儒、墨、名、法、道德,此务为治者也,直所从言之异路,有省不省耳。尝窃观阴阳之术,大祥而众忌讳,使人拘而多所畏;然其序四时之大顺,不可失也。儒者博而寡要,劳而少功,是以其事难尽从;然其序君臣父子之礼,列夫妇长幼之别,不可易也。墨者俭而难遵,是以其事不可遍循;然其强本节用,不可废也。法家严而少恩;然其正君臣上下之分,不可改矣。名家使人俭而善失真;然其正名实,不可不察也。道家使人精神专一,动合无形,赡足万物。其为术也,因阴阳之大顺,采儒墨之善,撮名法之要,与时迁移,应物变化,立俗施事,无所不宜,指约而易操,事少而功多。儒者则不然。以为人主天下之仪表也,主倡而臣和,主先而臣随。如此则主劳而臣逸。至于大道之要,去健羡,绌聪明,释此而任术。夫神大用则竭,形大劳则敝,形神骚动,欲与天地长久,非所闻也。

在中国学术史上,这里第一次把先秦至汉初的学术流派分为六家,仅用300余字就明确地概括了六家的主要观点,评论了各家的长短以及它们与政治的关系,这是非常难得的。

主张兼采各家之长，在综合融汇中发展学术，这是《论六家之要指》的基本思想。司马迁说，其父司马谈写作《论六家之要指》的动机是“愍学者之不达其意而师悖”(《史记·太史公自序》)，认为当时许多学者各习师传，惑于所见，都有片面性。《论六家之要指》则要纠正这种偏颇的成见。文中引《易大传》说：“天下一致而百虑，同归而殊涂(途)。”阴阳、儒、墨、名、法、道德六家皆“此务为治者也”，这是所谓“一致”和“同归”。但各家学说的依据和所提出的治天下的方法有所不同，这是所谓“百虑”和“殊涂(途)”，而且各家之学皆有长短。这种观点重视学术的发展变化，不拘泥于古人的成说，与先秦多数学派皆以己说为真理，以不同于自己观点的学派为谬误的看法不同，表现出高人一等的眼光。在这个观点指导下去分析六家学说，指出阴阳、儒、墨、名、法都有其“不可失”“不可易”“不可废”“不可不察”“不可改”的方面，又有其错误或难以实行的方面。只有道德家“与时迁移，应物变化，立俗施事，无所不宜，指约而易操，事少而功多”，才是正确的。这里全面肯定道德家，自然反映了作者的学派倾向。然而这里所说的道德家已不是先秦的道家学派，而是“因阴阳之大顺，采儒墨之善，撮名法之要”的道德家，即综合了五家之长的道家思想，也就是汉初流行的黄老之学。崇尚兼采百家之长的黄老之学与主张综合发展的基本观点是一致的。

司马迁在《史记》中对儒、道、法、阴阳四家都有直接评论，可以与《论六家之要指》对比研究。

对儒家创始人孔子，司马迁是非常推崇的，《史记》中反复提到孔子，反复引用孔子的言论来论人论事。他写道：“《诗》有云：‘高山仰止，景行行止。’虽不能至，然心向往之。”(《史记·孔子世家》)对孔子的事业和为人表现出深厚的崇敬仰慕之情。他认为孔子删定“六经”是一项意义深远的事业，对孔子作《春秋》尤其重视，说《春秋》是“知礼义”“明王道”之书。司马迁认为，《春秋》所讲的“礼义”“王道”基本内容即父子君臣关系，不重视《春秋》就会导致“君不君，臣不臣，父不父，子不子”，“夫君不君则犯，臣不臣则诛，父不父则无道，子不子则不孝。此四者，天下之大过也”(《史记·太史公自序》)。但是司马迁对汉儒很少赞扬，常用“竖儒”“鄙儒”“腐儒”“谀儒”“小人之儒”一类称呼。司马迁记述：董仲舒著有《灾异之记》，适遇辽东高庙火灾，主父偃取其书奏之天子，“董仲舒弟子吕步舒不知其师书，以为下愚。于是下董仲舒吏，当死，诏赦之。于是董仲舒竟不敢复言灾异”(《史记·儒林列传》)。寓于这个记述中的评论对董仲舒的阴阳灾异思想持否定态度，则是十分明显的。在司马迁笔下，“汉家儒宗”叔孙通是一个典型的“谀儒”。这个先是不惜抹杀事实取宠于秦二世，投奔刘邦后又察言观色处处投刘邦所好。一会儿脱去儒服换上楚人惯穿的短衣，一会儿又为汉家王朝制礼乐，被斥为“公所事者且十主，皆面谀以得亲贵”(《史记·刘敬叔孙通列传》)的无耻之徒。以上评论与《论六家之要指》肯定“序君臣父子之礼，列夫妇长幼之别，不可易”的思想是一致的。

司马迁对道家创始人老子也是十分尊崇的，《史记》中经常以老子的观点作为依据评述历史。老子讲“将欲取之，必固与之”，司马迁评论说：“知与之为取，政之宝也。”(《史记·管晏列传》)老子讲“美好者不祥之器”，司马迁说扁鹊因医术高明遭人刺杀，仓公因怀有秘方险些被判罪，正是老子说的这个道理。老子讲“法令滋章，盗贼多有”，司马迁从酷吏的作用中看出这个道理，说：“信哉是言也！”(《史记·酷吏列传》)司马迁还以《老子》的“无为”和“善下”思想评论项羽、韩信。他说项羽“欲以力征经营天下，五年卒亡其国”(《史记·项羽本纪》)，“假令韩信学道谦让，不伐己功，不矜己能”(《史记·淮阴侯列传》)，也不至于遭到杀身之祸。如果说司马迁对老子尚有所批评，认为其小国寡民的理想行不通，那么凡治黄老之学者，《史记》都给以高度评价。《史记》中记述黄老之学大师曹参在战争中攻城野战之功甚多，在治国中使用“休息无为”，“天下俱称其美”(《史记·曹相国世家》)。“好黄帝、老子之术”的陈平，“常出奇计，救纷纠之难，振国家之患”，得到“善始善终”的结果(《史记·陈丞相世家》)。“学黄老之言”的汲黯敢于当面指责武帝“内多欲而外施仁义”(《史记·汲郑列传》)，与汉儒的鄙下人格形成鲜明的对比。司马迁的“因循”(《史记正义》:“任自然也”)、“无为”“承敝易变”思想都是取之于黄老之学。这些看法与《论六家之要指》称赞“道家使人精神专一,动合无形,赡足万物”“与时迁移,应物变化,立俗施事,无所不宜,指约而易操,事少而功多”的观点完全一致。

《论六家之要指》批评阴阳家“大祥而众忌讳,使人拘而多所畏”。司马迁批评“其语闳大不经”(《史记·孟子荀卿列传》),“依于鬼神之事”(《史记·封禅书》)。《论六家之要指》批评法家“严而少恩”。司马迁认为吴起“刻暴少恩”(《史记·孙子吴起列传》),韩非“惨礉少恩”(《史记·老子韩非列传》),李斯“严威酷刑”(《史记·李斯列传》),商鞅“天资刻薄”(《史记·商君列传》)。

从战国末期以来,一些著名学者相继对百家学说进行总结。《荀子》《吕氏春秋》和《淮南子》都具有综合不同学派学术思想的倾向。即使提出独尊儒术的董仲舒,也明显地吸收了阴阳家的思想来改造早期儒学。这种兼综百家之学的学术思想成为时代的潮流,因为在战国百家争鸣中,各学派都得到较为充分的发展,在学术思想上取得的成果已经不能任意抹杀,同时各学派主张的片面性也在争鸣中愈益明显地暴露出来。提倡综合,则反映着这个时代认识水平的提高。这从《论六家之要指》中可以看得非常清楚。

# 第五章　谶纬与《白虎通》

## 第一节　谶纬迷信思潮

谶也叫谶语、谶记或符命，是预言吉凶的宗教隐语。它在汉代以前就已出现。秦穆公曾说，上帝告诉他"晋国将大乱，五世不安；其后将霸，未老而死；霸者之子且令而国男女无别"（《史记·赵世家》）。这几句隐语预言了晋国献公之乱、文公之霸以及襄公败秦师于殽后纵淫等事件，是最早的"秦谶"。秦始皇时有"祖龙死而地分""亡秦者胡也"的隐语，暗示秦始皇死后，至胡亥时秦将亡国，也是谶语。纬也叫纬候，是假托孔子对儒家经书所作的神学解释。纬见于史籍记载，不早于西汉成帝年间。"六经"都有纬书，《易纬》《诗纬》《书纬》《礼纬》《乐纬》《春秋纬》，又各有几种至几十种。《孝经》也有《孝经纬》数种。由此可知，谶与纬本来是不同的。谶的起源早于纬；谶直接假托鬼神，纬直接假托孔子；谶不依傍经书，纬都依傍经书；谶的内容限于政治兴亡，纬涉及经书内容要广泛得多。但是由于两者都是神学预言，当西汉哀平之际，谶纬发展成为一种社会思潮时，二者完全合流，纬书中包括有谶语，有的谶语也依傍经书。谶纬著作常有图与文字相配，也称为"图书""图谶"或"图纬"。

谶纬荒诞无稽、光怪陆离、粗浅庸俗，它能够广泛流行，有其深刻的原因。从思想源流来看,谶纬泛滥是今文经学合乎逻辑的发展结果。以董仲舒的公羊春秋学为代表的今文经学本身包含着神学的成分。当今文经学被推崇为统治思想以后,这种神学思维模式就被确定下来,扩展运用到各个领域中去。

两汉之际谶纬思潮兴起又有社会根源。从西汉成帝、哀帝、平帝时期开始,经新莽时期,到东汉光武、明帝、章帝时期,大约在一个世纪的时间里,谶纬思潮兴起、发展,而后又趋于衰落,这与社会政治状况有密切的联系。西汉末年社会动乱,农民起义此起彼伏,统治阶级转向利用谶纬迷信来维护自己的统治。

王莽、刘秀在夺取政权过程中利用谶纬迷信,使谶纬思潮进一步泛滥。据《汉书·王莽传》,平帝元始元年(1 年),王莽暗示益州,令塞外少数民族献白雉,借以宣扬自己辅政的功德,被封为安汉公。元始五年(5年)平帝死,年仅两岁的孺子刘婴继位,王莽又利用谶纬夺取权力。据说当时武功地方有人掏井得一白石,上有丹书曰:"告安汉公莽为皇帝。"王莽借此"居摄践祚",成为摄皇帝。三年后,又有人炮制出一条谶语,说齐郡一个亭长梦见天使说:"摄皇帝当为真。"后又有人制造出一个"皇帝金策书",书言王莽为真天子。于是王莽改国号为"新",改初始二年为始建国元年(9 年),正式登上皇帝的宝座,同年即颁布《符命》42 篇于天下,以谶纬迷信作为代汉的依据。据《后汉书·光武帝纪》说,刘秀起兵时也制造了一条《赤伏符》:"刘秀起兵捕不道,四夷云集龙斗野,四七之际火为主。"这是说代表火德的刘秀在西汉建国 280 年之际要做皇帝。刘秀即位后同样"宣布图谶于天下"。"光武善谶,及显宗(明帝)、肃宗(章帝)因祖述焉。自中兴之后,儒者争学图纬兼复附以妖言"(《后汉书·张衡传》),谶纬到处风行。

谶纬的本质是巫术迷信,内容庞杂,涉及对经文的解释,包括天文、历法、历史、地理、典章制度等方面。这些都被纳入以阴阳五行为骨架的天人感应的神学范畴中。不过,其中也有一些包含着理论意义的内容。分

述如下:

1. 卦气说

卦气说是把《易》卦与四时气候相配,用以推断吉凶的巫术迷信。其基本思想是,体现神意的阴阳二气支配着自然和人事,而《易》卦的变化又代表着阴阳二气的变化,所以通过《易》卦可以解释或预见吉凶祸福。据《汉书·儒林传》说,《易》学家孟喜"得易家候阴阳灾变书",传于焦延寿、京房。西汉《易》学的孟喜、京房一派就是以卦气说讲《易》的。《易纬》发挥了卦气说。

2. 八卦方位图式

《易纬·乾凿度》提出的八卦方位图式,包括时间、空间、阴阳运行、社会伦理和八卦五个方面的因素。它以卦象说为基础把五方面的因素组织起来成为一个世界图式,用以说明自然与社会的联系,成为天人感应神学的一种表现形式。

3. 太乙九宫数图

所谓太乙九宫数图,是利用数字关系附会宗教思想的一个数字方阵。后来宋朝的刘牧以为这个数图就是所谓"洛书",蔡元定、朱熹认为这就是所谓"河图"。

纬书出现以前,《易传》的象数学已经提出:一、三、五、七、九为阳数,二、四、六、八、十为阴数。《礼记·月令》有一个天子一年中在明堂中居住方位的设计,"明堂"是作为政治和宗教首领的天子发号施令的宫殿,共分九室,各配以数字,《大戴礼记·明堂》说:"明堂者,古有之也,凡九室。……二、九、四,七、五、三,六、一、八。"(如图示)纬书利用这个数图,对它作了神秘的解释。

| | | |
|---|---|---|
| 4 | 9 | 2 |
| 3 | 5 | 7 |
| 8 | 1 | 6 |

4. 有形生于无形的宇宙生成论

汉代的哲学和自然科学中都使用元气这个范畴。谶纬中的宇宙生成论很重视元气这个范畴。在讲到天地、阴阳、五行、万物时，纬书都直接或间接地把这些自然物归本于元气，如说"元气阳为天精，精为日，散而分布为大辰"。又说五行之始、万物所由从生的水是"元气之腠液也"(《春秋纬·元命苞》)，"火者阳之精也。水者阴之精也"。可以把元气理解为一切事物的基础，或理解为物质性的自然基元。但是，纬书的元气又与神的观念结合在一起，如说"中宫大帝""含元出气流精生一""含元气以布斗常"(《春秋纬·文耀钩》)等。

问题在于，纬书认为元气虽是万物的基础，但它并不是宇宙的原始，它本身是宇宙发展到一定阶段的产物。而在更早的阶段上，不但没有万物的形质，也还没有元气。《易纬·乾凿度》说："夫有形生于无形，乾坤安从生？故曰有太易，有太初，有太始，有太素也。太易者，未见气也。太初者，气之始也。太始者，形之始也。太素者，质之始也。"在最初的"太易"阶段是没有元气的，至"太初"的阶段才开始有元气。"太始"阶段才开始有形，"太素"阶段才开始有质。这种说法把宇宙生成过程视做从未有气、形、质到始有气、形、质的发展过程，是汉代普遍流行的观点。《淮南子·天文训》、扬雄的《太玄·玄摛》、张衡的《灵宪》都有类似说法，但他们的哲学倾向并不相同。这个宇宙发展过程的动力是什么？纬书的不同篇章对此的解说并不完全一致，因为纬书并非一人一时之作。但共同点是把宇宙生成论纳入神学体系。《易纬·乾凿度》用《易》学的象数说作了烦琐的解说，归结说："乾坤者，阴阳之根本，万物之宗祖也。"这就是说，宇宙生成的过程是由《易》卦主宰的，不是《易》的象数反映客观事物本身，而是《易》的象数主宰着宇宙万物。《易纬·乾凿度》又说："圣人凿开虚无，畎流大道，万汇滋溢，阴阳成数"，"上圣凿破虚无，断气为二，缘物成三"。在那未有质、未有形，甚至连气都还未有的阶段，这"凿破虚无"的"圣人""上圣"只能是神而不可能是其他东西。之所以称宇宙之本原为"圣人""上圣",那只是因为谶纬神学智力的低能,他们让人类从属于神的主宰,但又只能用人类本身的形象去塑造主宰人类的神。

综上所述,谶纬是一种宗教迷信思潮。它涉及的领域极广,思想内容极其庞杂。它企图把一切自然现象和社会现象纳入一个系统中,表现出承认世界广泛联系的观念。但它建立这个系统时所用的方法,既不是分析也不是综合,既不是演绎也不是归纳,而是牵强附会、生硬割裂、违反理性的主观拼凑。不过谶纬思潮作为两汉之际社会危机和今文经学发展的产物,研究思想史的学者应对它进行科学的分析,不应当简单抛弃。在古代认识发展史上,它提出宇宙生成问题而又不能作出正确的解说,这就从反面推动人们探索新的出路,孕育着从经学到玄学的变革。至于纬书所保存的某些具体知识也不应一概抹杀。皮锡瑞说:"故纬,纯驳互见,未可一概诋之。其中多汉儒说经之文,如六日七分出《易纬》,周天三百六十度四分度之一出《书纬》,夏以十三月为正云云出《乐纬》,后世解经不能不引。三纲大义,名教所尊,而经无明文,出《礼纬·含文嘉》、马融注《论语》引之,朱熹注亦引用之。岂得谓《纬书》皆邪说乎?"(《经学历史·经学极盛时代》)这个看法是有道理的。

## 第二节 《白虎通》思想

东汉章帝建初四年(79年)在京师洛阳白虎观举行了一次讨论经义的会议,制订朝廷对经书的统一解释,称为白虎观会议。自武帝立五经博士至章帝时已有200年,其间经学得到充分发展,"章句之徒,破坏大体"(《后汉书·杨终传》),陷入烦言碎辞。"一经说至百余万言"(《汉书·儒林传》),学者终生不能通一经。这种状况妨碍了经学发挥统治思想的作用。同时今、古文经学内部以及正统经学与谶纬神学之间矛盾重重,派别纷争不可收拾。白虎观会议就是为了解决这些问题而召开的。参加会议的学者有李育、魏应、杨终、淳于恭、丁鸿、楼望、张酺、成封、鲁恭、桓郁、召驯、班固、贾逵等。他们就经义反复提出奏议，由章帝亲自裁决。会后，班固奉命将记录整理编辑成书，即《白虎通》，也称为《白虎通义》，或称为《白虎通德论》。它以君臣父子之义为主题，依据今文经学，吸取古文经学和谶纬神学的一些观点，把经义解说统一起来，成为一部简明扼要的经学法典。

《白虎通》是一部名副其实的经学通义，不像一般经学著作那样解释个别经书的章句，而是就经学涉及的重要问题作理论性的说明。全书分44个篇目，内容包含封建时代社会生活、政治制度、思想文化各个方面，都从儒学经典出发作出了扼要解说。《白虎通》与一般经学著作的另一个不同点在于，它是经朝廷群臣讨论，由皇帝钦定的解释，代表封建统治阶级的整体意志，而不是封建统治阶级中个别人的意志，一定程度上起着制度的作用。但是，由于它主要阐释经义，不可避免地随着经书的内容叙述历史上的制度和不同学派的观点，有些与东汉实际情况已不符合，不能完全等同于制度，只能作为制订制度的基本原则。

《白虎通》突出了封建宗法制度的基本原则三纲五常。《三纲六纪》篇引《礼纬·含文嘉》说："君为臣纲，父为子纲，夫为妻纲。"又说："何谓纲纪？纲者，张也。纪者，理也。大者为纲，小者为纪，所以张理上下，整齐人道也。人皆怀五常之性，有亲爱之心，是以纲纪为化，若罗网之有纲纪而万目张也。《诗》云：'亹亹我(文)王，纲纪四方。'"社会是由人组成的，人不是彼此孤立的存在，每个人都处于社会关系之中。依照《白虎通》的看法，这种社会关系主要就是君臣、父子、夫妇关系(三纲)和诸父、兄弟、族人、诸舅、师长、朋友关系(六纪)。错综复杂的社会关系犹如罗网，而君臣、父子、夫妇关系则是罗网之纲，抓住了这三种关系就抓住了基本关系。三纲的君臣关系是政治关系，父子、夫妇是血缘关系。六纪中的诸父、兄弟、族人、诸舅是血缘关系，师长、朋友从属于政治关系和血缘关系。实际上，上面所说的只是社会关系中的政治和亲缘关系，并没有直接提到最根本的社会经济关系。但三纲说对封建宗法制度来说确实抓住了最基本的原则，以君权和父权来稳定统治秩序，正是封建宗法制的本质特征。

通过天命、制度、礼仪诸方面的解释,皇权的至高无上被确定下来。书中说:

> 天子者,爵称也。爵所以称天子者何?王者父天母地,为天之子也。(《白虎通·爵》)
>
> 君,群也,下之所归心。(《白虎通·三纲六纪》)

最高统治者的名号即是至高无上地位的依据。天子这个爵位与其他爵位不同,其他爵位都是人给予的,而天子这个爵位是天给予的。其他爵位的职责是事人,而天子的职责是事天。最高统治者称天子是对天而言,对人而言则称帝王,表示有号令天下的大权。最高统治者又称君、王,表示天下"归心""归往"于他。"以天下之大,四海之内,所共尊者,一人耳。"(《白虎通·号》)天子之下,有公、侯、伯、子、男和公、卿、大夫两个爵位系统,这两个系统都由天子统帅,两个系统的爵位都由天子授予,臣下不得自封。

天子有权把土地分封给臣下,表示天下的土地是天子的私有财产。书中说:

> 普天之下,莫非王土;率土之滨,莫非王臣。海内之众,已尽得使之。不忍使亲属无短(托)足之居,一人使封之,亲亲之义也。(《白虎通·封公侯》)

分封对象有两类人,一类是与天子有血缘关系的亲属,一类是与天子没有血缘关系的有功有德者。分封前一类人出于"亲亲之义",分封后一类人是为了"褒大功""尊有德",意义有所不同。但是有一个共同的前提,即天子是天下的最高主人。没有得到封地的臣下,接受天子赐予的俸禄,同样表示天子是天下的最高所有者。

礼仪也被赋予宗法等级的意义，用以论证君权的神圣。如古代有所谓“贽见礼”，来源于会见时赠送礼品的古老风俗，西周、春秋时形成“委质为臣”的制度。《白虎通》对贽见礼的意义作了进一步发挥。书中说：

> 贽者，质也。质己之诚，致己之悃愊（忠诚）也。王者缘臣子之心，以为之制，差其尊卑，以副其意也。（《白虎通·瑞贽》）

这就是说，臣下觐见君主时进献礼物象征着愿意臣服于君主，忠诚地履行臣下的职责。臣下的等级不同，职责与所应具备的品质也有所不同。不同等级的人所持的礼品要与自己的等级地位相符合，因而贽见礼也不同。这种礼仪被制度化，成为不能僭越的规定。依照《文质》篇的说法，公侯以玉为贽，取其“燥不轻，湿不重”的性质，象征公侯以德事君。卿以羔为贽，取其“群不党”的意义，象征卿尽忠于君主而不结党营私。大夫以雁为贽，取其“飞成行，止成列”的特点，象征大夫奉命办事能够自正以事君。士以雉为贽，取其“不可诱之以食，慑之以威”的品质，象征士耿介守节为君主效死。

父权是为宗法制度服务的。在中国商、周时代，宗法制度与国家制度合为一体，到了封建社会两者已经分开。但宗法制度可以加强封建社会的人身依附关系，对于封建国家仍是需要的。儒家经学自觉利用宗法制来为封建国家服务。《白虎通》强调君权与父权结合，常把君与父并称，认为“君父大义”是一致的，说“臣、子与君、父，其义一也”（《白虎通·诛伐》）。

为了维护君权、父权，《白虎通》十分重视仁、义、礼、智、信五种伦理规范，称之为“五常”。它认为五常为人性所固有，所以又称之为“五性”。五常以礼为中心，礼被认为是“阴阳之际，百事之会”（《白虎通·礼乐》），对待天地、鬼神、人事都要以礼为准则。仁被看做依礼行事的等级名分标准，智被看做对礼的正确理解，信被看做依礼行事的忠诚专一。《白虎通》提出“《乐》仁、《书》义、《礼》礼、《易》智、《诗》信”（《白虎通·五经》）的看法，认为五经的实质就是以五常之道进行教化。五刑的作用是配合教化以推行五常之道。五常得以推行，则君权、父权得以巩固，社会的贵贱、亲疏、长幼关系不会错乱，王道——封建社会的理想局面就实现了。

《白虎通》作为东汉王朝对经义的官方解释是完成了，但统一思想的任务并没有完成，以后仍然是“每有策试，辄兴争讼，论议纷错，互相是非”（《后汉书·徐防传》）。直到兼通诸家的马融、郑玄遍注群经，才真正把经学统一起来。

# 第六章　反神学迷信思想家扬雄、桓谭和王充

## 第一节　扬雄、桓谭对谶纬迷信的评说

扬雄和桓谭、王充是两汉之际批评谶纬迷信的主要代表人物。他们都钻研古文经学,又深受当时黄老之学的影响,这就形成了他们在学术上兼融儒家和道家思想的独特风格。

扬雄像

扬雄(前53—18年)字子云,蜀郡成都(今四川郫县)人。他主张清静无为,少私寡欲。西汉成帝时做过小官,王莽时为大夫,后在天禄阁校书。他对现状不满,早年曾作《反离骚》《甘泉赋》《河东赋》《校猎赋》《长杨赋》等讽谏朝政,屡受当权派的嘲笑和排挤,以后闭门著书教学,直到逝世。他著有《太玄》《法言》等。《太玄》在形式上模仿《周易》;《法言》在形式上模仿《论语》。他的这两部著作推动了当时兼注《易》《老》的学术思潮的发展,因而受到好几位思想家的称颂。

扬雄的思想,主要是吸取《周易》和《老子》的理论,提出"体自然"的基本命题。他说:

> 夫作者贵其有循而体自然也，其所循也大，则其体也壮；其所循也小，则其体也瘠；其所循也直，则其体也浑；其所循也曲，则其体也散。故不惧所有，不强所无。譬诸身，增则赘，而割则亏，故质干在乎自然。（《太玄·玄莹》）

这一段话包含有两点深刻的意义：①他以“自然”（宇宙）为研究对象，强调要在循“自然”、“体自然”上下工夫。在扬雄看来，“其所循也大，则其体也壮；其所循也小，则其体也瘠”，只有从客观实际出发，著述立论才有根据。②他承认“自然”是独立存在的，一切学说，只有忠实地反映“自然”，才能成为真理；如果“惧自然所本有，或者“强”自然所本无，而妄事增减，则非“赘”即“亏”，都是错误的。这些观点，间接地批评了汉代经学的牵强附会之说。

当时有人反对扬雄“体自然”的观点，他们责问扬雄说：“雕刻众形者，匪天与？”创造万事万物的难道不是天吗？扬雄明确地回答说：“吾于天与，见无为之为矣”，“以其不雕刻也；如物刻而雕之，焉得力而给诸”（《法言·问道》）。这是说，天是没有意志的，天道就是自然无为，没有什么造物的主宰者。有人运用项羽败于垓下，临死时所说“非我用兵之罪，乃天亡我”的话，来证明天意的可畏。对此，扬雄分析说：“汉屈群策，群策屈群力；楚憞群策，而自屈自力。屈人者克，自屈者负，天曷故焉？”（《法言·重黎》）政权的得失在于人的努力，群策群力就胜利，独断专行就失败，同天没有什么关系。扬雄认为上述这些人的说法，统统都是假托。譬如，名医扁鹊是卢地人，后来的医生多假托是卢人；大禹治水的时候，扭伤了脚，走起路来一拐一拐的，后来巫师作法，也是双脚跳着走，叫做禹步。所以“夫欲雠（注：类的意思）伪者必假真”（同上），凡是作假骗人的人，总是要假托真的。扬雄在这里所提出的某些论据和论证方法，被王充引进《论衡·自然》篇作了进一步的发挥。

扬雄对神仙方术的迷信也作了批评。他认为，神仙是不存在的，长生不死是不可能的，“有生者必有死，有死者必有终，自然之道也”（《法言·君子》）。他举例说，上至伏羲、神农，下至文王、孔子，没有一个人能够避免死亡的归宿，死是人所不可抗拒的“自然”规律。他指出，人活着应当努力追求知识，应以“耻一物之不知”作为自己的志向。如果一味贪生怕死，即使活着也是没有意义的。他要人们“以人占天”，不要“以天占人”，即根据人事以考察天的变化，不要用自然现象的变化来占卜人事吉凶。

扬雄的思想还受到阴阳家的影响，他根据阴阳家的“历数”和易学的“象数”，提出了“玄”的范畴，并把“玄”作为宇宙的总根源，这就模糊了他对“自然”的解说。他说：

> 夫玄也者，天道也，地道也，人道也。兼三道而天名之。（《太玄·玄图》）
>
> 玄者，幽摛万类而不见形者也，资陶虚无而生乎规！攡神明而定摹，通同古今以开类，摛措阴阳而发气。（《太玄·玄摛》）

照上面的论述，“玄”可以叫“道”，也可以叫“天”，它是无形无象的，凭借（“资”）着这种“虚无”才能出现周而复始（“规”）的运动。它使精神产生功能（“定摹”），万物能够发展（“开类”），阴阳得以运转不息（“发气”）。这样看来，“玄”就是事物及其变化之外的一种推动者，人们用沉默就可以到处体认到它的存在。这样在“自然”之上还有一个“玄”在起作用，说明扬雄的思想是自相矛盾的。

扬雄以“玄”为中心，设计了一个由数字组成的宇宙框架。按扬雄《太玄》的解释，“玄”在空间上分为一方、二方、三方，共为三方；每方又分为一州、二州、三州，共为九州；每州又各分为一部、二部、三部，共为二十七部；每部又各分为一家、二家、三家，共为八十一家。在时间上，又把方、州、部、家从上至下依次排列（如一方一州一部一家用符号☰表示，一方一州一部二家用符号☱来表示，一方一州一部三家用符号☲表示等），共为

81首,每首附九赞,共为729赞,每二赞为一日,共为364日半;此外,另加二赞,凑成一年365日半的数目(见《太玄·玄测》等)。《太玄》的这个框架结构与《周易》不完全相同,然而模仿《周易》的痕迹明显可见。扬雄强调"九"的作用,他仿照《易纬》和孟喜、京房易学的卦气说,把世界上的一切事物和变化都塞进以"九"为基数的格式中,宣称天有"九天"、地有"九地"、人有"九人"、宗族有"九属"(《太玄·玄数》)等。还认为任何一种社会现象都毫无例外地经历九个过程,在九个发展阶段中,"一至三者,贫贱而心劳;四至六者,富贵而尊高;七至九者,离咎而犯灾"(《太玄·玄图》)。他认为,从一到九,数越多,表面看起来顺利,实际上却潜藏着不顺利;数越小,表面看起来不顺利,而实际上却是顺利,所以,事物的生长与衰退,顺利与不顺利总是交替发生的。在象数的形式下流露出承认事物的发展变化和相互转化的思想。

扬雄所论述的"玄",是当时用《老子》解释《周易》的一种较早的尝试。他自己曾说:"观大《易》之损益兮,览老氏之倚伏,省忧喜之共门兮,察吉凶之同域。"(《太玄赋》)这是说,《周易》讲的"损益"和老子讲的"倚伏"都说明忧喜、吉凶可以转化的道理。

扬雄的伦理思想,大体上都是复述五伦、五常之类的儒家传统见解,但他主张"人之性也,善恶混,修其善则为善人,修其恶则为恶人"(《法言·修身》),以"性善恶混论"与"性善论"和"性恶论"相对立;就其强调人性好坏在于后天的努力而言,又与荀子的观点相近,无疑是"天命之谓性"的逆反命题,这是扬雄"体自然"之说在人性问题上的延展。

桓谭像

桓谭(前40—30年)字君山,沛国相(今安徽宿县西北)人。好音律,善鼓琴,博学多通。对天文学很有造诣,主张"浑天说"。曾从刘歆、扬雄学习《五经》。西汉哀平之际做过小官。王莽统治时期为掌乐大夫,当时儒者竞相称引图谶符命迎合王莽,"谭独自守,默然无言”(《后汉书·桓谭传》)。后来又做过新市、平林农民起义军拥立的更始皇帝刘玄的太中大夫。东汉光武帝时,官给事中。他坚持反对光武帝刘秀“称图谶于天下”,上书指出,谶纬是“奇怪虚诞之事”,“今诸巧慧小材伎数之人,增益图书,矫称谶记,以欺惑贪邪,诖误人主,焉可不抑远之哉”(同上),并用王莽在临死前夕犹抱符命乞求未果的事例来说明谶纬的不验。他的言论触怒了光武帝,光武帝下令说:“桓谭非圣无法,将下斩之。”(同上)桓谭叩头流血不已,才被免除死罪,并被贬为六安郡丞,卒于赴任的途中。著有《新论》。

桓谭的《新论》已佚。《后汉书·桓谭传》章怀太子注中保存了《新论》的全部篇目。部分佚文保存在《艺文类聚》《太平御览》《意林》等书中,清严可均《全后汉文》有辑本。从《谴非》《启寤》《祛蔽》《正经》《辨惑》等篇名和辑佚本可以看出,《新论》具有较高的理论价值。王充在《论衡》中也早作了明确的肯定:

> ……《新论》,论世间事,辩昭然否,虚妄之言,伪饰之辞,莫不证定。(《超奇》)
>
> 世间为文者众矣,是非不分,然否不定,桓君山论之,可谓得实矣。(《定贤》)

桓谭批评谶纬迷信的主要论点如下:

(1)桓谭认为“非天故为作也”(《新论·祛蔽》)。这里所说的“故”,是指原因、目的,意思是说,没有意志和目的,天就是广袤的自然界。他列举许多事例批评各种虚妄和伪饰的言论。当时,谶纬学家宣传说,鹳鸟是“天”的宝鸟,如果杀取此鸟,就会引起天的震怒,而发出雷声。对此,桓谭辩驳说:人杀死鹳鸟和天打雷曾经在时间上先后发生,这只是偶然巧合,并不是“天”为了保护鹳鸟而故意打雷(见《新论·离事》)。桓谭还同刘歆的侄儿刘伯玉进行过一次关于天的辩论。刘伯玉认为,药物都是“天”有意生出来的,能益人也能杀人。桓谭根据当时的医学知识,分析了多种药物的功能,指出:钩藤(俗名割肠草)的性质与人体不合,人吃了就会死亡,这完全不是"天"故意杀人;蛭石(一种有毒的药石)毒死老鼠,那是因为它的性质与老鼠不合,也不是"天"有意杀鼠。人得了病后,吃了某种药而恢复健康,那是因为这种药性能够克服致病的有害物质,并不是"天"有目的的安排。桓谭的这些观点,上接扬雄而下启王充。王充《论衡·物势》篇中用"自生"和"故生"作为划分无神论和目的论的基本命题。

(2)桓谭认为,"阴阳之气"是产生天地万物的根源。他说:"草木五谷,以阴阳气生于土,及其长大成实,实复入土,而后能生;犹人与禽兽昆虫,皆以雄雌交接相生,生之有长,长之有老,老之有死,若四时之代谢矣,而欲变易其性,求为异道,惑之不解者也。"(《新论·形神》)这就是说,万物都是阴阳之气相合而生,万物的生灭犹如四时的运行一样,是一种纯粹的自然过程,如果不按自然的本来面貌认识自然("变易其性"),而求助于天神之类的说教("求为异道"),那就是犯了迷不知返的错误。如此看来,桓谭倾向于把"自然"同"气"相联系,自发地放弃了有关"玄"的神秘性的描述,成为王充"天地,含气之自然"观点的雏形。

(3)桓谭提出了以形体为基础的形神一元论。他说:

> 精神居形体,犹火之燃烛矣。……烛无,火亦不能独行于虚空,又不能后(复)燃其灺(烛的灰烬)。灺犹人之耆老,齿堕发白,肥肉枯腊,而精神弗为之能润泽,内外周遍,则气索而死,如火烛之俱尽矣。(《新论·形神》)

因此形体与精神的关系为:形体是精神的基础,精神不能脱离形体而存在,如同烛光依赖烛脂一样。烛脂燃烧完毕,灯火无法复燃,人的形体衰老死亡,精神也随之消灭。人老如灯秃,人死如灯灭。这个烛火形神之喻，形象地说明了形亡神灭的观点，后为王充所直接继承。

桓谭的烛火形神之喻还不能完全说明精神现象的本质，因而为佛教僧侣留下了可以利用的空隙。南朝梁僧祐认为，薪虽尽，而火可以从这个薪传到另一个薪上；人虽死，而灵魂可以从这个形体传到另一个形体上（见《弘明集》卷五）。

## 第二节　王充及其抗争精神

王充像

王充（27—约100年）字仲任，会稽郡上虞（今浙江上虞）人。先祖居魏郡元城（今河北大名），曾祖父王勇因军功受封于会稽阳亭，仅一年即失去封爵，成为庶民，落户于会稽。祖、父辈以“农桑为业”“贾贩为事”（《论衡·自纪》）。其家族世代豪侠任气，伯父王蒙、父王诵“勇势凌人，末复与豪家丁伯等结怨，举家徙处上虞”（同上）。王充6岁始读书，8岁进学馆，15岁左右赴洛阳入太学，做过著名学者班彪的学生。他为学不守章句，“博通众流百家之言”（《后汉书·王充传》）。中年在会稽做过下级官吏，因政见不合辞归乡里，59岁时应扬州刺史董勤征召做过两年官吏，一生大部分时间以教书著述为业。晚年“贫无一亩庇才……贱无斗石之秩”（《论衡·自纪》）。著作有《讥俗节义》《政务》《论衡》和《养性》。现存《论衡》84篇，其余都已佚失。

王充生活于东汉光武帝至和帝时期（光武帝刘秀于25年即位，和帝刘肇于105年卒）。他出生的那一年，赤眉起义军被镇压下去，到他死后的顺帝时，才又揭开了东汉后期农民起义的序幕。王充生活的时期，农民革命斗争处于低潮，东汉政权相对稳定。这时，在东汉王朝扶持下，豪族地主势力日益膨胀，最有权势的豪族形成累世不败的世族。王充出身“细族孤门”，本人政治地位很低，在当时是受到鄙视的，连从事著述也遭到非难。这种处境使他产生了深沉的压抑感,发出不平的抗争。豪门贵族非难他,甚至嘲讥他是没有根基而突然出现的“变”“异”“妖”“怪”。王充愤懑地回答说:

> 鸟无世凤凰,兽无种麒麟,人无祖圣贤,物无常嘉珍。……五帝不一世而起,伊、望不同家而出。千里殊迹,百载异发。士贵雅材而慎兴,不因高据以显达。(同上)

他还举出许多著名人物作为例证来驳斥豪门贵族的血统论。历史上无能的鲧有贤能的儿子禹,顽劣的瞽叟有圣明的后代舜。颜回出类拔萃,其父颜路不过平平庸庸。孔子、墨翟都是圣贤,其祖宗也未见有什么特殊才能。当代也有同样的事例,扬雄卓然超群,却出自一个世代不通文墨的家族;桓谭“非圣非法”,却出自一个先辈崇古守旧的门第。这些言论反映出庶族对豪族特权地位的挑战。

王充生活的时代,是迷信盛行的时代。王充举起“疾虚妄”的旗帜奋力抗争。他说:

> 《诗》三百,一言以蔽之曰:思无邪。《论衡》篇以十数,亦一言也,曰:疾虚妄。(《论衡·佚文》)

敢于把自己的著作与儒家经典相提并论,在当时就是了不起的事。“疾虚妄”也确切地概括了王充的写作目的。他认为当时的“世书俗说”“伪书俗文”多不实诚,自己幽处独居,从事著述,就是为了考论虚实。自己的著作取名《论衡》,就是要以理性的天秤衡量当时流行的虚妄观点,揭露其荒诞不经,“冀悟迷惑之心,使知虚实之分”(《论衡·对作》)。

王充揭露经学和谶纬的虚妄,还对经书本身提出怀疑。他对儒家经书与诸子著作的关系提出一个非常大胆而新颖的看法:“书亦为本,经亦为末。”(《论衡·书解》)这里的“书”指诸子之书,“经”即儒家的经书。王充认为诸子的著作中有真理,经书中也有谬误,这种看法不但否定了“独尊儒术”的根据,也否定了经书为本、诸子为末的看法。王充又进而认为经书的错误比诸子还要多。他说:“秦虽无道,不燔诸子;诸子尺书,文篇俱在。”(同上)而五经遭秦代焚烧早已残缺不全了,汉代人重新收罗残篇,拆合文字,师徒相因相授,混乱是可想而知的。

王充不但怀疑儒家的经书,也怀疑孔、孟。他承认有圣贤,但不承认圣贤所讲的都是真理,认为古人所讲的圣贤就是今人所说的英杰。他们虽然杰出,不可能一切看法都“得实”,而学问之道就贵在“得实”,所以“问难”是正当的,批评圣人的错误是必要的。“苟有不晓解之问,追难孔子何伤于义?诚有传圣业之知,伐孔子之说何逆于理?”(《论衡·问孔》)《论衡》的《问孔》《刺孟》篇提出了许多问题,对孔、孟的言论主张进行质疑和批评。

必须强调的是,王充是一个博通百家、独立思考、自有取舍标准的学者。之所以对五经和孔子提出批评,是因为当时经学统治和谶纬泛滥造成的错谬纷乱必须廓清,并不表明王充属于道家或属于法家。事实上,他在批评儒家的同时,又尊孔子为“百世之圣”(《论衡·别通》),赞成儒家的养德、用贤和礼义,还赞成“死生有命,富贵在天”的观点。他吸取道家的“天道自然”思想,又反对道家的消极避世和神仙思想,说“避世离俗”“钓清其身”,而不“忧世济民于难”(《论衡·定贤》)的人并非贤者。“诸学仙术,为不死之方,其必不成,犹不能使冰终不释也。”(《论衡·道虚》)同时他对法家的狭隘功利思想也予以反对。韩非把儒家学者斥为不耕而食的蠹虫,又说儒家学者如无用的鹿,守法之吏才是价值千金的马。王充说:“韩子知以鹿马喻,不知以冠履譬。”(《论衡·非韩》)意思是说儒学亦不可废,礼仪纲纪犹如冠(帽),虽不像履(鞋)那样非穿不能走路,但却不能不冠而立于朝,不能逢人不拜,见君父不谒。王充肯定了墨子的感觉论,主张“须任耳目以定情实”(《论衡·实知》);赞成薄葬,运用墨家的逻辑方法进行论说,同时又反对墨子的“天志”“明鬼”论。后人评论说,王充的思想“乍出乍入,或儒或墨”(《抱朴子·喻蔽》),《四库全书》将其列入杂家。应该说,王充是一位融合百家、具有独创精神的思想家。

## 第三节　王充的元气自然论

王充是汉代的无神论者,《论衡》一书最突出的贡献是对神学迷信的批评。全书多数篇章都是批评神学迷信的。《变虚》《异虚》《感虚》《福虚》《龙虚》《雷虚》《道虚》《书虚》等篇题都点出神学迷信的虚妄;《寒温》《谴告》《变动》《讲瑞》《指瑞》《是应》《纪妖》《订鬼》《四讳》《调时》《讥日》《卜筮》《难岁》《法术》等篇题都指明所辩驳的神学观点或迷信习俗。《论衡》批评神学迷信的范围十分广泛。从学术流派看,涉及儒、道、名、法、墨、阴阳六家。从著作看,涉及《五经》《论语》《孟子》《荀子》《韩非子》《老子》《吕氏春秋》《淮南子》《春秋繁露》《白虎通》和图谶、纬书,还涉及《战国策》《楚辞》《韩诗外传》《史记》《列士传》《列女传》《说苑》等。从社会意识的层次看,既涉及儒、道等家有理论体系的神学思想,也涉及神仙方术和世俗迷信。

王充认为天是没有意志的自然物体,不能有意识地创造万物和人类。他说:“夫天,体也,与地无异。”(《论衡·变虚》)又说:“天地,含气之自然也。”(《论衡·谈天》)当时自然科学的宇宙论有盖天说、浑天说、宣夜说,前两者认为宇宙是体,后者认为宇宙是气。王充则把这两种看法予以统一,认为天地是由气构成的实体,是无意志的自然。假使天为体则与地同,与金石同;假使天为气则与云烟同,无论依据自然科学的哪种宇宙论都不能得出天有意志的结论。万物和人类产生于天地之间,是天地施气的结果,然而天地施气也是一种自然现象,不是有目的有意识的活动。“天之行也,施气自然也;施气则物自生,非故施气以生物也”(《论衡·说日》);“天覆于上,地偃于下,下气烝上,上气降下,万物自生其中间矣”(《论衡·自然》);

“人生于天地也，犹鱼之于渊，虮虱之于人也，因气而生，种类相产，万物生天地之间皆一实也”(《论衡·物势》)。他有时也把气称为元气，元气又分为阴阳之气、天地之气、精气、和气，用来说明自然界和人类社会的复杂现象。

王充认为自然界和人类社会各有自身的规律，“人不能以行感天，天亦不能随行而应人”(《论衡·明雩》)。被说成符命、灾异、谴告的那些现象，不过是与社会事件偶然巧合的自然现象而已。“文王当兴，赤雀适来；鱼跃鸟飞，武王偶见”(《论衡·初禀》)，并不是天降给文武的符命。有时自然界个别特异现象与人类社会某个事件同时出现是“自然之道，适偶其数”(《论衡·偶会》)，与人的善恶、功过无关，并不含有灾异、谴告的意义。传说孟姜哭夫城为之崩，“或时城适自崩，杞梁妻适哭”(《论衡·感虚》)，好像是天人感应，其实也是偶然巧合。王充还依据自然科学知识和实际观察解释了一些自然现象，指出自然现象之间的联系与天人感应具有不同的性质，从不同角度反驳了天人感应的神学观点。

鬼神观念是神学和迷信的基石。王充指出：“人死不为鬼，无知，不能害人。”(《论衡·论死》)人类生命现象的实质是阴阳二气，阴气形成人的骨肉，阳气形成人的精神，精神附于形体。阴阳二气未结合成人时是没有知觉的，结合成为人时才产生知觉。生命死亡时，“精神升天，骸骨归土”(同上)，重新还原为没有知觉的气。“形需气而成，气需形而知，天下无独燃之火，世间安得有无体独知之精?”“人死血脉竭，竭而精气灭，灭而形体朽，朽而成灰土，何用为鬼?”(同上)这是从形神关系方面论证人死不为鬼。他又把生死比为冰水，阴阳之气凝而为人犹如水凝而为冰，人死还原为阴阳之气犹如冰释而为水。生命只是气的一种暂时形态，生命结束后生命所特有的知觉也就消失了。王充对人们所讲的鬼神现象作出了两种解释。一种解释是：“畏惧则存想，存想则目虚见。”(《论衡·订鬼》)依照这种解释，鬼神根本不存在，人们看见鬼神是恐惧、存想产生的幻觉。另一种解释是：“鬼神，阴阳之名也”，“非死人之精也”(《论衡·论死》)。依照这种解释,鬼神是存在的,但它不是人死后的灵魂,而是气的一种变化莫测的形态。后一种解释保留了鬼神的名称,而基本精神与前一种精神是一致的。王充还揭露了鬼神观念产生的种种危害。例如,由于信鬼神而厚葬,使人们"破家尽业,以充死棺;杀人以殉葬,以快生意""竭财以事神,空家以送终"(《论衡·薄葬》)。由于信鬼神而产生重卜筮、多禁忌,使人们遇事"不考于心,而合于日;不参于义,而致于时"(《论衡·讥日》),"舍人议而就卜筮,违可否而信吉凶"(《论衡·卜筮》)。这只有利于"奸书伪文"的流行和奸巧的人"惊惑愚暗,渔富偷贫"(《论衡·辨祟》)。

汉代盛行许多成仙的方术,如飞升、尸解、寡欲、辟谷、食气、服药等,还有许多成仙的传说。王充否定人可以不死,具体揭露了种种神仙方术,如说:天是以气为体,无上天之路,升天是不可能的;修方术者死后骨肉俱在,尸体与常人无异,可见并未成仙;草木无欲而寿命短于人,可见寡欲不能永生;辟谷不食违反生理常识;阴阳之气不能饱人,何能使人不死。同时,他又从生死观的高度作了论证,指出凡生命都有死亡,"有血脉之类,无有不生,生无不死","天地不生,故不死;阴阳不生,故不死。死者,生之效;生者,死之验也。夫有死者必有终,有终者必有死"(《论衡·道虚》)。

王充反对神学迷信的理论武器是元气自然论。

元气的概念在王充以前已经出现,并在哲学、天文学、医学、音乐各个领域内广泛使用。《鹖冠子·泰録》有"天者,气之所总出也"的说法。《淮南子》说:"气有汉垠,清阳者薄靡而为天,重浊者凝滞而为地。"(《淮南子·天文训》)董仲舒则说:"王正则元气和顺,风雨时,景星见,黄龙下。"(《春秋繁露·王道》)前二者把元气理解为天地、阴阳据以形成存在的原始物质,董仲舒则把元气理解为吉祥之气。

王充发展了前一种元气观点,认为天地间的一切都是元气构成的,"万物之生,皆禀元气"(《论衡·言毒》),人也"禀气于元,与物无异",不同的是人为"万物中之有智慧者也"(《论衡·辨祟》)。

"自然"的概念出于《老子》,至《淮南子》有较多的发挥。王充自称其观点“虽违儒家之说,合黄老之义也”(《论衡·自然》),继承了《老子》和《淮南子》的自然思想,用以反对“天故生人”“故生万物”的神学目的论。他说:

> 天地合气,万物自生,犹夫妇合气,子自生矣。万物之生,含血之类,知饥知寒,见五谷可食,取而食之,见丝麻可衣,取而衣之。或说以为天生五谷以食人,生丝麻以衣人,此谓天为人作农夫、桑女之徒也,不合自然,故其义疑,未可从也。(《论衡·自然》)

在王充看来,自然生成万物,是无意识的,人利用自然物御寒、充饥是有意识的,两者不是一回事。同样,自然变化出现奇异现象也是无意识的,人们把这些现象说成天用以谴告人的祥瑞、灾异,并不符合事实。自然界奇异现象是“气自为之”,如果它真是天的谴告,则“自然焉在?无为何居?”(同上)王充还指出,道家的自然论有一个重大缺陷,即“道家论自然,不知引物事以效其言行”(同上),提出以事实和效果检验言行的正确或谬误。他说:“事莫明于有效,论莫定于有证。”(《论衡·薄葬》)其具体做法,包括“须任耳目以定情实”(《论衡·实知》)和“必开心意”(《论衡·薄葬》),既以耳目见闻为基础,又对所见所闻进行分析鉴别,排除虚假现象,从现象进入本质。这是对道家自然论的发展,在认识论上具有重要意义。

王充的元气自然论强调了事物的客观性和规律性,但不能说明精神的本质。他把精神现象归结为某种特殊物质,认为人的精神来源于“精气”或“阳气”(《论衡·订鬼》),并把善观恶念加于某种气,认为有所谓“善气”“恶气”“仁之气”“五常之气”决定着人们的命运,从而陷入了命定论。

## 第四节 王充社会思想的矛盾

在社会治乱问题上,王充重视物质生活的作用,却又把治乱的最终原因归结为“时数”“国命”。

古代流行的观点认为，贤君在位则道德施行，道德施行则社会安定；不肖之君在位则道德废弛，道德废弛则社会动乱。王充反对这种君主个人决定社会治乱的观点。他说：

> 夫世之所以为乱者，不以贼盗众多，兵革并起，民弃礼义，负畔其上乎？若此者，由谷食乏绝，不能忍饥寒。夫饥寒并至，而能无为非者寡；然则温饱并至，而能不为善者希。传曰：“廪仓实，民知礼节；衣食足，民知荣辱。”（《论衡·治期》）

这里用温饱与饥寒来说明社会的治乱，比起单纯用道德观念来说明治乱显然要深刻些。那么，温饱与饥寒的原因是什么？王充认为完全在于“时数”。他重视自然条件对农业生产的影响，是有一定道理的。尤其是在科学技术不发达的古代，人们改造自然的能力很低，五谷丰歉在很大程度上决定于自然条件。所以，王充的看法不无道理。但是他忽略了人在社会经济生活和政治生活中的能动作用。当他完全用自然界的原因去说明社会治乱时，就不能说明：为什么尧遇洪水、汤遇大旱而天下治？为什么桀纣之时“无饥耗之灾”而天下乱？《论衡》中有两个回答。《治期》篇说：社会治乱的根本原因在于“天”“时”。所谓“天”“时”是指自然界的规律性。他认为自然规律都与日食、月食的规律一样，非人力所能改变。这个回答用机械的必然性排除人事的作用，已经把社会治乱的原因神秘化。《命义》篇的回答则说社会治乱的根本原因在于“国命”，而“国命”就是“天命”。虽然王充所说的“天命”可以作出不同于神学的解释，但它已经不像“天”“时”那样表现为可见的自然现象了，实际上已经很难与神学的天命论加以区别。

在古今异同问题上，王充承认“汉在百代之上”，汉代远远胜过三代。“汉家三百岁，十帝耀德”（《论衡·宣汉》），不能说未致太平；“汉之高祖、光武,周之文、武也。文帝、武帝、宣帝、孝明、今上,过周之成、康、宣王”(同上),未可说今无圣人;汉德“乃在百代之上”(《论衡·须颂》),又怎能说上古德厚今世德薄?至于风俗的文质,“一质一文,一衰一盛,古而有之”(《论衡·齐世》),因时世而变,并无优劣之分,人的形体外貌,都是禀气所致,美丑修短古今皆有,更不能说今不如古。王充对汉代的评说有两段话特别值得注意,他说:

> 方今哀牢、鄯善,诺降附归德……唐、虞国界,吴为荒服;越在九夷,罽衣关头,今皆夏服,褒衣履舄;巴蜀、越嶲、郁林、日南、辽东、乐浪,周时被发椎髻,今戴皮弁;周时重译,今吟《诗》《书》。(《论衡·恢国》)
>
> 周时仅治五千里内,汉氏廓土收荒服之外。……古之戎狄,今为中国;古之裸人,今被朝服;古之露首,今冠章甫;古之跣跗,今履高舄。以盘石为沃田,以桀暴为良民,夷坎坷为平均,化不宾为齐民,非太平而何!(《论衡·宣汉》)

这两段话指出,汉代的国土远大于三代,汉代的文化远高于三代,汉代的农业生产远比三代发达。事实是,汉代的疆域东起海滨,西达玉门关外,北自辽东,南至海南岛,远远超过三代的范围。原来落后的周边各民族受到中原先进文化的影响,文明程度有很大提高。由于“兼容并包”的民族政策,民族融合发展中形成了中华民族的主体汉族,汉族与边疆地区的少数民族友好交往增多,促进了统一的多民族国家的发展。无论耕地面积,作物品种或水利、农具、耕作技术都发展到前所未有的水平。王充的看法是有事实根据的,并非虚美媚时之论。正如他自己所表白的,他歌颂汉代胜于三代,“非以身生汉世,可褒增颂叹,以求媚称也;核事理之情,定说者之实也”(《论衡·宣汉》)。“宣汉”的意义在于用社会进化的观点否定今不如古的社会退化论。应当附带提及,《宣汉》《恢国》等篇讲了不少符瑞,这是一个缺点,但不应据此认为王充相信符瑞。因为当时的今不如古论者以符瑞作为美化古代的依据,王充举出许多汉代的符瑞来,只是说,如果要讲符瑞的话,汉代并不比古代少,今不如古论者的论证是不能成立的。

但是,另一方面,王充认为古今没有什么区别。他说:“夫上世治者,圣人也;下世治者,亦圣人也。圣人之德,前后不殊,则其治世,古今不异”;“上世之天,下世之天也;天不变易,气不改更。上世之民,下世之民也;俱禀元气,元气纯和,古今不异……一天一地,并生万物。万物之生,俱得一气。气之薄渥,万世若一”(《论衡·齐世》)。无论古今,天地人物都禀元气而成,元气本身又无古今之别,所以天地人物也就没有古今的区别,很自然得出“百代同道”的结论。这再一次证明,不懂得人类社会与自然界的差别,企图直接用元气自然的观点说明社会历史,得不出正确的答案。

## 第五节　王充的“效验”学说

在反对神学迷信和解释自然与社会现象的过程中,王充所运用的认识方法,其主要内容有:①“任耳目以定情实”(《论衡·实知》),运用耳目感官去了解事情的原委真相;②“引物事以验其言行”(《论衡·自然》),用实际事物检验言论的是非,用办事的效果检验行为的得失;③“揆端推类,原始见终,从闾巷论朝堂,由昭昭察冥冥”(《论衡·实知》),主要是运用类比推论的逻辑方法,要求遵守矛盾规律,不能上下相违,前后相伐;④“贵其知识”(《论衡·别通》),立论要以确切的科学知识为依据;⑤“不学不成,不问不知”(《论衡·实知》),通过学习、问疑获得新认识;⑥“事有不可知”,“及其知之,用不知也”(同上),当证据不足,不能作出判断时,不要强不知以为知;⑦注意分析“虚妄”现象产生的根源。

这些认识方法贯穿着一个基本精神,这就是实事求是。用他自己的术语说就是注重“效验”。“事莫明于有效,论莫定于有知”(《论衡·薄葬》),“凡论事者,违实不引效验,则虽甘义繁说,众不见信”(《论衡·知实》)。他把感觉经验置于首要地位,从事实出发,运用逻辑思维,通过类比推理从已知到未知,从事物的产生预计发展结果,由此及彼,由现象进入本质。王充所依据的基本是经验知识,其逻辑思维也陷于形式逻辑,表现为用“效验”的方法对具体观点一一验证,用事实作为标准判别是非。

王充运用“效验”的方法分析神学迷信,揭露其虚妄不实,在《论衡》中有许多成功的范例。

《自然》《谴告》篇成功地反驳了谴告说。谴告说的前提是,人间君主的废立取决于天的意志,人君行为失当,天出灾异警告之,令其改弦更张;如果不听,则降大灾惩罚之,以至另立人君代替之。王充分析说:

> 天能谴告人君,则亦能故命圣君。择才若尧、舜,授以王命,委以王事,勿复与知。今则不然,生庸庸之君,失道废德,随之谴告,何天不惮劳也?(《论衡·自然》)

有神论讲天立人君,又讲人君的行为不合天的意志而必须由天来谴告,不能自圆其说。王充抓住了谴告说的前提与内容之间的矛盾,要么否定人君为天所命,要么否定谴告的必要性。这里已涉及神学的一个内在矛盾:天的全能性与局限性的矛盾。神学总是想把天说成全能,但又不能把天说成全能。如果天是全能的,就不会生出平庸之君,谴告就没有必要。如果天不是全能的,既出了平庸之君,天未必能谴告他。谴告说实际上把天与人君的关系看成君臣关系,人君为天之臣,人君亦能谏天。然而人君谏天的事不存在,由此可见天谴告人君的说法也是虚妄不实的。

王充不仅把重“效验”的认识方法用于揭露神学迷信,也用于探求事物的真相。例如,谴告说宣称“雷为天怒”,王充否定了这个说法,认为雷是火,并提出五个证据:人中雷而死,须发、皮肤有烧灼之状可见,尸体有烧灼之味可闻;雷烧石投入井水激声大鸣;寒气入腹与温气相遇腹鸣如雷;雷鸣时电光耀目;雷可烧毁房屋草木。于是他作结论说:“夫论雷之为火有五验,言雷为天怒无一效,然则雷为天怒,虚妄之言。”(《论衡·雷虚》)对许多被神化了的传说,王充都力图给以合乎实际的解释。传说:“舜葬于苍梧,象为之耕;禹葬会稽,鸟为之田。”(《论衡·书虚》)神学解释为天佑圣德。王充说实际情况可能是苍梧象多,会稽鸟多,人们看到象践泥土、鸟食杂草,形容为象耕鸟田,实际并没有象和鸟耕田的事,并不是天佑圣人。人们生病时举行祭祀,后有的得到康复,被看做神秘的事,实际是病人得到精神安慰,促进了康复,并没有鬼神在起作用。他还对人的预见能力作了合理的解释。如秦庄襄王的母亲夏太后把墓地选在杜陵时预言,百年之后她的墓旁当有万家邑,其后果如其言。樗里子造墓地于章台时预言,百年之后当有天子宫室出现于他的墓地周围,其后亦果如其言。这类预言被谶书神秘化,作为迷信的证据。王充指出,事物的发展变化是有迹兆的,“案兆察迹,推原事类”(《论衡·实知》),可以预见某些事物的未来。不仅圣人、贤人能够预见某些事情未来的发展,就是一般人也可以做到,没有必要用神怪去解释。

王充的认识方法的薄弱方面是理论概括不足。例如,他反复用比喻的方法反驳“天处高而听卑(下)”“天闻人言,随善恶为吉凶”(《论衡·变虚》)的迷信,一则说天大人小,天比人大的程度远远超于人比蚂蚁大的程度,天的高度又不知超过楼台多少倍,人坐在楼台上尚且看不见蚂蚁,天怎能听到人的声音呢?再则说诸夏与四夷语言尚不相通,天又怎能听懂人类的语言呢?三则说听声音要用耳,天没有耳怎能听到人的言论呢?这些比喻虽然生动却不能驳倒神学迷信。因为在有神论者看来,神之所以为神,就在于具有超人性,可以不以目视不以耳听。要反驳有神论仅靠“效验”是不够的,必须从理论上证明不存在神的超人性。王充没有作出这种证明,所以不能彻底驳倒有神论,这是经验论的认识方法不能克服的弱点。

王充在世时,《论衡》没有得到广泛的流传,影响仅及东吴地区。东汉末年,避难入吴的蔡邕和会稽太守王朗把《论衡》带到北方,引起人们的浓厚兴趣,被视为“异书”“奇书”。在经学衰落、无神论和黄老思想重新抬头的环境中,汇入新的时代潮流,引发了离经叛道的学术倾向。蔡邕、王朗对《论衡》标新立异的兴趣,也就是对经学教条的厌弃。孔融发出父于子无恩,子孕于母腹“譬如寄物瓶中”(《后汉书·孔融传》)的言论,就是“夫妇合气,子则自生”(《论衡·物势》)的推演。在东汉末年政治危机的时代,王充的怀疑精神发展为王符、仲长统的政治批判精神,影响到整个社会。

# 第七章　汉末社会思潮

## 第一节　“清议”之风

豪族地主势力是东汉政权的支柱，而它本身又分裂为不同的集团，包括皇族集团、外戚集团、宦官集团、关陇集团、儒学集团等。各豪族集团共同压迫剥削农民，共同反对庶族地主。不同豪族集团又各有特殊利益，互相发生不可调和的矛盾，围绕着争夺权力的斗争，不同集团相互结合而又分离，个别分子依违动摇于不同集团的现象更是随时出现。

和帝以下历代东汉皇帝都是短命夭折，下一代皇帝都是幼年即位。这些小皇帝往往由外戚拥立，实际权力都落到外戚集团手中，皇帝成为外戚的工具。当小皇帝成年之后，为了摆脱外戚控制，又往往依靠宦官势力消灭外戚权臣。这样，实权又落入宦官手中，皇帝又成为宦官的工具。东汉后期，外戚与宦官两个集团交替掌握政权，皇权成为他们争夺的对象。在这种统治阶级内部纷争的影响下，东汉政权日益腐败，走向分崩离析。

东汉实行察举、征辟制度，被举、辟的士人便成为举主、府主的门生、故吏，相互结成封建宗法式的政治关系。由于提倡经学，东汉还形成一些累世治经学的豪强家族，有的甚至累世皆为公卿。这是官僚集团的主要来源。官僚集团在东汉后期也是一股政治力量，但没有像外戚、宦官那样成为争夺皇权的主力。

安帝、顺帝时相继扩充太学,笼络儒生,顺帝时太学生多至3万余人。地方的郡国学和精舍(私人学校)学生数量更多。太学生多出自豪族家庭,他们本来与官僚集团有千丝万缕的联系,又是官僚队伍的后备军,自然与官僚集团的政治态度一致。

在这样的背景下,官僚士大夫中出现了清议之风,从品评人物发展到议论国事,对东汉后期政治产生了巨大影响。太学很自然成为清议的中心,而善于清议的人被视为天下名士。当时窦武、刘淑、陈蕃被标榜为一代宗师,号称"三君";李膺等八人被标榜为人中英杰,号称"八俊";郭太等八人被标榜为道德楷模,号称"八顾";张俭等八人被标榜为引导他人追随宗师的人,号称"八及";度尚等八人被标榜能以财救人,号称"八厨"。这种品评实际上只是官僚集团的"公论"。

当时的太学生受到风起云涌的农民起义的震动,深感东汉王朝有崩溃的危险。他们认为外戚、宦官的黑暗统治是导致政权危机的主要原因,力图通过清议反对外戚特别是宦官势力,以挽救东汉统治。属于"三君"之一的陈蕃和属于"八俊"的李膺、王畅受到太学生的特别推崇。清议主要攻击宦官势力,引起宦官集团的反击。宦官势力诬告清议人物"共为部党,诽讪朝廷""共为部党,图危社稷"(《后汉书·党锢列传序》),引起最高统治者的震怒,东汉统治者于是大肆镇压,这就酿成桓帝延熹九年(166年)和灵帝建宁二年(169年)迫害"党人"的事件,即有名的"党锢之祸"。两次"党锢"延续18年之久,大批官僚、士人遭到迫害,直到黄巾起义发生后,"党人"才被赦免。

## 第二节　王符的《潜夫论》

王符(约85—162年)字信节,安定临泾(今甘肃镇原)人。少年时代刻苦好学,与马融、张衡友好,由于出身微贱,又富有正义心,不愿与世俗

王符像

同流,乃终生不仕。著书30余篇,议论当时社会政治,不欲彰显其名,故名其书《潜夫论》。

《潜夫论》集中研究社会现实问题,反映出汉末社会的矛盾,对现实的危机作了大胆的揭露,并提出了治理的办法。

王符从经济领域分析当时社会衰乱的原因。他描述当时的现实说:“举今世舍农桑,趋商贾,牛马车舆,填塞道路,游手为巧,充盈都邑,治本者少,浮食者众。”(《潜夫论·浮侈》)他说洛阳“浮末者”人数是农夫的10倍,天下郡县市邑的状况也都类似洛阳。“一夫耕,百人食之;一妇桑,百人衣之。以一奉百,孰能供之!”(同上)由此他推论说,废弃农桑导致饥寒,饥寒导致为非作歹,统治者用严酷的刑法对付迫于饥寒的人们,又引起普遍愁苦怨恨,于是引起社会危机。这种分析区分了有利于国计民生的工商业和专为奢侈消费服务的工商业,不是笼统地反对工商业,而是认为农与工商各有本末。“夫富民者,以农桑为本,以游业为末;百工者,以致用为本,以巧饰为末;商贾者,以通货为本,以鬻奇为末。三者守本离末则民富,离本守末则民贫。”(《潜夫论·务本》)

王符提出用“崇本抑末”的办法杜绝社会危机,主张“明督工商,勿使淫伪;困辱游业,勿使擅利;宽假本农,而宠遂学士”(同上)。他没有像崔寔、仲长统那样提出恢复井田制的主张,也没有像荀悦那样提出“耕而勿有”,他只主张抑制奢侈性的工商业,改变农业生产萎缩的状况,以挽救社会危机。

然而汉末的封建国家却不能履行这种社会职能,原因是当时恶性膨胀起来的豪强势力左右着国家政权,任何维护封建国家整体利益的措施都无法推行。王符还针对当时的现实,明确提出公私关系的问题。所谓“公”就是指封建国家的整体利益,“私”是指掌握国家政权的人的个人私利。“私利”流行还是“公义”流行是社会治乱兴衰的标志。他指出“私利”与“公义”的对立，“夫国君所以致治者公也，公法行则轨乱绝。佞臣之所以便身者私也，私术用则公法夺”（《潜夫论·潜叹》）。公卿大臣未必缺少“聪明智虑”，但他们总是把“私利”摆在“公义”之上，就不能不造成祸患。

王符认为，君主英明国家就能治理好，君主昏庸国家就要衰乱，国家盛衰的责任“皆在于君，非下民之所能移也”（《潜夫论·务本》）。在君主专制制度中，民众没有影响政治决策的手段，没有干预君主意志的途径，必然产生这种君主决定论。他认为，从“公义”出发，君主应当“法天而建官”，“至公卿以下，至于小司，辄〔孰〕非天官也？是故明主不敢以私爱，忠臣不敢以诬能”（《潜夫论·忠贵》）。然而当时的东汉君主却相反，从私爱出发授官任人，宦官外戚以及腐朽的官僚一旦掌握权力，无不结党营私，欺世盗民。他们或“以族举德，以位命贤”（《潜夫论·论荣》），或“以面誉我者为智，谄谀己者为仁”（《潜夫论·贤难》）。王符还说“其官益大者罪益重，位益高者罪益深”（《潜夫论·本政》），深刻揭露了权贵的道德堕落。

王符提出的救乱扶危的方案主要是“富民”。他说：“为国者以富民为本。”（《潜夫论·务本》）又说：“国以民为基，贵以贱为本，是以圣王养民，爱之如子，忧之如家，危者安之，亡者存之，救其灾患，除其祸乱。”（《潜夫论·救边》）他要求统治者不要忘记历史教训，有哪个朝代能够下贫而上富？他还希望统治阶级内部君臣一致，以“公义”为重，协调关系，共同治理国家。但是王符自己对东汉王朝的中兴已失去了信心。一则他看到当时的统治者没有谁愿意采纳他的建议；二则又看到社会动乱之势已成，很难扭转局面。

王符的哲学思想，在《潜夫论·本政》篇中有一个完整的表述：

> 凡人君之治，莫大于和阴阳。阴阳者，以天为本。天心顺则阴阳和，天心逆则阴阳乖。天以民为心，民安乐则天心顺，民愁苦则天心逆。民以君为统，君政善则民和治，君政恶则民冤乱。

君以恤民为本,臣忠良则君政善,臣奸枉则君政恶。

这里把自然与社会、政治与道德、君主与臣民联系起来,阴阳和天心是其中的两个基本问题。在自然观方面,王符认为在阴阳之前存在着一种“未有形兆,万精合并,混而为一”的元气,元气“翻然自化,清浊分别,变成阴阳”。阴阳生出天地、万物以及人类。在万物生化过程中,天的作用是施气,地的作用是化育,人的作用是统理万物,或叫做“为”(见《潜书·本训》)。他既强调自然界是人类存在的基础,又强调人驾驭自然的能动作用,认为人与自然的关系犹如乘车驭马、乘船划桨。

王符企图把君主的作用建立在元气自然观的基础上,提出“人天情通,气感相和”(《潜夫论·叙录》)的观点,就是说自然界与人类社会是由气来沟通的。气有和气和乖戾之气的区分,和气导致正常的自然和社会现象,乖戾之气导致反常现象。君主可以“理其政以和天气”(《潜夫论·本训》),在和气的作用下,不但可以使农业丰收,而且可以使人民形体姣好,健康长寿,道德高尚,风俗敦厚。这种天人感通的观点排除了神的存在,用自然界的力量把天人联系起来,与神学天人感应说不同。可是,进一步追问,君主为什么有这样的能力?君主的决定作用的依据是什么?这就无法用元气自然说作出回答了。当他用“天心”解释君权起源的时候,便滑向了君权神授的方面。

王符在《潜夫论》中论述了“本末”范畴。《务本》篇举出八个方面的本末关系:“夫富民者,以农桑为本,以游业为末;百工者,以致用为本,以巧饰为末;商贾者,以通货为本,以鬻奇为末”;“教训者,以道义为本,以巧辩为末;辞语者,以信顺为本,以诡丽为末;列士者,以孝悌为本,以交游为末;孝悌者,以致养为本,以华观为末;人臣者,以忠正为本,以媚爱为末”。在《德化》篇又说:“情性者,心也,本也。化俗者,行也,末也。”王符所讲的本末已不仅仅是指封建社会经济、政治、伦理关系的概念,也是治国之道的概念。诚然,王符还没有把本末提高到哲学范畴的高度,但已经为哲学范畴的本末准备了条件。如果没有王符对本末概念的普遍运用，玄学中作为抽象哲学范畴的本末范畴是不能产生的。

## 第三节　仲长统的《昌言》

仲长统(180—220 年)字公理,山阳(今山东金乡)人。他少年好学,20 岁以后游学青、徐、并、冀之间。后被尚书令荀彧举为尚书郎。仲长统成年时期,东汉王朝名存实亡。他以比王符更高的理论性和概括性总结汉代 400 年的历史经验教训,写出《昌言》34 篇,10 余万字。《昌言》早已佚失,《后汉书》本传中录引有《理乱》《损益》《法诫》三篇的节要,另外在《群书治要》《全后汉文》《齐民要术》中收有一些残存片断。现在只能依据这些仅存的材料叙述他的思想。

仲长统与王符一样,从封建国家整体利益和君主、官吏的私利的关系着眼观察社会治乱问题。他认为君主有无“公心”是起决定作用的。他说:“我有公心焉,则士民不敢念其私矣;我有平心焉,则士民不敢行其险矣。”他认为分封制就是君主行私的制度。秦统一后废分封行郡县,汉初又部分恢复了分封制,仲长统评论说“汉之初兴,分王子弟,委之以士民之命,假之以生杀之权”,就是去其公而行其私,是汉代衰乱之源。主张“收其奕世之权,校其纵横之势,善者早登,否者早去”(《后汉书·仲长统传》引《损益》)。他反对分封制,认为实行中央集权制是正确的。他还认为,君主的“公心”应该表现为“官人无私,唯贤是亲”(《群书治要》卷四十五)。然而汉代的现实却是“王者所官者,非亲属则宠信也;所爱者,非美色则巧佞也。以同异为善恶,以喜怒为赏罚”(同上)。这种背公从私的做法造成外戚专政,宦竖弄权,宠信佞谄。这些人又培植党羽,鱼肉百姓以满足私欲。他们治理国家,无异于豺狼放牧猪羊,盗贼主管征税,国家怎能治理好!

仲长统综合前人的意见,提出一个治乱扶危的方案,包括 16 条措施:

明版籍以相数阅；审什伍以相连持；限夫田以断并兼；定五刑以救死亡；益君长以兴政理；急农桑以丰委积；去末作以一本业；敦教学以移情性；表德行以厉风俗；核才艺以叙官宜；简精悍以习师田；修武器以存守战；严禁令以防僭差；信赏罚以验惩劝；纠游戏以杜奸邪；察苛刻以绝烦暴。(《后汉书·仲长统传》引《损益》)

这里罗列的措施从户口、土地到生产、税收，从法律制度到军事、政令，从举官任人到道德教化、社会风气都说到了。其中有两个要点：①刑德并用，更多强调刑的作用。16条中只有“敦教学”“表德行”“察苛刻”三条措施明显地讲德治，其余大部分措施与法治思想有关。关于刑罚，他还主张恢复肉刑。②提出“限夫田以断并兼”的主张，反映出仲长统已经看到土地兼并这一封建社会的基本问题。以后曹魏的屯田、西晋的占田都是从这一思路出发的。

仲长统提出“乱世长而化世短”的社会史观，他认为社会历史总是处于“乱”—“理”—“乱”三个阶段的循环之中。第一阶段是新王朝建立的过程。这时豪杰并起，拥兵角智斗勇，于是战乱不断。等到其中一人取得压倒优势的时候，其他人都失败了，羁首系颈做了他的阶下囚。然而失败者或曾为成功者的尊长，或曾与其地位相当，或曾将其打败过，这些失败者在心里叫骂诅咒，企图东山再起，哪里会甘心认输呢？第二阶段是新王朝刚刚建立的时候。统治者的恩泽能够超过阳春时雨，像天地一样广大；统治者的权势可以超过暴风迅雷，像鬼神一样威严。这是一个短暂的时期。第三个阶段是由腐败走向灭亡的时期。

在天人关系方面，仲长统提出“人事为本，天道为末”的命题，表现出无神论的倾向。他注意到历来所说的“天道”混杂着迷信和科学两部分内容。讲究“吉凶之祥”是迷信；“指星辰以授民事，顺四时而兴功业”是科学。对于迷信的“天道”观念，他是坚决反对的，认为治理国家只能依靠现实的努力，不能依靠鬼神的力量。所以，他说：“唯人事之尽耳。”

历来“天道”观念中包含的科学内容，仲长统叫做“天之道”，以与迷信的“天道”观念相区别。这指的是与农业生产有密切关系的天文气象和四时变化规律。然而自然规律能否为人类社会造福也在于人类是否利用它。如果舍弃人事，自然规律也不能为人类社会造福。“天之为时，而我不农，谷亦不可得而取之。青春至焉，时雨降焉，始之耕田，终之簠簋，惰者釜之，勤者钟（十釜为一钟）之，矧夫不为，而尚乎食也哉？”（《齐民要术·序》）这里仲长统又强调了人的后天努力。

# 第八章　秦汉时期思想史料介绍

## 第一节　汉初诸子和黄老之学的史料

汉初诸子中有著作留传的主要是陆贾、贾谊和刘安三人。

陆贾生平史料主要是《史记》卷九十七《陆贾列传》和《汉书》卷四十三《陆贾传》。陆贾的主要著作《新语》,又称《陆子》《云阳子》。《史记》本传中说:"陆生乃粗述存亡之征,凡著十二篇。每奏一篇,高帝未尝不称善,左右呼万岁,号其书曰《新语》。"《汉书·艺文志》著录"《陆贾》二十三篇",当包括《新语》和陆贾的其他著作在内。今本《新语》仍为12篇,篇目与宋代人所见的相同,即:《道基》《术事》《辅政》《无为》《辨惑》《慎微》《资质》《至德》《怀虑》《本行》《明诫》《思务》。宋黄震《黄氏日钞》和清《四库全书总目提要》的编者曾认为宋以来所传《新语》12篇为伪书,证据不能成立,当代有关著作均依据宋传本研究陆贾的思想。近代以前《新语》无注本,民国唐晏《新语校注》收入《龙溪精舍丛书》。现在可见的最早版本是明弘治年间李廷梧刻本和明范氏天一阁刻本。《四部丛刊》本二卷系明弘治刻本的新印本,《诸子集成》本不分卷,系据明弘治本排印。

陆贾还著有《楚汉春秋》,其书已佚。清孙星衍辑《楚汉春秋》一卷,收入《问经堂丛书》;清茆泮林辑《楚汉春秋》一卷,收入《后知不足斋丛书》《龙溪精舍丛书》。

贾谊生平史料主要是《史记》本传和《汉书》本传。另外还有清汪中《贾谊年表》，编入汪中著作集《述学》中；清王耕心《贾谊年谱》，附录于王耕心撰《贾子次诂》中。

贾谊的主要著作《新书》，也有题为《贾子》《贾谊》《贾谊新书》《金门子》的。最初有72篇，刘向删定为58篇，故《汉书·艺文志》著录："《贾谊》，五十八篇。"隋以来有一卷本、二卷本、三卷本。今本为10卷，本目56篇，《问孝》一篇有目无文，实存55篇。宋陈振孙、清卢文弨及《四库全书总目提要》的编者曾对本书提出过疑问，清姚鼐进而认为这本书是魏晋以后人的著作。现代研究者都认为《新书》是贾谊的著作，其中个别篇如《连语》《杂事》是否贾谊亲著尚不能确定。宋代以来的版本有30种以上，其中清卢文弨《抱经堂丛书》本，集诸本合校最为精良。流行的有《四部备要》本，据卢文弨合校本排印；《四部丛刊》本，依明正德十年刻本影印；《诸子集成》本。

贾谊著作的辑本有：明乔缙辑《贾长沙集》，其中辑有《史记》《汉书》的《贾谊传》及《论》《赋》；清王仁俊辑《周易贾氏义》，收入《玉函山房辑佚书续编》；上海图书馆等辑《贾谊集》。

淮南王刘安生平史料主要是《汉书》本传和《武帝纪》。《汉书·艺文志》《隋书·经籍志》《旧唐书·经籍志》《新唐书·艺文志》《宋史·艺文志》著录他的著作多种，现存的仅有《淮南子》21篇，即《汉书·艺文志》著录的《淮南内》21篇。《淮南子》又称《淮南鸿烈》。高诱《淮南注·序》中说："此书……号曰《鸿烈》。鸿，大也；烈，明也，以为大明道之言也。"执笔者有苏飞、李尚、左吴、田由、雷被、毛被、伍被、晋昌八人及"诸儒"大山、小山之徒。书末《要略》一篇相当于全书的序文[1]，除一一指陈全书各

① 汉代人的许多著作都有一篇序文性质的文章，置于全书最后，如《史记·太史公自序》《淮南子·要略》《论衡·自纪》《潜夫论·叙录》等，这类篇目多对其书的写作意图和各篇旨趣加以扼要说明，对于掌握全书内容和史料分布很有帮助。

篇要旨外,还对先秦各学派提出一个总的看法。《淮南子》杂采先秦诸家史料,后来先秦书籍大量佚失,它所保存下来的史料弥足珍贵。其中有关邓析的史料见于《主术训》《要略》和《氾论训》;有关阴阳家的史料见于《地形训》《时则训》;有关道家的史料见于《原道训》《道应训》;有关儒家的史料见于《氾论训》《缪称训》。《淮南子》在汉代有马融、司马彪、许慎、高诱注。今存《淮南子》题为汉刘安撰,汉高诱注。但据余嘉锡《四库提要辨证》卷十四考证,今存"高诱注"实是高诱、许慎二人注的混合本,题解下有"因以题篇"四字的各篇注文为高注,无此四字的各篇为许注。这种注的通行版本是《二十二子》本和《诸子集成》本。此外有近代人刘家立撰《淮南集证》、刘文典撰《淮南鸿烈集解》,二书都是前人研究成果的结集,刘文典还撰有《三余札记》,对刘家立的集解有所补充。

汉初诸子学者和在思想史上有影响的政治家,多数没有著作,他们的生平事迹和思想观点主要保存在《史记》《汉书》的有关纪传中。儒家叔孙通、伏胜、辕固生、申培等人的史料见于《史记》的《儒林列传》(卷一二〇)、《楚元王世家》(卷五十)、《叔孙通列传》(卷九十九),又见于《汉书》的《儒林传》(卷八十八)、《叔孙通传》(卷四十三)。黄老学者盖公、曹参的史料见于《史记》的《曹相国世家》(卷五十四),又见于《汉书》的《曹参传》(卷三十九)。晋皇甫谧《高士传》亦有盖公的传记。纵横家郦食其、蒯通的史料见于《史记》的《郦食其列传》(卷九十七),《汉书》的《郦食其传》(卷四十三)、《蒯通传》(卷四十五)。阴阳家张苍的史料见于《史记》的《张丞相列传》(卷九十六)和《汉书》的《张苍传》(卷四十二)。

黄老之学在汉初学术思想领域占主导地位,是汉初政治的理论基础。汉初的政治家汉文帝、汉景帝、窦太后、陈平、汲黯等也都是黄老学者。研究汉初黄老之学不能离开这些人物。有关这些人物的史料主要是:《史记》的《孝文本纪》(卷十)、《孝景本纪》(卷十一)、《外戚世家》(卷四十九)、《陈丞相世家》(卷五十六)、《汲黯列传》(卷一二〇),《汉书》的《文帝纪》(卷四)、《景帝纪》(卷五)、《陈平传》(卷四十)、《汲黯传》(卷五十)、《外戚传上》(卷九十七上)。

黄老学派的著作还有1973年长沙马王堆出土的古佚书《经法》《十六经》《称》《道原》四篇。文物出版社将四篇古佚书合为一册出版,题名为《经法》。

## 第二节　汉代经学与谶纬的史料

汉代经学的史料相当纷繁杂乱,大致可以分为三个部分:

(1)汉初儒家所传的先秦儒家经籍。这部分史料又有两类,一类是今文经学的经典,包括浮丘伯所传的《诗》,伏胜所传的《尚书》,高堂生所传的《礼》,田何所传的《易》,胡毋生所传的《春秋公羊传》。受传的弟子各自成家,今文经学每一经又分为数家。同出于浮丘伯的《诗》分为齐诗、鲁诗、韩诗三家;同出于伏胜的《尚书》分为欧阳、大夏侯、小夏侯三家;同出于高堂生的《礼》分为大戴、小戴、庆普三家;同出于田何的《易》分为施、孟、梁丘、京房四家;同出于胡毋生的《公羊春秋》也分为严氏、颜氏两家。另一类是古文经学的经典,包括毛亨所传的《毛诗》,还有相传出于孔子旧宅壁中的古文《尚书》及《礼记》《论语》《孝经》,还包括北平侯张苍所传的《春秋左氏传》。

(2)汉代经师们对儒家典籍的训解阐释。例如京房的《京房易传》、伏胜的《尚书大传》、韩婴的《韩诗外传》、卫宏的《毛诗序》、郑玄的《毛诗传笺》、许慎的《五经异义》、郑玄的《驳五经异义》《六艺论》等等。这部分是汉代经学史料的主体,数量很大。究竟汉代有多少经师,恐怕从来没有人确切知道。在使用竹帛为书写材料的汉代,“经”的复本不会很多,“传”的复本自然更少。加之经学著述多数是对“经”的注释,一旦新的更好的注释得以流行,同一经籍的原有注释就被取代,很容易被弃置亡佚。所以,汉代的经学著述随着时间的推移,大部分都散失了。清代学者为了寻找散失的经学著述,用了很大功夫,把各种文献中引用的佚书的文字搜集出来,集录在一起,成为辑佚之作,这就部分地恢复了佚书的面貌,对后人很有用处。例如清马国翰的《玉函山房辑佚书》、清黄奭的《汉学堂丛书》都是这样的著述,是研究经学必须利用的史料。

(3)汉代经学家的生平传记资料。主要保存在《史记·儒林列传》《汉书·儒林传》和《后汉书·儒林传》中。有一些重要的经学家,在《史记》《汉书》《后汉书》中有单独的传记。他们的生平传记,一般都很简短,有些连生卒年和著作也不很清楚。但要了解汉代经学的派别流变还是离不开这些史料。

今文经学家董仲舒,其生平史料主要是《史记》本传、《汉书》本传,还有《汉书》的《五行志》《武帝纪》,《论衡·实知》,《太平御览》卷九七六的引文和《西京杂记》卷二。近代人苏舆撰有《董子年表》,见于《春秋繁露义证》卷首。

董仲舒的著作,《汉书·艺文志》著录有《董仲舒》123 篇及《公羊董仲舒治狱》16 篇。今存的最主要著作是《春秋繁露》,17 卷,82 篇。《春秋繁露》这个书名在《汉书》中没有出现,最早见于晋葛洪的《西京杂记》。《隋书·经籍志》始著录为 17 卷,《崇文总目》始著录为 82 篇,今本皆与之相符。“繁露”本来是一个篇名,汇编成集时以《春秋繁露》作书名,就将《繁露》篇改题为《楚庄王》。《春秋繁露》的注释有清凌曙撰《春秋繁露注》,收入《皇清经解续编》,又收入《龙溪精舍丛书》;又有近代人苏舆撰《春秋繁露义证》,内容较凌曙著有增改。今存董仲舒著作还有《举贤良对策》三篇,存于《汉书》本传中。此外,有四种董仲舒著作辑本:①《春秋决狱》一卷,清洪颐煊辑,收入《问经堂丛书》;②《春秋决事》一卷,有清王模的辑本和清马国翰的辑本两种,分别收入《汉魏遗书抄》和《玉函山房辑佚书》;③《周易董氏义》一卷,清王仁俊辑;④《董子文集》一卷,明汪士贤辑,收入《丛书集成初编》。

谶纬是假托神或圣人造作的预言以及附会儒家经典的著作,它的真正作者一般无法考知。历史上第一次编纂谶纬是在王莽时期。王莽始建国元年(9 年),“遣五威将王奇等十二人颁《符命》四十二篇于天下”(《汉书·王莽传》)。刘秀即位后,第二次编纂谶纬,建武中元元年(56 年)“宣布图谶于天下”(《后汉书·光武帝纪》),共81 篇。曹魏时期和南朝宋代,也制作过一些谶语加到纬书中去,但没有进行过大规模编纂谶纬的工作。《隋书·经籍志》记载,隋代所见的谶纬仍为81 篇,包括7 纬36 篇,其他45 篇。

由于谶纬容易被不同的政治派别利用,汉唐之间的统治者都是一面利用对自己有利的谶纬,一面查禁反对自己的谶纬。隋唐以来,谶纬大部亡失,只有《易纬》的一部分流传下来。

明代开始,又有人从学术史的角度重新辑集谶纬著述。明孙瑴辑《古书微》36 卷,是第一部谶纬辑佚之作。《古书微》对 7 纬 36 种都有辑录,但所辑每种的内容遗漏很多,又有不少杜撰。清代出现了辑有谶纬书籍的丛书,它们是:黄奭《汉学堂丛书》,辑录 7 纬 34 种,另有其他谶纬 21 种,共55 种;马国翰《玉函山房辑佚书》,辑录纬书 29 种(无《易纬》),另有其他谶纬 11 种,共40 种;赵在翰《七纬》38 卷,辑录 7 纬 36 种;陈乔枞《诗纬集证》4 卷,辑录《诗纬》4 种。另有今日本人安居香山、中村璋八合著的《纬书集成》,是一部比较完备的谶纬辑集。这几种辑佚丛书所撰的纬书篇目互有重复,内容多少不一,可以互相参证。

## 第三节　司马迁、扬雄、桓谭、王充及汉末社会思潮史料

司马迁的传记史料是《史记》卷一三〇《太史公自序》和《汉书》卷六十二《司马迁传》。《太史公自序》首叙先祖世系,于其父司马谈事迹叙述较详,并录引了司马谈的论著《论六家之要指》。次以答上大夫壶遂问的形式阐明《史记》写作宗旨。末系《史记》130 篇提要。《汉书·司马迁传》前一部分照录《太史公自序》,叙述司马迁的先祖世系及其生平。中间引用司马迁答上大夫壶遂问,亦照录《太史公自序》,接着列举《史记》

130篇篇目。后一部分全文录引司马迁《报任安书》(又见于《昭明文选》)。《报任安书》抒发了司马迁受刑后的愤怨心情及隐忍苟活以完成《史记》的抱负,是理解司马迁思想性格的重要史料。司马迁的《史记》是一部史学著作,在思想史上也有重要地位。《史记》各篇都有冠以"太史公曰"的史评,在《纪》《传》部分置于各篇尾,在《书》《表》部分置于篇首或篇中。这些史评直接表达司马迁的思想观点,是研究司马迁思想的重要材料。《史记》的注释有南朝宋裴骃集解,唐司马贞索隐,唐张守节正义。今有日本人泷川资言的《史记会注考证》。

扬雄的生平史料主要是《汉书》卷八十七《扬雄传》。此外,清人全祖望著有《扬子云生卒年考》,收入《鲒埼亭集外编》。近人董作宾著有《扬雄年谱》,发表在《中山大学历史语言研究所周刊》第85—87期合刊上(1929年9月出版);近人汤炳正著有《扬子云年谱》,发表在《论学》杂志第4—7期上(1934年出版)。扬雄的著作《太玄》,因为形式是仿《周易》而作的占卜书,与一般著作结构不同,"观之者难知,学之者难成"(《汉书·扬雄传》),阅读时需要参阅有关介绍对其结构先有个了解。《太玄》的《告》《摛》《图》《莹》部分对"体自然"的观点有较多表述,《视》《莹》《勤》部分讨论认识问题。汉代开始就有人为《太玄》作注。司马光说:"汉五业主事宋衷始为玄作解诂,吴郁林太守陆绩作释正,晋尚书郎范望作解赞,唐门下侍郎平章事王涯注经及首、测。宋兴,都官郎中直昭文馆,宋惟幹通为之注,秦州天水尉陈渐作演玄,司封员外郎吴秘作音义。"(《太玄序》)司马光用了30年时间研究《太玄》,明清继续有研究者。现有重要注本是:①晋范望《太玄经注》,有《四部丛刊》本;②宋司马光《太玄经集注》,有清代嘉庆刻本和《道藏举要》本;③明叶子奇《太玄本旨》,有明刻本;④《太玄阐秘》,有清末刻本。扬雄的《法言》包括13篇文章,篇名是《学行》《吾子》《修身》《问道》《问神》《问明》《寡见》《五百》《先知》《重黎》《渊骞》《君子》《孝至》。主要讨论人生和政治问题,其中的《问道》《问神》《五百》《学行》《君子》等篇也讨论了自然观和认识问题。《法言》的现存注本以晋李轨《扬子法言注》为最早，有清刻本和《诸子集成》本，还有近人汪荣宝著《法言疏证》（1911 年出版）和《法言义疏》（1933 年出版）。

桓谭的生平史料主要是《后汉书》卷二十八《桓谭传》。他的著作《新论》29 篇早已亡佚。现从《后汉书·桓谭传》中可见《新论》的全部篇名，《弘明集》中保存有《新论·形神》一文，另外在王充《论衡》、魏徵《群书治要》、《太平御览》卷六分别保存着《新论》的一些佚文。清严可均《全后汉文》辑有《桓子新论》，为较为完备的辑本。

王充的传记史料主要是《论衡》中《自纪》篇和《对作》篇以及《后汉书》本传。《后汉书》本传仅叙其年里和著述，十分简略。《自纪》篇叙其家世、生平、性格较详，并以答问的形式申明其著作的基本倾向和特点。《对作》集中阐述自己的写作意图及其与现实的关系。此外，黄晖著有《王充年谱》附编于《论衡校释》。王充说他的著作有《论衡》《讥俗》《政治》《养性》四种（见《论衡·自纪》），现在仅存《论衡》一种。《后汉书》本传说：王充"著《论衡》八十五篇，二十万余言"。现存 84 篇，缺《招致》一篇。《论衡》中的《自然》《谈天》《道虚》《物势》《寒温》诸篇是自然观的重要篇章；《实知》《知实》诸篇是认识论的重要篇章；《论死》《订鬼》《死伪》诸篇是无神论的重要篇章；《治期》《齐世》《宣汉》诸篇是社会政治和历史观的重要篇章；《命义》《逢遇》《命录》《偶会》则具有命定论的思想。在古代，除极个别人（如清初的熊伯龙）称赞王充的无神论外，赞赏者多以其论点新奇，可以作为"谈助"，如宋高似孙《子略》说"谈助之言，可以了此书矣"。反对者则斥其"过激"，如宋黄震《黄氏日钞分类》卷七十五说《论衡》"持论至于过激，失理之平正"。以至认为它"诬及圣贤""非圣灭道"（《四库全书总目·卷首》）。因此，《论衡》一书一直没有受到重视，古代没有注释。近人的注释有黄晖的《论衡校释》和刘盼遂的《论衡集解》。黄著资料丰富，刘著见解新颖，二书可以互相补充。

汉末清议的史料主要是《后汉书》卷六十七《党锢列传》。《党锢列传》前一部分叙述了清议的出现和党锢始末，一般称为《党锢列传序》。

后一部分是21个人物传记。他们是刘淑、李膺、杜密、刘祐、魏朗、夏馥、宗慈、巴肃、范滂、尹勋、蔡衍、羊陟、张俭、岑晊、陈翔、孔昱、苑康、檀敷、刘儒、贾彪及何颙。此外,《后汉书》中还有一些清议人物的专传,有《后汉书》卷六十六《陈蕃传》、卷六十九《窦武传》、卷五十六《王畅传》、卷七十四《刘表传》、卷三十八《尚度传》、卷六十八《郭太传》、卷六十二《荀淑传》附荀翌传、卷七十五《吕布传》附张邈传,以及卷七十四上《袁绍传》附胡母班传。

王符的传记史料是《后汉书》卷四十九《王符传》。其著作《潜夫论》,本传中说有30余篇,今本36篇,大约没有佚失。《潜夫论》中数量最多的是政论,《本政》《论荣》《遏力》《贤难》《实贡》《忠贵》《浮侈》《述赦》《交际》反映了他的贵民务本、实行法治、反对奢侈、讲求实际及加强边防的政治思想,是其政治思想的主要史料。他的哲学思想主要反映在《本训》《德化》《赞学》《慎微》《明暗》等篇中。《明暗》篇提出"所以明者兼听也,所以暗者偏信也",具有认识论的意义,后来被提炼为"兼听则明,偏信则暗"的格言。《卜列》《巫列》《相列》《梦列》四篇反映了他的无神论思想。《梦列》是古代分析做梦现象的一篇重要文献,其中用"记想""感气""时应""性情"等说明梦的成因,包含着相当可贵的科学成分。《潜夫论》的注释本有清王继培撰《潜夫论笺》,收入《诸子集成》《四部备要》。又有中华书局1979年排印的《潜夫论笺》,由赵铎校正标点。

仲长统的传记史料是《后汉书》卷四十九《仲长统传》。《三国志·魏书·刘劭传》的注文中引缪袭的《统昌言表》,也记述了仲长统的生平。其著作《昌言》原有34篇10万余言,已经佚亡。《后汉书》本传引有《理乱》《损益》《法诫》三篇的基本部分,反映了仲长统的政治思想。《群书治要》节引有《昌言》的九段文字,未标篇名,反映了仲长统的哲学思想。此外,《齐民要术》中也有几处引文。明清人辑录的《昌言》有多种:①明叶绍泰辑《昌言》一卷,有《增订汉魏六朝别解》本;②明胡维新辑《仲长统论》一卷,收入《丛书集成初编》;③明归有光辑《羑山子》,与王符著作辑本《回中子》合为一卷,收入《诸子汇函》;④清马国翰辑《仲长子昌言》二卷,收入《玉函山房辑佚书》;⑤清王仁俊辑《仲长子昌言》一卷,收入《玉函山房辑佚书续编》;⑥清严可均辑《昌言》二卷,收入《全后汉文》卷八十八、卷八十九。

## 第四节　秦汉主要简牍史料

20 世纪七八十年代,考古工作者发现了多批秦汉简牍文字,经过整理公布,这些新史料推进了秦汉史的研究。其中,对中国思想史学习和研究尤为重要的则是《云梦秦简》《马王堆汉墓帛书》和《张家山汉简》等。

《云梦秦简》,或称《睡虎地秦墓竹简》。前者由文物出版社于 1978 年出版,后者由该社于 1981 年出版。共有平装,线装和精装三种版本。其中平装本有注释和语译,便于阅读,线装和精装本有竹简图版,可供研究者深入考证。其内容如下:

(1)《南郡守腾文书》,竹简题名《书语》。共 14 支简。写于秦王嬴政二十年(前 227 年),是秦国占领南郡地区后,南郡郡守腾根据秦国法律颁发给本郡下属行政机构的一篇文告。

(2)《编年纪》,共 53 支简。这是一篇记载墓主人喜和他的家庭兼及秦国军政大事的、按年代编写的文书,记载了从秦昭王元年(前 306 年)到秦始皇三十年(前 217 年)之间近百年墓主人及其家族的经历和秦始皇称帝前后的大事。其中有若干内容可以补充或修正《史记·秦本纪》等文献的不足。

(3)《为吏之道》,共 51 支简。是阐述怎样才能做一名合格官员的课本。其中对官员的执法素质、思想心态和道德操守提出了若干要求,并记载了某些官员不赞成执法"太严"的见解。是有利于辨明秦律的重要部分。

(4)《秦律十八种》,共 20 支简。这是秦律中《田律》《厩苑律》《仓律》等十八种法律条文的摘抄,内容丰富,是秦简中秦律的重要部分。

(5)《效律》,共60支简。"效"具有"校"的意义,即考校、校核之意。内容是对县令(长)管理的物品及度量衡器具实行校核、检查的法律条文。这部分内容在《秦律十八种》中也有部分律文,《效律》是比较完整的律文。

(6)《秦律杂抄》,共42支简。律名计有《除吏律》《游士律》《除弟子律》等11种。还有无律名的简文。因其种类繁多,内容较杂,故秦简整理小组特题此名。是研究秦律的重要部分。

(7)《法律答问》,共210支简。内容是用问答的形式解释律文及其相关问题。其中记载了若干有严有宽的、官员用以判案的标准案例。是研究秦律的重要部分。

(8)《封诊式》,共98支简。内容是对官员审案的要求和法律文书的程式,包括司法案件的供词、记录、报告书等,其中也收入部分案例,可供研究者参考。

(9)《日书》,共有两部分竹简。内容是卜筮之类的文书。释文尚未发表。

(10)木牍两件。是兵士等人写的家书。《秦墓竹简》一书未收入发表。

《云梦秦简》《睡虎地秦墓竹简》出版以后,学者们的论著如雨后春笋般地纷纷跟进。其中有高敏著《云梦秦简初探》,河南人民出版社1979年版,该书于1980年又出了增订本;《云梦秦简研究》,中华书局1981年版;栗劲《秦简通论》,山东人民出版社1985年版;林剑鸣《秦汉史》上册,上海人民出版社1989年版,第20—23页。由于这方面的论著很多,为避免挂一漏万,读者可根据需要查阅出版社和报刊上所载,作有针对性的参考。

江陵张家山汉墓竹简的整理工作从1984年开始,其中二四七号墓竹简文字已整理、校释出版,并成为秦汉社会史、法律史、军事史、医药卫生等领域研究的重要史料。

张家山二四七号汉墓位于湖北省江陵县(今荆州市荆州区),据发掘者推断墓葬年代应为西汉早期,墓中历谱可反映、佐证墓主人去世在吕后二年(前186年)或其后不久。墓中出土竹简作品应不晚于前186年。

这些竹简作品涉及西汉早期的律令、法律、医疗、计算、导引、军事等方面,内容丰富,是研究西汉社会风俗、法律制度、军事思想、科学技术的极其重要的历史文献,特别是在研究秦汉思想文化变迁与关系方面具有弥足珍贵的价值。

二四七号墓出土竹简共1236枚(不含残片),所整理而成的作品8部,分别是《二年律令》《奏谳书》《脉书》《算数书》《盖庐》《引书》、历谱与遣册等。

《二年律令》使亡佚已久的汉律面貌得以重现,是研究秦汉法律制度关系、法律思想、社会政治、经济生活、教育、职官、地理等的重要依据,比较全面地反映了汉初的社会状况。《二年律令》包括27种律和1种令。律令中的"二年",学者还有不同的看法,主要是汉高祖二年(前205年)、吕后二年(前186年)。

《奏谳书》反映了秦汉法律的实施状况,涉及司法诉讼的程序与制度等。

《脉书》《引书》专门讲述医疗卫生、导引养生的知识,保存了一些疾病的名称,可与传世文献及马王堆帛书《五十二病方》《导引图》相对照。

《盖庐》具有明显的阴阳家思想,是年代较早的兵家佚书。

《算数书》比较集中地反映了战国晚期至西汉早期数学思维发展的水平,是中国数学科技史上的一部重要著作。

可参考张家山二四七号汉墓竹简整理小组编著的《张家山汉墓竹简[二四七号墓]》(释文修订本),文物出版社2006年5月版。

至于著名的《马王堆汉墓帛书》,因所涉典籍多为先秦作品,已见于本书"先秦编",此处从略。

此外,海外的相关研究成果《剑桥中国秦汉史》具有一定的代表性,它是欧美学者编撰的《剑桥中国史》的第一卷。为何编撰中国史从秦汉开始?美费正清、英崔端德在该卷的“总编辑序”说:

> 我们不论对中国史前史的知识,或是对公元前第一个千年的大部分时期的知识,者因大量的考古发现而发生了变化;这些发现始于20世纪20年代,而自70年代以来取得了越来越大的势头。……尽管屡次作出努力,试图计划并写出能够总结我们的早期中国现状的一卷或几卷著作,但事实证明现在还不能做到这一点。很可能还需要十年功夫,才能对所有的新发现进行可能有一定持久价值的综合。因此,出于无奈,我们在编写《剑桥中国史》时就从秦汉这两个最早的帝国政体的建立开始。

《剑桥中国秦汉史》由英崔端德、鲁惟一主编,杨品泉、张书生、陈高华等译,中国社会科学出版社1992年版。执笔者有英剑桥大学鲁惟一、美宾夕法尼亚大学荣誉教授卜德、莱顿大学荣誉教授何四维、日东京大学荣誉教授西嶋定生、瑞士苏黎世大学罗伯特·P. 克雷默等。

本卷除“导言”外,共分16章,每章下设多少不同的子目,以作内容提要。本卷有关思想学术、文化史的部分,占到全书篇幅的三分之一以上。其内容丰富,结构严谨,极重视采纳考古发现的最新研究成果和对文献资料的考证与辨伪,并选用了某些国内不常见的原始记录,体现了中外学者所坚持的求实、创新传统。本书强调人们的思想、信仰、道德等的人文价值,及其对社会经济、政治、管理等的重大影响,提出若干独特见解,自成一家之言。还要提到的是本书吸取了国内不少著名思想史学家的科研成果。这种中外、表里会通的方法,可作秦汉思想学术史研究的参考。当然,其中一些论点,研究者也未必苟同,这是学术界的常态,如果没有学术上的相同与相异,就没有学术的繁荣与发展。

第三编

# 魏晋南北朝编

# 概　述

汉代经学发展到汉、魏之际，已经衰落，它既烦琐又迷信。因此，把儒学从汉代经学形式中解救出来，是魏晋名士所必须解决的理论课题。

在魏晋名士的心目中，当时的局势是“处天地之将闭，平路之将陂（不平），时将大变，世将大革”（王弼语），他们想要寻求一个顺时应变的处世之道，《老子》《庄子》《周易》是他们据以发挥议论的思想资料，时称之为“三玄”。他们不满于汉代经学，便从儒、道两家学说的综合中走向抽象的思辨；他们跳出皓首穷经的圈子，而作玄远的哲学追求；他们鄙视世俗，表现出超然物外的态度，但实质上仍然保持封建名教的传统和对自身利益的重视，他们企图去论证名教和自然的一致。

玄学的第一个流派出现于魏正始（240—248 年）年间，以夏侯玄、何晏、王弼为代表。其思想以论证“无中生有”为主要内容。“正始之音”完成了从汉代经学到魏晋玄学的转变。

与夏侯玄、何晏、王弼同时的另一派人物，以嵇康、阮籍为代表。他们处于司马氏势力已盛，正要夺取曹魏政权的时期。他们两人和山涛、刘伶、阮咸、向秀、王戎，号称“竹林七贤”，实际上是司马氏的反对派。司马氏所标榜的是名教，阮籍则痛骂名教，嵇康提出“越名教而任自然”的主张。

玄学的第三个流派发生于魏晋之际，以向秀、郭象为代表。向秀的《庄子注》没有流传下来，只有片断文句保存在张湛的《列子注》中，郭象《庄子注》中的内容，不妨看做是他们两人的思想。他们和何晏、王弼不同，认为“无”不能生“有”。

玄学对理论思维的发展有所贡献。东晋时，玄学与佛学合流，至宋、齐、梁、陈，佛学更继玄学而向前发展，但玄学的余波未灭，直到初唐还有影响，不过在思潮中已不占有重要地位。

魏晋时期,玄学虽风行一时,但反对玄学的各种思潮也不断出现。有些人从自然科学出发,如杨泉的《物理论》,发挥了张衡的浑天说和汉代的"气本论"。有些人从哲学理论方面批评玄学,裴頠的《崇有论》和欧阳建的《言尽意论》就是显例。

316年,北汉王刘曜攻破长安,西晋愍帝出降。中原豪族流奔江东,又在南方建立了政权,南北朝分裂的局面正式形成。南朝政权极不稳定,外有北朝的威胁,内有豪族地主的争夺,在短短的200多年(317—519年)内更换了东晋、宋、齐、梁、陈五个王朝。

与此同时,在黄河流域的封建制社会的基础上,匈奴、鲜卑、羯等北方各族,先后由氏族制跃进到封建制的历史阶段。这一封建化的过程到北魏孝文帝(471—499年在位)时就已经大致完成。

南北朝时期仍然流行玄学。这时佛教由于和玄学合流,有了较大的发展。佛教既有宗教思辨哲学,适应士大夫们的胃口,同时它的粗俗教义又受到帝王、贵族、官僚的欢迎。道教是由古老的神仙方术的传统发展而来,这时在佛教的影响下形成了有一定理论和仪式的宗教。不过,南北朝时期,儒家的礼法观念始终在社会上层保持着一定的地位。当时,儒、佛、道并立的局面正在逐步形成。

南朝时期出现了激烈的反佛理论。何承天曾经依据天文历算的科学知识,并结合儒家的人文观点进行了三次反佛的理论斗争。从这三次争论中可以看出,由于神不灭论是佛教轮回报应思想的理论基础,于是形神关系和神灭与否的问题便成了当时反佛理论斗争的中心论题。南朝著名的无神论思想家范缜写下了反对神不灭论的重要理论篇章《神灭论》。

# 第一章　魏晋玄学

## 第一节　玄学思潮的形成

玄学是魏晋南北朝流行的社会思潮。“玄”字取义于《老子》“玄之又玄,众妙之门”(一章)。按当时的解释,“玄”即是“无”,“妙”即为“始、母”,引申为“有”的意思。魏晋名士借用《老子》书的范畴,以“无”能不能生“有”为中心议题,讨论有无、本末的关系,并在此基础上建立起不同的流派,统称“玄学”。这些名士们以穷究世界的本源、人生的目的以及其他一些抽象的哲理问题相标榜,故又称“清谈”。有人认为“‘玄学’二字连用,则是晚近的事情”,其实,这种说法并不确切。《晋书·陆云传》称“云本无玄学,自此谈《老》殊进”,不仅有“玄学”一词,而且与《老子》书相联系。《晋书》虽为唐人所修,但多取材于东晋和南北朝史家所著史料。在《魏书·李叶兴传》中也有类似的记载,李叶兴对梁武帝说:“少为书生,只习五典……素不玄学,何敢仰酬!”可见,“玄学”乃是当时人们所使用的基本范畴。

玄学的特征,在侯外庐先生主编的《中国思想通史》第三卷、《中国思想史纲》上册中均有论述。这里,着重介绍玄学的思想特征。玄学不是道家学说的变种,也不是儒家学说的延续,而是儒道合流的思想体系。兹从以下几方面加以说明：

(1)玄学的思想资料是《老子》《庄子》和《周易》。《老子》《庄子》是道家经典,《周易》则是儒家经典。儒家经典有多种,玄学家为何选中《周易》?因为《周易》一书,从《易传》问世以后,就包含有阴阳家和道家的思想,到了西汉之际,还出现了一批兼治《老子》和《周易》的专家,这对玄学是有影响的。玄学家一方面以儒家经义解释《老子》《庄子》,另一方面又把《周易》道家化,从而使儒道二家学说在玄学中融为一体。

(2)玄学的思想形式主要是注释经典,这种形式,既继承了儒家的传统,又融合了道家的抽象思辨的特色。

经学和玄学都是注经,经学注释的是"儒经",即以《春秋》为中心的经学形式,它支配了两汉时期的学术界。而玄学注释的则是"杂经",不仅有儒家经典,而且把战国时期的子学也纳入经学轨道。在玄学的影响下,南朝宋正式确定以《老子》《庄子》《周易》为玄学经典。所以,《颜氏家训·勉学》称"《庄》《老》《周易》,总谓三玄"。此外,汉儒注经,注重章句训诂,玄学家注经重在发挥义理,即通过经义,阐述自己的理论观点,甚至可以借题发挥,打破了呆板沉闷的学术空气,启发人们独立思考。这些都表现出玄学是儒、道合流的特色。

(3)玄学家多力求把孔子与老子,道家的无为与封建的伦理等级关系和观念结合起来。

玄学家一般都很推崇孔子,多尊孔子为圣人,但又使孔子部分地老子化。《三国志·魏书·钟会传》注引《王弼传》,有这样的话：

> (裴徽)问弼曰:"夫无者,诚万物之所资也。然圣人莫肯致言,而老子申之无已者何?"弼曰:"圣人体无,无又不可以训,故不说也。老子是有者也,故恒言其(原文'无'字,据《世说新语》改)所不足。"

从上述问答可见王弼以孔子“体无”，老子“体有”，无能生有，故孔子比老子高明。这方面的言论，在《周颙重答张长史书》中亦有同样记载：

王（弼）、何（晏）旧说，皆云老（子）不及圣。（《弘明集》卷六）

《世说新语·言语》还记载有如下的问答：庾亮问齐庄，为何不慕仲尼而慕庄周？齐庄曰：“圣人生知，故难企慕。”这是说，做庄周之类的贤人是可以达到的目标，若要做儒家的圣人那就很难了。东晋大辩论家孙盛更著《老子非大圣论》，宣传儒家圣人“周济天下”的思想。

这里值得注意的是，玄学家所崇拜的孔子，已不是孔子的原型，而是“体无”的圣人，他被染上了若干道家的色彩；这时的孔子具有真孔子与假孔子的双重性格。至于老子又被说成是“体有”的，这与老子本来的观点并不相同。总之，孔子与老子的思想被“融通”了。再说，孔子为圣人，老子为贤人，圣人与贤人也不是对立的，只是人的道德修养的两个不同的层次，不能截然分割，其间存在着由此达彼的桥梁。

玄学家虽然提倡自然无为，但他们力求说明自然无为与伦理名分并不冲突。何晏曾提出“天地以自然运，圣人以自然用”（《列子·仲尼》注引《无名论》），这样，才能使“贤者恃以成德，不肖恃以免身”（《晋书·王衍传》）。也就是说，圣人以“自然”为体，是为了促进贤者完成自己的德性，使不肖者改正自己的过失。王弼在文章中常说，“崇本举末”可以使“仁德厚焉，行义正焉”（《老子》三十八章注），他主张顺应自然以实现圣人之治，所以他在《易·观卦注》中说：“不见天之使四时，而四时不忒；不见圣人使百姓，而百姓自服也。”以“自然”之理统治百姓，百姓就信服了。

即使像“每非汤、武而薄周、孔”的阮籍、嵇康等人，实际上都是名教的拥护者。阮籍在处理君臣关系上是十分谨慎的，“上（司马昭）曰：‘……天下之至慎，其惟阮嗣宗乎？每与之言，言及玄远，而未尝评论时事，臧否人物，真可谓至慎矣！’”（《三国志·魏书·李通传》注引王隐《晋书》）阮籍不希望他的儿子步其“旷达”的后尘，因为“仲容(阮咸，籍兄之子)已豫吾此流，汝不得复尔”(《晋书·阮籍传》)。嵇康在《家诫》中教育他的儿子做人要小心，还列出若干条应当注意的事，有一条说长官处不可常去，亦不可在那里住宿；长官送人们出来时，你不要跟在后面，因为恐怕将来长官惩办坏人时，你会蒙受在暗中告密之嫌。又有一条是宴饮时候，有人争议，你可立即走开，千万不要在旁议论，以免招惹是非，蒙受祸害。其时，嵇康的儿子才10岁，刚启蒙时就教给他一些儒家的做人之道，真可谓煞费苦心了。

魏晋名士是玄学的倡导者，这是玄学产生的主要社会基础。他们由两部分人组成。一部分出身于皇亲贵族、豪强地主和经学世家。另一部分则是依靠曹魏政权的政策而升发起来获得官位的。曹操在建安十五年(210年)、十九年(214年)和二十二年(217年)，曾四次下令举贤。建安十五年春的令中提出“唯才是举，吾得而用之”(《三国志·魏书·武帝纪》)。这样，就使一批出身寒微、不重礼教修养的知识分子逐渐演化为名士。

上述两部分人虽在身世、修养、政治主张以及学术观点上有所不同，但他们都在战乱中沉浮。魏晋时期，军阀混战连绵不断，统治集团的内讧有增无减。仅以司马氏集团取代曹魏的过程为例，从魏嘉平元年(249年)至咸熙二年(265年)的16年中，就发生过大的杀戮案六起。

265年，西晋政权建立，便又立即陷入内乱外患之中。51年以后偏安长江以南、原居中原一带的名士“多失衣冠之序”，许多人都为国破家亡而伤感。据《世说新语·言语》记载：

> 元帝始过江，谓顾标骑(荣)曰：“寄人国土，心常怀惭。”
>
> 过江诸人每至美日，辄相邀新亭，借卉饮晏(宴)。周侯(顗)中坐而叹曰：“风景不殊，正自有山河之异。”皆相视流泪。

这些史料说明，魏晋名士面对政治上的混乱局面，不得不经常考虑如何才能“避祸”,又怎样在混乱的时局中寻找心灵的安慰。他们从东汉名士郭太、马融等人那里得到启发。据《后汉书·郭太传》称,郭太“博通坟典,善谈论,美音制”,“虽善人伦(按:指评论人物),而不为危言核论,故宦官擅政,而不能伤也”。郭太的学术思想虽不能详考,但从他“博通坟典(按:指三坟五典,详见《左传》昭公十二年及注疏,泛指古代群书),善谈论”来看,他在学术上并非囿于儒学一家。他评论人物“而不为危言”,从不说为当朝所不容的过头话,而是发一些不着边际的议论,使他得以免遭“党锢之祸”。嵇康尊崇他为“亚圣”。南朝宋刘义庆的《世说新语》将他列入首篇,视他为“清谈”的始祖。又据《后汉书·马融传》称,马融为人“美辞貌,有俊才,善鼓琴,好吹笛,达生任性,不拘儒者之节”。一位通晓五经的大师,竟然把世事看得很淡,经常在一些美女的歌舞声中讲经,从这里可以窥见学风变迁的情况。

如此看来,郭太、马融走出了东汉清议转向的第一步,魏晋名士则迈出第二步,完成了从清议向清谈的过渡,即从评论人物的是非转到“发言玄远”的思辨,以虚代实,借以“避祸”和表达其虚无缥缈的人生哲理。

魏晋名士倡导玄学,还有着深刻的学术上的原因。

汉代经学发展到汉、魏之际,已经衰落,它既烦琐又迷信,已经不适应时代的需要。因此,把儒学从汉代经学形式中解救出来,是魏晋名士所必须解决的思想课题。

儒学是中国封建社会上层建筑的重要组成部分。它的“修齐治平”的政治思想和以忠孝为中心的伦理思想,最能体现自然经济和封建等级制的要求。魏晋统治者为了战争和享乐的需要,采取了若干措施来强化自然经济。据《晋书·食货志》记载:

> 魏武之初,九州云扰,攻城略地……军旅之资,权时调给。……魏武于是乃募良民屯田许下,又于州郡列置田官,岁有数千万斛,以充兵戎之用。

这就是曹魏的屯田制,即用军事编制把农民束缚在固定的土地上为国家耕种。

又据上书记载:

> 男子一人占田七十亩,女子三十亩,其外,丁男课田五十亩,丁女三十亩,次丁男半之,女则不课。男女年十六以上至六十为正丁;十五以下至十三,六十一以上至六十五为次丁;十二以下,六十六以上为老小,不事。

这就是西晋的占田制,即用法律制度把除儿童和老翁以外的全部男女农民都束缚在土地上为皇室和豪强地主耕种。

当时农民起义正处于两峰之间的低潮时期,正如许多史家所分析的那样,当时农民所缺少的,主要是生命的保障而不是土地。他们不得不在屯田制或占田制下依附在皇室或豪强地主的周围。皇室拥有武装自不待说,而豪强地主也自筑坞堡,拥众自卫,自称"坞主""宗主",从而形成了分散性、割据性更大的坞堡经济,加强了自然经济的基础。

曹丕称帝以后,采用吏部尚书陈群建议,颁行"九品官人法"(见《三国志·魏书·陈群传》),即"九品中正制"。"中正"是掌握用人权的官吏名称,"九品"就是把官分为九个等级,由"中正"因人授官。到魏齐王曹芳时,司马懿当政,州设大中正,大多是豪门世族担任,选官注重出身、家世,逐渐形成"上品无寒门,下品无势族"(《晋书·刘毅传》)的局面,封建等级制更加发展了。

在魏晋时期自然经济和封建等级制强化的条件下,儒学要继续发挥它的学术作用,就必须有所改造,这里有两条可供选择的途径。一条是继续推行汉代经学;另一条是摒弃旧传统,另找新出路。对此,魏晋统治者做了一些尝试,曹操于建安八年(203 年)下令,企图通过选拔可以造就的人才,进入学校加以培养,通过他们以恢复孔子之道。

曹丕和曹叡都提倡设立太学,以造就熟悉儒家经书的经师。两晋时期也曾设国子学、太学,置博士、助教教授经书。但这些措施的收效并不大。社会思潮朝着以儒道相结合的玄学方向发展,单纯的两汉经学已经不能适应社会发展的需要。

学术的变革有其固有的内部联系和特点。

这里不能不提到,汉、魏之际名法思想的兴起,对于玄学的形成起了推动作用。当时,一批有识之士就考核名实、因才授官的问题纷纷著书立说。东汉以王符的《潜夫论》、仲长统的《昌言》为代表,主要是评论以地方察举和中央指名征辟的办法来选拔官吏,造成了名实不符的流弊,主张名实相效,做到"官无废职,位无非人"(《潜夫论·考绩》),"信赏罚以验惩劝"(《昌言·损益》)。除此,魏初以徐幹的《中论》、刘劭的《人物志》为代表,旨在为曹操的人才政策作理论上的说明。《中论》主张选拔官吏要注重名声与实际才能的统一。刘劭的《人物志》对此作了系统的论述:

(1)该书提出了选才用才的原则,不在个人评论上打圈子,这样就站得高一些,有一定的理论深度。例如,关于"英雄",它不讨论谁是"英雄",而是阐述具备怎样的条件才配称"英雄",认为"聪明秀出谓之英,胆力过人谓之雄"(《英雄》),"英可以为相""雄可以为将"。帝王能役使"英雄",所以能成大业。这里不强调个人的家庭出身。

(2)该书在学术上颇能融会诸家,而不固守一家之言,它吸取了儒、道、名、法诸家思想。

这样,刘劭的《人物志》等名法思想,动摇了两汉的经学旧观念,从而促进了玄学的产生和发展,玄学思想家钟会、傅嘏、荀粲、何晏、王弼等人都精于名法之学,就说明了其间的密切联系。

魏初研究《老子》《周易》的风气很盛,这是玄学的成熟时期。黄老之学虽由于汉武帝的尊儒政策而失去在汉初的重要学术地位,但其影响一直没有消失。这种影响主要来自两个方面:一方面来自起义的农民,黄巾起义曾打起原始道教的旗帜,利用和改造《老子》书中某些抨击社会现实以及平均主义的言论来组织农民进行反封建主义的斗争;另一方面来自扬雄的《太玄》,《太玄》的流传,使黄老之学再次受到人们的重视。

《太玄》,亦称《太玄经》,其内容吸取了儒、道、阴阳诸家思想,但更重要的是吸收了《老子》与《周易》的思想。汉儒推重《春秋》,扬雄则以《周易》取代;汉儒治《春秋》多引灾异以证人事,扬雄则宣传天道自然无为。总之,《太玄》是一部与汉代经学相抗衡的创新之作。对这部著作,东汉时期思想家桓谭评论说,扬雄的"太玄"兼容《周易》和道家思想,它是"圣贤制法作事"的"本统"(《后汉书·张衡传》引桓谭《新论》),意思是说,扬雄把道家的"道"与儒家的圣贤之事相结合,是一件很有意义的事。东汉时期天文学家张衡认为,扬雄的《太玄》把道家经典与儒家五经"相拟"(互相比拟),人们虽难于理解,但它毕竟引起了学者们的思考。

这样,就在汉代经学逐渐衰微的时候,兴起了一股注《太玄》、治《周易》《老子》的思想潮流。魏初的宋忠、王肃、王弼等人就是其中有名的代表人物。宋忠的思想资料已大部佚失,据《隋书·经籍志》记载,他著有《易注》,另著有《太玄经注》。王肃曾"从宋忠读《太玄》而更为之解"(《三国志·魏书·王肃传》)。"王弼注《易》、祖述(王)肃说"(张惠言《张皋文易诠全集》,《茗柯文》二编卷上)。这里,王弼是个关键人物,何劭称王弼"好论儒道,辞才逸辩,注《易》及《老子》"(见《三国志·魏书·钟会传》)。这说明王弼进一步把注《太玄》、治《周易》《老子》的潮流,推向儒道合流的高度加以总结,从而成为玄学的创始人之一。以后,向秀"著《儒道论》(已佚)"(《世说新语·言语》注引),江惇"博览坟典,儒道兼综"(同上《赏誉》注引)。阮修认为老庄与儒学没有什么不同,发展到王昶要求他的子侄辈以"遵儒者之教,履道家之言"(《三国志·魏书·王昶传》)为人生的指导原则,并以"玄""默""冲"为其子侄辈取名和字,这些说明在曹魏时期玄学思想的影响很大。它既承袭了儒家的纲常名教,又吸取了道家的自然之义与抽象思辨,在汉代经学以后,开启了一代新学风。

## 第二节　“正始之音”

“正始”(240—248年)是魏齐王曹芳的年号。玄学的第一个派别产生于正始年间，故称该派的思想观点为“正始之音”。它以夏侯玄、何晏、王弼为代表人物，以兼注《老子》《周易》《论语》为学术特色，以论证“无中生有”为主要内容。“正始之音”完成了从汉代经学到魏晋玄学的转变。以后，玄学各派大多围绕该派的观点展开争论，掀起了中国思想史上又一次学术辩论的高潮。

夏侯玄(208—254年)字太初，谯(今安徽亳县)人。父尚，为夏侯渊的从子，与曹氏联姻。夏侯玄与曹爽为姑表兄弟。青年时代就有了名气。曾任征西将军、假节都督雍、凉州诸军事、太常等职，后为司马师所杀。

何晏像

何晏(193？—249年)字平叔，南阳宛县(今河南南阳)人。东汉外戚何进之孙，曹操的假子。对《周易》《老子》钻研很深。官至吏部尚书，后为司马懿所杀。

王弼像

王弼(226—249年)字辅嗣，山阳(今河南焦作)人。出身于东汉名士家庭，祖、父二代与荆州之学交往密切。荆州之学系东汉末年刘表在荆州所建立的学派。当时，荆州比较安定，文人学者从中原等地聚集于此，成为两京战乱以后新的学术中心。王弼家里藏书很多，这样，他“幼而察惠，年十余，好老氏，通辩能言”就不是偶然的了。经何晏推荐补台郎，但他不善于做官。正始十年(249年)因事免官，同年死于时疫。

上述三人的经历，说明他们在学术上都是“早熟”的，是当时所谓的“后起之秀”，因而“遂能排击汉儒，自标新学”，有学术思想上的创新精神。该学派在曹爽当政的10年间发展迅速。但他们经不住政治上残酷的倾轧而相继死去。早熟而又早衰，这就是玄学家个人遭遇的特点。

夏侯玄无专著传世。何晏著有《道德论》《无名论》《论语集解》。王弼有《周易注》《老子注》等。史称他们"祖述《老》《庄》"。他们的基本观点是："天地万物皆以无为本。无也者，开物成务，无往不存者也。"(《晋书·王衍传》)这里所谓的"无"是指《周易》的"太极"或《老子》的"道"，它是无形、无名、无为的总称，一切有形迹的东西只有依靠它才能产生，才能发生作用。

由此，他们把世界上的事物和现象概括为"有"和"无"两类，从"有""无"两者的相互联系、对比中说明"无"比"有"更为根本。何晏说："有之为有，恃无以生。事而为事，由无以成。"(《列子·天瑞》注引) 王弼说："天下之物，皆以有为生。有之所始，以无为本。"(《老子》四十章注)他还举例说："母，本也；子，末也。得本以知末，不舍本以知末也。"(同上，五十二章注)这是说，"有""无"的主从关系犹如"本""末"、母子的关系一样，不应也不能颠倒。他们纯熟地运用"本""末"范畴来阐述其观点。

在玄学思想家看来，有形迹的东西都有其局限性，如水，或是温或是凉，不能同时是温又是凉；如音，或是宫或是商，不能同时是宫又是商，这叫做"形必有所分，声必有所属"(《老子指略》)。具体形象和具体音响只能表现为一种属性和作用，它们不能概括所有的形象和音响，所以不是"大象"(语出《老子》四十一章，指形象之本)、"大音"(同上，指声音之本)。因此，他们提出在具体事物之后，还有更本质的东西，虽然人们看不到也摸不着，但这种属于"本"的东西比"末"更加充实和丰富。他们认为"本"是"不温不凉，不宫不商"，是"听之不可得而闻，视之不可得而彰，体之不可得而知，味之不可得而尝"(同上)，即是超感觉的。这种超感觉的抽象之物具有以下特点：①它不代表任何具体，却是任何具体都能包容，如"橐籥(古代冶炼时用的器具)之中空洞，无情无为，故虚而不能穷屈，动而不可竭尽也"(《老子》五章注)，"夫唯无名，故可得遍天下之名名之"(《列子·仲尼》注引)。

②它不具有人格和意志,犹如"地不为兽生刍而兽食刍,不为人生狗而人食狗。无为于万物而万物各适其所用"(《老子》五章注)。③它是一切形迹赖以存在的根据。玄学思想家以黑白之色、方圆之物为例,说:"玄之以黑,素之以白,矩之以方,规之以圆。圆方得形,而此无形,白黑得名,而此无名也。"(《列子·天瑞》注引)这是说,有了颜色的概念,才有黑白的区别;有了规矩的原理,才有方圆的器物。在他们看来,概念、原理是更为根本的。因为它无名无形,故称为"无"。④它要通过具体形迹才能表现出来,如果不通过具体的形象,"大象"就无以表现;不通过具体的声音,"大音"也无以表达。故称"四象(语出《周易·系辞上》,指春、夏、秋、冬四时)不形则大象无以畅,五音(宫、商、角、徵、羽)不声则大音无以至"(《老子指略》)。因此,"有"对于"无","末"对于"本"同样是不可缺少的。

总括起来说,"以无为本"的"无"具有如下的规定性:把一切有形迹的东西作为整体来看,其本体就是"无";部分地看,每一个有形迹的东西又以该领域特定的"无"作为直接的根据;世界及其每一部分都发源于"无"。这些观点在中国思想发展史上是有重要意义的:①它们明确论述了本质和现象的关系,并不满足于现象,而力求抓住本质。②它们洞察到本质是有层次的,世界的整体有本质,每一个具体事物也有本质。所以说玄学思想的出现标志着中国古代理论思维向着深化方面发展,这个作用是不可低估的。不过,它们夸大了本质和一般的作用,把本质和一般看成是现象和个别的源泉,从而使本质和一般成为没有物质依据的纯粹抽象的东西。

何晏、王弼认为,作为世界本质的"无"是不能完全依靠语言、文字来说明的。何晏说,道"深微,故不可得而闻也"(《论语集解·公冶长》注);王弼也说"无又不可以训",即不可言说,只能体会。这就是著名的"言不尽意"论。

"言不尽意",源出《周易·系辞上》:"子曰:'书不尽言,言不尽意。'"意思是说文字不能完全地表达语言,语言不能完全地表达思想。

后为三国魏荀粲首先予以发挥。他提出，六经只是“圣人之糠秕”，因为它不能表达圣人的言外之意，批评汉儒只知固守经学章句的教条。王弼则提出言、象、意的范畴，并对它们进行系统的论述。言，指语言；象，指《周易》的卦象，原来是模拟仿效的意思，如用马代表乾卦，牛代表坤卦，马、牛就叫做卦象，相当于文字的意思；意，是指卦象所代表的意义，如马代表乾卦的刚健的意义，牛代表坤卦的顺从的意义，类似于思维这一概念。王弼主张：寻言以观象，得象而忘言；寻象以观意，得意而忘象。这里包含两个基本论点：

（1）他认为“尽意”要通过言、象作媒介。他说：“夫象者，出意者也；言者，名象者也。尽意莫若象，尽象莫若言。”（《周易略例·明象》）这是说，文字语言都和思维不可分。文字引出了思想，而语言明确地表述了文字的内容。因此意、象、言这三者是紧密联系而不可分割的。这是对语言、文字很深刻的论述和见解。

（2）“尽意”要打破言、象的束缚。因为“象生于意，而存象焉，则所存者乃非其象也；言生于象，而存言焉，则所存者乃非其言也”（同上）。据王弼的解释，象是由“圣人”制定的，如果只是固守于象，那就无法了解“圣人”制象的意图；言是因《周易》的象而产生的，如果只是固守于言，那就无法了解言产生的原因，言就是同象没有联系的言。所以，王弼认为只有把言和象放在次要的甚至可以被遗忘的地位，才能“尽意”而“体无”。这就是得象而忘言、得意而忘象的意思。

王弼的“言不尽意”的目的，是为了解决儒家经书与新思想的矛盾，使圣人之意和自然之道相沟通，把人的认识纳入到对“无”的玄想之中。但同时也提醒人们注意语言、文字同认识对象的区别及其自身所具有的局限性，不要因此而妨碍对“真理”的追求。这种学说，对当时及以后的文化界发生了深远的影响。“言不尽意”奠定了创作论的理论基础；“得意忘象”奠定了欣赏论的理论基础。

何晏、王弼把“以无为本”运用到伦理领域，讨论所谓圣人有情无情的问题。何晏"以为圣人无喜怒哀乐",众人才陷于情欲,借以论证"名士"能"体无",所以比众人清高。而王弼则认为,应把人性与人情加以区别,他说人性是"无善无恶",因为若言善则必有恶,若言恶则必有善,都将与"大爱无私""至美无偏"相冲突(参见皇侃《论语义疏·泰伯》引)。所以人性是"无"在人身上的体现。他又指出,由于圣人与众人对"无"的禀受有深浅的不同,因而人性也就有所差异,并以此解释孔子的"性相近"。他说:

> 孔子曰:"性相近也。"若全同也,相近之辞不生;若全异也,相近之辞亦不得立。今云近者,有同有异。取其共是无善无恶,则同也;有浓有薄,则异也。虽异而未相远,故曰近也。(同上《阳货》引)

这里的关键是肯定圣人之性与众人之性的先天区别,力求把人性说成是"无"与等级名分的混合体。

王弼认为,人情是人的"喜惧哀乐"的情感,它是外在的、可感知的对象,因而是"有"在人身上的体现,他称之为"喜惧哀乐,民之自然,应感而动,则发乎声歌"(同上《泰伯》引)。在人情问题上,他认为圣人与众人"五情同",故不能无哀乐以应物,即圣人不是无情的木石,只是他们不会沉溺于情欲而不能自拔,能"性其情","应物而无累于物","有欲"而不"逐欲迁";如果像何晏那样"以其无累",便谓"不复应物",把圣人看成是绝欲无情的超人,则"失之多矣",那是犯了错误。

总之,王弼在人性问题上强调区别,以肯定人生的等级名分生来就是如此。在人情问题上他强调同一,以便为贵族的生活方式作理论上的辩护。

何晏、王弼"以无为本"的学说,也是一种为封建社会的整体利益和名士们的个人利益作论证的政治哲学。他们主张以名教(指以正定名分、等级为主的封建礼教)维护封建社会的秩序和稳定,宣称“不可不立名分,以定尊卑”(王弼《老子》三十二章注),并把它说成是“朴、真”,即自然而然的表现。根据名教统一于自然的思想,王弼提出了个人政治实践活动的两条指导原则。一条叫做“居安思危”。他说:

> 夫存者不以存为存,以其不忘亡也。安者不以安为安,以其不忘危也。故保其存者亡,不忘亡者存。安其位者危,不忘危者安。(《老子指略》)

这说明当时存亡的斗争、安危的命运在名士的心目中占据了多重的分量,难怪“名重一时”的何晏也“常畏大网罗,忧祸一旦并”(《全汉三国晋南北朝诗·全三国诗》卷三)。王弼认为,眼前的既得利益是第二位的,保护自己的个性不受伤害才是第一位的,时刻记住这个道理,才能找到摆脱“危机”的出路。另一条叫做“以静制动”。他说:

> 夫众不能治众,治众者至寡者也;夫动不能制动,制天下之动者贞(同正)夫一者也。(《周易略例·明象》)

因此,静止是第一位的,动变是第二位的。这就是要求名士们注意自己的行为后果,不去做那些危及自己利益的事情;为了保全自己,即使“动天下,灭君主”(《周易略例·明卦适变通爻》)也可以置之不顾。

与何晏、王弼学说并存的,还有辩论才性异同的一派。才性,原指人的才质与本性的关系(见《孟子·告子上》),后来成为玄学评论人物的命题。在这个问题上,有同、异、离、合四种不同的主张,其论旨已不可详考。据史书记载,以李丰(?—254年)、王广(?—251年)为代表的异、离派认为,人的才能与德行未必一致,以嘲讽依附司马氏集团的傅嘏等人“才高”而“识劣”(《三国志·魏书·荀彧传》注引何劭《荀粲传》)。以傅嘏(209—255

年)、钟会(225—264年)为代表的合、同派则强调人的才能与德行的一致性,宣称"天下孰有本(德行)不足而末(才能)有余者邪"(同上),认为有事功者必具有德行。他们还讥讽曹氏宗室的夏侯玄、何晏等是"无实才"的"败德"之人(同上,《傅嘏传》注引《傅子》)。在才性问题上,这两派的争辩反映了玄学初创时期,傅嘏等主刑名事功的一派同玄学主流派之间的分歧。

## 第三节　"竹林七贤"及其思想

"竹林七贤",指魏晋之际的阮籍、嵇康、山涛、刘伶、阮咸、向秀、王戎七位贤士。《世说新语·任诞》:"七人常集于竹林之下,肆意酣畅,故世谓竹林七贤。""竹林七贤"生活的时代,正是司马氏集团取代曹魏集团的最后也是斗争最残酷的时期。其间,司马懿杀曹爽,司马师废曹芳,司马昭杀曹髦,并用非常手段剪除异己势力,正如史书所说"属魏晋之际,天下多故,名士少有全者"(《晋书·阮籍传》)。当时洛阳为司马氏集团的政治中心。竹林地属河内郡(治今河南武陟西南),河内为曹氏宗室所居,俨然为洛阳以外又一个政治中心,七贤在此居住,与司马氏集团相抗衡。

阮籍像

"竹林七贤"当推阮籍、嵇康为领袖。阮籍(210—263年)字嗣宗,陈留尉氏(今属河南)人。出身贵族家庭。因曾任步兵校尉,世称"阮步兵"。早年有济世之志,因不满现实,纵酒谈玄,尤好《老》《庄》。但他评论时政、人物持比较谨慎的态度,故未遭司马氏的杀戮。有《阮嗣宗集》传世。嵇康(223—263年)字叔夜,谯国铚(今安徽宿县西)人。出身贫寒,因曾任中散大夫,世称"嵇中散"。推崇老庄学说,以清高超俗自居,尖锐地抨击时政,为司马昭所杀。有《嵇康集》传世。

阮籍主张"自然"或"道"生万物(见《达庄论》《通老论》),嵇康主张"以无为为贵"(《与山巨源绝交书》),故他们二人的思想当属"以无为本"的体系。

嵇康像

他们除继续研究《老子》外,还注意研究《庄子》。《庄子》从此受到玄学家们的潜心研讨。

阮籍、嵇康在伦理上都反对虚伪的"名教",而崇尚"自然"。所谓"自然",就是说"道"本来如此,不假人为,要求依照人的自然本性,无拘无束地生活。那时,阮籍放任不羁,即使居母丧也仍然披头散发,继续饮酒吃肉。嵇康拒绝入朝做官。山涛、向秀、刘伶、阮咸、王戎亦以放达为务,不问世事。他们把嗜酒看得比参加政治生活更重要,宣称"使我有身后名,不如即时一杯酒",以此抗议司马氏集团以"名教"排除异己的行为。因此这些"贤"者受到一批"名教"维护者的攻击,何曾曾在司马昭面前指责阮籍是"纵情背礼败俗之人"。他说:"公方以孝治天下,而听阮籍以重哀饮酒食肉于公座。宜摈四裔,无令污染华夏。"(《晋书·何曾传》)企图以不孝的罪名,置阮籍于死地。这样,就展开了一场"名教"与"自然"相互关系的辩论。

在辩论中,阮籍、嵇康列举"名教"的祸害:①禁锢人心,窒息个性。嵇康认为"人伦有礼,朝廷有法"是他所不堪忍受的精神负担。声称做官有"七不堪",如早起、危坐、酬答、与俗人共事等,都是他无法应付的。在他看来,"游心于寂寞",必须打破"名教"的束缚。②"名教"导致社会的纷争和不幸。阮籍认为,"君立""臣设",即有了君臣制度以后,"尊贤""竞能""争势""宠贵"的弊病就产生了,造成了"上下相残"的局面,其中,权势者贪婪无厌,但又害怕百姓知其底细,遂制定礼法,束缚下民,并"严刑以威之"(《大人先生传》)。嵇康也指出,君臣关系乃是一种互相倾轧的关系,都是为了"割天下以自私",把他想象中的古代"天下为公"的美德破坏殆尽。

阮籍、嵇康对"六经"和儒家圣人也持否定态度。嵇康称"六经""造立仁义以婴其心","开荣利之途,故奔骛而不觉"(《难自然好学论》),即诱导人们以通经为利禄之门,使其陷入骛名竞利之中而不知醒悟。针对"名教”维护者以“六经为太阳”“不学为长夜”的观点，他敢于提出“以六经为芜秽，以仁义为臭腐”，宣称“则向之不学，未必为长夜，六经未必为太阳也”(同上)。他还“每非汤、武，而薄周、孔”，这里不仅直接批评了儒家的圣人和儒家所宣传的三代圣王，而且含有批评司马氏集团维护“名教”而又破坏“名教”的意图。鲁迅曾评价说：“非薄了汤、武、周、孔，在现时代是不要紧的，但在当时却关系非小。汤、武是以武定天下的；周公是辅助成王的；孔子是祖述尧舜，而尧舜是禅让天下的。嵇康都说不好。那么教司马懿篡位的时候，怎么办才是好呢？没有办法。在这一点上，嵇康于司马氏的办事上有了直接影响，因此就非死不可了。……魏晋是以孝治天下的……为什么要以孝治天下呢？因为天位从禅让，即巧取豪夺而来，若主张以忠治天下，他们的立脚点便不稳，办事便棘手，立论也难了。”(《魏晋风度及文章与药及酒之关系》)阮籍也曾含蓄地谴责弑君的行为类同禽兽，据《晋书·阮籍传》记载：“有司言有子杀母者，籍曰：‘嘻！杀父乃可，至杀母乎？’坐者怪其失言。帝(司马昭)曰：‘杀父天下之极恶，而以为可乎？’籍曰：‘禽兽知母而不知父。杀父，禽兽之类也。杀母，禽兽之不若。’”这说明他们对司马氏推行的“名教”是深恶痛绝的。

嵇康还提出“越名教而任自然”(《释私论》)的主张，即要求人们超出“名教”的束缚，摆脱情欲的干扰，使人在“饱则安寝，饥则求食，怡然鼓腹，不知为至德之世”(《难自然好学论》)的状态下生活，以实现“崇简易之教，御无为之治，君静于上，臣顺于下”(《声无哀乐论》)的无争无扰的政治思想。可见，他们说的“越名教”并非是要废止“名教”，只是要求在君臣相安的情况下来维护它。阮籍则进一步申述：不违背“道”的功名富贵未尝不是好事；贵贱不可移位，刑罚不必全废；儒家的“名教”与道家的“自然”还是可以相容的。

阮籍、嵇康奉行“清虚泰静，少私寡欲”的人生哲学。他们认为人们生活的目的在于体气和平，无乐无忧，怡然自得以延年益寿。因此，嵇康很重视研究“养生”理论，并论述“神”(精神)与“形”(形体)的相互关系。

他从“形恃神以立，神须形以存”（《养生论》）的形神依存、形神并重的观点出发，强调精神对人体健康的影响，宣称“精神之于形骸，犹国之有君也。神躁于中，而形丧于外；犹君昏于上，国乱于下也”（同上）。强调精神不要受感官的摆布，更不能使人的欲望任意膨胀，一味去追求名位与富贵。他把“名利不灭”“喜怒不除”“声色不去”“滋味不绝”“神虚精散”作为“养生”之“五难”，对身体有摧残的作用。为此，向秀曾著《难养生论》与之辩论。向秀引用《周易》《周礼》等儒家经典，宣称欲望是人的生理的自然需要，是不能取消的。对此，嵇康则以《老子》“乐莫大于无忧，富莫大于知足”的命题加以反驳，认为“名位为赘瘤，资财为尘垢”。他说：“故世之难得者，非财也，非荣也，患意之不足耳。意足者，虽偶耕畎亩，被褐啜菽，岂不自得。不足者，虽养以天下，委以万物，犹未惬然。则足者不须外，不足者无外之不须也。无不须，故无往而不乏。无所须，故无适而不足。”（《答难养生论》）这种不追求财产，不贪得无厌，不博取功名，在任何情况下都能满足的人，被他理想化为完善的“至人”。阮籍也说，“至人”应当是“恬于生而静于死，生恬则情不惑，死静则神不离”（《达庄论》），对于活着也不感到幸福，对于死去也泰然处之，完全顺应“自然”。他们以这种超世脱俗的人生哲学，去对抗司马氏的统治。在他们的“养生”论中包含着一些有科学因素的保持人体健康的内容。

阮籍、嵇康都是文学家，但他们两人在对待儒家的文化观点上有所差异。嵇康针对《礼记》“治世之音安以乐，亡国之音哀以思”的观点，著《声无哀乐论》，论证声音只有善恶（动听与不动听）的区别，其中并不含有人的主观的哀乐情感。他批评《左传》《国语》等儒家典籍中记载的一些神秘传说，如介葛卢闻牛鸣，便知道牛生的三子都做了祭祀的牺牲；晋师旷吹律觉得南风不强，就推断楚国必败；羊舌肸（叔向）的母亲听见孙子杨食我刚生时的啼声似豺狼，便认为羊舌氏的家族要由他覆灭等。嵇康认为这些传说都是荒诞不经，由人们任意虚构出来的。他认为牛鸣、南风不强、小儿啼哭等属于自然现象，与社会现象无关，因而不能用这些来臆测人事。

嵇康正面提出了他的音乐美学理论,他认为"声"(声音),其中包括自然界的音响、人的歌哭以及乐器的弹奏之声。他说,自然界"音声之作,其犹臭味在于天地间,其善与不善,虽遭遇浊乱,其体自若而不变也,岂以爱憎易操,哀乐改度哉"!即自然音就和颜色、臭味一样,是自然的物质属性,并不受人的情感所制约。他由此推论,人的歌哭也是一种自然音,就好像眼泪一样,"食辛"会流泪,"甚噱"(大笑)也会流泪;"薰目"会流泪,"哀泣"也会流泪,但无论什么原因引起的泪,泪本身总不会有甜或苦的区别。既然人的歌哭同自然界的音响其性质是一样的,"声俱一体之所出,何独当含哀乐之理也"?

在嵇康看来,乐器的弹奏之声也是同样的道理,既然"器(乐器)不假妙瞽而良,籥(类似笛的乐器)不因慧心而调",乐器的音色好坏同弹奏者的技巧没有联系,因此,他得出结论说:

> 心之与声,明为二物。二物诚然,则求情者不留观于形貌,揆心者不借听于声音也。察者欲因声以知心,不亦外乎?

这里,他肯定了自然界音响的客观性质,如风声、雨声、海啸、雷鸣等。这些声音是纯客观、纯自然的,确实不具有任何哀乐情感,用以批评利用音乐宣传"天人感应"的儒家迷信。但他混淆了自然界的音响同人的歌哭和乐器弹奏之声的本质界限。后两者的声音中,既有客观的音响的一面,却又包含着歌哭者和弹奏者的丰富的内心感情,这就不是一种纯粹的自然物了。他的这个片面见解,导致了他对"美"的错误认识,他认为"美"纯粹是一种主观感受,而与欣赏的对象无关。他说:

> 夫会宾盈堂,酒酣奏琴,或忻然而欢,或惨然而泣,非进哀于彼,导乐于此也。其音无变于昔,而欢戚并用,斯非吹万不同也?

这是说，同一支乐曲，有人听了感到欢欣，有人听了感到悲哀，这正好说明音乐本身不具有哀乐情感，犹如庄子所说的“吹万不同，而使其自已也”（语出《庄子·齐物论》，意思是说，各种音响均发自自然，其间没有主宰者）的道理一样。这里，嵇康利用音乐不具有视觉形象的直观性和具体性的特点，夸大音乐的形式与内容的矛盾，排斥演奏者与欣赏者之间的感情交流，企图以此来否定儒家的音乐理论，这不仅是他的“自然”与“名教”对立的观点在音乐理论上的进一步发展，而且对当时文学艺术的解放起了一定的推动作用。

在嵇康之前，阮籍曾著《乐论》一文，专门讨论音乐问题，宣传“礼逾其制，则尊卑乖；乐失其序，则亲疏乱”，“礼乐正而天下平”，强调音乐作品所应具有的政治性质。嵇康著《声无哀乐论》可能与此有关。

“竹林七贤”在司马氏的威逼利诱之下而逐渐分化。嵇康被杀前，山涛出来做官；阮籍不得不“求为东平相”，不得不代郑冲起草劝请司马氏做皇帝的文章；向秀也流于媚俗，离开河内的竹林，到洛阳投靠司马氏而成为“中朝名士”的重要人物之一。

## 第四节　“中朝名士”及其思想

向秀像

“中朝名士”是指西晋中叶，即晋惠帝元康（291—299年）前后出现的一批名士，故亦称“元康名士”。以向秀、郭象、王衍、乐广、王澄、谢鲲等人为代表。其中，一部分人继承“竹林七贤”的遗风，放浪形骸，轻视“名教”。向秀、郭象则致力于理论探讨，实现了何晏、王弼所倡导而为阮籍、嵇康所发挥的儒道合流。

向秀（约227—272年）字子期，河内怀（今河南武陟）人，出身贫寒。是嵇康的好友，“竹林七贤”之一。后与郭象齐名，成为“中朝名士”的重要人物。所著《庄子注》曾为嵇康所读。郭象（252—

郭象像

312年)字子玄,河南(今河南洛阳)人,出身寒门。少年时代即表现出才气,善辩论。喜好《老》《庄》。以注《庄子》闻名。据《晋书》的《向秀传》和《郭象传》记载,向秀先注《庄子》,其中《秋水》《至乐》两篇未完成即逝世。后来郭象依据向秀注文加以扩充,又补注《秋水》《至乐》两篇,改注《马蹄》一篇,流传于世。现存的是郭象注本,与向秀注文义基本相同,可以看做是两人的共同作品。

向秀、郭象的《庄子注》,力图以《庄子》的形式,容纳更多的儒家内容。例如,庄子主张废礼法,向秀、郭象则提出相反的见解;庄子对存在的事物采取否定的态度,他们则为现存的一切事物进行辩解。庄子认为,“穿牛鼻”“落(络)马首”违反牛马的本性,他们则认为“穿牛鼻”“落马首”才符合“自然”。他们的这些思想在郭象“序”中有明确的表述:“庄子通天地之统,序万物之性,达死生之变,而明内圣外王之道。”这是说,庄子论述天地、万物和人,都是为“内圣外王”这个儒家统治术服务的。因此,他们对《庄子》本文中凡是排抑儒家的文句,都以儒道相融的观点进行注释,以便证明《庄子》与六经、自然与名教、儒家与道家的不可分割,借以加强儒学的地位。这样,他们就从老子学转向了对庄学的研究。

向秀、郭象不同意何晏、王弼的观点,认为“无”不能生“有”,也不同意裴頠的观点,认为“有”也不能生“有”。他们提出了一种叫做“自生”的理论。郭象说:

> 无即无矣,则不能生有;有之未生,又不能为生。然则生生者谁哉?块然而自生耳。(《齐物论注》)

按他的解释,“自生”就是“不知所以然而然”“不知所以生而生”,一切现象都是没有因果联系的孤立的存在。他说唇亡不是齿寒的原因,齿寒也不是唇亡的结果,皆“彼之自为”(《秋水注》)。他甚至说:“罔两(影外的一圈阴影)非景(影)之所制,而景(影)非形之所使。”(《齐物论注》)据唐人疏证,形产生影,影产生罔两,须依赖日出(光)的条件,如果没有光,这一切都无从发生,故说形不是影的根据,影也不是罔两的根据。科学知识说明,在现实生活中一果多因是普遍现象。郭象抽取其中的一种原因,用以论证结果同原因毫无联系,以无因论反对“贵无”和“崇有”。

郭象还认为,“自生”就是“欻然而生”“欻然而死”,一切现象的变化转瞬即逝,不可捉摸。他声称,不仅天地万物“今一交臂失之”,而且对自己的存在也表示怀疑。他说:“向者之我,非复今我也。我与今俱,岂守常故哉!”(《大宗师注》)在他看来,世界不过就是忽然自生,忽然自灭,不可深究,也不能深究。所以,他称“言之者孟浪,闻之者听荧”(《齐物论注》),即做老师的是冒失行为,做学生的是接受迷惑。他主张:“遗知而知,不为而为,自然而生,坐忘而得,故知称绝而名去也。”(《大宗师注》)这是说,人们舍弃知识就是知,无所作为就是为,顺从命运就是生,不去思虑就是得;知识、名称、概念都可以不要。他要求人们对待世界,对待人生持“无可无不可”(《齐物论注》)的态度,不必拘泥于“无”生“有”,也不必支持“有”生“有”。

郭象上述理论的实际意义,在于调和“自然”与“名教”的对立。按他的说法,既然一切现象都是孤立存在的绝对,那么,“自然”与“名教”也就没有矛盾,它们各有自己存在的根据,对于世界都是不可缺少的。因此,他强调说:“人之生也,形虽七尺,而五常必具,故虽区区之身乃举天地以奉之。故天地万物,凡所有者,不可一日而相无也。”(《大宗师注》)认为人不能没有自然之躯,也不能不知名教的“五常”,还要依靠天地进行生产和生活的活动,这些“所有者”对于人是缺一不可的。由人推论到天地万物,“凡所有者,不可一日而相无也”,即现存的一切事物都是合理、必须存在的。按他的说法,既然一切现象都是转瞬即逝的过眼云烟,那么,“自然”与“名教”也就没有界限。一种社会现象,既可以说它是“名教”,又可以说它是出自“自然”，这样，“名教”和“自然”还有什么矛盾呢？

由此，郭象认为，“君臣上下，手足内外，乃天理自然”（《齐物论注》）。人们若能“任自然而居当”，即顺从自然的安排，尊卑、贵贱、君臣上下，各守其位，天下就可以太平。对于礼法，他也作了巧妙的辩解，他说：“刑者，治之体，非我为；礼者，世之所以自行耳，非我制；知者，时之动，非我唱；德者，自彼所循，非我作。”（《大宗师注》）礼法刑政都不是人为的，而是一种自为、自行、自动的约束力量，也是不能少的，这样就为人为的压迫秩序找到了“天理自然”作为依据。为了维系君臣上下的统治关系，他主张有君论，提出“千人聚，不以一人为主，不乱则散，故多贤不可以多君，无贤不可以无君，此天人之道，必至之宜”（《人间世注》）。把君主专制看成是贯通天道（自然）与人道（名教）的最高体现。他宣称，做君的应无为而治。无为而治不是“拱默乎山林之中，而后得称无为者，此庄老之谈，所以见弃于当途”（《逍遥游注》）。它的含义，其一指的是：君通过臣这个工具去治理国家，犹如工匠用斧子去刻木一样，“夫工人无为于刻木，而有为于用斧；主上无为于亲事，而有为于用臣”（《天道注》）。其二，指君臣的地位不得僭越，君用臣，臣亲事；工用斧，斧刻木，“各当其能”（同上）。这样，道家的某些思想就被解释为儒家的“君为臣纲”。可见，郭象的《庄子注》把“自然”注入了“名教”；“名教”又渗透于“自然”。

郭象还认为，每个人的社会地位是由各人自身的本性所决定的，与人的活动无关，以求为“名教”制造人性论上的根据。他提出“天性所受，各有本分，不可逃，亦不可加”（《养生主注》），其原因是“性分各自为者，皆在至理中来，故不可免也”（《达生注》）。所谓“至理”，即“自为”“自然”之理，人性也是“自然”形成的，不能加，不能减。生在头的地位，只能做头，只能在上；生在足的地位，只能做足，只能在下，这就是“自然”。如果大家都认识到并且遵守这个“自然”之理，那么，“小大之辩，各有阶级，不可相跂”（《秋水注》），天下也就太平了。这种理论有一个漏洞，即为什么人受性不齐呢？他不得不求助于偶然论，他说：“天地虽大，万物虽多，然吾之所遇，适在于是，则虽天地神明国家圣贤绝力至知，而弗能违也。故凡所不遇，弗能遇也，其所遇，弗能不遇也。”(《德充符注》)这里把“遇”与“不遇”看做是人生前途的决定因素，在无因论的前提下，他接受了汉儒的命定论思想。因此，郭象反对任何改变自身命运的意图，认为这犹如“以圆学方，以鱼慕鸟”，不仅是徒劳的，而且会导致“以外伤内”“以物害己”，会造成丧身失性的后果。因此他主张“所遇而安”，以杜绝“以小羡大”“外求无已”的不守本分的念头和行为。

总的说来，向秀、郭象的《庄子注》，反映了西晋时期封建统治阶级的内部矛盾暂时趋于缓和，豪门世族的特权地位基本上得到稳定的情况下，名士阶层适应于这种状况的思想、政治观点。但在客观上也表现出经过几十年的社会动乱以后，人们渴望“天下无患”、国家统一的社会心理。

玄学思想发展至向秀、郭象阶段，实际上已告终结。东晋时玄学与佛学合流，至南朝宋、齐、梁、陈，佛学逐渐取代玄学的地位而日趋兴盛，但玄学的余波未泯，直到唐初还有一定的影响，不过已不是重要的思潮。

玄学作为魏晋时期的主要社会思潮，它的历史作用应予肯定。

玄学与经学的学术地位不同，它并未成为地主阶级的统治思想，而只是名士们在较短暂的历史时期的思想。名士虽然依附于门阀世族，但他们在一定程度上保持着知识阶层的相对独立性。当时一些知识分子要求摆脱传统文化的束缚，恢复人的自然本性，使“自然”与“名教”、外在的道德规范与内在的真实情感相统一，于是提出了玄学思想，它在文化上起到了推陈出新的作用。

玄学与经学的思维方法不同，汉代经学主要是经验的方法，它比较注重局部的具体事物，喜好连事比类。而玄学则注重理性思维和对概念、判断、推理的研究，其结论往往是从逻辑分析中产生的。所以，玄学与经学相比，已由经验方法转向宇宙本体论，由单一范畴转入成对范畴，由严守家法转向探讨义理，在理论思维上作出了贡献。

玄学的弱点，在当时就引起一些名士的反省和反对者的批评。西晋时,名士乐广就对他们中一些人放达裸体的行为表示不满。石勒破晋,名士王衍为石勒所俘,他在被杀前,曾说:“向若不祖尚浮虚,戮力以匡天下,犹可不至今日。”(《晋书·王衍传》)东晋王羲之也说:“虚谈废务,浮文妨要,恐非当今所宜。”(《世说新语·言语》)他们总结的教训是深刻的,所谓“清谈务国”,正是指玄学“祖尚浮虚”,即“议而不治”、脱离实际的学风。不过不能由此推论,玄学就是亡国之学,那是以偏概全,是不公正的观点。近代学者章炳麟在《五朝学》一文中说:“五朝所以不竞,由任世贵,又以言貌举人,不在玄学。”魏晋覆国的原因很多,这需要作具体的历史的分析。

对玄学的弱点进行深入评论的,是当时的一批反玄学的思想家,其主要代表人物有杨泉、裴頠、欧阳建、鲍敬言等。下章将分别予以介绍。

# 第二章　魏晋反玄学思潮

## 第一节　杨泉的《物理论》

魏晋时期，玄学虽风行一时，但反对玄学的各种思想也不断出现。其中有自然科学家，有儒家、道家和杂家的学者，他们虽然出发点不同，但都从各自的研究领域对玄学的基本命题和思想提出了批评。这里首先介绍的是杨泉及其思想。

杨泉像

杨泉，字德渊，三国时吴国人。因史书无传，故他的生卒年已无从查考。只知道他是吴国隐居不仕的“处士”。吴亡，不愿在西晋政权做官。他的著作多已佚失，现存的只有《物理论》残卷。

杨泉是研究宇宙天体的自然科学家。当时有关天文学的作品，继东汉张衡的浑天说之后，仍方兴未艾，如陆绩作《浑天仪说》，姚信作《昕天论》，王蕃作《浑天象说》，刘智作《论天》，虞耸作《穹天论》，虞喜作《安天论》，葛洪作《论浑天》，鲁胜作《正天论》等，杨泉的《物理论》也属于这一类作品。他是从自然科学领域走向玄学的对立面和主张神灭论的思想家。

杨泉指出，魏晋玄学“皆不见本”。他批评贵无派的“虚无之谈，尚其华藻,无异春蛙秋蝉聒耳而已”;玄学内部各派的争论,是“见虎一毛,不见其斑”,在枝节问题上喋喋不休。在他看来,只有阐述事物的本原才能在理论上批驳玄学。

杨泉依据当时天文学知识,提出了事物以水之气为本的思想。他说:

> 所以立天地者,水也。夫水,地之本也,吐元气,发日月,经星辰,皆由水而兴。(《物理论》)

这是说,先有水,水蒸发而为气;水之阴气生成有形的大地,水之阳气生成无形的天体。“所以立天地者,水也;成天地者,气也。”以气为从水到天地万物的物质中介,世界上除水之气外,其间并无其他主宰。这种说法显然是从浑天说和宣夜说发展而来。他在《物理论》中记载了科学史上东汉时期扬雄与桓谭关于天体观的一场争论。他说:“扬雄非浑天而作盖天,圆其盖,左转,日月星辰随而东西。桓谭难之”,“浑天说天,言天如车轮,而日月旦从上过,夜从下过,故得出卯入酉”。扬雄是崇信盖天说的,所以杨泉说他“非浑天而作盖天”。这种盖天说的特点,是以天为地之盖,天如磨石,在地之上,向左旋转,日月星辰由于附在其上,故随之由东向西转动。而桓谭是主张浑天说的。浑天说的特点,是以天地浑然一体,类似鸡子或弹丸,地如蛋黄,天如蛋壳,天表里有水,其形浑然,故曰“浑天”。天转如车轮,天上的日月星辰,每天绕车轮(南、北两极)不停地旋转,白天从车轮上过,夜晚从车轮下过。浑天说把天体看成是一个整体,并能解释天体的运行,即日月星辰的位置变化,它比盖天说进步。但杨泉认为,盖天说与浑天说各有缺点,“就浑天之说,则斗极不正。就盖天之说,则日月出入不定”,即盖天说不能解释日月星辰的位置变化,而浑天说不能说明斗极(北斗星和北极星)作为星际坐标的性质。

杨泉的观点比较接近宣夜说。宣夜说否定天穹是一个坚固的硬壳的说法,认为天体没有形质,没有边际,日月星辰飘浮在空中,依靠气而做悬空运动，说明在无限的空间中，充满了气体，从而构成各种星球乃至无限的宇宙，此说比浑天、盖天说更为科学。所以杨泉说："夫天，元气也。皓然而已，无他物焉。"但他没有在此基础上把"元气一元论"推向前进。为了同王弼所说"万物之生，吾知其主，虽有万形，冲气一焉"（《老子》四十二章注），以"气"为"一"、为"无"的观点进行驳难，他又回到了浑天说，依据张衡《浑天图注》"天地各乘气而立，载水而浮"的论点，在气之上冠以水，以水为气的根，正如他在《五湖赋》中借五湖所阐发的道理"浚矣大哉，于此五湖，乃天地之玄源"。

杨泉还认为，天地以至万物都处在不停地运动状态中。就连恒星也并非恒静，只是它的运动"度数有数"，即遵循一定的变动规律。他坚持运动与物体不可分割，称运动乃是"天下之性，自然之理"，"非有使之者也"。这里虽未指名批评玄学，但在客观上否定了"动起于静""欻然自生""欻然自死"等玄学观点。

杨泉继承了前人以薪火喻形神的命题，主张人死神（精神）灭，成为神灭论者的前驱之一。他认为，人也是水之气的产物，"人含气而生，精尽而死"，人的生命是一个从生到死的过程。他说："死犹澌也，灭也。譬如火焉，薪尽而火灭，则无光矣。故灭火之余，无遗炎矣；人死之后，无遗魂矣。"（《物理论》）人之所以死亡，是由于所禀受的水之气消尽的缘故。生命与其所禀受的水之气的关系，犹如火依赖于薪。薪尽而火灭，气消人便死。既然火灭无余炎，以此类推，人死之后，必无遗魂存在。因此，他反对迷信天命，提出人的寿夭全靠自身的调养，即所谓"养生之术，常使谷气少，则病不生矣"。这里虽然没有增添新的内容，但是随着佛教的传播，佛学与玄学的合流，神灭与否越来越成为神灭论和宗教思想辩论的中心问题。杨泉是从汉代桓谭、王充到南朝何承天、范缜这一神灭论体系中不可缺少的一环。

## 第二节　裴頠的《崇有论》和欧阳建的《言尽意论》

裴頠像

裴頠(267？—300年)字逸民,河东闻喜(今属山西)人,曾任散骑常侍、国子祭酒等职。常与乐广"清言",以善言"名理"为时人所推重。但就其思想倾向而言,他不在玄学家之列,史书称他曾"奏修国学,刻石写经",精通儒家的"郊庙朝享礼乐",并说他"深患时俗放荡,不尊儒术",乃著《崇有论》,批评何晏、阮籍"口谈浮虚,不遵礼法",王衍等人"不以物务自婴(婴,同撄)"。可见,裴頠是一位研究儒学的学者,他是为了维护"名教"的利益而评论玄学的。后因反对赵王司马伦的贪暴而遇害。

裴頠《崇有论》的基本观点,是反对何晏等人的"贵无贱有"之论,认为"无"不能生"有","有"为"自生"。他指出:何晏等人"阐贵无之议,而建贱有之论。贱有则必外形,外形则必遗制,遗制则必忽防,忽防则必忘礼,礼制弗存,则无以为政矣"。这是说,因为形体是"有",贱"有"必然放任形骸。放任形骸必然遗弃制度规范,遗弃制度规范必然没有防范措施,以至达到狂放无礼的程度。在他看来,礼制不存,将危及封建主义统治。这是他反对"贵无贱有"的主要原因和《崇有论》的立论宗旨。

为了说明"无"不能生"有",他依自己的观点解释《老子》,以求驳倒"贵无贱有"的理论根据。他说:《老子》一书虽然"以无为辞",讲了一些关于"无"的词句,如"绝圣弃智""绝仁弃义""绝巧弃利"等,"而旨在全有",意在收到"民利百倍""民复孝慈""盗贼无有"等实效。若将老子学说看成是"以无为宗",则是片面的见解。他用《礼记·乐记》中节欲养生的观点理解老子所说的"无"是"于无非无",即对物欲有所节制,表面上看是有所亏损,其实是更好地保全了生命。"虚无是有之所谓遗者也","无"只是"有"的一种表现形式,所以他说:"夫至无者,无以能生,故始生者,自生也。自生而必体有,则有遗而生亏矣。”这是说,“无”不能生“有”,事物从它始生(最初产生)时起就是自己生出来的,如果要给它再找一个造物者作为它的依据(体有),那么不但“有”会受到损失(有遗),事物也不能成其为事物了。

为了说明“无”不能生“有”,裴頠还提出“济有者(即成全有的)皆有也”的命题,从事物的互相依赖上剖析“贵无贱有”不符合实际。他与郭象虽然都反对“贵无贱有”,但郭象所说的“有”是无条件无原因的孤立存在,因而带有不可捉摸的性质。裴頠则认为,事物有不同的类别和性质,每一类别各有其偏,“偏无自足,故凭乎外资”,因而它们互相依赖。事物是有,促成事物的条件也是有,如果否认条件的存在(如郭象那样),或把条件看成是“无”(如何晏那样),都是不符合实际的。他举例说:“心非事也,而制事必由于心。然不可以制事以非事,谓心为无也;匠非器也,而制器必须于匠,然不可以制器以非器,谓匠非有也。”这是说,思想(心)不同于事物(事),但判断事物必须以思想为条件,不能因为判断事物的思想不同于有形的事物,就认为思想是无。匠人不同于器皿,但制造器皿必须以匠人为条件,不能因为规划方圆的匠人不同于方、圆的器皿,就认为匠人是不存在的。他还说“欲收重泉之鳞”(捕鱼),不是“偃息”(静坐)所能得到的;“陨高墉之禽”(猎取高墙上的鸟),不是“静拱”(袖手)所能成功的;“审弦饵之用”(运用弓箭和钓饵的技术),不是“无知”所能掌握的。总之,世界上的一切事物和现象都是“有”而不是“无”。

裴頠在肯定“有”的绝对性和普遍性的基础上,进一步分析了“道”与“有”的关系,认为“有”是真实的存在,“道”只是对“有”的综合与概括。他说:“夫总混(总合)群本(万有),宗极(最高)之道也。”“道”是万有的总合,离开万有,就不会有“道”。这就从名和实的关系,说明了“道”与“有”的关系,从而否定了何晏等人关于“道”(无)的本体观念。

此外,裴頠还批评了无为的寄生思想,主张“分地之利,躬其力任,劳而后飨”,即利用自然资源,通过生产劳动,谋取人的生活资料。在养生问题上,他反对纵欲和禁欲,从珍惜生命的观点提出节欲的主张。

《崇有论》发表以后,受到王衍等人的反驳,虽"攻难交至,并莫能屈"。当然,由于裴頠和郭象都反对"贵无贱有",所以他们的观点也有某些相通之处,如用"有"来表述一切事物和现象,把物质现象与精神现象等同起来;肯定"贵贱"等级的合理合法,以保护"名教"不受损害等。故就他的思想理论高度而言,要比同时代的欧阳建逊色。

欧阳建像

欧阳建(约268—300年)字坚石,渤海南皮(今河北南皮东北)人。出身于冀州大族,历任山阳令、尚书郎、冯翊太守等职。名气很大,当时人称他为"渤海赫赫,欧阳坚石"。后被赵王司马伦所杀,人们都很惋惜。

欧阳建的《言尽意论》是讨论名和实、言和意关系的一篇论文。"言意之辨"是玄学中重要的争论问题之一。这个争论和"声无哀乐""养生"问题的争论,曾被称为玄学中的"三理"。当时关于言意问题的辩论,有两种对立的意见:一种意见主张言不尽意,以何晏、王弼为代表,他们看到了语言、文字只能近似地反映真理这一事实,但又夸大了这种差别,把不完全性曲解为不真实性,得出认识真理必须忘掉语言、文字的错误结论。嵇康的"声无哀乐"也属于同一类性质。另一种意见主张言尽意,以欧阳建为代表,他的思想是对汉魏之际名法思潮的继承和发展。

《言尽意论》取题于《周易·系辞上》:"子曰:圣人立象以尽意,设卦以尽情伪,系辞焉以尽其言。"其主要论点是,事物及其性质是客观的,不以人所设的名(名称、概念)、言(语言)为转移。他说:

形不待名而方圆已著,色不俟称而黑白已彰,然则名之于物,无施者也,言之于理,无为者也。

这里他认为名和言都是依据事物及其属性而确定的,例如,事物有方、圆的形状,人们才会有方、圆的概念;事物有黑、白的颜色,人们才产生黑、白的概念;概念对于事物,并没有给予什么;语言对于事物的道理,也不能有所改变。总之,是事物及其性质决定了名、言的内容,而不是相反。

欧阳建进而从名、言的作用上论证它们对事物及其性质的依赖关系。他认为"诚以理得于心,非言不畅;物定于彼,非名不辨。言不畅志,则无以相接;名不辨物,则鉴识不显"。语言的作用在于表达事物的道理;概念的作用在于反映事物的区别。如果语言不能表达思想,人们就无法互相交流;概念不能反映事物的区别,人们的认识能力就不能显现。因此,有什么样的物,才有什么样的名;有什么样的理,才有什么样的言。名、言和物、理是一致的,而不是分离的,其间的关系犹如"声发响随,形存影附,不得相与为二",由此他得出结论,既然名、言与物、理是一致的,那么,名、言就能反映出事物及其性质的真相而"无不尽",从而把名实关系的讨论从"名副其实"推向名能反映实的高度,丰富了古代的理论思维。

## 第三节　鲁褒的《钱神论》与鲍敬言的《无君论》

鲁褒像

鲁褒字元道,西晋南阳(今属河南)人。终生不仕,生卒年不详。史书称"元康之后,纲纪大坏,褒伤时之贪鄙,乃隐姓名而著《钱神论》以刺之"。

"元康之后,纲纪大坏",这是鲁褒写作《钱神论》的直接动因。晋惠帝元康年间距西晋立国不过10余年,当权的门阀士族在政治上和生活上迅速地腐化了。当时他们有两大嗜好,一是享乐,二是战争。史书称"惠帝元康中,贵游子弟相与为散发裸身之饮,对弄婢妾"(《晋书·五行志上》),这是说他们的荒淫无耻。又称王恺与石崇相与比富,王恺"作紫丝布步障、碧绫里四十里,石崇作锦步障五十里以敌之。石以椒(花椒)为泥,王以赤石脂(含铁的陶土,可以入药)泥壁”(《世说新语·汰侈》)。这是说他们挥霍无度。石崇每宴宾客“常令美人(即女奴)行酒,客饮酒不尽者”,便斩美人(同上)。王济宴客,用婢子百余人,“以手擎饮食”,即用人作为流动的桌面,这是说他们以凶残为豪华。他们更加贪婪地聚敛财富(钱),“竹林七贤”之一的王戎,“性好兴利,广收八方园田石碓,周遍天下,积实聚钱,不知纪极。每自执牙筹,昼夜计算,恒若不足”(《晋书·王戎传》)。他家有李子树,唯恐他人得种,竟在出卖时钻其核,被时人传为笑柄。鲁褒对“洛中朱衣”的这种“贪鄙”之风极为愤懑,以辛辣诙谐的口吻予以嘲讽。

鲁褒揭露了门阀士族的拜金狂热,指出他们不仅不读书、不理事,甚至于“厌闻清谈,对之睡寐。见我家兄(按:指钱),莫不惊视”。由于他们“以币帛为本”,造成无穷的弊端。他说:“官贵名显,皆钱所致。”又说:“钱之所在,危可使安,死可使活。钱之所去,贵可使贱,生可使杀。是故忿诤辩讼,非钱不胜。”做官、胜诉离不开钱,还可以用钱驱使人干出许多意想不到的事来,他用谚语称之为“‘有钱可使鬼’。而况于人乎”?结论是“钱”“可谓神物”。

鲁褒从上述社会现实中推导出无神的结论,用以否定儒家的天命观。他说:“子夏云:‘死生有命,富贵在天。’吾以死生无命,富贵在钱。”又说:“性命长短,相禄贵贱,皆在乎钱,天何与焉?”这是说“天”不能主宰人间的贵贱、祸福,人间罪恶的根源来自门阀士族的贪得无厌。这里虽没有正面宣传神灭论,却是对有神论和污浊政治的有力鞭挞。

与鲁褒的学术风格类似而在思想上更为深刻的是鲍敬言。他的生平和著作也不可考,只有他的《无君论》作为被批评的材料,保存在东晋葛洪《抱朴子》外篇的《诘鲍》里。鲍敬言可能是东晋人,崇信老庄的无为学说。他否定儒家的“名教”,把阮籍、嵇康“崇简易之教,御无为之治,君静于上,臣顺于下”的政治理想,改造为无君、无神的主张。

鲍敬言的《无君论》以政治暴力和道德堕落说明君主制度的起源,否定儒家的君权神授说。他指出“曩古(远古。按:指原始社会)之世,无君无臣”,因而也就没有“聚敛以夺民财”的剥削现象和“严刑以为坑阱”的压迫现象,人人“纯白在胸,机心不生”,互相质朴地相待,没有机变巧诈之心。那么,君主制度是怎样产生的?他说:“儒者曰:‘天生蒸民而树之君。’岂其皇天谆谆言,亦将欲之者为辞哉?夫强者凌弱,则弱者服之矣;智者诈愚,则愚者事之矣。服之,故君臣之道起焉;事之,故力寡之民制焉。”鲍敬言认为,由于社会上产生了强者和智者,他们以暴力压服别人,以诈巧欺骗别人,于是许多弱者和愚者便成为被压服、被欺骗的对象。在他看来,“君臣之道”是人为的,并非苍天之意,说是天意,这纯系儒家的假托之辞。

鲍敬言指出,君主制度是社会上一切罪恶祸乱的根源。他说,有了君主,就有“僵尸则动以万计,流血则漂橹(大盾牌,形容流血之多,把大盾牌都漂浮起来了)丹野(血染红了原野)”的战争,就有“剖人心,破人胫”的种种刑法,所有这些使人们的生活陷于贫困。他把君主比为吃鱼的獭、吃鸟的鹰,“夫獭多则鱼扰,鹰众则鸟乱,有司设则百姓困,奉上厚则下民贫”。他提出和回答了这样的问题:“非鬼非神,财力安出?”社会财富是谁创造的?君主百官是谁养活的?他的回答简洁明确,是“百姓养游手之人”。因此,他断言做君的都是盗贼,像桀、纣那样的暴君固然可恶,像周武王那样的“圣王”亦不值得称颂,两者的区别,犹如盗贼分赃,取多取少而已。

鲍敬言描绘了一个“无君”的社会理想。这种理想的模式是依托于渺茫的远古时代,那时,没有徭役,没有赋税;没有军队,没有战争;人人都有土地,有生计,足衣足食,和睦相处。这种理想的理论根据是自然界的天然平等。他认为天地是自然的物质存在,阴气阳气,自然化生万物,天在上,地在下,“各附所安,本无尊卑也;君臣既立,而变化遂滋”。并不是因为有了天尊地卑才有君臣;相反,正是因为有了君臣上下,才把尊卑的观念赋予本来无所谓尊卑的天地。在他看来,自然界是自然平等的,人类社会也应当如此。

鲍敬言的《无君论》同“有君论”“天命论”的争论，反映了两晋之际由于门阀士族连年内讧，北方各族入侵，以及军事屯田和占田统治给平民百姓带来的灾难，代表了小生产者对君主制度的不满和抗议。

## 第四节　《列子》书中的合理命题

《汉书·艺文志》著录《列子》8 篇，战国时列御寇作。现存《列子》8 篇，据东晋张湛(330？—？年)《列子序》说，是他把几种残缺的本子，“参校有无”，编辑而成的。从唐柳宗元开始就怀疑它是伪书。从该书所反映的思想内容看，它可能是魏晋时期的作品。

对《列子》一书的评价，众说纷纭。人们多以《杨朱》《汤问》两篇中所反映的消极人生观，把该书看成是玄学一类的作品，而忽略了其中若干不同于玄学的合理命题。

首先应当指出的是，《列子》通过对“天”是有目的、有意志的神学观点的批评，阐述了人类认识世界和改造世界的积极进取精神。《说符》篇指出天不是至高无上的，“天地万物，与我并生类也。类无贵贱”。这里，作者肯定天是一种物质存在，特别是把天、地、人列为同类，没有什么贵贱之分，这就剥夺了目的论的依据。《说符》篇还指出，所谓天生万物以养人的观点，更是无稽之谈。“人取可食者而食之，岂天本为人生之？且蚊蚋噆肤，虎狼食肉，非天本为蚊蚋生人，虎狼生肉哉！”难道人是专为蚊蚋生的吗？肉是专为虎狼吃的吗？《说符》篇还揭示了目的论同封建统治者的联系，提出只有像“齐田氏”这样的封建贵族和依附他的门客才会说出“天之与民厚矣，殖五谷，生鱼鸟，以为之用”这样错误的话。

《天瑞》篇讨论了天地会不会崩坏的问题，这在科学不发达的古代，确实是一种大胆的尝试。作者通过“杞人忧天”的传说，揭示了“忧天”派与“乐天”派的对立。“忧天”派认为，日月星宿是有陨落的，虹霓、云雾、风雨、四时是有聚散的,山岳、河海、金石、火木是有离合的,所以天地会崩坏,因而“忧天地崩坠,身亡(无)所寄,废寝食者”。这种意见看到了具体事物的暂时性,有其合理的因素,但却不懂得宇宙的无限性,犯了以偏概全的错误。“乐天”派认为,“天积气耳,亡(无)处亡(无)气,若屈伸呼吸,终日在天中行止,奈何忧崩坠乎?”认为天是气的一种表现形态,天地之间无处无气,它运动不息,即使具体事物有崩坏,对气“亦不能有所中伤”;气是永恒的,不灭的。这表现出了人们不“忧天”、不畏天的乐观主义精神。值得注意的是,无论“忧天”派还是“乐天”派的议论,都是以客观对象为依据的,说明作者是把人当做客观世界的对立面——主体来对待的,这就分清了两个问题:一个是天会不会崩坏,这是关于客观的自然规律的问题;另一个是人是否应当“忧天”,这是人们对待客观的自然规律的态度问题。像作者如此清晰地表述思维和存在的区别,这在古代思想史上达到了相当高的水平。

由此出发,《列子》中的一些篇章对老庄消极无为思想有所改造,承认人在自然界的积极作用,论述了天人之间的关系。《天瑞》篇认为,人可以利用天时地利达到生产上和生活上的目的。篇中讲了一个饶有趣味的故事,其中说:“齐之国氏大富,宋之向氏大贫,自宋之齐请其术。国氏告之曰:‘吾善为盗。始吾为盗也,一年而给,二年而足,三年大穰。’……向氏大喜,喻其为盗之言,而不喻其为盗之道。遂逾垣凿室,手目所及,亡(无)不探也。未及时,以赃获罪,没其先居之财。向氏以国氏之谬己也,往而怨之。国氏曰:‘若为盗若何?’向氏言其状。国氏曰:‘嘻!若失为盗之道至此乎?今将告若矣。吾闻天有时,地有利,吾盗天地之时利,云雨之滂润,山泽之产育,以生吾禾,殖吾稼,筑吾垣,建吾舍。陆盗禽兽,水盗鱼鳖,亡(无)非盗也……然吾盗天而亡(无)殃。’”这里讲了天地是无私的,自然条件对于人们来说都是一样的,关键在于会不会利用它。一种人能巧妙地利用自然条件,发挥主观能动作用,种禾稼,筑垣舍,捕禽鱼,做到一年自给,二年有余,三年富有,使自然条件发生有利于自己的转化。

另一种人，不知利用自然条件，消极等待，企图不劳而获，靠偷盗致富，结果不能不遭殃。

《汤问》篇提出了人能改造自然的思想。篇中塑造了愚公、智叟和夸父这三个形象。北山愚公年近九十，但他移山的决心不变。他在同河曲智叟的辩论中说："虽我之死，有子存焉。子又有孙，孙又有子，子又有子，子又有孙，子子孙孙，无穷匮也。而山不加增，何苦而不平?"这里看到了人类世代延续的无穷力量，驳得智叟无以应对。可见，在庸人的眼里视为愚者，未必非智；智者，未必非愚。特别要指出的是，篇中还区别了人们在改造自然的过程中，能够办到的事和不能办到的事的界限。篇中援引"夸父追日"的故事，指出"夸父不量力，欲追日影……道渴而死"。移山是人力所能办到的，而追日则是人力办不到的，因为后者违背了自然规律，其结果只能化为邓(桃)林，望日而兴叹！这里提出的愚公、智叟、夸父三个形象，不是很发人深省吗?

《列子》书中，无鬼论占有相当的篇幅，与某些玄学家对鬼神所采取的若有若无的暧昧态度有所区别。《天瑞》篇认为，人死后不会变成鬼，因为人的死同生一样是一种自然过程。"生者理之必终者也"，生就包含着死亡的必然性，"终者不得不终，亦如生者之不得不生。而欲恒其生，尽其终，惑于数也"。这是说，祈求长生不死，是不懂得自然规律。在《杨朱》篇中也提出："有人于此，贵生爱身，以蕲不死，可乎? 曰:理无不死。以蕲久生可乎? 曰:理无久生。生非贵之所能存，身非爱之所能厚，且久生奚为?"所以，死是生的归宿。《天瑞》篇继承了王充的思想，提出"鬼，归也"，世所谓鬼，不过是"归"的另一种说法。这就明确地把"鬼"看做是人们的一种观念，人死了，精神也就不存在了，"我尚何存"，哪有什么鬼呢?

《杨朱》篇分析了有鬼论的社会根源。它说："生民之不得休息，为四事故，一为寿，二为名，三为位，四为货。有此四者，畏鬼，畏人，畏威，畏刑。"这里把"鬼"的观念同当时的门阀士族追求长生、扬名、高官和财货联系在一起进行分析，揭露了他们贪生怕死的阴暗心理。《杨朱》篇要求他们“不逆命”“不矜贵”“不要势”“不贪富”，能够约束自己的贪婪和纷争，“野人之所安，野人之所美”，就可以从一个方面杜绝有鬼论的泛滥。这里，《杨朱》篇试图从统治阶级方面去寻找有鬼论的根源，是有其积极因素的。

《列子》还表现出对中国封建社会传统礼教的蔑视。它对儒家的鞭笞不仅比某些玄学家更为辛辣，而且包含有渴求废止礼教的意图。《周穆王》篇中声称：“鲁之君子，迷之邮（尤）者，焉能解人之迷哉？”儒家宣扬读经尊孔，是最迷信的，怎能帮助人们去破除迷信呢？《汤问》篇中更对孔子加以嘲讽：“孔子东游，见两小儿辩斗，问其故。一儿曰：我以日始出时去人近，而日中时远也；一儿以日初出远，而日中时近也。一儿曰：日初出大如车盖，及日中则如盘盂，此不为远者小而近者大乎？一儿曰：日初出沧沧凉凉，及其日中如探汤，此不为近者热而远者凉乎？孔子不能决也。两小儿笑曰：孰为汝多知乎！”这种非儒非孔的态度，连《列子注》的作者张湛也表示不满，说：“《穆王》《汤问》二篇，迂诞诙诡，非君子之言也。”正是这种“非君子之言”继承了王充以来“追难孔子，何伤于义”“伐孔子之说，何逆于理”的反封建礼教的精神。

# 第三章　魏晋南北朝的佛学

## 第一节　佛学与玄学的合流

佛教,亦称“释教”。旧译为“释”“佛陀”“浮屠”“浮图”等。佛,即梵语觉悟的意思,就是解决了生死问题,俗说看破红尘。佛也是对佛祖的一种尊称。它的创始人是悉达多,族姓为乔达摩。相传为北天竺迦毗罗卫国(今尼泊尔境内)净饭王之子。生卒年约与我国孔子同时或略早。29岁(一说19岁)时有感于人世生、老、病、死各种苦恼,又对当时婆罗门教不满,遂舍弃王位出家。经过6年苦行,于35岁(一说30岁)在静坐思维中达到觉悟。以后在印度北部、中部恒河流域一带宣传“四谛”“十二因缘”教义与众生平等思想,在下层社会广泛传播。佛教徒尊称他为“释迦牟尼”(释迦,族名,意为释迦族的圣人)。释迦牟尼及其弟子所传的教说,为原始佛教。前4世纪,由于对教义和戒律的认识发生分歧,原始佛教分裂为许多教团,为部派佛教。1—2世纪间,从部派佛教大众部中又产生出大乘佛教(因声称能“运载”更多的众生进入“佛位”而得名),它将以前的佛教贬称“小乘佛教”。7世纪以后,大乘佛教的部分派别又同婆罗门教互相融合,形成密教。前3世纪摩揭陀国孔雀王朝阿育王时期和2世纪贵霜王国迦腻色迦王时期,是佛教在印度的鼎盛时期。9世纪起逐渐衰落。

佛教经中亚于西汉末年传入中国。汉哀帝元寿元年(前2年),大月氏王使伊存曾向博士弟子卢景口授《浮屠经》(即佛经,见《三国志》裴注引《魏略·西戎传》),这是关于佛教传入中国比较可靠的记载。汉明帝永平十年(67年),伊存授经之后68年,开始有汉译本佛经。在汉代,法律不允许中国人出家,所以佛经只流传于上层社会,被看成与黄老之学或神仙方术类似。袁宏《后汉纪》说:"浮屠者,佛也。西域天竺,有佛道焉。佛教,汉言觉,其教以修慈悲心为主,不杀生,专务清净。其精者号为沙门。沙门者,汉言息心,盖息意去欲,而欲归于无为也。"认为佛教的慈悲,息意去欲,就是黄老之学的清静无为。汉代的佛经翻译家也多以当时流行的神仙方术解释佛教教义。三国、西晋时期,玄学风靡一时,佛学在玄学气氛中得到进一步的传播,当时僧人译经多采用"格义"和"合本"的方式。所谓"格义",由前秦竺法雅所首创,"格,量度也"(《文选》李善注引《苍颉篇》),就是用中国传统思想中的名词、概念,去比附和解释经义,使人易于理解。"合本",由三国吴支谦所首创,它是把不同的译本汇编在一起,以资对比研究。这就使佛学对玄学的比附有了方便的条件,也推动了译经事业的发展。仅大乘佛教的主要经典《般若经》,就有东汉支娄迦谶译的《般若道行品经》,三国吴支谦译的《大明度无极经》,西晋竺叔兰译的《放光般若经》等多种译本。由于《般若经》与《老子》《庄子》可以互相比照发挥,而僧人游居山林,不受礼法约束,颇能体现名士风流,所以名士们也改变了汉代对于佛教"世人学士,多讥毁之"(牟子《理惑论》)的态度,也都重视钻研佛典。如东晋殷浩曾"大读佛经(《小品般若经》),皆精解。唯至事数处不解,遇见一道(僧)人问所签,便释然"。孙绰著《喻道论》,认为"夫佛也者,体道者也。道也者,导物者也。应感顺通,无为而无不为者也"。把佛学看成是发挥玄学"道"的学问。郗超的《奉法要》也属于这一类沟通玄、佛的作品。名士与高僧双方交往甚多,在名士与高僧逐渐合流的情况下,南北朝的学术风气发生了变化。

南北朝是佛教传入中国以后兴起的第一个高潮，也是玄学与佛学合流的完成时期，在学术上人们称之为“佛玄”时期。所谓南北朝，从广义上讲，是指中国历史上317年东晋建立到589年隋灭陈的这段时期。316年刘曜攻破长安，西晋愍帝出降。中原门阀士族逃往江东，又在南方建立了政权，南北朝分裂的局面正式形成。南朝政权极不稳定，外有北朝的威胁，内有豪族地主的争夺，在短短的200多年里，更换了东晋、宋、齐、梁、陈等五个王朝。

与此同时，在黄河流域的封建社会的基础上，匈奴、鲜卑、羯、氐、羌等北方民族，相继由氏族制度发展到封建制的历史阶段，先后建立了后赵、前燕、前秦、后秦等十六国政权。439年北魏统一北方，到534年分裂为东魏和西魏。后来北齐代东魏，北周代西魏，北周又灭北齐，581年隋又代北周结束了北朝的分裂局面。

南北朝的社会情况虽各有特点，但都是中国封建社会第一次大动乱中的产物，因而总的社会发展趋势是一致的。在政治上都是门阀士族把持政权。东晋王朝是司马睿伙同王、谢、袁、萧为首的北方士族，带着自己的宗族、乡里、宾客、部曲来到江东，联合以朱、张、颜、陆为首的南方士族建立起来的。北朝政权也都得到当地士族，如关中韦、裴、柳、薛、杨、杜等著姓，代北元、孙、宇文、于、陆、源、窦等著姓的支持。“九品中正制”至此已完全变质，唐人称之为“权归右姓已”(《唐书·柳冲传》)。北魏、北齐对“九品中正制”的品、户等级虽有所增减，但它实际上已成为划分“士”“庶”的依据。当时的法律规定门阀士族享有各种特权，如世代做官、占田、荫官和免赋免役等，“士”“庶”的界限进一步扩大。在经济上，南朝虽沿袭西晋占田旧制，但多已名存实亡，南方始终是门阀士族兼并争夺的场所，梁大同七年(514年)诏称“顷者豪家富室，多占取公田，贵价僦税，以与贫民，伤时害政，为蠹已甚”(《梁书·武帝纪》)。不过，由于北方士族携带大批农户渡江南下，既给南方增加了劳动力，又带来了北方先进的生产技术和文化，促进了南方农业、手工业和水利事业的发展。北朝的北魏，于孝文帝太和九年(485 年)颁布了“均田制”,由国家把当时的大量无主荒地,以“份地”的形式分给有劳动力的农民。根据“均田法”,男夫 15 岁以上,受露田 40 亩,妇女减半,奴婢依良丁,耕牛也受田,但限四牛。“诸民年及课则受田,老免及身没则还田,婢及牛随有无以还受”,露田的所有权属于国家。此外还有桑田,人死不还,永为世业,允其买卖(见《魏书·食货志》)。北魏均田的目的在于阻止流民南下和限制士族的兼并,虽收效甚微,但对稳定当时的社会和生产秩序还是起了一定的作用。

南北朝经济的发展,推动了中外的交通与交流。当时来往印度有南北两条通道。南朝与天竺(一译“身毒”“贤豆”,古印度别称)交通多由海路,从广州、胶州等地经过现在的斯里兰卡、爪哇或加里曼丹岛。而斯里兰卡、缅甸、泰国、南洋群岛为小乘佛教流行地区,所以小乘佛教的经典多由此传入。但因小乘佛教奉行“四谛”教义,追求“自我解脱”,与玄学的高远深邃不尽相合,因而在南朝士大夫中影响不大。北朝与印度交通多经过现在的新疆及中亚细亚。在新疆则分为南北二路。南路由凉州出发经敦煌,越沙漠至鄯善,再转至于阗、罽宾(西域古国,在喀布尔河下游及克什米尔一带,大乘佛教发祥地)。北路由敦煌出发,经吐蕃、焉耆,至龟兹、疏勒(西域古国,治今新疆喀什),再经葱岭至罽宾。印度西北为大乘佛教盛行之地,所以经此路传入的多为《般若经》、“三论”(《中论》《百论》《十二门论》)、《华严经》等大乘经典。由于北朝的少数民族统治者缺乏儒学的传统和玄学的教养,大乘佛教一经传入,便成为他们的精神支柱。后赵的石虎认为“佛是戎神,正所应奉”。后秦的姚兴更加崇佛,他曾经请龟兹僧人鸠摩罗什到长安译经,前后八年,译出《小品般若经》等多部经典。北魏的拓跋珪在天兴(398—403 年)年间,既尊经术,立太学,置五经博士,教授生徒,又在当时的魏京平城(今山西大同)诏建寺塔,崇奉佛法。但由于他们自身文化修养不高,他们所注重的只是宗教的修行,如戒律、禅法等,至于宗教理论,则随着北方名士和僧人的南下,主要在南朝得到发展。

玄学的余风虽仍在南朝盛行,但已毫无新意。而当时的社会,战乱不止,不仅下层群众饱尝分裂和祸乱之苦,生活艰难,处境悲惨,就是在统治集团内部亦因彼此倾轧,许多人也都朝不保夕。在人们的内心世界里有大化流行、一息不停的感慨;有性命短促、人生无常的悲哀,并把对幸福的憧憬寄托在朦胧的未来。于是就导致了两个结果:一是玄学的停滞,二是佛学的流传。正是在这样的条件下,玄学与佛学的合流已成为学术发展的必然趋势。

道安像

慧远像

"佛玄"的倡导者是东晋的道安(312—385 年)及其弟子慧远(334—416 年)。道安,俗姓卫,常山扶柳(今河北冀县)人。他生在永嘉之世,大河以北屡遭战祸,自称"生逢百罹",12 岁出家。因形貌丑陋,初不为其师所重。后赵时入邺(今河北临漳),为佛图澄的弟子,从受《般若》等大乘经典。在北方讲学 30 余年。东晋哀帝兴宁三年(365 年),为避乱南下,居襄阳 15 年,每年讲《放光般若经》,并两次分派徒众,传法四方。孝武帝太元四年(379 年),前秦苻坚攻克襄阳,把他带回长安,常以政事咨询。道安在长安继续研究般若学,主持译经和注释,从学者数千人。他建议迎请鸠摩罗什来长安译经。慧远,俗姓贾,雁门楼烦(今山西宁武附近)人。曾学习儒学,尤善《老》《庄》。21 岁听道安讲《般若经》有感,乃出家为道安的弟子。后在庐山讲学,对大乘《般若经》和小乘禅法都有较高的造诣。曾与刘遗民等人建"莲社",提倡"净土法门",宣称人死后可往生西方净土(极乐世界)。

道安、慧远的学术思想是以佛学为主,玄学为辅,用佛学来融会玄学。所以他们不赞成西晋时流行的"格义"方法,这种方法虽曾推动了译经事业的发展,但多牵强附会,与佛经本义并不相符。所以道安认为"先旧格义,于理多违",译经应以"弘赞理教"为目的。他和主张守旧法的僧光进行过辩论。为此,他著《五失本三不易论》,讨论翻译文体,提出应把"求真"与"喻俗"相结合,不能为追求"喻俗"而"失真"。慧远自己虽然没有译过佛经,但他曾主持译场,贯彻其师的宗旨。他们知道,没有对佛教理论的深入研究和融会贯通,就不可能有真正的"佛玄"思想。

道安、慧远用"升座唱导"的讲经方法,部分地改变了玄学的清谈形式。玄学清谈,重在辩论,论争的双方是平等的。而"升座唱导",则以说法者为中心建立起师徒间的授受关系。道安在襄阳即立有"行香定座上经上讲之则"。所谓"唱导者,盖所以宣唱法理,开导众心也"(《高僧传·唱导论》)。其要点有四:"谓:声、辩、才、博。非'声'则无以警众;非'辩'则无以适时;非'才'则无言可采;非'博'则语无依据。甚若响韵钟鼓,则四众警心,'声'之为用也;辞吐俊发,适会无差,'辩'之为用也;绮制雕华,文藻横逸,'才'之为用也;商榷经论,采撮书史,'博'之为用也。"(同上)这里,说法者在"响韵钟鼓"的宗教形式下,利用玄学"辞吐俊发"的辩才,"绮制雕华"的文才,并"采撮书史",即道安所说的俗书,慧远所说的"乃引《庄子》义为连类",宣传佛教理论。说法者成了学术文化交流的主体,但他们不是汉代经师的再现,而是一批"知时知众,又能善说"的玄学化的法师。

道安、慧远还建立了佛教学派,以玄学的"贵无"学说与《般若经》的性空之义互相援引并加以发挥。道安所创立的本无宗是当时般若学中最有影响的一支。慧远则进一步把"本无"说与宗教实践结合起来,用它为出世主义服务,宣传现实世界为虚幻不实的假象;如果人们留恋世间,执著人生,就将陷入轮回的苦海。因此免除人生的不幸和痛苦的唯一出路,是追求超现实的本体,他称之为"法性";认为人们与之冥合,即可获得精神上和肉体上的解脱。这些观点把玄学理论与佛教教义、修持方法以及学佛目的紧密地结合在一起。

## 第二节　般若学的六家七宗和僧肇的评论

所谓般若学,是指用玄学义理阐发《般若经》义,又用《般若经》义阐发玄学义理的学问,故亦称“般若”义理之学。《般若经》,全称《大般若波罗蜜多经》。“般若”意为“智慧”,“波罗蜜多”意为“到彼岸”,“般若波罗蜜多”即“通过智慧到达彼岸”之义。其基本内容企图证明客观世界是虚幻不实的假象。从东汉支娄迦谶译出《般若道行品经》开始,到后秦鸠摩罗什传译龙树、提婆的中观学派学说之间,为般若学在中国的全盛时期。当时佛学既已同玄学合流,因此,佛教中流行的“般若”学说,实际上都同玄学观点有关。因为玄学有不同的派别,所以对佛教《般若经》所谓“空”的意义也有不同的解释,从而形成“六家七宗”。“七宗”是指“本无宗”“本无异宗”“即色宗”“识含宗”“幻化宗”“心无宗”“缘会宗”。其中,“本无异宗”系“本无宗”的分支,故按观点划分实为“六家”,其中“本无”“即色”“心无”三宗的影响最大。

“本无宗”为道安所创立。所谓“本无”,据道安在《合放光光赞略解·序》中的解释:“无所有者,法之真也。”“法之真”,即世界的真相、世界的本性;“无所有”,即空无所有。这是说,世界的本性就是空无所有的,故称“本无”。因此,他认为对待世界上一切事物的态度都应当符合“本无”的宗旨,不要去计较“本末”“有无”等等的区别。“本末等尔”,本末是没有差别的;“有无均净”,有无都是没有寄托的,这样才能使“心”“皎然不缁”,犹如没有污点的白色一样洁净。但道安流传下来的著作很少,因此要了解他的“本无”论的含义,还必须引用后人的论述加以说明。

南朝晋、宋间昙济《六家七宗论》、陈慧达《肇论疏》、隋唐之际吉藏《中观论疏》等文对“本无”的含义均有所解释,内容基本相同。但以吉藏之说较为简要。吉藏《中观论疏》说:

> 一者释道安明本无义，谓无有万化之前，空为众形之始，夫人之所滞，滞在未（末）有，若诧（宅）心本无，则异想便息。……安公明本无义，一切诸法，本性空寂，故云本无。（《大藏经》卷四十二）

这里把“本无”的要点归纳为四条：①“众形”“万化”的本性都是空无；②“宅心本无”，即“心”的本性也是无；③人们的错误在于把“末”“有”（指一切存在的事物）看成是真的，而不知外物是由心的意念而产生，意念不起，异想息灭，外物亦归于空无；④外物与异想之所以可空，是因为“一切诸法，本性空寂”。这是说，不但外物是不存在的，主观精神也是不真实的，世界是什么都没有。这种观点虽近似何晏、王弼的“贵无”说，但是更侧重于发挥当时禅学的内容。

“即色宗”为支道林（314—366 年）所创立。支道林名支遁，他在当时思想界享有很高的声誉，他对《庄子·逍遥游》的解说，备受玄学家的推崇，以“遁比向秀，雅尚庄老，二子异时，风尚玄同也”（《世说新语·文学》注引）。

佛教所谓的“色”，相当于物质的概念，但又不是全指物质现象，它有十四要素，内容包括物质现象“四大”（地、水、风、火）、人的感觉器官“五根”（眼、耳、鼻、舌、身）和感觉对象“五境”（色、声、香、味、触）。关于“即色”的意义，可见《世说新语·文学》注引支道林集《妙观章》：“夫色之性也，不自有色。色不自有，虽色而空，故曰色即为空，色复异空。”这段话的基本思想，就是“色即为空，色复异空”。据隋唐间吉藏《中观论疏》、唐元康《肇论疏》等文的解释，“色”皆由“因缘”（按：指各种条件）和合而成，它没有自己存在的根据；人们看到的“色”，都不是真实的“色”。“色”的本性是空的，所以说“色即为空”，空即为“色”，故名“即色”。但是，“色”一经产生，就有名字，有忆念，有用，是有而非无，故又说“色复异空”。支道林的“即色宗”与道安的“本无宗”宗旨基本相同。道安通过论证“心”

的本无,来说明现象界的本无;支道林则以"色即为空"来说明本体界的空。但支道林承认"色"作为假象是存在的,似乎又受到向秀、郭象思想的影响。"即色宗"是从"本无宗"到"心无宗"的综合发展。

"心无宗"为支慜度所创立。《世说新语·假谲》记载有他的部分事迹。后秦僧肇的《不真空论》、隋唐间吉藏的《中观论疏》、唐元康的《肇论疏》等文把他的思想概括如下:"心无者,无心于万物,万物未尝无","无心万物,万物未尝无,谓经中言空者,但于物上不起执心,故言其空,然物是有,不曾无也"。根据这些史料,"心无宗"的主要论点有二:①是"万物未尝无",认为有形的外物是"有",而不是"无",也不能使之"无",从而也就承认和肯定了外物的客观性和真实性。②是"无心于万物",是指"心"不受外物的干扰,保持一种"豁如太虚"的心理状态,使心无杂念,故称"心无"。可见"心无"之无,只是使心不为外物所动,并不否定心的存在。这样,"心无"派实以心、物皆为"有",表现出裴頠"崇有"一派的部分观点。

对上述三派学说进行分析比较,取长补短,把"佛玄"推向一个新阶段的代表人物是鸠摩罗什的弟子僧肇。

鸠摩罗什(344—413 年)原籍天竺,生于龟兹(今新疆库车),精通梵文和汉语,遍习大、小乘教义,在西域各国佛教界颇有盛名。前秦苻坚素闻其名,于建元十九年(383 年),遣兵劫至凉州(今甘肃武威)。后秦弘治三年(401 年),姚兴遣师西迎,同年至长安,待以国师之礼。于长安西南逍遥园(今陕西户县草堂寺)讲经、译经,印度佛教中龙树、提婆的中观学派学说通过他的传译而传入中国,般若学也因此有了新的发展。他的弟子僧肇便是发挥中观学派学说的著名僧侣,他曾说:"秦人'解空'第一者,僧肇其人也。"(元康《肇论疏》引《名僧传》)

僧肇(384—414 年),俗姓张,后秦长安(今陕西西安)人,年少家贫,以佣书为业,历观经史,专心于《庄》《老》。后读旧译《维摩经》,遂出家习佛。年轻时即名震关中,后师事鸠摩罗什。他提出体用相依,非有非无,

僧肇像

即动求静之说，从而使他能够凌驾于般若学各学派之上。他对般若学所讨论的重大理论问题，几乎都作了总结，写下了《不真空论》《物不迁论》等重要论文，其论文集称为《肇论》。

《不真空论》是他的有关本体论的著作，集中讨论有无、本末的关系问题。他的基本观点是：万物“虽无而非无，无者不绝虚；虽有而非有，有者非真有”。这是说，万物虽然是无，但并不是空无所有（“绝虚”）；万物虽然是有，但又不是真正的有。他引《中论·四谛品》“众因缘生法，我说即是空”作为论据，并解释说：“物从因缘，故不有；缘起，故不无。”“物从因缘”，就是任何事物的存在都要有一定的条件，事物不可能孤立自存，所以不能说事物是有。“缘起”，就是具备了一定的条件，事物就出现了，所以又不能说它是无。僧肇用幻象作比喻，“譬如幻化人，幻化人非真人也”。这是说，幻象是存在的，不能说它是无，幻象不是真的，所以不能说它是有。这里，僧肇用具体事物存在的相对性和条件性，来否认事物存在的客观实在性，以论证物质世界的一切现象都是幻象、假象。

僧肇批评“本无”者（按：指本无宗），“情尚于无多，触言以宾无”。所谓“多”，即指其偏于无，故“触言以宾无”，从理论上抬高无的地位，不仅否定了有的存在，而且也否定了无的存在，他认为这不符合般若思想。他声称佛经中讲“非有”“非无”，是为了否定把有、无的现象视为真实存在的世俗观点，但并不否认有、无之作为如幻如化的假象存在。如果否定假象，就不合乎情理，是“好无之谈”。他批评“即色宗”“直言色不自色，未领色之非色”，即这一派只是说色不是自己形成的，还没有认识到形成色的条件也是空无自性的，从而保留了具体的“形”“迹”的地位。他认为“心无”这一派只是从主观方面排除外物对心的干扰，但并没有否认外物的存在，他们不懂得“物虚”（外物只是假象）的道理。在僧肇看来，上述三派都没有解决好体用、有无的关系，或重体轻用，或重用轻体；或空无一切,或以无为有,因而都不符合“非有”“非无”的“中道”(不偏不倚的佛教最高真理)。

《物不迁论》是着重讨论动静关系的一篇论文,集中地反映了他的发展观。在这篇论文中,他不赞同“本无宗”分动静为二,以静为本,以动为末的思想。他认为不能把动静加以分割。他有一个巧妙的说法,叫做“岂释动以求静,必求静于诸动”,即不能离开运动来研究静止,而是要从运动中来论证静止的道理;通过对于运动的分析,达到否定事物运动的目的。他声称只有这样,才能做到“谈真”(按:“真”指佛教的真理)而不“逆俗”(按:“俗”指世俗人们的生活经验),才能把人们的世俗生活经验引入宗教的认识轨道。在论证方法上,他割裂了物质运动的连续性和间断性的对立统一关系。他说:“昔物自在昔,不从今以至昔;今物自在今,不从昔以至今。”这是说,过去的事物只存在于过去,不能从现在追溯到过去;现在的事物只存在于现在,不是从过去延续而来。既然事物的过去、现在、未来都没有联系,哪里有什么运动可言呢?由此,他断言:“旋风偃岳而常静,江河竞注而不流,野马飘鼓而不动,日月历天而不周,复何怪哉?”在他看来,掀动山岳的飓风十分安静,汹涌澎湃的江河并不奔流,飘荡不定的微尘没有移动,遨游天空的日月未尝巡回。这里他把运动的间断性绝对化了,而把运动的连续性说成是人们的一种幻觉,从而否认事物的转化和发展。

总之,僧肇的佛玄思想,既继承了魏晋玄学的发展成果,同时又吸取了外来佛学的理论思辨,在事物动、静关系等问题上提出了不少有理论深度的见解,尽管他本人还不能很好地解决这些问题,但在思想发展史上是有贡献的,因为这些问题起了推动理论思维发展的酵母作用。

与僧肇同时的另一位著名僧侣是竺道生(?—434年),又称“道生”,其著作多从佛教教义上立论,但他提出的“一阐提人(丧尽善根而不可救药的人)皆得成佛”和“顿悟成佛”学说,在当时及后世流传很广。

## 第三节 “神不灭”思潮的兴起

“神不灭”论并不是原始佛教的主张。印度佛教认为,一切现象都是由各种条件和合而成的假象。它既没有物质性的实体,也没有精神性的灵魂。但是这种说法并不符合“因果报应”“轮回转生”的观点。因为“因果报应”“轮回转生”必须有一个不灭的精神承担者(灵魂),也可以说这是“因果报应”和“轮回转生”的前提。因此佛教传入中国以后,便和中国古代人死为鬼、精灵不灭的迷信思想相结合,形成一种“神不灭”的有神论学说。东汉人将此视为佛教最重要的教义。袁宏《后汉纪》称:“佛教又以为人死精神不灭,随复受形。生时所行善恶,皆有报应。故所贵行善修道,以炼精神而不已。”牟子《理惑论》在论述佛教教义时,也说:“魂神固不灭矣,但身自朽烂耳。”随着佛学逐渐摆脱对玄学的依附,僧人们探讨的理论问题,也就逐渐从有无关系转移到形神关系上。

南北朝初期佛教“神不灭论”者的主要代表是慧远,他的《沙门不敬王者论·形尽神不灭五》就是这方面的重要著作。其基本论点是:精神现象是一个独立的实体,可以离开肉体而存在,它是不灭、不能穷尽的;人的一切活动,包括意念活动一经产生,就不会消失,它将会引起善或恶的后果(即“因果报应”);人死以后,灵魂还会转世再生(即“轮回转生”,“轮”,就是车轮。灵魂犹如车轮的运转一样,是没有止息的)。慧远的基本论据也是“薪火之喻”。“薪火之喻”原是两汉时无神论者用以说明精神依赖于形体的一种比喻。但是,这个比喻并不确切,它混淆了物质和精神的界限,而且由于薪能传火的特性,又给“神不灭论”者留下了可以利用的空隙。慧远抓住这个理论缺陷加以夸大,他说:

> 火之传于薪,犹神之传于形。火之传异薪,犹神之传异形。前薪非后薪,则知指穷之术妙;前形非后形,则悟情数之感深。

(《沙门不敬王者论·形尽神不灭五》)

这里,火(物体在燃烧时所发出的光和热)被说成是可以脱离物体而永存的神秘之物。人的精神犹如火,人的形体犹如薪。薪经过燃烧,成为灰烬,而火却从此薪传到彼薪,永恒不灭。同样,人的形体死亡了,精神也能从前一形体传到后一形体,永恒不灭。据此,他反驳主张形神俱生俱灭的观点,他说:

假令形神俱化,始自天本(天本,指"气"或"自然"),愚智资生,同禀所受。问所受者,为受之于形邪?为受之于神邪?若受之于形,凡在有形,皆化而为神矣;若受之于神,是以神传神,则丹朱(尧子,不肖)与帝尧齐圣,重华(即舜)与瞽叟(舜父,凶顽)等灵,其可然乎?其可然乎?如其不可,固知冥缘之合,著于在昔;明暗之分,定于形初。(同上)

假如说,人的形神都同于"自然",人死形神俱灭,初生的时候再重新禀受,那么所禀受的究竟是形呢,还是神呢?如果受之于形,神从形生,这样凡是有形的东西都应该有神了。如果受之于神,以神传神,则尧与尧子、舜父与舜都应该有同等的聪明智慧。但事实并非如此,人禀受的形是从过去的因缘转世而来,人的(精)神是受形初生时附到形(体)上的。可见,人禀受的形和神是分离的,形有尽而神不灭。他声称,"形神俱化"的观点是认识上的一种"迷惑",只有从这种观点中解脱出来,才能走上佛教的"大道"。

南朝初期,佛教的"神不灭"思潮就在士大夫中广为流传。南朝宋郑道子率先著《神不灭论》,这是当时最早的一批宣传"神不灭"的著作之一。

郑道子(364—427年)名鲜之,荥阳开封(今河南开封)人。在南朝宋,官至尚书右仆射。他虽笃信儒家名教,提出"忠不能救主,孝不顾其亲,是国家之罪人”(《宋书·郑鲜之传》),但也崇扬佛学,与当时崇儒而排佛的思想家不同。

郑道子的《神不灭论》是受慧远《形尽神不灭》的影响而写成的。他进一步分析了“神”的作用,强调在形神关系中,“神”可以离“形”而独存,“神”比“形”更为根本。他沿用“薪火之喻”说:

> 夫火因薪则有火,无薪则无火。薪虽所以生火而非火之本,火本自在,因薪为用耳。若待薪然后有火,则燧人之前其无火理乎?……故薪是火所寄,非其本也,神形相资亦犹此矣。相资相因,生途所由耳。安在有形则神存,无形则神尽,其本惚恍,不可言矣?

值得注意的是,郑道子并没有像慧远那样简单地否定形神的相互依存关系,而是把这种依存关系说成是暂时的偶合现象。“神”可以寄托于“形”,也可以离“形”而去,犹如“火本自在”一样。按他的说法,形神的“相资相因”是构成人的生命的条件,“神”离“形”而去,人的生命也就结束了,但“神”却依然存在着,所以世界上不存在“神”随“形”灭的那种形神关系。

郑道子企图从对人体机能的分析中,寻求新的论据,以论证“神”比“形”更加重要、更为根本。他说:人的形体由“五脏、六腑、四肢、七窍”等器官组成,如果缺少像“耳目”之类的器官,并不影响人的生命,但是,人如果没有精神活动,形体也就失去了统帅,生命就不成其为生命了。他又说,人的躯干有“肌骨”和“爪发”的区别,而“爪发”是附属在“肌骨”之上的,因为“肌骨则痛痒所知,爪发则知之所绝”。他由此推导出有知的东西是“本”,无知的东西是“末”的结论,他说:

> 神为生本,其源至妙,岂得与七尺同枯、户牖俱尽者哉!推

此理也,则神之不灭居可知矣。

郑道子的《神不灭论》还认为,“神”与“太极”均系无形,故佛教的“神不灭”与《周易》以“太极为两仪之母,两仪为万物之本”词异而义同,并以“有物也则不能管物,唯无物然后能为物所归;若有始也则不能为终,唯无始也然后终始无穷”来论证“理精于形,神妙于理”,从范畴上为调和儒、释、道三家学术思想作了某些尝试。

郑道子的《神不灭论》对形神关系论述甚详,尤其对人体功能的分析及对感官性质的判断,为后来神灭论的发展提供了思想资料。

# 第四章　南北朝的道教思想

## 第一节　道教的起源

道教是中国土生土长的宗教,它的思想和道术来源于以下几个方面:

(1)古代的鬼神思想。中国古代社会中,人们对日月星辰、河海山岳和祖先都很崇拜,把它们看做是神灵,进行祭祀和祈祷,并由此而逐步形成了一个天神、地祇和人鬼的神灵系统。道教承袭了这种鬼神思想,并不断吸取许多神灵作为道教神灵的组成部分。

(2)巫术和神仙方术。从殷代起,人们认为,卜筮可以决疑惑、断吉凶,巫师可以交通鬼神。战国以后神仙方术逐渐兴盛。神仙思想在《庄子》和《楚辞》中已屡见不鲜。稍后,在燕齐一带出现了宣传长生成仙之术的神仙方士。这种神仙方术和邹衍的阴阳五行学说相结合,从而形成了比较具有理论系统的方仙道,以及宣传方仙道的神仙家,这就是道教的道士和道教修炼方法的前身。

(3)谶纬之学。西汉末至东汉初年,谶纬之学盛行,儒生与方士合流,以阴阳五行说附会《公羊春秋》推验灾异祯祥。道教也融合了谶纬迷信思想作为本教派方术的内容。

(4)黄老思想。两汉时期流行的黄老之学本来就包含许多神秘的因素，加上研究黄老的学者中有不少神仙方士，他们以长生成仙思想使黄老之学向宗教方向发展，逐渐形成以崇奉老子为神明的黄老道。黄老道与方仙道合流，道教就应运而生了（以上可参见卿希泰《中国道教思想史纲》第一卷）。

道教产生以后，他们中间的一部分人，以烧炼金丹和宣传长生成仙为主，创立了道教中的丹鼎派。东汉末左慈为其创始人，魏伯阳的《参同契》（即“大易”“黄老”“服食”同出一门，能契合大道）汇集了金丹术的各种秘诀，成为该派的早期经典。另一部分人则以“符水咒说”之类的巫说为主，并吸取《老子》书中的若干社会政治思想，活动在下层群众之中，创立了道教中的符箓派。

张陵像

符箓派创立于东汉末年。“五斗米道”和“太平道”是该教派中两个最早产生的道教组织。“五斗米道”的创始人是东汉的张陵（34—156 年），他是沛国丰（今江苏丰县）人。曾入太学，通晓五经。明帝时任巴郡江州（今重庆市）令。顺帝时在鹄鸣山（今四川大邑县境）修道。永和六年（141 年）作道书 24 篇，创立道派，教人悔过奉道，学习《老子》五千文，设立“祭酒”统领教民，用符水咒法为人治病，“从受道者出五斗米”，故称“五斗米道”，张陵自称“太上老君”降命授为天师，故亦称“天师道”，“陵死，子衡行其道，衡死，鲁复行之”（参见《三国志·张鲁传》及注引《典略》）。

张角像

“五斗米道”主要是一种宣传民间互助、互济的宗教，但对农民起事也有影响，东晋的孙恩、卢循曾以“五斗米道”为号召，聚众数十万，反抗暴政，“朝廷震惧，内外戒严”（见《晋书·孙恩传》）。“太平道”为东汉末年张角（？—184 年）所创立。张角，巨鹿（今河北平乡西南）人。因其信奉《太平经》，故他创立的教派称“太平道”。灵帝时，张角借符水咒说治病传教，在农民中秘密进行活动。10 余年间，徒众达数十万，遍及青、徐、幽、冀、荆、扬、兖、豫八州。中平元年(184年)起义,以头缠黄巾为标志,被称为黄巾起义。黄巾军宣称“苍天已死,黄天当立;岁在甲子,天下大吉”(《后汉书·皇甫嵩传》)。这是说,代表旧传统的苍天已经失去了昔日的权威,代表农民利益的黄天理应成为世界的主宰。灵帝中平元年是甲子年,三月五日是甲子日,约定在这一天,各地教民同时起义推翻刘姓王朝,天下就太平了。“太平道”是以宗教为旗帜,合政、教为一的组织。

符箓派的早期经典主要是《太平经》(即《太平清领书》),原为东汉末年于吉所著,共170卷,明《正统道藏》所收《太平经》仅残存57卷。该书内容庞杂,言及天地、阴阳、五行、干支、灾异、鬼神以及当时的社会情况等,恐非一人一时的作品。

《太平经》的基本思想,是追求一个理想的太平世界,即所谓“致太平”。《后汉书·襄楷传》注引《太平经·典帝王》篇曰:“真人问神人曰:‘吾欲使帝王立致太平,岂可闻邪?’神人言:‘但顺天地之道,不失铢分,则立致太平。……立致太平,延年不疑也。’”这里把“致太平”作为“延年”、长生的基础,在宗教形式下,透露出社会变革思想。葛洪在介绍《太平经》的宗旨时说:“书多阴阳、否泰、灾眚之事,有天道,有地道,有人道。云治国者用之,可以长生,此其旨也。”(《神仙传》卷十)这里有意隐去了“致太平”的内容,从另一个侧面证明了“致太平”在书中的重要性质。正如当代学者王明先生所说:“我们认为,‘致太平’是全部著作的出发点。评价《太平经》似应以这个出发点作追踪的线索。”(《道家和道教思想研究》)

所谓“太平”,“太者,大也”,“平者,乃言其治太平均,凡事悉理,无复奸私也”(《太平经》卷四十八《三合相通诀》),即大平均的意思。这是针对封建社会的不平不均而发的。

《太平经》列举社会上的贫富不均现象,说:富人“得天地中和之财,积之乃亿万种,珍物金银亿万”,他们“不肯救穷周急,使人饥寒而死,罪不除也”(卷六十七《六罪十治诀》),而雇工“赁作富家,为其奴使,一岁数千,衣出其中,余少可视,积十余岁,可得自用还故乡”(卷一百十四《大寿诫》)。这是说，一个壮劳力要辛辛苦苦给地主干10多年，才能凑足返乡的路费，其结果，富的越富，穷的越穷。它认为“财物乃天地中和所有，以共养人也”（卷六十七《六罪十治诀》），这里借用《礼记·中庸》“中和”的术语，企图说明财产应归天下所公有，不能允许少数人偏得而私。还举例说，大仓（按：指太仓，即皇仓）的财物是取自千家万户的租税收入，不足的人家应当从中取得衣食生活的费用，但却被少数人聚敛独占。《太平经》谴责这种行为类同老鼠窃食，人人痛恨，表现出小生产者平均财产的初步要求。

《太平经》对当时政治上的不平也极为不满。它指斥政府官吏专“以害人为职”，“因而盗采财利，以公趣私，背上利下”（卷九十八《为道成败戒》）。认为这批人是“天地之害”“国家之贼”“民之虎狼”“父母之恶子”，疾呼“天地憎之”“鬼神恶之”！由于政治上的不清明，致使“水旱无常，盗贼数起”，政府官吏不仅没有救灾措施，反而采用刑罚，逼得老百姓走投无路（见《太平经钞》乙部《解承负诀》）。它主张选择“有道有德，不好杀害伤”的人做官，希望这些人避免使用“重刑死法”。《太平经》中有这样的话：“人有过莫善于治，而不陷于罪，乃可也。其次，人既陷罪也，心不欲深害之，乃可也。其次，人有过触死，事不可奈何，能不使及其家与比伍，乃可也。其次，罪过及家比伍也，愿指有罪者，慎毋尽灭煞人种类，乃可也。”（《太平经》卷四十《乐生得天心法》）即对老百姓要宽厚，能不治罪的就免罪；能治轻罪的不治重罪；治死罪的不要牵连家属、邻居；必须牵连家属、邻居的，也要限于那些确实有罪的人，决不能做那些杀人灭种的事情。《太平经》把量罪用刑描绘得如此细致，反映出小生产者要求从封建统治的严刑峻法下解脱出来的迫切心情。

《太平经》把“太平”的希望寄托在皇权和神权上，这是其社会改良主义理论的集中表现。《太平经》从未抨击皇权，它反对“犯上作乱”，如说“小人无道多自轻，共作反叛，犯天文地理，起为盗贼相贼伤。犯王法，为君子重忧”（卷六十七《六罪十治诀》）。它认为社会上的不平不均是由于皇权用人不当，以“下愚不肖为近辅”所造成的，致使民情不能上达。《太平经》举例说,人们对于天地都能自由地“仰视俯睹”,但却不能自由地接近帝王,其间的障碍是来自“近比”(近臣)的“威相迫协(胁)”。所以《太平经》渴求有一位农民代言人的真命天子,通过举贤使能,实现“王治太平”(《太平经钞》乙部《和三气兴帝王法》)。

《太平经》的作者也懂得,理想中的皇帝毕竟不是现实中的皇帝,为此,要假托“神”的权威以限制帝王的所作所为。首先是“明戒”。即自然灾异被说成是“天地之神”对帝王的警戒。这就把汉儒的“谴告”说引入了道教的思想体系。其次是“承负之厄”。“厄”通轭,指架在牛颈上的曲木。“承负之厄”,是说现时的祸福是承担先人的功过报应所致。《太平经》认为,帝王的善恶行为,或在当世受到报应,或者流传给后代。流传给后世子孙的,叫做“承负”。它说:“力行善反得恶者,是承先人之过,流灾前后,积来害此人也。其行恶反得善者,是先人深有积畜大功,来流及此人也。”(《太平经钞》乙部《解承负诀》)用以告诫帝王谨言慎行,诚惶诚恐,不要让后代承担前代所犯下的罪恶。再次是“守一”。为什么要“守一”?《太平经》说:“一者数之始也,一者道之生也,元气所起也,天之纲纪也。”(转引自《云笈七签》卷四九)这里的“一”,是因袭《老子》“天得一以清,地得一以宁,神得一以灵,谷得一以盈,万物得一以生,侯王得一以为天下贞”(三十九章)的说法,含义也基本相同,这个“一”,被说成是具体(数)和抽象(道)、无形(元气)和有形(天)的本原。“守一”,在《太平经》中不甚强调后来道教修持的意义,而认为“守一”即“清净”,就是说,要求帝王在政治上保持清明、清廉,这样政权就能得到神仙的庇护。

总之,《太平经》对社会现实的抨击是深刻的,对未来社会的憧憬是美好的,而解决矛盾的办法则流于幻想和宗教。它作为原始道教的经典,只是创造了“一个松散的宗教神学体系”,其中杂糅了儒家、道家以及古代神仙方术等诸家学说,表现出道教理论的不成熟的性质。

## 第二节　葛洪对丹鼎派理论的研讨

丹鼎派创始人左慈的生平、著述都已无法详考,根据现有史料,可知葛洪是丹鼎派神学理论体系的奠基人。

葛洪生活在农民战争的低潮时期。随着农民战争的失败,符箓派日趋衰落,但当时的统治者鉴于符箓派同农民战争结合时所形成的力量,仍心有余悸。据曹植《辩道论》说,曹操曾招致许多方士,集于魏国,“本所以集之于魏国者,诚恐斯人之徒挟奸宄以欺众,行妖隐以惑民,故聚而禁之也”(《全三国文》卷十八)。但收效不大,所以从两晋时起,统治者就大力扶植丹鼎派以取代符箓派的地位。葛洪的思想同这种背景有密切的关系,他在评论符箓派时说:

> 曩者有张角、柳根(此人不详)、王歆(与赤眉军同时起义的农民军首领)、李申(此人不详)之徒,或称千岁,假托小术,坐在立亡,变形易貌,诳眩黎庶,纠合群愚,进不以益年延寿为务,退不以消灾治病为业。遂以招集奸党,称合逆乱。(《抱朴子内篇·道意》)

这里指责符箓派“诳眩黎庶,纠合群愚”,以传道为名,行“逆乱”之实,违背了道教追求“延年益寿”的宗旨。葛洪要同“问以金丹之道,则率皆不知”的“杂散道士辈”(同上,《祛惑》)辨明是非。可见,葛洪所代表的丹鼎派与张角等人所代表的符箓派处于相反的地位。葛洪的主旨不是谋求社会的太平之治,而在于追求个人长生不死和聚敛金银财富,借以清除符箓派中的积极因素,把道教纳入为封建统治者服务的思想轨道。

葛洪(283—363 年)字稚川,丹阳郡句容(今江苏句容)人,自号抱朴子。他出身于吴国士族家庭,祖、父世代为官。13 岁时丧父,此后的生活

葛洪像

较为艰难,加之司马氏政权歧视江南的士族,规定贡士一概不能参加经术考试,致使年青的葛洪倍感吴国灭亡的悲哀。从少壮时起,即从郑隐[1]学神仙之术,因而在他的思想中具有一定的隐士色彩。西晋惠帝时因参加镇压江南张昌、石冰起义有功,受封为伏波将军。事平之后,他"投戈释甲""不论功赏",流徙到广州,寻求神仙生活的道路。东晋元帝时追叙旧功,葛洪重被录用,封侯食邑,但他以"不仕为荣",再度南行,以丹鼎生涯终老于罗浮山(在广东东江北岸)。其代表作是《抱朴子》,分内外篇。外篇论儒术,内篇论道教。王明先生根据内篇《黄白》所说"余若欲以此辈事聘辞章于后世,则余所著《外篇》及杂文二百余卷,足以寄意于后代,不复须此",认为"《外篇》撰述在《内篇》之先","明确这一点,对于了解葛洪一生思想变迁的脉络是很有帮助的"(《道家和道教思想研究》)。这与侯外庐先生所说葛洪是"从儒家正宗入手"的道教学者(见《中国思想通史》第三卷第七章第二节),都是很有见地的论断。可以认为《抱朴子》外篇反映了葛洪早年的思想,内篇则反映了他中后期的思想。

《抱朴子》外篇在理论上以"兴儒教"(《嘉遁》)为宗旨。他说:"世道多难,儒教沦丧,文武之轨,将遂凋坠,或沉溺于声色之中,或驱驰于竞逐之路。"(《崇教》),这是促使他决心"兴儒教"的原因。所以,他所说的"兴儒教",并不是要求人们去皓首穷经,而是要复兴以君臣关系为中心的儒家纲常名教,以便依靠一个强有力的君主,来调节名门豪族的势力均衡。为此,他不同意当时的无君论思想,专门写了《诘鲍篇》,同主张"无君论"的鲍敬言进行了一场激烈的辩论。

葛洪认为,"有君"是社会的一种进步现象,他依据荀子、韩非的历史进化观点,并利用鲍敬言反对剥削制度,同时也反对社会进化的理论弱

① 郑隐的老师是葛玄,葛玄是葛洪的从祖父,号称"葛仙翁",葛玄又受教于左慈。

点，反复论证人类的文化生活不能倒退，“有君”不能回复到无君之时。他说：

> 古者生无栋宇，死无殡葬，川无舟楫之器，陆无车马之用。吞啖毒烈，以至殒毙。疾无医术，枉死无限。（《诘鲍》）

在原始社会里，人们居无房屋，死无墓穴，渡河没有舟楫可使，行路没有车马可用。食物不辨有毒无毒，疾病缺少医药治疗。“后世圣人”出来，发明了交通工具、医药等等，才使得人们得以延年益寿。如果一切都回到古代去，过一种俭朴的生活，这种生活是大家都不愿意过的。葛洪认为，“无君”只是同人类的原始生活状态联系着，而“有君”则同社会文明进化相吻合，既然如此，就不应当主张“无君”。这里，葛洪看到了封建制社会文明的贡献，但他没有认识到或有意掩盖了封建制对社会带来的灾难及其存在的历史暂时性。在葛洪看来，社会进化到“有君”似乎就停止了，并进而把“有君”说成是“天意”安排的一种不可改变的秩序。

他依据《周易·系辞上》“天尊地卑，乾坤定矣；卑高以陈，贵贱位矣”的儒家经义推衍说：“乾坤定位，上下以形。远取诸物，则天尊地卑，以著人伦之体；近取诸身，则元首股肱，以表君臣之序，降杀之轨，有自来矣。”（《诘鲍》）认为有天地就有上下之分，有人伦就有尊卑之别，有“元首”（头）、“股肱”（胳膊和腿）就有君臣之序，这种“降杀（指上下的等级）之轨（指法规、制度）”有它存在的根据。

葛洪还认为，“有君”可以调节人与人之间的关系。由于君主能“去害兴利”，因而“百姓欢戴，奉而尊之，君臣之道于是乎生，安有诈愚凌弱之理”（同上）。在他看来，君主的地位是出于人民的拥护，不是由于暴力和道德堕落的原因。这里，葛洪对国家某些职能的分析，具有合理因素。但他在论证中却把古代社会的部落领袖混同于封建君主，借以美化君主专制制度，并依据这种虚假前提作为立论的根据，这是无力反驳鲍敬言关于国家起源于暴力的说法,可见,葛洪的社会进化思想是和维护君主制度的企图结合在一起的。

《抱朴子》内篇,论述道教理论。葛洪思想从儒转道的重要原因,是他从宗教生活中认识到儒家的经世与道教的出世两者不能并行。在他看来,世界上已经没有什么可留恋的了,“入无绮纨之娱,出无游观之欢,甘旨不经乎口,玄黄不过乎目,芬芳不历乎鼻,八音不关乎耳”(《论仙》),自然界的各种现象已不能激发他的兴趣,社会现象更使他忧心忡忡,“百忧攻其心曲,众难萃其门庭,居世如此,可无恋也”(同上)。因此,他专心寻求长生之道,做一名神仙道教的传播者。

葛洪在内篇《明本》中提出:“道者,儒之本也;儒者,道之末也。”强调“道”本“儒”末,这是他从儒转道的重要标志。葛洪的“道”不同于道家的“道”,道家的“道”贵无,道教的“道”则在求长生。虽然葛洪也说过“道者,涵乾括坤,其本无名。论其无,则影响犹为有焉;论其有,则万物尚为无焉”(《道意》),以“道”为恍惚迷离于有、无之间的神秘物,它不能从数量上计算多少,不能从形象上见到端倪,也不能从声音上听到什么,但“道”主要是指一种仙道式的精神境界。他说:“道也者,逍遥虹霓,翱翔丹霄,鸿崖六虚,唯意所适。”(《明本》)这是说,掌握“道”的神仙可以逍遥在彩虹之中,可以翱翔于云气之上,可以涉足于天地四方,随意飘荡,这是多么自在。这就是葛洪所向往的人生哲学。

葛洪认为,“玄”的范畴比“道”更为根本,《抱朴子》内篇的第一篇就是《畅玄》。什么是“玄”?他说:“玄者,自然之始祖,而万殊之大宗也。”(《畅玄》)即“玄”是“道”的起始,天地万物的总根,所以它能“范铸两仪(两仪即天地或阴阳),吐纳大始(大始即太始,指万物形成时的最初状态),鼓冶亿类”(同上)。由于它至深至广,至柔至刚,来不见踪,去不见影,因此,探索“玄”的唯一方法,就是“守一”,“守一”才能体“玄”,体“玄”才能得道。

葛洪所谓的“守一”,比《太平经》中的“守一”更加具有宗教色彩。他把"一"予以人格化,声称"一有姓字服色"(《地真》),男的长九分,女的长六分,或在人的上丹田,或在人的中丹田处。"守一"就是要求修道的人全神贯注在人体的上丹田,或者中丹田,或者下丹田的部位,精诚思念这个有服色姓名的"一"。他转引《仙经》说:"子曰长生,守一当明。思一至饥,一与之粮,守一至渴,一与之浆。"(同上)思得这个"一",可以不吃不饮,因而"守一存真,乃能通神"(同上),这是道教中的一种高度集中思想的修持方法。

葛洪认为"守一"只能"通神",但还不能长生不死。他说:"师言欲长生,当勤服大药。"(同上)"大药"即金丹大药。为了炼丹,葛洪总结了许多炼丹的方法。正如有些学者所指出的,魏伯阳的《周易参同契》,素有丹经之祖的称号,但是《参同契》主要是理论性的描述,缺少具体的方法。在科学技术史上,《抱朴子》内篇的《金丹》《黄白》《论仙》等,首次记载了现在已经失传的炼丹著作,对研究炼丹术的发展提供了重要的史料。如《金丹》里记载的药物就有丹砂、水银、雄黄、矾石等20余种,这比《参同契》记载的要多得多(参见张子高《中国化学史稿》)。又如《论仙》里记载了刘向等人制造黄金的传说,以及外国"作水精"(制玻璃)的方法传到华南等地的情况。《抱朴子》还记载了许多化学反应现象,特别是已经实验过铁与铜盐的取代作用,即镀铜的技术(参见袁翰青《中国化学史论文集》)。上述的炼丹方法和实验,表现出化学和药物学的萌芽。

这里,需要指出的是葛洪前期思想"兴儒教",但也吸取了道家和法家的思想,中后期转奉道教,然而并没有忘记儒家和道家,这是与他的出身、个人遭遇及其所处的时代息息相关的。

## 第三节　寇谦之、陆修静改革天师道

南北朝时期,一些道教学者致力于从内部改造符箓派,北朝的寇谦之、南朝的陆修静就是两位著名的代表。

寇谦之像

寇谦之(365—448年)字辅真,原名谦,祖籍上谷昌平(今属北京),后迁居冯翊万年(今陕西临潼北)。南雍州刺史寇讚之弟。18岁时即喜好仙道,初学张鲁之术,为“五斗米道”信徒。后结交成公兴(《魏书·释老志》称为仙人),先后在华山、嵩山修道7年。适应北魏初年崇道抑佛的需要,他于北魏明元帝神瑞二年(415年)自称“太上老君”(道教对以老子为教祖的尊称)亲临嵩岳,授以“天师之位”,赐给《云中音诵新科之戒》,命令他以此“清整道教,除去三张(张陵、张衡、张鲁)伪法”,即对天师道进行改革。泰常八年(423年),寇谦之又称“太上老君”之孙李谱文面授给他《录图真经》,以及劾召鬼神等秘法,命他辅助北方太平真君(指北魏太武帝拓跋焘),统领“人鬼之政”(指政教合一的政权)。太武帝始光元年(424年),寇谦之到北魏都城平城(今山西大同),献道书给太武帝。次年,由宰相崔浩帮助,他在平城东南建天师道场,宣扬“新经之制”,称新天师道(后人称之为北天师道)。太延六年(440年),寇谦之声称“太上老君”复降,授太武帝以“太平真君”之号,太武帝遂改元为太平真君,后来并亲至道场受符箓,封寇谦之为国师。此后北天师道在北魏受到各代皇帝的崇奉。

寇谦之对天师道的改造,在《魏书·释老志》中有比较详细的记载,其中说:“汝(按:指寇谦之)宣吾《新科》,清整道教,除去三张伪法,租米钱税,及男女合气之术。大道清虚,岂有斯事?专以礼度为首,而加以服食闭练。”这里的要点,一是“除去三张伪法”,也就是摒弃可被农民起义利用的教义和制度。因为五斗米道曾建立严密的组织,上设天师统率全道,下设祭酒和大祭酒统率道众,在他们所辖的地区内,以祭酒取代州官,并且自收租税,在农民中有很大的影响。寇谦之认为这些做法是大逆不道的行为。为了从组织上瓦解五斗米道,他自任天师,取消祭酒之名,一律统称道士(参见道安《二教论·服法非老第九》),并且取消祭酒父子继承制度(参见《老君音诵诫经》)。他声称,道教徒“不得叛逆君主,谋害国家”,“于君不可不忠”。还声称,“公侯卿相伯子男”的“封土”制度是合理的,自收租税就是“坏乱土地”,即破坏封建土地所有制。他告诫贫苦的道众“勿以贫贱求富贵”,告诫求为“真君种民”的人“勿怨贫苦,贪富乐尊贵”。在他看来,五斗米道中一切不利于封建统治的言行都在清除之列。二是“专以礼度为首”,就是吸取儒家名教充实他所改建的新道教的思想内容,做到“儒道兼修”。据《北史·崔浩传》说,寇谦之曾向崔浩请教有关儒学的知识。崔浩向寇谦之讲解了以宣传封建的五常为宗旨的儒家名教,为寇谦之引儒入道提供了资料。寇谦之在《女青鬼律》中说:“自倾年以来,阴阳失调,水旱不适,灾变屡见,皆由人事失理使然也。”(卷六)据他的解释,“人事失理”,就失在“尊卑不别,上下乖离,善恶不分”“亡义违仁,法令不行”,“致使寇贼充斥,跨辱中华;万民流散,荼毒饥寒,被死者半,十有九份,岂不痛哉!敌不可久,狼子宜除,道云应兴,太平近期,今当驱除,留善人种”(同上)。他的这一段话,把早期符箓派所组织的农民起义称之为“寇贼”“狼子”,把民不聊生的社会生活,都归罪于起义的农民破坏了儒家名教。为此,他把严禁“散乱五常”作为道教的基本规戒,在《正一法文天师教戒科经》中记有奉道不可行的事共25条,其中有16条是为巩固封建道德伦理关系而设的。三是主张“服食闭练”。早期符箓派是以崇拜神仙,画符念咒,降神驱鬼,祈福禳灾来争取信徒的,因其是“廉价”的,故而能在下层群众中广为传布。寇谦之除继续施行符箓之法外,还强调“服食闭练”。这既需要金钱,又要时间,从而提高了入道的条件,借以改变早期符箓派所具有的原始的和民间组织的性质。不过,寇谦之所说的“服食闭练”,不仅是指炼丹之术,而且包含儒家的修身以及佛教的轮回观念等内容。他把修身看做是修道的内在条件,认为依靠自己的努力,无求于人,即可悟得“道真”(道教的真理)。佛教的轮回观念是以形亡神不灭的形神观为理论基础的,而道教则主张形神俱存的形神观,两者本来是对立的,但由于在实际上道教求长生而不可得,所以,寇谦之便把轮回观念引入道教,认为前世对今生的修炼很有影响。他说:“本得无失,谓前身过去已得此戒,故于今生而无失也。”(《太上老君戒经》)又说,如果“死入地狱,若转轮精魂虫畜猪羊,而生偿罪难毕”(《老君音诵诫经》),所谓“生偿罪难毕”,就是说,人们现时所受的苦难,是前世的“罪孽”造成的,解救的办法,不是对现实世界作徒劳无益的反抗,而是修炼积善功。

寇谦之借助政治力量,吸取儒家和佛学的某些思想,从内容到形式对五斗米道进行全面的改造,从此,民间的道教组织便被官方的道教组织所取代,成为封建统治者的思想统治工具之一。当然,也应当看到,寇谦之的改造,其中也有若干合理的地方,如规定担任道官的人应“唯贤是授”,反对道官索取道民财帛,以减轻道民负担等。

继北朝的寇谦之对天师道进行改造的,是南朝的陆修静。

陆修静像

陆修静(407—477 年)字元德,吴兴东迁(今浙江吴兴东)人。三国吴丞相陆凯后裔。早年弃家学道。宋文帝元嘉末年(453 年)在建康(今江苏南京)卖药,被请入宫中讲道。同年,为避乱离去,后在庐山修道。宋明帝泰始三年(467 年)奉命再至建康,居崇虚馆广集道经,辨别真伪,收经戒、方药、符图等书共 1228 卷,分为“三洞”(即洞真、洞玄、洞神三个部类。洞真是托名元始天尊创作的经典,为大乘;洞玄是托名太上道君创作的经典,为中乘;洞神是托名太上老君创作的经典,为小乘)。泰始七年(471 年),又撰定《三洞经书目录》,是我国最早的道教经书目录,奠定了《道藏》的初步基础。

陆修静是五斗米道的信徒,有的宗教史家说他“在宋、齐两代,祖述三张、弘衍二葛(按:指葛玄、葛洪)”(《广弘明集》卷四)是符合事实的。他不像寇谦之那样以天师自居,并设法降低张陵在道教中的地位,而是把自己看做是替天师传道的人。他称颂五斗米道比古代方术进步,能以“清约治民”,做到“神不饮食(即废止用三牲祭祀的制度),师不受钱”,为“清约之正教”(《陆先生道门科略》)。但他认为,五斗米道的宗旨,应该为儒家名教和国家服务,而不应该为下层群众的利益呐喊。针对南朝时五斗米道组织的涣散,他主张从斋戒入手,予以整饬。宣称斋戒是“求道之本”,只有斋戒才能把人的身、口、心引入“仪轨”。在他看来,人是邪恶的根源,因为“身”会做出“杀盗淫动”之类的事情,“口”会说出恶言妄语,“心”有“贪欲嗔恚”的念头,必须以“礼拜”“诵经”“神思”加以制约,达到“洗心净行”的境界。为此,他参照佛教戒律和仪式,以及儒家的礼仪,编撰《陆先生道门科略》《太上洞玄灵宝授度仪》《洞玄灵宝斋说光烛戒罚灯烛愿仪》等有关斋戒仪范方面的著作共100多卷(大多佚失)。如在《陆先生道门科略》中就对五斗米道的组织、编户、修道的场所,以及衣着服饰等都作了详细的规定,要求“奉道者皆编户著籍,各有所属”,经常接受“科禁威仪”的教育,“知法”守法,确保“家国太平”;婚丧嫁娶生育均应申报增减户口,按规定设置“厨会”(饭食)。并且规定,奉道者的衣食住行都必须严守本分,不得僭越。经过陆修静的改造,五斗米道从斋戒上进一步封建化了。后人把陆修静所改造的五斗米道,称为南天师道。

由于陆修静留传下来的著作不多,我们不可能对他的思想作更全面的介绍和分析。

## 第四节 陶弘景的三教合流思想

陶弘景像

陶弘景(456—536年)字通明,丹阳秣陵(今江苏南京)人。后隐居茅山,因自号华阳隐居。他的学术风格与同时代的陆修静有所不同,陆修静重在道教的宗教戒仪,他则重在道教的理论研究。他是南北朝时期发挥三教合流思想的重要学者之一。

陶弘景生活在宋、齐、梁三个朝代,出身于士族的地主家庭,居住在南朝政治、经济、文化中心的建康。家庭的教育和当时社会上科学、文学、艺术的发展都对他产生了重要的影响，使他具有比一般士族知识分子早熟的特点。他10岁时读葛洪《神仙传》，15岁作《寻山志》，有感时世污浊，向往隐逸生涯。不满20岁，便被齐高帝引为诸王侍读。30岁前后，拜东阳道士孙游岳为师，得受符图经法。在此期间，广集道经，编撰《真诰》《登真隐诀》《真灵位业图》等。《真诰》原是其老师孙游岳传给他的许多原始材料，经过他的编辑加工而成书。此书原有顾欢的稿本，但是脱漏和讹谬甚多，经过他细心校正，保存了很多道教史的重要资料。齐武帝永明十年(492年)，隐居句容的句曲山(茅山，今南京句容县附近)，开创了道教的茅山宗(属上清派，该派称修行得道可以升入"上清天"，比天师道的"太清"境界更高，故名)。

陶弘景的思想继承了老、庄哲学和葛洪的神仙理论，并吸取儒学和佛学的观点，主张儒、释、道三教合流。他说："万物森罗，不离两仪所有；百法纷凑，无越三教之境。"(《茅山长沙馆碑》)又在授弟子《十赍文》中说："崇教唯善，法无偏执。"这表明他对儒、释、道三教基本上采取了兼容并包的态度，反映出南朝士族融合三教的企图。

陶弘景思想体系的基本范畴是"道"，把"道"看做是世界的本原。他说："道者混然，是生元气。元气成，然后有太极，太极则天地之父母，道之奥也。"(《真诰·甄命授》)这里的"太极"，还不具有后来理学家所赋予的意义。所谓"太极则天地之父母"，是引《周易·系辞上》"易有太极，是生两仪"的旧说，把"太极"看做是儒家的基本范畴，是道生元气，元气生太极，太极生万物。因此，元气、太极、天地万物都是从属于"道"的。他认为，应该援儒入道，利用儒家理论为推进道教的封建化服务。他著《真灵位业图》，把儒家名教引入道教教理之中，把所有道教的真灵，包括天神、地祇、人鬼及诸仙真，分成若干等级，并指出："虽同号真人，真品乃有数；具目仙人，仙亦有等级千亿。"(《序》)在《登真隐诀》中，他把道教的道君、真人、真公、真卿比喻为封建的帝王、诸侯，下设"御史、玉郎诸小号，官位甚多也"。在众多的官位中又分为"太上""太清""太极"等几大类别，在"太极"分类中，就有"太极仙侯、真伯、仙监、仙郎、仙宾"。他对所谓神仙世界严分等级,实际上是为人世间的尊卑贵贱寻找宗教根据,既然连神仙都受等级制的制约,那么人间的等级制就更是合理的了。

陶弘景虽自号隐居,但他始终没有忘记儒家的"匡时佐世"的思想。据贾嵩《华阳陶隐居内传》记载,当萧衍准备夺取南齐政权而未下定最后决心时,他就"上观天象,知时运之变;俯察人心,悯涂炭之苦。乃亟陈图谶,贻书赞奖"。当萧衍兵至新林的时候,他又派遣弟子戴猛之假道奉表,表示支持。又据《梁书·陶弘景传》,当萧衍"平建康,闻议禅代,弘景援引图谶,数处皆成'梁'字,令弟子进之"。因此,梁武帝即位以后,对他倍加礼遇。

陶弘景对儒家经学也颇有研究,这是早期道教学者所具有的一个共同特点。据他的侄儿陶翊所著《华阳隐居先生本起录》记载,他的经学著作有:《孝经论语集注并自立意》12 卷,内容包括《集注孝经》《集注论语》两种;《三礼序并自注》一卷;《注尚书毛诗序》一卷,内容包括《尚书序注》《毛诗序注》两种。这里的"注",是对经传本文的注释。所谓"集注",是汇集各家的注解。"自立意"类似自己的见解。这些注解都属于章句训诂的范围,而与当时南学讲求义理的学风不同。这同他不爱清谈玄理是有联系的,因为他认为玄谈会导致亡国的危险,不利于封建政权的长治久安。

陶弘景兼信佛教。他曾去鄮县(今浙江宁波)阿育王寺受佛戒(见《梁书》《南史》本传),在茅山道观中,建有佛、道二堂,隔日轮番朝礼(见唐法琳《辩正论》卷六)。特别是在《真诰》一书中,不仅体例上模仿纬书,以三字为篇名,而且假托真人之口,把佛教的轮回转生之说引入道教,侈谈所谓"天界"与地狱之事。在《真诰·运题象》中沿袭佛教须弥山的说法,用神秘的笔调,描绘"天界"的景观。在《阐幽微》等篇中,记载了所谓酆都(指幽冥之府,即鬼都)及鬼官的情形。在《甄命授》中还有所谓黄观子奉佛道的故事,并说:"人为道亦苦,不为道亦苦,唯人自生至老,自老至病,护身至死,其苦无量。"这又与佛教的"四谛"义十分类似,借以说明超脱尘世才能免受各种苦难,正如南宋朱熹所说"《甄命》篇却是窃佛家《四十二章经》为之","至如地狱托生妄诞之说,皆是窃佛教中至鄙至陋者为之"(《四库全书总目提要》卷一四六)。陶弘景临死前,嘱他的弟子们在他死后用大袈裟(佛教徒穿的衣服)盖住他的头足,墓中的器物除放置道士的偶像外,还要放置道人(即僧人)的偶像,表明自己在生前死后都信佛无疑。

陶弘景还著有《答朝士访仙佛两法体相书》(见《全梁文》卷四六或《陶隐居集》),试图论述儒、释、道三教合流的思想基础。他认为道教的修道活动就体现了三教的统一。他说:"假令为仙者,以药石炼其形,以精灵莹其神,以和气濯其质,以善德解其缠,众法共通,无碍无滞。"这是说,道教的炼形,佛教的养神,儒家的修德对于希望成为"神仙"的人,都是不可缺少的。因而三教能够相互促进,相互补充。

陶弘景作为道教学者,他有两个重要的副产品,一是医学,二是炼丹。在医学方面,他重视养生,以预防疾病,曾著《养生延命录》,强调导引(一作"道引",导气令和、引体令柔的意思,即是一种健身的体育运动);并著《导引养生图》,目的在于活动筋骨关节,调正呼吸,促进血液流通。他还对我国最早的药典《神农本草》进行整理、刊误和增补,编成《本草集注》和《叙录》(现只存残卷),对药物进行分类,提出各种病源所主的药名,其中治风、治疟疾、治黄疸等病的药方都为后人所继承。他还根据药物的性能,提出如何抑制药的毒性,如何使相反相畏的药发挥合用的功效。《本草集注》成为隋唐以后本草学的蓝本。他继葛洪的《肘后救猝方》,作《补阙肘后百一方》,其中包含着把药物从京城推广到乡村的主张。在炼丹方面,他直接从事炼丹的实验,亲身观察药石的反映,曾合成了著名的飞丹,并且对仅仅依靠炼丹是否能成为神仙持怀疑态度。他著的《合丹药诸法式节度》《集金丹黄白方》等有关炼丹的书,是对早期化学发展的一种贡献。

道教发展到南北朝时期,由于封建统治者的提倡和许多道教学者的努力,各种道书经典日益增多,各种科范戒仪日趋完备,原来符箓派和丹鼎派的界限逐渐消失，道教从形式到内容都更加趋于统一。

## 第五节　道教与佛教思想的互相融合与争辩

道教与佛教，在生死、形神问题上各自的主张是不同的。佛教以生命为空幻，纵使延年，不能无死，所以主张“无生”。道教提倡“肉体飞升”（肉体成仙），生命永存，所以主张“无死”。因此，佛、道二教的修养，各持一端。佛教认为，欲求“无生”，莫如“涅槃”（一般指断灭生死及各种烦恼而后获得的一种精神境界）；欲求“涅槃”，必须“养神”；“养神”靠顿悟，顿悟在内心。道教则认为“无死”靠“练形”，“练形”靠积功，积功靠外物。然而这些差别，并不妨碍它们之间的互相吸收，互相模仿。这不仅是因为它们之间在理论上有着某些共通之处，而且也有着宗教实践上的需要。佛教在开始传入中国的时候，为了扩大自己的影响，就曾经运用“格义”的方法，以当时流行的神仙方术思想解释佛经，使佛教思想带有若干神仙方术的特色。而道教在初创时期，也利用佛教的某些教义来编造道书，模仿佛教的某些戒规来制订道教的科仪。所以，在两汉之际不少人把佛教看做是神仙方术的一种，把佛教与黄老并称，“立浮屠黄老之祠”（《后汉书·襄楷传》）。例如，汉明帝永平十年（67 年）译出的第一部佛教经典《四十二章经》，由于翻译者多以中国的神仙方术理论附会其词，所以“诸章如细研之，实在在与汉代道术相合”（汤用彤《汉魏两晋南北朝佛教史》上册）。又例如，袁宏《后汉记》、三国牟子《理惑论》都认为，佛教的教义同当时道术差不多，佛能“变化无方，无所不入”，“蹈火不烧，履刃不伤，在污不染，在祸无殃”，就像中国的所谓神仙。在《太平经钞》甲部叙述太上老君诞生时有九龙吐水的说法，这是把佛经记述的释迦牟尼诞生时的祥瑞之一转抄到道教教祖的身上。这些都是汉、魏间道教和佛教思想融合的事实。

南北朝时期，道教与佛教的互相融合，不仅表现在宗教制度上的互相影响，而且表现在宗教理论上的互相渗透。道教本来只讲“不死”成仙，因而不讲所谓的“灵魂”,更无轮回转生观念,然而寇谦之、陶弘景却把与道教理论对立的轮回观念引入道教,把道教的修持方法从“练形”扩展到“养神”、诵经,以及“取诸我身,无求于人”等。在此前成书的道教经典《西升经》中也说:“道别于是,言有真伪,伪道养形,真道养神。”这里提出“伪道养形,真道养神”,已开始改变道教只求“练形”的主张,而要求以“神”通道,以“神”合道。这种说法,与佛教的涅槃思想十分接近。

同样,佛教徒也把若干道教思想引入佛教。例如,南岳慧思(515—577年),相传是佛教天台宗的第二代祖师,在其所著的《南岳思禅师立誓愿文》中说:“今故人入山,忏悔修禅,学五通仙,求无上道,愿先成就第五通神仙,然后乃学第六神通,受持释迦十二部经及十方佛。”这里把成仙作为入佛的必经阶梯,只有先成就“五通仙”(“五通”,原指民间传说的妖邪之神,这里引申为道教神仙的五种神通),才能学习佛教的“第六神通”(亦称“神能”,佛教中指通过修习禅定所得到的六种神秘力)。又说:“我今入山修习苦行……为护法故,求长寿命……愿诸贤圣佐助我得好灵芝及神丹,疗治众病,除饥渴……籍外丹力修内丹。”慧思也希望得到仙药、神丹以求长寿,从而把佛教的“无生”与道教的“无死”这两种对立的理论,在“护法”的旗帜下统一起来。

道教与佛教的互相斗争始于东汉时期。据《后汉书·襄楷传》记载,东汉时又有“或言老子入夷狄为浮屠”的说法,把佛说成是老子的门徒,把佛教说成是老子所创,有意贬低佛教。在这前后,牟子作《理惑论》,又反过来说老子是佛的门徒。两晋时,西晋道士王浮作《老子化胡经》,把“老子入夷狄为浮屠”之说加以理论化和系统化。东晋孙绰作《喻道论》,声称佛与周(公)、孔(子)所创的儒教具有同等重要的地位。以上是佛、道二教斗争的先声。

南北朝时期,道教的发展和佛教的兴盛,促使双方的较量更加激化。在南朝,主要是思想理论较量;在北朝,则主要是政治权力之争。

南朝佛、道二教的理论斗争,主要是“夷夏之辩”,即佛教作为外来文化，是否适合中国国情，能否与中国传统文化平起平坐，是否承认佛教也是中国思想界的正宗文化。这一时期，道教学者多吸取一些儒家观点，作为批评佛教的立论依据。其中，南朝宋、齐之际的顾欢就是一位著名代表。他作《夷夏论》，表面上是为了平息佛、道二家的论争，实际上是为了崇道抑佛，否认佛教是正统。其主要理由是认为"夷夏"民性根本不同，而佛教是制服邪恶的宗教，道教是发扬性善的宗教，因此，不能"以中夏之性，效西戎之法"，即不能以制服邪恶的佛教来对付性善的人民。如果以佛、道二教都能够开化人民就认为可以相互取代，那犹如以车"涉川"，以舟"行陆"一样荒唐可笑，所以他反复强调不能用佛教取代道教的正统地位。

在顾欢之后，南齐道士又假托张融的名义作《三破论》，借用儒家名教，指责佛教是"入国而破国""入家而破家""入身而破身"，并且对佛教和信佛者进行丑化、辱骂，企图缩小佛教的影响，从而激化了这一斗争。佛教学者在反驳时多依附玄学观点，宣称佛教为本，道教为末。他们除了在《正诬论》《清净法行经》中伪造故事，杜撰老子是佛的弟子，佛教先于道教而产生，因此应以佛教为正统以外，还提出三条理由：①认为道教不懂得形神关系。南朝梁刘勰的《灭惑论》认为道教注重"练形"，形体"不能无终"，所以"碍于一垣之里"，即不能从物质世界中超脱出来。而佛教注重"练神"，精神是无穷的，它可以追求到"六合"(按：指天地四方)以外"妙法真境"。这里从形亡神不灭的观点，论证神为"本"，形为"末"，佛教"练神"比道教"练形"更为根本。在此之前，南朝齐明僧绍的《正二教论》也有类似的观点。②认为道教不懂得有无关系。南朝齐周颙在《重答张长史书》中指出，道教只是"知有""知无"，而不能"尽有尽无"。道教主张"有"生于"无"，比世俗的人只局限于"有"的认识要深刻得多，但它并没有否定"有"，所以说道教"署有体无，无出斯域"，仍然没有超出世俗之见的范围。只有佛教所主张的"即色非有"，即"色"(物质世界)只是虚幻不实的假象，所以说是"非有"，但"色"作为假象又是存在的，所以说是

“非无”,才是唯一正确的有无观,因而佛教比道教高明,道教必须接受佛教理论的指导。③认为道教有害于封建统治。南朝梁释玄光以及崇佛的刘勰等人,根据历史上道教曾同农民起义结合的事实,列举黄巾(按:指张角)、张鲁、孙恩等人的活动,指斥他们为“凶逆”“群妖”“侠(一作挟)道作乱”(玄光《辩惑论》)。所以他们主张弃绝道教。

北朝佛、道二教的斗争,比南朝更加激烈。当时有人说,道教信奉的神,是汉族人的本族神,而佛教信奉的神,则是外来的胡神。因而双方斗争带有鲜明的政治色彩。北朝有两次大的排佛事件,第一次发生在北魏太平真君七年(446 年),北魏太武帝下令毁佛,坑杀僧侣,焚毁佛经、佛像、寺塔。第二次发生在北周天和至建德年间,北周武帝废佛。这一次废佛的时间比较长,方式比较缓和。他们毁废佛教的原因,虽同北魏宰相崔浩、北周道士张宾等人的劝说有关,但主要还是由于少数民族的统治者想以此缓和汉族士族与少数民族贵族之间的矛盾。在这期间,佛、道二教的学者都写了不少的辩论文章,多数是宗教内部的互争长短,在理论上没有新意,还有少数是村妇对骂一类的文章,更无介绍分析的价值。

佛、道二教经过这段时间的互相融合与斗争,促使彼此进一步充实其思想内容,为以后各自在理论上的发展开拓了道路。

# 第五章 南北朝的反佛思潮

## 第一节 南北朝反佛思潮的概况

南北朝时期佛教在统治者的支持下得到进一步的传播。当时中国去印度求佛经的学者有110多人,从西域各国来华的僧侣达3000多人,译出的佛教经典多至400余部,建立了寺院3万余所,出家的僧尼有200万人左右(见王治心《中国宗教思想史大纲》)。特别是梁武帝于天监三年(504年)下诏宣称:"道有九十六种,唯佛一道,是于正道,余九十五种,名为邪道。"(《梁武帝舍事道法诏》,《广弘明集》卷四)正式宣布佛教为国教。

佛教的发展,促进了寺院经济的建立,僧尼享有免除租税徭役的特权,许多贫困的农民,为了逃税避役,也相继出家为僧为尼。还有一部分高僧出入宫廷,结交权贵,干预国家政事。这些激化了佛教集团与世俗地主阶级以及儒家名教的矛盾,从而在儒家思想的形式下,展开了一场反对佛教思想的辩论。

北朝的两次毁佛事件,严格说来,只是一种政治斗争,而无学术争鸣的意义。北朝反佛思潮的代表人物,主要是一些深受两汉经学传统影响的儒家学者,他们重视通经致用,因而,他们对佛教的批评,主要是为了维护封建统治者的实际利益。例如,北魏的阳固曾上书宣武帝,建议"绝谈虚穷微之论,简桑门无用之费,以存元元之民,以救饥寒之苦”(见《魏书》卷七十二),着眼点在于人民的生计。即使像杨衒之那样激烈反佛的人,在他所写的《洛阳伽蓝记》中,也只是批评建筑佛寺,耗费巨资,侵掠百姓。他后来又上书要求限制寺院的发展和出家的人数,所关心的仍然是兵源和财源的问题。不过,其中有两位人物值得注意,一位是北魏的张普惠,他不仅批评佛教消耗钱财,而且认为“因果报应”之说是一种不切实际的幻想。另一位是北魏的李玚,他以“孔子云:‘未知生,焉知死。’”为论据,主张不应“弃堂堂之政”而从“鬼教”(按:指佛教。见《魏书·李孝伯附传》)。这是仅见的两处神灭论思想的萌芽。可见,在北朝初期,反佛思潮还没有达到神灭论思想的高度。

南朝的反佛思潮,具有较高的学术理论性质。从其发展过程来看,大致经历了两个阶段:东晋时期,主要是以儒家名教作为反佛的理论依据;宋、齐、梁、陈时期,则进一步以神灭论思想作为反佛的理论根据。

东晋时期,一批掌握朝政的儒家学者,以佛教徒不礼敬帝王等问题为由,批评佛教违反儒家名教。南朝梁僧祐在记述这一反佛思潮时说:“庾君(按:指庾冰)专威,妄起异端,桓氏(按:指桓玄)疑阳,继其浮议。若何公(按:指何充)莫言,则法相永沈(沉),远上(按:指慧远)弗论,则佛事顿尽。望古追慨,安可不编哉!”(《弘明集》卷十二)他在所编的《弘明集》中收录了庾冰、桓玄等人的多篇论文。

东晋咸康六年(340 年),成帝年幼,庾冰掌管朝政,他以晋成帝的名义下诏令,主张僧侣见皇帝应该行跪拜礼。他的理由,一是认为名教是治国的纲领,损害名教,必将败乱国家;二是以为佛教徒也必须受名教的约束,不得例外。他认为“今果有佛邪,将无佛邪”(《代晋成帝沙门不应尽敬诏》)是一个悬而未决的问题。即使有佛的存在,那也是“方外之事”,即是“得之于胸怀”的一种主观信仰,而佛教徒却是世俗的人,他们不能也不应当摆脱国家的政教法制。

庾冰的主张受到当时的尚书令何充的批评,晋安帝时,却得到太尉桓玄的赞同。桓玄在总结庾冰和何充等人的争论时说："庾意在尊主，而理据未尽；何出于偏信，遂沦名体（名教）。"（《与八座论沙门敬事书》）他是同意庾冰的意见的，只是认为庾冰对其观点论证得还不够透彻，他认为："君臣之敬，皆是自然之所生理，笃于情本，岂是名教之事邪！"（《难王中令》）这是说，佛教僧侣应该礼敬皇帝，不能仅用名教的道理来说明，这是"自然之所生理"，关系到是否承认万物产生的根源问题。他引用《周易·系辞下》"天地之大德曰生"的命题，解释《老子》书中的"四大"（见《老子》二十五章，指道、天、地、王），认为帝王之所以与道、天、地并称为"四大"，这是由帝王在万物产生和发展中的重要地位决定的。"天地之大德曰生"，天地的作用是产生万物；帝王的作用则是助生万物；佛教徒的生存是直接依赖于帝王的。也就是说，在世界的生成系列中，帝王体现了天地的养育功能，难道有受帝王的恩惠而不行礼敬的吗？

东晋末年，出现了两位重要的反佛思想家，一位是孙盛，他也是儒学出身，曾同罗含辩论形神关系。罗含深受佛教的影响，著有《更生论》，提出："神之与质，自然之偶也。偶有离合，死生之变也。"认为神（精神、灵魂）与质（质体、形体）既能相合又能分离；万物之生在于神与质合，万物之死在于神与质离，用生死的无穷循环，论证精神不灭。孙盛作《与罗君章书》，认为精神与形质均可"粉散"，批评精神不会消失的观点。尽管他的文章论述简略，但神灭与神不灭者的直接辩论，至此才有正式的文献记载。另一位是戴逵，他是东晋末年著名的雕刻家、书画家。他在所写的《释疑论》和《答周居士难释疑论》中，批评慧远的因果报应说。他根据历史记载和传说指出："尧舜大圣，朱均是育；瞽叟下愚，诞生有舜。颜回大贤，早夭绝嗣；商臣极恶，令胤克昌。……凡此比类，不可称数。验之圣贤既如彼，求之常人又如此。故知贤愚善恶，修短穷达，各有分命，非积行所致也。"（《释疑论》）这是说，尧舜是古代圣王，但他们却生了不肖的儿子丹朱和商均；舜的父亲瞽叟十分愚顽，却生了舜这个非常孝顺的儿子。颜回是著名的贤人，却短命早死，没有留下后代。楚国太子商臣弑君自立，子孙却显达兴旺。这一系列不胜枚举的事例,都说明好人不得好报,恶人反而得到富贵,说明决定人的"修短穷达",即寿命长短、境遇好坏的,不是因果报应,而是"命",他想用王充的自然命定论来抵制因果报应论的影响。

戴逵还著有《流火赋》,批评佛教的神不灭论。他说:"火凭薪以传焰,人资气以享年;苟薪气之有歇,何年焰之恒延?"这里不仅继承了桓谭"以烛火喻形神"的命题,而且受到王充生死气化学说的影响,认为人的生命知觉是以气为基础的,没有无气的生命知觉,犹如不存在无薪之火一样。

孙盛、戴逵对佛教的神不灭论以及因果报应说的批评,推进了下一阶段反佛思想的理论发展。

宋、齐、梁、陈时期,一批受道家思想影响的儒家学者,他们吸取道家的积极因素和东汉王充以来的生死气化学说,并总结前人反佛论辩的经验,提出系统的神灭论思想,开创了思想界的新局面。对于这件事,连佛教思想史家僧祐也直言不讳,他在《弘明集·后序》中总结当时反佛思潮的六个特点,其中说,反对佛教的理论是依据儒家的五经,主张"人死神灭,无有三世""莫见真佛",也就是说,他们对佛教的神不灭论,以及与之相关的因果报应和轮回转生思想都进行了批驳。

这一时期,反佛思潮的主要代表人物,有何承天、刘峻、范缜等,以范缜的思想最为著名。

## 第二节　何承天的反佛思想

何承天(370—447 年),南朝宋东海郯(今山东郯城)人,历任衡阳内史、御史中丞等官,世称"何衡阳"。晚年因泄漏密旨被罢官。精通儒学和天文学,由他所考定的元嘉历,被宋文帝确定为国家历法。元嘉历所创的调日法,为唐、宋历法家所采用。他依据儒家观点和自然科学知识开展

何承天像

反佛的辩论。何承天是东晋以后最先阐述神灭论思想的人。

刘宋初年，何承天写有《报应问》一文，批评佛教的报应之说，刘少府作《答何衡阳书》予以反驳，史称《报应问》之争。

在《报应问》中，何承天以日常生活的实地观察为基础，论定"杀生者无恶报，为善者无善应"。他举例说："天鹅之为禽，浮清池，咀春草，众生蠢动，弗之犯也；而庖人执焉，鲜有得免刀俎者。燕翻翔求食，唯飞虫是甘，而人皆爱之，虽巢幕而不惧。非直鹅燕也，群生万有，往往如之。"鹅浮在水里，只吃一点草，不侵害其他生物，可是人们偏偏要宰杀它；飞燕不吃草，专吃昆虫，却得到人们的喜爱。其他生物也有类似的情况。这些都说明杀生者不得恶报，不杀生者也未必得善报。既然因果报应对这些动物都无效应，为什么人要受到牵连？如果因为人懂得佛教的经戒，所以人应受因果报应的制约，那么，在佛教未传入中国的时候，人们照样捕鱼打猎，并没有什么报应之事，可见，因果报应之说完全是佛教的杜撰。由此，他进一步指出，判断事情的真伪，应以效验为依据。他说："夫欲知日月之行，故假察于璇玑（古代的一种天文仪器，浑天仪的前身），将申幽冥之信，直取符于见事。故鉴（古代盛水的青铜器皿，类似大盆）燧（即阳燧，古代就太阳取火的一种器具）悬而水火降，雨宿离而风云作（古代天文学认为，月离开了星宿"毕"，即将下雨），斯皆远由近验，幽以显著者也。"这些举例说明，天体现象和自然现象都可以通过"璇玑""见事""鉴燧"以及星宿的变化等等得到验证，而佛教的因果报应说都得不到任何验证，所以它是站不住脚的。

刘少府在《答何衡阳书》中，利用何承天所观察到的自然现象来为神学辩解。他说，既然"日月之行，幽明之信，水火之降，风云之作，皆先因而后果"，就足以证明因果报应是可信的。这里，他在逻辑上犯了以真证假、滥用因果规律的错误。但他在文中把儒家的天命与因果报应加以类比，这就指出了何文的弱点。何承天在《报应问》中,曾宣传儒家的郊庙祭祀可以得到“天佑”的天人感应思想。只反对佛教的因果报应,而不反对儒家的天人感应,这是当时儒家学者反佛思想的一个共同特征。正如后来僧祐所说“今人莫见天形,而称郊祀有福,不睹金容(按:指佛祖)而谓敬事无报”(《弘明集·后序》),就是利用矛盾律揭示儒家观点的自相抵牾。

宋文帝元嘉年间,何承天因支持慧琳《白黑论》的反佛立场,同宗炳围绕《白黑论》的观点,其中最重要的是神灭与神不灭的问题,展开了争论,史称《白黑论》之争,这是《报应问》之争的深入发展。

慧琳所写《白黑论》,又名《均善论》,表面上是为了调和各个学派之间的争端,宣称儒、释、道各有长处,可以并行不悖,而实际上旨在反佛。文章自设宾主,以白学先生(代表儒、道)与黑学先生(代表佛教)互相辩论的形式,从多方面批评佛教。慧琳假借白学先生之口,认为佛教是违反客观事实的虚妄的迷信。他指出,佛教以万物为空幻不实的假象,“空物为一”的学说,并不能抹杀事物的真实存在。犹如在理论上把大树说成是毫末,并无损于大树的枝叶繁茂;把房屋说成是木材,也不损害房屋的高大华美一样。他说,佛教讲的什么“无量之寿”“不朽之质”“天堂”“地狱”等都没有事实的根据。他断言“佛教劝人礼佛持戒”,换取“泥洹(即涅槃)之乐”,是“施一以徼百倍”,“永开利竞之俗”,引导人们去追逐利欲。他的结论是:佛教只会讲一些不切实际的空话。因此,慧琳被佛教徒指为异端,并遭到他们的围攻。何承天同情慧琳,赞赏他的无神论思想,就把《白黑论》送给慧远的弟子宗炳,请他“考寻二家孰为长者”。两人因观点不同而反复辩论。

宗炳在先后两次《答何衡阳书》中坚持“神非形之所作”“无形而神存”的基本观点。何承天《答宗居士书》中则着重阐述“形神俱尽”的神灭思想。他的主要观点:①不同意宗炳所谓的“人形至粗,人神实妙”,形(体)从属于(精)神的说法。他认为:“形神相资,古人譬以薪火。薪敝火微,薪尽火灭,虽有其妙,岂能独传!”这里,他沿用前人的薪火之喻,重申火不能离开薪而独传下去，精神也不能离开形体而单独存在。这在理论上虽然没有增添新的内容，但却阐述了被慧远和郑鲜之等人所曲解了的薪火之喻的本来含义。②不同意宗炳把“心”的感应（反映）能力夸大为无所不能，如“心”可以“崩城、陨雪”（古代的两个迷信传说），可以独立遨游在“七宝之乡”（喻指佛教“天堂”）。他认为，精神活动是受形体制约的。这就好比观看冶人熔炼金属，而希望他不用原料，不用原料是熔炼不出金属的，同样，没有人的形体也不会产生人的精神活动。③不同意宗炳“比报应于影响”，把因果报应看做如同影和响一样是真实存在的。他说：“影响所因，必称形声，寻常之形，安得八万由旬（佛教传说的须弥山高八万四千由旬。按印度国俗，一由旬为三十里）之影乎？”这是说，影和响都是以形和声的存在为依据的，人的形体只能产生出人的影子和人的精神，决不可能产生出佛教所说的灵魂。何承天就是这样论证神灭思想的。

何承天的《答宗居士书》也有理论的缺陷，一是当宗炳问，既然神灭思想与儒家思想并行不悖，为什么偏偏要歧视佛教？何承天回答说：“华戎自有不同，何者？中国之人，禀气清和，含仁抱义，故周（公）孔（子）明性习之教；外国之徒，受性刚强，贪欲忿戾，故释氏严五戒之科。”他以中国人和外国人的人性不同为理由，说明佛教不适合中国的国情，夹杂有民族偏见，缺乏理论的说服力。二是当宗炳问“众圣庄老，皆云有神明，复何以断其不如佛言”时，他说：“明有礼乐，幽有鬼神，圣王所以为教，初不昧其有也。”这里，他不敢反对中国固有的有神论思想，只有推托说，有没有鬼神起初也不清楚，后来圣人为了教化人民的需要才讲鬼神的。只反对佛教的神不灭论，而不反对儒家的有神论，这是当时儒家学者反佛思想的又一个共同点。僧祐讽刺他们是“信鬼于五经，而疑神于佛说”（《弘明集·后序》），是有一定道理的。三是当宗炳问“火者薪之所生，神非形之所作”，即薪与火同形与神是两类不同性质的现象，不能进行类比时，何承天更无法回答这个难题，而给后人留下了研究课题。

何承天在与宗炳进行《白黑论》之争时，还写有《达性论》批评佛教的轮回转生之说，由此引起他与颜延之的一场辩论，史称《达性论》之争。

《达性论》之争，是《白黑论》之争的延伸。宗炳在《白黑论》之争时，曾写有《明佛论》，以"神之不灭"为理论根据，宣传"精神受形，周遍五道"，认为众生（包括人与其他生物）在生前的善恶行为，将决定他们死后的灵魂在五种转生的可能性（地狱、饿鬼、畜生、人、天）中的某一种转世再生。为此，何承天作《达性论》予以反驳，而颜延之又作《释达性论》非难何承天的观点，于是，何承天与宗炳的争论，就演变为与颜延之的争论。

何承天《达性论》的主要观点：①以人死形毙神散来否定轮回转生之说。他说："生必有死，形毙神散，犹春荣秋落，四时代换，奚有于更受形哉？"这是说，人的生死，如同草木的荣枯，四时的流转，草木枯落了不会转生，时间流逝了不会再来，人死形毙神散，哪里会有来生呢？②以人性与物性的差别来否定轮回转生之说。何承天认为，人与万物虽然都是天地（自然界）所生，但"人以仁义立"，即仁义是人的本性，因此，人能思考，能博通古今，认识万物，发现深藏难见的内容，制造巧妙的器皿，这和其他生物根本不同。所以他认为人不能变成其他生物，而其他生物也不能变成人，可见宗炳所说"精神受形，周遍五道"完全是一种虚构。何承天的这些观点，有力地批评了轮回转生之说，含有一定的合理因素。

何承天同宗炳、颜延之的辩论在社会上引起了反响。对于这几次辩论，宋文帝的看法是："'……颜延年（按：颜延之字延年）之析《达性》。宗少文（按：宗炳字少文）之难《白黑论》，明佛法汪汪，尤为名理，并足以开奖人意。若使率土之滨皆纯此化，则吾坐致太平，夫复何事？'"（引自《何尚之答宋文帝赞扬佛教事》）他支持宗炳、颜延之的观点，而把何承天当做思想界的异端加以歧视。

## 第三节　刘峻的《辨命论》

刘峻（462—521年）字孝标，平原（今山东平原南）人。8岁时，被掠为奴,后又随母出家,齐永明年间还俗。因为他不愿随世沉浮,所以屡遭当权者的排斥,曾写诗抒发感慨:“声尘寂漠(寞)世不吾知,魂魄一去将同秋草!”梁天监初任典校秘书,不久又被免职。后任荆州户曹参军。曾在东阳紫岩山讲学。于梁天监四年(505 年)前后,写成《辨命论》一文,阐述“性命之道”的无神性质。

刘峻的《辨命论》继承和发展了戴逵的思想,批评因果报应之说。他列举孔子圣人,绝粮陈蔡;颜回贤者,短命早死;屈原高才,自沉湘江,以及同时代人、著名儒者刘瓛之兄弟未被重用的许多事例,说明“昔之玉质金相,英髦秀达,皆摈斥于当年,韫奇才而莫用……湮没而无闻者,岂可胜道哉”。这种事是不可胜计的,足见得福是由于为善,遭祸是由于作恶,只是一种虚构之辞。他又说,同样为善或同样作恶的人,而他们所得到的结果却往往相反,难道天命不就是这样安排的吗?

刘峻也赞同戴逵关于“性命修短,各有分命”的观点,他说:“然所谓命者,死生焉,贵贱焉,贫富焉,治乱焉,祸福焉,此十者,天之所赋也。”认为人的死生、贵贱、贫富、治乱、祸福都决定于天命,而不以人的意志为转移。他认为任何改变这种命运安排的企图或把它们同因果报应相联系,都是认识上的偏见。但他认为“愚智善恶,此四者人之所行也”,即愚智善恶是人为的,既不是来源于前生的报应,也不受制于天命,从而修正了戴逵把善恶也看成是命定的观点。这一修正,是为了激励人们“自强不息”,“修道德,习仁义,敦孝悌,立忠贞,渐礼乐之腴润,蹈先王之盛则”,并不是为了得到好的报应。

刘峻所说的命或天命,就是指自然之道。他说:“夫通生万物,则谓之道,生而无主,谓之自然。”这是说,贯通与促成万物的道,是无人格、无意志的自然。“自然者,物见其然,不知所以然;同焉皆得,不知所以得”,人们只知道它是这样,并不知道为什么是这样。“鼓动陶铸而不为功,庶类混成而非其力。生之无亭毒(养育)之心,死之岂虔刘(杀害)之志,坠之渊泉非其怒,升之霄汉非其悦”,“自然”引发万物的运动,并使万物各具一定的形态而不以为功,使各类事物互相联系而无任何强制。它生长万物而无养育之心,使万物衰亡而无杀害之意。它使一些物体潜沉在渊泉之下,并非对它发怒;使一些物体飞翔在天空之上,也并非对它喜爱。它"化而不易,则谓之命",它的变化有一定的秩序,这就是无法抗拒的命。鬼神不能干扰它,圣人的意志不能影响它,任何力量和威势都不能改变它。所以刘峻总结说:"咸得之于自然,不假道于才智。故曰'死生有命,富贵在天',其斯之谓矣。"这就是他对儒家天命观的新解释。可见,他所说的"天命",已摒弃了有神论的色彩,而同王充所指的客观必然性相近,这是他把道家的自然之义引入儒家思想以后所得出的理论成果,在一定程度上克服了前人批评佛教的神不灭思想而容忍儒家有神论的理论缺陷,与同一时期范缜的《神灭论》互相影响。

## 第四节　范缜的《神灭论》

南北朝时期,佛教僧侣及其追随者发表了多篇论证精神不灭的文章,其中,以"神不灭"为题的就有东晋慧远的《沙门不敬王者论·形尽神不灭五》、宋郑鲜之的《神不灭论》、梁沈约的《神不灭论》等。而在反佛的思想家方面,直到范缜才以《神灭论》与之针锋相对,紧紧抓住了反佛斗争这个重要的理论问题。

范缜像

范缜(约450—约510年)字子真,南乡舞阴(今河南泌阳)人。早年丧父家贫。曾从名儒刘瓛之学习经史。性情耿直,不畏权贵,"好危言高论",屡遭当权者的排斥。南齐永明年间,竟陵王肖子良盛宴宾客,范缜也被邀请,肖子良笃信佛教。席间,范缜盛称无佛,并与肖子良作不信因果的辩论。"子良问曰:'君不信因果,何得富贵贫贱?'缜答曰:'人生如树花同发,随风而堕,自有拂帘幌坠于茵席之上,自有关篱墙落于粪溷之中。坠茵席者,殿下是也；落粪溷者，下官是也。贵贱虽复殊途，因果竟在何处？'子良不能屈，然深怪之。"（《南史·范缜传》）这里，范缜认为，人生的命运如同随风飘扬的树花，有的落在垫子和椅子上，有的落在肮脏的厕所里，富贵贫贱纯属偶然，哪有什么因果报应之理？这表明他的反佛理论也是从反对报应说开始的，而他这时反佛斗争的理论根据，则是继承了戴逵、刘峻等人的自然命定论。

范缜继续进行理论创造，"退论其理，著《神灭论》（可能是今本《神灭论》的初稿）"（同上），该文发表以后，引起轰动，肖子良组织众僧和范缜辩论，都被范缜驳回。有个叫王琰的和尚，讥讽范缜说："呜呼范子！曾不知其先祖神灵所在。"（同上）想用儒家孝祀祖先的观念把范缜难倒。范缜却回答说："呜呼王子！知其先祖神灵所在，而不能杀身以从之。"（同上）意思是说，可怜的王先生，你既然知道自己祖先的神灵在哪里，为什么不自杀然后去侍奉他们呢？使王琰无言可对。肖子良又指使王融以官禄引诱范缜放弃他的主张。王融对范缜说："神灭既自非理，而卿坚执之，恐伤名教。以卿之大美，何患不至中书郎，而故乖刺为此？可便毁弃之。"（同上）意思是说，坚持《神灭论》是违背君王意图的因而也是损害名教的事情，像你这样有才能的人，只要转变思想，就可以做到中书郎之类的大官。范缜却宣称，他决不"卖论取官"（同上）。这种坚持真理的精神，弄得肖子良无可奈何。南齐建武元年至四年（494—497 年），范缜任宜都太守，曾下令禁祭夷陵神庙。梁初，任尚书左丞，因替友人申冤，被谪徙广州，后又还京都，任中书郎、国子博士。天监三年（504 年），梁武帝宣布佛教为国教，并继肖子良之后，又一次非难范缜。他在《敕答臣下神灭论》中，指责神灭论是"违经背亲"的"异端"之说，要求范缜或者放弃自己的观点，或者"欲谈无佛，应设宾主，标其宗旨，辨其短长"。范缜勇敢地接受了皇帝的挑战，于天监六年（507 年）发表"自设宾主"的今本《神灭论》。于是，梁武帝通过庄严寺大僧正法云，组织王公朝贵和僧正 62 人，写了 75 篇文章同范缜辩论。他们的文章多以《左传》《礼记》等儒家经典中有关鬼神的记载为佛教的神不灭思想辩护,既没有新意,更无理论价值可言,当然无法使范缜屈服,就连比较善于诡辩的曹思文,也不得不承认"思文情思愚浅,无以折其锋锐"。梁武帝也只好宣布,范缜"灭圣难以圣责,乖理难以理诘,如此,则语言之论略成可息"。

范缜的《神灭论》以形神关系为中心,阐述了精神现象的生理依托。中国自先秦以来,形神问题就成为思想界关注的重要理论问题。宋尹学派的精气说,荀子的"形具而神生",司马谈、司马迁父子的"形神离则死",桓谭的"人死神灭",王充的无"无体独知之精"以及何承天的"生必有死,形毙神散"等,都认为精神不能离开形体而单独存在,这个思想在范缜以前一直是反驳有神论的理论武器。但是所有这些思想都有一个共同的缺点,就是都把精神看成一种特殊的精细的物质,也就不能科学地说明精神现象的生理本质。因而,它不能彻底地驳倒神不灭的观点。相反,却给佛教徒留下了可以利用的空隙。范缜的《神灭论》总结了前人的思维经验和教训,克服了上述缺点,把中国古代的无神论提高到新的水平。

范缜《神灭论》的主要观点,是以"形神相即"反对"形神相异"。这里的"即"和"异"是范缜用以标志神灭论和神不灭论的两个范畴,前者是神灭论的理论基础,后者是神不灭论的逻辑前提,所以,神灭与否的争论,也就是"形神相即"与"形神相异"的争论。

什么是"形神相即"?范缜解释说:"神即形也,形即神也;是以形存则神存,形谢则神灭也。"(《神灭论》)这里有两层含义:①是说"神即形也,形即神也"。神和形是互相联系不可分离的。他又把这叫做"形神不二"或"形神不得相异"。在他看来,形和神"名殊而体一",形和神是既有区别又有联系的统一体。②是说神的生、灭要以形的存、谢为转移,也就是说,在形神关系中,两者不是平行的,而是一种以形为基础,神为派生的关系。天地间没有所谓的"形神相异""形神非一",即没有脱离形体而不灭的精神,这样,轮回、报应之说也就不能成立了。

佛教徒及其支持者以"形神相异",反对范缜的"形神相即"。在范缜的《神灭论》发表以后，肖琛在《难神灭论》中，“据梦以验形神”，认为人做梦时，“形静神驰”，精神离开形体独立飘游，他称这叫“神游”，用它来论证“形神非一”和“灵（精灵）质（形质）分途”，即精神可以离开形体而独立存在。曹思文在《难神灭论》中也提出：“形非即神也，神非即形也；是合而为用者也。而‘合’非‘即’矣。生则合而为用，死则神留而形逝也。”他企图用“形神相合”取代“形神相即”的命题。他所说的“形神相合”，就是认为人活着的时候，神和形暂时结合在一起；人死以后，形体不复存在，而精神却寄生到另外的物体上去了。他也用梦幻作论证，他说“神游于蝴蝶，即形与神分也”，庄子说他在梦里变成了蝴蝶，就是形神互相分离的证明。因此他得出结论：“然神之与形，有分有合，合则共为一体，分则形亡而神逝也。”这种说法的实质，还是坚持“形神相异”。

范缜在《答曹舍人》一文中对肖琛和曹思文的难问，逐个作了回答，主要是批评他们用梦幻论证“形神相异”的观点。范缜认为梦幻也不能离“形以自主”。他说，古代传说秦穆公梦游天宫，也是“耳听钧天”，即耳听钧天广乐（神话中天上的音乐）；“口尝百味”，吃着各种美味；“身安广厦”，居住在高大的殿堂；“目悦玄黄”，看着许多美丽的景象。“故知神之须待，既不殊人”，可见，即使在梦中精神也是依赖于形体的，和人在醒时一样，也就是说，离开形体，连梦幻中的见闻、享受也是不可能的。范缜还认为“梦幻虚假”。他说：“子谓神游蝴蝶，是真作飞虫邪？若然者，或梦为牛，则负人辕辀（指车辕）；或梦为马，则入人胯下；明旦应有死牛、死马，而无其物，何也？……梦幻虚假，有自来矣。”这是说，庄周梦为蝴蝶，是他真的变成了蝴蝶了吗？如果是这样，那么梦中变牛变马也应该是事实。但实际上醒来并没有死牛死马，就足以证明梦幻是虚假的。怎能用虚假的东西作为根据呢？所以范缜说他们的论点“可谓穷辩，未可谓穷理也”，只是一种不讲道理的诡辩。

范缜《神灭论》的另一个观点，提出了“形质神用”的命题，这是对“形神相即”的发挥和深化。他说：“形者，神之质；神者，形之用。是则形称其质,神言其用。形之与神,不得相异。"这里所说的"质",是指物质实体;"用",是指物质实体的作用;形神的统一,就是物质实体及其作用的统一。他进一步用"利刃之喻"解释说:"神之于质,犹利之于刃;形之于用,犹刃之于利。利之名非刃也,刃之名非利也。然而舍利无刃,舍刃无利。未闻刃没而利存,岂容形亡而神在?"精神和产生它的物质实体的关系,如同锋利和刀刃的关系一样。形体和它所产生的作用的关系,如同刀刃和锋利的关系一样。锋利不等于刀刃,刀刃不等于锋利。但是离开了锋利就无所谓刀刃,离开了刀刃就无所谓锋利。从来没有听说过刀刃不存在而锋利单独存在的,哪里能说形体死亡而精神仍然存在呢?这个比喻,从统一体中"质"与"用"两个方面的不可分离,说明"形神相即,不得相异"的道理,不仅否定了曹思文等人把精神与形体看成是两个不同的东西结合在一起的错误观点,而且也克服了"薪火之喻"把精神也看成是一种物质的缺陷。对于范缜的"利刃之喻",肖琛在《难神灭论》中曾企图反驳。他说:"若穷利尽用,必摧其锋锷,化成钝刃,如此则利灭而刃存,即是神亡而形在,何云'舍利无刃''名殊而体一'邪?刃利既不俱灭,形神则不共亡。"肖琛用钝刃没有锋利,来论证精神和形体可以分开。这里,他忽略了一个起码的常识,钝和刃在语义上是互相排斥、不能并用的,因为钝就是没有锋利,没有锋利就不是刃,刃必有利。对于这个问题,连曹思文也觉察到了,他在《重难神灭论》中不得不承认"今刃之于利是一物之两名耳","一物两名者,故舍刃则无利也",他只是坚持说,形神是"二物之合用",不是"一物之两名"。

范缜的《神灭论》还提出和回答了这样的问题:不是任何物质实体都能产生精神作用的,只有像人这样特殊的物质才能产生精神,从精神现象产生的根源上说明它对物质的依赖关系。因此,范缜认为,不同的质,有不同的用,它们之间的界限不能混淆。所以,当佛教徒以为人的"质"和木的"质"是一样的,但是人有知觉,木头没有知觉,来为"形神相异"的观点辩护时,范缜回答说:"人之质,质有知也;木之质,质无知也。人之质非木质也，木之质非人质也。安在有如木之质而复有异木之知哉！”这里，范缜提出了“人之质”和“木之质”的区别：人的质体是有知觉的质体，木的质体是没有知觉的质体；人的质体不是木头的质体，木头的质体也不是人的质体，因此不能认为人有像木头一样的质体而又有不同于木头的知觉。很明显，范缜认为，由于“人之质”和“木之质”的不同，所以人有知觉，而木头没有知觉，人的知觉一点也离不开形体。佛教徒的错误就在于混淆了人和木有着不同的质，当然更无从了解二者之间作用的差别。

范缜在辩论中朴素地解释了同一事物的质的变化。他在回答佛教徒把“生者之形骸”和“死者之形骸”混同起来，以论证精神可以离开形体而单独存在的观点时说，活人和死人的质是不同的，“死者有如木之质，而无异木之知；生者有异木之知，而无如木之质”。“生形之非死形，死形之非生形，区已革矣。”这是说，人的质是会转化的，只有活人的质才具有精神作用，当活人的质转化为死人的质，就不再具有精神作用了。“生者之形骸变为死者之骨骼”，就转化成“无知之质”，正像活着的树木能结果而枯木凋谢一样，所以决不能把生死混同起来。

范缜还指出，事物的质变有其内在的规律性，如树木的荣枯必“先荣后枯”，不能“先枯后荣”；“丝体变为缕体”，也必定是由丝变缕。人也是一样，活人要变成死人，但死人决不能变为活人，由于精神是形体的作用，形体是死而不能复生的，精神也是灭而不复存在的。

范缜的《神灭论》还批评了佛教徒以手、足不能思虑为理由来论证形神可以分离的错误观点。范缜把人的精神现象分为两部分：一是能感受痛痒的“知”，即知觉；二是能判断是非的“虑”，即思维。他说：“手等有痛痒之知，而无是非之虑”，“是非之虑，心器所主”。这是说，知觉是手等感觉器官的功能，而思维则是心器（范缜对思维器官的理解）的功能，两者是有区别的，“浅则为知，深则为虑”，知觉的认识比较肤浅，思维的认识比较深刻，所以他说“五脏各有所司”，不能把它们之间的功能加以混淆。但是两者也有联系，“知即是虑”，知觉也是一种精神现象。作为精神现象而言,无论是“痛痒之知”或“是非之虑”都离不开人的形体,都是以人的生理器官为基础的。范缜的这个观点实际上已经回答了肖琛的难问。肖琛在《难神灭论》中把“人或断手足,残肌肤,而智思不乱”的现象,称之为“此神与形离,形伤神不害之切证也”,并且认为“神以(形)为器,非以(形)为体也”,即形是神寄居的宅舍,而不是产生神的主体。其实,范缜讲得很清楚,“心为虑本”,“心”是虑的“质”,虑是“心”的功能;“心病则思乖”,“心”的器官受到损伤,思虑就要发生错乱,而“断手足,残肌肤”,只能影响感官的功能,“心”的器官并未受到损伤,所以“智思不乱”。这里,范缜对生理器官的不同功能,以及知觉和思维的差别性和统一性问题的论述,使佛教徒在这方面的难问无隙可乘。

范缜的《神灭论》还指出了佛教对社会的影响。他说,佛教“惑以茫昧之言”,用渺茫的谎言来迷惑人;“惧以阿鼻之苦”,用地狱的痛苦来吓唬人;“诱以虚诞之辞”,用虚假的言词来愚弄人;“欣以兜率之乐”,用天堂的快乐来欺骗人;“致使兵挫于行间,吏空于官府,粟罄于惰游,货殚于泥木”,即佛教的发展,使国家缺乏兵源,政府缺乏官吏,粮食被游手好闲的僧侣耗尽,积累的财富也都用于建寺庙塑佛像。

但是,当佛教徒把难问转向社会领域时,范缜的《神灭论》就表现出很大的历史局限性。他在回答佛教徒所说“圣人之形犹凡人之形,而有凡圣之殊,故知形神异矣”的观点时,认为“圣人”生来就具有“圣体”,凡人生来就具有“凡体”;“圣人之体”决定“圣人之神”,“凡人之体”决定“凡人之神”。他根据历史传说举例说,尧有八彩的眉毛,舜的眼睛有两个瞳孔,黄帝的前额像龙,皋陶的口形像马,这些都是外部器官的特殊性。比干的心有七个孔窍,姜维的胆有拳头那么大,这些都是内部器官的特殊性。由此他断定,圣人的形体不同于凡人的形体,所以圣人在道德上也超出凡人。这是范缜用人的生理现象去解释人的社会差别,把自然现象和社会现象混为一谈所得出的错误结论。范缜对儒家的有神论虽不像何承天那样笃信不疑,但他也不敢采取公开反对的立场。曾有佛教徒问他《神灭论》宣传“形谢神灭”，而《孝经》《周易》中都有祭祀神鬼的记载，这又如何解释？范缜只好含糊其辞地说：“人灭而为鬼，鬼灭而为人，则未之知也。”这说明他还保留了有神论的某些残余。

## 第五节　范缜以后南北朝的反佛思潮

南北朝的反佛思潮，在范缜以后仍然继续发展。首先要介绍的，是南朝的朱世卿。

朱世卿的生平事迹，史书无传。只是在南朝陈释真观《因缘无性论》的序言中有一段材料说，朱世卿又名三议，泉亭（疑为皋亭，今浙江杭州东北）人，他对佛学（佛教徒称之为内学）和中国传统的学术思想（佛教徒称之为外学）都很有研究，早年还是一个虔诚的佛教徒，后来才走向佛学的对立面，被真观称之为“起倒心”、固执“邪见”的异端。他曾著自然之论，即《性法自然论》同真观作过辩论。

朱世卿的《性法自然论》以反对“善恶报应”为中心议题，阐述以下观点：①他认为“善恶报应”不符合事物的“自然之理”。他说，“万法万性”都是自然而然的存在，“自生自灭”，不假人为，无论是“二仪”（阴阳）的变化，“五材”（金木皮玉土）的效用，或者是人的“妍媸盈减”（美丑胖瘦）的外表，以及“愚智善恶”的内心等，“皆由自然之数”。他责问佛教徒，如果“身居逸乐，为善士之明报；体事穷苦，是恶人之显戮”果真是事实的话，为什么凶顽而愚笨的鲧（大禹的父亲）叟（瞽叟，舜的父亲）生出了重华（舜的名字）文命（大禹的名字）这样的圣人，而尧和舜却又生下了丹朱（尧的儿子）商均（舜的儿子）这样不肖的后代？所以他指出，佛教的“善恶报应”，只是一种违反事实的虚假言辞。②他认为人的贫富、贵贱、寿夭、祸福都是偶然的，而同“善恶报应”无关。他说：“譬如温风转华，寒飚飏雪，有委溲粪之下，有累玉阶之上。风飚无心于厚薄，而华霰有秽净之殊途；天道无心于爱憎，而性命有穷通之异术。”这是说，人生境遇的好坏，并不是“天道”有意安排的,它如同被微风吹落的花朵,严冬风暴中所降的大雪,有的飘落在屎尿上面,有的飘落在玉石砌成的台阶上面一样,是没有常规而无法预料的,企求报应,“此犹终身守株,而冀狡兔之更获耳”。因此,他断定“善不能招庆,祸不能报恶”,“善恶报应,天道有常而关哉”。佛教的“善恶报应”观念改变不了天道自身所固有的法则。

朱世卿的《性法自然论》受到了真观的难问。真观在《因缘无性论》中利用自然界的一些因果现象比附社会人事,借以证明“因果报应”的存在。他诡辩说,如果“永无报应,顿绝因果”,“亦应钻火得冰,种豆生麦”,可是看不到“声和响戾,形曲影端”这样的不符合因果联系的事情。他还主张人们皈依佛教即可改变自己的地位,不存在“荣枯宠辱,皆守必然;愚智尊卑,永无悛革”的现象。他的这些观点从反面展示出朱世卿因反对“因果报应”而否认一切因果联系和人的主观努力的理论弱点。

其次要介绍的是北朝的樊逊和邢邵。

樊逊(?—约565年)字孝谦,北齐河东北猗氏(今山西临猗)人。官至员外散骑侍郎。他的《举秀才对策》是北朝无神论的重要著作。

樊逊无神论的特点,是批评一切宗教迷信思想而无门户偏见。当北齐文宣帝问他应当如何评价“释道二教”时,他认为道教的“得道”“成仙”的说法,“皆是凭虚之说,海枣之谈”,是“求之如系风,学之如捕影”的荒唐事情。他举例说“秦皇汉帝,信彼方士,冀遇其真”,可是其结果都不得不死,一个“还入骊山之墓”(秦始皇葬地),一个“终下茂陵之坟”(汉武帝葬地)。因此,他反对道教“祭鬼求神”。樊逊还批评北魏以来“大存佛教,写经西土,画像南宫”的做法,他认为佛教只会编造“三世之辞”(三世轮回)的神话和杜撰“降神之日”的谎言,把世界看做是“微尘”,把大山等同于“黍米”,宣传的是些与事实不符的“虚无”道理。

邢邵(496—?年)字子才,北齐河间鄚(今河北任丘北)人。历任太常卿、中书监、国子祭酒等职,曾多次批评杜弼的神不灭思想,可惜他的文章大部分已经失传,只有一些佚文保存在《北齐书》和《北史》的《杜弼传》中。

邢邵在与杜弼辩论时，认为“人死则神灭”，“人死还生”如同“为蛇画足”一样，纯属虚构。他说：“死之言澌，精神尽也。”人死了不能复生，同样，精神也就不复存在。他还引用前人的“烛火之喻”加以说明：“神之存人，犹火之在烛，烛尽则光穷，人死则神灭。”

他还批评杜弼关于“光去此烛，复燃彼烛，神去此形，亦托彼形”的观点，指出这种说法混淆了生死的区别。他指出，人死了，形体就如同土、木一样，不能使“土化为人，木生眼鼻”，因此，人的精神活动也不可能彼此转移。他的这些观点，没有什么新意，说明北朝的反佛高潮已经过去了。

# 第六章　魏晋南北朝的经学

## 第一节　郑学与王学

汉魏之际,儒学又发生分化,其中的一派好讲义理,并且与道家思想合流,形成新兴的玄学思潮。另一派则致力于经学内部的改造,把今文经学和古文经学这两大经学派别合为一家,这就是"郑学"的出现。

郑玄像

郑学,是东汉末年郑玄所创立的经学学派。郑玄(约108—201年)字康成,北海高密(今属山东)人。也称"后郑",以便同郑兴、郑众父子的经学思想相区别。早年曾入太学学今文《易》和《公羊春秋》,又向东郡张恭祖学《古文尚书》《左传》《周官》等古文经,最后又西入关中,向马融学古文经。东汉桓帝至灵帝年间,发生了党锢事件,郑玄也受到牵连,但他的学术活动并未停止,教授弟子达数百人。党锢解禁以后,他虽已年逾六十,但由于他精通今古文经,他注解的儒家经书,不受汉代经有数家、家有数说、壁垒森严的束缚,而以古文经为主,兼采今文经说,融会贯通,创造了一个统一的经学体系,使跟他学习的经生,不必更求各家。于是,郑学大盛,影响遍及伊(水)、洛(水)以东,淮(河)、汉(水)以北,这时,他的学生超过一万人,史家称赞他"最为大师",就连后来三国蜀将姜维也"好郑氏学"。他注有《毛诗》《周礼》《仪礼》《礼记》(收入今本《十三经注疏》)。另注有《周易》《论语》《尚书》《孝经》等,著有《发〈墨守〉》《箴〈膏肓〉》《起〈废疾〉》,以批驳何休固守今文经学的观点。

郑玄的经学思想虽然还保留着今文经学中的谶纬迷信部分,以及由于他以《礼》注《诗》而产生的一些附会,但从他的基本思想倾向来看,则是继承和发扬了经学所固有的作为教育工具的作用,使接受教育的人能够"从经学中得到历史教育,得到六艺教育,得到识字教育"(杨向奎《中国古代社会与古代思想研究》上册)。因此,郑玄的经学思想具有以下的特点:①历史的特点。在先秦儒家经典中记载了许多中国古代的礼乐典章制度,郑玄不用"微言大义"的方法注解,而是采用了一种被人称做"历史比较的方法",即以汉朝的礼乐典章制度与经典中的礼乐典章制度互相比较,以不同的经典中所记载的同一项礼乐典章制度互相比较,因而能够注释清楚。例如,他对《周礼·天官冢宰》中"天官冢宰"条的注释,就引用了《论语》《尔雅》中的有关记载,又引用了东汉郑众的说法,使人读起来历史层次清楚而没有烦琐的毛病。②知识的特点。在先秦儒家经典中保存了不少中国古代的自然科学知识,由于郑玄通晓《三统历》《九章算术》等天文历算,所以他能够注解这些科学的记录,并在注解中融入当时的一些科学成果。例如,他运用东汉时流行的浑天说解释经典中记载的天体运行,宣传了比较先进的天体观。特别是他还提出了自己的见解,他认为"天者纯阳,清明无形"(转引自《礼记正义·月令》孔颖达疏),把天体看成是由阳气所构成的无形物质,这又近于宣夜说。再例如,他在注解《周官·冬官考工记》时,记述了汉代的许多生产技艺,记述了农业生产从人力犁发展到牛耕的情形,为传播知识作出了贡献。③平民的特点。郑玄出身贫苦农民家庭,曾做过斯役小吏,到他学成回家后,仍然"家贫客耕东莱,学徒相随"。可以看出他和别的许多经师有很大的不同,许多经师都是贵族,而郑玄却生活在田间、民间,他的学生中也一定有一部分是贫民。这样,就进一步推动了学术的下移。

魏晋时期,相继有人起来批评郑学。其中,三国吴的虞翻批评郑玄所注五经违反经义的重大错误就有167处,又说郑玄解释的《尚书》违失有4处,《易注》未得《易经》要领,难以传世。虞翻学习的是家传的今文《易》学,他认为"经之大者,莫过于《易》",主张依据《易》的八卦,推衍象数,以占卜人事的吉凶。他不信神仙,宣称:"彼皆死人,而语神仙,世岂有仙人(邪)!"(《三国志·虞翻传》)他是从正统的今文经学的观点反对郑玄败乱"家法"。

王肃像

三国魏的王肃对郑学的批评则属于另一种类型。王肃(195—256年)字子雍,东海郯(今山东郯城)人,生于会稽(今属浙江)。他是司马昭的岳父。曾任散骑常侍、广平太守、侍中、太常等职。他通晓群经,曾为《尚书》《诗》《论语》《周礼》《仪礼》《礼记》《左传》作注。他所注解的经书,也不分今文和古文,而是对各家经义加以综合。但他却与郑学对立,凡是郑玄用古文说的,他则引用今文说予以批驳;郑玄用今文说的,他又引用古文说重新阐释。他还伪造《孔子家语》《孔丛子》以及根据《孔子家语》立论的《圣证论》,假托孔子和孔子子孙的言论,以作为批评郑学的理论根据。他所创立的经学派别,史称"王学"。

王学与郑学对立的原因:①是为了争夺官方的学术地位。在王学以前的经学界乃是郑学一统天下,皮锡瑞称之为经学的"小一统时代"。至王学初出,因郑学弟子众多,朝廷论讲也还是引用郑玄经注。到司马氏集团当政,因为王肃同司马氏有联姻的关系,所以,王肃注解的《尚书》《诗》《论语》、"三礼"、《左传》以及他父亲王朗所著的《易传》,都被列于学官,司马懿还奏请将王肃的《孝经传》也列于学官。三国魏甘露元年(256年),高贵乡公到太学向诸儒询问经义,他主张郑学,而博士竞相以王学的观点相对答。当高贵乡公问,《尚书》中郑玄注"稽古"(见《尚书·尧典》)同天,认为尧是效法天的,王肃则注"稽古"为尧顺考古道(意思是效法前世的功业)而行之,二义不同,何者为是?博士庾峻回答说,依据《洪范》(指《尚书·洪范传》)"三人占,从二人之言"(这是古代占卜时的一种习惯)的古例,贾逵、马融和王肃皆注为"顺考古道"。因此,王肃的注说是对的。高贵乡公又引孔子所说的"唯天为大,唯尧则之"予以反驳,认为尧的美德就在于效法天意,"顺考古道"不足以表达尧的德行。庾峻则以他"奉遵师说"为理由,把皇帝的反驳挡了回去(详见《三国志·魏书·三少帝》)。正像经学史家所指出的那样,魏晋之际,"王学几欲夺郑学之席"。②是为了宣传本派的经学主张。郑玄注经虽然把今文和古文两家之学综合为一,但毕竟没有超出经学自身的范围。而王肃则不同,他参加了汉末魏初注《太玄》、治《易》《老》的学术活动,曾向宋忠学习过《太玄经》,并且为《太玄经》作过注释,因此,他既崇信儒家名教,又接受了道家主要是黄老之学的影响,他是从经学到玄学的一个过渡性人物。

王肃经学思想的重要特征,是用道家的无为学说,改造了儒家的天道观。他假托孔子之口说:"如日月东西相从而不已也,是天道也;不闭而能久(原注:不闭常通而能久,言无极),是天道也;无为而物成,是天道也;已成而明之,是天道也。"(《孔子家语·大婚解》)这是说,天道如同日月一样按照一定的规律而运行不息;它没有给万物增加什么或减少什么;万物的形成正是体现了这种自然而然的作用。目的在于说明天道就是"无为",顺应天道也就是效法自然规律来治国、驭民、固位和保身。因此,他不同意经学中关于天命的说法。当他在回答"国家之存亡祸福,信有天命,非唯人也"的问题时,说"存亡祸福皆己而已,天灾地妖不能加也"(同上,《五仪解》),并以历史上帝辛(殷纣王)迷信天命,"不修国政,亢暴无极","殷国以亡",以及大戊(又称太戊,商王)因占得亡国的卜,而"侧身修行""明养民之道",三年之后国家昌盛的例子,指出"灾妖不胜善政,寤梦不胜善行,知此者,至治之极也"(同上)。认为只要统治者行"善政"、有"善行",就可以化祸为福,转危为安,强调人为的努力是国家得到治理的决定因素,从而清除了郑玄经注中的若干谶纬迷信。

在政治上,王肃主张“无为而治”。他说:“能有天下者,必无以天下为者也,能有名誉者,必无以名誉为者也,达此则其利心外矣。”(《孔丛子·抗志》)这里,王肃把去利欲作为“无为而治”的一个标志。为此,他揭露了统治者“贪而多求,求欲无厌”的许多丑恶现象,特别是对他们当中的一些人耗费巨资去追求“长生不死”的做法,提出了尖锐的批评。他在《孔丛子·陈士义》中编写了如下的一段对话:

> 魏王曰:“吾闻道士登华山,则长生不死,意亦愿之。”
>
> 对曰:“古无是道,非所愿也。”
>
> 王曰:“吾闻信之。”
>
> 对曰:“未审君之所闻,亲闻之于不死者邪?闻之于传闻者邪?君闻之于传闻者妄也;若闻之于不死者,今安在?在者,君学之勿疑;不在者,君勿学无疑。”

这是说,世界上从来没有什么“长生不死”的事情,因此,关于此事的传闻完全是虚构的。统治者不应该效法已经被人的亲身经历和事实所证明为错误的东西,不要因为“嗜欲”的扰乱而走上宗教迷信的道路。

王肃还认为,统治者的嗜欲无度是造成社会动乱的重要原因。他说:“凡夫之为奸邪盗窃,靡法妄行者,生于不足,不足生于无度。”(《孔子家语·五刑解》)这里虽然包含有对一般平民的指责,但主要是针对统治者的“侈靡”而说的。意思是说:一般平民之所以起来反抗,是由于生活需求得不到满足,生活需求得不到满足的主要原因是统治者的“侈靡”无度造成的。他指出,统治者“不预塞其源,而辄绳之以刑”(同上),即不问事情的缘由,就对老百姓滥施刑罚,其结果是“罚行而善不反,刑张而罪不省”(《孔丛子·刑论》),弄得社会越来越动乱不安。因此,王肃反复强调,应“使王公简其富贵”“去君贪利之心”,希望他们能够做到“生不足以喜之,利不足以动之,死不足以禁之,害何足以怨之”(同上,《抗志》),不去计较生死利害,并在此基础上减省刑罚，爱惜民力，使老百姓“百日之劳，一日之乐”（《孔子家语·观乡射》），他称之为“张而不弛，文武弗能；弛而不张，文武弗为；一张一弛，文武之道也”（同上）。在他看来，这样做，天下就太平了，“君无然也”，君主就可以实现“无为而治”。可见，王肃所说的“无为而治”，也吸取了儒家所宣传的三代圣王之治的内容。

王肃的伦理观是强调个人在道德上的自我满足，这与早期儒家“修身、齐家、治国、平天下”的主张有所区别。他认为，修身的目的不是为了治国，国家得到治理是修身的自然而然的结果，所以他说：“唯能不忧世之乱，而患身之不治者，可与言道矣。”（《孔丛子·抗志》）国家的治与不治且不要去管它，修身才是最重要的。他讥刺那些忧国忧民的人，就像“是忧河水之浊，而以泣清之也，其为无益莫大焉”（同上）。他还认为，修身的目的也不是为了追求富贵，他说：“与屈己以富贵，不若抗志以贫贱。屈己则制于人，抗志则不愧于道。”（同上）这是说，追求富贵，必然“屈己”而受“制于人”，表面上是有所得，实际上却不能保全自己。他以卫人垂钓得到大鳏（大鱼）为例说，卫人先投以鲂为饵，“鳏过而弗视”，再投之以“豚之半体”（半个小猪），鳏终于上钩了。他称这是“贪以死禄矣”。

王肃理想的精神境界是“不愧于道”，这个道又不同于道家的道，而是指儒家所歌颂的先王的德行。他说：“上见尧舜之德，下见三王（指夏禹、商汤、周文王）之义，忽不知忧患与死也。”（同上，《论书》）想到先王的德行，马上把患与死都忘掉了。那么，究竟什么是先王的德行呢？王肃发展了早期的儒家思想，他根据封建的等级制度把先王的德行归纳为十项内容，即“父慈、子孝、兄良、弟悌、夫义、妇听、长惠、幼顺、君仁、臣忠”（《孔子家语·礼运》），他称之为“十义”。他认为，只要人人根据自己的等级名分，在“十义”中属于自己的那一部分里面思考，就可以获得社会心理上的平衡，这样，封建社会就和谐了。他声称“以天下为一家，以中国为一人”（同上）的封建专制主义制度将不求而自固。

王学和郑学各有优点，也各有局限，但都反映了当时学术要求发展、社会要求安定的历史趋势。

## 第二节　南学与北学

南北朝时期,由于南朝和北朝在社会和文化上的差异,经学逐渐形成了南北两派不同的风格,史称“南学”和“北学”。

南学是指南朝经学家所传的经学思想。以皇侃、贾勔等人为主要代表。皇侃(488—545 年),又称皇偘,梁吴郡(治今江苏苏州)人。年青的时候拜著名经学家贺玚为师,精通老师的学问。后任国子助教、员外散骑侍郎。著有《论语义疏》等。贾勔,梁江夏(今湖北武昌)人,也曾任国子助教,著有《尚书义疏》。

南学的特点:①兼容王学和郑学观点,重在贯通诸家。据《北史·儒林传》说,南学的经论根据,主要有郑玄注的《诗》和“三礼”,王肃伪作的《尚书》孔安国传,王弼注的《周易》,杜预注的《左传》。这里,既包含有不同的经学派别(王学和郑学)的观点,还吸收了杜预解《春秋》扬周公而抑孔子的观点(详见杜预《春秋左氏传集解》)。即使注解《周易》一书,南学虽以王弼注为主,但也不排斥别家。南朝宋元嘉(424—453 年)时期,王弼的《周易注》和郑玄的《周易注》都为经学家所重视,到颜延之任国子祭酒时,才黜郑崇王,而到南齐时,经学家陆澄和王俭都主张注《周易》“玄不可弃(指王弼注),儒不可缺(指郑玄注)”,应当两者并用,于是王弼注和郑玄注都设有博士。到南朝梁、陈时,郑、王二注仍并立于国学。其他如《尚书》《左传》等的注解也有类似情况。②在易学的研究中,多以《老子》《庄子》阐发《周易》经义,重在发挥义理。例如,南朝宋的雷次宗,南齐的祖冲之,南梁的太史叔明等人都是著名的易学家,他们也都谙熟《老子》和《庄子》,其中的太史叔明,史书称他尤精“三玄”,“当世冠绝”。这样,他们的《易》注也都言简义明,没有烦琐支离的毛病。他们之间的争论,一般来讲,也不涉及象数问题,而是在运用老庄之义解释《周易》上的分歧。

例如，南梁伏曼容对何晏自称“不解《易》中九事”（何晏企图以此暗示，善《易》者，不受《易》束缚的思想）所作的批评（事见《梁书·儒林传》，可参见《三国志·魏书·管辂传》注引），以及《册府元龟》所记载的顾悦之难王弼《易》义40余条和关康之对顾悦之的反批评，都是这一类性质，一反汉代易学家把《周易》阴阳五行化的旧传统。

应当指出，南学不是玄学，不能把两者混为一谈。①南学毕竟是注释儒家经典的学问，而且长期处在官方的学术地位，这是与玄学不同的。尽管在南朝初期，经学不振，但到南梁时，梁武帝既崇儒又好佛，他在天监四年（505 年）下令开设五馆，总以五经为教材，设置五经博士各一人，贺玚等经学家被补为博士，各主持一馆，每馆各有经生数百人，并且规定经“射策”（一种明经的考试方法）合格的可以做官。天监七年（508 年），梁武帝下令皇太子、宗室、王侯入国学受教，大同（535—545 年）中期又建立士林馆，召集经学家讲学著述。南陈时，也基本上沿袭旧制。在国家的支持和保护之下，南学始终是与玄学并存的一种社会思潮。②南学除在《易》学的研究上受到玄学的影响之外，在其他方面仍保持着说经严谨、引证翔实的学术风格。这种学术风格在《礼》学中表现得最为突出。当时的许多经学家都以“尤明三礼”“尤精三礼”“尤长三礼”著名。上面说到的雷次宗，他注说的“三礼”，其学风与郑玄类似，时以雷、郑并称。杜佑的《通典》对晋宋之间经学家注《礼》的朴实学风有较为详细的介绍（详见卷七十九至一百零五）。再如，南学的经学家对于《左传》的注解，十分重视山川土地、地理方位、国别州郡的考证。这些又是与玄学不同的。

北学是指北朝经学家所传的经学思想。北朝的经学家，据《北史》记载多于南朝。北朝的经学也比南朝更为兴盛（参见赵翼《二十二史札记》卷十五《北朝经学》条）。因为北朝的统治者为了取得北方汉族士族的支持和治理国家的需要，一直大力推崇经学，其中以北魏和北周用力最多。北魏从建国之初，历代的统治者都立学建馆，设置经学博士，教授五经，太学生曾达到3000 人左右。经过孝文帝的苦心经营，到宣武帝时，史书称“时天下承平,学业大盛,今燕、齐、赵、魏之间(指今河北、山东、山西、河南一带),横经著录,不可胜数”(《北史·儒林传序》)。北周几代统治者,史书称“周文(指北周文皇帝宇文泰)受命,雅重经典”(同上);“明皇(指周明帝)纂历,敦尚学艺,内有崇文之观(指校刊经史),外重成均之职(指设置礼官)”(同上);尤其是周武帝,亲自“量述三教”的优劣,提出“以儒教为先”(《广弘明集》卷八),并且几次“集群臣,亲讲《礼记》”(《北史·周本纪下》),“是以天下慕响”,“衣儒者之服,挟先王之道,开黉(指学校)延舍,学徒者比肩”(同上,《儒林传序》)。这种说法虽然有些夸张,但也可以想见当时经学的盛况。北魏和北周相继出现了徐遵明和熊安生这两位著名的经学家,并成为北学的主要代表。

徐遵明(476—529年)字子判,北魏华阴(今陕西渭南)人。年青时遍求名师,博览群书,不受一家一派观点的局限。后沿袭郑玄等人经说,传授《周易》《尚书》、“三礼”、《左传》,讲学20余年,学生很多,“海内崇仰”,号称“大儒”。著有《春秋义章》一书,已佚。熊安生字植之,北周长乐阜城(今山东交河东南)人,是徐遵明的再传弟子。通晓五经,尤精“三礼”,当时研究《礼》学的多半是他的学生。北齐时,任国子博士,后在北周任露门博士,得到周武帝的信任。著有《周礼》《礼记》《孝经》三种义疏,已佚,清马国翰辑有《礼记熊氏义疏》四卷。

北学与南学的重要区别,是基本上没有受到玄学的影响,而较多地保持着汉代经说的传统。北学的经论根据,有郑玄注的《周易》《尚书》《诗》和“三礼”,服虔注的《左传》,以及何休注的《公羊传》,一般不采用玄学家的经注。北学的经说内容,是把章句训诂与通经致用融为一体,在注说文物(典章)制度的同时,也好谈天道、谶纬,并杂有阴阳术数迷信,很少有人论及“义理”。所以,北魏徐遵明的学生李叶兴对梁武帝说,他“少为书生,止习五典(五经)……素不玄学”。唐孔颖达认为,南方的义理之学,“河北学者,罕能及之”(《周易正义序》)。对于上述现象产生的原因,汤用彤先生曾作过具体分析,他说:“王(弼)、何(晏)、嵇(康)、阮(籍),本在中州(即中原),道安、僧肇,继居关内。然叠经变乱,教化衰熄,其势渐微,一也;桓(汉桓帝)、灵(汉灵帝)变乱,以及五胡(指匈奴、羯、氐、羌、鲜卑等少数民族)云扰,名士南渡,玄学骨干,不在河、洛(指黄河、洛水流域),二也;胡人入主,渐染华风,而其治世,须翻经术,三也”(《汉魏两晋南北朝佛教史》下册),“以此三因,而自罗什(鸠摩罗什)逝世,北方玄谈,转就消沉”,“晚汉经学之残缺”复兴于“幽、燕”“陇右”(古代以西为右,陇右,即陇西,约指今甘肃六盘山以西、黄河以东一带)。

南学和北学都受到佛教的影响,它们既批评佛学,又融合佛学。据《南史·儒林传》《梁书·儒林传》《北史·儒林传》《魏书·儒林传》等史书记载,许多经学家都有研究佛学的历史。如南梁的皇侃,史书说他“性至孝”,“尝日限诵《孝经》二十遍,以拟《观世音经》”。再如,北周的熊安生不仅有一名出家当和尚的学生,而且他自己也被列入《续高僧传》。由于经学家和佛教学者的交往,他们就把当时佛教所用的讲解经义、编写义疏的传教方法移植到经学中来,把经学的讲经记录编为讲疏、义疏,发展了汉代的治经方法。汉代经学家治经,都以经文为主要根据,所作的传或注,都是为了解释经文的。南北朝经学家治经,多数以经注为主要根据,或引一家的注予以诠解,或引诸家的注作比较研究,总之,他们的写作目的是为了明注。于是以明注为目的的义疏、疏证一类的作品,构成了这一时期经学著作的主流。南朝有崔灵恩《三礼义宗》《左氏经传义》,沈文阿《春秋》《礼记》《孝经》《论语义疏》,皇侃《论语义疏》《礼记义》,贾慙《尚书义疏》,戚衮《礼记义》,张讥《周易》《尚书》《毛诗》《孝经》《论语义》,顾越《丧服》(《仪礼》中的一篇)、《毛诗》《孝经》《论语义》,王元规《春秋》《孝经义记》。北朝有刘瓛之《三礼大义》,徐遵明《春秋义章》,李铉《孝经》《论语》《毛诗》《三礼义疏》,沈重《周礼》《仪礼》《礼记》《毛诗》《丧服经义》,熊安生《周礼》《礼记义疏》《孝经义》等。以上各书,除皇侃、熊安生两家见存于唐孔颖达《礼记正义》之外,余书皆佚。但它们在中国经学史上都为完善以传明经、以注明传、以疏明注的治经体系作出过贡献,并成为唐代疏注之学的先河。

# 第七章　魏晋南北朝时期思想史料介绍

## 第一节　史料概述

魏晋南北朝时期的历史文献往往把历史、文学和思想观点编辑在一起，较多地保留了秦汉以来文学、史学、哲学合撰的史料学传统。因此，阅读这一时期的思想史料需参照当时的文学作品和史书。

首先要提到的是《三国志》《晋书》《宋书》《梁书》《魏书》《南史》《北史》等史学专著，也就是通常所说的“正史”，以及《高僧传》《出三藏记集》《神仙传》等佛教、道教史书。这一类史书记载了当时大多数思想家的生平事迹。其中有玄学家何晏（《三国志》卷九《魏书·曹爽传》并注引）、王弼（《三国志》卷二十八《魏书·钟会传》注引何劭《王弼传》）、阮籍（《晋书》卷四十九）、嵇康（《三国志》卷二十一《魏书·王粲传》注引《魏氏春秋》）、向秀（《晋书》卷四十九）、郭象（《晋书》卷五十）等人，有反玄学的思想家裴頠（《晋书》卷三十五）、欧阳建（《晋书》卷三十三）等人，有道教学者葛洪（《晋书》卷七十二）、寇谦之（《魏书》卷一一四）、陶弘景（《梁书》卷五十一、《南史》卷七十六）等人，有佛教宣传家道安（《高僧传》卷五）、慧远（《高僧传》卷六）、僧肇（《高僧传》卷七）、颜延之（《宋书》卷七十三、《南史》卷三十四）、郑鲜之（《宋书》卷六十四）、沈约（《梁书》卷十三、《南史》卷五十七）等人，有无神论者戴逵（《晋书》卷九十四）、何承天（《宋书》卷六十四）、范缜（《梁书》卷四十八、《南史》卷五十七)、刘峻(《梁书》卷五十)等人,以及著名的经学大师王肃(《三国志》卷十三)、皇侃(《梁书》卷四十八,《南史》卷七十一)、徐遵明(《魏书》卷八十四、《北史》卷八十一)、熊安生(《周书》卷四十五、《北史》卷八十二)等人。

这一类史书还保存了一些重要的文献。例如玄学家关于人的实际才能与道德品行关系的辩论,即所谓的“才性之辩”,大部分材料已经佚失,而在《三国志》的本文和注释中则记载了当时辩论的一些情况。《三国志》卷二十一《魏书》的《王粲传》注和《傅嘏传》注所记关于王粲与傅嘏相互问难的对话,就是其中一个精彩的片断。再如,《晋书·裴頠传》中的《崇有论》、《欧阳建传》的《言尽意论》、《刘毅传》的人才思想、《梁书·范缜传》的《神灭论》等,以及《晋书·艺术传》《齐书·高逸传》《北史·艺术传》《魏书·释老志》《高僧传》《神仙传》等记载的佛教和道教的流传历史,都是仅存的或是罕见的思想史、宗教史的原始资料。

除上述史学专著以外,像《世说新语》《列子》这些带有文学性质的作品,也是应当注意的史料。

《世说新语》是由南朝宋刘义庆撰、梁刘孝标注的一部笔记小说集。原为8卷,刘注本分为10卷,今传本皆作3卷。全书分德行、言语、故事、文学、雅量、识鉴、赏誉、名藻、伤逝、任诞、假谲、俭啬、纰漏等36门,通过记载汉末至东晋年间士大夫们的言谈轶事,反映了魏晋玄学的清谈风气。

汉末魏晋以来,在士大夫中盛行品评人物、清谈玄理的风气。刘义庆之前,诸如三国魏徐幹的《中论》、刘劭的《人物志》、东晋裴启的《语林》、郭澄之的《郭子》等就是专门记载他们思想和言行的著作。从《世说新语》里的一些观点、事件与文字来看,都同上述著作有若干相似之处,因此,《世说新语》很可能就是刘义庆及其门客采集纂辑旧文而成书的。

这部书有较高的史料价值:①从中可以了解主要玄学家言行的大致情况,以及玄学在长江以南地区的兴起和当时学术文化中心从北向南的转移。②可以了解佛学与玄学合流的状况,以及当时般若学中即色、心无两派的基本主张。③刘孝标的注文,旁征博引,补充了大量史料,所引书达400余种,这些书现今绝大多数已经散佚,唯依据刘孝标的注文得以窥见一斑。因此,本书不仅是研究魏晋思想文化的必读文献,而且在稽核佚文、校勘古籍方面也必不可少。

现在流传的《世说新语》版本,有以下几种:一是明嘉靖年间袁氏嘉趣堂刻本;二是清道光年间周氏纷欣阁刻本;三是近代王先谦根据袁、周两本重加校订本;四是日本珂啰版影印宋绍兴刻本,为绍兴八年(1138年)广川董棻根据晏殊校定本刻印。文学古籍刊行社于1955年、中华书局于1962年依据日本珂啰版出了影印本。上海古籍出版社于1982年影印了王先谦的校订本。

《列子》是一部由许多寓言故事所组成的文学、哲学作品。《汉书·艺文志》曾著录《列子》8篇,名义上是周列御寇著,实际是经过刘向、刘歆父子改编的,但此书不知在什么时候散佚了。今本《列子》8篇,肯定不是班固所著录的原书。根据多数学者的考订,认为其书是魏晋时期的作品。由东晋张湛作注。今人马叙伦《列子伪书考》说:"盖《列子》晚出而早亡,魏晋以来好事之徒聚敛《管子》《晏子》《论语》《山海经》《墨子》《庄子》、尸佼、韩非、《吕氏春秋》《韩诗外传》《淮南》《说苑》《新序》《新论》之言,附益晚说,假为向(指刘向)序以见重。"这是比较符合客观事实的论断。至于他们所聚敛的原始材料,除马叙伦列举的以外,其中还可能包括其他一些战国时写成的文字。

《列子》一书的内容比较庞杂,从《天瑞》《黄帝》《周穆王》《仲尼》《汤问》《力命》《杨朱》《说符》8篇的思想倾向分析,大致有三种类型:《天瑞》《说符》等篇中的反玄学思想;《杨朱》《力命》等篇中的玄学思想;《汤问》等篇中承袭的佛学思想。同时各篇之间的内容也互相贯通,如《汤问》篇记载了"愚公移山"的寓言,表现出对自然和人事的积极进取精神;《杨朱》篇又对士族的放诞言行有所批评。这些思想和观点都是研究魏晋时期思想史和风俗史必读的资料。

《列子》一书的版本较多,有《道藏》宋徽宗义解本、宋江遹解本、元六子本、明世德堂本等。但元、明以后的刊本多以陆德明《经典释文》入注，遂使张湛注与《经典释文》不相别白，至清汪继培为之校正，刻入《湖海楼丛书》。当代学者杨伯峻参照北宋以来的若干版本，重加校订，名为《列子集释》，1979 年中华书局出版。这是目前比较好的版本。至于《北堂书钞》《群书治要》《艺文类聚》《初学记》《太平御览》《白孔六帖》《绵绣万花谷》《事文类聚》等类书以及其他古籍所引录的《列子》本文与张湛注，共计不下二三千条，据杨伯峻先生考证后认为“未必全可凭信”，仅供校勘时参考。

这里还要提出《家训》《家诫》一类的书籍，这也是研究魏晋南北朝时期思想史料所不能忽视的。当时，这类著作虽然为数不多，但北齐颜之推的《颜氏家训》一书很著名，其学术影响较大。

《颜氏家训》7 卷，共 20 篇。此书以“家训”的形式命名，不是偶然的，其宗旨不仅是为了教育颜门的子孙后代，而是依据儒家“修、齐、治、平”的古训，试图从整饬家庭关系入手，寻求摆脱玄谈风气的出路。因此，这部书的基调是对玄学采取批评的态度。在《序致》《教子》《兄弟》《治家》《勉学》《文章》《名实》等篇，主要是以儒家礼教与玄学思想相抗争。在《养生》《归心》等篇中则提出融合儒、释、道三教的设想，以取代玄学在当时学术界所占据的主导地位。此外，这部书对古代的天体观(《归心》)，陶弘景、皇甫谧等人的医学(《养生》《杂艺》)，祖冲之的数学(《杂艺》)，民间技艺(《省事》等篇)以及风俗民情(《后娶》《治家》《风操》等篇)都有介绍，它在史学和文学上的价值是研究《后汉书》、南北朝史籍、《文心雕龙》等的参考资料。

《颜氏家训》版本较多，有南宋淳熙年间(1174—1189 年)沈揆等人的刻本、明嘉靖三年(1524 年)傅太平刻本、明万历二年(1574 年)颜嗣慎刻本、明程荣《汉魏丛书》本、清康熙五十八年(1719 年)朱轼评点本、清乾隆五十四年(1789 年)卢文弨刻《抱经堂丛书》本等。当代学者王利器参照各本进行校订，辑《颜氏家训集解》一书，由上海古籍出版社于 1980 年出版。

## 第二节　各学派的主要著作及其版本

魏晋南北朝时期玄学与反玄学的思想方面的资料有:王弼的《老子注》《老子指略》《周易注》《周易略例》《论语释疑》等。这些著作代表了玄学主流派的思想,以宣传“以无为本”的宗旨。《老子注》共2卷,有宋政和五年(1115年)晁说之刻本、宋乾道六年(1170年)熊克重刻本、明万历年间(1573—1619年)张之象刻本、清乾隆年间(1736—1795年)武英殿活字排印本等,其中明张氏刻本和清武英殿本最为流行。另有《四部备要》本、《百子全书》本、《丛书集成初编》本、《诸子集成》本等。近人陶鸿庆《读诸子札记》附有王弼注文的校勘,可供参考。《老子指略》已经佚失,根据近人王维城考证,宋张君房编辑的《云笈七签》卷一中的《老子指归略例》和《道藏》998册中的《老子微旨例略》,可能就是王弼《老子指略》的一部分,也可能是全文(见北京大学《国学季刊》七卷三期)。王弼的《周易注》只为六十四卦作注,共6卷。后来,西晋韩康伯续为《易传》作注3卷,再加上《周易略例》1卷,就是现在通行的10卷本。此书有民国十五年(1926年)掖县张氏皕忍堂摹刻蓝印《唐开城石壁十二经》本、清乾隆四十八年(1783年)武英殿本、日本昭和三年(1928年)东京文术堂影印宋本等,另有《四部丛刊》《四部备要》本。其中王弼和韩康伯的注文被唐孔颖达收入《五经正义》作为《周易》的标准注解,后又编入清阮元《十三经注疏》。王弼的《论语释疑》已经佚失,部分散见于南朝梁皇侃的《论语义疏》和宋邢昺的《论语注疏》。清马国翰《玉函山房辑佚书》和清王仁俊《玉函山房辑佚书续编》稿本各有辑本。

阮籍的《达庄论》《大人先生传》和《乐论》等,嵇康的《养生论》《声无哀乐论》《释私论》和《与山巨源绝交书》等,都是讨论自然与名教相互关系的重要文章。

阮籍的文章被编入其论文集,称《阮步兵集》,1卷。有明张溥《汉魏六朝百三家集》本,又称《阮嗣宗集》,2卷。有明万历、天启年间汪士贤

《汉魏二十家集》本,清严可均《全三国文》有辑本,黄节的《阮步兵咏怀诗注》,也可参考。

嵇康的文章被编入《嵇康集》,也称《嵇中散集》,10 卷。有明嘉靖四年(1525 年)黄省曾刻本,明万历、天启年间汪士贤《汉魏诸名家集》本,清乾隆三十年(1765 年)《四库全书》抄本,以及《四部丛刊》本、《四部备要》本等。清严可均《全三国文》中有辑本。鲁迅校本由文学古籍出版社于 1956 年出版。

向秀、郭象的《庄子注》是玄学"自生派"的基本理论著作,以反对"贵无"和"崇有"为宗旨。

关于《庄子注》的作者问题,历来就有争论,大致有三种看法:以侯外庐先生为代表的一派认为,《庄子注》是向秀的作品,后为郭象窃为己注,其史料根据是《晋书》的《郭象传》和《向秀传》;以冯友兰先生为代表的一派认为,郭象的《庄子注》不是抄自向秀注,其史料根据是《晋书》二传中有自相矛盾之处,并引用《列子》张湛注和《经典释文》作佐证;还有一派认为,现在的《庄子注》是向秀和郭象的共同作品,这一派的史料根据是《世说新语》《经典释文》等。

《庄子注》,10 卷。有明万历年间(1573—1619 年)郭云峰刻本、清乾隆三十年(1765 年)《四库全书》抄本、光绪二十二年(1894 年)郭庆藩长沙思贤讲舍《庄子集释》本等。另有以《南华真经》《南华真经注疏》命名的多种版本。现在通行的是 1954 年重印的《诸子集成》本。

裴頠的《崇有论》、欧阳建的《言尽意论》和杨泉的《物理论》等都是反玄学思想的理论著作。《崇有论》和《言尽意论》收入《晋书》的各自本传中,两文也都被辑入清严可均《全晋文》。此外,还有几种单行的本子。《物理论》在南宋以后就失传了。但在宋马聪的《意林》和宋初编辑的《太平御览》等书中都有引录。清孙星衍依据各书的引文,辑为一卷,即清嘉庆年间(1796—1820 年)孙氏刊《平津馆丛书》本。但孙星衍所依据的《意林》是武英殿本,而武英殿本《意林》中杨泉的《物理论》与傅玄的《傅子》互相混杂,因而不可凭信。清严可均曾作校勘,辑入《全三国文》。清王仁俊辑的《物理论》较准确,是为《玉函山房辑佚书续编》稿本。

还要提到佛教方面的资料。僧肇的《不真空论》和《物不迁论》是般若学六家七宗带有总结性的著作,编入《肇论》(见《大藏经》卷四五)。其著作的版本,除《藏经》本、《大藏经》本外,还有上海佛学书局影印宋本《肇论中吴集解》本,人民出版社 1973 年版任继愈《汉唐佛教思想论集》附录本。

慧远的《沙门不敬王者论》是一篇从佛教立场讨论形神关系、佛儒关系的论文。收入《弘明集》卷五,另有清严可均《全晋文》本。

僧祐的《弘明集》,共 14 卷。这是一部论文集,以弘扬佛教为宗旨,收录了书启问答共 120 余篇,其中也收了范缜的《神灭论》等文章。这是研究神灭与神不灭之争的重要史料。

《弘明集》的版本有单刻本和《藏经》本各四种。单刻本有明吴惟明(误为汪道昆)在万历十四年(1586 年)两《弘明集》(即《弘明集》与《广弘明集》)合刻本等,《藏经》本有万历四十四年(1616 年)的嘉兴藏本等。另有据吴氏刻本影印的《四部丛刊》本等。

关于道教方面的资料,有《太平经》(两汉未列专章,特在此介绍)。据《后汉书·李寻传》《后汉书·襄楷传》《道教义枢》七部义等书的记载,两汉时曾先后流传过三种《太平经》,后来都已佚失。明《正统道藏》所收的《太平经》约成书于东汉中后期,原为 170 卷,现残存 57 卷,旧题东汉于吉著。另有唐闾丘方远编纂的《太平经钞》和《太平经圣君秘旨》。《太平经钞》是《太平经》的节书,分为甲乙丙丁戊己庚辛壬癸 10 部,每部 1 卷,共 10 卷。《太平经圣君秘旨》是《太平经》的专题选辑。此外,伦敦大英博物院图书馆藏敦煌写经 4226 号,残存《太平经》的序文后半、全书目录以及“经曰”“纬曰”各 1 卷,末题“太平部卷第二”。

《太平经》的内容庞杂,涉及天地、五行、灾异、瑞应、养生、巫术、医学、伦理道德、政治理论及当时的社会情况等方面。在《经》卷三十五《分别贫富法》、卷三十七《试文书大信法》、卷六十七《六罪十治诀》、卷一百零八《要诀十九条》、卷一百十四《大寿诫》等篇章，提出自食其力和周急救贫等主张，对于张角的太平道、张陵的五斗米道产生过影响，是研究东汉末年的社会思潮和道教思想的重要资料。

《太平经》收入《道藏》第73—115册（其中有缺），现存唯一的版本，就是明《正统道藏》本。当代学者王明有《太平经合校》。

东晋葛洪的《抱朴子》，分内篇与外篇。内篇20卷，主要论述神仙方术、养生延年。其中《畅玄》《至理》《论仙》等篇，从宗教意义上论述“玄”“道”“一”等本体观念和有无、形神关系，以及学仙方法、成仙禁忌等。《金丹》《黄白》《仙药》等篇，研究用矿物炼丹、金银炼制以及植物治病等。此外，《内篇》对吐纳、导引、辟谷、房中、禁咒等方术也都有所论及。《内篇》收入《道藏》第868—870册，今有王明《抱朴子内篇校释》（中华书局1980年排印本）。《外篇》50卷，主要内容是以复兴儒学为宗旨，把道教的神仙理论与儒学的纲常名教结合起来，反映了作者的内神仙而外儒术的学术观点。其中《君道》《臣节》《赏贤》等篇，主张举贤任能、崇礼严刑；《交际》《名实》《清鉴》等篇批评了当时颓废腐败的社会风气；《钧世》《尚博》《诘鲍》等篇非议汉代的清议、玄学清谈以及鲍敬言的无君论；《逸民》《穷达》《知止》等篇，提出了安贫知足的思想。

《抱朴子》的版本较多，有明万历二十七年（1599年）卢舜治刻本、清乾隆三十年（1765年）《四部备要》抄本、清光绪十一年（1885年）朱氏槐庐家塾刻《平津馆丛书》本、《四部备要》本、《诸子集成》本等。

关于这个时期无神论者方面的资料，有戴逵的《释疑论》和《答周居士难释疑论》，这是批评佛教因果报应论的著作，收入《广弘明集》卷二十。清严可均《全晋文》也有辑本。何承天的《答宗居士书》《与宗居士书》《达性论》《答颜光禄》《重答颜光禄》《报应问》等文，是他三次反佛的理论总结。这些文章分别收入《弘明集》卷三、卷四，《广弘明集》卷二十。清严可均《全宋文》有辑本。范缜的《神灭论》，除收入《梁书·范缜传》、《弘明集》卷九以外，清严可均《全梁文》有辑本。

# 第四编

# 隋唐编

# 概　述

中国封建制社会由前期向后期过渡,在隋和唐初已有转化的迹象,到宋代才完成这个转化过程。

经过隋末农民起义的打击,又经过唐初统治者有意识地提高功臣勋贵的社会地位,旧的宗族门阀,虽在社会上仍保持着世代遗留下来的特权和声望,但实际上,他们的势力已趋于下降。在这一过程中,随着封建经济的发展,庶族地主的势力却在不断上升,这对思想界不无影响。

在唐代,思想界基本上是儒、道、佛并立的局面,有些思想家想重新恢复儒学的正宗地位,在反对佛、道的同时,或明或暗地吸取了佛学思辨哲学的若干方面,在这点上,韩愈堪称代表。这种思想倾向开启了宋代理学的先河。

隋唐之际,佛学盛行,形成许多大大小小的宗派。它们体现了佛教中国化的特色,是中国佛学的宗派。其中继承南北朝佛学的统绪而发展的有三论宗和天台宗。在这两大宗派兴起的同时,北方的菩提流支、勒那摩提翻译了《十地经论》等典籍,南方的真谛翻译了《摄大乘论》等典籍,而各自形成了以研究《地论》《摄论》为主的流派。这些流派是唐初唯识宗和华严宗的前驱。

武则天当政时期,华严宗和禅宗兴起。禅宗纯为中国化的佛教宗派,其教义是简易的,虽然也有一些宗教哲学,但并没有繁琐的理论说教,因而更易于为普通老百姓接受。禅宗思想对中国封建社会后期的思想文化以及文学艺术都有很深的影响。

与佛教中国化的同时,在唐代思想论坛上曾经展开过关于“天人之际”的理论探讨。儒者韩愈以及佛学对于“宇宙”(天)有他们自己的看法,而当时的文学家、思想家柳宗元和刘禹锡也简洁明白地阐述了他们对于“天”以及“天”与人相互关系的观点。柳宗元作《天说》“以折退之(韩愈)之言”,刘禹锡以为尚不足以尽“天人之际”,作《天论》三篇“以极其辩”,柳宗元又作《答刘禹锡〈天论〉书》,对刘禹锡的《天论》重加审订。大约与此同时,元稹也写了一首《人道短》的哲理诗,可算是这一次天人问题论辩的余波。此外,柳宗元的《封建论》《贞符》《非国语》《天爵论》《时会论》与《断刑论》,柳、刘友人吕温的《古东周城铭》,牛僧孺的《善恶无余论》《讼忠》等篇,都探讨了天人关系。这些论辩给我们留下了关于理论思维的丰富资料。

唐代是一个比较开放的社会,它研究吸收各种外来的文化,无论是文学、医学或是艺术都取得了丰硕的果实。从佛学的中国化可以看出,中国文化善于吸收消化外来的文化。大医学家孙思邈吸收了儒、佛、道的思想,在药学理论方面借鉴了印度医药学的论点,认为“万物之中无一物而非药者,斯乃大医”(《千金翼方·药录纂要·药名》)。在艺术方面,中国绘画在唐以前以线条为主,从吴道子开始以源于印度的凹凸法渗入人物画中,山水画亦别开生面。总之,唐代是中国古代文化思想高度发展的历史时期。

# 第一章　隋唐时期的儒学

## 第一节　隋唐政权的思想文化政策

公元581年杨坚灭北周,建立隋朝。589年灭陈,统一中国,结束了南北朝的分裂局面。618年隋朝在农民起义冲击下覆灭。地主贵族李渊、李世民父子在隋朝的废墟上建立了唐朝,统治中国近300年。唐以后出现了五代十国的封建割据政权,历时50多年。

隋唐时期的统治者都在一定时期内采取了发展生产的措施。如隋文帝继续实行均田制,并"薄赋"于民,使农民得以"休养生息"。开皇以来,"二十年间,天下无事"(《隋书·高祖纪下》),以至出现了"人物殷阜,朝野欢娱"(同上),"户口滋盛,中外仓库,无不盈积"(同上,《食货志·序论》)的升平局面。当然,隋朝的盛世毕竟是短暂的,到唐朝则有进一步的繁荣。唐太宗李世民总结隋朝灭亡的教训说:"往昔初平京师,宫中美女珍玩,无院不满。炀帝意犹不足,征求不已。兼东西征讨,穷兵黩武,百姓不堪,遂至灭亡。此皆朕所目见。故夙夜孜孜,惟欲清静,使天下无事。遂得徭役不兴,年谷丰稔,百姓安乐。"(《贞观政要》卷一)他经常用这个道理告诫他的大臣,以免因徭役和战争而招致覆国的灾难。由此形成了他尊民、重民的社会思想。他说:"天子者,有道则人推而为主,无道则人弃而不用。诚可畏也。”(《贞观政要》卷一)这种思想决定了初唐时期的各项政策。

唐初继续推行府兵制与均田制,赋税比隋代有所减轻,制定了比隋代宽简的封建法律,并整顿政府机构,加强中央集权。到唐天宝十三载(754年),全国已有户籍961万余户,人口5288万余人,为唐初的4倍,社会安定。当时的唐朝是世界上最富庶和高度文明的大国。

隋唐时期由于生产力的发展,经济的繁荣,国家的统一和安定,从而推动了中国国内各民族文化和中外文化的交流。当时,中国同中亚的主要交通线有两条,一条是陆路,就是有名的“丝绸之路”,从河西走廊出发,经塔里木盆地越过葱岭,到达中亚、西亚。另一条是水路,由广州经交趾、苏门答腊、锡兰等地,到达波斯和阿拉伯。这样,就传入了许多外来文化和宗教,如景教、摩尼教、祆教(拜火教)、回教都是在这一时期传入的。至于文化方面,其例更不胜枚举,如当时孙思邈的医学思想,就具有融合中外医学的特色。他注意撷取各种文化中的人道主义精神,其中不仅有儒家的“恻隐之心”、道家的“无欲无求”,还有佛家的“大慈大悲”(详见《备急千金要方·序例·大医精诚》)。他还提出“四大不调”的病因说,认为“地、水、火、风和合成人”(《备急千金要方·序例·诊候》),四大元素在人体中不协调就会生病,这显然是继承和发展了印度的一种病理学说。再如艺术方面,中国绘画在隋唐以前以线条为主,从吴道子开始以凹凸法渗入人物画中,山水树石亦别开生面。这种凹凸派画法源于印度,后经西域传到中国中原地区。又如服饰方面,也有不少“外来货”。中外文化交流也促进了汉族和中国境内的北方、西北方及南方少数民族的文化交流。这一时期,出现了若干地方城市,并形成地方的文化、经济中心,这就使唐代在科学文化方面居于世界的领先地位。

唐代是一个文化大国,也是一个文明大国。与前代和后代相比较,它在学术思想上是一个开放的社会。唐代统治者实行的是一种所谓儒、释、道“三教”并立的政策,从而形成了一种多元的文化格局。对于传统的儒学,唐代继承了隋代统一经学南学、北学的成果,积极予以扶植。唐太宗在隋文帝“诏天下劝学行礼”(《隋书·帝纪》),隋炀帝“复开庠序”“征辟儒生”“相与讲论”(《隋书·儒林传序》)的基础上,进一步统一儒家经典。他因社会上流传的儒家经典多有讹误,于贞观四年(630年)诏令颜师古于秘书省考定五经,编纂一个标准版本。颜师古于贞观七年(633年)成书,称新定五经。唐太宗又因儒学章句繁杂,注疏极不一致,命孔颖达等人撰定《五经义疏》,贞观十四年(640年)书成,共180卷,定名《五经正义》。唐高宗永徽四年(653年)颁行全国。从此以后一直到宋代,凡是科举考试,或是传授经书,都必须以《五经正义》为官定经书。可见,隋唐的统治者还是很重视儒学的。不过,儒学在思想界并没有处于独尊的地位,到唐代中期,《五经正义》的影响逐渐衰微。开元十六年(728年),国子祭酒杨玚曾上书说:“今之明经,习《左传》者十无二三,若此久行,臣恐左氏之学废无日矣。……又《仪礼》及《公羊》《穀梁》殆将废绝,若无甄异,恐后代便弃。望请能通《周礼》《仪礼》《公羊》《穀梁》者亦量加优奖。”(《旧唐书·杨玚传》)要求皇帝采取行政措施以振兴儒学。这与两汉时期不同,其中有一个原因,就是在中外文化、民族文化的交流时期,用一种思想是不能统治下去的,这需要儒学有一个变化,在保存儒家基本思想的同时,吸取当时自然科学的研究成果以及外来文化的若干方面,创立一种新儒学。

对于佛教,隋唐的统治者虽有一些排佛言论与措施,但总的说来还是积极提倡的,他们广建寺塔,广度僧尼,广写佛经,广交僧侣,广做佛事,广给布施,并赐予高僧以爵位,因而佛教在隋唐两代达到了鼎盛时期。本来,佛教的“神不灭论”经过范缜等人的批判,在理论上可以说是被驳倒了,为什么还会发展起来?兴盛起来?批判的武器不能代替武器的批判,一种思想,一种学说,不能只是靠精神的力量就能使它消失。何况佛教宗教哲学也不能完全归结为神不灭论,它本身还有其他内容,还有一些具有理论思维的思想资料。到隋唐时期,佛教已经建立了比较巩固的寺院经济,就是由当时的统治者拨给寺院一定的土地或某一地方的税收,寺院有了数量可观的、固定的租税收入,过着同世俗地主一样的剥削生活。在唐代,寺院不仅占有大量耕地,而且有荒地、柴草地、果园、碾坊,甚至还开设店铺。

由此也就发生了一个庙产继承权的问题。这个问题在南北朝时还不十分突出。当时,还不是一个寺院只传授一个学派的理论,一个寺院主持人的变换,该寺院所属的学派也随着变更。所以说,南北朝时中国的佛教只有学派而无宗派。到了南朝末期、隋唐初年,情况有所改变。寺院由于有了自己的产业,一个寺院主持人传授的学说,只能连同庙产一并传给他的嫡系的弟子们,而不能传给别的学派的弟子,这样就形成了佛教的宗派。这是由寺院经济的独占性而产生的佛教宗派的排他性。再从阶级关系上看,世家豪族地主的地位大大下降,许多著名的大姓有的沦为贫贱,失去了世代做官的权利,有的已销声匿迹。面对这种情况,他们中的一些人不得不从宗教中去寻求精神寄托,少数人还企图取得佛教"高僧"的地位,来弥补在俗世中失去的官爵。而隋唐的统治者也乐意把世家豪族的代表引到宗教的道路上去,使之从事于空虚繁琐的论争,这对引进庶族地主加强封建主义统治也是有利的。总之,隋唐统治者在经济上和政治上对佛教所实行的支持政策,加速了隋唐佛教宗派的形成。

道教在唐代一直受到统治者的推崇,唐高祖曾去终南山谒老子庙,唐太宗虽称神仙事本属虚妄,却又在修兖州宣尼庙的同时,修亳州老君庙。唐高宗追封老子为太上玄元皇帝,武则天又追封老子母为先天太后。这种情况的出现,是因为:①道教给李唐王朝提供了一个借以抬高门第出身的祖先——李耳。为此,唐太宗一方面命高士廉等人撰修《氏族志》,"欲崇重今朝冠冕"(《旧唐书·高士廉传》),意在重新编排封建阶级内部各个阶层的社会地位与等级。另一方面又从道教中发现道教之主的老子,原来也姓"李",于是他就把皇室宗谱一直推到老子那里,自称老子就是李唐王朝的始祖,李唐王朝乃老子后裔。这样,李唐王朝的王权就被涂上了一层神权的色彩。②道教的形体不灭理论可以刺激统治者追求"长生不老"的欲望。在唐代皇帝中服食丹药以求不死的现象颇为普遍,据史书记载,唐太宗、宪宗、穆宗、敬宗、武宗、宣宗这六个皇帝,都是吃丹药而致死的。高宗、玄宗想吃丹药而没有敢吃。武则天也是嗜吃丹药的。由于道教在上述两个方面更能迎合当时统治者的需要,因而它的地位往往被排列在佛教之上。

## 第二节　隋唐时期儒学变化的趋势

隋唐时期,儒学发生的第一个变化就是儒学同佛学的结合。这种结合,大致有两种类型。第一种类型以韩愈为代表。他一方面积极反佛,另一方面却又悄悄地受到佛学的影响。在他的思想体系中,孟子学说占有很大的比重,因为孟子讲"性善""尽心""知性",与佛学可通,便于他把佛学对人的主体、人的意识研究的论点移植过来。佛学中某些派别所强调的自我意识的作用,例如认为意识的对象只不过是对象化了的意识,而自我意识的建立则给人以信念和克服万难的勇敢进取的精神。韩愈的"治心"论,无疑是佛学和早期儒学中孟子学说相交织的产物。当然,韩愈不仅主张"治心",而且主张"治事",主张"修(身)、齐(家)、治(国)、平(天下)"的统一。他提出以尧、舜、禹、汤、文、武、周公、孔子、孟子的儒学"道统"传授谱系,并把自己说成是孔、孟"道统"的继承人,也是发端于佛教的"祖统"说,并且成为与之相抗衡的武器。韩愈的儒学思想实际上是想解决魏晋时期提出的封建主义名教礼法如何与个人的自觉性相协调,他的答案就是"治心"论与"道统"论;前者诉诸自我意识,后者则主张信仰主义。只要人们内心认为封建名教礼法是神圣的,就会遵循它,就不会有不自在的感觉。从尧、舜、禹、汤、文、武、周公、孔子、孟子一直到韩愈,均显示了儒学前后相继的发展过程,这种信仰的力量会使人的精神得到解脱,从而提高人们的自觉性,创造一个没有上帝,但使人信仰并由此产生力量的新宗教,或称之为儒教。但儒学并没有形成宗教,在韩愈的思想中无此迹象。

另一种类型以柳宗元为代表。他一方面公开颂扬佛教,另一方面却又利用和改造佛学的若干理论命题,建立起无神论的思想体系,这与韩愈有所不同。他在学术上更能兼容百家之说,他认为诸子学说都有"有益于世"的内容,所以他提倡"读百家书",对各家之言要"伸其所长,黜其奇邪",用其中"有以佐世"的东西,以补充孔子的儒学。他对佛教的态度,也像对诸子学说那样,有好有恶,有褒有贬,主张以儒学为主,吸取佛教中有价值的东西。在他看来,佛教的教义有利于调节社会矛盾,无害于封建伦理,佛教的佛性说又"与《易》《论语》合"。但他坚持元气一元论,摒弃宗教世界观,特别是儒学中的天命论。他认定批评天命论是一件"表核万代"的大事,需要全力以赴。他批评的对象极其广泛,从董仲舒、司马相如、刘向、扬雄、班彪、班固一直到韩愈,并且对天命论的思想渊源如《国语》中的迷信以及其他形式的迷信都作了评论。他声称批评天命论的目的在于"明大道",并使道"施于人世",自觉地提出了"受命不于天,于其人;休符不于祥,于其仁"(《贞符》)的著名命题。这样,韩愈容纳宗教世界观的缺陷得到了柳宗元的纠正,而柳宗元对佛教教义的态度又受到了韩愈的批评。正是韩愈和柳宗元在学术上的相同和相异,遏制了儒学向宗教的转化,这是隋唐儒学的一个特征。

柳宗元的无神论世界观在当时并不是思想界和儒学中的主流。因为隋唐的统治者支持佛教,无神论被视为异端。寺院已成为宗教教育和文化知识的中心,这里既有高深的学术研究,又有一般的教义宣传,提高与普及的关系处理得比较好,容易深入人心。佛教经过长期的理论准备,已趋于成熟,而无神论则仓促上阵,要系统地回答许多重大的理论问题,有待于自然科学的发展和一定的思想资料的积累。加之柳宗元的个人遭遇,使他容易接受佛教的一些消极影响,妨碍其思想中的积极部分的进一步升华。

其次,早期儒学中与"人"的观念相联系的重民、爱民思想在唐代有所发展。杜甫、白居易等杰出诗人大都受到儒家思想的影响。如白居易把孟子所谓的“穷则独善其身,达则兼善天下”作为座右铭,并说:“就《六经》言,《诗》又首之。何者?圣人感人心而天下和平。感人心者,莫先乎情,莫始乎言,莫切乎声,莫深乎义。”(《与元九书》)他总结了自《诗经》以来的现实主义文学创作经验,特别推崇杜甫。杜甫以“儒家”自命,在《自京赴奉先县咏怀》中咏出“朱门酒肉臭,路有冻死骨”这样的名句,显然是从孟子所谓的“庖有肥肉,厩有肥马;民有饥色,野有饿莩”脱胎而来。他发展了孟子的重民、爱民思想,集中表现在《新安吏》《石壕吏》和《新婚别》《垂老别》《无家别》等杰出的诗篇中。如《无家别》的最后两句是:“人生无家别,何以为蒸黎?”对黎民百姓的流离失所寄予了深切的同情,同时为统治者将失去人民而忧虑,忧国忧民的心情交织在一起,愤然唱出了这样的诗句。杜甫的诗之所以被称为“史诗”,在于它真实地反映了安史之乱时人民的生活情景,其中透露出的恰恰是“人饥己饥,人溺己溺”的儒学气息。这是隋唐时期儒学的又一个特征。

隋唐时期的儒学还有一个特征,就是儒学和自然科学的互相渗透。隋唐时期具有相当高的科学技术,当然和社会制度、生产力水平分不开,但也和儒家的学术传统有关。一般说来,宋代以前的中国封建社会,是中国封建社会的上升时期,科学和儒学、科学和经学还没有分离。儒学的理性主义与自然科学相结合,从而加深了人们对自然界的认识。而关于自然科学研究的目的,明确宣称为“匡时济世”,这明显是受儒家思想的影响。这种儒学演变中的历史现象在隋唐时期显得十分突出。这里仅举一例,隋代刘焯是一个有名的经师,也是有名的自然科学家,《隋书·刘焯传》说他“优游乡里,专以教授著述为务。……贾、马、王、郑所传章句,多所是非,《九章算术》《周髀》《七曜》,历书十余部,推步日月之经,量度山海之术,莫不核其根本,穷其秘奥。著《稽极》十卷,《历书》十卷,《五经述议》,并行于世”。在经学上,他与刘炫一样,“学通南北(按:指经学南学、北学),博极古今(按:指经今、古文),后世钻仰。所制诸经义疏,搢绅(泛指上层社会)咸师宗之”(皮锡瑞《经学历史》),被人称为“二刘”。在科学上,刘焯对古代天文学作出了杰出的贡献。当代中国自然科学史专家严敦杰在《中国古代自然科学的发展及其成就》中说:“①他首先将多项式内插法引导入天文计算。近代天文学计算中内插法仍是主要工具之一,刘焯在这一问题上是先知先觉者,他所著《皇极历》内举凡太阳、月亮、五星的运动都用了内插法的二次差而得出比较准确的结果(近代天文学也只用了三次差或四次差)。②他第一个在我国历法中考虑了定气,即太阳每天的视运动是不均匀的而求出计算定朔的一般公式,这个公式一直沿用到明代大统历止。③他第一个在我国历法中计算了五星运动的平见和定见,这原理发现者在北齐是张子信,正式入历是刘焯。五星知识,三统历一变,刘焯是二变,之后(一直到明末)就很少变化了。”又据记载,刘焯定岁差数 75 年差一度已和准确数值接近,当时欧洲还泥古沿用 100 年差一度的岁差法。刘焯的皇极历没有颁行,唐李淳风麟德历却采用了刘焯的方法(参见《科学史集刊》第 3 期)。

唐代的科举制度,把明经和明算列为儒学考试的两项内容,由于唐代对科学技术的重视,所以当时明经的人也往往是明算的人。

## 第三节　王通与《中说》

王通像

王通(584—617 年)字仲淹,隋河东郡龙门(今山西万荣县境)人。门人私谥“文中子”。他出生在儒学家庭,从小受到儒学的熏陶。18 岁时,“有四方之志”,到处游历问学,“不解衣者六岁,其精志如此”(《文中子序》)。仁寿三年(603 年)西游长安,见隋文帝,上《太平策》,“尊王道,推霸略,稽今验古”,未能得到采用。后被授职于偏僻的蜀郡,任蜀王侍读等职。大业初年,王通从蜀郡回乡,路过长安,见无再仕的希望,心情愤懑,便作诗说:“……时异事变兮,志乖愿违。吁嗟道之不行兮,垂翅东归。”(《东征之歌》)于是便退居乡里,在河汾之间,聚徒讲学直至终老。其著作现存《中说》(即《文中子》)10卷。

王通其人与其书,在历史上曾引起争论。北宋以来,有人以《隋书》无传,新旧《唐书》魏徵传、房玄龄传都没有提及王通为理由,疑无其人,并认为《中说》是后人伪托的。事实上,在隋陈叔达,唐王绩、王勃、杨炯、刘禹锡、皮日休、陆龟蒙、司空图等人的著作中,曾多次记述王通的生平事迹,证明隋大业末年,王绩之兄、王勃的祖父王通确有其人,并且退隐在家乡的白牛溪,续述《六经》,讲学著述,具有相当的影响。在新旧《唐书》的王绩、王勃、王质传中也都记载有王通的家世与言行。因此,仅以魏徵、房玄龄传中未有记载而否定王通其人的说法是很难站住脚的。至于《中说》,也不是伪书。据查,唐代有许多人读过并评论过《中说》。他们关于王通思想和事迹的叙述,绝大部分都与今本《中说》相一致。例如,唐吕才在《东皋子集序》中曾记载王绩(字元功)的性格及其在大业末年作《五斗先生传》之事,这与《中说·事君》中所说"元功作《五斗先生传》。子曰:汝忘天下乎!纵心败矩,吾不与也"是相同的。再如,《中说》中表述了作者要使"帝王之道"昭明天下的决心,"甚矣,王道难行也。……则以志其道也"(《王道》),"愿圣人之道行于时"(《天地》)。刘禹锡读《中说》之后评论说:"在隋朝诸儒,唯通能明王道。"(《刘禹锡集·唐故宣歙池等州都团练观察处置使王公神道碑》)说明刘禹锡谈到的《中说》与今本《中说》的论点也是一致的[①]。当然,《中说》不是王通自撰的,而是门人记其言行,在王通死后辑录成书,或者为王凝之与王福畤所编定。

王通的学术思想,是主张"三教可一"。王通以前,提出三教合流主张的不乏其人,但多数是道教或佛教学者。儒家学者中主张融合佛、道的,当以颜之推为代表。他认为"内外两教,本为一体,渐积为异(渐是渐教,指佛理;积同极。极是宗极,指儒学),深浅不同。内典初门,设五种

① 尹协理、魏明的《王通论》(中国社会科学出版社,1982年12月版)对此考证甚详,本文吸取了该书的一些研究成果。

禁;外典仁义礼智信,皆与之符。仁者,不杀之禁也;义者,不盗之禁也;礼者,不邪之禁也;智者,不酒之禁也;信者,不妄之禁也”(《颜氏家训·归心》)。他把儒家的“五常”(仁义礼智信)与佛教的“五戒”(不杀生,不偷盗,不邪淫,不饮酒,不妄语)相比附,其目的就是以儒家思想证明佛学的不诬,同时也表明他融佛于儒的立场。对于道教的成仙之说,他持存疑的态度,并告诫他的子孙不要“专精于此”。但另一方面,他又认为“神仙之事,未可全诬”(同上,《养生》),即不能全盘否定,其中的养生方法有益于人体,还是可以借鉴的,不妨加以效法。颜之推在南朝梁为散骑侍郎,入北齐为黄门侍郎,进入隋代,官至内史。所著《颜氏家训》,据当代学者王利器考证,“此书盖成于隋文帝平陈之后、隋炀帝即位之前,其当六世纪之末”(《颜氏家训集解·叙录》)。这与王通的生活年代极为接近。因此,《颜氏家训》从儒家立场所表述的三教合流思想,应当被看做是王通“三教可一”思想的先行者。

王通“三教可一”的主张,是建立在以下两个论点的基础之上的:①他认为三教“不可废”(《中说·周公》),儒、佛、道对于统治者来说,都是有用的,都有可以辅政的内容,不能把国家的败亡归罪于三教。两晋和南朝梁的灭国,是统治者自己的过错造成的,是他们没有真正实行三教之“道”的结果。②他认为三教各有缺陷。他承认佛教也是“圣人”之教,但是声称这是“西方之教也,中国则泥。轩车不可以适越,冠冕不可以之胡,古之道也”(同上)。即佛教是西方的宗教,如不加变通就难以实行,犹如大车无法畅行于水泽地区,中国的帽子不适合戴在西方人的头上一样。他对道教“仁义不修、孝悌不立”,专讲“长生神仙之道”(同上,《礼乐》)甚为不满,认为这是人的贪得无厌的一种表现,这种状况长久下去,不利于社会的发展。他通过北魏太武帝和北周武帝的两次排佛事件,委婉地批评儒家学者对佛、道二教势不两立的僵化态度。他在回答佛、道二教“废之何如”时说:“非尔所及也。真君、建德之事,适足推波助澜,纵风止燎也。”(同上,《问易》)像北魏太武帝太平真君年间(440—450年),北周武帝建德年间(572—577年)企图用行政手段确立儒学的正统地位,排除佛教的发展,可是,到了隋代,佛教反而更迅猛地发展起来,这种"纵风止燎"的办法是收不到预期效果的。那么,应当怎么办呢?他认为最好的办法,是学习司马谈在学术上"善述九流"的精神,在儒学的基础上把三教统一起来,做到"通其变",即对各家中的弊端加以变通、改造,使彼此之间互相通融,取长补短,就可以使"天下无弊法","与之共叙九畴",共同讨论国家大计。不过,由于王通的"三教可一"主张没有明确提出"三教归儒"的命题,没有强调儒学在融合佛、道二教思想的同时,应保持自己的正统地位,因而受到理学家的批评。朱熹说"文中子《中说》被人乱了"(《朱子语类》卷一三七);陆九渊说,王通"浑三家之学",使"浮屠、老子之教,遂与儒学鼎立于天下"(《陆九渊集·策问》)。因此,王通的"三教可一"主张,经过唐代许多思想家的实践与改造,才成为宋代理学可以利用的思想资料。

王通的学术活动和主张,有一个明确的目的,就是为了推行"王道"的政治思想。他常常以古人"生以救时,死以明道"的抱负来激励自己,企图通过著书立说来实现自己的抱负。他除著《中说》外,还用了八九年时间著成《续六经》(已佚),宣传王道政治。他认为现实社会的暴政是实现王道政治的最大障碍。为此,他揭露当时统治者贪得无厌的种种表现,他不仅抨击了北齐文宣帝高洋的"淫暴",而且敢于抨击隋尚书令杨素"作福、作威、玉食"(《中说·事君》),并进一步指出,像杨素这样的人,"悠悠素餐者,天下皆是,王道从何而兴乎"(同上,《王道》)。他用古今对比的方法描绘了王道与暴政的不同情景。他说:"古之为政者先德而后刑,故其人悦以恕;今之为政者任刑而弃德,故其人怨以诈。"(同上,《事君》)又说:"古之从仕者养人,今之从仕者养已"(同上),"古之仕也以行其道,今之仕也以逞其欲"(同上)。这是说,古代做官为政是为了行道、养人,因此先德而后刑,人们喜悦而宽厚;现在做官为政,往往是逞欲、利已,因此任刑弃德,人们怨恨而狡诈。前者是他对王道的构想,后者是他对暴政的鞭笞。他告诫统治者"上失其道,民散久矣。苟非君子,焉能固穷"(同上)?如果统治者施暴政而不知悔改，老百姓不会死守穷困，必然起而举事，铤而走险。

他依据孟子的“仁政”学说，向统治者提出若干推行王道的原则，其中有一项叫做“遗身”。“夫能遗其身，然后能无私。无私，然后能至公。至公，然后以天下为心矣，道可行矣。”(《中说·魏相》)所谓“遗身”，就是要统治者不去计较自己的利害得失，做到无私、至公，以天下为己任，认为这是推行王道政治的关键所在。还有一项叫做“推诚”。所谓“推诚”，就是“以心化”(同上,《周公》)，把道德教化作为统治的主要手段。他说：“政猛宁若恩，法速宁若缓，狱繁宁若简，臣主之际其猜也宁信。”(同上,《关朗》)做到政恩、法缓、狱简，上下都讲求信用，使“仁以行之，宽以居之，深识礼乐之情”(同上,《述史》)，天下就大治了。

为此，王通十分注重人的道德修养，要求人们努力解决好道与利、道与欲的关系。关于道与利，他认为是绝对对立的，二者只能取其一，只能取道而去利。他说：“君子之学进予道，小人之学进予利。”(同上,《天地》)又说：“古之好古者聚道，今之好古者聚财。”(同上,《周公》)这里，他沿袭孔子的命题，把道与利作为君子与小人、古代风俗与当代风俗的分野，赞扬那些舍利存道的“君子”，而指责那些舍道存利的“小人”。他对他的学生姚义鄙视舍道求禄的精神很赞赏，宣称在“天下皆争利弃义”的社会里，只有“舍其所争，取其所弃”(同上)，人才“可以立”。

与道、义之辩相一致，王通又提出了道与欲的绝对对立，主张存道寡欲。他说：“恶衣薄食，少思寡欲，今人以为诈，我则好诈焉。”(同上,《事君》)当时的上层社会以寡欲为不诚实的表现，王通却不顾忌人们的讥讽，以“服俭”“食俭”律己，“见利争让，闻义争为”(同上,《魏相》)。他希望统治者效法他，以救衰世。

王通对道、利关系和道、欲关系的论述，是想从两个方面来节制统治者的贪欲。他说的利，指利益、利害，重在外部追逐。欲则主要是指人对物质享受和精神享受的欲望，重在内心要求。这种从内到外的节欲方法，既是对荀子“志意修则骄富贵，道义重而轻王公，内省而外轻物”(《荀子·修身》)思想的发挥,又对后来宋代理学家的理欲观产生了一定的影响。程颐就曾经研究过王通的观点,并指出“文中子言‘古之学者聚道’,不知道如何聚得”(《河南程氏遗书》卷十七),说明王通的伦理思想及其表述方式还不够成熟。

严格说来,王通还没有形成完整的思想体系,他既讲“元气”,又相信确有“天神”“地祇”;既宣传天命“君子畏之”,又主张吉凶祸福,唯人自召,矛盾之处很多,但基本上没有摆脱儒家天命论的思想,因无新的内容,故不详加分析论述。

## 第四节　陆德明的经学思想

陆德明像

陆德明(约550—630年)名元朗,以字行,苏州吴(今江苏吴县)人。他身历三个朝代。生于南朝,陈亡后曾仕隋。隋炀帝时任秘书学士、国子助教。唐初为秦王府文学馆学士,贞观年间(627—649年)任国子博士。他博通儒家经籍、训诂,又“善言玄理”。著有《经典释文》《易疏》《老子疏》等。

《经典释文》作于陈后主至德元年(583年),成书于入隋以前。“释文”即是为群书注音,因古代文字多以声寄义,注音即等于注义。由于先秦古籍中的文字和意义屡经变迁,阅读困难,所以汉魏以来有不少学者加以注释。陆德明采集汉、魏、六朝音切,共230余家,又兼收诸儒训诂,考证各本异同,古今并录,编成《经典释文》30卷,包括《周易音义》1卷,《古文尚书音义》2卷,《毛诗音义》3卷,《周礼音义》2卷,《仪礼音义》1卷,《礼记音义》4卷,《春秋左氏音义》6卷,《公羊音义》《穀梁音义》《孝经音义》《论语音义》《老子音义》各1卷,《庄子音义》3卷,《尔雅音义》2卷,卷首《序录》1卷。该书是研究中国文字、音韵、经学历史及经籍版本的重要文献。

陆德明的《老子疏》和《易疏》都已经佚失，要考见其经学思想只能以《经典释文》为主要依据。从该书的内容分析，他的经学思想大致具有以下特点：他生在南朝，受业于南朝梁大儒周弘正。史书称，周弘正讲授经书，影响很大。同时陆德明又受到经学统一潮流中北学并入南学的影响，因而具有鲜明的南学特色，继承了南方经学家好谈《易》《老》，倡言儒、道融合的风格。他明确表示要"研精六籍，采摭九流"（《序录》）。同时，他注释的对象不仅有儒家的经典，而且把道家的《老子》《庄子》也列为经典，这在魏晋以前、唐宋以后的儒学发展史上是一个十分罕见的现象。不仅如此，他在为《老子》《庄子》作音时，特别详尽，原因是"《庄》《老》读学者稀"，所谓"读学者稀"，只不过是一种托辞，用以掩饰他对《老子》《庄子》的偏爱。他还引用班固的话，说："道家者，清虚以自守，卑弱以自持，此人君南面之术也。"（《序录》）认为道家的"无为而治"也是统治者所不可缺少的一种统治手段，借以缩小儒家和道家在政治观方面的距离。

陆德明为经、注作音义，发展了南北朝的义疏之学，成为唐代义疏的先声。他说："先儒旧音，多不音注。然注既释经，经由注显，若读注不晓，则经义难明，混而音之，寻讨未易，今以墨书经本，朱字辩注，用相分别，使较然可求。"（《序录》）为注作音，是他在经学史上的创举。如前所述，注音既等于注义，这样，就便于学者弄清原注。同时，他也兼及字义辨释，以补原注的疏漏。如王弼注《老子》第十二章，对其中的"五色""五音""五味"未作具体说明，陆德明解释"五色：青、赤、白、黑、黄也"；"五音：宫、商、角、徵、羽也"；"五味：酸、咸、甜、辛、苦也"（《老子音义》）。通过字义辨释向人们传授了知识。为了作好音义，他广泛收集各家的注释，如《周易音义》虽以王弼注为主，但又采收了子夏、孟喜、京房、马融、荀爽、郑玄、刘表、虞翻、陆绩、董遇、王肃、姚信等数十家。再如《毛诗音义》中也保留了《韩诗》的许多注解。其他如《老子》《庄子》《尔雅》等也都收纳了多家的注文。这些注释，有些已经佚失，如《庄子》的向秀和司马彪的注，《尔雅》的刘歆、樊尧、孙炎等人的注，都是由于《经典释文》的引用传下来，使后人得以研读古文。不过，陆德明对北学缺乏了解和研究，孔颖达的《五经正义》在一定程度上弥补了他的不足。

## 第五节　孔颖达与《五经正义》

孔颖达像

孔颖达（574—648 年）字仲达，冀州衡水（今属河北）人。孔子三十二世孙。生于北朝，少时曾向隋代的大儒刘焯问学，隋大业（605—618 年）初年，选为“明经”，后补太学助教。到唐代，历任国子博士、国子司业、国子祭酒等职。他长于《左传》《郑氏尚书》《毛诗》《王氏易》《礼记》，兼通数学、历法。曾与魏徵等撰成《隋纪》。又奉唐太宗之命，与颜师古、司马才章、王恭、王琰等编成《五经正义》。五经是指《易》《诗》《书》《礼记》及《春秋左传》。

《五经正义》与《中说》一样，都是在当时学术融合这个趋势下的产物。就经学的自身发展而言，《五经正义》是一部统一南学、北学的著作。虽说是统一，其实是一种兼采南北二学的综合性质。因为孔颖达坚守注不破经、疏不破注的治经原则，所以以南治南，以北治北；同是一个人的疏义，可以在《毛诗》《礼记》的《正义》中发挥谶纬的学说，在《易》《书》的《正义》中排斥谶纬的学说。例如，对于鬼神的观念，孔颖达曾经认为是一种自然的力量，在《易·卦象正义》中说：“神道者微妙无方，理不可知，目不可见，不知所以然而然，谓之神道而四方之节气见矣。”这一方面说是自然力量，同时也透露对此难以捉摸。既然神不可知，所以无法加以肯定或否定。但《春秋左传·昭公七年正义》在解释“人之生”时，认为人由形和气两部分构成，形来源于魄，气来源于魂，并引用《礼记·郊特牲》的话说“其实鬼神之本则魂魄是也”，又承认了鬼神的存在。与鬼神的观点相类似，孔颖达对待上帝的观念也是如此。他在解释《毛诗》郑玄注时则依据郑玄的“六天”说。郑玄称天为帝,帝有六帝之分,所以六帝即“六天”。上帝是宇宙的主宰,而就上帝在五时(春夏秋冬土)的位置及其功能,又有青帝、赤帝、黄帝、白帝、黑帝的特殊名称,这后五帝实为上帝的属称,把上帝与五帝合为六帝。《毛诗·鄘风正义》则采纳了郑玄的说法。但王肃首先反对这种说法,他的《圣证论》主张“一天”说,认为“天体无二”,“天唯一而已,妄得有六”。杜预注《左传》时沿袭了王肃的说法,而孔颖达解释杜预注时又援引了杜说。

郑玄“六天”说的根据是纬书。孔颖达对于谶纬的态度,一如对鬼神、上帝,也是模棱两可。他在《尚书·大禹谟正义》中以“众望归之,即是天道在身”的说法,指名批评郑玄的“图箓”受命的观点,并把它看做是从西汉末年至东汉初年所兴起的“假托鬼神,妄称祥瑞”(《尚书·咸有一德正义》)这一社会思潮的继续发展。所以他在《春秋左传正义》中很赞同杜预注《左传》“无取”谶纬,并说谶纬“言既不经,事无所据,苟佞时世,妄为虚诞”(《春秋左传·哀公十四年正义》)。可惜他的这种态度不能坚持到底,在《毛诗正义》中又根据郑笺,传布谶纬学说。

孔颖达在经学思想上的矛盾,后人多有评论。皮锡瑞把孔颖达的矛盾之处归纳为三点:“曰彼此互异;曰曲徇注文;曰杂引谶纬。”(《经学历史》)并分析其原因:“以其杂出众手,未能自成一家”,“颖达入唐,年已耄老;岂尽逐条亲阅,不过总揽大纲。诸儒分治一经,各取一书以为底本,名为创定,实属因仍”(同上)。当代学者杨向奎认为,孔颖达“从玄学的立场谈神才会有这种动摇,从经学的立场言,对于鬼神又有明确的肯定”(《中国古代社会与古代思想研究》上册)。这些见解都说明了经学统一初期的不完善性和作者世界观的不成熟性。

就儒学与诸家的关系而言,《五经正义》又是以儒家为主,兼取佛、道二说的结合体。其学术意义已超出了经学自身的范围。当然,《五经正义》中各经正义的思想内容还是有差别的,其中《周易正义》以王弼、韩康伯的注文为依据,儒、道融合的迹象比较鲜明。在《五经正义》中曾多次论及“道”和“气”的问题。王弼谈“道”谈“无”而少谈“气”，汉儒谈“气”而少谈“无”。综合论述“道”和“气”的关系正是《五经正义》的新发展，这一种发展给后来理学家开辟了先路。

《周易·系辞正义》解释“是故形而上者谓之道，形而下者谓之器，化而裁之谓之变”时，综合地论述了“道器”“道气”的关系：

> 道是无体之名，形是有体之称，凡有从无而生，形由道而立，是先道而后形，是道在形之上，形在道之下，故自形外以上者谓之道也，自形内而下者谓之器也。形虽处道器两畔之际，形在器不在道也。既有形质可为器用，故云“形而下者谓之器”也。“化而裁之谓之变”者，阴阳变化而相裁节之谓之变也，是得以理之变也，犹若阳气之化不可久长而裁节之以阴雨也，是得理之变也。

这里，孔颖达提出了“道”“形”“器”“气”四个范畴，他认为“道”就是“无”，“无”能生“有”，所以由“道”产生“形”，“道”是世界的本原。这与道家的思想出入不大，这是其一。二是孔颖达还认为，“形”指“形质”；“器”指“器用”。“既有形质可为器用”，即“器”是“形”的功能、作用。因此，“器”是依附于“形”的，“形”与“器”不能分割。这就是说，“道”有道之用，“器”有器之用，两者虽有联系，但不能把两者等同起来。这与王弼的理解不尽一致。王弼主张“体用一如，用者依真体而起，故体外无用”（汤用彤：《魏晋玄学论稿·王弼之周易论语新义》），只承认依“体”为用，而不承认“用”自为用，要求人们“反本即反于无”，“若有物安于形器之域，而昧于本源”，就不能摆脱世俗的争端与烦恼。而孔颖达所强调的观点，从一个侧面反映了儒家对现实世界的关注。三是孔颖达认为，从“无”到“有”，从“道”到“形”，需要有一个物质性的中介，这就是“气”。他声称“阴阳之气”的有规律的（他称之为“得理”）、相互制约的（他称之为“相裁节”）

变化,才引起了从“无”到“有”、从“道”到“形”的转化。关于这一点,他在《礼记·月令正义》中说得更加明白。他把《易乾凿度》(《易纬》之一)所说的太极、太初、太始、太素与《老子》书中“道生一,一生二,二生三,三生万物”的宇宙生成系列相比附。他认为太极(或称太易)就是指无形的“道”,“道生一”的“一”就是指“浑元之气,与太初、太始、太素同”。也就是说,“道”通过“气”才产生出天地和万物。这与王弼的观点大不相同。王弼认为“道”本无为,“道”对于物的作用不是有形的,而是一种无形的感化力量,能使物顺应自然之理。王弼把这种无形的感化力量叫做“神”(参见《易·观卦彖注》)。孔颖达摒弃了这种不可捉摸的说法,接受了汉代具有无神论倾向的古文经学家“主万物依元气而始生,元气永存而执为实物”(汤用彤:《魏晋玄学论稿·王弼大衍义略释》)的部分见解,在他的从“无”到“有”的论述中,既肯定了“道”的地位,又强调了“气”的作用,因而具有时代的特色。

孔颖达的《周易正义》对儒、道的学术观点一如上述,那么,他对佛教的态度又是如何呢?他在《周易正义序》中批评“江南义疏十有余家,皆辞尚虚玄,义多浮诞……若论住内住外之空,就能就所之说,斯乃义涉于释氏,非为教于孔门也”。这里所谓的“住”,是佛教名词,指事物形成以后的相对稳定状态。“住内住外”,就是指事物的本体和现象。“能所”也是佛教名词,即“能知”和“所知”的简称,指认识主体与认识对象的关系。孔颖达认为,不能以佛教“空”事物的本体和现象的观点,或否认认识对象真实性的观点去解释《周易》,主张排斥这种援佛入儒的做法。可是在《周易正义》的疏文中他又违背了《序》言所表述的宗旨。《周易·乾卦彖正义》解释“大哉乾元,万物资始,乃统天”时说:

夫形也者,物之累也。凡有形之物,以形为累,是含生之属各忧性命。而天地虽复有形,常能永保无亏为物之首,岂非统用之者至极健哉!若非至健,何能使天形无累。见其无累则知至健也。

万物“以形为累”,这是王弼的观点;“含生之属”(指人及一切有情识的生物,即众生),是佛教名词;“天行健”又是儒家的命题。孔颖达的意思是说,“含生之属”只求保全自己,因而忧心忡忡。若要获得精神上的自由自在,就应当像“天”那样恩泽万物,不计己功,做到有形而无累。这样,孔颖达就悄悄地把道家的“无欲”、佛家的“无生”、儒家的“爱人”加以综合了。人们常常说起韩愈排佛而又容佛,却很少提到比韩愈早生近200年的孔颖达也具有这种思想倾向。倒是朱熹似乎看出了其中的奥妙。朱熹在评论《五经正义》时曾说“《书》《易》为下”,究竟《书》《易》正义的缺点何在,他没有明说,但从《周易正义》所表述的思想倾向来看,不能说同朱熹的不满没有联系。

就《五经正义》的社会作用而言,它是一部政治性很强的文献,在某些方面具有封建法典的意义。孔颖达处在唐初的统治者努力于重建封建秩序的时候,为了维护“贱事贵,卑承尊”的等级制度,他特别强调“礼”的作用。《礼记正义》开头说:

> 夫礼者,经天地,理人伦,本其所起在天地未分之前,故《礼运》云“夫礼必本于大一”,是天地未分之前已有礼也。礼者,理也,其用以治则与天地俱兴。故昭(按:指昭公)二十六年《左传》称晏子云:“礼之可以为国也久矣,与天地并。”但于时质略,物生则自然而有尊卑,若羊羔跪乳,鸿雁飞有行列,岂由教之者哉,是三才既判,尊卑自然而有。但天地初分之后,即应有君臣治国,但年代绵远,无文以言。

天地未分之前已经有礼,礼的作用是“经天地,理人伦”,为天地规定道路,为人伦规定原则,它是自然界和社会所应遵循的“理”(规则,规范)。

“三才既判”,有了天地,有了人类以后,礼就为它们规定了尊卑的次序;尊卑也是自然而有的,与生俱生的,类似人类的一种生理本能。为了使“尊卑有常”,尊卑的次序不变,就需要君臣来掌握礼。可见,礼是统治者的统治工具,与普通的庶人是无缘的。所以《礼记·曲礼正义》在解释“礼不下庶人,刑不上大夫”时说:“‘礼不下庶人’者,谓庶人贫无物为礼,又分地是务,不服燕饮,故此礼不下与庶人行也。《白虎通》云:‘礼为有知制,刑为无知设。’”这是说,一是庶人无钱行礼。他们都很贫穷,拿不出东西去祭祀。二是庶人没有时间行礼。当时实行均田制,各有各的份地,每天忙于农事没有闲暇。三是庶人没有知识,不懂得行礼。礼是专门为有知识的大夫而设的,刑是专门用来对付穷人的。也就是说,庶人只有忍受刑罚的义务而没有享受礼的权利。这样,庶人的贫穷、劳累和没有文化,就成了“礼不下庶人”的原因。

当然,孔颖达也注意到贫者愈贫、富者愈富的危险性,主张使贫者不愈贫,富者不愈富,并且在提高贫者物质生活水平的同时,使他们多少知道一点礼,认为这样更有利于封建统治。《春秋左传·成公六年正义》引用《史记》《管子》《论语》等书,反复说明要压抑富人,要先富后教,否则,“则富者弥富,骄侈而难治;贫者益贫,饥寒而犯法。且贫者资富而致贫,富者削贫而为富,恶民之富乃是愍民之贫,欲使贫富均而劳役等也”。这里讲了一个真理,贫者是由于富人的剥削而变贫的,富者是由于剥削贫者而致富的,因此,孔颖达要求限制贫富差别的扩大,让富人也承担国家的赋税和徭役。孔颖达的主张在政治上表述了唐初统治者企求社会安定的愿望。

# 第二章　隋朝及唐初的佛学与排佛言论

## 第一节　隋唐佛学概况

隋唐佛学,是南北朝佛学的继续发展。佛学在南北朝,由于南朝盛行般若学,北朝盛行禅学,南方佛学与北方佛学偏重有所不同。南方佛学倾向于理论思辨,北方佛学倾向于修习苦行。前者是魏晋玄学风气的延展,后者则是北方文化传统的继续。然而,南北佛学之间也有相互影响的一面,或偏重宗教哲学或偏重修行,其间的界限也不是绝对的。在北方,著名的禅师往往熟悉某一种佛教经典,并以此作为自己的理论依据。在南方,研究《三论》的学者,也并不排斥禅法。

隋唐时期,全国统一,南北佛学得到进一步融合的机会。首先完成这一历史过程的,是隋末唐初创建的两个宗派:三论宗和天台宗。三论宗保留了较多的南方佛学的特色,但又把自己的学术源头追溯到关中、河洛一带,表现出南北佛学融合的趋势。天台宗在这一方面则显得更为成熟。该派的创始人智顗曾经游历南北,接触到南方的义理和北方的禅法。他提出的止观并重,定慧双修学说,反映了南北佛学界限的消失。

唐初盛行的佛教宗派是唯识宗。它是从北方的《地论》学派和南方的《摄论》学派演变而来。《地论》即《十地经论》,《摄论》即《摄大乘论》,

这是两部大乘有宗的经典。唯识宗的创始人玄奘综合了这两派的学说，建立起“一切唯识”的宗教哲学体系。以后，《地论》学派中的一部分同三论宗相结合，又孕育出唐中叶武则天大力提倡的华严宗。唐中叶以后到五代这一历史时期，禅宗广泛流传，它的“不立文字”“顿悟成佛”等主张，迎合了当时社会和宗教自身发展的需要，在中国思想史上产生了深远的影响。

隋唐佛教各宗派都程度不同地实现了佛教中国化的过程，它们从对中国传统文化的比附、格义、改革到融会贯通，经历了七八百年的时间，终于在下列问题上取得了成功：

(1)把佛性与心性相结合。在印度佛教中，佛性与实相、法性、真如等概念含义基本相同，只是由于佛经上的不同说法，才有词语中的差别。如《般若经》所说的实相，《涅槃经》所说的佛性，《成唯识论》所说的法性、真如，都是指现象的本质、本体；心性是中国传统的思想范畴，指心和性的关系，也就是指人的本质、本性以及认识和完善人性的途径、方法。可见，佛性主要是以外部世界为对象，心性则主要以人的精神世界为对象，这二者之间本来没有多少联系。但佛经中有一阐提(指断灭善根的人)不能成佛的说法，这就同心性说发生了矛盾。中国思想界虽有关于性善、性恶的长期争论，但是占主导地位的思想倾向还是性善论。不仅儒家曾提出“涂(途)人可以为禹”“人皆可以为尧舜”等主张，道教也早有“胞胎之中，已含信道之性”的说法。这些说法在理论上给人以成为圣人、成为仙人的平等机会，使人不失去进取的希望和信心，便于扩大影响，争取信徒。所以，自晋宋以来，佛教学者就力图把本体论和心性论的研究统一起来，大讲性善即成佛的根据，并进而提出“人人悉有佛性”的论断，从而利用中国传统思想中有关平等的人性论，以建立平等的佛性论。

隋唐时期，佛教各宗派多数都以心性论为本派学说的重点。如天台宗一方面继续从实相的意义上使用佛性的概念，另一方面又把实相、万事万法归结为“心意识造”。为了论证心也是假的、空的这个佛教真理(中道），他们提出了“反观心源”的修习方法。在他们看来，“三谛（即假、空、中）具足，只在一心”，只要反本求源，就可以达到佛教的最高精神境界，从而把佛教的修行实践说成是类似儒家的“尽心、知性、知天”的修养学说和修养功夫。华严宗则进一步把法性和佛性的内涵加以区别，该宗的创始人法藏依据《大智度论》认为“在众生数中名为佛性；在非众生数中，名为法性”。即佛性是众生的本性，不能用于说明无情识的万物，这就是使佛性的对象同心性的对象更为接近。至于禅宗，更是集中讲心性的宗派。它以自性自悟为宗旨，认为“一切万法，尽在自身心中，何不从于自心顿现真如本姓（性）”，这种直指人心、见性成佛的理论，不仅是儒家心性说的佛教版，而且同在唐代盛行的道教内丹术也有许多相似的地方。

（2）把出世与经世相结合。中国传统的意识形态带有浓厚的政治色彩，各家各派都在使用不同的方式同王道政治紧密联系，特别是汉代的今文经学家更以“经世”相标榜。佛教则不同，它以超出三界、六道生死轮回的世界（简称“出世界”）为“涅槃”的标志。所以佛教传入中国以后，一直受到中国思想界的非难和批评。僧人出家不拜皇帝，不孝父母，逃丁避税，被视为悖逆人伦的行为。为了适应中国传统思想和王道政治的需要，中国佛教也不断地从出世间求解脱向不离世间求解脱的方向发展。如果说在南北朝还有过僧人是否应当向皇帝行跪拜礼的争论，那么，到隋唐时期这个争论就以佛教的屈服而基本终结。三论宗的创始人吉藏发挥道安关于“不依国主，则法事难立”的思想，明确提出，如果不履行“君臣父子忠孝之道”，就是“失第一义谛（佛教真理），失第一义谛则不得涅槃”，把遵循儒家的伦理规范，看做是获得解脱的必要条件。所以隋唐各宗派的创始人几乎没有不同王室和达官显贵拉上关系的，他们一方面接受皇权的支持与保护，另一方面为皇权祝福和效力。他们中的多数人都被诏封为“国师”，成为皇帝座下披袈裟的新贵族，把《佛遗教经》上佛关于不应参与世事的遗训忘得一干二净。这样，僧人上书时的自称，也就很自然地由贫道、沙门改称臣了。为了奉行孝道，华严宗的宗密曾撰《盂兰盆经疏》二卷，宣传释迦牟尼及其弟子目连出家都是为了救护父母而尽孝道，崇奉《盂兰盆经》为佛教的孝经。禅宗则进一步拆除了世间与出世间在修行方面的藩篱，认为若要修行在家亦可，不必一定要住进寺院；认为在日常生活中就能实现成佛的理想。这些理论，使禅宗成为佛教中国化、世俗化的典型。

(3)把偈语与语录相结合。印度佛教经典既有长篇论述的大块文章，又有短小精练的偈语(宗教诗)，但一般说来，都比较艰涩深奥，难以理解。中国佛教学者为了突破佛教中国化的文字语言障碍，曾经做过许多尝试。在这方面，唐代的禅宗做得最为出色，他们找到了把偈语与语录融为一体的表达方式。语录体，本是中国早期儒家著作中的一种文体，如《论语》就是由弟子记录老师的言论、主张，有对人而言，有对事而发，有问有答，言简意赅，不重修饰。这也就是《周易·系辞》所提倡的"易则易知，简则易从"的思维方式。慧能的《坛经》以语录体为主，穿插若干宗教偈语，并注重问答的口语化，这不仅充分体现了中国古代崇尚"简易"的思维特点，而且启发了宋明时期的理学家。

佛教中国化的程度决定着隋唐时期佛教各个宗派的命运。化得差的，在中国这块土壤里生根就浅，流行的时间就短，如唯识宗。化得好的，如天台、华严和禅宗，它们的经典章疏被看做是中国佛教的创造和对印度佛教的发展，它们的创始人也都是世界上著名的佛教学者，吸引了众多的国际僧人前往长安等地学习。隋唐的邻国朝鲜、日本等也开始建立天台、华严、禅宗等宗派。由此可见，只有佛教的中国化，才能引起深刻而广泛的反响，并带来艺术、音乐、建筑、雕塑、文学等副产品，推动国际文化的交流。

## 第二节　三论宗

"三论"，是印度佛教大乘空宗的创始人龙树所著的《中论》《十二门论》及其弟子提婆所著的《百论》的合称。以宣传“一切法空”为宗旨。依据“三论”讲说的宗派称为“三论宗”。中国三论宗建立于隋朝，创始人是吉藏。

吉藏像

吉藏(549—623年)，俗姓安。祖先为安息人，所以他有时自称“胡吉藏”。其祖先为避世仇，移居南海(今广东广州)，后来又迁到金陵(今江苏南京)。7岁出家，19岁学有成就，开始讲经活动。后到会稽(今浙江绍兴)嘉祥寺讲经，听众达千人以上，被称为“嘉祥大师”。后受隋炀帝之请，住长安日严寺，完成“三论”注疏，创立三论宗。唐高祖在长安设立十大德统率僧众，吉藏也在当选之列。其主要著作有《中论疏》《十二门论疏》《百论疏》《三论玄义》《大乘玄义》《二谛义》等。

三论宗以二谛、八不中道为教义。表面上看，吉藏是在讲印度佛教的经论，而其实际内容既继承龙树、提婆的学说，又吸取僧肇的观点，更有南朝学术的抽象思辨色彩，并且企图在此基础上建立起认识世界的几个逻辑层次。

第一个层次，叫做“二谛”。所谓“二谛”，指俗谛(亦称世谛)和真谛(亦称第一义谛)。吉藏把世界分为两大部分，一部分是世俗的领域，另一部分是出家人的领域。吉藏说，在世俗人看来，世界上的一切事物都是实有的，这是世俗人所认识的真理，所以称世谛。在出家人看来，世界上的一切事物都是空寂的，这是出家人所认识的真理，所以称真谛。虽然俗谛说“有”，真谛说“空”，但二者并不矛盾。吉藏的论点是:

(1)一切存在的事物虽然是虚幻的，但它们又是不可改变的。吉藏在《二谛义》中把俗谛之“俗”解释为风俗，即指社会的风貌;把世谛之“世”解释为代谢，即指历史的变迁。前者指空间关系，后者指时间关系。吉藏认为，佛教徒不能离开空间、时间而生活，因此，“俗”虽是浮虚的，但既已有“俗”，那就必须承认这一“浮虚”之俗。“世”虽是“代谢”的，但既已有“世”,那就必须承认这个“代谢”之世。对于已有之“俗”,已有之“世”,都是不应加以改变的。所以,他说:“处处皆有风俗之法,故云:‘君子行礼,不求变俗。’”对于所有的礼法制度,更应该“不求变俗”。换句话说,一切现存的制度都是合理的,无论朝代如何更替,无论是隋,还是唐,佛教徒们都应当为新王朝唱赞歌,这样,世谛与真谛就合二为一了。

(2)一切存在的事物虽然是虚幻的,但它们所表现的却是真实的本体。吉藏称之为“有表不有”“俗表不俗”,即宗教是依存于世俗的。他着重论述了世俗的道理(封建的伦理纲常)与终极的真理(即真谛)之间的关系,认为谁要是根据后者来否定前者,那就是极大的错误。他说,“方广道人”谈空,把一切事物都说成如龟毛、兔角一样根本不存在,什么罪福报应、各种伦理关系都空无所有。吉藏认为他们犯了“空”病,因为不承认“因果、君臣、父子、忠孝之道”,就是否定了俗谛,没有俗谛就无法认识真谛,不识真谛,就不能得到精神的解脱,所以说,这种人过失极大。

第二个层次,叫做“中道”。这是更高一级的层次。因为第一层次只是为了否定世间与出世间的界限,借以争取佛教自身的生存空间,但还不是理想的最高精神境界。吉藏说:“通论《三论》,皆得显‘中’。”(《大乘玄义》)说明《三论》的中心思想,就是“中道”。

所谓“中道”,一般是指脱离“两边”(两个极端)的不偏不倚的道路,或观点、方法。佛教史上各个学派对“中道”各有自己的解释。吉藏依据佛教大乘空宗的观点,以“不二为中道”(同上)。俗谛说“有”,真谛说“空”,以“空”“有”为“二”;“不二”,就是非有非空。在吉藏看来,有是假有,非实“有”;空是假空,非真“空”,只有对“空”“有”双方都予以否定,才是“不二”的“中道”。

吉藏不仅从本体论上也从宗教修养上论证“中道”的意义。他说,“中道即是实相”(《大乘玄义》),“虚空非有非无,言语道断,心行处灭,即是实相”(同上)。“虚空”,不是指天空,按吉藏的说法,它是一种不言不思的精神境界。所以,吉藏认为,就“空”和“有”的关系来说,说“有”是俗谛,说“空”是真谛；就“空”“有”和非有非无的关系来说，说“空”或说“有”都是各执一端，因而是俗谛，非有非无是真谛。但认识不能停留在非有非无的阶段，否则，那也是俗谛，只有把非有非无引向“言忘虑绝”而“无所得”，才能达到终极的真理。

第三个层次，叫做“八不”。这是第二个层次的深化，目的在于论证和显示“中道”。

所谓“八不”，指不生，不灭；不断，不常；不一，不异；不来，不出。一共八事四对。与生、灭，断、常，一、异，来、出相对立。吉藏认为，世界本来没有什么差别而“无所得”，只是由于人们的“一念”才产生出种种的差别。他解释说，生心动念，就有“生”；欲灭烦恼，就有“灭”；承认事物的变化迁流，就有“断”；寻求事物的稳定不变，就有“常”；主张真谛没有相状，就有“一”；宣传俗谛万象参差，就有“异”；入世，就有“来”；出世，就有“出”。他宣称，这种承认事物矛盾双方的存在，或偏执于其中一方的观点，都是“有所得”；“有所得”即有所偏，因而都不合“真理”（参见《中观论疏》）。在他看来，只有对事物矛盾双方都予以否定，才能显示“中道”，进入他所臆想的无差别的宗教世界。

吉藏对印度佛教大乘空宗的“八不”学说，也有所修正，这表现在他阐述“八不”的“五句”“三中”里面，即对生、灭，断、常，一、异，来、出，都用“五句”“三中”作解释。譬如就生、灭来说，第一句，实生实灭，以生灭为实，谓之单俗，这是世俗人的一种偏见。第二句，不生不灭，以不生不灭为实，这在印度人那里认为是符合“中道”的，而吉藏则谓之单真，这是出家人的一种偏见。第三句，假生假灭；第四句，假不生假不灭；第五句，非生灭非不生灭。这后三句，他认为才符合“中道”，所以叫做“三中”。照他的说法，生灭以及断常、一异、来出都是假象，强调一个“假”字，借以把世界上的一切事物和现象从人的感觉和意念中清除出去，以保持心体的空寂。他还说：“汝所见有者，并颠倒所感，如瓶衣等，皆是众生颠倒所感，妄想见有”，“是故须废也”（《二谛义》）。这里，人们朴素的认识被说成是“颠倒”的,颠倒的认识被说成是正确的,这就是吉藏论述二谛、八不中道的目的。

吉藏以后,三论宗就趋于衰落,但它的影响却波及邻国。唐武德八年(625 年),朝鲜僧人慧灌把此派学说传到日本。此后,其弟子日本僧人智威、道慈等人又到长安学习三论学说,回国传布,形成元兴寺、大安寺两个流派。

## 第三节　天台宗

与三论宗差不多同时形成的天台宗,按佛教的传统说法,其理论也来源于大乘空宗一系。实际创始人是智顗,因他常住浙江天台山,故以天台为宗派的名称。又因以《法华经》为主要的教义根据,所以又称“法华宗”。

智顗(538—597 年),俗姓陈,字德安。祖籍颍川(今河南许昌),后迁荆州华容(今湖北潜江西南)。其父为南朝梁的大官。他 15 岁时,家道中衰,18 岁出家。先后学过禅法和宗教理论。南朝陈太建七年(575 年)入天台山建草庵。曾在天台山讲经几十年,故称“天台大师”。陈亡后,游历荆、湘二州,又往庐山讲经说法。隋开皇十一年(591 年)应晋王杨广之请为其授菩萨戒,杨广赠以“智者”之号,故又称“智者大师”。生前造大寺 35 处,度僧 4000 余人,传业弟子 32 人。主要著作有《法华玄义》《法华文句》《摩诃止观》,被称为天台三大部。

天台宗的教义以“止观”并重为特色,这也是智顗完成南北佛教统一任务的具体表现。所谓“止”,就是坐禅,亦称“定”;“观”,就是静心,亦称“慧”。前者是修行,后者是修心,这本来是南北佛教的两种学术风格。早在北齐时,智顗老师慧思曾提出定慧双修,因定发慧的学说。当时北方僧侣不重义门,唯重坐禅,南北僧侣的学风正好相反。慧思自以为贯通南北,实际却招致南北僧侣的反对。又经过几十年的努力,直到隋统一全国以后,智𫖮才结束了南“义”北“禅”的学术分流局面。

智𫖮认为,修行(“止”)是把意念系在鼻端或脐下(丹田)等处,使躁乱的心神静止下来,在此基础上修心(“观”)。“观”有内观、外观 12 种,有些是为了断除“烦恼”,有些是为了获得功德,有些是为了成就“智慧”,其中以成就“智慧”的“正观”为最重要。

智𫖮把“正观”分为若干步骤。第一步,先了解所“观”的一切事物和现象都是虚幻不实的假象。智𫖮继承了僧肇、吉藏等人的观点,而不是简单地否认客观世界的存在。他认为世界上有两种东西,一是“名”,二是“色”。他按照佛教的传统说法,把“色”分为 14 种,即四大(地、水、风、火四种物质元素)、五根(眼、耳、鼻、舌、身五种感觉器官)、五尘(色、声、香、味、触五种感觉对象),认为它们的特点是具有“质碍”性,即具有质量和不可入性,因而是能够捉摸到的东西。像他这样把认识初级阶段的构成及其特点分析得如此仔细,是有合理因素的。他认为,“色”是从属于“名”的。“名”,包括受、想、思、识四种功能,凡是能够感受、想象、思考、识别的,都叫做“名”,它是看不见、摸不着的,即相当于我们所说的意识。因此,它不同于“色”。他说:“识依根尘,识为能入,根尘即是所入。”(《法界次弟观门》)。意识要依赖于感觉器官和感觉对象,似乎接触到了认识的发展过程,但“识为能入”,“根尘即是所入”。入,就是包括的意思,“识”能够认识,包括根、尘,而根、尘即为“识”所认识、包括。这里,现实的关系被颠倒了,“名”被说成是第一性的,“色”被说成是第二性的,“色”不过是“名”的显现而已。然而,“名”“色”二法都是由“心”产生的。他说:“三界无别法,唯是一心作。”(《法华玄义》)这是说,“名”“色”二法依靠“心”这个条件才能存在。根据《中论》“因缘(条件)所生法,我说即是空”的原理,“名”“色”二法也是空的,整个世界不过是心的一个念头,智𫖮把它称之为“一念三千”(“三千”是从一个繁琐的宗教公式里推衍出来的,用以喻指整个世界)。

第二步,由了解“名”“色”是假象,进而了解产生“名”“色”的“心”也是空寂的,以达到绝对的虚无主义。他说:“诸法如梦幻,本来自空。”(《法界次弟观门》)即各种各样的物质的和精神的现象如同梦中的幻境一样,本来就不是实际存在的。他举例说,人们梦中有时出现很长的一段经历,醒来以后,便认为梦中的长时间不是真实的。但如果从梦中的观点看,梦中经历的漫长时间,在醒时不过是一顿饭的工夫,也可以说醒时的短暂时间是不真实的。这里,他借用庄周梦为蝴蝶,蝴蝶梦为庄周(见《庄子·齐物论》)的比喻来论证“心”的各种功能是假的、空的,认为这才符合“中道”(佛教真理),这就是智顗所说的“一心三观”(《摩诃止观》)。但“三观”彼此交融不分,即所谓假、中皆空,空、中皆假,空、假皆中,“虽三而一,虽一而三,不相妨碍”,这就是智顗所说的“三谛圆融”(同上)。透过这些宗教式的玄谈,无非是要人静坐息心,无思无虑,进入半睡眠状态。据说,这样就可以成“智慧”,见“佛性”,入“涅槃”。因此,“止观”并重被说成是该宗最高的宗教原则。

智顗的“止观”学说,强调修行与修心的统一,以及在感官与其对象的接触中去进行内省体验,以求善养“心识”。这在唐、宋的佛教界和思想界都具有一定影响。唐道宣曾评论天台宗“因定发慧,此旨不虚。南北禅宗,罕不承绪”(《唐高僧传》卷二十一)。这是说,“止观”学说启发了禅宗的思路。

智顗以后100多年,天台宗还出了个有名的人物,即湛然。他对天台宗的教义作了某些发展,被佛教史家称为“中兴”天台宗的代表者。因此,有必要在这里一并介绍。

湛然(711—782年),俗姓戚,世居晋陵荆溪(今江苏宜兴南),世称“荆溪大师”。20岁时学佛,38岁时正式出家。先后在吴郡(今江苏苏州)开元寺和天台国清寺讲“止观”。主要著作有《法华玄义释签》《止观辅行传弘决》《金刚錍》等。

湛然对天台宗教义的发展,主要是在《金刚錍》中继三论宗的吉藏之后,提出“无情有性”的学说。“无情”是指没有情感、没有生命的一切自然界的物质。“有性”就是说这些“无情”的事物也都具有佛性。本来,就道生以及智颛等人的观点,能不能成佛,或有没有佛性,是专指“有情”说的。湛然则宣称连没有生命的东西,如“墙壁瓦石”都有佛性,那当然人人都可以进入天国了。

湛然以智颛的“一心三观”作为自己的佛性新说的理论前提。他认为,既然世界上一切物质的和精神的现象,都是虚幻不实的假象,那么,“虚空之言,何所不该,安弃墙壁瓦石等邪”?为什么要把“无情”摒弃在外呢?为何不承认“无情”的东西也是假象呢?既然事物和现象的“空”(虚幻)和“假”(假象)是佛教的真理,那么,万事万物和佛教真理之间也就没有界限,可以说“万法是真如”“真如是万法”。为了论证这个虚构的佛教真理无所不存,湛然还以“水、波”的关系作比喻,他说:

> 是则无有无波之水,未有不湿之波。在湿,讵间于混澄,为波,自分于清浊。虽有清有浊,而一性无殊。(《金刚錍》)

这是说,有水就有波,有水波就有湿性,湿性不会因水波的清、浊而有所改变,佛教真理也不会因万事万物的差异而分别彼此。由此,他认定“故知一尘(客观对象)、一心(精神活动),即一切生佛之心性”,也就是说,“无情”和“有情”的东西都具有佛性。

有人根据《大智度论》“真如在无情中,但名法性,在有情中方名佛性”的说法,对湛然的观点提出质疑。湛然答复说,“无情无性”是小乘教的观点,“无情有性”才是大乘教的观点。他希望提问题的人不要混淆了大、小乘的界限,也不要“迷名而不知义”。

湛然以后,天台宗逐渐分化,11 世纪初分为山家、山外两派。其中,山家一派对后世影响较大。9 世纪日僧最澄入唐学佛,在天台山从湛然门人习天台宗教义,回国后以比叡山为中心传布此宗。11 世纪末,朝鲜僧人义天入宋学天台宗教义,把此宗传到朝鲜。

## 第四节 三阶教

隋代还有一个比较特殊的佛教宗派，即三阶教，又称普法宗，为信行(540—594年)所创立。信行俗姓王，魏郡(今河南安阳)人。出家后，曾在相州法藏寺、京师真寂寺(即化度寺)、光明寺、弘善寺等寺院讲习经论。他所创立的三阶教曾风行一时。其著作几经焚毁，现存有敦煌出土的《三阶佛法》《对根起行法》等残卷。

信行把佛教史按时间("时")、地点("处")和人的品性("机")分为三个阶段，所以，他创立的宗派称"三阶教"。在信行之前，在佛经(如《杂阿含经》《大悲经》等)和佛教论著(如《南岳思大禅师立誓愿文》《安乐集》等)中都认为释迦牟尼逝世后佛法日益衰微，佛教将按照"正法""像法""末法"三个时期，一代不如一代地退化下去。但对"三法"具体经历的时间说法很多，一般以"正法"为500年，"像法"1000年，"末法"10,000年。就是说，从释迦牟尼时算起，在第一个500年里，根据佛教教义修行的人，都能获得正确无误的佛法，所以叫做"正法"。从第600年起的1000年(或称1500年)，修行的人，只能获得类似"正法"的佛法，所以叫做"像法"("像"，相似的意思)。从第1600年起的10,000年内，佛法将灭，只有教说，既无修行，也无"证悟"，所以叫做"末法"。这里，只是从时间上来划分佛教的"三阶"。信行则以人的品性为中心，以"第三阶"为重点阐述"三阶"思想。他认为隋已进入"末法时期"，这是一个罪恶的"世界"，它由"邪魔外道""非谤正法"和侮辱贤圣等17种人所组成，他所要化度的对象就是这"第三阶"的人。

信行主张实行"普法"以解救他所设想的佛教危机。所谓"普法"，即普念一切经，普习一切法，普拜一切佛，所以他创立的宗派又称普法宗。"普法"的基本内容：①破除各种人为的等级差别。信行提出所谓"法界七普"："普凡普圣，普善普恶，普邪普正，普大乘普小乘，普空普有，普世间普出世间，普浅普深。”（见矢吹庆辉：《三阶教之研究》）这是说，在三阶教的教义中，没有凡圣、善恶、邪正、大乘小乘、说空说有、深和浅等界限，人就是菩萨，菩萨就是人。所以信行依据《法华经》中所说的常不轻菩萨，路见男女，一律礼拜，认为一切众生都是“真佛”，人人在佛性面前一律平等。②反对佛教各宗派之间的门户之争。信行认为，念一种或几种经，习一种或几种法，拜一位或几位佛，都是宗派偏见，都是各宗派的头面人物拥宗自重的表现。他称这些人统统是披着师子皮的驴菩萨（师同狮，因释迦牟尼被喻为无畏的狮子，所以师子就是指佛）。为了表白自己不与他们同流合污的态度，信行毅然舍弃比丘（指受过具足戒的高级僧侣）身份，亲执劳役，修“头陀”（指以苦律己的苦行僧）苦行，乞食，而且日止一餐，以改革寺院中形成的僧侣贵族的制度。其著作也不专宗一经、一佛。从敦煌出土的《三阶教》残卷来看，其著作是抄录40余种经文汇编而成。他依据经文中的佛性论，宣称“一切凡圣，一切邪正，同为一体，更无别法”（《对根起行杂录集》），即世界上的一切人和物都以佛性为本体，应该用佛性遍及一切的“普法”，取代其他的宗教说教。

由信行创立的三阶教，也是隋代南北佛学趋于统一的产物。但信行不像智𫖮那样采取温和的融合方式，而是采取排他的方式，甚至连当时的社会秩序都否定，因此很不合统治者的胃口。隋开皇二十年（600年），朝廷明令禁止，但由于该宗在下层僧众中的影响和拥有的“无尽藏”（类似原始道教的义米、义仓）财富，直到唐代仍广为流传。武则天圣历二年（699年）、玄宗开元十三年（725年），又先后再申禁令，至宋代湮灭不闻。但其著述却在公元8世纪至13世纪传入日本和朝鲜。现存敦煌文书中有《信行遗文》《三阶佛法》《对根起信法》《大乘法界无尽藏法释》《普法四佛》等残卷。日本的矢吹庆辉（1879—1939年）等人对该宗的研究一直相继不断。

该宗是第一个把社会安定与佛教发展紧密联系的佛教宗派，其社会价值和佛学教说不容忽视。

## 第五节　唯识宗

佛教发展到唐代，盛况空前。仅从佛经的翻译来看，从唐武德元年(618年)到贞元十六年(800年)，共183年，有译者46名，译经435部，计2476卷(见圆照《贞元新定释教目录》)，而且质量较高。前代译经，主译者多半不懂汉语，助译者多半不通梵文，所以译文晦涩，错误很多。到唐代，由于有了一批去印度学佛的留学生，他们兼通汉语和梵文，能够比较准确地译出经文，在译经史上开辟了一个新时代，被称为“新译”。翻译佛经，是移植；建立宗派，是创造。唐代佛学就是在移植加创造的气氛中发展起来的。

唐初最重要的佛教宗派，是唯识宗。因为这个宗派集中分析了世界上各种物质的和精神的现象，分析到最后，认为一切现象都是“识”所变现出来的。就它的前一特点说，叫做法相宗；就后一特点说，叫做唯识宗。这一宗派为玄奘及其弟子窥基所创立，他们常住长安(今陕西西安)慈恩寺，所以又叫做慈恩宗。

玄奘像

玄奘(602—664年)，俗姓陈，洛州缑氏(今河南偃师缑氏)人。幼年贫穷，13岁出家。后游历各地，遍访名师，学习各种经论。感到各师所说不一，各种经典也不尽相同，决心西行求法。唐贞观三年(629年)，从长安(今陕西西安)出发，经姑臧(今甘肃武威)、敦煌、新疆以及中亚等地，历尽艰险，辗转到中印度摩揭陀国，入当时印度的佛教中心那烂陀寺，从戒贤学《瑜伽师地论》等经典。在印度期间，玄奘曾著《会宗论》，疏通大乘有宗与空宗两家的争论，又著《制恶见论》，折服小乘论师的观点。戒日王召集五天竺僧侣及异道数万人，为玄奘设无遮(无条件限制的)大会于曲女城，历时18天，无人敢出头发难，受到大小乘人的一致推崇，成为那烂陀寺中精通经、律、论的10名三藏法师之一，其地位仅次于戒贤。所以玄奘又被称为“三藏法师”。贞观十九年(645年)回到长安，往返17年，行程50,000里，“所闻所履，百有三十八国”，带回佛教典籍657部。回国后，即在唐太宗、高宗父子的支持下，从事译著活动。20年间译出佛教典籍75部，1335卷，占唐代“新译”佛典的一半以上。他一生中最大的贡献，就是把印度佛教，主要是大乘有宗的学说原原本本地传到中国。其主要译著有《瑜伽师地论》《成唯识论》等。还把《老子》和《大乘起信论》译为梵文，传入印度。另著有《大唐西域记》。

唯识宗按佛教的传统说法，是属于印度佛教中由无著和世亲所创立的大乘有宗一系。这一派表面上和大乘空宗不同，他们承认世界的精神性本体“识”为实有，所以叫做有宗。他们认为，空宗宣传“一切皆空”的思想，连精神本体也被说成是空的，把空的道理说得过了头，将会动摇人们的宗教信仰，这是最严重的过失。所以唯识宗在否认客观世界的同时，小心地保护着精神本体的“有”。

唯识宗以宣传“万法唯识”为宗旨，认为“实无外境，唯有内识，似外境生”(《成唯识论》卷二九六)。好像是外境，其实不是外境，外境只是由内识所生成的幻象。也就是说，世界上的一切事物和现象都以“识”为精神性的本体，而没有离开“识”的客观世界存在。

唯识宗把“识”分为八种，即眼识、耳识、鼻识、舌识、身识、意识、末那识、阿赖耶识，合称八识。他们把八识按性质分为三类，第一类包括前六识，其中，前五识是指眼、耳、鼻、舌、身这五种感官的功能，其“行相粗动”，即认识肤浅(“粗”)和片面(“动”，不连续的意思)。第六识意识，类似知觉，“行相深远，亦复间断”，即认识比较深刻，但也不全面(“间断”)。前六识都“能了诸境相”，就是能够了解、识别外界的现象，譬如，依赖眼识能够产生颜色的感觉，耳识能够产生声音的感觉，身识能够产生质碍性、冷、热等感觉，等等。意识是对杂乱无章的感觉加以综合，从而形成知觉。在他们看来，世界上的一切现象都不过是众多感觉的复合体。第二类是第七识末那识,它是联系前六识和第八识阿赖耶识的桥梁,只有通过末那识才能建立起“唯识”的思想体系。末那识的性质是能够“思量”,即思考、思虑。它不同于前五识,前五识没有思维的功能;也不同于第六识,意识虽有某些“审思”的功能,但却不连贯、不系统。可见,末那识有点类似理性认识,但这种理性认识是无本之源,因为它不以前五识为基础,所以实质上就是一种自我意识。第三类是第八识阿赖耶识。这是最重要的一类,它是前七识的最根本的共同依据,所以又叫做“根本依”“藏识”“心”等。

阿赖耶识的主要特点是“能藏”,能够收藏和贮存一切识的“种子”。“种子”是一种比喻的说法。他们主观地推断出“种子”是精神性的单子,认为一切识必须有与自己相应的种子为因,才得生成,由这些“种子”生成的果,叫做“现行”,即“种子”的显现状态。他们宣称:现存的一切现象都是结果,而任何一种结果都是由原因引起的,原因就是“种子”,结果就是“现行”。这样,“种子”与“现行”的关系实质上就是第八识与前七识的关系:第八识阿赖耶识(收藏精神性的单子)是因,第七识末那识(自我意识)是果;自我意识是因,前六识(眼识、耳识、鼻识、舌识、身识、意识)是果;眼识、耳识、鼻识、舌识、身识、意识为因,外界现象是果;外界现象又可被分解、还原为各种意识的要素,从这个意义上说,外界现象是因,前六识是果。上述八识之间的互为因果,八识与外界现象的互为因果,就构成了整个世界。

根据上述观点,唯识宗宣称,通过自我意识的反思,彻底转变思想认识,就可以达到由迷而悟、由染而净的修习目的。这里又分几个步骤:首先,是把认识主体和认识对象看成是“识”所变现的。早期的小乘佛教曾经主张,认识要依赖一定的感觉器官(“根”)才能得到,如依赖于眼及其功能才有色,依赖于耳及其功能才有声,等等,尽管这还是一种唯心论的经验论。可是,唯识宗认为,这种说法还不免有精神作用依赖于物质结构的嫌疑,他们对“根”的解释有较大改变,声称只依赖“根”,还不能起作用，必须使意识、末那识、阿赖耶识与五根一起运转，才能发挥感觉器官的功能，从而否定"根"的物质性，把主观认识能力看成是自我意识的产物，他们称之为"见分"。而认识的对象，即客观事物，只是自我意识的外化，是一种"幻化不实，非有而似有"(《成唯识论》卷八)的景象，他们称之为"相分"。所谓认识，就是意识化的主体"见分"与外化为客体的"相分"的结合。其次，是把转变认识看做是一个循序渐进的过程，一般要经过"十地"，即十个阶梯，才能完成。具体说，先从懂得"我(人)法(事物和现象)"二空这一类简单的教义做起，进而破除"烦恼"，增长"智慧"，一个台阶一个台阶地向上攀登，直到彻底"觉悟"为止。因此，唯识宗的修习方法以渐悟为特色。

唯识宗还把印度的因明学说，即佛学逻辑介绍到中国来，并作为本宗立论的基本方法。所谓"因"，指推理的理由、根据；"明"，有证明的意思。因明，就是进行推理证明的学问，类似形式逻辑，但同形式逻辑从已知推到未知的三段论式有些区别，因明是把结论放在第一项。玄奘在贞观二十一年(647 年)译出《因明入正理论》，第二年又译出《因明正理门论》，其弟子窥基著《因明入正理论疏》，这几部著作是研究因明学的重要资料。

因明学的基本论式，叫做三支做法。第一支"宗"，即论题，由主词和宾词两部分组成。主词与宾词各叫"宗依"，二者合成一个命题便叫"宗体"。宗依由辩论双方共同认可。宗体则由立论者所主张，而为论敌所反对。第二支"因"，即立论的理由，一般省略主词，仅列宾词。分"正因"(正确的理由)和"似因"(错误的理由)两种。第三支"喻"，是由直言判断或假言判断所组成的例证。据史书记载，玄奘在印度曲女城的无遮大会上，就用三支做法论"唯识无境"观点，折服了所有的论敌。

唯识宗是忠实于印度佛教原著的宗派，这是它的优点，也是它的缺点，庞大而繁琐的思想体系限制了它在中国的传播，流行了 40 年即衰落。唐永徽四年(653 年)，日僧道昭来唐向玄奘学唯识宗教义，回国以元兴寺为中心传法,称南寺传;开元四年(716年,一说开元五年),日僧玄昭来唐向智周学法,回国以兴福寺为中心传教,称北寺传。日本法相宗是奈良时期(710—794年)、平安时期(794—1192年)最有势力的佛教宗派之一。

## 第六节　唐初的排佛言论

唐初武德(618—626年)至贞观(627—649年)年间,曾出现过一股反佛潮流。这大致有两种类型,一类是从统治者的政治经济利益出发,说明寺院林立,僧侣众多,直接影响了封建国家的赋税、户口、国计民生和国防建设。如狄仁杰(607—700年)指出,佛教"膏腴美业,倍取其多,水碾庄园,数亦非少。逃丁避税,并集法门","浮食者众,又劫人财"(《旧唐书·狄仁杰传》),对僧侣阶层占有大量土地和物质财富,大量收留流民的行为表示不满。又如,李峤认为"今丁口皆出家,兵悉入道",会使政府的兵源、财源枯竭,危及"国计军防"(《旧唐书·李峤传》)。再如,稍晚一些的杨炎(727—781年)还揭露富人利用佛教转移丁口,获取免税特权,加剧贫富分化。上述的这些言论,从一个侧面反映了世俗地主与僧侣地主在物质利益再分配上的矛盾。另一类是从维护儒家礼法名教的观点出发,批评佛教的出世主义,当以傅奕为代表。

傅奕(555—639年),相州邺(今河北临漳西南)人。他通晓天文历数。唐初任太史令,进刻漏新法,得到采用。这位自然科学家不信"阴阳数术之书",并以自己死后的裸葬来表明言和行的一致。他曾多次上疏请求废除佛教,并把魏晋以来的反佛言论收集在一起,编成《高识传》10卷。此外,他曾注解《老子》,撰《老子音义》。但这些著作都没有被保存下来,现在仅有几篇奏疏收录在《全唐文》和《广弘明集》中。

傅奕的反佛言论,见于奏疏的,大体可归结为两点:①佛教违背了中国以忠孝立国,以"周(公)孔(子)之教"育民的古老传统。他继承南朝顾欢《夷夏论》的观点,认为佛教是夷狄之法,并补充说,自从佛教传入以后，儒家的伦理道德遭到破坏，使当官的人不务政事，读书的人放弃学业，生产的人无心于耕织，社会的分工被打乱了，财富被用来供养10万之众的僧尼，加重了人民的负担。在他看来，只有废除佛教，才能维护封建主义制度。②佛教违背了天地自然之理。他说："生死寿夭，由于自然；刑德威福，关之人主；乃谓贫富贵贱，功业所招。而愚僧矫诈，皆云由佛。穷人主之权，擅造化之力，其为害政，良可悲矣！"(《旧唐书·傅奕传》)这是说，人的生命的长短是自然原因形成的，人的贫富贵贱是由君主决定的，同佛教的"因果报应"没有联系，而佛教学者却把这些自然现象和社会现象的决定力量算在佛法无边的账上，用以"恐吓愚夫，诈欺庸品"(同上)。傅奕还说"凡百黎庶，通识者希，不察根源，信其矫诈"(同上)，认为一般百姓由于愚昧无知而接受欺骗是佛教得以传播的重要原因，对佛教滋生的土壤作了一些探索。

傅奕"清除佛法"的方式比较缓和，他主张"请胡佛邪教，退还西域；凡是僧尼悉令归俗"(《广弘明集》卷十一)，并没有主张采取其他激烈的措施。

傅奕的反佛言论在当时社会上广为流传，史书有所谓"秃丁之诮，闾里盛传，胡鬼之谣，昌言酒席"的记载。一些高僧纷纷著文进行反驳，法琳著《破邪论》，明概著《决对傅奕废佛法僧事》，对傅奕的言论逐条问难，其中多数是为宗教的辩护之词，但对各种学术思想却采取了"用各有宜，弗可废也"的态度。所以，无论是傅奕的反佛言论，还是佛教学者的反驳，都为后人研究各种学术流派之间的关系留下了资料。

# 第三章　唐中叶以后的佛学及儒学与佛学的矛盾和融合

## 第一节　华严宗

在武周时期,唯识宗的继承者有窥基弟子慧沼和慧沼弟子智周。天台宗的继承者有玄朗。就佛学理论修养来说,这些僧侣都有相当高的水平,但他们并没有受到朝廷的重视。新兴的有势力的宗派是华严宗和禅宗。

华严宗以发挥《华严经》教义而得名。《华严经》是大乘有宗的重要经典之一。佛教各种大部头的经典都是先有短篇的宗教故事或长诗(偈语),然后经过佛教徒多年的讲授和补充,最后才编成一部丛书。《华严经》就是一部总集的名称。早在东晋时,佛陀跋陀罗(觉贤)已译出60卷本《华严经》,名叫《旧译华严经》。自东晋至南北朝研究这一经典的僧侣并不很多,自梁末至唐初《华严经》的研究才开始盛行。实叉难陀(652—710年)译出80卷本《华严经》(即《新译华严经》)以后,《华严经》得到了广泛的传播。

华严宗的实际创始人是法藏(643—712年),字贤首(一说贤首是武则天给他的赐号),祖籍西域康居(今哈萨克斯坦东南部),后迁长安。17岁出家,曾参加玄奘译场,后因意见分歧而退出。通天元年(696年)在武则天安排下受具足戒,赐号“贤首戒师”。武则天组织翻译80卷本《华严经》,也特地让法藏参加,法藏很得武则天的宠信。他生前曾被官封三品,死后又追赠鸿胪卿。唐中宗给他造五所大华严寺。其三传弟子澄观,为唐德宗所重,被尊为教授和尚,诏授镇国大师称号,任天下大僧录。唐宪宗又赠僧统清凉国师之号,以后屡有加封。澄观的高徒宗密,独得师传,建立起庞大的体系。这时候皇帝已是唐武宗,武宗反佛,华严宗在流行了170多年以后便一蹶不振。该宗的主要著作,有法藏的《华严经探玄记》《华严经指归》《华严一乘教义分齐章》《华严经义海百门》,澄观的《华严法界玄镜》,宗密的《原人论》等。

唐初,新罗(朝鲜古国)人义湘入唐学华严宗教义,该宗遂传入新罗,他也被尊为海东华严宗初祖。日本天平十二年(740年),新罗僧人审祥到日本宣讲华严宗教义,传法于日僧良辩,以奈良大寺为根本道场,开创日本的华严宗。

华严宗与唯识宗都同属于大乘有宗,但它的教义比唯识宗更加灵活。按唯识宗的说法,第八识阿赖耶识收藏种子,但本身并不是种子,也就是说,它同现实世界没有直接的联系,以保持自身的清净而不受污染。但这样一来,唯识宗在理论上就陷入了困境,既然真如界是绝对清净的,现象界是污染的,那么,怎样才能清除真如界和现象界之间的屏障呢?既然真如界不能直接产生事物,又如何使人舍染归净呢?所以华严宗认为不能把话说得太绝对,不能把真如界的“真”和现象界的“妄”完全对立起来,使人感到佛教的天国可望而不可即。为此,法藏用了许多精力来研究“染”与“净”的关系。他说:“如世莲华,在泥不染,譬如法界真如,在世不为世法所污。”(《华严经探玄记》)这里,法藏用莲花比喻“净”,污泥比喻“染”,原来“净”就存在于“染”中,“染”中又含藏着“净”,“染”与“净”之间没有绝对的界限。正是精神世界里的“净”与“染”的问题,成了华严宗的“缘起”论和范畴观所反复阐述的宗旨。

华严宗的基本理论叫做“法界缘起”。“缘起”,就是世界上的一切事物和现象要依赖一定的条件才能产生。每一事物,它本身的存在既以他物的存在为条件(“缘”),其本身又是他物存在的条件(“因”),所以“缘起”是“因缘”的另一种说法。本来世界上任何一种现象,都不是彼此隔离孤立的,而是互相联系着、依赖着、制约着的,华严宗对世界普遍联系的规律也有一定的认识,却说成是在“法界”作用之下发生的。因为他们不承认有客观事物,他们所论证的只是“事”的普遍联系,而所谓“事”和天台宗经典中的“色”一样,是指作为幻相而存在的一切事物,又类似唯识宗所说的“外境”,只是对象化了的自我意识。

与“事”相对,有所谓“理”。“理”与“事”这一对范畴,早在东晋、南朝时的一些佛教学者就曾从真谛与俗谛的意义上使用过。以后,三论宗、天台宗等宗派基本上都沿袭此说。华严宗的学者用体用、本末来解释“理”和“事”。他们认为,“理”是指本体或本质,“理”与“事”的关系相当于本体与作用、本质与现象之间的关系。为了说明这种关系,他们提出“理事无碍”“事事无碍”的命题。所谓“理事无碍”,法藏和澄观等人都有说明,按法藏的说法,叫做“以事无体,事随理而融通”(《华严经义海百门》);按澄观的说法,叫做“事无别体,要因真理而得成立”(《华严法界玄镜》)。这两者的意思是说,“理”是本体、本质,“事”是作用、现象,“事”依靠“理”才能够产生,“理”依靠“事”才得以表现,所以真如(“理”)即万法(“事”),万法即真如,犹如镜中的映像,水中的波澜,明镜与映像互相交融,波澜与水流浑然一体(参见《华严一乘教义分齐章》)。这里,反映者与被反映者、现象与本质的区别没有了,有的只是无质的差别性的统一。由此,法藏得出结论说:“真(指“理”)该妄(指“事”)本,妄彻真源,性相通融,无障无碍。”(《华严一乘教义分齐章》)他们声称,如果能认识到真如界是现象界的本体,现象界归根到底要以真如界为来源,本体与作用、本质与现象之间没有任何质的界限,就可以获得佛教所特有的某些智慧。所谓“事事无碍”,按澄观的说法,叫做“以理融事,事则无碍”(《华严法界玄镜》)。这是因为“理”是一个不可分割的整体,每一“事”所体现的不是部分而是“理”的全体,所以从“理”的角度看“事”,一“事”即包含一切“事”,一“事”又被一切“事”所包含,“事”与“事”在“理”的基础下可以互相贯通。在他们看来,只有否认事物的质的规定性及其所具有的特殊规律,懂得“事”与“事”彼此相入,诸佛与众生交彻,净土与秽土相融,才能获得佛教所特有的最高智慧。

华严宗还提出了“六相圆融”的范畴观,从事物的结构上说明事物没有自己独立的性质,以进一步充实“法界缘起”论所阐述的脱离具体事物的“联系”。

“六相”,指总、别,同、异,成、坏,三对共六个范畴,其中最重要的是总、别这一对范畴。总,相当于整体;别,相当于部分。对于这两者之间的关系,法藏解释说:“若不别者,总义不成;由无别时,即无总故。此义云何?本以别成总,由无别故,总不成也。”(《华严五教章》)这是说,部分构成整体,没有部分,就没有整体。法藏在这里透露出一些辩证思维。但接着又说:“是故别者,则以总成别也。”(同上)只有当部分构成整体时,它自身才成其为部分,也就是说,部分要依赖于整体才能存在。法藏以椽、瓦(“别”)与房子(“总”)的关系为例,认为“椽即是舍”(同上),椽就是房子,因为叫它做椽时,它已经是房子的组成部分了;就瓦来说,也是同样的道理。反过来,没有房子,就没有椽、瓦的存在,如果椽离开了房子,就不能叫做椽,而是一根根的木料;瓦离开了房子,就不能叫做瓦,而是一堆堆的土坯。这里,他把部分与整体这一对相互依存的范畴,曲解为可以相互取代的范畴,把联系绝对化,借以宣传世界上没有任何真实的东西,只有一个由范畴所组成的关系之网。

对同(同一性)异(差别性)、成(积极因素)坏(消极因素)这两对范畴,他们也采取了同样的手法,认为可以从异中推出同,如椽、瓦共同构成房子时,不但椽与椽之间有同一性,椽与瓦之间也有同一性。反过来,又可以从同中推出异,如这一根椽又与其他的椽有所不同。再如,他们认为任何一件事物本身既有积极作用,又有消极作用,如椽、瓦等对构成房子起着积极作用,但同时又淹没了自己的个性;为了更好地表现它们自己,就要从房子整体中分离出来,这又起着消极作用。法藏等人就从这些多少有点合理因素的前提中得出同就是异、异就是同,成就是坏、坏就是成的结论。

华严宗的上述理论,归根到底,无非是要向人们证明:现存的一切都是合理的;现象界与真如界可以贯通;在污染的环境里也可以追求宗教的理想。

在华严宗的学者中,宗密(780—841 年)是一个重要人物,他的思想也应当给予简要介绍。

宗密的思想以评论佛教内外各学派、各宗派的学术观点为特色。他认为佛教以外的儒家和道家中主张"'道法自然',生于元气,元气生天地,天地生万物"(《原人论》)的唯物论和无神论派别,不符合佛教的思想原则。他从王充等人的思想中寻找漏洞作为他向无神论发难的理由:①如果"万物皆从虚无大道而生","大道"决定生死贤愚、吉凶祸福,那么人们只有消极地等待命运的安排,何必强调"依身立行",这岂不是自相矛盾吗?②如果"万物皆是自然生化",不是因缘造成的,那么,"一切无因缘处悉应生化","石应生草,草或生人,人生畜等",世界将发生"生无前后"的混乱现象。③如果"生是禀气而欻有,死是气散而欻无",那就是否定了鬼神的存在,这又与记载"祭祀求祷"的古代典籍相冲突。④如果"天地之气本无知",那么,"人禀无知之气",怎能生出有知之体?"草木亦皆禀气",何故又没有知觉?可见,"元气生天地,天地生万物"的观点,不能自圆其说。⑤如果"贫富贵贱,贤愚善恶,吉凶祸福,皆由天命",为什么贫多富少,贱多贵少,祸多福少,"天何不平乎"?老天爷为何如此不公平?对"无德而富,有德而贫"的现象,又当如何解释?对"《诗》刺乱政,《书》赞王道,《礼》称安上,《乐》号移风"又当如何理解?宗密的结论是:儒家和道家都是"迷执",即执迷不悟。但这并不妨碍他吸取儒、道二家的性情学说,在"弃末(情)归本(性)"的基础上,统一三家学术观点的矛盾。

## 第二节　禅　宗

“禅”,按照梵文的意思,就是安静地沉思。这本是印度佛教的一种宗教修养方法。中国习惯把“禅”与“定”合称为“禅定”,指的是静坐,调整呼吸,舌柱上腭,心境专一,使思想高度集中,以逢苦不忧,得乐不喜,无所追求来进行思想意识的锻炼。但在印度的佛教中没有叫做禅宗的教派,禅宗纯粹是中国佛教的产物。

禅宗是最重视佛教“祖统”的宗派,其始祖一般被追溯到南梁时来华的印度和尚菩提达摩,中间经过慧可、僧灿、道信到弘忍,这五代法裔相传的过程,可以看做禅宗的预备阶段。这段时期禅宗还没有形成宗派,也没有以“禅宗”作为自己宗派的名称。

禅宗真正形成宗派,应从唐中叶(7 世纪下半叶)算起,慧能(638—713 年)被推尊为禅宗六祖,是该宗正式诞生的标志。

惠能像

慧能,也称惠能。俗姓卢,原籍范阳(郡治在今北京城西南),生于南海新兴(今属广东)。3 岁丧父,母寡居。稍长,靠卖柴养母。这种贫苦的生活,使他产生了厌弃世间另寻出路的愿望。他虽不识字,但很会思考。24 岁时,听人诵《金刚般若经》有感,于是决心学佛,投在湖北黄梅东山寺弘忍门下为行者(在寺内服杂役而没有剃发出家)。据《坛经》记载,弘忍门下弟子数千,他在传授衣钵时让弟子们作偈,看看谁能得到真传。他的大弟子神秀(约 606—706 年)作了一偈说:“身是菩提树,心如明镜台,时时勤拂拭,莫使染尘埃。”这是说,佛教徒要经常注意对身心的修养,要像菩提树、明镜台那样保持清洁明净,不要受外界尘埃,即世俗杂念的污染。慧能听人念了这首偈语以后认为“未见本性”,他另作一偈说:“菩提本无树,明镜亦非台,本来无一物,何处染尘埃。”从大乘空宗的观点看来,慧能的空无观比神秀更为彻底,因为慧能根本不承认有所谓外物的存在,当然人心也就不会受到外物的影响,成佛的关键在于向内用力,也就是说佛在心内,不在心外。慧能的这首偈得到了弘忍的赏识,认为慧能是“知悟本性”,便秘密传给衣钵。从此,慧能便成为禅宗的第六祖。这样,慧能和神秀便因为对空无观理解的深浅不同,而分南北两派。慧能的势力开始主要在岭南一带,北方则是神秀的地盘。两派之间的斗争十分剧烈。传说北宗的世俗信徒到岭南做官,有意磨去南宗传法碑文,企图湮没嫡庶关系。而慧能的嫡传弟子神会(689—760 年)则冒着生命危险,到洛阳荷泽寺宣传南宗教义,遭北宗仇视,三次险被谋杀。安禄山陷两京,神会为朝廷设坛度僧,收香水钱资助军费,唐肃宗以为有功,召入宫中供养,又为造禅宇于荷泽寺中。神会得到朝廷的支持,南宗大盛,北宗从此衰落不振。唐德宗立神会为禅宗第七祖,一场正傍的争斗,至此方告结束。

唐武宗会昌五年(845 年)毁佛时,令僧尼还俗 26.05 万人,释放奴婢 15 万人,没收良田数千万顷(李德裕《表》作数千顷,疑为数十万顷),拆毁公私寺院 4 万余所(一说 5 万余所),寺院连屋基都被挖掉,其他宗派失去了生存的条件,唯独禅宗仍长盛不衰。这是因为禅宗比其他宗派更能适应当时中国社会的需要。隋唐时期的其他宗派比较注重繁琐的章句解释,玩弄抽象的概念思辨,如天台宗的智顗就是一位繁琐哲学的大师,他介绍“止观”二法,摇笔便是 10 万字。智顗的学风还不曾衰竭,接着又出了个玄奘。玄奘从印度介绍过来的“唯识”学和因明学,在宗教领域中又构成了另一个庞大的体系。但是,到禅宗兴起时,由于农民战争的冲击,安史之乱等军阀战争的危害,破坏了寺院经济和佛教的图书文物,使那些繁琐的宣传方式缺乏物质的凭借,有的宗派已走向死胡同。为了解救当时佛教所面临的危机,禅宗不受印度佛教教条的束缚,采用佛教经论中合用的句子,摆脱繁琐的旧传统,凭己意作出新的解释,提出不要累世修行,不要大量的布施,不要诵经和礼佛,只要凭借每个人的主观信仰和良心,即可成佛。这种佛教内部的宗教改革运动,既为一般平民百姓在乱世中寻找精神寄托提供了机会,又很适合士大夫阶层的口味。士大夫信仰佛教虽然有许多原因,但主要还是在探索人的本质方面同禅宗的思想发生共鸣,其中的一部分人还企图利用禅宗的一些思想资料来改造和振兴儒学。

中唐以后,禅宗继续发展,先后建立了五个支派。最先是义玄(?—876 年)创临济宗;良价(807—869 年)与弟子本寂(840—901 年)创曹洞宗;灵祐(771—853 年)与弟子慧寂(807—883 年)创沩仰宗;五代时文偃(864—949 年)创云门宗;文益(885—958 年)创法眼宗。五宗中只有临济宗在河北,其余四宗都在南方。后周显德六年(959 年),世宗灭佛,临济宗在北方依然盛行。南方诸国的统治者也多崇信禅宗。这样,禅宗几乎取代了其他宗派,垄断了佛教,甚至禅学和佛学成了同义语。

8 世纪时,新罗僧信行(704—779 年)入唐从神秀学法,把北宗禅传入朝鲜;道义从马祖门下智藏受法,元和十五年(820 年)回国,传入南宗禅,后来此派成为朝鲜禅宗主流,称“禅寂宗”,至高丽王朝智讷时,有很大发展,改称“曹溪宗”。

禅宗的代表著作,是慧能的传教记录《坛经》。《坛经》被中国和尚尊奉为“经”,这是中国佛教史上绝无仅有的重要事件。按照佛教的规矩,只有释迦牟尼本人传教的记录才能被称做“经”,有些佛经虽然不是释迦牟尼遗传下来的,但也不能用作者的真实姓名,只能假冒佛说。而《坛经》则公开以慧能署名,这表明慧能及其著作在中国佛教史上的特殊地位。

禅宗以心外无佛为宗旨,以自悟自修为教门,以直接简易为方法。

禅宗的心外无佛思想,与三阶教主张的众生是佛不同。信行只是要求众生之间的平等,慧能则要求众生与佛的平等。他说“佛向性中作,莫向身外求”(《坛经》),又说“一切般若智(佛教所说的大彻大悟),皆从自性而生,不从外入”(同上),并作一偈说“菩提只向心觅,何劳向外求玄?听说依此修行,西方只在目前”(同上)。这是说,身外无佛,我就是佛,把自己看做是与佛平等的人。慧能的这些话,印度大乘有宗的人不敢说,大乘空宗的人也不敢说。印度大乘空宗的各派,尽管可以空这空那,都只谈到适可而止,不敢公然说佛(指释迦牟尼,也泛指一切佛)无,法(指佛教教义)无。在他们看来,如果宣传佛、法皆无,那么依赖于佛、法而存在的僧也只好同归于无,这对佛教的发展极为不利。而慧能则以“佛向性中作”的命题,破坏了佛教三宝中的佛、法二宝,又巧妙地保护了僧宝(自我)的存在。所以慧能同印度和尚相比,他突出了个体意识,强调个性的自由自在,反对偶像崇拜。慧能的继承人宣鉴(782—865年)也说“我这里佛也无,祖也无”,菩提达摩是“老臊胡”,十地菩萨是“担屎汉”,等觉、妙觉(即佛)是“破戒凡夫”。他认为佛既不神秘,也不高贵,它就存在于普通的平民中间。义玄更把“罗汉辟支”(即大乘、小乘的佛)看做是犹如粪土一样的废物,把“菩提涅槃”看做是犹如系缚驴马的木桩。他们反复这样说的目的,无非是要否定佛教界的旧权威,抬出一个自我来,把宗教信仰从外在的力量移植到人们的心性之中,借以说明人的本质就是自我的发现和个性的发展。

与上述观点相联系,禅宗主张以自悟自修作为入教之门。慧能认为,既然知道“一切万法尽在自身(心)中”,就应当“从余自身顿现真如本姓(性)”(《坛经》)。所以,他教育门徒要“自性自悟”(同上)。他说:“自性迷,佛即众生;自性悟,众生即佛”(同上),“前念迷即凡,后念悟即佛”(同上)。又说:“迷来经累劫,悟则刹那间。”(同上)把所谓成佛的关键放在迷与悟之间,也就是看人们能不能依禅宗的教义转变思想认识。

按慧能的解释,所谓“悟”,是指一种无念的精神状态。无念,就是没有妄想、妄念的意思。慧能认为,身外无物,身外也无佛,任何直接或间接地承认客观事物的观点以及求佛求法的念头,都是妄念。他说:“自性本无一法可得,若有所得……都是尘劳邪见。”(同上)据传慧能在广州法性寺传法时,见到二僧争论风动幡动的问题,“时有风吹幡动。一僧曰幡动,一僧曰风动，议论不已。慧能进曰‘不是风动，不是幡动，仁者心动’”（同上）。二僧关于风动幡动的争议，虽是形而上学的繁琐之争，但毕竟没有否认风、幡的存在，这在慧能看来当然是不合教门的，所以他用“心”吞没了客观事物。慧能的这个思想还可以用一个“棒喝”的故事来说明。据《坛经》记载，其弟子神会到广东韶关曹溪来参见他，神会“问言：和尚坐禅还见亦不见？大师以柱杖打三下云：吾打汝痛亦不痛？对曰：亦痛亦不痛！师曰：吾亦见亦不见”。这里，他们把外界对感官的刺激可以说成是有，也可以说成是无。按他们的逻辑，心迷就会有反应，即见，即痛；心悟就会无反应，不见，不痛，一切以主观意志为转移。慧能的继承人义玄、本寂等更要求人们“斩尽一切”：“逢着便杀，逢佛杀佛，逢祖杀祖，逢罗汉杀罗汉，逢父母杀父母，逢亲眷杀亲眷。”在中国封建社会，天地君亲师是有绝对权威的，对父母也要“杀”，虽是用以比喻同一切存在斩断联系，却可以看出禅宗把问题提得尖锐而坚定，除了自我以外，一切都是幻象，都在否定之列。他们认为，只有否定外物和外在的佛，才能使个性不受束缚，做一个“内无一物，外无所求”的无念之人，就算得了“大道”。

禅宗的这种无念的精神状态，据慧能说可以骤然得到，无须通过渐修来积累，这就是所谓的“顿悟顿修”。慧能说：“自性常清净，日月常名（明），只为云覆盖，上名（明）下暗，不能了见日月西（星）辰，忽遇惠风吹散卷尽云雾，万象参罗，一时皆现。”（《坛经》）这里虚构出人性中自有佛性，人们不能“识心见性”，只是因为认识“糊涂”，如果接受禅宗的基本思想，犹如风吹云散，立即“见性成佛”（同上）。所以他们提倡简易直接的修习方法，反对念经坐禅，认为“道由心悟，岂在坐也”，并作偈讽刺说：“生来坐不卧，死去卧不坐，一副臭骨头，何为立功课？”（同上）至于经书不过是“因人说有”，更何况“诸佛妙理非关文字”（同上），即佛教真理不是从经书文字中所能得到的。慧能的这种类似玄学的思维方式被他的弟子们发展为“机锋”，就是用隐语、谜语或者是拳打脚踢的办法来阐述顿悟的观点。如有人问云门宗人：“如何是佛法大意？”他们说：“面南看北斗。”北斗只能向北看，面南当然看不到。但是，一旦回过头来，北斗又恰在对面。意思是叫人不要向外用力，而要通过内心反省功夫，回头是岸。义存（822—908年）曾嘲笑那些死守经院教条的人，是所谓“饭箩旁坐饿死人，临河有渴死汉”。这是说，即使把一些佛经上的字句勉强塞进自己的肠胃，也不能解决对“真理”的饥渴。光靠外来的灌输，而不通过每个人的自觉的理解，是决不能达到“自悟”的目的。

后期禅宗大致朝着两个方向发展，一部分禅僧继承了慧能独立思考、大胆怀疑等具有理性主义的积极因素，提出了所谓“搬柴运水，无非佛事”“在在处处，皆是道场”的泛神论思想。《五灯会元·智闲传》记载，智闲“偶抛瓦砾，击竹作声，忽然醒悟”。《云门语录》中，文偃有所谓“青青翠竹，尽是法身；郁郁黄花，无非般若”的说法。在他们看来，这些瓦砾花竹以及一切事事物物中都体现了“真如”，都可以从中寻求“顿悟”的妙道。这种理论潜伏着破坏宗教的倾向，遇到一定的条件，它将会沿着佛教教义所反对的方向前进。另一部分禅僧，逐步恢复佛教的本来面目，失去了攻击佛教的勇气，又开始营造雕刻，供奉诸佛和菩萨。他们用世俗化、家族化、儒学化的禅宗使昔日的禅宗归于沉寂，这是禅宗发展的主流。

## 第三节　韩愈的排佛与容佛

韩愈像

韩愈（768—824年）字退之，河南河阳（今河南禹县）人，因其祖先曾居昌黎（今辽宁义县），所以又称韩昌黎。他3岁丧父，由宗兄、文学家韩会收养。由于唐代儒学复兴思潮和家庭教养的影响，青年时代的韩愈，就推崇儒学和提倡古文。唐德宗贞元八年（792年）中进士。贞元十九年（803年），任监察御史时，关中大旱，因上书请宽税钱，为人所谗，被贬为阳山令。唐宪宗元和十二年（817年），在平淮西藩镇吴元济战役中有功，任刑部侍郎。

元和十四年(819年),唐宪宗把陕西凤翔法门寺“护国真身塔”里面收藏的佛的一节“指骨”迎到宫中供养。在这期间,“王公、士庶,竞相舍施,唯恐弗及!百姓有破产舍施者,有烧顶、灼臂而求供养者”(新、旧《唐书·宪宗纪》)。韩愈对此不满,乃上书劝谏,触怒宪宗,经宰相裴度等人说情,被贬为潮州刺史。他虽然遭贬斥,但始终不悔。他曾赋诗明志:“一封朝奏九重天,夕贬潮阳路八千。欲为圣朝除弊事,肯将衰朽惜残年。”穆宗即位(821年),被召回京师,先后出任国子祭酒、兵部侍郎、吏部侍郎等职。著作有《昌黎先生集》,其中以《原道》《原性》《原人》《原鬼》《原毁》最为著名。

韩愈的儒学思想,也是当时各种文化互相交流、彼此渗透这一大趋势下的产物。他自称年轻时就“穷究于经、传、史书、百家之说”,从中吸取了各家各派的学术营养,因此,他虽推崇儒学,但并不独尊一家。在《读墨子》中,他认为“孔子必用墨子,墨子必用孔子,不相用,不足为孔墨”,把儒、墨二家看成是相辅相成的两个学术派别。在《进士策问》中,他称赞管仲、商鞅对齐、秦富强事业的贡献,让考生们大胆地议论法家。在《送孟东野序》中,他说:“杨朱、墨翟、管夷吾、晏婴、老聃、申不害、韩非、慎到、田骈、邹衍、尸佼、孙武、张仪、苏秦之属,皆以其术鸣。”这是说,先秦诸子之学,都以其学术主张反映现实问题,都应当予以介绍和研讨。韩愈的这种以儒学为主、兼容百家之学的立场,决定了他对佛学的态度,构成了他公开地、激烈地反对佛教教义,而又隐蔽地、甚至是不自觉地容纳佛教中某些宗教哲学的矛盾性格。

韩愈的排佛言论,大致由两个部分组成。一部分是以辨别华夷和强调忠孝来反对佛教的粗俗教义。他在《谏迎佛骨表》中指出:“夫佛本夷狄之人,与中国语言不通,衣服殊制,口不言先王之法言,身不服先王之法服,不知君臣之义,父子之情。”他从中国历代帝王的盛衰来评论佛教的实际效果:“事佛求福,乃更得祸,由此观之,佛不足事,亦可知矣。”这些论点,都是吸收了前人反佛的言论,目的还是在于说明佛教是外来文化,不合中国国情,要求统治者加以禁止。

韩愈排佛言论的另一部分,是以儒学理论,主要是以《大学》为基础来建立对抗佛教宗教哲学的儒学体系。这一部分,由韩愈开端,李翱补充,到两宋才最后完成。

韩愈儒学体系的重要内容,是他吸取了佛教祖统说的思想资料,虚构出一个儒家的学术传统,据说这个学术传统从古及今,世代相传,即所谓的"道统"。本来佛教,特别是中国禅宗是最讲求祖师法裔继承关系的。唐代和尚智矩(一作智炬,生卒年月不详)曾作《宝林传》(宝林,即韶州曹溪宝林寺,慧能的传法基地),对禅宗的传法世系作了说明和概括。到宋代这一类讲求"祖统"的书籍,如禅宗的《传法正宗记》《景德传灯录》等,天台宗的《什门正统》《佛祖统记》等,纷纷问世,在思想界颇有影响。韩愈洞悉佛教思想的演变情况,为对抗"祖统"说,提出了儒学的"道统"说。据韩愈说,儒学的"道统"可以追溯到尧、舜、禹、汤:"尧以之传之舜,舜以之传之禹,禹以之传之汤,汤以之传之文、武、周公,文、武、周公传之孔子,孔子传之孟轲,轲之死,不得其传焉。"(《原道》)直到韩愈才把"道统"恢复起来,使之相续不断。这里,韩愈把儒学渊源同中国古代的圣王、贤君相联系,借以强调儒学在时间上早于佛学,为华夏正统思想,并以自己为"道统"继承人。

韩愈认为,"道统"就是儒学仁义道德的传统思想,其中,"道"是最高范畴,所以叫做"道统"。

"道"本来是许多学派共同使用的范畴,道家有所谓虚无之道,佛家有所谓"心悟"之道,儒家也有"天道""人道"的命题。韩愈选用"道",是为了融合和改造佛家和道家的思想,在其中灌注儒学的内容。他提出"道"是由形式和内容所组成的整体。他说:"仁与义为定名,道与德为虚位。"(同上)这是说,"道"是形式("虚位"),"仁义"是"道"的内容("定名")。"道"这种形式,哪一个学派都可以用,但仁义的内容却是确定不移的。为了阐述仁与义的关系,韩愈在儒家经典中找到了《大学》作为理论根据。《大学》一书，在唐以前没有多大的思想影响，很少有人提到它，从韩愈开始，就有了知名度，因为它里面讲了一套修身齐家治国平天下的道理。据韩愈的解释，"修齐治平"，既讲治心，又讲治世，而仁是存于内的，是修身、治心；义是见于外的，是齐家治国平天下，是治世，仁与义结合起来就是"道"。这样，儒家的"道"就可以用来对抗佛教只欲治心、不欲治世的理论。

韩愈指出，实现儒家的"道"，必须从各个领域内清除佛教的观点和行为。在教育上，要教育人们学习《诗》《书》《易》《春秋》等儒家经典；在法制上，要健全礼、乐、刑、政等方面的法规；在社会分工上，要区别士、农、工、贾；在社会地位上，要区别君臣、父子、师友、宾主、昆弟、夫妇；在服饰上，要穿麻或丝织的衣服；在住房上，要住宫或室；在饮食上，要吃粟米、果蔬、鱼肉。韩愈认为，采取了上述措施，佛教就没有活动的地盘，儒家的"道统"就得以恢复。可见，韩愈所说的"道"，就是封建伦理关系的系统化和理论化，从而成为联结宋代理学的环节。

作为对"道"的补充说明，韩愈提出了人性学说。因为"道"的内容是仁义，而仁义涉及人的品性和修养。这个问题，也是中唐时期佛教各宗派所重视的问题。华严宗的法藏已经从人性的意义上使用佛性的范畴，天台宗的湛然提出了"无情有性"的命题，禅宗的慧能进一步以心为性，并分析了性与妄念(情)的关系。唐代道教学者孙思邈也提出了"抑情养性"的理论。所以性与情是许多学派通用的范畴，分歧是对性情内涵的不同理解。

韩愈认为，佛家和道家的人性学说都是异端，因为他们不以仁义为性，把人的道德属性说成是一尘不染的空无。他突出一个"实"字，指出：性有仁、礼、信、义、智五德，仁是最基本的、第一位的；情有喜、怒、哀、惧、爱、恶、欲七种。无论性或情都在每个人的身上实实在在地存在着，所不同的是"性也者，与生俱生也；情也者，接于物而生也"(《原性》)。

韩愈认为，性情是有品级的，不存在佛教所说的心性平等。他说，性有三品，上品“主于一而行于四”，即一德特别好，其他四德也不错，这是性善的；中品“一不少有焉，则少反焉，其于四也混”，即一德不是不足，就是表现得过分，其他四德也是杂而不纯，这是性善恶混的；下品“反于一而悖于四”(《原性》)，对一德是违背的，对其他四德也是相冲突的，这是性恶的。这里，韩愈把孟子的性善论、荀子的性恶论、扬雄的性善恶混论都纳入“道统”的体系。在韩愈看来，前三者都有否认差别的嫌疑，容易与佛教混同界限，只有性三品说，才是儒家的人性学说。

与性相对应，韩愈说，情也有三品，上品“动而处其中”，即表现在感情上不偏激，有所节制，能够做到中和，这是性善之情；中品“有所甚，有所亡，然而求合其中者也”，即表现在感情上的过分或不及，但能够向中和的方向去努力，这是性善恶混之情；下品“亡与甚，直情而行者也”(同上)，即表现在感情上的不及或过分，而且不改，完全按照自己的想法去做，这是性恶之情。他主张上品的人通过“学”(自觉学习)，中品的人通过“教”(接受教育)，下品的人通过“制”(威刑强制)来控制情欲，使之符合封建道德的要求。

韩愈还认为，情与性不是绝对对立的，要因情以见性。他批评佛教逃避君臣、父子、夫妇关系去追求见性成佛，都是灭情以见性的做法。他认为只有在封建伦理原则下正确表现七情，该爱则爱，该恶则恶，该喜则喜，该哀则哀，才能通过情把性表现出来，才能同佛教的出世主义区别开来。

韩愈维护和复兴儒学的“道统”说，不能不同儒学的天命论有着血缘的联结，可以说，“道统”说和天命论是韩愈儒学的两块基石。韩愈曾讲过，世界上有四种东西：有形无声的，如土石；有声无形的，如风雷；有形有声的，如人兽；无形无声的，就是鬼神(见《原鬼》)。鬼神有赏罚能力，出现违逆天伦的事，则“鬼有形(一作托)于形，有凭于声以应之，而下祸殃”(同上)，这就使他所说的“道”带有天命的性质，他称之为“茫乎天运，窅尔神化，道之行也，其庶已乎”(《本政》)。这是说，体现天命的“道”是隐晦的、变化莫测的，但却又在人们的身边。韩愈认为，只有天生的圣人才是识

“道”传“道”的人。他说,像尧、舜、禹、汤这样的圣人,就是负有天的特殊使命,长有特别头脑的特殊人物(参见《对禹问》《行难》《争臣论》)。

韩愈的儒学也有不少合理的见解,他虽宣传天命论,但也有“未知夫天竟如何,命竟如何,由乎人哉,不由乎人哉”(《上考功崔虞部书》)的疑问。在《师说》中,他提出“人非生而知之哉,孰能无惑”,强调后天学习的重要性和老师在“传道、授业、解惑”方面的启迪作用。文中对老师所下的定义,对教学相长的阐述,都很有思想深度。

韩愈与柳宗元都是古文运动的倡导者,史称他是“唐宋八大家”之首。

在中国文学思想史上,古文的概念是由韩愈率先提出来的。他所谓的古文,是指不重押韵、不重排偶,以奇句单行为形式,以儒家思想为内容的一种散文体裁,这是取法于先秦两汉的散文文体,所以叫做古文,而与当时流行的骈文相对立。骈文是从两汉辞赋发展而来的,形成于南北朝。全篇以双句为主,讲究声韵、对仗(指诗文词句的对偶)、辞藻和使用典故,使文章远离口语,不便于自由地表达思想内容。

韩愈提倡古文,开始于唐德宗贞元(785—805年)前期。起初仅为李翱、张籍等少数人所拥护,后来向韩愈请教的人愈来愈多,他也热情地给以帮助和指导,到贞元末年,就产生了广泛的社会影响。唐宪宗元和(806—820年)以后,由于柳宗元的积极支持和大力创作,古文的影响更大了。到唐穆宗长庆(821—824年)末,即韩愈逝世的时候,古文已取得了文坛上的统治地位(参见季镇淮《唐贞元、元和时期的古文运动和韩愈的古文》)。

韩愈提倡古文,是为了给儒学找到一种新的文字表现形式,这就是他所说的“文书自传道”(《上襄阳于相公书》),强调道是文的思想内容,文是道的艺术形式。这也就是北宋周敦颐所概括的“文以载道”(见《通书·文辞》)的命题。

韩愈的道论、政论等文章除少数作品外,一般具有口语化的特点,平易明晰,流畅顺口,句读或长或短,屈折舒展自如,意无不达。他在文章中创造的许多口头成语，如杂乱无章、不平则鸣、深居简出、痛定思痛、驾轻就熟等，成为后人所选用的佳句，他的口语新词和句法对去除陈言、阐述儒学新意起了很好的作用。

韩愈文章的形象化，就是在一般的概念叙述之中，往往运用譬喻或人物的形象，“引物连类，穷情尽变”（《送权秀才序》），务使事物对象显豁无遗，具体生动。例如，他在《谏迎佛骨表》中用“焚顶烧指，百十为群，解衣散钱，自朝至暮，转相仿效，唯恐后时，老少奔波，弃其业次”这样的形象和情景，批评当时社会上的迷信风气，使他的反佛言论产生了强烈的反响。再如，他的《杂说·四》是一篇寓言，文中用伯乐和千里马的故事，慨叹贤才不被识别和重用，讽刺统治者多为“不知马”之辈。

韩愈文章的具体化，就是指文章同现实的联系。他认为一切文词就像自然界的各种声音一样，都是作家不平则鸣的产物。他在《送许郢州序》和《赠崔复州序》中，曾诉说农民“财已竭而敛不休，人已穷而赋愈急”的悲惨状况，婉转地向当时山东南道节度使于頔进谏，为民鸣不平。正是由于韩愈自觉地承认了文章要反映现实这一根本观点，他才冲破了自己所圈画的道统的束缚，从而使他的古文运动并非只是古人之意简单地复写，而具有现实主义的气息。

## 第四节　李翱的《复性书》

李翱像

与韩愈同时齐名的李翱，对韩愈的道、性理论作了进一步的发挥。

李翱（772—841年）字习之，陇西成纪（今甘肃秦安东）人，一说赵郡人。贞元进士。历任国子博士、庐州刺史、中书舍人、户部侍郎、山东南道节度使等职。他无论在政治上或思想上，都深受韩愈的影响。他们之间的友谊也很密切，关系介于师友之间。他曾说过，自从孟子死后，韩愈是无人能超过的杰出学者，他取字习之，就是学习退之的意思。著有《李文公集》，其中《复性书》最为著名。

李翱修正了韩愈的人性学说。在他看来，把人性分为三品，把人性的先天差别说得太绝对，不利于争取信徒。为此，他专门写了《复性书》来弥补老师的缺陷。他说："问曰：'凡人之性犹圣人之性欤？'曰：'桀纣之性犹尧舜之性也，其所以不睹其性者，嗜欲好恶之所昏也，非性之罪也。'曰：'为不善者，非性邪？'曰：'非也，乃情所为也。情有善不善，而性无不善焉。'"这里，他模仿孟子的文体，提出并回答了两个问题。

第一个问题是人性有没有先天性的差别？他认为，圣人与凡人，好人与恶人的人性都是一样的，人人性善。这就明显地改变了性三品的观点，恢复了孟子的性善论。中国思想史上有若干不同的人性学说，只有性善论才给人人皆可成为圣贤提供了理论根据。因为它是以尊重每个人的人格为号召的，在各个阶层中都具有吸引力。因此，中国封建社会的思想家们选来选去，还是选中了性善论作为正统的人性论。这与佛教所讲人皆可以成佛，连犯了大罪的人，甚至草木瓦石也有"佛性"，道教所讲人皆可以成仙在本质上都是一致的。可见，儒、佛、道三家在性善论上可以互相贯通。所以，李翱并不反对佛教的性善论，而是反对离开封建道德来讲性善。

第二个问题是性无不善，为什么有圣人与凡人的区别？他认为，有一种人生来就能体现天赋的本性，不为情所迷惑，这就是圣人；另外一种人则沉溺于情而迷其本性，这就是凡人。他说："人之所以为圣人者，性也；人之所以惑其性者，情也。喜、怒、哀、惧、爱、恶、欲，皆情之所为也。情既昏，性斯匿矣。非性之过也，七者循环而交来，故性不能充也。"这是说，每一个人的本性，都是先天地符合封建道德标准的，这个本性是做圣人的基础。有人成不了圣人，这是由于受到情的干扰，人的七情不断从各方面迷惑人的本性，才使性善得不到扩充。他把情比喻为使河水混浊的泥沙，使火光不能显露的烟雾，所以他认为情是性之累。

由此,李翱得出结论:人们必须去其生活的情欲,才能恢复本性,即所谓“灭情复性”。李翱不仅发挥了《中庸》关于“天命之谓性”的观点,反复论述人人具有天赋的道德属性,而且把《中庸》中所谓的“至诚”作为复性的境界。他认为人一旦复性而达于“至诚”,就能运用“诚之明”,即照明万物的能力,去感应天地万物,把复性与知人、知物、知天相统一。也就是说,我就是万物,万物就是我。这种神秘的主观意志,据李翱说首先要摒弃一切感觉和思维活动,保持“弗思弗虑”的斋戒状态,然后通过一种内心探索或天台宗所说的“止观”修持过程才能得到。可见,李翱所说的“复性”,不但否定了一切具体知识,而且也排除了全部思维活动,最后只是“心寂不动,邪思自息,唯性明照”。这里,很难看出李翱的“复性”同禅宗所说的“内无一物、外无所求”的“无念”有什么差别。他自己在向禅师惟俨请教禅宗教义后,曾作诗说:“炼得身形似鹤形,千株松下两函经。我来问道无余说,云在青天水在瓶。”人要像云动水静那样,一任自然,练就成为只有呼吸而不加思虑的人,这就是“复性”的宗旨。李翱的这种糅合佛儒的观点,实为宋明理学的先声。

# 第四章　隋唐时期的反神学思潮

## 第一节　吕才对术数迷信的评论

吕才像

吕才(600—665年),博州清平(今山东聊城)人。他最初以通晓音律为中书令温彦博、侍中王珪、魏徵所举荐,到弘文馆任职,后来进入太常寺,由太常博士擢升为太常丞。太常寺是掌管礼、乐、祭祀、卜筮、医药的机构,吕才曾参加不少官方的编辑图书的工作,如受命与学者10余人刊正《阴阳书》,与许敬宗、李淳风、孔志约及诸名医增订陶弘景《本草》,并作《图解》,这与他所属机构的性质有关。他著有《因明注解立破义图》,造《方域图》及《教飞骑战阵图》等。其著作大部分已经散佚。他对阴阳术数、音律、医药、地理、军事、逻辑等都有研究。

刊正《阴阳书》是吕才的重要学术活动,其经过大致如下:隋唐之际,由于动乱,阴阳术数迷信盛行(包括看风水、算命、卜宅等)。当时统治者中也有人不相信这些迷信,认为解答不了国家所以兴亡的问题。刊正《阴阳书》的工作在隋时已开始进行,隋文帝曾命杨素等"刊正阴阳舛缪",又命萧吉"考订古今阴阳书"。到了唐初,唐太宗命吕才等人加以刊定。

吕才的《阴阳书》已佚,现存的只有《叙宅经》《叙禄命》《叙葬书》这3篇带有序言性质的文章和11条零散材料。前者收入《唐书》本传,后者辑入《玉函山房辑佚书》。根据这些材料,可以看出吕才批评阴阳术数迷信的大致轮廓。

吕才以儒家经典为依据,以历史事例为证验,依据自然知识,指斥卜宅、禄命、卜葬、吉凶等迷信"事不稽古,义理乖僻"(《叙宅经》),既不符合历史,又不符合道理。

吕才指出,把天下万物分属于宫、商、角、徵、羽五声,并据以推断行事的吉凶,完全是无稽之谈。他依据《易》《诗》《孝经》等书的说法,指出丧葬占卜,其原意不过是"备于慎终之礼,曾无吉凶之义"(《叙葬书》),即只是悼念死者的一种仪式,与"阴阳葬法"的迷信有严格的区别。同时他还依据历史事实,以鲁庄公、秦始皇、汉武帝、魏孝文帝、齐高祖为例,用史书记载来核对按其出生年月所做的禄命推算,指出推算结果完全"不验"。如鲁庄公生当乙亥之岁,建申三月,依照禄命书的推算,应当贫无官爵,但是庄公是一国的君主。按照禄命书,这一年七月出生的人身体虚弱,相貌丑陋。但是《诗经·齐风·猗嗟》这首讽刺庄公的诗,却证明庄公生得高大,既不虚弱,也不丑陋。

吕才认为万物来源于"气"。他说:"太极无形,肇生有象;元资一气,终成万物。"(参见《明濬致柳宣书》)认为"气"分为阴阳,"天覆地载,乾坤之理备焉;一刚一柔,消息之义详矣。或成于昼夜之道,感于男女之化,三光(日、月、星)运于上,四气(四时之气)通于下,斯乃阴阳之大经,不可失之于斯须也"(《叙葬书》)。宇宙的变化,四时的运行,万物和人类的化生,都离不开阴阳相互作用,这才是对阴阳的正确认识,把术数迷信附会到阴阳二气中,完全是荒诞的、错误的言论。吕才的这三篇文章不仅在当时而且在后世也有过积极的反响。明、清两代的无神论者,如王廷相、熊伯龙等,都一再称扬吕才。然而,在批判禄命迷信时,吕才又提出"皇天无亲,常与善人,祸福之应,其犹影响"(《叙禄命》)。这里,虽把人为的"积善"与"积恶”作为祸福来去的直接原因,但祸福的主宰仍是“常与善人”的“皇天”,表现出儒家天命论的影响。在批评卜宅迷信时,他也为儒家经典中的“卜宅迷信”辩解。加之他主编过一部权威的术数全书——《阴阳书》,著述了《青乌子》和《葬书》,后世术数之士便编造了《杨乌子改坟枯骨经》《广济百忌历》《阴阳迁造冥王经》《轨限周易通神宝照》等书而托名为吕才所作,这当然不能代表吕才思想的主流。

吕才的理论活动,除刊正《阴阳书》外,对因明论也有自己的见解,并因此引起过一场争论。

贞观年间,玄奘译出印度佛教的因明学说以后,门下诸僧奉为秘宝,竞作注疏。《因明入正理论》先有文轨和窥基的《疏》,后有窥基一系慧沼的《义断》,智周的《前记》《后记》等。《因明正理门论》的注疏,见于记载的,有神泰的《述记》,大贤的《古迹记》,大乘光的《记》,圆测的《疏》,文轨的《疏》等。但因明的研究最初只限于翻译者之间,社会上很少流传。

吕才从他的旧友、译经僧栖玄那里看到因明论,加以研究。永徽六年(655 年),他著《因明注解立破义图》,自称“至三法师等所说善者,因而称之,其有疑者,立而破之”。这一论著引起了许多僧侣对他的攻击。站在吕才方面的有自然科学家李淳风,与吕才个别提法相同的有文轨。他的论敌有明濬、慧立等僧侣。慧立批评吕才“好起异端”,“排众德之正说”,“媒炫公卿之前,嚣喧闾巷之侧……再历炎凉,情犹未已”。柳宣也谈到,“吕君既已执情,道俗企望指定”,可见这是一场很大的争论。

吕才对因明三支都提出了新的解释,由于原文已佚,其详细内容已难以考辨。从现存的片断资料中,可以看到吕才的有些论点是值得注意的。例如,他认为,《易》的“太极生两仪,两仪生四象,四象生八卦,八卦生万物”与胜论的“极微”说“言异词同”。胜论是印度六派哲学中的一派,该派的学说是以古代的原子论、元素论、逻辑等构成的二元论的体系,在自然观与逻辑学方面大部分观点是唯物论的。其所谓“极微”,是指物质元素。吕才可能从反神学的方面理解,把胜论的“极微”与《易传》的“气”看成是同类的物质范畴。此说受到明濬和尚的反驳。由于资料不多,无法说明其中的详情。

吕才和玄奘一派在因明问题上的争论,据说是在皇帝的干预下,以“吕公词屈,谢而退焉”宣告结束。这场争论,正如吕才自己所说,“论既外无人解,无处道听途说”,“今既不由师资,注解能无纰紊”,很可能有误解之处,但从现存资料来看,还得不出吕才在辩论中失败的结论。有一点可注意的是,他敢于指出,在真理和谬误的问题上不能因人论事,不能说佛教僧侣关于因明学的论断都是对的,而其他人就是错的,他的这种勇于探求真理的精神是可贵的。

## 第二节　刘知几反神学的史学思想

刘知几像

刘知几(661—721 年)字子玄,彭城(今江苏徐州)人。永隆(680 年)进士。武后时曾任著作佐郎、左史等职,兼修国史。中宗时参与编修《则天皇帝实录》。玄宗时官至左散骑常侍,后被贬为安州都督府别驾。平生专攻史学,通览各史,能分析其利弊得失;又屡任编史之责,深知官设史局的弊端,所以他著史强调“直书”“实录”“不掩恶,不属善”,反对主观臆造。他总结出了“三长”的治史方法,他说:“史才须有三长,世无其人,故史才少也。三长谓才也,学也,识也。”(《旧唐书·刘知几传》)“才”指创作的技巧,“学”指创作的素材,“识”指创作的观点。这三者,刘知几最重视“识”,“才”和“学”都离不开它。他所著《史通》就是一部以“识”为主旨的史学评论专著,也可以说是范晔“以意为主”的发展。

刘知几史学思想中的理性主义,集中地表现在他对史学研究中各种迷信传说的怀疑与批评。

自从邹衍开始,用五德终始谈历史的循环,董仲舒在儒家和阴阳家合流的基础上建立了神学史观的理论体系。又经历了两汉之际的谶纬迷信的传播,到班固的《五行志》,形成了迷信风气。经过王充等人的辨正问难,对神学史观有所澄清,但神学历史观并未绝迹。在刘知几生活的年代,唐高宗、武则天曾鼓励奏献祥瑞符命,麟德、仪凤、永昌、天授等年号就是因祥瑞而改元的。武则天更是夸大祥瑞作为以周代唐的手段。据史书记载,华严宗的法藏奉武则天之命,在佛授记寺讲解新译《华严经》,当讲到《华藏世界品》时,讲堂"地动",武则天得知这一情况后大发感慨,声称"斯乃如来(佛的十号之一)降迹,用符九会之文",意思是说,"地动"乃是佛祖如来对武周政权表示支持的一种迹象,所以她"乃命史官,编于载籍"(《宋高僧传·法藏传》)。以后,中宗称应天皇帝,韦后称顺天皇后,也无非假借天命以神化皇权。刘知几长期在史馆工作,深知这一套神学把戏的实际内容,他反对把神怪传说写进历史,这不只是对神学的否定,更重要的是通过文化评述而折射出对社会的抨击。

刘知几在《史通·采撰》中把历史研究中的神学观点归纳为四类:①以谶纬迷信入史;②以方术家的奇事入史;③以神奇故事入史;④以阴阳灾异入史。他对其中的阴阳灾异和谶纬迷信的评论最为深入。

刘知几认为,董仲舒、刘向等人是用阴阳灾异观点解释历史的主要代表。他根据史书记载指出,这种观点完全不符合史实。例如,《春秋》记载昭公九年陈国火灾一事,董仲舒认为是陈国发生了弑君的事件,楚严(庄)王借机讨伐陈贼,乘机灭掉陈国,"陈之臣毒恨尤甚,极阴生阳,故致火灾"。刘知几说:"陈前后为楚灭者三,始,宣(公)十一年,为楚严王所灭。次,昭(公)八年,为楚灵王所灭。后,哀(公)十七年,为楚惠王所灭。"(《史通·五行志杂驳》)楚严王灭陈是在宣公十一年(前598年),而陈火灾是在昭公九年(前533年),这两件事,按《春秋》纪年,在鲁国换了四公(宣公、成公、襄公、昭公),在楚国则经历了五代(庄王、共王、康王、郏敖、灵王),可以说是"悬隔顿别""差之千里"(同上)。所以刘知几批评他们"不凭章句,直取胸怀,或以前为后,以虚为实。移的就箭,曲取相谐"(同上,《书志五行》),没有一点求实精神可言。

刘知几认为,司马迁、班固等人用天命、谶纬解释历史的说法,也是不可取的。他指出,司马迁在论《魏世家》兴亡时,把魏国的灭亡归之于天命是错误的。他评论说:"夫论成败者,固当以人事为主。必推命而言,则其理悖矣。"(《史通·杂说上》)他举例说,晋的失国,是由于晋惠公夷吾拒纳忠言;秦的灭亡,是由于"胡亥之无道",这些都是人事的失算,同天命毫无联系。他认为即使有所谓"亡秦者胡"的谶记和关于国家兴亡的预言,如果有了德才兼优的君主,将亡的国家还是可以得到挽救。亡国不决定于符命,兴国也不决定于祥瑞。例如,周武王伐纣,占卜吉凶,"龟焦蓍折"。龟甲、蓍草都是古代占卜用的器物,龟焦蓍折,就是神明不允许出征,但武王还是出了兵,结果一举灭纣。南朝宋武帝攻打卢循,军中大旗竿断,幡沉水中。迷信的人以为是不吉的兆头,但刘裕毅然出兵,结果大胜。按照古代的传说,鵩鸟入舍,会给主人带来不幸。汉代贾谊在长沙有鵩鸟入舍,次年文帝召他入京。贾谊不但没有遭到不幸,反而得到升迁(参见《史通·书志五行》)。由此,他断定事在人为,没有必要去祈求天命。

刘知几分析了迷信天命、谶纬的社会根源。他认为,远古时候也有所谓"祥瑞",但那只是"发挥盛德,幽赞明王"的一种表示,"爰及近古则不然,凡祥瑞之出,非关理乱,盖主上所惑,臣下相欺。故德弥少而瑞弥多,政愈劣而祥愈盛"(同上,《书事》)。这是说,后世的祥瑞是臣下故意编造出来讨君主欢心的,君主的道德越差,国家的治理越乱,编造出来的祥瑞就越多。汉桓帝、灵帝时的政治最混乱,他们的祥瑞比文景盛世时还多。五胡十六国时,军阀混战,民不聊生,统治者尤为残暴,而他们的祥瑞频出,更是超过前代,"史官征其谬说,录彼邪言,真伪莫分,是非无别"(同上)。他认为做史官的人不能为了当权者的利益而歪曲了历史的本来面貌,要敢于"直书其事,不掩其瑕"(同上,《直书》)。

刘知几敢于驱除笼罩在历史画面上的神学迷雾,所以他能够看清历史发展的进化趋势。他称之为"古今不同,势使之然"(《史通·烦省》),即古今的变异是历史的必然性,而变异的结果是,今不一定不如古,古也可以不如今。他认为从史书的记载来看,古代的“妄言”还要多于近代,即使是儒家经典《春秋》,由于“儒教传授,既欲神其事,故谈过其实”(《史通·惑经》)。与儒家美化古史的态度不同,他主张史学家应该顺应历史进化的潮流,掌握“世异则事异,事异则治异”(《史通·模拟》)的观点,不要做那种“必以先王之道持今世之人,此韩子所以著《五蠹》之篇,称宋人有守株之说也”(同上),表现出他在历史研究领域内的“疑古”“惑经”的精神。

## 第三节　柳宗元的思想

柳宗元像

柳宗元(773—819 年)字子厚,河东解县(今山西运城)人,世称柳河东。贞元进士。青年时代一直留居长安,官至监察御史、礼部员外郎。他由于与王伾、王叔文、刘禹锡等进行政治改革,事败被贬为邵州(今湖南邵阳)刺史,改永州(今湖南零陵)司马。在永州地区过了 10 年,循例被召回长安。又出为柳州(今广西柳州)刺史。至柳州的第五年,终于死于贬所。

柳宗元批评的主要对象是韩愈的天命论。这有两方面的原因:①同他所遭受的悲剧命运有关。由于“唐中叶以后,为其国死祸者,藩镇宦官而已”(叶适:《习学记言》),柳宗元参加了以限制宦官、藩镇特权,打击豪族门阀为目的的“永贞革新”。这一改革弊政的运动,在守旧派的反击下,不到一年就宣告流产。唐宪宗即位后,革新派被杀被贬。柳宗元被贬时,刚刚进入而立之年。政治上的不幸,不能不影响到他的学术思想。他企图从佛教的某些教义中寻求摆脱极度苦闷的精神寄托,因而他不可能公开地反佛,把佛学作为批评的主要方向。②他同韩愈在政治上的见解不同,韩愈不赞成“永贞革新”。柳宗元要同守旧派抗争,自然要穷追其理论根源,这就使他更多地注意韩愈的天命论。

柳宗元指出,儒、释、道三家“皆有以佐世”,应“咸伸其所长,而黜其奇衺。要之与孔子同道,皆有以会其趣”(《送元十八山人南游序》)。他要把佛学和道家思想中“与孔子同道”的部分吸收到儒学中来。他认为佛学有合于《易》《论语》者可取,特别是佛学中的辩证思维,乃是“本之《易》以求其动”(《答韦中立论师道书》),符合《易》关于变化的思想;对于《列子》,他认为有近于《易》“遁世无闷”之意者可取;对于道家,他认为其“自然之义”可取。他运用“穷其书,得其言,论其意”(《送巽上人赴中丞叔父召序》)的方法,撷取诸家之长,在儒释合流中建立了无神论的儒学体系。

柳宗元思想的中心论题是“天人之际”的问题。“天人之际”即人和天的关系以及天究竟是什么的问题。这个论题在唐中叶曾引起热烈的探讨。柳宗元作《天说》“以折退之之言”,刘禹锡以为尚不足以尽“天人之际”,作《天论》三篇“以极其辩”,把争论继续进行下去。柳宗元又作《答刘禹锡〈天论〉书》,对《天论》重加审订。大约与此同时,元稹也写了一首《人道短》的哲理诗,可算是这一次天人问题论辩的余波。此外,柳宗元的《封建论》《贞符》《非国语》《天爵论》《时令论》与《断刑论》,柳宗元、刘禹锡的友人吕温的《古东周城铭》,牛僧孺的《善恶无余论》《讼忠》等篇,都是结合历史或政治阐发天人之际的论题。这些文章大抵赞扬“人道”而摒弃“天道”,主张天道与人事无关的“自然之说”,进而抨击天人感应的“阴骘”(意思是说天默默地安定下民)之说。各篇持论未必尽同,倾向则比较一致,大体上汇合成一种富有时代特色的新思潮。这种思潮敢于批评某些不合乎科学道理的儒家经典,并把无神论思想延展到政治、历史领域,而这也正是唐中叶无神论思潮的特色。在这一新思潮中,造诣较深的是柳宗元和刘禹锡。

针对韩愈神化天的论点,柳宗元写了一系列的文章来说明天的本来面目。他作的《天说》,论述了:①天体是由元气自然地形成的,再也没有别的起源;②一切自然现象,如寒暑、风雨、雷霆、霜雪,无非是气的运行变化所致,而气的运动是自然地进行的,并无外在的、超自然的力量在主宰,这就叫做“功者自功，祸者自祸，欲望其赏罚者，大谬；呼而怨，欲望其哀且仁者，愈大谬矣”。

柳宗元在《非国语》中，不仅肯定天体是自然的物质存在，而且在天体运动的问题上发挥了王充的自然界自己运动的观点。

《国语》一书相传为左丘明所著。柳宗元认为这本书的文字写得很好，但有些思想是荒谬的。他明确指出：“山川者，特天地之物也；阴与阳者，气而游乎其间者也，自动自休，自峙自流，是恶乎与我谋？自斗自竭，自崩自缺，是恶乎为我设？”(《非国语·三川震》)这是说，山川只是天地间的自然物，阴与阳是游动在天地间的元气。它们自己运动，自己停止，自己耸立，自己流动，这怎能与人商量呢？它们自己泛滥，自己枯竭，自己崩塌，自己缺损，这怎么是有意人为安排呢？

柳宗元上述这段话有两点值得注意：①继承了王充自生非故生的观点，并进一步强调自然界的运动不取决于任何外力，而是“自动自休，自峙自流”“自斗自竭，自崩自缺”，表现出朴素的辩证法因素。②把自然界的“动”与“休”，“峙”与“流”，“斗”与“竭”，“崩”与“缺”，看做是阴阳二气的运动变化的形态，这种流转和变化像纺机和车轮一样，运行不息。

柳宗元所作《天对》对他的天体观、自然观作了全面的总结。

《天对》是为了回答屈原在《天问》中所提出的有关宇宙和历史问题而作的。

《天问》一开始便提出：“遂古之初，谁传道之？上下未形，何由考之？冥昭瞢暗，谁能极之？冯翼惟象，何以识之？”这是问，关于远古起源的传说，是谁传下来的？天地尚未分开，如何加以论说？混沌一片的元气，谁能说得清楚？元气运转的情况，如何才能认识明白？这些问题，都是有关宇宙起源的问题。

《天对》写道：“本始之茫，诞者传焉。鸿灵幽纷，曷可言焉？曶黑晰眇，往来屯屯，庞昧革化，惟元气存，而何为焉？”柳宗元认为，关于远古的传说，是不能相信的。说神灵开天辟地，那是混乱不清、无法言讲的。昼夜的循环,整个天地间的变化,都是由于元气运转的结果,别无其他的创造者。在柳宗元看来,天地未形成以前,只有混沌的元气充塞于宇宙间,明与暗都只是元气的往来变化。因此,他认定天地的凝聚形成,全都出于自然,没有谁为此做过工作,也不是谁的功劳,他称之为“冥凝玄厘,无功无作”。

柳宗元对《天问》“阴阳三合,何本何化”的回答也是很出色的。东汉王逸的《楚辞章句》把屈原说的“三合”解释为“天地人三合成德”,把人硬拉进万物形成的因素中去,从而形成了多元的自然观。柳宗元则根据《春秋穀梁传》(庄公三年)对“三合”的解释加以纠正。他说:“穀梁子云:‘独阴不生,独阳不生,独天不生,三合然后生。’王逸以为天、地、人,非也。”又说:“合焉者三,一以统同,吁炎吹冷,交错而功。”这是说,阴气、阳气和“天”(泛指自然界)合起来是三个东西,但都统一于元气。阴阳二气或吸或吹、或冷或热的交互作用,才是天地万物形成的真正原因,它不以任何人为的因素为转移,从而猜测到了物质形成于物质内部矛盾的原理。

《天对》用了较多的篇幅论证宇宙的无限性。柳宗元在回答“天”有没有边际时说:“无极之极,漭猕非垠。”如果一定要问天的边际,那么没有边际,就是天的边际,宇宙是广阔无垠的。在回答“隅隈多有,谁知其数”时,他说:“无隈无隅,曷懵厥列?”这是说,宇宙没有边际,也就没有什么弯弯曲曲的角落,更无法说清它的数目。在回答“东西南北,其修孰多”时,他说:“东西南北,其极无方,夫何鸿洞,而课校修长?”东西南北四方,无边无际,像这样弥漫无际的空间,怎么能量出它的长度呢?

柳宗元认为,不仅宇宙在空间上是无限的,在时间上也是无限的。他在《天对》中说,人们虽能依据日影的消长而测出一日之内时间的变化,但时间是无穷无尽的。当他在回答《天问》关于太阳“自明及晦,所行几里”时说:“当焉为明,不逮为晦,度引久穷,不可以里。”对着太阳的地方是白天,太阳照不到的地方是黑夜,度量太阳的方法早已不灵了,因为太阳运转的次数是计算不完的。

柳宗元在《天对》中所表述的宇宙无限性的思想，以宇宙没有起点，也没有终点的有力论据，否定了创世说。

柳宗元对天命论的批评，从自然观一直贯穿于历史观。他对从汉代以来关于社会历史观方面的符瑞说、天人感应等作了评说。他把“推天引神”之说斥之为“愚诬”“背理去道”“庸蔽奇怪之语”等，坚持天是天，人是人。他说：“生殖与灾荒，皆天也；法制与悖乱，皆人也，二之而已。其事各行不相预。”(《答刘禹锡〈天论〉书》)自然现象与社会人事毫不相干。

如果说柳宗元在自然领域内是以“气”代替“神”，那么，在历史领域内他几乎处处以人的观念去排斥“神”。他说：“夫圣人为心也，必有道而已矣，非于神也，盖于人也。”(《褙说》)又说：“或者务言天而不言人，是惑于道者也。”(《断刑论》)柳宗元所谓的“天”，是一种“物”，这是很明白的。然而他所谓的“道”又是什么呢？柳宗元并没有对“道”下过明确的定义，但可以从他的言论中推知，“道”指的是以“生人”为对象的“济世之道”。“生人”即“生民”。《荀子·礼论》用过这一名词：“宇中万物，生人之属，待圣人然后分也。”柳宗元常常提到这一类的话：“仕虽未达，无忘生人之患，则圣人之道幸甚”(《答周易巢饵药久寿书》)，“伊尹以生人为己任……孔子仁之，凡君子为道，舍是宜无以为大者也”(《与杨诲之第二书》)。这样的“道”是作为柳宗元自己的理想，即主观上不要忘记“生民”的患难，要做出一些有益于“生民”的事情。所以他敢于提出，官吏本来应是民的“佣”，而在现实世界上却是掠夺人民的败类；最大的弊政是“贿赂行而征税乱”，富者愈富而贫者愈贫。因此，他主张“圣人之道，不穷异以为神，不引天以为高，利于人，备于事，如斯而已矣”(《时令论》上)。

在历史观中，柳宗元参取了古代的历史进化观点，描绘出一幅人类社会发展演变的草图。他说：“惟人之初，总总而生，林林而群，雪霜风雨雷雹暴其外，于是乃知架巢空穴，挽草木，取皮革；饮渴牝牡之欲驱其内，于是乃知噬禽兽，咀果谷，合偶而居。交焉而争，睽焉而斗……然后强有力者出而治之，往往为曹于险阻，用号令起，而君臣什伍之法立。”(《贞符》)这是说,在人类刚刚开始出现的时候,人们过着杂居、群居的生活,为了抵御自然界的侵扰和满足自身的生活、生理需要,就必须进行物的生产;有了财物,人们就免不了争夺相斗;为了缓解争斗,就需要政府和军队。在柳宗元看来,正是由于人同自然界的斗争,以及人与人之间的争斗,才推动了历史由争乱逐渐地向建立政制的过程发展,明白地表述出决定历史进化的力量是人而不是"神"。

柳宗元认为古代的圣王或后世的某些君主,都是由于解救了"生人之患",才获得人民的拥戴,并不存在所谓的"君权神授"。他说:"是故受命不于天,于其人;休符不于祥,于其仁。"(《贞符》)这里所说的"仁",不仅仅是关于"仁政"的一般设想,而是要求"圣君贤相"为"生人"办点实事。他在《封建论》中说,为了解决人们群居中发生的争端,大家便推选"智而明"的人出来担任首领。由于这些首领有能力,能判断曲直是非,有魄力,能使众人信服,从而使这一部分人"聚而为众",成为原始的部落。但群体与群体之间又有争端,于是就有军事、道德等观念产生,又有优秀的人物出来担任"众群之长"。这样一层层地听命于更高一级的首领,于是诸侯、方伯(管五国的首领)、连帅(管十国的首领)之类相继产生,而最高的一层就是天子,西周的封邦建国的制度从而形成。柳宗元这些见解不仅否定了西周以来的天命论,而且还设想国家是由人民自下而上地推选君长逐步形成的,君长之所以获得较高的地位,是因为他们既聪敏又正派。

柳宗元指出,"圣王"不能按照他们个人的意志来创造历史。他说,"封建"制度(即周代封国土、建诸侯的氏族贵族制)的发展及延续并不取决于"圣人之意"。"封建"的承嗣制度也是不合理的,因为按理应当是贤者居上,不肖者居下,而按照承嗣制度居上者未必贤,居下者未必不肖。他以为这种制度就其起源来说,在远古时代乃是人心归向的结果,所谓"自天子至于里胥,其德在人者,死必求其嗣而奉之"。这是客观形势如此,虽圣人也无法加以更易。到了殷、周时,有三千诸侯归殷,八百诸侯归周,汤和武王只能"徇之以为安,仍之以为俗",迫于形势,不能不继续保持“封建”制度。柳宗元由此得出结论说:“封建”“非圣人之意也,势也”(《封建论》)。即使像尧、舜、禹、汤、文、武那样的圣王,也不得不根据“势”来行事。

他还谈到秦始皇统一中国以后,废“封建”,置郡县,也是出于形势的要求。他说:“秦有天下,裂都会而为之郡邑,废侯卫而为之守宰,据天下之雄图,都六合之上游,摄制四海,运于掌握之内,此其所以为得也。”(同上)这里指出,秦始皇统一天下,废除奴隶社会的分封制度,推行郡县制;废除诸侯,建立郡县长官,使政令易于实行,治天下好像运于掌上,有利于中央集权和全国统一,这是秦朝做得对的地方。柳宗元批评为藩镇的军事割据辩护而主张恢复“封建”的言论,他列举许多事实说明“继汉而帝者,虽百代可知也”,汉代以后再过100代,郡县制也还是优于分封制。至于秦朝的失败,“咎在人怨,非郡邑之制也”。

柳宗元历史观的价值,还在于他朦胧地觉察到了历史发展的客观趋势与历史人物的主观愿望之间的联系与区别。在他看来,秦始皇实行郡县制的做法,其动机是被个人的情欲所驱使,“其情,私也,私其一己之威也,私其尽臣畜于我也”(《封建论》),无非是出于想要树立个人权威和统治所有臣民的私心。但这种“私”在当时是完全符合历史发展之“势”的,柳宗元称之为“公之大者也”,“公天下之端自秦始”(同上)。他把秦始皇主观情欲的“私”同符合历史发展趋势的“公”,既区别开来又联系起来,承认秦始皇主观情欲的“私”不仅无碍于“公天下”之“势”的客观要求,而且正好促成了“公天下”之“势”的实现。这是一个相当深刻的观点。

柳宗元的“势”的观点,不仅同刘知几论“势”的观点十分类似,而且赋予新的理论意义,它除了同“神”对立而外,另有与圣人对立的意义。在“势”的支配下,过去被作为创造历史的圣人反而无力兴废任何一种制度。这个观点对后来的思想家很有影响。例如,王夫之就曾以“势”去说明进化是历史的必然趋势,主张“更新而趋时”(《思问录内篇》),反对复古,对以三代(夏、商、周三个朝代)为美称作了否定。

## 第四节　刘禹锡的思想

刘禹锡像

刘禹锡(772—842 年)字梦得,洛阳(今属河南)人。自称祖籍在中山(今河北定县)。贞元年间连中进士、宏辞二科,授监察御史。参加“永贞革新”,反对宦官和藩镇割据势力。失败后,被贬为朗州(今湖南常德)司马,迁连州(今广东连县)刺史。后因裴度推荐,返京任太子宾客,加检校礼部尚书,世称刘宾客。和柳宗元志同道合,交谊很深,人称“刘柳”。后与白居易诗赋往还甚多,也并称“刘白”。著作编入《刘禹锡集》,以《天论》上、中、下三篇最为著名。

《天论》三篇对柳宗元的无神论作了重要补充,其中心内容在于论证“天人之际”。历代思想家在论证天人关系的时候,往往局限于“天人相分”与“天人合一”的争论。刘禹锡冲破了传统的束缚,能够从天与人的互相区别和互相联系方面来说明天人关系。这种具有辩证思维的分析,要比柳宗元所谓“其事各行不相与”的思想更为深刻。

刘禹锡论证天人关系,有以下几个重要环节:

(1)强调“天”与“人”在物的基础上的统一性,他称之为“天之本”和“人之本”。他说:“……以理揆之,万物一贯也。今夫人之有颜目耳鼻齿毛颐口,百骸之精美者也,然而其本在乎肾肠心腹。天之有三光悬寓,万象之神明者也,然而其本在乎山川五行。”大意是说,万物的道理是一贯的,人的头目耳鼻等是身体中最精美的部分,但其根本在于内脏器官;天上的日、月、星辰是万物中最明亮的东西,但其根本在于山川五行。他虽然不了解物质的统一性,而把物质的某一形态作为世界的本原,但重要的是他在这里肯定了“天”和“人”都是物质存在,是“万物之尤者耳”,即是万物中最优秀的部分,这是《天论》三篇的基本出发点,也是和柳宗元一致的地方。

(2)《天论》的第二个环节,是探索“天”(即自然)与人的关系。刘禹锡的论点是:天与人“交相胜,还相用”。他认为,两者“交相胜”的关系,表现为“天”(即自然)与人各有自己的特点和作用,不能混同。他指出,人“为智最大”,是“动物之尤”,又能在社会生活中创立一种多于自然界的东西,叫做“法制”。

刘禹锡进而区别了“天之道”和“人之道”。他说:“天之道在生殖,其用在强弱;人之道在法制,其用在是非。”他所讲的“天之道”类似自然规律,它表现为自然界的各种事物的发生、发展和变化。在刘禹锡看来,这种过程是通过强弱转化或弱肉强食来实现的。至于人类社会,则不同于自然界。人类在生产实践和社会生活中的创造性活动,表现为各种制度的建立和完善,社会制度的作用是通过法制所规定的是非,作为人们行为的准则。这些都在于说明人是人,天是天,不要把人的意志强加到自然界中去,人类的是非都是由人自取,与天无关。刘禹锡似乎想从自然规律与社会规律上区分“天之道”与“人之道”,这是他对前人“天人相分”思想的一个发展。

刘禹锡指出,天人“还相用”的关系,表现为“天”和“人”不是平行的,而是人可以胜天,即人有“治万物”,对万物加以利用、改造的能力。这是因为:①人能够认识自然界的性质。刘禹锡以“天”为例,他说:“天,有形之大者也”,“空者,形之希微者也”。在有形的物体里面,天是最大的,可是作为物体的形态,天又是最小的,是由肉眼所看不见的细微的物体所构成的。因此,天空并不是空无所有,“古所谓无形者,盖无常形尔,必因物而后见尔”。这是说,自然界中无论是有形象可见的东西,或者是无形象可见的东西,它们都是物,都可以为人们所驾驭。由于刘禹锡研究了物体的统一性与多样性的关系,对此,柳宗元也很叹服:“独所谓无形为无常形者,甚善。”(《答刘禹锡〈天论〉书》,一作《答刘禹锡〈天论〉》)②人能够根据自然规律办事。利用自然规律,春耕夏耘秋收冬藏,斩木穿山,冶炼金属,“用天之利，立人之纪”，在生产过程中，对自然利用改造，以满足生活的需要。

(3)《天论》的第三个环节，是从人类社会历史方面去寻求神学天命论的根源。刘禹锡指出“人能胜乎天者，法也”，并把人类社会生活中的“法制”区别为“法大行”“法小弛”和“法大弛”三类。关于“法大行”，他写道：“法大行，则是为公是，非为公非。天下之人蹈道必赏，违善必罚。”赏罚做到了严明，人们就会说：“……福兮可以善取，祸兮可以恶召，奚予乎天邪？”福禄是因为做好事得来的，灾祸是因为干坏事招致的，和天有什么关系呢？

“公是”“公非”的“法大行”的社会，是刘禹锡所描绘的封建社会中“圣君贤相”的一幅理想蓝图。他比前代无神论者前进了一步，明确地提出了有神论的社会根源问题。依据他的解释，在“法大行”的现实条件下，赏罚得宜，人们相信自己的力量，用不着神化“天”，也就不至于陷入有神论。如果“法小弛”，“法制”受到了部分的破坏，则是非混淆，受奖赏的不一定都是好人，受惩罚的倒有一些无辜的人。在这种情况下，人们对自身力量发生了怀疑，也就容易走向天命论。如果“法大弛”，“法制”受到了完全的破坏，则是非颠倒，受奖赏的都是谄媚之徒，而受惩罚的都是刚直之士，奖赏和刑法都起不到应有的作用。在这样的现实社会中，人们丧失了自信力，只得把自己的命运寄托在所谓的“天”上，最终走向有神论。所以刘禹锡得出结论说：“生乎治者，人道明，咸知其所自，故德与怨不归乎天。生乎乱者，人道昧，不可知，故由人者举归乎天，非天预乎人尔！”是人在不能掌握自己的命运时创造了“神”，并不是真有什么“神”能干预人事。

(4)刘禹锡还从认识论上去探求有神论和无神论的分野。这是《天论》的第四个环节，他把人们对客观事物的认识分为两种情况：“理明”，即人们认识和掌握了客观规律，就可以征服自然，不去神化“天”；相反，“理昧”，即人们还没有认识客观规律，就不相信自己的力量，而把一切归之于“天”意的支配，最终必然走向天命论。他以操舟为例去阐明“理明”

和“理昧”的对立:“夫舟行乎潍、淄、伊、洛者,疾徐存乎人,次舍存乎人。风之怒号,不能鼓为涛也;流之泝洄,不能峭为魁也。适有迅而安,亦人也;适有覆而胶,亦人也。舟中之人未尝有言天者,何哉?理明故也。彼行乎江、汉、淮、海者,疾徐不可得而知也,次舍不可得而必也。鸣条之风,可以沃日;车盖之云,可以见怪。恬然济,亦天也;黯然沉,亦天也;阽危而仅存,亦天也。舟中之人未尝有不言天者,何哉?理昧故也。”这是说,船在潍、淄、伊、洛这些河中行驶,快慢由人操纵,开停由人决定。狂风怒号,不能掀起波涛;溯流漩涡,不能形成浪峰。有时行驶迅速而安稳,这是人驾驶的缘故。有时搁浅或翻船,也是人驾驶的缘故。船上的人没有说这是天造成的。为什么呢?因为人们认识和掌握了客观事物的规律。那些在江、汉、淮、海中行驶的船,快慢不得而知,开停也不好掌握。吹动树枝的小风,可以掀起遮蔽日光的大浪;车篷一般大的云朵,也可以引起莫测的变幻。安然渡过,在于天;不幸沉没,也在于天;临近危险而侥幸独存,还在于天。船上的人没有不说这是天造成的。为什么呢?因为人们还没有认识客观事物的规律性。

由此看来,“理明”不信天命而重人力,“理昧”则信天命而忘人力。有神论与无神论就在这里显示出不同的认识论的根源。怎样才能“理明”呢?在刘禹锡看来,这取决于对“数”和“势”的认识。因“数”与“势”和客观事物是不可分离的。例如:“水与舟,二物也,夫物之合并,必有数存乎其间焉。数存,然后势形乎其间焉。一以沉,一以济,适当其数,乘其势耳。彼势之附乎物而生,犹影响也。”可见,“数”指二物之间的内在联系性,而“势”是指由“数”所表现出的并为人所认识的事物变化的必然性。刘禹锡肯定“势”具有复杂的多样性,以舟行为例,则有“势缓”与“势遽”的差异。“理明”就在于对“势”的差异性的认识,而“理昧”是由于离开了这样的认识基础。

总括起来说,刘禹锡在“天人之际”问题上所持天与人“交相胜,还相用”的基本观点,补充了柳宗元《天说》《天对》等文的内容,进一步论证了

“天”的物质性，把“自然之说”和“阴骘之说”这两种不同的天道观区分开来，比较全面地论述了天与人的关系，强调“人诚务胜乎天”的思想，还揭示了无神论和有神论在社会根源和认识根源上的对立。

柳宗元读了《天论》三篇后，作《答刘禹锡〈天论〉书》，其中说：“始得之，大喜，谓有以开吾志虑，及详读五六日，求其所以异吾说，卒不可得。其归要曰：非天预乎人也。凡子之论，乃吾《天说》传疏耳，无异道焉。”这个评价是公允的。柳宗元还指出：“凡子之辞，枝叶甚美，而根不直取以遂焉。”似指刘禹锡直接从自然观方面去论证无神论尚嫌不足，没有从自然的自身运动方面多加发挥，这也确实是《天论》的弱点所在。

# 第五章　隋唐时期的道教思想

## 第一节　隋唐时期道教的概况

隋唐五代是道教的发展时期,著名的道教学者相继出现,道书的编辑和研究日益增多。产生这种情况,主要是由于道教自身的原因。道教内部各个学术派别,如南、北天师道,上清,灵宝,净明,茅山等派随着隋的统一,在学术上也逐渐合流。同儒学和佛学以南学为主、统一南北学术的情况相似,道教在思想体系上多数继承了南方陆修静、陶弘景一派的法统。由于学派的统一,就加速了道教封建化的过程,建立了和封建制度相适应的教职制度。以道士为例,在阶次上分为六阶:①天真道士;②神仙道士;③山居道士;④出家道士;⑤在家道士;⑥祭酒道士。从道行高低上分有三号:①法师;②威仪师;③律师。从职务上分:有方丈、住持、监院等。从尊贵上分:有先生、真人、天师等(参见:《三洞奉道科戒》)。这样严密的组织,弥补了道教在发展规模和人数上的不足。尽管在唐代只有宫观(道教的庙宇)1900余处,道士15,000余人(见杜光庭:《历代崇道记》),其人数还不及佛教的1/20,但道教仍能在当时的思想界占据重要的地位,与儒、佛并立而成鼎足之势。

就道教的理论而言,由于经过魏晋南北朝儒、释、道之间的辩论和交流，唐代的道教学者进一步吸收儒学和佛学的思想资料，用以充实自己的体系，在宗教的形式下论述了若干具有哲学意义的问题。例如，他们中的多数人都研究了万物生成的理论。这个问题，从唐初到中唐以前，除佛学外，儒学议论不多，有时也是重复过去的一些说法。唐代的道教学者杂采《老子》《周易》等典籍，以“道”为本体，以阴阳五行为中介，以万物为阴阳五行交互作用的产物。阴阳五行产生万物的原因，据说是由于“道”具有“虚静”或“唯识”的性质，而认识“道”的方法是“当灭知见”，即摒弃感觉和思维。又如，唐代的道教学者比较重视对性命之学的研究。“性命”本来是儒学的古老命题，也是佛学议论的重要内容，在道教思想体系中不占主导地位，一直到陶弘景的时代，许多道教学者还致力于宣传长生成仙的思想。后来可能由于道教的炼丹服药求仙不得，铅汞等物有强烈的毒性，服之辄死，就逐渐转变研究方向，从性与命方面来寻求保养之术。唐代的道教学者明确地把“道”（精神）和“形”（形体）作为区分“性”与“命”的界限，认为“性”是由“道”派生的，因而是没有形象可见的，“命”是由“形”所赋予的，因而是外在的显露的。因此，存养性命的主要途径应该是内修外炼相结合，即根据所谓的“抑情养性”“主静去欲”“守静去躁”等原则，排除情欲对身心的干扰；运用道教传统的“守一”“行气”等方术，通过气功、导引、按摩等手段，保持身心健康。这些见解具有承前启后的学术价值。此外，唐代道教学者所讨论的道器、道气、形神、形气、体用、阴阳五行等范畴，也引起当代和后世学者的广泛兴趣。由此可见，唐代的道教思想已经进入宗教哲学的发展阶段，并成为宋代理学的理论来源之一。

由于道教的力量和影响日益增大，遂使隋唐五代的许多封建统治者愈来愈重视和利用道教，奉行崇道政策，并采取了相应的措施予以贯彻。例如，隋朝的统治者虽大力提倡佛教，但并不排斥道教。隋文帝的开皇年号，就是取自道教经典中所谓“天地开劫”的年号之一。开皇二十年（600年），专门下诏保护佛教和道教，禁止毁坏佛、道二教的神像，违者以“恶逆”论处。据史书记载，隋炀帝也曾拜陶弘景的弟子王远道为师。大业年间，道士多以其术得到信用。

唐初更推崇道教，王室自认为是老子的后代。唐高宗乾封二年(667年)，追号老子为太上玄元皇帝。玄宗时代道教徒更加显赫。开元二十四年(736年)正式诏令“道士女冠隶宗正寺”。唐代的宗正寺是负责管理宗庙陵寝和宗姓亲族的机构，这是唐代皇帝把道士和女冠当做宗室的成员。开元二十五年(737年)，开始设置玄学博士，招收生徒，令习《老子》《庄子》《文子》《列子》，每年准明经例考试(参见《资治通鉴》卷二一四)。开元二十九年(741年)，又在全国各地建立玄元皇帝庙，画玄元皇帝像，而以高祖、太宗、高宗、中宗、睿宗五像陪祀。杜甫的《冬日洛城北谒玄元皇帝庙诗》说:“画手看前辈，吴生远擅扬。森罗移地轴，妙绝动宫墙。五圣联龙衮，千官列雁行。冕旒俱秀发，旌旆尽飞扬。”这是通过赞美吴道子精湛的绘画技艺，描述了当时玄元皇帝庙内的显赫气势。天宝年间追封庄子为南华真人，文子为通玄真人，列子为冲虚真人，庚桑子为洞虚真人，规定将此四子所著书列为真经。又设置崇玄馆，改崇玄学为通道学，博子为道德博士，以宰相为大学士，总领天下道院，开宋朝的先声。唐代许多公主嫔妃都喜欢入道做女冠，杨贵妃就曾经被度为女道士。朝臣中如贺知章等曾弃官入道。道士更被封官袭爵。在武宗时，因宰相李德裕崇奉道教，再加上道士赵归真的鼓吹，成为“会昌毁佛”的直接原因之一。

唐武宗以后的唐代皇帝，仍然崇奉道教。至于五代十国的帝王，也因袭唐代的风气，尊重道徒，兴修宫观，收集散失的道书，命道士宣讲道教经典，这对于道教的继续发展具有相当大的影响。

隋唐五代，道教还向海外，主要是朝鲜和日本传播。日人山上忆良(733年卒)曾以《抱朴子》为主题作词咏歌。日僧弘法也曾于797年著《三教指挥》，阐述中国道教的黄白之术和长生成仙思想。《高丽史》也记载有唐初引入道教的史实。不过，道教在朝鲜和日本并没有像佛教那样形成独立的宗派。在朝鲜称之为“花郎”的组织就与道教有关，而日本的“山伏”(即隐伏山中修道的人，也叫做修验道的人)，就是以道教和密教合流为内容的日本化的宗教(参见傅勤家《中国道教史》第14章)。

唐代的著名道士很多,从道流的出处来看,也有不同的类型,其中,致力于道教理论研究并能自成体系的,则以唐代的王玄览、司马承祯、李筌,五代十国的谭峭等人最为著名。

## 第二节 王玄览及其《玄珠录》

王玄览像

王玄览(626—697年)名晖,法名玄览,广汉绵竹(今属四川)人。30余岁时,曾与二三友去茅山学道,途中觉得同行的人都不具有"仙才",半路返归故里。感叹"长生之道,无可共修",此后遍研道、释二教经典,专重"心证"。49岁时,受益州(治今四川成都)长史李孝逸召见,深受敬重。武则天神功元年(697年),奉召赴京,行至洛州而卒。弟子尊其为洪元先生,将他谈论经教的语录,辑成《玄珠录》二卷,收入《正统道藏》。

王玄览的《玄珠录》以道家思想为主,兼采佛家学说,表现出明显的道、佛合流的色彩。他以"道"为最高范畴,以《老子》"道可道,非常道"(一章)为理论基础,把"道"看成是"可道"与"常道"的统一体。他认为"常道"生天地,"可道"生万物。万物有生有死,不能长存,而天地则无生无死,可以长存。因此,"可道"无常,是假;而"常道"才是真、是实。所以他又称"可道为假道,常道为真道"(《玄珠录》卷上,第七)。由于"常道"和"可道"都同是"道",因此双方也存在着"相因生""相因灭"的互相依存、互相转化的关系。他说:"不但可道可,亦是常道可,不但常道常,亦是可道常。"(同上,第八)这段话,他没有作具体解释,大意是说,"常道"要通过"可道"才能够表现;"可道"要依靠"常道"才能够存在。"道"的性质,就是这种真与不真、常与不常的统一体。这样的说法,十分类似华严宗的思辨哲学。可以说,道家的观点、佛家的方法是构成王玄览"道体"说的两块基石。

王玄览认为,不但“道”具有两重性,“道”与万物的关系也具有两重性。从“常道”言,它是物的精神性本体,它不随物的生灭而生灭,所以说它是“真”、是“常”。从“可道”而言,它只是“常道”在物上的印记,它要随物的生灭而生灭,所以说它是“假”、是“不常”。他认为,“道”只有一个,但“道”的印记遍于每一物,每一物都是“道”的印记;“道”的印记与物不分彼此,浑然一体,“即物是道”“道皆是物”,但作为“道”本身则是永恒不变的,借以说明“道”超越物质世界而又主宰物质世界的绝对性质。

王玄览在谈到“道”与人的关系时,提出了这样的问题:如果“道”与众生异,怎么可能修得“道”?如果众生与“道”同,那又何必要修“道”?对于前一个问题,王玄览的回答是,“道”与众生也存在着“互相因”,即互相依存、互相联结的关系。据他说,“众生禀道生”,所以是“道”中有众生,众生中有“道”。因此众生可以因修而得“道”。这种“即道是众生”“即众生是道”的命题,与“即物是道”“道皆是物”的命题一样,在后代的理学和反理学思潮中都产生了反响。对后一个命题,他的回答是,众生与“道”同,这是要经过人的主观努力才能实现的。当人的言行还没有完全置于“道”的约束之下时,他叫做“人显道隐”,就会受到各种烦恼和痛苦的困惑,众生需要修“道”,就是为了避苦求乐,早一天进入道教所构造的“乐园”中去。

王玄览认为可修而得的“道”,不仅是指“可道”,而且包括“常道”。他指出,“可道”是与物相联系的,它们都是以“常道”作为自己存在的根据,因而都没有自己的本性,都不能自我做主,都是“虚妄”不实的东西。据他说,“无常生其形”(同上,第六),即修“可道”只能保存形体,成为“形仙”,这种表面的功夫,他又叫做“滥道”“私道”。然而,他又认为,虽说“可道”是“妄”,但又不可不修,因为“即妄等之法,并悉是真”(同上,第一),这是得到“常道”的必经阶梯。

对于如何修炼“常道”的问题,王玄览认为,不应外求,而应内求,他称之为坐忘养神。他说:“形养得形仙,坐忘养舍形入真。”(同上,第六)只有用坐忘的方法养神,才能超越形体,得到真道。按他的解释,“道”不在人心之外,而是人心之中具有“道”的印记,他称之为“道性”。“道”生万物,就是“道”通过心生万物,心与客观世界的关系“常以心为主”(同上卷下,第四),即心是客观世界的主宰,客观世界的运动和静止,都不过是人的主观感觉。他举例说,世界上根本没有所谓的“动静”,动静皆由视觉引起:“眼摇见物摇,其物实不摇。眼静见物静,其物实不静。为有二眼故,见物有动静。”(同上卷下,第五至第六)如果没有人的双眼,也就没有动静的存在。因此,他得出结论说:“十方所有物,并是一识知。”(同上卷下,第三)所以,他认为修习“常道”的要旨是通过“心证”求得一个清静不变的“识体”。这又和佛教唯识宗的观点接近了。

王玄览认为“心证”要分几个步骤来进行:首先是灭绝知见。他说:“一切众生欲求道。当灭知见。”(同上卷上,第六)这里,他提出并回答了这样的问题:人死了,知见也就自然消失,那么,何必要劝人苦修强令灭知见呢?他认为形神俱灭,这不是得道,只有知见先于形体灭绝,把人修炼成无思无虑的状态,才是“得解脱”。其次是要恬淡守一。王玄览解释说,恬淡,就是“虚心”,把杂念从心里排除出去,让“道”占据整个思想的领地。守一,就是心不动摇,不受外界的干扰,做到“归心志不移变”(同上卷下,第九),他把这种方法叫做“修变求不变,修用以归体”(同上卷上,第十六)。据他说,如此便可与“常道”为一,成为“神仙”。

## 第三节 司马承祯的修道理论

司马承祯(647—735年)字子微,法号道隐,河内(今河南温县)人。21岁时入道,师事潘师正,为陶弘景三传弟子。后隐于天台山玉霄峰,自称“白云子”或“白云道士”。武则天闻其名,召至京师,降手敕予以赞扬。唐睿宗景云二年(711年),司马承祯又奉诏入宫,睿宗问以阴阳术数及理

司马承祯像

国之事。开元九年(721 年),唐玄宗把他请到京师。十五年(727 年),又召到京师,令其住在王屋山阳台观。玄宗又以司马承祯善篆隶字,自成一体,乃命他以三体写《老子》石经,刊正文句,定著 5380 言,为真本。卒谥“贞一先生”。著有《坐忘论》《天隐子》等。

《天隐子》一书,因司马承祯在书序中有“天隐子,吾不知其何许人”的说法,在《后序口诀》中又有“承祯诵天隐子之书”等句,遂引起后来对此书是否是司马承祯所著的怀疑。当代学者卿希泰根据南宋胡琏的《书天隐子后》一文所作的考证,认为“从内容来看,此书与《坐忘论》亦互为表里,有不少一致之处”。他又据“曾慥《道枢》中有《坐忘论》上中下三篇,其中篇即《天隐子》,其上下篇即司马承祯的《坐忘论》”,所以他赞同胡琏关于“‘天隐子不知何许人也’意者,不欲自显其名邪”的见解(参见《中国道教思想史纲》第二卷第六章第五节),此说比较合理。

司马承祯受儒家“性善论”的影响,把成仙的可能性扩大到每个人身上,不主张在信徒中划分等级,限定成仙的范围。他认为俗人与神仙都禀赋有“阴阳神虚”之气,因此,人也具有神仙的气质。他说,俗人与神仙的区别在于能否“修我虚气,勿为世俗所沦污;遂我自然,勿为邪见所凝滞”(《天隐子·神仙》)。

司马承祯的道教理论以论述怎样修道成仙为重点。他吸收了儒家的正心诚意和佛学的止观、禅定学说,提出“易简”的学仙方法和渐进的修真步骤,把修仙的过程分为五道“渐门”和七个阶段。前者主要是把陶弘景等人提倡的炼丹、服食等修道方术,简化为健身和安神之类的活动。后者则强调修道是一个循序渐进、逐步积累的过程,不可能一蹴而就。综合其内容,大致包括两个方面,一个是修炼形体方面的,大意是说,要饮食得当,居处适宜,劳逸结合,并经常用按摩之法保持血脉舒畅。另一个是养性修心方面的,这方面的要求有以下几项:①解决宗教信仰问题,信教必须虔诚,不能有丝毫怀疑。这种信道虔诚的态度就叫做“敬信”。②要弃事无为,既不去参与世俗的事务,又不和人们交往,这种“无事安闲,方可修道”(《坐忘论·断缘》)的人生哲学,就叫做“断缘”,也叫做“安处”。③要集中精力,这是十分重要的一个阶段。他认为心神是一身之主,心安才能目安,目安才能体安,所以学道一开始就要集中精力,这种功夫叫做“收心”或“静定”,类似佛家的坐禅、儒家的“正心”。④要安于道徒生活,安分守己,不欲多取、多求,这就叫做“简事”。⑤要忘掉外物,更不要被外物所迷惑。他引用庄子的话说,所谓美色,人见之喜悦,而“鱼见深入”,“鸟见高飞”,可见这种喜悦还是一种偏见,是仙人看做为“秽浊”的东西,只有忘物才是道教的“真观”,他又叫做“存想”。⑥要修炼得“形如槁木,心若死灰”(《坐忘论·泰定》),而物我两忘,这已是最后一道关口,接近于得道了,所以他叫做“泰定”或“坐忘”。下一步就是“得道”。得道以后便成为无所不能、无所不解的神仙,所以这种功夫也叫做“神解”。他还说,“神解”融佛家的“真如”、道家的“无为”和儒家的“一性”为一体,而成为三教所共同追求的最高理想(见《天隐子·神解》)。

司马承祯又把修道的五道“渐门”和七个阶段概括为“无欲”和“静心”,这是他的修道理论的实质所在。他说:“静则生慧,动则成昏。”(《坐忘论·收心》),这是说,静是产生智慧的根源,动是产生昏乱的根源,人们应当去动守静。为了达到“静心”的状态,他认为必须防止三种偏向:第一种偏向,是“心皆起灭,不简是非,永断知觉”(《坐忘论·收心》),指用强制的方法硬使自己的思想跳出是非圈子之外,永断知觉。司马承祯认为是不对的,这叫做“盲定”。第二种偏向,就是“唯断善恶,心无指归,肆意浮游”(同上),就是不产生善的念头,也不产生恶的念头,让思想任意浮游,自动地进入静的状态。他认为这种放任自流的态度也不对,这叫做“自定”。第三种偏向,是“遍行诸事,言心无染者,于言甚美,于行甚非”(同上),就是言行不一,口头上说要静心,实际上什么事都要去做,还自认为“无染”。他认为这也是错误的。

司马承祯认为，只有把“静心”和“无欲”相联系，做到应物而不为物累，才能全面实现其修道的主张。在他看来，“静心”不是什么都不去想，而是要以“无欲”作为追求的对象。具体做法是用“离境之心”（“静心”）去观察外界事物，从中发现“嗜欲”给人们带来的“危害”，进而“心舍诸欲，住无所有，除情正性”（《坐忘论·真观》），然后再回过头来观察自己旧日的情欲，从此“自生厌薄”，自觉地抵制和清除“嗜欲”的干扰。这种能够从静到动，又从动再回归到静的人，他称之为思想上的“醒人”，并告诫人们不要做思想上的“醉汉”。总之，在他看来，“无欲”就是“静心”最初的出发点和最终的归宿。这种静心无欲的修道理论与后来宋代理学家周敦颐的“无欲故静”学说，程颐的“定性”主张，朱熹的“惩忿窒欲”观点，都很相似，而为宋明理学所吸取。

值得提出的是，司马承祯在宗教的形式下，探讨了量的积累和质的转化的相互关系。他说：“神凝至圣，积习而成。”（《坐忘论·收心》）先从细微简易的功夫做起，然后才能达到神圣的境界。他批评有些学道的人只知道慕“大道”“妙法”，而不去研究“大道”“妙法”之所以成就的原因，这些人不懂得绚丽多彩的贝锦（上有贝形花纹的锦缎）是由一根根细丝织成的，翱翔天空的大鹏是从卵雏逐渐成长起来的，妄想不费力气就获得成功，犹如庄子所说的“见卵而求时夜（时夜，指鸡），见弹（弹丸）而求鸮炙（鸮，俗称猫头鹰。鸮炙，指烤鸮鸟为食）”（《坐忘论·收心》），是非常可笑的。

## 第四节　李筌的思想

李筌，号达观子，唐陇西（今甘肃境内）人。少年时喜好神仙之道，曾隐居在嵩山的少室山。唐玄宗开元（713—741 年）中，为江陵节度副使、御史中丞（一说为荆南节度判官，一说为荆南节度使、仙州刺史），时为李林甫所排挤，入名山访道，后不知所终。著有《太白阴经》《中台志》，另著有《阃外春秋》（已佚，有巴黎图书馆所藏敦煌本《阃外春秋》残卷）。还著

李筌像

有《阴符经疏》。这里需要说明的是：①《阴符经》不是李筌的著作。这个问题早在宋代就有议论，邵雍说："《阴符经》七国时书也。"程颐说得更早："《阴符经》何时书，非商末则周末。"他们对作者的时代说法不一，但都肯定《阴符经》比李筌早出。朱熹则认为"《阴符经》恐是李筌所为，是他着力去处。何故？只因他说起，便行于世"(《阴符经考异》，《朱子语类》卷一二五与此小异)。此后便引起长期的争论。当代学者王明先生根据清余嘉锡《四库提要辨证》卷十九所引资料以及吴筠的著作，指出"唐初欧阳询，褚遂良都已写《阴符经》帖"，比李筌生活时代略早的"吴筠且引其文作论"，认为《阴符经》不是李筌所著。他又据唐末杜光庭《神仙感遇传》中有《阴符经》是大魏年间成书的记载，由此推测成书的年代，约在531—580年这段时间，作者大抵是北朝一个久经世变的隐者(见《道家与道教思想研究》)。②《黄帝阴符经集注》，即所谓伊尹、太公、范蠡、鬼谷子、诸葛亮、张良、李筌七家注或七贤注本，多数学者认为其中的注文均系伪托，所以不能把此书列入李筌的著作中。

李筌的思想，宗教色彩比较淡薄，他以先秦时期的道家、法家和兵家思想为基础来构造自己的思想体系，其主要内容如下：

(1)论述了"抱一"复本思想。"抱一"一词出自《老子》"载营魄抱一，能无离乎"(十章)。王弼注："载，犹处也。营魄，人之常居处也，一人之真也。言人能处常居之宅，抱一清神，能常无离乎，则万物自宾也。"大意是说，人能居常守静，精神就不会散失，就能不受外物的干扰，这也就是《庄子·在宥》所说的"无视无听，抱神以静，形将自正"。道教创立之初就将"抱一"或称"守一"作为修炼方术，《太平经》称它为"古今要道"，行之"可长存而不老"。不过《太平经》所说的"守一"，既指守持精神，又指守持人格化了的"身中之神"。两晋南北朝，"抱一"或"守一"术盛行，东晋葛洪《抱朴子·内篇·地真》就专讲"守一"。后来陶弘景一派认为坚持存神服气,叩齿咽津,就能百神守身,长存不死。李筌虽然也讲“抱一”,但却赋予新的含义。他认为“抱一”就是“复本”,“本”就是最高的“道”,他称之为“至道”。所谓“抱一”复本,就是去体认、领悟“至道”的性质和作用,从而与“至道”融为一体。“至道”在《阴符经》里也叫做“自然之道”或“天地之道”。《阴符经》说:“自然之道静,故天地万物生。天地之道浸,故阴阳胜,阴阳相推而变化生矣。”这就是说,宇宙本来寂静,也就是死寂的境界,由这么一种境界逐渐生长出天地万物来,万物都静悄悄地来,又静悄悄地去。李筌基本上赞同这种观点,他说:“阴阳生万物,人谓之神,不知有至道,静默而不神,能生万物阴阳,为至神矣。”(《阴符经疏》)他认为一般人只见阴阳二气产生万物的这种明显的变化,但不了解还有一个“能生万物阴阳”的“至道”存在,更不知道“至道”的“静”和“浸”的性质才推动了万物阴阳的发生和发展。所以,他主张人们应该运用道教的方术,把自己炼就成为无味无觉却又像逐渐地生长变化的胎儿一样,从“静”与“浸”这两个方面与“至道”合二为一,成为驾驭天地万物的“神仙”。

李筌虽然以“至道”为超自然的主宰,但他又认为“至道”并不直接和万物发生关系,其间要以阴阳五行为中介。他认为,阴阳五行各按自己的自然之理而运行不息,万物中的“异殊”和“荣枯”的区别是由各自的条件造成的,并不是阴阳五行本身有什么意识和愿望,或者对谁有什么情意。他写道:“阴阳之于万物,有何情哉?夫火之性自炎,不为焦灼万物而生其炎。水之性自濡,不为漂荡万物而生其濡。水火者一其性,而万物遇之有异殊;阴阳者一其性,而万物遇之有荣枯。”(《太白阴经·天无阴阳》第一)因此,他强调人们可以认识阴阳五行的自然之理,“用心观执,奉天而行,则宇宙在乎掌中,万物生于身上矣”(《太白阴经·天无阴阳》第一),就能根据阴阳五行运行的规则办事,充分利用自然条件为自己服务,其得心应手的程度就如运万物于指掌之中。他告诫人们不要违背自然之理,否则,五行将转化为“五贼”,“所言贼者,害也,逆之不顺,则与人生害”(《阴阳经疏》),就会对人们产生危害。上述观点,都是李筌"抱一"复本思想中的合理部分。

(2)论述了"以名法理国"的思想,这表现出李筌把道家和法家思想相糅合的思想倾向。他吸取韩非的说法,提倡用"法治"代替"人治"。他强调指出,国家最重要的事情,就是制定"军国大法",以法治国,做到"按罪而制刑,按功而设赏""赏无私功,刑无私罪"(《太白阴经·刑赏》第九)。同时还要"任贤使能",广求知法执法的人才。他根据刘劭的《人物志》,把人物分为"通才"和"偏才"两种。他认为"通才"难求,应把重点放在广求"偏才"上,集各"偏才"之长,就可以弥补"通才"的不足。他列举了10种不同的专门人才以后说,"任才之道",就是要人尽其才,发挥各自的特点和专长,"计谋使智能之士;谈说使辩说之士;离间亲疏,使间谍之士;深入诸侯之境,使乡导之士;建造五兵,使技巧之士;摧锋捕虏,守危攻强,使猛毅之士;掩袭侵掠,使骄捷之士;探报计期,使疾足之士;破坚陷刚,使巨力之士;诳愚惑痴,使技术之士"(《太白阴经·鉴才》第二十四)。他认为把上述两种事情办好了,国家就会兴旺发达。所以他得出结论说:"任贤使能,不时日而事利;明法审令,不卜筮而事吉;贵功赏劳,不禳祀而得福。"(《太白阴经·天无阴阳》第一)这是说,任用有才干的官吏,不必选择吉利日子,事情就能办成;严格执行法令政令,不必迷信鬼神卜筮,事情就能办好;能够奖励有功人员,不去祈求禳灾祛祸,就能得到幸福。反之,如果依靠天命鬼神,必然导致败亡。

李筌"以权术用兵"的军事思想,是其思想体系中的重要组成部分。先秦时期的道家,特别是法家,也往往是军事家,这一学术风格在李筌的身上表现得比较突出。其军事思想的基本点是:人的主观努力是决定战争胜负的主要因素。他用地理环境同人的关系作比喻说:"天时不能佑无道之主,地利不能济乱亡之国。地之险易,因人而险,因人而易。"(《太白阴经·地无险阻》第二)这是说,地理环境在战争中只起一种辅助作用,是"兵之助",不可以此作为仗恃;人的努力可以化险为夷,也可以变夷为险。他根据《孙子兵法》的《地形》《九地》等篇关于利用地形的原则,提出应该利用不同的地形,提出不同的作战方案以克敌制胜。例如,在"散地"(诸侯各自为战的地方)不要战斗;"轻地"(敌人的边界地区)不要停留;"争地"(敌我双方都可以利用的地形)不要夺取;"衢地"(几个诸侯的交通枢纽)不要合围;"重地"(敌人城邑附近的地区)则掠夺其资源;"圮地"(山林沼泽地带)要迅速通过;"围地"(敌人据守的险要地方)要用智谋计取;"死地"(不战则灭的地方)要拼死力战。在李筌看来,地理环境是善用兵者手中的一种工具。因此,他不赞同以地理环境来说明人的勇敢和懦弱。针对当时所谓"秦人劲,晋人刚,吴人怯,蜀人懦,楚人轻,齐人多诈,越人浇薄,海岱之人壮,崆峒之人武,燕赵之人锐,凉陇之人勇,韩魏之人厚"(见《太白阴经·人无勇怯》第三)的说法,李筌列举了许多战例证明秦国也打过不少败仗,不能说"秦人劲"。吴王夫差曾称霸中原,打败越国和齐国,不能说"吴人怯"。蜀人在诸葛亮统率下,进兵中原,威加魏将,不能说"蜀人懦"。项羽起兵灭秦,一度威震四方,不能说"楚人轻"。齐国田横五百壮士,同时死难,不能说"齐人多诈"。越王勾践以弱攻强,以小取大,九年灭吴,不能说"越人浇薄"等(见《太白阴经·人无勇怯》第三)。他认为"勇怯在乎法,成败在乎智"(同上),人的勇敢或懦弱,战争的胜利或失败,都可以通过人为来加以改变。没有先天的人性,也没有不变的胜负,这些都是可以转化的。

李筌进而探讨了战争胜负转化的许多条件。他根据《孙子兵法》中《九变》《用间》等篇利用权术的军事思想,认为应该使用各种手段了解敌人的虚实和秘密。他从敌人的人品、性格上把敌人分为"仁人""勇士""智士""愚人""不肖""好财"六类;从敌人的地位、才能上把敌人分为"智者""博者""贵者""富者""贫者""贱者""勇者""愚者"八种,主张针对不同的对象采取对付他们的不同的方法,以便"制人"而不受制于人。他说:"制人者握权,制于人者遵命也。"(见《太白阴经·数有探心》第九)只有洞察敌人的全面情况,才能掌握战争的主动权,调动敌人,而不被敌人所调动。他还认为,善于捕捉战机和扬长避短也是争取战争胜利的重要条件。

关于捕捉战机的问题，他说："时之至，间不容息。先之则太过，后之则不及。"（同上）他把战机形象地比喻为如同"迅雷不及掩耳，卒电不及瞑目"一样转瞬即逝。因此，时机一到，立即把握；如果犹豫不决，将坐失良机，"反受其害"（《太白阴经·作战》第二十一）。他指出，捕捉战机应以有利为原则，这就叫做"有利而战"。他说："夫未见利而战，虽众必败；见利而战，虽寡必胜。利者，彼之所短，我之所长也。"（同上）这是说，有利的战机，就是能扬己之长，攻彼之短，捕捉战机和扬长避短是统一的。李筌的这些思想都是对《孙子兵法》"知己知彼"原则的发展和运用。

## 第五节　谭峭及其《化书》

谭峭像

谭峭，字景升，五代泉州（今属福建）人。早年爱好诸子、黄老之学，不求仁禄功名，后出游终南山，并遍历名山，不复归故里。师事嵩山道士10余年，得辟谷（又叫"休粮"，指不食五谷，道教的一种修炼方术）养气之术。其言行举止与常人不同，在云游时以酗酒为乐，夏天穿皮袄，冬天着单衫，并作诗说"线作长江扇作天，靸鞋抛向海东边。蓬莱信道无多路，只在谭生柱杖前"，故被视为疯狂。由于他长期生活在平民百姓中，对因社会动乱造成的民不聊生的社会现实深感愤懑，曾著《化书》来表述自己的见解。《化书》包括道化、术化、德化、仁化、食化、俭化六卷。北宋陈景元《化书后序》引陈抟的话说，谭峭曾以所著《化书》向南唐大臣宋齐丘求序，齐丘就窃为己著并加序言，所以《化书》又叫《齐丘子》。后人知此内情，遂恢复原书名，其中可能有齐丘增改之处。

谭峭《化书》的特点是强调一切皆化的思想。其最高范畴也是"道"，他认为"道"在分化中产生万物，摒弃静生万物的主张。他认为"道"的分化有顺逆两个方向，从"道之委"（"道"是世界的本原）来说，"虚化神，神化气,气化形”,这是“道”顺而产生万物的过程。从“道之用”(万物是“道”的作用)来说,“形化气,气化神,神化虚”,这是“道”从外化的万物返回它自身的过程。“道”的顺行和逆行的相互转化和循环,构成了万物的运动。

在谭峭看来,“道”的可变性,决定了世界的可变性;世界是活生生的世界,再不是死水一潭。他大胆地设想:老枫可以化为道士,朽麦可以化为蝴蝶,这是“自无情而之有情也”。贤女可以化为洁石,山蚯可以化为百合,这是“自有情而之无情也”(《老枫》)。谭峭认为,既然世界上的东西有的从无生物变成生物(无情而之有情),也有的从生物变成无生物(有情而之无情),那么,精神和万物之间就没有明显的界限。所以他问道:“孰为彼,孰为我？孰为有识,孰为无识?”(同上)哪里有什么彼和此、精神和万物的差别。谭峭的这个观点是对庄子“齐万物”“一是非”学说和佛家“无情有情”学说的继承和发挥。

当谭峭把上述观点用于说明社会现象时,他提出了对未来社会的一些美好设想。他认为,“道”的分化产生了万物,而人类社会的分化则产生了尊卑。他推测说,先有自然界的分化,然后才有人类社会的分化。人类社会是从自然界的“气化”“形化”转变而来,它们都统一于道。他设想在人类社会的早期阶段,没有尊卑,没有聚敛,没有争夺,人人平等,这就叫做“揖让”的阶段。“揖让”以后,人类社会就变质了,分化出尊者和卑者。尊者穿戴华丽的衣冠,乘坐豪华的马车,居住在高大的宫室,配备庞大的卫队,食用丰盛的筵席,奢侈淫荡,肆意聚敛,聚敛不足就靠欺骗,欺骗失败就施刑戮,于是纷争随之而起。谭峭把这种情景看成是人类社会发展的大势所趋,“其来也,势不可遏;其去也,力不可拔”(《大化》),是人的主观意志所不能改变的。

谭峭揭露了当时农民所受的苦难。他说:“一日不食则惫,二日不食则病,三日不食则死,民之事急,无甚于食。”(《七夺》)这是说,吃饭是农民最低的也是最基本的生活需求,但是他们收获来的粮食却被天子、官吏、兵士、工匠、商贾、和尚、道士这些不种粮食的人以及战费军需夺去了7/10,剩余的部分,丰年勉强可以糊口,歉收则难以过活。“所以蚕告终,而服葛苎之衣;稼之毕,而饭橡栎之果。”(同上)农民养了蚕,只能穿粗布麻衣;种了粮食,只能吃野果野菜。他责问说,所谓王者理不平,大人救不义,没有再比这更不平更不义的事,为什么不来过问呢?不急民之所急,而侈谈“切切之仁”“戚戚之礼”有什么用处?

谭峭反复指出,农民的反抗是由于统治者“穷民之力”“夺民之食”(《有国》)所引起的。他认为“夺民之食”是剜民的肌,啖民的肉,扼民的咽喉,断民下一代的生计,农民怎能不啼号?怎能不贫困?怎能不冻饿?怎能不愤怒?当农民百姓难以为生的时候,他们绝不会相信仁义的说教,也不会畏惧刑威的严酷,必然奋起反抗,这犹如“火将逼而投于水,知必不免,且贵其缓;虎将噬而投于谷,知必不可,或觊其生”(《丝纶》)一样。所以他正告统治者:“慎勿怨盗贼,盗贼惟我召。慎勿怨叛乱,叛乱禀我教。”(《太和》)

谭峭主张通过均平的办法来解决当时的社会危机。他认为人类社会也应当没有彼和此的区别,统治者和被统治者应当共同劳动,共同享受,和睦相处。他推测人类太古时代的情景大概同蝼蚁的群居生活差不多。他说:“蝼蚁之为君也,一拳之宫,与众处之;一块之台,与众临之;一粒之食,与众蓄之;一虫之肉,与众咂之;一罪无疑,与众戮之。”(《蝼蚁》)这是说,在蝼蚁的生活中,为君的居处、娱乐、饮食都与大众一样,没有尊卑贵贱之分;处理事情,也与大众共同决定,没有独断专行之弊。所以统治者与被统治者应心息相通,病痛相连,甘苦与共。

谭峭强调,均平的首要任务是“均食”。他认为“食”是“无价之宝”(《鸱鸢》)。他举例说,食物的喂养,“牛可使之驾,犬可使之守,鹰可使之击”;食物的诱惑,“鱼可使之吞钩,虎可使之入陷,雁可使之触网,敌可使之自援”;食物的制裁,“高尚可以使之屈折,夷狄可使之委服”。由此,他断言“自天子至于庶人,暨乎万族,皆可以食而通之”(《无为》)。这是说,从动物到人类,从平民到帝王,从本族到外族,都和食有密切的关系。所以他主张作为统治者应该先解决“均食”的问题,然后再去解决“五常”(仁义礼智信)。如果社会上各种人都处在饥荒之中,那么就没有纲常伦理可言。若是人人都有饭吃,就一定会出现良好的社会风尚,天下就太平了。在他看来,“均食”的办法是“尚俭”,“俭者,均食之道也”(《太平》)。“尚俭”要从国君做起。他说:“君俭则臣知足,臣俭则士知足,士俭则民知足,民俭则天下知足。”(《三皇》)天下知足,就没有贪财的,没有竞争的,没有奸诈欺骗的,没有阿谀奉承的,他声称这就是远古时代的情景。他一再告诫统治者,是否节俭,关系着自身的存亡,只有亡于骄横奢侈的,“自古及今未有亡于俭者也”(《损益》)。谭峭的“均食”“太平”的理想,在东汉张鲁的道教团体中就有类似通过均食达到太平的主张,可以说是原始道教的传统,这种传统随着封建社会的发展而抛弃已久,他重新加以发挥,是有积极意义的。

# 第六章　隋唐时期思想史料介绍

## 第一节　史料概述

隋唐五代时期开始了多种丛书和类书的编辑工作，为思想史的研究提供了一批学术专著和工具书。

唐孔颖达等编辑的《五经正义》，是儒家主要经典的汇编，具有儒学丛书的性质。共222卷（与宋十行本《十经正义》中《五经正义》卷数稍异）。计有《周易正义》9卷，用王弼、韩康伯注；《尚书正义》20卷，用孔安国传；《毛诗正义》70卷，用郑玄笺；《礼记正义》63卷，用郑玄注；《春秋左传正义》60卷，用杜预注。这部书集编辑、注解与议论为一体，是研究南北经学以及儒学发展史的重要资料。

《五经正义》的版本有《四部丛刊》本、《四部备要》本等，通行的版本是清阮元《十三经注疏》本。

道教的丛书有《开元道藏》。

道书的汇录，实始于魏晋南北朝，有东晋葛洪《抱朴子内篇·遐览》所载的道书目录，南朝宋陆修静《三洞经书目录》，南朝梁孟法师《玉纬七部经书目》，南朝梁陶弘景《经目》，北周《玄都经目》，《隋书·经籍志》"道书总目"，唐初尹文操《玉纬经目》等。但这些书籍只录经目，不收经文，真正编辑为“藏”（道教丛书）的，则是《开元道藏》。

《开元道藏》又叫《三洞琼纲》，由唐玄宗主持，在开元（713—741 年）中期着手编辑，共收各类道书 3744 卷（一说 5700 卷，一说 7300 卷）。于天宝七载（748 年）诏令传写公布。这部书具有《道藏》的初步规模，成为以后《道藏》的最初蓝本。

佛教丛书的编辑也同《道藏》类似，在魏晋南北朝时期也是只有佛经书目，编辑《大藏经》则是在隋唐之际。当时，不叫《大藏经》，叫《一切经》。隋代有一次大规模的编辑《一切经》的活动，就是从开皇至仁寿年间（581—604 年），共写经论 46 藏，132，086 卷（见法琳：《辩正论》，《大藏经》卷五十二）。《隋书·经籍志》也说，开皇初，京师及各大都邑之处，“官写《一切经》，置于寺内；而又别写，藏于秘阁”，所以《一切经》也叫《藏经》。唐代和尚慧琳曾为《一切经》注音，书名《一切经音义》。这些都是后来编辑《大藏经》的原始资料。

至于隋唐时期的类书，有以下几种：

综合性的类书，有《北堂书钞》《群书治要》《艺文类聚》。

《北堂书钞》，唐虞世南辑，160 卷。北堂是秘书省后堂，这本书是他任秘书郎时所编，故名。摘录群书名言隽句，分类编排，共 852 类。《群书治要》，唐魏徵等辑，原为 50 卷，现存 47 卷。这本书依据六经、诸子和《史记》《汉书》《后汉书》《三国志》《晋书》等，摘录其中有关政治和学术方面的精要，分类编排，辑录成书。《艺文类聚》是唐欧阳询等人所辑，100 卷。根据 1400 多种古籍，分门别类，摘录汇编，分为岁时、政治、产业等 18 部。以上三种类书，保存了诸如桓谭《新论》、崔寔《政论》、仲长统《昌言》、《列子》等许多重要的思想史料。

佛教方面的类书，有《法苑珠林》，唐道世辑，100 卷（另有 120 卷本）。根据佛经所记载的故实，分类编排，共 100 篇。篇各有部，部下又有小部，都以二字为题，共收 640 多条，都是引用佛教经、律、论的典籍。篇前大都有作者的概述，篇后又引用故事传说加以佐证。这本书所依据的典籍，除佛经外,约有140多种。除收入《大藏经》外,另有《四部丛刊》本等。

道教方面的类书,有《三洞珠囊》,唐王悬河辑,今本为10卷。此书辑录200多种"三洞"(洞真、洞玄、洞神)经书的精要,分类汇编,不加论说。内容多为古代神话故事和南北朝以前的方士、道士事迹。由于引录的道书较多,保存了一些已佚失的经文。此书收入《道藏》第780至782册。

隋唐五代思想史料已不同于过去主要是以史书为根据,而是有官方的、民间的和自撰的这三种来源。例如,主要的儒学学者韩愈,其生平事迹史料可分为几类,一类是他的自述,有《为宰相贺白龟状》《复志赋》《释吉》《与李翱书》(以上均见《韩昌黎集》)等。另一类是与他同时代人的记载,有李翱《韩吏部行状》(《李文公集》卷十一)、刘禹锡《祭韩吏部文》(《全唐文》卷六一〇)、裴度《答李翱书》(《全唐文》卷五三八)等。再一类是传记和年谱,有《旧唐书》卷一六〇《韩愈传》、《新唐书》卷一七六《韩愈传》、宋吕大防《韩吏部文公集年谱》、宋樊汝霖《韩文公年谱》(有清《韩文类谱》,又名《韩柳二先生年谱》本)等。

柳宗元的生平事迹史料也可分为几类,一类是其自述,有《先侍御史府君神道表》《先君石表阴先友记》《祀期日说》《与杨诲之第二书》(以上均见《柳宗元集》)等。另一类是与他同时代人的记载,有韩愈《柳子厚墓志铭》《祭柳子厚文》、刘禹锡《祭柳员外文》《重记柳员外文》、崔群《祭柳州柳员外文》(以上均见《柳宗元集》附录)等。再一类是传记和年谱,有《旧唐书》卷一六〇《柳宗元传》、《新唐书》卷一六八《柳宗元传》、宋文安礼《柳先生年谱》、周敦颐《柳先生历官记》(以上均见《柳宗元集》附录)等。

再如,主要的佛教宣传家慧能的生平事迹,除收入《旧唐书》卷一九一《方伎列传》以外,其自传是由他的弟子法海写的(见《坛经·行由品》)。与他同时代的王维写有《六祖能禅师碑》(《王丞相集》卷二十五),柳宗元写有《曹溪第六祖赐谥大鉴禅师碑》(《柳宗元集》卷一)述其事迹。在他死后,官方或民间编写的《景德传灯录》卷五、《宋高僧传》卷六、《传法正宗记》卷六、

《古尊宿语录》卷二都记载有他的言行。

隋唐五代时期还较多地进行了思想史籍的辨伪工作。柳宗元在《辨列子》一文中(《柳宗元集》卷一)最早提出《列子》是伪书的问题。他在文章中举出《列子》书中的一些矛盾之处以后,告诫“读焉者慎取之而已矣”。唐房乔等人作的《晋书》,对《庄子注》的作者提出了怀疑,遂引起后来长期的争论。此外,陆德明等人也做过古籍的考订工作。这一类的研究课题也是具有开拓性的,而成为宋代朱熹、叶适等人考辨研究史籍的前驱。

## 第二节　各学派的主要著作及其版本

隋唐五代时期有一批专门的思想学术著作,现提出以下一些书目或篇目供参考。

有关儒学方面的有:韩愈的《韩昌黎集》,收诗文杂著共700篇,并目录合为41卷,外集10卷,遗文1卷。其中《原道》《原性》《原人》《原鬼》《原毁》《对禹问》《行难》和《争臣论》等篇宣传儒学的道统说和人性论等;《谏迎佛骨表》等阐述他的反佛观点;《答刘秀才论史书》《答陈生书》《送孟东野序》《与崔群书》等反映其天命思想。《韩昌黎集》的版本,宋代有朱熹、魏仲举和廖莹中校注本,明代有游居敬、蒋之翘校注本,以后各本多是这五种版本的反复刻排,近代又有马通伯的集校本。关于朱熹的校注本,书名是《朱文公校昌黎先生文集》,这是最早的校本,此本善本为宋刻本和元刻闽麻纱坊本,而以据元刻本影印的《四部丛刊》本流传最广。至于魏仲举的校本,书名是《五百家注音辨昌黎先生文集》,有清乾隆三十年(1765年)《四库全书》抄本等。还有廖莹中的校注本,书名是《昌黎先生集》,有宋廖氏世彩堂刻本、清乾隆三十年(1765年)《四库全书》抄本、《四部备要》本等。

游居敬的校注本,有明嘉靖十六年(1537年)游氏刻《韩柳文》本等。蒋之翘的校注本,书名是《唐昌黎集》,有明崇祯六年(1633年)安国谟刻

《韩柳全集》本。马通伯的集校本，书名是《韩昌黎文集校注》，有古典文学出版社 1957 年排印本，但此本缺韩愈的诗。韩愈的主要论文《原道》《原性》等在现有的《中国哲学史资料选编》中都有辑录。

李翱的《李文公集》，18 卷，收诗赋杂著 103 篇。其中《复性书》《新原道自序》《学可进》等反映其儒学思想；《正传》《杂说》等阐述其等级观点；《去佛斋》等是排佛言论。

《李文公集》的版本，有明景泰六年(1455 年)邢让刻本、明嘉靖二年(1523 年)黄景夔刻本、清乾隆三十年《四库全书》抄本、上海商务印书馆据明成化本影印的《四部丛刊》本等。

李翱的文集还有一种二卷选本，书名是《习之先生全集录》，有清光绪八年(1882 年)江苏书局《唐宋十大家全集》本等。李翱的主要论文《复性书》在现有的《中国哲学史资料选编》中都有辑录。

有关佛学方面的主要资料，有宗密的《华严原人论》，这是论述儒学、佛学和道教“会通”的一篇文章，除收入《大藏经》卷四十五以外，另有清同治十三年(1874 年)《鸡园刻经处》本和《金陵刻经处》重刻本。

慧能的《坛经》，是由慧能口述、弟子法海汇编而成，1 卷。多数版本分为 10 品，即行由、般若、疑问、定慧、坐禅、忏悔、机缘、顿渐、宣诏、咐嘱。其中《行由品》《宣诏品》《咐嘱品》等主要是介绍慧能的生平事迹以及他对弟子们的遗嘱；《定慧品》是阐述无念、无相、无住等禅宗教义；《般若品》《疑问品》等是论证“明心见性”“见性成佛”的禅宗宗旨；《顿渐品》是介绍顿悟的修习方法；《机缘品》《坐禅品》等批评佛教的一些旧传统和仪式。

《坛经》的版本大体有四种：①敦煌写本。全名《南宗顿教最上大乘摩诃般若波罗蜜经六祖慧能大师于韶州大梵寺施法坛经》，慧能的弟子法海集记，1 卷。共 57 节，不分品目。这是最古的版本。②日本兴圣寺本。书名是《六祖坛经》，唐惠昕改编，3 卷，16 门。这本书原由南宋绍兴(1131—1162 年)时晁子健翻刻于蕲州，后流传日本，由兴圣寺重刻。

③曹溪原本。全称《六祖大师法宝经曹溪原本》,不著撰人。1 卷,10 品,2 万多字,比《敦煌写本》字数多一倍。有人认为,这就是宋代契高的改编本;也有人认为,此即是元代德异在至元二十七年(1290 年)的刊印本。④元至元二十八年(1291 年)宗宝改编本。书名是《六祖大师法宝坛经》,1 卷,10 品。其中品目与前本不尽相同。这是常见的通行本。1944 年"普慧大藏经刊行会"刊印以上四种版本的合编本。

《坛经》还收入《大藏经》卷四十八。另有齐鲁书社 1981 年版《坛经对勘》本、中华书局 1983 年版郭朋《坛经校释》本。

对于《坛经》的作者,现代学者胡适曾提出异议。他根据《坛经》古本、唐韦处厚《兴福寺大义禅师碑铭》(见《全唐文》卷一七五)等文的有关记载,认为《坛经》的作者是神会而不是慧能。他并用敦煌本、明藏本《坛经》与《神会语录》两相对比,以作佐证。此说可作进一步研究时参考。

神会的《语录》,胡适于民国十五年(1926 年)根据巴黎国家图书馆和伦敦大英博物院藏敦煌残卷校写。4 卷,共 2 万多字。卷一是有关禅宗教义、宗旨的问答,卷二和卷三是神会所著的《菩提达摩南宗定是非论》,卷四是《荷泽大师显宗记》。收入胡适校写的《神会和尚遗集》(上海亚东图书馆 1930 年版)。

道宣的《广弘明集》,30 卷,另有 40 卷本并行于世。这本书是《弘明集》的续篇,但体例略有不同。《弘明集》不分篇目,本书则分为 10 篇:①归正;②辩惑;③佛德;④法义;⑤僧行;⑥慈济;⑦成功;⑧启福;⑨悔罪;⑩统归。每篇前各有序言,并收有若干辩论文章,把叙述、辩论和选辑三者合为一体。辑录从南北朝到唐代僧俗作者共 130 多人的论著,是中国佛教思想史上的重要资料。

《广弘明集》的版本,有 30 卷本和 40 卷本几种。30 卷本有吴惟明在万历十四年(1586 年)的两《弘明集》合刻本等,40 卷本有万历三十八年(1610 年)嘉兴藏本等。另有据吴氏刻本影印的《四部丛刊》本等。

有关道教方面的有:

司马承祯的《坐忘论》,分敬信、断缘、收心、简事、真观、泰定、得道7篇,又附枢翼1篇。以宣传守静去欲为宗旨。《坐忘论》除收入《道藏》第704册、《全唐文》卷九二四以外,另有明吴勉学刊二十子本。

李筌的《太白阴经》,10卷。基本上是一部兵书,在《天无阴阳》《人无勇怯》《地无险阻》《术有阴谋》《数有探心》等篇,对《孙子兵法》多所发挥。

《太白阴经》有10卷和8卷两种本子。10卷的版本有清嘉庆(1796—1820年)年间的《墨海金壶》本、道光(1821—1850年)年间的《守山阁丛书》本等。8卷本有《四库全书》抄本,其中篇目不全。另有《丛书集成初编》本。

谭峭的《化书》,8卷,包括道化、术化、德化、仁化、食化、俭化共110篇。以道家的寡欲无为和儒家的仁政德治相结合,阐述其社会进化观点。

《化书》除收入《道藏》第724册外,另有明万历(1573—1619年)年间《宝颜堂秘笈》本、清嘉庆年间《墨海金壶》本等。

有关无神论方面的主要资料有:

吕才的《叙宅经》《叙禄命》《叙葬书》,除收入《旧唐书》卷七十九《吕才传》以外,另有清嘉庆年间董浩等辑刻的《全唐文》本。

柳宗元的《柳宗元集》,45卷,外集2卷,外集补遗1卷,附录1卷。其中《天说》《天对》《与刘禹锡论周易九天书》《答刘禹锡〈天论〉书》等阐述其无神论思想;《非国语》《封建论》《贞符》等反映其进化史观;《捕蛇者说》《宋清传》《骂尸虫文》等是政论性的文章。

柳宗元的著作有文集、文选、单行本等几种本子,北宋以前的本子全都佚失了,现有南宋庆元六年(1200年)前刻《新刊增广百家详补注唐柳先生文集》本,清乾隆三十年据南宋魏仲举辑《增广注释音辨唐柳先生集》收录的《四库全书》抄本,上海商务印书馆据魏本影印的《四部丛刊》本,明崇祯六年(1633年)安氏豹变斋刻的《唐柳河东集》《韩柳全集》本,上海中华书局据安本排印、缩印的《四部备要》本等。另有中华书局1979

年印吴文治等校点的《柳宗元集》。

柳宗元的主要论文《天说》《天对》等在现有的《中国哲学史资料选编》中都有辑录。

刘禹锡的《刘禹锡集》,40 卷。其中《天论》《牛头山第一祖融大师新塔记》《曹溪第六祖碑》等阐述他的无神论思想;《唐故吕君集记》《高陵令刘君爱碑》《因论》等是其政论性的文章。

刘禹锡文集的版本,有清乾隆三十年据宋本《刘宾客文集》收录的《四库全书》抄本、民国八年(1919 年)上海商务印书馆据武进董氏影宋本影印的《四部丛刊》本、上海人民出版社 1975 年版《刘禹锡集》本等。另有《四部备要》本、《丛书集成初编》本。

刘禹锡的主要论文《天论》在现有的《中国哲学史资料选编》中有辑录。

（下卷）

# 中国思想史

张岂之　主编

西北大学出版社

**主　编**

张岂之

**初版执笔者**

张岂之　刘宝才　龚　杰　任大援　李晓东

**修订版执笔者**

张岂之　龚　杰　刘文瑞　张茂泽　陈战峰　夏绍熙

下卷

# 目 录

## 第五编 宋元编

## 第六编 明清编

## 第七编 近代编

第五编

# 宋元编

# 概　述

经过了唐末五代的割据动乱，在中国历史上又出现了统一的宋王朝，这时中国封建社会进入了后期。北宋时期，随着农民劳动熟练程度的提高和南北地区的开发，封建经济有了进一步的发展。与此相应，农民阶级的地位有了一些变化。过去人身依附关系比较强的部曲、佃客制，在武则天统治时期基本消灭。代之而兴的则是人身依附关系比较松弛的田主与佃户的租佃制。

从北宋时期起，300 年间，中国境内存在着几个民族政权并立的局面。北宋的北边和西边，有辽、西夏、吐蕃等政权。以后又有从东北崛起的金政权。宋金对峙，直至南宋。南宋末年，漠北又兴起蒙古政权，后来建立了元朝。

两宋时期兴起了理学。宋代理学讨论的主要是以“性与天道”为中心的哲学问题，也涉及政治、教育、道德、史学、宗教等方面的问题。

宋代理学是在儒学、佛学、道教相结合的基础上孕育发展起来的，它以儒家思想的内容为主，同时也吸收了佛学和道教思想，这是它的特点。理学起于北宋，经南宋而进一步发展，到明代更有新的发挥，清代前期渐趋衰落。

宋代理学着重研究的儒家经典，首先是《易》，主要是《易传》。理学家通过对《易》的注疏，阐述他们对于宇宙和人生的见解，他们又借用《春秋》的微言大义，说明“尊王攘夷”的理论，这些都是当时社会所需要的。

理学家程颢、程颐不仅重视《易》，还把《大学》《中庸》《论语》《孟子》提到经书的地位。

北宋是理学的形成和初步发展时期。著名理学家周敦颐、张载、程颢、程颐都生活在这个时期。南宋是理学的进一步发展以及朱学（朱熹思想）统治地位逐步确立的阶段。元朝则是朱学北传的阶段。

理学的兴起,首先与北宋时期州县学校兴起、书院林立有密切关系。由于学术思想的发展,学术思想领域出现了新情况。许多学者要求用新观点注解经书。其次,佛学和道教思想对理学的兴起,也有很大的作用。宋太祖开宝四年(971年)始刻宋版《佛藏》,太宗太平兴国八年(981年)《佛藏》刻成。唐宋时期的华严宗和禅宗对理学的影响最为显著。朱熹的理学思想反映了华严宗的影响,陆九渊的思想则明显接受了禅宗的影响,理学的开创者周敦颐的《太极图·易说》受道教影响较多。

关于对宋代理学内容的评价,将在本编各章加以叙述。

除理学外,北宋时期有以王安石为代表的新学。王安石于宋神宗熙宁二年至五年(1069—1072年)集中推行新法,同时改革学校和科举制度。熙宁六年(1073年)设立经义局,编著《诗》《书》《周礼》三经义;熙宁八年(1075年)颁《三经新义》于学官,此后又著成《字说》。这些新学著作表达了王安石的学术思想和政治主张,成为新政的理论基础。王安石的《老子注》至今保存了一部分,包含有丰富的辩证思维因素。

理学兴起以后,出现了以陈亮为代表的永康学派和以叶适为代表的永嘉学派,他们在思想理论上和朱熹理学展开了激烈的论争。

元代是程朱一派理学取得学术思想上的主流地位的时期。在南宋,理学主要在南方流传。元代的理学家赵复及其弟子姚枢、许衡、郝经、刘因等人,在北方传播理学。由于推崇理学,元代纂修的《宋史》专立了《道学列传》,以朱熹为"程氏正传"与道学正统。

元代重宗教,宗教流派繁多。元代君主多崇奉道教,而道教除北宋全真教外,又有真大教、太一教、正一教等教派。佛教中最受尊崇的是喇嘛教。同时,由于与欧洲的交通增加,称为"也里可温教"的基督教和称为"答失蛮教"的伊斯兰教也有流传。不过,由于元朝存在的时间短暂,这些教派在中国学术思想史上没有发生很大的影响。

从南宋末年到元代,学者大多推崇朱学。其间也有一些具有自己独特见解的思想家,如黄震、邓牧和历史学家马端临等人。

# 第一章　理学思潮的兴起

## 第一节　理学的产生

960年,赵匡胤发动陈桥兵变,建立了宋王朝。结束了五代十国近百年的战乱纷争,社会环境相对稳定,从政治和人文两个方面促进了儒学从汉唐经学向宋元理学的过渡。

**(一)在政治上是北宋政府"偃武修文"政策的需要**

北宋初期的统治者,面对百年战乱造成的满目疮痍的社会肌体,为了尽快医治创伤,在发展生产的同时,制定了一项"偃武修文"的文化政策。《宋史·文苑传序》曰:"艺祖(宋太祖)革命,首用文吏而夺武臣之权,宋之尚文,端本乎此。太宗、真宗其在藩邸已有好学之名,及其即位,弥文日增。自时厥后,子孙相承,上之为人君者,无不典学;下之为人臣者,自宰相以至令录,无不擢科,海内文士,彬彬辈出焉。"由于统治当局的重视,文人学士的社会地位有了很大程度的提高,文化创造活动也逐渐繁荣起来,屡遭战乱破坏的民族文化得到恢复。从宋太祖(960—976年在位)到宋仁宗康定元年(1040年)这80多年间,社会文化的格局基本沿袭唐代,没有本质变化。佛教、道教均得到宋王朝的推崇,宋初帝王经常参拜佛寺,而且还派遣大批僧人出游西域。中国佛教史上第一部官刻的大藏经《开宝藏》(《开宝大藏经》),便是从宋太祖开宝四年(971 年)起刻的。道教经典也在宋初被编为《宝文统录》和《大宋天宫宝藏》。《金石萃编》卷一二五《大宋重修铸镇州龙兴寺大悲阁像并阁碑铭并序》里还有这样的话:“我国家……崇道教、兴佛法。”佛教、道教与儒学并立,在社会生活中起着重要作用。所以,宋初仍然继续保持着唐代多元文化的格局。

不过,宋初实施重文抑武政策时,有一个值得注意的倾向:偏重于复兴儒家文化。宋王朝采取了一系列提高儒学地位的措施。宋太祖开宝七年(974 年)春二月,“诏《诗》《书》《易》三经学究,依三经、三传资叙入官”(《宋史·太祖本纪》)。宋太宗端拱元年(988 年)八月,“幸太学,命博士李觉讲《易》”(《宋史·太宗本纪》)。宋初设立了专为皇帝讲儒家经传的讲席——经筵,自太学士、翰林侍讲学士至崇政殿说书皆充任讲官,每年春二月至端午日,秋八月至冬至日,逢单日轮流入侍讲读。至道三年(997 年),宋真宗亲访孔子嫡孙,以孔子 45 世孙孔延世为曲阜县令(《续资治通鉴长编·太宗》)。大中祥符元年(1008 年),亲往曲阜,谒孔子庙,加谥孔子为“玄圣文宣王”(后改为“至圣文宣王”)(《宋史·真宗本纪》)。大中祥符五年(1012 年),作《崇儒术论》,阐明崇奉儒学的国策。宋真宗还诏令邢昺、杜镐、孙奭等校定《周礼》《仪礼》《公羊传》《谷梁传》《孝经》《论语》《尔雅》义疏,试图像唐太宗令孔颖达等作《五经正义》那样,使儒经注疏再一次官方化。

佛教和道教文化对传统儒学的冲击,改变了许多人的观念,那些超世脱俗、飘逸仙隐的处世哲学,使不少信徒们轻视封建社会的君臣、父子、夫妻关系,尤其是君主在人们心中的威严日趋下降。石介描述当时的道德状况时说:“子去其父则不禁,民去其君则不禁……士无仁义则不禁,左法乱俗则不禁。”(《徂徕石先生文集》卷五)孙复总结其原因说:“佛老之徒,横乎中国,彼以死生祸福、虚无报应为事,千万其端,绐我生民,绝灭仁义,以塞天下之耳。屏弃礼乐,以涂天下之目。天下之人,愚众贤寡,惧其死生祸福报应。人之若彼也,莫不争举而竞趋之。”(引自《孙明复小集·儒辱》)不仅文人儒士们面对纲纪的废弛发出惊呼，统治集团也开始认真对待这一问题。在当时的历史条件下，要恢复和稳定封建道德秩序，只能依靠传统儒学的伦理说教。儒学的宗旨就是用“三纲五常”的伦理规范维系家庭关系，通过家庭的稳定以调节社会的道德秩序，取得全社会对皇权的忠顺。宋王朝统治集团清楚地认识到，明纲纪必须修礼乐，修礼乐必须重儒术，否则就避免不了重蹈前代藩镇割据、君权旁落的覆辙。因此，宋王朝从开国伊始就致力于制礼作乐、整肃纲纪。一些儒生也为振兴礼乐发出呐喊。

社会现实需要儒学复兴、发展，成为占统治地位的思想，以适应封建中央集权在思想领域进行一体化统治的需要，并作为对全社会进行道德教化的工具，而儒、释、道三学并立的文化格局却抑制并阻碍着儒学的复兴和独尊。这样，就在宋初再次出现批评佛老的思潮，震动朝野。宋初批评佛老的言论，除从维护传统封建礼教的角度立论以外，还强调儒学“夷夏之辨”的传统，使北宋政府对抗西夏和辽、金的侵扰，有人文意义上的舆论支持，期盼通过“偃武”而达到民族和谐。所以，儒学界的若干学者批评佛、道的言论，得到北宋政府的默许甚至支持。其倚重儒家学术的国策明显抑制了佛、道二教势力。从真宗朝开始，儒学出现了繁荣的趋势，涌现出一批研习经书的学者，他们对儒家经典进行注疏、解说，不论是学者还是政治家、文学家，都把儒术作为个人修养的首要内容，谈经论道、尊儒复古成为社会风尚。

然而，直到仁宗朝的末期，振兴儒学的运动已历时80余年，却仍然没有收到预期的社会效果。虽然儒学的兴盛成为潮流，但佛教、道教的影响却未明显减弱，不仅大多数普通百姓求仙拜佛，而且专心于佛老的文人学士也不在少数。例如著名的文学家苏洵、苏轼、苏辙父子三人，都是佛教的信徒。他们一方面致力于儒学的昌盛，另一方面又诚心信守佛学。苏轼认为，佛、道二教，并非邪恶，“虽吾先师，不异是说，质之孔孟，盖有成言”(《东坡全集》卷九十八《请净慈法涌禅师入都疏》)，并提出佛学与儒学“相反而相为用”(《东坡全集》卷三十八《南华民老题名记》)，成为儒学创新转型的先声。

### (二)在学术上是儒学创新转型的需要

佛教和道教之所以有这样的影响,不仅仅因为它们在中国生根发展已有千余年的历史,它们的基本思想观念渗透在民族文化和民族心理的深层,更重要的原因在于,佛教和道教都有比较完备的思辨哲学的体系和较深的理论思维。它们对于宇宙本质、万物变迁、人心人性、善恶报应等问题的论说,都在高度抽象的概念中展开。佛教、道教的哲理和玄妙的教义,使人们感到高深莫测,因而不自觉地在主观意识上夸大它的作用。相形之下,儒学已确立了"人学"为中心的思想体系,"和而不同"的文化观,"文质统一"的道德学说以及儒学世代相传的道统。时至宋代,只有将孔子关于"性与天道"的教诲与佛、道的思辨精华有机结合,从宇宙论的高度探讨做人、做事、做学问的真谛,才能建立以儒学为主体,以"性与天道"为纲目,援佛、道入儒的兼容性、开放性的学术体系,即理学。

由此可见,创建理学的重任,在北宋时期,老一辈的儒学家胡瑗、孙复、石介、李觏等已经无力胜任完成这项巨大的课题,因为他们在处理儒学与佛老的关系方面带有强烈的感情色彩,视佛、道二教如仇寇,对它们采取了完全摒弃的态度。于是,新一代的儒生,代表人物有周敦颐、张载、程颢、程颐、邵雍、司马光、吕大临、杨时、谢良佐、游酢等人。他们既受过正统的儒家文化的教育,又以继往开来的儒者自任,饱览释、道典籍,熟悉佛、道哲学。他们站在儒家的立场上,视佛、老为"异端",极力维护儒学的正宗地位,但又不像老一代儒生那样激烈的排斥佛、道,甚至有的人对佛、道的某些理论公开表示赞许。新一代儒生放弃了以往恪守先儒之说的传统,以传统儒学的理论作为基本的框架,以是否有益于纲常名教作为价值尺度和取舍标准,对佛教、道教的思辨哲学进行研究,大量吸取其理论思维的成果,从而实现了历代许多学者所倡导的以儒学为主体,儒、释、道三种学术思想合流的夙愿。

从仁宗庆历(1041—1048 年)年间开始,到神宗熙宁(1068—1077 年)年间,理学的奠基者们不仅著书立说,构建体系,而且广招门生,传播思想，使理学在社会上产生很大的影响，得到许多文人学士的尊奉，从学者如云，兴起了理学思潮。

## 第二节　理学思想的特点

### （一）以义理之学取代章句训诂

理学产生伊始，经学本身也发生了变化。宋初80年，经学仍然沿袭汉唐诸儒的治学方法，但在新的形势下，这种方法已明显不能适应在传统儒学的基础上建立新思想体系的趋势。汉唐经学要求儒生恪守经注，不得创立新的原则，这些严重压抑了学者理论思维的创造活动，儒生们的要求难以在旧的经学体系中实现。正如宋仁宗庆历四年（1044年）下诏说："儒者通天地人之理，明古今治乱之源，可谓博矣。然学者不得骋其说，而有司务先声病章句以拘牵之，则吾豪俊奇伟之士，何以奋焉？"（《宋史·选举志三》）因此，庆历前后，一大批儒生开始怀疑汉唐古注，并攻击训诂章句的经学方法论。南宋陆游描述当时的情景说："唐及国初，学者不敢议孔安国、郑康成，况圣人乎？自庆历后，诸儒发明经旨，非前人所及。然非《系辞》，毁《周礼》，疑《孟子》，讥《书》之《胤征》《顾命》，黜《诗》之《序》，不难于议经，况传注乎？"（王应麟：《困学纪闻》卷八《经说》）由于汉唐儒生恪守的传注乃至某些经书受到怀疑和诋毁，一些儒生开始根据自己的思想观点去取舍儒经，解说经书，美其名曰"发明经旨"，侧重探究经文"义理"。这种做法唐末啖助及弟子赵匡、陆淳已开其端倪，但只是个别儒生所为。仁宗庆历之后，自刘敞《七经小传》、王安石《三经新义》刊行，以己意解经蔚然成风，汉唐训诂之学，被视为粪土草芥。

理学产生时期，"义理之学"已经大盛，解经专凭己意的风气，影响了一代学术风气，给理学家利用儒经的范围、命题和理论框架建立新的思想体系提供了有利条件。因此，理学家们尤其主张以"义理"解经，他们不屑于解释经文的典章名物，却特别热衷于对经书中表达思想观点的经文进行解说。二程说:“圣人作经,本欲明道。今人若不先明义理,不可治经。”(《河南程氏遗书》卷二)治经的目的,在于“观圣人所以作经之意,与圣人所以用心,与圣人所以至圣人,而吾之所以未至者”(同上,卷二十五)。他认为:“思索经义,不能于简策之外脱然有独见,资之何由深?居之何由安?非特误己,亦且误人也。”(《河南程氏粹言》卷一)所谓有“独见”,就是在经书原义的启示下,创立新的思想观点。张载也主张“学贵心悟,守旧无功”(《经学理窟·义理》),治经应“义理有疑,则濯去旧见以来新意”(同上,《大学原下》),“心解则求义自明,不必字字相较”(同上,《义理》)。理学家把自己的思想观点融进各种各样的经解之中,以“代圣人立言”的方式表现出来,仿佛理学思想本来就在经中,只不过千百年来人们没有领悟而已。

理学所创义理之学,在儒学复兴的潮流中,对理学思想体系的发展和传播,起到了相当大的作用。借助于儒经的神圣光环,理学家们可以名正言顺地打出“圣人之道”的旗帜,以正统儒者自居,同时又能从容不迫地兼收、融合佛教和道教的思辨哲学。在发明儒经“义理”的形式下,佛道思想巧妙地进入了传统儒学的神圣殿堂,并被涂上“圣人之义”的光彩,成为世代相传的“圣人之道”的组成部分。这样,融合了佛、道哲学的理学,也很容易被众多的尊儒读经的文人学士们接受。

理学的义理之学,也受到北宋政府的重视。首先导致了科举制度的变化。太宗时,在“明经”科之外,又增设“九经”“五经”“三礼”“三传”等新科目,加大了儒家经书在科举考试中的比重。

宋神宗即位,“笃意经学,深悯贡举之弊”,遂采纳王安石的建议,“罢诗赋、贴经、墨义,士各占治《易》《诗》《书》《周礼》《礼记》一经,兼《论语》《孟子》。每试四场,初大经,次兼经,大义凡十道(后改《论语》《孟子》义各三道)。次论一首,次策三道”。并规定:“试义者须通经。”(《宋史·选举志一》)从此,经学成为科举考试的主要内容,以后历代虽有增损,但基本原则始终未变。

科举考试以经义为主,那些力图获取功名利禄的人们便皓首穷经。

父母也纷纷以经书教导幼童,经学得到广泛传播,成为社会知识启蒙、文化教育的主要内容。

**(二)以文化会通取代门户之见**

(1)思想来源的多元。以程颢、程颐为代表的理学家,主张以易学为主,通过易学主要是《易传》研究“形而上者谓之道,形而下者谓之器”之间的相互关系,以揭示天和人与物的本性,弘扬“性与天道”之说。《二程全书》中有《经说》,解说《易·系辞》被置于首位。该书还收有《周易程氏传》,对易学作了全面的评述。在此前后,胡瑗著《周易书口义》,刘牧著《新注周易》。范仲淹“泛通六经,尤长于《易》”。陈襄著《易义》。潘鲠著《易要义》。司马光著《易说》《系辞说》。可见北宋时期学者很重视《易》的研究。《易》富于哲理,他们通过对《易》的注疏,阐述他们对于宇宙和人生的见解。他们又借用佛学和发挥《四书》义理,构筑了新的思想学派,即理学。

在这方面,程颢、程颐可以说是居功至伟。二程虽然排抵佛说,但他们承认,“佛说直有高妙处”,与佛学有相通处,“未得道他不是”(见《二程遗书》卷十八)。这是因为他们从华严宗的“理事”说中得到了启示,找到把易学改造为理学的依据之一。

华严宗所说的“理”是何含义?对此,当代学者邱汉生在《理学简论》一书中指出,他们所说的“理”,就是那种法性虚空,无边无际,智慧大海,不能感知,不可思议。圆融莫测,以千差万别之机感充满于法界,泯灭了心与境的界限,是不能用语言表述,也不能寻根究底的空寂境界。华严宗的思辨为程颐所吸取,他称之为“万理归于一理”,以“理”解《易》,把《易·系辞》所说的“形而上者”称之为“理”。

如果说程颐在佛学影响下对《易》学的改造,为世界安上了一个头——即“理”或“天理”,使《易》学更加思辨化,这就是理学所谓的“形而上”;那么,在所谓“形而下”的事物世界,程颐则采取了求实的态度,弘扬了《易》学中的“自然”之学和“有对”之学。《伊川易传》认为阴阳二气运动的往有复，上有下，屈有伸，等等，是事物生灭的“常理”，是“理”的外在体现。所以，程颐将华严宗的“事理”说概括为“不过曰万理归于一理”，“理”与“事”的关系，他称之为“理一分殊”，犹如“月印万川”。但二程并没有因袭、套用华严宗的“理事”说，而是“和而不同”。对于“理”，他们不赞同以“理”为本空寂体之说。反复强调“理”的实在性与可感知性，即是客观的精神实体；“事”更不是“因缘”和合而成的假象，乃是真实的存在。

那么如何体现“天理”？二程承藉了禅宗的“明心见性”修炼方法，并吸纳《四书》的道德观念详加阐述。因此，二程不仅重视《易》，还重视《论语》《孟子》《大学》《中庸》。他们著有《论语解》《孟子解》，明道改正《大学》，伊川改正《大学》《中庸解》(《中庸解》不是二程所写，而是蓝田吕大临所著。但双方的思想是一致的。见《朱子语类》卷六十二)这里，要特别提到《中庸解》。该书根据《中庸》所说“君子不动而敬”，提出类似“坐禅入定”的“主敬”术。所谓“程门立雪”的故事恰好说明这个问题(详见《宋元学案》卷二十四《上蔡学案》)。意思是说：主敬才能入定，入定才能固心，固心才能领悟“始言一理，中散为万事，末复合为一理，‘放之则弥六合，卷之则退藏于密’”(《四书章句集注·中庸章句》“子程子语”)的道理。在二程看来，《易》与《中庸》是由儒家经学过渡到宋代理学的重要思想资料。不懂得《易》学和《中庸》学，就不会真正理解理学。《论语》《孟子》《大学》也具有同样的学术价值。为此，二程第一次从经学的视野，提倡《四书》并行。《宋史·程颐传》说：他之为学“以《大学》《论语》《孟子》《中庸》为标指，而达于《六经》”。二程就这样以《易》、佛学的人文哲学系列的宇宙之理为主，兼取《四书》的人文道德观念的性理之说，对“性与天道”作了淋漓尽致的发挥。这种学术取向在中国思想文化史上还是第一次。

以张载为代表的理学家其学术取向与二程有别。他主张以《四书》为主，阐述怎样理解和落实“性与天道”的问题。《四书》在宋以前是不并行的。以《论语》《孟子》为例，《论语》是儒家经书，《孟子》是子部的书。

宋代官定《九经》,《孟子》被列为《九经》之一,正式由“子”入“经”。就在《孟子》由“子”入“经”的时候,《大学》和《中庸》也日益受到重视。北宋的皇帝还赐赠《大学》《中庸》供臣下学习,并与其他经书一起成为科举考试的重要科目,《四书》取得了与《五经》相同的地位。这不是对几本书的地位的偶然变动,而是后世从谈经论道向谈书论道转变的先兆。

在上述政治和文化的氛围下,张载写了多篇对《四书》的评论,其中以《正蒙》《经学理窟》最具代表性。根据张载的分析,《四书》的主题是“性与天道”的问题。但一直没有得到孔子弟子们的理解和认识。他认为,“耳不可以闻道”,“子贡以为不闻,是耳之闻未可以为闻也”(《经学理窟·大学原上》)。即不懂得耳目感知无法理解世界真相的道理。所以,他强调说:“不以苟知为得,必以了悟为闻”(《张子语录》上),主张通过理性“了悟”(心思)的途径来探讨“性与天道”的学问。

为此,张载极力推崇《孟子》的“尽心”学说,认为孟子能不受见闻的局限,“不以见闻梏其心”(《正蒙·大心篇》),充分发挥思维器官的功能,通过“尽心”而“知性”“知天”,把“尽心”和“性与天道”相联系,阐明了知性知天道的理论和方法,解决了困惑孔子弟子的难题,发展了《论语》的思想。

对《中庸》《大学》,张载认为这也是阐述“性与天道”的书。他在《正蒙》中专门写有《诚明篇》《中正篇》,重点阐述《中庸》的“诚明”和“性与天道”的联系。据他的解释,“诚明”是包括“诚”和“明”的复合范畴,“诚”是指通过内省体验所达到的最高修养境界;“明”是指通过教育途径所达到的最高认识境界,人达到了“诚明”的境界,也就认识了人类和自然的本质,使天人之间、主客观之间和谐地统一起来。所以,“所谓诚明者,‘性与天道’不见乎小大之别”(《正蒙·诚明篇》)。

张载在著作中虽未辟专章论《大学》,但他十分重视《大学》所说的“格物”。格物,就是见物,“见物多,穷理多”(《横渠易说·说卦》),认为这是《论语》《孟子》《中庸》三书未曾述及的思想。他解释“格”为“见”,观察和接触大量事物,才能穷理、尽性、“至于命”(同上)。所谓“命”,就是指客观必然性;“至于命”,也就是达到对“性与天道”的合乎规律性的认识。这样,张载就从认识论的意义上明确了《大学》是“性与天道”体系中一个不可缺少的环节。

张载把《论语》的“性与天道”命题,《孟子》的“尽心”“知性”“知天”学说,《中庸》以“诚明”达到“性”“道”“教”三者统一的理论以及《大学》的“格物”思想,作为理论框架,并在此基础上会通《易》与佛道和医学思想。他在《横渠易说》撷取“观易必由”的《系辞》中之阴阳之气,在《正蒙·太和篇》《参两篇》主要借用《黄帝内经·素问·天元纪大论》所说“太虚寥廓,肇基化元,万物资始”中的“太虚”范围,认定“天道”即“太虚之气”,物质性的“太虚之气”是万事万物的本原,以此为其学术的核心,而成为理学的另一位奠基者。

在学术派别上也是如此。宋元时期,共有学派91家,对理学而言更是派中有派,各有其理,自成一家之言,又相互吸引,和合异同,具有某种思想解放的意义。

(2)思想领域内的多元。理学产生后,它逐渐向史学、文学、教育、艺术、科技等方面渗透。在历史学领域,宋代的著名史学家,大都是尊儒崇经的儒生或理学家,从司马光的《资治通鉴》起,宋儒治史都走上了一条以总结古今帝王兴衰治乱的历史为内容的道路,借以为统治者提供治国方术。

在教育领域,无论是官学或私学一般都由理学家或受理学思想影响的博士教官或师长担任。由于理学的派系甚多,因此在教育领域一度出现相对活跃的局面。先后形成以范仲淹为首的改革派,以胡瑗、张载为首的学用并重派,以王安石为首的新学派,以程颢、程颐、朱熹为首的“修身派”,以陆九渊为首的“治心派”,以程端蒙、董铢、程端礼为首的“论学”派等。但各教育学派都主张教育的目的是培养人才,强调人才培养的重大政治作用。王安石把培养人才视为变法的必备条件,他说“法不能以自行”。他的《上仁宗皇帝言事书》,就是一篇杰出的古代人才学著作。各学派都反对政府注重科举忽视学校教育的倾向，要求整顿、改革中央官学，发展地方学校，支持私人办学，大力培养人才，形成尊师重教的良好社会风气。尽管各教育学派在经与用、德与才的培养侧重点上稍有区别，但又都认为治国、理财、用兵、律令、农艺等才能的训练不可偏废。总之，理学家对教育问题作过多方面的研究和实践，是中国古代教育的宝贵遗产。到南宋末年以后，执政者为了强化思想统治，把朱熹理学以"修身"为中心的教育思想，规定为人人必须遵守的道德伦理教条，禁止学生言论、结社、集会等自由，反映了理学教育思想服务于封建统治的阴暗面。

在文学、艺术领域，也深受理学的影响。王安石是唐宋八大家之一，是主张"改易更革"的爱国诗人。以《入塞》等为代表抒发爱国感情的诗篇直接或间接地影响了岳飞、陆游、辛弃疾以忧国、爱民、誓死抗金为内容的宋词创作。由于北宋是理学的初创时期，其兼容、开放的学术倾向，有利于宋词、山水画等得到较大的发展。南宋末年以后，理学被奉为统治思想，从此，理学成了中国封建社会后期文化的主导。值得注意的是，从元代以后，在理学文化的一统天下里，以元杂曲、话本、白话小说为代表的市井文化得到流传。这些不登大雅之堂的文化是理学文化的否定因素。随着资本主义萌芽的产生，它成了市民阶层反理学的工具。

在科技领域，程颢、程颐的"天理"学说，既是指世界的本原，又含有事物的发展规律之意。程颐说："凡眼前莫非是物，物物皆有理，如火之所以燃，水之所以寒，……皆有理。"(《程氏遗书》卷十九)这里说的理，就是自然之理，他认为对此理也需要观察和认识，才能全面理解事物的真相。这种通过观察具体事物求得其"理"的认识方法，也在一些科学家身上得到反映。程颐和沈括年龄差不多，二人的政治倾向虽不同，但在学术上可能是相互影响的。沈括《梦溪笔谈》中谈"理"的地方不少，注重"原其理""以理推之"。这说明，沈括十分强调理性在认识自然现象及其规律过程中的作用。在他看来，人们一旦认识了自然之理，就可以了解其变化。熙宁年间，京师久旱，人们祈祷求雨，连续几天阴云密布，人们以为天要下雨了。

可是，不但没有下雨，反而“一日骤晴，炎日赫然”。这时，宋神宗问沈括何时下雨？沈括根据他掌握的天气变化知识，并结合当时当地的实际情况，回答说“雨候已见，期在明日”(《梦溪笔谈》卷七)。第二天，果然下了一场大雨。这是为什么呢？因为当时连日阴云，说明空气中水分充沛；一旦骤晴，则近地面层气温剧增，会引起对流不稳定而产生降水。所以，沈括对雨期的断定是合理的。这种理性主义精神曾推动自然科学家们去探索隐藏在自然现象背后的规律性，促进了自然科学的发展。朱熹曾用“即物穷理”的方法，推测地壳变动的原因，这对当时地学研究也是有启示性的(参见《朱子全书·天地》，杜石然等编著：《中国科学技术史稿》下册，第31、105页)。

# 第二章　荆公新学与理学思想

## 第一节　“荆公新学”

王安石像

王安石(1021—1086年)字介甫,江西临川人,出身仕宦之家,但祖上却非望族,其父王益,进士出身,一生长期在外府州县任职。王安石19岁丧父,家人众多,生活十分艰难。少年时主要接受儒家教育,亦常读诸子百家书,“至于《难经》《本草》《素问》诸小说,无所不读;农夫,女工,无所不问”(《临川集》卷七十三),养成博览群书的习惯。

庆历二年(1042年),中进士,历任扬州签判、鄞县知县、舒州通判、提点江东刑狱等职,先后达18年。这18年间,王安石与李觏、刘敞等学者交往甚密,并深受二人思想的影响。他还埋头读经,著书立说,获得了广泛的声誉,号称“通儒”。嘉祐五年(1060年),王安石从提点江东刑狱奉诏还阙。呈送《上仁宗皇帝言事书》,提出“视时势之可否,因人情之患苦,变更天下之弊法,以趋先王之意”(《临川集》卷三十九)的变法纲领,未被仁宗采纳。嘉祐八年(1063年),母亲去世,王安石回江宁居丧。由于摆脱了政事,他得以潜心治学,有许多学者闻其名而从学,其中有陆佃、蔡卞、龚原等人,还有其子王雱,这些学者后来形成了一个阵容较大的"荆公新学"学派。

治平四年(1067年),宋神宗即位。这时,宋王朝面临着越来越严重的政治、经济危机。均田制的破坏以及"不抑兼并"政策的实施,使土地兼并愈演愈烈,财富的不均成为日益严重的社会问题。在政治上,官僚机构重床叠架,冗官冗费日益增多,封建王朝的统治机器越来越庞大而沉重,统治集团的内部矛盾也因此而日趋尖锐。加之辽、西夏等少数民族的军事威胁与侵扰,使宋王朝陷入内外交困的境地。宋神宗为了摆脱这种困境,大胆起用力主改革的王安石,熙宁二年(1069年)即诏王安石"越次入对",次年,任参知政事,再次年,为"同中书门下平章事",位同宰相。

王安石执政后,以"制置三司条例司"作为主持变法的机构,接着又派遣人员考察农田水利赋税,然后在全国范围内颁行新法。他所施行的新法有:青苗、均输、市易、免役、农田、水利等项。这些措施是为了在一定程度上抑制大官僚、大地主的土地兼并,增加国家财政收入,减轻农民负担。在具体实施过程中,也确实起到了这样的作用,因而引起地主官僚阶层的反对。某些地方官吏实施新法时借机对农民进行敲诈盘剥,损害了农民利益,使相当一部分农民对新法不满。以司马光为首的守旧派也对新法进行了猛烈的抨击。熙宁七年(1074年),王安石辞去官职,退居江宁。一年后,宋神宗再次起用他,旋又罢相,他从此一直住在江宁,直到去世。

王安石执政期间,为适应变法的需要,还对科举制度进行了改革,用经义和论策试士,废除诗赋取士和繁琐的记诵传注经学。他还设置经义局,训释《诗》《书》《周礼》三经义,并编纂《字说》。《三经新义》颁行太学后,成为"荆公新学"的代表著作。其中《周官新义》由王安石亲自训释,为的是从《周礼》中寻找改革的理论依据。《诗义》《书义》由王安石的儿子王雱撰写。王安石的著作还有《易义》《洪范传》《论语解》《孟子解》《老子注》《楞严经疏解》《淮南杂说》《临川集》等,其中除《洪范传》《老子注》和《临川集》外，皆佚。王雱的著作今存《老子注》《庄子注》。“荆公新学”的其他著作大多已经亡佚，现存有蔡卞《毛诗名物解》，陆佃《尔雅新义》《埤雅》《陶山集》，龚原《易传》，陈祥道《论语解》《礼书》，耿南仲《周易新讲义》，郑宗颜《考工记注》，王昭禹《周礼详解》，林之奇《尚书全解》《拙斋文集》。

## 第二节　王安石的五行说与元气论

王安石是通过阐释儒家及道家等古代经典而阐述其思想体系的，因此他沿用了许多传统的概念和范畴。

王安石以其特有的“五行说”阐述宇宙生成。他认为天地万物是由五种基本元素构成的，即水、火、木、金、土。他说：“五行，天所以命万物者也。”(《洪范传》)这五种基本元素各有自己的属性和特征，而且都有相对立的方面，“五行之为物，其时、其位、其材、其气、其性、其形、其事、其情、其色、其声、其嗅、其味，皆各有耦”(同上)，这种属性或特征，被王安石概括为时、位、材、气、性、形、事、情、色、声、嗅、味等范畴。例如水之“性”为“润”，其位为“下”；火之“气”为“炎”，其位为“上”；木之“形”为“曲直”；金之“材”为“从革”；土之“人事”为稼穑。这些都是物质的基本存在形式和属性，这些说法虽然依据了古代经书，然而他分析得更加细致和具体。

在王安石的思想体系中，“五行”并非宇宙最初的质体，在它们之上，还有一个更高层次的“天”存在，“五行”只是“天”用以生成万物的原料，“天”才是宇宙的根本。天为何物？王安石认为，“天”就是“道”。“道者，天也，万物之所自生，故为天下母。”(《老子注》)王安石的“道”这一范畴，取于老子，但对“道”的解释，注入了自己的思想。“道”有双重含义：①它是“天下母”，世界万物的最高本原和造就者。在时间上，“惟道则先于天地而不为壮，长于上古而不为老”(《老子注》)。在空间上，“道之荒大而莫知其畔岸”(同上)。它无始无终，无边无际，范围广阔，涵盖一切。也就是说,在“道”未演化出万物时,它是浑浊一片,恍惚无影,但又不是虚无。因为,“道”有本末,“本者,万物之所以生也。末者,万物之所以成也”,其“本者出之自然,故不假乎人之力,而万物以生也”(《临川集》卷六十八)。从这一意义上讲,它与“自然”是同义语。②“道”是物质世界运动变化的规律,“道者,万物莫不由之者也”(《洪范传》)。“有无之变,更迭出入,而未离乎道。”(《老子注》)因此,“道”成为物质世界变化的普遍原则。王安石关于“道”的解说,表明了他的思想倾向。

确立了自然性的“道”作为宇宙本原及万物发展变化的规律之后,王安石又用“元气说”深化了他的宇宙生成论。他说:

> 道有体有用。体者,元气之不动;用者,冲气运行于天地之间。(《老子注》)
>
> 朴者,道之本而未散者也,小者至微而不可见者也。朴未散,则虽小足以为物之君。(同上)

“道”的质体正是物质性的“元气”,而“道”的用途正是“元气”在宇宙空间的运行往来。所谓“朴”,即凝聚未散、细微不见的物质微粒,亦即万物未形成时的“元气”。因此,“道”生物实际上就是“元气”生物。

他对“元气”产生万物的过程也作了详细的论述。他认为,“元气”先分化为阴、阳二气,“阳极上,阴极下”,阴阳交合之气就是“冲气”。阴阳的交合,冲气的流转运行,使“五行”得以产生。五行之中,土是阴阳冲气直接作用的结果,水则由北方阴气所生,火则由南方阳气所生,木则由东方阳气生风之后,由风所生,金则由西方阴气生燥热后,由燥热所生。阴阳二气由于分布的地理方位不同,性能也产生差别,从而生成不同的物质元素。五行产生之后,又经过复杂的组合,形成万物,王安石称之为“道立于两,成于三,变于五,而天地之数具”(《老子注》)。

万物产生之后,宇宙生成演化的过程并未结束。王安石认为,任何一个具体的事物都是“元气”所生的暂时的形态，不能永恒地存在于宇宙之中。在一定的时期和条件下，它也会消亡，但消亡之后并非归于虚无，而是归复于产生它的“元气”或“材”之中，这叫“归根复命”。宇宙就是这样循环往复地变化着，它自然而成，非人力所为，也非某种神秘力量所左右。

王安石的“元气”说与张载的“气”本体论有共同之处，即都认为世界万物均由物质形态的“气”所构成，不同之处在于王安石以“道”作为宇宙最高本体，否认“道”的社会性因素，把它的一切特征与功能完全归结为自然性。理学时代的王安石之所以未成为理学家，就在于在这一点上与理学家有不同的思维方式。

## 第三节　王安石的“耦”中有“耦”的思想

王安石理论思维的辩证色彩很突出，在很多方面超出了同时代的理学家。其辩证思维大致可以概括为以下几个方面：①承认世界万物是处在不断变化之中；②认为任何事物都有相互对立又相互统一的两个方面，这两方面的相互作用，成为变化的原动力；③认为对立双方在一定条件下可以相互转化。

关于物质世界不断变化的特性，王安石在多篇著作中作了说明。他说，五行之所以称为“行”，是因为他们有变化的功能。“五行也者，成变化而行鬼神，往来乎天地之间而不穷者也，是故谓之行。”(《洪范传》)在他看来，物质世界的一草一木都是不间断地变化着，一切皆动，一切皆变，因为“尚变者天道也”(《临川集》卷六十三)。变化乃是道的本性，是不以人的意志为转移的，这一特性决定了天地万物的生生不息、变化不止。“阴阳代谢，四时往来，日月盈虚，与时偕行，故不召而自来。”(《老子注》)仅仅承认宇宙的变化运动，还不足以反映王安石辩证思维的特色。同时代的思想家，很少有不承认事物运动变化的。王安石在这方面所作的突破，是把新旧更替、新取代旧作为变化的基本形式：“有阴有阳，新故相除者，天也；有处有辨，新故相除者，人也”(《字说》)。他对于新事物代替旧事物，总是热情地加以讴歌。“新故相除”的思想，是王安石变法革新的思想基础之一。

为什么“天道尚变”？为什么万事万物总是“新故相除”？王安石认为，根本的原因在于每一事物内部均有相互对立又相互统一的两个方面，叫做“耦”。“耦”原指两人并肩而耕的意思，《论语·微子》有“长沮、桀溺耦而耕”，引申为两人一组之意。王安石用“耦”表明每一事物内部的两个对立面。他说：

> 盖五行之为物……皆各有耦，推而散之，无所不通。一柔一刚，一晦一明，故有正有邪，有美有恶，有丑有好，有凶有吉，性命之理，道德之意皆在是矣。耦之中又有耦焉，而万物之变遂至于无穷。(《洪范传》)

有时他更明确地指出，世界万物都“有对”。他说：“有之于无，难之于易，长之于短，高之于下，音之于声，前之于后，皆不免有所对。”(《老子注》)他不仅看到了万物的矛盾现象，而且发现，正是那种普遍存在的矛盾与对立，成为事物发展变化的原动力。

王安石还认识到对立双方相互依存的关系，认为轻重、躁静、有无、善恶、春夏与秋冬等双方都以对方作为存在的依据，失去一方，另一方也失去了存在的价值。他指出：

> 善者恶之对也，有善必有恶。(《老子注》)
>
> 盖有无者，若东西之相反而不可以相无也，故非有则无以见无，而非无则无以出有。(同上)
>
> 无春夏之荣华，无秋冬之凋落。(同上)
>
> 轻者必以重为依，躁者必以静为主。(同上)

他对于事物内部矛盾结构的认识,无疑达到了一定深度。

王安石把对立双方相互作用的关系概括为相生与相克。相生所以相继,相克所以相治。相生相继,指事物在发展中的生长与延续;相克相治,指对立双方的矛盾和斗争。在此基础上王安石猜测到了对立双方相互转化的规律。他在解释老子“天下之物生于有,有生于无”时指出:“风之行乎太虚,可谓弱矣;然无一物不在所鼓舞,无一形不在所披拂。……反非所以为动,然有所谓动者,动于反也;弱非所以为强,然有所谓强者,盖弱则能强也。”风在天空中吹拂时,它是柔弱的,但大地上任何一个物体都会受到它的推动。在这里,它转化为强。水更是柔弱的,但在围城攻坚的时候,它却是刚强之物。王安石关于对立双方相互转化的思想比老子更深入一步,他所说的转化,不是神秘莫测的互换、对调,而是在一定条件下所必然发生的转变。风和水之所以能从弱者转化为强者,就在于有物让它吹,有坚让它攻,只有在这些场合下,它们才能成为强者;离开这些条件,在空虚中飘拂的风,在深渊里沉积的水,都永远变不成强者。

王安石不仅从哲学角度阐明了“变”的思想,还把“变”的观念推广到社会生活中去,对“天不变,道亦不变”的传统观念进行了大胆的挑战,提出“天变不足畏,祖宗不足法,人言不足恤”,大胆进行社会改革,他不愧为中国封建社会的一位改革家。

王安石虽然强调了万事万物在运动中变化,但又认为:“静为动之主,动而不知反于静,则失其主矣”(《老子注》)。“静”成为“动”的最终主宰,它是绝对的,永恒的。

## 第四节　王安石的人性学说

王安石认为,人性就是人的心理能力,“不听而聪,不视而明,不思而得,不行而至,是性之所固有而神之所自生也”(《临川集》卷六十六《礼乐论》)。也就是说,像圣贤那样不依赖经验和感觉而先天具备的认识能力,就是由人性所决定的。不同的“天资之材”使人性和动物性产生区别，也使人自身的本性有别。“夫狙猿之形非不若人也，欲绳之以尊卑而节之以揖让，则彼有趋于深山大麓而走耳。虽畏之以威而驯之以化，其可服邪？……故曰：礼始于天而成于人。”（《临川集》卷六十六《礼乐论》）礼仪制度只能由人依据“天”的规则而制定，强行让猿猴知礼守节，懂尊卑揖让是不可能的，原因就在于人与猿有不同的“天资之材”。人类也一样，不同的人能力也不相同。

关于人的本性来源，王安石提出了与同时代理学家不同的观点。他不认为人性源于外在的精神本质，而认为它在人的形体形成时就天然存在，“性生于诚，诚生于心，心生于气，气生于形”（《临川集》卷六十六《礼乐论》）。人性就是人之形体的属性，不具有仁、义、礼、智、信等道德品行，他说：“夫太极者，五行之所由生，而五行非太极也。性者，五常之太极也，而五常不可以谓之性”（《临川集》卷六十八《原性》）。就像太极是五行的造就者一样，人性也是仁、义、礼、智、信五常的造就者。这也就是说，道德品性不同于人性，它是由人的心理能力所产生的，是后天而生的。

王安石不同意孟子的性善论，也不同意荀子的性恶论。他认为，性没有善恶之分，只有在性产生情之后，善恶才分明起来。孟子所谓的“恻隐之心”，荀子所谓的“善者伪也”，讲的都是情，而非性。性与情既不能混淆，又密切联系在一起。他说：

> 性情一也。世有论者曰：性善情恶，是徒识性情之名，而不知性情之实也。喜怒哀乐好恶欲，未发于外而存于心，性也。喜怒哀乐好恶欲，发于外而见于行，情也。性者，情之本；情者，性之用。（《临川集》卷六十七《性情》）

情源于性，与性不是截然分离的两个范畴，因此性情是统一的。但情又不等同于性，性是人的心理能力，而情则是人的感情、爱好、情趣和欲望的表现。情是性的外在表现形态，是性在具体条件下的反应。性情二者是体用关系。这样，人之善恶的分明，就不在于性本身的优劣，而在于性发于外时的状况，在于动是否当于理。

王安石赞同孔子"性相近也，习相远也"的观点，认为情可以为善，也可以不善，善与不善，取决于后天的习染。他把"上智下愚不移"看成是习惯的结果，后天修养的结果。上智下愚是根据人的最终状况判断的，所谓"不移"也是最后的结论。至于人一生的整个过程中，是可以从上智变为下愚，也可以从下愚变为上智的，这就看他后天的教育如何。王安石在《伤仲永》一文中举例说明了这一点。仲永是一个天才神童，5岁便可"指物作诗立就"(《临川集》卷七十一《伤仲永》)，但他的父母不好好教育他，他自己也恃才不学，结果20岁时，与众人一般无二了。王安石指出，一个人纵使天赋再高，再聪颖过人，如果不重视后天的学习，到头来也只能做一个平平常常的人。

## 第五节　王安石的政治思想

王安石的政治思想概括起来有以下几点：

(1)变法革新是为了进一步巩固封建专制主义中央集权制。王安石认为，社会出现等级的区别以及等级间的统治和被统治都是合理的，天经地义的。"以贤治不肖，以贵治贱，古之道也。"(《临川集》卷六十三《谏官论》)臣民和仆从应绝对服从君主和主人的统治，"臣以顺承君者也"，"仆，卑以顺也"(《临川集》卷六十三《易泛论》)。而君主则有超乎一切之上的绝对权力，可以与天神相比。所以，王安石所制定的各项新法的宗旨，都是以维护君主和皇室的绝对权威为前提，防止"与人主争黔首"(《临川集》卷八十二《度支副使厅壁题名记》)。例如青苗法排挤了豪族地主的高利贷，方田均税法打击了大地主的伪冒和对物价的操纵垄断，这些都有强化中央集权的作用。

(2)政府的职责在于保民常产。王安石通过解释《周礼》"大宰之职"

阐述了这一思想。他说:"事典事职,皆以富邦国。盖事典之为书,事官之为职,以富邦国而已。事典以生万民,事职皆以养万民。"(《周官新义》卷一)国家的典章制度和各项官职,都是以富强国家为目的,而富强国家的具体途径,都是使万民得以生存养育。他从字义学的角度进一步论证了这个道理:"卿之字,……从皀,黍稷之气也。黍稷地产,有养人之道。""胥之字,从疋从肉,疋则以其为物下体,肉则以其亦能养人。"这两种官名的字义,"皆以养人为义,则王所建置,凡以养人而已"(同上)。

王安石反对以富侵贫,以强凌弱。对贫富不均,富者兼并贫者的社会现象作了一定程度的揭露,"今富者兼并百姓,乃至过于王公,贫者或不免转死沟壑"(《续资治通鉴长编》卷二百四十《神宗》)。主张君主"以政令均有无,使富不能侵贫,强不得凌弱",对难以自存的民众,应该有所同情。他认为富豪的巧取掠夺,百姓的生活困苦,分奔离散,是社会动荡和不安定的根源,而消除动乱隐患的方法,就是"损有余以补不足","裒多益寡"。他说:"君子以裒多益寡,称物平施,顺天休命。"(《临川集》卷六十五《易象论解》)"损有余以补不足,天之道也。"(《临川集》卷七十八《与孟逸秘校手书四》)只有适当地抑制豪强地主的兼并掠夺,扶持百姓的生产生活,才能找到缓和社会矛盾的根本出路。

(3)生财与理财。针对北宋政府面临的财政经济困境,王安石提出了生财、理财的主张。他说,生财的途径,是"因天下之力,以生天下之财;取天下之财,以供天下之费"(《临川集》卷三十九《上仁宗皇帝言事书》)。利用社会一切劳动力进行生产,利用自然与全社会的财富作为消费的来源。理财的途径是抑制兼并,收轻重敛散之权,归于公家,"去重敛,宽农民,庶几国用可足,民财不匮"(《临川集》卷七十《乞制置三司条例》)。他又说:"聚天下之人,不可以无财;理天下之财,不可以无义。夫以义理天下之财,则转输之劳逸不可以不均,用度之多寡不可以不通,货贿之有无不可以不制,而轻重敛散之权不可以无术。"(同上)他所施行的新法,基本上都是为朝廷设计出的生财、理财的办法。

综上所述,荆公新学有两个特点,一是新,二是杂。所谓新,就是他著的《三经新义》是义理之学的先声,又是其变法求新的理论根据,梁启超著《王安石评传》称其为含义理与事功为一体(详见《评传》第一章《序论》、第二十章《荆公之学术》,世界书局1935年版);所谓杂,他虽兼容并蓄诸家,但未确认儒学在诸家学术中的主导地位,反映了理学初创时的不成熟性质。正如《宋元学案》卷首《序录》在解释为何将《荆公新学》从略编纂的原因所说:"荆公……杂说初出,见者以为孟子。已而聚讼大起,三经新义,累数十年而始废。……且荆公欲明圣学而杂于禅",故将该学派列于案末而从略。这些评论可作研究王安石学说的参考。

# 第三章　北宋理学的流派及思想(上)

## 第一节　周敦颐的《太极图说》和《易通》

北宋初期,理学的先驱人物有胡瑗、孙复、石介等。他们倡明儒术,注重经书“义理”,旗帜鲜明地反佛反道,为理学思想体系的产生开辟了道路,被称为“宋初三先生”。但他们还算不上严格意义上的理学家。“三先生”中,没有一位有自成体系的理学思想。

理学思想体系最早的奠基者是周敦颐,这一点为宋明时期的理学家所公认。朱熹在《伊洛渊源录》中将周敦颐列于卷首,并明言二程(程颢、程颐)之学出于周氏。《宋史·道学传》说周敦颐“得圣贤不传之学”。黄百家在《宋元学案》中也认为:“孔孟而后,汉儒止有传经之学,性道微言之绝久矣。元公(周敦颐)崛起,二程嗣之,又复横渠诸儒大辈出,圣学大昌。”(卷十一《濂溪学案》上)事实上也正是这样,周敦颐的思想学说,奠定了理学体系的基础。

周敦颐像

周敦颐(1017—1073年)字茂叔,原名敦实,后避宋英宗旧讳改,道州营道(今湖南道县)人,谥元,人称元公。其家世代以儒术为业,父周辅成赐进士出身,官至谏议大夫。父亲死后他偕母自营道来到京师开封,依靠舅父龙图阁直学士郑向为生。

景祐三年(1036年),周敦颐年20岁时,母亡,服了三年丧,后调洪州分宁县主簿。到任后,在审判疑难案件方面表现出才能。庆历四年(1044年),28岁时,调南安军司理参军。次年,南安狱有一囚犯,法不当死,转运使王逵企图严加处理,众官吏慑于王逵的权势,都不敢出来讲话,只有周敦颐一人据理力争。王逵不听,周敦颐便弃官而去,说:"如此尚可仕乎?杀人以媚人,吾不为也"。王逵不得不放弃当初意图,囚犯未被判处死刑。庆历六年,二程之父,大理寺寺丞程珦见到周敦颐,二人相谈,成为密友。程珦之子程颢、程颐以师事之。当年冬季,周敦颐调任彬州彬县令。在彬州时,开办学校,教授子弟,传道授业。

皇祐二年(1050年),周敦颐又调任彬州桂阳令,任期7年,颇有政绩,得到一些大臣的称赞和荐举,遂于至和元年(1054年)改任大理寺丞,历任洪州南昌知县、太子中佥书、署合州判官等职。在合州4年,与士大夫广为交接,从学者甚众。周敦颐在众多的学徒中特别欣赏张宗范,为其亭题名"养心"。后来周敦颐解职还京师时,遇见王安石,二人彻夜长谈,交流学术见解,致使王安石"退而精思,至忘寝食"(《伊洛渊源录》卷一)。这时,周敦颐的理学思想已日臻成熟。

45岁时,周敦颐迁国子博士,通判虔州。路经江州,爱庐山风景之美,在山下筑一书堂。堂前有溪,周敦颐喜其洁清幽美,名之"濂溪",因名书堂为"濂溪书堂"。47岁时,作《爱莲说》,并以"爱莲"命名其书堂。周敦颐在英宗、神宗二朝继续投身仕途,官至广南路提点刑狱,知南康军。熙宁三年(1070年)归居庐山书堂,3年后病逝。

周敦颐的一生,做的都是地方官,最高为知州军,但为时不到半年。30多年的仕宦生涯,始终未曾显达。然而,他一生却潜心学问,研读经书,钻研并领悟《周易》一书,提出了不少有特色的见解,从而创立了他的理学思想体系。南宋时期,理学家们普遍认为,周敦颐创立了一个理学学派,与张载的关学、二程的洛学并立,称为“濂学”。这个说法并不符合实际。根据记载,周敦颐虽曾招收学生,传道授业,但由于经常迁徙,身边没有长期跟随的门生。从学于周敦颐的人中,也未出现能够继承和传播周氏思想的较有影响的理学家。《宋元学案·濂溪学案》中收录的学者多是周敦颐的学友,传周敦颐之学的只有洛学的创始人程颢、程颐兄弟。因此,所谓“濂学”只是后儒为了夸大周敦颐在当时社会的影响而设想的,论据不足。

周敦颐的著作,流传至今的,有:《太极图说》《易通》(又名《通书》)《爱莲说》《拙赋》等,此外还有一些诗文。已亡佚的著述,还有《姤说》《同人说》二篇。“姤”和“同人”皆《周易》卦名。它们乃是独立之作,并非《易通》中的二篇。

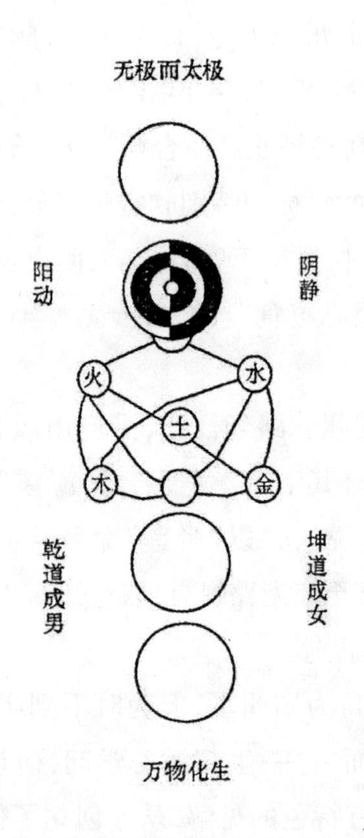


周敦颐的《太极图说》是对《太极图》的解说。《太极图》是用几个大小不等的圆圈构成的写意线图,形象地表示出“道”(太极)的运行变化过程。据朱震说:“陈抟以《先天图》传种放,种放传穆脩,穆脩传李之才,之才传邵雍。放以《河图》《洛书》传李溉,李溉传许坚,许坚传范谔昌,谔昌传刘牧。穆脩以《太极图》传敦颐,敦颐传程颢、程颐。”(《宋史》卷四百三十五《朱震传》)这大体是可信的,这段文字说明,《先天图》包括《河图》《洛书》和《太极图》等多图,出于五代末道士陈抟之手,而《太极图》经穆脩传给了周敦颐。

《太极图》源于道教的《太极先天图》,后者收于《道藏》第196册《上方大洞真元妙经图》中,作于隋唐之际。明末黄宗炎作《太极图辩》,称“周子《太极图》创自河上公”,即创于道教。但黄宗炎书中所描绘的《太极先天图》与道藏所收图又有一些不同,盖因长期流传而产生了变动。《太极先天图》的顺序是自下而上,表明逆而成丹的步骤和方法。

周敦颐看到这个图以后,变动了它的顺序,改变了它的名称,并且和《易经》附会起来,说它是儒者的“秘传”。

周敦颐所用《太极图》(见上页)最上圈表示世界“自无极而为太极”的最原始的状态;第二圈是坎离二卦的交合图式,表示阳动阴静;第三层五小圈归于一圈,表示五行各有自己本身的特性;第四圈表示乾道成男,坤道成女,即人类的产生;第五圈表示万物化生,太极产生世界的整个过程的终结。《太极图说》全文不长,不便于割裂,整个抄录如下:

> 自无极而为太极。太极动而生阳,动极而静;静而生阴,静极复动。一动一静,互为其根。分阴分阳,两仪立焉。阳变阴合,而生水、火、木、金、土。五气顺布,四时行焉。五行,一阴阳也;阴阳,一太极也;太极,本无极也。五行之生也,各一其性。无极之真,二五之精,妙合而凝,乾道成男,坤道成女。二气交感,化生万物,万物生生而变化无穷焉。惟人也,得其秀而最灵。形既生矣,神发知矣,五性感动而善恶分,万事出矣。圣人定之以中正仁义而主静(自注云:无欲故静),立人极焉。故圣人与天地合其德,日月合其明,四时合其序,鬼神合其吉凶。君子修之吉,小人悖之凶。故曰,立天之道,曰阴与阳;立地之道,曰柔与刚;立人之道,曰仁与义。又曰,原始反终,故知死生之说。大哉易也,斯其至矣。

第一句“自无极而为太极”被朱熹改为“无极而太极”。据清代学者考证,宋代《国史》所载的《太极图说》原文有“自”“为”二字,是周氏原文,朱说似乎没有什么根据。

《太极图说》描绘了一个庞大而精密的宇宙生成模式。万千世界，芸芸众生均根源于一个无形无象、寂寞不动的“无极”。它独一无二，天地未产生之前它已存在，且包含着非常深邃、丰富的内蕴。无极产生出了作为宇宙统一的原始实体的“太极”，它处于不停顿的动静交替的状态，动时生阳，静时生阴。无极与太极的这种关系，反映了周敦颐这位理学初创者在宇宙本原问题的探索上具有一定的理论深度：无极虽名之为无，但无中包含着有，因而不是绝对的虚空；太极根源于无极，虽然不像无极那样飘忽渺茫，但也并非可行可状的具体之物。把宇宙统一的原始实体看成是实有而非具体的东西，此原始实体虽然是无，然而并不是什么都不包含的空虚。这说明他在宇宙起源问题上吸取了佛教“非有非无”的观点，将有和无统一起来。总之，周敦颐学说中的“太极”已具备了宋明理学的最高范畴——“理”的基本特征。

在回答太极如何产生万物这一问题时，周敦颐论述了动静关系：“太极动而生阳，动极而静；静而生阴，静极复动。一动一静，互为其根。”这种提法，已与玄学“动息则静，静非对动”(王弼《周易·复卦注》)，将动静绝对割裂、对立的理论不同。周敦颐强调动静之间相互依存与相互转化的辩证关系，并以动静双方的极限作为向对方转化的转折点。由于动静可以转化，因而太极就拥有了生阴生阳及阴阳变化的主动权；它天然地具备了化生万物、创造世界的内在能动性。这一观点为程朱理学“天理生气”“气化流行”而万物生成的理论，提供了雏形。

阴阳二气，是太极动静之时所呈现出的状态。由于阴阳的絪缊相荡，变化糅合，遂产生了水、火、木、金、土五行。五行亦非具体之物，而是自然界五大基本要素的共名，用以表明物质世界的不同构成。五行之气的流布，推动了春、夏、秋、冬四季的运行，使天地的运转变化井然有序。而这一切，均根源于“一”，即由无极产生出的独立的实体——太极。在太极变动的时刻，阴阳五行之气的最优秀的材料铸造了万物中最有灵性的生物——人。人在产生伊始,就有思想,有意识,有善恶的品性,但他们的行为各不相同。圣人的品德是最高尚的,称之为“人极”,即“中正仁义”。圣人的精神和心灵状态是绝对的静,因而只有圣人才能领悟天地万物生长的道理。周敦颐用这种独特的方式,阐明了人性和道德起源的问题,这个问题也是整个宋明理学宇宙生成论的最后归宿。理学家们不厌其烦地反复论述理生万物的宇宙模式,归根结底就是为了从天地生成的哲学高度溯源社会道德的产生,为封建伦理纲常的神圣性和永久性寻找更有力的理论依据。这方面周敦颐也堪称为理学的创始者。

周敦颐的《易通》在南宋时广泛流传于世间。在此之前,除周敦颐家旧藏本外,只有程门弟子中有传本。程门传本名叫《通书》,卷末附有《太极图》,周氏家藏本则无图。孝宗时,刊本繁多,胡宏、朱熹都曾加以编定。胡氏所定本对章次先后有所变动,又删去章目,而别以“周子曰”加于每章之首。朱熹则两次编定《易通》,将次序章目恢复其旧,并置图篇首。后世传本,皆以朱熹南康再定本为据。

《易通》全书共40章,它与同代的其他易学著述不同,不是对《周易》逐卦逐句进行解说,而是引用《周易》若干经文,进行阐发性的议论,借以表述自己的思想。《易通》提到《易》的卦名有乾、损、益、家人、睽、复、无妄、讼、噬嗑、蒙、艮等,整篇之中,贯穿《易》义;第30章《精蕴》还用整章篇幅专门谈《易》,认为“《易》何止五经之原,其天地鬼神之奥乎!”认为《易》集中体现了天地形成的奥秘和圣人之道的高深莫测。但《易通》又不是一部单纯的易学著作,它容纳了思孟学派关于“诚”的理论观点,还涉及《论语》《春秋》《大学》《乐记》的一些思想。如果说《太极图说》展示了理学体系的框架结构,《易通》则对某些重要的理论环节又作了具体论述。二者相辅相成,互为补充。

《易通》着重阐述了人性论与道德论问题。周敦颐在《易通》中提出,人有一种超然的本性——“诚”。“诚者圣人之本,‘大哉乾元,万物资始’,诚之源也。‘乾道变化,各正性命’,诚斯立焉。纯粹至善者也。”

(《诚》上)"诚"源于世界的最初本原,体现了太极的道德本质,因此,它是圣人立身之德,是"五常(仁、义、礼、智、信)之本,百行之原",总之,它是道德的源泉,它本身是纯然至善的。所以说,"圣,诚而已矣",人们的修养只要达到了"诚",就进入了至高至善的道德境界,实现了心灵的净化,成为完美无缺、高尚无比的圣人。故君子应"乾乾不息于诚"。

关于人性,《易通》说:"性者,刚、柔、善、恶、中而已矣"。认为人性有五品,即刚善、刚恶、柔善、柔恶和中。"刚善,为义,为直,为断,为严毅,为干固;(刚)恶,为猛,为隘,为强梁。柔善,为慈,为顺,为巽;恶,为懦弱,为无断,为邪佞。惟中也者,和也,中节也,天下之达道也,圣人之事也。"(《易通·师》)适中的人性,才是最完善的,最能充分地展现自身固有的道德品性。而其他几种品性都有这样或那样的缺陷。因此,人们追求的人生目标,应该是"自易其恶,自至其中而止矣"(同上)。这是《中庸》致中和的学说在人性问题上的具体运用。

怎样才能使人性保持"中"的程度,并达到"至诚"的境界?在《太极图说》中,周敦颐已提出"主静"的道德修养方法:"圣人定之以中正仁义而主静(自注云:无欲故静),立人极焉"。《易通》则进一步指出,主静的关键在于寡欲,有人问他:

> "圣可学乎?"
> 曰:"可。"
> 曰:"有要乎?"
> 曰:"有。"
> "请问焉。"
> 曰:"一为要,一者无欲也,无欲则静虚动直。"(《通书·圣学》)

他在《养心亭记》中也说:"养心不止于寡焉而存耳,盖寡焉以至于无,无则诚立明通。诚立,贤也;明通,圣也。"寡欲的目的是无欲,只有无私无欲,才能成为至圣。周敦颐的道德说教,正是通过压抑、限制,甚至牺牲人的自然本性来换取社会道德的持久性,使人们放弃自我而同化于统一的道德意志中去。他的“惩忿窒欲,迁善改过”的修养论,创立了理学的一个重要论题。

《易通》还用大量篇幅,从哲学的高度论述了礼乐的产生及社会作用问题。《礼乐》章说:“礼,理也;乐,和也。阴阳理而后和。君君、臣臣、父父、子子、兄兄、弟弟、夫夫、妇妇,万物各得其理然后和,故礼先而乐后。”这里的“理”指世间万事万物的基本顺序、规则。周敦颐认为,“礼”相当于“理”,其作用在于维护社会等级秩序的统一性和稳固性。《易通·乐上》章说:“圣王制礼法,修教化,三纲正,九畴叙,百姓太和,万物咸若。”乐的作用就在于“宣八风之气”,“平天下之情”,使人不起欲念,放弃躁竞,做到“欲心平,躁心释”(同上),从而促进人们之间情感的和谐,以维护礼制。他主张以礼为规范,以乐为润滑剂,使社会达到在等级森严、秩序井然前提下的和谐与统一。

周敦颐的《爱莲说》不仅是一篇文字优美的古文范文,也是一篇蕴藏着深刻思想内容的佳作。全文如下:

> 水陆草木之花,可爱者甚蕃。晋陶渊明独爱菊。自李唐来,世人甚爱牡丹。予独爱莲之出淤泥而不染,濯清涟而不妖,中通外直,不蔓不枝。香远益清,亭亭净植,可远观而不可亵玩焉。予谓:菊,花之隐逸者也;牡丹,花之富贵者也;莲,花之君子者也。噫!菊之爱,陶之后鲜有闻。莲之爱,同予者何人?牡丹之爱,宜乎众矣。

《爱莲说》一文作于庐山脚下的“濂溪书堂”,又名“爱莲书堂”。濂溪发源于莲花峰下,水中长着成片莲花。周敦颐触景生情,遂作此文。后代文人学士赞不绝口,但并未深究其意。庐山是佛教胜地,晋代名僧慧远与陶渊明曾结莲社于此。在《爱莲说》中，周敦颐极力赞美莲花的清香、洁净、亭立、修整的特性与飘逸、脱俗的神采，称颂莲花出于污泥而不染，荡于清涟而不妖的高雅淡泊气质，但这并不只是从审美的角度赏花，而是展露他那思想深层的佛学因缘。众所周知，莲花是佛教之花，《华严经探玄记》卷三以莲花为喻，对真如佛性作了形象的描述："如世莲花，在泥不染，譬法界真如，在世不为世法所污"，"如莲花自性开发，譬真如自性开悟，众生若证，则自性开发"，"如莲花为群蜂所采，譬真如为众圣所用"，"如莲花有四德：一香、二净、三柔软、四可爱，譬真如四德，谓常乐我净"。周敦颐则用莲花比喻人性的至善、清净和不染，将出于淤泥而不染的莲花之性，作为理想的圣人之性的象征，而淤泥则好比污染人性的欲望。在他看来，追求人性的至善至美，必须去污存净，去欲存诚，使人性达到像莲花那样洁净无瑕的境地。

《爱莲说》不是一篇单纯抒情的散文，它揭示出佛教思想对周敦颐的影响。不难看出，周敦颐"惩忿窒欲"的思想，就取材于佛教学说。宋明时期的理学家坚定不移地反佛反道，视佛老为"异端"，将它们作为圣人之道的大敌。然而在学术思想上，则暗暗地甚或毫不掩饰地吸取佛、道二教的思想学说，以提高自身理论的思辨水平。在这方面，周敦颐也颇有代表性。《太极图说》的许多思想直接源于道家，而《爱莲说》则渗透了佛教思想，二者与《通书》的合璧，构成了周敦颐理学思想的整体。周敦颐的学说可以说是佛、道二教的某些理论与传统儒学的结合。

周敦颐的理学思想，对以后700余年的中国思想史发生了相当深刻的影响。《太极图说》《易通》成为理学家的必读书籍，甚至被比作《论语》《孟子》。周敦颐著作中所使用的范畴，如无极、太极、阴阳、五行、动静、性命、善恶、主静、鬼神、死生、礼乐、诚、无思、无为、无欲、几、中、和、公、明、顺化等，也为后来的理学家反复使用，有的则构成了理学范畴体系的重要内容。

周敦颐生前的学术地位并不高，影响也不甚大。直到南宋初年，胡宏才开始提高他的地位,誉之为“启程氏兄弟以不传之学。一回万古之光明,如日丽天;将为百世之利泽,如水行地。其功盖在孔孟之间矣”(《胡宏集·周子通书序》)。以后朱熹称之为“先觉”(《濂溪画像赞》),并为《太极图说》和《易通》作注解。张栻称之为“道学宗主”。此后,许多地方建立周敦颐祠,其地位日渐提高。南宋宁宗时,赐谥元,理宗时从祀孔子庙庭,其理学奠基者的地位终于为官方所承认。

## 第二节　北宋初期的象数学及邵雍的思想

象数学源远流长,早在《左传》中即有关于“象数”的记载,当时是指运用数字的组合关系解释《周易》爻卦形成及其象征的方法。但汉代今文学家的象数学已经超出了解《易》的范围,他们大都是运用《周易》的数字模式去解释天地宇宙构成及演化的种种现象。

魏晋时期,王弼解《易》,只用“义理”的方法,即只是阐述《周易》卦辞和爻辞所蕴含的奥义,而不再使用象数学,象数学从此渐渐被人们遗忘。宋代以前,用象数解《易》的学者已没有了。汉代象数学的著作,只有纬书《周易·乾凿度》传了下来。

五代末年和北宋初年,有一个叫陈抟的道士又开始用象数学解说《周易》,但他使用的象数学方法,已与汉儒大不相同。由他开始,出现了《周易》象数学的所谓“先天学”“后天学”的说法。从干宝注《周礼·大卜》中可以考见端倪:“伏羲之《易》小成,为先天;神农之《易》中成,为中天;黄帝之《易》大成,为后天。”(转引自明杨慎:《丹铅总录·三易》)宋人则以伏羲之《周易》为先天,文王之《周易》为后天。也就是说,研究伏羲所作的《周易》,即“先天学”;研究文王所作的《周易》,则为“后天学”。宋儒认为,阴阳两爻分立及八卦的图式和象征,是伏羲所制;根据八卦而演为六十四卦,则是文王被拘羑里所做的事。因此,“先天学”的范围着重研究八卦的起源与象征,“后天学”的范围着重研究六十四卦的推演及其含义。

宋初由于陈抟的倡导和传授,象数学逐渐兴起并发展,成为具有独特风格的思想流派,是某些理学家借以表述自己观点的主要形式。第一个把象数学理论与方法同思想体系相结合的人物是邵雍。

邵雍像

邵雍(1011—1077 年)字尧夫,谥康节。先祖为河北范阳(今河北涿县)人,后移家衡漳(今属河北)。邵雍年少时随父亲邵古迁徙到共城(今河南辉县),后移居洛阳。邵雍年青时在洛阳城中过着隐逸的生活,嘉祐年间(1056—1063 年),朝廷下诏寻求隐逸之士,洛阳留守王拱辰推荐邵雍,被授为将作监主簿。后又举进士,补颖州团练推官。邵雍对仕途功名看得很淡,力辞所授之职,不得已才勉强受命,但始终以身患疾病为由不赴任。他在文人儒士阶层中获得了较高的声誉,司马光等 20 余人筹款买官地园宅给他居住。司马光等旧党官员退居洛阳时,邵雍与富弼、吕公著、祖无择等都有频繁来往,常以诗酒唱和。

邵雍的代表作有《皇极经世书》,此外还有诗集《伊川击壤集》。明代徐必达编的《邵子全书》中还有《渔樵问对》《无名公传》及《洛阳怀古赋》等。《渔樵问对》有许多文字与《皇极经世书》重复,《无名公传》乃是自传。

《皇极经世书》内容丰富,体系庞大,其子邵伯温解释书名说:"至大之谓皇,至中之谓极,至正之谓经,至变之谓世"(清王植:《皇极经世书解》卷八《邵伯温系述》)。邵雍在这本书中,力图构建一个包括宇宙、自然、社会、人生的完整体系,并寻找贯穿于整个体系中的最高法则。

《皇极经世书》是用象数学的理论与方法阐述其思想体系的。根据《宋史》本传记载:"北海李之才摄共城令,闻雍好学,尝造其庐。谓曰:子亦闻物理性命之学乎?雍对曰:幸受教。乃事之才,受《河图》《洛书》、宓羲八卦、六十四卦图象。之才之传远有端绪。"这与朱震所讲的传授系统是符合的,说明邵雍的象数学,渊源可追溯到陈抟。他继承了从五代末年以来数十年的象数学的著述,为构造自己的象数学体系积累了许多材料。邵雍没有简单地摹仿以往的象数学体系,而是在旧体系的基础上,创立了新的体系和方法。

邵雍认为,天地万物是由一个总体的“道”所产生的,道生天地,天为阴阳,地分刚柔。天生于动,地生于静,此天地之道;动之始阳生,静之始阴生,此天之用;刚柔为地之用。天生出太阳、少阳、太阴、少阴,即日月星辰;地生出太柔、少柔、太刚、少刚,即水火土石。这是道生万物的总秩序。但抽象的“道”必须由具体的物来说明,才能显示其内蕴。而物则是有数的,它可以一件件、一个个地表示,所以数便成了物的抽象,用以指代具体的物,如二表示天地,四表示日月星辰等等。这样“道”生天地万物的过程就可以用数字来表示:“道生一,一为太极;一生二,二为两仪;二生四,四为四象;四生八,八为八卦;八生六十四,六十四具而后天地万物之道备矣。”(《皇极经世书解》卷八《邵伯温系述》)用现在的数学程式表示就是:

$$1 \times 2 = 2, 2 \times 2 = 4, 4 \times 2 = 8, 8 \times 8 = 64。$$

所有的数,归根结底,来源于“一”,即“道”或“太极”这个宇宙本原,“于一而衍之,以为万穷”,“一者何也?天地之心也,造化之原也”(同上)。“太极”和“道”寂然不动,又神妙莫测,它原本是静而不动的,它的发用则为“神”,即捉摸不定的变化,因为“神”的变化而有数,有数才有象,有器,即有具体事物。数本是物的指代,但邵雍在自己的宇宙体系中则把它放置在先于物的位置,使数纯粹成了“神”之变化的显现。从太极到万物的过程完成之后,万物又经过变化而归复于太极,整个宇宙就处在这样一个不停的轮回之中。在邵雍看来,要认识宇宙的变化,就必须掌握数的变化。

邵雍又说,宇宙生化发展有两个最基本的因素:一个是“时”,另一个是“事”。“时”是时间,反映古往今来宇宙生化发展的过程;“事”是自然万物与人类社会的历史事件,是宇宙生化过程中产生的结果。邵雍运用数字的排列和组合方法,把这个生化过程分为“元”“会”“运”“世”四个

阶段。元是一,代表太极,一元十二会,一会三十运,一运十二世,三十年为一世。用数学程式表示如下:

1元=12会=360运=4 320世=129 600年

这个数学程式是根据年、月、日、时的数字单位设计的,1年12月,1月30天,1天12时,与元、会、运、世的比例正好吻合。但是它与太极生两仪,两仪生四象,四象生八卦,八卦相重为64卦的数字比例不符,不能直接与《周易》的数字关系发生联系。为了使二者相吻合,邵雍巧妙地设计了"皇极经世图式"。在这个图中,从1到4 320被分为4层,每1层都用《易》卦相配。第1层的数只有1,就是元,遂配以太极;第2层12会,可分为4组,每组配以离、乾、坎、坤四卦,比作日、月、星、辰;第3层360运,将60卦每卦的6爻,从初至上依次作为初爻(顺序不变),就可变为6个卦,60卦便可得360卦。例如"屯"为䷂,以六二为初六,新的次序便成了初六、六二、六三、九四、六五、上九,即䷢,是为"晋"卦;以六三为初六,则变为"蹇"卦䷦;以六四为初六,则变为"解"卦䷧;以九五为初九,则变为"明夷"卦䷣;以上六为初六,则变为"蒙"卦䷃。360卦,每卦配1运。第4层4320运,按照与第3层同样的方法,360卦每卦变为6卦,得2160卦,每1卦配2世。这样,《易》卦便与"元""会""运""世"的图式紧密结合为一体。

在邵雍的学说中,每一卦有特定的含义,象征天地间的某一事物、现象和人世间的某类事情,历史上的任何一年,都处在某会、某运的某一世中,只要查到这一年与何卦相配,就能推算出它有什么事情发生。邵雍在《皇极经世书·观物篇》中,就把从帝尧到五代的历史纳入他的图式中,从历代天下"离合""治乱""兴废""得失""邪正"之迹,窥测天时与人事间的感应和验证。邵雍用这一数字模式解释中国历史时认为,12会的第1会(子会)天产生出来,第2会(丑会)地逐渐形成,第3会(寅会)产生了人。到了第6会(巳会),已是帝尧的盛世,第7会乃三代至唐宋,已开始由盛转衰。此后,到11会(戌会)时,万物消灭,12会(亥会)时,天地也不存在了。

邵雍的象数学模式不符合历史的实际情况,是用先验的人为的数学模式套在历史过程中,这样,一切人类社会的产物及人类的历史事件都成了最高源泉——太极(道)安排的结果,任何人、任何事物的变化发展均逃不出"道"所确定的命运。

## 第三节　朱震及其《汉上易传》

朱震像

朱震(1072—1138 年)字子发,湖北荆门军(今湖北省荆门县)人。其主要学术活动集中在两宋时期。金兵于靖康年间(1126 年)侵入汴京时他已 55 岁。

朱震于宋徽宗政和年间(1111—1118 年)登进士第,历任州县官。靖康元年(1126 年),被朝廷召为太学《春秋》博士。他与谢良佐关系密切,受二程思想的影响较深,与二程门人游酢、杨时也交往甚密。

朱震一生埋头经传,著述甚丰,最具有代表性的著作是《汉上易传》。

朱震象数学的内容有五项:动爻、卦变、互体、五行、纳甲。其具体内容,侯外庐、邱汉生、张岂之主编的《宋明理学史》上卷《朱震的生平及其〈汉上易传〉中的象数学》一章作了深入的研究,现概括如下:

**(一)动爻**

讲的是《周易》卜筮方法。朱震用八个数字予以解说:"一、三、五阳也,二、四、六阴也。天地相函,坎离相交,谓之位。"(《汉上易传·系辞下》)这段话是讲爻的。爻是卦的基本单位,由于爻的排列而形成卦,一卦之中有六爻,每爻占一个位,从下往上数,一、三、五是阳位,二、四、六是阴位。爻位是一阴一阳相间排列的,所以朱震说"天地相函,坎离相交"。"七、八者阴阳之稚,六、九者阴阳之究。稚不变也,究则变焉,谓之策。七、八、六、九或得或失,杂而成文,谓之爻。"(同上)七为少阳爻,八为少阴爻,稚即少的意思,所以叫稚。六为老阴爻,九为老阳爻。九既是极点,到了极点就必然向相反方向转化,所以,在卜筮的方法中遇到六(老阴)或九(老阳),都要变为其相反的爻,因此,“变者以不变者为体,不变者以变者为用”(同上)。这是说,数字是固定的,而变化是无穷的,这就叫“动爻”。

**(二)卦变**

卦变是解说易卦的另一种象数学方法。《易传·说卦》说:“乾,天也,故称乎父;坤,地也,故称乎母。震一索而得男,故谓之长男;巽一索而得女,故谓之长女;坎再索而得男,故谓之中男;离再索而得女,故谓之中女;艮三索而得男,故谓之少男;兑三索而得女,故谓之少女。”用图形表示如下:

☰乾——天、父

☳震,长男☵坎,中男☶艮,少男

☷坤——地、母

☴巽,长女☲离,中女☱兑,少女

从图中不难看出,“震”“坎”“艮”是“坤”卦的第一、二、三爻分别从阴爻变阳爻而得来的,“巽”“离”“兑”是“乾”卦的第一、二、三爻分别从阳爻变阴爻而得来的。这就是卦变的一种形式。此外还有12辟卦,即复、临、泰、大壮、夬、乾、姤、遯、否、观、剥、坤12卦。从复卦始,只有初爻是阳爻,依次增一阳爻,到乾则均为阳爻;从姤卦始只有初爻是阴爻,依次增一阴爻,到坤则均为阴爻。朱震正是用这种卦爻阴阳升降的变化来说明一年中气候的循环变化的。

**(三)互体**

朱震解释说:“一卦含四卦,四卦之中复有变动,上下相揉,百物成象……此见于互体者也。”(《汉上易传·自序》)朱震的意思是说,一个卦中的二、三、四爻,形成一卦叫下体,三、四、五爻又形成一卦叫上体。上体和下体又组成一个新卦,叫互卦或互体。“一卦含四卦”是指互体中的上下体及原卦的内卦(一、二、三爻)和外卦(四、五、六爻)共为四卦。例如“大畜”䷙中互体的下体是“兑”(☱),上体是“震”(☳),二者构成互体的新卦“归妹”(䷵)。互体的用意是使卦的形象变化增多,使象数学家更易于用其解说事物的变化及自然、社会现象。

**(四)五行**

象数学家力图用《周易》的卦象解释宇宙中的一切事物,于是便力图把八卦与五行结合起来,将阴阳五行说也纳入象数体系之中。朱震说:“八卦兼用五行,乃尽其象。”(《汉上易传·丛说》)朱震根据郑玄的五行方位说,将八卦方位与五行方位相配合,得出结论:“乾,金也,兑又为金;坎,水也,兑又为泽;艮,土也,坤又为土;震,木也,巽又为木;离,火也,火藏于木。以此见无一物不具阴阳者”(同上)。表示如下:

乾、兑——金
震、巽——木
坎——水
离——火
坤、艮——土

这样一来,八卦与五行的关系就建立了,这使象数学领域得到很大的扩张。

**(五)纳甲**

纳甲讲的是八卦与时间概念(天干、地支)的配合。朱震说:“纳甲何也?曰:举甲以该十日也。乾纳甲、壬,坤纳乙、癸,震、巽纳庚、辛,坎、离纳戊、己,艮、兑纳丙、丁,皆自下生。”(《汉上易传·自序》,《汉上易卦图》卷下《纳甲图》)把八卦与天干相配合就叫纳甲。天干有十,八卦仅八,互相配合后,多出壬、癸两名目,再分配给乾、坤两卦。

象数学虽然根据数的关系解释卦象,从而阐释天地自然及社会的种种现象,但它并不是根据事物变化时量的规定而归纳、总结出的数学公式或数字规律,而是通过玩弄数字的方法为自然现象和社会变化寻找神秘的根源,从而使之具有神秘的色彩。正因为如此,象数学不具有科学性,它越发展,越远离科学,仅仅成为以理学家为主的思想家借以阐述其思想体系的一种经学方式。

# 第四章　北宋理学的流派及思想(下)

## 第一节　张载的思想及其关学学派

张载像

张载是中国北宋时期的一位重要的思想家,关学的创始人,理学的奠基者之一。他的学术思想在中国思想文化发展史上占有重要的地位,对后世思想界具有较大的影响。

张载生于北宋真宗天禧四年(1020 年),卒于神宗熙宁十年(1077 年),字子厚,祖籍大梁(今河南开封)。祖父张复历仕太宗、真宗、仁宗三朝。父亲张迪在宋仁宗(1023—1063 年)时,知涪州(治今四川涪陵)事,在涪州任上病故。此时,张载与弟张戬均尚年幼,无力返回故里。因此,全家人便侨居在凤翔府郿县(今陕西眉县)横渠镇南大振谷口,所以学者称其为横渠先生。

张载少年丧父,成熟较早。当时北宋西部边境常受到西夏割据势力的侵扰。这些对于"少喜谈兵"的张载是一个很大的刺激,所以,他曾向担任陕西经略安抚副使、主持西北地区军务的范仲淹上书,建议向西夏用兵,以便为国家建立功业。范仲淹认为张载可成大器,便引导说:"儒家自有名教,何事于兵!"勉励他读《中庸》,学儒家之学。张载读完《中庸》,仍未感到满足,于是又遍读佛家、道家之书,经过几年的钻研之后,又发现佛、道之学不能实现自己的宏伟抱负,便又回到儒家经典上来,开始研习《四书》《易》学,悟出了儒、佛、道互补的道理。

嘉祐二年(1057年),登进士第。熙宁二年(1069年),御史中丞吕公著向宋神宗推荐张载,说他"学有本原,四方之学者皆宗之,可以召对访问"。神宗面见张载,询问治国为政的方法,张载"皆以渐复三代为对",神宗听了非常满意,表示将委以军政要任。后来,被任命为崇文院校书。当时,王安石执政变法,曾征求张载对新政的意见,他一方面赞同政治家应该大有作为,但又含蓄地拒绝参与新政的行动,并与王安石多有分歧,逐渐引起王安石的反感。因此,张载拟辞去崇文院校书职务,未获批准。不久,被派到浙东去审理苗振的贪污案件,案件办完之后回朝。此时,张载的弟弟、监察御史张戬,因为反对王安石变法,而与王安石发生激烈冲突,被贬,张载唯恐株连,于是辞职回到横渠镇。

熙宁三年(1070年),张载回到横渠镇后,家中虽不很富裕,但他却安然自得,整日讲学读书,写下大量著作,对自己一生的学术成就进行总结。他曾赋诗一首表白自己的心志:

> 土床烟足紬衾暖,瓦釜泉乾豆粥新。
> 万事不思温饱外,漫然清世一闲人。(《张载集佚存·杂诗》)

这里大有当年颜回身居陋巷,一箪食,一瓢饮,苦学不倦,乐而忘忧的精神。在此期间,张载一面潜心学问,著书立说,一面广招门徒,传授其学。建立了以《四书》为主,兼及易学,并吸取佛、道、医学中思想精粹的"义理"型的新儒学体系。同时也创立了关中唯一的一个理学学派——"关学"(上述引文除标注的以外,均见吕大临:《横渠先生行状》,以下简称《行状》,载《张载集》)。

张载的学术思想可以用其自勉的"为天地立心,为生民立命,为去圣继绝学,为万世开太平"(《张子语录·中》)这四句箴言,予以概括。具体说:

(1)以阐述《四书》的"性与天道"为中心内容。张载曾用一段非常简练的话来概括他对"性与天道"问题的理解。他说:"由太虚,有天之名;由气化,有道之名;合虚与气,有性之名;合性与知觉,有心之名。"(《正蒙·太和篇》)这里把"性与天道"分解为"天道"(世界观)"性"(人性论)"心"(认识论)三项内容,这是张载之学的核心部分。

"天道",是《四书》的基本范畴。《论语》《孟子》《中庸》都讲天道。张载继承并改造了《四书》的天道观。他与二程不同,二程多言天理,而罕言天道;他则多言天道,而罕言天理。一是借以标明自己学术思想的特色,二是因为天道范畴能够容纳诸家思想,便于他赋予《四书》的天道观以新的内容。为此,他以《易传》的"气"论为基点,引进道家和佛教的"太虚"范畴,认为由于有"太虚"才有天的名称,有阴阳二气的有规律的运动变化,才有道的名称,所以,"天道"就是"太虚之气"的运动变化。这里,他提出了《四书》中所没有的重要观点,从而把《四书》的天道观发展成为元气一化论的本体论。他说:

> 太虚不能无气,气不能不聚而为万物,万物不能不散而为太虚。循是出入,是皆不得已而然也。(《正蒙·太和篇》)

这里用了三个"不能"来强调"太虚之气"的聚散是不以人的意志为转移的纯自然过程,正是"气"的聚散循环,才产生出天地万物的生生不息。但是,一般人并不理解这个道理。当"太虚之气"凝聚成为万物时,"人莫知其一也"(《正蒙·乾称篇》),他们不知道万物都要消亡而回归到气的原始状态;当"太虚之气"处于原始状态时,"人不见其殊也"(《正蒙·乾称篇》),他们不知道"太虚之气"正在不断地凝聚成各个特殊的万物。在张载看来,只有人们了解"形聚为物,形溃返原"(《正蒙·乾称篇》)的循环往复的全过程,才能了解气聚产生万物,形溃返归太虚的天道真相。张载对“天道”的论断,虽还属于朴素的猜测,但在中国宇宙史上具有重要的学术价值。

性也是《四书》的基本范围。《论语》讲“性”与“习”,《孟子》讲人性善,《中庸》讲“尽人之性”“尽物之性”等。张载则把《四书》的“性”与“气”相联系,企图从“太虚即气”的观点出发,对人的本性、本质进行解释。他吸取王充的“血气”“天地之性”说,李翱的“性善情恶”说,佛教和道教的“真性”“自性”说等,在理学家中第一次提出了“天地之性”与“气质之性”的两性学说。他认为世界上的一切事物都是由“气”构成的,“人亦出于太虚”(《张子语录·中》),人也是由“太虚之气”凝聚而成的。由于“气”聚的状态万殊不一,所以人禀受的“气”也无一相同,或得之清,或得之浊;或得之宽,或得之狭;或表现为有才能,或表现为无才能(见《张子语录·下》,《正蒙·诚明篇》)。他把这种人因受“气”不同所产生的人性叫做“气质之性”,犹如“气”的聚结状态。但“气质之性”不能“尽性”,不是完美无缺的人性。他把完美无缺的人性叫做“天地之性”,犹如“气”的原始状态。也就是说,人性有两个层次,低层次的叫做“气质之性”,也叫“攻取之性”,即对物欲有所追求,这是不善的土壤;高层次的叫做“天地之性”,也叫“湛一”之性,湛一,即清净和纯粹,这是善的根源。以上这两种性都同时存在于人的身上,所以他说:“合虚(指天地之性)与气(指气质之性),有性之名”。

为此,张载提出了通过“善反之”的途径来“变化气质”的学说。在他看来,人之所以为不善,人的“天地之性”之所以得不到充分地完全地发挥,是由“气质之性”的遮蔽;“善反之”,就是要善于发现“气质之性”中的“天地之性”的成分和颗粒,从而认识到“天地之性”才是完美的人性,“故气质之性,君子有弗性者焉”(《正蒙·诚明篇》),“气质之性”不被有学问的人看作是完美的人性。因此,“变化气质”就是以“天地之性”改造“气质之性”,把人的生理、生活欲望置于某种道德观念的控制之下,即所谓的使气质“变好”(《经学理窟·气质》)。张载的这些论断,既继承和发展了孟子的“性善论”,又解释了不善的来源及其克服的办法,在中国伦理学史上起着承前启后的作用,因而受到从二程到朱熹等人的一致赞赏。所以是“极有功于圣门,有补于后学”(《正蒙·诚明篇注》)。

张载提出了“大其心”(《正蒙·大心篇》)的认识学说,对《四书》的心说作了部分改造。张载的“大其心”与《孟子》的“尽心”都主张充分发挥人的思维器官的功能,充分发挥人的认识主体的作用,不同的是:①张载的“大其心”是以“知觉”活动为基础的。他说:“合性与知觉,有心之名。”这是说,人的思维器官是人所特有的本性、本质,这是思维活动的生理基础;而以外物为对象的知觉活动,则是思维活动的直接来源,二者结合起来,才有“心”,即人的思维活动。②张载的“大其心”是以“体天下之物”,穷究人类和自然的本质(“性与天道”)为内容的。他认为天地万物是无限的,“性与天道”的本质是深藏的,而人们的闻见是有限的,解决这个认识上有限与无限、现象与本质的矛盾的方法,就是“大其心”的方法。所以,他要求人们既要重视闻见,又不能止于闻见,“若只以闻见为心,但恐小却心。今盈天地之间皆物也,如只据己之闻见,所接几何,安能尽天下之物?所以欲尽其心也”(《张子语录·下》)。这里把“尽心”解释为“尽物”,认识人类和自然的本质,实现理性的升华。这样,张载的“大其心”学说就把人的认识从内省体验、从主观道德观念中分离出来,极大地丰富和发展了孟子的思想,而成为探讨“性与天道”的认识工具。

(2)以继承《四书》的儒学传统为学术宗旨。张载反复说要“为去圣继绝学”,这里所说的“绝学”,就是指以孔子、孟子等人以《四书》为代表的儒学传统。他曾作《圣心》诗一首来表白自己的意向。诗中说:“圣心难用浅心求,圣学须专礼法修;千五百年无孔子,尽因通变老优游。”(《文集佚存·杂诗》)在《经学理窟·义理》中,他又以韩愈《原道》的笔调说:“此道自孟子后千有余岁,今日复有知者”。他与韩愈一样都把孟子看做是儒学道统的最后一人,都企图通过肯定孟子来提高《四书》的地位。但他不承认韩愈是上接孟子的道统传人。所谓“此道自孟子后千有余岁,今日复有知者”,意思是说,在孟子以后、张载以前还没有出现真正继承孔、孟《四书》的学者。在张载看来,韩愈虽然写了《原道》,提出了儒学的道统说,但这些言论都只是“间言词”,都只是一些间断的、不系统的言论,也就是说,韩愈所要继承的只是《四书》的仁义道德,充其量只是“圣学”的部分,它可以通过文字记载来了解。而张载所继承的不仅是“圣学”,而是“圣心”。“圣心”是不立文字的,它须通过学者的心思来领悟,即所谓的“圣心难用浅心求”。这里,张载用了一个禅宗的概念。照禅宗所说,释迦牟尼有一个“教外别传”,怎么传法?就是“以心传心”,经过许多代的祖师心心相传,而成为“心法”。张载以为《四书》也有一个“圣心”的心传系统,虽然他没有再作具体说明,实际上是指他所理解的《四书》“义理”,《四书》的精神实质,而不必在《四书》的文句上“字字相较”(《经学理窟·义理》)。正因为如此,他才认为韩愈之学“学亦未能及圣人”(《拾遗·性理拾遗》),他才自诩是上接孟子的道统传人。他所说的此道“今日复有知者”,其知者就是他。张载的这种既继承《四书》而又不受《四书》局限的学术风格,成为他学术思想的另一特色。

(3)以实现《四书》的社会理想为毕生夙愿。张载和王安石一样都是社会改革家,他根据孟子关于“天之生久矣,一治一乱”(《孟子·滕文公下》)的观点,提出了“通其变”的社会进化论思想。指出,无论尧舜以前或以后,社会都是在“一治一乱”中进化的,而变法就是国家止乱为治的重要一环。他说:“通其变然后可久,故止则乱也。”(《横渠易说·下经》)这是说,变法才能使社会顺利发展。实现国家的长治久安,该变不变必将引发社会动乱,“穷不知变,吝之道也”(同上)。所以,他称赞王安石“将有为”。但由于他们二人的具体改革措施很不相同,王安石的改革是针对当时政治、军事和经济上的弊端,主张以《周礼正义·序》关于“天育烝民,无主则乱,立君治乱,……无事安民”为理论根据,推行一些能够在短期内收到实效的政策(如青苗法、均输法、募役法等)。而张载所着重改革的是“王政”,就是以“仁心”施“仁政”。为此,他把《四书》中有关三代之治的理想以及“井田”制的方案作为实行改革的最重要的理论与措施。

张载对《四书》所提出的“井田”制作了一项变通。明确规定废除“分种”(佃户制)和“租种”(租赁制)。至于田租则不设“公田”而征税,就是用比较进步的实物地租来取代劳役地租,这可以说是企图实施一种惠及农民的重大的社会经济改革。他认为这项改革应当自上而下地进行,改革的主体是皇帝、宰相以及各级官吏。为此,他身体力行,在家乡与学生们买地一块,分给无地少地的农民,企图“验之一乡”,至死不渝。尽管改革的办法可能无从实施,无济于事,但为了恤民,为了救失,还是应当提出来试行,否则,就是没有尽到自己对社会应尽的责任。他的这种实现《四书》社会理想的努力,也反映了《四书》作者们为国、为民的心态。

由此可见,王安石与张载二人“语多不合”,这是在如何改革上的“不合”,而不是要不要改革上的分歧,不能因为他与王安石“语多不合”,就认为他对改革持消极态度,也不能因为他未受到保守派的批评,而认定他与保守派站在一起。保守派没有批评张载,是由于张载不是“新政”的实权人物,他的改革主张也从来没有被采纳和推行的原故。

北宋时期,张载所创建的关学是仅次于洛学的第二个大学派。张载的学生和从学者,可以考见的已为数不多。据明代冯从吾《关学编》,黄宗羲、全祖望《宋元学案》中的《横渠学案》《吕范诸儒学案》,清张骥《关学宗传》等书的记载,可考见的弟子有吕大忠、吕大钧、吕大临、苏昞、范育、游师雄、薛昌朝等,受学于张载的还有种师道、潘拯、李复、田腴、邵彦明、张舜民等,曾学于张载并传播其学的外地学者有晁说之、蔡发等。其中,吕大钧、吕大临、苏昞、范育、李复等人对关学的形成与发展起了重要作用。

吕大钧,字和叔,生年不详,卒于元丰五年(1082 年)。蓝田(今陕西蓝田)人。嘉祐二年(1057 年)中进士,曾授秦州司理参军、三原县知县等职,后以“道未明、学未优”为由,“不复有禄仕意,家居讲道,以教育人才,变化风俗”(《关学编》)。“横渠倡道于关中,寂寥无有和者。先生于横渠为同年友,心悦而好之,遂执弟子礼,于是学者靡然知所趋向。横渠之教,以礼为先,先生条为乡约,关中风俗为之一变。”(《宋元学案·吕范诸儒学案》)由于吕大钧的弘扬,才使关学日趋兴盛。

吕大临(1046—1092年)字与叔,大钧之弟,以祖荫入仕。元祐中(1086—1093年)曾任太学博士、秘书省正字。早年从学张载,是其高足弟子。他“学通《六经》,尤邃于《礼》,每欲掇习三代遗文旧制,令可行,不为空言以拂世骇俗。”(《关学编》,又见《宋史》本传)深悟关学治学的特点。张载逝世后,他多方收集资料,精心编写《横渠先生行状》,总结了张载一生为人、为学、为政的业绩,成为《宋史·张载传》的蓝本和后世研究张载生平的基本资料。

苏昞,字季明,宋邠州武苏(今陕西武功)人。生年不详,约卒于崇宁(1102—1106年)或稍后。元祐(1086—1093年)末年,经吕大忠推荐,出任太常博士之职。他与游师雄“学于横渠最久”(《宋元学案·吕范诸儒学案》),也最得张载器重。张载逝世前不久,集一生言论精要,著成《正蒙》一书,交与苏昞。苏昞仿效《论语》《孟子》体例,进行整理编排,分为17篇,每一篇取第一句前两字为篇名。现存的《正蒙》就是苏昞编订的。熙宁九年(1076年),张载路过洛阳,与二程论学,苏昞记录了张、程三人的言论,题名《洛阳议论》,收入《二程集》。

范育,字巽之,宋邠州三水(今属陕西)人。进士。先后任泾阳令、监察御史里行、户部侍郎等职。从学张载,积极宣传关学“学贵有用”的主张,向神宗建议“请用《大学》‘诚意’‘正心’以治天下国家”(《宋元学案·吕范诸儒学案》),并向政府极力推荐张载。

李复(1052—1128年)字履中,长安(今陕西西安)人,世称“潏水先生”,进士。历任集英殿修撰、熙河漕使、秦州知府等职。高宗建炎二年(1128年),奉命守秦州(治今甘肃天水),抗金殉难。他虽是吕大忠、吕大临、吕大钧、范育的后辈,但仍曾直接受学于张载。他善谈兵事、井田,精于天文、历算、律吕,注重实际,不尚空谈,是宣传张载“自然之理”的杰出代表。

关学的特点有四:

(1)重“气”。在“气”论方面,他们都坚持“太虚即气”,“气”为万物的本原的自然之学。其原因:一是关学中不少学者都精于天文历法知识,并企图以之证明自己的宇宙论,证明阴阳灾异的荒诞不经,为把自然科学和社会科学的研究相结合作了点滴尝试。张载和李复对天文历法都很有造诣。张载正是根据他对天文知识的多年积累,才在《正蒙·参两篇》提出地球、五星绕日旋转,月绕地球而运行的宇宙结构假说,又根据这个假说,提出“动非自外”,即物质是自己运动的结论。李复针对当时社会上关于“月食”的迷信,专门写了《论月食》一文予以辨证。他说:“此不须求异说,日月之行各有度数,其由自可推。”(《潏水集》卷五)日月的运行各有轨迹,日月食的发生是可以推测出来的,不需要从“阴阳灾异”中去寻找根据。张载等人重视自然科学的研究与应用,体现了关学宇宙结构说对自然科学成就的重视和对自然之学的追求。二是关学学者为了说明“太虚即气”的方法论价值。张载和吕大临都认为“气”有对,有对必有“感”。“感”即感应,指对立双方在运动变化时的互相排斥与吸引。有“感”,万物才能产生,各种不同的物质形态才能相互作用,共同存在。“感”使天地万物和谐地统一起来。张载称之为“一物两体”(《易说·说卦》)。

张载“一物两体”的学说,阐明了宇宙万物的矛盾现象,也说明了事物包含既对立又相互依赖的双方这一本质特征。他对于“一”和“两”的关系,作了很好的概括:

> 两不立则一不可见,一不可见则两之用息。两体者,虚实也,动静也,聚散也,清浊也,其究一而已。(《正蒙·太和篇》)

一物内如果没有对立的双方共存,就没有此物本身。矛盾双方必须存在于一个统一体中。"一"与"两"的关系,就是统一体与对立面的关系。张载将其合成为"叁",提醒人们研究"二"(对立面)时,不能忘记"一"(统一体);研究"一"(统一体)时,不能忽视"二"(对立面)。牢记一个"叁"字,才能防止认识上的片面性。吕大临赞同"一物两体"说,他根据张载"两不立则一不可见"的思想,认为"致一必先合两",要了解事物的整体,就必须先了解事物对立的两个方面(见《孟子精义》卷三上,引自《朱子遗书》)。三是为了把"太虚即气"与《四书》所倡导的天人合一、物我一体的思想相统一。张载从"天道"就是"气"的运动变化观点出发,形象地把宇宙比喻为一个充满"气"的大家庭,天地好比是其中的父母,人、物好比是其中的儿女;"夫志,气之帅也;气,体之充也"(引自《孟子·公孙丑上》),即"天地之气"构成了人、物的形体,"气"的本性决定了人、物的本性。人作为这个大家庭的成员,要以天人一体、物我一体的胸怀,把民众看作是自己的同胞,把万物看作是自己的朋友,这就叫做"民吾同胞,物吾与也"(《正蒙·乾称篇》)。"与",就是同盟者、朋友。《荀子·王霸》"不欺其与"的"与"字,就是这个意思;杨倞的注亦同此义。

张载的"民胞"思想是一种对人的道德关怀,张载的"物与"思想也是一种道德关怀,是对物的关怀。在他看来,人不但要爱护自己的同类,而且要爱护自己的生存空间,爱护自然界,把爱民与爱物、爱人类与爱自然统一起来,把道德关怀从人类延伸到自然界。这是一个史无前例的伟大思想,只是由于当时各种条件的限制,他的这个思想在多数场合只能是一个美好的愿望,但不能因此而低估其对后人、后世潜移默化的作用。这个作用在于启发人们要把自然资源的保护提到哲学、伦理、价值观的层面来思考和运作,希望人们关心自然的伦理问题,承担起作为宇宙共同体的一员所应承担的责任和义务,真正做到把万物作为朋友,而不是继续扮演征服者的角色。这是对《四书》人学的新发展,从而把《四书》的政治伦理学发展为宇宙伦理学。所以,"民胞物与"思想实质上是一个宇宙共同体的概念,它蕴含着对每个成员的尊重,也包含对这个共同体本身的尊重。

(2)尊儒。他们都以正统的儒学家自诩,关学的儒家气息,在北宋诸子中是最鲜明的。关学学者在处世待人方面,处处表现出古代儒家的风度。张载的言谈举止,便给人一种醇儒的印象。吕大临说他“气质刚毅,德盛貌严”(《行状》),在生活上只求豆粥、土床,也就乐得其所。投身仕途也仅仅是为了推行他的思想和主张,一旦不能如愿,便退隐不仕。他曾对学生们说:“孰能少置意科举,相从于尧、舜之域否?”(《行状》)这些都表现出孔、颜、思、孟的遗风。张载判断学派是非,都以儒家经典为标准。所以,二程说他学而无杂,指出:“世之信道笃而不惑异端者,洛之尧夫(即邵雍)、秦之子厚而已”(《二程集·河南程氏遗书》卷四),“横渠道尽高,言尽醇。自孟子后,儒者都无他见识”(《二程集·河南程氏遗书》卷四)。再如,吕大临自比颜回,吕大钧被人称为子路。吕大钧逝世后,范育为他写《墓志铭》,称赞“其学以孔子下学上达之心立其志,以孟子集义之功养其德,以颜子克己复礼之用厉其行”(转引自《关学编》),其心、其德、其行,无一不以儒学思想为准的。范育主张用《大学》治国,苏昞“以治经为传道居业之实”,还有游师雄“自列于儒者之比”(《宋元学案·吕范诸儒学案》)。上述关中学者的崇儒思想,构成了关学的一代学风。

(3)崇礼。他们都把“躬行礼教”作为处世原则,试图通过“克己复礼”的途径来改善当时的社会风尚。在改善社会风尚方面,张载以身作则,从自家作出表率,要求他的家人和学生遵守他在《经学理窟》的《礼乐》《祭礼》《丧纪》等篇,《正蒙》的《三十》《乐器》《王禘》等篇所写下的许多有关礼义方面的规定,反复强调礼是个人的行为准则和社会的道德规范,具有使个人成为大器、使社会移风易俗的作用。所以他说:“人必礼以立,失礼则孰为道?”(《横渠易说·系辞上》)他的学生吕大忠、吕大防、吕大钧、吕大临四兄弟都是礼学的积极倡导者,“时横渠以礼为学者倡,后进蔽于习尚,其才俊者急于进取,昏塞者难予理解,寂寥无有和者”(《关学编》),而吕大钧“独信之不疑,毅然不恤人之非间已也,……为《乡约》以敦俗”(同上)。

《乡约》分“德业相劝”“过失相规”“礼俗相交”“患难相恤”四部分。所谓“德业相劝”，就是要求参加《乡约》的人在德行和业迹两个方面相互勉励，相互监督。就是要“见善必行，闻过必改”，在善恶问题上要有鲜明的抉择，使人们在道义上有所遵循，便于把张载作云岩县令时改变民情民俗的办法进一步推广，形成关学所理想所规范的社会风气。

“德业相劝”是《乡约》的总纲，“过失相规”“礼俗相交”“患难相恤”这三部分是总纲下的条目。在“过失相规”中，吕大钧把“发扬人之隐私”作为一条严重的过失单列，是保护人身权利不受侵害的重要举措。在中国封建社会，没有保护隐私的法律，揭人隐私往往会造成置人于死地的后果，因此这种过失行为危害了他人的权益，破坏了人际关系的平衡。吕大钧力图从道德的角度对这种行为加以制约，在中国法律史和思想史上都具有开创性的意义。

吕大钧的《乡约》使关学的礼教思想更加具体和系统化。张载对吕氏兄弟的做法感慨不已，他说：“秦俗之化，和叔（大钧）有力”（《关学编》）。

(4)贵用。他们继承汉代以来儒家经世致用的传统，主张学以致用，把学术研究与社会的政治、经济、军事等问题结合起来，反对空谈。这就是张载说的“学贵于有用”（《二程集·二程粹言·论学》），主要表现在热心于了解和解决当时的一些社会矛盾和民族矛盾，提出了许多建议与主张。张载常常“慨然有意三代之治，望道而欲见”（《行状》），声称“如有用我者，举而措之尔”（《行状》）。由于关中与西夏边界接近，兵法也为关学学者所重视。张载少喜谈兵，曾从焦寅学习过兵法。从政后，也十分注重边事。《文集佚存》收录的《与蔡帅边事画一》《泾原路经略司论边事状》《经略司画一》等文都是关于怎样御敌保疆的专论。吕大钧“爱讲明井田、兵制，以为治道必由是，悉撰成图籍，皆可推行”（《宋元学案·吕范诸儒学案》）。范育、游师雄、种师道、李复都习知军事，游师雄曾在与西夏战争中立功，李复曾纠正徽宗时在军事上的一个谬误。崇宁（1102—1106年）中，泾原经略使邢恕奏请徽宗制造车船各数百辆（艘），以便对西夏用兵。徽宗下令李复监造。李复在调查了当地的形势、地貌以后回奏说,战车多用在"平原广野",不能用在西北边界的"峻阪沟谷之间",所以他请求"罢造"。至于造船进行水战,他认为造船实非易事,就是有了船,"又何能为?"(《宋元学案·吕范诸儒学案》)宋徽宗采纳了他的意见,避免了一次军事上的失误。这种务实的学风,是濂学和洛学所不及的。

关学在张载逝世以后,其主要成员吕大忠、吕大钧、吕大临三兄弟,苏昞、范育等皆归依洛学,游师雄、种师道等均投笔从戎,守张载之学的关学学者,只有李复、田腴、邵彦明、张舜民等人,他们虽都信守师说,但查考史籍,均无门人后学。所以,关学在这几位学者相继逝世后也就中断了。

全祖望和王夫之都曾探讨过关学绝传的原因。全祖望认为北宋末年,金兵入侵,关中地区屡遭战火,文人儒生非死即逃,李复等人就死于抗金之战,关学的传延从此中断(见《宋元学案·吕范诸儒学案·序录》)。王夫之认为,关学绝传的原因:一是由于张载不像二程那样,有一批聚集门下的、出类拔萃的弟子为之作学术传播;二是由于张载"素位隐居",没有富弼、文彦博、司马光等"巨公耆儒"的支持,学术研究缺乏政治上的依靠,其影响还不如邵雍的象数学(见《张子正蒙注·序论》)。全祖望和王夫之的分析都是有道理的。

因此,所谓关学,就是指由北宋张载创建的一个理学派别,他上无师承,下无续传,南宋初年即告终结。

关学学者的著作很多,遍涉哲学、政治、经济、军事、文学、考古各个领域,现今大都佚失。张载的著作,仅存有《正蒙》《横渠易说》《经学理窟》《语录》和《文集》(片断佚失)。《正蒙》《横渠易说》和《文集佚存》中的文章是张载自写的著作,《张子语录》《拾遗》是他历年讲学的记录,至于《经学理窟》,曾经有人因为朱熹《近思录》"引用书目"和有关传记中没有提到它,而提出可能不是张载的作品。但根据明代黄巩和当代张岱年、杨向奎等人的考辨,这本书当是张载、程颐的语录类编,因为其中张载的话语较多,所以编为张载的书。虽然书中只是门人的记录,不是张载亲自写的，但所反映的是张载的思想。

其他关学学者的著作，保存下来的有：吕大临《中庸解》1卷，收于《二程全书》中；张舜民《画墁集》8卷，原本已佚，《四库全书》编纂者从《永乐大典》中录出；吕大钧《吕氏乡约》1卷，收录在《宋元学案·吕范诸儒学案》中；李复《潏水集》收入《关陇丛书》中。

## 第二节　程颢、程颐的思想及其洛学学派

程颢、程颐兄弟开创的洛学学派，是北宋时期影响最大，也是最为典型的理学派别。

程颢像

程颢（1032—1085年）字伯淳，洛阳（今属河南）人，学者称明道先生。历任京兆府户县主簿、江宁府上元县主簿、泽州晋城令。神宗初年，吕公著推荐他到朝廷做太子中允，权监察御史里行。他每次进见神宗时，总是不厌其烦地陈述“君道以至诚仁爱为本，未尝一言及功利”（《河南程氏粹言》卷二《君臣篇》），神宗认为他的主张均为“尧舜之事”，没有采纳，但仍以礼待之。程颢抨击王安石的新法不遗余力，并因此被贬回洛阳。他对新法自始至终采取不调和的态度。当时旧党人物司马光、富弼、吕公著等人也都退居洛阳，程颢与他们交往甚密，相互标榜，形成了在野的政治舆论力量。神宗死后，高太皇太后听政，旧党司马光、吕公著等被起复使用，他们贬逐新党，撤除王安石的新学制。程颢被召入京，授京正寺丞，他还未及上路就病逝于家，时年54岁。

程颐（1033—1109年）字正叔，学者称为伊川先生。在太学时，以《颜子所好何学论》而知名，未中进士。其父程珦屡次得“任子恩”（荫庇子孙为官），他都把机会让给同族，对朝廷推荐，一概不就。直到哲宗元祐初年，旧党重新掌权后，他才接受司马光、吕公著的推荐，授汝州团练推官，

程颐像

充西京国子监教授。元祐元年(1086年),除秘书省校书郎,随时召对,授崇正殿说书,职责是向哲宗侍讲经书。他利用经筵向皇帝讲授“圣贤之道”,并对政事议论褒贬,无所避忌,引起一些朝廷名士的不满。程颐深知在朝廷上处处受敌,遂极力请免官归田。元祐八年(1093年),哲宗亲政,决心继承神宗的变法事业,因而清除了朝廷中的旧党,程颐也被视为“奸党”中的一员,放归田里。后被贬为“涪州编管”。在四川涪州,程颐著《周易程氏传》。徽宗即位,才归洛阳,并恢复权判西京国子监职。在洛阳期间,从程颐而学者日众。建中靖国(1101年)年间,徽宗复行熙宁新法,贬斥元祐党人,程颐被列为“元祐奸党”。崇宁(1102—1106年)初,范致虚奏言:“程颐以邪说诐行,惑乱众听”(《河南程氏外书》卷十一),于是被“尽逐学徒”。程颐迁往洛阳龙门南之伊皋书院,继续讲学,直到去世。

二程兄弟的学术活动,开创了北宋理学的洛学学派。跟从二程,特别是程颐而学的弟子很多,主要有刘绚、李吁、谢良佐、杨时、游酢、吕大忠、吕大均、吕大临、侯仲良、刘立之、朱光庭、田述古、邵伯温、苏昞、邢恕、尹焞、张泽等。其中三吕与苏昞原为关学学者。

谢良佐(1050—1103年)字显道,上蔡(今属河南)人。元丰八年(1085年)登进士第,历仕州县。后因言语犯上,被废为民。黄宗羲在《宋元学案》中指出:“程门高弟,予窃以上蔡为第一。”他吸收了禅学的思想,用禅解经,主张扫除人欲,复明天理,以恢复“本真”的心。提出“理便是我”,要人们格物穷理时“穷其大者”,抓住最重要的道理。

杨时(1053—1135年)字中立,号龟山,南剑将乐(今属福建)人。长期追随二程,重视《周易》《中庸》,不遗余力地宣传《伊川易传》,深得二程器重。他回祖籍浙江时,程颐曾发出“吾道南矣”(《河南程氏外书》卷十二)的赞叹。杨时对程学在江浙的传播起了重要作用。

洛学的著作,二程有《遗书》25卷,《外书》12卷,《文集》12卷及《易传》《经说》《粹言》等。《文集》前4卷是程颢诗文集,后8卷是程颐诗文集。《经说》中《系辞》《书》《诗》《春秋》《论语》为程颐所作,《改正大学》为程颢、程颐作。《伊川易传》是对《易经》的注解,不包括《周易大传》,这部著作也是洛学的代表作。《粹言》由杨时择录编定。明清时人们把以上六书合刊为《二程全书》。

二程与张载关系密切,并有多次学术交往。张载的思想学说,对二程思想体系的构建和发展影响很大。但二程的思想更多的是自己的新创见,这一点突出表现在其天理论上。

程颢曾说过:“吾学虽有所受,天理二字却是自家体贴出来。”(《河南程氏外书》卷十二)在周敦颐和张载的学说中,“理”虽已被提出,但还不具备最高范畴的意义,二程则把“理”作为其思想体系的最高范畴。二程的“天理”与周敦颐的“太极”在某些方面具有共同之处,但前者的内涵更加丰富。总括起来,“天理”具有以下几个方面的内涵:

(1)“理”是宇宙的终极本原和主宰世界的唯一的存在。“万物皆只是一个天理”(《河南程氏遗书》卷二),它独立于万物之外,却又产生和支配着万物。“所以谓万物一体者,皆有此理,只为从那里来。生生之谓易,生则一时生,皆完此理。”(同上)二程所说的物物皆有理,是说“天理”所产生的每一物都具备了完整的“理”,都是“天理”的体现。因此,“天下之理一也,涂虽殊而其归则同,虑虽百而其致则一。虽物有万殊,事有万变,统之以一,则无能违也”(《周易程氏传》卷三)。这里的“一”,既有统一、同一的意思,也有独一无二的含义,因为物之万殊,事之万变,并不妨碍“理”本身是独一。

但二程的“理”又不同于佛、道二教的“理”或“道”,最大的区别在于他们把“理”作为有体而非物的存在,赋予它实在性。“理者,实也,本也。”(《河南程氏遗书》卷十一)“实理者,实见得是,实见得非。凡实理,得之于心自别。”(《河南程氏遗书》卷十五)程颢指责“释氏无实”,反对佛教以现实世界为“空”的主张,也不赞成张载“太虚”即气的观点。以“理”为实的观点,是为了从本原上论证客观世界可感可知的实在性,正如程颐所说:“诚者,实理也”。他的弟子吕大临发挥说:“实有是理,故实有是物;实有是物,故实有是用;实有是用,故实有是心;实有是心,故实有是事。”(《河南程氏粹言》卷一《论道篇》)这点正是理学区别于佛、道二教的关键之处。

(2)“天理”又是封建道德原则及封建等级制度的总称。程颐说:“上下之分,尊卑之义,理之当也,礼之本也。”(《周易程氏传》卷一)人类社会的等级制度及与之相适应的社会道德规范,是“天理”在人间社会的具体表现形态,“父子君臣,天下之定理,无所逃于天地之间”(《河南程氏遗书》卷五)。因此,每个人都有应尽的道德义务,这是“天理”所决定的人的本性。在二程看来,“天理”作为社会道德总称的意义更为重要,“理只是人理甚分明”(《河南程氏遗书》卷十八)。人之所以与禽兽有别,正是因为人具备了这种天理。“天理之不存,则与禽兽何异矣?”(《河南程氏粹言》卷二《人物篇》)亲君、孝亲、爱兄、尊祖等都是天理的具体表现。

(3)“天理”也具有事物的自然特性及发展变化规律的意义。二程认为,许多自然现象的发生,都是因为该事物具有自然之理:“雷自有火,如钻木取火,如使木中有火,岂不烧了木?盖是动极则阳生,自然之理”(《河南程氏遗书》卷十八)。这“自然之理”,乃是符合客观实际的道理,它不以人的意志为转移。每一事物都有这样的“理”:“天下物皆可以理照,有物必有则,一物须有一理。”(《河南程氏遗书》卷十八)

“理”的这三层含义并不是毫无关系而是相互沟通、融为一体的。二程用“理一分殊”的理论说明这一点。二程指出,“理”作为世界唯一的、绝对的存在,是形式上的、高度抽象的概念,当它体现在不同的事物中时,又成为每一事物的本质和特性。这二者之间是一般与个别、共相与别相的关系。

正因为这一点,二程的思想体系与张载有所区别。经过二程的论证,张载以物质状态的“气”为宇宙本原的本体论被否定,精神性的“天理”在理学体系中确立了最高本体的地位。然而,二程思想受张载思想影响的痕迹,仍然是很清楚的,特别是关于“气”的理论。

二程认为,世界万物,都是“气化”形成的:“万物之始,皆气化;既形,然后以形相禅,有形化;形化长,则气化渐消”(《河南程氏遗书》卷五)。物未有形体时,称为“气化”;成形之后,便为“形化”,这两个阶段都属于“气化”的过程。“气”在二程的学说中,是“理”生“物”的中间环节。二程认为,天地间的任何一物都是由“气”转化而成的,例如:“日月星辰皆气也”(《河南程氏粹言》卷二《天地篇》),“天气下降至于地中,生育万物者,乃天之气也”(同上)。即使雷、电、霜、露等自然现象,也是“气”所构成的。这些显然受了张载的影响。

但是,由于要把张载的气本论纳入以“天理”为核心的本体论体系之中,二程对张载“气”的理论便进行了取舍和改造,对不符合理本论的思想予以批评。张载在《正蒙》中形容“气”为“清虚一大”,说“一于气而已……大且一而已尔”(《正蒙·神化篇》),又说“清极则神”(《正蒙·太和篇》)。程颢批评说:“形而上者谓之道,形而下者谓之器。若如或者以‘清虚一大’为天道,则乃以器言,而非道也。”(《河南程氏遗书》卷十一)他借用不着《周易》形而上与形而下的说法,区分“理”(即“道”)和“气”的高下,把“气”作为“理”的具体的表现形态。张载把散而无形的“气”作为宇宙的本原,而把一切有形的物体都当作从这一本原中产生出来的暂时形态。二程反对张载的这个观点,认为“气”只是物质性的“器”,而不是形而上的“理”。在二程看来,“气”不断地从神秘的源泉中产生,又不断地归于消灭,“凡物之散,其气遂尽,无复归本原之理。天地间如洪炉,虽生物销铄亦尽,况既散之气,岂有复在?天地造化又焉用此既散之气?其造化者,自是生气”(《河南程氏遗书》卷十五)。照二程的这种解释,“气”是一种暂时的派生的东西,它只不过是“理”之神妙造化功能所塑造的产物。

二程的人性论是祖述孟子性善论的,但二程的人性论在性善论的基础上又进一步深化了,回答了性为什么至善,为什么会产生恶的因素等一系列问题。对这些问题的回答是在承袭张载关于“天地之性”与“气质之性”的理论基础上展开的。二程把张载的“天地之性”改为“天命之性”,认为人性有“天命之性”和“气质之性”的区别。前者是天理在人性中的体现,未受任何损害和扭曲,因而是至善无疵的;后者则是气化而生的,不可避免地使“理”受到“气”的侵蚀,产生弊端,因而具有恶的因素。

关于“天命之性”,二程说:“性即是理,理则自尧舜至于涂人,一也”(《河南程氏遗书》卷十八)。“理”下降在人身上就成了“性”,抽象的“理”与具体的人相结合,使“理”找到了安顿的地方。在二程学说中,“理”与“道”是同等意义的概念。程颐指出:“性与天道,一也,天道降而在人,故谓之性。性者,生生之所固有也。”(《河南程氏经说》卷八)人性的至善,表现为两种情况,二程说:“性即理也,所谓理,性是也。天下之理,原其所自,未有不善。喜怒哀乐未发,何尝不善?发而中节,则无往而不善”(《河南程氏遗书》卷二十二上)。意思是,性的本然状态,由于是“天理”在人身上的折射,因而是至善的,这时,人的来自本性的情感、喜怒哀乐等尚未表现出来。一旦表现出来,只要处处合乎规范节度,仍然能保持性的至善,言外之意,如果喜怒哀乐的外露不合节度,违反规矩,就是不善了。

程颐认为至善的性有“仁”“义”“礼”“智”“信”五种因素,即“三纲五常”中的“五常”。这五者从根本上讲都是一回事,只是因为人性有不同的表现形式,才分别给它起了五个不同的名字,“仁,体也;义,宜也;礼,别也;智,知也;信,实也”(《河南程氏遗书》卷二上)。“仁”是五者的总体和纲领,“仁、义、礼、智、信五者,性也。仁者,全体;四者,四支”(同上)。在更多的场合,二程谈到的“性”,只有“仁”“义”“礼”“智”四端。程颐说:“性中只有仁、义、礼、智四者。”(《河南程氏遗书》,卷十八)有人问他,四端中为何没有“信”?他说:“性中只有四端,却无信,为有不信,故有信字。且如今东者自东,西者自西,何用信字?只为有不信,故有信字。”(同上)二程超越了孟子只讲人性、不讲物性的局限,把五种道德品行作为宇宙万物共同的本性。“万物皆有性(一作信),此五常性也。”(《河南程氏遗书》卷九)

关于“气质之性”,二程常以“生之谓性”名之。“生之谓性”见于《孟子·告子上》,是告子所持的与孟子相对立的人性论,孟子是反对这一观点的,二程却借以阐述“气质之性”的理论。二程说:“生之谓性,性即气,气即性,生之谓也。人生气禀,理有善恶,然不是性中元有此两物相对而生也。有自幼而善,有自幼而恶,是气禀有然也。善固性也,然恶亦不可不谓之性也。”(《河南程氏遗书》卷一)这里二程阐述了性中恶的来源。恶不是性所固有的因素,它是因“气禀”而生的。所谓“气禀”就是指人、物在“气化”过程中逐渐成形时对“天理”的禀受程度。“性无不善,而有不善者,才也”(《河南程氏遗书》卷十八),即构成事物的质料,也就是物质性的“气”。“气”有清浊之分,包含着杂质,所以当“理”在“气”所构成的物体中着落安顿时,就不可避免地受其影响、熏染,因而产生恶的因素。“气禀”有偏正的不同,使人、物从本性上区分开来,“人与物,但气有偏正耳。独阴不成,独阳不生。得阴阳之偏者为鸟兽草木夷狄,受正者人也”(《河南程氏遗书》卷一)。每个人“气禀”的程度亦有不同,“禀其清者为贤,禀其浊者为愚”(《河南程氏遗书》卷十八)。“禀得至清之气生者为圣人,禀得至浊之气生者为愚人。”(《河南程氏遗书》卷二十二上)用这种道理说明人的善恶、智愚、优劣都是先天决定的。

人性中的善自然是其“天理”的本质特征,恶则表现为人的不合节度的欲望、情感,二程称之为“人欲”或“私欲”。“人欲”是“天理”的对立面,二者具有不相容性,“天理”盛则“人欲”灭,“人欲”盛则“天理”衰。“甚矣,欲之害人也。人之为不善,欲诱之也。诱之而弗知,则至于天理灭而不知反,故目则欲色,耳则欲声,以至鼻则欲香,口则欲味,体则欲安,此皆有以使之也。”(《河南程氏遗书》卷二十五)二程对待“人欲”显然比张载更过分,把人的正常生理需求也排在“人欲”之列,并认为它们与“天理”的冲突不可调和。

二程借助对伪古文《尚书·大禹谟》中“人心惟危,道心惟微,惟精惟一,允执厥中”一段经文的解释,系统阐述了他们的理欲观。二程说:

> 人心私欲,故危殆。道心天理,故精微。灭私欲则天理明矣。(《河南程氏遗书》卷二十四)
>
> 人心,私欲也,危而不安;道心,天理也,微而难得。惟其如是,所以贵于精一也。精之一之,然后能执其中,中者极至之谓也。(《河南程氏粹言》卷二《心性篇》)

意思是说,作为私欲的"人心"是危殆的,它损害着"天理"的完善和人性的健全;作为天理的"道心"则是隐微不现的,难以捉摸,只有体现了"道心"的至大精微,才能把握它的本质——中正。这就要求主体对"天理"进行体认、领悟,从而引出二程的认识论和道德修养论。

理学的认识论和道德修养论往往是不分的,这一特点在二程这里表现得尤为明显,它反映在"格物致知"和"克己复礼"这两个命题上。

"格物致知"一词源于《礼记·大学》。二程竭力尊奉《大学》,并重新编定了《大学》的章次,强调《大学》是"入德之门"。二程认为:"学莫大于知本末终始。致知格物所谓本也,始也;治天下国家,所谓末也,终也。治天下国家,必本诸身。"(《河南程氏粹言》卷一)什么是"格物致知"呢?他们解释说:"格,至也,如'祖考来格'之格。"(《河南程氏遗书》卷十八)即直接接触、参与事物,穷尽物理。当有人问程颐如何是"格物"时,他回答说:"格,至也,言穷至物理也"(《河南程氏遗书》卷二十二上)。既然"格物"的目的是为了"穷至物理",他干脆把"格物"径直解释为"穷理",他说:"格犹穷也,物犹理也,若曰穷其理云尔。穷理然后足以致知,不穷则不能致也。"(《河南程氏粹言》卷一《论学篇》)

程颐有一段论"格物穷致事物之理"的语录,说明了其所谓"格物穷理"的具体方式。"凡一物上有一理,须是穷致其理。穷理亦多端,或读书讲明义理,或论古今人物,别其是非;或应事接物而处其当,皆穷理也。"(《河南程氏遗书》卷十八)这三条穷理途径:读书讲明义理,论古今人物是非邪正,应事接物处理得当,以考察人们的思想行动是否符合道德规范的要求,这只是对伦理原则的体验与认识。当时就有人问二程:你们谈“格物”,“是外物,是性分中物”,即它是真正的客观物质存在,还是人的主观内心事物?二程回答说:

> 不拘。凡眼前无非是物,物皆有理。如火之所以热,水之所以寒,至于君臣父子间皆是理。又问:只穷一物,见此一物,还便见得诸理否?曰:须是遍求。虽颜子亦只能闻一知十,若到后来达理了,虽亿万亦可通。(《河南程氏遗书》卷十九)
>
> 致知在格物,非由外铄我也,我固有之也。因物有迁,迷而不知,则天理灭矣,故圣人欲格之。(《河南程氏遗书》卷二十五)

二程回避对物下定义,划定范围,实际上他们所讲的“物”已不是真正的客观存在,举凡草木水火、父子君臣等皆是理,意即它们都是天理的反映。所以“穷理”并不是一件事物、一件事物的理,而是要“闻一知十”,体会到“万理皆是一理”(《礼记集说》卷一百四十九)。“格物”的目的并不在于认识客观事物的法则,而是要在人的内心里恢复“天理”。总之,在二程的“格物致知”体系里,“格物”即“穷理”,是要人们认识到事事物物都是“天理”的作用。火之所以热,水之所以寒,是天理,也是天命;君臣父子间的封建等级关系之所以确定不移,是天理,也是天命;人类禀性之所以有圣凡之分,是天理,也是天命。这就可以达到道不变,理不变,自然社会等级秩序都不变的结论。

“克己复礼”则是更明确、更细致的道德修养论。《论语·八佾》中有“林放问礼之本”一章。孔子对林放问的回答十分简明:“礼,与其奢也,宁俭;丧,与其易也,宁戚。”礼不必过于繁琐,只要能表达人的情感就行。二程却从这句“圣言”中体察到更深的含义,他们解释道:“礼者,理也,文也。理者,实也,本也。文者,华也,末也。理是一物,文是一物。文过则奢,实过则俭。”(《河南程氏遗书》卷十一)把“理”作为“礼”的实体、本质;把华彩、文饰作为“理”的外表、形式。“礼”的那些繁文缛节、钟鼓玉帛、服饰文彩等,渗透了“理”,表现了“理”。“礼”成为“天理”在人间社会生活中的外化。二程进一步指出,“礼”象征着人类社会永恒不易的等级秩序。“推本而言”,“礼”“只是一个序”,“天下无一物无礼乐。且置两只椅子,才不正便是无序,无序便乖,乖便不和”(《河南程氏遗书》卷十八)。这个秩序,使社会中的每个人都在等级结构中占有适当的位置。根据“礼”的规定,不同等级身份的人享有不同的待遇。

在二程看来,恪守礼则内心的天理完备不损,反之则私欲膨胀。因此,非礼之行就是“人欲”,要穷理灭欲,必须“克己复礼”。程颐经常与人讨论“克己复礼”,一次,弟子韩持国问道:“道上更有甚克,莫错否?”(《河南程氏遗书》卷一)他不明白内心纯然至上的“理”有什么必要去克制、约束。程颐回答说,克己并非克自身之“道”,而是克去己身之私欲,并通过自觉恪守礼仪达到对内心之“道”的体认。从二程对“克己复礼”的论说中不难看出,“礼”是沟通主观自我与客观“天理”的媒介。“天理”虽然寓于人心,并转化为人性,但任何人都无法使自我意识直接体认内心的“天理”,他必须借助“天理”在外界的表现形式——“礼”,才能与内心之“理”沟通。所以,道德实践——对礼仪规则自觉的遵奉——便成了通达“天理”的唯一渠道。人的一生最重大的事莫过于使自身在任何时候、任何条件下都不偏离“礼”的轨道。程朱之学与陆王心学也正是在这一点上产生了重大分歧。

二程的理学思想体系,是北宋时期理学初创阶段比较典型的形态,它勾勒出了程朱理学的基本轮廓,为朱熹思想的产生提供了理论基础。

# 第五章 理学的集大成者——朱熹

## 第一节 朱熹的生平及其著述

朱熹像

朱熹(1130—1200 年)字元晦,一字仲晦,号晦庵,晚号晦翁、遯翁、沧州病叟。徽州婺源(今属江西)人,侨居建阳(今属福建)。

朱熹家世为婺源著姓,其父朱松深受二程思想影响,曾师事杨时弟子罗从彦,为程门三传弟子。朱熹从小就受父亲的教诲,5 岁开始在其父指导下读书,学习儒家经典。10 多岁时,日读《大学》《中庸》《论语》《孟子》,从不间断,并以做"圣人"为自己的理想抱负。14 岁时,父亲去世,依靠父亲的朋友刘子羽生活,朱熹遵父亲遗命跟从胡原仲、刘致中、刘彦冲而学,刘致中将女儿嫁给了他。

绍兴十八年(1148 年),朱熹 19 岁,登进士第。绍兴二十一年(1151 年),授左迪功郎,泉州同安主簿。朱熹所学虽以儒家经书为主,但仍经常涉猎佛、道著述。他自己曾说过:"某旧时亦要无所不学,禅、道、文章、楚词、诗、兵法,事事要学,出入时无数文字。"(《朱子语类》卷一百零四)绍兴二十三年(1153 年),受学于延平李侗,李侗乃罗从彦门人,与朱松为同门好友。朱熹见到李侗后，放弃了禅、道等学，从此专心致力于儒学的研究，学术思想发生了很大变化。

绍兴三十一年(1161 年)，金兵在金主完颜亮的率领下大举南侵，宋廷虞允文与其他各路将领会合，击溃金兵，收复十余州失地。孝宗即位后，抗金呼声日益高涨。绍兴三十二年(1162 年)，朱熹向孝宗上言，力主抗金，反对议和。隆兴元年(1163 年)，受诏垂拱殿奏事，朱熹连上三奏，第一论致知格物之道，第二论抗金复仇之义，第三论开通言语抵防佞幸。乾道元年(1165 年)，朱熹任“武学博士”，因新任宰相洪适主和，辞归，居家潜心从事理学的研究与讲习。这期间与名儒张栻、吕祖谦等往来切磋，并著书立说，写成大量著作。

直到淳熙五年(1178 年)，因史诰的推荐，朱熹才出任“知南康军”(今江西星子县)。在南康时，他出榜安民，请士民乡邻父老训戒子弟，修孝悌忠信之行，敦厚亲族，和睦乡邻，并要求乡党父老，推择子弟，入学读经。朱熹在南康颇有政绩，他曾办赈济，减赋税，筑江堤，办学校，要求朝廷“恤民”“省赋”。他还在庐山建立“白鹿洞书院”，讲习经书，宣传理学思想，培养了一批学生。

此后，朱熹历任提举两浙东路常平茶盐公事、江西提刑、漳州知府、潭州荆湖南路安抚使。在湖南时，他又办了“岳麓书院”，讲学授徒。

绍熙五年(1194 年)，65 岁的朱熹经宰相赵汝愚的推荐，任焕章阁侍制兼侍讲，他利用侍讲之便，向宁宗讲述“君臣父子之道”及“为学之道”，并议论朝政，面陈自己的主张，对宁宗所依赖的朝臣韩侂胄多有指斥，引起宁宗不满，罢侍讲职位。朱熹回到福建考亭。

庆元元年(1195 年)，赵汝愚罢相，韩侂胄执政，开始了反道学的活动。庆元二年(1196 年)，叶翥上书，指斥道学为“伪学”，请求除毁理学著述。监察御史沈继祖指控朱熹“十大罪状”：①不孝其亲；②不敬其君；③不忠于国；④辞职名玩侮朝廷；⑤为赵汝愚之死尽哀；⑥信蔡元定之邪说，有害风教；⑦诱尼姑为宠妾；⑧其家寡妇不夫而孕；⑨为地方官时多行不义;⑩欺民霸财。次年,朝廷正式将道学称为“伪学”,诏“伪学之党,勿除在内差遣”,甚至有人“乞斩熹以绝伪学”(《续资治通鉴》卷一百五十四)。

庆元四年(1198年),宁宗下诏要求伪学之徒“改视回听”,并订立了《伪学逆党籍》,列入党籍者从宰相到士人共59名,致使朱熹的门人故交都不敢再与他交往,许多人甚至不敢以儒者自命。朱熹处在空前孤立的境地,但他仍然坚持讲学,直到死时,还在修改《大学·诚意章》。

朱熹死后的9年中,理学一直处在被排斥、打击的地位,直到嘉定二年(1209年),朱熹才恢复名誉,诏赐遗表恩泽,谥为文,次年追赠为中大夫、宝谟阁学士。这时韩侂胄已被史弥远杀死,史弥远为相,始解理学之禁。理学家真德秀和魏了翁也在恢复理学地位和朱熹的名誉方面起了很大作用。此后,理学的地位逐步上升,朱熹的学说也越来越受到重视。宋理宗宝庆三年(1227年)下诏:“朕观朱熹集注《大学》《论语》《孟子》《中庸》,发挥圣贤蕴奥,有补治道。朕定励志讲学,缅怀典刑,深用叹慕,可特赠熹太师,追封信国公。”(《宋史纪事本末》卷二十一《道学崇诎》)并提倡学者习读朱熹《四书集注》等著作。从此,以朱熹为代表的理学成为中国的正宗思想体系。

朱熹的学生众多,最具代表性的有:陈淳、黄榦、蔡元定、蔡沈、辅广、张洽等。

朱熹著述甚丰,大多保存下来。计有《谢上蔡先生语录》《论语要义》《论语训蒙口义》《困学恐闻》《资治通鉴纲目》《论语精义》《八朝名臣言行录》《西铭解义》《太极图说解》《伊洛渊源录》《近思录》(与吕祖谦合著)《阴符经考异》《论语集注》《孟子集注》《论语或问》《孟子或问》《诗集传》《周易本义》《周易启蒙》《孝经刊误》《小学》《大学章句》《中庸章句》《大学或问》《中庸或问》《孟子要略》《楚辞集注》《仪礼经传通解》《韩文考异》《周易参同契考异》《书集传》《楚辞辨证》等。他的书信、题跋、奏章、杂文等被儿子朱在编为文集100卷,又有续集11卷、别集10卷,合称《朱子大全》。他的语录被黎靖德编为《朱子语类》140卷。

## 第二节　朱熹的天理论

虽然二程的思想体系已确立了“天理”作为最高范畴的地位，但对“天理”的内涵及功能所作的论述却仍然显得单薄。在朱熹的思想体系中，“天理”作为最高的哲学范畴得到了充分的论证。

朱熹认为，世界有两种状态的存在，一是形形色色、光怪陆离的自然万物；另一是无形无象、无所名状的“道”，他借用《周易·系辞》“形而上者谓之道，形而下者谓之器”一句阐述了这一观点：“形而上为道，形而下为器，说这形而下之器之中，便有那形而上之道，若便将形而下之器，作形而上之道，则不可”（《朱子语类》卷六十二）。朱熹与张载不同之处在于，他不仅把形而上与形而下的区分作为有形与无形的区别，更重要的是作为抽象与具体的区别。但是，他所说的形而上并不是从芸芸万物中抽象、归纳、概括出的具有一般性的法则、性质，而是纷纭事物存在的依据。朱熹正是沿着这条思路探索宇宙最一般的存在物。在他看来，每一具体事物都有之所以成为该物的道理，这就是形而上的“理”，它与形而下的具体事物不同，没有形体，但却决定该物的本质特征。所有事物的“理”，便是世界上唯一的形而上的“理”。他说：

> 且如这个扇子，此物也，便有个扇子底道理。扇子是如此做，合当如此用，此便是形而上之理。天地中间，上是天，下是地，中间有许多日月星辰、山川草木、人物禽兽，此皆形而下之器也。然这形而下之器之中，便各自有个道理，此便是形而上之道。（《朱子语类》卷六十二）

在扇子这样的具体物出现之前，先有了扇子的道理；根据这个道理，才制作出扇子。推而广之，在宇宙万物产生之前，它们各自的“理”也都先存在了，这就是宇宙唯一的、绝对的天理："未有天地之先，毕竟也只是理。有此理，便有此天地；若无此理，便亦无天地，无人无物，都无该载了"(《朱子语类》卷一)。本来事物的特性是不能脱离事物本身而独立存在的，朱熹却恰恰把它与事物分离开来，并放置在事物产生之前，这样，"理"也就失去它作为事物法则及特性的意义，而成了事物的制造者。一个超越世间一切事物的绝对本体就这样产生了。

朱熹形容这个本体具有许多特征，它无形无体，无法触摸："形而上者，无形无影是此理；形而下者，有情有状是此器"(《朱子语类》卷九十五)。它不依赖于任何事物而独立存在，无始无终，永恒不灭，"若理只是个净洁空阔底世界"(《朱子语类》卷一)。它又弥漫宇宙，无所不在。

"理"不仅是宇宙的本原、万物的主宰，也是社会道德规范的源泉。一切封建道德的原则、规定及仪节，都是"理"在人间社会的展现。"夫天下之事莫不有理，为君臣者有君臣之理，为父子者有父子之理，为夫妇、为兄弟、为朋友，以至于出入起居、应事接物之际，亦莫不各有理焉。"(《朱子大全》卷十四)不仅人类社会有这样的道德原则，禽兽之间也受这些道德原则的制约。作为道德规范与原则的"理"也是先于各种社会道德关系而存在的，"未有君臣，已先有君臣之理；未有父子，已先有父子之理"(《朱子语类》卷九十五)。在朱熹的思想体系中，"理"作为道德总原则的意义是最为重要的，朱熹对天理至上性与绝对性的论证，正是为了给人间的道德秩序寻找形而上的根源。

在朱熹的思想体系中，"理"与"道"在大多数场合意义是相同的，"理"与"太极"也属于同等意义的范畴，"太极只是一个理字"(《朱子语类》卷一)。朱熹运用"太极"这一范畴，旨在论述"理"生万物的过程，太极即"理"的最初的、最终极的状态。朱熹关于"理"生万物的学说，吸取并发展了周敦颐《太极图说》的理论，他说："太极只是一个气，迤逦分做两个气，里面动底是阳，静底是阴，又分做五气，又散为万物"(《朱子语类》卷三)。朱熹承认周敦颐所提出的宇宙生化的基本秩序：太极(理)→气(阴阳)→

五行(水火木金土)→万物。朱熹论证的重点放在“理”生“气”及二者的相互关系上。

他在《答黄道夫》中认为:“天地之间,有理有气。理也者,形而上之道也,生物之本也。气也者,形而下之器也,生物之具也。”(《朱子大全》卷五十八)“气”属于形而下之物,但又不是具体的万物,只是从“理”到万物的中间状态。“理”与“气”的关系是密不可分的,“天下未有无理之气,亦未有无气之理”(《朱子语类》卷一)。当有人问二者孰为先,孰为后时,朱熹甚至否认二者有先后之别,认为“理”与“气”本无先后可言,因为“理”不是单独一物,它以“气”为存在的条件,“无是气,则是理亦无挂搭处”(《朱子语类》卷一)。但这只是从横向来看的,即在“气”产生之后看二者的关系。如果从纵向看,仍然是“理”先“气”后,因为“理”在万物之先就已存在了,所以他说:“然必欲推其所从来,则须说先有是理”(同上)。“气”即阴阳二气,他接受了周敦颐的说法:“太极动而生阳,动极而静,静而生阴”(同上)。阴阳二气只是太极动、静之性的外化,没有具体的质态,到五行这一阶段,事物才有了质态。

朱熹关于“气”的理论也是很有特色的。他继承并改造了张载的气本论,将张载有关“气”的学说纳入其天理论的体系之中。朱熹认为,“气”充满于天地、宇宙之间,“天地之间,一气而已”(《易学启蒙》卷一)。“如一气之周乎天地之间,万物散殊,虽或不同,而未始离乎气之一。”(《朱子语类》卷二十七)这是说,万物均由“气”所产生。“气”有“凝结造作”的功能,“是人物之始,以气化而生者也。气聚成形,则形交气感,遂以形化,而人物生生,变化无穷矣”(《朱子大全》卷五十二)。“气”亦处于周流不息、运动不止的状态之中,“一元之气,运转流通,略无停间,只是生出许多万物而已”(《朱子语类》卷一)。其运动变化的形态往往表现为升降、屈伸、聚散、流化、循环往复、游荡飘动等。“气”分阴阳,阴气凝重下沉,阳气轻散上升,阴阳交错感应,产生风雨雷电等自然现象。这些思想与张载是一致的,所不同的是,在朱熹看来,“理”不再是“气”的属性,而是“气”的本原。值得注意的是朱熹关于“动静无端”的思想。他认为太极“一动一静,循环无端”,动极复静,静极复动,动而生阳气,静而生阴气,但很难说太极最早的状态是动还是静,如果从动说起,那么动之先又是静,静之先又是动,没有个开头。动与静都不是太极的最初状态,太极既没有开始,也没有结束。这个思想否认了宇宙运动变化的最初推动力,也否定了宇宙有一个开端,并猜到了宇宙时空的无限性问题。

朱熹天理论中有一个重要的内容,即关于“理一分殊”的学说。他指出,根据从太极到万物的宇宙生成模式,每一事物都是经过太极分化二气,二气演化五行,五行聚合万物的过程而产生的,从上向下推,事事物物都从一个本原上来,从下向上推,事事物物又都归源于一。所以世界上有一个太极,万物中又各有一个太极,但“太极非是别为一物,即阴阳而在阴阳,即五行而在五行,即万物而在万物,只是一个理而已”(《朱子语类》卷九十四)。他用“月印万川”的道理通俗地解说“理一分殊”的原理:月亮只有天空中的一个,但江河湖海中,每一处又都有一个个的月亮,这诸多的月亮只是天上那唯一月亮的投影。“理一分殊”也就是唯一、绝对的天理体现于万事万物中,它并非被打散,被分割。天理与万物之理只是一般与个别的关系。“理一分殊,合天地万物而言,只是一个理。及在人,则又各自有一个理。”(《朱子语类》卷一)由“理一分殊”说,引出了朱熹的道德起源论,它集中反映在关于心、性、情的论述中。

## 第三节　朱熹的心性学说

朱熹在《大学或问》中有一段解说“天道流行,发育万物”的论述,可以说是朱熹宇宙生成论和道德起源论的概括:

> 天道流行,发育万物。其所以为造化者,阴阳五行而已。而所谓阴阳五行者,又必有是理而后有是气。及其生物,则又必因

是气之聚而后有是形。故人物之生，必得是理，然后有以为健顺仁义礼智之性；必得是气，然后有以为魂魄五脏百骸之身。(《四书或问·大学或问》)

“健顺仁义礼智”等道德品性源于天理，它们在人身上体现出来，是在气聚成形，天理寓于人身物体之后。天理寓于人身物体，经过了阴阳交感、五行妙合的过程。

在朱熹看来，人性、物性均源于天理，因此具有共同性。从生理角度讲，草木、鸟兽、昆虫、人类俱得天之生物之理，其知觉运动等生理作用是一致的。但从社会角度来考察，人性与物性，却有很大差别。尽管禽兽草木也具有道德性，如先后秩序、高下等级等等，但与人性相比，其道德因素是十分微弱的。朱熹说：“知觉运动之蠢然者，人与物同。”(《经义考》卷一百五十二引)意思是说：人、物之性相同之处，在于他们都具有一种无意识的生理本能，所以叫“蠢然”，言外之意，人与物不同之处，就在于人具有物所不具备的意识能力，这个意识能力，他沿用了传统的说法，这就是“心”。

在朱熹的思想体系中，“心”不是五脏之一的心器官，而是指认识能力。“心”的功能就在于思，“心之官固是主于思，然须是思方得”(《朱子语类》卷五十九)。“心”是虚灵不测、妙用无穷的，“心者，人之神明，所以具众理而应万事者也”(《孟子集注·尽心上》)。“如肺肝五脏之心，却是实有一物。若今学者所论操舍存亡之心，则自是神明不测。”(《朱子语类》卷五)这个心无形无影，不是实有之物，但它却能够认识一切、分析一切，人正是有这样的认识能力，才能对万物之理、对人身之理、对太极阴阳五行动静用理性的眼光去观察、去认识，因而也最能接受理的全体。“心”还有另外一层含义：它是天理寓于人身的方所，所谓理在人身正是在人心中，“心之全体，湛然虚明，万理具足”(《朱子语类》卷五)。“心”虽不是天理，但它却包容天理，蕴含天理，穷理也正是穷“心”中之理。

关于“性”，朱熹的说法沿用二程，把“性”(人性)作为天理在人心物体中的显现。“性”的内涵即“仁、义、礼、智”等道德品性,“性者人之所受乎天者,其体则不过仁、义、礼、智之理而已”(《孟子或问》卷十四)。因此,其本质是至善的,但在现实世界中,性善的人并不很多,性纯然至善者仅限于圣人,大多数的人性中往往有恶的成分。那么,性中恶的成分从何而来?朱熹总结了古往今来关于性之善恶的种种争论,认为只有张载关于“天地之性”与“气质之性”的学说才能说明这个问题。朱熹在张载理论的基础上,进一步系统地阐述了这一观点。

朱熹指出,“天地之性”(又称“天命之性”“本然之性”)就是天理,它是天理在人心中纯然至善、无一丝杂质渗于其间时的状态。当有人问他“天命之谓性,只是主理言”时,他连连首肯“极是,极是”(《朱子语类》卷四)。他反复地说明:“论天地之性,则专指理言”(《朱子大全》卷五十六)。“天地之性”是没有“气”的成分的,“天地之性是理也,才到有阴阳五行处,便有气质之性”(《朱子语类》卷九十四)。“天地之性”完美无缺,万善皆备。

“气质之性”则是天理产生之后,由于理所寓住的物体都是由气所聚合而成的,而气又有清浊之分,所以不免对寓于物体中的天理有所遮蔽、侵蚀,不免使之具有杂质,因而就产生了“气质之性”。他举例说,性好比水,本来是清清爽爽的,如果用干净清洁的器皿盛它,水就能保持清洁;但如果用脏污的器皿盛它,就会污染水的净洁,使之混浊。“气质之性”的由来,就是由于气有混浊的一面,它聚合成的物体,其浊性污染了天理所致。朱熹对“气质”的解释不同于张载,他认为“气”即阴阳,“质”即五行,阴阳五行是“质具于地,而气行于天者也”(《太极图说解》,《周子全书》卷一)。阴阳二气已属于形而下者,五行更是有了具体质态的物体,它们源于天理,按说也应是纯正至善的,但由于太极具有动的功能,而阴阳五行又处于不停顿地运动变化之中,其混浊的杂质便在运动中掺和到事物里面去了。

朱熹与张载、二程一样,也是用“气禀”的理论解释“气质之性”及恶的来源。他没有把“气质之性”与恶等同起来,而是认为:气质之性包含着善与恶的两重性,有时善的成分大一些,有时恶的成分大一些,这都是

“气禀”不同而造成的。在他看来，人禀承天理时，受体内气质的影响，往往只能禀承得天理的一个方面，因此，他只能在这方面表现出显而易见的德性来，其他方面的德性不是丝毫没有，而是被气质遮盖了。只有禀承天理全体又不受任何气质因素影响的人，才能展现内心的全德，成为圣人。不仅如此，人的性格、气度、命运也受气禀的影响：“禀得精英之气，便为圣为贤，便是得理之全，得理之正；禀得清明者，便英爽；禀得敦厚者，便温和；禀得清高者，便贵；禀得丰厚者，便富；禀得久长者，便寿；禀得衰颓薄浊者，便为愚、不肖，为贫、为贱、为夭”（《朱子语类》卷四）。这一说法，反映了朱熹思想乃至程朱理学理性思维的薄弱。人禀什么气，禀承这种气之后产生什么后果，完全是由思想家的脑子杜撰出来的，想当然的，没有经过任何推理和论证，似乎这一切都是不言自明的。

“性”是寂然不动的，一旦它动了，便转化为“情”而发泄出来。“情”即人们的情感、情绪以及道德意识和生活中的欲念，它是“性”的外化和展露，是天理在人身上活泼体现的结果。陈淳在《北溪字义》中解释道：“情与性相对，情者性之动也。在心里面未发底，是性；事物触著，便发动出来，是情。寂然不动是性，感而遂通是情。”（《北溪字义》卷上《情》）这个解释是符合朱熹原意的。“情”是“性”的发用，就是指人对待具体事物时，内心之性根据其“气禀”的程度而有所反映和表现，例如“仁”是“性”的内容之一，它的发用即为恻隐之心。“情”本来是至善的，但有时也会流于恶，这就要看“情”之所发是否“中节”，即合乎节度，只有中节才为善；不中节，无论是过还是不及都流于恶。这一理论的提出，要求人们不仅在思想上具备封建道德的基本要素，还要在生活实践中时时处处使行为合乎道德规范，摈弃一切不合节度的过分的要求和欲念。

## 第四节　朱熹的存理灭欲思想

朱熹认为，恶在人身上的具体表现就是“人欲”。他说：“众人物欲昏蔽，便是恶底心，及其复也，然后本然之善心可见。”(《朱子语类》卷七十一)所谓“恶底心”，就是善心的对立面。恻隐同情心是善的；杀人放火，便成为至恶了；超乎节度的情，也属于恶的心，它表现为人的“嗜欲”，也就是过分追求欲望的满足。他不完全赞同二程关于“道心”天理、“人心”私欲的观点，认为“人心”不完全等同于私欲，人们对物质生活的正当要求和正常的生理需要，都是天理，“若是饥而欲食，渴而欲饮，则此欲亦岂能无？但亦是合当如此者”(《朱子语类》卷九十四)。他讽刺佛教禁欲主义：“终日吃饭，却道不曾咬著一粒米，满身著衣，却道不曾挂著一条丝。”(《朱子语类》卷一百二十六)在这个问题上，朱熹比张载、二程的理论都进一步深化了。他形象地区别了人的正常生活需求和“人欲”的关系，当有人问道：“饮食之间，孰为天理，孰为人欲”时，他回答道：“饮食者，天理也；要求美味，人欲也”(《朱子语类》卷十三)。也就是说，凡是超过节度的、无休止的欲望，就是“人欲”，反之，只要在道德规范范围内的要求和需要，都是天理。

朱熹不同意二程把天理、人欲截然对立开来的观点，他认为二者既对立，又相互依存。“有个天理，便有个人欲。盖缘这个天理，须有个安顿处，才安顿得不恰好，便有人欲出来”，并说“人欲中自有天理”(《朱子语类》卷十三)。但是，理欲之间，对立是主要的，占主导地位的，朱熹反复强调的也正是这一点：“天理人欲，不容并立”(《孟子集注·滕文公上》)。如果用“是非”作为衡量理欲的标准，那么“是”则为天理，“非”则为人欲。理欲之间的相互关系是一方吃掉一方、淹没一方、战胜一方的关系：“人只有个天理人欲，此胜则彼退，彼胜则此退，无中立不进退之理，凡人不进便退也。”“天理存则人欲亡，人欲胜则天理灭，未有天理人欲夹杂者。”(《朱子语类》卷十三)要完善自身的道德，必须“穷天理，灭人欲”(《朱子语类》卷十二)。

穷理灭欲的途径也是格物致知与克己复礼的过程。朱熹关于格物致知的理论比二程更加细密。他解释格物致知说：“格，至也；物，犹事也。穷至事物之理，欲其极处无不到也。”(《大学章句》)格物即接近、接触和直接了解社会事务和自然万物，穷尽事物中的天理，达到物理的至极至尽处，使物中之理完全被感知、被体认。他又说:“致,推极也。知犹识也。推极吾之知识,欲其所知无不尽也。”(《四书章句集注·大学章句》)致知即充分运用自我的认识能力,达到体认天理蕴奥的最终目的。格物致知的整个过程,朱熹所作的《大学》“格物致知”章讲得最明白:

> 所谓致知在格物者,言欲致吾之知,在即物而穷其理也。盖人心之灵莫不有知,而天下之物莫不有理。惟于理有未穷,故其知有不尽也。是以大学始教,必使学者即凡天下之物,莫不因其已知之理而益穷之,以求至乎其极。至于用力之久,而一旦豁然贯通焉,则众物之表里精粗无不到,而吾心之全体大用无不明矣。此谓格物,此谓知之至也。(《四书章句集注·大学章句》)

格物致知有三个步骤:第一步是“即物”,也就是接触、参与事物;第二步是“因其已知之理而益穷之”,运用自我认识能力和已体认的天理作进一步扩展,达到对天理的完整认识;第三步是“豁然贯通”,这是一个认识逐渐积累,由量变到质变的认识阶段,达到这一阶段,天下万物及我心之理都认识得清清楚楚。

朱熹说,每一物都有理,格物穷理,如果在事事物物上都要格过一番,那将不胜其烦。更何况即使穷尽草木器用之理,也达不到豁然贯通、一悟百悟的境地。他主张格物也应有先后缓急之序,要人们首先明人伦,讲圣言,求世故,进行道德践履与体验。这点与张载的“穷理尽性”说和二程的“格物穷理”说是一致的,也是理学的共同特点,即认识论与道德修养论分不开。

如果说格物致知论还具有哲学认识论的意义,那么克己复礼论则完全是道德修养论。朱熹也是通过解说《论语·颜渊》“颜渊问仁”一章而阐述其克己复礼论的。他认为克己就是灭除私欲,复礼就是使自身的言行完全合乎“礼”的规则。“礼”是沟通主观自我与客观天理的媒介。天理虽然寓于人心，并转化为人性，但任何人都无法使自我意识直接认知内心之理，只有借助天理的外在表现形式——礼，才能达到这一目的。所以道德实践——对礼仪规则的自觉遵奉——便成了通达天理的唯一途径。克己灭欲、回归天理的关键在于自我，恪守礼教的道德践履完全是自觉自愿的事。

人们在穷理灭欲、格物致知的道德践履中，不仅言行要符合封建道德条规的要求，内心也要保持一种稳定的心态——“敬”。朱熹提出“持敬”说作为其道德修养论的“涵养工夫”。“持敬”首先要使自身外貌风度得到整肃，当要排除杂念。他说：“持敬之说，不必多言，但熟味整齐严肃，严威俨恪，动容貌，整思虑，正衣冠，尊瞻视此等数语，而实加功焉。”(《朱子语类》卷十二)外貌与内心都要做到表里如一的整齐严肃。更重要的是，持敬须“主一”，即精神专注于一，而不要有所游移。此外，持敬还要做到“出门如见大宾，使民如承大祭”(《四书章句集注·论语注》引《论语·颜渊》)。待人接物，恭恭敬敬，畏畏谨谨，收敛身心，毫不放纵自己。

## 第五节　朱熹的历史观

朱熹以“理欲之辩”解说社会历史发展变化的过程及历史现象，提出了“王霸之辩”的历史观。

“王”指“王道”政治，它是夏、商、周三代圣人之治的代称。在王道时期，天理流行于社会之中，人心至善至美，社会也充满光明，呈现出昌盛的局面。“霸”指“霸道”政治，即三代以后以功利为目的的政治，这一时期从秦汉开始一直到唐，社会上人欲横流，人心不古，充满黑暗和混乱。

关于“王霸之辩”，朱熹在《孟子或问》中的一段论述十分详备。他说：

古之圣人致诚心以顺天理，而天下自服，王者之道也；后之

> 君子能行其道,则不必有其位,而固已有其德矣。故用之则为王者之佐,伊尹太公是也;不用则为王者之学,孔孟是也。若夫齐桓晋文,则假仁义以济私欲而已。设使侥幸于一时,遂得王者之位而居之,然其所由则固霸者之道也。(《朱子语类》卷五十一)

王者之道是诚心以顺天理,内具其德、外施仁义的君主,或不在王位的贤者和圣人所推行的政治原则;霸者之道则是追名逐利、讲求功利的君主所推行的政治原则。他认为三代圣王言治"必以仁义为先,而不以功利为急",而战国时期的申不害、商鞅、吴起、李悝之徒,之所以"亡人之国而自灭其身"(《朱子大全》卷七十五),就是因为他们追逐功利,不讲仁义。他对秦始皇大加挞伐,对汉高祖、唐太宗这些公认的明君也颇有微词,认为他们心中也有私意。

朱熹的上述历史观,可以归结为两点:

(1)历史的进退,社会的盛衰取决于当权者——帝王心术的好坏。帝王心术纯正,即心中充满仁义,没有私欲,则国泰民安,天下太平;反之,则社会混乱,人欲横流。总之,帝王的心术决定着社会盛衰的一切。"天下之事,其本在于一人,而一人之身,其主在于一心。故人主之心一正,则天下之事无有不正;人主之心一邪,则天下之事无有不邪。"(《朱子大全》卷十二)显然,在朱熹眼里,历史发展的动力主要是个人,也就是政治决策者的个人素质,这些身居最高统治地位的个人,其思想言行都在促进或制约着社会的发展。

(2)历史是逐渐退化的。王道政治是随着时间的推移而越来越衰落的,而霸道政治则越来越兴盛。历史的演进,一代不如一代,社会的变化,使天理逐渐被人欲侵蚀,人们的道德品性也越来越低下。但这种退化不是永恒不变的,而是循环往复的。到一定时期,像三代那样的王道政治又会重新出现。他借用邵雍的"元、会、运、世"说阐明了这一思想,他认为在一元的129 600年中,有五六万年是"好"的,即王道兴盛、仁义普照的时代;有五六万年是不好的,即王道衰微、人欲横流的时代。这好与不好的时代相互更替,就像昼夜的变换一样,周而往复,从不间断。

总之,朱熹对周敦颐、张载、程颢、程颐、邵雍的思想都作了总结和改造,从他们的体系中吸取了大量的思想养料,又用佛教与道教的思辨哲学充实自己的思想体系,所以朱熹是理学的一个集大成者。其思想代表了理学的典型和成熟形态,在当时和后世都产生了巨大的影响。其著作《四书集注》成为封建社会知识启蒙开科取士的必读书,具有与《五经》同等重要的地位;其理论和观点成为知识界判断是非正误的标准。朱熹的社会地位步步上升,达到了仅次于孔孟的地位。

# 第六章　陈亮、叶适的功利主义思想

## 第一节　陈亮的生平及其政治和学术活动

南宋中叶，还有两位与朱熹生活在同一时代的功利主义思想家——陈亮和叶适，他们创立了永康学派和永嘉学派，与以朱熹为代表的理学的“道德性命”之学展开论辩，成为当时理学外部反对理学的思想派别。

陈亮像

陈亮（1143—1194年）字同甫，学者称龙川先生，婺州永康（今属浙江）人。

陈亮出生于一个业已衰落的庶族地主家庭，先祖死于抗金之役，祖父陈益性格豪放耿直，科举不中，遂沉浮于乡里。陈亮受祖父影响较深，年少时便有经略四方之志。年青时写成《中兴五论》，主张打破南宋王朝苟安局面，洗刷国耻，收复失地。他在书中敢于犯颜直谏，指斥群僚和众臣懦弱无能，建议皇帝不要一切独断，并提出“重六卿之权”“任贤使能”“尊老慈幼”“减进士”“革任子”“多置台谏”“精择监司”“简法重令”“崇礼立制”等整肃朝政、改良风气的具体方案（《陈亮集·中兴论》）。10年之后，他再度上书，陈述己见，以后又有《第二书》《第三书》。但这时由于宋军的军事失败，孝宗皇帝已对抗金主战失去信心，朝野上下,和议之论也“万口一谈,牢不可破”(《宋史纪事本末》卷十九)。陈亮在这种环境中上书亟言抗战,已很难对统治集团的决策产生影响。

陈亮在一、二、三书中,指出主和派给国家带来的严重危害,斥责当权的朝臣,并针对时弊,提出改革措施,在朝中引起震动,也触犯了一大批官僚的利益,他们视陈亮为大逆不道的“怪物”,并欲置之于死地。陈亮三次被以莫须有的罪名逮捕入狱,狱司多方罗织罪状,必欲置之于死地,陈亮身心受到严重摧残。

陈亮虽屡遭迫害,但始终不屈,并表示“不恤世间毁誉怨谤”。第一次出狱后,穷困潦倒,即使如此,他还是与朱熹展开了有关“王霸义利”的辩论。这次辩论,从淳熙十一年(1184 年)到十三年(1186 年),长达 3 年之久,涉及哲学、政治、历史等方面问题。从这次辩论中可以看出陈亮对理学的态度。他认为这种学问不但于世无补,而且成了士大夫追名逐利的手段:“二十年之间,道德性命之说一兴,迭相唱和,不知其所从来。后生小子读书未成句读,执笔未免手颤者,已能拾其遗说,高自誉道,非议前辈以为不足学矣”(《陈亮集·送王仲德序》)。“其说遂以行而不可遏止。齿牙所至,嘘枯吹生,天下之学士大夫贤不肖,往往系其意之所向背,虽心诚不乐而亦阳相应和。”(《陈亮集·钱叔因墓志铭》)陈亮与朱熹的论辩,在学术界引起较大反响,信奉朱熹学说的某些学者,“每读亮与门下书,则怒发冲冠,以为异说;每见亮来则以为怪人,辄舍去不与共坐”(《陈亮集·又丙午秋书》)。但陈亮的思想,却得到一些文人学士的赞同和信奉,在社会上也产生了较大影响。朱熹描述当时的情景说:“陈同父(陈亮)学已行到江西,浙人信向已多,家家谈王霸,不说萧何张良,只说王猛;不说孔孟,只说文中子,可畏,可畏!”(《朱子语类》卷一百二十三)陈亮思想的传播,形成了与理学相抗衡的永康学派。

陈亮虽与朱熹观点相左,但友谊还是很深的。二人经吕祖谦介绍相识后,经常互相拜访,书信往来,每逢朱熹生辰,陈亮总是遣人致问候之意。朱熹称陈亮“奇伟英特”,陈亮也视朱熹“一世大贤君子”(《陈亮集·又丙午秋书》)。淳熙十一年(1184年)陈亮出狱,朱熹去书一封,劝陈亮"绌去义利双行,王霸并用之说"(《陈亮集·又丙午秋书》附《寄陈同甫书·四》)。陈亮回答道:"亮虽不肖,然口说得,手去得,本非闭眉合眼,矇瞳精神以自附于道学者也"(《陈亮集·又甲辰秋书》),表明了不放弃己说,不附和道学的态度。论辩之后,二人友情也受到影响,陈亮去世时,朱熹竟无表示。

绍熙四年(1193年),礼部举行进士试,陈亮深感"人微言轻,不为一世所察"(《陈亮集·又乙巳秋书》),决心投身科举,博得官职地位,以施展才略。时年陈亮已51岁,其策论深得光宗赏识,御批第一,高中状元,授签书建康军判官厅公事。然抱负未及施展,终因"忧患困折,精泽内耗,形体外离"(《叶适集·陈同甫王道甫墓志铭》),陈亮于绍熙五年(1194年)去世。

## 第二节 陈亮与朱熹的论辩

陈亮、朱熹的论辩事实上不局限于"王霸义利"问题,它涉及的范围很广,概括起来大致有以下三个方面:

**(一)关于"道"的问题**

"道"是程朱理学最高的哲学范畴,朱熹指出,"道"超越于自然和社会之上,永恒存在,亘古不变,它是形而上的精神实体,决定着形而下的万物的生成和运动变化。陈亮也承认亘古贯今有"道"的存在,但认为"道"不是神秘的先验的精神本体,不能先于事物、超越事物而独存,它与事物、与人生日用不可分离:"阴阳之气,阖辟往来,间不容息。……此天地盈虚消息之理"。这个"天地盈虚消息之理"就是天地之道,它不过是阴阳二气的开合、散聚,因而"阳极必阴,阴极必阳,迭相为主而不可穷也"(《陈亮集·与徐彦才大谏》)。因此,"道非出于形气之表,而常行于事物之间"(《陈亮集·勉强行道大有功》)。正因为"道"不是超自然的,所以天地之间,无物不是"道",就像烈日当空,普照天下,使处处有光明一样,人开眼一看就能见到。"道"与事物不可分离,他所说的"道",正是事物的基本属性以及事物运行变化的法则、规律。

朱熹认为,“道”作为先天的绝对存在,最初是人所不能预闻的,只有无私无欲的圣人才能真正体认它、把握它,使它在人类社会中显现,而天理在人类社会中也转化为“人道”。圣王之后的各代君主都有人欲,因而难以使天理在人间社会显明,“汉唐所谓贤君,何尝有一分气力扶助得他耶?”(《陈亮集·又丙午秋书》附《寄陈同甫书·六》)这样,天理就不能转化为“人道”,而“人道”也自然偃息不存。“人道”不存只是天理在人类社会中被“作坏”“殄灭”,并非天理消亡。但天理的常存,并不等于“人道”的常在,“不可但见其穹然者常运乎上,颓然者常在乎下,便以为人道无时不立,而天地赖之以存之验也”(《陈亮集·又丙午秋书》附《寄陈同甫·八》)。朱熹阐明了关于“人”与“道”的关系,人有赖于道,但道却不依赖于人,也就是说:道不依赖于人的存在而存在,人能使它在社会中显现,也能使它昏暗不显,这一切取决于人是否有“人欲”。

陈亮则对这个观点力持异议,强调人与道不可分离,天、地、人三者构成宇宙的统一体,缺一不可;没有人存在,也就没有天地运行,道也就不存在了。陈亮之所以这样认为,是因为他把“道”看做是贯穿于人伦日用中的法则,离开人事,必然无所谓社会中的“道”。可是陈亮把人的存在与否当作自然万物的“道”的存在前提,这不能不是一个理论思维上的失误。

陈亮强调离开人而“道”不存,目的在于说明三代圣王时代的“道”是“人道”,汉、唐时代的“道”也是“人道”。他说,如果“道”不行于汉唐之间,则中国这1500年的历史,岂不是“天地架漏过时”,“人心牵补度日?”(《爱日斋丛抄》卷二)世界岂不惶惶不可终日了吗?朱熹申论说,“道”虽不能在汉、唐时期体现为“人道”,但它却在那些具有“道心”的儒者身上体现出来,并由他们相继不绝地传下去。对于“道”的这种秘传不绝的说法,陈亮讥讽道:“人道泯息,而不害天地之常运,而我(指那些独传“道”的人)独卓然而有见,无乃甚高而孤乎!宜亮之不能心服也”(《陈亮集·又乙巳春书》)。他质问朱熹,“道”在天地之间,如“赫日当空”,怎么可以说是“举世皆盲”,只有几个儒者能开眼见到呢?他指出“道”也体现在那些有功业的英雄豪杰身上。

**(二)关于“王霸”“义利”的问题**

对于朱熹所持的“道”不行于汉唐,是因为汉祖唐宗有人欲的理论,陈亮予以反驳。他说,如果“三代专以天理行,汉唐专以人欲行”(《陈亮集·又甲辰秋书》),万物何以繁衍不绝,“道”何以常存不息?他认为汉高祖、唐太宗的立国功业,可与天地并立,他们的“禁暴戢乱,爱人利物”,正是孟子讲的恻隐之心。至于二人的谋位,是为了推行“仁政”,出于“救民之心”,并非出于人欲、私意。

关于“霸道”,陈亮认为,“其道固本于王也”(《陈亮集·又丙辰秋书》),同时王道中也夹杂着霸道,例如三代时期也时常有征伐和谋位之事:“禹、启始以天下为一家而自为之。有扈氏不以为是也,启大战而后胜之。汤放桀于南巢而为商,武王伐纣,取之而为周。武庚挟管、蔡之隙,求复故业,诸尝与武王共事者,欲修德以待其自定,而周公违众议,举兵而后胜之。……使若三皇五帝相与共安于无事,则安得有是纷纷乎?”(《陈亮集·又乙巳春书之一》)这说明王道之治正是通过霸道而实现的,没有霸道,哪能凭空出现王道呢?朱熹称管仲有霸道之功而无王道之仁,陈亮认为,管仲助齐称霸,正是仁者之事,是王道的需要。陈亮关于王道与霸道的观点,概括地说,就是霸本于王,王霸并用。

从有关王霸的争论,引出“义利”问题。朱熹认为,王道推行仁政,这是“义”;霸道讲求功利,这是“利”。义与利是对立的、不相容的,它们的冲突也是不可调和的。朱熹称颂王道,贬斥霸道,必然贵义贱利。陈亮则基于王、霸并用的理论,认为义要体现在利上,义利双行,缺一不可。他所谓的“利”,并不是毫无节制的一己之私利,而是“生民之利”。他说:“禹无功,何以成六府?乾无利,何以具四德?”(《宋元学案·龙川学案》)所谓“六府”,是指形成天地万物的水、火、木、金、土、谷;所谓“四德”,是指元、亨、利、贞。他的意思是说,禹没有功业,怎能成天地万物?天不讲利,怎能有仁义礼智?后者说三代无利欲,那是被孔子美化了的,并非当时的实情。朱熹指责汉唐“假仁借义以行其私”,“无一念不出于人欲”(《陈亮集·又丙午春书》附《寄陈同甫书·六》);陈亮则认为,汉高祖、唐太宗“无一念之不在斯民”,所以“自汉唐以来,虽圣人不作,而贤豪接踵于世……盖天人之相合,而一代之盛际也,此岂可常之事哉?”(《陈亮集·萧曹丙魏房杜姚宋何以独名于汉唐》)他的结论是:“王霸可以杂用,则天理人欲可以并行。”(《陈亮集·又丙午秋书》)

**(三)关于“成人之道”的问题**

王霸、义利之辩的最后落脚点,是做一个什么样人的问题,这是此次辩论的实质所在。朱熹做人的标准是什么呢?他说:“鄙意更欲贤者百尺竿头,进取一步,将来不作三代以下人物,省得气力为汉唐分疏,即更脱洒磊落耳”(《陈亮集·又丙午秋书》附《寄陈同甫书·六》),要人们以“醇儒之道自律”,即“独善其身”,做一个道德完善的君子儒。

陈亮则提出“志在天下”的为人标准,主张做“大有为”的“英雄豪杰”,认为这样的人能够“推倒一世”,“开拓万古”,大智大勇,“才德双行,智勇、仁义交出而并见”(《陈亮集·又甲辰秋书》)。他对那些只会坐谈,不能实干的“腐儒”十分鄙夷,认为他们只知“议论之当正,而不知事功之为何物;知节义之当守,而不知形势之为何用;宛转于文法,而无一人能自拔者”(《陈亮集·戊申再上孝宗皇帝书》)。

陈亮与朱熹的争论不同于朱陆之争,后者是理学内部对“理”的看法及体验方式不同而引起的争辩;前者则是两种不同价值观念的冲突。功利主义的思想源远流长,但始终未在中国传统文化中占主导地位。朱熹所倡导的贵义贱利的理论,则是中国传统价值观念的主流。

## 第三节　叶适的生平及其与理学的分歧

叶适像

叶适(1150—1223年)字正则,学者称水心先生,温州永嘉(今属浙江)人。出身于贫民家庭。先祖从处州龙泉迁徙到瑞安,至其母嫁进叶家时,已贫困三代了。一次,大水冲毁了叶家的“室庐什器”,从此叶家连遭困厄,不能长期定居,在很短时间内迁徙21处。淳熙五年(1178年)擢为进士第二,授平江节度推官,召为太学正,由秘书郎出知蕲州,又入朝为尚书左选郎官,迁国子司业。以后历任泉州知府、权兵部侍郎、权工部侍郎、知建康府兼沿江制置使。开禧三年(1207年)被劾夺职。在对金和战的问题上,他主张积极图谋雪耻和恢复失地。他指责南宋的弊政,说明财竭、兵弱、民困、势衰的社会现象十分严重,要求限制皇帝及贵族地主的封建特权,以增强国家力量。他曾成功地组织了对金兵的抗击,并制定了一套防御计划。对于叶适的事功之学,明代思想家李贽曾给以很高的评价:“此儒者乃无半点头巾气,胜李纲、范纯仁远矣!真用得,真用得!”(《藏书》卷十四)

罢职后,叶适回到永嘉城外的水心村,潜心研究学问,“根柢《六经》,折衷诸子,剖析秦汉,迄于五季”(《习学记言序目》),形成了自己的思想体系。

叶适为永嘉学派的传人。南宋初年,伊洛之学传至永嘉,有周行己等“永嘉九先生”传播程氏之学,并创立了永嘉学派,承接二程统纪。传至薛季宣(1134—1173年)和陈傅良(1137—1203年)时,永嘉学派开始悖离二程的学说,向事功之学转变。叶适的思想直接渊源于薛季宣、陈傅良二人,对二人的功利主义思想作了进一步发挥,创立了与程朱理学和心学对立的思想体系。

黄宗羲说:“永嘉之学,教人就事上理会,步步着实,言之必使可行,足以开物成务。”(《宋元学案·艮斋学案》)叶适就是在这个思想原则的基础上逐步发展成自己实事实功的思想。用他的话说，就叫做“务实而不务虚”（《历代名臣奏议》卷九十七）。他主张把“义理”和“功利”统一起来，强调不能离开“功利”而言“道义”。他针对朱熹贵义贱利的思想，说：“仁人正谊不谋利，明道不计功，此语初看极好，细看全疏阔。古人以利与人而不自居其功，故道义光明；后世儒者行仲舒之论，既无功利，则道义者乃无用之虚语尔”（《习学记言序目》卷二十三）。“正其谊不谋其利，明其道不计其功”（《汉书·董仲舒传》）是董仲舒的言论，朱熹等理学家十分推崇这句话，它也代表了理学家的义利观，叶适反对董仲舒的这一观点，主要是针对理学家而言的。

与主张功利思想相适应，他反对忽视功利、专尚“义理”的空谈家。他说：“今世议论胜而用力寡，大则制策，小则科举……皆取则于华辞耳，非当世之要言也。虽有精微深博之论，务使天下之义理不可逾越，然亦空言也。盖一代之好尚既如此矣，岂能尽天下之虑乎！”（《水心别集》卷十）他指出，“以功业为可略”（《水心文集》卷一）而谈“性命”“义理”，即使议论如何精深，也只是空谈。

除义利观与理学明显相左之外，叶适在思想学术上与理学的分歧还表现在以下几个方面：

**（一）关于“太极”问题**

叶适否认“太极”这一范畴是由孔子提出来的。他认为，《易传》之中的《文言》《说卦》《上下系辞》等都不是出于孔子之手。尤其是《系辞》中的“《易》有太极，是生两仪，两仪生四象，四象生八卦”一句，“文浅而义陋”，是传《易》者“骇异后学”的话。他指出，《周易》中从未提“太极”二字，“不知《传》何以称之也”（《习学记言序目》卷四）。“太极”的说法，与老庄的虚无为本的思想有共同之处，这一范畴的提出，是受老庄思想的影响。

叶适对“极”作了自己的解释。他说：“极之于天下，无不有也。耳目聪明，血气和平，饮食嗜好，能壮能老，一身之极也。孝慈友弟，不相疾怨，养老守孤，不饥不寒，一家之极也。”（《水心别集》卷七）所谓“极”是从事事物物中抽象出来的总原则,其存在以物为基础。这一观点与理学“太极”生阴阳、五行、万物的观点刚好相反。

**(二)关于《中庸》《大学》**

叶适不赞成理学家把《中庸》《大学》纳入理学的轨道。他说:“今世之学,以心起之,推而至于穷事物之理,反而至于复性命之际”(《水心别集》卷七),在这样的情况下,不但“儒者失孔子之意”,而且使《中庸》《大学》也“轻重失伦,虚实无统,而中庸之道卒于无所明矣”(《习学记言序目》卷八)。为了使“《中庸》《大学》之意可以复见而无疑”,他认为必须纠正程朱的解释,而以“孔子之经求之”。所以,他对《中庸》《大学》的解说几乎逐章逐句都是与程朱的注释对立的。

例如对《大学》“格物致知”的解释,叶适认为“致知格物在心意之先”,先格物致知,才能正心诚意,这与程朱所谓“格物者,穷理也”的观点是不同的。叶适认为,人的认识不可以离开物,“知之至者,皆物格之验也。有一不知,是吾不与物皆至也”。这是说,正确的认识来源于对物的认识,并且要经过“格物”的体验,才能得到证实。他不仅把《中庸》“道也者,不可须臾离也”改为“不可须臾离物也”,而且强调“以物用而不以己用”,对物要根据其客观现实去认识,而不要把它作为认识某种先验存在的媒介。这是针对程朱通过格物而穷天理,把物作为天理体现者的观点而发出的议论。

在道器关系问题上,叶适肯定“道”在“器”中。他说:“上古圣人之治天下,至矣。其道在于器数,其通变在于事物。……无验于事者,其言不合;无考于器者,其道不化;论高而违实,是又不可也。”(《习学记言序目》卷四)他认为通过对具体事物的研究,才能认识事物的规则。

**(三)关于理学的道统说**

叶适不同意理学家所谓“圣人之道”由孔子传曾子,曾子传子思,子思传孟子的道统说,尤其不同意程朱遥接尧、舜、禹、汤、文、武、周公、孔子之学的系统。他首先对曾子传孔子思想提出怀疑,认为曾子用“忠恕”解释“一贯”,与孔子原意不合,从而断然否认了“曾子亲传孔子之道”的说法。这样就否定了思、孟承接孔子的源头。叶适反对理学道统论,是为了破除理学思想源于先古圣人的说法。

陈亮、叶适对理学的诘辩,虽然在许多问题上揭示了理学理论思维的不足,但由于他们自身思辨水平不高,因而没有从理论上冲破理学的体系,更没有建立足以与理学相抗衡的完整理论体系。但他们的功利主义思想则是中国古代思想的一个重要方面,在中国思想发展史上占有重要地位。

# 第七章　陆九渊的心学体系

## 第一节　陆九渊的生平

陆九渊像

陆九渊(1139—1193年)字子静,学者称为象山先生。江西抚州金溪(今江西临川)人。先祖在五代末年为躲避战乱而迁居金溪,“买田治生,赀高闾里”(《陆象山全集》卷二十七《全州教授陆先生行状》),成为当地较为显赫的大户。到其父陆贺时,陆家已开始衰败,陆九渊称自己“家素贫,无田业,自先世为药肆以养生”(《陆象山全集》卷二十八《宋故陆公墓志》)。到陆九渊之兄陆九韶治理这个家庭时,又有较大起色。

陆家是一个比较典型的宗法家族,其家庭结构及管理是严格的宗法等级制和家长制。陆家“累世义居”,选出一个年纪和辈份最长者为家长,全家人受制于他。每年家长分派子弟分别管理家事,诸如田畴、租税、出纳、炊火、宾客之事都有人专管。每天早晨,家长率众子弟谒拜先祖祠堂,击鼓诵训戒之辞。子弟有过错,家长会集众子弟责而训之,不改,则鞭笞之。对于屡教不改者,则“言之官府,屏之远方焉”(《宋元学案》卷五十七)。由于“家道之整著闻州里”(《陆象山全集》卷二十七《全州教授陆先生行状》),受到孝宗皇帝的赞扬。

据《象山先生行状》所载，陆九渊三四岁时，就向父亲提出“天地何所穷际”的问题，并就这个问题深思苦想，废寝忘食。8 岁时，他就感到程颐的言论与孔子、孟子不相符合，并开始怀疑程颐的言论。这些传说不免有些夸大，但至少表明陆九渊很早就摆脱了程学的羁绊，转而向内心探索世界的奥秘。

乾道八年(1172 年)，陆九渊科举中选，赐同进士出身。以后，他与学者进行广泛的交往，远近学者纷纷前来求学问道，他遂将自家的东偏堂——槐堂开辟出来专门作为讲学的场所。

淳熙元年(1174 年)，陆九渊授迪功郎、隆兴府靖安县主簿，这时他已形成了自己的心学体系，并与理学代表人物朱熹在思想观点上产生了严重分歧。淳熙六年(1179 年)调建宁府崇安县主簿。八年(1181 年)，率门人赴白鹿洞书院拜访朱熹，并宣讲《论语》“君子喻于义，小人喻于利”章，受到朱熹的赞扬。同年六月，史诰推荐他为都堂审察，未赴。九年(1182 年)，被荐为国子正，在国子监讲授《春秋》。淳熙十三年(1186 年)冬，主管台州道观闲职，回江西故里讲学。其思想学说吸引了许多人，每次在城里讲学，听众总有二三百人，以至容纳不下。县官为他在学宫中专设讲席。次年，到江西贵溪的应天山讲学，建立“精舍”作为讲习场所，四方学徒汇集于此，听其讲授。

淳熙十六年(1189 年)，光宗即位，诏陆九渊知荆门军(今湖北当阳)，陆九渊因著书而未赴任。直到绍熙二年(1191 年)才赴任，绍熙三年(1192 年，即据考证为 1193 年初)便卒于任所。在荆门期间，每到朔望或者闲暇之日，他总是到学宫教诲诸生，一次讲《洪范》时，听者竟达五六百人。他治理荆门也颇用心思，从而得到宰相周必大的赞扬。

陆九渊的弟子大都集中在江西和浙东这两个地方。江西诸门生，大多数是簇拥陆九渊讲学，致力于创建陆学门户，他们以傅梦泉、邓约礼、傅子云为代表，人称“槐堂诸儒”。浙江诸门生，信奉陆九渊的“本心”之说，致力于心学思想体系的发展，他们以杨简、袁燮、舒璘、沈焕为代表，人称“甬上四先生”或“四明四先生”。

陆九渊一生述而不作，著述很少，这也是心学不同于程朱理学的一个重要特点。后者往往借助于注解经书章句以阐发思想学说，因而总是致力于注经、解经，所以二程、朱熹著作甚丰。陆九渊则主张“六经注我，我注六经”，阐发学术思想不受经学形式的局限，所以不重注解经书。《陆象山全集》包括了陆九渊的所有著述，其中汇集的只是陆氏的书信、杂著、讲义、语录和诗作，没有一部注经的书。

## 第二节　陆九渊的心本论

陆九渊“心”本论的思想，并未否定或用“心”取代理学最高的哲学范畴“理”。在陆九渊的思想体系中，“理”也是宇宙的本原和万事万物的总秩序。他说：“塞宇宙一理耳……此理之大，岂有限量？程明道所谓有憾于天地，则大于天地者矣，谓此理也。”(《陆象山全集》卷十二《与赵咏道》)“此理充塞宇宙，天地鬼神且不能违异，况于人乎？”(《陆象山全集》卷十一《与吴子嗣》)每个人都受“理”的制约，都必须遵循“理”的原则。

但作为心学体系创始人的陆九渊，没有停留在二程、朱熹的学说上，他经过自身的探索提出了以“心”为本的思想学说。据《陆象山全集》卷三十六《年谱》记载，陆九渊年方13岁时，读到有关宇宙的解释：“四方上下曰宇，往古来今曰宙”，忽然大彻大悟，认识到“宇宙内事乃己分内事，己分内事乃宇宙内事”，并提出“宇宙便是吾心，吾心即是宇宙”的命题。

陆九渊一生都在致力于构造以“心”为本的思想体系。他关于“心”的学说，是通过解说孟子的有关言论而阐发的。他对于孟子“万物皆备于我”的说法格外感兴趣：

孟子曰：“所不虑而知者，其良知也；所不学而能者，其良能也,此天之所与我者,我固有之,非由外铄我也。”故曰:“万物皆备于我矣,反身而诚,乐莫大焉。”此吾之本心也。(《陆象山全集》卷一《与曾宅之》)

也就是说,万物都在我“本心”之中,无须外求。陆九渊的弟子徐仲诚为了体验这一说法,在槐堂苦思冥想一个月。一天,陆九渊问他:“仲诚思得《孟子》如何?”徐仲诚回答道:“如镜中观花。”他借用了佛教的术语来表明自己的观点:镜中所观之花只是花的映象,而不是真正的花。言下之意,宇宙万物也都是“吾心”的映象,人生活在此世界上,宇宙万物皆幻然不实地浮现在我心中。陆九渊对徐仲诚的回答十分满意,赞扬道:“仲诚真善自述者”,并对左右学生说:“此事不在他求,只在仲诚身上”(《陆象山全集》卷三十四《语录》),“此天之所以予我者,非由外铄我也。思则得之,得此者也;先立乎其大者,立此者也。”(《陆象山全集》卷一《与邵叔谊》)所以,陆九渊得出了“万物森然于方寸之间”(同上)的结论。这样,“心”就成了宇宙万物的本原:“心之所为,犹之能生之物,得黄钟大吕之气,能养之至于必达”(《陆象山全集》卷十九《敬斋记》)。

不仅如此,“心”还是社会道德原则的本质,是一种伦理性的实体,道德行为乃是它的外在表现。他说:“仁义者,人之本心也。”(《陆象山全集》卷一《与赵监》)。有了这个“心”,人才能够自觉地进行道德践履而不受外在压力的制约:“苟此心之存,则此理自明,当恻隐处自恻隐,当羞恶处自羞恶,当辞逊处自辞逊,是非在前,自能辨之”(《陆象山全集》卷三十四《语录》)。

陆九渊的“心”已经具备了理学天理的基本特征,他同时又承认天理的存在和它的至高无上性。他提出的“心即理”命题协调了二者的相互关系,使心学体系不仅保持“心”本论的基本原则,也容纳了理学的客观天理。他说:“心,一心也;理,一理也。至当归一,精义无二。此心此理,实不容有二。”(《陆象山全集》卷一《与曾宅之》)“人皆有是心,心皆具是理,心即理也。”(《陆象山全集》卷十一《与李宰》)二者是绝对等同的,天理的所有内涵都在“心”中具备。这样，主体与客体，主观自我与客观世界，永远消融了相互之间的隔阂与界限，不可分割地融为一体，世界只是一个“心”的世界，而“心”也是一个包容大千世界的“理”。

值得注意的是，陆九渊并未把“心”等同于个体的自我意识，他虽然口口声声称“吾心”，但这个“心”却人人皆有，人人一致，是宇宙间无数个体共同的意识。他说：

> 东海有圣人出焉，此心同也，此理同也；西海有圣人出焉，此心同也，此理同也；南海、北海有圣人出焉，此心同也，此理同也。千百世之上有圣人出焉，此心同也，此理同也；千百世之下而有圣人出焉，此心同也，此理同也。(《陆象山全集》卷三十三《象山先生行状》)

东海、西海、南海、北海，表明了世界的四方空间范围，上下千百世，表明了世界的时间范围，这实际上正是指的“宇宙”。此“心”在宇宙中永恒存在、无始无终、充塞一切。古往今来的圣人之“心”与天南海北的圣人之“心”完全一致，毫无区别。“心，只是一个心。某之心，吾友之心，上而千百载圣贤之心，下而千百载复有一圣贤，其心亦只如此。心之体甚大，若能尽我之心，便与天同。”(《陆象山全集》卷三十五《语录》)千“心”万“心”，只是一个“心”，它们不仅是同一的，也是相互沟通的，尽自我之“心”，也就能尽他人之“心”，尽天地之“心”。可见，陆九渊的“心”并非绝对的个体主观自我，它也具有客观性的因素。

## 第三节　陆九渊的简易工夫

陆九渊认为，“心”中拥有一个世界，“此天之所以予我者，非由外铄我也”(《陆象山全集》卷一《与邵叔谊》)。因而他不同意朱熹所主张的从事事物

物上穷尽天理的观点,他对"格物致知"的解释也与朱熹不同,《语录》中有一段他与学生的对话:

> 先生(陆九渊)云:"……欲正其心者,先诚其意,欲诚其意者,先致其知。致知在格物,格物是下手处。"
>
> 伯敏云:"如何样格物?"
>
> 先生云:"研究物理。"
>
> 伯敏云:"天下万物,不胜其繁,如何尽研究得?"
>
> 先生云:"万物皆备于我,只要明理。"(《陆象山全集》卷三十五《语录》)

这是说,物理都在我的心中,格物需研究物理;研究物理只需明"心"中之理即可达到目的。所以,他提出"切己自反""发明本心"的认识论命题,作为主体获得对"心"体认的唯一途径:"或问:先生之学当自何处入?曰:不过切己自反,改过迁善"(《陆象山全集》卷三十五《语录》)。这种认识途径,只是一种自我反省、自我认识的过程,它不需要接触事物、参与事物,更不需要通过某种践行去实现,它只需要主体意识对自我的神秘感悟;做到这一点,就能达到一悟百悟、一切皆悟的程度,从而在瞬间完成人的认识过程。

既然"心"就是天理,为什么还要"切己自反""发明本心",使主体达到对自我的认识呢?陆九渊说,这是因为"心"被某种东西"戕贼""放失",即被损害而部分地失落了,这"戕贼放失之端",即那损害"心"之健全的东西,就是"物欲"——人的过分的欲望、需求。他认为这是一种严重的心理障碍,他称之为"心蔽"。"心蔽"对"心"的侵害是很大的:"夫所以害吾心者何也?欲也。欲之多,则心之存者必寡,欲之寡,则心之存者必多。……欲去,则心自存矣。"(《陆象山全集》卷三十二《养心莫善于寡欲》)"欲"越多,对"心"的危害越大,它使"心"受到蒙蔽,被夺移,被陷溺,失去了灵性，使“理”昏暗不明，只有去除物欲，才能保持“心”的安存。所以“发明本心”乃是一个修养的工夫，它要求人们认清蒙蔽、戕害“心”的障碍，对“心”进行保养灌溉，就像孟子所说的那样，要求放心、存夜气、追回流失的心。

陆九渊所提出的解除“心蔽”的方法叫做“剥落”。他说：“人心有病，须是剥落，剥落得一番即一番清明，后随起来，又剥落又清明，须是剥落得净尽方是。”（《陆象山全集》卷三十五《语录》）“心”的蔽端，就像一件洁净的物品被脏污的泥土所包裹那样，要使它恢复洁净的本来面目，必须一层一层地剥去这些东西，“心”才能完全地清洁明亮，恢复本然状态。“剥落”工夫不一定仅仅靠自己，如果能得到“明师良友”的帮助，效果会更好。但依靠明师良友的剖剥，并不是要别人代替自己“切己自反”，而是借助于师友的提示，达到顿悟。所以他强调：“万物皆备于我，只要明理，然理不解自明，需是隆师亲友。”（同上）尊敬师长，亲和朋友，为的是在朋友的指点、指示下自明其理。

“剥落”的功夫要求人们闭目塞听，终日静坐，苦思冥想，排除杂念，收拢此心，不与外界接触。门人詹阜民记述了一件事：有一次我侍坐陆九渊身边，陆九渊说：“学者能常闭目亦佳”。詹阜民从此无事则“安坐瞑目，用力操存，夜以继日”，坚持半月之久，一日下楼，忽然觉得此心已经澄亮晶莹，感到疑惑，便去问陆九渊，陆九渊说：“此理已显矣”。他又问：“何以知之?”陆九渊说：“占之眸子而已。”（同上）詹阜民夜以继日的安坐瞑目，终于达到了发明本心，剥落蔽障，恢复“心”之洁净的目的，而这正是陆九渊所倡导的。

“切己自反”也好，“剥落”也好，归根到底还是为了完善自身的道德本性，它仍然是一种道德修养的手段。认识论与道德修养论密不可分，这一点陆九渊与程朱理学是一致的，只是具体方法不同而已。他在任何时候，都把道德的自我修养与完善放置于人生的首要地位。在他看来，做一个人就应尽“人道”，即按照封建社会普遍的道德原则约束自身，完善自身,而不是追逐功名利禄。只有完成这种道德修养,才有资格、有条件去读书学艺,应事接物。修养自身道德,就像在一块田地上种植庄稼一样,把田地清理洁净,才能使庄稼奋发植立。“若田地不净洁,则奋发植立不得。古人为学即‘读书,然后为学’。然田地不净洁,亦读书不得。”(同上)所以,“切己自反”的工夫,从眼前的安身立命及人伦日用之事上做起就行了,“圣人教人只是就人日用处开端”(同上),在日常生活的各个方面修养德性,涵泳此心。

陆九渊所创立的认识论与道德修养论,与程朱理学相比,大大简化了“穷理尽性”的繁琐过程,免去了程朱理学所坚持的许多必不可少的修养程序,其修养工夫,简便易行,人人可为,事事可为,时时可为,处处可为,所以称为“简易工夫”。他说:“学无二事,无二道,根本苟立,保养不替,自然日新。所谓可久可大者,不出简易而已。”(《陆象山全集》卷五《与高应朝》)《周易·系辞》有几句话:“易则易知,简则易从。易知则有亲,易从则有功。有亲则可久,有功则可大。”这是《易传》对世界的一个深刻的哲学观察,认为最根本的也就是最简易的。陆九渊把自己“切己自反”的方法称为“简易工夫”,即取其虽简而实深刻,虽易而实根本的意思。这种“简易工夫”也明显地是受了禅学的影响。

## 第四节　鹅湖之会与朱陆之争

陆九渊“心”本论的创立,使理学思想体系发生了重大的分化。陆学与朱学的对立,其意义已不同于洛学和关学的分歧,它们各自代表理学内部两种不同的理论思维方式。陆九渊与朱熹生于同一个时代,二人的思想学说都在当时的知识阶层产生了很大影响,因而不可避免地发生争论。从朱陆之争中可以看出心学与程朱理学的根本区别和各自不同的特点。

朱陆分歧的总根源是对“理”的认识有所区别。朱熹思想中的“理”是客观存在的、精神性的绝对实体,它在人心中显现为“性”,朱熹的观点可用“性即理”来概括,“性”是心中之理,不等于“心”。陆九渊则把“心”与“理”绝对等同起来,认为“心即理”,使主观的自我本心与客观的天理达到不可分离的等同。本体论上的不同观点,必然导致方法论上的分歧。朱陆之间最早的一次论争,就是从方法论开始的。

朱熹的方法论被归结为“道问学”。朱熹认为人的主体意识不可能直接认识、体悟心中的天理,必须通过外界体现天理的事事物物的媒介,才能感悟自身之理,这就要求人们接触,参与事物,具体方法即读书治经,从圣人言论中发掘天理的奥义,并进行道德修养活动。陆九渊的方法论则是其发明本心的简易工夫,他认为天理都在“心”中,无须外求,只要自省内心,人们自然会明理,自然会践履道德规范。其方法论被概括为“尊德性”。

淳熙二年(公元1175年),理学家吕祖谦为调和朱陆的分歧,约请陆九渊与其五兄陆九龄,会朱熹于信州铅山鹅湖寺。在会上,双方就治学方法问题展开了很激烈的辩论,各自表达了自己的观点。陆九龄作诗,强调“古圣相传只此心”,认为此心是一切事物的根源,离开它,就像没有地基而筑屋一样。他还说,“留情传注”的治学方法处处荆棘丛生,雍塞不通,而“著意精微”的内省方法才深沉透彻。陆九渊则和诗一首,其中说:“简易工夫终久大,支离事业竟浮沉”(《陆象山全集》卷二十五《鹅湖和教授兄韵》)。他一直认为朱熹的讲学或治学方法是“簸弄经语,以自傅益”,是“浮论虚说”,“谬悠无根之甚”(《陆象山全集》卷一《与曾宅之》)。故诗中以“支离”加以讽刺。这使朱熹大为不悦,与陆九渊进行了诘辩。朱熹一直认为陆九渊的方法,“其病却在尽废讲学而专务践履,于践履中要人提撕省察,悟得本心,此为病之大者”(《朱子大全》卷三十一《答张敬夫》)。所以3年后陆九渊来访时他作诗一首回敬陆氏兄弟,在《鹅湖寺和陆子寿》中道:“旧学商量加邃密,新知培养转深沉。只愁说到无言处,不信人间有古今”。认为读书治经的学问越细密严谨,对圣人之义的认知就越深邃,讥讽陆学,“说到无言,不信古今”,学问空疏,师心自用。随陆九渊一起参加鹅湖之会的朱亨道对这次论争作了总结:“鹅湖之会,论及教人,元晦(朱熹)之意欲令人泛观博览而后归之约,二陆之意欲先发明人之本心而后使之博览。朱以陆之教人为太简,陆以朱之教人为支离,此颇不合。”(《宋元学案·槐堂诸儒学案》)

朱陆的第二次论争,是围绕着“无极”与“太极”问题展开的,这次论争,表现了双方在本体论上的分歧。论争是由陆九渊之兄陆九韶对《太极图说》的看法而引起的。他认为周敦颐的《通书》谈到“太极”时,没有在前面加“无极”二字,因而怀疑《太极图说》不出于周敦颐之手,至少是其早期深受道家思想影响时的作品,不代表他定型的思想。陆九韶曾与朱熹面谈,并通过书信表达了这一看法,朱熹则大不以为然,觉得这个问题涉及原则分析,不得不辩。他指出:“不言无极,则太极同于一物,而不足为万化根本;不言太极,则无极沦于空寂,而不能为万物根本。”(《朱子大全》卷三十六《答陆子美》)他认为“无极”与“太极”同为一物,是一个绝对实体的两个名称,“无极”表示无形,“太极”表示有理;“无极而太极”,就是天理存在但却无形之意。陆九渊接着代替其兄与朱熹作辩,他先后致书三封,第一封信以《易大传》只讲“太极”不讲“无极”为由,认为“无极”之说不合圣人之言。第二封信则针对朱熹把“理”作为形而上之道,把阴阳、五行、万物作为形而下之器的说法,指出,《易传》说“形而上者谓之道”,又说“一阴一阳之谓道”,可见圣人把阴阳也归为形而上的。朱熹只得辩解:“一阴一阳,虽属形器,然其所以一阴一阳者,是乃道体之所为也,故语道体之至极,则谓之太极,语太极之流行,则谓之道。虽有二名,初无两体。”(《朱子大全》卷三十六《答陆子敬》)

朱熹强调“无极”与“太极”的合一,并用形而上、形而下区分天理与阴阳、五行、万物,是出于其理本论的需要。形而上的“道”(“理”),无形但却实有,它存在于物之先,又流行于物之中,因而它是永恒的、绝对的宇宙本原和客观的精神实体。阴阳、五行、万物作为形而下者,只能是天理的派生物,这就突出了“理”作为万物造就者及主宰的地位。陆九渊否认

“无极”，否认天理与阴阳有形而上、形而下之别，目的亦在于表明他的宇宙观：世界只是一个“心”的世界，“心”外无理，“心”外无物，一切都可以从“心”中寻找到，因此没有必要把世界分为形而上与形而下两部分，道与器、理与气都统一于一个“心”中。从朱陆关于“无极”与“太极”和阴阳归属的争论中可以看出双方思辨角度的不同，朱熹重在精神性的天理客观化，使之成为独立于主体之外的宇宙本体，而陆九渊则尽力把客观的天理主观化，重在使“理”与“心”，也就是本体与主体合一。

朱陆之争的结果是“仁者见仁，智者见智”，各持己见，不分上下。但总的来说，陆九渊处于主动进攻的一方，其诘辩是有力量、有份量的。朱熹则处于被动防御的一方，其辩解往往无力，甚至有些狡辩的成分。这表明，心学正是在程朱理学的理论思维模式出现疏漏的条件下产生的，它一出现就对程朱理学有一种取而代之的潜在力量。朱陆的争论是理学内部两种不同思维方式的首次冲突，它加速了理学体系的分化，从此，理学学者分为两大派别，各自按照自己的思维方式构建理论体系。心学与程朱理学的并存、交锋，一方面深化了各自的思辨程度，另一方面也使双方在对立中相互吸融、合流，促进了理论思维的发展。

# 第八章　元代思想概述

## 第一节　元代理学的延续

宋理宗之后,程朱理学确立了思想文化领域的正统地位。朱熹身后的诸多弟子,虽说在传播、推广和继承理学方面起了很大作用,但对理学思想体系的发展和深化却未作出多少贡献,也再未出现过十分有影响的思想家。

理学在元代继续得到传承和发展。元朝统治集团,在灭金和灭南宋的过程中,就开始了封建化过程。这一过程,包括吸取以儒学为主的汉族思想文化。当然他们也同时把自己的思想传统传播到中原来,形成民族之间的思想交融。还在成吉思汗和蒙哥从欧洲回师东向,征战中原的时候,就网罗了以耶律楚材为首的亡金儒士大夫,如王楫、李藻、郭宝玉、李国昌、元好问、郝经、姚枢、杨惟中等人。但是,由于这一时期南北"声教不通",南方的理学,还没有传到北方,因此当时蒙古人所接触的儒学,也只是北方的经学章句。而忽必烈进兵南宋时,杨惟中、姚枢随军在湖北俘获理学老儒赵复,并加以保护。自此,北方的儒士大夫姚枢、刘因、许衡、窦默、郝经等人,才得以实现从北方儒学的章句训诂之学向南方理学的义理之学的转变。在北方传授理学,影响最大的,是赵复、许衡、刘因。这正如全祖望所说:“河北之学,传自江汉(赵复)先生,曰姚枢、曰窦默、曰郝经,而鲁斋(许衡)其大宗也,元时实赖之。”(《宋元学案·鲁斋学案》)

《元史》《宋元学案》以及元人诸家文集,以至清人皮锡瑞《经学历史》,俱称赵复首传理学于北方,为理学史上一个重要人物。郝经《与汉上先生论性书》,称伊洛二程之学,南传至闽,其后又由赵复载其学,泛入于三晋、齐、鲁,以至燕云辽海,而“有功于吾道”。许衡师从姚枢,姚枢从学赵复,是间接受学于赵复的理学家。他力劝元世祖(1260—1294 年在位)兴举理学,以作为推行“汉法”的重要内容。朱学在元代能成为官学,与许衡有很大的关系,故明、清的理学家对他是颂词连篇,称他是“朱子之后一人”,是道统的接续者。与许衡同时的刘因,初从章句之学,后转而崇信理学。

许衡、刘因是元初北方的两个理学家,而吴澄则是南方的理学家。吴澄到了元中期,随着许衡、刘因的相继去世而成为元代著名的理学大师。他于理学、经学,乃至天文、律算,都有所涉猎。元代人称他是“通儒先之户牖,以极先圣之阃奥”“考据援引,博极古今,近世以来,未能或之先也”(虞集:《道园学古录》卷五《送李扩序》)。吴澄从其师承来看,虽为朱学系统,但他在元代的理学中,却是一位“和会朱、陆”的代表人物,一度被人目为陆学(见《元史》本传)。

“会通朱陆”是元代理学的一个重要特点。除一部分恪守朱、陆学统的门徒外,不少朱学和陆学的人物,看到朱、陆一个“支离”,一个“简易”,各走极端的现象,主张打破门户,汇综朱陆之长。陆学方面的人物虽仍旧坚持反求自我的心本论,但也兼取朱学致知、笃实的“下学”工夫,使陆学不至于“谈空说妙”,流入禅门。而朱学方面的人物,虽仍旧坚持笃实的力行工夫,但也兼取陆学“简易”的直求本心的理论,以避免朱学的支离泛滥。明代王守仁的学说虽以陆学为宗,但也吸取了朱学的某些学说,特别是关于理欲之辨的理论,这正是他沿承元代朱陆合流趋势的结果。从这个意义上讲,元代理学是宋、明之间的过渡环节。

总之，由北宋兴起的理学，到了元代有所变异，首先是朱学开始成为官学。与此同时，在元人修撰的《宋史》中，首开《道学传》，把程、朱和与程、朱观点相接近的两宋理学人物，正式列入孔、孟以后的所谓儒学“道统”中。这在理学上的影响，直至于明、清。元代的理学，总的来说，并无重大的发展。不过，南北两方理学家在若干领域，都提出了若干独到的有价值的学术见解。此外，在元代还有某些非理学的思想家，他们起着承前启后的积极作用。以上这几个方面都说明，元代理学在思想史上是一个不可忽视的历史时期。

## 第二节　赵复、许衡及其思想的异同

赵复，字仁甫，湖北德安人，学者称江汉先生，为南宋“乡贡进士”，学朱熹之学。杨惟中听了赵复有关理学的论议后，开始爱好其学，遂与姚枢商量建立了“太极书院”，请赵复在此讲授理学思想。他们还立了“周子祠”，祀奉理学始祖周敦颐，以二程、张载、杨时、游酢、朱熹6人配食。选取理学著述8000余种，作为教学书目。赵复还编著《传道图》，介绍了从伏羲、尧、舜经孔、颜、孟氏到周、程、张、朱的理学道统；又著《伊洛发挥》，标明理学宗旨；著《师友图》介绍了朱熹的门人；又取伊尹、颜渊言行，作《希贤录》。赵复的上述活动，使理学得以在北方传播，成为元代理学的源头。

许衡像

但是赵复不愿出仕为官，不久便隐迹不出。这时在北方传授理学，影响最大的成了间接受学于赵复的许衡。许衡（1209—1281年）字仲平，金朝河内（今河南沁阳）人，学者称鲁斋先生，著有《许文正公遗书》《许鲁斋集》。姚枢弃官隐居苏门（今河南辉县）时，许衡跟姚枢学习理学的思想学说，他“自得伊洛之学，冰释理顺，美始刍豢，尝谓终夜以思，不知手之舞，足之蹈”(《元朝名臣事略》卷八之二)。而且他十分重视理学所强调的力行践履工夫。在元朝立国之初,他先后任京兆提学、国子祭酒、左丞等职,为元朝定官制、立朝仪,并以理学教习蒙古子弟,他还促使朱熹的《四书集注》被定为科举考试的必读书。由于他为理学在元代的“承流宣化”作出了贡献,被视为“朱子之后一人”。许衡除坚持朱子之学以外,还强调本心自悟,具有揉合朱、陆的倾向。

赵复、许衡二人的思想是同中有异。相同的方面,他们都推崇程朱理学,尤其重视朱熹的《四书章句集注》,上文提到,赵复在燕京太极书院讲授程朱理学,但并不清楚传授程、朱,尤其是朱熹的哪些著作?这从元人的文集中可以查到部分资料。吴澄弟子虞集曾提及此事,他是理学家,也是元代的名士,与赵复同时而稍后。他在《跋济宁李璋所刻九经四书》中说:

> 昔在世祖皇帝(忽必烈)时,先正许文正公(许衡)得朱子《四书》之说于江汉先生赵氏(复),深潜玩味,而得其旨,以之致君泽民,以之私淑诸人。而朱氏诸书,定为国是,学者尊信,无敢疑二。(赵复)其于天理民彝,诚非小补,所以继绝学开来世,文不兹乎?(《道园学古录》卷四十,《四部丛刊》初编本刊置卷三十九)

这里虞集评价了赵复、许衡传承和推广《四书章句集注》的学术效应和社会效应。究其原因,即由北宋兴起的理学,主要是讲修己及人的心性修养,所以比较重视《大学》《中庸》《论语》《孟子》四书。因为这里面有修身的三纲领、八条目以及伦理道德,可供他们发挥天理、人欲的思想,所以他们把《四书》往往架于《五经》之上。朱熹曾在与吕祖谦的信中说到:“盖为学之序,为己而后可以及人,达理然后可以治事,故程夫子教人先读《论》《孟》,次及诸经,然后看史,其序不可乱也。”(《朱子大全》卷三十五《答吕伯恭》)因此,朱熹虽然也曾以义理疏释《五经》,但作为朱熹的理学代表作,还是他多年集注的《大学》《中庸》《论语》《孟子》四书。因此，到元初赵复，首传程朱理学于北方的，自然会有朱熹的《四书章句集注》。而赵复的再传弟子许衡在元代官至左丞、国学祭酒，是元代的理学大儒，自然通过他的表彰，更将赵复传授的朱注《四书》扩大推行，以至在元仁宗皇庆二年（1313 年）制定的科举条格规定，明经一科中的《四书》《五经》，用程、朱的注本（《通制条格》卷五《科举类》皇庆二年十月中书省奏议）。

接着，诏颁科场试士，不论是蒙古人、色目人，还是南人、汉人，其第一场明经科，俱规定《四书》用朱注本。义理精明、文辞典雅为中选（同上，皇庆二年十一月）。

过了两年，也就是延祐二年（1315 年），正式开科试士，从此，朱注被国家定为科场试士的程式，开始成为官学。这也就是虞集说的，“朱氏诸书，定为国是”。

因为科场以朱注为官本，自然要影响到整个社会的读书、讲学之风。虞集在《考亭书院重建文公祠堂记》中说：“群经、四书之说，自朱子折衷论定，学者（赵复）传之，我国家（元朝）尊信其学，而讲诵授受，必以是为则，而天下之学皆朱子之书。”（《道园学古录》卷三十六）其后，明、清两代以朱学为官学，实肇端于元代，而其缘又在于元初赵复的传授。所以，虞集称赵复“其于天理民彝，诚非小补”。其相异的方面，是赵复与许衡在义利观和“夷夏之辨”上存在分歧。赵复谨守朱子的教诲而鄙薄事功。据《元史·赵复传》、元苏天爵集辑的《元文类》卷三十二记载，赵复为杨奂作《杨紫阳先生文集序》中把鄙薄事功表述得比较清楚。

这里，赵复以朱熹《中庸章句序》对“十六字心传”（见《尚书·大禹谟》“人心惟危，道心惟微，惟精惟一，允执厥中”十六字）的解释为据强调，君子之学应以“圣人”之心，即“道心”之正，抑制“人心”之私，不当以功利为累。但不幸的是，先秦诸子竞说，未得三代圣人之意。及至齐桓、晋文、叔向、子产，又以功利竞说，为功业奔走。贾谊、董仲舒虽得圣人之意，然不得其时。房玄龄、杜如晦能得其时，但又不得圣人之意。诸葛亮虽高风亮节，但又周旋随世,故不能无偏。韩愈“义而不取”,“不取”即“不谋”,也就是有义但不谋其利。所以,像杨奂读了韩愈的文章,才真正懂得了三代圣人的“心迹”,通晓了“王道之本原”,表示要步其后尘,取义而去利。

许衡可能受到陈亮所说“道之在天下,平施于日用之间”(《陈亮集》卷十《诗经》)的启发,反对空谈道义,主张践履事功。他认为“道”不远于人,也不“高远难行”(《中庸直解》),“就存在于日用常行”之间。他说:

> 大而君臣父子,小而盐米细事,总谓之文,以其合宜之义,又谓之义,以其可以日用常行,又谓之道。文也义也道也,只是一般。(《许文正公遗书·语录》上)

这是说,“盐米细事”虽“小”却有“合宜之义”也就是道义中事,不能“厌其卑近,以为不足为”,因为它关系到人的“生理”,即吃饭穿衣等民生日用,是首先必须践履之事。为此,他提出有名的“治生”论。这在许衡《集》《遗书》和《宋元学案》《许鲁斋先生年谱》中俱载其说。据《年谱》载:

> (许衡)言为学者,治生最为先务。苟生理不足,则于为学之道有所妨。……治生者,农工商贾士君子当以务农为生。商贾虽为逐末,亦有可为者,果处之不失义利,或以姑济一时亦无不可。

这里许衡既强调“大而君臣父子”,又说义利双行的“治生最为先务”,似乎已经意识到朱学“鄙薄事功”的弊端,试图以“治生”论为空谈心性的理学注入一点清新的空气。

赵复以取义弃利的观点坚持“夷夏之辨”拒绝仕元。据《元史·赵复传》,赵复入元后,有一次元世祖忽必烈“召见,问曰:‘我欲取宋,卿可导之乎?’对曰:‘宋,吾父母国也,未有引他人以伐吾父母者。’”拒不事元。所以赵复在元蒙统治之下,不愿经世,借杨奂《文集》序,力陈君子不能以事功为累,当求三代“圣人之心”,以独善其身。其实这是他心存复宋的幻想,与《元史》的作者说他“居燕不忘故土”,称宋为“父母国”的态度是一致的。

许衡则与赵复不同,许衡的“夷夏之辨”的思想比较淡薄,能与元朝合作,主张以汉化促进民族和谐与融合。

许衡是金朝灭亡的前一年,为蒙古“游骑所得”,应试中选,占籍为儒。入元之后,他虽为显儒名宦,但其时正值元初开始封建化的过程,也必然要触及社会现实。他所说的“践履力行”“行于斯世”,其“斯世”正是元蒙统治下的元朝。而元蒙统治者原起于漠北,无论就其社会经济、政治制度,或就其思想文化来说,与中原比较是落后的。而许衡,当然还包括其他一些汉族知识分子,正是处在元蒙刚刚进入中原的时候,对汉、蒙文化融合和交流起了重要作用。许衡当时主持元初国学,以儒家六艺为内容,教授蒙古弟子,后来元朝政府的达官要员,不少就是出自许衡的门下(《遗书》卷末《神道碑》),造就了一批经过中原文化熏陶的蒙古官员;至于许衡本人也为元帝召用,升任左丞,参与机要,为元朝“经画典制,赞理枢机”(《元文类》卷二十四)。他向忽必烈条陈《时务五事》以“汉法”为元朝“立国规模”,力劝元帝要“治心慎独”,以“得民心”为要,兴学校、重农桑(详见《元史》本传)。尽管当时的元蒙对“汉法”和中原文化还有个消化的过程,而许衡推行汉化,行道于“斯世”,也还遇到一些蒙古权贵从中作梗;但是汉、蒙文化的融合与交流还是曲折地进行着,而他们在进入中原之后面临的客观形势也使他们不得不接受汉化。因此,在促进民族之间思想文化的交流、融合方面,保存从当时来说比较先进的汉民族社会经济、文化方面,许衡是有贡献的,这些在评价许衡思想时必须予以肯定。

## 第三节　刘因、吴澄及其思想特色

刘因像

与许衡同时,在北方还有一个著名的理学家刘因。刘因(1247—1293 年),一名骃,字梦吉,保定容城(今河北徐水)人。年长,因慕诸葛亮"静以修身"一语,遂以"静修"自号。死后,谥文靖。《元史》有传。遗著有《静修先生文集》22 卷。刘因父祖本金朝人,世代业儒。当蒙古崛起漠北,威胁金时,刘因祖父举家随金之王室迁开封。待元兵进逼开封,刘因父亲又举家北归。次年(1234 年),金室由汴梁溃走蔡州,旋即亡国。刘因出生时,当为元朝人。但刘因在诗词中,却是眷恋金朝,自视为亡金的遗血,谓要"承先世之统"(《文集》卷二十《书画像自警》)。所以他一生的思想感情,与元蒙之间一直是格格不入。至元八年(1271 年),元统一江南,改元立国。至元十九年(1282 年),刘因已 35 岁,元宰相不忽木,见其学术声名闻于朝,遂推荐他于朝廷,擢承德郎,右赞善大夫,在学宫督教近侍子弟。但不到一年,他借口母病辞归。至元二十八年(1291 年),又诏以集贤学士,嘉议大夫,他以"素有羸疾"为由,谢辞不就。后来隐迹乡野,授徒以终。据《元史·刘因传》,他初从国子司业砚弥坚受经学章句,但不满于章句"训诂疏释之说",似觉"圣人精义,殆不止此"。后得南儒赵复所传程朱理学,认为这才是圣人"精义",遂由章句之学转向理学。

刘因虽是理学家,但对于理学的义理却有所非议,他认为义理之学,割裂了理学与经学、理学与史学的内在联系。他提出了"古无经史之分"的著名命题,以经为史,早在隋代王通就曾经提出过:"昔圣人述史三焉,其述《书》也,帝王之制备矣,故索焉而皆获;其述《诗》也,兴衰之由显,故究焉而皆得;其述《春秋》也,邪正之迹明,故考焉而皆当;此三者同出于史而不可杂也。"(《文中子中说·王道》)这是说,经中有文,历史上的典章、兴衰、邪正的经验与教训,可供王道借鉴。这是中国思想学术史上关于经、史会通的最早记载。刘因的发展和创新有二:其一,就儒学而言,经学与理学是前后相继,相互会通的历史,经与史所以分离,是因为儒学家为了提高《经》的学术、政治地位所致。他说:“古无经史之分,《诗》《书》《春秋》皆史也,因圣人删定笔削,立大经大典,即为经也。”(《静修先生文集》卷一《叙学》)为此,他详细分析了经学向理学转变的学术过程。他说:

> 六经自火于秦,传注于汉,疏释于唐,议论于宋,日起而日变。学者亦当知其先后,不以彼言而变吾良知也。近世学者,往往舍传注、疏释,便读(宋)诸儒议论。盖不知议论之学,自传注、疏释出,特更作正大高明之论尔。传注、疏释之于经,十得其六七。宋儒用力之勤,铲伪以真,补其三四而备之也。故必先传注而后疏释,疏释而后议论。始终原委,推索究竟。……勿好新奇,勿好辟异,勿好诋讦,勿生穿凿。(《静修先生文集》卷一《叙学》)

这里,刘因指出理学是“自传注、疏释出”,批评“近世学者,往往舍传注、疏释,便读(宋)诸儒议论”。因此,读书“必先传注而后疏释,疏释而后议论”。

这些说法,意在强调汉、唐传注、疏释的重要。这与“拨弃汉唐训诂”的宋代理学家们有所不同。理学是直接以义理发挥经书的,故能“自由其说”。而刘因所谓六经自秦以后,出现汉、唐传注、疏释,然后才有宋代“议论”,这是从儒学历史的次序,说明理学产生的“原委”、过程,是一个很有见地的看法。其目的是为了以六经即事言道的求实精神,补救宋元之际理学“穿凿”的弊端。正如明代王守仁所说:“以事言谓之史,以道言谓之经,事即道,道即事。《春秋》亦经,五经亦史。《易》是包牺氏之史,《书》是尧、舜以下史,《礼》《乐》是三代史。其事同,其道同,安有所谓异。”(《王文成公全集》卷一《传习录》上)李贽所谓“经史相为表里”(《焚书》)。尤其在清代汉学盛行的时候，六经被捧为神圣的经典，一些汉学经生，皓首穷年，终生埋首于经典的一字一音考据，致使思想枯竭。章学诚于此，奋然独起，提出“六经皆史”的口号，以冲击汉学所依据的经典。这对当时的汉学经生起了止迷促醒的作用。这些说法，可能是沿着刘因“古无经史之分”的命题而加以铺陈的。

其二，就经学而言，刘因第一次对六经的史学性质作了细化的分析。他认为六经有体用、本末的区别。他说，在六经中，“《诗》《书》《礼》为学之体，《春秋》为学之用”，故《诗》《书》《礼》与《春秋》是有体有用，“本末具举”。而《诗》《书》《礼》《春秋》与《易》之间，又是粗与精、名与实的关系，两者是相即不离，不可以离粗而独求精。这就是他所说：“五经（《诗》《书》《礼》《春秋》《乐》）不明，则不可以学《易》。夫不知其粗者，则其精者岂能知也。”如果“弃去《诗》《书》《礼》《春秋》，直求《易》之一经，则必然是求名而遗实，踰分而远探，躐等而力穷”（《静修先生文集》卷一《叙学》）。这种把《易》置于所谓体用俱举的《诗》《书》《礼》《春秋》之上的观点，显然是针对理学在《易》学中弥漫着谈空说妙的风气而发的。这种学风势必淡化六经的史学功能，有碍与社会现实的结合，其连结点就是返求六经的“经世致用”。欧阳玄称赞刘因是“从周公、孔子之后，为往圣继绝学，为来世开太平者邪！”“则其志不欲遗世而独往者明矣”（《元史·刘因传》），真可谓一语中的。因此，刘因的上述论断，无疑对明、清之际的顾炎武“考百王之典”，重视六经，提出“经学即理学”的口号，是在于经世致用，即汪中说的“推六经之旨以合于世用”（《述学·别录·与巡抚毕侍郎书》），王夫之所说“六经责我开生面”是有影响的。

许衡、刘因是元初北方的两个较有影响的理学家，吴澄则是元代南方理学的代表人物。吴澄（1249—1333 年）字幼清，号草庐，抚州崇仁（今属江西）人。他在 27 岁以前，生活在南宋。其后，他的大半生是在元代度过的。他与许衡同为元代名儒，有“南吴北许”之称。许衡是北方人，由金入元，于元初传朱学于北方；吴澄是南方人，直承宋代的理学端绪，因而他

吴澄像

比起许衡,是“正学真传,深造自得”。他15岁始读朱熹《大学章句》;16岁在场屋中结识饶鲁学生程若庸,拜程为师,遂为饶鲁的再传弟子。其后,吴澄又师事程绍开;程以“和会朱陆”为宗旨。入元以后,吴澄受同门程钜夫荐邀,四次入京,任国子司业、国史院编修、制诰、集贤直学士,“官止于师儒,职止于文学”。但“旋进旋退”,时间很短。其大半生的岁月是僻居乡陋,孜孜于理学,“研经籍之微,玩天人之妙”。他早年校注五经,晚年成《五经纂言》。遗著尚有集、外集(见《元史·吴澄传》,《草庐吴文正公全集》,以下简称《全集》)。

吴澄年青的时候,就不以学“圣贤之学’为满足,他要跻身于“圣贤”之列。19岁,为邵雍《皇极经世书》作续篇,称《皇极经世续书》。同年,又作《道统图》,以朱子之后道统的接续者自居。但他这位朱学的道统续传者,却偏离了朱熹把陆九渊排斥在道统之外的学旨,为学以“会通朱陆”为己任,是其中的杰出代表。他早年继承朱熹未竟的遗业,对五经进行校注,完成《五经纂言》,尤其是其中“三礼”(《仪礼》、大小戴《礼记》)的编纂,依据朱熹的端绪和规模,以《仪礼》为纲,把大小戴《礼记》核订异同,重新编纂,使之成为《仪礼》的传注。吴澄在编次整理“三礼”的同时,还对其内容用探究“义理”的方法加以疏解,发挥其中“大义”,张大朱熹之说,完成朱熹的夙愿。这些工作,自称“用功至久,皆自得于心”(《宋元学案·草庐学案》)。元代一批笃守朱学的人将朱学变得更加支离繁琐,从而促使他以陆学为主,“会通朱陆”。其议论如下:

(1)发见本心。吴澄赞同朱熹以穷理、明德为做人之本的教说。但朱熹是持之以格物,陆象山是持之以本心,而吴澄则是引陆学来充实朱学。对于理,吴澄并没有沿用朱熹格物穷理的方法,他认为“万理”都是“根于心”“本于心”,是“本心之发见”;不失其本心,就可以得到“天理之当然”(《全集》卷二)。这是说,“心”具一切,一切就在“心”中,何待外求?

这诚如他在《象山先生语录序》中说的,“道在天地间,古今如一,人人同得,智愚贤不肖,无丰啬焉,能反之于身,则知天之与我者,我固有之,不待外求也;扩而充之,不待增益也”,这是“至简至易而切实”的功夫(《全集》卷十)。很明显,吴澄基本上是传袭了陆象山明心以穷理的心学,而不是朱熹格物穷理的理学。对于德,吴澄认为,“我之明德”,而不骛远于外,然后再以心之“所发”“所明”,向外“推究”“推明”,去其气禀物欲之昏蔽,“以充其本体之全”。这就是所谓“天之所以与我,己所固有也,不待求诸外”(《全集·外集》卷二《杂识》五)。他的“明其明德”,不是由身外格物以明德,而是求之于心,自明其德。他所说的“心”,就是指人人都具有的、与生俱生的“本心”。因为它是发自“四端”(即恻隐、羞恶、辞让、是非)之心的“知”,所以又称之为“良心”(《全集》卷四)。这实际上是宇宙间无数个共同、共通的个体意识,绝不是个人的主观意识。他期盼人人自作主宰,不能受制于外事外物的干扰。

(2)性依心存。吴澄赞同从张载到朱熹的人性学说,认为他们把各家的观点,综汇在天地之性与气质之性中,使其圆融贯通,让人人看到通向天地之性的可能性,但要将这种可能变成为现实,并不是穷尽天理所能做到的,而是要依存于纯粹无瑕的四端之心的“知”去其气质物欲之累,才能回归到天地之性的本然境界(以上据《宋元学案·草庐学案》)。

(3)知行皆心。吴澄在知行的问题上,把“本心之发见”的知,与向外推物应事的“执著”的行,两者统一于心,同时兼尽,认为二者没有先后的关系。他说“能知能行,明诚两进”,“知行兼该”,“知有未遍,行无不笃”,“徒知而不行,虽知犹不知也”(《全集》卷十二)。这是说,知即包括行,行不过是知的体现,两者是一回事,无分先后。他不同于朱熹说的“论先后,知为先;论轻重,行为重”(《朱子语类》卷九)。朱熹是本于“格物穷理”,故有先知后行的提法;而吴澄是立于本心,故知即行,行即知,把知与行都统一于心,是心的一种表现形态。

此外,吴澄对朱陆关于“道问学”与“尊德性”的争辩,也取折中的观点。他说:“朱子于道问学之功居多,而陆子以尊德性为主。问学不本于德性,则其弊必偏于言语训释之末,故学必以德性为本,庶几得之。”(《元史·吴澄传》)

总之,吴澄的理学思想,既是宋代理学的继续,又试图以“心”,即人的主观能动性冲击朱学的禁锢。他的理学思想是在“会通朱陆”中形成的。其所谓“发见本心”,所谓“知行兼该”等,又多少流露出后来明代王学的端倪。当然,一般说来,王学是接步陆学。但是,王学讲理欲之辨和理气关系之类,并非是陆学,而是朱学之说。王学这种接受陆学的部分观点又抛开陆学的某些观点,其实早在吴澄的理学思想中已经有萌芽。所以,吴澄的理学可以说是从宋代程、朱理学到明代王学的过渡。从这里便显示出思想史的前后承接的关系,同时也反映出理论思维发展的历史轨迹。

## 第四节 邓牧的社会思想

元代的思想界,除了理学家之外,还有一些非理学的思想家,他们的思想学说与理学的宗旨格格不入,被视为“异端”,邓牧就是其代表人物。

邓牧(1247—1306 年)字牧心,钱塘(今浙江杭州)人。少年时喜读《庄子》《列子》。成年后,鄙薄名利,32 岁时,南宋被元军灭亡,他下决心不在元朝做官,怀着悲愤的心情,到名山大川之间漫游,同一些道士有着比较密切的关系。元成宗大德三年(1299 年),邓牧到余杭大涤山中的洞霄宫隐居,九年(1305 年),玄教大师吴全节奉元朝之命请邓牧出去做官,邓牧严词加以拒绝。其代表作为《伯牙琴》。

《伯牙琴》中的各篇,虽然时常有“世外放旷之谈,古初荒远之论”,笼罩着老庄的出世主义色彩,但邓牧并非一个忘情于“世事人道”的人,隐居只是他在宋亡以后不得已的情况下所采取的一种消极反抗的手段。他在隐居时所写的作品也并非完全流连于“山水之乐”,其中包含着对现实政治的批判,贯穿着现实的人道主义精神。

邓牧曾摹仿柳宗元的寓言写了《越人遇狗》和《楚佞鬼》两则杂文。在《越人遇狗》中,他把元朝统治集团暗喻为“狗”,揭露了它贪婪残忍的性格,告诫人们不能与“狗”妥协,不能一时一刻放松对“狗”的警惕。在《楚佞鬼》一文中,他对元朝统治集团用暴力凌驾于汉民族之上,而汉人听命顺服,不敢反抗,某些无赖还为虎作伥、欺压百姓的社会现实十分不满,他用“楚佞鬼”予以责斥。文中说,有个鬼从天降于楚地,对人们说,天帝命我治理这块土地,赐福于你们。众人“共命唯谨,祀之庙,旦旦荐血食,跪而进之”。那些“市井无赖”也纷纷依附于鬼,自身及其妻女都染上了鬼气,并“倚气势,骄齐民,凡不附鬼者,必谮使之祸”,百姓从此承受了沉重的灾难。这则寓言在一定程度上反映了当时日趋尖锐的民族矛盾和社会矛盾。

在《伯牙琴》中,邓牧对君主制度进行了抨击。他说:“天生民而立之君,非为君也,奈何以四海之广足一夫之用邪?”(《伯牙琴·君道》)对君主在封建社会法定的特权表示怀疑和强烈的不满。他还把君主作为最大的掠夺者和剥削者:“所谓君者,非有四目两喙,鳞头而羽臂也,状貌咸与人同,则夫人固可为也。今夺人之所好,聚人之所争,慢藏诲盗,冶容诲淫,欲长治久安,得乎?”(同上)君主也是平凡的人,人人都可以做君主,所以君主没有任何权利剥夺他人财产。他对于酷吏对百姓的掠夺也进行了揭露:“吏无避忌,白昼肆行,使天下敢怨而不敢言,敢怒而不敢诛。”(《伯牙琴·吏道》)认为“小大之吏布于天下,取民愈广,害民愈深”(同上)。社会矛盾的激化,百姓的反乱,都是君主与酷吏欺压所致,“夫夺其食,不得不怒,竭其力,不得不怨”(同上)。

面对这样的社会现实,邓牧设计了一个理想化的社会。在这个社会中,也有皇帝,但皇帝与百姓之间没有森严的等级序列,“皇帝清问下民,其分未严也”。大家都推来推去不愿做皇帝,而皇帝则是被人们选出来的,一旦有人成为皇帝,天下众望所归,他也无法推辞。皇帝都应具有这样的信念:“天下有求于我,我无求于天下。”(《伯牙琴·君道》)把自己完全地、毫无保留地奉献给天下百姓。这样的皇帝,大家都拥戴他,唯恐他走了以后无人接替。他设计的理想社会也有官吏,但是这些官吏只是被选出来协助皇帝办事的人,而不是特权阶层。“古者军民间相安无事,固不得无吏,而为员不多……而天下阴受其赐。”(《伯牙琴·吏道》)这个社会既无盗贼,又无战争,百姓各有不同职业,自食其力,人人谦虚善良。他指出,实现这个理想社会的具体步骤,应“废有司,去县令,听天下自为治乱安危”(同上)。

## 第五节　黄震与理学相异的思想倾向

黄震像

黄震,南宋末元代初人,生卒年不详,字东发,原籍浙江定海,后为慈溪(今属浙江)人,学者称为于越先生。宋理宗宝祐四年(1256年),登进士第。历任吴县尉、华亭县令、江西抚州太守,后因受谗贬职。宋亡以后,隐居不仕。

黄震在思想上深受程朱之学的影响,但也对叶适的功利主义思想很感兴趣,他主张在程朱的思想基础上容纳一些叶适的切救世弊的主张。他把叶适之学分为“功利之学”与“义理之学”两部分,对前者他持肯定态度,而对后者的悖离程朱学说的因素则予以辩驳。

虽然黄震的思想祖述程朱,但也有些违背程朱之学的倾向,这表现在以下几个方面:

(1)他对程朱学派的理学家们津津乐道的以“人心”“道心”为内容的所谓“十六字心传”表示不以为然。黄震指出:“近世喜言心学,舍全章本旨而独论人心、道心。……乃因以三圣传心为说,世之学者遂指此书十六字为传心之要,而禅学者借以为据依矣。”(《黄氏日钞》卷五)认为圣人之学

“人人所同,历千载越宇宙有不期而同,何传之云?”(同上)实际上也就间接地怀疑了理学的道统说。

(2)黄震在解释“道”这一范畴时,也表现出了不同于程朱理学的思想特色。他不止一次地把“道”解释为“大路”。他说:“夫道即日用常行之理,不谓之理而谓之道者,道者大路之称,即其所易见,形其所难见,使知人之未有不由于理,亦犹人之未有不由于路,故谓理为道。”这样,“道”就不再是程朱哲学中的超越一切之上的绝对存在,而是人所必由之路,也就是人们日常生活中所必须遵循的准绳、天地万物运行变化时所必然遵循的规则。故曰:“凡粲然天地间、人之所常行者皆道矣。”(《黄氏日钞》卷五十五)他对理学有关“道”的解释明显表示出不同的看法,认为他们“以恍惚窈冥为道,若以道为别有一物,超出天地之外,使人谢绝生理,离形去智,终其身以求之,而终无得焉”(同上)。这是说,理学把“道”作为形而上的存在,使之与万物及人伦日用分离开来,使人们永远无法认识它。由于对“道”的不同理解,使黄震对理学“穷理”的说教也产生了怀疑。

黄震的思想没有形成完整的体系,其不同于理学的思想观点也只是偶尔爆发几点火花。从总体上讲,黄震的思想还没有突破程朱理学的藩篱。

# 第九章　宋元时期的宗教

## 第一节　宋元时期的汉地佛教

宋代佛教是叙述从宋太祖建隆元年(960年)到卫王赵昺祥兴二年(1279年)320年间赵宋一代的佛教。宋代政权建立之后,一反前代后周的政策,给佛教以适当保护来加强国内统治的力量。建隆元年(960年),先度童行8000人,停止了寺院的废毁。继而又派遣沙门行勤等157人去印度求法,使内官张从信往益州(今成都)雕刻大藏经版。这些措施促使佛教传播逐渐恢复和发展。以后宋代各帝对佛教的政策大体未变。

宋室南迁之后,江南佛教虽仍保持一定盛况,但由于政府对佛教的限制,高宗时(1127—1162年)即停止额外的度僧,企图使僧数自然减少。但江南地区的佛教原来基础较厚,国家财政又有利用度牒征费及免役税等收入以为补充,故佛教还是能保持一定的盛况,以迄于宋末。

元代佛教,是指元世祖即位(1260年)至顺帝末年的百余年间(1368年)蒙古族在全中国范围内建立元王朝时期的佛教。元代崇尚藏传佛教,但对汉地佛教也采取保护政策,汉族僧徒与河西回鹘僧,仍受到相当的优待。元初佛教界一些著名人物,或为朝廷所尊信,或居政府的要职,对于当时佛教的护持,起了相当重要的作用。

宋元佛教是隋唐佛学的延续。佛教宗派除禅宗后继临济宗分别开创了黄龙、杨岐两派(和临济等五宗合称七宗),天台宗分裂为山家、山外两派以外,再未建立新的宗派。其佛学发展的趋势概述如下:

(1)倡导佛教各宗派之间的"会通"与兼容。其中,禅宗法眼宗的传人、北宋初年的延寿(904—975年)是一位杰出的代表。由于其师祖文益洞悉当时禅宗学人空疏不通教理的弊病,提倡研究教理,延寿深受影响,他立即前往天台宗的国清寺等地结坛修诵《法华经》3年。开宝七年(974年),即他圆寂的前一年,又入天台山传菩萨戒,求受者约万余人。这是他"会通"禅宗与天台宗的传法印迹。

至于延寿所著的《宗镜录》更是一部"会通"禅宗与华严宗的名著,在佛教史上影响久远。

《宗镜录》全书约80余万言,分为三章,第一卷前半为标宗章,自第一卷后半至第九十三卷为问答章,第九十四卷至第一百卷为引证章。所谓"标宗",即"举一心为宗","照万法如镜",《宗镜录》的立名,即自此义而来。据卷三十四所说,教是《华严》,宗是达摩(为禅宗始祖),因《华严》示一心广大之文,达摩标众生心性之旨,其实是发扬了文益的宗旨。因为文益有《三界唯心颂》与《华严六相义颂》在"一心"处可以相通。《宗镜录》全书在诠释"一心"处,引用《华严经》及华严宗的理论最多。这是由于华严宗兴起在天台宗和慈恩宗之后,法藏、澄观博涉教诲而及意谈"圆",重重无尽,圆融无碍的说教,与禅宗门下经常提举的"佛语心为宗,无门为法门"互相呼应。有时禅家宗旨得到《华严》义理的引证而愈益显豁,所以禅宗五家宗派最后一宗的开山祖师文益及其法孙延寿重视华严,借教明宗,宗、教不二,一味会通,借以证明心宗的深妙,并没有料拣异同。相传延寿又重视净土法门,未免与六祖惠能所说的"凡愚不了自性,不识身中净土,愿东愿西,悟人在处一般"有些相悖,这是佛教发展到成熟阶段所不可避免的现象。

受延寿倡导的禅宗之兼容性的影响,当时佛教界还广泛流传着华严禅、净土禅。即使像重视佛教义理和戒律的天台宗和律宗也沿着宗派“会通”的精神传法、弘法。在天台宗方面，知礼(960—1028年)是一位天台宗高僧，他少年专研律部。20岁(979年)从天台螺溪传教院义通(927—988年)学天台教观。中年以后，常联系净土信仰而提倡念佛修行。他以智觊的《观心论》、灌顶的《观心论疏》所阐明的“三昧”(佛教名词，意译“定”。即止息杂虑，心专一境，保持不昏沉、不散乱的境界)教说与弘扬净土宗的《净土十疑论》为据，要求僧俗在三昧中念佛，在念佛中观心，使二者融为一体。并采用世亲《往生论》的五念门，参以忏愿仪式。大中祥符六年(1013年)，创设念佛施戒会，结合僧俗男女一万人，同修念佛、发菩提心，求生净土。七年(1014年)，撰《观经融心解》，成为天台禅的创始人，该文被视为仅存的天台禅的经典之作。

在律宗方面，元照(1048—1116年)是北宋时期弘传律宗和净土的一位高僧。他幼年初习戒律，熙宁元年(1068年)和同学择瑛从神悟处谦(1011—1075年)习天台教观，同时博究诸宗，而以戒律为主。后览天台《净土十疑论》，始归心净土法门。并依善导之说一意专持阿弥陀佛名号，发愿领众同修念佛，更编成《净业礼忏仪》(今佚)，以自修持。同时又“阐明《法华》宗旨，以弘四分戒律”，主张戒律和净土并重。他常对门徒说：“生弘律范，死归安养，平生所得，唯此法门。”又说：“化当世无如讲说，垂将来莫若著书。”因此他出家后数十年间，以奉持戒律，专修净土自行；以聚徒讲学，弘法著书、造像、讲学、传戒，从事于多方面的弘法活动，在当时享有很高的声望。苏东坡即受其影响为母和妻的冥福而画弥陀佛像供养于佛寺中。

此外，元照对禅宗的教说也深有造诣，提出律、禅、教三学一源之说。强调“律，佛所制也；教，佛所说也(按：喻诸种佛经)；禅，佛所示也。”这是说：律非学无以自明，教非学无以自辨，禅非学无以自悟。故律、教、禅，同出而异名，即同出于一心，主张分别地加以修学，借以显见他“会通”律教禅三学的理念。

元照的著述，在律学方面有解释南山三大部的《四分律行事钞资持记》等；净土方面有《观无量寿佛经义疏》等。

至于唯识宗入宋以来的传承不明，但继承五代的风气，讲《唯识》《百法》《因明》各论的相继不绝。在译场的执事也多能讲诸论。

由此可见，在宋元时期几乎没有专讲一家之说的宗派，虽然，云门宗的契嵩（1011—1072 年）仍坚守隋唐时期的判教学说，以本宗为宗派，他宗为教说，二者有宗与教高低层次不同的区别。为此，他强调禅为教外别传，一反当时禅教一致的常见。他的主张得到仁宗和在朝的官员们的称赏，但到南宋，此宗即逐渐衰微，其传承终于无考。

（2）推行通俗简易的修持方式，使僧众信徒愿学、易懂、能行。宋元一般佛教徒着重修持，故禅净两宗最为流行。就净土宗而言，只要求信众口念阿弥陀佛，持续不断，日久即可立地成佛，往生西方“净土”。俗称“念佛禅”。后来由于各宗都倾向推广修行净土，各地结社集会益多；有些寺院建筑了弥陀阁、十六观堂，专供念佛修行的场所，就越加在民间推广净土信仰，而成为风俗。特别是一些在家居士也相随提倡，发起系念净土会、白莲社等。于是净土法门至明、清仍经久不衰。

就禅宗而言，临济宗杨岐派的宗杲（1089—1163 年）是一位重要高僧。他幼年出家遍阅诸家语录，尤喜云门宗语。后游郢州，研讨曹洞宗旨。复赴汴京天宋寺参圆悟克勤，得受克勤所著《临济正宗记》，遂以临济宗杨岐派传人名震京师。他深受慧能的再传弟子马祖道一所说“若欲直会其道，平常心是道。何谓平常心……只如今行住坐卧应机接物尽是道”（《江西大寂道一禅师语录》）以及同时代人延寿《宗镜录》卷二十四所说“此宗镜内，无有一法而非佛事”，卷六十六“生老病死之中尽能发觉，行住坐卧之内俱可证真”的启发，进一步宣称“我手何似佛手！”并认为诸佛菩提与僧众，僧众与有情识的畜生驴马，僧众与无情识的草、树和废弃物都具有“佛性”（见《续传灯录》卷二十七）。要求僧众在“行住坐卧应机接物”方面体现佛教的真谛，而成为后世“人间佛教”的先唱。至于宗杲提倡看话禅，其影响尤为显著。

所谓“看话禅”主要是针对临济宗的创始人义玄(？—867年)的“棒喝齐施”(《五家宗旨纂要》)而发的。这本是禅宗某些派别的施教方法。就是在接待初入禅门的学者时,对其所问往往不作正面回答,或以棒打,或予喝斥,用以暗示和启悟对方。但这种方法,忽视了话语的功能。对此,宗杲批评这是“枉费精神施棒喝”(《五灯会元》卷十九)。他用禅宗的某一则禅语,通过教学双方面对面地、针对对方的话语作一问一答的对话,经过反复答问,直到从学者“心华发明,照十方刹”(《大慧普觉禅师语录》卷十八)为止。故称“看话禅”。这一施教方法,自宗杲创导以来,临济宗人无不奉为圭臬。由于教学双方的话语清楚明白,故被编为《语录》刊行。致使宋元时期的禅宗语录大量出现,为语录体的鼎盛时期。当时的语录有两个特点:①不仅稍有名望的禅师都有门人弟子为其编集语录,而且出现了带综合性的语录集。如赜藏主集的《古尊宿语录》,广采南岳怀让以下马祖、百丈、临济、云门、真净、佛眼、东山等40余家唐宋禅师语录,以后又有师明集《续古尊宿语录》,收起于南岳怀让止于隐山璨等共70余人语录。②创造了以“拈古”(即辑录禅宗的公案,附以议论、评唱)“评唱”“击节”为名的新的语录体裁。评唱、击节则是对拈古的再评述。其中以圆悟克勤的《碧岩录》为其代表作之一。

元代禅宗沿袭宋规,也十分重视评唱体,其影响入清以后语录渐稀。

(3)总结各宗派的传法世系,记载了佛教的内外交流。宋元时期是中国佛教的总结阶段,此类著作甚多。关于禅宗的史书主要有北宋契嵩著《禅宗定祖图》《传法正宗记》《传法正宗论》;北宋道源著《景德传灯录》,厘定了禅宗世系二十八祖。此外,还有南宋普济著《五灯会元》等。净土宗的史书主要有,南宋四明石芝宗晓编《乐邦文类》,厘定净土宗六祖,后改为七祖的世系,一直为后世所沿用。律宗的史书主要有,北宋元照著《南山律宗祖承图录》,厘定南山九祖的世系。天台宗的主要史书有,南宋志磐著《佛祖统纪》、南宋士衡编《天台九祖传》,前书将该宗的世系定为四十一祖,叙述较详。华严宗的主要史书有,北宋净源著《华严妄尽还源观疏钞补解》(详见清续法辑:《法界宗佛祖略记》)。唯识宗的主要史书,因其从唐末起即传承不详,可参见《佛祖统纪·诸宗立教志》。上述书记载了佛教宗派之间的会通(见本节所述),也记载了佛、儒之间的会通。如契嵩作《辅教篇》即以佛教的五戒比附儒家的五常,又说佛儒两者都教人为善,有相资善世之用。在这种说法的影响下,儒者间也出现了调和之说。如张商英、李纲等,都以为佛与儒在教化上不可偏废。另一方面,由于禅宗的修持趋向于简易,理论典据又集中在有限的几部经论,如《华严》《楞严》《圆觉》《起信》等,一些中心概念如理事、心性等,有时也牵合到儒家的经典《中庸》来作解释,这些都使一些儒家学者在思想、修养上更多更易地得到佛家思想的影响,终至构成一套有系统的理论来和佛教相融解,这便是宋代勃兴的理学。还记载了中外佛教文化的"会通"。宋代佛教的发展也影响到东亚的佛教界。如高丽,从五代以来常有禅师来中国受学各宗禅法。宋元丰末(1085 年)更有佛家义天学贤首宗、天台宗,携归章疏三千余卷,后编录刻入续藏经。他在高丽,弘传贤首宗而外,还弘天台之教。日本在北宋时入宋僧人不多,及入南宋,中日交通频繁,日僧入宋者很多,现在可以指数的几达百人,宋代禅宗和律宗即因以弘传于日本,回国提倡,因有临济宗的创立。嗣后日僧来宋问禅者还很多,宋僧也去日传授禅法。日本律宗原由唐代鉴真律师传入,后渐衰微,南宋日僧入宋学律,律学得以弘传复兴。

## 第二节　宋元时期的西藏佛教

13 世纪初叶,元太祖成吉思汗就曾命其后裔,给各种宗教以平等待遇。元世祖忽必烈在即位前,即邀请西藏地区的名僧八思巴东来,即位后,奉为帝师,命掌理全国佛教,兼统领藏族地区的政教。八思巴圆寂后,他这一系的僧人继续为元帝师(见《元史·释老传》)。终元之世,每帝必先就帝师受戒,然后登位。凡举行法会,修建佛寺,雕刻藏经等佛事费用,多由国库支出,并常给与寺庙大量田地以为供养。而喇嘛(藏语音译,意为“上师”,位居其他僧人之首)则享有一些政治经济特权。

西藏佛教,即藏传佛教,或称藏语系佛教(俗称喇嘛教)。10世纪后半期形成。13世纪中开始流传于蒙古,至今蒙古、土、裕固等民族,仍多信奉藏传佛教。

佛教在西藏的发展分为“前弘期”和“后弘期”。前弘期为公元7世纪至9世纪间的200多年。那时仅有少数汉族、尼泊尔、印度等地的僧人入藏,主要弘传密教的经籍,并未形成宗派。从9世纪中叶至10世纪下半叶,经过100多年的酝酿梳理,10至11世纪之际进入后弘期。

后弘期藏传佛教正式形成。共有大小宗派10余家。其中较大、较有影响的是宁玛派,因该派僧人戴红色僧帽,俗称红教;格鲁派,因该派僧人戴黄色僧帽,俗称黄帽派,或黄教;噶举派,因该派僧人穿白色僧衣,俗称白教;萨迦派,因该派主寺萨迦寺所在地土色灰白,故名,又因该派寺院围墙涂有象征文殊、观音和金刚手菩萨的红、白、黑三色茶条,俗称花教。

上述各大宗派虽存在分歧,但都以密教的《金刚顶经》《大日经》及其修持为依据。以传承密教为宗旨,以“四皈依”(皈依佛、皈依法、皈依僧、皈依上师,因密教尊师如佛,以上师居于僧首,而有别于汉地佛教的“三皈依”)为誓言。以大乘有宗的菩萨戒及密宗的根本戒为守则。但在后弘期中如噶举及萨迦两大派创宗传法者大多有妻室,宁玛派因经历禁佛而在家庭中世传。只有元末的宗喀巴为振兴藏传佛教,力挽当时上层僧人追遂利欲、不守戒律的恶习,规定僧人严守戒律,所以,由他创建的藏传佛教的最后一个宗派格鲁派,是唯一严格按照戒律建立比丘僧伽制度立寺推行的教派。

藏传佛教的各派,以萨迦派、格鲁派及其代表八思巴、宗喀巴最为著名。

八思巴(1235—1280年),亦名帕克思巴。元乌思藏萨斯迦(今西藏萨迦）人。他的家族在历史上建立和主持萨迦寺后，于11世纪所创立的佛教宗派，即称“萨迦派”，俗称花教。八思巴是元代西藏萨迦派佛教的第五代祖师，1251年，八思巴与忽必烈首次会面于六盘山。1253年即随侍忽必烈。1260年忽必烈即位后，被封为国师。1264年以国师身份领总制院（1288年改称宣政院，为元朝管理全国佛教和藏族地区政务的机关）事。1265年返藏，1268年忽必烈感彼法恩，遂将西藏13万户（前藏、后藏各6万户，延卓1万户）作为求密法的供养，建立了萨迦派政教合一的地方政权。这是西藏地区第一次建立的在中央政府领导下管理西藏政教事务的行政机构。该派执掌西藏的政教权达70多年。14世纪，其地位先后被噶举派和格鲁派所取代（参见《元史·释老志》）。

萨迦派虽以传承密教为宗旨，但该派是藏传佛教中首先提倡会通“显密”二教的宗派。所谓“显”教是相对“密”教而言。密教把不讲身、口、意等密法，公开宣说其教义的其他佛教派别都称之为显教。

该派不守教条，以印度中观学派的“假有性空”理论与密教教义相融合，提出世界万物、佛和众生都由地、水、火、风、空、识“六大”所造。前“五大”为“色法”，后“一大”为“心法”。主张色心不二，佛与众生体性相通。在此基础上把天台宗的“止观”与身、口、意三密相会通，前二密为“止”，即摒弃杂念，安定心态，后一密为“观”，即思念佛法真谛，如此即可像禅宗所说“即身成佛”，从而进入“大乐定”，即净土宗所说的“极乐世界”（参见八思巴著:《萨迦五祖集》）。

至元年间（1264—1294年），八思巴奉诏制蒙古字，即后世所传的八思巴文。这是一种拼音文字，但在形式上也可以写成大致的方块形，书写格式一般是从右到左，直行。制成之后，元朝廷曾借政治力量大力推行。这对西藏佛教遍传蒙古有重大影响（见《元史·释老志·本传》）。

现在汉文大藏经中保存八思巴的著述三种：①《彰所知论》，主要依据《起世》《俱舍》等经论而写成；②《根本说一切有部出家授近圆羯磨仪范》；③《根本说一切有部苾刍习学略法）。第三种并曾译为维吾尔文字。

宗喀巴(1357—1419年),是元末明初西藏佛教最有权威的人。他的原名叫善慧称吉祥,生于宗喀的一个佛教家庭。宗喀巴是后来人对他的一个尊称。宗喀是青海湟中的藏语译名,巴是藏语尾音。意思是说,他是宗喀地区人的荣耀。

宗喀巴是藏传佛教格鲁派的创始人。该派是西藏佛教的正统派,并逐渐由西藏传到西康、甘肃、青海、蒙古等地。该派有以下特色:

(1)格鲁派是最重视严守戒律的西藏佛教宗派。格鲁,藏语意为善律,据土官《宗派源流》说,过去一些大持律者都戴黄帽子。黄帽原是持律者所戴。宗喀巴想振兴戒律,因而也就戴上了与过去的持律者同样的黄色的帽子,以后他的弟子们也就随着戴黄帽,以示严宗戒律的决心,因此形成黄帽派。这种严守戒律的执著宗风,为藏传佛教所仅见。

格鲁派的戒律吸取西藏各教派之长,传守"上传戒律"和"下传戒律",即包含小乘戒的《大众律》《十诵律》《四分律》《律经》,大乘戒的《梵网经》《菩萨戒本》以及密法的多部仪轨等所有戒律。宗喀巴不满萨迦派等关于取妻生子、饮酒吃肉不妨教规之说,认为"增上律"(按:即《大众律》是佛教的基础)不可动摇。他不仅以身作则,而且对寺院传修戒律的内外环境进行治理。其外部环境,格鲁派的甘丹寺等三大寺院远望与汉地寺院相似,但其布局如一小型城镇,除殿堂、僧舍、灵塔、经幢外,尚有私人住宅及街巷等,形成一个封闭式的空间,以防外界的干扰和利欲的诱惑。其内部环境,有严格的学经制度和寺院管理。该派重视僧人学经,有系统的学经制度。所学经论及考核、升迁等规定自成体系。学经僧人须学显宗,学完即可通过学位考试。再研习密宗,经过逐级的职位升迁,可升任甘丹墀巴(即寺院的经师)。

该派很重视寺院管理制度。母子寺院从属关系严格。寺院一般有一个住持称"堪布",堪布总理寺务。堪布以下设助理多名,各司其职,不得越权,其中管理戒律的一人,俗称铁棒喇嘛,维持纪律秩序,查处犯戒及各种纠纷。

(2)格鲁派是最先提出"次第论"教义的西藏佛教宗派。宗喀巴在吸取噶当派弘传显宗,萨迦、噶举各派会通显、密教法的基础上,第一次提出兼容性的"次第论"教义。先后著《菩提道次第论》《密宗道次第论》,对此作了详细阐发。就是将本派教义所依据的各种经、论,分别轻重、先后予以弘传。概括说,首先是严守多部戒律,才能领悟印度中观学派"假有性空"的真谛,从而把追逐利禄视为粪土草芥,获得利己利他的功德。再以一切法俱是待缘而起,又俱是空无自性,一切法世俗谛有、胜义谛无,正确处理显密二宗的关系,遵循先显后密的次第。并应兼重止观,使之互为补充而不偏执一端,为"即身成佛"铺垫道路。经过宗喀巴"次第论"的整合,把该宗教义所依据的各种经、论融合成为一个完整体系,自成一家之言。受其影响,有的宗派日趋衰微,有的宗派前来皈依,为统领西藏佛教作了理论上的准备。这里还要提到,早在12世纪,朱熹就曾提出儒学的"为学次第"说(《四书章句集·大学章句序》)。而在200多年以后,宗喀巴提出了佛教的为学"次第论",二者的字句与思想竟如此相似。这种会通佛儒的现象,在西藏佛教中极为罕见,它反映了汉族与藏族在学术上和民族关系上的会通与和谐。

(3)格鲁派是最重视活佛转世制度的西藏佛教宗派。活佛藏语称朱古,即化身佛(为佛的化身),有大、中、小之分,选定条件各不相同。在后弘期,各派皆有活佛转世制度,为解决其首领的继承而设。开始取佛教灵魂转世、生死轮回之说,按宗法制父子世袭。这只是活佛转世制度的雏型。13世纪时的噶举派正式建立此项制度。13世纪末14世纪初,格鲁派继噶当派之后,执掌政教合一、以教管政的西藏地方的政教之权,严禁僧人娶妻,使活佛转世制度臻于完善。在格鲁派中,达赖为菩萨观音化身,为最大活佛。达赖,蒙古语意为大海;喇嘛,藏语意为上人或上师。这是说,达赖喇嘛是海纳百川的上师。班禅额尔德尼为无量寿佛化身。"班禅"系梵语"班智达"(学者)与藏语"禅保"(大)的省称,意为"大学者"。"额尔德尼",满语,为梵语 ratna 之变音,旧译"宝师"或"大宝"。这是说,班禅额尔德尼是珍宝样的大学者。格鲁派两大活佛转世系统在明天启二年(1622年)和清康熙五十二年(1713年)先后得到中央政府的册封,遂成定制。宗喀巴的弟子中,克主杰(1385—1438年)被追认为第一世班禅。根敦主(亦译僧成)(1391—1474年)被追认为第一世达赖喇嘛。

宗喀巴所创的格鲁派及其活佛转世制度至今仍是西藏地区最有影响的教派。藏语系统的佛教徒,大多崇奉他为教主。

宗喀巴的著述极多。他的全集拉萨版共18帙,凡160多种。比较重要的著作有:《密宗戒注释成就穗》《菩提道次第》《集密五种次第法》等。

此外,西藏学者、清桑结嘉措著《格鲁派黄琉璃镜史》、现当代学者吕澂著《西藏佛教原论》,对宗喀巴与格鲁派亦有详略不一的评说。

## 第三节　宋元时期的道教

北宋时期,由于统治者的直接提倡和信奉,道教曾出现兴盛的局面。宋太祖在做皇帝前后,都与道士有所交往,十分关注道教的发展。他亲自召见道流,对道教的养生之术颇感兴趣。宋太祖对道教曾进行一番整顿。他首先考核道士的学业,《宋史》卷三《太祖本纪》记载:开宝五年(972年)冬十月,"试道流,不才者勒还俗",通过考核把品学不良的道士从道教中斥退出去。其次对道教的"寄褐"陋习也作了整顿。所谓"寄褐"是汉代张陵之后传下的习俗,一些人不信奉道教,不诵读道经,但却穿着道士的衣服,吃住在道观,甚至携家带口寄住于道观之中,不劳而获地享受着道士的生活待遇。特别是岁逢凶年,饥荒遍地的时候,寄褐者就更多了。宋太祖诏令:"末俗窃服冠裳,号为寄褐。杂居宫观者,一切禁断。道士不得蓄养妻孥,已有家者,退出外居止。"(《燕翼诒谋录》卷二)这一措施减少了许多不事生产的游手闲食之人。宋太宗也多次召见道士,并积极营建道观。宋太祖与宋太宗的崇道政策,使道教在北宋初期得到发展。

宋真宗是一位十分崇信道教的皇帝,他经常宣称天神下降,赐授天书，授命他统治天下，用这样的神话抬高自己的至尊地位。他把赵氏的先祖也奉为“圣祖上灵高道九天司命保生天尊上帝”，作为玉帝派往人间进行统治的代理人。宋真宗还大兴土木，建造道教宫观。大中祥符元年(1008 年)四月，决定修建玉清昭应宫，以供奉“天书”。他不惜劳民伤财，将玉清昭应宫的规模设计得十分宏大，建筑面积很广阔，每天役使军民达数万人，寒暑不分、昼夜不停地赶修，历时 7 年，才始建成。大中祥符二年(1009 年)十月，诏令天下并建天庆观，从此“天下始遍有道像矣”(《续资治通鉴》卷二十八)。七年(1014 年)十二月，又在京城左承天门天书下降处建立元符观。在大量修建宫观的同时，还令建安军铸圣像。圣像铸完后，派专使前往迎接。为了加强道教的偶像崇拜，又制定了许多节庆日，如“天庆节”(正月三日天书下降左承天门之日)，“天贶节”(六月六日天书降泰山之日)，“天祯节”(四月一日天书下降大内功德阁之日)等等。宋真宗也常常亲自召见道士，或赠诗，或赠送钱物，或赐名封号，或授以官爵。他对道教典籍的收集整理也很重视，命王钦若领校道教经书，命张君房为著作佐郎，专修《道藏》。天禧三年(1019 年)编成《大宋天宫宝藏》4565 卷，张君房撮其精要，辑成《云笈七签》122 卷，对道教教理的发展产生了重要影响。

宋仁宗、英宗、神宗和哲宗时，由于崇信道教的活动花费太大，以至国用不足，加以儒学振兴的运动在思想文化领域广泛展开，所以，朝廷对崇道活动有所节制。但宋徽宗时，崇道活动又一次达到高潮。和真宗类似，宋徽宗也编造了许多天神下降的故事，并常常声称自己梦见老君，他复兴道教是奉了老君之命。道士林灵素还编造了一套更加离奇的故事，把宋徽宗奉为“神霄玉清王”“上帝之长子”，其左右亲信和爱妃，都是神仙下凡。于是，宋徽宗便以道教教主自居，自称为教主道君皇帝。由于徽宗的热心扶持，道教地位大大提高，几乎成为国教。宋徽宗还不顾财用匮乏，大兴宫观，先后建起了长生宫、玉清和阳宫、葆真宫、上清宝箓宫等神宫，下令天下所有洞天福地都修建宫观，塑造圣像，增立了许多神仙人物的封号和节日。更重要的是,他还设置教级制度:置道阶,有先生、处士等名称,秩比中大夫至将仕郎,凡26等。并提倡学习道经,设立道学制度和道学博士,亲为《道德经》作注,规定"自今学道之士,许入州县学教养,所习经以《黄帝内经》《道德经》为大经,《庄子》《列子》为小经……其在学中选人,增置士名,分入官品:元士、高士、上士、良士、方士、居士、隐士、逸士、志士,每岁试经拨放。州县学道之士,初入学为道徒,试中升贡,同称贡士,到京入辟雍,试中上舍,并依贡士法,三岁大比"(《续资治通鉴》卷九十三)。这套道学制度的规定,与科举法相同。宋徽宗对编修《道史》《道典》,访求和编修《道藏》也很重视。在徽宗朝,道教达到了宋元时期最鼎盛的程度。

南宋时期,道教出现了"南宗"和"北宗"的区别。金人统治的北方,是"全真""大道"等道教派别,其中以全真教为最隆盛,后世称为道教北宗;道教南宗,其活动范围在南宋王朝统辖的地区。全真教成立之后,金统治者予以极大的重视,金世宗多次诏请全真教士入京,主持万春节醮,并赐钱币。但全真教传到民间,却起了组织民众与金朝廷抗衡的作用。南宗教派则仿照天师道,设立了称为"靖"的教区组织,其理论也是道教、理学、禅宗三者的混合物,反映了南宋时期三学融汇的趋向。

宋元时期道教的思想家,以张伯端、王喆为代表。

张伯端像

(1)张伯端的道教内丹理论。张伯端(984—1082年)字平叔,号紫阳。天台(今属浙江)人。北宋道士。少好学,精三教典籍,通刑法、书算、医卜、战阵、天文、地理、吉凶死生之术。尝为府吏。传说遇真人授以金丹药侯火候之诀,乃入道教。他以东汉道士魏伯阳内丹说,糅合儒学和禅宗"性命之奥",于熙宁八年(1075年)著《悟真篇》,建金丹教派。至南宋被追奉为道教全真道南宗的始祖。

在随唐时期,道教盛行外丹术,烧炼丹药以求长生。但丹汞有毒,服后多死的事实,使炼丹术受到来自道教内外的怀疑和批评。外部以韩愈为代表,说服食丹药"往往下血",以至"狂痛号呼气绝"。并说:"余不知服食说自何世起,杀人不可计,而世慕尚之益至,此其惑也。"(《故太学博士李君墓志铭》)唐代道教著作《悬解录》说,丹药"怀大毒在其中",道士服之"万不存一,未有不死者"。《黄帝九鼎神丹经诀》也说,外丹黄白术,"欲求长生,反致速死!"但并未从此就否定炼丹术。《南唐近事》记载谏议大夫张义方服丹药致死的原因时认为,他的内修尚未成就,不易服食。强调应内外兼修,阴(丹药)、阳(内修)并举。北宋初年的《太玄朗然子进道诗》更强调服外丹应以炼内丹为基础,揭开了道教从唐末、五代到宋初由外丹向内丹转变的序幕。张伯端的《悟真篇》就是当时宣传修炼内丹(亦称"金丹")的主要著作。该书以诗、词、曲等体裁阐述内丹理论,认为修炼内丹是修仙的唯一途径。宣称"万卷仙经语总同,金丹只此是根宗"。为此,他批评"辟谷"(不食五谷)和"吸饵"(服食丹药)及其他道教方术"总与金丹事不同",前者是易学而难成,后者是难学而可成,即难于炼成,而一旦炼成即可成仙。

张伯端所说的"修炼内丹",绝不是外丹所用的三黄(雄黄、雌黄、硫黄)、四神(石、砂、铅、银)及草木药之类,而是"真种子",即人身的精、气、神,又称"上药三品"或"三宝"。谓三宝须经三步才能炼成金丹。第一步是炼精化气,使精气结合而化成其气,称为真铅或坎;第二步是炼气化神,即将气与神(称为汞或离)合而炼成金丹;第三步炼神返虚,即通过修性,达到虚寂无为,与天地合一,与宇宙同体的境界。前两步称命功,第三步称性功。这种由三变一的过程,据称为《老子》"道生一,一生二,二生三,三生万物"的逆行,是老子之道的体现。

张伯端认为,金丹修炼的重点是修命,但修命之功既就,若不进而修性,则不能"回超三界",归于空寂之本源。他以诗、曲、杂言 32 首,引用理学、禅宗理论,作为道教修性的内容,这反映了他的"三教合一"思想。

《悟真篇》收入《正统道藏》。传世注本甚多。有宋翁葆光注、元戴起宗疏的《悟真篇注疏》等。详见《道藏辑要》。

据两宋之际的曾慥著《道枢》《集神仙传》以及元道士赵道一编的《历世真仙体道通鉴》(简称《仙鉴》)记载,张伯端以下有四位传人,后世称之为道教全真道南五祖。即张伯端传石泰,石泰传薛式,薛式传陈楠,陈楠传白玉蟾。白玉蟾作了进一步的发挥。

白玉蟾(1194—1229年),南宋道士。本名葛长庚,字白叟,闽清(今属福建)人。他出身于很高的门第,12岁中童子科,后因杀人而亡命他乡,改装为道士。其著作有《玉隆集》《上清集》《武夷集》等。白玉蟾的修炼理论,以"精""气""神"说为中心,他认为人生只有三个东西,即精、气、神,它们根源于父母未生人体之前,三者相互融会、作用、不可离异。三者之中,神为主导:"神是主,精气是客。……万神一神也,万气一气也,以一而生万,摄万而归一,皆在我之神也"(《海琼真人语录》卷一)。神聚则成魂,而魂魄都是主观的"一念"之外现。他认为,"法法从心生,心外无别法"(同上),"心"是外界的创造者和最初本源,外界都是由心而生。在修炼方法上,白玉蟾深受朱熹思想的影响,他用"性"和"命"来表示"天理"与"人欲":"性与天同道,命与人同欲"(同上),并把理学的范畴引入了自己的体系之中。

王喆像

(2)王喆创建全真道。王喆(1113—1170年),金代道士。原名中孚,字允卿,号重阳子。咸阳(今属陕西)人。道教全真道创始人。早年为儒生,善属文兼擅骑射。相传48岁时于甘河镇遇仙人纯阳子吕洞宾的化身,得修炼真诀,悟道出家,入终南山筑墓穴居修炼数年,并未招来多少信徒。金世宗大定七年(1167年),他东出潼关,云游至山东半岛,"以识心见性全真觉"(《答战公问先释后道》)为号召,祭出"全真"教旗,凡入道者皆称"全真"道士,全真道名至此而始。在此期间,他收了马钰、谭处端、刘处玄、丘处机、王处一、郝大通、孙不二等七大弟子。由于得此七大骨干,加之他长于诗词歌曲，善于随机应变，便在文登、宁海、福山、莱州一带建立了5个教团。使全真道以山东半岛为中心，获得很大发展。大定九年（1169年），王喆与弟子马钰、谭处端、刘处玄、邱处机4人西归，次年一月殁于大梁（今河南开封）。葬终南刘蒋村故庵（今陕西户县祖庵镇）。

王喆创建的全真道继承和发展了张伯端的内丹理论。该派以修炼“全真”为教旨。不尚符箓，不事黄白，也不信白日飞升之说。认为修道的根本在于修心，务必除情去欲，达到心地清静，则身在凡尘而心已在圣境，即“人心常许依清静，便是修行真捷径”。为此，王喆在其所著《重阳立教十五论》中，进一步把精、气、神与心、命、性相互对应，相互联系，指出：心定（心情平静）才能气顺（上下通达），气顺才能神安（不为物累），神安才能身养（去奢节欲），身养才能精全、丹结。也就是说，通过锤炼精气神，修养心命性，可以实现“返真”的境界。该派以会通三教为教风。主张三教平等、三教合一。声称“儒门释户道相通，三教从来一祖风”（《孙公问三教》）。王喆在山东建立的五大教团，都以“三教”起头，如三教七宝会、三教金莲会等，可见他对三教的重视。因为讲修身养性，儒、释、道的确有共同之处。所以，该派把《道德经》《般若波罗蜜多心经》《孝经》作为全真道徒必修的经典。该派以戒律清规为教制。早在魏晋南北朝时期，道教为防止道士“恶心邪欲”“乖言戾行”，曾沿袭佛教的大众律以及儒家的名教纲常观念，制定了道教戒律，但守戒松弛，效果不著。全真道的邱处机首创道教传戒制度，公开设坛说戒，广收门徒。凡愿入道者必须受戒方能为道士。元明之际，戒律之外又制定清规。戒律是事前的行为准则，清规是对犯戒的惩罚条例，分别从跪香直到火化处死。

王喆的传世著作收入《正统道藏》的有《重阳全真集》，内收传道诗词约千余首，另有《重阳立教十五论》《重阳教化集》《分梨十化集》等。金刘祖谦《重阳仙迹记》、当代学者陈垣《南宋初河北新道教考·大道篇》等亦可参阅。《金石萃编》卷一五八《全真祖师碑》是一件重要的文物。

王喆逝世以后，在诸弟子的努力下，全真道开始从北方向南方发展，渡江南传。元世祖中统元年(1260 年),元朝统一全国以后,是该教派的全盛时期。至元六年(1269 年),元世祖诏封东华帝君、钟离汉、吕洞宾、刘海蟾、王喆为真祖,后称"北五祖",封王喆的七大弟子为真人,后称"北七真"。在其七大弟子中,以丘处机较为杰出。

丘处机像

丘处机(1148—1227 年),亦称邱处机。金代道士。登州栖霞(今属山东)人,字通密,号长春子,世称长春真人。19 岁入道教,拜王喆为师。后是全真道的"北七真"之一。

丘处机继承和发展了王喆创立的全真道思想。他以其师为榜样,于金世宗大定十四年穴居陕西磻溪(今宝鸡虢镇附近),寒暑不变。他曾作诗,说:

故人别后信天缘,浪迹西游住虢川。
宛转风尘过万里,盘桓岩谷洎三千。
安贫只解同今日,抱朴畴能继古仙。
幸得清凉无垢地,栖真且放日高眠。

(《磻溪集》)

这首诗真实表现了他告别诸子后西游虢川(即磻溪),穴居岩处,安贫守静,清心寡欲,抱朴归真的情景。宣称"一心无生即自由,心头无物即仙佛。"(《磻溪集》)具体做法就是炼内丹,炼精化炁(同气),炼炁化神,炼神化虚。一般以存三、一为入门途径。三,即上、中、下丹田;一,使精、气、神集中于此。他就是把丹田作为炼丹炉,分别在此炼精、气、神。他称之为三年不漏下丹结,六年不漏中丹结,九年不漏上丹结,达到三丹圆备的境界。实际上是通过这些途径,收心降念,摒弃外物,追求一种自我超脱的精神状态。

丘处机还与其师兄弟们继承由全真道所首创的称男道士为乾道,女道士为坤道的旧制，不排斥女子入道，都收女弟子，办女学，教其识字诵经。丘处机《磻溪集》、谭处端《水云集》、王处一《云光集》就记载有女道姑的事迹，具有一定的社会意义。此外，他曾应蒙古太祖十七年（1222年）诏，偕弟子赴西域雪山（今兴都库什山脉、中国、巴基斯坦边界），进言止杀，调解了民族冲突，深受赏识，被称为“神仙”。他所首创的道教“清规”对整饬全真道的教内秩序也有积极意义。

丘处机的著作收入《正统道藏》的有《大丹直指》《摄生消息论》《磻溪集》《鸣道集》等。

元代以后，道教各派逐渐汇归为正一道和全真道两大教派。正一道是符箓各派的整合会通，并逐渐传入民间。而全真道此后并无新意弘扬，特别又缺乏效验，这就失去其诱惑力。明、清执政者大力提倡理学，加之民间道教的兴起，全真道也就一蹶不振。

宋元时期理学至尊地位确立之后，佛、道二教的思想多被理学所吸收；因此，佛、道二教逐渐衰落。此后，佛教与道教虽然再未复兴，但由于其长期在中国的传延，对人们思想观念和民族文化的影响相当深重，并渗透于社会生活之中，所以它们仍然在思想文化领域发生作用。

# 第十章 宋元时期思想史料介绍

## 第一节 宋元时期的经学著述

宋元时期的思想家有一个普遍的现象:他们阐述自己的思想学说,往往通过注释、解说儒家经典的形式。不仅理学家是这样,非理学的思想家也是这样。这一时期很少有先秦诸子及汉唐思想家那样阐述思想学说的长篇宏论,他们的思想大都散见于对经文的注解和讲学之中。所以,宋元思想史史料最重要的就是思想家们的经学著作及解说经书的言论、书信等。当然,论述性的著作也未完全绝迹,但已居于次要的地位。除上述史料之外,学案体的学术史著作,也是研究这一时期思想的重要史料。

宋元时期的思想家对各种经书的重视程度也是有所侧重的。他们往往根据自己思想体系的需要重点解说某几种经书,而对其他与其思想学说的关系不甚密切的经书则不太重视,往往只作为一般启蒙读物对待,不作精细疏解。

《周易》是宋元时期的思想家,特别是理学家最推崇的一部经书。宋元著名的思想家,几乎无人不谈《易》,这一时期的《易》学著述相当丰富。比较有影响的有周敦颐《通书》(又称《易通》)《太极图说》,程颐《周易程氏传》(又称《伊川易传》),司马光《温公易说》,张载《横渠易说》,游酢

《易说》，朱震《汉上易传》，张浚《紫岩易传》，张栻《南轩易说》，朱熹《周易本义》《易学启蒙》，杨简《杨氏易传》，魏了翁《周易要义》，吴澄《易纂言》等等。下面着重介绍几种影响较大、流传较广的《易》学著作。

《通书》1 卷，又称《易通》，北宋周敦颐著。周敦颐还著了一部《易说》，逐句解说《周易》，现已佚。《易通》与《易说》不同，它不是解说《周易》章句，而是借助《周易》的范畴和术语，进行发挥性的通论。有宋端平年间(1234—1236 年)闽川黄壮猷修补刻《诸儒鸣道》本，清光绪年间(1875—1908 年)刻《吉林探源书舫丛书》本，《四部备要》本。解说《通书》的有明代曹端《通书述解》、明代舒芬的《通书绎义》。

《太极图说》1 卷，北宋周敦颐著。周敦颐对传自陈抟的《太极图》进行解说，而成此书。《太极图》源于道家的《太极先天之图》(见于《道藏》第 196 册《上方大洞真元妙经图》)，作于隋唐年间，朱熹作《太极图解》。有清康熙年间(1662—1722 年)所刻《朱子三书》本。清代王建常撰《太极图集解》，《西京清麓丛书》本。

《周易程氏传》4 卷，北宋程颐著。这是二程思想代表作。该传只对《易经》进行了解释，没有解说《易传》。杨时作了校订，收入《二程集》中。

《横渠易说》3 卷，北宋张载著，收入《张子全书》中。此外还有明刊白口本，清乾隆三十年(1765 年)《四库全书》抄本，清《通志堂经解》本。

《周易》之后，最被重视的是《孟子》《论语》和《小戴礼记》中的《大学》《中庸》二篇。关学和洛学就十分重视《大学》《中庸》，朱熹则把二者从《礼记》中分立出来，作为单独的二经，与《论语》《孟子》并称为《四书》。《四书》的注释本，最具代表性的是朱熹的《四书章句集注》，其中《大学章句》1 卷、《中庸章句》1 卷、《论语集注》10 卷、《孟子集注》14 卷。由于《四书章句集注》从南宋以后被列为开科取士的必读书目，所以刊刻很多，版本不胜枚举，现择要列举几种。28 卷本有明正统年间(1436—1449 年)的司礼监经厂本，清乾隆年间(1736—1795 年)的《摛藻堂四库全书荟要》本。19 卷本有明崇祯汲古阁版归静远楼印本，清光绪年间金陵书局刻本。

《周易》《四书》之后，思想家们所注重的经典，当推《春秋》。宋代经注，数量最多的，除《周易》外，就是《春秋》了。程颐曾作《春秋传》，但最具有代表性的则是胡安国的《春秋胡传》，朱熹对这本书评价甚高，把它作为学生学习《春秋》的范本。《春秋胡传》30 卷，有明成化年间(1465—1487 年)的崇仁书堂刊本，正统年间刊六经本。

宋元诸儒还有许多关于《诗经》《三礼》《尚书》《孝经》的注疏、解说，有几部值得注意。

《周官新义》16 卷，附《考工记解》2 卷，北宋王安石撰。有《四库全书》抄本，清嘉庆年间(1796—1820 年)的《墨海金壶》本，同治年间(1862—1874 年)王儒行等刊印钱仪吉辑《经苑》本。《经苑》本最精。

《诗集传》8 卷，附《诗序辩》1 卷，南宋朱熹撰。有《四库全书》本，明正德年间(1506—1521 年)的司礼监刊本。

《书集传》6 卷，南宋蔡沈著。这本书是朱熹授意弟子蔡沈作的，与《春秋胡传》齐名，也是理学的一部代表性的经学作品。有明正统年间刻《五经四书》本，《四库全书》本。

## 第二节　宋元时期主要思想家的著作

尽管宋元时期的思想家没有系统阐述自己思想体系的论著体著作，但他们的语录、书信、杂著却很丰富，这些著述同样是研究其思想体系的重要史料。宋元思想家们的这些著述，有的经自己整理、删选和编定，有的则是弟子或后人编辑修订的。重要的思想家，大都有自己的总集。这里重点介绍一下本书所举的几位主要思想家的著作集。

**(一)周敦颐**

其著作汇集为《周濂溪先生全集》，又称《周子全书》，共 13 卷。其中包括了《太极图说》和《通书》以及后人有关周敦颐生平及评价的墓志铭、事状、年谱、祠记等。1990 年，中华书局出版《周敦颐集》。

**（二）张载**

其著作汇集为《张子全书》，中华书局版改名《张载集》，共 14 卷。其中包括《正蒙》3 卷、《易说》3 卷、《经学理窟》5 卷、《语录》1 卷、《文集》1 卷、附录 1 卷。中华书局版的《张载集》还增加了一些佚文。《正蒙》是张载汇集一生言论而编定的，可以代表他的整个思想体系。他死后，弟子苏昞依据《论语》《孟子》体例编为章次。《张子全书》有明代徐必达刻本、清代眉县本、《四库全书》本、光绪《西京清麓丛书》本、中华书局 1978 年本。

**（三）程颢、程颐**

其著作汇集为《二程全书》，又称《河南程氏全书》，中华书局 1981 年版名为《二程集》。卷数因版本不同而不同。67 卷本包括《河南程氏遗书》25 卷、附录 1 卷，《河南程氏外书》11 卷、附录 1 卷，《河南程氏文集》13 卷、遗文 1 卷、附录 1 卷，《周易程氏传》4 卷，《河南程氏经说》8 卷，《河南程氏粹言》2 卷。有清康熙宝诰堂刻本，光绪《西京清麓丛书》本、民国《四部备要》本。66 卷本主要有明万历（1573—1619 年）徐必达刻本。

**（四）邵雍**

邵雍著作有《皇极经世书》12 卷，《伊川击壤集》20 卷。前者包括《观物外篇》《观物内篇》和《渔樵问对》，后者是邵雍的诗文总集。《皇极经世书》有明正统刻万历续刻的《道藏》本。《四库全书》有清王植的《皇极经世书解》14 卷。《伊川击壤集》又称《邵子全书》，有明万历徐必达刻本、《四库全书》本，1919 年上海商务印书馆据明成化本影印有《四部丛刊》本。2010 年中华书局出版了《邵雍集》。

**（五）王安石**

其著作汇集为《临川先生文集》，又称《临川集》《王安石全集》等，共 100 卷。其中包括书疏、奏状、札子、内制、外制、表、书、论议、诗及《洪范传》《字说》《老子注》《周官新义》等。有南宋绍兴年间（1131—1162 年）刻本、明嘉靖刻本、《四库全书》本、《四部丛刊》本、1935 年上海大东书局本。大东书局本最全,共 145 卷,还包括《诗集》《唐百家诗选》和《年谱》。巴蜀书社 2005 年出版《王荆公文集笺注》。

**(六)朱熹**

朱熹一生著书甚丰。他的语录被门人黎靖德汇集分类编纂为《朱子语类》140 卷,他的诗文杂著被其子朱在编纂为《朱文公文集》。以后又有续集,不知何人所编。又有别集,为余师鲁所编。文集、续集、别集合称《朱子大全》。《朱子语类》的版本有宋咸淳(1265—1274 年)本、明成化陈炜刻本、清《四库全书》本;《朱子大全》有明嘉靖源潘璜刻本、《四部丛刊》本、《四部备要》本。

此外,朱熹还有与吕祖谦合著的《近思录》14 卷,有明正德汪伟刻本、高攀龙刻本、《西京清麓丛书》本。为《近思录》作注的,有清人张伯行、江永等。

朱熹著作也大都有单行本,兹不一一介绍。上海古籍出版社与安徽教育出版社于 2002 年联合出版《朱子全书》,共 27 册。2010 年华东师范大学出版社又出版《朱子全书外编》4 册。

**(七)陆九渊**

陆九渊的著作汇集为《陆象山全集》36 卷。其中包括书信、奏表、记、序赠、杂著、讲义、策问、诗、祭文、行状、墓志铭、程文、拾遗、谥议、语录和年谱。有明成化年间陆和刻本、清《四库全书》本、1919 年上海商务印书馆《四部丛刊》本、1980 年中华书局《陆九渊集》本。

**(八)陈亮、叶适**

陈亮著作被汇集为《龙川文集》,又称《陈亮集》,共 30 卷。有明代万历年间王世德刻本、明嘉靖年间晋江史朝富刻本、清《四库全书》本、清同治朝胡凤丹刻本、《四部备要》本、1974 年中华书局排印《陈亮集》本。其中最好的是胡凤丹刻本。

叶适著作为《习学记言序目》《水心文集》和《水心别集》。《习学记言序目》又称《习学记言》,50 卷,版本有明代叶道毂写本、瞿氏明抄本、清

《四库全书》本、1976 年中华书局校排本。《水心文集》29 卷，有明景泰年间（1450—1456 年）黎谅刻本、《四库全书》本、《四部丛刊》本、《四部备要》本。《水心别集》16 卷，有旧抄本、清抄本、《四部丛刊》本。1961 年中华书局将文集和别集合为《叶适集》出版。

**（九）赵复、许衡、刘因、吴澄**

赵复的著作，除《元文类》收有《杨紫阳先生文集序》和一首七绝《覃怀春日》以外，没有其他文字留下来（见《元文类》卷三十二）。据《元史·赵复传》，蒙古太宗八年（1236 年）赵复在太极书院讲学时，曾著《伊洛发挥》《传道图》《师友图》《希贤录》，用来说明程朱理学的传承、学旨和范围。不过赵复的这 4 种书没有传下来。只能从元人的文集和《元史》《宋元学案》以及方志中，探寻赵复的一些思想情况。

许衡著作有《许文正公遗书》14 卷。这是许衡著作的汇编。其中包括文章、书信、碑铭、语录、“小学”《大学》《中庸》直解、奏疏等。有清乾隆五十五年（1790 年）怀庆堂刊本。另有《许鲁斋集》，内容基本相同。

刘因的著作有《静修先生文集》22 卷。这是刘因著作的汇编。其中包括文章、书信、诗、游记、警言等。《文集》为元至顺庚午（1330 年）本，收入《四部丛刊》本。另据元苏天爵所撰刘因《墓表》，除《文集》外，还著有《丁亥集》诗 5 卷、《四书精要》30 卷、《易系辞说》及门人所辑的《四书》语录，都已佚失。明万历年间方义壮增编为《刘静修先生集》，此为畿辅丛书本，内容多于《四部丛刊》本，并辑集了刘因的《叙学》长篇，是研究刘因思想的重要资料。

吴澄的著作有《吴草庐文选》6 卷（收入金明八大家文选），《吴草庐诗集》6 卷（收入宋元四十三家集），《草庐吴文正公全集》41 卷，有清乾隆万氏刊本等。后人把上述著作汇编为《吴文正集》100 卷，其中包括行状、文章、书信、诗以及《五经纂言》等，尤其是他在晚年成书的对《易》《书》《诗》《春秋》《三礼》这《五经》义理的诠释，完成了朱熹的未竟之业，具有较高的学术价值。本集为《四库全书》本。

### (十)邓牧、黄震

邓牧代表作为《伯牙琴》,原有诗、文60余篇,在编纂《四库全书》时仅存24篇,并序跋为26篇,共1卷。有嘉靖手抄本、《知不足斋丛书》本。《知不足斋丛书》本增补文记5篇,诗13首。1964年中华书局校点出版。

黄震的著作几乎全部是读书笔记和摘要,计有《黄氏日钞》90卷、《古今经要逸编》1卷及《读诗一得》《读礼记日钞》《读书一得》《礼记集解》《春秋集解》等,其中《黄氏日钞》最为重要。

## 第三节　研究宋元思想及思想家生平的史料

这一类史料,以学案体著作为主要资料来源。学案体是记述思想家生平及思想要点,反映学派渊源关系的学术史著作,以朱熹的《伊洛渊源录》为第一部。

《伊洛渊源录》14卷,内容记述周敦颐、程颢、程颐、邵雍4人及其门人弟子的言行事迹,以二程为最详。身列程门而言行并不显著的理学家,也具录姓名字号以备查考。有清同治五年(1866年)福州正谊书院刻《正谊丛书》本,民国七年(1918年)成都老古堂刻本,1985年,中州古籍出版社以此为底本出版了点校本。

《宋元学案》100卷,清初黄宗羲撰,全祖望增补。收载90家学案(其中有3个学案称"略"),记载宋元学者2000余人。每案首列一表,显示师友、弟子及其师承关系。再立案主小传,叙述其生平与学术思想,并列学侣、同调、家学、门人、私淑、续传六项为附案。另设附录记述诸人轶事和后人的评论。道光二十六年(1846年),何绍基在北京首刊此书,另有《四部备要》本、《四朝学案》本、《国学基本丛书》本和中华书局1987年排印本。王梓材、冯云濠《宋元学案补遗》,收于《四明丛书》中。邓元鼎、王默君著《宋元学案人名索引》。钱穆著《朱子新学案》,20世纪70年代台湾出版,等等。

在学案体的著作之外，有关思想家的生平言行，可在正史中寻找到史料。《宋史》与《元史》都有《儒林传》，《宋史》还特设《道学传》。宋元时期著名思想家都有传记载入两部正史之中。

## 第四节　宋元时期大藏经和道藏的编纂

从南北朝起至木板雕印术发明之前，佛教经典的流通，主要以抄本形式在各大寺院和佛教徒中流传。当时写经之风大盛，成为一种专门的行业。据统计，自南朝陈武帝下令写“一切经”12 藏起，至唐显庆末的 100 余年间（557—660 年），皇室和民间写经达 800 多藏，200 余万卷；但保存至今的为数甚微，而且有很大一部分流失海外。

五代、宋初，雕版事业兴起，始有佛经木刻本。自北宋太祖于开宝四年（971 年）命高品、张从信两人在益州（今四川成都）雕印第一部大藏经起，至元代末年，据传曾有各种经版 20 余副。

大藏经，古代又名一切经、契经、藏经或三藏。原意是指收有佛教经、律、论三种宝藏。大藏经的编纂始于印度，但早期的梵文经典只剩下少数贝叶本或纸字本。

宋元时期的大藏经有官刻和私刻两种。北宋的《开宝藏》（即蜀版）是官刻的汉文第一版《大藏经》，于太平兴国八年（983 年）完成雕版 13 万块；以《开元释教录》入藏经目为底本，共 480 帙，千字文编次天字至英字，5048 卷；卷轴式，每版 23 行，每行 14 字，版首刻经题、版数、帙号等；卷末有雕造年月干支题记。后经增补所刻数量达到 653 帙、6620 余卷，它的印本成为后来中国一切官私刻藏以及高丽、日本刻藏的共同准据（其内容参见《开元释教录》，只是编目方法有别）。此外，官刻的还有金末元初的《赵城藏》版（按：指元世祖中统二年由耶律楚材主持的补雕版）、元代官刻的卷轴式《弘法藏》版等。私刻的有福州东禅藏版、湖州（今浙江吴兴）思溪版、平江（今江苏苏州）碛砂藏版等。现在通用的是日本大正十三年(1924年)由日本学者编辑校勘,于1934年出版的《大正新修大藏经》,简称《大正藏》。

道教开创之初,经书不多。魏晋以后,随着道教的倡行,道书渐多。唐玄宗天宝七年(748年)御制《开元道藏》,为编纂道藏之始。

道书雕版,始于五代,而全藏刊版,则始于北宋崇宁年间(1102—1106年)。徽宗诏令制定的《政和万寿道藏》,依三洞(即洞真、洞玄、洞神)、四辅(即太清、太平、太玄、正一)经铨次之成藏,共540函,5481卷。其后金大定四年(1164年),金世宗诏令雕刻《大金玄都宝藏》,不到二年刻成一藏。元初,道士宋德方等于蒙古乃马真后称制的第三年(1244年)刻成《玄都宝藏》,二者或毁于火,或被烧焚,基本不存。

元末明初,明成祖永乐三年(1405年),敕令道士张宇初等编修道藏,至英宗正统九年(1444年),始行刊版,次年正式刊行。这就是《正统道藏》。

《正统道藏》共5305卷,480函,按三洞、四辅、十二类(①本文类:经教的原本真文;②神符类:龙章凤篆之文,灵迹符书之字;③玉诀类:对道经的注解和疏义;④灵图类:对本文的图解或以图像为主的著作;⑤谱录类:记录高真上圣的应化事迹和功德名位的道书;⑥戒律类:戒规、科律的经书及功过格;⑦威仪类:斋法、醮仪及道教科仪制度的著作;⑧方法类:论述修真养性和设坛祭炼等各种方法之书;⑨众术类:外丹炉火、五行变化和一切术数等方术书;⑩记传类:众仙传记、碑铭及山渎道观的志书;⑪赞颂类:歌颂赞倡的著作,如步虚词、赞颂灵章、诸真宝诰等;⑫章表类:建斋设醮时上呈天帝的章奏、青词等)分类,仍以《千字文》为函目,自天字至英字,每函各为若干卷,每卷为一册。明神宗万历三十五年(1607年),又命道士对《正统道藏》增遗补缺,刊刻《万历道藏》,简称《续道藏》,上述两部道藏是国内外公认的有价值的道书精品。

第六编

# 明清编

# 概　述

由于元末民族矛盾和阶级矛盾的激化,1351年爆发了红巾军农民大起义。朱元璋原为红巾军的领袖人物之一,1368年建立了明封建王朝。明初统治者采取了一些有利于恢复和发展生产的措施,如奖励垦荒、兴修水利等,因此,明代初年的社会生产力有了明显的提高。但是,自明英宗正统(1436—1449年)以后,明王朝的统治渐趋衰落。

明朝建立以后,继续把理学奉为官方思想。明代科举所用的八股制义,是明太祖与刘基所规定的,也以理学家的传注为主。明成祖永乐十三年(1415年)将《五经大全》《四书大全》《性理大全》颁行天下,作为钦定教本,其内容也完全是程朱理学。

理学家吴与弼的弟子陈献章,开始转入陆九渊的"心本"论,且赋予"心"以独立思考的思想内容,反映了不同于程朱理学而强调个体意识的思想内容。明代中叶王守仁发展了"心本"论思想,对人的主体作了细致地分析,特别强调了个体意识的重要性,其思想一方面突出主体意识的作用,另一方面又包含有独立思考和个性解放的若干因素。明代的王学与理学曾经展开过论争,不过,王学并未能取代理学在思想界的统治地位。明代中叶,出现了以王廷相为代表的反对理学思潮的先驱人物。

王守仁以后,王学传播甚广,分为若干学派。各派在理解和领会王守仁思想方面各有不同,有的强调"彻悟",有的重视"修行";从形式上看,仿佛以往朱学与陆学之争又重新出现,其实这只是现象。在王学各派的思想论争中,值得重视的一点是,许多学者自觉或不自觉地想从王学中撷取思想觉醒的因素,寻找新的思路。在这方面,泰州学派的后学特别引人注目。一种要求独立思考、离经叛道的新思想在艰难地成长,尽管它的力量微弱,但它展现出若干新的面貌。

激烈动荡的社会,不能不引起思想的剧变。明末清初,出现了早期启蒙思潮。其代表人物大都有丰富的社会实践经验，而对中国古代文化深有素养。他们著作宏富，从哲学、政治思想、史学、军事学诸学术领域阐述了一些新的思想观点，尽管这些思想观点从根本上还摆脱不了封建思想的总框架。这些思想家，如王夫之、顾炎武、黄宗羲、方以智、陈确等，在思想史和学术史方面都留下了宝贵的精神财富。

历史的发展是曲折的。明末清初的早期启蒙思潮在古老的中国土地上并不能生根、成长、壮大。残酷的封建专制主义统治迫使学者们走上了考据学的道路。这就是清朝康熙朝以后直到嘉庆年间的学术思想风貌，大体相当于公元纪年的18世纪；这个时候盛行汉学、朴学，亦称考据学。当时的学者在古籍文献整理方面作出了贡献。

然而，不少的汉学家博学多才，他们的研究并不完全局限于古籍文献的整理，有的仍然注意研究现实问题，他们在注解经书的形式下对理学——当时的统治思想作了猛烈地抨击。戴震、汪中、章学诚、焦循和阮元就是这批学者的代表。

# 第一章　明代的朱学统治与王学的崛起

## 第一节　明初的朱学统治

朱熹虽集理学之大成,但他的学术直到南宋末年才被统治者认可,不再像“庆元党禁”(南宋宁宗庆元年间(1195—1200 年),韩侂胄专权,先后罢去宰相留正、赵汝愚,朱熹被视为同党,其学亦被称为伪学)时那样被视为“伪学”,读书人参加科举考试,也不再声明自己不是“伪学”了。但在当时朱学还没有取得学术上的统治地位。虽然元仁宗皇庆年间(1312—1313 年),曾下令科举以朱熹《四书章句集注》及朱熹的五经传注为准则,但实际上未受到重视。其间又不乏调和朱、陆的理学家。这种情况绵延近百年之久。朱学被定为一尊,则是在明代初年的事。

明代不仅建立了统一强大的封建王朝,而且相较宋、元两朝,在政治、思想和文化上进一步强化了专制制度。从建国之初,君臣之间就议论“帝王之学”“以礼义治心”“以学校治民”(《明史·宋濂传》)的问题。但由于朱元璋在即位之初,只读过《说苑》《韵府》《道德经》《心经》等书,这个和尚出身的皇帝爱读佛典《心经》,兼及《道德经》是可以理解的。《说苑》多系历史故事,《韵府》则类似辞典,并非传统的经典。他的这种读书状况,反映了他对儒家思想文化不甚了解。有鉴于此,明太祖洪武年间(1368—

1398年),解缙上万言书,建议由政府编书,书的内容是广集"关、闽、濂、洛"诸家学说,"随事类别,勒成一经",作为"太平制作之一端"(《明史·解缙传》),作为安定社会的一项重要措施,从而开启了官修理学丛书的先声,其意义类似于汉武帝时期的董仲舒"天人三策",旨在建立有权威的统治思想。

明成祖永乐十二年(1414年),朱棣为了使"家不异政、国不殊俗",制定统一的思想文化政策,乃下令胡广等人编撰《五经大全》《四书大全》和《性理大全》三部理学巨著。这三部书共260卷,成于永乐十三年(1415年)。其中《五经大全》154卷,《四书大全》36卷,《性理大全》70卷。

明初三部《大全》的刊行,标志着朱学统治地位的确立。从《五经大全》来看,其所据经注,都属朱学著作。《周易大全》据程颐《伊川易传》及朱熹《易本义》,《书传大全》据蔡沈《书集传》,《诗经大全》据朱熹《诗集传》,《春秋大全》据胡安国《春秋传》,《礼记大全》据陈浩《云庄礼记集说》。蔡沈是朱熹的学生,胡安国是二程再传弟子,观点与朱熹同,陈浩之父陈大猷师事饶鲁,饶鲁之师黄榦,黄榦乃朱熹学生。所以,经过《五经大全》的修撰,朱学成了《五经》唯一的标准经注。

《四书大全》的全称是《四书集注大全》,它是朱熹《四书章句集注》的增订本。该书的《凡例》指出:

> 《四书大全》,朱子集注诸家之说,分行小书。凡《集成》(吴真子《四书集成》《辑释》,倪士毅《四书辑释》)所取诸儒之说有相发明者,采附其下,其背戾者不取。凡诸家语录、文集,内有发明经注,而《集成》《辑释》遗漏者,今悉增入。

这表明,《四书大全》所辑录的诸儒之说,不论是《集成》《辑释》所已记录,或其所遗漏而这次新增补的,其作用都在发明经注,即发挥朱熹《四书章句集注》中注文的含义，使之更加明白透彻，而朱熹的《集注》原文，则照录不改。《凡例》又指出："注文下训释一、二字或二、三句者，多取新安陈氏之说。"元代理学家陈栎，其"学以朱子为宗"，"陈氏之说"，即是指他著的《四书发明》一书。《凡例》所列引用"先儒"之说，共106家，其中朱熹的学生和后学尤多。可见，《四书大全》是一部朱学著作。

至于《性理大全》，则是以朱熹《朱子语类》为蓝本的。该书卷一至卷二十五所收的"先儒"著作，有朱熹注的周敦颐《太极图说》和《通书》，朱熹注的张载《西铭》，朱熹著的《易学启蒙》《家礼》，蔡元定著的《律吕新书》《洪范皇极内篇》等，这些书，或为朱熹所注，或为朱熹所著，或为朱熹学生所著。只有所收录的张载《正蒙》和邵雍《皇极经世书》非朱熹全注，但也是他所推崇的。该书卷二十六至卷七十，则为有关性理的语录。语录的分类，基本上仿照《朱子语类》。该书所分"理气""鬼神""性理""道统""圣贤""诸儒""学""诸子""君道""治道"等目，与《朱子语类》的门类十分相似。而语录的内容则取自程朱及朱熹学生、后学之说，很少收录其他学派的。所谓《性理大全》，也就是朱学在性理方面著述的"大全"。

明初的朱学统治，是对当时社会思想文化的全方位的统治。①由于三部《大全》都是由皇帝钦定的，所以使朱学具有了法典的意义，从而在知识界中形成了一股"尊朱""述朱"的风气，学者士人只能以朱学为鹄的，极力推崇而不敢逾越。明初理学家宋濂说：

> 自孟子之殁，大道晦冥，世人擿埴而索途者，千有余载。天生濂、洛、关、闽四夫子，始揭白日于中天，万象森列，无不毕见，其功固伟矣，而集其大成，唯考亭朱子而已。(《宋学士全集》卷五《理学纂言序》)

明初另一理学家薛瑄也说：

> 《四书集注》《章句》《或问》，皆朱子萃群贤之言议，而折衷以义理之权衡，至广至大，至精至密，发挥先圣贤之心，殆无余蕴，学者但当依朱子，精思熟读，循序渐进。(《薛文清公文集》《读书录》卷一)

可见，在明初朱学独尊的情况下，认为天下的道理已被朱熹说尽，是一种流行的观念，凡“言不合朱子，率鸣鼓而攻之”(朱彝尊:《道传录序》)。正如黄宗羲所说:“习熟先儒之成说，未尝反身理会，推见至隐，所谓此亦一‘述朱’，彼亦一‘述朱’耳。”(《明儒学案·姚江学案叙录》)②明初的学校教育，从中央国子监到地方州县学，以至书院和乡村的社学，都要用朱学为教材。学例规定，“生员听讲师说，毋恃己长，妄行辩难”，违者将受到严惩。据记载，宋讷主持国子监时，有一监生批评他欺凌生员。依国子监规，毁辱“师”道者罪杖一百并发云南充军，但朱元璋竟下令将该监生杀害，并在国子监前立竿悬首示众。这是用血腥的手段维护师道尊严的一个典型事例。③明初的科举制度规定，朱熹的《四书章句集注》以及程朱学派的其他解经著作为科举经义考试的标准。三部《大全》颁行以后，更成为科举的文章程式“八股文”的唯一依据，如果考生“剽窃异端邪说，炫奇立异者，文虽工，弗录”(《松下杂钞》卷下)，即使文章出类拔萃，也不会被录取。由于科举是做官的唯一途径，这样，读书求仕的人，就不得不苦读朱熹之书了。所以朱彝尊说:“世之治举业者，以《四书》为先务，视六经为可缓，以言《诗》，非朱子之传义弗敢道也，以言《礼》，非朱子之《家礼》弗敢行也。推而言之，《尚书》《春秋》，非朱子所授，则朱子所与也。”(《道传录序》)这就是说，朱学已成为统治者遴选人才的得心应手的工具。

此外，艺术领域，如戏曲、小说、弹词等，也染有朱学的色彩，充斥着道学家的说教。元代曾经出现的反抗压迫，解放个性的《窦娥冤》《西厢记》等优秀文学作品，这时已被《五伦记》与《香囊记》之类的宣传忠臣孝子、义夫节妇的内容所取代，看不到一点人的活泼生动的个性与尊严。

## 第二节　明中叶王学的崛起

朱学依靠其官学的地位而盛极一时,但同时丧失了自身进一步发展与创新的活力。因为朱学成为明代科举制度的经典以后,也就成为读书人追逐利禄的工具,他们读朱著,读《大全》,奔竞在八股取士的科举道路上,只是为了做时文,猎取功名富贵,无学术上的抱负可言。许多人因此而成为百无一用的废物,有的虽钻营成功,则祸国殃民,行同盗贼;而有的科举失意之人,则对朱学产生背离情绪。明初实行的文化专制主义,严禁在朱学之外有所探讨,否则,即被斥为"杂览",而非"正学",极大地禁锢了人们的思想。但其负面效应也激发出一批蔑视正统、"放荡不羁"的"狂简"之士,其中以明孝宗弘治(1488—1505 年)至武宗正德(1506—1520 年)年间的文学家唐寅、祝枝山等人为代表。唐寅"放荡不羁",他在《桃花庵歌》中以"但愿老死花酒间,不愿鞠躬在马前"(《桃花庵歌》收入《六如居士全集》)的诗句,表达了他对朱子学、举子业的不屑态度。祝枝山"以晋人放诞自负",他所著《祝子罪知》称"汤武非圣人,伊尹(商初大臣)为不臣,孟子非贤人","其举刺予夺,言人之所不敢言,刻而戾,僻而肆"(《四库全书总目提要》卷一百二十四《祝子罪知》条),被称之为"狂人"。这种情景与汉魏之际的思想十分相似,说明朱学已重蹈汉代经学的覆辙而趋于没落,这是明中叶心学崛起的直接原因。正如《明史·儒林传序》所说:

> 原夫明初诸儒,皆朱子门人之支流余裔,师承有自,矩矱秩然,……学术之分,则陈献章、王守仁始,……嘉(嘉靖,1522—1566 年)、隆(隆庆,1567—1572 年)而后,笃信程、朱,不迁异说者,无复几人矣。

明中叶崛起的心学以陈献章的江门之学(因其所居靠近今广东江门,

故名)和王守仁的姚江之学(因其所居浙江余姚,别名姚江,故名)为代表。这两个学派尽管彼此各有特色,但都在以下的一些共同点上反映了学术的时代潮流和时代精神:

陈献章像

(1)他们都程度不同地具有反对朱学的倾向。陈献章早年笃信朱学,力求功名,后因屡试不第,才转变思想。对此,他总结说:"予少无师友,学不得其方,汩没于声利,支离于粃糠者益久之。年几三十,始尽弃举子业,从吴聘君(吴与弼)游。"(《白沙子全集》卷一《龙岗书院记》)这是说,他早年曾沉溺于科举的"声利"和朱学的"支离"之中,到近30岁时,才始觉其非。所以,当江西按察使陈耻庵等派人请他去恢复白鹿书院,振兴朱学时,他当即回绝使者说:"使乃下谋于予,是何异借听于聋,求视于盲也"(《白沙子全集》卷一《赠李、刘二生使还江右诗序》),表达了自己对朱学的鄙薄与对立之感。

与陈献章因"寻书册,累年未有得"而离朱入陆的情形一样,王守仁早年也有此经历。但他并没有止步于"离朱入陆",而是在陆学的启示下,刻意求新,构建了"王学"的心学体系(详见下章)。这种为学途径在王守仁的弟子中不乏其人。如王畿和钱德洪,曾经两次放弃科举,专心就学王门。王艮则是其中又一位代表。他早年虽没有受过朱学的系统教育,但凭借他对时俗世弊的直觉和敏感,他曾把当时的道德滑坡和政治腐败归之于朱学统治下的"师道"不正,认为只有整饬"师道",才能造就出道德高尚的人。"善人多,则朝廷正",从善的人多了,政治才会清明,从而对"世学迷蔽于章句"(《明儒王心斋先生遗集》卷四,徐樾《王艮别传》)的危害性作了更深刻地揭露。

(2)他们都程度不同地具有独立思考的精神。陈献章与谨守朱学传统的明初学者有一个很大的不同,即注重独立思考。他说:"前辈谓学贵知疑。小疑则小进,大疑则大进。疑者,觉悟之机也。一番觉悟,一番长进。"(《白沙子全集》卷二《与张廷实》)这里所说的"贵疑"的前辈,正是当初与朱熹争鸣并立的陆九渊。陆九渊曾教育其弟子“为学贵知疑，疑则有进”（《象山全集》卷三十五《语录》），“小疑则小进，大疑则大进”（《象山全集》卷三十六《年谱》）。正是这种“学贵知疑”的精神，才使他超越传统，开创了明代思想的新格局。王守仁继承了陈献章的观点，他强调学贵自得，这里包含了独立思考与怀疑权威的意思。他教导学生说：“且以所见者实体诸心，必将有疑，果无疑，必将有得，果无得，又必有见。”（《明儒学案·姚江学案》）指出独立思考所能得到的三种认识境界：有疑、有得、有见，即认识要从有疑开始，有疑才能有所收获；有疑、有得，才能有自己的独立见解；而对于疑、得、见，又要敢于坚持，强调“夫君子之论学，要立得之于心。众皆以为是，苟求之心而未会焉，未敢以为是也；众皆以为非，苟求之心而有契焉，未敢以为非也。”（《王文成公全书》卷二十一《答徐成之二》，《王文成公全书》以下简称《全书》）即或是圣人说的话，自己未深思以前也不能轻信。他说：“夫学贵得之心，求之于心而非也，虽其言之出于孔子，不敢以为是也，而况其未及孔子者乎！求之于心而是也，虽其言之出于庸常，不敢以为非也，而况其出于孔子者乎！”（《全书》卷二《答罗整庵少宰书》）这种“贵疑”“贵得”的独立思考精神，也同样被王艮所继承，他不但怀疑圣贤，怀疑经传，而且怀疑其师说，自觉地把“质疑”作为其学术发展的一种动力。

(3)他们都程度不同地具有主体意识的自觉。陈献章说：“人争一个觉，才觉便我大而物小，物有尽而我无尽。”（《白沙子全集》卷三《与时矩》）这里所谓的“觉”，就是指人的主体意识的自觉；有了这种自觉，就会把自我看作是一个独立的主体，在自我与外界的关系中发挥积极的、能动的作用，所以说“才觉便我大而物小，物有尽而我无尽”。当然，这种自觉还不是指人们改造客观世界的自觉活动，而是指对个人人格自由的一种追求。所以他又说：“士从事于学，功深力到，华落实存，乃浩然自得，则不知天地之为大，死生之为变，而况于富贵贫贱、功利得丧、诎信予夺之间哉！”（《白沙子全集》卷一《李文溪文集序》）这种置天地、生死、贵贱、功利得失于度外的境界，表达了他企求摆脱自然与社会对个性束缚的愿望。陈献章的这种思想，冲击了漠视个人价值与个人欲望的传统观念，是明代知识界个体意识觉醒的一个开端。

王守仁发挥陈献章“天地我立，万化我出，宇宙在我”（《白沙子全集》卷二《与林郡博》）的命题，进一步论证了人的主体性和能动性。指出，人是世界的主体，人所生活的世界离不开人的主观能动性。他举例说，天空，没有人的主体去仰视它，也就发现不了它的高；大地，没有人的主体去俯瞰它，也就发现不了它的深；变化隐显，没有人的主体去分辨它，也就发现不了其中的吉凶灾祥；同样，离开价值世界，主体也就不能作为主体存在（见《全书》卷三《传习录下》）。而主体，就是人人都具有的“良知”，人的活动，就是用“良知”去处理“事事物物”，从而说明人的活动是有目的、有意识的活动，强调了人的历史地位与创造精神。

## 第三节 《大学》古本是王学背离朱学的理论起点

宋代理学家在儒家经典中，他们阐释最多的是《四书》。自从北宋张载、程颢、程颐提倡《四书》，朱熹作《四书章句集注》《四书或问》之后，《四书》就成为理学的最基本的经论依据。但他们认为《四书》没有轻重之分，而是从不同的层面阐述“性与天道”这一主题的四部儒家经典。从程颢、程颐到朱熹的看法也大致如此，他们认为读《四书》有先后次序之分，要先读《大学》，以掌握修己治人的入门途径；次读《论语》，抓住理学理论的根本；再读《孟子》，以理解理学理论的发展；最后读《中庸》，以求得理学理论的精华所在（见《朱子语类》卷十四）。在朱熹的《四书章句集注》《四书或问》中，《四书》都是平列的，没有孰轻孰重之说。

明中叶，随着心学的崛起，这种情况发生了变化。这就是王守仁从《大学》中发现了朱熹学术思想的软肋，使《四书》中的《大学》受到了前所未有的重视，成为当时学术界议论的热点，形成了一股以《大学》古本为主、融合《论语》《孟子》《中庸》的思潮。

所谓《大学》古本，是王守仁为了取代二程，特别是朱熹的改本而提出的关于《大学》一书的新概念。在宋代以前，《大学》一书有东汉郑玄注本、东汉熹平石经本、三国魏正始石经本等，这些注疏本都保持了秦汉时期成书的《大学》原貌。故称之为“古本”。宋代以来，理学家们不断地重编《大学》，先有程颢的《改正大学》，又有程颐的《改正大学》（见《二程集》卷四《程氏经说》）。虽然改法各不相同，都只是在章次上做些变动。至于元的王柏改本，明的蔡清改本等，其学术价值都不高，以朱熹的改本最为著名。朱熹不仅重新编定了《大学》的章次，而且史无前例地把《大学》原文分为“经”“传”两部分（即一“经”十“传”），并把自己写的一段传文，叫做《补格物致知传》编入了《大学》（见《四书章句集注·大学章句》）“传”第五章之后，以代圣人立言之名，提高其学术地位。针对朱熹的改本，王守仁选择了郑玄注本，他称之为“古本”，作为自己的立论依据，以此批评朱学不仅存在诱人于章句、利禄的弊端，而且擅添传文，纂改儒家经典，企图从深层次上撼动朱学的理论根基。所以，黄宗羲在《明儒学案·师说》中说：

> 至其与朱子牴牾处，总在《大学》一书。朱子之解《大学》也，先格致而后诚意；先生（王守仁）之解《大学》也，即格致为诚意。

“格致”，即格物致知。这是说，王守仁与朱熹“牴牾处，总在《大学》一书”，其对立的焦点，就在于对格物致知的不同看法，是要不要“补传”的分歧。

朱熹的《补格物致知传》，全文共188字，中心是讲格物致知与正心诚意的关系。他认为通过“即物而穷其理”的途径，才能“致吾之知”，获得对于外在的“天理”的认识；然后运用“已知之理”来指导自己的道德实践，这样反复“用力”，即可使“吾心之全体大用无不明”，达到正心诚意的境界。他是以格物致知为手段，以正心诚意为目的，是先认识“天理”，后修养心性，借以把人们的思想行为纳入一个先验的、固有的道德律令之中。这不仅为"道问学"作了理论铺垫，而且成为其理学的血脉所在。王守仁反对朱熹的这种解释。他从"心外无理，心外无事"(《全书》卷一《传习录·上》)的观点出发，认为"天理"就是人心中的"良知"；格物，就是"正心"；致知，就是"为善"(《全书》卷二十六《大学问》)；格物致知，就是把心中的"天理""良知"运用到道德实践中去。因此，格物致知与正心诚意是一回事，"是合心与理而为一者也"(《全书》卷二《传习录·中》)，而朱熹的"补传"却"析心与理为二矣"(《全书》卷二《传习录·中》)，是多余的、不必要的繁琐之举。

王守仁的上述思想在回答蔡希渊的提问中表述得更为清楚：

> 蔡希渊问："文公《大学》新本先格致而后诚意工夫，似与首章次第相合。若如先生从旧本之说，即诚意反在格致之前，于此尚未释然。"先生曰："《大学》工夫即是明明德，明明德只是个诚意；诚意的工夫只是格物致知。若以诚意为主，去用格物致知的工夫，即工夫始有下落，即为善去恶无非是诚意的事。如新本先去穷格事物之理，即茫茫荡荡，都无着落处，须用添个敬字(按：指《大学》"传"第七章，朱熹释正心修身。其中的一段注文说："心有不存，则无以检其身，是以君子必察乎此而敬以直之，然后此心尚存而身无不修也。")方才牵扯得向身心上来。然终是没根源。若须用添个敬字，缘何孔门倒将一个最紧要的字落了，直待千余年后要人来补出？正谓以诚意为主，即不须添敬字，所以提出个诚意来说，正是学问的大头脑处。于此不察，直所谓毫厘之差，千里之谬。"(《全书》卷二《传习录·上》)

不仅如此，王守仁还把他解释"格物致知"的观点用于解释其他儒家经典，以便消除朱学在其中的影响。既然格物致知，就是正心为善，所以他说：《中庸》的"诚身""明善"，《尚书·大禹谟》的"精一"("惟精惟一”,意为精心明道,一意克私),《论语·雍也》的“博文约礼”(“博学于文,约之以礼”,意为多闻多见,验之于礼),都不出格物致知之义。因此,在他看来,一部《大学》可以通释其他儒家经典。由此可见,他对《大学》古本的诠释,提升了陆九渊“尊德性”的理论层次,也是其反朱崇陆、创建王学的必要准备。

# 第二章　王守仁的主要思想

## 第一节　王学“三变”

王守仁像

王守仁(1472—1529年),明代余姚(今属浙江)人,初名云,后改今名,字伯安,谥文成。曾筑室于绍兴会稽山阳明洞侧,学者称阳明先生。弘治十二年(1499年)进士。授刑部主事,改兵部。正德元年(1506年),因忤宦官刘瑾,谪贵州龙场驿丞。瑾诛,改任南京刑部主事。正德十一年(1516年),升任右佥都御史,巡抚南赣。官至南京兵部尚书。曾奉命赴江西、福建、湖南、广东、广西等地平乱擒藩。封新建公。在赴广西的途中病逝。

据钱德洪所作《年谱》、湛若水《阳明先生墓志铭》、黄绾《阳明先生行状》、李贽《阳明先生年谱》等的记载,其学凡三变:始泛滥于词章之学(一说初好仙、佛),觉得繁琐、浮虚;继而转向朱学,在江西从学朱学学者娄谅,娄谅对他讲述“宋儒格物之学,谓圣人必可学而至,遂深契之”,由此,王守仁便深信朱熹的格物之学,他利用随父亲寓居京师的机会,“遍读考亭之书”(《明儒学案·姚江学案》),并在以后的3年中付诸行动。明孝宗弘治五年(1492年),王守仁根据朱熹“今日格一物,明日格一物”,“一旦豁然贯通”,就能把外在的“理”变成内在的“知”的说法,与钱友“穷格”亭前的竹子,友人格了3日,他格了7日,不但一无所获,而且双方都“劳思致疾”,病了一场。王守仁“格竹”的失败,是他离弃朱学、另辟蹊径的一个重要原因。明正德三年(1508年),他在贬谪贵州龙场驿时,有一天夜里,从梦中惊醒,又是欢呼,又是跳跃,“始知圣人之道,吾性自足,向之求理于事物者误也。”(《全书》卷三十三《年谱》)于是他又从理学转向了心学。王学“三变”,其间经过了近20年的酝酿过程。

王学“三变”,不能仅仅看作是王守仁个人学术思想的变化,其中有着深刻的社会历史因素。

中国历史发展到明代中叶,宗法制已经开始走向没落,社会矛盾十分尖锐。首先是地主与农民的矛盾,集中表现在土地问题上。这个时期,土地兼并极其严重。到16世纪初,皇庄和王府的庄园,占地达数十万顷。例如蜀王的庄田占了成都平原的耕地近2/3以上,大官僚严嵩占有家乡袁州的田地7/10,大官僚徐阶在松江一县就占田地4000顷。农民丧失土地,背井离乡,卧雪眠霜,挣扎在死亡线上,出现了大量“流民”。14世纪末,政府控制的户口有1600多万户,到15世纪末已减少一半。在王守仁生活的年代,农民起事不断发生。他分析其中的原因说:“乃必欲为此(按:指农民起事),其间想亦有不得已者。或是为官府所迫,或是为大户所侵,一时错起念头,误入其中……此等苦情,亦甚可悯。”(《全书》卷三十三《年谱》)这里,他清醒地把农民起事的主要原因归咎于统治集团和地主豪强背弃了“民为邦之本也,本固则邦宁。……君民一体,古今同符”(《计处地方疏》)的基本国策,而自食其果。再就是统治集团内部皇室与藩王的内讧、宦官与官僚、官僚与同僚之间争权夺利的倾轧不已。对上述种种丑恶现象,王守仁深恶痛绝。为此,他研究了“格面”(按:指行为)与“格心”(按:指意念)之间的关系,认为“格心”比“格面”更为重要,并且把那些腐败堕落、贿赂公行、贪赃枉法、丧尽天良的无耻之徒,作为“破心中贼”(见《全书》卷四)的主要对象。以此启发世人,保持和恢复先天固有的“良知”,

人人从自我做起,推动社会进入为善去恶的轨道。王守仁提出了著名的“致良知”论。

## 第二节　致良知

王守仁所说的良知,源于孟子。王守仁继承和发展了孟子的学说,他对良知的性质下了八九项定义。概括起来,认为良知是一项内含本体、人性论、能知的复合范畴,这是王守仁对孟子良知说的创新。

**(一)就本体而言,良知是事物的依归**

王守仁多次提出,就事物的本体而言,“良知即是天理”,“天理即是良知”,但“即是”二字,并不表示二者完全等同。因为“天理”有存理灭欲、无私无蔽的内涵,它存在于人自身的“心”中。他说:

> 心即理也,此心无私之蔽,即是天理,不须外面添一分。以此纯乎天理之心,发之事父便是孝,发之事君便是忠,发之交友治民便是信与仁,只在此心存天理灭人欲便是。(《全书》卷一《传习录·上》)

这是说,“心”有两端,“良知”是“心”之体,“天理”是“心”之用,两者是体用有别、又体用一源的关系(见《全书》卷二《传习录·中》)。他在《答顾东桥书》中对此说得更加明确:

> 吾心之良知,即所谓天理也。致吾心良知之天理于事事物物,则事事物物皆得其理矣。(《全书》卷二)

这里,王守仁要求以良知中的天理,从内向外发力,主宰天下的“事事物物”,“则事事物物皆得其理”,这样,就能从中领悟“事事物物”都是“良知”发用流行的体现,“良知”才是真真切切的本体。这是王守仁良知说的核心。

与此同时，王守仁还称“良知即是道，良知之在人心，不但圣贤，虽常人亦无不如此”(《全书》卷二《传习录·中》)。其用意十分明显，就是要把朱熹所说的“道”也纳入“良知”之内。

为了进一步说明良知说，王守仁称“良知犹主人翁”(《全书》卷三十二《传习录拾遗》)。他以心与物的关系为喻：“心外无物，心外无事，心外无理，心外无义，心外无善。”(《全书》卷四《与王纯甫书二》)

对于王守仁的“五无”论，他的友人表示怀疑。有一次朋友与他同行出游，朋友指着山中的花树问：“天下无心外之物，如此花树在深山中，自开自落，于我心亦何相关？”王守仁回答说：“你来看此花时，则此花颜色一时明白起来，便知此花不在你的心外；你未看此花时，此花与汝心同归于寂！”(《全书》卷三《传习录·下》)由此，他得出的结论是：“人者，天地万物之心也；心者，天地万物之主也。心即是天，言心则天地万物皆举之矣”(《全书》卷六《答季明德书》)，这就把人的主观意识发挥到了极致。

**(二)就人性论而言，良知是至善的体现**

善，一般是指人的品质善良、美好，同时也是指处理人际关系的基本原则。所以，孟子说“故君子莫大乎与人为善”(《孟子·公孙丑上》)。

王守仁解释“善”为“循理便是善”(《全书》卷一《传习录·上》)；又说：“纯乎天理而无人伪之杂，谓之善”(《全书》卷四《与王纯甫》)。天理是良知，良知自然是善，这是人人都具有的先验性的善良情感。这种善良情感，无论是圣人、众人，或是有劣迹的人，古今雷同，没有区别。他举例说：“见父自然知孝，见兄自然知悌，见孺子入井自然知恻隐”(《全书》卷一《传习录·上》)，这就是爱和善的自然流露。否则，就不能称其为人了。

王守仁认为，善有小善与至善之分。小善是与恶相互联系、相互转化的善。如果有人为“私意障碍”而为非作歹，他内在的善就转化为外在的恶；一旦为了某种动机转念“着意好善恶恶，便又多了这分意思，便不是廓然大公”(《全书》卷一《传习录·上》)，这里所说的“便又多了这分意思”，是指人人如果为了各自不同的利益而刻意为善，都是私字作祟，与“廓然大公”的“至善”背道而驰。

在王守仁看来，小善的善是对恶而言，恶是对善而言，至善却是善的极致，超乎善恶之上。所以他把至善说成是无善无恶：“无善无恶，是谓至善。”（《全书》卷一《传习录·上》）当弟子郑朝朔问至善是否亦需从事物上求时，王守仁的回答是否定的。王朝朔举出例子说，比如事亲，如何为温情之节，奉养之宜，必须求个至当之理，方是至善。王守仁回答说：在温情时，也只要此心纯乎天理之极，奉养时，也只要此心纯乎天理之极，如果只在仪节之处求至当之理，便谓至善，那么，如今扮为戏子的人，也可做出许多温情奉养仪节至当之事，但是却不能说他有至善之心。故事有假而良知无假，物有伪而性无伪。良知的至善，只是此心纯乎天理之极，他自满自足，不必于事物上去寻求（参见《全书》卷一《传习录·上》，卷二十六《大学问》等）。他的意思是说，人在事亲、奉养时，不要心存为善之念，也无须通过“仪礼之处”将其表现。为善无心结、无行迹，就是至善，也是自尊。

王守仁的至善论是其“性之本体原是无善无恶的”（《全书》卷一《传习录·上》）本体论在人性论上的延伸；是对孟子所说“……恻隐之心，非所以内交于孺子之父母也，非所以要誉于乡党朋友也，非恶其声而然也”（《孟子·公孙丑上》）的理论升华；是对朱熹等人“两性说”止于“为善去恶”的丰富发展；是对“如今扮为戏子的人”用为善作秀的极大讽刺。

**（三）就能知而言，良知是是非的尺度**

这里，王守仁阐述的是良知的判断力，即判断真伪的能力。他说：

> 良知者，孟子所谓“是非之心，人皆有之”者也。是非之心，不待虑而知，不待学而能，是故谓之良知，……自然灵昭明觉者也。（《全书》卷二十六《大学问》）

王守仁发展了孟子思想，把是非之心特定为良知的自我判断功能。为此，他用了较多笔墨予以论证。他先以人们的日用常行论证良知的知是知非。他认为，人的直觉是相同的，人之口，以苦为苦，以甘为甘，即令凡庸之人，也和善于辨味的易牙同。人之目，以美为美，以丑为丑，即令是平常人，也和善于辨色的离娄同。而心以是为是，以非为非，愚人也与善知是非的圣人相同。他举出例子说：今把为仁义之事告之路人，路人也能知道这是是与善；把不为仁义之事告之路人，路人也能知道这是非与恶。路人尚且都有是非之心，更不要说士大夫之属了。所以，他对友人说："良知原是完完全全，是的还他是，非的还他非，是非只依著他，更无有不是处，这良知还是你的明师"(《全书》卷三《传习录·下》)。

王守仁再以人们的意念论证良知的知是知非。他认为，良知是至善而无恶，又能知善知恶；而意念则是感物而起，它是有善有恶，有是有非的。但意念却不能判别其自身的善与恶、是与非，只能以良知判别其善恶与是非。对此，王守仁提示说："意与良知当分别明白。凡应物而起念处，皆谓之意。意则有是有非，能知得意之是与非者，则谓之良知"(《全书》卷六《答魏师说》)。在《大学问》中，他又重申"凡意念之发，吾心之良知无有不自知者，其善欤，惟吾心之良知自知之；不善欤，亦惟吾心之良知自知之"(《全书》卷二十六)。反复强调除了良知以外，再无其他判断是非、善恶、真伪的尺度。

在王守仁看来，这把尺度犹如无形的规矩而定方圆，缺星的秤而权轻重，未开的镜而照妍媸。所以，他教育他的弟子"不用求人更问人"(《全书》卷二十《示诸生三首》)，永远"自信其良知"(《全书》卷二《答欧阳崇一》)，懂得"良知只是个是非之心，是非只是个好恶，只好恶就尽了是非，只是非就尽了万事万变"(《全书》卷三《传习录·下》)的道理，就能依仗自己的自信把事事物物"看得透彻，随他千言万语，是非诚伪，到前便明。合得便是，合不得的便非。如佛家说心印相似，真是个试金石，指南针"(《全书》卷三《传习录·下》)。他并赋诗一首：

人人自有定盘针，
万化根源总在心；
却笑从前颠倒见，
枝枝叶叶外头寻。

这首诗，把良知即是自信概括得淋漓尽致，从而以人的自信为其自主、自尊奠定了理论基础。

王守仁指出，人由良知所引发出的自主、自尊与自信，不是直觉形成的。直觉产生的只是爱与善的、生理的本能情感，只有在“致”上下功夫，才能将直觉转化为自觉，使仁义礼智信成为修（身）齐（家）治（国）平（天下）的精神动力。

**（四）“致”是良知的发用与扩充**

对于“致”，历代学术界对此做了许多研讨与解释，但只有王守仁把“致”与良知相联系，提出“致良知”的命题。这是他的首创，具有很高的学术价值。他自豪地说：“吾平生讲学，只是‘致良知’三字。”（《全书》卷二十六《寄正宪男手墨二卷》）“良知明白，随你去静处体悟也好，随你去事上磨练也好，良知本体原是无动无静的。此便是学问头脑。我这个话头自滁州到今，亦较过几番，只是致良知三字无病。”（《全书》卷三《传习录·下》）“近来信得‘致良知’三字，真圣门正法眼藏。往年尚疑未尽，今自多事以来，只此良知无不具足。譬之操舟得舵，平澜浅濑，无不如意，虽遇颠风逆浪，舵柄在手，可免没溺之患矣。”（《全书》卷三十三《年谱》）

王守仁的致良知，也是源于孟子思想。孟子认为人的爱和善的情感以及“四端”之心，都需要扩而充之，并明确指出其利弊。他说：“人之有是四端也，犹其有四体也。有是四端而自谓不能者，自贼者也。……凡有四端于我者，知皆扩而充之矣。若火之始然（燃），泉之始达。苟能充之，足以保四海；苟不充之，不足以事父母。”（《孟子·公孙丑上》）王守仁不但用“致”对孟子思想作了高度的思维抽象，而且提出怎样才能“致良知”的若干创意。因为他清楚地知道:“孰无是良知乎?但不能致之耳。”(《全书》卷二十六《与陆原静》)怎样从“不能致之”到能“致”之?王守仁的意见是:①要自信。良知为己所有,若不自信,是“自贼者也”,把人之所以为人的根本都忘记了。对此,王守仁举例说,古代的大臣,之所以留名后世,不仅是在于他的智谋才略高超,而是因为他们能“致良知”,故可忘患难,蔑生死,办事犹操舟得舵,应付裕如,怎能不自信(参见《全书》卷三《传习录·下》,卷六《与黄宗贤》)。为此,他希望人人“依此良知,忍耐做去,不管人非笑,不管人毁谤,不管人荣辱,任他功夫有进有退,我只是这致良知的主宰不息”(《全书》卷三《传习录·下》),坚持自信,“久久自然有得”。②要自尊。这是说,做人要“廓然大公”,不谋私利,维护人格尊严,谨防私意人欲诱惑。这是“致良知”的必备条件。但有人“因良知错昧蔽塞”,致使私欲膨胀,去善为恶,既无尊严可言,更无良知可“致”。王守仁提出的解决办法是:“本心之明,皎如白日,无有过而不自知者,但患不能改耳。一念改过,当时即得本心。”(《全书》卷四《寄诸弟》)又说:“良知之所本无,只因良知错昧蔽塞而后有,若良知一提醒时,即如白日一出,魍魉自消矣。”(《全书》卷三十三《年谱》)这是说,他期待他们以道德自律,改邪归正,复其本有的良知而致良知。③要自主。王守仁指出,良知不是虚无缥缈的本体,它都“发用流行”在事事物物之中。他举例说:“盖日用之间,见闻酬酢,虽千头万绪,莫非良知之发用流行,除却见闻酬酢,亦无良知可致矣。”(《全书》卷二《答欧阳崇一》)又说:“昏暗之士,果能随事随物精察此心之天理,以致其本然之良知,则虽愚必明,虽柔必强;大本立而达道行,九经(按:指唐、宋间用于科举考试的九部儒家经典)之属可一以贯之而无遗矣。”(《全书》卷二《答顾东桥书》)为此,他告诫弟子,克服陈规陋习,自主自强,主动致良知于事事物物,阐明“意之所在便是物”,事事物物都是由良知所发的意念和感觉的复合(参见《全书》卷一《传习录·上》,卷三《传习录·下》)。

王守仁的心学体系中,讲得最多的是“致良知”。提起这三个字,常常使人觉得高深莫测,难以捉摸。的确,王守仁有时把“致良知”讲得十分玄妙,是什么“天植灵根”,又是什么“造化的精灵”,在玄妙之中,却潜藏着一种时代精神,自有其不玄妙的地方。这些不玄妙的地方可以概括出许多条,但最基本的一条,或者说“致良知”的核心,就是他把“良知”看作是人的一种先验的判断力。“致”,就是依靠主观判断分辨是非,区别好恶,从而处处表现出向朱学陈规俗套的挑战,处处体现着学术上简易直截、生动活泼的风气,并在一定程度上肯定人的自主、自尊与自信的精神,这在当时的思想界起了一定的解放作用。

## 第三节 “知行合一”说

王守仁的致良知及其教说,基本上论证的是其心学的理论,是属于“知”的问题,不含有“行”,即实践的意义。为了使人实践致良知,将知行统一,他深入地研究了知行之间的关系,提出了知行合一的学说。

**(一)知行合一的缘起**

知行议题也是中国历代思想家所讨论的重要命题、话题。在王守仁以前,大致有以下几种看法:知易行难、知轻行重、知之必行、知先行后等。王守仁的知行合一说,与孔子、墨子的论断有关。孔子说:“言之必可行也。”(《论语·子路》)又说:“言必信,行必果。”(同上)墨子说:“言足以迁(“迁”,即举之义,引申为提出)行者常(“常”即尝试之义,引申为用)之,不足以迁者勿常。”(《墨子·贵义》)又说:“口言之,身必行之。”(《墨子·公孟》)这里说的言是对知的表达。正如苏轼所说:“知无不言,言无不行。”(《苏轼文集·策略第三》)这是说,“知”才能“言”,不知就言,被墨子斥之为“荡口也”(《墨子·贵义》),即胡言乱语。从这个意义上说,“言”与“知”是词异而意同。

上述孔子、墨子等人知行统一的学说,王守仁不可能不受其影响,特别是孔子的知行观,可以说是王守仁知行合一的直接来源。由于他尊孔又尊孟,故被其友席政视为圣人之学复见。据《年谱》记载:“是年(正德四年,1509 年)先生始论知行合一。始席元山书提督学政,问朱陆同异之辨。先生不语朱陆之学,而告之以其所悟。书怀疑而去。明日复来,举知行本体证之《五经》诸子,渐有省。往复数四,豁然大悟。谓'圣人之学复睹于今日'。"(《全书》卷三十三)这虽是溢美之辞,但也有其合理性。王守仁正是依据知行合一之说,揭露当时知识界割裂知行合一之弊。他说:"士皆巧文博词以饰诈,相规以伪,相轧以利,外冠裳而内禽兽,而犹或自以为从事于圣贤之学。如是而欲挽而复之三代,呜呼其难哉!吾为此惧,揭知行合一之说,订致知格物之谬,思有以正人心,息邪说,以求明先圣之学。"(《全书》卷八《书林司训卷》)这里所说当时的道德危机,也就是致良知的危机,为了挽救良知的不"致",才是他提出"知行合一"的宗旨所在。

**(二)知行合一的宗旨**

据王守仁的解释,知行合一的"知",就是"良知";"行",就是"良能";"合一",就是"致良知"。他把知行合一与致良知会通为一个整体,以二者的不可分割,强化实践致良知的力度。所以,他说:"知行本体,即是良知良能"(《全书》卷二《传习录·中》)。这是说,"良知良能"是本体,"知行合一"是本体的发用流行。为此,王守仁又强调说:"然知行之体本来如是,非以己意抑扬其间,姑为是说以苟一时之效者也"(《全书》卷三《传习录·下》)。他认为,提倡知行合一,目的是为了彰显良知良能这个本体的作用,并不是人为杜撰的。

王守仁对知行合一宗旨的界定,就从知与行以及理论与实践相结合上强化了人们对良知良能的体认,使之成为致良知的助推力。

既然知行合一是良知良能的发用流行,为什么本来是合一的知行,却在流行发用中被分离?他认为这主要是"被私欲隔断"。《传习录·上》记载了他与弟子的一段对话。弟子问:"如今人尽有知得父当孝,兄当悌者,却不能孝,不能悌,便是知与行分明是两件。"王守仁回答说:"此已被私欲隔断,不是知行的本体了。未有知而不行者。知而不行,只是未知,圣贤教人知行,正是要复那本体,不是着你只恁的便罢。……知行如何分得开？此便是知行的本体,不曾有私意割断的。”(《全书》卷一)既然知行合一是良知良能本体的发用流行,那么,对父知孝自然要尽孝,对兄知悌自然要敬爱,如果知而未行,就是私欲利己,这不仅割断了知行合一,而且也使良知良能无以发用流行。因此,知行合一才成为致良知的必要条件。

**(三)知行合一的方法**

王守仁对此的论述较多,但他认为最重要的方法,就是“一念发动处,便即是行了”。所以,他说:

> 此须识我立言宗旨。今人学问,只因知行分作两件,故有一念发动,虽是不善,然却未曾行,便不去禁止。我今说个知行合一,正要人晓得一念发动处,便即是行了。发动处有不善,就将这不善的念克倒了。须要彻根彻底,不使那一念不善潜伏在胸中,此是我立言宗旨。(《全书》卷三《传习录·下》)

这里说的“一念”,就是指不善的念头,当其萌发时就要“彻根彻底”将不善的念头克服了,以免造成行的恶果。他正是在这个意义上说知也包含着行,并不是要以知代行。为此,他又用行也包含着知作对应的论证。他举例说:“食味之美恶必待入口而后知,岂有不待入口而已知食味之美恶者邪?”(《全书》卷二《答顾东桥书》)“路歧之险夷必待身亲履历而后知,岂有不待身亲履历而已先知路歧之险夷者邪?”(《全书》卷二《答顾东桥书》)他总结说:“只说一个知已自有行在,只说一个行已自有知在。”(《全书》卷一《传习录·上》)并宣称这是“我立言宗旨”。他提倡的“一念发动处,便即是行”“知已自有行在”,自觉根除恶念,主动去恶为善,是中国古代知行学说史无前例的创见,其影响深远,并逐渐渗透到教育领域与人们的日用常行之中。

王守仁的著作,有《传习录》《文录》《文录续编》等。后由明谢廷杰汇集以上著作及年谱、世德纪、墓志铭、行状、祭文等,编为《王文成公全书》38 卷。今人所编《王阳明全集》41 卷,其中是将《全书》卷三十三《年谱》

分为一、二、三列入卷三十三至三十五卷，并增加《阳明全书成书经过考》为第四十一卷。

# 第三章　罗钦顺、王廷相对理学的批评

## 第一节　罗钦顺的生平与著作

明朝中期以后的学术思想,呈现出不拘一格的景况:一方面,王学兴起,动摇了朱学的正统地位,促使学术思想上出现某种相对自由的气氛;另一方面,在王学之外,也有人敢于批评理学,在思想史上有所建树。罗钦顺、王廷相就是这方面的代表。

罗钦顺像

罗钦顺(1465—1547 年)字允升,号整庵,吉之泰和(今江西太和)人。孝宗弘治六年(1493 年),举进士,廷试及第,授翰林院编修,得以广泛阅览皇家藏书。弘治十五年(1502 年)升南京国子监司业。正德三年(1508 年)因得罪宦官刘瑾而被罢官,两年后复职,又升为南京太常卿等职。嘉靖元年(1522 年)升南京吏部尚书,又改为礼部尚书。父亲死后,他不愿再做官,于是专心学术研究。

罗钦顺学无师承,其思想的形成,据他自己说,经历了三个阶段:①对佛教的学习和研究;②学习研究儒家典籍及理学中濂、洛、关、闽诸家著述;③“有见乎心性之真,而确乎有以自信。”(见《困知记》卷下)第一个阶段,是他在京师任翰林院编修期间,这期间他对禅宗发生兴趣不是偶然的,表明他对程朱理学有所怀疑。但是禅宗同样不能满足罗钦顺思想的需要,于是他便利用在南京国子监任职的机会,再次学习儒家及理学的著述,这时张载的学说对他产生了影响。在此之后,他的思想发展便进入了第三阶段——终于转向批评理学的立场,形成独具特色的思想。

罗钦顺的上述思想,反映在他的主要著作《困知记》(6卷,附录1卷)一书中。《困知记》最初只写了上、下两卷,在他64岁时(嘉靖七年,也即王守仁去世那一年)编成,尔后又写了续卷上、下以及三续、四续。最后二卷编定于嘉靖二十五年(1546年),也即他去世的前一年,可见他对此书用力之深,正如他自己所说,此书"乃平生力学所及,而成于晚年者也"(《整庵存稿》题辞)。我们今天所见的《困知记》,还有"附录"1卷,是万历七年(1579年)后人重刻时增补的,这成为《困知记》的定本。罗钦顺的著作,还有《整庵存稿》20卷,《整庵续稿》13卷,是诗、文与书信的汇集。

## 第二节　罗钦顺的理气与道器论

罗钦顺思想的要旨,是理气问题,他对理学的批评,也由此问题引申而出。黄宗羲评论说:"盖先生之论理气,最为精确。"(《明儒学案》卷四十七)

理气论是宋明理学中的重要问题,朱熹是程朱派理气论的集大成者。罗钦顺论理气,与朱熹的一个根本不同,是把着眼点放在"气"上,以"气"为本。他说:"理果何物也哉?盖通天地,亘古今,无非一气而已。气本一也,而一动一静,一往一来,一阖一辟,一升一降,循环无已。积微而著,由著复微,为四时之温凉寒暑,为万物之生长收藏,为斯民之日用彝伦,为人事之成败得失,千条万绪,纷纭胶轕,而卒不可乱。有莫知其所以然而然,是即所谓理也。初非别有一物依于气而立,附于气以行也。或者因《易》有太极一言,乃疑阴阳之变易,类有一物主宰乎其间者,是不然!"(《困知记》卷上)这是罗钦顺理气论的一段集中论述,可以将它归纳为四个主要方面:①空间与时间上的气一元论;②气表现为无休止("循环无已")的有秩序("不可乱")的运动;③理不依人的主观意志而存在("莫知其所以然而然");④理不是气的主宰(所谓理非一"物",即是说"理"不是一个主宰的东西)。罗钦顺论理气的全部思想,是以气为本,由此表现出与朱熹理气论的根本对立。

为了进一步证明"气"为本,罗钦顺还着重论述了理在气中的观点,以驳斥把理视为一"物"的观点。他说:"理须就气上认取,然认气为理,便不是。此处间不容发,最为难言,要在人善观而默识之。只就气认理,与认气为理,两言明有分别,若于此看不透,多说亦无用也。"(《困知记》卷下)这里从理气关系的角度阐述气是万物的本源。其思路是:气中蕴含有理,但不能把气认作理。理气关系的这种对立统一,罗钦顺有所洞察,可惜他不能用基于实验科学的逻辑语言来表达。"就气认理""间不容发"这样的形容连他本人也感到不满意,因此才说"最为难言"。

针对朱熹以太极为"本体"的观点,罗钦顺还提出自己对理与太极关系的看法。他认为,理既然在气之中,因而气之上就没有什么主宰,那么,朱熹的论点是从哪儿来的呢?罗钦顺说:"周子《太极图说》……至于'无极之真,二五之精,妙合而凝'三语,愚则不能无疑。凡物必两而后可以言合,太极与阴阳果二物乎?其为物也果二,则方其未合之先,各安在耶?朱子终身认理气为二物,其源盖出于此。愚也积数十年潜玩之功,至今未敢以为然也。"(《困知记》卷下)这是说,周敦颐和朱熹二人的共同错误,是离"气"认"理",割裂了理与气的联系,把"理"看成是绝对的抽象物。罗钦顺则认为太极与阴阳不能分割为二,理与气亦不能截然分裂,但气是根本的。罗钦顺的这种气一元论观点,也程度不等地贯穿于道器论与人性论方面。

在道器论方面,罗钦顺强调道器不可分。他指出:"夫器外无道,道外无器。所谓器亦道,道亦器是也,而顾可二之乎?"(《困知记·续卷》上)用这条材料同罗钦顺的理气论相比较,我们会察觉到一点不同,这就是:他在论述理气关系时，主张"就气认理"，以气为本；但他在这里论述道器关系时，却不说"就器论道"，而说"器亦道，道亦器"，原因何在？所谓"器亦道，道亦器"是程颢的观点(见《答林次崖佥宪》，《困知记》附录)，罗钦顺只是借用这位理学家之口来阐述自己的道器一元论。不过，他在程颢的"原来只是此道"一语上遇到了麻烦，按照程颢的观点，道器相互融合，最后归结为"道"("原来只是此道")，这自然与罗钦顺以气为本的理气观相矛盾，于是他就在后面用"理气浑然……正欲学者就形而下者之中悟形而上者之妙。"(同上)一段话加以解释，这已经不是程颢的本意，但比起罗钦顺自己的"就气认理"之说，显然要含糊一些。

罗钦顺在道器论与理气论方面的上述细微差别，使我们了解到他思想上的不彻底性，也说明新思想产生的艰难。仅就道器论而言，直到明末清初的大思想家王夫之，才作出了比较精确的论述。

如果说，在道器论上罗钦顺以气为本的思想还不够彻底的话，那么，在人性论问题上，他则受到程朱学说的更大影响。

罗钦顺不赞成程朱理学的人性论观点。他指出："一性而两名，虽曰二之则不是，而一之又未能也。学者之惑终莫之解，则纷纷之论至今不绝于天下，亦系怪哉？"(《困知记》卷上)"一性而两名"，是指程朱将人性划分为"天命之性"与"气质之性"的观点。罗钦顺认为它不但没有解决人性的问题，反而会引起思想的混乱。

那么，这个问题应当怎样解决？罗钦顺写道："愚尝寤寐以求之，沉潜以体之，积以岁年，一旦恍然似有以洞见其本末者，窃以性命之妙无出'理一分殊'四字，简而尽，约而无所不通。初不假于牵合安排，自确乎其不可易也。盖人物之生，受气之初，其理惟一；成形之后，其分则殊。其分之殊莫非自然之理，其理之一常在分殊之中，此所以为性命之妙也。语其一，故人皆可以为尧舜；语其殊，故上智与下愚不移。圣人复起，其必有取于吾言矣。"(同上)从这段引语中可以看出，人性问题比理气问题更加复杂，罗钦顺用了更多的思考，但他并未指出一条新路来，他只是借用理学权威所使用的范畴——“理一分殊”,以解释性命问题。他认为人和物都来源于阴阳二气,此谓之“理一”,而世界上人和物各各不同,此谓之“分殊”。既然人和物都来自阴阳二气,所以说人皆可以为尧舜;因为人人各不相同,所以上智与下愚仍有不可逾越的界限。可见,罗钦顺“理一分殊”说一方面想修正程、朱“气质之性”与“天命之性”的划分,但另一方面却又要承认先天人性的划分是不可更改的。这两方面的相互矛盾存在于罗钦顺的“理一分殊”说中。

罗钦顺企图用气一元论的观点解释人性,但他不能摆脱理学观点的束缚,所以,实际上罗钦顺未能从根本上否定朱熹的人性论。因此,他关于“道心”“人心”的论述,和朱熹的观点并无多少区别。他认为“道心”即性;“人心”即“情”,二者是体用关系,不可分离。这样,在形式上似乎解决了性(道心)与情(人心)的统一问题,但是把统一基点归结为“道心”,这在逻辑上与他自己的气本体论相矛盾。

《明儒学案》的作者黄宗羲看到了上述问题,这样指出:“先生(指罗钦顺)之论心性,颇与其论理气自相矛盾”。又说:“先生之言理气不同于朱子,而言心性则于朱子同,故不能自一其说耳。”(《明儒学案》卷四十七《文庄罗整庵先生钦顺》)黄宗羲的评论很深刻,可是他没有指出罗钦顺在心性问题上与朱熹的若干差别。这主要表现在对“人心”的理解上。朱熹曾经采用禅宗的譬喻,说明人心如果被私欲充塞,就失去了光明;只有把私欲去掉,才能恢复道心的真面目。朱熹称此为“克己复礼为仁”或“存天理、灭人欲”。罗钦顺对朱熹理学的这个基本命题却另有解释。他说:“人心,人欲;道心,天理。程子此言本之《乐记》,自是分明。后来诸公往往将人欲二字看得过了,故议论间有未归一处。夫性必有欲,非人也,天也。既曰天矣,其可去乎?欲之有节,无节,非天也,人也。既曰人矣,其可纵乎?君子必慎其独,为是故也。”(《困知记》三续,第一章)这里把“欲”归属于“天”,意思是说人的欲望是自然的,清楚地表现了自然人性论的倾向,其中“后来诸公往往将人欲二字看得过了”一语,正是对理学家的批评。他认为,如果硬要人们去掉欲望,那就违反了自然,事实上是办不到的。合理的解决办法是:既承认人皆有欲望,同时又对欲望加以节制。其实,朱熹有时也有类似观点,不过有时他又把“人欲”当成洪水猛兽。罗钦顺在此阐述的观点,是早已有之的。因此,他在人性论上缺少创造性。

总之,罗钦顺在理气论方面,他与理学的对立最为明显,道器论次之,心性论又次之。我们看到,他力图把理气论中的观点贯彻到道器论与心性论之中,但是遇到了许多困难。这是因为:

(1)他尊信与维护朱熹学说,不敢亦不能从根本上触动理学。

(2)他借用理学的旧范畴阐发自己的观点,不敢亦不能大胆地标新立异。

以上两点,对罗钦顺来说,都是难于避免的。如果说在理气论这样较抽象的思辨领域他还敢于任意驰骋,那么一旦接触到心性论这样敏感的社会道德伦理问题,他就不能有新的突破。他自己是尊信封建道德的,他提不出反对封建伦理道德的新命题。

## 第三节　罗钦顺论心学及禅学

从理气一元论的观点出发,关于人的精神(人心)与形体的关系,罗钦顺这样指出:“人心之变化,与生俱生,则亦与生俱尽,谓其常住不灭,无是理也”(《困知记》续卷下)。他批评了无限夸大精神作用的一些观点。

首先,我们来看罗钦顺对杨简的评论。

杨简曾是陆学的著名传人,其著作编为《慈湖先生遗书》。他有许多关于“心”的论述,对“心”(人的精神)的作用作了过于夸张的宣传。他写有《己易》一篇,宣称“我”即世界,这个“我”不仅是形体,而且是“吾性”。他说:“吾性澄然清明而非物,吾性洞然无际而非量,天者吾性中之象,地者吾性中之形,故曰:在天成象,在地成形,皆我之所为也。”(《己易》)从认识主体与客体的关系来说,当然认识离不开人的主体活动,所有的心学家都看到了这一点,但是他们都不懂得物质世界是人的认识的源泉,离开这个客体,人们也就没有认识活动。罗钦顺在《困知记》续卷下中引用这一段话,并且指出,这就是佛教《愣严经》所谓"山河大地咸是妙明真心中物"之义,用主体、精神吞没客观世界。罗钦顺指出杨简的中心思想是"以心法起灭天地",视"天地万物之变化,皆吾性之变化"(《困知记》续卷下),这样,以"藐然数尺之躯,乃欲私造化以为己物",就是"不知量"(同上)。

罗钦顺还提出"造化"外物与"己"的关系问题。他对王守仁的批评就从这个问题上展开。

王守仁说"造化"与"己"的关系,有一句著名的话头:"天下无心外之物",他由此出发去论述理学命题"格物致知",便提出"心之所发便是意","意之所在便是物"(《王文成公全书》卷一《传习录·上》)的观点。

针对王守仁的"致知论",罗钦顺在给王守仁的信中,公开提出了责难,他说:"试以吾意着于川之流、鸢之飞、鱼之跃,若之何正其不正以归于正耶?此愚之所不能无疑者也"(《困知记·附录》《又与王阳明书》)。这里所说的川之奔流,鸢飞鱼跃,都是指自然现象,对于这些"物",人的主体意识如何去"正"?此处的思路似乎比对杨简的批评更深入一步,不仅提出不能"私造化以为己物",即不能以人的主体活动去代替客观的自然事物,而且提出人们应如何去认识事物。在这个问题上,罗钦顺批评了思想界的两种倾向:"或夸多而斗靡,则溺于外而遗其内;或厌繁而喜径,则局于内而遗其外。溺于外而遗其内,俗学是已;局于内而遗其外,禅学是已"(《困知记·附录》《与王阳明书》)。这里指出人们的认识既不能离开被认识的客体("外"),也不能忽略人的认识的主体自身("内"),只谈一个方面而抹煞另一个方面是不全面的。

在对王学的批评中,罗钦顺抓住了事物的"本然之则"(即事物的本来面目)进行论证,表现出思想眼光的犀利。他对王守仁说:"今以良知为天理,乃欲'致吾心之良知于事事物物',则道理全在人安排出,事物无复本然之则矣。”(同上)那么,怎样才能把握事物的“本然之则”,达到内与外的统一呢？在这个问题上,罗钦顺并没有作出正确的论述,而是再次沿袭了程朱理学的观点,认为:①性即理;②天人物我一理。由此我们可以明白,罗钦顺所谓的“理”原来与“仁”相通,是封建伦理道德的总称。这样,他所列举的川之流、鸢之飞等事物的本来面目,也被涂上了伦理道德的色彩,从而降低了他对于王学批评的理论意义。

罗钦顺对陆九渊、陈献章、湛若水都有所评论,特别是他与湛若水之间的相互论辩甚多。罗钦顺认为,陈献章与湛甘泉的学术要旨,在于否定人的感觉、知觉与情感的作用,而让“心”代替一切,即“有见于心,无见于性”,所以,他把这些学说归结为“禅学”,并且进而从认识论方面评论禅学之失。指出:“有心必有意,心之官则思,是皆出于天命之自然,非人之所为也。……彼禅学者惟以‘顿悟’为主,必欲扫除意见,屏绝思虑,将四方八路路头一齐塞住,使其心更无一线可通,牢关固闭,以冀其一旦忽然而有省,终其所见不过灵觉之光景而已,性命之理实未尝有见也,安得举此以乱吾儒穷理尽性之学哉?”(《困知记》续卷下)在这里,罗钦顺敏锐地指出湛甘泉受禅学思想影响很深,而禅学的弱点在于否认人的感觉器官与客观事物相接而产生的感觉、知觉、印象、思虑,终止正常的思维活动,以期达到所谓顿悟的境界。

应该指出的是,罗钦顺在这里将感觉、知觉以及思维的能力都看作“天命之自然”,这就肯定了感觉和经验的合理性,具有唯物论的意义。把这样的观点运用于伦理学的范围,他提出这样的看法:“夫目之视、耳之听、口之音、身之动,物虽未交而其理已具,是皆天命之自然,无假于安排造作,莫非真也。及乎感物而动,则有当视者有不当视者,有当听者有不当听者,有当言者有不当言者,有当动者有不当动者;凡其所当然者,即其自然之不可违者,故曰真也。所不当然者,则往往出于情欲之使然,故曰妄也。真者存之,妄者去之,以此治其身心,以此达诸家国天下,此吾儒所以立人极之道而内外本末无不一贯也。”(《困知记》续卷上)这段话集中体现了罗钦顺以感觉论为基础的伦理观,包含有这样几层意思:①感觉属于“天命之自然”,不能否定,称为“真”;②在感觉(自然)的基础上产生的行为有符合伦理道德和不符合这种规范的两种情况,前者称“当”“真”,后者称“不当”“妄”;③调节感觉欲望以达到存真去妄,这是儒者的最高道德修养及人生目标。这里最值得注意的一点,是罗钦顺将感觉与伦理规范相联系,提出“当然”出于“自然”,把感觉欲望与伦理规范统一起来而不是对立起来,显示出与理学家的区别。

罗钦顺运用上述观点批评禅学,指出他们否认感觉,不可能解决伦理观上“何者在所当存”“何者在所当去”的问题,是一种虚妄的看法。

罗钦顺对理学和心学的批评,为后人留下了宝贵的思想资料。从罗钦顺的思想中我们看到:明代中期理学异端的思想重心表现在理气观上,其他观点大都由此引出;这些思想资料不仅为明末清初的反理学思想家所利用,而且为近代戊戌变法以前的进步思想家所借鉴。

## 第四节　王廷相的生平及其思想

王廷相像

王廷相(1474—1544 年)字子衡,号浚川,又号平厓,河南仪封(今河南兰考)人。他少年时就以诗、文出名,22 岁中举,弘治十五年(1502 年)登进士第,选为翰林庶吉士,后授兵科给事中,从此开始了他 40 年的仕途生涯。

王廷相为人正直,不阿权贵,仕途中两次受到宦官的迫害被贬。武宗正德年间,他曾历任监察御史(巡按陕西)、松江府同知、四川提学佥事、山东提学副使等职。世宗嘉靖年间,他历任湖广按察使、山东右布政使、副都御史(巡抚四川)、南京兵部尚书加太子太保等职。嘉靖二十一年(1542 年)因勋臣郭勋事牵连,罢官回到故乡,后 3 年卒。穆宗隆庆初年得以平反,诏复原职,赠少保,谥肃敏。

王廷相一生坚持读书与著述。高拱《浚川王公行状》记载王廷相写作的情形说："在翰林有《沟断集》，为侍御有《台史集》，在赣榆有《近海集》，在松江有《吴中稿》，在四川有《华阳稿》，在山东有《泉中稿》，守制时有《家居集》，在湖广有《鄂城稿》，为侍郎有《小司马稿》，在南京有《金陵稿》……"可见王廷相在著述上用力之勤。他的著作还不止上述，大都收入明嘉靖十五年刊刻的《王氏家藏集》中，该集包括《家藏集》41 卷，《内台集》7 卷，《慎言》13 卷，《丧礼备纂》2 卷，《雅述》2 卷，共 34 册。解放后侯外庐等编有《王廷相哲学选集》[①]。

王廷相的一生，经历了成化、弘治、正德、嘉靖四朝。面对社会的各种矛盾，他主张革除时弊，这与罗钦顺有相似之处。他认为："人君侈费无度，常赋不充，必至加敛暴征，则民之蓄积耗而生计微，则家贫无所恋爱"，于是"困极为盗，势所必至"(《雅述》上篇)。如果"由今之道而不变其俗，则民穷盗起而国事日非"(张卤:《少保王肃敏公传》)，他还用黄巾军、红巾军等农民起义的教训提醒统治者，表现了一定的历史眼光。他认为，"惠民之政，而立政之本则存于农"(《家藏集 · 刻齐民要术序》)，由此提出崇尚节俭、抑制豪强、稽核户籍等改革措施，企图从经济问题入手，解决社会政治问题。

王廷相注重实际的思想倾向，也反映于学术思想研究的领域中，他对当时的学风，提出尖锐的批评。他说："近世好高迂腐之儒，不知国家养贤育才将以辅治，乃倡为讲录良知，体以天理之说，使后生小子澄心白坐，聚首虚谈，终岁嚣嚣于心性之玄幽；求之兴道致治之术，达权应变之机，则暗然而不知。"(《雅述》下篇)很显然，上述的批评既针对程朱，也针对陆王。王廷相把程朱、陆王的学说归结为"讲求良知，体以天理"，是一个精确的概括，这也是继罗钦顺之后对理学两大派学说的又一次严厉批评。王廷相把学术研究的目的归结为"兴道致治"，这同他在文学诗歌创作问题上主

---

① 《王廷相哲学选集》由科学出版社 1959 年出版，1965 年中华书局增补再版。

张"文以载道"是一致的。这样的观点虽未超出儒家治国平天下的传统理想,但在良知天理之说甚嚣尘上的社会环境中,含有重视研究实际的意义,也是明末清初经世致用之学的开端。

## 第五节 王廷相的气本论

王廷相在理论上对理学的批评,集中在理气论上。他所批评的重点,是程朱学派,特别是朱熹的学说。

(1)他批评了理在气先的唯心主义本体论,提出"元气为道之本"的观点。

理能生气或理在气先,是朱熹理气论的基本观点。针对此,王廷相探讨了"理能生气"说的学术思想根源,他指出:"世儒谓理能生气,即老氏道生天地矣。谓理可离气而论,是形、性不相待而立,即佛氏以山河大地为病,而别有所谓真性矣,可乎?不可乎?由是,本然之性超乎形气之外,太极为理而生动静阴阳,谬幽诬怪之论作矣"(《慎言·道体》)。这里,一方面说明"理能生气"说与佛、老之说的思想渊源关系,另一方面也指出了与"理能生气"所直接相关的其他错误观点,即性、气二元论以及"太极为理而生动静阴阳"说。

王廷相认为天地的本原为"元气",他的基本命题是:"元气者,天地万物之宗统。有元气则有生,有生则道显。故气也者,道之体也;道也者,气之具也"(《慎言·五行》)。这里所说的"道"与"理"同义,因为在王廷相看来,程朱一派所说的理在天地之先与老、庄所说的道生天地是同义语。元气既为天地万物之宗统,那么在元气之上就没有主宰,"道"也只能以元气为本。这样,才能把被宋儒颠倒了的虚实再颠倒过来。王廷相说:"愚谓天地未生,只有元气;元气具,则造化人物之道理即此而在。故元气之上无物、无道、无理。"(《雅述》上篇)这样的观点,坚持了气一元论的唯物主义宇宙观。

（2）王廷相批评了程朱“万物一理”的观点，提出“气一则理一，气万则理万”以及“理因时致宜”的思想。

二程强调“万物皆是一理”（《河南程氏遗书》卷十五），朱熹承袭了这样的观点，把理不仅仅看做是万物的本原，而且还是包括自然界和人类社会在内的共同规律和准则。王廷相则从气本论出发，力图打破理的一统天下，他说：“天地之间，一气生生，而常有变，万有不齐，故气一则理一，气万则理万。世儒专言理一而遗理万，偏矣”（《雅述》上篇）。这里需要注意的是，王廷相把理的常、变建立在气的常、变基础之上，对宋儒所讲的理的凝固性和权威性提出了挑战，他说：“天有天之理，地有地之理，人有人之理，幽有幽之理，明有明之理，各各差别”（同上）。以上举出六个方面来说明理的多样性，否认理的凝固不变和神秘性。这里王廷相不仅说明了理的多样性，而且用“幽有幽之理，明有明之理”表露出理在不同场合的变易，这种看法无疑是否定了天理至上论。王廷相把这种思想运用于对社会历史的看法上，阐述了进化的历史观，他认为没有一成不变的“理”，在不同的历史时期，有不同的“理”，因此，“理因时致宜，逝者皆刍狗”，没有永恒的“理”（见《雅述》下篇）。

王廷相理气论的思想资料来源是张载的理气观。他继承张载“虚空即气”的观点，提出“天内外皆气，地中亦气，物虚实皆气，通极上下造化之实体也。是故虚受乎气，非能生气也；理载于气，非能始气也”（《慎言·道体》）。在这里有两个字用得很具有哲学意味：一个是“理”不能（产）生气；再一个是“理”不是气的“始”（基），这就比张载前进了一步。

张载说过：“知太虚即气，则无‘无’”（《正蒙·太和》），否定佛、老以无为本，以有为空的论点。而对于人们平常所说的有无，张载解释为由于人的感官作用的结果，即“客感客形”与“无感无形”（见《正蒙·太和》），这种说法虽然有所依据，但由于仅仅从认识论的角度解释有无，会给唯心主义留下空隙。王廷相克服了这种缺点，他从客体的不同层次上立论，提出“道体不可言无，生有有无”的观点。他认为，从宇宙的本体来说，气是万物的来源，气是真实的存在，不能就是“无”。但从具体事物的变化来说，当某一物存在时，我们称它为“有”；当它在变化过程中消失时，我们称它为“无”。这就是王廷相所说：“即其象，可称曰有；及其化，可称曰无，而造化之元机实未尝泯。故曰道体不可言无，生有有无”(《慎言·道体》)。把这里的意思翻译成哲学语言，也即只有规定性的具体的无，而无抽象的“纯无”。

王廷相对气的思考并没有就此止步，他进一步提出了“气无灭息”的观点。他说：“气有聚散，无灭息。雨水之始，气化也，得火之炎，复蒸而为气；草木之生，气结也，得火之灼，复化而为烟。以形观之，若有有无之分矣，而气之出入太虚者，初未尝减也。”(《慎言·道体》)气有聚散的观点出自张载，王廷相在肯定这一观点的同时，进一步提出“气无灭息”，则比张载更进一步。特别值得我们注意的是他列举了气的三种存在形态：雨水、烟气、草木，并指出它们之间的转化，进而肯定地提出转化的结果是“初未尝减”，这其中表现出对物质三形态(液态、气态、固态)转化以及物质不灭的初步科学认识。

王廷相在气本论问题上对张载某些观点的发挥不是偶然的。对宇宙本体论的哲学认识，离不开思想家的自然科学素养和科学求实的学风；而在这些方面，王廷相都是同时代人中的佼佼者。他对于当时的自然科学有较深的修养，其中对于天文学、音律学和农学则有独到的研究，著有《岁差考》《玄浑考》《律尺考》《律吕论》等，并为贾思勰《齐民要术》作序。除此，他对汉代以来天文学的成果也做过搜集和研究。他继唐代柳宗元《天对》之后，作《答天问》95首，阐述元气本体论的唯物主义宇宙观。王廷相以自然科学为基础，阐述哲学的元气论，它反过来又给予自然科学家以宏观的指导。明代中期在王廷相之后，有不少自然科学家都承认和采纳具有唯物主义性质的元气学说，著名的像《本草纲目》的作者李时珍、《天工开物》的作者宋应星都是如此。

## 第六节　王廷相的人性论及知行观

在人性论方面，王廷相从气一元论的立场出发，指出“论性也，不可以离气”（《横渠理气辩》），这正是对程朱学派的一种批评。他认为，人性依附于人的形气（即形体），而不是“别有一物”。他这样论述：“仁义礼智，儒者之所谓性也。自今论之，如出于心之爱为仁，出于心之宜为义，出于心之敬为礼，出于心之知为智，皆人之知觉运动为之而后成也。苟无人焉，则无心矣，无心则仁义礼智出于何所乎？故有生则有性可言，无生则性灭矣。”（《横渠理气辩》）从这里可以看出，王廷相认为，人的形体产生精神活动，而精神活动产生出道德伦理观念。如果没有形体，没有精神活动（包括知觉活动和思维活动），也就谈不上道德观念。这实际上是自然的人性论，强调了精神活动对于生理感官的依赖，认为人性是从人的自然形体中产生出来的。这种观点看到了人的自然属性对于人的社会属性的基础地位。

王廷相还提出“凡人之性成于习”（《答薛采君论性书》）的观点。他很强调“接习”和“实历”的作用。所谓“接习”，是指“心”借助感官与外界事物相接触。王廷相这样发挥说：“夫心固虚灵，而应者必借视听聪明，会于人事而后灵能长焉。赤子生而幽闭之，不接习于人间，壮而出之，不辨牛马矣；而况君臣、父子、夫妇、长幼、朋友之节度乎？而况万事万物、几微变化不可以常理执乎？彼徒虚静其心者何以异此！”（《石龙书院学辩》）这里所说的“徒虚静其心者”，主要是指自南宋陆象山以来的“心学”观点。在王廷相看来，如果人的感官不与外界接触，思想的器官（“心”）也就不可能获得资料。如果把一个人幽囚起来，不与社会接触，他肯定会变成傻瓜。因此，“心学”所主张的“致良知”其实只是一种不切实际的观点。所谓“实历”，是指亲身经历。王廷相举例说，坐在房子里是学不会“操舟之术”的。要掌握“操舟之术”，只有亲自在船上练习。他指责那些“徒泛讲而无实历者",是不会有真知识的。

王廷相的认识论观点,正是建立在对程朱、陆王两派认识论观点批评的基础之上,上文所引的《石龙书院学辩》,就是一篇典型的文章。石龙书院当时是王廷相的友人黄绾讲学的地方,王廷相写《学辩》送给书院,并"请揭之院壁,以为蒙引,使后生来者,脱其禅定支离之习,乃自石龙书院始"(同上)。

禅定与支离本是程朱、陆王两派学者的互相攻讦之词,而王廷相将二者一齐否定,他提出的观点,是"知行兼举"。他说:"学之术有二,曰致知,曰履事,兼之者上也。"(《慎言·小宗》)他承认人的认识能力与认识方法存在差异,例如,有人有"博文之力",有人有"体事之功",还有的人能"师心独见,暗于道合",但不论怎样,要"精于仁义之术,优于尧舜之域,必知行兼举者能之"(同上)。这里的"知行兼举"在形式上与王守仁的"知行并进"相似,但细加考察,就会发现两位思想家使用知、行范畴的不同含义。

(1)王廷相所指的"知"是后天之知,并非德性之知、良知。王廷相在《雅述》上篇专门批评了"德性之知"的观点,他把"知"分为"天性之知"和"人道之知",指出:"婴儿在胞中自能饮食,出胞时便能视听,此天性之知,神化之不容已者。自余因习而知,因悟而知,因过而知,因疑而知,皆人道之知也。父母兄弟之亲,亦积习稔熟然耳"(《雅述》上篇)。可见,天性之知仅仅指人具有的生理作用,其他的"知"都是学习积累的结果。总之,王廷相不承认有先天的知识,不承认不学而知,不学而能。

(2)王廷相所指的"知"有一个积累深化的过程。他说:"夫神性虽灵,必借见闻思虑而知;积知之久,以类贯通,而上天下地,入于至细至精,而无不达矣。虽至圣莫不由此。"(《雅述》上篇)这里的"积知""以类贯通"就是"知"的深化过程,上面所讲的由悟而知,由疑而知都包含有这层意思。王廷相还认为,认识的深化是必然的,因为"耳目之闻见,善用之足以广其心,不善用之适以狭其心"(《慎言·见闻》)。可见,王廷相对"知"的论述已初步接触到感性认识(耳目之闻见)与理性认识(心)的关系问题,并且对此有了比较正确地表述，他说："广识未必皆当，而思之自得者真；泛讲未必吻合，而习之纯熟者妙。是故君子之学，博于外而尤贵精于内，讨理而尤贵达于事"(《慎言·潜心》)。这里对识与思、讲与习、外与内、理与事之间关系的论述，具有辩证的观点。

王廷相的思想，在明中期的思想界是独树一帜的。这一时期，正是学术思想领域中朱学走向衰落、王学走向兴起的时期，他不像罗钦顺那样打着朱学的旗号去批评理学，而是对朱、王两派学说都持批评态度，卓然自立于理学的潮流之外，是一位既有求实精神，又富于独立思考精神的思想家。

王廷相的学问范围广博，在文学上也负盛名，与著名文学家李梦阳等并称"七才子"(即明前七子)。在创作思想上，他号召"文以载道"，反对"刻意模古"，主张"无意为文者，志专于道，虽平易疏淡，而其理常畅，云之变化，湍之喷激，窍无定象可以执索，其文之至矣乎!"(《王氏家藏集·石龙集序》)这些观点中所反映出的反对形式主义，推崇自然之理的美学倾向，和他的整个思想是相吻合的。

# 第四章　明末学术思想的分化及清初思想

## 第一节　阳明学派的特点与王学的分化

王守仁的学说在明代中期传播甚广，其传人遍及大江南北。根据黄宗羲《明儒学案》所记，王门后学至少有六大支系，即：浙中王门（浙江地区）、江右王门（江西地区）、南中王门（江苏、安徽部分地区）、楚中王门（湖南、湖北部分地区）、北方王门（河南、山东地区）、粤闽王门（广东、福建地区）。除此六派之外，《明儒学案》中还立有《止修学案》与《泰州学案》，皆师承王门而又别立宗旨。

王门各派的出现，标志着明末学术思想的分化，也说明这一时期学术思想的活跃。

王门各派弟子所讨论的共同性问题是“致良知”问题。在这个问题上，他们有的强调“彻悟”，把王学进一步向禅学发展；有的强调“修行”；也有的主张吸取朱学，减少王学与朱学的不同点。

在王门各派学者中间，最重要的是浙中王门、江右王门和泰州学派。

（1）浙中王门。浙中是王守仁的家乡，王学首先在这个地区发展起来。其代表人物，在早期有徐爱（1487—1517 年，王守仁的女婿），后期则有钱德洪（1496—1574 年）和王畿（1498—1583 年）。钱、王二人在传播王学方面,下了很大的功夫,他们曾两次放弃科举考试,专心就学于王门。当时,四方士子从王守仁学习者,往往先由他们辅导,而后卒业于王守仁,因此被称为"教授师"。钱德洪"在野三十年,无日不讲学",王畿"林下四十余年,无日不讲学",二人的一生,大部分时间是在读书讲学中度过的,讲学范围扩展到吴、皖、赣、楚、闽等广大地区。

(2)江右王门。王守仁长期在江西做官,因此在江右有一大批弟子,代表人物有邹守益(1491—1562 年)、罗洪先(1504—1564 年)、聂豹(1487—1563 年)、王时槐(1521—1605 年)等人。这一派学者对王学传播特别得到黄宗羲的称赞,他说:"姚江之学惟江右为得其传……盖阳明一生精神,俱在江右"(《明儒学案》卷十六《江右王门学案·序》)。这一学派是强调"致良知"的"工夫",反对王畿那种不用力气的一彻便悟的方法,认为只有通过艰苦的下工夫阶段,才有可能把握住"良知"。

(3)泰州学派。泰州学派的创始人是南直隶(今江苏)泰州人王艮(1483—1541 年)。王艮原名银,字汝止。其父是煮盐的灶丁(又称亭子),王艮本人也当过灶丁,后来从事商贩活动,家道日裕,便利用早年学过的知识诵读《孝经》《论语》《大学》等儒家经典,初步创立了自己的思想体系。当他听到别人称其学说与王守仁相近时,便从家乡赶到江西拜见王守仁,经过辩论,终于折服而师事之。后来泰州学派传播王学颇为得力。

泰州学派代表人物除王艮外,还有其子王襞以及韩贞、颜钧、罗汝芳、何心隐、耿定向等,主要活动在南直隶、江西两省。泰州学派的讲学,不问对象,举凡织妇耕夫、工匠商贾,都可以学习,因此,这一学派的思想在下层社会传播较广,是一个具有平民色彩的学术团体。

整体上,阳明学派的特点可简要概括如下:

(1)师生之间可以相互辩论,淡化师道尊严。其中以王艮为代表。王艮师从王守仁有一个从疑到信的过程。他见王守仁时已经 38 岁,并且有若干独立的学术见解,所以他不像一般学生见名师那样的拘谨和诚惶诚恐,而是要通过相互辩论来决定自己的取舍。其中有两件事对他触动很大。据杨起元《证学编》卷三记载,王艮穿着自制的五常冠、深衣来见王守仁,从而引发了双方如下的一段对话:

"你戴的是什么帽子?"

"有虞氏冠。"

"穿的是什么衣服?"

"老莱子服。"

"为什么穿戴这套冠服呢?"

"表示对父母的孝心。"

"你的孝贯通昼夜吗?"

"是的。"

"如果你认为穿戴这套冠服就是孝,那么脱衣摘冠就寝时,你的孝就不能贯通昼夜了!"

"我的孝心在心里,哪里在衣冠上呢?"

"既然不在衣冠上,何必把衣冠穿戴得如此古怪呢?"

经过了这一问一答,王艮无言以对,表示"敬受教!"这次辩论,是在语言逻辑上的交锋,王艮自知理屈,表示"受教",但并未信服。

另一件事是《年谱》所载,王守仁向王艮讲授了"致良知"的心学宗旨,由于王艮以前不知道有关"致良知"的许多道理,听后大受启发,十分感叹地说:"'简易直接予所不及',乃下拜而师事之"。但回到馆舍以后,感到自己考虑不周,拜师太轻率了,次日又与王守仁"反复论难,曲尽端委","觉往持循之过力也",觉得以往太自负、自信了,于是"心大服",遂下拜"执弟子礼",这一次他是真正地信服了(见《明儒王心斋先生遗集》卷三)。

王艮师从王守仁的十年,是他疑中求信、信中求疑的十年,也是他在学术上成熟的十年。所以王守仁很赞赏王艮"有疑便疑,可信便信,不为苟从”的态度，于是，他给这个从东北方来的学生，改名为艮，又取《易·艮卦·彖辞》“艮，止也”之义，命其字为汝止，教育王艮行止得当，动静适时。

(2)王门之间可以各抒己见，不受陈规束缚。以王门四句教为例，这是王守仁于晚年提出的四句话：“无善无恶心之体，有善有恶意之动，知善知恶是良知，为善去恶是格物。”(首见于《全书》卷三《传习录·下》，但前两句各多一个“是”字)它概括地表达了王学的基本思想，也是他对一生为确立学派的经验总结。因这些话是在绍兴天泉桥上对王畿和钱德洪讲说的，故又称“天泉证道”。

王门四句教，可以概括为如下公式：即心→意→知→物。在此之前，王守仁曾说：“身之主宰便是心，心之所发便是意，意之本体便是知，意之所在便是物”(《全书》卷一《传习录·上》)。这里说的心，就是指无善无恶的心之体，是良知未发的本然状态；意，就是指意念、欲望，从而也就有了善意或恶意。这是良知从内向外的流行发用，所以说“有善有恶意之动”。知，就是“知善知恶”的良知，它是“意之本体”，可以指导意的走向。“为善去恶是格物”，良知虽能知善知恶，但必须通过“意”才能“为善去恶”，用意“格物”，说明物应该是这样或那样的存在，自然“意之所在便是物”了。

王守仁自己对四句教，极为重视，并谆谆告诫高足弟子钱德洪与王畿，今后立教，千万不要违了此四句。正是这二位高足弟子首先对四句教提出质疑，双方发生了“四无”与“四有”之争。王畿不赞同王守仁所说四句教。他认为其中存在着理论上和逻辑上的矛盾。他指出，“若意有善恶，毕竟心体还有善恶在”(《全书》卷三《传习录·下》)，如果说，意是有善有恶的，而意又是由心体产生的，难道心体没有善、恶吗？为了解决这个体用不一的矛盾，他提出心、意、知、物的“四无说”，即“心体既是无善无恶，意亦是无善无恶，知亦是无善无恶，物亦是无善无恶”(《全书》卷三十三《年谱》，《传习录·下》的文字与此稍异)。这里不仅否认了意的有善有恶，而且也否定了

“良知”的知善知恶,把“良知”看作是类似佛教、道教的“虚寂”。

在他看来,“良知”既是“万事万化,皆从此出”的“虚寂”的本体,那么,它的作用也只能是“不涉思为”(《王龙溪全集》卷十七《渐庵说》)。所以,他强调本体即作用,本体即工夫,提倡抓住本体,“在心上用功”,忘物忘己,不辨是非,才是简易直截、彻底的修身养性之法(见《明儒学案·浙中王门学案二·语录》)。他的这一系列言论,在当时就引起了王守仁的不满,说王畿“只去悬空想个本体,一切事为,俱不着实,不过养成一个虚寂,此个病痛,不是小小。”(《全书》卷三《传习录·下》)

钱德洪则主张“四有”说,认为心、意、知、物是有而非无。他批评王畿“不思动与不动,只在自心,不在事上拣择。致知格物工夫,只须于事上识取,本心乃见。心事非二,内外两忘,非离却事物又有学问可言也。”(《明儒学案·浙中王门学案一·钱德洪论学书》)王守仁认为,钱德洪是在为有善有恶的人立教,要求他们在为善去恶上下工夫,有忽视本体的局限性。可见,“四无”与“四有”的分歧,实际上是对师说的不满。“四无”修正了四句教的后三句,认为重重叠叠,过于繁琐,没有把无善无恶心之体一以贯之;“四有”修正了四句教的第一句,认为怎么可能从无善无恶中产生出善、恶,使人难以理解,有不重视“工夫”之嫌(详见《王龙溪全集》卷一《天泉证道记》)。这样,就把四句教都修正了。

明末由王学分化出来的泰州学派很有特色,其代表人物是王艮等。王艮关心的是良知问题。王守仁及其多数弟子都以良知为人的道德本能,而王艮则以良知为人的生理本能。他曾赋诗一首叙述广大灶户衣食住行无一不苦的状况:“白头灶户(按:指盐丁)低草房,六月煎盐烈火旁,走出门前炎日里,偷闲一刻是乘凉。”(《东台县志》卷十八《盐法》)为此,他竭力将其师所倡扬的人的自主、自尊、自信的精神,用于为下层群众争取生存权的实践。

王艮的主要著作被编入《明儒王心斋先生遗集》。从哲学思想看,这一学派主要接受的是陆王心学的理论。盐丁出身的王艮,由于自身的知识水平所限，缺乏对理论的兴趣，而对社会现实问题有强烈的关注。他把王学的理论贯穿到日常生活中，“以日用见在指点良知”，也就是说，用吃饭捧茶、行人过路一类日常生活来说明良知本然自有的道理，形成自己的特色。其基本思想命题是所谓“淮南格物”说和“百姓日用之道”。

所谓“淮南格物”，即泰州学派对“格物”论的解释（按：泰州地处淮南）。王艮说：

> 格物，知本也；立本，安身也。安身以安家而家齐，安身以安国而国治，安身以安天下而天下平也。

又说：

> 身与天下国家，一物也。惟一物而有本末之谓。格，絜度也，絜度于本末之间，而知“本乱而末治者否矣”，此格物也。（以上均见《王心斋遗集》卷三《答问补遗》）

从以上引文分析，淮南格物论可以概括为两个要点：一是人身与天下国家为一物，应认识到物之本末；二是格物即是要认识根本，立本方可以安身，由此才可以实现家齐、国治、天下平。即要求人人做到安身立本。

王艮的“安身”说包含有一些新思想，其中蕴含了争取人的生存权利和维护人的尊严的思想。王艮讲“安身”，首先是指物质生活条件上的“安”，即要求吃饱穿暖，能够生存下去。他说：“人有困于贫而冻馁其身者，则亦失其本而非学也。”（《王心斋遗集》卷三《语录》）王艮还提出尊身、爱身和保身，反对辱身、害身、失身，他说：“若夫知爱人而不知保身，必至于烹身割股、舍生杀身，则吾身不能保矣”，“吾身不能保，又何以保天下国家哉？”（同上，《明哲保身论》）这种观点，从一个侧面反映了明中叶以后社会动荡、各种社会矛盾加剧所带来的下层群众对人身安全的关心。其次，王艮从安身论推论出人己平等和爱人的思想。为此他强调两点:一是“我之不欲人之加诸我”,二是“吾亦欲不加诸人”。前者是指自己应该具有独立人格、思想和意志,不为他人所限制和束缚,这才是“安身立本”,“明德止至善”。后者是指应当尊重他人的独立人格、思想和意志,不强加于人,这才是“安人安天下”,“亲民止至善”。王艮从人己平等出发,提出爱身就要爱人,而且要“爱人直到人亦爱”(同上,《语录》)。他说:“爱人者,人恒爱之”,如果“人不爱我,非特人之不仁,己之不仁可知矣”(同上,《勉仁方》)。所以,他反对“适己自便”“利己害人”,而主张反己自责。

泰州学派另一个具有特色的理论命题,是“百姓日用之道”。

“百姓日用之道”又称“百姓日用即道”或“百姓日用之学”。这一命题比起“淮南格物”说,平民的特色更加明显,因为这个命题首先就是以“百姓”为本。王艮把“百姓”的日常生活视为“道”,否认“道”的神圣性与神秘性,还认为“百姓日用”是检验“道”的标准,“圣人之道”以“百姓日用”为旨归。

王艮所说的“百姓日用之道”,从内容上看,不仅具有道德精神的内涵,而且包括百姓的基本物质生活要求。他说:“即事是学,即事是道。人有困于贫而冻馁其身者,则亦失其本而非学也。”(同上)所谓即事,即不脱离生活日用;在生活日用中,温饱又是首要的。这些说法很明显地反映了下层百姓的生存权利要求。

王艮认为,“百姓日用之道”虽然就在百姓日用生活中间,但并非为百姓人人所知。这是因为他们没有学习,不知道这个道理。因此“圣人”的责任,在于“以先知觉后知”,使“愚夫愚妇皆知所以为学”(同上,卷四《王道论》)。这里包含有发展平民文化教育的要求。

泰州学派在哲学的基本主导思想上没有摆脱心学,但这一学派的创始人王艮不甘心于做一名灶丁和商贩,而要做一名传播文化知识的“圣人”,这件事本身就是对封建正统思想的挑战,因此,王艮的思想一出现,就遭到王守仁的严厉批评。黄宗羲总结说:“阳明先生之学,有泰州、龙溪而风行天下，亦因有泰州、龙溪而渐失其传。”其失传的原因，按黄宗羲的说法，“泰州、龙溪时时不满其师说”，王畿把心学引入禅学，而王艮则从心学中孕育出一些非心学、反心学的因子，培养出一批“能以赤手搏龙蛇”“非名教所能羁络”“掀翻天地，前不见有古人”的理学反对派（《明儒学案·泰州学案一》）。王艮以后出现的颜钧、何心隐、李贽，就成为封建名教的叛逆者，这预示着“实学”新思潮的诞生。

## 第二节　李贽对封建专制思想的抨击

泰州学派的后学中，何心隐（1517—1579 年）、罗汝芳（1515—1588 年）、李贽（1527—1602 年）是比较突出的人物。何心隐跟从颜钧学习王艮的“立本之旨”，以至放弃科举，他曾提出一些乌托邦式的社会思想，并因主张讲学自由，反对政府禁止讲学的横暴政策而遭到缉捕，被杀于武昌。罗汝芳以“赤子之心”为学术宗旨，以人的自然生理本能解释人性，反对人性的先天不平等说，他用自己的观点解释儒家经典，提出了一些与理学相对立的观点。

李贽像

李贽的思想比上述二人更加激进。李贽，字卓吾，又号笃吾，泉州晋江（今属福建）人。其祖先在明初曾受命从事航海出使等任务，祖、父母辈都是熟悉商业活动的伊斯兰教徒。李贽 26 岁时中举人，但官运不佳，51 岁时任云南姚安知府，3 年后辞职，携家居湖北黄安，其挚友耿定理死后，移居湖北麻城龙潭湖上的芝佛院，专心从事讲学与著述。李贽晚年的讲学活动受到群众欢迎，但他也因此遭到统治者的不满和迫害。最后其芝佛院被毁，李贽在 76 岁高龄时以“惑世诬民”的罪名被捕于通州（今北京通县），后自杀于狱中。李贽的主要著作有《焚书》《续焚书》《藏书》《续藏书》和《九正易因》等。

李贽少年时代受到的儒家正统教育较少,自称“自幼倔强难化,不信道,不信仙释,故见道人则恶,见僧则恶,见道学先生则尤恶”(《王阳明先生道学钞》附《王阳明年谱后语》)。李贽中年时在北京读过王守仁的书,还听过泰州学派的学者赵贞吉讲学,此后,他先后与泰州学派的焦竑、耿定理、罗汝芳等人交往,并以王艮之子王襞为师。但他以“异端”自居,敢于嘲笑封建统治阶级的“圣人”和儒家经典,他的批评触及到当时的社会矛盾,其思想具有封建叛逆者的特色。

李贽对“六经”《论语》《孟子》等儒家经典,抱着蔑视的态度,说这些书“非其史官过为褒崇之词,则其臣子极为赞美之语;又不然,则其迂阔门徒,懵懂弟子,记忆师说,有头无尾,得后遗前,随其所见,笔之于书”,大半非圣人之言;即便出自圣人之口,也不过是因病所发的药石,并非万世之至论(《焚书》卷三《童心说》)。他还指出,这些经典,后来只是“道学之口实,假人之渊薮”,并不能“目之为经”,应当允许后人怀疑其谬误(同上)。

李贽在否认经典神圣性的同时,还反对神化孔子。他说,孔子是一个人,别人也是人,不必什么事都去求教孔子,“若必待取给于孔子,则千古以前无孔子,终不得为人乎?”因此,他宣称不能以“孔子之是非”为原则,而必须打倒盲从的教条,建立“今日之是非”。他说:“咸以孔子之是非为是非,故未尝有是非耳。”(《藏书·世纪列传总目前论》)

李贽的《藏书》《续藏书》,有许多地方与封建正统思想针锋相对,用他自己的是非标准来衡量古今人物。他否定儒家的独尊地位,为墨、荀、韩、申等诸子百家翻案,抛弃理学家的“道统”之说,把二程、朱熹摒弃于“德业”之外;与此同时,他称赞一些一向遭受正统思想贬抑的历史人物,如秦始皇、桑弘羊以及农民起义领袖陈胜、窦建德等,充分表现出反对传统偏见的胆识。他说:“天幸生我大胆,凡昔人之所忻艳以为贤者,余多以为假,多以为迂腐不才而不切于用;其所鄙者、弃者、唾且骂者,余皆以为可托国托家托身也。其是非大戾昔人如此,非大胆而何?”(《焚书》卷六《读书乐并引》)

李贽揭露了理学的虚伪和无用。他以“饰致于外，务以悦人”来概括理学家的言行，斥责他们用道貌岸然的外表来掩盖内心的虚伪和自私：“阳为道学，阴为富贵，被服儒雅，行若狗彘”(《续焚书》卷二《三教归儒说》)。当时的大官僚、官至户部尚书的耿定向与李贽有交往，李贽在给他的信中公开指出他言行不一：“试观公之行事，殊无甚异于人者。……及乎开口谈学，便说尔为自己，我为他人；尔为自私，我欲利他；……翻思此等，反不如市井小夫，身履是事，口便说是事”(《焚书》卷一《答耿司寇》)。李贽对耿定向的批评，代表了他对理学家的一般看法。

在对理学进行批评的同时，李贽也提出了对人性及道德问题的看法。

在人性问题上，李贽主张“圣人”与“凡人”平等。他说：“侯王不知致一之道与庶人同等，故不免以贵自高。……人见其有贵有贱、有高有下，而不知其致之一也。曷尝有所谓高下贵贱者哉?”(《老子解》下篇，《卓吾先生李氏丛书》)这里指出，凡人与圣人一样，都可以达到道德上的最高境界，没有贵贱高下之分，这就否定了等级人性论。

李贽还主张男女平等。他写有《答以女人学道为见短书》，说：“不可止以妇人之见为见短也。故谓人有男女则可，谓见有男女则可乎？谓见有长短则可，谓男子之见尽长，女人之见尽短，又岂可乎?”(《焚书》)这在当时是极其大胆的言论。李贽不仅如此说，而且还招收过女弟子，公开向世俗观念挑战，因而招致代表正统思想的道学先生的大力诽谤和攻击。

李贽继承泰州学派“百姓日用即道”的观点，把理学家所宣扬的伦理最高原则“理”还原为百姓日常生活。他说：“穿衣吃饭，即是人伦物理。除却穿衣吃饭，无伦物矣。世间种种，皆衣与饭类耳，故举衣与饭而世间种种自然在其中，非衣饭之外更有所谓种种绝与百姓不相同者也。”(《焚书》卷一《答邓石阳》)这是对“天理”的轻视与对人欲的肯定。他认为“礼义”不应是外在的强制与规定，而应当是自然的流露。他说：“情性，则自然止乎礼义，非情性之外复有所谓礼义可止也，惟矫强乃失之，故以自然为美耳，又非于情性之外复有所谓自然而然也。”(《焚书》卷三《读律肤说》)这里所阐述的，实际是一种自然主义的美学观。

从肯定穿衣吃饭以及人的情性出发，李贽进一步从抽象的高度肯定了“私”。他说：“夫私者，人之心也。人必有私，而后其心乃见，若无私，则无心矣。”（《藏书》卷三十二《德业儒臣论》）还说，耕田者奋力治田，是因为以收获为“私”，读书人则以进取功名为“私”，做官的人以官爵俸禄为“私”，所以，“私”成为人生的唯一动力。他还列举历史上的伯夷、太公、韩信、陈平等人的事迹，说明“财之与势固英雄之所必资，而大圣人之所必用也……即知势利之心亦吾人秉赋之自然”（《卓吾先生李氏文集》卷十八《明灯道古录》卷上）。从这种人人皆以私欲为本性的观点出发，李贽把理学家奉为偶像的孔子描写成为俗人，他指出：孔子虽然自称“视富贵如浮云”，但实际上则“得之亦若固有”。孔子相鲁仅仅3个月，就穿上了“素衣麑裘，黄衣狐裘，缁衣羔裘”，可见，“谓圣人不欲富贵，未之有也”（同上）。李贽的结论是：“圣人亦人耳。”

李贽不仅肯定人人皆有的共同欲望，而且主张“任物情”，即承认每个人都有自己的个性，应当允许其自由发展，这种要求反映了当时市民阶层的思想意识。

李贽对封建正统思想的批评，还停留在伦理道德范围内，而在理论思维方面，则显得比较薄弱。因此，他对封建礼教的批评，主要依靠王学的个体意识和禅学思想，他还找不到抨击封建思想的有力的理论武器。

李贽富于个性意识的思想在晚明具有重要影响。他在诗文和文学批评方面，直接启发了三袁（袁守道、袁宏道、袁中道）的“公安派”。李贽反对当时摹古的文风，指责这种文风是“以假人言假言，而事假事、文假文”，主张文学创作必须出自“真心”，这种文学理论是抒发其个人“情性”的哲学观点的引申。公安三袁提倡以卓见真情为文，在晚明文坛放一异彩，正是受了李贽思想的影响。在戏剧方面，著名戏曲剧作家、《临川四梦》的作者汤显祖对李贽也深致敬意，他的“为情作便”的戏曲创作，与李贽的思想是合拍的。在通俗文学方面，李贽也有首倡之功，他评点了《水浒传》,虽然最后仍拘守于君臣之义,但对当时的社会问题有所分析。他还赞扬了有反抗封建礼教意义的《牡丹》《西厢》《红拂》等传奇作品,对晚明通俗文学的繁荣起了促进作用。

## 第三节　明末党社运动与刘宗周思想

明中期以后的讲学活动,随着商品经济的发展和交通的便利而不断扩大,16 世纪中叶以后,中国社会出现了以讲学为表现形式的文化革新运动;在知识分子的讲学活动背后,孕育着反对封建专制主义的思想文化内容,因此,讲学活动多次遭到统治者的禁止和镇压,被指称为"别立门户""聚党空谈"。

泰州学派的学者就曾热衷于讲学,接踵而起的东林学派,则利用了书院会讲的形式,从事具有政治色彩的集会结社活动。

顾宪成像

东林学派的主要领导者,大都出身于长江三角洲地区的工商业者家庭,顾宪成(1550—1616 年)、顾允成兄弟的父亲是无锡的商人;高攀龙(1562—1626 年)也是无锡人,祖辈以"治生"为家。他们对工商业者阶层是富于同情的,提出"恤穷人,体富民"的口号,主张"曲体商人之意"。他们以"东林书院"作为讲学和发表政见的阵地,因此史称"东林党"。

万历八年(1580 年),顾宪成中进士,即在北京组织了"三元会","日评骘时事"。万历十四年(1586 年),顾宪成又在无锡的泮宫讲学,"绅士听者云集"。大学士王锡爵责备他和朝廷的意见不合,指责说:"庙堂(按指朝廷)所是,外人(按指在野的学者)必以为非;庙堂所非,外人必以为是"。顾宪成则针锋相对,责备朝廷故意与民意作对。他说:"外人所是,庙堂必以为非;外人所非,庙堂必以为是。"万历二十六年(1598 年),顾宪成"与南浙诸同人讲学于惠泉之上",提出"联络天下之善士",组织会

“会”的主张。三十二年(1604年),顾宪成、高攀龙等重建无锡东林书院。顾宪成等人仿照朱熹的《白鹿洞规》作《东林会约》,在理学正宗的形式下,要求讲学的自由。《会约》说:“夫士之于学,欲农之于耕也。农不以耕为讳,而士乃以学为讳。农不以宋人之槁苗而移诟于耕,而士乃以某某等之毁行移诟于讲学,其亦舛矣?此其不必惑者也。不当惑而惑,昧也;不必惑而惑,懦也。协而破之,是在吾党。”这就把讲学看成士人的一种合法的权利。

东林学派不是放逸山林的隐者,也不是闭门读书的士人,他们的讲学活动具有鲜明的政治色彩。顾宪成提出“群”的作用,他说:“自古未有关门闭户,独自做成的圣贤,自古圣贤未有绝类离群,孤立无与之学问。吾群一乡之善士讲习,即一乡之善皆收而为吾之善,而精神充满一乡矣;群一国之善士讲习,即一国之善皆收而为吾之善,而精神充满一国矣;群天下之善士讲习,即天下之善皆收而为吾之善,而精神充满乎天下矣”(《东林书院志》卷三)。这里表达了他们希望通过讲学活动唤起人心,挽救日渐衰颓的世风的愿望。

按照《东林会约》规定,每年大会一次,每月小会一次。每会时,远近绅士联翩来集,“讲学之余,往往讽议朝政,裁量人物”(《明史·顾宪成传》),可见东林书院不仅是群士讲习的场所,而且是东林党人的政治活动中心。他们谴责朝政的腐败黑暗,特别反对阉党及其爪牙的专权乱政,反对矿税勒索搜刮,要求惠商恤民、减轻赋税、重视工商业的发展。著名的东林党人李三才在疏陈矿税之害时,竟敢指责皇帝,他说:“陛下爱珠玉,民亦慕温饱,陛下爱子孙,民亦恋妻孥。奈何崇聚财贿,而使小民无朝夕之安?”(《明史·东林列传》)

东林党人的政治活动遭到了封建统治者的镇压,万历年间(1573—1619年)就曾借李三才的事件而打击东林党人,天启年间(1621—1627年),宦官魏忠贤专权,对东林党人采取了残酷镇压的政策,捏造罪名大肆搜捕东林党人,许多人被迫自杀或冤死狱中,其中也包括黄宗羲的父亲黄尊素。

东林党人对社会现实问题的关心以及砥砺名节的精神是可贵的，但他们在理论上比较陈旧。在政治上，他们虽然敢于揭露封建专制制度的腐败，但又不敢从根本上去触动这一制度。在哲学思想上，他们不满于王学，企图折中于朱熹与王守仁之间，这也是他们在哲学思想上缺乏创新的表现，但他们在学术上对朱、王不抱门户之见，有求实的态度。

东林的活动趋于衰微以后，继之而起的是"复社"的更为广泛的集会活动。复社活动是以文人学士互相观摩八股制义的文社形式开始的。天启四年（1624 年），江苏太仓人张溥（1602—1641 年）会合张采、周钟等 11 人结成"应社"，影响逐渐扩大。至崇祯初年，以江浙地区为中心，先后有"匡社""超社""几社"等许多文社，统合于复社。崇祯六年（1633 年）由张溥主持，在苏州举行虎丘大会，从山左、江右、晋、楚、闽、浙各地赶来参加大会的有几千人之多。

复社以"期与四方多士共兴复古学，将便异日者，务为有用"（陆世议：《复社纪略》）为宗旨，他们的政治态度与东林党人大致相同。在崇祯朝以至南明时代，复社人物与当权的统治者（特别是"阉党"）进行了多次斗争，被称为"小东林"。崇祯十一年（1638 年），南京诸生 140 余人，以黄宗羲、顾宪成之孙顾杲等人为首，作《防乱公揭》[①]反对奸臣魏忠贤的遗党阮大铖，迫使阮大铖逃走。南明弘光朝，阮大铖复执政，复社人物遭到严重迫害。

东林与复社的集会讲学活动，反映了明末知识分子对时事的关心。东林党人的座右铭很有代表性："风声、雨声、读书声，声声入耳；家事、国事、天下事，事事关心。"他们对时事政治的关心反映了明末知识分子独立意识的增强现象。他们要求讲学自由，反对封建专制，主张发展工商业，这些思想具有启蒙意义。他们的思想，通过当时的思想家部分地折射出

① 揭，又称揭贴，指公开张贴的榜文。

来，刘宗周与黄宗羲是其中最重要的代表。黄宗羲的思想将专章介绍，以下简要介绍刘宗周的思想。

刘宗周像

刘宗周（1578—1645 年），初名宪章，字起东，号念台，山阴（今浙江绍兴）人，因讲学于山阴县城北的蕺山，学者称蕺山先生。明熹宗天启初年，刘宗周任礼部主事，支持东林党人，反对以魏忠贤为代表的“阉党”，因而被革职。崇祯时三次起用，结果由于他大胆揭发朝廷的弊政而被罢官。南明弘光朝，刘宗周再次起复原职（御史），由于抨击马士英、阮大铖，被逐出南京。清军占领南京、杭州后，他绝食而死。著作编为《刘子全书》《刘子全书遗编》。

刘宗周的哲学思想既受王守仁以及许孚远[①]的影响，但又不笃守门户之见。他对王学的态度，一生有过三次变化：开始怀疑王学近禅，其后转而笃信王学，最后又脱离王学，而“辨难不遗余力”。同时，他也指出朱熹有惑于禅学之处。他对程朱陆王都有所批评，表现了独立思考的精神。

刘宗周在自然观上接受了张载“虚空即气”的观点。他从“盈天地间，一气而已”的前提出发，反对佛老，批评程朱。他说：“有气斯有数，有数斯有象，有象斯有名，有名斯有物，有物斯有性，有性斯有道，故道其后起也。”（《明儒学案·蕺山学案》）此处的推论尽管十分繁琐，明显地带有“卦气”“卦象”等象数学的痕迹，但观其主旨，是想说明气在道之先。由此出发，他对理学提出了疑问：“而求道者，辄求之未始有气之先，以为道生气，则道亦何物也？而能遂生气乎？”（同上）

刘宗周的上述观点及其推论本之于张载，但他有比张载更进一步的地方：

（1）他上承南宋叶适，论述“道不离器”的观点。他说：“离器道不见，

① 许孚远，明万历时人，湛甘泉再传弟子，其学“笃信良知，而恶夫援良知以入佛”。

故道器可以上下言，不可以先后言。'有物先天地'，异端千差万错，从此句来。"（同上，《语录》）刘宗周指出理学在哲学上的错误是"有物先天地"。把他的"道不离器"观还原为现实，即是反对将学术、理论与现实社会生活割裂开来，这是东林以来明末进步思想家的共同要求。

（2）刘宗周在自然观上论述"有""无"的辩证观点。他吸取佛学"有无合一"的合理因素，抛弃以寂静虚无的"真如"为世界本原的宗教观点。他认为，盈天地皆气，气无形；如果从具体事物的产生看，可以说是从无到有；如果从事物的消亡看，可以说是从有到无。因此，在"有"中有"无"，在"无"中有"有"。事物的产生与毁坏相统一，在产生中有毁坏，在毁坏中有产生，"非有非无之间，而即有即无，是谓太虚，是谓太极"（同上）。这是对张载"虚即气"观点的深化，克服了虚即气、气即有观点的直观性，把"虚"看成"有"与"无"的统一，这就把气之"有"与具体万物之"有"作了一定区别，表现出朴素的辩证思维因素。

在人性问题上，刘宗周不同意理学家将人性区分为"义理之性"和"气质之性"，而力图将二者统一起来，他说："盈天地间一气而已矣。气聚而有形，形载而有质，质具而有体，体列而有官，官呈而性著焉"（《刘子全书》卷七《原性》）。这里从"气"出发，一步步地推论出"性"，用自然人性论的观点，批评理学的伦理道德观。同时，他还把人的欲望也归结为自然的本性，称之为"生机之自然而不容已者"，肯定了人欲的合理性。

刘宗周上述观点，后来由其学生陈确、黄宗羲等人进一步加以发挥。

刘宗周是晚明具有开明思想的知识分子的一个典型。他目睹官场及晚明社会的腐败，不愿意去做空疏无用的学问。据说，刘宗周在家中书斋门上题有"道证形而下"的联语，以表明他反对空谈形而上之道的学旨。他很强调"慎独""敬诚"一类的道德修养方法。东林与复社的知识分子，和刘宗周的思想有相通之处。他们对自己的人品有着极为严格的要求。

刘宗周在蕺山讲学，受业弟子很多，形成蕺山学派，黄宗羲、陈确、张履祥是其中重要的代表人物。黄宗羲所撰的明代学术思想史《明儒学案》首列“师说”一卷，一方面说明他对先师观点的重视，同时也说明刘宗周在学术史方面对他的全面影响。陈确敢于怀疑《大学》，在知行论、人性论方面提出一系列观点，与刘宗周对他的教育和影响有关。张履祥尊奉程朱之学，继承了刘宗周思想中消极的一面，成为清初理学代表人物之一，这也说明了清初学者思想的进一步分化。

## 第四节　陈确对理学的批评

陈确（1604—1677 年）字乾初，浙江海宁人，年少时不喜读理学著作，加之科举屡次落第，对功名利禄有所厌弃。40 岁时，从学于刘宗周，思想上发生重大变化。

陈确在学术生涯中的一件大事，是公开怀疑《四书》中《大学》与《中庸》的正确性与权威性，认为它们非圣贤经传。这种做法，遭到传统势力的攻击，连他的同学和好友也批评他，然而他坚信自己的观点，同世人展开了关于《大学》的一场大辨论。直到晚年卧病在床，也始终不屈。

陈确的主要著作有《大学辨》《性解》《俗误解》等，全部著作共 57 卷，编为《陈确集》。

陈确对理学的批评，主要有两个大的方面：一是以知行为主要问题对《大学》提出批评；二是深入探讨人性论。

陈确说：“《大学》言知不言行，必为禅学无疑。”（《大学辨》）根据这种认识，他不仅批评程朱之学，而且针砭了陆王之学。

针对《大学》中“致知”“知止”这两个命题，陈确指出：《大学》“虽曰亲民，曰齐、治、平，若且内外交修者，并是装排不根之言。其精思所注，只在‘致知’‘知止’等字，竟是空寂之学”（同上）。针对朱熹“如人行路，不见便如何行”的说法，他提出疑问：“能见屋内步，更能见屋外步乎？能见山后步，更能见山前步乎？”（《答张考夫书》）在这里他指出了“知”的相对性，以便突出“行”在认识过程中第一位的作用。他进一步说：“欲见屋外步，则必须行出屋外，始能见屋外步；欲见山前步，则更须行过山前，始能见山前步。所谓行到然后知到者，正以此也。”(同上)陈确从人的直接经验出发，认为行在知先，没有脱离行的知。

陈确还论述了“行”是检验“知”的手段。他说：“学问之事，先论真假……真假之辨，只在日用常行间验之，最易分晓。”(《寄刘伯绳书》)理学家所讲的“天理”，他认为如果经不起“日用常行”的检验，也就成了假学问。

陈确还批评《大学》中“知止”的观点。所谓“知止”，是指《大学》中将“知”限定为“止于至善”的观点。朱熹借此命题强调人的知识以体认天理为最终归宿，由此一通百通。针对这种观点，陈确说，天下的道理无穷，一个人的认识是有限的，仅凭一个人怎么能穷尽天下之理呢？

首先，陈确提出“天下之理无穷”的理论命题，意思是世界上的学问无穷，因而人的学习和认识也应当是没有穷尽的。可知“知止”之说，不能成立。他指出认识在时间和空间上都没有穷尽。其次，陈确用“一人之心有限”之说，批评朱熹的“豁然贯通”之说。他认为，人们求学要用一生的时间，每天有每天的收获，不能一旦豁然贯通，就把天下的道理全都认识清楚了。

陈确指出，要做到“穷理”，必须“知行俱到”。他在回答朋友的书信中说：“盖必知行俱到，而后可谓之穷理耳。弟窃语同学：学固不可不讲，然毋徒以口讲，而以心讲；亦毋徒以心讲，而以身讲，乃得也。”(《答张考夫书》)这里所谓“身讲”，就是指的“行”，知与行、认识与实践相互促进。

陈确批评理学的另一个重要方面，是人性论问题。

他不赞成程朱理学将人性分为天地之性与气质之性。他不承认有所谓的“性善之本体”。他认为人性包括气、情、才三个方面。他解释说：“心之有思、耳目之有视听者，气也。思之能睿，视听之能聪明者，才也”，“由性之流露而言谓之情”(《气情才辨》)。可见气是指人的感觉器官和思维器官的本能作用；而人的思想能逐渐深化，感觉能变得敏锐，这是后天的作用，叫做“才”，要做到这一点，要靠学习。总之，人的感觉器官和思维器官的本能作用与后天的锻炼作用相结合,这就是“情”,它是人性的表露。

陈确还批评了朱熹的“气禀清浊说”。他指出:

> 气之清浊,诚有不同,则何乖性善之义乎?气清者无不善,气浊者亦无不善。有不善,乃是习耳!若以清浊分善恶,不通甚矣!(《气禀清浊说》)

他把“清浊”与“善恶”加以区分,也就是将人的自然本性和道德属性区分开来,不承认人性中有与生俱来的道德性。并用“气清者无不善,气浊者亦无不善”之说,肯定了人人皆可以为善,世界上没有天生的圣人,也没有天生的恶人。

陈确还借用《易传》中“继善成性”的命题,对他的人性论观点加以阐述和发挥。他认为“继善”是指继“一阴一阳之道”,即人的自然本性,它还不是完备的道德之善,因此要“成之”。如何“成之”?他借用《易》中元、亨、利、贞,资始,流行、各正,葆合等范畴,把人性看成同自然一样的变化发展过程,人性的充实和完美,不是一蹴而就的,而要经历长时间的学习和锻炼。

陈确肯定人的正当情欲,对有些理学家摧残人性的禁欲主义加以批评。他援引师说,指出:“山阴先生(指刘宗周)曰:‘生机之自然不容已者,欲也;而无过无不及者,理也。’此百世不易之论也”(《无欲作圣辨》)。肯定人欲是自然而然的,无法消灭,只要用正当的方法加以满足,这就是合理的。理就在欲中,他说:“盖天理皆从人欲中见,人欲正当处,即是理”(《寄刘伯绳书》)。他也论证了“无欲”“禁欲”由于违反自然而显得不合理。他说,人们通常认为佛道之徒“无欲”,但实际上,这些人“多欲”。一个是想脱离人世的拖累,以求清净;另一个是妄想长生不死,这不是更大的欲望吗?他指出:“真无欲者,除是死人。”(同上)

陈确十分重视"存天理,去人欲"的观点所产生的不良社会作用。他说:"君子小人别辨太严,使小人无站脚处,而国家之祸始烈矣,自东汉诸君子始也。天理人欲分别太严,使人欲无躲闪处,而身心之害百出矣,自有宋诸儒始也。"(《近言集》)这些话在当时被视为"异端"而遭到理学末流的攻击和谩骂,从反面证明陈确具有远见卓识。

## 第五节　博学的思想家——方以智

方以智像

方以智(1611—1671 年)字密之,号曼公,晚年为僧时号无可,又称愚者、药地等。安徽桐城人。他出身于名士世家,曾祖父与泰州学派有一定关系。祖父及父亲方孔炤均为名士兼官吏,和东林党人关系密切。方以智在年少时就参与社会活动,对明末的腐败政治不满。

方以智在明崇祯年间(1628—1644 年)中进士,任翰林检讨。明亡后,他逃奔南明弘光、永历朝廷,遭到权臣迫害。清军入广东,他隐居于友人严伯玉家,严伯玉因此被捕受刑,他于是又出走,在梧州出家为僧。

方以智的著作现存 20 余种,除哲学外,还有音韵学和医学方面的。主要著作有早期的《通雅》《物理小识》,晚期的《东西均》《药地炮庄》《易余》《周易时论合编》等。

方以智的博学,突出地表现在他所著的《通雅》和《物理小识》中。这两部著作,包括天文、数学、地理、生理、医学以及文学、艺术、语言文字等各方面,荟萃古今知识之大成。在《通雅》卷首,方以智写道:"古今以智相识,而我生其居。考古所以决今,然不可混古也……生今之世,承诸圣之表章,经群英之辨难,我得以坐集千古之智,折中其间,岂不幸乎?"这点明了《通雅》的写作意图是会通综合当时的各种知识。由此他主张打破儒、佛、道三教的界限,兼综各家之长。

方以智所吸取的知识并不限于三教,也包括当时刚刚传入的西学。例如,在他的《星土说》(见《浮山前集》)中,介绍了地圆的知识:“尝考地球之说,如豆在脬,吹气则豆正在中,其理然也”。在《东西均》的《源流》篇,他还根据地圆说,对地球上水的循环提出一种独特的见解。

为了纠正舍物托空的倾向,方以智提出要学习西方传来的自然科学知识。他说:“太西质测颇精,通几未举,在神明之取郯子耳。”(《通雅·读书类略》)他又说:“借远西为郯子。”(《物理小识·总序》)郯子,是春秋时期朝见鲁国国君的使者,传说孔子曾向他学习,方以智以此比喻当时来华的传教士。方以智本人就和法国传教士汤若望(Adam Schall Von Bell 1591—1666 年,1662 年来华)交往密切,共同研讨过天文学。方以智曾读过不少西学译著,据美国现代学者彼德逊(W·T·Peteson)统计,《物理小识》中约有 5% 的篇幅援引了当时传教士的资料;《通雅》中也有零星摘引。方以智引用西学,是经过思考和选择的。例如,他介绍汤若望《主制群征》中对人体骨骼、肌肉的叙述,而将其中上帝创造世界的说教删除了。

方以智对于西学,有他自己独到的见解。他使用“质测”和“通几”两个概念表述他对中西之学的看法。他认为,天地间的一切,包括人心,也包括天地本身,都是“物”,这个“物”,相当于科学研究的对象。对于这些对象,探讨它们的性质和作用,现象和变化,这就叫“质测”;而探究它们隐藏于现象背后的本质(“以费知隐,重玄一实”)则是“通几”的任务(见《物理小识·自序》)。由此看来,他所说的“质测”,大体上相当于我们今日所说的描述性的科学,而“通几”则类似于我们所说的理论科学和哲学。他认为,科学和哲学是相通、相互依存的,即所谓“质测即藏通几者也”。他指出,西学“详于言质测而拙于言通几”,所以应吸取其“质测”科学的内容,并给以补充,因为“彼之质测犹未备也”。这种对西学的评论是就方以智本人所接触到的西学知识而言的。

方以智注意吸取西学的质测之学,他力求把哲学思想建立在对自然科学的理解基础上。他著《物理小识》,记叙自然科学知识,"随闻随决,随时录之,以俟后日之会通"。所谓"会通",即以科学的原理加以贯通。他认为,无论天文、地理的自然现象如何奇异,都是可以"会通"的。

他认为,宇宙间的一切都有其规律性,有时从表面观察似乎变幻无定,但这仅仅是现象,不是本质。他说:"天地之象至定;不定者,气蒙之也。天地之数至定;不定者,事乱之也。达者始终古今,深观时变,仰察蒙气,俯识乱事,而权衡其理,则天官备矣。"(《物理小识》卷一《天类·天象原理》)这里他指出星象有时似若无定,这是由于观测的"气"的干扰;人事有时似若无定,这是由于偶然因素的干扰。人们如果排除这些干扰的因素,就不难发现其间的规律,从而认识事物的本质。

在当时的历史条件下,方以智还不能像近代学者那样,提出新的唯物主义自然观。他仍然沿用古代气一元论的自然观,但他由此向前推进一步,提出一种火的一元论唯物自然观。他认为,火是事物的本体,也是运动的原因。他说:"天恒动,人生亦恒动,皆火之为也。……天与火同,火传不知其尽。"(《物理小识》卷一《天类·火》)"凡运动皆火之为也,神之属也;……凡滋生皆水之为也,精之属也。"(《物理小识》卷一《天类·水》)这里所说的"精神",实际上是物质运动。他又说:"两间惟太阳为火,而月、五星皆属水。人身骨肉血脉皆水,惟阳火运之则暖,暖气去则死矣。……进而言之,精气,皆水也;神,火也。"(《物理小识》卷三《人身类·水火反因人身尤切》)可见,他认为火是最根本的元素。

关于火的一元论观点,在方以智的著作中有很多论述,他的这种观点,是受到中医理论的启发的,早在金元之际的著名医学家朱震亨就提出过类似的观点。方以智这方面的论述,归结起来,大致有如下内容:①火是具有物质性的存在,②火具有永恒性与普遍性,③火具有内在矛盾性。这些观点中,火具有内在矛盾性特别值得注意。他说:"物物之生机皆火也。"(《药地炮庄·养生主评》)把火的运动作为事物存在和发展的原因。

方以智的思想中具有丰富的辩证思维因素。这集中反映在他的"合二而一”的命题中。

“合二而一”的命题,见之于《东西均》一书的《三征》篇,其中讲到事物的运动规律时说:

> 交也者,合二而一也;轮也者,首尾相衔也;凡有动静往来,无不交轮,则真常贯合,于几可征矣。

又说:

> 交以虚实,轮续前后,而通虚实前后者曰贯——贯难状而言其几。

这里首先要分析“交”“轮”“几”几个概念的意义。所谓“交”,指二物的相互联系,二物在相互联系中构成一个整体,因此说合二而一。所谓“轮”,指事物的运动,由于运动的趋势和状态难于表述,故称之为“几”。在其著作中,他曾反复论述“一而二”,“二而一”的观点。他说:“一切法皆偶也”(《药地炮庄·齐物评论》),又说:“一不可量,量则言二,曰有,曰无,两端是也。虚实也,动静也,阴阳也,形气也,道器也,昼夜也,幽明也,生死也,尽天地古今皆二也”(《东西均·三征》)。方以智的这种观点虽然缺乏自然科学的论证,但却是对自然和社会现象的正确概括和总结。他认识到一切事物都是由两个相互排斥的对立面组成。

值得注意的是,方以智在论述一而二、二而一的观点时,还注意到矛盾双方的主次地位及其转化。他举日月为例说:“日月并照,而地之内,惟日为主,月与星汉皆借日为光。以日行成岁,以日成昼夜,以日成寒暑,月岂敢并日哉?”(《东西均·公符》)他论交、轮、几时所说的“交以虚实”,也是指这层意思。在《东西均》的《颠倒》篇中,方以智还分析了阴阳的颠倒转化问题。他指出,由于阴阳的交互作用,事物内部是可以转化的:“处处有交互,则处处有颠倒也,有贯之者也”。他还举时间为例,说:“推见(现)在之前际,即过去之后际;推见(现)在之后际,即未来之前际;此一天地未生前,即前一天地已死后;此一念未生前,即前一念已死后;今日之子时前,即昨日之亥时后”(《东西均·三征》)。这也就是他在论交、轮、几时所说的“轮续前后”“首尾相衔”,这种观点论述了时间的连续性和不间断性。

方以智是一位学识渊博的思想家。他去世后,其著作长期湮没,《明儒学案》《汉学师承记》《清学案小识》《清儒学案》等都未将他列入,其著作流传不广,直到20世纪50年代末,经过侯外庐先生的发掘和研究,方以智的思想才受到重视。

# 第五章　黄宗羲的思想

## 第一节　简释“实学”

学术界将明末清初社会思潮中的主流,有称之为“实学”的,也有称之为“早期启蒙思潮”的。这些提法和理论概括都有学术意义。

所谓“实学”,其思想特征,大体是:

(1)社会现实的巨大变动,促使一些博古通今的思想家和学者们离开他们的书斋,去研究社会的现实问题。这些思想家的代表,都有丰富的社会实践经验。不是书斋培育了他们,而是社会现实的需要,给予了他们智慧。

(2)明末清初的大思想家们所涉足的学术理论领域极其广泛,从历史到现实,从政治法律到哲学经学,从文字学到地理学,从西方科技到中国格致之学等,他们都有所探讨与论述。其著述之宏富,研究范围之广泛,在中国思想史上都带有明显的特色。他们都著作等身,从学术到思想提出了许多开创性见解;不论是哲学理论的探讨,还是具体现实问题的研究,最后都归结到经世致用这一点上。所以,用“实学”来概括他们的学风,比较准确。

(3)明末清初大思想家们深入研究过宋、明理学,从其中吸取了一些理论思维方法,但对理学的若干范畴和思维方式又作了改造。例如理学对《易》学的利用和改造,成为其理论来源之一。而清初大思想家又对被理学改造过的《易》学作了重新研究,这不是简单地回到《易》学本身,而是上升到一个新的理论高度。如果说,理学对《易》学的改造,使对于"性与天道"的研究更加抽象化和理论化;那么,清初实学思潮对理学的《易》学的改造,使《易》成为贯通自然和人生的哲理,而且为人们从宏观上去认识自然和人生提供了方法论的依据,要求人们实事求是地去分析自然和人生诸问题。这种改造和创造,充分显示出清初大思想家的认识深度和广度。他们将中国古典哲学中的自然之义和"有对"之学推进到一个新的高度。

(4)明末清初大思想家们的思想体系可称之为"会通"之学,即融会贯通了各家各派的学说。他们对中国思想史上的诸家学派都有所评论,有所摒弃,有所吸收,有所改造。这种"会通"之学之所以产生,大都是在社会历史发生重大变革之际。如春秋战国和西汉初期,如明末清初之际。因为社会历史的急剧变化,使人们(特别是思想家们)不能不去重新评估以往的学说思想,不能不在融会诸家之说的基础上有所创新,以便适应时代发展的需要。

明末清初实学思潮具有尊重中国思想学说的实事求是的精神,重视经世致用,重视生生不息,重视积极进取,重视理论深度,重视开辟学术研究的新领域。既不墨守前人的观点,又不忘记从前人那里汲取营养,带有明显的重视人的理性、启迪人的智慧的特点。

除了重视人的理性外,其中某些思想家明确将"君"和天下、国家分开,强调"天下为主,君为客",主张"以天下之权寄天下之人",国家治理不能局限于"一姓之私",而应体现出"天下之公"等,都具有反封建君主专制的性质,属于朦胧的民主意识。他们还强调个人利益、欲望、情感甚至生物性作为人性内涵的必要性、合理性、重要性,反对"灭人欲"的禁欲主义倾向,表现出朦胧的个人权利意识。朦胧的理性意识、民主意识、权利意识,正是中国早期启蒙思潮的主要内容和标志。法国启蒙思想家针对欧洲中世纪宗教神学的独断统治,以人反对神,以理性反对信仰,这成为西方启蒙思潮的主要内容。结合中国古代中世纪宗教神学不发达而君主专制独盛的历史实际,在早期启蒙思想家那里,觉醒的个体自觉意识,不能不表现为以“民”或“天下”对抗“君”的专权,以个人合理的“私”(其实是真正的公)对抗君权代表的所谓“公”(其实是君主个人的私),以人人自然具有的、合情合理的实理,批判有“精致的信仰”(马克思语)色彩的、虚玄的抽象“本体”。反封建专制,反形而上的玄学(包括批判佛老在内),这一中国早期的启蒙思潮内容,和尊重理性、独立思考的中国近代启蒙思潮内容,形成前后相继的两个启蒙思想史发展阶段:两个阶段共同构成中国启蒙思潮的核心内容,也充分体现出启蒙思想的中国特色。

## 第二节 黄宗羲的生平及其著作

黄宗羲像

黄宗羲(1610—1695年)字太冲,号南雷,学者称梨洲先生。浙江余姚人。黄宗羲生活的明清之际,正如他自己所说的,是一个“天崩地解”(《留别海昌同学序》)的时代。这种环境,使他不可能长期坐在安静的书斋里钻研学问。他的经历坎坷不平,据黄炳《黄梨洲先生年谱》卷首《自题画像》说:“初锢之为党人,继指之为游侠,终厕之于儒林,其为人也,盖三变而至今”。

所谓“初锢之为党人”,是指他作为东林党的子弟及其复社的成员,同党人一起反对朝廷宦官权贵的斗争。黄宗羲的父亲黄尊素,就是著名的东林党人,因弹劾权阉魏忠贤而死于诏狱。黄宗羲继承父辈的遗志,继续与朝廷权阉进行斗争,崇祯元年(1628年),他曾“袖长锥,草疏,入都讼冤”,用铁锥刺伤仇人,成为东林子弟中的领袖人物。崇祯十一年(1638年)秋,黄宗羲又作为首领之一,参与了顾杲、吴应箕等140余人联名公布

《留都防乱公揭》事件。《留都防乱公揭》针对阉党阮大铖,使阮大铖不得已逃往城南牛首山,其后,阮大铖利用南明小朝廷东山再起,黄宗羲险些被害。在此之后,黄宗羲曾亡命日本,接着又投入抗清斗争,也即《自题画像》所谓"继指之为游侠"阶段。

黄宗羲参与抗清斗争前后共近10年时间,他曾率领家乡子弟数百人,组织"世忠营",失败后,遁入四明山塞,又随从明鲁王政权,与张煌言等进行匡复活动,直到顺治十年(1653年)鲁王去监国号,复国无望,他才致力于著述讲学。这一时期他恢复了先师创办的"证人书院",还在鄞县举办了"讲经会"。

黄宗羲是一位博学的思想家,一生勤于著述编纂,其全部著述可以分为两大类:一类是作者亲自撰写的;另一类是编辑他人的著作。据统计,他一生共编辑和撰写了约2000万字的著作,其中亲撰的专著和诗文有300多卷,300万字以上。黄氏著作涉及的内容十分广泛,包括哲学、史学、文学、天文、历法、地理、数学等方面,其中在哲学、史学(特别是学术思想史)方面的成就最为突出。

黄宗羲的著作,最重要的有《明夷待访录》1卷、《孟子师说》7卷、《葬制或问》《破邪论》1卷、《思旧录》1卷、《易学象数论》6卷以及学术史专著《明儒学案》与《宋元学案》[①]等。黄宗羲生前整理自己的著作,编成《南雷文案》,后又删定为《南雷文定》《南雷文约》。解放后陈乃乾先生分类重编了《南雷文案》等,名为《黄梨洲文集》,由中华书局出版。《明夷待访录》也有古籍出版社及中华书局的单行排印本。《黄宗羲全集》12册已由浙江古籍出版社从1985至2005年陆续出版。

黄宗羲的学问和思想,既有家学的渊源,又得力于明末江南大儒刘宗周。

黄宗羲的祖父"号鲲溟,以《易》为大师"(万期卞:《梨洲先生世谱》),父亲

① 《宋元学案》系黄宗羲未完成的著作,后由其子黄百家及全祖望完成初稿,后人校订而成。

黄尊素也是一位学者,家中藏书很多,同时黄宗羲又可以借到同乡钮氏世学楼、祁氏澹生堂、范氏天一阁的藏书,所以在少年时代就有较好的学习条件,为后来打下了良好的基础。其父被捕入狱前曾对他说:"学者最要紧是通知史事,可读《献征录》。"(梁启超:《中国近三百年学术史》)这在后来对他产生了很大影响。崇祯初年,黄宗羲入京为亡父讼冤归浙后,便从刘宗周学习,成为刘宗周门下的著名弟子。

## 第三节 《明夷待访录》的社会思想

顺治十年(1653 年),黄宗羲开始集中精力从事著述,用 10 年时间写成《明夷待访录》一书。

"明夷"二字,取自《周易》卦名,卦辞为"利艰贞",《彖传》解释说:"晦其明也,内难而正其志,箕子以之",也就是说"明夷"卦喻贤人处于艰难之境而志气不衰,这正是黄宗羲抗清斗争失败后的心态。他将自己对现实社会的批评与对未来社会的憧憬笔之于书,以待来访者;这正是此书的写作动机。

今本《明夷待访录》有《原君》《原臣》《原法》《置相》《学校》《取士》《建都》《方镇》《田制》《兵制》《财计》《胥吏》《奄宦》等 21 篇,所论范围涉及政治、经济、法律、军事、文化各个方面,而其核心思想,是对封建专制制度的抨击。

黄宗羲对封建君权作了解剖,他说:"古者以天下为主,君为客,凡君之所毕世而经营者,为天下也"(《原君》),这里"古者"是指三代以上而言,黄宗羲借此以抨击三代以下的封建君主专制制度。又说:"今也以君为主,天下为客,凡天下之无地而得安宁者,为君也",君主没有得到天下的时候,不惜"屠毒天下之肝脑,离散天下之子女",去搏取个人的"产业";得到天下之后,又不惜"敲剥天下之骨髓,离散天下之子女",压榨这份"产业"的"花息"。根据这样的推论,他得出结论说:"为天下之大害者,君而已矣”(同上)。

黄宗羲提出“天下为主,君为客”的命题,这个命题不同于古代儒家所谓“天下为公”与“民贵君轻”的说法,而含有新意:

(1)黄宗羲政治思想的出发点是“天下之利”。由此出发,他肯定了天下人之“私”,认为“自私”与“自利”是人的天然本性:“有生之初,人各自私也,人各自利也”。由此他痛斥君主专制“以天下之利尽归于己,以天下之害尽归于人”,“使天下之人不敢自私,不敢自利,以我之大私为天下之大公”(同上)。

(2)黄宗羲对君主制度敢于提出怀疑。他说:“为天下之大害者,君而已矣。向使无君,人各得自私也,人各得自利也。呜呼,岂设君之道固如是乎?”(同上)这种大胆的疑问是传统儒家思想中所没有的。

黄宗羲还批评了封建君权的另一个方面,即“君为臣纲”的伦理纲常。他指出,臣不是君之臣,不能“私其一人一姓”。他还说,人们出仕是“为天下,非为君也;为万民,非为一姓也”(《原臣》)。他敢于以“为天下”去否定“为君”,以“为万民”去批评“为一姓”,表现出和“君为臣纲”相对抗的倾向。在黄宗羲的理想中,“君臣”应是共同负担人民公共“利害”事务的人员。他比喻说:“夫治天下犹曳大木然,前者唱邪,后者唱许。君与臣共曳木之人也。”(同上)这里颇透出一点君臣平等的意思。

黄宗羲还探索了维护皇权的封建主义法律问题,其理论批评武器依然是“天下之利”。他指出,以此标准去衡量历代之法,即可看出“三代以下无法”(《原法》)。这并不是说三代以下没有法律条文,而是由于历代君主“既得天下,唯恐其祚命之不长也,子孙之不能保有也,思患于未然以为之法。然则其所谓法者,一家之法而非天下之法也”(同上)。就是说,这种“法”维护帝王一家的利益,与天下之利是不相干的。因此,“法愈密而天下之乱即生于法之中,所谓非法之法也”(同上)。黄宗羲明确指出历代之法并不是那么美好,那么神圣,他们只不过是“一家之法”而已。

黄宗羲揭露了明朝擢拔人才的诸种弊端,他说:“取士之弊,至今日制科而极矣”(《取士》上)。科举取士制度使读书人埋头于《四书集注》,玩弄文字游戏,丢开“经世致用”之学,埋没了人才。黄宗羲指出,有明一代,“功名气节人物,不及汉唐远甚,徒使庸妄之辈充塞天下,岂天之不生才哉?则取士之法非也”(《取士》下)。至于如何改进“取士之法”,他还提出了具体方案,但其理论意义不大,唯独关于“学校”的主张,表现出远见卓识。他认为学校不仅为了“养士”,而且应当成为独立的舆论机关,“天子之所是未必是,天子之所非未必非;天子亦遂不敢自为非是,而公其是非于学校”(《学校》)。这样,学校就成了“公其是非”的论坛,甚至比君主的权威还要大一些。这个观点虽是脱胎于东汉时太学生的清议与宋朝诸生的伏阙上书,但与此并不完全相同,因为黄宗羲着眼于探求限制君主权力的措施:一方面他想以学校作为监督政府的舆论机构;另一方面他又主张以推选出来的贤者担任有实际权力的宰相,以补救世袭君主的不贤。

黄宗羲在《明夷待访录》的《奄宦》篇中对明朝的“奄宦”之害作了淋漓尽致的揭露。他在《明夷待访录》中评论君权,大都是从抨击“奄宦”出发的,这一点和东林学派思想相似,不过黄宗羲还进一步指责了封建君主。但他并没有明白主张君主制度应当革除,只是要求改革政府机构,他说:“吾意为人主者,自三宫以外,一切当罢”(《奄宦》下),使“奄宦”无从施其技。又认为明朝的衰败,“自高皇帝罢丞相始”(《置相》),所以改革弊政,必须从设立宰相始,而宰相应当由贤者担任。

黄宗羲的理想政治蓝图是:“宰相一人,参知政事无常员。每日便殿议政,天子南面,宰相、六卿、谏官东西面以次坐。其执事皆用士人。凡奏章进呈,六科给事中主之,给事中以白宰相,宰相以白天子,同议可否。天子批红。天子不能尽,则宰相批之,下六部施行。”(同上)其中含有限制君主权力,防止“宫奴”(宦官)掌权的内容。至于君主立宪的设想,在黄宗羲那个时代尚未提到议事日程上。

总之,黄宗羲对封建君权的评论,如“天下为主,君为客”,出仕“非为一姓”,封建君主专制法律只是“一家之法”,应当“公其是非于学校”等,其中有不少的民主性精华。

在《明夷待访录》中，黄宗羲还提出一些有价值的经济思想，如主张“工商皆本”，主张货币与赋税的改革等。他在土地问题上主张恢复“井田制”，反对夺取富民的私有土地等。不过，这些方面的观点，在《明夷待访录》中都不如他对于君权的评论那样说理充分。

## 第四节 黄宗羲对理学的批评

黄宗羲晚年将注意力集中到学术方面，潜心研究理学、经学和史学。

黄宗羲晚年思想的基本精神，是对理学进行反省与批评。这种批评，是从经世的立场出发，结合着对明代学术思想的探究而得出，显示了史学家所具有的独特思想风格。

黄宗羲批评了理学学风。他说：“尝谓学问之事，析之者愈精而逃之者愈巧。……今之言心学者，则无事乎读书穷理；言理学者，其所读之书不过为经生之章句，其所穷之理不过字义之从违，薄文苑为词章，惜儒林于皓首，封己守残，摘索不出一卷之内，其规为措注，与纤儿细士，不见长短。天崩地解，落然无与吾事，犹且说同道异，自附于所谓道学者，岂非逃之者愈巧乎？”(《留别海昌同学序》，《黄梨洲文集》)这里说明无论是程朱理学抑或陆王心学，他们对理论的分析都很细密，使人抓不住他们的不足处，但他们的一个共同缺点是与社会实际脱节。他强调人们研究学术（学问之事）必须着眼于现实社会，表现出强烈的求实倾向。

从求实的立场出发，黄宗羲改造了王守仁的“致良知”说。他把“致”字解为“行”，将王守仁心学的本体学说改造为“工夫”的学说。他说：“‘致良知’一语，（阳明）发自晚年，未及与学者深究其旨，后来门下各以意见搀和，说玄说妙，几同射覆，非复立言之本意。……先生致之于事物，致字即是行字，以救空空穷理，只在知上讨个分晓是非。”(《明儒学案·姚江学案》)这里用“行”字解释“致”字，显然是黄宗羲的观点，而就王学本身来说，并没有解决朱学的"空空穷理，只在知上讨个分晓是非"之弊；在王学内部，之所以"各以意见搀和，说玄说妙"，正与王守仁"致良知"命题本身的抽象性直接相关。

黄宗羲在思想上保留有王学的痕迹，但更多的则是对王学的改造。在对于"心"的作用的看法上，就是一个突出例证。

在《明儒学案·序》中，黄宗羲有这样一段话：

> 盈天地皆心也，变化不测，不能不万殊。心无本体，功力所至，即其本体。故穷理者，穷此心之万殊，非穷万物之万殊也，……是以古之君子宁凿五丁之间道，不假邯郸之野马，故其途亦不得不万殊也。

如果孤立地看头一句话，好像确是王学"心外无物"的意思，但细究其内容，与王守仁对"心"的看法有很大的不同。在王守仁看来，具有"良知"的"心"，既是道德和真理的本原，也是万物的本原。王门诸子矻矻于致良知之学，多数人实际未超出对"心"（现实人心）的体认，离本心、良知都有距离。黄宗羲与王守仁及其多数弟子不同，在他看来，"心"的作用仅仅是知觉和思维，只有在"心"（知觉和思维）与其对象的结合过程中才能显示出本体，即真理。因此，他说："心无本体，功力所至，即其本体"，在这里，他强调本体（真理）是一个认识过程。这就摆脱了理学家把"理"看作是先天的、静止不动的观点，也抛弃了心学末流狂妄空疏的禅意。

由上述观点出发，黄宗羲又指出："穷理者，穷此心之万殊，非穷万物之万殊也，……是以古之君子宁凿五丁之间道，不假邯郸之野马，故其途亦不得不万殊也。"这就再次肯定了独立思考在认识过程中的重要作用。在他看来，穷理的过程，也就是"心"（知觉与思维）的思考过程，因此，穷理不应该是从"万物之万殊"中体认"一理"，而应该有各自的独立见解，这就是"宁凿五丁之间道，不假邯郸之野马"的意思。

关于气是宇宙存在的根本形态的观点，在黄宗羲的文集以及《明儒学案》《宋元学案》中可随处见到，例如"盈天地皆气也"(《明儒学案·蕺山学案》)，"天地之间只有一气"(《明儒学案·诸儒学案》)，"大化之流行，只有一气充周无间"(《与友人论学书》，《黄梨洲文集》)，"通天地，亘古今，无非一气而已"(《太极图讲义》，《宋元学案》卷十三引)等。这些说法，与罗钦顺、王廷相、刘宗周大体相同，很多处在文字上几乎一致，说明他采纳和吸收了前人的观点。

以气本论为基础，黄宗羲批评了分理气为二的观点。这里以他评论明初学者薛瑄为例。薛瑄以"日光飞鸟"喻理气关系，认为：理如日光，气如飞鸟，飞鸟载日光而飞行，故理气无先后可言，但日光并不与飞鸟同往俱灭，故气有聚散，理无聚散。这样的观点虽然认为理气无先后，但分理气为二，实质上是把理视为不变和永恒的，为主导，气则处于服从地位。而黄宗羲的看法是："盖以大德教化者言之，气无穷尽，理无穷尽；不特理无聚散，气亦无聚散也。以小德川流者言之，日新不已，不以已往之气为方来之气，亦不以已往之理为方来之理，不特气有聚散，理亦有聚散也。"(《明儒学案·河东学案(上)》)

这里的意思是说，从客观总体上来看，气与理同样处于守恒的状态，不存在谁有聚散的问题，从这样的观点来看，不仅理无聚散，气同样无聚散；但是，如果从具体事物来看，气与理同样处于日新不已的变动状态，同样有聚散的问题，就会看到不仅气有聚散的变化，理同样也处于变化之中。这样的观点阐述了理气的变化——"日新不已"，包含有辩证思维因素。

与薛瑄的观点类似，主张理为主宰的，还有王守仁弟子季本的"理阳气阴"说(详见《明儒学案·浙中王门(三)》)，曹端根据朱熹人马之喻而提出的"理驭气"说(详见《明儒学案·诸儒学案(上二)》)，等等，这些都受到黄宗羲的直接批评。他申明自己的观点说："理气之名，由人而造。自其浮沉升降者而言，则谓之气；自其浮沉升降不失其则者而言，则谓之理。盖一物而两名，非两物而一体也。薛文清(即薛瑄——引者)有日光飞鸟之喻，一时之言理气者,大略相同耳。"(同上)这段话点明:理与气作为概念(名),是不能与客观实在(物)相混淆的。①名产生于物之后,"由人而造";②现象之名(浮沉升降者)与法则之名(不失其则者)统一于物,故称"一物而两名"。而"两物而一体"的观点既没有解决名与物的关系,也没有解决现象与法则的关系。

# 第六章　顾炎武的思想

## 第一节　顾炎武的生平

顾炎武像

顾炎武(1613—1682年),江苏昆山人,原名绛,是明清之际又一位具有特色的进步思想家。明亡后,他改名炎武(又作炎午),因故居有座称“亭林”的园林,学者称他为亭林先生。

顾炎武的继嗣祖顾绍芾是一名普通的“监生”。这种环境使他从小受到严格的封建家教。顾绍芾对历史学和地理学颇有研究,又关心时政世事,曾长期阅读当时的官方报纸“邸报”,并亲手抄录,竟成25大册。顾炎武自小受到祖父的严格督导,他不仅诵读《四书》、诸子之书,读兵书、史书,还要抄书,并跟随祖父学习天文、地理、兵农等实际有用的学问。

明中叶以来的江南社会,生产发展,商业和手工业发达,文化生活也随之繁荣,成为人文荟萃之地。文人学士的活动之一,便是结社集会,这些文人的社团也常常议论朝政,甚至形成有影响的舆论力量,使学术活动带有强烈的政治色彩,东林书院就是这样的团体。继东林之后,复社又兴起,顾炎武与好友归庄在熹宗天启六年(1626年)一同参加了复社。顾炎武在参加复社的活动中,结识了许多志同道合的朋友,他在日后的长期奔波中,就利用了复社中的许多旧识和社会关系。而更重要的是,参加复社使他的视野宽阔了,这有助于他的学术研究。

明亡后,顾炎武同黄宗羲、王夫之这些爱国人士一样,积极投身于抗清的现实斗争。顺治二年(1645 年),他由别人的推荐,在南京的南明福王朝廷担任了“兵部司务”的小官职,接着便参加了苏州、昆山等地的武装反抗清军的战斗,但不久都以失败告终。在此之后的十几年(即顺治二年至十三年,1645—1656 年),顾炎武来往于长江下游的江南江北一带。

顺治十四年(1657 年),各地的抗清斗争逐渐转入低潮,许多进步思想家开始转入隐居著述的生活。顾炎武没有回到安静的书斋,而是远离家乡,去北方考察山川、拜师访友、搜访图书,做那些他认为切实有用的学问。

顾炎武在北方度过了 25 年,足迹遍及山东、河北、山西、陕西关中。他在艰苦的长途跋涉中进行着勤奋的学术耕耘。在北方,他的调查研究,大体上说来主要有:①对山东半岛中部(主要是青州)的历史地理情况,结合文献碑碣,进行了调查核实;②对明朝京师东北部、北部(山海关、居庸关、古北口、昌黎、蓟州)的历史地理形势以及用兵攻守成败的经过,做了调查研究;③对太行山(包括北岳恒山)作了反复的旅行考察,并且对山西也进行了南北考察;④对陕西关中地理形势、山川人情进行了调查研究。顾炎武将这些调查研究的结果写成了专著,如《营平二州史事》[①]《昌平山水记》《山东考古录》《京东考古录》等。

除了调查研究以外,在北方,顾炎武还结交了许多朋友,例如张尔岐、任唐臣、李因笃、王宏撰等,这些人中,有些是学有所专的大学问家。

顾炎武宁肯在极端困苦的条件下写作,也不愿受朝廷的招聘。康熙初年,大学士熊赐履主持“明史馆”,写信招聘他,他回答说:“愿以一死谢

① 原六卷,今仅存《营平二州地名记》1 卷。

公。最下，则逃之世外”。康熙十七年(1678 年)，诏举博学鸿词；次年，诏修《明史》，权贵荐举他，他都坚辞不赴。其思想深处区别了所谓“亡国”和“亡天下”，请看他的论述：

> 有亡国，有亡天下。亡国与亡天下奚辨？曰：易姓改号，谓之亡国。仁义充塞，而至于率兽食人，人将相食，谓之亡天下。……是故知保天下，然后知保其国。保国者，其君其臣肉食者谋之。保天下者，匹夫之贱，与有责焉耳矣。(《日知录》卷十三“正始”条)

由此可以看出，顾炎武的思想境界已经不是停留在叹息一个朝代的更替兴亡上，而是有了“保天下”的新观念，在这种“保天下”的观念中，不仅有反对清政府民族压迫与野蛮屠杀的具体思想内容，而且更上升到具有反对专制与暴政的意义。

对于明末的腐败政治，顾炎武抱着明确的批评态度。黄宗羲的《明夷待访录》，他“读之再三”，称赞说：“于是知天下之未尝无人，百王之敝可以复起，而三代之盛可以徐还”(《与黄太冲书》，见张穆《亭林年谱》)。他声称《日知录》中所论，“同于先生(按：指黄宗羲)者十之六七”(同上)。例如，在对君权的态度上，顾炎武就提出“以天下之权寄之天下之人”的命题。这种观点，说法上很委婉，实质上是反对君权的专制，他说：“封建之失，其专在下；郡县之失，其专在上”(《郡县论(一)》，《亭林文集》卷一)。顾炎武所反对的是“专权”。他批评说：“今之君人者，尽四海之内为我郡县犹不足也”(同上)，也就是说，用增强地方权力的方法来限制君主的专权。他还提出“守令四权”(辟官、莅政、理财、治军)皆不得由君主所独专的观点，他说：“必也复四者之权，一归于郡县，则守令必称其职。国可富，民可裕，而兵农各得其业矣”(《日知录》卷九“守令”条)。这样的见解，也是针对着君主专制的。

对于封建主义的官僚制度，顾炎武也痛斥其弊端，他指出：“无官不赂遗”“无守不盗窃”(同上,卷十三“名教”条)。他还猛烈抨击了与官僚体制直接相关的“生员”[①]制度,指出这种制度的种种弊端:①生员往往“倚势以武断于乡里”,与胥吏勾结,成为封建官僚的爪牙和帮凶;②生员的租税得到蠲免,增加了农民的负担;③考官与生员、生员与生员之间形成座师门生、同年同门等关系网。由于种种弊端,顾炎武主张废除生员制度,指出:“废天下之生员而官府之政清,废天下之生员而百姓之困苏,废天下之生员而门户之习除,废天下之生员而用世之材出”(以上均见《生员论》,《亭林文集》卷一)。

顾炎武所提出的种种改革方案中,最多的是关于“风俗”方面。他说:“治乱之关必在人心风俗”(《与人书(九)》,《亭林文集》卷四)。在《日知录》中,也多处论到风俗,他所说的风俗,范围相当广泛,涉及道德、人才、家庭、吏风、迷信等社会生活的许多方面,类似于今天我们所说的“社会风气”。他引用宋朝人的话说:“风俗者天下之大事。”(《日知录》卷十三“廉耻”条)他认为,风俗中最重要的内容是所谓“清议”。他列举了许多历史事实去说明“清议”的重要性。这样的观点虽然没有揭示出社会风气变化的真正原因,但却间接地反对了封建专制主义对言论自由的压制,主张封建士大夫有权议论政治的得失。

## 第二节　顾炎武对理学的批评及其学术上的成就

顾炎武特别注重学术的社会价值,认为理学是空疏无用的学问,它所导致的是家、国的覆亡。他将理学与魏晋的玄谈加以比较之后,批评说:

> 不习六艺之文,不考百王之典,不综当代之务,举夫子论学论政之大端,一切不问,而曰一贯,曰无言,以明心见性之空言,

---

① 生员,明清时代,凡经考试成为府、州、县学的学生,通称生员,俗称“秀才”。

代修己治人之实学。股肱惰而万事荒,爪牙亡而四国乱。神州荡复,宗社丘墟!(《日知录》卷七“夫子之言性与天道”条)

这里对理学的批评是从大处——即从关系到国家的安危着眼,表现出强烈的重经验与重现实的倾向。他所谓的修己治人之学,就是“习六艺之文”,“考百王之典”,“综当代之务”,这些“实学”在他自己的著作中得到很好的体现。

在一些哲学问题上,顾炎武与理学也有所不同。

(1)在理气、道器问题上,他主张气与器是第一位。他说:“盈天地间者气也,气之盛者为神。神者天地之气,而人之心也。”(同上,卷一“游魂为变”条)这里认为天地以“气”为本,“神”(精神)也是“气”的一种形态,否认了世界上有脱离“气”而存在的事物和现象,从而在逻辑上使理学家心目中至高无上的“理”失去了独尊的地位。

在关于“理”的看法上,理学内部程朱与陆王虽然有很大分歧,但前者讲“性即理”,后者讲“心即理”,实质上都把“理”视为超凡脱俗的神秘之物。顾炎武对理的看法是:“理具于吾心而验于事物,心者所以统宗此理而别白其是非。”(同上,卷十八“心学”条)这个看法是引述南宋思想家黄震[①]之说,顾炎武肯定这种观点,把理仅仅当做“具于吾心”的主观认识范畴,这个认识范畴既不是外在的,天启的,也不是内心所固有的,而必须是从事物中来(“验于事物”)。和这种思想相一致,顾炎武还多次提出“非器则道无所寓”(同上,卷一“游魂为变”条,“形而下者谓之器”条)的命题,否认有脱离具体事物的抽象本体。

(2)在心物、知行等问题上,顾炎武从实学的立场出发,同样表现出与理学的不同倾向。

顾炎武反对“用心于内”的心性之学。他说:“自宋以下,一二贤智之

① 黄震,字东发,浙江慈溪人,著有《东发日钞》(又称《黄氏日钞》),对理学有许多批评。

徒病汉人训诂之学，得其粗迹，务矫之以归于内，而'达道''达德''九经''三重'之事，置之不论。此真所谓'告子未尝知义'者也。”(《日知录》卷七“行吾敬故谓之内也”条)所谓内，是指宋明理学家的心、性学说，这是宋明理学的中心论题，它所探讨的范围，很少涉及传统儒学所说的齐家、治国、平天下的实际有用学问，也即顾炎武所说的达道、达德、九经、三重[①]之事，因此受到顾炎武的批评。当然，顾炎武所说的有用学问，并没有超出传统儒学的界限。

顾炎武反对“道统心传”之说。他指出：“心不待传。”心的作用是认识事物之理并作出判断，而事物之理又来自日常的经验(见《日知录》卷十八“心学”条)。

对于理学家争论不休的“格物致知”说，顾炎武虽然没有直接地批评，但他释“致知”为“知止”，以政治伦理的社会生活为“物”，间接地否定了理学家的“格物致知”说。他说：“致知者，知止也。知止者何？'为人君，止于仁；为人臣，止于敬；为人子，止于孝；为人父，止于慈；与国人交，止于信。'是之谓止，知止然后谓之知至，君臣父子国人之交，以至于礼仪三百，威仪三千，是之谓'物'。”(同上，卷六“致知”条)他对于“止”的解释，虽然搬用了《大学》的说法，但其用意，在于反对释“格物”为“穷理”(程朱)、释“格物”为“正心”(陆王)的结论，在一定程度上扩大了认识的范围。顾炎武的这种认识论观点，近乎荀子。他们都认为，人不必深入研究自然，顾炎武说：“以格物为多识于鸟兽草木之名，则末矣。知者无不知也，当务之为急”(同上)。这是一种狭隘的经验论，顾炎武的这种思想，一方面同他所处的时代密切相关，即社会的动乱使他对国家与民族命运的关心超过了一切；另一方面，也暴露出他不擅长理论思维的弱点。

顾炎武对理学的批评，除了以上两个主要方面以外，还注意到理学在形式上的一些特点，他对此也加以否定。

---

① 达道，指君臣、父子、夫妇、昆弟、朋友；达德，指智、仁、勇；九经，指修身、尊贤、亲亲、敬大臣、体群臣、子庶民、来百工、柔远人、怀诸侯。三语皆出自《中庸》。

例如，他反对“语录之书”。他说：“今之言学者必求诸语录。语录之书，始于二程，前此未有也。今之语录几于充栋矣，而淫于禅学者实多。然其说盖出于程门。”(《下学指南序》，《亭林文集》卷六)“语录之书”虽然不能说起源于二程，但以语录的形式编书，确实是宋明理学家的一个特色。例如二程的著作，有相当一部分是语录，如《河南程氏遗书》《河南程氏外书》，均为语录体，共37卷，由二程的弟子记录、朱熹所编定。又如朱熹，更堪称一位编语录的“专家”，他与吕祖谦合编的《近思录》，包括周敦颐、二程、张载的语录，是一部著名的语录汇编，对后世影响极大。再如王守仁的《传习录》，也是语录体的“典型”。语录之书，既有讲学答问，又有书籍摘编，这种文体具有灵活性的特点，有利于理学的传播；但语录的形式也往往因感而发，就事论事，或断章取义。对于学术上的这种现象，顾炎武认为，它脱离了传统学术轨道，“其术愈深，其言愈巧”(同上)，脱离了经世致用的精神。

顾炎武用通经以致用的精神批评理学，因此在哲学的理论思维方面，他就比不上同时代的王夫之。这是因为：①他的注意力主要放在史学、经学(文字考据)以及社会政治制度问题的探讨上，而对于涉及到认识论与本体论的哲学问题，下的功夫不深；②他为了反对理学的心性之说，注重见闻与经验的重要，但却忽视了“心性之说”中有理论意义的某些合理之处；③他运用古代儒学作为反对理学的思想武器，忽视了从生产与科学知识方面吸取营养，这也限制了他的理论思维的深度。

顾炎武所进行的学术建设，是以讲究实际有用为出发点，这就是我们一再提出的“实学”。这个实际，一是国计民生，一是踏踏实实的学问，从这两个方面出发，他取得了开创性的研究成果。这些成果，按照传统分类，主要表现在小学(语言文字学)、经学、史学方面，其中最有代表性的著作有三部，即《音学五书》《日知录》与《天下郡国利病书》。

《音学五书》是关于音韵学的著作。音韵学今天属于语言文字学的一个分支，在古人的学术分类中，与文学、训诂等同属于“小学”范围。顾炎武通过对字音的研究,进而研究字义,从而解决经书中的疑难,达到对经书的真正理解。这部著作共有五种,即:①《音论》3卷,是全书总纲性的部分,意在"审音学之源流",从历史的角度考察音韵的变化;②《诗本音》10卷,整理并订正《诗经》中的音韵;③《易音》3卷,订正《周易》中的音韵;④《唐韵正》20卷,考察由上古以至唐宋以后的历代音韵的发展变化过程;⑤《古音表》2卷,将古音分类罗列。以上共38卷,形成一个整体,于康熙六年(1667年)在江苏淮安雕版问世。其主要部分的写作年代,大约在顾炎武抗清斗争失败、流寓江南时期(1645—1656年)。这个时候顾炎武孜孜于音韵学的研究,不仅表现了艰苦力学的精神,而且还特别表现出他在学术思想方面的卓越创见,即:经学的研究必须从文字读音的基础工作开始。他提出:"读九经自考文始,考文自知音始。"(《答李子德书》,《亭林文集》卷四)所谓"考文",即文字的考察;所谓"知音",即对音韵的了解。他认为,经学的研究必须从文字下手,而文字的研究又必须以音韵为起点。其《音学五书》在音韵学的研究方面作出了创造性的贡献,对清代至近代的学术研究,产生了很大影响,清代著名学者如江永、戴震、段玉裁、王念孙,以至近代的章太炎、黄侃等人,都继承了顾炎武在音韵学方面的方法和成就。

顾炎武的另一部重要著作是《日知录》。这部书初刻于康熙九年(1670年),当时只有8卷,后来不断增补,到康熙十五年(1676年),成30卷。今本32卷是顾炎武的学生潘耒于康熙三十四年(1695年)刊刻的,那时顾炎武去世已经13年。

《日知录》是一部札记心得式的著作,共计1 013条,其内容十分广泛,潘耒在《日知录序》中将其划分为八类,即:经义、史学、官方、吏治、财赋、典礼、舆地、艺文。顾炎武自己曾简洁地将其归为三大类:"上篇经术,中篇治道,下篇博闻。"(《与人书二十五》,《亭林文集》卷四)这些内容,都直接关系到经世致用之学。《日知录》是顾炎武一生最主要的代表作,其学术思想、社会政治思想在这部书中都得到了较充分的发挥。

顾炎武的人文史观在《日知录》中得到了集中表现。面对清王朝的建立,顾炎武冷静地反省明王朝灭亡的历史原因,并进而探究历代以来的文化危机和得失,阐述了他开放的文化史观。他认为,礼制文化的经典在于《周易》《尚书》《诗经》《春秋》《周礼》《仪礼》《礼记》以及《论语》《孟子》。"五经"的精神实质即在于使自然人成为文化人而"曲成万物"。他结合儒家经学的历史演变,强调在经学源流中把握其"异同离合之指"(《与人书四》,《亭林文集》卷四),集中地体现了以下两大主要特征:①人文道德是人类文化的根本内容,文化的表层现象可以随历史的变化而有所变化,如秦汉以郡县代封建,但文化的核心内容是不可更换的,一切政治形式都不能背离"人道"。②文化并不是虚玄的理论,而与人的实际行动相联系。文化不是清谈,不是佛老的玄虚境界,它主要是"博学于文,行己有耻",即事功与道德的统一,修己治人与尽物极用的统一。顾炎武的这种人文史观侧重社会进步与人文道德的统一,为古代文化的生存和发展开拓了宽阔的学术视野。也正是基于他对古代文化发展的可能性的自信,他在数十年颠沛流离的生活中,能坚忍持重,孜孜于他为之奋斗的理想。

《天下郡国利病书》是反映顾炎武"实学"思想的又一部重要著作。该书叙述天下山川形势和生民利病,相当于政治经济地理,以资料为主,共120卷,也是在作者去世之后才正式刊刻的。在这部书的《序》中,顾炎武写道:"崇祯己卯,秋闱被摈,退而读书。感四国之多虞,耻经生之寡术,于是历览二十一史及天下郡县志书,一代名公文集及章奏文册之类,有得即录,共成四十余帙。一为舆地之记,一为利病之书"(《亭林文集》卷六)。这里所说的"舆地之记",指修《肇域志》,是关于历史地理方面的另一部著作。《天下郡国利病书》不是一部单纯的学术著作,其中渗透着作者"经世致用"的强烈社会责任感。他从大量的史书、方志、文集、公文奏章中,探讨明代社会经济方面的利弊得失,力图找出挽救危亡的方案。这部书的具体内容,可以归纳为兵防、赋役、水利三个方面,这些正是关系到国计民生的最基本的问题。这部书,是顾炎武提倡实学思想的又一个具体体现。

通过以上三部著作的简单介绍,我们可以略窥顾炎武的学术研究范围。顾氏的研究方向和研究方法,对清代的影响是巨大的,有人称他为清代学术的开山之祖,并不过分。

## 第三节　顾炎武的学术作风与治学方法

顾炎武的学术作风,有两个特点:一个是高度的学术责任感;另一个是锲而不舍的顽强治学精神。

顾炎武尖锐批评明代以来社会中流行的八股文风。指出:“八股之害,等于焚书。”“而败坏人才,有甚于咸阳之郊所坑者,但四百六十余人也。”(《日知录》卷十六“拟题”条)文人作八股的目的,是把写文章当作求取功名富贵的手段,因此也就谈不上学术价值,这种情况对学术和人才的破坏作用,更甚于焚书坑儒。顾炎武指出:“吾见近日之为文人、为讲师者,其意皆欲以文名、以讲名者也。子不云乎,‘是闻也,非达也’。”(《与人书(二十三)》,《亭林文集》卷四)闻,是个人的名利;达,是社会的功利,顾炎武曾具体地指出是所谓“明道”“纪政事”“察民隐”等,并说:“若此者有益于天下,有益于将来,多一篇,多一篇之益矣”(《日知录》卷十九“文须有益于天下”条)。顾炎武以社会功利的标准来看待学术,并把这种观点贯彻到自己的学术研究中。

顾炎武的写作态度严谨求实,认为书是写给天下人读的,如不慎重,就会贻误天下。他严格按照这样的原则去指导写作实践,没有丝毫的苟且,他的《日知录》一书,是经过了几十年的积累、推敲,逐步完成的;其《音学五书》修订了五次,誊写了三次。他曾经举例说,司马光的《资治通鉴》、马端临的《文献通考》,都是用毕生精力写成的名著,即使这样,其中还难免有差错,更何况其他!当他的朋友写信问《日知录》又成几卷时,他回信说:“别来一载,早夜诵读,反复寻究,仅得十余条”(《与人书(十)》,《亭林文集》卷四),可见他的一丝不苟的严谨学风。

顾炎武深知学术研究的甘苦,因此他很尊重前人的学术成果。他宁肯抄书,也不愿意去空发议论。他说:如果要著书的话,“必古人所未及就,后世之所必不可无者,而后为之”(《日知录》卷十九“著书之难”条)。顾炎武认为只有这样做,学术工作才有开创性。

顾炎武写作态度严肃,但他并不是“述而不作,信而好古”的“书呆子”。他的宏富的著作,是同他锲而不舍的顽强治学精神密切相关的。他说过:“君子之学,死而后已”(《日知录》卷七“朝闻道夕死可矣”条),其代表作《日知录》,书名取自《论语》“日知其所亡,月无忘其所能,可谓好学”之意,表明了他认为获得知识要依靠艰苦的日积月累和反复思考,他自己也正是这样做的。他的学生潘耒说他:“精力绝人,无他嗜好,自少至老,未尝一日废书。出必载书数簏自随,旅店少休,披寻搜讨,曾无倦色。有一疑义,反复参考,必归于至当;有一独见,援古证今,必畅其说而后止。”(《日知录序》)顾炎武这种孜孜不倦、锲而不舍的钻研精神,得到清初许多学者的称道。

顾炎武的治学方法,在注重实地调查和善于运用归纳法这两方面很有特色,经世致用思想使他不能满足于依靠书本的学习方法,他要用实际知识来验证书本知识,要得到书本上所没有的知识。他后半生的25年里,“足迹半天下,所至交其贤豪长者,考其山川风俗、疾苦利病,如指诸掌”(潘耒:《日知录序》)。清初学者全祖望这样说:“凡先生之游,以二马二骡载书自随。所至阨塞,即呼老兵退卒询其曲折。或与平日所闻不合,则即坊肆中发书而对勘之。”(《顾亭林先生神道表》,《鲒埼亭集》卷十二)采用调查研究的方法治学,是顾炎武学术指导思想的必然要求,他说过:“凡文之不关乎六经之指、当世之务者,一切不为”(《与人书(三)》,《亭林文集》卷四)。又说:“必有体国经野之心,而后可以登山临水,必有经世安民之识,而后可以考古论今。”(《答人书》,《亭林文集》卷四)顾炎武把学术研究比做铸铜钱:是采铜于山,还是用旧钱回炉?他赞成采铜于山的办法,也就是通过调查探索,取得第一手资料的方法。顾炎武运用调查研究的方法,推动了学术研究,使他更多地了解当代时令与掌故。他写的《郡县论》《钱粮论》《生员论》《军制论》《形势论》《田功论》《钱法论》等经济、政治、军事专论,都是以广泛的调查研究为基础的。

顾炎武治学,不盲从轻信,注重材料的搜集,对于获得的大量材料,他善于采用归纳的方法进行研究。所谓归纳的方法,就是通过对材料的归类排列,找出其中带有普遍意义的结论。顾炎武把这样的方法运用于对古代重要典籍以及社会现实问题的研究。在对古代重要典籍的研究方面,顾炎武主张"读九经自考文始,考文自知音始"。即按照"字音→字义→文义"的顺序来理解古代典籍(这种观点后来被事实证明是一种真知灼见),在实践这种观点时,他大量运用了归纳的方法。有一个为后人熟知的例子是:《尚书·洪范》篇中有"无偏无颇,遵王之义"一句话,唐朝皇帝李隆基(玄宗)见到此篇别处皆协韵,此处"颇"(pō)与"义"(yì)不协,便认为有误,下诏令改"颇"为"陂"(pí)。顾炎武用归纳的方法找出经书中有"义"之处,加以比较,证明古人读"义"若"我"(wǒ),颇、义协韵,《洪范》原文不应改动,从而解决了古籍中的一个疑难问题。类似的例子颇不少见,为证明某个字的读音,有时他甚至可以归纳上百条材料。据统计,为了证明"行"(xíng)古音读若"杭"(háng),他排列了364条材料;为了证明"下"(xià)古音读若"户"(hù),他排列出219条材料,等等。用这种归纳的办法找到古字的正确读音,对于字义及内容的理解就容易了,因而解决了不少疑难问题。顾炎武的这种方法比起妄自删改经文的独断做法要严谨得多。

顾炎武用于归纳的材料来源很广泛,不仅有经书,也有史书、子书、文集、诗赋、谣谚甚至医书等。他采用陈第的看法,把归纳本书的内容称之为"本证",把归纳他书的内容称之为"旁证",可见这样的归纳工作,在顾炎武之前就有人做过,但顾炎武所做的更加完备,超过了前人。他的这种用归纳的方法研究经书内容的方法,后来便发展为"考据"方法的一种。

顾炎武的归纳方法不仅仅限于训诂经书，对于当时的政治、经济及军事、文化等社会现象，他也从历史发展的角度进行了归纳。他的《天下郡国利病书》《日知录》，不仅仅是材料的堆砌，而且有许多将材料排比贯穿之后的分析，如《天下郡国利病书》中的《军制论》《形势论》都属于这一类。在《日知录》中，这种方法更是随处可见。这里仅以史学方面为例，他关于秦汉制度一直延续到明清时期的论断、关于封建制与郡县制的评论、关于历代政治制度的评价、关于古代宗法制度的论断等，都运用了归纳的方法。这种方法对后人很有启发。乾嘉之学就是对顾炎武学问的发扬。顾炎武关于经学、史学等方面的许多见解以及其客观平实的研究方法在乾嘉学者中得到了继承、充实和发展。如阎若璩对古文《尚书》的辨伪，程瑶田对于典制的疏通，段玉裁、王念孙、王引之对于语言文字的研究以及王鸣盛《十七史商榷》、钱大昕《廿二史考异》、洪颐煊《诸史考异》、陈景云《两汉书订误》、沈钦韩《两汉书疏证》、杭世骏《三国志补注》、章宗源《隋书经籍志考证》、汪辉祖《元史本证》、赵翼《廿二史札记》等著作，可以说都是继承了顾炎武的研究方法和学术观点，而又加以运用和发展的具体学术成果。后来的学者如清乾隆年间的崔述写《考信录》、清末俞樾写《古书疑义举例》，也采用了这种形式逻辑的归纳法。当然，这种方法也有不足，仅仅依靠它是不能从宏观方面找到事物的本质的。这说明顾炎武《日知录》的考据方法被乾嘉汉学继承并发扬光大，而其"洞古今，明治要，学识赅贯"的大气学风，却只有到近现代以来一次又一次的启蒙思潮中，即在反封建专制的民主化思潮和反玄学迷信的科学化思潮中，才能找到一些痕迹。

还要指出的是，在史学方面，顾炎武特别重视"志"和"表"的作用，他认为陈寿《三国志》、范晔《后汉书》不立"志""表"是一个缺点。他还说："郑渔仲（郑樵）言：'作史莫先于表。'今观宋、辽、金、元四史，紊乱殊甚，不先作表，则史未易读也。"（《菰中随笔》）顾炎武对"志"和"表"的重视，正说明他看到了归纳排列材料对学术研究的意义。

# 第七章　王夫之对古代思想的总结与贡献

## 第一节　王夫之的思想特点与思想来源

王夫之像

王夫之（1619—1692年）字而农，号薑斋，湖南衡阳人。晚年居于湘水之西的石船山，故学者称其为船山先生。

王夫之的父亲一生读书，学问淹博，但也只得到一个八品的小官职。王夫之自小随父兄读四书五经、诸子百家、汉赋唐诗，文名重于乡里，但科举却一再落第，直到崇祯十五年（1642年），他第四次参加乡试，才中了举人。同年末，王夫之与其兄北上，准备进京参加会试，但这时的明王朝，已经是如灯将灭，连北上的道路也阻塞不通，王夫之弟兄二人又回到家乡。

崇祯十六年（1643年），农民起义军张献忠部攻下衡阳，请王夫之加入起义军，遭到拒绝。顺治五年（1648年），王夫之在衡阳举兵抗清，不久便战败。第二年他南下投奔南明桂王永历朝廷，被授予行人司行人的官职。在永历小朝廷，他亲眼看到统治者内部争权夺利的黑暗内幕，他自己也受到东阁大学士王化澄的打击迫害，不得已投奔桂林抗清将领瞿式耜。

桂林失守后，瞿式耜牺牲，王夫之为躲避清军“剃发令”而流离于零陵、常宁（今湖南南部）的荒山野岭之间，自称瑶人，居瑶洞，生活极其艰难。顺治十四年（1657 年）才回到衡阳老家，开始隐居著述的生活。

王夫之一生著书百余种，400 余卷。死后由其子王敔刻印了 10 余种。同治四年（1865 年），曾国藩、曾国荃兄弟刊刻《船山遗书》，收入 57 种，322 卷。解放前，上海太平洋书店出版《船山遗书》，收入 72 种，358 卷，这是目前能见到的最全的版本。其主要著作为《思问录》《周易外传》《尚书引义》《读四书大全说》《张子正蒙注》《俟解》《搔首问》《老子衍》《庄子通》《黄书》《噩梦》《读通鉴论》《宋论》等，这些著作解放后大都有校刊标点本。1996 年湖南岳麓书社出版《船山全书》。

王夫之同黄宗羲一样，在经历了动荡、艰苦之后从事著述，但却成为思想史上著述最宏富的学者。这一方面得力于家学和他们的早年功底，另一方面也由于他们从民族气节出发所产生的历史责任感。王夫之生前就自题了墓石碑文，其中的铭文写道：

> 抱刘越石[①]之孤愤，而命无从致；希张横渠[②]之正学，而力不能企。幸全归于兹丘，固衔恤以永世。（《薑斋文集补遗·自题墓石》）

短短 30 字的铭文，首先表达的是政治上的抱负。在这点上他和黄宗羲是相近的，然而王夫之更擅长作哲学方面的思考，他在《自题墓石》中推崇张载，表明了思想上具有个性的追求。张载以其理论上的思辨雄才在宋明思想家中独树一帜，王夫之虽自谓“力不能企”，但实际上，他是站在巨人的肩膀上，作出了更大贡献，成为中国古代哲学思想的总结性人物。

---

① 刘越石（271 – 318 年）名琨，晋将领、诗人。曾任并州刺史及大将军职，他忠于晋王朝，长期坚守并州，并招抚流亡，与刘聪、石勒相对抗。所作诗歌，多慷慨激昂，抒发壮志未酬的悲愤感情。

② 张横渠即张载。

王夫之思想的一个特点，是大胆总结和奋力创新。

王夫之的总结精神表现于多方面，在对封建专制主义的批判方面，其论述虽不如黄宗羲的《明夷待访录》那样集中，但他的《读通鉴论》《噩梦》《黄书》《搔首问》等著作中，却含有丰富的反封建专制主义的内容。首先，他反对专制主义统治。他说："生民以来未有之祸，秦开之而宋成之也。"(《黄书·古仪》)又说："救天地之祸，非大反孤秦陋宋之为不得延。"(同上，《宰制》)王夫之反对秦始皇把天下看成一己之私产，因此他称之为"孤秦"；宋太祖以杯酒释兵权，大权一人独揽，强化中央官僚集权统治，但结果并没有使宋朝强大，而是在北方强敌面前"形势解散"，因此他称之为"陋宋"。王夫之认为，以天下为一人之私，最终必不能治理好天下，秦、宋都是典型的例子。因此，他提出："以天下论者，必循天下之公，天下非夷狄盗逆之所可尸，而抑非一姓之私也"(《读通鉴论·叙论一》)。

王夫之还批判法家理论，他说："古今之大害有三：老庄也，浮屠也，申韩也"(《读通鉴论》卷十七)。他把佛教与申、韩(即申不害和韩非的理论)比作"鼙鼓相应"的关系，认为"其上申、韩者，其下必佛、老"，究其原因，就是在专制苛政下使人民无所措手足，只好托虚谈玄："夫人重足[①]以立，则退而托于虚玄以逃咎责，法急而下怨其上，则乐叛弃君亲之说以自便"(同上)。值得注意的是，王夫之把佛、老产生的社会政治原因归结为专制的苛政与宗法等级(君亲之说)，从而反对法家学说，这与理学家站在所谓"德政"立场上反对法家的功利学说有所不同，其实质是对封建君主专制制度的揭露。

王夫之的批判总结精神，不仅表现在政治思想方面，而且也表现在学术思想方面。近人刘毓崧曾经评论王夫之说："持论好立异同，前哲名儒自刘子政[②]以下，皆肆意攻击，此诚识有所偏，然其所著各书大率类此，且有甚于此者……"(《尚书引义跋》)王夫之的这种做法，绝不是好立异以为

---

① 重(chóng)足：叠足不敢前进貌，形容内心恐惧。典出《史记·汲郑列传》。

② 刘子政即汉代学者、思想家刘向。

高,他在“观生居”住处,曾以“六经责我开生面,七尺从天乞活埋”的诗句题壁,表现了对传统文化继往开来的历史责任感。

王夫之勇于批判总结的精神,同汉代思想家王充很有相似之处。王夫之本人也一再称赞他“知言”“得理”(见《周易外传》等)。他们之间的最大共同点,就是对虚妄之言、灾异之说、武断盲从给予毫不留情的批驳。如果说,王充的批评矛头主要是指向战国秦汉的五行灾异之说、谶纬三统之论,那么王夫之的理论批评则主要是针对宋以来陈抟的太极图说、邵雍的象数学等,而在解剖批评中,王夫之运用了他所能掌握的自然科学知识,因此,他对于虚妄之言的批评就更加深刻些。

王夫之思想的又一个特点,是在对待学术理论批评对象的态度上,表现出认真严谨的学风。这就是他自己所说的:“盖入其垒,袭其辎,暴其恃,而见其瑕,而后道可始复矣。”(《老子衍·自序》)即深入所批评对象的营垒内部,追根寻源,充分抓住其弱点,同时又吸取其合理的因素,为己所用。

王夫之对佛、老以及宋明理学的批评,都采取了上述的方法。这里以王夫之对“能”“所”范畴的改造为例来加以说明。

“能”“所”作为一对范畴,出自佛教哲学,就其内涵来说,大体与儒家哲学中的“名”“实”范畴相对应,但佛教哲学强调“名”与认识主体的联系,因此称为“能”,即含有“能认识”的意思;而把“实”作为认识的对象,也与认识的主体联系起来,称之为“所”,即含有“所认识”的意思。这样,佛教哲学就不仅区分了名与实,而且统一了名与实(将二者都与认识主体联系起来)。不过在佛教哲学中,名与实的这种区分和统一都是抽象的,它实质上认为二者皆空,“惟心惟识”,因此归根到底是“以能为所”。

王夫之把这种被佛教哲学头足颠倒了的“能”“所”范畴重新颠倒过来,吸收了上述观点中的合理因素,他指出:

境(指认识对象——引者)之俟用者曰“所”,用之加乎境而

> 有功者曰“能”。“能”“所”之分，夫固有之，释氏之为分授之名，亦非诬也。乃以俟用者为“所”，则必实有其体；以用乎俟用，而以可有功者为“能”，则必实有其用。体俟用，则因“所”以发“能”；用，用乎体，则“能”必副其“所”。体用一依其实，不背其故，而名实各相称矣。(《尚书引义》卷五)

细读这段话，可以看出，王夫之只是在形式上借用“能”“所”范畴，而对它进行了根本的改造：①他将“能”“所”范畴建立在“实有”的唯物论基础之上，指出“实有其体”“实有其用”“体用一依其实”，与佛教哲学抽象的能所观有所不同；②他正确地阐述了因“所”以发“能”，“能”必副其“所”的主体与客体的关系，把“所”作为第一性的因素，认为主观能动性并不能脱离“所”而独立存在。王夫之这种对“能”“所”范畴的改造，正是“入其垒，袭其辎，暴其恃，而见其瑕”的手段，表现了王夫之在理论思维发展史上的贡献。王夫之对“能”“所”范畴进行改造，不仅是批评佛教哲学，而且针对一切对名实关系的错误看法。例如在《尚书引义》卷五《召诰无逸》篇中，他既批评了宋代理学家吕祖谦、蔡沈等人以名当实、混淆名实的错误，同时也批评了理学中的王学一派以能为所的主观唯心论。

总而言之，王夫之的思想在明清之际的思想界，是独树一帜的，他既具有明清之际学者的那种批判总结精神，而在形式和方法上又有自身的特点。

## 第二节　王夫之对张载自然观的评论

王夫之一生最推崇的思想家是张载，他说：“张子之学，上承孔孟之志，下救来兹之失，如皎日丽天，无幽不烛，圣人复起，未有能易焉者也”(《张子正蒙注·序论》)。所谓上承孔孟之志，即探索宇宙与人生的根本；所谓下救来兹之失，即救正孔孟以后思想家的失误。王夫之继承着这种精神，探讨宇宙人生哲理,总结宋明理学之失。可以说,张载学说的许多合理之处,经过王夫之的继承和发挥,才得到真正的宏扬。

王夫之对张载的赞誉,与理学家有所不同:

(1)按照理学家的"道统"观念,张载的地位在二程之后。二程的弟子就这样看,朱熹编《近思录》,也把年辈先于二程的张载放在二程之后,因此就有"周程张朱"或"濂洛关闽"的说法。王夫之与此相反,他明确指出,二程"自不如横渠之正"(见《读四书大全说》卷十)。

(2)理学家称赞张载,特别表彰《西铭》。王夫之与此相反,他没有专门表彰《西铭》,最受他推崇的却是张载的《正蒙》,用今天的话说,也即张载的自然哲学。

王夫之对张载思想的继承和发挥,主要表现在《张子正蒙注》一书中,此外,还有与《张子正蒙注》"互相发明"的《思问录》内、外篇以及《周易内传》《周易外传》等。而《张子正蒙注》是从理学转变到早期启蒙思潮的一部划时代的理论著作。

王夫之重视张载的《正蒙》,把它和《周易》并论,他说:

> 张子之学,无非《易》也。
>
> 张子言,无非《易》,立天,立地,立人,反经研几,精义存神,以纲维三才[1],贞生而安死。(《张子正蒙注·序言》)

这里所说的《易》,并不是《周易》的本来内容,而是把《易》当作"哲学"的代名词,因为《易》所探讨的,正是天道、地道、人道,即宇宙自然与社会人生的规则,王夫之所特别感兴趣与认真钻研的,正是宇宙生成与万物变化等哲学问题,他对张载学说的继承和发挥,也主要表现在这些方面。具体地说,主要是元气本体论与理气、道器论。

---

① 三才,又称"三材",指天、地、人。语出《易传·系辞》。

元气本体论是张载哲学体系的一个重要基础,表现了他对宇宙生成与存在问题的基本看法。他在自然观上提出"太虚即气"的唯物主义观点,又由此推论出天下万物由"气"聚而成,物毁气散,复归于虚空(或"太虚"),而在气的聚散即物的成毁的运动过程中,才显示出宇宙的规律性。

张载的上述"太虚即气"的观点,被明代中叶的思想家王廷相所继承,这一点我们在前面已经有过专门论述;到了王夫之,则把这种观点改造为"块然太虚之中,虚空即气,气则动者也"说,对气的宇宙论进行了更详尽的发挥。

(1)王夫之打破了关于"太极"的神化。他注释《易传·系辞上》"易有太极,是生两仪,两仪生四象,四象生八卦"一段话说:

> 太极之名,始见于此。太者,极其大有无尚之辞也;极,至也,语道至此而尽也。……两仪,太极中所具足之阴阳也。……非太极为父、两仪为子之谓也。……太极非孤立于阴阳之上者也。(《周易内传》卷五)

在这里,王夫之把"太极"当作对阴阳二气未分时"絪缊"运动状态的一种形容,阴阳即"太极所有之实",这种解释直接与提出"心为太极""道为太极"的邵雍,提出"无极而太极,太极动而生阳……"的周敦颐,提出"太极只是个极好至善的道理。……周子所谓太极,是天地人物万善至好的表德"(《朱子语类》卷九十四),"太极无方所,无形体,无地位可顿放"(同上),"有此理,方有此气"(《朱子文集》卷五十九)的朱熹等理学家把"太极"当作神秘的本体或终极真理的论点相对立。王夫之认为,"两仪"才是一种真实的存在,它表现为阴阳(即阴阳之气),"阴阳充满乎两间,而盈天地间,惟阴阳而已矣"(《周易内传》卷五)。他强调"太极"和阴阳二气没有创造和被创造的关系,"太极"就是指本来就存在着的阴阳,太极动静所"生"阴阳,乃太极"固有之蕴",这也就是肯定了在气的物质世界内本来就具有对立的方面,阴阳不是由超乎实有之上的“神”或“理”所创造:“阴阳二气充满太虚,此外更无他物,亦无间隙,天之象,地之形,皆其所范围也”(《正蒙注》卷一)。这就进一步从理论上截断了通向玄学世界的去路。

(2)王夫之论证了气的“固有”与“必有”。他说:

> 直言气有阴阳,以明太虚之中虽无形之可执,而温肃、生杀、清浊之体性俱有于一气之中,同为固有之实也。(《正蒙注》卷二)
>
> 天地人物消长死生自然之数,皆太和必有之几。(同上,卷一)

在这里,王夫之论述了太虚、太和的“固有”“必有”,强调“有”的绝对性。除此之外,在《尚书引义》《周易外传》等著作中,他还用“诚”的范畴进一步论证“实有”,用“体用”“可依”“至常”等概念来论证实有,不必一一具引。王夫之这样做的目的,是为了反对佛教和老、庄关于“无”的观点。王夫之认为,在“有”之前,并不存在着一个“无”,这与他反对存在着抽象的“太极”的观点是一致的。

应该指出,王夫之在对元气本体论的阐述中,始终把“气”的存在与运动紧密地结合起来,特别是在运动问题的论证上具有独到的成就,发展了张载哲学中的辩证法思想。从上面的叙述中,我们已经可以看出,王夫之在论证“气”的存在的绝对性时,始终不脱离阴阳对立的关系,如聚散、清浊、动静等,这无异于承认物质世界不能脱离运动而存在。他在批评理学家“太极本未有阴阳”的观点时说:“误解太极图者,谓太极本未有阴阳,因动而始生阳,静而始生阴。不知动静所生之阴阳,如寒暑、润燥、男女之情质,乃固有之蕴。”(《正蒙注》卷一)由此来看,不仅“气”为“固有”,运动亦为“固有”。

王夫之对于运动的理解,不是从感官和表象出发,而是把它当做事物存在的一种方式,因此,他提出如下著名观点:

> 止而行之,动动也;行而止之,静亦动也;一也。而动有动之用,静有静之质,其体分也。(《正蒙注》卷一)

在这个观点中,静与动既是统一的("动动也","静亦动也",二者都是动的表现),又是有区分而不能混同的("动有动之用,静有静之质,其体分也"),这就用古代的语言说出了运动的绝对性与静止的相对性的道理,表现出深刻的洞察力。

从上述观点出发,王夫之修正了张载《正蒙》中的若干观点。

例如,他修正了张载"太虚无体,则无以验其迁动于外"(《正蒙》卷一)的观点。张载在《正蒙·参两篇》中,曾经讲到日月星辰等天体的运动,但讲到"太虚"(即整个天空,含有宇宙的意思)时,他却提出由于它的广大无垠(太虚无体),而无法从外部验证它的运动。这样的说法,似乎是承认了有绝对静止的存在。王夫之在注解这句话时说:"太虚,至清之郛郭,固无体而不动(按:承认天的广大无垠,是相对的静止);而块然太虚之中,虚空即气,气则动者也(按:强调太虚内部的运动是绝对的),此义未安。"(《正蒙注》卷一)最后一句,批评了张载的疏忽,而这种疏忽使张载不能将太虚即气的观点贯彻到底。王夫之这种寸步不让的严谨,表现了他思想上的深刻。

再一个例子,是他对张载"日月之形,万古不变"(见《正蒙》)观点的修正。针对此观点,王夫之以"其相生也不穷"加以注解,也就是说,从外在的观点即"形"来看,可以说日月是万古不变的;但是,从形、质统一的观点来看,运动变化是绝对的。王夫之在《思问录·外篇》中举例加以阐述,他说:"江河之水,今犹古也,而非今之水即古水;灯烛之光,昨犹今也,而非昨之火即今火。水火近而易知,日月远而不察耳。爪发之日生而旧者消也,人所知也;肌肉之日生而旧者消也,人所未知也。人见形之不变,而不知其质已迁,则疑今兹之日月为邃古之日月,今兹之肌肉为初生之肌肉,恶足以语日新之化哉?"在这里,王夫之论证事物的运动变化是不间断地进行的，因此事物即使在外形上看不出什么变化，而其内在的质则无时不在发生新旧之间的推移。这就进一步说明了运动的绝对性。从这个例子中可以看出，在从事物内部的矛盾中去理解运动这一点上，王夫之的看法比张载要深刻和明确。

## 第三节　王夫之对理学及佛老思想的改造

王夫之以“六经责我开生面”的学术责任心审视各种学术文化思想，对待理学、佛老思想，他不是将其简单地视为“异端”，而是着眼于理论的评论，以便吸取其合理因素。

道器论是理学的重要命题。二程和朱熹常把“道器”与“理气”同等看待，不仅在本体论的意义上使用这个命题，同时在方法论的意义上也使用这个命题。和理学的道器论相对立，王夫之提出“道寓于器以起用”的道器论，其主要观点如下：

> 形而上者，非无形之谓。既有形矣，有形而后有形而上。无形之上，亘古今，通万变，穷天穷地，穷人穷物，皆所未有者也。（《周易外传》卷五）
>
> 统此一物，形而上则谓之道，形而下则谓之器，无非一阴一阳之和而成，尽器则道在其中矣。（《思问录》）

把上述观点概括起来，就是：不存在离开“形器”之上的“道”；具体的器物由阴阳二气凝聚而成，而“道”则存在于器物之中。

这里要说明一点，王夫之所谓的“道”，是从三种意义上去使用的：①具体器物尚未形成以前、阴阳二气和合未分时的状态；②隐于具体器物之中的法则；③封建社会中人们之间的伦理规范。王夫之强调：“道”是“器之道”，不能颠倒说“道之器”，因此，“据器而道存”，只有研究具体的器物，才能掌握其中之“道”。王夫之的道器论在思想史上的贡献，主要有以下三个方面。

(1)他将道器论与气的唯物主义自然观连结，认为，当具体事物未形成以前，所谓“道”，即指阴阳二气的和合未分的状态，他说：“太和，和之至也。道者，天地人物之通理，即所谓太极也”(《正蒙注》)，并没有凌驾于“气”之上的“道”和“理”。

(2)王夫之从“据器而道存，离器而道毁”的基本命题出发，在认识论上又得出“治器”的观点：“古之圣人能治器，而不能治道”(《周易外传》卷五)。“治器”的观点包含有两方面的内容：一方面指人们对自然素材的改造、制作和利用，如改造土、木以制作车、器；另一方面指对古代礼乐刑政制度的因革损益，使之适应时势要求。王夫之所说的“不能治道”，并不是否认人们对“道”的认识作用，而正是强调：不能脱离对“器”的认识去达到对“道”的认识。从正面说，就是主张在“治器”过程中得“道”。道器不离，被具体化到人认识和实践“道”的活动过程中，很深刻。

(3)王夫之之所以反复论证不能离器以求道，是为了从理论上抨击佛、老和宋明理学。他指出，“老氏瞀于此(指“据器以求道”)，而曰‘道在虚’”，“释氏瞀于此，而曰‘道在寂’”，而宋明理学又认为“道”可以离器而独存。总之，他们都背离了真理，不懂得“虚亦器之虚也”，“寂亦器之寂也”。王夫之进而指出，当他们循着错误的思维路径进行推论时，将“道”(或“寂”与“虚”)片面地绝对化起来，“标离器之名以自神”，结果便导致以“道”(或“寂”与“虚”)作为宇宙本原的结论(见《周易外传》卷五)。这里，王夫之准确地触及到佛、老和宋明理学失足的哲学认识论根源，在思想史上提供了宝贵的理论思维经验。

知行问题是理学家感兴趣的论题，在这个问题上，程朱一派的基本观点是主张知先行后，而以王守仁为代表的心学又提出“销行以归知”的“知行合一”说。理学两大派的观点在形式上虽然不同，但由于他们都主张人的道德观念(天理、良知)是先验的，因此在认识论上他们便都不能正确地解决“知”的来源问题，实际上都表现出贬低“行”的倾向。

王夫之的知行观与理学家的相异处，就是强调“行”在认识过程中的重要地位。他在《尚书引义》中，就“非知之艰，行之惟艰”一语加以发挥，对理学及佛老的知行观进行了集中的批评。

对于程朱一派，王夫之批评说：“宋诸先儒，欲折陆、杨（即陆象山、杨简）知行合一、知不先行不后之说，而曰知先行后，立一划然之次序，以困学者于知见之中，且将荡然以失据，则已异于圣人之道矣”（《尚书引义·说命中二》）。这里指出程朱一派理学家把知与行割裂开，“立一划然之次序”，使学者困囿于读书穷理的圈子中，堵塞了知识的来源。

对于陆王一派，王夫之也点名批评说：“若夫陆子静、杨慈湖、王伯安（即陆象山、杨简、王守仁）之为言也，吾知之矣。彼非谓知之可后也，其所谓知者非知，而行者非行也。知者非知，然而犹有其知也，亦惝然若有所见也。行者非行，则确乎其非行，而以其所知为行也。以知为行，则以不行为行，而人之伦，物之理，若或见之，不以身心尝试焉”（同上）。这里指出了陆王心学把知与行混同起来，把感觉与知觉当作知，把思维活动当作行，最有代表性的即是王守仁所说“一念发动处便即是行”的观点，使学者周旋于体认良知的狭途，放弃了对人伦、物理的“身心尝试”。

王夫之还对知行关系进行了正确的阐述，在这种阐述中，他着重强调了知行的区别与联系：

> 知行相资以为用，惟其各有致功，而亦各有其效，故相资以互用，则于其相互，盖知其必分矣。同者不相为用，资于异者，乃和同而起功，此定理也。（《礼记章句》“贤者过之愚者不及”条）

这里，王夫之运用中国古代“和而不同”的辩证文化观来看待知行，指出了二者在认识过程中的“相资以互用”，这样，就不仅驳斥了程、朱的割裂知行，也驳斥了陆、王的混淆知行，这在理论思维发展史上作出了重要贡献。

在知行的区别与联系中，王夫之不是把知与行对等起来，而是提出“行可兼知，而知不可兼行”这样一种强调“行”的命题。其理由是：“知也者，固以行为功者也，行也者，不以知为功者也。行焉，可以得知之效也；知焉，未可得行之效也。”(《尚书引义·说命中二》)即是说，知不知，要通过行才能表现出来；而行不行，在知中并不能表现出来。这里，指出了行在认识的实现与深化过程中的桥梁作用，是极为可贵的思想，还包含有行是知的验证的意思。在《宋论》中，王夫之还列举朱熹知谭州时“行经界”失败的例子，说明仅凭“知”是很不够的。他提出“夫物各有情矣”，并自注“情者，实也”，强调实际事物的复杂多变性与“守其所说”的局限性，同样强调“行”的重要(见《宋论》卷十二)。王夫之的结论是：“君子之学，未尝离行以为知也，必矣。”(《尚书引义·说命中二》)

从对知行关系的正确认识出发，王夫之在人性问题上也提出了与理学家不同的观点。

在人性问题上，他发挥《易传》中“一阴一阳之谓道，继之者善也，成之者性也”的命题，把人性看作一个后天发展的过程，反对人性是先验的、不变的等观点，反对脱离形体去论述人性。

王夫之的“继善成性”观点概括起来有两个主要内容：

(1)强调人性区别于动物的特殊性，这种特殊性就在于“人之道”有“日新之命”。他说：“禽兽终其身以用天而自无功，人则有人之道矣。禽兽终其身以用其初命，人则有日新之命矣。有人之命，不谌乎天，命之日新，不谌其初。”(《诗广传·大雅》)这种“日新之命”是什么呢？就是由感觉到思维的不断发展，才能与品德的不断完善。他指出：“目日生视，耳日生听，心日生思，形受以为器，气受以为充，理受以为德。”(《尚书引义·太甲二》)这样，就把伦理道德的产生与完善放在生理发展的基础之上：“夫性者生理也，日生则日成也。则夫天命者，岂但初生之顷命之哉？”(同上)批驳了“悬一性于初生之顷”的错误观点，突出了人之道的特殊性。

(2)强调人性实现的主观条件。王夫之认为,“人之道”的实现,并不是一个纯粹的自然过程,必须依靠人的主观努力,这就是“性则因乎成矣,成则因乎继矣。不成未有性,不继不能成”(《周易外传·系辞上》)。这里突出强调一个“继”字,把它看成使人性得到实现的中间环节;这个“继”字,带有“实践”的含义,与“行”“习”是对等概念。王夫之对“继”这一概念给予很高的评价:“甚哉!继之为功于天人乎!天以此显其成能,人以此绍其生理也。……天人相绍之际,存乎天者,莫妙于‘继’,然则人以达天之几,存乎人者,亦孰有要于‘继’乎?……成乎人之性,惟其‘继’而已矣!”(同上)这里把“继”看做是天、人相连结的中间环节,没有人的后天努力,人的天性就无法实现。这与他所说的“性者天道,习者人道”(《俟解》)是一致的,他认为,如果丧失了“习”,那就不可能真正谈论“性”。

理欲问题是宋明理学的又一个重要命题,在这个问题上,程朱与陆王两大派理学家共同主张“去人欲,存天理”,以此作为封建伦理道德的最高要求。王夫之明确地反对“去人欲,存天理”之说。

(1)他提出理欲一致的观点。他说:“是礼虽纯为天理之节文,而必寓于人欲以见。……故终不离人而别有天,……终不离欲而别有理也。”(《读四书大全说》卷八)这是王夫之反复阐明的观点,他反对把天理与人欲割裂开来,对立起来:“天理充周,原不与人欲相为对垒”(同上,卷六)。

(2)王夫之把理欲统一的落脚点归结为“自然”。他说:“理欲皆自然”(《正蒙注》卷三),这种自然,就是人的生理需求。他说:“王道本乎人情。人情者,君子与小人同有之情也。”(《读四书大全说》卷二十六)这里所说的“人情”,虽然仍然是抽象的,但在当时却打破了理学家所主张的等级人性论,从人的自然生理要求出发来讨论人性,这样,就把“君子”“降低”到“小人”的水平,把“天理”也“降低”到“人欲”的水平,客观上肯定了“人欲”的合理性,标志着启蒙思想的萌芽。

## 第四节 王夫之的历史观

历史观是王夫之思想的重要组成部分。经历了明清的朝代更替，使这一时期的思想家更注重对历史与社会现实问题的思考。王夫之写过许多探讨中国历史问题的著作，其中《宋论》《读通鉴论》是最有代表性的两部。

在对历史进程的看法上，王夫之批评了战国时期邹衍"五德终始"说的历史循环论，说："若邹衍五德之说，尤妖妄而不经，君子辟之，断断如也"（《读通鉴论·叙论一》）。他对汉代董仲舒"三统"说的天人感应史观也作了尖锐批评，指出："汉儒言治理之得失，一取验于七政五刑之灾祥顺逆，合者偶合也，不合者挟私意以相附会，而邪妄违天，无所不至矣"（同上，卷七）。他还指出宋代邵雍的历史复古论"泥古过高，而菲薄方今以蔑生人之性"（同上，卷二十），为害很大。王夫之强调历史是向前进化的，没有什么永恒不变的"统"。他说："统之为言，合而并之之谓也，因而续之之谓也。而天下之不合与不续也多矣。"（《读通鉴论·叙论》）如商之代夏，特别是周初实行封邦建国，受封的诸侯国共尊周天子为天下共主，这和三代以前有所不同。经春秋战国，至秦而中国统一，情况又和三代有异。汉以后至三国两晋南北朝时期，中国陷于分裂局面，隋唐时期又复统一。唐后为五代十国，至宋又统一。宋至明清，历史又有所变化。依据这些情况，王夫之评论说："天下之生，一治一乱。当其治，无不正以相干，而何有于正？当其乱，既不正矣，而又孰为正？有离，有绝，固无统也，而又何正不正耶？"（同上）可见，在王夫之看来，史学思想中的"正统"之说是站不住脚的。

王夫之从"一合一离"的形式上分析中国历史，虽然不能揭示历史发展的内在规律性，但他反对用"五德""三统""元、会、运、世"或"正统"之类的套子说明历史，否定循环论和复古论的史学思想。他认为，一代有一代的制度，不能把古代的制度搬到今天，也不能把今天的制度套到明天，主张历史是进化的。他指出,尧舜以前的历史“无得而详考也,然衣裳未正,五品未清,婚姻未别,狉狉獉獉,人之异于禽兽无几也”(《读通鉴论》卷二十)。尧舜的时代也不是如儒者所美化的黄金时代,那时,“各君其土,各役其民,若今化外土夷之长,各为天子之守臣,而实自据为部落,三王不能革,以待后王者也”(同上,卷二十),这个判断比较符合尧、舜部落联盟时期的历史实际。在王夫之看来,夏、商、周三代也不是什么理想世界,三代的井田、乡举里选、世卿世禄之类的制度都不能搬到后代去,因为历史是进化的,“三代之王者,其能逆知六国属秦以后之朝野,而豫建万年之制哉?”(同上,卷三)他的结论是:“以古之制,治古之天下,而未可概以今日者,君子不以立事;以今之宜,治今之天下,而非可必之后日者,君子不以垂法。”(同上,《叙论》)

王夫之的历史进化观认为,人类的历史是从野蛮到文明,是逐渐“备于大繁”的,因此不能非薄当今而盲目信古,不能把古代制度看成是千秋万代都适用的东西。但王夫之又认为,历史中有一种永恒不变的东西,他称之为“礼”。他说:“夫礼之为教,至矣大矣,天地之所自位也,鬼神之所馁也,仁义之以为体,孝弟之以为用者也;五经之所经纬,人禽之所分辨,治乱之所司,贤不肖之所自裁也;舍此而道无所丽矣。”(同上,卷一)他把君臣、父子、夫妇、兄弟、朋友所谓“五伦”之间的封建关系及其道德观念的作用夸大了,并认为这些“大伦之正”是永恒不变的,所能变者只是关于婚丧之类的礼仪形式的或简或繁而已。从这里可以看出,王夫之的历史进化观还只是从历史的某些表面现象上去作同异的比较,未能揭示隐藏于现象背后的历史本质;他的历史进化观还缺乏质变的观念,而且把进化只局限于一定的范畴,好像封建主义的社会关系再也不会变了。

对于历史的进化,王夫之猜测到其中有某种内在的规律性,他称之为“势”。王夫之分析一些历史现象,如郡县制代替“封建”制、北宋的覆亡等,都指出是“势之所趋”。这种用“势”来解释历史演进的观点,可以说是从古代进步思想家王充、刘知几、柳宗元等人的身上继承而来;所不同的是,王夫之批评"天理"创造历史的观点时,着重论述了"势"与"理"在历史发展中的作用,比前人的论述进了一步。

理学家有一种代表性的观点,认为夏、商、周三代是所谓"天理"流行的黄金时代,三代以下则是"人欲"横流的黑暗时代,因此生在三代之后的人只有"存天理,去人欲",才能使历史重见光明。王夫之批驳了这种观点,他指出,世界上不存在离开并凌驾于社会历史之上的"天理","理"与"势"都离不开"事":"势者事之所因,事者势之所就,故离事无理,离理无势"(《尚书引义》卷四)。所谓"事",就是指社会历史生活的具体内容,离开了它们,也就没有规律性可言。他指出:

> 洪荒无揖让之道,唐、虞无吊伐之道,汉唐无今日之道,则今日无他年之道者多矣。未有弓矢而无射道,未有车马而无御道,未有牢醴璧币、钟磬管弦而无礼乐之道。则未有子而无父道,未有弟而无兄道,道之可有而且无者多矣。故无其器则无其道,诚然之言也,而人特未之察耳。(《周易外传》卷五)

这里已经言明:像理学家所说的那种"无形之上,亘古今,通万变,穷天穷地,穷人穷物"的"天理"是不存在的(同上)。从社会历史现象看,王夫之作出理论概括说:"势之顺者,即理之当然者也"(《读四书大全说》卷九),凡与历史的客观趋势相符者,即符合历史的规律性。又说:"时异而势异,势异而理异"(《宋论》卷十),由于时代不同,历史的客观趋势也不同,所以道德也就有了区别。可见王夫之所说的"理"有两层意思:其一是指社会历史本身的规律性;其二指合乎规律的行动才是合理的。这里,他对理学的批评,从自然观一直伸展到社会历史领域,认为历史是有规律可循的进化过程。这些地方,表现出他的历史观的合理因素。

王夫之对于历史规律性的看法,是猜测性的;同他对历史进化的看法一样,他认为历史的"不易之理"首先是"君臣之分",与此相符者就成为

“势之便”和“理之顺”。由此可见，王夫之虽然承认历史本身有其规律，它表现为历史的客观趋势，而且在某些问题（如关于郡县制代替“封建”制）的分析和说明上具有合理的因素，但他并不懂得什么才是历史的规律性，当他把封建主义的统治秩序及其道德观念视为“不易之理”时，便在实质上又走入了历史唯心论。

王夫之承认社会历史中有其内在的道理，还提出“天”的概念。他解释说：“顺必然之势者，理也；理之自然者，天也。君子顺乎理而善因乎天，人固不可与天争，久矣。”（《宋论》卷七）这里所说的“天”，与《荀子·天论》中的“天”为同一含义，相当于“自然”一词，指客观世界的规律乃是事物自身所固有的，是自然而然的，不是神、也不是人的主观意志决定的。

问题在于，对于社会历史现象，如何用“天”（自然）的观点去考察，在社会历史中那些有意识有目的的人的活动，难道也是自然而然的吗？对于这个问题，王夫之的解释中有一些合理因素。

例如，关于人类社会从野蛮到文明，王夫之设想用“食物”来说明，他的论据是：“食也者，气之充也；气也者，神之绪也；神也者，性之函也。荣秀之成，膏液之美，芬芗之发，是清明之所引也，柔懿之所酝也，蠲洁之所凝也”（《诗广传》卷五）。这个论断，从人类活动不能离开食物这一点来说，具有合理的因素；但把人类文化的创造归因于食物的精美，则是错误的。

又如，王夫之以“天地之气衰旺，彼此迭相易也”来说明文化中心在地域上的转移，认为明、清之际“地气南徙”，故两粤、滇、黔“渐向文明”（《思问录·外篇》）。这个论断，指出文化流传有地域的特点，有其合理因素；但把“地气”视为文化中心转移的根本原因，则是错误的。

当王夫之对一些历史事件和历史人物解释不通的时候，便干脆诉之于“天命”。如关于宋太祖赵匡胤统一中国的原因，他便提出是“宋祖受非常之命”，体会天意，小心谨慎，终于完成“天”之所托（见《宋论》卷一）。这不是个别的例子，在其他地方王夫之也有类似的错误观点，认为历史活动中的成功者是领悟了“天”的意旨，替“天”行事。

王夫之在历史观方面不懂得自然界和人类社会历史的区别，企图把自然界和社会历史等同起来，试图用“气”来解释社会历史现象，还把仁、义、礼、智、信之类的道德观念说成是“精微茂美之气所致”（《思问录·内篇》），这样的推论不仅不能阐明思想和道德所由产生的社会基础，而且给他在自然哲学上使用“气”的观点制造了混乱。当然，他敢于批驳复古、倒退的历史观，企图阐述历史发展的内在之理，并且提出一些进步、合理的史学观点，达到了古代思想家的一个高峰。

# 第八章　颜李学派的思想

## 第一节　颜李学派的思想特色

颜元像

颜元(1635—1704年)字易直,又字浑然,号习斋,河北博野县人。其父颜昶过继给蠡县朱九祚为养子,后离家出走关东,颜母改嫁。19岁时,养祖父朱氏又因吃官司而破落,家庭生活完全由颜元承担。他耕田灌园,作医卖药,教授生徒,过着自食其力的生活。39岁时,养祖父母相继过世,颜元复回到原籍博野,以教书为生,著述不辍。

颜元少年时代的两位老师名吴持明、贾珍,吴持明通武艺,习兵法,曾撰有《攻战守事宜》,又懂医道。贾珍为人朴实、重气节,曾作二首对联,命颜元书写,悬于中堂。其一曰:“不衫不履,甘愧彬彬君子;必行必果,愿学硁硁小人。”其二曰:“内不欺心,外不欺人,学那勿欺君子;说些实话,行些实事,做个老实头儿。”这样的师长和师教对颜元思想影响很大。

颜元19岁为庠生(秀才),但他不喜科举而热衷于经世之学,喜读《七家兵书》并研究军事、技击之术。24岁时,颜元在家中开馆授徒。这一年,他著《王道论》(即后来《四存编》之一《存治编》),主张恢复古代的井田、封建、学校,建立乡举里选和兵农合一的军事政治制度。从这篇文字中,可以看出颜元对社会现实的不满。

颜元系统研习理学思想,是从读《陆王语要》开始的。他后来又读《性理大全》,一心一意地尊奉朱学,后又深感朱学不能解决实际问题,便更加重视对实际问题的研究,他将居所“思古斋”改为“习斋”(并以此为名号),同时撰述《存性编》与《存学编》。

颜元 57 岁时南游中州(今河南一带),走了 2000 余里,历时 8 个月,所到之处,与中州诸儒辨学论道,当他看到中州地方理学的影响还比较深,“人人禅子,家家虚文”时,更加强了必破程朱思想的决心。

颜元 62 岁时应聘主持漳南书院(在今河北省南部),为该书院制订了规模宏大的计划,实施自己的教育思想,但不久因漳水泛滥书院被淹,颜元不得已辞归乡里,后 8 年而卒。

颜元的著作主要有《四存编》(包括《存治编》《存性编》《存学编》《存人编》)《习斋记余》《朱子语类评》《四书正误》及后人所辑《颜习斋先生言行录》等。今有中华书局校点本。

颜元的弟子李塨(1659—1733 年)字刚主,号恕谷,保定蠡县人,21 岁时始从颜元问学,康熙二十九年(1690 年),32 岁时赴京乡试中举人,以后多次入京师,结交海内名士,宣传颜元的思想学术观点。李塨晚年的思想受到毛奇龄、阎若璩等人影响,致力于考据学。其主要著作有《大学辨业》《四书传注》《拟太平策》《恕谷后集》等,收入《颜李丛书》。

颜元的另一著名弟子名王源(1648—1710 年)字昆绳,直隶大兴(今属北京)人,一生未做官。王源在年轻时即喜好军事与兵书,自比为诸葛亮与陈亮,他认为程、朱“迂阔实不足有为”,王守仁“学入于禅”,皆不足取。经李塨介绍师事于颜元,从学时间虽不长,但思想上继承了颜元经世与求实的精神。王源曾著有《易传》《兵法要略》《舆图指掌》《平书》等,多已亡佚(李塨的《平书订》保留了《平书》的一部分),传世有《居业堂文集》。

颜元以“功利”的观点看待理学，将理学的心性学说验之于实事实物，由此展开了对理学的批评。《存学编·性理书评》是有代表性的文字。李塨继承师说，对理学的空疏无用作了揭露和斥责，他指出：“承南宋道学后，守章句，以时文应比，高者谈性天，篡语录，卑者疲精敝神于八股，不唯圣道之礼乐兵农不务，即当世刑名钱谷，懵然罔识，而搦管呻吟，遂曰有学”(《恕谷后集》卷九《书明刘户郎墓表后》)。这类批评颇多，功利主义的色彩十分浓厚。

强调经世致用，是清初进步思想家的共同点，但有的学者主张通经以致用，即通过读经史、订群书以求道之所在，如顾炎武提倡“博学于文”。颜元在对经典的态度上与顾炎武有所不同，他说：“以读经史、订群书为穷理处事以求道之功，则相隔千里；以读经史、订群书为即穷理处事，曰道在是焉，则相隔万里矣。”(《存学编》卷二《性理书评》)可见，他反对于经典中求道，更反对把经典本身当做道。他以学琴为例来说明自己的道理：“譬之学琴然，诗书犹琴谱也，烂熟琴谱，讲解分明，可谓学琴乎？故曰：以讲读为求道之功，相隔千里也；更有一妄人，指琴谱曰：是即琴也。……谱果琴乎？故曰：以书为道，相隔万里也。”(同上)颜元主张从实事实物中求道，这是颜李学派的特色。

颜李学派经世思想的总纲，是天下的富、强、安。颜元提出实现这个总纲的规划是：

> 如天不废予，将以七字富天下：垦荒均田、兴水利；以六字强天下：人皆兵、官皆将；以九字安天下：举人才、正大经、兴礼乐。(《颜习斋先生年谱》卷下)

这种以富、强、安为宗旨的社会改造蓝图，其中包含着对于土地兼并、八股科举制度以及官僚制度的批评。他在《存治编》提出“复井田、复封建、兴学校”也是针对社会现实问题而言。在这方面，李塨继承和进一步发展补充了颜元的观点，主要见之于《瘳忘编》与《拟太平策》。在《平书订》中，他还提出“变法”的主张，对于行习六艺，他还主张“参以近日西洋诸法”（见《李恕谷年谱》卷三），这些说明他的眼界在某些方面比颜元更开阔。

颜李的经世思想，一方面针对着时弊，另一方面他们又不能脱掉托古的外衣，这是他们思想上的矛盾，为了解决这个矛盾，颜元提出“师古之意，不必袭古之迹”（《存治编·封建》），因此，他们提出的“井田”“封建”“学校”，并不是要求回到西周去，而是要在现实世界中讲究“功利”。他们批评汉代董仲舒的“不谋不计”（即“正其谊不谋其利，明其道不计其功”）。至于什么样的政治制度才是“功利”的，颜元和李塨也不能作出圆满的解释。

## 第二节　颜李学派的人性论与伦理观

在人性论问题上，颜元肯定“生之谓性”的命题（见《四书正误》卷六），他反对理学家轻视“气质之性”的观点，而倾向于自然人性论。他说：“诸儒多以水喻性，以土喻气，以浊喻恶，将天地予人至尊至贵至有用之气质，反似为性之累然。然不知若无气质，理将安附？若去此气质，则性反为两间无作用之虚理矣。”（《存性编》卷一《棉桃喻性》）不难看出，颜元认为所谓“气质之性”，也就是人的自然之性，是人生存的基础，也是人伦道德的根基。对此，颜元作了进一步阐述，他说：

> 形，性之形也；性，形之性也。舍形则无性矣，舍性亦无形矣。失性者，据形求之，尽性者，于形尽之。贼其形，则贼其性矣。（《存人编》卷一）

这里所谓的“形”即人的气质之形，包括人的感官及其感情欲望，简言之，也就是人的形体。颜元认为，“性”既不能离开“形”而独立存在，同时也没有不表现“性”的“形”，这种观点，他称之为“形神不二”。

朱熹为贬低气质之性而抬高义理之性，用了许多譬喻。例如，朱熹以罩灯纸喻气质，以灯光喻性，认为“拆去了纸便是光”。颜元驳斥说：“此纸原是罩灯火者，欲灯火明，必拆去纸。气质则不然，气质拘此性，即从此气质明此性，还用此气质发用此性，何为拆去，且何以拆去？”（《存性编》卷一《性理评》）这里仍然强调义理之性不能离开气质之性，扩而言之，在他看来，人如果离开了人的自然属性，也就不存在有道德属性。这种观点带有自然人性论的特色。

又例如，朱熹以水清喻天地之性，以水浊喻气质之性，意谓天地之性纯善，而气质之性驳杂不纯。颜元反驳说：“水流未远而浊，是水出泉即遇易污之土，水全无与也，水亦无如何也。人之性……引蔽习染，人与有责也，人可自力也，如何可伦？”（同上）这里用人性与物性的不同来批评朱熹的比喻失当，指出了人之性与物之性的区别所在。在颜元看来，人的气质之性，即人的自然之性并不能等同于其他事物的本性，因为人的自然之性中包含有思想和欲望，这是其他事物所没有的。正因为人性中有思想和欲望，所以人们经过教育和引导即可弃恶从善，因而人的气质之性与所谓义理之性并不是割裂的，而是相互依存的。

在程朱的人性论体系中，把义理之性与天理相联系，把气质之性与物欲相联系；因此，他们人性论的归宿就是“存天理，去人欲”。与此不同，颜元的人性论则从自然人性论出发，对人的欲望加以肯定。他说：“六行尤在人情物理用功。离人情物理则无所用功，离人情物理用功则非儒。”（《习斋记余》卷四《给高阳孙衷渊书》）这里所说的“人情物理”即指人的自然生理要求。颜元写道：“人为万物之灵，而独无情乎？故男女者人之大欲也，亦人之真情致性也。”（《存人编》卷一《第一唤》）颜元本人曾亲自受过《朱子家礼》之害，因此他对禁欲主义的说教有一种切肤的痛恨。他曾指出这种禁欲与佛道、妖邪杂教没有什么两样，他指出从韩愈到程朱再到王守仁，虽号称“大君子”而实际上都有和佛道相通的不尽人情之处。

颜元写有《存人编》《人论》,褒扬人的价值,显露出与理学家不同的伦理观点。在《人论》中,颜元把由天地万物到人的出现描述为一个自然过程,在这个自然演进的过程中,人是天地的产物,又是万物中最贵重者。人产生于自然,秉赋了天地的精华,与自然有着某种一致性,故称之为"肖子";与此同时,人贵于万物之处,在于人能够役使万物、改造自然,使自然能为人所用,这就有功于自然,故称之为"孝子",这就是颜元在《人论》中阐述的"肖子—孝子"论。这种文化人类观有质朴的合理性,但它缺乏实证科学的论证,因此学术价值不高。但值得注意的是,在颜元借用的宗法语言(天地、父母、孝子)背后,表述了人与自然的对立与统一的关系。他所论的"人",虽然还不是历史的人,但却含有天下人人平等的意味;他强调人有功于天地的独特价值,提出"天地仅因人而著号",肯定了人的作用,这是一篇关于"人"的颂歌。

李塨继承了颜元在人性论与伦理观方面的观点,进一步阐述颜元的论旨。在理欲论方面,李塨和师说一致,主张情欲的正当合理性,他点名批评了王守仁的"格去物欲"之说,指出不能把"形色天性"与"私欲"混为一谈(见《大学辨》卷三)。

颜李学派强调"理在欲中",是以"理在事中"的哲学观作为基础的。颜元通过对"理"的字义剖析来说明"理在事中"。他说:"理者,木中纹理也,其中原有条理,故谚云:'顺条顺理'。"(《四书正误》卷六)李塨进一步发挥了这种观点,说:"夫事有条理曰理,即在事中,今曰理在事上,是理别为一物矣,理虚字也,可为物乎?天事曰天理,人事曰人理,物事曰物理。《诗》曰:'有物有则。'离事物何所为理乎?"(《论语传注问》)这里把理当作事物的原则,否定理学家将"理"作为凌驾于万物之上的东西。

李塨不仅阐述"理在事中",还从历史的进化中阐明"道在事中"。他说:世上刚有人类的时候,浑浑沌沌,后来有了夫妇、父子、兄弟、朋友的人伦分别,在此之后又有了君臣,即使是诛取禽兽、茹毛饮血这些事情也有先后的次序,这就形成了"礼"。而和上述活动相适应的前呼后应、鼓舞相从就形成了“乐”，于是射、御也随之出现，又由于统计、记录等的需要，书册也出现了。久而久之，上述因社会生活需要而出现的仪式规矩制度化，“其伦为人所共由，其物为人所共习，犹逵衢然，故曰‘道’。伦物，实事也；道，虚名也”（《恕谷后集》卷十二《原道》）。这样的看法阐发了道产生的历史过程，把人类社会生活的演进当作道产生的基础和根据。

## 第三节　颜李学派的教育思想

颜李学派经世致用思想的另一个重要方面是其教育思想。

颜元和李塨，都强调“学术”的重要，认为它是“世道”的基础。颜元在给李塨《未坠集》所作的“序”中说：

> 学术者，人才之本也；人才者，政事之本也；政事者，民命之本也。无学术则无人才，无人才则无政事，无政事则无治平、无民命，其如儒统何！其如世道何！（《习斋记余》卷一《未坠集序》）

这里所说的“世道”，包括国家和百姓。世道的基础是教育，它由学术和人才两部分组成：学术，是教育的内容；人才是教育的产品。没有正确的教育内容，就不会有合格的教育产品，也就不会有政治文明，国家百姓就会深受其害。颜元提出“以九字安天下”，头三字即“举人才”。李塨也说：“言经济首在复学校选举，以有人才乃有政事。”（《恕谷年谱》卷三）可见，颜李学派对教育重视的程度。

颜李学派的教育思想，建立在两个基础之上：一是对宋明以来教育人才体制的抨击及对理学的教育方法的否定；二是具有经验论色彩的认识论。

宋明以来的教育人才体制，沿袭前代，实行的是科举考试制度，朝廷通过层层的考试关卡选拔人才，不仅空耗了青年学子的精力，而且考场上的繁文缛节也消耗磨损了人的锐气,即使通过了层层考试,也很少有人有独立的见解。颜元揭露说:“其间问先察貌,索结登年,巡视搜检,解衣跣足,而名而应,挫辱不可殚言。呜呼!奴之耶?盗之耶?无论庸庸辈不足有为,即有一二杰士,迫于出仕,气丧八九矣。”(《存治编》)这里颜元对科举教育的揭露是相当深刻的。

科举的最大害处,是以浮文虚词取士,使人们远离社会生活的实际,把思想局限于狭小的八股文字天地。颜元批评说:“国家之取士者,文字而已;贤宰师之劝课者,文字而已;父兄之提示、朋友之切磋,亦文字而已。”(同上)这种从文字到文字的学风,特别是形式上的八股,压抑了人们独立思考的精神,使学术呈现出死气沉沉的气氛。颜元指出:“今人制艺,递相袭窃,通不知梅枣,便自言酸甜,不特士以此欺人,取士者亦以此自欺。彼卿相皆从此孔穿过,岂不见考试之丧气,浮文之无用乎?”(同上)

除了对八股科举制度进行抨击以外,颜李还批评了理学家所提倡的教育方法。颜元说:“朱子教人半日静坐,半日读书,无异于半日当和尚、半日当汉儒。”(《朱子语类评》)所谓当和尚,是指佛教的参禅悟性;所谓当汉儒,是指寻章摘句的训诂考据之学,这些都是颜李所坚决摒弃的。颜元说:“但凡从静坐读书中讨来识见议论,便如望梅画饼,靠之饥食渴饮不得。”(《存学编》卷二《性理评》)他又说,宋朝和明朝培养出的,大都是“上不见一扶危济难之功,下不见一可相可将之材”,南宋时如此,明末也是如此。颜元写道:“吾读《甲申殉难录》,至‘愧无半策匡时难,惟余一死报君恩’,未尝不凄然泣下也。”(《存学编》卷二《性理评》)这些痛切的批评表明了颜元对社会现实的强烈关心。

对于读书静坐的教育方法,颜元也试图从历史上进行分析,他认为主要是由于历史变迁特别是经过焚书坑儒以及五代的兵燹,使儒家的“经世之法”“大学之制”逐渐沦亡,宋代周敦颐利用社会对学术的需要,把佛、道思想糅进儒家学说之中,经过程朱与陆王的进一步发展,“孔颜之学”遂亡(见《大学辨业序》《存学编》等)。这样的观点,形式上是从历史上给予分析，实际上并未找到读书静坐的教育方法产生的真正历史原因。

颜李对理学教育思想的批评，仍带着明显的功利主义色彩，其理论依据，是具有经验主义倾向的认识论。

颜元首先强调从实事实物出发，反对从虚幻的主观感觉出发。他称用静坐方法获得的认识为“镜花水月”。颜元反对“悟道”的理由是因为他不承认有静止不动的感觉和思维，他说：“天地间岂有不流动之水？天地间岂有不著地、不见沙泥、不见风石之水？”(《存人编》卷一)这里用水比喻认识活动。颜元认为，感觉思维就像流水一样，处于运动中，要迫使它静止，是很难做到的。

在颜元的教育思想中，特别重视“习”“行”两个范畴。他35岁时改所居“思古斋”名为“习斋”，并以此为字号。他的学生钟錂解释说：“斋以习名者何？药世也；药世者何？世儒口头见道，笔头见道，颜子矫枉救失，遵《论语》开章之义，尚习行也。”(《习斋记余叙》)“习”字在颜元的著作中屡见不鲜，它包含有习行的含义。这个范畴在颜元的思想体系中，有两层重要的含义：①习行是知识的来源。他说：“心上思过，口上讲过，书上见过，都不得力，临事时依旧是所习者出。”(《存学编》卷一)②习行可以验证知识。他说：“德性以用而见其醇驳，学问以用而见其得失。”(《颜习斋先生言行录》卷下)这里所谓的“用”也是习行的过程。为强调习行的重要，颜元还对《四书》中凡是含有习行意义的用语，都给予解释，阐明它们的习行的含义，例如“错”“克”“操”“致”“立”“达”“适”“习”“温”“格”等。

颜元把注重习行的思想运用于教育实践，认为习行有益于人的身体健康和道德修养。他说：“孔门习行礼乐射御之学，健人筋骨，和人血气，调人情性，长人神智。”(《颜习斋先生言行录》卷下)值得指出的是，颜元虽然一再强调习行“孔门六艺”，但他论学并不局限于礼乐射御书数“六艺”，他说：“博学之，则兵农钱谷、水火工虞、天文地理，无不学也”(《四书正误》卷二)，这就超出了孔子所教“六艺”范围。

颜元曾把自己的教育思想付诸教育实践之中。他在应聘主持漳南书院时,曾制定了一套新的教学组织形式,在课程内容设置上,颇能体现他注重习行的教育思想。他将课程分为四个科,即:武备科、文事科、艺能科(设水学、火学、工学、象数学等课目)、经史科。

颜元的教育思想,不仅表现了颜李学派经世致用的特色,而且还蕴含着中国早期启蒙思想的闪光点,他声称:“昔人言本原之地在朝廷,吾则以为本原之地在学校”(《习斋记余》卷一《送王允德教谕清苑序》),这种把学校(教育)摆在第一位的思想是非常可贵的。

# 第九章　清代的学术和思想(上)

## 第一节　18世纪清代学术思想概况

本章及下一章叙述的是清康熙朝以后直至嘉庆年间的学术思想,大体相当于公元纪年的18世纪。这一时期,是中国封建社会的最后阶段,学术和思想呈现出较以往不同的特点。有些研究者称这一时期的学术思想为"汉学",如江藩(1761—1830年)写了《国朝汉学师承记》,记录这一时期的学术和思想。这是因为这一时期的多数思想家和学者都尊行汉代的学术(主要是经学)。又因他们追求一种朴实无华的学风,有人称这一时期的学术思想为"朴学"。清代在乾(隆)嘉(庆)时期重训诂考据的研究,由于这些特点,这一时期的学术思想又被称为乾嘉学、考据学等。

在学术渊源上,乾嘉学者渊源于明末清初实学思潮而更加专门化、细致化。反封建专制的早期启蒙意识或有淡化,但由实证而求实理的实学意识则明显加强。他们推崇汉学,尤其是东汉古文经学。他们相信以经典为核心的历史文化中蕴藏着攸关国计民生的实理,并相信,从文字入手,以音韵通训诂,从训诂便可通达这实实在在的义理。在这个意义上,汉学属于经学。在方法上,他们搜集材料,罗列证据,无信不征,实事求是,精校勘,善考证。他们审订文献,辨别真伪,校勘讹误,研究典章制度,考证地理沿革,为保存和传承古代学术文化遗产作出了不可磨灭的贡献;汉学有实证色彩的治学方法对近代中国人文学科的建立和发展也产生了直接的影响。

所谓汉学、朴学、考据学,作为一种流行百余年的学术思想潮流,是怎样产生的呢?

从社会方面看,清朝统治者用武力征服全国以后,实行了恢复和发展生产的经济政策,社会的安定和经济的发展为学术的发展创造了良好的条件;与此同时,清政府又对汉族知识分子实行软硬兼施的政策,使士人的思想不能逾越一定的范围。考据学既不触动清政府的专制统治,又有较强的学术吸引力,符合清朝统治者的需要。

清朝社会逐渐安定,是从顺治末年开始的。康熙帝玄烨即位之后,利用汉人平定了三藩,统一台湾,在东北保卫了边疆,在西北平定噶尔丹,统一了全国。经济方面,结束了清初的圈地政策,推行"更名田",实行"摊丁入亩"的税收制度,这些都促进了小农经济的发展;与此同时,手工业和商业也在封建经济结构的束缚下缓慢发展。清王朝在嘉庆以前的封建统治,基本上处于相对稳定的时期。

就文化政策而言,清朝统治者采用软硬兼施的政策。一方面,对汉族知识分子采用高压政策。顺、康二朝,迭兴大狱,通海案、科场案、奏销案,屡兴不断。康熙以后的文字狱,株连之广,处罚之重,都是历史上仅见的。如礼部侍郎查嗣廷用《大学》中"维民所止"四字作为科举试题,这本是很普通的事,但因有人上告,"维止"二字是"雍正"二字的去首,由此而引出文字狱:先将查氏革职下狱,查病死狱中后戮尸枭首,子坐死,家属流放,查氏家乡浙江省停止乡试、会试6年等一系列裁决。康熙以后的文字狱大案还有"庄廷鑨《明史》案""戴名世《南山集》案""吕留良文选案"等。据统计,康、雍、乾三朝的文字狱见于记载的达108起之多[①]。

---

① 参见《清代文字狱档》《泽华录》,萧一山《清代通史》等。

清朝统治者的高压政策还表现在禁止结社讲学活动,发布禁书令等方面。仅乾隆三十九、四十年,就烧书24次,共1.38万余种。在这种高压政策之下,知识分子只能埋头于与社会现实无关的故纸堆中,以保全身家性命。

在实行高压政策的同时,清政府采用怀柔手段,提倡理学和科举,吸引知识分子进入仕途。通过开设"博学鸿辞科"以及进行大型的文化学术工程,以延揽知识分子。其中最有代表性的两项工程是康熙(1662—1722年)年间编纂《古今图书集成》以及乾隆(1736—1795年)年间编纂《四库全书》。完成的两部巨著,加起来将近9万卷。清政府组织学者纂修《明史》,也属于此种性质。

清代学术和思想以"汉学"的形式产生,除社会政治方面的原因以外,也有其学术自身发展的轨迹可寻。

宋明理学君临学术界,已有五六百年之久,明代以后,越来越走上僵化的道路,不断遭到进步思想家的批评。特别是明清之际近百年之间,反理学的思潮已经成为学术潮流中的主流,所以,尽管清初统治者大力提倡理学,也仅仅是一种回光返照,理学作为一种学术和思想,已经走到它的尽头。同时,尽管明末清初有些思想家在对理学的批评中闪现出具有启蒙因素的新思想,但这些思想在清代始终得不到继续成长发育的土壤。黄宗羲具有民主色彩的政治思想并没有被进一步发展为孟德斯鸠式的政治哲学;颜元的经验主义也没有被进一步发展为培根式的经验主义哲学。这与清朝统治者实行封建专制政策以及压制资本主义因素成长的政策密切相关。在这样的历史条件下,清代的思想家和学者在否定理学之后,只有回头看,把眼光转向遥远的古代。汉代的学术成了他们的最佳选择,他们企图因循汉儒的途径,从经学的研究中找到治世的真理和方法。当时丰富的图书典籍,大型"丛书""类书"的编纂,发达的校书、刻书、编书业,可以为他们从历史典籍中寻找治世良方提供足够的研究资料。因此,从整体上看,中国18世纪的思想界笼罩于沉闷的空气中。

清代的学术和思想,人们一般笼统地称作“汉学”,它经历了不同的发展阶段。著名经学史大师皮锡瑞从经学史的角度出发,将清代的学术和思想划分为三大阶段,即:“汉宋兼采阶段”,“专门汉学阶段”,“西汉今文经学阶段”(见《经学历史》(十):经学复盛的时代)。这种划分,将清代270年的学术思想史全部纳入“汉学”体系,从形式上仿佛对学术发展的脉络作了明确的区分,但从思想史的角度观察,这样划分尚未体现思想发展的特点。清初的思想富于启蒙精神,它们和明末以来的反理学思潮融为一体;道光(1821—1850年)以后的“西汉今文经学”如庄存与、刘逢禄、龚自珍,倡言《春秋公羊》,结合现实国计民生,力阐“微言大义”,与中国进入半殖民地半封建社会的历史密切相关,它融汇于近代思想潮流之中。在此,我们参考皮氏所说的“专门汉学阶段”的用法,对18世纪中国思想的状况,作为“专门汉学”阶段加以阐述。

## 第二节　专门汉学的产生及其成就

从清初启蒙思想到“专门汉学”的形成,有一个过程。在此过渡阶段,代表人物有阎若璩、胡渭、毛奇龄、万斯大、万斯同、顾祖禹等人。

这些汉学先驱者不像清初进步思想家那样,对清朝采取不合作的态度,而是往往以“布衣”“处士”等身份为清朝政府服务(如参加学术编纂或进入官府成为幕僚),而清朝统治者也乐于为他们提供条件进行学术研究。

“专门汉学”的先驱者反对空谈。他们所注重的实学,着眼于经史而忽略了社会实际。他们一般只继承了清初思想家们学术上的求实精神,如阎若璩提出“一物不知,以为深耻”。他们对经典和史事进行了勤奋的攻读和考证,写出大量著作,如万斯同“博通诸史,尤熟于明代掌故,自洪武至天启实录,皆能暗诵”(钱大昕:《万先生斯同传》,《潜研堂文集》卷三十八)。又如毛奇龄著述宏富,收入《四库全书》的就有40余种。阎若璩曾经说过:

“孟子谓读书当论其世,余则谓并当论其地。”(《四书释地》“河、河内条”)这里虽言“并当论其地”,但实际上已透露出当时学者的学术思想眼光已经由注重“论世”向注重“论地”(山脉河流的地理状况)的转化,这与顾炎武著《天下郡国利病书》的旨趣有所不同。

清初思想家们是从义理出发对传统思想提出怀疑,而汉学先驱学者是从考据出发对典籍的一些字义表示怀疑。如阎若璩著《古文尚书疏证》,说明《尚书》中古文各篇为后世伪造,用的就是考据方法。

“专门汉学”先驱学者的考据和怀疑,有积极的学术效果,例如对伪古文尚书的否定,也就等于否定了其中记载的所谓“十六字真传”。又如胡渭著《易图明辨》,考证宋代以来理学家所传的“太极图”,是华山道士陈抟所传,与儒家典籍无关,这对于宋儒的象数学无疑是一次沉重的打击。再如姚际恒《古今伪书考》,将古代数十种著名的典籍考证为伪书,多少打破了人们对古代经典的迷信。

“专门汉学”继他们的先驱学者之后,走上更专门的学术化道路。他们在学术宗旨和学术方法上,打出“汉学”旗帜,对待学术遗产采取“唯汉是尊”的态度。他们采用由音韵、考据以通义理的方法论原则,形成一套完整的治学方法与学术思想体系。

“专门汉学”在学术思想史上通常被分为吴、皖两派。吴派的代表人物是江苏吴县人惠栋(1697—1758年),惠栋学问渊博,专精《周易》,著有《周易述》《易汉学》《易例》《九经古义》《古文尚书考》等书。其弟子多为苏南人,故称为吴派。这一学派是专门汉学的集中代表,尤其是在株守汉学方面,可以说是笃信汉学,不论是非。连《四库全书总目提要》也这样评价惠栋:“其长在博,其短亦在于嗜博;其长在古,其短亦在于泥古。”(卷二十九《经部·春秋类》)阮元、王引之等人对惠栋也都有所批评。

皖派的代表人物是安徽休宁人戴震,其弟子多为安徽人,故称为皖派。戴震比惠栋小26岁,这一学派也比吴派晚出。在学术观点上,这两派有许多共同点,因此相互影响,互为师友。在研究方向上,皖派擅长三礼,尤精小学、天算。吴派以博古为尚,而皖派则更具有求实精神。吴皖两派并立,他们的学术成就为社会所公认。

“专门汉学”的确立,在学术思想史上标志着宋明理学思潮的终结。这个过程,从明清之际的17世纪初出现反理学思潮,到清乾隆年间的18世纪初,近乎百年时间。可见一种学术思潮的消亡和另一种学术思想的建立,需要长时间的理论和学术的酝酿准备,特别是一种新的学术思想体系的建立,更是需要几代人的努力。例如吴中惠氏,从惠周惕开始,到吴派的代表人物惠栋,已经是第三代人了。又如戴震,虽然并非出身于经学世家,但由于投师“治经数十年”,精于礼学、音韵学、算学的大学问家江永,经过多年刻苦努力,才成为一代大师。

从学术思想史的角度看专门汉学的建立,可以看出,中国思想史在中国封建社会的最后阶段,走着艰难迂回的道路。从明末在理学家内部出现的个体意识的觉醒到明清之际反理学思潮的形成,是一种不断扩大的进步思想潮流,被称作中国思想史上的第二次“百家争鸣”。但是,理学衰微以后,用什么思想来代替它?在清朝封建专制统治之下,思想家和学者们只能把眼光转向古代,奉汉学为珍宝,在古代经书中去寻找真正的“义理”。

汉学思潮在中国历史上绵延百余年,在思想史上有一定的贡献。①汉学学者和思想家以实事求是的态度和严谨的学风,再次精心地研究整理了中国古代的经典和文献,纠正了2000年来关于古代文献的许多谬误,为中国思想史、学术史以及古代文化的研究提供了比较可靠的资料。②汉学学者及思想家在长期的研究中探索和掌握了一套严密的搜集、排比、分类以及识别文献资料的方法。他们的工作促进了归纳和演绎的逻辑方法的完善,有助于理论思维水平的提高。③汉学学者及思想家们大都学识渊博,他们的研究范围并不局限于经学、史学,而扩展到天文、历算、音韵、训诂、金石、词章等各个方面。在这些领域中,他们都有独到的贡献。④在汉学思潮中涌现出来的思想家,有的本身就是著名的汉学家,有的则站在批评汉学的立场上,但不论他们学术见解如何,其思想在客观上都能超出汉学的藩篱。戴震、汪中、章学诚、焦循、阮元是我们将要介绍的代表人物。他们在汉学时代,提出了具有开拓创新价值的新思想。

## 第三节　戴震的思想

戴震是汉学中出类拔萃的人物,出身于汉学又超出汉学,成为清朝中期成就卓著的思想家。

戴震像

戴震(1724—1777年)字慎修,又字东原,安徽休宁(今安徽屯溪)人。家贫,年轻时随父行商,又曾靠教书为生。曾受到文字狱的牵连,在扬州、北京等地避难。40岁中举人,但以后5次参加会试均落第。51岁时由纪昀等人推荐入"《四库全书》馆",任纂修官,校订天算、地理等方面的书籍。53岁,会试再次落第,被特别准许参加殿试,赐同进士出身,授翰林院庶吉士,后在北京病逝。

戴震一生著作很多,包括音韵、算术、几何、考据、天文、地理、方志等各个方面。在哲学方面最重要的著作是《原善》与《孟子字义疏证》。《孟子字义疏证》一书,初名《绪言》,后改订为《孟子私淑录》,最后订为今本名。戴震十分重视此书,认为这本书是他一生最重要的著作,直到临终时才最后定稿。

戴震在《孟子字义疏证》中所阐述的自然哲学,以"气"作为世界的本原,以"道"作为世界万物的基本规律。他指出:

> 道,犹行也;气化流行,生生不息,是故谓之道。《易》曰:"一阴一阳之谓道。"《洪范》:"五行:一曰水,二曰火,三曰木,四曰金,五曰土。"行亦道之通称。(《孟子字义疏证》卷中)

这里强调“气”的不息运动,此种运动就是“道”,一阴一阳,是运动;水火木金土五行,也是不同形式的运动,所以他说:“阴阳五行,道之实体也”(同上)。戴震把道视为“实体”,但这个实体,不是抽象独存的实体,它必须与实际事物一同存在。

戴震还论述了“道”与“理”的关系。他把“道”作为万物的基本规律,而把“理”视为“物之质”。他说:

> 理者,察之而几微必区以别之名也,是故谓之分理;在物之质,曰肌理,曰腠理,曰文理(亦曰文缕。理,缕,语之转耳)。得其分则有条而不紊,谓之条理。……古人所谓理,未有如后儒之所谓理者矣。(《孟子字义疏证》卷上)

他强调“理”是事物得以区别的特性,认为由于事物各有特质,所以它们才能相互区分。“理”在戴震的哲学体系中,相当于“本质”,它体现在事物内部,所以称为“肌理”“腠理”“文理”。

戴震对“道”与“理”的范畴的区分,是在吸取韩非“万物各异理而道尽稽万物之理”(《解老》)思想基础上,对“理”再次进行的缜密分析。此种分析与理学不同。在宋明理学思想体系中,“理”与“道”是同一的范畴,都是指最高层次的抽象本体,而具体事物的本质和法则只不过是这个最高的抽象本体的再现。与此不同,戴震区分“道”与“理”的层次时,用“分理”的观点否定理学的本体“理”,强调“理”与事物共存。

戴震对理学社会作用的批判,是其思想中最具有理论意义的部分。他提出,“理”自宋以来,已成为尊者、长者、贵者压迫卑者、幼者、贱者的工具。他说:

> 尊者以理责卑,长者以理责幼,贵者以理责贱,虽失,谓之

> 顺;卑者、幼者、贱者以理争之,虽得,谓之逆。……人死于法,犹有怜之者;死于理,其谁怜之?(《孟子字义疏证》卷上)

这是对不公正的假“理”的控诉和抗议。为了反对这种假“理”的压迫,戴震把真正的“理”解释为人类正当的感情和欲望。他说:“理也者,情之不爽失也,未有情不得而理得者也。”(同上)这种感情和欲望,人人皆有,尊贵者有,卑贱者也有。如果尊贵者以所谓“理”来否定卑贱者应有的感情和欲望,这就是“以理杀人”的一种表现!

戴震把天理还原于自然的伦理,在逻辑上必然得出肯定情欲的结论。由此他批驳有些理学家的理欲论。他说:

> 宋以来儒者……举凡饥寒愁怨、饮食男女、常情隐曲之感,则名之曰人欲。故终其身见欲之难制。其所谓存理,空有理之名,究不过绝情欲之感耳。何以能绝?(《孟子字义疏证》卷下)

戴震认为“有欲而后有为”(同上),人欲对人类的存在有重要的意义。理学家们所认为的人欲是无法弃绝的,以“理”来排斥人欲无异于“以理杀人”。他大声疾呼:“其所谓理者,同于酷吏之所谓法。酷吏以法杀人,后儒以理杀人,浸浸乎舍法而论理,死矣,更无可救矣!”(《与某书》)戴震同时提出“体民之情,遂民之欲而王道备”的观点,认为真正的王道决不是“以理杀人”,而是体民之情,遂民之欲。这种批评包含着对封建专制制度下的礼教的抗议。

戴震对于情欲的肯定,从人的自然本性出发,这是与他的自然天道观一致的。其人性论与认识论,也都是从气化流行的自然天道观出发。他说:“人生而后有欲、有情、有知,三者,血气心知之自然也。”(《孟子字义疏证》卷下)情和欲,属于心理活动的范畴,戴震把人的心理活动与认识活动联系起来考察认识的发生,已注意到认识发生的心理与人的自然生理之间的密切关系。他对情、欲、知的看法,与西方近代心理学将人的心理分为“意、情、知”的观点比较接近,反映了他对认识论问题研究的深化。

戴震论性与认识的出发点,是人与动物所共同具有的感觉,但其落脚点,则是人所独具的思维能力。他说:“物但能遂其自然,人能明于其必然。”(《绪言》卷上)所谓必然,是指辨别美丑善恶是非的准则和行为准则。这种“能明”的观点,是他认识论体系中的重要观点。由此观点出发,他提出“理义”要靠“能明”来把握:“人莫大乎智足以择善也”(《原善》卷中)。并进一步指出:“心之明之所止,于事情区以别焉,无几微爽失,则理义以名。”(同上)说明获得“理义”的途径,要靠主观与客观事物相接。他认为“能明”之心时有所蔽,而“解蔽莫如学”(同上,卷下),肯定了靠后天努力获得知识的方法。

戴震还谈到认识的深化的必要性。他说:

> 必然之与自然,非二事也。就其自然明之,而无几微之失焉,是其必然也。……若任其自然而流于失,转丧其自然,而非自然也。故归于必然,适完其自然。(《绪言》)

人要把自己初始具有的认识能力加以充分发挥,使之达到必然;这种必然实际上就是对自然的完善,二者是一致的。反之,如果放弃主观的努力,任其自然,那么认识能力不仅不会提高,反而会丧失人本身具有的“能明”的本性,也就丧失了自然。但戴震没有具体阐述人的认识由自然达到必然的深化过程,以至于将认识简单地视为“观照”。即把人们对事物的认识看成是直观的反射,把认识的深浅看成是“光之大小”的不同。这种观照论是一种静止的认识论,是不妥当的。

戴震提出“由词以通道”,强调通过语言的分析达到对道的认识。他对《易传》中“形而上者谓之道,形而下者谓之器”一语进行了以下几点语义分析:

(1)“形而上”“形而下”之“形”字,指有形质的“品物”,即众多的具体事物,而非指未成形质以前的“气化”。

(2)“形而上”“形而下”之“上”“下”二字,即“前”“后”之意。形而上,即品物形成之前;形而下,即品物形成之后。

(3)“谓之”二字,在古人言词中与“之谓”有异。“之谓”是“以上所称指下”,如“一阴一阳之谓道”,即用“一阴一阳”这一“所称”的实在来指称或表达“道”这一实在,用意在于阐释后者“道”。而“谓之”是指“以下所称之名辨上之实”,如“形而上者谓之道”,即用“道”这个名称来解释“形而上”,用意在于以“道”这个“名”来指称、辨别“形而上”这个“实”(详见《孟子字义疏证》卷中)。所以不应把“道”“器”作为“谓之”句中的重点。

根据以上分析,戴震提出《易传》中那句话重点是阐释“形而上”与“形而下”,亦即形之前与形之后。他把形之前、后归结为气的不同表现形态,并以此来批评朱熹以形而上的“道”为抽象本体的观点。

戴震的哲学思想在当时不被人所重视,当时的学术风气,视凡谈义理的著作为空疏无用。实际上,戴震正是由于没有株守博雅考订、训诂名物一途,才取得了学术思想上的成就。

# 第十章　清代的学术和思想(下)

## 第一节　章学诚对专门汉学的批评

乾嘉时期,汉学成为学术思想界的主流,有些知识分子把毕生精力都投入到经学的训诂考据之中,再次形成了繁琐的学风。当时有人对这种学风提出批评,最著名的代表是章学诚。

章学诚像

章学诚(1738—1801年)字实斋,会稽(今浙江绍兴)人,章学诚的父亲章镳为乾隆年间进士,做过湖北应城知县,罢官后家贫不能归。章学诚自幼体弱,学习迟钝,21岁以后才纵览群书,尤好历史。23岁时出游北京,曾肄业于北京国子监。后又从朱筠学文章,并先后担任国子监编修、典籍。41岁时中进士,但并未做官,先后主讲定州、定武、肥乡等10余个书院,并参加毕沅主持的《续资治通鉴》《湖北通志》的编纂工作。晚年归老于浙江。

章学诚最重要的著作是《文史通义》8卷、《校雠通义》[①]3卷。可惜上述两部著作皆在章死后多年才刊刻,其思想在当时并没有得到广泛流传。

① 古代称校勘图书为校雠,实际上是目录学的代称,旨在"辨章学术,考镜源流"。

章学诚对“专门汉学”的批评,主要表现在以下三个方面:

(1)他强调学术的宗旨和目的在于实用,反对趋时好名、为学术而学术的风气。他说:“世之言学者,不知持风气,而惟知徇风气,且谓非是不足邀誉焉,则亦弗思而已矣!”(《文史通义》内篇二《原学》下)这里所说的“风气”是指学术思潮而言。章学诚认为“风气”是循环发展的,在风气面前,学者必须有自己的独立见解,“持世而救偏”。他批评当时学术思想界“趋时而好名,徇末而不知本”(同上),所谓“本”即为学的根本和目的。他认为学问以切己有用为目的,好比衣食是以饱暖为目的。汉学学者夸多斗靡、炫耀渊博的学风不切合实际:“今不知为己,而骛博以炫人。天下闻见不可尽,而人之好尚不可同,以有尽之生,而逐无穷之闻见,以一人之身,逐无端之好尚,尧舜有所不能也。”(同上)章学诚认为求学的根本目的是“明道”。他说:“古人本学问而发为文章,其志将以明道。”(《文史通义》外篇三《与吴胥石简》)他特别指出,应该把“学”的宗旨标明,不能认为“著书”就是学。他一再指出:“古人以学著于书,后人即书以为学。”(《文史通义》外篇三《与林秀才》)他认为学以明道为目的,而著书考据只不过是手段。他把目的和手段称之为“学”和“功力”。指出二者在方向上虽然相同,但并不就是一回事。学问非凿空臆断之事,故“不可以骤几”,它必须以“功力”为手段,去逐步通过知识的积累而达到;但积累并不是学的目的,就好比用粮食酿酒,无粮食无以为酒,然而以粮食为酒则大谬。

(2)他批评“专门汉学”笃守经传训诂,眼界狭小,提出“六经皆史”的观点。汉学家穷毕生精力于经传的训诂考证,他们之中的佼佼者虽有“由字以通词、由词以通道”之说,但是绝大多数的汉学家把训诂考据当作“道”。章学诚对此说了以下一段有名的话:

道不离器,犹影不离形。后世服夫子之教者自六经,以谓六经载道之书也,而不知六经皆器也。……彼舍天下事物、人伦日用,而守六籍以言道,则固不可与言夫道矣。(《文史通义》内篇二《原

道》中)

可见,“六经”不过是言道的工具(器)之一,最根本的道,还是在天下事物、人伦日用之中。由此而言,“六经”之外,同样可以有载道之具。他认为道既可以在“六经”中,也可以在诸子百家中,诸子的产生如同“六经”都是历史发展的结果。“六经”不过是先王政典,因此也不过是历史的总结和记录。他提出“六经皆史”的观点(见《文史通义》内篇一《易教》上),他说:

> 古之所谓经,乃三代盛时典章法度见于政教行事之实,而非圣人有意作为文字以传后世也。(《文史通义》内篇一《经解》上)

章学诚肯定诸子百家之学与提倡“六经皆史”,其目的在于打破汉学家对“六经”训诂的株守,同时也使他的“学以明道”的思想更加具体化。“学以明道”的思想是明清之际进步思想家经世致用思想的继续,在当时的学术风气下,这种观点不可能实施,章学诚本人一生也只是做学术理论的研究与修志的工作。但这种思想对以后的魏源、龚自珍都产生了一定影响。

(3)章学诚批评汉学家在研究方法上的循规墨守,主张独立思考。他说:“近日学者风气,征实太多,发挥太少,有如桑蚕食叶,而不能抽丝。”(《文史通义》外篇三《与汪龙庄书》)章学诚对这种学风提出了严厉的批评,称之为“德之贼也”。主张在学术研究中要“全其所自得”。

章学诚从以上三个方面批评专门汉学,其学术思想,是在对汉学的批评过程中建立起来的。

章学诚学术思想的基本出发点是“明道”,其著作《原道》上、中、下三篇,成为其学术思想的指导原则。

章学诚所谓的道,不是圣人的经训,而是客观事物的法则。他说:“道者,非圣人智力所能为,皆其事势自然,渐形渐著,不得已而出之,故曰天也。”(《原道》上)关于学术与道的关系,章学诚认为:学术是自然事物与人事的描绘和记录,当自然事物与人事随着历史而消逝以后,它们就以学术的形式被保存下来,道也就体现在其中,即所谓“学术当然,皆下学之器也,中有所以然者,皆上达之道也”(《文史通义》外篇三《与朱沧湄中翰论学术》)。章学诚以此论证了“六经皆器”。并依此进一步提出“即器以明道”。但所谓器也并非只限于六经,而是记载天下事物与人伦日用的一切学术。“学术当然,皆下学之器也”,明道者只有对学术作全面综合的考察研究,才能了解其中的“道”。

章学诚十分重视古代的学术遗产,强调进行贯通的综合研究。他说:“天下之言,各有攸当。……读古人之书,不能会通其旨,而徒执其疑似之说,以争胜于一隅,则一隅之言不可胜用也。”(《文史通义》内篇四《答客问》)章学诚强调“会通”,反对死记硬背古人的言论。“通今”是章学诚学术思想的又一条重要原则。他说:“君子苟有志于学,则必求当代典章,以切于人伦日用,必求官司掌故,而通于经术精微,则学为实事,而文非空言。”(《文史通义》内篇五《史释》)其所谓“通今”是指学问之道要对当前的现实有所补益。

章学诚还从学术发展史的角度,说明学术应因时而变,以强调“知时”的重要。他说:“学业将以经世也。……其前人所略而后人详之,前人所无而后人创之,前人所习而后人更之……要于适当其宜而可矣。”(《文史通义》内篇六《天喻》)这里的“详之”“创之”“更之”说明了学术因时代的发展而进步,因此必须注意时代的发展。

章学诚注重现实,反对“专于诵读而言学”(《文史通义》内篇二《原学》上),主张“必习于事而后可以言学”(同上)。这种观点,是对明清之际注意习行思想的继承。他把习行当做验证知识的重要手段,指出:“极思而未习于事,虽持之有故,言之成理,而不能知其行之有病也”(《原学》中)。因此他强调学术研究也必须以习行来验证。

章学诚对专门汉学的批评及其学术思想的产生,从学术发展史的角度看,受到了明末以来浙东学者黄宗羲、万斯大、万斯同、全祖望等人注重史学研究学风的影响,章学诚自己也有对“浙东之学”的评价,说“浙东之学,言性命必究于史”(《文史通义》内篇五《浙东学术》)。浙东学者主张通过对史学的研究以达到经世的目的,他们在史学研究方面也确实有很大的成绩。章学诚继承了他们的传统,而更加注重史学理论的探究,丰富了浙东史学思想的内容。

章学诚学术思想的出现,预示着汉学思潮已经出现了学术思想上的危机,它必须有所发展,才能求得生存。

## 第二节　专门汉学的后期发展与汪中的思想

“专门汉学”在戴震之后,有了新的发展,总的表现是:很多学者已经突破汉代经学传注的束缚,具有更加求实的态度,对古代经典的研究也更加深入了,辨伪、辑佚、校勘等工作更加完善和周密;同时,在编书、刻书、藏书等方面也形成较完整的规模和系统。学者的研究范围也扩展了。例如,汪中用很大精力整理研究先秦诸子,阮元重视金石及铜器铭文,认为可与“九经”并重;焦循、刘毓松等人将研究领域扩展到词曲、戏剧、古代谣谚方面等。特别是这一时期在自然科学研究方面,无论深度、广度都较以前大大提高了。如天文算学方面,继梅文鼎、李锡阐、江永、戴震之后,李惇、焦循、阮元等人,都有较高的造诣。阮元编著的《畴人传》46卷,是一部历代天文、数学家的学术性传记体著作,具有科学史的价值。

上述情况,构成了这一时期思想史发展的学术土壤。我们通过介绍汪中、焦循、阮元来展示这一时期思想史的概况。

汪中(1744—1794年)字容甫,江苏江都(今扬州)人。汪中出身于贫寒的读书人家庭,7岁丧父,十几岁时入书店当学徒,得以博览群书。经过艰苦自学,卓然成家。汪中一生著述不少,其中最有代表性的是《述学》(包括内篇3卷,外篇、补遗、别录各1卷),其他大部分著作收入《汪氏丛书》。

汪中的社会思想,表现了他对于社会下层人民的同情,特别是对妇女

汪中像

的同情。他提出过一些乌托邦式的社会幻想,这些都带有市民意识的特点。《哀盐船文》是汪中上述思想的一篇代表作。该文记叙了仪征(今江苏仪征)沙漫州盐船失火,“坏船百有三十,焚及溺死者千有四百”的景况,发出自己的感慨。这篇文章在当时产生了反响,著名学者杭世骏为之作序,称其“惊心动魄,一字千金”。汪中在此文中写道:“人逢其凶邪?天降其酷邪?夫何为而至于此极哉?!”表露出他对人民的同情以及对统治者草菅人命的不满。其他如《狐父之盗颂》等短文,也表现了上述思想感情。

汪中揭露封建礼教对妇女的压迫,撰有《女子许嫁而婿死从死及守志议》,指出:“许嫁而婿死,适婿之家,事其父母,为之立后而不嫁者,非礼也。……其有以死为殉者,尤礼之所不许也”(《述学》内篇一)。所谓许嫁,是指订婚许配而未正式出嫁。汪中举出当时人袁枚及郑文虎两家的例子:袁枚之妹以及郑家婢女都曾自幼许嫁他人,但她们的夫婿皆是玩世不恭的浪荡公子,二女明知如此,却不愿改图,结果出嫁后,都遭到丈夫的虐待和遗弃。汪中对此加以评论说:“好仁不好学,其蔽于愚。若二女者可谓愚矣。本不知礼而自谓守礼,以殒其生,良可哀也。”(同上)在汪中看来,“仁”不是不变的教条,人们应当有自己的独立思考(学)。他认为“学”(思考)是更重要的。汪中还主张寡妇可以改嫁,男女在一定程度上应该有社交的自由等。这些思想在汪中的笔下虽然还披着“礼”的外衣,但他实际上多少已突破了封建礼教的内容,透露出近代启蒙的意识。

汪中还曾设想在各州、县设立“贞苦堂”和“孤儿社”,收容无依靠的寡妇孤儿,并设计有详细的计划,但都未能实现。

汪中还尖锐地批评了落后的社会习俗。他不信释老、阴阳、神怪之说,“见人邀福祠祷者,辄骂不休,聆者掩耳疾走”(江藩:《国朝汉学师承记》卷七《汪中传》)。还反对繁缛的丧葬礼仪。他母亲丧葬时,他“废七七之奠,屏浮屠法不用。……人多异之”(《汪氏丛书》,《年谱》)。对于达官贵人中喜欢附庸风雅的人,他也很瞧不起。

汪中对于传统思想的批评,一个突出的例子是对《大学》提出怀疑,在这一点上他与清初思想家陈确极其相似。汪中在《述学·补遗》中有《大学平议》一篇,他从三个方面论证《大学》并非是至高无上的经典:①从《大学》的文字看,与《礼记》中的其他篇,如《坊记》《表记》《缁衣》等不相上下,为七十子后学所记,与曾子学说关系不大。宋儒表彰它,是为了用其中的"格物致知"一语来附会禅学;②根据周秦古书写作形式的通例,汪中指出朱熹作《格物致知传》,将《大学》分为"经"1章,"传"10章,篡改了古书原秩序,无所根据;③他用孔子"因材施教"的原则,驳斥了宋儒用所谓"三纲领""八条目"规范天下人的思想的做法,认为这种用一定模式来教育人的方式,与孔门的教育原则相矛盾,因而《大学》不会是孔门的真传。

汪中还对明代以空谈心性为主要内容的"讲学"风气提出批评。他写有《讲学释义》一篇,指出"礼乐不可斯须去身,故孔子忧学之不讲。后世群居终日,高谈性命,而谓之讲学,吾未之前闻也"(《述学·别录》)。这与顾炎武对明末讲学风气的批评颇为相似。

汪中思想的特色还表现在他对于先秦诸子的研究方面。

(1)对荀子的研究。汪中说:"荀卿之学,出于孔氏,而尤有功于诸经。"(《述学·补遗》《荀卿子通论》)这样的说法与传统上"孔孟"并提的说法有所不同。当时,荀子的学说虽然已经受到学者的注重并有人推崇,但还没有人公开将荀子说成是孔子学说的真传者。而汪中却说:"自七十子之徒既殁,汉诸儒未兴,中更战国、暴秦之乱,六艺之传赖以不绝者,荀卿也。周公作之,孔子述之,荀卿子传之,其揆一也。"(同上)他作《荀子年表》,大力表彰荀学。

(2)对墨子的研究。墨子之学自汉武帝定儒学于一尊之后,几乎成为绝学。时至清初,逐渐引起学者的注意。乾嘉时期,"墨学"开始复兴,许多学者致力于墨学的研究,汪中便是其中之一。汪中写了《墨子序》

《墨子后序》论断墨子是春秋战国诸子中的一派,特别对孟子用“无父”二字指责墨子的观点力加辩驳。他通过认真研究,对墨子作出了下述评论:

①墨子的学术为救世之作,墨子为救世之仁人,不可以洪水猛兽诬之,也不可以假仁义恶之。

②墨学为当世之显学,九流之中唯儒学可与之抗衡,其余则非其伦比。杨墨并称之说与史实不符。

③儒墨相攻,为道不同不相为谋,并非正统与异端之别,儒、墨互相批评,无害于学术的发展。

上述评论在当时更是大胆的言论,因为它在肯定墨子的同时也贬斥了孟子,因此汪中遭到一些学者的攻击。

汪中在他对其他诸子的研究中也敢于提出己见,不墨守前人旧说。他撰有《老子考异》,论证老聃、老子、老莱子三人各不相蒙,五千言作者之老子是晚出于孔子之后的人。他还指出对《庄子》中的寓言不能当作历史证据来看待。又曾详细论证《吕氏春秋》一书是集诸子学说而成,并非出于一人之手。

汪中作为乾嘉时期的学者,其思想未能摆脱考据之一途。他写有《春秋述义》《尚书考异》《仪礼校本》《知新记》《尔雅校本》《大戴礼记校本》《春秋后传》《小学》《说文求端》《广陵通典》《秦蚕食六国地表》《金陵地图》《明堂通释》等经学、史学、训诂学、地理学等方面的著作。他在考据训诂方面,既有“辨章学术、考镜源流”的探微寻幽的精神,又能不拘泥于文字的训诂,同时更主张“推六经之旨以合于世用”,对社会现实表示出强烈的关心。

## 第三节　焦循与阮元的思想

焦循(1763—1820 年)字理堂,一字里堂。江都(今属江苏)人。焦循生于书香世家,曾祖父、祖父、父亲三代研究《易》学。焦循 29 岁时中举

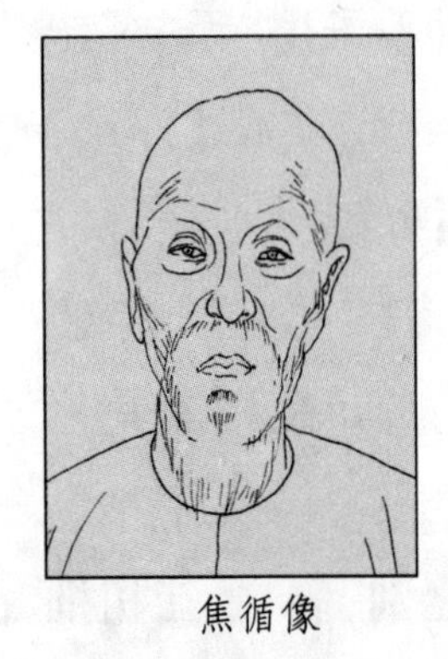
焦循像

人,但会试不第,于是绝意科举,建读书之所曰“雕菰楼”,终生居家治学,足迹不入城市近20年。

焦循学术研究范围很广,除经史、音韵、训诂之外,还有天文历算、诗词戏曲、医学、古代建筑等。其著作有数百卷,已刊刻及未刊刻近60种,其中收入《焦氏丛书》有21种。《易学三书》(《易章句》《易图略》《易通释》)《论语通释》《孟子正义》是为人所熟知的著作。

焦循思想中最具特色的部分,是他的数理研究、易学研究以及人性学说。

焦循的数学研究,直接继承了梅文鼎、戴震的传统,对于当时能见到的中国古代及西方数学著作进行了认真研讨,他会通中西数学思想,整理古代数学理论,作出了超过前人的成绩。他批评戴震把西洋算法与中国“周髀”相比照,运用中国古代数学用语解释西洋算法的做法晦涩简奥,主张运用通用术语。同时在研究重点上,他侧重于“算理”研究,比“算法”研究更进了一步。焦循的数学著作,传世的有《加减乘除释》《释弧》《释轮》《释椭》《天元一释》《开方通释》等,大都收入《里堂学算记》。

《加减乘除释》用甲、乙、丙、丁等天干字代表不同数字,阐述四则运算的基本定律,改变了中国古代算术用实例说明定律的做法(例如《九章算术》中用“方田”“粟米”等具体实例来讲解数学定律)。焦循的做法使中国数学的研究在方法上前进了一步。他说:“《九章》不能穷加减乘除之用,而加减乘除可以通《九章》之穷。”(《加减乘除释·自序》)

《释弧》《释轮》《释椭》三部著作,总结当时天文学中的数学基础知识,介绍西方天文学家、数学家托勒密、第各、开普勒、噶西尼等人的理论。《天元一释》及《开方通释》进一步阐释了中国13世纪两位数学家李冶和秦九韶的高次方程式的解法。

焦循在数学研究中反映的哲学思想,用他自己的话来说,即“名起于立法之后,理存于立法之先”(《加减乘除释》卷一)。所谓“立法”即为数学的法则、规律,由“立法”而产生定义和概念,就是“名”。而法则和规律早已在天地间存在着。对此种观点不能简单地加以指责,焦循在这里实际上区别了客观存在的“理”以及被人所认识的“理”,不是没有道理的。

但焦循用数学思维方式理解人生,并以这种方式理解其他一切事物。他根据数学的理论还原,认为“理”是错综变化的抽象形式。他说:“名主其形,理主其数。”(《加减乘除释》卷三)这是说,有形状的东西可以用“名”(概念)来把握,数量的关系可以用“理”来把握。他举勾股为例说:

> 勾股者,生于形者也,形复生形,而非数无以驭,则加减乘除又为勾股之所用也。……悉诸加减乘除之理,自可识方圆幂积之妙。(同上)

勾股,是特定形状(直角三角形的直角边)的“名”,当形复杂化的时候,就必须使用“数”来计算,例如用“勾股”来计算“弦”,而数的计算是由“理”支配的。所以,焦循认为:只要掌握了理,便可以认识数,从而驾驭形,了解千变万化的客观世界。这种观点,把客观世界的一切变化看成是纯粹的数量关系,似乎有些夸大。

焦循的《易》学研究,也渗透着数学思想的影响,他试图找出事物之间变化的数量关系。他充分利用“六书”“九数”之学,探究《易》中对事物变化原则的表述,他自认为其做法取得了成功,找到了《易》中卦爻变化的三条根本原则,即:①旁通,②相错,③时行。他认为有了这三条原则,就可以推求《易》中64卦以及384爻的变化,从而认识客观事物之间变化的数量关系。他称这种数量关系的变化原则为“比例”,自称“近者学《易》十许年,悟得比例引申之妙”。当时的许多学者也这样夸赞他。不过,焦循的《易》学研究也有所不足,他忽略了《易》学中关于自然哲学和人生伦理的含义。但他的研究比前人有所进步,有两点值得肯定:

(1)他敢于突破传统传注的范围,直接从64卦内寻找“参伍错综”的关系。

(2)他的《易》学研究中贯穿着“变通”的哲学思想。他提出“旁通”“相错”“时行”三个概念,实质上都是用来讲“变”的。

焦循的人性学说,也贯穿着“变”的思想。他说:

> 人性所以有仁义者,正以其能变通,异乎物之性也。以己之心通乎人之心,则仁也。知其不宜,变而之乎宜,则义也。仁义由于能变通。人能变通,故性善;物不能变通,故性不善。(《孟子正义·告子上》)

这段话是焦循人性学说的主旨。他用变通来解释人性,从人与物相区别开始,直到最高的伦理范畴“仁”“义”,都以变通为存在和发展的条件。

焦循在《孟子正义》及《性善解》等著作中,阐释了这个演化过程。他首先认为,人性并非神秘莫测:“性无他,食色而已”(《雕菰楼集》卷九《性善解》一)。但仅以食色来解释人性,并不能解释人性中何以有善恶的问题,焦循论人性的第二个逻辑环节就是强调人“能知”,他说:“性何以善?能知,故善”(同上,《性善解》三)。所谓“能知”,就是以变化和发展的眼光来看待人的特性,人能通过后天的教育方法,达到最高的道德境界。

应该指出的是,焦循讲性善,并不囿于孟子一家之说,还吸收了荀子的观点。他说:“非性善无以施其教,非教无以通其性之善。教,即荀子所谓伪也,为也。为之而能善,由其性之善也。”(《孟子正义·滕文公上》)他把人性善当作一种潜在的可能性,而把“教”当做可能性得以实现的必要条件。值得注意的是他用荀子所说的“伪”(为)来解释“教”,使“教”含有“习行”的意思。

焦循在人性论问题上讲“变”,也讲“通”,他认为人性变化有共同的趋向性:“以己之情通乎人之情,以己之欲通乎人之欲”,他称此为“情通”。对这种共通的情欲,焦循是肯定的。他一方面批评矫情去欲的“学究”的虚伪;另一方面又主张用人的智慧去调节情欲,使其达到合理的程度,这就叫“通变”或“变通”。

总而言之,焦循的数学研究、《易》学研究以及人性论是相辅相成、互相贯通的,崇尚理性、讲求变通的思想融汇在其中。他说:“圣贤之学,以日新为要”(《家训》),表现出对抱残守缺的鄙薄以及追求进取的精神。

自从章学诚对专门汉学提出公开的批评后,汪中、焦循这些思想家的思想在学术中越来越多地表现出与汉学的学术宗旨相背离之处,阮元为汉学作了学术和思想上的总结。

阮元像

汉学的最后一位重要人物是阮元。阮元(1764—1849 年)字伯元,号芸台,江苏仪征人。阮元从 26 岁中进士,一直步步高升,由翰林直南书房升到山东、浙江学政,嘉庆、道光年间(1796—1850 年),他历任兵部、礼部、工部、户部侍郎,又曾任浙江、江西、河南等省巡抚,湖广、两广、云贵总督,晚年入京,为体仁阁大学士,显赫一时。

阮元在学术和思想上最重要的贡献,一是对汉学思潮的总结,二是对文化史的研究。

在对汉学思潮的总结方面,阮元的功绩之一是在汇刻编纂方面,他为后人留下了宝贵的学术文化遗产,其中包括:

(1)《经籍纂诂》,106 卷。这是阮元在浙江任职时组织人力编著的。这部书将唐以前散在群书中的古代传注荟萃其中,按音韵编排。取材范围广泛,包括群经、诸子、史部、集部旧注以及古代字书如《尔雅》《方言》《说文》《释名》等等,将唐以前的训诂著述几乎网罗殆尽,给学者翻检训诂著述以极大的方便。

(2)重刻《十三经注疏》并附校勘记。《十三经注疏》合刻自南宋即开始,明清均有刻本,阮元组织人力根据宋本重刊并撰写校勘记,成为《十三经注疏》最规范的版本。

(3)《皇清经解》(又称《学海堂经解》)。这部书搜集清初至乾隆、嘉庆年间的经学著作74家,收书180余种,是对乾嘉汉学成果的大规模汇集。

以上三部大书,汇集了乾嘉汉学的研究成果,在今天仍有重要的学术价值。

阮元对汉学的总结,不仅在经籍的辑录与汇刻方面,更重要的是他对汉学学术方法以及学风的总结。概括起来说,包括以下三个主要方面:①以训诂求义理。“古今义理之学必自训诂始。”(《揅经室二集》卷七)②训诂以汉儒为准绳。“两汉经学所以当尊行者,为其去圣贤最近,而二氏之说尚未起也。”(《揅经室四集》卷二)③在训诂中讲求“实事求是”。“余之说经,推明古训,实事求是而已,非敢立异也。”(《揅经室集·自序》)

上述三点,概括了汉学家的一般学术方法与学风。这种方法与学风的长处,是学术研究中注意实事求是。但另一方面,汉学将以儒家经典为主的古代经书当作真理的源泉,这就有些狭隘。同时,汉学视训诂考据方法为求得真理的唯一方法,排斥从宏观上探索宇宙和世界的普遍法则的科学与哲学的方法。

阮元在训诂考据过程中,注重“义理”的阐发,这是他对戴震思想的继承。在阮元所阐述的“义理”中,“行”是一个重要的内容。他有释孔门“一贯”、释《大学》“格物”、释“心”等考据论著,其中都强调“行”(分别见《揅经室集》卷一、卷二《论语解》《论语一贯说》《大学格物说》等)。阮元解释孔子的学说,表现了他提倡实学、主张实行的义理观。总之,阮元在对汉学总结的基础上,吸收了专门汉学家的一些长处(如归纳的方法),但他没有走纯粹考据的一途,而是综合吸收了戴震“由词以通道”的方法,在考据中表达了自己的哲学思想。

阮元在学术和思想方面的贡献,还间接地表现在他对古代文化的重视和研究方面。例如,他力图通过对古代文字原义的分析来理解古代的社会制度和思想。他阐述了古代语言与古代文字的关系,提出“字从音出”“义从音生”。他写的《释矢》《释门》《释且》《释邮表畷》等,都从古代文字源流的研究出发,加以引申,涉及古代文化及制度。

在研究古代文字与古代社会制度时,阮元的眼界比较开阔,他善于利用考古成果来研究古代文化。他研究过金石学,撰有《山左金石志》《两浙金石志》。除此以外,他还引用周器“散氏盘”等佐证经学,并从韵读上认识了一些周金文字。这种由周器以考证古代社会制度的方法,开创了近人研究古史的新途径。

阮元对于西方自然科学的态度及其研究也值得我们注意。他继承了江永、戴震、焦循、王引之等汉学的传统,接触到西方的天文数学知识;同时他又对西学抱有一种虚无主义的态度,认为一切都是“老祖宗”的好,反映出一种偏狭的文化态度。

对于数理科学的研究,阮元受到其族姐夫焦循的很大影响。他为焦循的《里堂学算记》写“总序”,概括焦循的数学思想,他的《畴人传》(经过焦循修订)也具有相当高的数理科学水平。

# 第十一章　明清时期的宗教思想

## 第一节　佛教与道教

明清两朝(从明太祖洪武元年即1368年至清宣宗道光二十年即1840年),按时代性质划定的470多年的统治政策,由前二朝奠基,前后没有多大变化。执政者除继续强化理学的思想统治地位以外,对佛、道二教既利用,又严加控制和管理,从中央到地方都设有管理佛、道的行政机构。对汉地佛、道则防止其与农民起事联手,成为其统治的威胁;对西藏地区则严防境外势力入侵,以维护国家统一。

朱元璋目睹了元朝崇尚喇嘛教的诸多流弊,他执政后,废除了喇嘛教在内地的特权,但并没有中止喇嘛教与内地的联系。他继续给喇嘛以优厚的礼遇,并以此作为皇权与中央管辖西藏地方的重要渠道。洪武六年(1373年),前元帝师喃迦巴藏卜入朝,赐以炽盛佛宝国师称号;次年八思巴之后公哥监藏巴藏卜入朝,尊为帝师。又置西宁僧纲司,由喇嘛任都纲;在河州设番汉二僧纲司,由藏僧任僧官。明成祖对西藏喇嘛教尤为重视。即位之初(1403年),即遣使迎哈立麻至京,给以大宝法王称号。又遣使入藏邀请宗喀巴,宗喀巴派弟子释迦智(1354—1435年)来京,成祖给以大慈法王称号,任成祖、宣宗两代国师。永乐年间(1403—1424年)

受封的藏族喇嘛有五王、二法王、二西天佛子、九大灌顶国师、十八灌丁国师。明熹宗天启二年(1622年),五世达赖罗桑嘉措被迎入哲蚌寺。

满族入关前,原来信仰萨满教,但对佛教也不陌生,早在入关以前即与西藏喇嘛教发生联系。在17世纪初期,已有喇嘛到关外传教,曾受到清太祖的礼遇。太宗时(1627—1643年),盛京(今沈阳)方面已开始和当时西藏的达赖喇嘛第五世建立关系。及至统一全国,清承袭明制,清世祖顺治九年(1652年)和清圣祖康熙五十二年(1713年),五世达赖罗桑嘉措和五世班禅额尔德尼·罗桑意希先后受中央政府金印册封,主持前、后藏政教事务。

清朝对西藏地区的政教事务非常重视,于雍正六年(1728年)设驻藏大臣,管理西藏政务。乾隆五十八年(1793年)制定章程二十九条(即《钦定章程》),确定了西藏地区政教合一的制度。所有西藏地区寺庙和喇嘛都受清朝理藩院管理。

至于汉地佛教、道教,由于缺乏政府的经济资助以及其他各种因素的限制与排斥,其义理论辩已经停滞。就佛教而言,明代佛教仍然以禅宗和净土宗为最流行,但在教理上并无新意。他们不得不在传教方法上力求创新,兹概述如下:

(1)高僧传教。在此以前,历代高僧一般都致力于译经释经,阐明教理教义。传教之事基本上由弟子主持。而明代高僧则不同,他们虽也参与教义的研究,主要是为前辈的成果作注解,以作传教之用。其中以明末的袾宏、真可、德清、智旭为代表,他们也对促进居士佛教起过重要作用。以袾宏(1535—1615年)为例,他继续贯彻宋明以来教、禅并重,三教合一的主张,而以净土为归宿。他认为,“其参禅者借口教外别传,不知离教而参是邪因也,离教而悟是邪解也”,“是故学佛者必以三藏十二部为模楷”(《竹窗随笔·经教》),认为念佛才是求得解脱的最好方式:“若人持律,律是佛制,正好念佛;若人看经,经是佛说,正好念佛;若人参禅,禅是佛心,正好念佛”(《竹窗随笔·经教》)。自称“予一生崇尚念佛”。袾宏对净土实践也十分重视,他提倡戒杀放生,慈悲众生,以传统道德约束徒众。为使各种佛教法会在民间更加普及,重订了水陆仪轨。关于三教关系,袾宏认为,佛教可阴助王化,儒教可显助佛法,两者可相资而用:“核实而论,则儒与佛,不相病而相资……不当两相非而当交相赞”(《竹窗随笔二·儒佛交非》)。原因是三教“理无二致,而深浅历然;深浅虽殊,而同归一理。此所以为三教一家也”(《正讹集·三教一家》)。这既是向佛徒的教导,更是向排佛者的解释。他一生的著作30余种,后人辑为《云栖法汇》。其他三位高僧思想与袾宏雷同,故不赘说(参见任继愈主编:《中国佛教史》,中国社会科学出版社1985年版)。

(2)诗画传教。明末清初,遗民出家为僧的颇多。其知名的有戒显、淡归、药地、蘗庵、担当、大错等。这些人物都以诗文传授禅宗和净土教义为世人推崇,产生了一批画僧、诗僧。八大山人、石涛、石溪、渐江以擅画,被称为清代四大画僧。

朱耷像

八大山人,俗名朱耷(约1626—约1705年),为明朝宗室,明亡出家,久居南昌,擅画山水、花鸟、木石,不拘泥成法,画笔以简劲胜。石涛,名道济,亦明宗室贵族,俗名朱若极,号大涤子、苦瓜和尚等。善画山水、花果、兰竹,王麓台称他为清代江南第一画家,郑板桥亦极推崇他的兰竹。石溪,名髡残,自号残道人,受觉浪道盛衣钵,住金陵牛首山,每以笔墨做佛事,所画山水,有奇逸风格。渐江,名弘仁,善山水,好画黄山松石,晚学倪云林笔法,自成一家。这些人的画风,在清代四王、吴、恽六大家之外,别树一帜,为艺术家所重视。此外,如扬州的虚谷,焦山的大须,上海的竹禅等,都是清代有名的画僧。

清代的诗僧也不少,比较知名的有苍雪、天然、借庵等。苍雪(1587—1656年)名读彻,云南人,著有《南来堂诗集》8卷,吴梅村很推崇其诗(《梅村诗话》)。天然(1608—1685年)名函昰,番禺人,著有《天然和尚诗集》

(一称《瞎堂诗集》)20卷。借庵(1757—1836年)名清恒,字巨超,浙江海宁人。为乾隆道光间(1736—1850年)焦山寺僧,诗名甚盛,著有《借庵诗钞》12卷。

上述诗画除表述“生不拜君”,反清思明的爱国情怀以外,其内在的禅、净教说,寓意含蓄,只能意会,难以言传。有志于此的读者,可以“佛教文学思想史”为课题,进行研讨。

(3)宝卷传教。佛教三教合一思想向民间深层的广泛传播,促使许多适应不同信仰层次的著述问世,总称为“宝卷”和“善书”。

“宝卷”是由唐代的佛教变文演化而成,以三教合一思想为其基本内容。较早所用题材多为佛教故事,宋元以后则加入民间传说,据信现存的《香山宝卷》就是宋释普明所撰。随着民间宗教社团的出现,“宝卷”又成了阐扬其教义宗旨的基本形式,具有权威性经典的性质。明代万历(1573—1619年)前后,宝卷的刊印极盛,对佛教在民间的普及流传,起了重要作用。

“善书”,谓劝善之书。明清时,佛教僧人受作于宋代的糅合三教,以阐述诸恶莫作、诸善奉行的道教著作《太上感应篇》的启发,释袾宏在明袁了凡著《阴骘录》的基础上,加以改编,撰成《自知录》,成为以佛教为主体的劝善书。它把世间思想行为判为善、恶两门,善的内容包括忠孝、仁慈、三宝功德等,恶的内容则是不忠不孝、不仁不慈、三宝罪业等,实际上是将社会伦理规范完全融入佛教的教义之中。明末以来,这类劝善书在民间广为流传,给社会生活以深刻影响。

(4)居士传教。明代在家居士对佛教的研究,形成一种风气。宋濂、李贽、袁宏道、瞿汝稷、王宇泰、焦竑、屠隆等,都于佛学有相当理解,著有许多有关佛学的著作。

宋濂是明初翰林学士,曾三阅大藏,著有《宋学士文集》。所撰高僧塔铭等文字39篇,袾宏辑成《护法录》,为元末明初佛教史传的重要资料。李贽出入儒释之间,尤好禅宗。著有《文字禅》《净土诀》《华严合论简要》等书。尤其是他对理学的激烈批判,公开打出佛学旗号,采用佛学的思想语言。他用《起信》等讲的“真心”解说他的“童心”,用般若的“真空”否定“穷理”的神圣,他也像南宗禅僧那样自在不羁。李贽开辟了居士佛教同宋明理学对立的一途,至清代而形成一大社会思潮。颇受李贽影响的袁宏道(1568—1610 年)初学禅于李贽,后归心净土法门,撰有《西方合论》,认为,“禅宗密修,不离净土;初心顿悟,未出童真。入此门者,方为坚固不退之门”。袁宏道与兄宗道、弟中道三人,皆好佛,主张类似。其兄袁宗道(1560—1600 年)称颂《西方合论》,谓“念佛一门,于居士尤为吃紧,业力虽重,仰借佛力,免于沉沦”。瞿汝稷博览内典,汇集禅门宗师语要,撰《指月录》32 卷,盛行于世。王肯堂精于医学,学佛研习唯识,著有《成唯识论证义》。焦竑长于文字,举进士第一,与李贽往来论学,因归心佛法。著有《楞伽》《法华》《圆觉》等经的《精解评林》各 2 卷。屠隆是著名的文艺家,晚年学佛,著有《佛法金汤录》3 卷,驳宋儒排佛言论。

清朝居士的弘传佛学,成为近代佛教的支柱。清初著名的居士有:宋文森(?—1702 年)以习禅传禅著称;毕奇(?—1708 年)也习禅,著有《别传录》行世;周梦颜(1656—1739 年),深信净土教义,著有《西归直指》;彭绍升(1740—1796 年)也习、传净土教义,著有《居士传》,于乾隆四十年(1775 年)成书,56 卷,广采诸家史传、文集、经书序录、百家杂说的资料,记载东汉以来历代著名居士的传略,是查证著名居士的重要文献。清中叶,有钱伊庵、裕恩等。他们除个别人精通密宗规仪以外,多数都习、传禅宗或净土教义,不再一一介绍。

明清佛教在传教方式上的创新,标志着其传教对象的转型,即从过去以达官贵族和上层人士为主,逐渐下移,其中包含有为挣扎在生活贫困线上的下层群众利益呼号或给以精神慰藉的作用。

明清道教的情况也大致如此。全真道和正一道是当时两大道教派系。全真道是对金、元本道各派系的整合与统一;正一道是对东汉以来符箓各派的会通与延续。其状况与明清王朝的衰落同步。为了维系其继续存在的条件,首先必须得到执政当局的认可。明太祖洪武七年(1374年)御制《玄教斋醮仪文序》,称道教有正一、全真二徒。洪武十五年(1382年)时设道箓司总管道教,所辖道士称为正一、全真二等。这是明王朝和社会各界对这两个道派的共识。清王朝态度没有改变。全真道继承张伯端、王喆提倡的“三教合一”思想,努力协调道、释、儒三者之间的关系。自元朝以来,北七真门下各自立派,以邱处机所创龙门派势力最大,传至明朝产生“龙门律宗”。其中,明思宗崇祯(1628—1644年)时该宗第七代律师王月常(?—1680年)所著《龙门心学》《初真戒律》对“三教合一”思想阐发甚详:①承袭传统内丹术,劝人断欲绝缘,看破功名利禄,学道修仙;②讲求儒家伦理,强调忠孝仁义;③参取佛教戒律,编写初真戒、中极戒、天心律“三坛大戒”,得到清顺治、康熙等的赏识,其传教基地就设在北京白云观。在此之前,北七真传人张三丰《三丰全书·道言浅说》更把学道炼丹和儒学相结合,他批评“彼抛家绝妻,诵经焚香者,不过混日之徒耳,乌足道哉!”

至于正一道也改变画符念咒、驱鬼降妖、祈福禳灾等的简单传教方式,深入民间发展,以一般平民百姓为主要传教对象,把符箓说与民间传统的宗教、迷信观念糅合,在社会生活中产生了重大影响。正一道除自己造神外,还不断从民间信仰中吸收新神,编入其神仙系谱,形成多神崇拜,并推广到民间。明清时期,关帝、玄帝、文昌帝君、天妃(马祖)、城隍神、天灵官等较新的神,在民间最受崇祀,敕建、私建的庙宇遍于城镇乡村。关帝(三国关羽),被宋代佛教奉为护法神,在宋元道教雷法中被列为雷部将帅之一。到明代则被正一道提升为护国神(见《续道藏》中有张国祥校梓《太上大圣朗灵上将护国妙经》)。明万历三十二年(1604年)加封关羽为“关圣帝君”,关帝信仰日盛。清初,在西藏和内蒙都有了关帝庙,关帝又被藏传佛教奉为八部神之一。玄武(真武)自明成祖崇祀以来,在民间被奉为镇邪斩妖之神,备受崇仰。文昌帝君则被视为主掌官禄功名之神,特受若干知识界人士崇奉。天妃(妈祖)作为海上保护神,在沿海一带香火最盛。正一道更把人们自己无法解决的现实问题，通过祈雨求晴、治病除瘟、消灾免祸、男女婚育、功利寿考的法术寻求答案。这种多神崇拜是祭祀、庙会等民俗活动中重要的项目。正如朱元璋《玄教斋醮仪文序》所说："军民之家，无有僧道，难以送葬。"至于正一道在弘扬《太上感应篇》以及当时俗文学中道教观念的作用，亦不可小觑（参见任继愈主编：《中国道教史》，中国社会科学出版社1990年版）。

从学术思潮看，佛教和道教到宋元以后就沉寂了，明清时期虽然还有一些教派在活动，但其规模和影响却日趋衰微。究其原因，这不是儒、佛、道三教合流的结果。"三教合流"不是三教同一，而是一个互动的过程。其主要原因，就是佛、道二教转型，其中的一部分演变为民间宗教，民间宗教占据了它们不少原有的领地和信徒。例如，产生于南宋的白莲教，就杂糅佛教净土宗、天台宗与禅宗的教规、教义，自成一系，主要在下层社会传播，到明代已遍及大江南北，贯穿了整个明代的历史。它如具有佛教特色的罗教，代表道教世俗化倾向的一炷香教、八卦教以及一贯道这些民间通俗宗教信仰风靡一时，在明清时期的思想学术界掀起了一场冲击正统思想的风暴。再就是佛、道二教中的有识之士，逐渐意识到宗教必须服务民族、国家，而成为佛、道二教向近代道教和"人间佛教转型的先奏"。

## 第二节　回回教与天主教

### （一）回回教的传入

据陈垣《回回教入中国史略》（此为陈垣《中国回教志·经籍志》中的一部分）的论证，回回教（以下简称回教）传入中国分为三个阶段：

第一阶段为唐宋时期。早在唐宋即有阿拉伯、波斯、中亚一带的穆斯林来华经商，并将伊斯兰教教义初传至中国西部和北部边界的部分地区。

第二阶段为元代。元朝对欧亚大陆的征服，使中国上述边界处于开放状态，为穆斯林大规模迁居中国开辟了广阔的通道。据马可·波罗的游记,当时中国的许多地区都有穆斯林的住户。所以,从元朝起,在中国逐渐形成了一个信仰伊斯兰教,使用汉语,吸纳中亚、西亚文化的回族,并建立了中国化的回教。元顺帝至正二十五年(1365 年)起,在长安、广州、泉州、燕京、杭州、鄯阐(昆明)等地都建有清真寺。

第三阶段为明清时期。到明朝,回族散居祖国各地已近百年,或习武,或经商,其读书应举者也不少见。明初诏译《回回天文书》,其主持者,就是翰林院编修回回大师马沙亦黑等。《明太祖文集》亦有翰林院编修马沙亦黑、马哈麻敕撰文。永乐年间(1403—1424 年)派三宝太监郑和下西洋,郑和即回族人,他的父亲姓马,名哈只。哈只是指曾赴"天方"(即麦加)朝圣的人。因其次子马和,事奉今朝,故赐姓郑。明朝回族事奉宫廷的甚多,明武宗(1506—1520 年)曾纳回族女为妃等。不过应该指出,明初吐鲁番、哈密犹信佛教,明成化五年(1469 年)吐鲁番才改奉回教;其后哈密才奉回教。

清朝因笃信藏传佛教而歧视和迫害回教,自乾隆中叶至光绪初年的近百年间,回教徒反清之事即有五次(详见陈垣《中国回教志·大事志》)。

**(二)回回教的教义、教规**

回教与伊斯兰教有相一致的方面,即都以《古兰经》为教典,不与异教通婚,家人同教,世代相传,饮食习俗基本相同。但因回教是在中国社会中滋生,必然铭刻着本土化的深深印迹:其一是回教在中国不传教;其二是回教在中国尊孔子。

回教不传教,故不致引发佛教、道教的歧视。中国古代宗教史上,佛、道之争曾引发唐会昌毁佛。回教独守门户,不因与异教相争而伤元气。

回教尊孔子,与其他外来宗教不同。据陆容《菽园杂记》记载:"回教门异于中国者,不供佛,不祭神,不拜尸。……最敬孔圣人。"在教义上,中国回教学者,如马注(1640—1711 年)、刘智(1655—1745 年)在其所著《清南指南》《天方性理》等书中,提出"以儒诠经",建立以儒家思想阐发伊斯兰教教义的宗教理论。在教规上,中国回教称穆斯林传统节日"古尔邦节”为“忠孝节”，并往往在穆斯林传统丧葬礼仪外补充“重孝”之礼，如抬棺出殡，为亡人念经祈祷等，重视对儒家仪礼的践履。回教还重视寺院教育和经文的译著。前者通过师徒传授，旨在使宗教学术传统绵延不绝；后者是向教外人士或不懂阿拉伯文、波斯文的回教人介绍回教教义，以增进他们对回教教理的正确理解，避免误读、邪行。其中最著名的经师教育家是明朝的胡登洲（1522—1597 年），他是陕西咸阳人，是寺院教育的开创者。精通阿拉伯语、波斯语，对伊斯兰教的经籍研究颇深，汉译伊斯兰教经籍多出其本人或弟子。其后各地清真寺纷纷仿效，招徒授课。南北各地创办寺院教育的第一代名师多出其门下。关于寺院教育的方针、内容、方法，详见白寿彝《伊斯兰教存稿》第七章《寺院教育的提倡》，宁夏人民出版社 1982 年版。

**（三）天主教的初步传播**

基督教即元人所称的也里可温。也里可温有两大派别，其一为曾流行于唐代的景教，即基督教聂斯托里派；其二为远西新人——罗马天主教。

景教是唐朝对传入中国的基督教聂斯托里派的称谓。公元 428 年，聂斯托里派与当时作为罗马帝国国教的基督教正统派分裂后，日渐向东传播。约 5—6 世纪经叙利亚人从波斯传入到中国新疆，7 世纪中叶传入内地，是最早传入中国的基督教派别。

最早记载景教传入中国的是《大秦景教流行中国碑》（简称景教碑）。碑文概述景教于贞观九年（635 年）从波斯传入中国后的活动和基督教教义。唐建中二年（781 年）立，明天启三年（1623 年）在盩厔（今陕西周至）出土。碑高 2.36 米，宽 0.86 米，厚 0.25 米，上端刻有十字架，碑底和两侧有古叙利亚文教士题名，碑额作《大秦景教流行中国碑颂并序》，碑文计 1780 字，景净撰，吕秀岩书。现藏西安陕西省博物馆。碑文分序文和颂词两部分。序文较长，首先简略述及基督教基本教义，然后记述了阿罗本受到唐太宗礼遇，景教在唐太宗、高宗、玄宗、肃宗、代宗和德宗 6 位皇帝支持下在中国140余年的活动经过。颂词较短，多是对上述6位皇帝的颂词。在教义方面，碑文对上帝造物，人类始祖受撒旦诱惑而堕落，三位一体的救世主降临人间，施洗拯救众人等基督教教义都扼要提及，但没有涉及聂斯托里派的基督二位二性主张。碑文作者波斯人景净是景教传教士，任“中国教父”“乡主教”“长老”，曾参加佛经翻译工作，与僧侣亦有来往，因此景教碑文中颇多佛教用语。唐武宗会昌五年（845年）下令禁佛，景教亦被波及，并以“邪法不可独存”而受到很大打击，一度中绝于中原地区（唐末至五代北宋之间，中国西北边陲地区景教的活动仍然十分频繁）。13～14世纪元朝政权建立后，罗马教皇于1289年派教士约翰·孟德高雄维诺出使东方。约翰抵达大都后，经元朝廷允许，开始了基督教的另一派别天主教的传教活动。他在大都先后兴建了两座教堂，并学会蒙古语言文字，译出《新约》和祈祷诗篇，教授信徒。几年中，他为6 000多人行了洗礼，扩大了天主教的影响。鉴于他的卓越传教工作，1307年，罗马教廷任命他为大都和中国教区大主教，教徒亦发展至3万余人。除大都外，福建泉州已成为南方的传教中心，扬州、杭州、昆明以及甘肃等地，先后建造了教堂。但天主教与中国传统文化存在很大差异，又没有经历本土化的改造，及至元朝后期，其势力日衰，天主教在中国处于停滞状态。

明中期，天主教传教士再次来华。以利玛窦、汤若望、南怀仁、马礼逊等人为代表。

利玛窦像

利玛窦（1552—1610年）是明朝来华的意大利耶稣会传教士。明万历十一年（1583年）前往广州定居。在内地建立了第一个传教会所。他吸取前代传教士的经验教训，努力与中国传统文化相会通。为了适应中国的社会习俗，他曾削发为僧；结交儒生、官员、皇族，谈论天文、地理、数学等科技知识。万历十七年（1589年），在韶州，请儒家学者讲授《四书章句》，并自译为拉丁文，详加注解。这是《四书章句》最早的外文译本。他在译本的序文中称颂儒家的伦理观念,认为《四书》与罗马哲学家塞涅卡的名著具有同等的学术地位。这就为他传教和发展教徒提供了有利条件。他著有第一部中文天主教论著《天学实义》(后改名《天主实义》)。明朝徐光启(1562—1633年)与利玛窦相交甚密,曾向利玛窦问学,并与之合译《几何原本》前6卷。他自著的《农政全书》等吸取了西方的若干科技成果。

汤若望像

南怀仁像

汤若望(1591—1666年)和南怀仁(1623—1688年)的传教理念与实践都与利玛窦相似。马礼逊(1782—1834年)是新教(与天主教、东正教并列的基督教三大派系之一)第一个来华的英国籍传教士,中国伦敦会的创办人。他除了传教以外,特别注重中文的翻译事宜。清嘉庆十六年(1811年)编成《中国言法》。嘉庆十九年(1814年)撰成《新约》的汉文新译本。次年,编成《中英字典》(由东印度公司出资于1815—1823年陆续刊行)。嘉庆二十三年(1818年)译成《旧约》,名为《神天圣书》,于道光三年(1823年)刊行。他所从事的《圣经》翻译和编纂《中英字典》,对促进中外学术思想文化的交流起了积极作用。

# 第十二章　明清时期思想史料介绍

## 第一节　明清时期思想史料的概况

明清(1840年以前)时期共约500年时间,为后人留下了丰富的思想史史料。在今天,不仅保存着明初内府的白棉纸印本《四书大全》《五经大全》,而且还有不少手抄本被保存下来,这些珍贵的善本虽然还只藏于少数大型图书馆里,但随着古籍整理事业的发展,这些史料也会被大多数研究者看到。

明清思想史料的范围较广,不仅有文字方面的材料,而且有一部分实物资料可资借鉴,如明清时代的宫廷、寺院、陵寝建筑以及碑刻等,这些与思想史也有直接或间接的关系。本章所介绍的,主要是文献资料。

就文献资料来看,明清思想史史料可分为若干类。如:①文集;②传记;③野史笔记;④古人关于明清学术思想史的专门著述;⑤今人关于明清学术思想史的专门著述。现分别介绍于下:

(1)文集。明清时期文集数量很大,佚名或伪托他人所作的著作一般少见,著作的写作年代也较准确,这些都为研究这一时期思想史提供了较好的条件。欲了解明清文集的综合状况,可以通过一些工具书和专著作为基本线索。如《中国历史大辞典·思想史卷》(上海辞书出版社1988

年版),收录有明清时期思想家最基本的文集辞目。又如《辞海·哲学分册》(上海辞书出版社1979年版)中有《中国哲学史·著作》一类,《经学史·经传、篇名、注疏》一类,《辞海·宗教分册》(出版社及出版时间同上)中有“经书”“经籍”一类。从这些栏目中可以找到明清时期思想史文集方面最常用的史料。如果要做深入研究,则不能不掌握《四库全书总目》这部重要工具书。此书的概况在前面的史料介绍中已经提到,在此需要指出的是在这部官修的解题书目中,由于当政者的统治需要,对明清时期著作删减较多,这就要通过《禁书总目》《销毁书目》《抽毁书目》《违碍书目》(清光绪年间姚觐元刻,今有杭州抱经堂书局1931年影印本)来弥补这一不足。此外,萧一山所撰《清代学者著述表》(商务印书馆1943年印行)、张舜徽所著《清人文集别录》(上、下)(中华书局1980年出版)等,对于了解清代思想史史料的文集部分,也很有帮助。

(2)传记。明清时期思想家的传记大体可分两类:一类是年谱、年表,这类书的查找,可以参考《中国历代人物年谱集目》(浙江大学图书馆编,1962年印行);另一类是综合性的传记资料,有正史中的传记,如《明史》《清史稿》中的列传;也有的是碑传的形式,碑传大都收录在撰写人的文集之中,查找不易,有人对清代的碑传文进行了搜集整理,编成《清代碑传文通检》(陈乃乾编,中华书局1959年版),查阅较为方便。

查阅明清思想家的传记资料,有两种工具书可使用,这就是《八十九种明代传记综合引得》(田继宗编,哈佛燕京学社1935年出版,中华书局1959年校改重印)和《三十三种清代传记综合引得》(杜联喆、房兆楹编,燕京大学图书馆引得编纂处1932年出版,中华书局1959年影印)。前者收录明代传记资料89种,包括《明史》《明史稿》《皇明通纪直解》《国朝献征录》等;后者收录清代传记资料33种,也相当完备。

(3)野史笔记。明清思想史史料,也见于野史笔记。笔记这种体裁,最早起源于小说。《汉书·艺文志》说:“小说家流,盖出于稗官,街谈巷议,道听途说之所造也。”但在封建社会前期,这种体裁没有很大发展,到了明清时期,野史笔记在数量和内容上较以前丰富,涉及政治制度、朝章典故、社会经济、乡土风俗、历史地理、科学技术、文学艺术、民歌谣谚、人物传记等,这些对于我们了解明清时期思想史的文化背景,都有一定的参考价值。关于明清野史笔记的综合情况,可以参阅谢国桢编著的《明清笔记谈丛》(上海古籍出版社1981年版)。

(4)有关明清思想的专著。古代关于学术思想史专著的撰述,源于宋代,代表著作是僧道原编撰的《景德传灯录》(禅宗史)与朱熹编撰的《伊洛渊源录》。明清时期也有同类著作,如周汝登《圣学宗传》、孙奇逢《理学宗传》等,但其中具有重大学术意义的是黄宗羲的《明儒学案》(62卷,有中华书局1985年排印本),它是中国第一部有系统的断代学术思想史专著。清代学者唐鉴著有《国朝学案小识》、江藩著有《国朝汉学师承记》《国朝宋学渊源记》,以上三书,有世界书局1936年出版的"四朝学案"本及中华书局解放后出版的排印本可资参考。

(5)今人关于明清学术思想的专著。研究明清思想史,也应重视现代人对这一时期思想史的研究成果。这部分内容虽然不属于第一手资料,但专家学者对明清思想史料的辨章考镜,剔抉扒梳,对于初学者和研究者都有帮助。此部分内容大体可分为年谱、年表、史料集编、集释译文、思想家研究专著、思潮及范畴研究专著等。例如中国社会科学院哲学研究所中国哲学史研究室编写的《中国哲学史资料选辑》(中华书局1982年出版),有明清两代的专册,是常见的史料集编和注释本。这些方面的新成果不断出现,借助"年鉴"以及有关出版目录、专业目录,一般都易于寻找,在此不一一具引。

## 第二节 明清时期的主要思想家史料

### (一)明初期思想家史料

要了解这一时期的官方思想,可参阅明永乐年间大学士胡广等人奉敕编纂的《五经大全》《四书大全》《性理大全》。这三部书共计260卷，其中《五经大全》154卷，《四书大全》36卷，《性理大全》70卷。后两部书有《四库全书》本。《五经大全》今已不多见，珍藏于北京国家图书馆。这三部书，由明成祖朱棣亲自作序颁行天下，反映了明初朱学统治地位的确立及与此相关的情况。三部大全以《四书大全》为核心，其篇幅不大，最有概括性。明代科举考试以它为根据。清朝人说："有明一代士大夫学问根柢，具在于斯，亦足以资考镜焉。"(《四库全书总目》卷三十六)可见它在明代的巨大影响。2009年武汉大学出版社出版了周群、王玉琴校注的《四书大全校注》上、下册。

明朝有不少人不赞成程朱理学，他们不主张拘守于《四书》章句，强调各自的"体认"，在"体认"中发现圣人的精义。禀承这种风气的代表人物有陈献章等，陈氏的著作后人辑为《白沙集》9卷，有《四库全书》本，此外还有一些语录、语要，辑为《白沙语要》1卷，有《丛书集成初编》本。中华书局1987年出版了校点本《陈献章集》，除收入陈氏全部著作外，还附有传记资料。

**(二)明中后期思想家史料**

(1)王守仁的著作。后人编有《王文成公全书》，又称《阳明全书》，38卷。有《四部丛刊》本，《四部备要》本。卷一至卷三是王守仁的弟子徐爱编辑的《传习录》上、中、下，包括语录及一部分书信。卷四至卷八为另一弟子钱德洪编辑的"文录"，称之为"正录"，以区别于卷九至卷十八的"别录"。"正录"收集"讲学明道"的文章与书信。"别录"则收集奏疏与公文。卷十九至卷二十五称作"外录"，收集诗赋与应酬文章。卷二十六至卷三十一为"续稿"，为补遗性质。卷三十二至卷三十八为"附录"，包括王守仁的学生给他作的年谱以及记述王守仁祖先事迹的《世德记》。1992年，上海古籍出版社出版以《王文成公全书》38卷为底本的标点本，共41卷，名《王阳明全集》，上、下册。2011年，浙江古籍出版社出版《王阳明全集》，共3编6册，54卷。研究王守仁的思想，最主要的资料是《传习录》与《续编》卷二十六中的《大学问》，此外“文录”中的部分书信与杂著也可资参考。

王守仁文集中还附录了朱熹的部分思想资料，称作《朱子晚年定论》，这是王守仁从朱熹文集中搜集出和他观点相似的材料汇编而成的。王守仁作了序，说朱熹在晚年已经醒悟到“旧学之非”，还说世上流传的朱熹著作，多数是朱熹中年未作定论的观点，加之弟子篡改，已不能代表朱熹本人最后的意见，因此作《朱子晚年定论》以纠世人之谬。王守仁的这种做法，目的是借用朱熹的权威以宣传王学，缺乏史料学上的严格考证，不足为据。

(2)王门后学的一些著作

王畿是浙中王门的代表人物，其著作由其子编为《龙溪全集》20 卷。有《四库全书》本。其中“语录”8 卷，杂著 9 卷，诗 1 卷，祭文等 2 卷。“语录”8 卷是其最主要的思想史料。2007 年，凤凰出版社出版《王畿集》。

泰州学派重要代表人物王艮的著作，后人编为《心斋王先生全集》。此书在明代有 6 个刻本，今天可以见到清末民初的刻本《明儒王心斋先生遗集》。

何心隐也属泰州学派，其著作题名为《爨桐集》，意谓良才遭焚，待以知音。原刻本共 4 卷，流传很少，现有容肇祖整理的《何心隐集》，除整理原本以外，又增加了有关何心隐的材料作为附录，有传记、序跋、祭文等。此书有中华书局 1960 年版及 1981 年重印本。

李贽也属泰州后学，其主要著作是《藏书》《续藏书》《焚书》《续焚书》4 种。从这些书名就可知它们是触犯时忌的。但实际上李贽的著作在明末已很流行，以至于有的书商拿取别人著作刻上李贽的名字以求售。

李贽喜欢评论历史，《藏书》包括了从战国到元朝 800 多个历史人物的传记，《续藏书》则是明朝人传记。这些传记资料大部分是从其他史书中抄录过来的。李贽各加评论，并在评论中申述他对古人的一些观点和看法。

《焚书》有6卷,包括“书答”“杂述”“读史”及诗歌等。《续焚书》5卷,体例与《焚书》大致相同,是李贽死后由其弟子们编纂而成的。

《藏书》《续藏书》《焚书》《续焚书》有中华书局的校点排印本。关于李贽的诗文,三晋出版社于2008年出版了《李贽集》,作为“名家选集卷”的一种。2010年由社会科学文献出版社出版《李贽全集注》26册。

在明代中期,还有一些敢于批评理学的思想家,如罗钦顺、王廷相。

罗钦顺与王守仁是同代人,其代表作是《困知记》。此书有上、下两卷,以后又写成续卷上、下,三续,四续。现有《丛书集成初编本》。除《困知记》外,罗钦顺尚有《整庵存稿》20卷,《续稿》13卷,有《四库全书》本。1991年,上海古籍出版社出版了四库本《整庵存稿》。

王廷相勤于著述,其著作最重要的是《慎言》13卷,《雅述》2卷,都收入《王氏家藏集》。此外,王廷相还有《内台集》7卷,包括诗文杂著。《丧礼务纂》2卷。王廷相著作的另一种版本称《王浚川所著书》,除《慎言》《雅述》《内台集》外,还有奏议公文等10余卷。王廷相的著作过去只有明刻本,世所希见,解放后,侯外庐、张岂之等编辑了《王廷相哲学选集》,有1959年科学出版社及1965年中华书局增补版。1989年,中华书局出版了王孝鱼点校的《王廷相集》,全4册。

**(三)明末清初的思想家史料**

明末清初是思想史上非常活跃的时期。有的学者力求对明代理学作理论上或学术上的总结,有的对理学提出批评,有的试图开辟新的研究方向。东林学派与蕺山学派对理学持修正态度。东林学派首领顾宪成的著作被编为《顾端文公遗书》15种73卷,其中包括《小心斋札记》《还经录》《质疑篇》《证性篇》《桑梓录》等,今有清刻本。东林学派的另一首领高攀龙的著作,有《高子遗书》12卷,附录1卷,今有明刻本。刘宗周是东林学派的支持者和同情者,他不满晚明朝政,对王学也深为怀疑与不满。其著作被编为《刘子全书》40卷,有清刻本传世,其中包括黄宗羲所撰《子刘子行状》及刘汋、董玚所编《年谱》。2007年浙江古籍出版社出版《刘宗周全集》，共6册。

黄宗羲思想上受东林学派和刘宗周的影响很大。他写的《明夷待访录》有中华书局校点本。另外两部重要著作是《明儒学案》与《宋元学案》，均有中华书局的校点本。黄宗羲的著作还有《南雷文案》（后删繁就简编成《南雷文定》，最后又定稿为《南雷文约》）。中华书局曾分别出版过《黄梨洲文集》和《诗集》。浙江古籍出版社从1985年起陆续出版《黄宗羲全集》，共12册，到2005年出齐。

明末清初另一大思想家王夫之的著作极为宏富，现存约有70余种，400余卷，后人汇总为《船山遗书》，有清道光、同治年间刻本以及1933年上海太平洋书店的排印本。王夫之的著作与思想史有关的主要有《周易外传》7卷，《尚书引义》6卷，《诗广传》5卷，《续四书大全说》10卷，《老子衍》1卷，《庄子解》33卷，《庄子通》1卷，《张子正蒙注》9卷，《思问录》内篇、外篇各1卷，《俟解》1卷，《噩梦》1卷，《黄书》1卷，还有表现历史观和政治思想的《春秋世论》5卷，《读通鉴论》30卷，《宋论》15卷。上述各著作，均有中华书局出版的标点本。1996年，岳麓书社出版《船山全书》16册。

顾炎武是开清代学术风气的人物，其主要著作是《音学五书》38卷，《日知录》32卷，《天下郡国利病书》120卷。《天下郡国利病书》的介绍见前述有关章节。《音学五书》被收入1957年四川人民出版社汇印的《音韵学丛书》。《日知录》有《四部备要》本。《天下郡国利病书》收入《四部丛刊》三编。此外，顾炎武的著作还有一部分编为《顾亭林先生遗书》，有光绪三十二年的汇印本。中华书局印有《亭林文集》。上海古籍出版社拟出版严佐之等整理的《顾炎武全集》。

颜李学派又称“四存学派”，因为颜元写有《四存编》（存治，存学，存人，存性）。其弟子李塨的主要著作有《拟太平策》和《平书订》。《平书》本是颜元的另一弟子、李塨的朋友王源所作，李塨在介绍这部书的同时加入自己的评论，称为《平书订》。李塨还写有《四书传注》，用颜学的思想注解四书,在对格致、理气、诚、性等范畴的解释中进一步阐述颜元的观点。他的《大学辩业》一书反对朱熹对《大学》古本的修改。

颜李的全部著作被编为《颜李丛书》,包括颜元的年谱以及言行录,李塨年谱,共137卷,有1923年四存学会排印本。中华书局1987年出版了《颜元集》上、下两册。

明清之际还有一些重要思想家,现将他们的著作分别介绍如下:

方以智著作也很多,已知的有《通雅》《物理小识》《东西均》《易余》《药地炮庄》《性故》《一贯问答》《青原志略》等。其文集《浮山前集》在清代被列为禁书。他还有《博依集》《浮山后集》等文集。其著作只有《通雅》《物理小识》有刊本流传,《药地炮庄》的刊本非常少见。他的另一部著作《东西均》有侯外庐等的校点本,由中华书局1963年出版。1983年,安徽教育出版社出版了任道斌著《方以智年谱》。

陈确以辨《大学》非圣经贤传闻名于清初江浙一带,其著作长期湮没,直到嘉庆三年(1798年)才由陈敬章编定《陈乾初先生遗集》49卷,但并未付梓。咸丰四年(1854年),《葬书》初次刊行,其时距陈确死已近200年,而其全部著作只有抄本藏于南京图书馆和上海图书馆。解放后,中华书局请人整理点校了陈确著作的各种抄本,编为《陈确集》,分为文集18卷,别集17卷,诗集12卷,并附有年谱1卷,首卷外编收录了陈确的生平事迹以及别人给他的信札。此书于1979年出版。陈确著作中最重要的是《大学辨》4卷,《葬书》2卷,《瞽言》4卷及《俗误辨》1卷。

唐甄(1630—1704年)思想的特点是对封建专制主义提出大胆批评,他的著作原名《衡书》,有权衡天下之意,后因命途多舛,更名《潜书》,全书97篇,分上、下两编,历30年而成,在当时社会中影响很大,但在理论深度上不及《明夷待访录》。《潜书》今有古籍出版社1955年校点本。

朱之瑜(1600—1682年)号舜水,是明清之际一位强调实学的思想家,参加抗清斗争失败后亡命日本,留居讲学,其思想在日本有相当影响。其著作《舜水遗书》校点本1981年由中华书局出版。包括诗文22卷,附录5卷。1991年,中国书店出版了《朱舜水全集》。

傅山(1607—1684年)是山西博学多才的思想家,他对诸子、佛道、音韵、诗画、金石、医学均有研究。著作传世的有《霜红龛集》40卷,有宣统三年的刊本,但版刻不精,近年来陆续发现了他的《荀子评注》《淮南子评注》《圣人为恶篇》等著作及佚文。1991年,山西人民出版社出版了《傅山全书》。

熊伯龙(1617—1669年)是明清之际的著名无神论思想家,所著《无何集》本名《论衡精选》,在体裁上是选录汉代无神论思想家王充的《论衡》,然后加以评论,同时也辑录了其他古书中的有关资料。今本14卷,是在熊伯龙原编本的基础上由其几代子孙加以增订而成的,有中华书局1979年校点本。

**(四)清代中期的思想家史料**

清代中期的思想史,以"汉学"为主要潮流,江藩《国朝汉学师承记》首卷从阎若璩、胡渭讲起。阎若璩的著作主要是文字训诂、考据与辨伪方面,主要有《古文尚书疏证》《回书释地》《潜邱札记》《孟子生卒年月考》等,大部分收入阮元所辑《皇清经解》及王先谦《皇清经解续编》中。其《古文尚书疏证》在当时影响很大。《潜邱札记》6卷是阎氏的杂考及杂文等。

胡渭考证《易经》《禹贡》及《洪范》,写有《易图明辨》《禹贡锥指·例略图》《洪范正论》《大学翼真》等,分别收入《皇清经解》《皇清经解续编》及《四库全书》中。

全祖望(1705—1755年)是清中期对早期汉学思潮持批评态度的学者。其著作有《鲒埼亭集》38卷及《外编》50卷,有《四部丛刊》本。在其88卷著述中,碑传文多至35卷,其中保留了明末清初许多重要思想史料。此外,全祖望还继续黄宗羲的工作,续编完成《宋元学案》。今人研究清初思想史,不可不读《鲒埼亭集》。2000年,上海古籍出版社出版《全祖望集汇校集注》上、中、下册,汇集了文集、诗集、经史问答等8种,搜罗齐全。

惠栋是“专门汉学”吴派的奠基者。著有《易汉学》《九经古义》《古文尚书考》《后汉书补注》等，承受家学，以治《易》闻名。另有《松崖文钞》2卷，有聚学轩丛书本。

清代中期最著名的思想家是戴震，其著作宏富，其中有相当一部分是关于经学和文字音韵学的。后人编有《戴氏遗书》15种61卷。有乾隆年间刊本，收入《微波榭丛书》。后人又改编为《戴东原先生全集》，收入《安徽丛书》。1980年上海古籍出版社出版有《戴震集》校点本。在戴震的著作中，最能代表其哲学思想的是《孟子字义疏证》和《原善》，又有《答彭进士允初书》，是反驳彭允初对《孟子字义疏证》与《原善》的批评。这三种著作，加上《与某书》一起被编入中华书局1979年出版的《戴震哲学著作选注》中。1991至1999年，清华大学出版社陆续出齐《戴震全集》，共6册。1994至1995年，黄山书社出版《戴震全书》，共6册。

章学诚继承浙东史学传统，对“专门汉学”提出公开批评。其著作被后人编为《章氏遗书》，有1922年嘉业堂刊本及1936年商务印书馆排印本。章氏最重要的著作是《文史通义》与《校雠通义》，今有中华书局校注本。

汪中的著作由其子汪喜孙编为《江都汪氏丛书》，共8种38卷，其中包括汪喜孙所辑的《汪氏学行记》与《容甫先生年谱》等。今有清道光年间刊本及上海中国书店1925年影印本。汪中最重要的著作为《述学》，包括内篇3卷，外篇、补遗、别录各1卷。《述学》原计划写成一部总结古代学制和学术盛衰的大部头著作，但终于没能完成。全本《述学》只是一些散篇合集而成，并非作者初衷。2000年，台北中央研究院中国文哲研究所筹备处出版王清信、叶纯芳点校《汪中集》。2005年，扬州广陵书社出版田汉云点校《新编汪中集》。

焦循的著作被编为《焦氏遗书》，有嘉庆道光年间江都焦氏雕菰楼刊本及光绪年间刊本。其中最重要的是《易学三书》(《易章句》《易图略》

《易通释》)40 卷,《里堂学算记》16 卷,《孟子正义》30 卷。

阮元的著作有《揅经室集》共 63 卷,分为一、二、三、四、续、再续、外集七部分。有《文选楼丛书》本、《四部丛刊》本和《丛书集成初编》本。阮元还主持校刻了《十三经注疏》,号称善本。原世界书局将阮刻本缩印为两巨册。在改正文字讹脱及剪贴错误 300 余处,补脱漏数处后,中华书局 1980 年据以影印出版。

**(五)明清时期宗教史籍**

(1)佛教经藏。明朝官刻的佛教经藏共有三次。《洪武南藏》,明太祖洪武年间初刻于南京,又称《初刻南藏》;《永乐南藏》,是明成祖永乐年间(1403—1424 年)再刻于南京,通称《南藏》,此为《洪武南藏》的再刻本,但略有变动;《永乐北藏》,通称《北藏》,此藏于北京刻印,收佛典 1657 部 6361 卷,明神宗万历十二年(1584 年)又续刻 41 卷并入。

私刻的佛教经藏,有《武林藏》,它是中国最初刻成的方册大藏经,开刻年代不明。最为著称的是《嘉兴藏》,由明朝末年高僧真可发起刻印。该藏的最大特色是摒弃了一向沿用的摺叠式装帧(梵筴式),而采用线装书册式装帧(即方册式),并成为后世装帧的范例,方便了佛籍的传播。《嘉兴藏》初开刻于山西五台山,后移至浙江径山,而由嘉兴楞严寺发行。故依刻经处所称为《径山藏》,依发行地称为《嘉兴藏》(上述诸藏,都有单本印行)。

此外,明代还有藏文藏经《甘珠尔》的刊行。此系 14 世纪之初由嘉漾比丘刻成,藏于藏地奈塘寺,世称奈塘版。在永乐和万历时,前后曾翻刻过两次。永乐八年(1410 年)成祖遣使西藏访求经典,即取其经藏全部翻刻,又翻刻其丹珠尔(论藏)部分要典《般若》《中道》《律论》、对论、二种《比量论》六论随经藏发行,称为永乐版。这是明代初刻的“蕃本”大藏经(见永乐八年“藏经赞”)。其后万历三十三年(1605 年),又翻刻永乐版蕃本,以黑字印行,称为万历版(见吕澂:《西藏佛学原论》,商务印书馆 1933 年版)。

清代的刻经事业,在顺治、康熙年间(1644—1722 年),民间各地所刻的僧传、语录等都集中于嘉兴楞严寺，当时发行的有《续藏经》90 函，237 部，《又续藏经》43 函，189 部（见 1920 年北京刻《嘉兴藏》目录），都是清初所刻而附于明版《嘉兴藏》的典籍。

清代官版藏经为《龙藏》。正式刊刻始于世宗雍正十三年（1735 年），至乾隆三年（1738 年）完成，前后历时 4 年，内容系据明刻《北藏》本而增入经论义疏及禅宗语录等，计 724 函，1670 部，7240 卷；后于乾隆中，撤去其中 5 种 73 卷（见《大清三藏圣教目录》）。版本形式为梵筴本，国内名山大刹多请置，并建藏经楼贮藏。全部经版，现保存于北京柏林寺。康熙二十二年（1683 年）命刊藏文藏经甘珠尔（乾隆初略有修补）。雍正二年（1724）又刊丹珠尔，即今之北京版《西藏大藏经》。乾隆中又刊《蒙文大藏经》。后又续成《满文藏经》。全藏共 108 函，699 部，2466 卷。经版于 1900 年毁于入侵中国的八国联军之手。

（2）道教经藏。明朝官修的《正统道藏》和《续道藏》已在《宋元编》相关章节介绍。但正、续道藏经版传至清代，日有缺损。光绪二十六年（1900 年），八国联军入侵北京，遂全部被毁。明清两代，颁赐各宫观的道藏虽多，但以屡经兵乱，存者甚少。1923 年 10 月至 1926 年 4 月，商务印书馆以涵芬楼名义，据北京白云观所藏正、续道藏影印，缩改为石印六开小本。每梵本二页并为一页，凡 1120 册。但白云观所藏道藏仍有残缺。全藏目录，见所收《道藏经目录》4 卷。该馆复就全书中抽选 170 种，别印《道藏举要》398 册。此为私刻。

私刻的另有《道藏辑要》等。《道藏辑要》为康熙年间（1662—1722 年）彭定求所编，收入道书 283 种，按二十八宿字号，分为 28 集，共 200 余册。道教重要经典，历代祖师、真人著作，科仪戒律，碑传谱记，悉有收录，实为道藏之节本，其中还有明版道藏之外的晚出道书。嘉庆年间（1796—1820 年）蒋元廷编有《道藏辑要目录》。光绪三十二年（1906 年）因原版《道藏辑要》已经罕见，成都二仙庵道院又将其重刊，并新增贺龙骧所编《道藏辑要子目》，另刻有《道藏辑要续编》及《女丹合编》并行于世。此外,还有闵一得编《道藏续编》第一集,守一子编《道藏精华录》,均对正、续道藏有所增补。由于道藏卷帙浩繁,检索甚为不便。1953 年 7 月,翁独健根据《正统道藏》《续道藏》《道藏辑要》等,编撰《道藏子目引得》一书,内容分"分类引得""经名引得""撰人引得""史传引得"4 部分,为检索道藏较好的工具书。

(3)回教经书。大致说来,伊斯兰教教义、教规的汉译和著述,可分两个阶段。王岱舆至刘智是第一阶段,译述和发表的地域以金陵为主,内容或专译一经或专述一理论体系,其兴趣几限于宗教哲学和宗教典制方面。马德新、马联元是第二阶段,译述和发表的地域以云南为主,内容方面较广泛,已由宗教哲学、宗教典制扩展到天文历法、地理和《古兰经》的汉译了。

在上述回教学者与经师中,以王岱舆(1570—1660 年)的汉著本和马德新(1794—1874 年)的汉译本较有影响。

王岱舆是明清之际回教学者和经师,别署"真回老人"。他在中年以后所著《正教真诠》(后由马德新删削,改称《真诠要录》),分上、下两卷,为汉文阐述伊斯兰教教义的最早著作之一。着重介绍伊斯兰教的教义和修持方法。宣传真主唯一,真主创造与主宰人和万物,穆罕默德阐扬至道,善恶祸福前定,尽穆斯林应尽的礼拜、斋戒等五项义务等。有明天启二年(1622 年)版和清光绪三十年(1904 年)版。

马德新是清朝中后期的回教学者。成年后,曾游学陕西。他所著的《宝命真经直解》5 卷,是《古兰经》最早的汉译本。该书对伊斯兰教的五项基本信条(简称"五信")和五项基本功课(简称"五功")都有简略的介绍。"五信",即信安拉、信天使、信经典、信穆罕默德先知、信后世。"五功",即念诵、礼拜、斋戒、课税、朝觐。有清同治元年(1862 年)杜文秀刊本行世。

白寿彝《伊斯兰教存稿》相关章节亦有评介。

(4)天主教经书。明朝先有利玛窦撰《天主实义》2 卷(汉译本),内容详见《天学初函·理编》。再有阳玛诺曾将四福音书中许多经文译为汉语,于明崇祯九年(1636年)编纂出版《圣经直解》,简要介绍《旧约》,即圣经的前部,为犹太教圣经,是指上帝通过摩西与以色列人所立之约;《新约》,即圣经的后部,是耶稣基督与信者另立之约。内容包括上帝创造宇宙万事万物、律法书、叙事篇、先知书、启示书、诗歌教义等。但此书版本,未见记载。在清康熙中期,白日陞曾将大部分《新约》译成汉语,译稿现存不列颠博物馆。罗马图书馆存有另一部《新约》汉语译稿,估计也出于同一时期。清嘉庆初年,在清朝任通译官的贺清泰曾将新、旧约大部分译成汉语,该稿现存于上海徐家汇天主教图书馆。

在此期间,罗文藻(1616—1691年)是天主教第一位中国籍神父和主教,吴渔山(1631—1718年)是清朝天主教中国籍神父,梁发(1789—1855年)是新教第一位中国籍传教士,他们三人都未留下相关的宗教遗作,故难以深入了解其思想脉络。

第七编

# 近代编

# 概　述

“中国近代”的上限公认开始于1840年的鸦片战争,下限学界主要有两说:一说至1919年五四运动爆发,一说至1949年中华人民共和国成立前夕。鸦片战争以后,中国从封建社会逐渐沦为半殖民地半封建社会。这个时期,中国面临的最主要问题是中华民族反抗列强的民族独立问题以及如何走上现代化道路的问题。

鸦片战争前后,中国已经有一批头脑清醒的知识分子看到了清朝的统治危机,英国挑起的战火又激化了这种危机意识。国内统治者的萎靡不振和国外侵略者的虎视眈眈,促使他们的思想产生新的变化。正是这些最先觉醒的士大夫知识分子,引领着中国近代思想史的开端。如龚自珍对现实的批判,林则徐的开眼看世界,魏源的经世致用和海外观察,他们成为近代思想的开风气者。

1851年爆发的太平天国运动,既继承了历史上农民起义的基本诉求,又掺杂了西方传来的宗教教义。洪秀全受基督教的影响创立了拜上帝会,在领导太平天国运动时,以中国传统的民间思想文化改造了基督教。太平天国后期,洪仁玕提出了具有近代化追求的设想。太平天国运动,反映出中国近代思想变化的复杂性。

从咸丰年间起,中国开始举办近代工业,出现了洋务运动,清朝统治者中间也随之出现了守旧派与洋务派的争论。洋务运动以“自强”和“求富”为核心,引进西方军事装备和工业技术,促成了所谓的“同治中兴”。伴随着洋务运动的发展,中国思想界形成了“中学为体,西学为用”的理论框架,中学和西学的关系由此成为近代思想发展变迁的主要线索之一。洋务运动由追求西学的器用出发,排斥西学的政治思想和制度体系,使“体”和“用”的矛盾越来越明显。在体用关系的现实调整中,洋务派中一部分比较开明的人物逐渐向维新派靠拢,在一定程度上支持变法,从而使西学在中国的影响有所扩大。

1898年戊戌变法是中国近代思想新体系出现的一个标志。康有为、梁启超、谭嗣同诸人,以介绍传播达尔文的进化论为思想武器,倡导“物竞天择,适者生存”的进化观,主张在中国变法维新,使近代中国的思想发展产生了重大变化。这一时期在思想上影响极大的严复,以翻译西方学术著作为业,在西学东渐的过程中有着不可磨灭的贡献;同时,严复又有较厚的中学基础,在传播西学过程中不断回归中学本位。在严复身上,反映了“西化”和“国粹”之间的思想交锋和互相渗透。

20世纪初,伴随着民族危亡的加深和清朝统治的腐朽,资产阶级民主革命运动勃兴。以孙中山为代表的革命党人组建同盟会,领导民族民主革命,1911年辛亥革命终于推翻了清王朝,建立了中华民国。孙中山的民族民主革命思想以及近代化思想,在中国近代思想文化史上具有里程碑地位。

民国前期,北洋军阀的统治未能使中国走出民族危机,伴随着巴黎和会对中国权益的侵犯,中国爆发了五四爱国运动。在五四运动前后,中国思想界出现了新文化运动对民主和科学的弘扬,同时也有一批学者致力于传统文化的重构。

总之,中国近代思想史是人民追求民族伟大复兴的艰苦曲折历程在思想文化上的反映。这个理想必将在21世纪中叶全面实现。

# 第一章　鸦片战争时期的社会思潮

## 第一节　中国近代的开端及其思想史意义

在鸦片战争以前,中国已经有了同近代化的西方在思想文化上的交流,从明代开始,跨海而来的传教士陆续对西方的宗教、思想、文化、科学和艺术有所介绍。但是,明清传教士介绍的西学,还不能同中学并列。鸦片战争使中国人看到了完全不同于清朝的西方国家,直观地感受到西方的发达和强横,而清朝统治者的腐朽和封建制度的没落,使中华民族陷入了深重的危机。国家的耻辱和民族的危亡,促使中国人改变以往的华夷观念,以反侵略为目的去了解列强的制度和学说,从此,中学和西学成为对称概念,西方成为中国的学习对象。同时,由于鸦片战争明确表现出英国的侵略性,抗御外侮的需要开始唤醒中国的民族精神,为了反抗侵略和保国保种,中学和西学的对抗日趋明显,学习西学是为了反抗侵略,师夷是为了制夷,中学和西学又成为对立概念,西学成为中学的抗拒对象。此后的中国思想史,就在这种学习和对立中交错前进,中国思想文化的本土化和世界化,是整个中国近代思想史由传统向现代转型的主要线索。

由于文化背景的差别,中国在遭遇到西方思想的挑战之时,产生了剧烈的文化冲突。"英国最先进的事物,经过儒家教义的折光,顿时变为最荒谬不堪的东西。君主立宪,在皇权至上面前,有如大臣擅权;经商贸易,在农本主义面前,显为舍本逐末;追逐利润,在性理名教面前,只是小人之举;至于女王主位、男女不辨,更是牝鸡司晨之类的‘夷俗’;即便令人兴叹的西方器物(钟表、玻璃、呢羽等),享用收玩之余,仍可斥之为‘坏人心术’的‘奇技淫巧’。”(茅海建:《天朝的崩溃:鸦片战争再研究》,三联书店1995年版,第7页)所以,乾隆皇帝才会理直气壮地宣称:“天朝物产丰盈,无所不有,原不藉外夷货物以通有无”(梁廷枏:《粤海关志》卷二十三,台湾文海出版社影印本,第1679页)。但是,英国凭借其工业优势,急于打开中国门户,在输出工业品受阻的情况下,在中、英、印之间展开鸦片贸易,贿买中国官吏,向中国贩运鸦片。19世纪20年代以后,输入中国的鸦片迅速增加,到鸦片战争前夕,每年输入鸦片达3.5万箱。大量鸦片进入中国,使中国商贸迅速由入超变为出超,白银外流,银价上涨。鸦片贸易危及中国经济和国家安全,清朝关于查禁鸦片的举措,以英国的强悍“远征”、清朝战败而告终。自此,中西冲突成为中国近代思想史的主题。

在剧烈的中西冲突中,清朝政府的腐朽充分暴露出来。吏治败坏,军备废弛,财政困窘,思想僵化。一些头脑清醒的人物开始“开眼看世界”,传统的“经世致用”精神得到了新的诠释和发挥,他们以对现实的批判和对国家的忧虑,试图寻找救世之道。这些先行者的代表有龚自珍、魏源、林则徐、包世臣等。他们的思想主要表现在以下三个方面:

(1)抨击现实,揭露弊端,呼吁变革。批判精神最强烈的是龚自珍。他以大量诗文表达了对现实的不满。由于龚自珍的科考和仕途并不顺利,使他对政治的黑暗和社会的腐败有了切身感受,进而意识到清朝的统治危机。嘉庆二十五年,龚自珍就指出:“自京师始,概乎四方,大抵富户变贫户,贫户变饿户”,“各省大局,岌岌乎皆不可以支月日”(《西域置行省议》,《龚自珍全集》第一辑,上海人民出版社1975年版,以下只注篇名)。鸦片战争爆发前(道光三年),龚自珍就敏锐地看到了英国的威胁,说:“粤东互市,有大西洋,近惟英夷,实乃巨诈,拒之则叩关,狎之则蠹国”(《阮尚书年谱第一序》)。

正是这种呼声，开了中国近代思想的先声。时人批评龚自珍的诗文“伤时之语，骂坐之言，涉目皆是”；“上关朝廷，下及冠盖，口不择言，动与世忤”（这是号称“吴中尊宿”的王芑孙在嘉庆二十二年评价龚自珍《伫泣亭文》时的评语，事见《定盦年谱外纪》），从反面印证了他的批判精神。梁启超曾指出：“龚、魏之时，清政既渐陵夷衰微矣，举国方沉酣太平，而彼辈若不胜其忧危，恒相与指天画地，规天下大计。”“后之治今文学者，喜以经术作政论，则龚、魏之遗风也。”（梁启超：《清代学术概论》，上海古籍出版社 1998 年版，第 76－77 页）

（2）批评汉学，反对考据，变革学风。在对汉学的批评上，魏源比较深刻。他受今文经学家刘逢禄的影响，反对乾嘉以来的考据学风，批评其回避现实，指出：“自乾隆中叶后，海内士大夫兴汉学，而大江南北尤盛”。这种学风“争治训诂音声，爪剖钒析”，于世事无补；汉学“锢天下聪明智慧，使尽出于无用之一途”（《武进李申耆先生传》，《魏源集》上册，中华书局 1983 年版，第 359 页）。魏源反对古文经学的寻章摘句，抨击《毛诗》，批评马融、郑玄的治学传统，主张儒学要同现实结合，通经须要致用，“以经术为治术”。从此，中国的学风和士风有了很大变化，在儒学的近代传承中，今文经学占了优势。

（3）倡言时政，关注海外，应对变局。鸦片战争前后的中国思想界，与此前最大的不同是对西方列强的关注。在中国古代思想史上，不乏主张变革的思想家，但是，工业国家的兴起，近代科技的威力，是历史上未曾有过的重大变化。面对挟“船坚炮利”侵略中国的英国，林则徐、魏源等人开启了思想史上变革的先声。他们出于救国需要，开始对西方列强进行观察和了解，寻找新形势下的应变对策。尽管他们对外国的关注还是直观的和表面的，却由此开启了中国人对西学的接触过程。后来中学同西学的种种冲突与交融，西学体系在中国的引进和影响，都是从鸦片战争开始的。鸦片战争确立了中西关系这一近代思想史上的主线。

## 第二节　林则徐的开眼看世界

鸦片战争的炮声震撼了中国，国人切身感受到西方列强的强大和蛮横。战前，中国对西方不甚了然，甚至认为只要中国不向西方出口茶叶和大黄，就能置其于死地。然而，战争教育了中国人，处于事变中心的林则徐，因此而成为开眼看世界的第一人。

林则徐像

林则徐(1785—1850 年)字元抚，又字少穆，福建侯官(今福州)人。嘉庆十六年进士，曾在浙江、江苏、湖北、河南、山东等地任职，办理过军政、漕务、盐政、河工、水利等事，重视调查，干练务实，以政绩出色先后升任道台、巡抚、河道总督、湖广总督。针对鸦片泛滥的时弊，他力主严禁，被道光帝任命为钦差大臣，节制广东水师，赴粤查禁鸦片。道光十九年，他与两广总督邓廷桢合力严缉走私烟贩，惩处受贿官吏，声明“鸦片一日未绝，本大臣一日不回，誓与此事相始终，断无中止之理”(《林则徐集·公牍》，中华书局 1963 年版，第 59 页)，迫令英美烟贩交出鸦片19 187箱又2 119袋，计 237 万余斤，于 1839 年 6 月 3 日在虎门公开销毁。针对英国侵略者对禁烟的挑衅，林则徐会同水师提督关天培筹划海防，倡办义勇，加强广东防务。为了解西方情况，林则徐还设立译馆，翻译相关外文书报资料，首开关注西方的风气。英国发动侵略战争后，林则徐在广州防守严密，英军不能得逞，遂北上攻占定海，陈兵大沽，威胁京津。战争的失利使朝廷把罪责归于林则徐，将其革职，流放新疆。在新疆，林则徐主持屯田，兴办水利，卓有成效，1845 年被起用，先后任陕甘总督、陕西巡抚、云贵总督，1849 年因病离职返乡，1850 年又受命为钦差大臣，赴广西镇压农民起义，病逝于途中，谥文忠。林则徐的文稿，后人编为《林文忠公文集》，1963—1965 年中华书局出版有多卷本《林则徐集》。

林则徐在禁烟过程中主编的《四洲志》《华事夷言》《各国律例》等，是中华民族了解泰西政治与地理、国情与民情的最初资料。尤其是由他主持让梁从德等人编译的《四洲志》，源自 *The Eneyelopacdia of Geography* 一书，成为后来魏源编撰《海国图志》的重要来源(2002 年华夏出版社出版了《四洲志》点校本)。就思想体系而言，林则徐依然是传统型的，是政治和军事需要促使他重视"夷务"，他的思想以儒学的修齐治平为根本，以国计民生和经世致用为取向，时代的巨变使他开了面向世界的先声。

林则徐治学主张"实事求是，不涉时趋"，在仕途历练中，养成了重视实务、不尚空谈的作风。在受命赴粤查禁鸦片时，临行前辞别他的座师工部左侍郎沈维娇，说："死生命也，成败天也。苟利社稷，敢不竭股肱以为门墙辱？"(金安清：《林文忠公传》，《续碑传集》卷二十四)在后来致友人的信中也说："戊冬在京被命，原知此役乃蹈汤火，而固辞不获，只得贸然而来，早已置祸福荣辱于度外。"(《致叶申芗札》，《林则徐书札手迹选》，紫禁城出版社 1985 年版，第 38 页)正是这种不避艰险的务实风格，使他在履行职责时不遗余力地搜集和翻译西方国家的书报，积极了解西方列强的情况，开正眼看西方的先河。林则徐组织人员编译了反映西方情况的《澳门新闻纸》；派人根据国外的地理书编译的《四洲志》，介绍了 30 多个国家的概况；还组织人员摘译西方报刊上关于中国的各种言论，辑成《华事夷言》；摘译西方国际法著作，编成《各国律例》。这些都具有开风气、破旧习的意义。林则徐的主张"尽得西人之长技，为中国之长技"，成为魏源"师夷长技以制夷"的思想来源。

林则徐的做法，与清朝的官场劣习截然相反。他是一个开明的官员，不同于那些闭目塞听、狂妄自大的顽固官僚。所以，林则徐能在反抗英国侵略时虚心了解外国情况，寻找抵御侵略的可行方法。在政治思想上，他提倡经世致用，关注国计民生，而不论是整顿盐务，还是兴办河工。对当时各种社会矛盾，他主张改良，缓解冲突。但是，林则徐的思想不可能超越时代，他无法从体系上和本质上认识西方，更无法认识到工业化的深远意义。林则徐的特点,是明事理,讲实务,以爱国主义为精神支柱。“苟利国家生死以,岂因祸福避趋之。”今天人们特别重视的林则徐“知夷”“师夷”的思想,在当时仅仅是出于实务需要。如果以今人之观点来解释林则徐当年之行为,就有可能产生“以今度古”的偏差。有研究者指出:“林则徐当时之所以得到喝彩,并非其‘知夷’或‘师夷’功夫,对于这些当时并不受欣赏的内容,时人大多不清楚,林则徐本人也不宣扬。他得到众人的拥戴,正是他表示出与‘逆夷’不共戴天。”(茅海建:《天朝的崩溃——鸦片战争再研究》,三联书店1995年版,第18页)当然,林则徐的爱国主义精神是永存的,但是,不宜过分夸大他在“西风东渐”中的作用。他出于时事所迫而“开眼看世界”,并未在思想上受到西学的重大影响。同时,林则徐的老成持重,谙熟官场,也使他的思想不可能像龚自珍那样激烈表达。

## 第三节　龚自珍的批判精神

龚自珍像

龚自珍(1792—1841年)字璱人,号定盦,浙江仁和(今浙江杭州)人,是小学大师段玉裁的外孙。但是,他没有走外祖父的考据道路,而是以政论文章出名,其思想基础为常州今文学派。清代中叶,常州人庄存与撰《春秋正辞》,开创这一学派,后由庄述祖、刘逢禄、宋翔凤等继承。龚自珍和魏源都师从于刘逢禄,使这一学派发扬光大。龚自珍的主要著作有《明良论》《乙丙之际箸议》等,擅长诗文,有《己亥杂诗》《定盦文集》传世,1959年中华书局出版有《龚自珍全集》。

龚自珍的思想具有尖锐的社会批判性,他对当时的统治危机有鞭辟入里的分析,揭露了所谓“治世”光环下的黑暗,认为封建统治已经病入膏肓,无可救药,处于治世和乱世之间的“衰世”。他认为,当时的各种问题起源于政治上的专制腐朽和社会上的贫富不均。官场上的不得意,使他对政治积弊比别人有更深的感受,他批评官场的积弊是“官益久则气愈偷,望愈崇则谄愈固,地愈近则媚亦愈工”。认为封建官僚是“尽奄然而无生气”的行尸走肉。而造成这种积弊的制度原因,是选拔任用官员的科举之制和资格之法。对于当时的社会,他在《尊隐》中比喻道:“日之将夕,悲风骤至,人思灯烛,惨惨目光,吸饮暮气,与梦为邻,未济于床,丁此也以有国,而君子适生之。”(《龚自珍全集》,上海古籍出版社 1975 年版,第 87 页,以下只注篇名)由于他“动触时忌”,在当时引起了很大的思想震动。

龚自珍的历史观来自于公羊三世说,他的发挥在于从史学的角度关注下层,以“众人”对“圣人”,重视人心向背。在《平均篇》中,他强调“人心者,世俗之本也;世俗者,王运之本也。人心亡,则世俗坏;世俗坏,则王运中易。王者欲自为计,盍为人心世俗计矣”。因而,他主张“贫富相齐”。“其始,不过贫富不相齐之为之尔。小不相齐,渐至大不相齐;大不相齐,即至丧天下。呜乎!”“有天下者,莫高于平均之尚也。”(《平均篇》)在《农宗》中,龚自珍设计了解决土地问题的办法,以等级有差的平均土地来“贫富相齐”。龚自珍的社会改革观立足于变。他引用《周易》中的“穷则变,变则通,通则久”,认为“自古及今,法无不改,势无不积,事例无不变迁,风气无不移易,所恃者,人才必不绝于世而已”(《上大学士书》)。他希望能通过改革变易,创造出一个人才辈出的环境。“九州生气恃风雷,万马齐喑究可哀。我劝天公重抖擞,不拘一格降人才!”(《己亥杂诗》)他认为,制度的束缚使人才不在庙堂而在山野,“山中之民”具有真正的思想力量,是同“京师”相对的改革中坚,并热切盼望“山中之民,有大音声起,天地为之钟鼓,神人为之波涛矣”(《尊隐》)。

龚自珍的哲学伦理思想未能超出古代传统,但比较注重吸取前人的怀疑精神,提出了一些新的见解。他以告子的人性论作为自己的出发点,主张人性“善恶皆后起”(《阐告子》)。他明显受了李贽的影响,认为“人情怀私”(《论私篇》)。“夫急公者,古人之义也;怀私者,古人之情也。”(《送广西巡抚梁公序三》)“上古不讳私”(《农宗》)。甚至把“私”说成宇宙普遍法则。

“天有闰月，以处赢缩之度，气盈朔虚，夏有凉风，冬有燠日，天有私也；地有畸零华离，为附庸闲田，地有私也；日月不照人床闼之内，日月有私也。”（《论私》）君主所为，不过是庇自己子孙、爱自己国家而已，何不庇他人子孙、爱他人国家？无非是“私”。这种思想，与西方亚当·斯密的自利经济人假设有某种程度的吻合。

龚自珍具有诗人气质并以诗作见长，他多用文学手段讽喻社会，例如他的《病梅馆记》就是一篇倡导个性解放的力作。在文中，龚自珍借江宁、苏州、杭州一带培育观赏梅花的事例，指责培育者对梅树的束缚扭曲，讽刺封建统治如同培育病梅一般对民众“斫直、删密、锄正”，呼吁打破旧体制对人性的束缚和摧残，主张铲除养成“病梅”的环境，“毁其盆，悉埋于地，解其棕缚”，从而使其本性“复之全之”。这无疑是诗人的心声，也是一篇人性解放的宣言。

对于龚自珍的影响，鸦片战争时期张维屏就说：“近数十年来，士大夫诵史鉴、考掌故、慷慨论天下事，其风气实定公开之”（见《国朝诗人征略》，转引自管林等著《龚自珍研究》，人民文学出版社1984年版，第6页）。梁启超对龚自珍有较为中肯的评价，说：“语近世自由思想之向导，必数定盦，吾见并世诸贤，其能为现今思想界放光明者，彼最初率崇拜定盦，当其始读盦集，其脑识未有不受其刺激者也”。“自珍性诛宕，不检细行，颇似法之卢骚；喜为要眇之思，其文辞俶诡连犿，当时之人弗善也。而自珍益以此自熹。往往引《公羊》义讥切时政，诋排专制；晚岁亦耽佛学，好谈名理。综自珍所学，病在不深入，所有思想，仅引其绪而止，又为瑰丽之辞所掩，意不豁达。虽然，晚清思想之解放，自珍确与有功焉。光绪间所谓新学家者，大率人人皆经过崇拜龚氏之一时期。初读定盦文集，若受电然，稍进，乃厌其浅薄。然今文学派之开拓，实自龚氏。”（梁启超：《清代学术概论》，上海古籍出版社1998年版，第75页）

## 第四节　魏源的经世致用思想

魏源像

魏源(1794—1857 年)字默深,湖南邵阳人,著作有《古微堂集》等。如果说,龚自珍的思想立足于揭露批判,那么魏源的思想则立足于建设。他最重要的方面,是清醒地看到当时的国际大势,对“夷务”有着敏锐的眼光。

魏源关于“夷务”的著作,集中反映在《海国图志》中。这是以林则徐的《四洲志》为基础,第一部系统介绍世界地理历史的专著。1842 年,50 卷本的《海国图志》刊行问世(1847 年增补至 60 卷,1852 年又增补为 100 卷),成为当时了解“夷务”的必读书,“风行海内”,对后来的洋务派和维新派都产生了较大影响,而且流传到日本,推动了明治维新。魏源认为,要抗击列强,必须先了解列强,并学习其长处,即“师夷长技以制夷”[①]。这一提法有着划时代的意义,这是中国人在近代首次发出要向西方学习的呼声,是中国主动采纳西学的起点。这种学习,不是那种居高临下式的容忍态度,也不是怀柔远方的宽厚姿态,而是明确以“夷”为师。一个“师”字,突破了天朝大国的狭隘心理。同时,这种学习,不是单纯在学术上的借鉴互补,也不是打通中西的融会贯通,而是以战胜列强为目的。一个“制”字,反映了当时的危机意识和自强精神。此后很长一段时间内,中国人对西学的态度,基本上都是这一取向。

魏源的师夷,是出于反侵略的需要。他批评那种把西学看作“奇技淫

① “师夷长技以制夷”的提法,最早出于 1842 年《海国图志》。在该书的《总序》中,魏源明确提出其宗旨是“为以夷攻夷而作,为以夷款夷而作,为师夷长技以制夷而作”。该书卷三十七《大西洋总叙》进一步阐述说:“善师四夷者,能制四夷,不善师外夷者,外夷制之。”《海国图志》的整体思想,都建立在“师夷长技以制夷”的基础上。

巧”“形器之末”而拒绝学习的论调，强调“不善师外夷者，外夷制之”。究竟在哪些方面师夷，魏源也有明确的表达。鸦片战争使国人直观地看到了西方的“船坚炮利”，所以，魏源当时列举的泰西长技，基本上限于器物制造和军事技术。他认为：“夷之长技三：一战舰，二火器，三养兵练兵之法。”至于要学习的具体东西，他提出设立造船厂、火器局，聘洋人为师，不但制造船舰枪炮，而且制造“量天尺、千里镜、龙尾车、风锯、火锯、火轮机、火轮车、自来火、自转碓、千斤秤之属”。总之，凡有益于军事民用者，都在学习之列。并建议设立译馆，以了解夷情。“欲制外夷者，必先悉夷情始；欲悉夷情者，必先立译馆译夷书始；欲造就边才，必先用留心边事之督抚始。”(以上均见《海国图志》卷一《筹海篇》三，《魏源集》，中华书局1983年版，以下只注篇名)

尽管魏源通过对西方列强资料的整理归纳，已经看到泰西与大清在体制上的差异，但是，他尚未从体制高度论证“师夷”问题。例如，他在《海国图志》中向中国介绍了美国的联邦民主制：“公举一大酋总摄之，匪惟不世及，且不四载即受代，一变古今官家之局”。却只是旁观性的阐述而已，并不主张以此为师改变中国的体制。魏源对改善国内政治，有广泛的论述。在《海国图志》序中，他主张革除积患，包括“人心之寐患”和“人才之虚患”，要求执政者“去伪、去饰、去畏难、去养痈、去营窟”；“以实事程实功，以实功程实事。艾三年而蓄之，网临渊而结之，毋冯河，毋画饼”。这些观点具有积极意义，但仍然属于传统政治思想的范畴，是对儒学治国理念中经世致用成分的发挥和展开。

在思想体系上，魏源继承王夫之、颜元等人的学说，强调知行关系中“行”的基础性和优先性，主张“知”从“行”中来。他比喻道：“披五岳之图，以为知山，不如樵夫之一足；谈沧溟之广，以为知海，不如估客之一瞥；疏八珍之谱，以为知味，不如庖丁之一啜。”(《默觚·学篇二》)他坚持历史进化观，认为时代变异，“后世之事胜于三代”。

从总体上看，魏源的思想还是传统型的。由他实际编辑的《皇朝经世文编》(道光六年，1826年成书，中华书局1992年影印出版，更名为《清经世文编》)所收录的资料，就能明显看出这一点。这一重要文集共120卷，辑录了从清初到道光时期的学者书札、官员奏议、官方文书2236篇，分为学术、治体、吏政、户政、礼政、兵政、刑政、工政八纲，汇集了清朝前期求本务实的各类代表作。其命名含义为“经世以表全编，则学术乃其纲领”；“时务莫切于当代，万事莫备于六官”。书中的主要议论，集中于赋税、盐政、漕运、河工等方面。魏源的经世致用观念，不可能超出传统政治形态。后来张鹏飞编辑的《皇朝经世文补编》、饶玉成编辑的《皇朝经世文续编》、麦仲华编辑的《皇朝经世文新编》等依例踵作，夷务和西学的比例越来越大，议论也越来越深入，反映了魏源之后政治思想的变化轨迹。在经世文的编辑体例上，魏源是开风气者，并对后来有着重大影响。其书在晚清五次重刻重印，不胫而走。“数十年来风行海内，凡讲经济者，无不奉此书为矩洐，几于家有其书。”（《皇朝经世文新增续编序》）

对于魏源的影响，王韬曾把《海国图志》誉为是“谈海外掌故”的“嚆矢”，“师长一说，实倡先声”。梁启超评论说：魏源的“师夷长技以制夷”，“其论实支配百年来之人心，直至今日犹未脱离净尽”；“中国士大夫之稍有世界地理智识，实自此始”（梁启超：《中国近三百年学术史》，《饮冰室合集》专集第17册，中华书局影印本，第323－324页）。在林则徐的影响下，已经有人开始了解西方，但其眼光往往着眼于英国，如汪文泰1841年写出《红毛英吉利考略》，萧令裕1842年写出《英吉利记》；而在魏源的影响下，中国人开始着眼于整个世界，如1848年徐继畬撰写的《瀛寰志略》、梁廷枏撰写的《海国四说》等。

# 第二章　中西思想的碰撞与中体西用

## 第一节　洪秀全与洪仁玕的思想

西学传入中国，不仅仅是传教士介绍的科学技术，也不仅仅是英国舰队展示出的坚船利炮，与之相伴随的还有中国人知之甚少的耶稣上帝和制度文化。这两方面在鸦片战争后的中国，很快就有了响应者，这就是洪秀全和洪仁玕。

洪秀全像

洪秀全(1814—1864年)，广东花县人，农民出身，自幼读书，长期担任塾师。作为一个屡试不第的书生，他在广州应试时，偶尔得到中国基督教徒梁发编撰的传教书《劝世良言》，发现了一个新的天地。于是，洪秀全以《劝世良言》为蓝本，采纳基督教的一些概念和说法，更多的是靠自己揣摩理解，与冯云山等人一道创立了拜上帝教，发动了太平天国起义。他的思想，主要表现在《原道救世歌》《原道醒世训》《原道觉世训》《奉天讨胡檄》等诗文中。他以基督教教义为依托，吸收儒家传统思想中的均平、大同等观念，混杂民间文化信仰内容，又采纳秘密会社的某些戒律规则，作为推翻清朝的思想武器。

洪秀全心目中的基督教,与西方的本来教义有着很大的不同。他并不清楚西方人所说的圣父、圣子、圣灵“三位一体”(当时称“圣神风”)的内涵,而是用本土的一些概念来解释。《尚书》和《诗经》中出现的“上帝”一词,被洪秀全用来比附基督教的“God”。甚至道教中的神仙天宫“三十三天”,也被说成是上帝的居所。例如,洪秀全等人的诗歌中经常出现的“正果”“方寸”“本心”“凡尘”等,都不是基督教的概念,而是中国佛教或道教的概念。根据韩山文《太平天国起义记》的记载,“拜上帝会”的宗教仪式掺入了不少中国民间宗教的做法(《太平天国起义记》,中国近代史资料丛刊《太平天国》(六),上海人民出版社 1957 年版)。如信徒入会时要点明灯两盏,供清茶三杯,有学者认为实际上是点香烛、供牲畜的变形。这种对基督教的修正,是洪秀全的得意之笔,使基督教本土化了,上帝也变成了土生土长的中国神。“从来中国所称为华夏者,谓上帝之声名(耶火华)在此也;又号为天朝者,为神国之京都于兹也。”(《干王洪宝制》,中国近代史资料丛刊《太平天国》(二),上海人民出版社 1957 年版)至于洪秀全、杨秀清等人在起义过程中炮制出来的天父、耶稣附体显灵等,更接近于巫术扶乩。正因为如此,当时到过南京的外国人认为洪秀全的“上帝”是冒牌货。这种评价,恰恰反映了洪秀全思想的本土性和民间性。

洪秀全用以发动农民的思想武器,是建立一个“有田同耕,有饭同食,有衣同穿,有钱同使,无处不均匀,无人不饱暖”的天国。这个天国的外壳是基督教的,实质却是来自中国传统的大同思想。《原道醒世训》中关于天国的描述,几乎是照抄《礼记·礼运篇》;基本没有实施的《天朝田亩制度》,也充满了大同思想的表述。在起义之初,太平天国有一些反孔的举措,但这种反孔,在一定意义上是洪秀全对当初应试受挫折的发泄,目的在于使孔子的权威服从上帝的权威,而不是从思想上完全抛弃儒学,也没有同专制主义的纲纪伦理、君权神授等观念决裂。例如,在洪秀全的天国里,依然承认孔丘是好人,观音也是好人,甚至观音还成为洪秀全的妹妹。只不过是让他们在天堂享福,不许他们下凡来分割自己的权威而已。到定都天京(南京)后,洪秀全就完全接受了封建专制主义的政治模式。

与洪秀全不同,太平天国后期的领导人洪仁玕(1822—1864年),是一位具有远见卓识的人才。他在香港居住数年,对西方近代知识有较为全面的了解,后来到天京主持太平天国晚期政务,被洪秀全封为干王,担任军师,总理朝政,位高权重,相当于前期的东王杨秀清。洪仁玕的主要思想反映在《资政新篇》中。

《资政新篇》是一个具有近代化色彩的施政纲领。对于天国的政治制度,洪仁玕主张"设法"和"用人"并重。"用人不当,适足以坏法;设法不当,适足以害人。"根据天国内讧的教训,他强调政令的统一和信息的畅通,提出建立新闻体系。"自大至小,由上而下,权归于一,内外适均而敷于众也。又由众下而达于上位,则上下情通,中无壅塞弄弊者,莫善于准卖新闻篇或暗柜也。"具体措施可以设立新闻馆"以收民心公议",设立书信馆"以为四方耳目之便,不致上下梗塞,君民不通"。在社会管理上,他提出建立社会福利体系,如举办医院、育婴堂、跛盲聋哑院、鳏寡孤独院等;革除不良陋习,如禁庙宇寺观,禁演戏斋醮,禁烟酒鸦片,禁阴阳巫术,戒不务正业,戒长甲缠足,戒骄奢诸习等。在经济政策上,他主张制造火车轮船,开矿设厂,发展工艺技术,实行专利制度,建立银行,举办市镇公司,革新工商税制等。总体上看,洪仁玕的《资政新篇》具有比较系统的近代思想。在当时,无论是清朝政府还是太平天国,对近代化的认识几乎没有人能够达到他那样的高度。但是,"曲高和寡",《资政新篇》在太平天国几乎未能实施,近于空文。

洪秀全的拜上帝教,以民间化、通俗化的方式唤起了大量民众,沉重打击了清王朝的统治,最终却因为其天国理想的乌托邦性质而回归专制,理想破灭。洪仁玕的《资政新篇》恰恰相反,以资本主义化的发展方向给天国设计了一个美好蓝图,但却严重脱离了农民起义的实际要求,缺乏实现该蓝图的阶级力量和社会基础。《资政新篇》未能实施,不仅仅是太平天国后期严峻的局势所致,最重要的原因是当时中国尚未能形成发展资本主义的环境和氛围。洪秀全在来自西方的基督教外壳中包含本土的民间平等思想,洪仁玕在本土化的“天国”中提出了西方式的政治设想,两者都反映了中西思想在对撞初期的幼稚性和不成熟性。

## 第二节　早期洋务派的思想

太平天国起义(1851—1864 年)和第二次鸦片战争(1856～1860年),给予清朝统治者以沉重打击。尤其是英法联军践踏北京城,迫使咸丰皇帝“车驾北狩”,极大地震撼着中国朝野的心灵,“夷务”从此成为避不开的话题,思想界面临着一次深刻的挑战。在这一局势下,洋务运动使中国人对待西学的态度由感性的“师夷制夷”发展到理性的“自强运动”,中国的思想文化也随之产生了较为重大的变化。这种变化,集中表现在中学和西学的关系上。

洋务运动在政治上的代表人物是曾国藩、左宗棠、李鸿章、张之洞以及当时主持清廷政务的奕䜣、文祥等人。从思想体系上看,他们深受中国传统文化的浸润,尤其是曾国藩,熟读经史,谙熟内圣外王之道,是洋务派的代表人物。他推崇程朱理学,讲求经世致用,对儒学伦理身体力行,被时人看作是立言、立功、立德“三不朽”的楷模,誉为同治中兴第一功臣①。他与其他士大夫一样鄙视甚至痛恨列强的入侵,但却不盲目排外,在以儒家精神安身立命的同时,以务实的态度学习西方的先进科学技术。

曾国藩(1811—1872 年)字伯涵,号涤生,湖南湘乡人。27 岁中进士,历任礼、工、刑、吏、兵部侍郎。任京官期间,他以太常寺卿唐鉴、大学

① 三不朽之说,最早见于《左传》襄公二十四年鲁大夫叔孙豹与范宣子的问答,曰:“太上有立德,其次有立功,其次有立言,虽久不废,此之谓不朽。”此后,三不朽成为世人追求的理想境界。曾国藩自己在同治三年八月初五给其弟曾国荃的信中也说:“立德立功立言为三不朽,自周汉以后,罕见以德传者,立功如萧曹房杜,立言如马班韩欧,古今曾有几人?但求尽吾心力之所能及,而不必遽希千古万难攀跻之人也。”据传,曾国藩去世后,有挽联称其为“立德立功立言三不朽,为师为将为相一完人”。后人遂以他为近代三不朽的楷模。

曾国藩像

士倭仁为师，致力于程朱理学，兼习桐城古文，又与擅长考据的刘传莹、王念孙、王引之为友。对待儒学，他采取调和汉宋的态度，特别注重经世致用之学，熟读《皇朝经世文编》《五礼通考》及明清《会典》。太平天国起义时，丁忧（守丧）在家的曾国藩奉命办团练，由此组织湘军，最终镇压了太平军。在政治和军事活动中，他在坚守儒家信念的前提下，兼采墨子、管仲、老庄、商韩，杂糅各家。他举办的洋务，包括建立安庆内军械所以制造洋枪洋炮，委派徐寿和华蘅芳等主持仿制轮船，派遣容闳进口“制器之器”，设立江南制造总局，奏派幼童赴美留学等。处理天津教案时，他忍辱求和，引咎自责，同时也遭舆论攻讦，不久去世。

在认识论上，曾国藩强调格物致知的客观性，“《大学》‘致知在格物’，谓吾心之知，必与事物相丽相交，不可离物以求知也”。“至《大学》格物之说，聚讼千年，洎无定论。国藩以为人心当丽事物以求知，不可舍事物而言知。”（《笔记二十七则》，《曾国藩全集·诗文》）[①]曾国藩以程朱为学问正道，同时也受到王阳明的影响。他认为人性是可以改变的，“天下凡物，加倍磨治，皆能变换本质，别生精彩，何况人之于学？但能日新又新，百倍其功，何患不变化气质，超凡入圣？”（《问学》，《曾文正公全集·求阙斋日记类抄》卷上）曾国藩尤为重视道德修养，他强调为人要以诚为本，“窃以为天地所以不息，国之所以立贤，人之德业之所以可大可久，皆诚为之也。故曰：诚者物之始终，不诚无物”（《曾文正公全集·书札》）。“君子之道，莫大乎以忠诚为天下倡。”（《湘乡昭忠祠记》，《曾国藩全集·诗文》）主张做移风易俗的贤智之人。“风俗之厚薄奚自乎？自乎一二人之心之所响而已。民之生，庸弱者戢戢皆是也。有一二贤且智者，则众人君之而受命焉；尤智者所君尤众焉。此一二人者之心向义，则众人与之赴义；一二人者之心向利，则众人与之赴

① 《曾国藩全集》，岳麓书社1987～1994年出版，共30册，分为奏稿、批牍、诗文、读书录、日记、家书、书信等。以下所引，只注明篇名和分册。

利。”(《原才》,《曾国藩全集·诗文》)而提高修养的途径,则在忠和勤二字。“以人事与天争衡,莫大乎忠勤二字。乱世多尚巧伪,惟忠者可以革其习;末俗多趋偷情,惟勤者可以遏其流。”(《笔记十二篇》,《曾国藩全集·诗文》)他又说:“天下无现成之人才,亦无生知之卓识,大抵皆由勉强磨炼而出耳。”(《劝诫浅语十六条》,《曾国藩全集·诗文》)

对于儒学中的汉学和宋学之争,曾国藩崇奉理学而不薄汉学,赞颂桐城派对汉宋的调和。“独桐城姚鼐,恪守程朱,孤行不惑,宗主义理,不薄考据。”(《海宁州训导钱君墓表》,《曾国藩全集·诗文》)他主张把宋学的“即物穷理”和汉学的“实事求是”融合起来,说:“有义理之学,有词章之学,有经济之学,有考据之学。义理之学即宋史所谓道学也,在孔门为德行之科;词章之学在孔门为言语之科;经济之学在孔门为政事之科;考据之学即今世所谓汉学也,在孔门为文学之科。此四者,阙一不可”(《问学》,《曾文正公全集·求阙斋日记类抄》卷上)。具体办法是用“礼”作为打通汉宋的隔阂。他说:“乾嘉以来,士大夫为训诂之学者,薄宋儒为空疏;为性理之学者,又薄汉儒之支离。鄙意由博乃能返约,格物乃能正心。必从事于礼经,考核于三千三百之详,博稽乎一名一物之细,然后本末兼该,源流毕贯。虽极军旅战争食货凌杂,皆礼家所应讨论之事。故尝谓江氏《礼书纲目》、秦氏《五礼通考》可以通汉宋二家之结,而息顿渐诸说之争。”(《复夏弢甫》,《曾文正公全集·书札》卷七)

曾国藩思想的特点是经世致用,从他列举的天下大事中,可以看出他的关注范围。他说:“天下之大事宜考究者凡十有四宗:曰官制,曰财用,曰盐政,曰漕务,曰钱法,曰冠礼,曰昏礼,曰表礼,曰祭礼,曰兵制,曰兵法,曰刑律,曰地舆,曰河渠。”(《治道》,《曾文正公全集·求阙斋日记类抄》卷上)对于西方的侵略,曾国藩认识到这是数千年来的“奇变”,进而由经世思想引申出他的洋务思想,认为“师夷智以造船制炮尤可期永远之利”(《复陈洋人助剿及采米运津折》,《曾文正公全集·奏稿》卷十二)。曾国藩的洋务主张,只是在技术层面上打破了夷夏之防的界限,并未突破思想的藩篱。

从曾国藩为其子曾纪泽选取的32位古今圣哲画像的名单中,可以看出他的思想取向和价值准则。“后嗣有志读书取足于此,不必广心博骛,而斯文之传,莫大乎是矣。”(《圣哲画像记》,《曾国藩全集·诗文》)。这32人是:“文周孔孟,班马左庄,葛陆范马,周程朱张,韩柳欧曾,李杜苏黄,许郑杜马,顾秦姚王。三十二人,俎豆馨香。”即周文王、周公、孔子、孟子、司马迁、班固、左丘明、庄子、诸葛亮、陆贽、范仲淹、司马光、周敦颐、程颐、朱熹、张载、韩愈、柳宗元、欧阳修、曾巩、李白、杜甫、苏轼、黄庭坚、许慎、郑玄、杜佑、马端临、顾炎武、秦蕙田、姚鼐、王念孙。所选定的人物涵盖经济、义理、词章、考据各方面。可以说,这个名单,是曾国藩对中国传统思想文化的总结。

在近代中国思想界,曾国藩是一个代表。他坚守传统儒家的道德理念,从经世致用出发,不排斥可以同儒家传统兼容的各种思想文化。他以《讨粤匪檄》作为自己的政治文化旗帜,坚决反对太平天国对纲常名教的破坏。在技术层面主张引进西学,采纳西艺,奠定了洋务运动的基础。

洋务派官员在当时的政局中,虽然思想依然守旧,但多数头脑比较清醒,对中外大势有所了解,甚至对西方的制度文化也略知一二。例如,文祥谈到西方的政治时就说:“说者谓各国性近犬羊,未知政治,然其国中偶有动作,必由其国主付上议院议之,所谓谋及卿士也;付下议院议之,所谓谋及庶人也。议之可行则行,否则止。事事必合乎民情而后决然行之。”但文祥认为这种体制并不适用于中国。“中国天泽分严,外国上议院、下议院之设,势有难行,而义可采取”(《清史稿》卷三百八十六《文祥传》)。显然,洋务派对西方的了解要比当时的其他官员更准确一些,但他们是以中国传统的思维方式和概念范畴来解释西方,以中国传统的语词意境和典章制度来比附西方,这正是后来“西学中源说”的起源。他们对西方的器物发明和科学技术能够积极采纳,而对制度文化基本上持排斥态度。同后来的维新派相比,洋务派的思想依然是守旧的;但同此前的林则徐、魏源相比,洋务派的思想已经进了一大步。

自从洋务兴起，从对待列强行文用语的变化，也可看出不同于鸦片战争时期的认识差异来。鸦片战争以来，中外交往迅速增多，无论官私文书，对列强一概以“夷”称之。天津条约规定，嗣后的官方文书一概不能再用“夷”字，从此，“夷”字在正式公文中不再使用，改称“洋”字或直呼外国。“夷”和“洋”称谓的变化，表现了由“华夷观”走向“国际观”的过程。民间的称谓也逐渐随之更改。直到义和团运动时期，尽管团民具有强烈的排外情绪，称谓上依然用较为平等的“洋人”而没有回归到旧称“外夷”。

冯桂芬像

真正对洋务思想有所创建的是冯桂芬(1809—1874年)，江苏吴县人，道光进士。他在太平军攻占苏州后避居上海租界，接触了较多的西方文化，于1861年写出《校邠庐抗议》[①]，其中最能体现时代特色的是《采西学议》和《制洋器议》，对学习西方有较全面的阐述。他认为：“法苟不善，虽古先吾斥之；法苟善，虽蛮貊吾师之。”(《校邠庐抗议·收贫民议》)主张学习西方：“始则师而法之，继则比而齐之，终则驾而上之，自强之道，实在乎是。”(《校邠庐抗议·制洋器议》)具体方法是设置翻译公所，全面学习“历算之术”“格致之理”“制器尚象之法”等“凡有益于国计民生者”。后来洋务派的种种举措，其要略不出冯桂芬所议。而“中体西用”这一在近代中国影响极大的思维模式，就是由冯桂芬首创的。

## 第三节　中体西用的出现和演化

从1860年第二次鸦片战争后到1894年中日甲午战争前，即19世纪60年代到90年代，思想文化界出现了一批以洋务见长的人物，其中较为有名的如李鸿章、郭嵩焘、薛福成、王韬、郑观应、张之洞、邵作舟、沈寿康、

① “校邠庐”名称，来自于扬雄《太玄》中的“斐如邠如”，以寓文风；“抗议”一词，来自于《后汉书·赵壹传》的“下则抗论当世”，以陈位卑言高之政见。

孙家鼐、盛宣怀等。这些人的思想不一，信念各异，认识有深有浅，地位有高有低，但在一点上是共同的，就是都主张以西学实现富国强兵的理想，都具有“中体西用”的共识。

最早提出“中体”和“西用”关系的是冯桂芬。他在《校邠庐抗议·采西学议》中提出了学习西方的宗旨：“在今日又宜日鉴诸国，诸国同时并域，独能自致富强，岂非相类而易行之尤大彰明较著者。如以中国之伦常名教为原本，辅以诸国富强之术，不更善之善者哉?”把体用关系界定为“原本”与“术用”的关系。洋务重臣张之洞对这种说法极为赏识，大力提倡，遂使这一学术词汇成为广为流传的大众语言。“甲午丧师，举国震动，年少气盛之士，疾首扼腕言‘维新变法’，而疆臣若李鸿章、张之洞辈，亦稍稍和之。而其流行语，则有所谓‘中学为体，西学为用’者，张之洞最乐道之，而举国以为至言。”（梁启超：《清代学术概论》，上海古籍出版社 1998 年版，第 97 页）

“中体西用”界定了中学和西学的关系。对于当时的思想界来说，不可能要求他们超出“中体”这一本原性和基础性的范畴来接受西学。所谓中学，既包括以“伦常名教”“四书五经”为代表的中国道统，也包括以中国史志、政书、方舆、食货为代表的经世之学；所谓西学，当时主要是指数、理、化、天、地、生等自然科学的“格致”理论，以及制器作业的工艺技术，间或涉及到产生这些学问的制度文化。随着引进西方技术，由制造枪炮到设厂开矿，西学与中学的内在冲突也日益突出。于是，洋务派开始重新审视西学的范围，试图把工艺技术之外的制度因素和文化因素也纳入“西用”，但也有不少人坚持认为西学无非就是器用实物和“格致”之术，排斥形而上范围的西学。重视西学制度文化的代表是郭嵩焘、薛福成、马建中、郑观应等人，强调西学“格致”性质的代表是张之洞等人[①]。这种争论，实际上反映了“中体西用”的内涵和外延的变化。

郭嵩焘像

郭嵩焘（1818—1891年），湖南湘阴人，是中国第一个正式领衔出使西方的公使。他在读书时，就与曾国藩、刘蓉等人结交，崇尚经世致用。道光时中进士，丁忧居家期间随曾国藩参赞军务，后出任翰林院编修，并入值南书房。针对第二次鸦片战争的失败，郭嵩焘提出一套新的对外关系看法，即情、势、理。所谓“情”，是指考究外情。“通市二百馀年，交兵议款又二十年，始终无一人通知夷情，熟悉其语言文字者。窃以为今日御夷之窍要，莫切于是。”（《四国新档·英国档》下，台北中央研究院近代史研究所1966年版，第854页）他对当时战争与通商的关系已经有了较深刻的认识。因而其“西用”观也高于他人。“顷数十年，汽轮车船夺天地造化之奇，横行江海，无与为敌。而究其意之所极，贾市为利而已。其阴谋广虑、囊括四海，而造端必以通商。迎其机而导之，即祸有所止，而所得之奇巧转而为我用，故可以情遣也。”（《致李傅相》，《郭嵩焘诗文集》，岳麓书社1984年版，第214页）他敏锐地看到了近代的中外关系不同于古代的夷夏关系：“西洋立国二千年，政教修明，具有本末，与辽、金崛起一时，倏盛倏衰，情形绝异。”（《郭嵩焘日记》（三），湖南人民出版社1983年版，第124页）所谓“势”，是指中外形势。他实事求是地看到了中国在近代的弱势，称：“值衰弱之时，外有强敌，而侥幸一战之功者，未有能自立者也”。“未有不问国势之强弱，不察事理之是非，惟瞽目疾呼，责武士之一战，以图快愚人之心，如明以来持论之乖戾者也。”（《郭嵩焘日

① 有些论著在人物分类上把郭嵩焘、郑观应等人列入早期维新派，把他们与洋务派区分开来。本书认为，郭嵩焘等人的思想，属于洋务派的深化，在基调上没有超出“中体西用”的框架，属于由洋务到维新的过渡型人物，而且更靠近洋务派。另外，陈旭麓指出，洋务派与维新派的共同点大于不同点，其分歧远远没有他们与顽固派的分歧大。具体可参见陈旭麓《近代中国社会的新陈代谢》，上海人民出版社1992年版，或《陈旭麓文集》第一卷《近代史两种》，华东师范大学出版社1996年版。

记》(一),第393页)所谓“理”,就是遵循常理和规则。他说:“吾尝谓中国之于夷人,可以明目张胆与之划定章程,而中国一味怕。夷人断不可欺,而中国一味诈。中国尽多事,夷人尽强,当一切以理自处,杜其横逆之萌而不可稍撄其怒,而中国一味蛮。彼有情可以揣度,有理可以制伏,而中国一味蠢。真乃无可如何。夷患至今已成,无论中国处之何如,总之为祸而已。然能揣其情,以柔相制,其祸迟而小。不能知其情,而欲以刚相胜,以急撄其怒,其祸速而大。”(《郭嵩焘日记》(一),第469页)所谓怕、诈、蛮、蠢,实际上是理性不足的表现。从郭嵩焘的外交观点来看,他的洋务思想,建立在对当时中外关系的整体把握上,较为全面也较为深刻。

1875年,中英因“马嘉理事件”签订《烟台条约》,郭嵩焘奉命赴英“道歉”。在未到英国之前,他与多数洋务人士一样,认为列强只是器用先进而文化落后,对中国文化充满自豪。刚到英国时他说:“此间富强之基,与其政教精实严密,斐然可观,而文章礼乐不逮中华远甚。”(《郭嵩焘日记》(三),第147页)经过一年左右的实地考察,他在同朋友的私下谈话中,观点则截然不同,对中国向来引以为豪的“道”产生了怀疑:“自西洋通商三十余年,乃似以其有道攻中国之无道,故可危矣”(《郭嵩焘日记》(三),第548页)。在使英期间,郭嵩焘悉心考察英国政治,旁听下院辩论,对议会内阁制有了较深入的了解。“推原其立国之本末,所以持久而国势益张者,则在巴力门议政院(Parliament,今译为国会)有绍持国是之议,设买阿尔(Mayor,今译为市长)治民有顺从民愿之情。二者相持,是以君与民交相维系。迭盛迭衰,而立国千馀年终以不敝。人才学问相承以起,而皆有以自效。此其立国之本也。”他逐日详记使英见闻,著有《使西纪程》书稿,寄回中国,呈请总理衙门刊刻,希望以自己的见闻增进中国官场对西方的感知,结果被申斥毁版,严禁流行。由于被告密攻讦,他任期未满就提前回国。

在兴办洋务的“自强”方面,郭嵩焘也有超出他人的认识。他主张自强不能局限于军工,而应发展私营工商业。“使商民皆得置造火轮船以分洋人之利，能与洋人分利，即能与争胜无疑矣。”（《郭嵩焘日记》（二），第608页）只有富民，才是国强的根基。“国于天地，必有与立，亦岂有百姓贫困而国家自求富强之理？今言富强者，一视为国家本计，与百姓无与。抑不知西洋之富专在民，不在国家也。”（《与友人论仿行西法书》，《郭嵩焘诗文集》，第255页）“求富与强之所在而导民以从之，因民之利而为之制，斯利国之方也。”（《条议海防事宜》，《郭嵩焘奏稿》，岳麓书社1983年版，第340页）这些思想，明显反映出郭嵩焘的“西用”范围已经大大扩展，开始触及到了“中体”的某些弊端。但从总体来看，尚未对“中体西用”形成突破。

薛福成像

薛福成（1838—1894年），江苏无锡人。1865年，他入曾国藩之幕，钻研“兵事、饷事、吏事、文事”，颇有成就。1874年，薛福成应诏陈言上书，对内政提出养贤才、肃吏治、恤民隐、筹海运、练军实、裕财用等“治平六策”；对洋务提出择交宜审、储才宜豫、制器宜精、造船宜讲、商情宜恤、茶政宜理、开矿宜筹、水师宜练、铁甲船宜购、条约诸书宜颁发州县等“海防密议十条”，引起较大反响。此后薛福成入李鸿章幕，著有《筹洋刍议》，对自己的洋务思想展开全面阐述。后出任宁绍台道，1889年任出使英、法、意、比四国大臣，著有《出使四国日记》。他的经历、思想，都与郭嵩焘类似。

马建忠像

马建忠（1845－1900年），江苏丹徒人，他以语言学出名。“建忠博学，善古文辞，尤精欧文，自英、法现行文字以至希腊、拉丁古文，无不兼通。”（《清史稿》卷四百四十六《马建忠传》）他出于自己的语言特长，不满意同文馆、制造局把翻译工作限于自然科学和工艺技术类的做法，主张将“政令治教之本原条贯”的相关图书系统翻译，包括以下三类：一是“各国之时政”；二是行政、治军、生财、交邻等“居官者考订之书”；三是“外洋学馆应读之书”（《拟设翻译书院议》）。1870年，他入李鸿章幕，帮办洋务。1876年，马建忠赴法学习国际公法,并先后兼任公使郭嵩焘、曾纪泽的翻译。他周游了欧洲诸国,考察中西异同,"历上书言借款、造路、创设海军、通商、开矿、兴学、储才"(《清史稿》卷四百四十六《马建忠传》)。通过对西方的实地了解和研究,马建忠认为,"西用"不仅仅是练兵制器,而且包含制度文化和观念内容。"其讲富者以护商会为本,求强者以得民心为要";"学校建而智士日多,议院立而下情可达";"制造、军旅、水师诸大端,皆其末焉者也"(马建忠:《适可斋记言》,中华书局1960年版)。1880年回国后,重归李鸿章幕下,办理洋务。1890年他又著《富民说》,主张发展对外贸易、扶持民间工商业。他的《马氏文通》,至今是语言学界的经典之作。

郑观应像

郑观应(1842—1922年),广东香山人。买办出身,随傅兰雅学习英语,后参与创办太古轮船公司,1874年受聘为该公司总办,并先后参股于轮船招商局、开平矿务局、上海造纸公司、上海机器织布局等企业,1883年任轮船招商局总办。1884年他退隐澳门,全力著述,以十年之力写出《盛世危言》。1891年,他又出任开平煤矿粤局总办,随后再度任招商局帮办,又历任汉阳铁厂总办、吉林矿务公司驻沪总董、粤汉铁路购地局总办、广州商务总会协理、粤汉铁路有限公司总办、招商局董事等职。

《盛世危言》的主题是"富强救国"。在经济方面,郑观应提出了著名的"商战"理论。他指出:列强侵略目的是以中国为"取材之地、牟利之场",仅仅练兵造舰,制枪作械,不足以战胜西方列强,列强的根本利益在通商,军事是为商业利益服务的,因此,强国的根本在商不在兵。"彼既以商来,我亦当以商往";"我之商一日不兴,彼之贪谋亦一日不辍";"欲制西人以自强,莫如振兴商务";"习兵战不如习商战"(《盛世危言·商战》,夏东元编:《郑观应集》上、下册,上海人民出版社1988年版,以下引用皆同)。他的主张,类似于重商主义。"商以贸迁有无,平物价,济急需,有益于民,有利于国,与士、农、工互相表里。士无商则格致之学不弘,农无商则种植之类不广,工无商则制造之物不能销。是商贾具生财之大道,而握四民之纲领。商之义大矣哉!”(《盛世危言·商务二》)他认为,西人之商战有其取胜之道,而这正是中国值得效仿的:“察其习尚,访其政教,考其风俗利病得失盛衰之由,乃知其治乱之源,富强之本,不尽在船坚炮利,而在议院上下同心,教养得法。兴学校,广书院,重技艺,别考课,使人尽其才。讲农学,利水道,化瘠土为良田,使地尽其利。造铁路,设电线,薄税敛,保商务,使物畅其流”(《盛世危言·初刊自序》)。所以,商战要有政教相配套。

在政治方面,郑观应提出实行君主立宪。他认为:“欲行公法,莫要于张国势;欲张国势,莫要于得民心;欲得民心,莫要于通下情;欲通下情,莫要于设议院。中国而终自安卑弱,不欲富国强兵为天下之望国也则亦已耳。苟欲安内攘外,君国子民持公法以永保太平之局,其必自设立议院始矣。”(《盛世危言·议院上》)建议以议会“揽庶政之纲领”。在体用关系上,郑观应把向来认为属于本体的政治问题纳入器用的范畴,看到了政治与实业的不可分割性。“政治关系实业之盛衰。政治不改良,实业万难兴盛。”由此,他把“自强”和“立宪”连结为一个整体。“有国者苟欲攘外,亟须自强;欲自强,必先致富;欲致富,必首在振工商;欲振工商,必先讲求学校,速立宪法,尊重道德,改良政治。盖宪法乃国家之基础,道德为学问之根柢,学校为人材之本源。”(《盛世危言后编·自序》)

对于道与器、体与用的关系,郑观应有较透彻的论述。他认为,道与器是不可分离的。“道非器则无以显其用,器非道则无以资其生。所谓物由气生,即器由道出。”(《盛世危言·道器》)“西用”和“西体”也是不可分离的。“其驯致富强,亦具有体用。育才于学堂,论政于议院,君民一体,上下同心,务实而戒虚,谋定而后动,此其体也。轮船火炮,洋枪水雷,铁路电线,此其用也。中国遗其体而求其用,无论竭蹶步趋,常不相及。就令铁舰成行,铁路四达,果足恃欤!”(《盛世危言·初刊自序》)既然“西体”与“西用”不可分离,如何使其用于“中体”?面对这一难题,郑观应小心翼翼地绕开“中体”的可变性问题,抽象肯定“中体”的不变性,以维护本土文化的优越心理。但他在“中体”和“西体”之间，插进一个“法”作为中介。“然尧、舜、禹、汤、文、武、周、孔之道，为万世不易之大经大本，篇中所谓法可变而道不可变者。惟愿我师彼法，必须守经固本；彼师我道，亦知王者法天。”①(《盛世危言·道器》)学习西方的制度只是变法而并非变体。这样，西体以法的形式变成了中体之用。于是，他又回到了“中体西用”。“合而言之，则中学其本也，西学其末也。主以中学，辅以西学。”(《盛世危言·西学》)但同此前的洋务派观念不同处在于，郑观应的“中体”，已经是抽象的精神支柱，而制度、文化、教育等，在亘古不变的道统支配下，一概成为“器用”。所有的西学，在“孔孟之常经”面前，都属于“用”，法度式的西学，不过是“大用”而已。他的这种体用解说，对后来思想界变通“中体西用”模式产生了较大影响，也使洋务思想和维新思想由此衔接起来。在“中体西用”思想内涵演变中，郑观应起了巨大作用。

《盛世危言》的影响较大，曾被礼部尚书孙家鼐推荐给光绪皇帝，又由光绪帝下诏颁诸大臣阅读。张之洞对其评价说：“论时务之书虽多，究不及此书之统筹全局择精语详”；“上而以此辅世，可谓良药之方；下而以此储才，可作金针之度”(《盛世危言增补统编》序)。可以说，《盛世危言》是晚期洋务派的代表作，反映了洋务派在思想上与维新派逐渐趋近。

张之洞(1837—1909年)字香涛，直隶南皮人。同治进士，授翰林院编修，1879年授左春坊中允，因上书弹劾崇厚而成为清流派的首领。后出任山西巡抚、两广总督、湖广总督、两江总督、协办大学士、军机大臣等职。在广东任上，他开始了自己的洋务生涯，开办了缫丝局、枪炮局、矿务局、制铁厂等。在湖广18年，开办了有10个工厂的钢铁联合企业汉阳铁厂，还开办了湖北织布局、纺织局、缫丝局、制麻局、枪炮厂等，修筑了芦汉

① 夏东元标点本段曰：“然尧、舜、禹、汤、文、武、周、孔之道，为万世不易之大经。大本篇中所谓法可变而道不可变者。惟愿我师彼法，必须守经固本；彼师我道，亦知王者法天。”笔者认为，这个标点不妥。应当标点为“……为万世不易之大经大本，篇中所谓……”，“大经大本”同后文“守经固本”对应，“篇中所谓法可变而道不可变者”是对“大经大本”的阐释。“大本篇中……”语句不通，“篇中”指代本篇的道器辨析，相当于今日所说之“本文”，且不能用句号。

张之洞像

铁路。维新运动兴起时,他持支持态度并参加了强学会,但后来同康有为政见分歧而脱离维新。1898 年,他著《劝学篇》进呈皇帝。1901 年,张之洞和刘坤一奏请推行新政。1904 年,清廷批准张之洞的《奏定学堂章程》,改革学制。1909 年去世。“中体西用”因张之洞的大力提倡而出名,他是洋务派后期的殿军人物。

1898 年 7 月 25 日,清政府将《劝学篇》颁发各省督抚和学政,令其广为刊布。《劝学篇》共 24 篇,较为集中地反映了张之洞的思想。该书开宗明义就提出了“五知”。“二十四篇之义,括之以五知:一知耻,耻不如日本,耻不如土耳其,耻不如暹罗,耻不如古巴;二知惧,惧为印度,惧为越南缅甸朝鲜,惧为埃及,惧为波兰;三知变,不变其习不能变法,不变其法不能变器;四知要,中学考古非要,致用为要,西学亦有别,西艺非要,西政为要;五知本,在海外不忘国,见异俗不忘亲,多智巧不忘圣。”可见,张之洞的中西区分,与前期洋务派已经有了一些不同。所谓“西艺非要,西政为要”,采纳了以制度文化为西用的观点。正因为如此,他才能在后来赞同变法,倡导新政。也正因为如此,他才遭到了顽固派的强烈指责。例如,守旧派代表人物徐桐到庚子年间仍在指斥《劝学篇》“尽康说”,把张之洞归为康梁一派。这种归类,也正好说明后期洋务派与维新派的思想趋向一致。

张之洞试图调和中学和西学的冲突,批评新学和旧学各执一端的偏向。“图救时者言新学,虑害道者守旧学,莫衷于一。旧者因噎而食废,新者歧多而羊亡。旧者不知通,新者不知本。不知通则无应敌制变之术,不知本则有非薄名教之心。”(《劝学篇·序》,《张文襄公全集》卷二百零二)对于中学和西学的不同,他说:“中学为内学,西学为外学;中学治身心,西学应世事;不必尽索之于经文,而必无悖于经义。如其心圣人之心,行圣人之行,以孝弟忠信为德,以尊主庇民为政,虽朝运汽机,夕驰铁路,无害为圣人之徒也。如其昏惰无志,空言无用,孤陋不通,傲很不改,坐使国家颠阽,圣教灭绝，则虽弟佗其冠，神禫其辞，手注疏而口性理，天下万世皆将怨之詈之，曰此尧舜孔孟之罪人而已矣。”（《劝学篇·会通》，《张文襄公全集》卷二百零三）

在变法问题上，他不仅注意到“法”和“器”的关系，而且注意到“习”和“法”的关系，即文化、制度、器用三者依次递进。这样，他就把“中体”限定在伦理、纲常、名教方面，而把“西用”扩大到制度、法律、习俗方面。“夫不可变者，伦纪也，非法制也；圣道也，非器械也，心术也，非工艺也。”（《劝学篇·变法》，《张文襄公全集》卷二百零三）这种制度为器用之本、习俗为制度之本的思想，已经把中体西用的观点发挥到极致。

张之洞的一大功绩是办学兴教。“生平精神所寄，尤在振兴教育，储养人才”，一生办了众多的学堂。他倡导废科举，兴教育，“博考外国各项学堂课程门目，参酌变通，择其宜者用之”，制定出中国历史上第一个比较完备的近代学制《癸卯学制》。中国教育开始实现由传统向近代的转变。

由于张之洞深受传统文化熏陶并以清流领袖自命，他的政治态度趋于保守。尽管他的洋务思想已经比早期洋务派有较大进步，但却对变法中的浮躁激进不以为然。从他的一首诗《学术》中，就可以看出这种抵触反感心理。“理乱寻源学术乖，父雠子劫有由来，刘郎不叹多葵麦，只恨荆榛满路栽。”诗后自注云：“二十年来，都下经学讲公羊，文章讲龚定盦，经济讲王安石，皆余出都以后风气也。遂有今日，伤哉！”（《张文襄公全集》卷二百二十七，诗集四）。诗言心志，显然，他认为康有为的公羊今文学是邪说，龚自珍的文章为轻浮，王安石的变法属乱政。在这里，他又表现出一个卫道者的形象。除了反对公羊学以外，他还认为六朝骈体文缺乏根柢，魏碑书法隶楷杂糅，秦腔乱弹伤风败俗，一概斥责（《抱冰堂弟子记》，《张文襄公全集》卷二百二十八）。在这方面，他是一个守旧人物。

## 第四节　维新变革思想

洋务运动的深入发展，在表面上取得了较大的成就，中国从此有了自己的近代工业，赢得了“同治中兴”的赞誉，后来洋务扩展到海防，建立了号称亚洲第一、世界第三的海军。但是，封建专制制度和近代科学技术之间的矛盾，也随着洋务的进展显露出来。官办工业的种种衙门式弊端，体制因素对商办实业的种种阻挠，新式军事装备与旧式管理训练的种种不协调，使“自强”的背后孕育出越来越严重的隐患。1894年中日甲午一战，宣告了洋务运动的破产。堂堂中华，不但要受西方列强的侵略，而且要受近邻日本的欺凌。在国人心目中，日本向来落后于中国，又是一个蕞尔小国，多数人向来不把它放在眼里。连日本都敢于到中国撒野，所谓“自强”诚属自欺欺人。《马关条约》的赔款割地，丧权辱国的程度前所未有，耻辱和反思引发了社会舆论的变化，由此催生了维新变法运动。梁启超说：“唤起吾国四千年之大梦，实自甲午一役始也。”“吾国则一经庚申圆明园之变，再经甲申马江之变，而十八行省之民，犹不知痛痒，未尝稍改其顽固嚣张之习。直待台湾既割，二百兆之偿款既输，而鼾睡之声，乃渐惊起。”（《戊戌政变记》附录一《改革起源》，中华书局1954年版，第113页）甚至连洋务派的代表人物奕䜣，也承认甲午之败的原因在于“西化”程度不够，说：“中国之败，全由不西化之故，非鸿章之过”（见黄遵宪《马关纪事》）。

值得注意的是，维新变法所说的“西学”，主要不是来自欧美本土，而是以日本为师。当时引为变法楷模的，是日本的明治维新。战争的伤痛刺激了中国，也使中国把目光集中到敌人身上。同处东亚，日本以狭隘之岛国，何以能够迅速超越堂堂中华？国人急于探求日本崛起的奥秘。《马关条约》刚刚签定，中国的首批赴日留学生即东渡求学就是明证。而驻日参赞黄遵宪的《日本国志》，详载日本变法的史实，遂成为对国内维新影响较大的著作。

维新变法的起点，是1895年的公车上书（即在京举人上书。从汉代起朝廷用公车接送被征举的士人，后来人们以“公车”作为举人入京应试的代称）。广东举人康有为，联合在京会试的各省举子，连署1300余人，上书请求朝廷拒签《马关条约》，变法迁都。是年秋冬，康有为在北京和上海组织强学会，创办《万国公报》（后改名《中外纪闻》）和《强学报》，鼓吹维新变法。尽管清廷勒令解散强学会，查封报纸，但变法议政的气氛已经形成，各地纷纷办起了倡导变法的学会、学堂和报纸刊物。1896 年，梁启超等在上海创办《时务报》；1897 年，康有为在澳门创办《知新报》；谭嗣同等在湖南设立时务学堂，创办《湘报》和《湘学新报》；严复在天津创办《国闻报》；1897 年底至 1898 年初，康有为再次上书，请求变法，并在北京创办保国会，以“保国、保种、保教”为宗旨，成为维新派的大本营。6 月 11 日，以光绪皇帝发布《明定国是诏》为标志，变法运动正式开始。此后的 3 个月间，光绪发出了一系列诏令，全面推进变法，涉及的内容包括：废除八股，改设学堂；广开言路，起用新人；增设变法机构，裁撤冗官冗吏；开设银行，鼓励实业，等等。

由于变法触动了慈禧太后的权威，帝党和后党冲突日趋激烈，变法措施的推行也受到种种阻挠，年轻的光绪皇帝在翁同龢的鼓动下，同慈禧太后的矛盾升级。到 9 月 21 日，慈禧发动政变，囚禁光绪皇帝于中南海瀛台，处死承办变法事务的六君子，戊戌变法宣告失败。

维新变法在思想史上的文献，主要有康有为的《新学伪经考》《孔子改制考》、七上皇帝书及戊戌奏稿，梁启超的《变法通议》，严复翻译的《天演论》，谭嗣同的《仁学》等。康梁二人，是公认的戊戌变法领袖。康有为是维新变法的发起人，也是变法理论的奠基者。梁启超是康有为的学生，是宣传变法最得力者。尽管梁启超后来与康有为在政见和学术上产生了分歧，但在戊戌前后，二人的思想是一致的。

康有为像

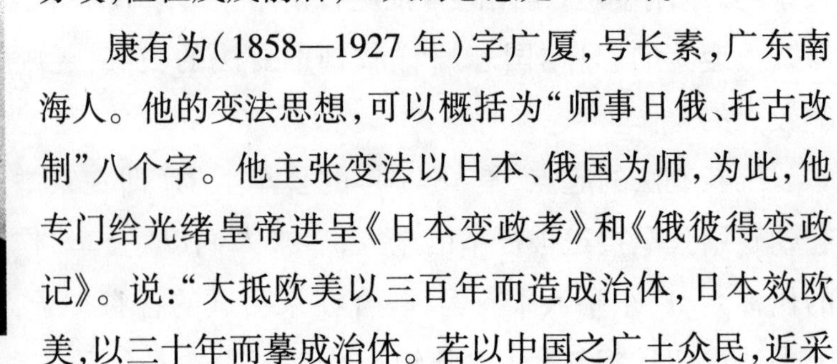

康有为（1858—1927 年）字广厦，号长素，广东南海人。他的变法思想，可以概括为“师事日俄、托古改制”八个字。他主张变法以日本、俄国为师，为此，他专门给光绪皇帝进呈《日本变政考》和《俄彼得变政记》。说：“大抵欧美以三百年而造成治体，日本效欧美，以三十年而摹成治体。若以中国之广土众民，近采日本,三年而宏规成,五年而条理备,八年而成效举,十年而霸图定矣。”(《进呈日本明治变政考序》,汤志钧编:《康有为政论集》上、下册,中华书局 1981 年版)“以君权变法,转弱为强,化衰为盛之速者,莫如俄前主大彼得,故中国变法莫如法俄,以君权变法,莫如采法彼得。”(《上清帝第七书》)[①]“请皇上以俄大彼得之心为心法,以日本明治之政为政法也。”(《上清帝第六书》)

康有为的《新学伪经考》和《孔子改制考》[②],集中反映了他为维新变法提供的理论资源。他认为,古文经学是西汉刘歆为王莽篡汉编造的新朝之学,即新学,今文经学才是儒学的正宗经典。所以,历代王朝尊奉的儒学是伪儒学,推崇的圣人是假圣人。《新学伪经考》对经学的考据,是经不起严格的学术推敲的,但是,康有为的用意不在学术,而在借此推翻历史偶像,为变法扫清道路,推动学界对传统信仰进行重新评价。同时,他又不愿成为传统的叛逆者,而是以公羊三世说作为自己的思想武器,维护今文经学的正统地位,为自己的思想取得权威解释和合法身份,进而使自己以传统维护者的形象出现,托言孔孟,以寻求变法空间。今文经学的“微言大义”研究方式,使康有为能够充分利用他对经典的阐释来倡导变法。在《孔子改制考》中,康有为运用公羊学的比附衍伸手段,改变了以往对孔子的传统看法,他提出,孔子并不是“述而不作”的先师,而是“托古改制”的素王,时时都在维新。“孔子道主进化,不主泥古,道主维新,不主守旧,时时进化,故时时维新。”(《孟子微·仁政第九》)在《春秋董氏学》中,他认为六经是孔子为了治理乱世而作,孔子推崇的尧舜和文王,是孔子对“民主”和“君主”理想社会的寄托,“拨乱之治为文王,太平之治为尧

---

① 汤志钧标点“故中国变法莫如法俄”一句时,在法俄之间加了顿号,变为“故中国变法莫如法、俄”,有误。该折专为进呈《俄彼得变政记》而作,与法国无涉,顿号使动词效法之“法”变成名词法国之“法”。

② 关于康有为的《新学伪经考》和《孔子改制考》,有学者认为剽窃自张之洞幕僚廖平的《辟刘篇》和《知圣篇》,见钱穆《中国近三百年学术史》,美国汉学家列文森也倾向于这种观点并有较详考订,见《儒教中国及其现代命运》,中国社会科学出版社 2000 年 5 月版,郑大华等译。但也有学者不同意剽窃说,见陈鹏鸣《康有为“剽窃”说辨》,载《光明日报》2003 年 5 月 20 日。不管是否剽窃,此二书是维新变法的思想依据,则为学界公认。

舜"。孔子托古改制的微言大义是《公羊春秋》中的三世说。"'三世'为孔子之非常大义,托之《春秋》以明之。所传闻世托'据乱',所闻世托'升平',所见世托'太平'。乱世者,文教未明也;升平者,渐有文教小康也;太平者,大同之世,远近大小如一,文教备全也。"(《春秋董氏学》卷二)在康有为的言辞中,孟子被说成议会政治的倡导者。"孟子言治天下,皆曰与民同之,此真非常异义,全与西人议院民主之制同。"(《万木草堂口说·孟荀》)对孟子见梁惠王的"左右皆曰贤"一段对话,康有为解释道:"孟子特明升平授民权、开议院之制,盖今之立宪体,君民共主法也。英德奥意日葡比荷日本皆行之。左右者,行政官及元老顾问官也;诸大夫,上议院也;一切政法以下议院为与民共之"(《孟子微·总论第一》)。康有为的这些说法,其核心是为变革鸣锣开道,政治意义远大于学术意义。所以,他对儒学的解释,往往是一种西学观念,如用民主、君主、民权、君权等概念阐发儒学,儒表西里,其中反映出中学和西学的关系已经同洋务派有所不同。康有为的思想带有"中体西用"的痕迹,但康有为的中西学术观不是简单的体用观,在一定意义上,他是"中学为形,西学为神"。改制的合法性来自中学"托古",改制的合理性则来自西学的"仿洋"。

以托古改制为立足点,康有为改变了"天不变道亦不变"的传统,而是强调天道之变、社会之变、思想之变。他说:"变者,天道也。天不能有昼而无夜,有寒而无暑,天以善变而能久;火山流金,沧海成田,历阳成湖,地以善变而能久。"(《进呈俄罗斯大彼得变政记序》)"易者,随时变易,穷则变,变则通。"(《日本书目志序》)

康有为的社会理想,反映在他经过长期思考撰著的《大同书》中。他对《礼记·礼运》中的大同说进行了全新的阐发,与他倡导的公羊三世说相配套。他自己认为,大同之制是"人类公理",实现大同的途径是"去九界",即破除国界、级界、种界、形界、家界、产界、乱界、类界、苦界。而要通向大同,破除九界,就要废君权,兴民权,行立宪。"国有君权,自各私而难合;若但为民权,则联合亦易。""故民权之起,宪法之兴,合群均产之说,皆为大同之先声也。”(《大同书》乙部第二章)大同社会是至平、至公、至仁、至治的极乐世界,没有国界,没有私产,共同劳动,共享财富,没有军队,没有政府,议员民选,事务众决,男女平等,人人独立。这种对大同世界的描绘,反映了人们对美好社会的憧憬,是西方乌托邦理想和中国大同理想的结合。

戊戌变法失败后,康有为流亡海外,政治上的失意,使他转向宗教式的追求。他试图把儒学宗教化,使自己成为马丁·路德式的精神领袖。他号召以孔教为国教,提倡尊孔读经,以“素王”自居。康有为在文化艺术方面也有一定造诣,有书法专著《广艺舟双楫》传世。

梁启超像

梁启超(1873—1929 年)字卓如,号任公,别号饮冰室主人,广东新会人。据梁启超自己在《自由书》中所称,他是取《庄子·人间世》的“我朝受命而夕饮冰,我其内热欤”一语作为自己的室号,以表达其忧国忧民之情。他在维新变法时期追随康有为,但其变法思想比康有为更直接,更尖锐。其著作编为《饮冰室文集》,包括《合集》和《专集》两大部分。该书初由梁启超的学生何天柱编辑,于光绪二十九年(1903 年)由上海广智书局印行,后多次增补再版,1989 年中华书局出版有 1936 年版的影印本。丁文江、赵丰田编有考订详实的《梁启超年谱长编》,上海人民出版社 1983 年修订出版。

梁启超的《变法通议》集中反映了其维新观点。“要而论之,法者,天下之公器也;变者,天下之公理也。大地既通,万国蒸蒸,日趋于上,大势相迫,非可阏制,变亦变,不变亦变。变而变者,变之权操诸己,可以保国,可以保种,可以保教;不变而变者,变之权操诸人,束缚之,驰骤之。呜呼,则非吾之所敢言矣。是故,变之途有四:其一,如日本,自变者也;其二,如突厥,他人执其权而代变者也;其三,如印度,见并于一国而代变者也;其四,如波兰,见分于诸国而代变者也。吉凶之故,去就之间,其何择焉?”

(《变法通议·论不变法之害》,《饮冰室合集·文集》之一,以下只注篇名和册数)很显然,梁启超也主张仿照日本式的变法。他认为,变法不仅仅是练兵开矿通商之类,其本原在人才,在教育,在制度。“变法之本,在育人才;人才之兴,在开学校;学校之立,在变科举;而一切要其大成,在变官制。”(《变法通议·论变法不知本原之害》,《文集》之一)进而主张兴学会,办报馆,倡民权。显然,他对变法本原的推导,已经直接针对此前洋务运动不敢触及政治体制的弊端。

梁启超在政治思想方面极力倡导民权主义。他对公私之义用西方民权理论进行界定,称:“人人有自主之权。何谓自主之权?各尽其所当为之事,各得其所应有之利,公莫大焉,如此则天下平矣。防弊者欲使治人者有权,而受治者无权,收人人自主之权,而归诸一人,故曰私。虽然,权也者,兼事与利言之也。使以一人能任天下人所当为之事,即以一人独享天下人所当得之利,君子不以为泰也”(《论中国积弱由于防弊》,《文集》之一)。“今夫压力之重,必自专任君权始矣;动力之生,必自参用民权始矣。”(《说动》,《文集》之三)兴民权又必须开民智:“今之策中国者,必曰兴民权。兴民权斯固然矣,然民权非可以旦夕而成也。权者生于智者也,有一分之智,即有一分之权;有六七分之智,即有六七分之权;有十分之智,即有十分之权。”(《论湖南应办之事》,《文集》之三)由此,奠定了他后来新民说的基础。

同民权理论相伴,梁启超对公羊三世说的解释,已经与康有为有所不同,具有近代化的社会发展史含义。“《春秋》张三世之义也,治天下者有三世:一曰多君为政之世,二曰一君为政之世,三曰民为政之世。多君世之别又有二:一曰酋长之世,二曰封建及世卿之世。一君世之别又有二:一曰君主之世,二曰君民共主之世。民政世之别亦有二:一曰有总统之世,二曰无总统之世。多君者,据乱世之政也;一君者,升平世之政也;民者,太平世之政也。”(《论君政民政相嬗之理》,《文集》之二)这种经过酋长、封建世卿、专制君主、立宪君主、总统民治、完全民治的历史发展线索,使据乱、升平、太平这些传统语言有了全新的含义,也为他后来倡导新史学开了先声。

梁启超的思维活跃，文笔犀利，在变法失败后出走日本，后来同康有为的思想逐渐分道扬镳。他在政治主张上多次变化，常常以“今日之我”否定“昨日之我”，从“保皇”到提倡“新民”，从支持袁世凯到反对复辟帝制，从同情革命到否定革命，他的思想一直处于变动之中。这种变动，恰恰反映了中国近代资产阶级思想的进取性和不成熟性。但是，梁启超主张宪政、倡导改良、大力推进中国思想文化以及社会向近代的转型，则是始终未变的。就拿历来被人诟病的梁启超“反对革命”来说，他担心的是“革命”对民主政治的阻碍，况他明言辛亥革命是清朝统治者逼出来的。“畴昔制造革命者，非革命党也，满洲政府也。”与反对革命的顽固派不同，梁启超慎言革命而倡言民权民主。然而，他看到了建立民主政治的长期性和复杂性。“革命后之骤难改良政治，在专制国之易姓，则既然矣；而在易专制为共和，则其难尤甚。”所以，他才反对二次革命。“吾更引谚以相告，语曰：种瓜得瓜，种豆得豆。革命只能产出革命，决不能产出改良政治。”(《革命相续之原理及其恶果》，《文集》之三十)。在慎言革命的同时，他对立宪一直持积极态度。1906 年清政府宣布“预备立宪”，梁启超立即表示支持，撰文宣传宪政，并成立“政闻社”，提出议会政治和责任政府、司法独立、地方自治、平等外交四大纲领，派人回国参与立宪。民国建立，他支持袁世凯，秉承袁的意图，积极参与政党政治，主持共和党，并联合民主党、统一党组建进步党，与国民党竞争。1913 年，他出任进步党“人才内阁”的司法总长。在袁世凯复辟帝制的过程中，他极力反对，发表《异哉所谓国体问题者》一文，抨击帝制，支持蔡锷武力反袁，并担任护国军两广都司令部都参谋、军务院抚军兼政务委员长。在段祺瑞执政时期，梁启超继续他的宪政努力，组建宪政研究会与支持黎元洪的宪政商榷会对抗，出任财政总长。1917 年段祺瑞被迫下台，梁启超从此退出政坛，专心致力于学术文化研究。

梁启超后期的文化思想，已经跳出以中西对立为前提的体用模式，而是试图建立一个中西合璧的会通模式。他主张：“救知识饥荒，在西方找材料;救精神饥荒,在东方找材料”(《东南大学课毕告别辞》,《文集》之四十),并形象化地称之为中西文化“结婚”,具体途径就是运用近代西方的科学思维和理念重新诠释中国传统思想文化。具体步骤可分为四步:一是建立对本土文化的敬仰和诚意,二是采用西方科学方法研究本土文化的真相,三是实现中学和西学的会通,四是把这种全新的文化推向世界。

作为一名学者,梁启超的兴趣广泛,学识渊博,在文学、史学、哲学、佛学等领域都有造诣。他先后任教于清华、南开,是清华国学研究院著名四大导师之一,还担任过京师图书馆馆长、北京图书馆馆长、司法储才馆馆长等职。他早年参与文学改良活动,后来又以“新史学”发动史学革命,是中国近代史学的奠基人。他的学术研究成果丰富,如《清代学术概论》《中国近三百年学术史》《先秦政治思想史》《中国历史研究法》《中国文化史》等著述,至今仍不失其学术价值。中国近代思想发展到梁启超,以西学方法阐释中学内容已经渐成体系。

谭嗣同像

戊戌变法中的思想家,最具有殉道精神并为此而献出生命的是谭嗣同,他的经历具有传奇色彩。谭嗣同(1865—1898)字复生,号壮飞,湖南浏阳人。他虽出身于官僚世家,但家庭矛盾给他的心理留下了阴影,自称其“遍遭纲伦之厄,涵泳其苦,殆非生人所能任受”。因此,他自幼多接触下层,又随其父转任游历各地,对社会有所了解,曾六赴科场,屡考不中。他在京城时曾结交侠客王五,驰马击剑,喜为驰骋不羁之文,好讲霸王经世之略,在学问上,他推崇王夫之。1894年中日甲午战争的失败,是促使他投身于变法救亡运动的关键因素。他在给唐才常的信中说:“三十之年,适在甲午,地球全势忽变,嗣同学术更大变。”追悔自己“三十年前之精力,弊于所谓考据辞章,垂垂尽矣,勉于世,无一当焉。”(《与唐绂丞书》,《谭嗣同全集》增订本上册,三联书店1981年版,第259页)《马关条约》割地赔款,使他深受震动,写诗道:“世间无物抵春愁,合向苍冥一哭休。四万万人齐下泪,天涯何处是神州”（七绝《有感一章》）。从而全身心投入到维新运动之中。1896年，谭嗣同到北京结识了梁启超，了解到康有为的变法思想，撰写了《仁学》一书。1897年，谭嗣同应湖南巡抚陈宝箴之邀，弃官回湘，与梁启超一道致力于兴办《湘报》、时务学堂、南学会等，在湖南推广新学新政，成为湖广变法的先锋人物。1898年光绪帝颁布《明定国是诏》，谭嗣同被擢为四品军机章京，参与朝政，与杨锐、林旭、刘光第并称“军机四卿”，推进变法维新。“百日维新”失败后，谭嗣同本来可以出逃，但他表示：“大丈夫不做事则已，做事则磊磊落落，一死亦何足惜！”（《致李闰》，《谭嗣同全集》增订本下册，第531页）留下名言：“各国变法，无不从流血而成，今日中国未闻有因变法而流血者，此国之所以不昌也。有之，请自嗣同始。”（梁启超：《谭嗣同传》）大义凛然，英勇赴死，与康广仁、刘光第、林旭、杨锐、杨深秀一道英勇就义，史称“戊戌六君子”。谭嗣同的著作，有蔡尚思、方行主编的《谭嗣同全集》，三联书店1954年出版，1981年增订再版。

谭嗣同的代表作《仁学》，以“冲决网罗”的姿态表达了自己追求变法救亡的信念和决心。同时，这本书在内容上充满了矛盾，从中可以看出先驱者在摸索过程中历经的痛苦和艰辛。当时，面对中国的实际问题，变法图强已经成为维新之士的共识。谭嗣同的变革态度在当时是最坚决的，认为变法是医治中国病症的药方，而且必须全变，大变，从根本上变。即“冲决网罗”，打破对变法的一切束缚。谭嗣同试图冲决的“网罗”是全方位的。要冲决利禄的网罗，为国家和民族立志；要冲决考据、词章等学问的网罗，抛弃与变法无关的学术；要冲决君主的网罗，清除皇帝的影响；要冲决伦常的网罗，突破社会规范对变法的约束；直至冲决上天、各种宗教、佛法等等网罗，扫除一切变法的障碍。他甚至认为君主是窃国大盗，并借用法国大革命的口号，“誓杀尽天下之君主，使流血满地球，以泄万民之恨”（《仁学》三十四）。正如梁启超的评价：“其思想为吾人所不能达，其言论为吾人所不敢言。”但是，具体到如何变法，怎样全变，冲决网罗的具体方案是什么，谭嗣同并没有解决。具体的变法行为，在当时还不得不依靠光绪皇帝来进行,变法的样板,也只有日本明治维新和俄国彼得大帝的模式。《仁学》的内在矛盾,首先表现为激昂的变法呼吁和空泛的实际措施之间的不协调。这种矛盾,恰恰反映了先驱者所面临的时代局限,即“有心杀贼”和“无力回天”的矛盾。其次,对于西学,谭嗣同也有初步的了解,崇尚科学,试图用西方传来的自然科学知识作为变法的依据,但是,这种依据在当时还不足以形成严密完整的理论支撑,不能形成坚实的理性思维基础,所以,谭嗣同借助“心力”这一概念,强调信念和意志的力量,并转向从佛教理论中寻求解答,以佛学中的“勇猛”“大无畏”“精进”等称谓作为鼓舞变法斗志的动力。这种科学与“心力”之间的矛盾,反映了中国在近代转型中的思想冲突。后来的科学与玄学之争,在一定意义上是这种矛盾的延续。再次,谭嗣同主张“渐变西法”,全盘采用西方制度,但是,他又不得不在中国传统中寻求西法的依据,以《周礼》比附和解释西法,托古改制。这种渐变西法和托古改制之间的矛盾,反映了当时的先驱者对西学和中学在现实中的冲突所表现出的彷徨心态。在理性上,他们认识到应该学习西法,但在情感上和可接受程度上,又必须运用本土传统作为变法依据。最后,谭嗣同对“仁”进行了新的解释。“仁”是中国传统文化中的基本概念,从孔孟到近代一直居于重要地位,而谭嗣同所说的“仁”与历史上的解释有所区别,他以“通”释“仁”,“仁以‘通’为第一”,“仁”的哲学,就是“通”的哲学。“通”的基点是平等,所以,必须打破各种不平等,如三纲五常、君臣父子等等,传统的“礼”和“名”,都是“通”的障碍。这样,谭嗣同给“仁”赋予新的内涵。这种以“通”释“仁”的解读,反映了近代学者对自由与平等的追求,进而为经济、政治、社会的变革提供依据。上述传统概念和新型解释之间的矛盾,表现了谭嗣同试图弥合思想文化方面的古今冲突的努力。我们不能苛求谭嗣同,这些矛盾在当时的条件下他是不可能解决的。正是这些矛盾,反映了中国近代的时代变迁。谭嗣同的《仁学》,是近代中国思想转型的一面镜子。

在维新变法中,还有不少人具有思想文化方面的突出贡献,例如曾任驻日参赞的黄遵宪所著的《日本国志》，本意就是给中国提供维新借鉴。他在凡例中说："兵家贵知彼，日本变法以来，革故鼎新，旧日政令，百不存一，今所撰录，皆详今略古，凡牵涉西法，尤加详备，期适用也。"在《日本国志》中，黄遵宪以食货志纪其造船开矿等实业发展，以学术志纪其西学传播教育，以刑法志纪其采用大陆法系律法，以兵志纪其陆海新式军制，以职官志纪其取法泰西设官立政，以礼俗志纪其民间结社党团会社。这部书对中国的维新变法产生了极大影响。黄遵宪回国后，参与维新，加入强学会，与梁启超、汪康年等创办《时务报》，后出任湖南按察使，又协助巡抚陈宝箴推行新政。变法失败，他被罢黜回籍，只能与避居日本的梁启超书信联系商讨维新思想。黄遵宪还是一位优秀的诗人，与谭嗣同掀起了"诗界革命"，主张"我手写我口"，被梁启超誉为"近世诗界三杰"之冠。"近世诗人能溶铸新思想以入旧风格者，当推黄公度。"他为后世留下了诗集《人境庐诗草》，成为旧体诗词与新诗之间的转折标志。正是有类似于黄遵宪这样一大批志士仁人的共同参与，才推动了中国的变革，也为戊戌政变以后的新政复起留下了思想火种。

戊戌变法虽然失败，但变法期间的思想冲击，影响了一大批赞同新政、主张维新的立宪派人士。庚子之变使民族危机空前加重，也使以慈禧太后为代表的顽固势力遭受了前所未有的奇耻大辱和颠沛流离的切肤之痛。面对无法照旧统治下去的忧虑，由慈禧主持开始进行所谓的"回銮新政"，试图挽救清王朝的统治危机。这种顽固势力的自救行为，其社会史的意义大于思想史的意义。清末新政期间，立宪派的思想水平仍以梁启超、严复为领袖人物，其他人在思想上并无多大建树。这就决定了新政的不彻底性，被具有革命思想的先行者嘲讽为"假维新"。最后，"假维新"引发了"真革命"，"新政"训练出来的新军，成为清廷的掘墓人；"新政"推行的文化教育政策，培育了一大批革命党人；"新政"采取的实业政策，孕育了民间绅商的反抗力量。最后，所谓"新政"以立宪骗局被揭穿，皇族内阁破产，清廷覆亡而告终。然而，这种"假维新"不可能一点也不触动旧制度的格局,也有一些成果保存了下来,其中最显著的,就是废除科举和推进新学,使中国的教育事业开始向近代新式教育转化。

1901年,流亡西安的慈禧太后发布"变法上谕",承认在"万古不变之常经"之外,没有"一成不变之治法"。接着,清廷设立督办政务处,商议变法条陈。一场由上而下的"新政"由此展开。两江总督刘坤一和湖广总督张之洞,联衔发出著名的"江楚会奏三疏",奠定了晚清新政的总体格局。这三疏一是教育改革,二是政治改革,三是采用西法。三疏中涉及到的变法内容,排除了民权和立宪,其他基本包含了戊戌时期的各项变法措施。不讲民权和立宪,说明了这些改良派与维新派的差别;而鼓吹"欲救中国残局,惟有变法一策"(张之洞奏疏语),又说明了改良派与维新派的一致。清末新政的内容,主要包括以下五个方面:①编练新军,改革军制,举办武备学堂;②裁汰机构官职,改设新式衙门;③修改大清律例,推行近代法制,试办政刑分离;④奖励实业,发展工商;⑤废除科举,举办新式学堂,推行近代学制[①]。

科举取士在中国有着悠久的历史,至明清变为八股考试。这一制度,同隋唐以后的思想文化史有着极为密切的关系。从维新变法以来,科举一直是众所瞩目的改革焦点。清末新政中,科举自然首当其冲。1901年,清廷诏令废除八股,改用策论,同时废除武举。1903年,又采用张之洞、张百熙的奏议,实行科举名额递减法,每次递减三分之一,三科减尽,以10年时间结束科举。1905年,在舆论压力下,清廷采用张之洞、袁世凯奏议,最终下诏,立停科举:"着自丙午科为始,所有乡会试一律停止,各省岁科考试,亦即停止"。废科举和办学校同步进行。1902年,清廷颁布由张百熙起草的《钦定学堂章程》,即壬寅学制。京师和各省由此开始广办新式学堂。国内许多大学追溯校史都以1902年为起点,就是发源于壬寅学制。1903年,由张之洞、张百熙、荣庆对壬寅学制加以修订,以《奏定

① 清末新政的具体举措和收效,论者颇多,可参见前引陈旭麓《近代中国社会的新陈代谢》第十三章《假维新中的真改革》。

学堂章程》的名义发布,即癸卯学制。按照癸卯学制的规定,初等教育分为蒙养院(3 年)、初等小学(5 年)和高等小学(4 年)三级,课程有修身、经学、文学、算术、历史、地理、格致、体操等;中等教育(5 年)不分级,课程有修身、经学、文学、外语、历史、地理、算术、博物、化学、法制、理财等;中小学都可根据地方实际增设手工、商业、农业等随意科目;大学教育分为预科(3 年)、分科(本科,3—4 年)、通儒院(不定年限)三级;预科分政、艺两科,政科开设伦理、经学、诸子、词章、算学、中外舆地、外文、物理、名学、法学、理财学、体操等,艺科开设伦理、中外史学、外文、算学、物理、化学、动植物、地质矿产、图画、体操等;分科的专业设置为经学、政治、文学、格致、农业、工艺、商务、医术八种。从此,中国的近代教育体制正式建立。新式教育体系的确立,奠定了中国学术界整体转型的基础。正是在这一基础上,近代思想的发展才能够完成话语、概念、方法的全面转换。

清末新政收到了一定成效。然而,其推行新政的不彻底性,引发了更为强烈的反抗浪潮。尤其是新政推行中的自上而下方式,一批旧式官僚操办新政,既得利益的驱动和传统陈腐势力的阻碍,使得新政更快地暴露出自己的真面目。许多名义上的“新政”举措,变成实际上的害民手段。1910 年,梁启超针对新政推行中的种种弊端,痛心说道:“畴昔守旧时代,取之民也有制。……贪墨之风,犹未至大长也。自厉行新政之议起,乃不啻为虎缚之翼矣。自顷以来,教育之费取之民也,警察之费取之民也,练兵之费取之民也,地方自治之费取之民也。甚至振兴实业,所以为民间维持生计者,而亦徒取之民也。民之所输者十,而因之所得者二三,此什之七八者,其大半皆经由官吏疆臣之手,辗转衔接,捆戴而致诸辇下矣。试观昔日虽极顽固守旧之徒,举无不攘臂而言新法者,使其中非有大利存焉,胡以先后之判若两人耶!”(《六月廿五六两日上谕恭跋》,《国风报》1910 年第 18 期)在这种局势下,新政最终未能挽救清朝覆亡的命运。这说明,清朝政府已经失去了自救能力,中国近代的社会发展必须采用推翻清朝的革命手段。

## 第五节　西学东渐引发的思想对抗

近代中国的思想对抗比较复杂,过去那种“两军对垒”的陈述,把丰富多彩的思想活动概括为两大对立派别,有简单化的偏失,在研究方法上也有“概念先行”的嫌疑。厘清近代以来思想对抗的线索,有助于更准确地把握中国近代思想史的发展脉络。

在鸦片战争爆发前夕,如何对待日益严重的鸦片危害,在清廷大臣中就有过争论,即所谓弛禁派与严禁派之争。当时的争论,主要针对鸦片泛滥导致白银外流造成的财政问题,以及吸食鸦片造成的社会问题。1836年,太常寺少卿许乃济上折《鸦片例禁愈严流弊愈大,亟请变通办理折》,主张缓禁。林则徐不同意缓禁,先后上奏《筹议严禁鸦片章程折》和《钱票无甚关碍宜重禁吃烟以杜弊源片》两折,主张严禁。“若犹泄泄视之,是使数十年后,中原几无可以御敌之兵,且无可以充饷之银。”(《林则徐集·奏稿》)这一争论,实际上是如何治理鸦片弊端的不同策略之争,而不是思想派别之争。1838 年,以主张严禁著称的鸿胪寺卿黄爵滋,上奏折请求严查吸食,提出限期一年戒烟,尔后发现吸食者诛。道光帝把黄爵滋的奏折下发各省督抚将军,征求地方大员意见。29 位督抚将军的应对奏折中,都主张查禁鸦片,但方法有争议,8 人支持黄爵滋诛杀吸食者的方法,包括林则徐在内;19 人主张查禁海口,但不赞同黄爵滋查禁吸食的提议(见茅海建:《天朝的崩溃——鸦片战争再研究》,三联书店 1995 年版)。当道光得知皇室也有人吸食鸦片后,大为震惊,处罚了许乃济,此后大臣中不再有弛禁一说。林则徐之所以被委任为查禁鸦片的钦差大臣,一个很重要的因素就是他以办事认真得到朝野公认,且主张严禁。但林则徐执行的钦命,是查禁海口而不是他自己主张的查禁吸食。总体看,鸦片战争时期的弛禁与严禁之争,是治理国家的方略之争,而不是思想之争,更不是和战之争。

鸦片战争后,西学在中国从传入到扩展,步步深入,引起了顽固守旧派的强烈反弹。此后的朝野争论,具有了思想史的意义。争论的焦点,集中于中学和西学的关系上。在“中学为体”这一点上,顽固派与洋务派具有一致性,但在“西学为用”这一点上,他们则与洋务派尖锐对立。他们隐隐感到,任由西学之“用”发展下去,迟早会动摇中学之“体”的根基。因此,他们为了保持“中体”的纯正与传统,与“西用”展开了激烈的对抗。

最早与洋务派展开交锋的是大学士倭仁(1804—1871 年)。倭仁字艮峰,蒙古正红旗人,道光九年进士,曾为同治帝师,所著辑有《倭文端公遗书》。他是深受曾国藩等人推崇的理学家。其基本思想是:“立国之道,尚礼义不尚权谋;根本之因,在人心不在技艺。”他坚守传统儒学的君子小人之辨和修身养性之术,其学术路径由王学入手,转归程朱。他的理学思想主要表现在日记之中。时人称倭仁的日记“质之天人而无愧怍,传之后学可为典型”。道光时的理学名家唐鉴,曾赞誉倭仁“用功最笃实”。对理学立场的坚守,使倭仁同洋务派发生了尖锐冲突。洋务派的观点,是强调中学的“礼义人心”可以同西学的“权谋技艺”结合,而倭仁的观点,则是强调二者的对立与不可调和性。需要指出,以倭仁为代表的守旧派,多数还是赞同富国自强的,他们并不是置国家民族命运于不顾的利禄之徒,恰恰相反,他们往往表现出的是传统儒学对家国天下的道义担当。但他们认为,富国自强的正道是坚守传统儒学的治国方略。倭仁在当时开出的救国方子是:正学术、养人才、求直言、化畛域、裁冗食、警游惰,重本黜末、崇实黜华(倭仁:《倭文端公遗书》卷四《日记》)。同治六年(1867 年),鉴于西方器用离不开西方学术,同文馆为了适应洋务需要,提出考选科举正途出身五品以下官员入馆,学习天文算学,聘西人为教习,使中国传统的天文算学与西方自然科学对接。倭仁坚决反对科甲官员进入同文馆,尤其反对任用西人为教习,认为“师夷”等于“事仇”。奕䜣通过同治皇帝下诏给倭仁施加压力,谕令由倭仁主持别设一馆讲习中国的天文算学,与同文馆的西学展开竞争;又命倭仁在总理各国事务衙门行走,让他看看洋务究竟如何办理。倭仁以辞职相抗,但不改初衷,坚持反对西学。此后,倭仁一直是反对洋务派的领袖人物。

在咸丰同治时期，遭受侵略的耻辱感和坚守传统的正义感，使倭仁能够得到极大的社会支持，朝廷赞同迎合者甚众。后来，随着洋务运动的进展，这种以中学对抗西学的思潮一直有着较强的声势，修铁路，开矿山，无一没有反对者。反对的理由除了倭仁式的道义论外，还有祖宗法制、山川神祇、民情舆论等等。这种对洋务派的抨击，在朝廷主要集中于以翰詹科道[①]为代表的“清流”，在社会主要集中于比较守旧的乡绅和比较正统的学人。但是，持这种批判论调的人物，往往看不到时局大势，被洋务派视为迂腐。例如，当时的章奏，往往一说就是“中国之强弱，视乎政事之得失，而不关乎货财之多寡；而世运之安危，根乎治理之纯驳，而不关乎兵力之盛衰”（见方浚颐：《议复赫威两使臣论说》，《二知轩文存》卷二）。所以，守旧派能够拿得出手的，主要是对洋务人物的道德批判。旧学对新学、中学对西学的对抗，往往从道德立场出发指责“崇洋媚外”。洋务派的人格瑕疵和道德缺陷，成为这种对抗的焦点。光绪年间丁立钧奏折曾言：“同治年间，朝士懵于洋务，偶有谈效法外洋之便者，群相訾笑。自前巡抚郭嵩焘、丁日昌等创建邪议，专以用夷变夏，破坏中国数千年相承之治法，而议者乃竞以为然。至于近年，总督李鸿章、侍郎曾纪泽率皆迁就依违，未能力排邪议。如洋人屡次请开银行，经部奏驳，而李鸿章以为可从，率与私议草约，事几欲行。假如此议一行，则国家利权寄之洋人，其害有甚于开铁路者。李鸿章读书明理，而惑于邪说，遂至蒙昧如此，然其心犹公而非私也。至于按察使周馥，道员盛宣怀、杨宗濂、唐廷枢、马建忠辈，其人屡被讥弹，而时号通晓洋务，专能依据洋书，多为创设，阴便私图。”（中国近代史资料丛刊《洋务运动》（一），第255－256页）显然，“惑于邪说”或者“蒙昧如此”尚可商榷，而“阴

① 翰为翰林院，詹为詹事府，科为六科，道为都察院。翰林院为储才之地，是正途文人的代表；詹事府本来为太子辅导机构，清朝废除太子制度后，詹事府的性质与翰林院相同，一般是士人升至翰林的台阶；六科设给事中，专职监督六部政务，批评时政，职掌言路；都察院分道设监察御史，专职纠察官吏，职掌弹劾。明清时期，翰詹科道同六部寺监隐然相对，前者为清议，后者为实务。

便私图”则万恶不赦。以义理抗拒新学，以道德贬斥洋务，是这一时期守旧派在政论争议中的主要手法之一。

守旧派的这种道德攻击杀伤力极大，即便声望之隆如曾国藩者，亦不可免。同治九年，曾国藩奉旨办理“天津教案”，面临的道德攻击使他左右为难。权衡利弊，他下定决心置自己的声名于不顾，为国家求和。在家书中称：“天津事尚无头绪，余所办皆力求全和局者，必见讥于清议。但使果能遏兵，即招谤亦听之耳。”当他为了平息事端而将没有过错的府县官员奏参革职、交部治罪时，他内心是愧疚的。“二人俱无大过，张守尤洽民望。吾此举内负疚于神明，外得罪于清议，远近皆将唾骂。”此后，曾国藩深深地感到了道德攻击的压力之大。“乃知古人之不容于物论者，不尽关心术之坏也。”(《曾国藩全集·家书》，岳麓书社 1985 年版，第 1374 – 1382 页)当今还有些著作把曾国藩的这种“内疚神明，外愧清议”的自省作为他的自述罪状，未必妥当。

郭嵩焘的境遇，是遭遇守旧派道德攻击的一个典型。他作为中国首任驻外公使，由此蒙上“汉奸”恶名，遭到种种热嘲冷讽，甚至士林羞于与其同行，即使同情者，也惋惜他因此而毁掉了一世清名。好事者作对联讽刺他出任公使之职说：“出乎其类，拔乎其萃，不见容尧舜之世；未能事人，焉能事鬼，何必去父母之邦。”他的日记纪闻，生前就被毁版。死后也不得安生，还有人奏请开馆戮尸以谢天下。对郭嵩焘的攻击污蔑，某种程度上反映了当时清流对西方文化的无知和敌视。

由于郭嵩焘的日记称赞西洋政教修明，建议中国采用西方的治国之术。翰林院编修何金寿(何铸)即参劾他“有二心于英国，欲中国臣事之”。他的助手刘锡鸿，向朝廷举奏郭嵩焘有“三大罪”：一是“游甲敦炮台披洋人衣，即令冻死亦不当披”；二是“见巴西国主擅自起立，堂堂天朝，何至为小国主致敬?”三是“柏金宫殿听音乐屡取阅音乐单，仿效洋人之所为”(参见张宇权：《思想与时代的落差——晚清外交官刘锡鸿研究》，天津古籍出版社 2004 年版)。现在看来，郭嵩焘的作为，都属于最一般的外交礼仪，然而，在当时却犯了众怒[①]。刘锡鸿甚至公开扬言:“此京师所同指目为汉奸之人,我必不能容。”迫使郭嵩焘提前离任。郭嵩涛在一片唾骂声中回国后,回家也遭到阻拦,骂他“勾通洋人”的标语贴于大街上。此后郭嵩焘郁郁不得志,晚景冷落,直至愤懑而终。这个例子在当时具有普遍意义,也能够反映出当时的文化心态。后来的义和团运动中,这种心态与正义的反侵略斗争交织在一起,酿成了一场大动荡。

道德批判与政见之争交织的结果,有可能削弱政见抗争的思想意义,甚至导致攻讦隐私,制造谣言,把思想交锋与人身攻击混淆一起。例如,张祖翼记载了清流张冠李戴参奏洋务派马建忠一事。说:“甲午之年,予于冬初到京,但闻京曹官同声喧詈马建忠,竟有专折奏参,谓马遁至东洋,改名某某一郎,为东洋作间谍。盖以马星联之事而归之马眉叔者。星联字梅孙,浙江举人,癸未以代考职事革捕,而遁至东洋。建忠号眉叔,江苏人,候选道,其时为招商局总办。言者竟合梅孙眉叔为一人,可笑孰甚。”(荣孟源、章伯锋主编:《近代稗海》第十辑,四川人民出版社 1988 年,第 192 页)抨击洋务派的奏折把马星联的事栽到了马建忠头上,了解情况的张祖翼为之辩白,相关人士还不大相信。即便事实确凿不可辩驳,造谣传谣者也以道德上的正义掩饰自己的错误。这种道德批判在中国历史上具有普遍性,其副作用值得引起思想史和文化史研究的重视。

光绪以后,体用之争扩大到体用内涵和外延的争论。此前是守旧派攻击洋务派,此刻是维新派也批评洋务派。前者指责洋务派放弃了中国道德礼义,后者指责洋务派治标不治本。康有为在《上清帝第四书》中就

① 以相关资料揣度,郭嵩焘“犯众怒”的地方,主要是他对清流看不惯,“洋人之入中国,为患已深,夫岂虚憍之议论、嚣张之意气所能攘而斥之者?”(《罪言存略小引》,《养知书屋文集》卷三)其言行开罪了清流;又批评办洋务者“相为欺诬浮滥,处之泰然”(光绪五年二月十四日记);“办理洋务三十年,疆吏全无知晓”(《伦敦致伯相》,《养知书屋文集》卷一),洋务派也不待见。两面夹击,所以导致“颇滋物议”(死后不准赐谥之圣旨语)。刘锡鸿列举的三大罪状,很有可能是借题发挥。研究思想史,需要谨慎梳理史料,勿轻下断言。但郭嵩焘被众口一词视为“汉奸”的现象,值得作为思想史的案例深入研究。

认为，洋务派的举措属于修修补补，不足以救国。“诚以积习既深，时势大异，非尽弃旧习，再立堂构，无以涤除旧弊，维新气象。若仅补苴罅漏，弥缝缺失，则千疮百孔，顾此失彼，连类并败，必至无功。”他的批评是说洋务派变得还不够，仅仅是小变，而他主张大变。“以皇上之明，观万国之势，能变则全，不变则亡，大变则强，小变仍亡。”(《上清帝第六书》)康有为认为洋务派局限于事务性弥补，而缺乏“扫除更张，再立堂构”的全局观。中国需要的是变法，而不仅仅是变事，他用对洋务的批评，为维新变法张目。梁启超对洋务派的批评更加直接，而且点名道姓。他把中国比喻为一座“瓦墁毁坏，梁栋崩析，将就倾圮”的千年老屋，满族亲贵闭目塞听，“酣嬉鼾卧，漠然无所闻见”，而李鸿章、张之洞之流“补苴罅漏，弥缝蚁穴，以冀支持”，不足以挽回大局。“斯二者用心虽不同，要之风雨一至，则屋必倾圮而人必同归死亡一也。”只有从根本上维新变法，才可挽救危亡。“谚所谓室漏而补之，愈补则愈漏，衣敝而结之，愈结则愈破，其势固非别构新厦，别出新制，乌乎可哉？”(《政变原因答客难》1899年1月12日)以此观之，维新派批评洋务派，并非誓不两立的对垒，而是恨铁不成钢的抱怨。过分夸大维新派与洋务派的对立，有违历史实际。

正因为洋务与维新具有内在的一致性，使一些洋务派人物多多少少能够与维新派站到一起。戊戌政变后，曾经有人向慈禧太后揭发李鸿章资助过康有为。慈禧追问李鸿章说：“有人参尔康党。”李鸿章正言回答说：“臣实是康党。废立之事，臣不与闻，六部诚可废，若旧法能富强，中国之强久矣，何待今日！主张变法者即指为康党，臣无可逃，实是康党。”(事见孙宝瑄：《日益斋日记》)如果只看到洋务与维新的对立而看不到二者的一致，就有可能误读历史。

守旧派对维新派的攻讦就不一样，具有誓不两立性质。光绪年间的维新变法运动中，中西之争、新旧之争更为激烈。反对维新的代表，有湖南的名绅叶德辉、学者王先谦等。以王先谦和他的学生苏舆最有代表性。

王先谦(1842—1917年)字益吾，号葵园，湖南长沙人，曾任国子监祭

王先谦像

酒、江苏学政。他在学政任上开设书局,刊刻《皇清经解续编》1000余卷,编刻《南菁书院丛书》;去官后回籍担任长沙城南书院山长、岳麓书院山长,主讲岳麓书院10年,在学术上有着辉煌成就,编著有《十朝东华录》《汉书补注》《后汉书集解》《新旧唐书合注》《水经注合笺》《荀子集解》《庄子集解》《诗三家义集疏》《续古文辞类纂》等。自著有《虚受堂诗存》《虚受堂文集》《葵园自订年谱》。他治学严谨求实,人称"湘绅领袖""学界泰斗"。王先谦在学问上成就极大,但在政治上极端保守。维新运动中,湖南是新政的重要基地,梁启超任湖南时务学堂总教习,南学会、《湘报》在巡抚陈宝箴的支持下,大力宣扬变法思想,倡导民权学说。王先谦从传统礼教出发,对维新人士极尽攻讦。他与湖南绅士叶德辉、张祖同交往甚密,曾共同发布《湘绅公呈》,抨击维新人士,要求抚院整顿时务学堂,驱逐梁启超、熊希龄、唐才常等人,指责梁启超"志在谋逆",所作所为"背叛圣教,败灭纲常",并鼓动岳麓书院、城南书院、求忠书院的学生拟定《湘省学约》,以约束学生,拒斥维新思想。

戊戌变法失败后,王先谦的门人苏舆编辑《翼教丛编》,所收均为政变之前守旧人士与维新人士的论战文章,以验证他们的"先见之明"。这些文章专门从学术角度批判康梁学说,苏舆在序中声称:"邪说横溢,人心浮动,其祸实肇于南海康有为。康有为人不足道,其学则足以祸世"。批判康梁的维新思想是"伪六籍,灭至经也;托改制,乱成宪也;倡平等,堕纲常也;伸民权,无君上也;孔子纪年,欲人不知有本朝也。"(王仁俊:《实学评议》,《翼教丛编》卷三)所以,作为正统儒教的卫道士,他们编辑这部丛编,"专以明教正学为义,至康梁等造逆之谋,乱政之罪,载在史宬,昭示寰寓",故名"翼教"。全书收录了王先谦、叶德辉、张之洞、梁鼎芬、孙家鼐、朱一新、王仁俊、洪良品、屠仁守、安维峻、许应骙、文悌、宾凤阳等人反对变法维新的文章(苏舆:《翼教丛编》,上海书店出版社2002年版)。《翼教丛编》的文章都有高度针对性，如以《长兴学记驳议》批驳康有为《长兴学记》中的"人性平等"观点；以《正界篇》《读西学书法书后》批驳梁启超的《春秋界说》《孟子界说》和《读西学书法》的新学观点；以《辨辟韩书》批驳严复的《辟韩》一文毁坏"伦纪纲常"；以《辆轩今语评》批驳湖南督学使徐仁铸的《辆轩今语》。所有文章，都以维护纲常名教为主旨，抨击维新思想，反对民权学说。他们强调，君臣纲常是保证社会秩序之必须。"今康梁所用以惑世者，民权耳，平等耳。试问：权既下移，国谁与治？民可自主，君亦何为？是率天下而乱也。平等之说，蔑弃人伦，不能自行，而顾以立教，真悖谬之尤者。"作为传统的守护人，不能对此无动于衷。"若再缄默不言，上负君国，下误苍生，问心何以自解？"（《宾凤阳等上王益吾院长书》，《翼教丛编》卷五）

需要指出，经过近代化冲击的守旧派，他们并不是完全不了解西方，这些守旧人物说起西方各国政治文化，也是如数家珍。如"罗马结死党，立私会，法党叛新君，南美洲民起而争权，不十年而二十三行省变为盗贼渊薮矣"等。然而他们的结论是"可见民主之政未必能久，法之多乱"（王仁俊：《实学评议》）。另外，这些守旧人士对维新思想的抨击，尽管具有浓厚的政治色彩，但他们毕竟多数还是学人，具有一定的学术因缘。如王先谦尽管同梁启超的观点势同水火，但却能称道梁启超写的《新大陆游记》，并在撰写《五洲地理志略》时多处引用。叶德辉抨击康有为，声称康有为之害大于魏忠贤，但在指出康有为的孔教模仿路德教所存在的问题时不乏学术眼光。所以，即便是思想对抗，其中也有相反相成、推动认识深化的因素。这种相反相成，在后来新文化与保守派的论争中，在科学与玄学的论争中，有着更进一步的表现①。

---

① 还需要指出，守旧派的"翼教"并不仅仅以维新派为敌，他们在各个方面都要表现出自己的道义责任，对执政大臣与君主亦不例外。如安维峻任御史，"直声震中外"，有"殿上苍鹰"之称，后因直谏被"革职发军台"；朱一新弹劾李莲英视察海军有如唐代宦官监军被降职；屠仁守立谏西太后"节游观"被革职永不叙用；梁鼎芬更是以弹劾李鸿章而著称（但梁弹劾的依据，却是说李鸿章在日本有"寄顿倭国之私财"，战前"接济倭国煤米军火"之类的市井传言）。全面认识这些守旧派的言行，有助于恰当评价晚清的思想争论。

近代思想史上的冲突和对抗，并不是一成不变的。不仅冲突着的观点在不断变化，即便是争论的当事人，随着形势变化和认识转移，自身的立场也会发生或大或小的变化。例如，洋务派的代表人物李鸿章，在早年曾经对中国的制度体系高度赞扬，仅仅看重西方的兵器。称："中国文物制度，事事远出西人之上，独火器万不能及。"（《筹办夷务始末》（同治朝）卷二十五，第9页）后来，他自己也站在变法一边，甚至支持过康梁。"今日情势不同，岂可狃于祖宗之成法。"（《复陈筱舫侍郎》，《李文忠公全书·朋僚函稿》卷五）一贯反对洋人，几近顽固不化的醇亲王奕譞，受命主管北洋水师后，职责所在，迫使他转向支持洋务，反问批评洋务的众人道："议者动云祖宗时所无，独不思方今天下局势，岂开辟以来所有哉？"（中国近代史资料丛刊《洋务运动》（六），第232页）维新运动中的思想先锋梁启超，更是以今日之我否定昨日之我的一个代表。即便是"两军对垒"，在表面的"水火不容"背后，也可能有犬牙交错的思想渗透。例如，视维新为敌的王先谦，并不反对鼓励工商，他曾在甲午之后投资1万两白银创办企业，与黄自元、陈文玮等集股成立宝善成机器制造公司。不过因为他不善其事，导致亏损，最后无奈才交由官办。戊戌变法中强力支持光绪的翁同龢，实际上却对洋务并不了解多少，他对维新的支持，立足于借变法之力使光绪摆脱慈禧控制，进而树立皇帝权威；而慈禧对变法的镇压，也不是完全出于对维新的反感，更多地出于权力斗争的需要。还有儒学内部的学派争论，如汉学和宋学之争，"尊德性"与"道问学"之争，也影响着近代思想史的发展变化。对这些因素进行综合分析，才可对近代思想冲突有更准确的认知。

# 第三章　19 世纪末至 20 世纪初传入的西学

## 第一节　传教士与西学的传入

西学的最早传入,是伴随着传教士来到中国的。在中国传播西学产生了重大影响的传教士,首推利玛窦。他在华 28 年(1583—1610 年),把西方的天文、地理、物理、数学等相关知识介绍到中国,同时又把中国的社会生活与文化知识介绍到西方。他来华之初,就给万历皇帝献上自己制作的《坤舆万国全图》,向中国人展示了完全不同于《禹贡》体系和“天圆地方”观念的新世界。正是利玛窦等人,使中国人看到了经史子集以外的另一种知识体系,也给西方人展示了一种十分陌生的另一种生活和文明。明代有不少官员士绅改宗天主教,原因之一就是西学的吸引力,其中代表人物有徐光启、李之藻和杨延筠。从 16 世纪到 18 世纪末,耶稣会士一方面在华传播宗教神学,另一方面传播自然科学。传教士译介的天文、舆地、数学、物理、医学、植物学和动物学方面的著作达数百种,“西学”的名称即由此得来。明代通过传教士传入的西学著作,较有影响的有徐光启与利玛窦合译的《几何原本》、李之藻与利玛窦合撰的《同文算指》、王徵与邓玉函合译的《远西奇器图说》等。

清朝立国后,传教士依然在对华传播西学中发挥着重要作用,代表人物有担任钦天监的汤若望和南怀仁,他们以传教士身份主持中国官方的天文历算;还有传播几何学的张诚、白晋等人,使西学继续东渐,连康熙皇帝也跟随白晋学过一些西学。然而由于罗马教皇克雷芒十一世(Clement XI)于1704年发布禁令,不许中国信徒祭祖祭孔,引起中国清廷与罗马教廷的冲突,其后雍正皇帝针对耶稣会颁布禁教令,西方传教士在中国的活动受到限制。

鸦片战争前夕,新教传教士也开始进入中国。第一位来华的新教传教士是来自英国的马礼逊(Robert Morrison,1782—1834年),他于1823年在马六甲出版了由他翻译为汉语的《新旧约全书》,同时也把中国的启蒙读物《三字经》《大学》《三教源流》等书翻译为英文,先后编写了英文的《通用汉语之法》《中文英译》《中文会话及凡例》《华英词典》,撰写了不少介绍中国历史与现状的普及读物。1815年,马礼逊在米怜的协助下,在马六甲创办了最早的中文期刊《察世俗每月统计传》(*Chinese Monthly Magazine*),主要介绍基督教义,穿插介绍西方历史国情、自然科学等方面的知识。1818年,马礼逊在澳门创办"英华书院",这是近代传教士开办的第一所中文学校,目的是在华侨子弟中培养中国的教牧人员,该校以中英文双语施教,课程有神学、数学、历史、地理等。鸦片战争后,英华书院迁往香港,1856年停办。除了办学,马礼逊还在澳门、广州开办过医院。鉴于马礼逊在中西文化交流方面的贡献,1817年被格拉斯哥大学授予神学博士学位,1824年被选为英国皇家学会会员。

由于雍正时期的禁令,传教士来华受阻,他们主要在南洋活动。马礼逊之后到1842年前,英美等国陆续来到南洋与中国的传教士共61人。包括米怜、麦都思、杨威廉、粦为仁、雅裨理、裨治文、郭实腊、柯大卫、戴尔、吉德、崔理时等人。米怜(William Milne,1785—1822年)是马礼逊的助手,协助马礼逊管理英华书院,有中英文著作24种;麦都思(Walter Medhurst,1796—1857年)在东南亚传教近20年,鸦片战争后到上海创办墨海书馆,自号墨海老人,有中英文和马来文著作90多种;杨威廉(William Young)是麦都思的助手,1844年以后在福建厦门传教,后来迁居澳大利亚,在华侨中传教;雅裨理(Dayid Abeel,1804—1846年)是美国来华的首批传教士,1829年与裨治文一起受命来中国传教,1830年到广州,后转赴东南亚,1839年,回国后的雅裨理再度来华,先在澳门,后到厦门,与福建布政使徐继畬交往,徐写《瀛环志略》,从雅裨理处获得大量信息;裨治文(Elijah Coleman Bridgman,1801—1861年),与雅裨理结伴来华,1830年到澳门,转到广州,1832年在广州创办英文《中国丛报》,先后到南京、厦门、福州、宁波、上海传教,有中英文著作9种;粦为仁(William Dean,1807—1895年)也是美国传教士,1834年到新加坡,1842年到香港传教,有中英文著作9种;郭实腊(Karl Friedrich August Gut-zlaff,1803—1851),德国人,受荷兰传道会派遣,1826年到爪哇传教,活动于东南亚各地,1851年于香港去世,有中、英、日、德文著作70余种;柯大卫(David Collie)来华后,在英华书院任教,为中文教习兼图书馆馆长,后任英华书院院长,有中英文著作11种;戴尔(Samuel Dyer,1804—1843年),1827年至槟榔屿,1835年定居马六甲,他创制了中文活版铅字印刷,代替木刻雕版,在印制传教文献上有其贡献;吉德(Samuel Kidd,1799—1843年),1824年到马六甲传教,后来担任英华书院中文教习和院长,有中英文著作12种;崔理时(Ira Tracy),1832年来华当牧师,先后在广州和新加坡传教,创立了那里的印刷所,有中文著作2种。这些传教士,在中外文化交流上发挥了程度不同的作用。例如,编写《劝世良言》的梁发,就是米怜施洗入教的,梁发的这一小册子,成为洪秀全了解基督教的启蒙读物[①]。

在传教士传播西学过程中,新加坡、巴达维亚(今雅加达)的印刷所起了重要作用。印刷所不仅出版书籍,而且出版杂志。主要杂志有:《察世俗每月统记传》,1815年8月5日在马六甲创刊,米怜主办,梁发协助,木版雕印,月刊,初印500册,3年后增至1000册,面向华侨免费发行,

① 关于这一时期传教士在南洋与中国的活动情况,可详参熊月之:《近代西学东渐的序幕——早期传教士在南洋等地活动史料钩沉》,《史林》1992年第4期。

1821年停刊,共出刊80多期。刊物封面有孔子语录“多闻,择其善者而从之”表达杂志主旨,主要内容为传教,兼载社会新闻和各地风俗,其中有关科学普及的篇目,有《月食》《论行星》《论侍星》《论地为行星》《论彗星》《论静星》《天球说》等西方天文学知识的通俗介绍;地理方面的篇目,有《论有罗巴列国》《论亚西亚列国》《论亚非利加列国》《论亚默利加列国》等世界地理国情的介绍。《特选撮要每月纪传》,1823年在巴达维亚创刊,1826年停刊,麦都思主办,它继承《察世俗每月统记传》,序言称“书名虽改,而理仍旧矣”,宗旨和内容都直接延续了《察世俗每月统计传》。《天下新闻》,1828年在马六甲创办的月刊,翌年停刊,吉德主办,内容具有综合性,新闻、科学、历史、宗教无所不有,是第一份用活字版印刷的中文刊物。《东西洋考每月统记传》,1833年8月在广州创刊,翌年迁至新加坡,1838年9月停刊,郭实腊主办,初印600册,后加印300册。各卷封面引用中国圣贤语录,如“人无远虑,必有近忧”;“皇天无亲,惟德是依”;“好问则裕,自用则小”;“德者性之端也,艺者德之华也”;“儒者博学而不穷,笃行而不倦”等。行文全为语体,近似说书。其内容除传教外,史地科技广有涉及。它连载了郭实腊的《古今万国纲鉴》《万国地理全集》《犹太国史》,麦都思的《东西史记和合》,介绍世界国别知识,改译“佛朗机”为“法兰西”从该杂志始。该刊在介绍蒸汽机时,有简单的结构和工作原理说明,附图示意,盛赞道:“今西方各国,最奇巧有益之事,乃是火蒸水汽,舟车所动之机关。其势若大风之无可当也,或用力推船推车,至大至工,不藉风水人力,行走如飞;或用之造成布匹,妙细之业,无不能为。甚为可奇可赞!”《东西洋考》曾被带到中国沿海,传至内地,成为国人了解西方的重要信息来源。魏源编纂《海国图志》时就曾多次征引这一杂志。

鸦片战争后,传教士的活动中心由南洋转移到中国沿海和内地。伴随着洋务运动的兴起,大量传教士被中国的洋务机构聘用,从事教习和翻译活动。清朝在成立总理各国事务衙门后,为了适应洋务需要,同治元年(1862年),经奕䜣、李鸿章、曾国藩奏请,在总理衙门下设同文馆(即翻译馆),先设英文馆,后逐步增设俄文、法文、德文、日文诸馆,1869年起由美国传教士丁韪良(William A. P. Martin)任总教习,先后在馆任职的外籍教习有包尔腾、傅兰雅、欧礼斐、马士等;中国教习有李善兰、徐寿等。从此开创了中国的近代教育事业和官办翻译事业。随后,上海、广州也设立了性质类似的广方言馆。此后的30年中,同文馆翻译图书近200部,主要是外交和史地政法类图书。中国最早的《万国公法》(The Elements of International Law),就是由丁韪良翻译的。他还著有《格物入门》《西学考略》等。江南制造局附设的翻译馆,也在40年中翻译出图书近200部,出任该馆编译的傅兰雅(John Fryer),除译书外还主办了按月出版的期刊《格致汇编》。梁启超总结当时的情形道:"'鸦片战役'以后,渐怵于外患。洪杨之役,借外力平内难,益震于西人之'船坚炮利',于是上海有制造局之设,附以广方言馆,京师亦设同文馆,又有派学生留美之举。而目的专在养成通译人才,其学生之志量亦莫或逾此。故数十年中,思想界无丝毫变化。惟制造局中尚译有科学书二三十种,李善兰、华蘅芳、赵仲涵等任笔受。其人皆学有根柢,对于所译之书,责任心与兴味皆极浓重,故其成绩略可比明之徐(光启)李(之藻)。而教会之在中国者,亦颇有译书。光绪间所谓'新学家'者,欲求知识于域外,则以此为枕中鸿秘。盖'学问饥饿',至是而极矣。"(梁启超:《清代学术概论》,上海古籍出版社1998年版,第97页)派遣留学生,也是这时的一大要务,在容闳的主持下,1872—1875年派出了120名首批留美学生。福州船政局同时也派出了30名留英法学生。这批留学生,成为中国人走向世界的先驱,走出了詹天佑、严复这样的大家。

科学和技术有联系又有区别,在知识体系上是不一样的。明末清初传教士带来的西学,包含了科学内容,但在中国产生实际影响的主要是技术知识,而科学知识的影响有限。造成科学与技术之间畸轻畸重现象的原因很复杂,同学术基础的中西差别有关。中外学术基础不仅有概念术语和表达方式的区别,而且有思维方式和目标指向的区别。中国的传统知识体系,对于技术性知识有一定的亲和力,而对科学性知识则存在一定的隔膜。这种差别,在李约瑟的《中国科学技术史》中有一定的反映。西学传入中国之初,就已经出现了科学和技术的不对称。中国人感兴趣的是传教士带来的新式器械和技艺,如红衣大炮和佛朗机炮以及同王朝兴衰紧密相关的天文历法,并不重视西学的基础知识。即便是像数学、物理这样的基础科学,中国人也多以实用技艺视之,更多地强调其计算功能和制器功能,而没有形成从亚里士多德到牛顿式的学术体系基础。所以,在西学进入中国之初,就已经出现了技术先于科学并重于科学的倾向。西学的基础科学理论,传入中国较晚。

以技术解释科学,很容易在中国传统中找到渊源。在洋务运动中,有不少人以中学比附和阐释西学,致使形成"西学中源说",并流行一时,即便非常开明的洋务人物也难逃其窠臼。例如,冯桂芬就认为西人是"窃我绪馀"(《校邠庐抗议·制洋器议》),郑观应也认为西学乃中国古已有之,只是由于中国偏重纲常名教之本,才使西人在工艺器用之末上占了上风。"古人名物象数之学,流徙而入于泰西,其工艺之精,遂远非中国所及。盖我务其本,彼逐其末;我晰其精,彼得其粗;我穷事物之理,彼研万物之质。"所以,学习西学是"礼失求野",是"以中国本有之学还之于中国"(《盛世危言·西学》)。"西学中源说"的本质,是把西学看做技艺,忽视其中的科学原理。对此,江南制造局的翻译钟天纬曾予以辨析。他指出,地动说和浑天说与西方的"天学"隐合,五行化合说与西方化学相类,雷电说与电学、炼丹术与矿学的相合等,属于"偶合之事"。"中西相合者系偶然之迹,中西不合者乃趋向之歧。"中国古代的格致"从未有及今之西学者"(《刖足集外篇·中西格致源流论》)。钟天纬感受到了西学与中学的根本性差别,对"西学中源说"的纠正具有积极意义。然而,他没有认识到科学与技术的差别,对造成这种差别的原因剖析流于表面。钟天纬认为,形成这种差别的原因有二:一是中国"重道轻艺"而西国"重艺轻道";二是中国"尊古薄今"而西国"喜新厌故"。

类似钟天纬的这种解释，在中国思想界影响较大，学贯中西的梁启超，后来名满天下的梁漱溟，谈及中西思想差别，都有类似说法。例如，梁启超在《清代学术概论》中谈及"清代自然科学为何不发达"这一问题时说："凡一学术之发达，必须为公开的且趣味的研究，又必须其研究资料比较的丰富。我国人所谓'德成而上，艺成而下'之旧观念，因袭已久，本不易骤然解放，其对于自然界物象之研究，素乏趣味，不能为讳也。科学上之发明，亦何代无之？然皆带秘密的性质，故终不能光大，或不旋踵而绝。即如医学上证治与药剂，其因秘而失传者，盖不少矣。凡发明之业，往往出于偶然。发明者或并不能言其所以然，或言之而非其真，及以其发明之结果公之于世，多数人用各种方法向各种方面研究之，然后偶然之事实，变为必然之法则。此其事非赖有种种公开研究机关——若学校若学会若报馆者，则不足以收互助之效，而光大其业者。夫在清代则安能如是？"(同上，第104页)梁启超在这里依然没有分清科学与技术，认识上并未超出钟天纬的观点。分析近代西学传入中国的过程，应该认识到，所谓"西学中源说"，实质是以中国古代的技术比附西方近代的科学所造成的结果。但是，梁启超毕竟是学者，他对学术的把握以及对现实的敏感使他看到了学术功利化的弊害。就在同一本书中，他在评价晚清学术衰落时又说："而一切所谓'新学家'者，其所以失败，更有一总根源，曰不以学问为目的而以为手段……殊不知凡学问之为物，实应离'致用'之意味而独立生存，真所谓'正其谊不某其利，明其道不计其功'。质言之，则有'书呆子'，然后有学问矣。晚清之新学家，欲求其如盛清前辈具有'为经学而治经学'之精神者，渺不可得，其不能有所成就，亦何足怪？"(梁启超：《清代学术概论》，上海古籍出版社1998年版，第98页)可惜的是，梁启超并未把自己对晚清学术的这种认识，自觉推论到对西方科学与技术关系的深入分析上。

## 第二节　李善兰与自然科学思想

西学的基础是自然科学，即便是西方的社会科学，也同自然科学的进展有密不可分的联系。哥白尼的天文学,达尔文的进化论,牛顿的力学,对西方社会科学产生过重大影响。在洋务运动中,尤其是同文馆的翻译事业中,产生了中国最早了解西方自然科学的近代知识分子,其中的代表人物首推数学家李善兰。

李善兰像

李善兰(1811—1882 年),原名心兰,字壬叔,号秋纫,浙江海宁人。10 岁时开始读《九章算术》,15 岁时读到徐光启与利玛窦合译的欧几里得《几何原本》,到杭州应试时,得到李治的《测圆海境》和戴震的《勾股割圆记》,开始深入思考相关的数学问题,先后完成了一些数学专论文稿,与浙江精通算学的名士南汇张文虎(1808—1885 年)、乌程徐有壬(1800—1860 年)、钱塘戴煦(1805—1860 年)等交往切磋,先后撰写了《方圆阐幽》《弧矢启秘》《对数探源》《四元解》等数学著作,跻身于数学名家之列。1852 年,李善兰来到上海,担任墨海书馆编译,开始同英国传教士伟烈亚力(Alexander Wylie,1815—1887 年)、艾约瑟(Joseph Edkins,1823—1905 年)、韦廉臣(Alexander Williamson,1815—1887 年)等人接触,翻译西方数学著作。李善兰不懂西文,这些传教士精通汉语,双方合作,以李善兰数学之长,补传教士专业之短,先后与伟烈亚力合译《续几何原本》(欧几里德的《几何原本》原有徐光启和利玛窦的译本,但未译完,仅仅翻译了前 6 卷,李善兰与伟烈亚力校订原译并合译后 9 卷,完成该书)《代数学》13 卷、《代微积拾级》18 卷、《谈天》18 卷,与艾约瑟合译《重学》20 卷以及《圆锥曲线说》《奈端数理》(未译完)《植物学》等书。这些书的出版,对中国知识界产生了重大影响。

李善兰以其对数学的精通,保证了这些自然科学书籍的翻译质量。以《几何原本》为例,这本欧几里德的经典之作,在翻译为汉语之前,经过希腊文、拉丁文到英文的多次转译,其中有不少错讹。汉译本由英译本转译,需要校正底本。伟烈亚力在新译本序言中称:"(英译本)校勘未精,语讹字误,毫厘千里,所失匪轻。余愧谫陋,虽生长泰西而此术未深,不敢妄为勘定。会海宁李君秋纫,来游沪垒。君因精于数学与几何之术,心领神悟,能言其故。于是相与翻译,余口之,君笔之,删芜正讹,反复评审,使其无有疵病,则君之力为多。"《代数学》译自英国数学家棣么甘(Augustus De Morgan)的《代数学基础》(Elements of Algebra),"代数"这一名称,就是由李善兰确定的。《代微积拾级》包括代数几何、微分学、积分学三部分,即今日所说的高等数学,译自美国数学家罗密士(Elias Loomis)的《解析几何与微积分初步》(*Elements of Analytical Geometry and of Differential and Integral Calculus*),李善兰在序言中解释道:"是书先代数,次微分,次积分,由易而难,若阶级之易升。译既竣,即名之曰《代微积拾级》。"这是中国第一次翻译的高等数学著作(此前均为初等数学译作)。《植物学》译自英国植物学家林德利(John Lindley)的《植物学基础》(*Elements of Botany*),在中国是首次传播,后来该译本还被日本翻刻。《重学》译自英国物理学家胡威立(William Whewel)的《初等力学》(*An Elementary Treatise on Mechanics*),其内容主要包括静态力学、流体力学、动力学以及运动学,其中牛顿运动三定律的相关内容,通过该译本首次介绍到国内。徐维则在《东西学书录》中称:"《重学》以算法推论诸理,深为著明,实为善本。"

值得一说的,是李善兰未能完稿的《奈端数理》。"奈端"是当时对牛顿(Isaac Newton)的译名。《奈端数理》译自牛顿的《自然哲学的数学原理》,这是世界科学史上的代表作之一。李善兰先与伟烈亚力合作,后又与傅兰雅合作,共译出其中3卷。后来,这部未完译稿被大同书局丢失,不知所终。

也许是因为数学过于抽象深奥,李善兰译作在国内影响最大的,不是数学著作,而是天文学普及著作《谈天》。《谈天》译自英国天文学家侯失勒(John Herschel,今译赫舍耳)的《天文学纲要》(*Outline of Astronomy*),该书介绍了太阳系的结构,日、月、行星、卫星、彗星、恒星的运动,其内容囊括了当时西方天文学的主要成果。正是这本书,首次把开普勒行星运动三定律引入中国。洋务人物王韬,维新人物梁启超,后来的学术名家章太炎,都对《谈天》有很高评价,20 世纪 30 年代被商务印书馆收入"万有文库"第一辑。今人总结道:"由于李善兰等人的努力,从哥白尼开始至牛顿完成的建立在牛顿古典力学体系上的西方近代天文学知识便系统地传入我国。"(杜石然:《中国科学技术史稿》(下),科学出版社 1982 年版)

1860 年,李善兰的好友,官做到江苏巡抚的徐有壬被太平军所杀,李善兰时在徐有壬幕中。1863 年,李善兰到曾国藩幕下,得到曾的器重。此前,李善兰的译作多已出版,而他自己的著述尚未刊印。在曾国藩的支持下,李善兰将自己的著作汇集为《则古昔斋算学十三种》于 1864 年付刻,1867 年发行。李善兰自己的著作,继承和发展了中国传统数学的精华,又能以其翻译工作中对西学的了解,将中国传统数学发扬光大,人称其"仰承汉唐,荟萃中外","业畴人者莫不家备一编,奉为圭臬"。同治七年(1868),李善兰经郭嵩焘推荐,任北京同文馆的算学总教习,直至逝世。任同文馆总教习期间,敬业尽职,授徒不倦。主持同文馆的丁韪良说:"开馆以来,十有余载,兹有副教习席淦、贵荣等将所积试卷,选辑四帙,颜曰《算学课艺》,凡天文、地理、火器、测量均为切实之要端。阅者为诸生造诣,亦可略见一斑,是皆李壬叔先生教授之力也。呜呼,合中西之各术,绍古圣之心传,使算学复兴于世者,非壬叔吾谁与归?"(转引自李迪:《十九世纪中国数学家李善兰》,《中国科技史杂志》1982 年第 3 期)

李善兰作为西学东渐时期的中国数学家,其著作和译作对中国创建西方式近代自然科学体系作出了杰出贡献。他所创立的译名,有许多至今还在使用。影响最为深远的,是他确立了代数学、植物学这样的学科名称。由于文化差异,在李善兰的年代,西方科学中的许多词汇在汉语中根本无法找到对应术语,李善兰凭借自己的专业功力,创造性地运用汉语构词方法,新造了许多术语。仅仅在数学领域,今天仍在使用的由李善兰确立的名词,代数类有函数、变数、系数、虚数、轴、方、根、方程式、多项式等,解析几何类有原点、切线、法线、摆线、螺线、圆锥曲线、抛物线、双曲线、渐近线等，微积分中有微分、积分、无穷、极限、曲率等。在天文学领域，有行星、光行差、外行星、变星、双星、星云等。即便是在他不擅长的植物学领域，李善兰也创造出了科、细胞这样广为普及的词汇。李善兰在自然科学领域的“正名”，奠定了西学东渐过程中华人了解西方自然科学的汉语概念范式。

但是，即便是李善兰这样的科学家，在译介西方自然科学时，也不能很好地区分科学与技术的不同，主要是从实用角度来认知科学。在《重学》的序言中，李善兰说：“胡氏所著凡十七卷，益以流质重学三卷，都为二十卷，制器考天之理皆寓于其中矣。呜呼！今欧罗巴各国日益强盛，为中国边患。推原其故，制器精也；推原制器之精，算学明也。……异日人人习算，制器日精，以威海外各国，令震慑，奉朝供，则是书之刻，其功岂浅鲜哉?”在他看来，数学和力学之美，在于制器和强国之用。显然，他认识到了科学是技术的基础，但没有认识到科学具有非技术性的一面。李善兰对西方自然科学的钻研，可以用科学原理的差别来否定人文学者提出的西学中源说；但他对科学的实用性理解，则开了科学救国论的先声。

## 第三节　严复与社会科学思想

在西学在华传播中，从魏源到郑观应，多数洋务派人物并不注重西学的思想体系和来源，而只注意其实用价值。西学的不断传入，必然涉及到其最基础的哲理思想。19世纪80年代，在江南制造局任翻译的钟天纬作《格致说》，已经注意到西学的形而上部分。他说：“考西国理学，初创自希腊，分为三类：一曰格致理学（即哲学），乃明徵天地万物形质之理；一曰性理学（即伦理学），乃明徵人一身备有伦常之理；一曰论辩理学（即逻辑学），乃明徵人以言别是非之理。”（《刖足集外篇·格致说》）实际上已经开始介绍西方的哲学、伦理学和逻辑学。在他的文章中，出现了“格致之大家、西学之始祖”阿卢力士讬德尔(亚里士多德),“尽变其说”的贝根(培根),“论万物强存弱灭之理”的达文(达尔文),“多推论达文所述之理”的施本思(斯宾塞),并谓“此四家者,实为泰西格致之大宗”。

同一时期,中国派出的首任公使郭嵩焘,注意到西学的渊源。在他的日记中,记载了古希腊“泰夫子”(泰勒斯)米利都学派的万物本源说,“毕夫子”(毕达哥拉斯)的音乐和天文学造诣,“琐夫子”(苏格拉底)和“巴夫子”(柏拉图)及其学生“亚历山太先生”(亚里士多德)的学问体系和教学方法,还提到了“安夫子”(安提西尼)、“杜知尼”(第欧根尼)、“叺夫子”(伊壁鸠鲁)各自的学问特点,强调“泰西学问皆根源于此”(光绪五年二月十六日记)。对英国的学术,郭嵩焘敏锐地注意到了培根的经验主义的影响以及牛顿的天文学体系。“英国讲实学者,肇自比耕(培根)”;“英人谓天文窍奥由纽登(牛顿)开之”(光绪三年十月廿九日记)。但郭嵩焘毕竟是外交官,不可能对西方学术进行深入的研究和介绍。从哲学、伦理学、逻辑学角度探究西学之源,并在此基础上全面介绍西方的社会科学,是从严复开始的。

严复像

严复(1854 - 1921)字又陵,又字几道,福建侯官人。人们往往只看到严复在戊戌变法中的作用,实际上,严复没有直接卷入戊戌变法的政治活动,他的主要贡献在提供维新变法的思想上。尤为重要的是,严复的大量译著,成为当时中国了解西学最重要的来源。而且他在西学上的造诣,远非同时期其他人可比。正是由于他的翻译作品,才使维新变法运动取得了思想学术上的依据。如果说,梁启超是以见识敏锐见长,那么严复则是以学问厚重见长。其文章在当时便有《侯官严氏丛刻》《严侯官先生全集》流传。中华书局1986年出版有王栻编辑的《严复集》。

严复是由马尾船厂派出的中国首批留学英法的学员,1877年赴英,入格林威治海军学院。在英国,他被维多利亚时代的成就所征服,使他十分注意研究“中西学问同异”，涉猎了亚当·斯密、约翰·穆勒（密尔）、孟德斯鸠、达尔文、赫胥黎等人的学说，实地考察了议会、法院等制度设施。回国后，他先后担任福州船政学堂教习和北洋水师学堂总教习。甲午之战后，他在天津《直报》连续发表《论世变之亟》《原强》《辟韩》《原强续篇》《救亡决论》5篇政论，呼吁变法，对当时社会形成了思想震动。同当时的其他维新言论相比，严复的文章更突出哲理分析。如他在谈到“世变”时，不是简单地雷同于他人“数千年未有之变局”的感慨，而是创造了较为理性化的“运会”一词。“呜呼！观今日之世变，盖自秦以来未有若斯之亟也。夫世之变也，莫知其所由然，强而名之曰运会。运会既成，虽圣人无所为力，盖圣人亦运会中之一物。”“彼圣人者，特知运会之所由趋，而逆睹其流极。唯知其所由趋，故后天而奉天时；唯逆睹其流极，故先天而天不违。”（《论世变之亟》，王栻主编：《严复集》，中华书局1986年版，下同）显然，严复的长处在论理而不是在激情。这对于当时情绪激昂的变法运动来说，无疑有着重要作用。严复的变法主张，侧重于教育、文化和社会变革，即“鼓民力”“开民智”和“新民德”，以革除传统恶俗“鼓民力”，以传授西学“开民智”，以推行民主、建立议会政治“新民德”。

在戊戌变法前夕，虽然西学浸淫多年，但中国多数人对西学的基础理论并不了解。梁启超称其为“学问饥荒”，他说：“康有为、梁启超、谭嗣同辈，即生育于此种‘学问饥荒’之环境中，冥思枯索，欲以构成一种‘不中不西即中即西’之新学派，而已为时代所不容。盖固有之旧思想，既深根固蒂，而外来之新思想，又来源浅觳，汲而易竭，其支绌灭裂，固宜然矣”。“新思想之输入，如火如荼矣。然皆所谓‘梁启超式’的输入，无组织，无选择，本末不具，派别不明，惟以多为贵，而社会亦欢迎之。”（梁启超：《清代学术概论》，上海古籍出版社1998年版，第97－98页）就像灾民对待食物没有选择一样，不管是否卫生，更不管是否有毒或者可能致病。在这种情况下，严复对西学的介绍具有极大意义。

对变法影响最大的，是严复的译作《天演论》。《天演论》来自赫胥黎

(Thomas Henry Huxley)的《进化论与伦理学》,严复在翻译时,有自己的取舍和发挥,删除了其中的伦理学部分,译文与时局紧密联系。他用达尔文的进化论,从理论上推翻了中国传统中根深蒂固的历史循环论,自此,中国人普遍接受了“物竞天择,适者生存”的“公理”,开始学习用科学化的眼光看待社会发展问题。严复关于“物竞天择”是这样阐释的:“不变一言,决非天运。而悠久成物之理,转在变动不居之中。是当前之所见,经廿年卅年而革焉可也,更二万年三万年而革亦可也。特据前事推将来,为变方长,未知所极而已。虽然,天运变矣,而有不变者行乎其中。不变惟何?是名天演。以天演为体,而其用有二:曰物竞,曰天择。此万物莫不然,而于有生之类为尤著。物竞者,物争自存也。以一物以与物物争,或存或亡,而其效则归于天择。天择者,物争焉而独存。则其存也,必有其所以存,必其所得于天之分,自致一己之能,与其所遭值之时与地,及凡周身以外之物力,有其相谋相剂者焉。夫而后独免于亡,而足以自立也。而自其效观之,若是物特为天之所厚而择焉以存也者,夫是之谓天择。天择者,择于自然,虽择而莫之择,犹物竞之无所争,而实天下之至争也。斯宾塞尔曰:‘天择者,存其最宜者也。’夫物既争存矣,而天又从其争之后而择之,一争一择,而变化之事出矣。”(《天演论上》导言一《察变》)

在此前的《原强》中,严复就已经介绍了达尔文及其进化论,并认为进化论同样适用于社会。“动植如此,民人亦然。民人者,固动物之类也。达氏总有生之物,标其宗旨,论其大凡如此。”(《原强》修订稿)他翻译《天演论》,就是这一主旨。尽管他的思想有社会达尔文主义的倾向,但却适应了中国人急需寻找救国强国理论的心理,因而,《天演论》于 1898 年由湖北沔阳卢氏慎始基斋刻印出版后,受到知识界乃至社会各方的狂热欢迎,洛阳纸贵,商务印书馆 1905 年出版铅印本,到 1921 年竟重印 20 次。据胡适回忆,当时的蒙童教育,都言必称天演,文必曰进化。稍有知识之人,无不受到《天演论》的影响。

戊戌政变后,严复并未受到直接冲击。此后,他致力于翻译事业,

1899年,他曾在给张元济的信中谈到开民智的问题,坦言戊戌政变后的局势说:“仰观天时,俯察人事,但觉一无可为。然终谓民智不开,则守旧维新两无一可……所以摒弃万缘,惟以译书自课”。并十分自信地说:“有数部要书,非仆为之,可决三十年中无人为此者;纵令勉强而为,亦未必能得其精义也。”从1901开始,严复用了10年时间翻译了一批经典性的西方名著,其代表性译作有亚当·斯密的《原富》(今译名《国富论》),斯宾塞的《群学肄言》(今译名《社会学研究法》),穆勒的《群己权界论》(今译名《自由论》),甄克思的《社会通诠》(今译名《社会进化简史》),孟德斯鸠的《法意》(今译名《论法的精神》),穆勒的《穆勒名学》(今译名《逻辑学》)和耶芳斯的《名学浅说》(今译名《逻辑学入门》)。连同《天演论》,这就是后人所称严译名著8种,由商务印书馆、南洋公学译书院、文明书局分别出版。从严复译著的选题来看,这些著作囊括了社会科学领域的哲学、经济学、社会学、政治学、法学、逻辑学;从译著所选的原作来看,可以说基本都属于能经得起时间考验的大家之作。严译名著之所以风行全国,有他自己的特点:①他满足了当时人们急需了解西学基础原理的心理,侧重于最重要最基本的学理介绍;②他采用了中国传统文人敬重的典雅方式,不是硬译和直译,而是用古文加以中国化的意译,使其消除了原作与读者之间的异质文化障碍;③他在译文中加有许多按语,既反映了自己的观点和评价发挥,也能使读者消除西学概念和中学概念的类比差异。严译名著在一定程度上改变了中国人对西学的看法,正如他在《论世变之亟》一文中所说的那样:“夫与华人言西治,常苦于难言其真。存彼我之见者,弗察事实,辄言中国为礼义之区,而东西朔南,凡吾王灵所弗届者,举为犬羊夷狄,此一弊也。明识之士,欲一国晓然于彼此之情实,其议论自不得不存是非善否之公。而浅人怙私,常詈其誉仇而背本,此又一弊也。”人们所重视西学的技术层面,如“汽机兵械之伦”,不过是“形下之粗迹”。即使西学的科学层面,如“天算格致之最精”,也不过是“能事之见端,而非命脉之所在”。西学的真正命脉,“苟扼要而谈,不外于学术则黜伪而崇真，于刑政则屈私以为公而已”，即学术理论上的实证方法和逻辑方法，政治制度上的立宪民主。在西学东传以及本土化的过程中，严复有着不可磨灭的功绩。

严复对西学的了解比同时代的其他人透彻得多，而中学功底又极为深厚，这使他在打通中西文化隔阂上具有优势。他实事求是地指出中西文化的差异，又探讨了其他人所忽视的文化相通。他指出，西学之长，在于原理上的普适，并不存在民族上的隔阂。“夫西学亦人事耳，非鬼神之事也。既为人事，则无论智愚之民，其日用常行，皆有以暗合道妙；其仰观俯察，亦皆宜略见端倪。”“今夫学之为言，探赜索隐，合异离同，道通为一事也。”(《救亡决论》)强调“学”为“天下公理公器”。严复进而对“中体西用”的体用分离论和本末论进行了批判：“体用者，即一物而言之也。有牛之体，则有负重之用；有马之体，则有致远之用。未闻以牛为体，以马为用者也。中西学之为异也，如其种人之面目然，不可强谓似也。故中学有中学之体用，西学有西学之体用，分之则并立，合之则两亡。议者必欲合之而以为一物，且一体而一用之，斯其文义违舛，固已名之不可言矣，乌望言之而可行乎？”“其曰政本而艺末也，愈所谓颠倒错乱者矣。且其所谓艺者，非指科学乎？名、数、质、力，四者皆科学也。其通理公例，经纬万端，而西政之善者，即本斯而立。故赫胥黎氏有言：‘西国之政，尚未能悉准科学而出之也。使其能之，其致治且不止此。’中国之政，所以日形其绌，不足争存者，亦坐不本科学，而与通理公例违行故耳。故以科学为艺，则西艺实西政之本。设谓艺非科学，则政艺二者，乃并出于科学，若左右手然，未闻左右之相为本末也。”(《与〈外交报〉主人书》)

对科学与治国之术的关系，严复的见解也超出了同时代的其他人。他在讲政治之道时说：从科学角度讲政治，与寻常议论不同，有两大难处：“一是求名义了晰，截然不紊之难；二是思理层析，非所习惯之难”。“故或言者视为无疑，而闻者犹或待辨；有时语意已极明白，而犹以为深远难明；或自谓已悟，而去实甚远。”根据科学的标准来衡量，中国的治术不足以称科学。"是故取古人谈治之书,以科学正法眼藏观之,大抵可称为术,不足称学。诸公应知学术二者之异。学者,即物而穷理,即前所谓知物也。术者,设事而知方,即前所谓问宜如何也。然不知术之不良,皆由学之不明之故;而学之既明之后,将术之良者自呈。此一切科学所以大裨人事也。"(《政治讲义》第一会)由此认识发端,严复立志向中国介绍真正的社会科学。

与同时代的其他人相比,严复是对西方政治思想了解最深刻的人。他立足于英国的经验主义,对自由与民主的关系比当时任何中国人都看得透彻。在放弃"中体西用"的说法后,严复依然用体用关系来解释西方思想,提出了"自由为体,民主为用"。"唯天生民,各具赋畀,得自由者乃为全受,故人人各得自由,国国各得自由,第务令毋相侵损而已,侵人自由者,斯为逆天理,贼人道。其杀人伤人及盗蚀人财物,皆侵人自由之极致也。故侵人自由,虽国君不能,而其刑禁章条,要皆为此设耳。"(《论世变之亟》)"今聚群民而成国家,以国家而有政府,由政府而一切所以治吾身心之法令出焉,故曰政府与自由反对也。顾今使为之法,而此一切所以治吾身心者,即出于吾之所自立,抑其为此之权力,必由吾与之而后有。然则吾虽受治,而吾之自由自若,此则政界中自治 Self - government 之说也。"即政府权力来自人民授权。基于这种思路,严复认识到立宪的目的是确保民众的自由,确立民众"据以与君上为争之法典",而非确立管制民众之法典。"立宪者,立法也,非立所以治民之刑法也。"(《政治讲义》第七会)

按照路易斯·哈茨为本杰明·史华兹:《寻求富强:严复与西方》一书所写的序,严复对英国的认识,可以同托克维尔对美国的认识、阿莱维对英国的认识相媲美①。哈茨说:"严复仍然是一位有极特殊影响的人物,并且即使因东西方相距遥远而使他研究的严密性减色,但他洞察事物的视角却因此而拓宽。西方思想的西方评论家告诉我们的较多的是我们已知

① 托克维尔(Alexis de Tocqueville)和阿莱维(Elie Halevy)都是法国学者,前者著有《论美国的民主》,后者著有《人民的英国史》,都是经典之作,被西方看作外国人研究他国史的典范。

的事情;而严复进一步告诉了我们一些我们所不知道的事情。……尽管严复主要注目于英国古典自由主义,但他从上世纪末至本世纪初在中国译介了一系列欧洲著作。严复站在尚未经历近代化变化的中国文化的立场上,一下子就发现并抓住了这些欧洲著作中阐述的'集体的能力'这一主题。"(本杰明·史华兹:《寻求富强:严复与西方》序言,叶凤美译,江苏人民出版社1996年版)

正是出于这样一种体用观,严复提出,只要能救治中国,就无需区别中西,划分新旧,而要兼容中西,统合新旧。中国之病,在"愚""贫""弱",而愚又是贫弱之源头。"凡可以瘉愚者,将竭力尽气皲手茧足以求之。惟求之能得,不暇问其中若西也,不必计其新若故也。有一道于此,致吾于愚矣,且由愚而得贫弱,虽出于父祖之亲,君师之严,犹将弃之,等而下焉者无论已。有一道于此,足以瘉愚矣,且由是而疗贫起弱焉,虽出于夷狄禽兽,犹将师之,等而上焉者无论已。""阔视远想,统新故而视其通,苞中外而计其全,而后得之。"(《与〈外交报〉主人书》)"新旧二党,皆其所不可无,而其论亦不可偏废。非新无以为进,非旧无以为守;且守且进,此其国之所以骏发而又治安也。"(《主客评议》)从这种思想出发,严复一步步走向文化保守主义,倡导国故。但这种文化保守主义,依然立足于先进的科学方法论。如他晚年对儒学经典的评价:"鄙人行年将近古稀,窃尝究观哲理,以为耐久无弊,尚是孔子之书。四子五经,固是最富矿藏,惟须改用新式机器发掘淘炼而已。"(《与熊纯如书》五十二)由于严复深受英国经验主义研究方法的影响,主张改革的渐进性,所以对革命方式有怀疑,更对辛亥革命后中国的动荡混乱痛心疾首,由此导致他最终走上尊孔道路。他的思想脉络和心路历程,与王国维的情况极为类似。学界有严复晚年"复古"之说,究其实质,是其思想从"政治救国"到"教育救国",再到"道德救国"的逻辑演进①。曾给溥仪当过老师的末代帝师、内阁学士陈宝琛对严复评价

① 认为严复晚年复古倒退的,见之于多数相关教材和专著;认为严复的思想始终一致的,可参见李钧《先驱者"复古"现象考:以严复为例》,《社会科学论坛》2004年第1期;认为严复思想始终为"全盘西化"的,可参见[美]本杰明·史华兹《寻求富强:严复与西方》,江苏人民出版社1996年版。

道："君于学无所不窥，举中外治术学理，靡不究其原委，抉其失得，证明而会通之，六十年来治西学者，无其比也。"(《清故资政大夫海军协都统严君墓志铭》)

# 第四章　民族民主革命与思想文化革新

## 第一节　辛亥前夕的思想变化

庚子之变后，清朝统治者痛定思痛，由慈禧太后主持展开“回銮新政”，力求以改良来缓和社会矛盾，延长清廷寿命。一批由维新人士转化而来的立宪派，试图在新政中实现自己的政治理想。但是，晚清新政并未收到预期效果，反而成为激起社会动荡的新源头。在推行新政过程中，立宪派的思想倾向及其变化，成为这一时期思想史的重要内容之一。

所谓立宪派，一般指清末主张立宪并且积极参与和推动宪政改革的人士。晚清的立宪派，有一些是从维新变法中的政治活动家转变而来，还有不少是接受了新思想的士绅。他们创办报刊，著书立说，要求远学英德，近学日本，实施君主立宪。清廷宣布预备立宪后，立宪派声势空前壮大，他们以各省咨议局和中央资政院为舞台，积极参政议政，在政治上倡扬民权，在经济上要求收回利权，在教育上开办各类学堂，成为当时一股不可忽视的社会力量，对清王朝形成了一定的压力。

晚清的立宪思想不是偶然出现的，而是近代西学东渐过程中逐渐孕育出来的。洋务运动后期，王韬、郑观应等人，就已经开始接受西方式宪政的观念，发出了实行“君民共主”的呼吁，要求仿行泰西各国的议院制度。“朝廷有兵刑礼乐赏罚诸大政,必集众于上下议院,君可而民否,不能行;民可而君否,亦不得行也。必君民意见相同,而后可颁之于远近,此君民共主也。”(见王韬:《弢园文录外编·重民》,郑观应《易言·论议政》也有类似议论)然而,洋务派对宪政的解释,多是用传统的“三代之治”比附。如“三代以上,君与民近而世治;三代以下,君与民日远,而治道遂不古若。至于尊君卑臣,则自秦制始。”“《书》有之曰:民惟邦本,本固邦宁。苟得君主于上,而民主于下,则上下之交固,君民之分亲矣,内可以无乱,外可以无侮,而国本有若苞桑磐石焉。由此而扩充之,富强之效亦无不基于此矣。泰西诸国,以英为巨擘,而英国政治之美,实为泰西诸国所闻风向慕,则以君民上下互相联络之效也。”(王韬:《弢园文录外编》,辽宁人民出版社1994年版,第22,36页)

在戊戌变法时期,康有为已经提出了君主立宪的目标。不过,当时的维新派对宪政的认识相当浅薄,仅仅看到了开议院的政治参与作用和上下沟通作用。康有为说:“夫人主之为治,以为民耳。以民所乐举乐选者,使之议国政,治人民,其事至公,其理至顺。《孟子》进贤杀人皆归之国人,《洪范》谋及庶人,即此义也。”(《日本变政考》卷六按语)他以人体的大脑比喻君主,以心脏比喻议院,以手足比喻行政,以耳目比喻司法,而且处处同中国历史对照讲解。所以,康有为主张的议会政治和三权鼎立,不过是尧舜禹三代之治的近代翻版,所起作用是舆情工具而已,与晚期洋务派的见识如出一辙。“夫先王之治天下,与民共之。《洪范》之大疑大事,谋及庶人为大同,《孟子》称进贤杀人,待于国人之皆可,《盘庚》则命众至庭,文王则与国人交,《尚书》之四目四聪,皆由辟门,《周礼》之询谋询迁,皆合大众。尝推先王之意,非徒集思广益,通达民情;实以通忧共患,结合民志。”“上师尧舜三代,外采东西强国,立行宪法,大开国会,以庶政与国民共之,行三权鼎立之制,则中国之治强,可计日待也。”(《上清帝第二书》,《请定立宪开国会折》,《康有为政论集》上册,中华书局1981年版,第134－135,339页)但康有为毕竟一直主张立宪,所以,当1906年清廷宣布预备立宪时,他立即把自己的保皇会改为国民宪政会。称:“本会以救中国为旨,昔以皇上变法,舍身救民,蒙险难,会众咸戴,以为非保圣主,不能保中国,故立会以保皇为义。今上不危,无待于保,会务告蒇,适当明诏,举行宪政,国民宜预备讲求,故今改保皇会为国民宪政会,亦称为国民宪政党,以讲求宪法,更求进步。”(《行庆改会简要章程》,《康有为政论集》上册,中华书局 1981 年版,第 602 页)

与康有为不同,梁启超流亡之后,在对立宪的认识上要深刻许多。他已经接受了君权民授、君权有限、政府限权、民主治国的观念(见《立宪法议》《论政府与人民之权限》等文,《饮冰室文集》之九,之十)。梁启超对政府职责的认识,已经接近西方的“守门人”理论。“一曰助人民自营力所不逮,二曰防人民自由权之被侵而已。”(《论政府与人民之权限》,《文集》之十,《饮冰室合集》,中华书局影印本)这种思想深度,使梁启超成为立宪派的思想领袖。但是,出于救国的需要,梁启超有意识地在倡导立宪的同时主张国家至上。“天下未有无人民而称之为国家者,亦未有无政府而可称之为国家者。政府与人民,皆构造国家之要具也。故谓政府为人民所有也不可,谓人民为政府所有也尤不可。盖政府、人民之上,别有所谓人格之国家者,以团之统之。国家握独一最高之主权,而政府、人民皆生息于其下者也。”(《论政府与人民之权限》,《文集》之十)这就导致了梁启超的多变和彷徨,并最终把批判矛头指向卢梭的社会契约论。“必先铸部民使成国民,然后国民之幸福乃可得言也。如伯氏言,则民约论者适于社会而不适于国家,苟弗善用之,则将散国民复为部民,而非能铸部民使成国民也。故以此论,药欧洲当时干涉过度之积病,固见其效,而移植之于散无友纪之中国,未知其利害之足以相偿否也。”(《政治学大家伯伦知理之学说》,《文集》之十三)梁启超由此走向以开民智为民主先决条件的“新民说”,赞同“开明专制”。与后来怂恿袁世凯复辟帝制的杨度相比,梁启超虽然在要不要帝制的问题上与杨度意见相左,但两人的思想方式却十分接近。

1904—1905 年在中国领土上发生的日俄战争,引发了中国报刊对立宪的呼吁。当时许多人认为,日俄战争中日本的胜利,不是小国对大国的胜利,而是立宪国家对专制国家的胜利。《东方杂志》出版了主题为《宪政初纲》的临时增刊，在《宪政初纲缘起及立宪纪闻》中称："甲辰日俄战起，识者咸为之说曰：此非日俄之战，而是立宪专制二政体之战也"。日本"以小克大，以亚挫欧，赫然违历史之公例，非以立宪不立宪之义解释之，殆为无因之果。"(《立宪纪闻》，近代史资料丛刊《辛亥革命》(四)，第12页)《中外日报》也说："近者甲辰日俄之战，知微之士闻之，亦曰：此非俄日之战也，乃立宪专制二治术之战也。自海陆交绥以来，日无不胜，俄无不败，至于今，不独俄民群起而为立宪之争也，即吾国士夫，亦知其事之不容已，是以立宪之议，主者愈多。"(《论国家于未立宪以前有可以行必宜行之要政》，《中外日报》，光绪三十一年八月二十二日，《东方杂志》1905年第12期转载)立宪派的孙宝琦以驻法公使身份直接呼吁最高当局，请求仿照日本立宪。"盖立宪政体者，实所以尊君权而固民志，与我大清一统抚驭全国之宏谟适相吻合。近年中国民志大开，凡有血气者无不痛国势之衰微，愤外侮之凭陵，昌言改革，莫之能遏。宝琦窃维倡论自下，恐为酿祸之阶；决议于上，乃为致治之本。伏愿王爷中堂大人，思穷变通久之义，为提纲挈领之谋，吁恳圣明仿英德日本之制，定为立宪政体之图。先行宣布中外，于以固结民心，保全邦本。"时论吁请以立宪定国是。"朝廷欲图存必先定国是，定国是在立宪法，立宪法之希望即今日欧美通行之政治学说，所谓最大多数之最大幸福之义也。"(《出使法国大臣孙上政务处书》，《论朝廷欲图存必先定国是》，《东方杂志》1904年第7期)1905年7月，北洋大臣袁世凯、湖广总督张之洞、南洋大臣周馥联衔上奏，倡言立宪。清廷即时颁布谕旨，特派载泽、戴鸿慈、徐世昌、端方、绍英五大臣出洋考察宪政。1906年，清廷颁诏，宣布"仿行宪政"。

为了筹备立宪，清廷于1907年成立了"宪政编查馆"，起草了大量宪政文献。在宪政编查馆存续的4年内，它起草、审核、发表了《各省咨议局章程》《咨议局议员选举章程》《各省会议厅规则》《城镇乡地方自治选举章程》《九年预备立宪逐年推行筹备事宜》《内阁官制》《内阁办事暂行章程》《户籍法》《结社集会律》等。其中最重要的是《宪法大纲》的制定，而真正对立宪起实际推动作用的主要是各项具体法规，尤其是资政院和各省咨议局的设立，为立宪派提供了重要舞台。

在鼓吹宪政方面，咨议局起了重大作用。1909年，各省咨议局先后成立，咨议局多数由立宪派人士控制，如江苏的张謇、奉天的吴景廉、湖北的汤化龙、湖南的谭延闿、四川的蒲殿俊等人，都以议长之职主导着咨议局的行动。他们凭借自己的知名士绅身份，上逼中央，下压督抚，要求清廷缩短预备立宪时限，速开国会，成立责任内阁；要求各省督抚接受咨议局的政务监督，对相应具体事务提出质询弹劾；有些省的咨议局组织、参加了拒债、保路、保矿等斗争。例如，江苏咨议局一成立，张謇就发表《请速开国会建设责任内阁以图补救书》，吁请清廷缩短预备立宪年限，成立责任内阁。影响最大的是1910年各省咨议局联合商界、学界、士绅、官员集体行动的三次请愿。中央的资政院，也在立宪大潮中以临时议会的姿态尽力参政，弹劾军机大臣。但是，控制朝政的皇族亲贵，给资政院泼了一头冷水。“军机大臣负责与不负责任，暨设立责任内阁事宜，朝廷自有权衡，非该院总裁所得擅预，所请着毋庸议。”(《宣统政论》卷二十九)很快人们认识到，所谓预备立宪，不过是一场骗局；所谓责任内阁，不过是皇族亲贵掌权。于是，舆论开始转向革命。在这段时间内，立宪派在宣传民主、宪政、法治、民权等新思想方面有着较大作用，包括后来革命派的许多思想资源，也是来自于立宪派。

立宪派不希望发生革命，但是他们对皇室贵族控制朝政的不满更大。尤其是在光绪与慈禧死后的政局变化中，满族亲贵的少不更事和专横跋扈，彻底打破了立宪派的幻想。于是，他们中的相当一批人开始同情革命，即便不赞成革命，也持观望态度。由于皇族内阁政治上的腐朽和低能，这些原本极力促进晚清改革的立宪派不断受挫，而主张以革命手段推翻清朝的革命派迅速壮大，激发出一浪高过一浪的革命思潮。尤其是在留学生和知识分子中间，进行民族民主革命以救亡图存的思想产生了广泛影响。黄兴、陈天华等人回到两湖，成立了华兴会；蔡元培、章太炎组织的中国教育社和爱国学社改组为光复会。1905年，兴中会、华兴会、光复会合并组建同盟会，标志着革命组织的统一。此后，同盟会领导了推翻清朝统治的革命活动。

与立宪派程度不同地同情革命派不一样，革命派从推翻清朝的反动统治出发，多数视立宪派为革命的障碍。早在 1903 年，孙中山就在《敬告同乡书》中公开宣布："革命、保皇二事决分两途，如黑白之不能混淆，如东西之不能易位。"(《孙中山全集》第 1 卷，中华书局 1981 年版，第 232 页)然而，其时社会对革命的支持度远远不够，多数人还是把革命派看作"乱党"。所以，革命力量在当时还非常薄弱。不过，革命党人的宣传工作，已经在迅速扩展，革命思想也广为传播，尤其是在留日学生中，宣传革命成为时尚。1901 年，宣传革命的《国民报》在东京创刊，随后，《游学译编》《大陆》《湖北学生界》《江苏》《浙江潮》《新湖南》《孙逸仙》《黄帝魂》《女子世界》《中国女报》等鼓吹革命的书刊陆续出版发行，逐渐在社会上形成影响力。尤其是邹容的《革命军》、章太炎的《驳康有为论革命书》、陈天华的《猛回头》《警世钟》，是当时传播民主革命思想的代表作。

革命派的理论来源，实际同立宪派接近，都是来自西学中的近代资产阶级政治思想。他们的基本观点，在主张进化论和民权民主观念上是一致的。所不同的是，立宪派看重宪政和改良，而革命派直接搬来资产阶级民主共和国模式。从邹容在《革命军》中列举的书籍，就可以看出其思想来源。"吾幸夫吾同胞之得卢梭《民约论》、孟德斯鸠《万法精理》、弥勒约翰《自由之理》《法国革命史》《美国独立檄文》等书译而读之也。是非吾同胞之大幸也夫！"

邹容像

号称"革命军中马前卒"的邹容(1885—1905 年)，在日本留学期间参与革命，自比法国卢梭，回上海后结识章太炎，撰写《革命军》，由章太炎作序，章士钊题签，大同书局出版，《苏报》大加宣传，加之《苏报》刊登章太炎的《驳康有为论革命书》，由此引发了"《苏报》案"，邹容被囚死狱中。他的《革命军》二万余字，气势磅礴。章士钊在《苏报》上的书评称:“卓哉!邹氏之《革命军》也。以国民主义为干,以仇满为用,挦扯往事,根极公理,驱以犀利之笔,达以浅直之词,虽顽懦之夫,目睹其字,耳闻其语,则罔不面赤耳热心跳肺张,作拔剑砍地奋身入海之状。呜呼!此诚今日国民教育之第一教科书也!”(《读革命军》,《章士钊全集》第1卷,文汇出版社2000年版,第27页)

《革命军》富有鼓动性。“革命者,天演之公例也;革命者,世界之公理也;革命者,争存争亡过渡时代之要义也;革命者,顺乎天而应乎人者也;革命者,去腐败而存良善者也;革命者,由野蛮而进文明者也;革命者,除奴隶而为主人者也。”邹容赞扬卢梭等人的革命思想道:“夫卢梭诸大哲之微言大义,为起死回生之灵药,返魄还魂之宝方,金丹换骨,刀圭奏效,法、美文明之胚胎,皆基于是。我祖国今日病矣,死矣,岂不欲食灵药投宝方而生乎?苟其欲之,则吾请执卢梭诸大哲之宝旌,以招展于我神州上。不宁惟是,而况又有大儿华盛顿于前,小儿拿破仑于后,为吾同胞革命独立之表木。”谈及革命之原因时,邹容以大量篇幅强调排满,可见当时革命宣传中“驱逐鞑虏”的份量:“中国者,中国人之中国也,非贼满人所得而固有也”。“忍令上国衣冠,沦于夷狄;相率中原豪杰,还我河山!”谈及革命之教育,邹容分为野蛮之革命和文明之革命。“野蛮之革命,有破坏,无建设,横暴恣睢,适足以造成恐怖之时代……文明之革命,有破坏,有建设。为建设而破坏,为国民购自由平等独立自主之一切权利,为国民增幸福。”“欲大建设,必先破坏;欲大破坏,必先建设。此千古不易之定论。吾侪今日所行之革命,为建设而破坏之革命也。”邹容强调,革命必先区分国民和奴隶,去奴隶之根性。“曰国民,曰奴隶,国民强,奴隶亡。国民独立,奴隶服从。”“国民者,有自治之才力,有独立之性质,有参政之公权,有自由之幸福,无论所执何业,而皆得为完全无缺之人。曰奴隶也,则既无自治之力,亦无独立之心,举凡饮食、男女、衣服、居处,莫不待命于主人,而天赋之人权,应享之幸福,亦莫不奉之主人之手。”邹容主张,革命后的国名为中华共和国,为自由独立之国家,参照美国之法立宪,实行自治。

《革命军》通篇慷慨激昂，饱含热情，在追求自由民主的呼声中，夹杂种族观念和排满议论，“共和”与“皇汉”并列，反映了清末革命宣传中的实际情况。

陈天华像

陈天华(1875—1905年)是与邹容齐名的革命鼓动家，因抗议日本对中国留学生的歧视而蹈海自尽。他的《猛回头》《警世钟》，用民间弹唱词的方式，以通俗语言宣传革命思想。《猛回头》的引子是：“大地沉沦几百秋，烽烟滚滚血横流。伤心细数当时事，同种何人雪耻仇！”其中有大段说唱词，抨击清朝的种族统治和列强的欺凌侵略。“拿鼓板，坐长街，高声大唱；尊一声，众同胞，细听端详：我中华，原是个，有名大国；不比那，弹丸地，僻处偏方。论方里，四千万，五洲无比；论人口，四万万，世界谁当？论物产，真是个，取之不尽；论才智，也不让，东西两洋。看起来，那一件，比人不上；照常理，就应该，独称霸王。为什么，到今日，奄奄将绝；割了地，赔了款，就要灭亡？这原因，真真是，一言难尽；待咱们，细细数，共做商量。”“俺汉人，百敌一，都还有剩；为什么，寡胜众，反易天常？只缘我，不晓得，种族主义；为他人，杀同胞，丧尽天良。他们来，全不要，自己费力；只要我，中国人，自相残伤。”“俄罗斯，自北方，包我三面；英吉利，假通商，毒计中藏。法兰西，占广州，窥伺黔桂；德意志，胶州领，虎视东方。新日本，取台湾，再图福建；美利坚，也想要，割土分疆。这中国，哪一点，我还有份？这朝廷，原是个，名存实亡。替洋人，做一个，守土官长；压制我，众汉人，拱手降洋。”“俺汉人，自应该，想个计策；为什么，到死地，不慌不忙？痛只痛，甲午年，打下败阵；痛只痛，庚子岁，惨遭杀伤。痛只痛，割去地，万古不返；痛只痛，所赔款，永世难偿。痛只痛，东三省，又将割献；痛只痛，法国兵，又到南方。痛只痛，因通商，民穷财尽；痛只痛，失矿权，莫保糟糠。痛只痛，办教案，人命如草；痛只痛，修铁路，人扼我吭。痛只痛，在租界，时遭凌践；痛只痛，出外洋，日苦深汤。”“怕只怕，做印度，广土不保；怕只怕,做安南,中兴无望。怕只怕,做波兰,飘零异域;怕只怕,做犹太,没有家乡!怕只怕,做非洲,永为牛马;怕只怕,做南洋,服事犬羊。怕只怕,做澳洲,要把种灭;怕只怕,做苗瑶,日见消亡。”尾声以沉痛语气道:“瓜分豆剖迫人来,同种沉沦剧可哀!太息神州今去矣,劝君猛省莫徘徊!”陈天华的作品,流传乡野,影响广泛。

与邹容、陈天华齐名的,还有自号“鉴湖女侠”的秋瑾(1875—1907),她以诗文抒发革命情感,“幽燕烽火几时收,闻道中洋战未休;膝室空怀忧国恨,谁将巾帼易兜鍪”(《杞人忧》)。她提倡女权,宣传革命,在陶成章与徐锡麟创办的大通师范学堂任督办,训练革命力量,后被捕就义。秋瑾就义事件是民众舆论由支持立宪到同情革命的转折点,从此,伴随着晚清新政的破产和立宪派的失望,革命派的影响迅速扩大,为辛亥革命进行了舆论准备。

## 第二节 章太炎的革命思想与国学建树

章太炎像

章太炎(1869—1936年)原名炳麟,因追慕顾炎武而改名绛,别号太炎。他师从俞樾学习古文经学,养成了严谨的学风。后因受清廷通缉流亡日本,归国后在蔡元培兴办的爱国学社讲学,并在《苏报》上发表《驳康有为论革命书》等文章,名声大振,后因“《苏报》案”与邹容被捕,出狱后再赴日本,主张革命,与孙中山合作,主编《民报》。辛亥革命后,章太炎与孙中山产生了重大分歧,后来又因反对袁世凯被软禁,晚年专心治学,有国学大师之誉。著作有《訄书》《国故论衡》《葑汉微言》《齐物论释》等。其著述后人汇编有《章氏丛书》和《章氏丛书续编》,遗稿编有《章氏丛书三编》。1982年起上海人民出版社陆续出版了《章太炎全集》。

1897年,章太炎受梁启超邀请,任《时务报》撰述。他先后在《时务报》《经世报》《实学报》发表政论文章，主张维新改良。此时，他由书生变为社会政治活动家。由于他积极参与维新变法，被清廷通缉，1899 年夏，东渡日本。不久返回上海，参与《亚东时报》编务。1900 年庚子之变后，章太炎思想发生了重大变化，认为维新不足以救中国，剪辫明志，投身革命。

1902 年，章太炎又流亡日本，于该年 4 月 26 日在日本与秦力山一道发起“支那亡国二百四十二年纪念会”。纪念会宣言为章太炎执笔，以反清为主题，疾呼：“愿吾滇人，无忘李定国。愿吾闽人，无忘郑成功。愿吾越人，无忘张煌言。愿吾桂人，无忘瞿式耜。愿吾楚人，无忘何腾蛟。愿吾辽人，无忘李成梁”。号召留日学生“雪涕来会，以志亡国”。纪念会受到日本政府阻止后，改在横滨补行仪式，由孙中山主持，章太炎致辞。此后留日学生中组建的革命团体，多数源自这次纪念会的首倡。回国后，章太炎参加上海爱国学社，继续宣传革命。1903 年，发表《驳康有为论革命书》，矛头直指清帝。同年，他为邹容《革命军》作序，鼓吹排满。称：“抑吾闻之，同族相代，谓之革命；异族攘窃，谓之灭亡；改制同族，谓之革命；驱除异族，谓之光复。今中国既灭亡于逆胡，所当谋者，光复也，非革命云尔。容之署斯名，何哉？谅以其所规画，不仅驱除异族而已，虽政教、学术、礼俗、材性，犹有当革命者焉，故大言之曰‘革命’也。”由此，引发了震惊全国的“《苏报》案”，入狱 3 年，在狱中曾以绝食相争，还与蔡元培等发起光复会，其声望由是大增。1906 年，章太炎出狱，上海革命党人和进步人士在监狱外举行了声势浩大的迎接仪式，当晚章太炎就应孙中山之邀再赴日本，参加同盟会，担任同盟会机关报《民报》的主笔。“《苏报》案”是革命宣传的一个转折点，标志着清廷再也无力而且无法有效地控制舆论。

此时，章太炎已经与立宪派彻底决裂，在执笔《民报》期间，他把批判矛头指向梁启超，主持了与《新民丛报》的论战。他以自己的学术造诣，作为宣扬革命的理论支持，以“光复汉室”为宗旨，批判梁启超倡导的开明专制和君主立宪,主张"公理之未明,即以革命明之;旧俗之俱在,即以革命去之"(《驳康有为论革命书》)。他宣传革命的基本思路是"以国粹激励种性""以宗教发起热情"。他还在《民报》上撰写了《中华民国解》,首倡"中华民国"国号。后来,因为与孙中山、汪精卫、黄兴等人争执,脱离同盟会的活动,专门从事国学研究。

1910年,章太炎在日本担任了重组后的光复会会长。上海光复后,章太炎回国主编《大共和日报》。南京临时政府建立,他被聘为枢密顾问。此后,他曾参加过张謇组建的统一党,鼓吹"革命军兴,革命党消",认为革命党已经完成了历史使命。宋教仁遇刺后,章太炎坚决反袁,遭到袁世凯软禁。1917年,他彻底脱离孙中山领导的国民党,在苏州讲学为业。

章太炎的革命思想中,反清排满始终是主线,因此,他主张的革命属于民族革命。在政治主张上,章太炎与其他革命者不同,他从中国国情出发,直接否定资产阶级的代议制民主理论。章太炎的《代议然否论》一文,系统阐述了他的政治主张,即"专制民主论"。章太炎认为,中国与欧洲不同,欧洲在立宪之时,走出封建不久,而中国在秦始皇时期就已经统一了全国。"彼之去封建近,而我之去封建远。去封建远者,民皆平等;去封建近者,民有贵族黎庶之分。与效立宪而使民有贵族黎庶之分,不如王者一人秉权于上,规摹廓落则苛察不遍行,民犹得以纾其死。"章太炎之所以主张"王者一人秉权于上",是因为他认为代议政体的本质是"封建之变相",实行代议制会"横分阶级",破坏社会平等。他主张法治,主张司法与行政分离,但不赞成议会制。他严厉抨击杨度请开国会的主张,认为"选举法行,则上品无寒门,而下品无膏粱。名曰国会,实为奸府,徒为有力者傅其羽翼,使得膢腊齐民,甚无谓也"。他根据对中国国情的了解,认为在中国这样一个大国中,实行选举将进退两难,"进之,则所选必在豪右;退之,则选权堕于一偏"。从民族主义看,代议制将导致民族分裂;从民生主义看,代议制不可能实现"耕者有其田"的平均地权目标。"故当时言共和政体者,徒见肤表,不悟其与民族民生二主义相牴牾也。余固非执守共和政体者,故以为选举总统则是,陈列议院则非。”章太炎反对代议制,却主张民权。“为吾党之念是者,其趣在恢廓民权。民权不藉代议以伸,而反因之扫地。他且弗论,君主之国有代议,则贵贱不相齿,民主之国有代议,则贫富不相齿,横于无阶级中增之阶级,使中国清风素气因以摧伤,虽得宰制全球,犹弗为也。”(均见《代议然否论》,《章太炎全集》第4册,上海人民出版社1985年版,第300-311页,下同)

针对否定代议制有可能带来的批评,章太炎回答道:“昔者吾党以为革命既成,必不容大君世胙,惟建置大总统为无害”。“置大总统则公,举代议士则戾。”他的结论是:“代议政体必不如专制为善。满洲行之非,汉人行之亦非;君主行之非,民主行之亦非。上天下地,日月所临,遗此尘芥腐朽之政,以毒黎庶,使鱼乱于水,兽乱于泽,惴耎之虫,肖翘之物,莫不失其职姓。甚矣哉,酋豪贵族之风至于今未沫也。”如何限制大总统的权力而保障民权,章太炎提出了自己的设想。“夫欲恢廓民权,限制元首,亦多术矣。如余所隐度者,略有数端。代议不可行而国是必素定,陈之版法,使后昆无得革更。”章太炎的主要设想包括:限定总统职权,“总统惟主行政国防,于外交则为代表,他无得与,所以明分局也”。司法独立,“司法不为元首陪属,其长官与总统敌体,官府之处分,吏民之狱讼,皆主之。虽总统有罪,得逮治罢黜,所以防比周也”。学校开民智,“学校者,使人知识精明,道行坚厉,不当隶政府,惟小学校与海陆军学校属之,其他学校皆独立,长官与总统敌体,所以使民智发越,毋枉执事也”。立法交由专家,“凡制法律,不自政府定之,不自豪右定之,令明习法律者与通达历史、周知民间利病之士,参伍定之,所以塞附上附下之渐也”。具体到总统行政方法、官员任免制度、经费控制办法、紧急状态应对办法,一直到民事原则、学术管理,章太炎都提出了相应设想。

应该说,章太炎的这套主张表面看来很奇特,与西方传来的政治学说截然不同,既否定了代议制政体,又不同于直接民主制政体,但他的主张建立在对中国国情的深入了解和独到的学术研究基础上。所以,他对共和还是专制的名称并不看重。“此政体者,谓之共和,斯谛实之共和矣;谓之专制,亦奇觚之专制矣。共和之名不足多,专制之名不足讳,任他人与之称号耳。大抵建国设官,惟卫民之故,期于使民平夷安稳,不期于代议。若舍代议政体,无可使其民平夷安稳者,吾亦将摭取之。今代议则反失是,不代议则犹有术以得是,斯掉头长往矣。名者,实之宾也,吾汉族诸昆弟将为宾乎?”他的具体设想,部分是受到西方近代政治学说的启发,更多地来自研究中国历史的感悟。如司法与行政相抗,并不是来自于西方的司法独立学说,而是来自于明代布政使与按察使互相牵制的实践;再如学校开民智的设想,不是来自西方的自治理论,而是吸取了从子产到黄宗羲关于学校的见解。在章太炎的论证中,越宏观抽象的内容,越靠近欧风美雨传来的抽象理念;而越具体的操作性设计,则越表现出深究中国传统的底蕴。这正好反映出章太炎以学术论革命的特色。

在学术上,章太炎最重要的著作为《訄书》,1899 年他结集完成后,随着他的立场由维新转向革命,感到该书“意多不称”,于 1902 年又重新修订,号称“文实闳雅,学识渊奥”。在思想文化上,章太炎推崇国学。1905 年初于上海成立的国学保存会就以章太炎为领袖。该会办有《国粹学报》和神州国光社,其宗旨是“研究国学,保存国粹”。在鼓吹革命的过程中,章太炎也以国粹标榜。“第一,是用宗教发起信心,增进国民的道德;第二,是用国粹激动种姓,增进爱国的热肠。”(《演说录》,《民报》第六号)但是,他不是简单地复古,而是借鉴了西学和印度佛学的思想方法,对国粹进行全面评判。对中国传统,他上自老庄孔孟荀韩诸子,中经汉魏六朝唐宋明清各家,下到康有为谭嗣同严复,都有论说;对西方学说,他涉及古希腊埃里亚、斯多葛学派,征引苏格拉底、柏拉图、亚里士多德、伊壁鸠鲁,评论康德、费希特、黑格尔、叔本华、尼采、培根、休谟、巴克莱、莱布尼茨、密尔、达尔文、赫胥黎、斯宾塞、笛卡尔、斯宾诺莎多人;对印度哲学,他了解吠檀多、波罗门、胜论、数论诸宗,熟悉法华、华严、涅槃、瑜伽诸经(章太炎思想的综合性和复杂性，参见侯外庐：《近代中国思想学说史》下卷，上海生活书店1947年版）。从广泛的学术比较中，他对复兴中国文化形成了与其革命思想紧密结合的新认识。他主张的国粹，已经不再是简单的复古守旧。他所提倡的国学，以儒学为主，同时包含诸子、佛学等内容，并将其放在古今中外的学术大背景下进行研究考察，探求其价值。例如，在对儒学的态度上，章太炎反对神化孔子，不主张经世致用，而是强调存古求真。他说："为甚提倡国粹？不是要人尊信孔教，只是要人爱惜我们汉种的历史。这个历史，是就广义说的，其中可以分为三项：一是语言文字，二是典章制度，三是人物事迹。"（《东京留学生欢迎会演说辞》，《章太炎政论选集》上册，中华书局1977年版，第272、276页）章太炎特别看重历史学："今夫血气心知之类，惟人能群。群之大者，在建国家，辨种族。其条例所系，曰言语、风俗、历史。三者丧一，其萌不植。露西亚（俄罗斯）灭波兰而易其言语，突厥灭东罗马而变其风俗，满洲灭支那而毁其历史。"（《哀焚书》，《章太炎全集》第3册，上海人民出版社1984年版，第468页）民族独立和自强，都要建立在历史学根基之上。"仆以为民族主义，如稼穑然，要以史籍所载人物、制度、地理、风俗之类，为之灌溉，则蔚然以兴矣。不然。徒知主义之可贵，而不知民族之可爱，吾恐其渐就萎黄也。"（《答铁铮》，《章太炎全集》第4册，上海人民出版社1985年版，第371页）治史的目的是弄清社会发展原理，培育民族精神文化。"所贵乎通史者，固有二方面：一方以发明社会政治进化衰微之原理为主，则于典志见之；一方以鼓舞民气、启导未来为主，则亦必于纪传见之。"（《致梁启超书》，《章太炎政论选集》上册，中华书局1977年版，第167页）"静以臧往，动以知来。通史亦然，有典则人文略备，推迹古今，足以臧忘矣；若其振厉士气，令人观感，不能无待纪传。"（《哀清史附：中国通史略例》，《章太炎全集》第3册，上海人民出版社1984年版，第329－330页）在治史方法上，要吸取新的思想，形成新的解释。"以古经说为客体，新思想为主观，庶几无愧于作者。"（《哀清史附：中国通史略例》，同上，第331页）对于历史研究的内容，一贯反对白话文的章太炎曾以白话文写道："大概历史中间最要的几件，第一是制度的变迁，第二是形势的变迁，第三是生计的变迁，第四是礼俗的变迁，第五是学术的变迁，第六是文辞的变迁，都在志和杂传里头。”（《常识与教育》，《章太炎的白话文》，上海泰东图书局民国十六年八月版，第61页）在中国学术思想史方面，章太炎和刘师培二人都有重大贡献。他们对先秦诸子及汉宋学术的研究，在清理传统文化资源上成就卓著。章太炎的《訄书》《国故论衡》，刘师培的《国学发微》《周末学术史序》《两汉学术发微论》《汉宋学术异同论》《南北学派不同论》，至今仍不失其价值。

在哲学方面，章太炎受佛教影响至深，推崇唯识宗的哲理。他以唯识宗的思想方法建立自己的认识论，要破“我执”，即破除主观的偏见；破“法执”，即破除客观的幻见；破对神的崇拜，即确立自尊心理。“自贵其心”，“自尊无畏”，“依自不依他”，把宗教与道德合为一体。并以这种路径，改进人生道德准则。“非说无生，则不能去畏死心；非破我所，则不能去拜金心；非谈平等，则不能去奴隶心；非示众生皆佛，则不能去退屈心；非举三轮清净，则不能去德色心。”“无量固在自心，不在外界。”（《建立宗教论》，《章太炎全集》第4册，上海人民出版社1985年版，第413，412页）“以勇猛无畏治怯懦心，以头陀净行治浮华心，以惟我独尊治猥贱心，以力戒诳语治诈伪心。”（《答梦庵》，《章太炎政论选集》上册，中华书局1977年版，第395页）对于社会的发展，章太炎提出“俱分进化论”，即善与恶都在进化。他从佛教义理角度提出了“五无”思想，即无政府、无聚落、无人类、无众生、无世界，似乎要超脱一切。

值得一提的是章太炎在治学中的求实精神。他说：“学名国粹，当研精覃思，钩发沉伏，字字征实，不蹈空言，语语心得，不因成说，斯乃形名相称。若徒摭旧语，或张大其说以自文，盈辞满幅，又何贵哉？实事求是之学，虑非可临时卒辨。”（《再与人论国学书》，《章太炎全集》第4册，上海人民出版社1985年版，第355页）正是这种精神和信念，使他的学术研究取得了巨大成就。而学术上的成就，又支撑着他的革命思想。过去评价章太炎，多将其早期从事排满革命和晚期趋于保守分开，其实不然，章太炎的革命思想，发源于他的国粹主张，而对传统文化的深厚功底，又铸造了他的民族主义和爱国主义精神。

## 第三节　孙中山的民族民主革命思想

孙中山像

孙中山(1866—1925年)是中国近代民族民主革命的伟大先行者。他在檀香山、香港、广州等地比较系统地接受过西方式的近代教育。中法战争和甲午中日战争的失败,激发了孙中山的反清思想。1894年11月,孙中山在檀香山组织兴中会,提出“振兴中华”,由此揭开了人们自觉地为中华民族复兴而奋斗的序幕。1895年以后,孙中山因密谋起义失败而被迫亡命海外,其间考察欧美各国,研究各种政治学说,形成了三民主义思想的萌芽。其后,孙中山在日本、檀香山、越南、暹罗、美国等地对华侨与留学生宣传革命。1905年8月,孙中山在日本东京创建同盟会,提出“驱除鞑虏,恢复中华,创立民国,平均地权”的革命纲领。在同盟会机关报《民报》发刊词中,孙中山首次提出民族、民权、民生三大主义。同盟会组织的多次起义,前仆后继,沉重打击了清政府。1911年10月10日,武昌起义爆发。孙中山在美国得知消息后回国,被推举为中华民国临时大总统。北洋军阀执政期间,孙中山先后领导了二次革命和护法战争。1921年后,开始寻求苏俄支持,1923年发表《孙文越飞宣言》,奠定了联俄政策的基础。1924年1月,以改组后的国民党第一次全国代表大会为标志,确立了联俄、联共、扶助农工三大政策。1925年在北京逝世。

孙中山的思想表现出鲜明的民族特色,在民主革命的实践中,他把自己的学说和理论概括为“三民主义”,即民族主义、民权主义和民生主义。民族主义立足于推翻异族统治,实现民族平等,创建自立于世界民族之林的民族国家。民权主义立足于主权在民,人民拥有政权,政府拥有治权,实行立法、司法、行政、考试、监察五权分立。民生主义立足于改善民生,平均地权,节制资本。孙中山从世界历史角度考察,指出从民族主义到民权主义再到民生主义是社会历史发展的必然趋势。他说:"余维欧美之进化,凡以三大主义:曰民族,曰民权,曰民生。罗马之亡,民族主义兴,而欧洲各国以独立。洎自帝其国,威行专制,在下者不堪其苦,则民权主义起。18世纪之末,19世纪之初,专制仆而立宪政体殖焉。世界开化,人智益蒸,物质发舒,百年锐于千载,经济问题,继政治问题之后,则民生主义跃跃然动。20世纪不得不为民生主义之擅扬时代也。"(《〈民报〉发刊词》,《孙中山全集》第1卷,中华书局1981年版,第288页)

孙中山的民族主义思想,起初发源于"反满"意识。他提出的"驱除鞑虏,恢复中华"口号,实际源自朱元璋讨元檄文中的"驱逐胡虏,恢复中华"。但孙中山很快就超越了单纯的排满意识,说:"惟前代革命如有明及太平天国,只以驱除光复自任,此外无所转移。我等今日与前代殊,于驱除鞑虏、恢复中华之外,国体民生尚当与民变革。虽经纬万端,要其一贯之精神,则为自由、平等、博爱"(《中国同盟会革命方略》,《孙中山全集》第1卷,中华书局1981年版,第296页)。到兴中会建立,他已经把"驱除鞑虏"和"创立合众政府"融为一体,将民族革命与政治革命结合起来,这标志着孙中山的革命活动已经由早期的反满斗争发展为近代民族解放运动。为此,他特别强调说:"曾听见人说,民族革命是要尽灭满洲民族,这话大错"(《在东京〈民报〉创刊周年庆祝大会上的演说》,《孙中山全集》第1卷,第325页)。南京临时政府建立后,孙中山及时提出了"五族共和"的民族政策,指出:"国家之本,在于人民。合汉、满、蒙、回、藏诸地为一国,即合汉、满、蒙、回、藏诸族为一人。是曰民族之统一"(《临时大总统宣言书》,《孙中山全集》第2卷,中华书局1982年版,第2页)。"群起解除专制,并非仇满,实欲合全国人民,无分汉、满、蒙、回、藏,相与共享人类之自由。究之政体虽更,国犹是国。"(《致贡桑诺尔布等蒙古各王公电》,《孙中山全集》第2卷,第48页)

孙中山的民权主义思想,与民主共和国理想紧密关联。1903年,孙中山用"创立民国"的提法来代替"创立合众政府"。他在檀香山发表演说称:“中华民族必将使其四亿人民的力量奋起并永远推翻满清王朝,然后将建立共和政体。”“观于昏昧之清朝,断难行其君主立宪政体,故非实行革命,建立共和国家不可也。”“革命成功之日,效法美国选举总统,废除专制,实行共和。”(《在檀香山正埠的演说》等三篇,《孙中山全集》第1卷,第226—227页)在《中国同盟会革命方略》中,他尤其强调共和政体的性质:“今者由平民革命以建国民政府,凡为国民皆平等以有参政权。大总统由国民公举。议会以国民公举之议员构成之。制定中华民国宪法,人人共守。敢有帝制自为者,天下共击之!”(《中国同盟会革命方略》,《孙中山全集》第1卷,第297页)在中国这样一个有着悠久君主专制传统的国家,如何实现民权,建立共和,难度极大。对此孙中山做了进一步设想,提出了“军政”“训政”“宪政”三步走的方略。民国之初为“军法之治”,“军队与人民同受治于军法之下。军队为人民戮力破敌,人民供军队之需要及不妨其安宁。既破敌者及未破敌者,地方行政,军政府总摄之,以次扫除积弊。政治之害,如政府之压制、官吏之贪婪、差役之勒索、刑罚之残酷、抽捐之横暴、辫发之屈辱,与满洲势力同时斩绝。风俗之害,如奴婢之畜养、缠足之残忍、鸦片之流毒、风水之阻害,亦一切禁止。并施教育,修道路,设警察、卫生之制,兴起农工商实业之利源。每一县以三年为限,其未及三年已有成效者,皆解军法,布约法。”接着为“约法之治”,“每一县既解军法之后,军政府以地方自治权归之其地之人民,地方议会议员及地方行政官皆由人民选举。凡军政府对于人民之权利义务,及人民对于军政府之权利义务,悉规定于约法,军政府与地方议会及人民各循守之,有违法者,负其责任。以天下平定后六年为限,如解约法,布宪法”。最终实现“宪法之治”,“全国行约法六年后,制定宪法,军政府解兵权、行政权,国民公举大总统及公举议员以组织国会。一国之政事,依于宪法以行之”(《中国同盟会革命方略》,《孙中山全集》第1卷,第297-298页)。对于宪政,孙中山有自己独特的设计,这就是著名的“五权宪法”。他说:“我们现在要集合中外的精华,防止一切的流弊,便要采用外国的行政权、立法权、司法权,加入中国的考试权和监察权,连成一个很好的完璧,造成一个五权分立的政府。像这样的政府,才是世界上最完全、最良善的政府。国家有了这样的纯良政府,才可以做到民有、民治、民享的国家。”(《民权主义·第六讲》,《孙中山全集》第9卷,中华书局1986年版,第353-354页)

孙中山的民生主义,是他的社会改革纲领。民生主义的核心是解决农民的土地问题,使耕者有其田,即“平均地权”。针对部分同盟会员的疑虑,孙中山专门在同盟会宣言中说明道:“文明之福祉,国民平等以享之。当改良社会经济组织,核定天下地价。其现有之地价,仍属原主所有;其革命后社会改良进步之增价,则归于国家,为国民所共享。肇造社会的国家,俾家给人足,四海之内无一夫不获其所。敢有垄断以制国民之生命者,与众弃之!”(《中国同盟会革命方略》,《孙中山全集》第1卷,中华书局1981年版,第297页)在《民报》创刊周年庆祝大会上,他又对民生主义做了详细解释:“这民生主义,是到19世纪之下半期才盛行的,以前所以没有盛行民生主义的原因,总由于文明没有发达。文明越发达,社会问题越着紧”。针对欧美国家贫富分化的实际,他强调:“这真是前车可鉴,将来中国要到这步田地,才去讲民生主义,已经迟了。这种现象,中国现在虽还没有,但我们虽或者看不见,我们子孙总看得见的。与其将来弄到无可如何,才去想大破坏,不如今日预筹个防止的法子。况且中国今日如果实行民生主义,总较欧美易得许多。因为社会问题是文明进步所致,文明程度不高,那社会问题也就不大”(《在东京〈民报〉创刊周年庆祝大会上的演说》,《孙中山全集》第1卷,第326—327页)。解决民生问题的方法是利用地价变化的差额,核定地价,用土地税收均衡贫富,平均地权。再进一步,随着工业的发展,节制资本,以国家经营重大产业为基础,消除私人垄断资本的社会弊端。“数年之后,吾国实业之发达,必能并驾欧美矣。惟所防者,则私人之垄断,渐变成资本之专制,致生出社会之阶级、贫富之不均耳。防之之道为何?即凡天然之富源,如煤铁、水力、矿油等,及社会之恩惠,如城市之土地、交通之要点等,与夫一切垄断性质之事业,悉当归国家经营,以所获利益,归之国家公用。如是，则凡现行之种种苛捐杂税，概当免除。而实业陆续发达，收益日多，则教育、养老、救灾、治疗，及夫改良社会，励进文明，皆由实业发展之利益举办。以国家实业所获之利，归之国民所享，庶不致再蹈欧美今日之覆辙，甫经实业发达，即孕育社会革命也。此即吾党所主张民生主义之实业政策也。”（《中国实业如何能发展》，《孙中山全集》第5卷，中华书局1985年版，第135页）

需要指出，在辛亥革命前后，革命党人对三民主义的理解是比较偏狭的。尤其是民族主义，几乎等同于排满。尽管孙中山自己超越了单纯的“排满”“复汉”意识，但在辛亥革命时期，大量参加革命的同盟会员依然受朴素的反满情绪支配，会党成员的这种情绪更加强烈。亲历武昌起义的李书城后来回忆说：“同盟会会员对孙中山先生所提‘建立民国，平均地权’的意义不大明白，以为是革命成功以后的事，现在不必推求。”“因此，同盟会会员在国内宣传革命、运动革命时，只强调‘驱除鞑虏，恢复中华’这两句话。”“辛亥武昌起义以及各地顺应起义所用的口号，只是排满革命。”（《辛亥革命回忆录》第1集，文史资料出版社1981年版）

在哲学思想上，孙中山提出“知难行易”的认识论。他认为，客观存在的事实和人类的实践活动是第一位的，而人类的认识处于第二位。行在知之先，先有行而后有知。以日常生活中的饮食起居、生产活动中的造船筑城、科学发展中的电学化学为例，都是积累大量实践，才能逐步形成相关的系统知识。所以知先行后，知难行易。实践活动包括“习练”“试验”“探索”“冒险”等。知是为了行，行能证实知。由于人类“知”的先后不同，所以世上有“先知先觉”者，也有“后知后觉”者和“不知不觉”者。这种划分，为政治上的“三步走”提供了理论基础。从思想史的意义看，孙中山的认识论没有超越经验主义，主要是为当时的革命活动服务的。

# 第五章　五四新文化运动

## 第一节　文学革命与新文化运动

新文化运动的开端以1915年9月陈独秀创办《青年》杂志为标志（第二卷开始更名为《新青年》），其主旨是开展思想启蒙，改造国民性。陈独秀自己在《青年》发刊词中声称："批评时政，非其旨也。"把着眼点放在新文化的建设和旧传统的摧毁上面。该杂志先后发表了胡适、吴虞、李大钊、鲁迅、钱玄同、刘半农、易白沙、高一涵、沈尹默、周作人等人的文章，主张白话诗文，抨击"三纲"思想，反对传统道德，以道德革命和文学革命标榜。此后，新文化运动蓬勃发展，一时间，各种杂志、小报、副刊，展开了铺天盖地的思想启蒙活动。到1919年前，全国各地出版的刊物达400多种，中国的思想启蒙运动，在这一阶段达到前所未有的高潮。这一阶段的启蒙，也使学术研究，特别是人文社会学科方面的研究面目一新，新文化、新文学、新史学等，成为领导这一时期学术方向的主流。

新文化运动的领袖人物，以陈独秀、胡适、鲁迅为代表。陈独秀（1879—1942年）字仲甫，安徽怀宁（今属安庆市）人。他1896年考中秀才，1901年因反清宣传遭到通缉而流亡日本，入东京高等师范学校速成科学习。后协助章士钊主编《国民日报》，在芜湖创办《安徽俗话报》宣传

陈独秀像

革命，组织反清秘密革命组织岳王会，辛亥革命后曾任安徽省都督府秘书长，参加“二次革命”失败后被捕，出狱后到日本帮助章士钊创办《甲寅》杂志，1915 年创办《青年》杂志，1917 年受聘为北京大学文科学长，1918 年与李大钊创办《每周评论》。这一时期，他积极提倡民主与科学，提倡文学革命，反对封建的旧思想、旧文化、旧礼教，成为新文化运动的倡导者和主要领导人之一。1920 年初到上海，筹划成立共产党组织，是中国共产党的主要创始人。从 1921 年 7 月中共一大到 1927 年 4 月中共五大，他一直担任中央总书记。1927 年大革命失败后，他离开领导岗位。1929 年被开除党籍。1932 年被国民党政府逮捕，囚禁于南京。1937 年 8 月出狱，最后长期居住于四川江津，直至逝世。

胡适像

胡适（1891—1962 年）原名洪骍，后改名适，字希疆、适之，安徽绩溪人。早年就读于上海中国公学，1910 年赴美国留学，在康乃尔大学获得文学士学位。1915 年入哥伦比亚大学，师从杜威学习哲学。1917 年回国后任北京大学教授。1918 年参加编辑《新青年》，1919 年主编《每周评论》，1922 年与丁文江等创办《努力周报》，1923 年与徐志摩等组织新月社，主编《国学季刊》，提倡“整理国故”。1924 年与陈西莹等创办《现代评论》，1927 年任光华大学教授，1928 年任中国公学校长兼文理学院院长，与梁实秋等出版《新月》月刊，1930 年任北京大学教授，1932 年 5 月与蒋廷黻、丁文江等创办《独立评论》周刊。1938 年任中国驻美大使，抗日战争胜利后任北京大学校长，1949 年去美国，1962 年在台北去世。

鲁迅（1881—1936 年）原名周树人，字豫才，1918 年为《新青年》写稿时使用笔名鲁迅，浙江绍兴人。他少年时拜寿镜吾为师，奠定了良好的文史基础。1898 年到南京水师学堂、路矿学堂求学，1902 年东渡日本，在仙

鲁迅像

台医学专门学校学医,1909 年回国。1918 年在《新青年》上发表《狂人日记》,此后著有多篇小说、散文和杂文,小说后来编为《呐喊》和《彷徨》,分别于 1923 年和 1926 年出版;散文编为《野草》和《朝花夕拾》,于 1927 年和 1928 年出版;杂文编为《热风》《坟》《华盖集》《华盖集续编》等。1926 年至 1927 年,他先后在厦门大学与广州中山大学任教,这一时期的杂文主要收在《而已集》里。1927 年底定居上海,主要进行杂文创作。1936 年病逝。

新文化运动由胡适的《文学改良刍议》拉开序幕。在这篇文章中,胡适提出了"八不主义",即:须言之有物,不模仿古人,须讲求文法,不作无病之呻吟,务去滥调套语,不用典,不讲对仗,不避俗字俗语(《胡适文集》第 2 册,北京大学出版社 1998 年版,下同)。由此,开始以白话文取代文言文。这种对白话文的强调,不仅仅是一种文体变革,而且反映了打破精神束缚的自由追求。胡适自己说:"新文学的语言是白话的,新文学的文体是自由的,是不拘格律的。初看起来,这都是'文的形式'一方面的问题,算不得重要。却不知道形式和内容有密切的关系。形式上的束缚,使精神不能自由发展,使良好的内容不能充分表现。若想有一种新内容和新精神,不能不先打破那些束缚精神的枷锁镣铐。"(《谈新诗》,《胡适文集》第 2 册,第 134 页)紧接着,陈独秀以革命家的姿态,发表了《文学革命论》,呼吁三大主义:"曰推倒雕琢的阿谀的贵族文学,建设平易的抒情的国民文学;曰推倒陈腐的铺张的古典文学,建设新鲜的立诚的写实文学;曰推倒迂晦的艰涩的山林文学,建设明瞭的通俗的社会文学"(《文学革命论》,《独秀文存》一,上海亚东图书馆 1922 年版,第 136 页)。与文学革命同步,《新青年》打出了"打倒孔家店"的大旗,对孔子旗号下的封建纲常礼教展开了批判,试图对传统伦理道德进行彻底的清算。陈独秀称:"忠、孝、贞节三样,却是中国固有的旧道德。中国的礼教(祭祀教孝,男女防闲,是礼教的大精神)、纲常、风俗、政治、法律,都是从这三样道德演释出来的;中国人的虚伪(丧礼最甚)、利己、缺乏公共心、平等观，就是这三样旧道德助长成功的；中国人分裂的生活（男女最甚）、偏枯的现象（君对于臣的绝对权，政府官吏对于人民的绝对权，父母对于子女的绝对权，夫对于妻、男对于女的绝对权，主人对于奴婢的绝对权），一方无理压制，一方盲目服从的社会，也都是这三样道德教训出来的。中国历史上、现社会上种种悲惨不安的状态，也都是这三样道德在那里作怪。”（《调和论与旧道德》，原载《新青年》第7卷第1号，《独秀文存》四，上海亚东图书馆1922年版，第71页）

鲁迅与陈独秀、胡适有所不同。他对国民性的认识，远比同时代其他人深刻。如果说，他的《狂人日记》作为中国近代的第一篇白话小说，其主题还是抨击旧道德旧礼教，那么，从《阿Q正传》起，他就着力于从根本上揭示国民性的弊端，从而塑造出阿Q这一文学史上的不朽典型。尤其是《野草》所收录的散文，表达出了一种沉重的孤独和悲凉。背负因袭重担、肩住黑暗闸门的人生感受，同无所适从的彷徨、惨淡虚妄的悲哀交织在一起。他在《坟》《墓偈文》《死火》《希望》等篇章中对死亡的奇异描绘，就深刻地反映出这种思想焦虑。正是这种对社会和人生所作的拷问，使他的作品对中国现代文学产生了重大影响。

新文化运动在推进中国学术的近代化上作出了贡献。以胡适为例，他的《中国哲学史大纲》（上卷），在当时起到了振聋发聩的作用，打破了此前孔子和儒学的神圣地位，开了用近代科学方法研究传统思想的先声。他讲思想史从老、孔讲起，搁置了过去与孔子密不可分的尧舜禹汤文武周公，而且把孔子与诸子并列，使孔子由“圣人”还原为思想家。尽管以后人的眼光看，胡著《中国哲学史大纲》在学术上非常浅显，但这种体系上的突破使学界耳目一新。后来顾颉刚等人的疑古派（《古史辨》派），就是在这种思想的影响下发展起来的。在学术研究方法上，胡适提倡杜威的实用主义，主张“大胆的假设，小心的求证”。“假设不大胆，不能有新发明；证据不充足，不能使人信仰。”（《清代学者的治学方法》，《胡适文集》第2册，北京大学出版社1998年版，第302页）这些，都对后来的学术研究具有开创性意义。

## 第二节　五四爱国运动

新文化运动以文学革命为开端，以爱国运动为归宿。《青年》杂志创刊之初，率先提出的口号，并不是"民主与科学"，而是"人权"。在《敬告青年》一文中，陈独秀特别注重人权问题，称："自人权平等之说兴，奴隶之名，非血气所忍受。世称近世欧洲历史为解放历史——破坏君权，求政治之解放也；否认教权，求宗教之解放也；均产说兴，求经济之解放也；女子参政运动，求男权之解放也。解放云者，脱离夫奴隶之羁绊，以完其自主自由人格之谓也。"显然，这种人权思想，带有浓厚的"西化"色彩，是以个人本位、个人自由为基调的人权思想。但时隔不久，陈独秀的言论就由个人本位转移到了社会本位，更具有社会意义的"民主"一词，取代了更具有个人意义的"人权"一词。到《新青年》的《本志罪案之答辩书》一文，德先生（民主）和赛先生（科学）就取代了人权呼喊，救国救亡取代了个人解放。为了救国而牺牲个人自由，成为当仁不让的必然要求。"西洋人因为拥护德赛两先生，闹了多少事，流了多少血，德赛两先生才渐渐从黑暗中把他们救出，引到光明世界。我们现在认定只有这两位先生，可以救治中国政治上道德上学术上思想上一切的黑暗。若因为拥护这两位先生，一切政府的压迫，社会的攻击笑骂，就是头断流血，都不推辞。"（《新青年》第6卷第1号，《陈独秀著作选》第1卷，上海人民出版社1993年版，第443页）显然，由倡导"人权"，转而倡导"民主与科学"，是当时中国国情的需要。

中国的思想启蒙运动，是在西方文化的影响下，在中国特有的社会土壤上生长出来的，它与欧洲的启蒙运动相比，有着重大的差异。由于中国启蒙运动面临的社会现实，是社会贫瘠、国家落后、民族危亡，归根到底是国家和民族的独立与解放问题，而不是个人自由问题，所以，中国的启蒙，从一开始就缺乏、甚至可以说没有西方启蒙运动中的个人主义。强调个体自由的、个人本位的"天赋人权说"，在中国基本上没有多少市场。中国在启蒙中所宣传的人文主义,与西方以个人本位为基础的人文主义有着重大的差别,它继承了中国传统中的群体本位和社会本位的人文主义,继承了中国士大夫"以天下为己任"的传统。因此,在"五四"前后激烈的反传统表象后面,"修齐治平""内圣外王""经世致用""天下兴亡匹夫有责"等传统的精髓,借用西方文化带来的新的名词、新的思维方式、新的知识发扬光大。正因为如此,新文化运动与五四爱国运动在现实中融为一体。

1919 年的巴黎和会,拒绝了作为战胜国的中国代表提出的要求,决定把战败国德国在山东的权益转交日本。消息传来,群情激愤,5 月 4 日,北京学生 3000 多人齐集天安门抗议,要求当局收回山东权益,"外争国权,内惩国贼"。学生游行队伍冲击交通总长曹汝霖住宅,痛打了驻日公使章宗祥,放火烧了赵家楼,遭到军警镇压,有 32 名学生被逮捕。学生的抗议活动得到各界人士广泛关注,爱国运动迅速波及到全国。5 月 19 日,北京学生全面罢课,通电全国。6 月,学生爱国运动的影响不断扩大,各地工人罢工,商号罢市,响应北京学生。在强大的社会压力面前,北京政府先后罢免了曹汝霖、陆宗舆、章宗祥的职务,总统徐世昌提出辞呈。五四运动以中国代表拒签和约而告终。在五四运动中,新文化的倡导者把文化启蒙与爱国热情融为一体。新文化的干将傅斯年,成为五四游行的指挥;新潮社的主笔罗家伦,起草了《五四北京学界全体宣言》;著名学者李大钊和陈独秀,一个参加了五四游行,一个因在五四后散发传单被捕 3 个月。这些本来热衷于思想启蒙的学者,自觉主动地投入了爱国救亡活动,这是中国现实社会的需要。

新文化运动和五四运动,促进了马克思主义在中国的传播。中国最早的马克思主义者李大钊,正是在新文化倡导的思想自由、言论自由、信仰自由旗帜下,学习、宣传马克思主义的。他说:"此间本来没有'天经地义'与'异端邪说'这样东西,就说是有,也要听人去自由知识,自由信仰。就是错知识了错信仰了所谓邪说异端,只要他的知识与信仰,是本于他思想的自由、知念的真实,一则得了自信,二则免了欺人,都是有益于人生的,都比那无知的排斥、自欺的顺从还好得多。”(《危险思想与言论自由》,《李大钊选集》,人民出版社1959年版,第217页)五四前后的中国思想界十分活跃,伴随着学生爱国运动向全国的扩展,大量宣传新文化的报刊从北京、上海流向全国,各种新思潮此伏彼起,广为传播。仅仅以社会主义思潮而言,就有数不清的流派。在这种环境下,李大钊的《法俄革命之比较观》《庶民的胜利》《Bolshevism的胜利》《我的马克思主义观》等文章,标志着中国进步知识分子开始介绍和掌握马克思主义,特别是这些文章传播的唯物史观和阶级斗争学说,对中国产生了深远的影响。

## 第三节　思想领域的争鸣

随着《新青年》阵营的分化,一部分学者转向马克思主义,陈独秀即其代表;一部分学者则转向自由主义,胡适即其代表。中国的自由主义思想,主要来源于杜威、罗素、拉斯基的新自由主义,而对古典自由主义多持批评态度。在这些自由主义者中,具有代表性的人物是胡适与傅斯年。

民国前期,中国的自由主义者以胡适为精神领袖。当时宣传自由主义的报刊,先后有《努力周报》《现代评论》《新月》和《独立评论》等,围绕在这些杂志周围的学者,被人称为“现代评论派”“新月派”。这些“派”并不是单纯的文学群体,而是留学英美、怀抱自由主义理念的一个松散同盟。他们在思想上也不尽一致,互相之间多有商榷争议,但大方向上尊奉自由主义。胡适的思想资源主要来自于美国的杜威,推崇实验主义的科学方法论,相信可以科学地解决中国社会的各种具体问题,持渐进、改良的策略。在政治思想上,胡适将民主的含义普及化、大众化,在传播自由主义的民主思想上有所贡献。尤其是《现代评论》和《新月》关于民主和独裁的争论,关于国家主义和自由主义的争论,在这一时期有较大影响。

20年代后期,中国的自由主义多受英国拉斯基的影响。胡适、张君劢、罗隆基以《新月》杂志为中心，组织了一个费边社式的小团体“平社”，翻译拉斯基的著作，传播费边主义。拉斯基的思想，介于自由主义和社会主义之间，试图调和个人自由和社会公正的关系。由此，中国的自由主义走向了所谓社会民主主义。作为五四精神代表人物之一的傅斯年，就推崇英美式民主，后来尤其赞扬罗斯福的新政和英国工党的“社会化”(Socializing)倾向，把它们的制度称为“社会化的经济制度”，即“要顾到社会大多数人民利益的经济制度”，认为它们在不废除私有制的前提下，实行社会化的立法，节制资本，征收累进税，保障劳工权益，缩小贫富差距。胡适也曾在后来高度赞扬20年代英国工党的成功，认为其没有通过暴力或流血手段，单纯依赖选举制度，就实现了“把资本主义的英国变到社会主义的英国”这一理想。傅斯年在1924年英国工党大选获胜后也写文章说：“我平生的理想国，是社会主义与自由一并发达的国土。有社会主义而无自由，我住不下去；有自由而无社会主义，我也不要住。所以我极其希望英美能做成一个新榜样，即自由与社会主义之融合，所以我才对此大选发生兴趣。”(转引自许纪霖：《上半个世纪的自由主义》，《读书》2000年第1期。原文出自傅斯年的《评英国大选》，《傅斯年全集》第5册，台北联经出版公司，第403页)对于这种自由主义，由于它脱离了中国具体的国情，只限于书面上的宣传，与人民群众的切身要求无多大关系。

总体上，在五四以后，中国的自由主义者缺乏对自由主义思想的深入钻研，其观点更多地表现在结合现实的时事评论之中。即便是著名的自由主义学者，如胡适等人，也不大看重学理上的究根问底，而是偏重于介入现实的改造社会运动，如提倡好政府运动、赞同联省自治运动等，这些都没有抓住中国社会的基本矛盾。到后来，中国的自由主义思潮也一直没有形成重大社会影响，其根本原因是缺乏相应的社会基础和阶级基础。由于中国没有形成市民社会，没有发达的资产阶级，而且他们都没有关注占中国人口多数的广大农民的土地问题，只想用西方资本主义的某些方法来改造中国，因此他们所宣传的东西只是停留在少数知识分子的书斋中。

民国初期欧美式自由主义和新保守主义的交锋，产生了有名的科学与玄学论战。科学和玄学两种思想体系，影响到后来占据统治地位的唯物史观与民生史观。

19世纪末，严复把进化论介绍给了中国人。从此，进化论成了中国人分析自身前途与命运的基本思路。作为一种自然科学的学术观点，进化论在中国起到了达尔文、赫胥黎所想象不到的巨大社会作用。它不仅在学术上为迎接“德先生”与“赛先生”做了铺垫，而且在政治上激发了中国人的爱国热情。胡适曾追忆当时的情景说：“《天演论》出版之后，不上几年，便风行到全国，竟做了中学生的读物了。读这书的人，很少能了解赫胥黎在科学史和思想史上的贡献。他们能了解到的只是那‘优胜劣败’的公式在国际政治上的意义。在中国屡次战败之后，在庚子辛丑大耻辱之后，这个‘优胜劣败，适者生存’的公式确是一种当头棒喝，给了无数人一种绝大的刺激。几年之中，这种思想像野火一样，延烧着许多少年人的心和血。‘天演’‘物竞’‘淘汰’‘天择’等等术语，都渐渐成了报纸文章的熟语。”（胡适：《四十自述》，《胡适文集》第1卷，北京大学出版社1998年版，第70页）从信仰进化论开始，一大批最先觉醒的知识分子，开始把救国救民的目光，转向了科学。同时，作为“天演”的思想基础，古典自由主义也进入了中国，亚当·斯密的自律市场、自由竞争制度设想，在中国则成为“天演”的社会表现。

民国以来，特别是五四以来，中国的知识界开始出现科学主义的追求，试图把西方以近代实验为基础的科学作为一种武器，改造中国，重塑国民，使中国适应“物竞天择”的需要，在世界竞争中变成强者。如从同盟会到国民党都十分有名的吴稚晖，早在1908年就主张科学救国，在信函中说：“足以当教育之二字之名义者，惟有理化机工等科学实业也”。在《新青年》第5卷第2号上，吴稚晖还专门撰写了《机器促进大同说》。在《科学周报》（《民国日报》的副刊）的发刊词中，吴稚晖称：“科学在世界文明各国皆有萌芽。文艺复兴以后,它的火焰在欧土忽炽。近百年来,更是火星迸烈,光明四射。一切学术,十九都受它的洗礼。即如言奥远的哲学,言感情的美学,甚至瞬息万变的心理,琐碎纠纷的社会,都一一立在科学的舞台上,手携手的向前走着。人们的思想终究易疏忽,易笼统,受着科学的训练,对于环境的一切,都有秩序的去观察、整理,对于宇宙也更有明确的了解,因此就能建设出适当的人生观来”。“独立自尊的观念,未来的理想社会,都仗着它造因。欧美各国的兴盛,除了科学,还能找出别的原动力吗?”(转引自郭颖颐:《中国现代思想中的唯科学主义》,江苏人民出版社1998年版,第35页)吴稚晖对科学的崇拜,使他别出心裁提出了“摩托救国论”:“自蒸汽机发明而世界一变,自油轮机发明而世界再变。19世纪,蒸汽机所莞领之时代;20世纪者,油轮机莞领之时代也。神哉摩托,圣哉摩托”(1933年《新中华》杂志“摩托救国”特刊号题词)。吴稚晖的观点,代表了民初以来一大批知识分子对科学的高度期望。但是,还有一部分学者,对这种“科学万能论”产生怀疑,提出质问。由此,产生了科学与玄学的论战。

1923年2月,北京大学教授张君劢发表了题为《人生观》的讲演(载《清华周刊》第272期),强调科学不能解决人生观问题,拉开了科学与玄学论战的序幕。接着,地质学家丁文江在北京的《努力周报》上发表《玄学与科学》一文,批评张君劢为“玄学鬼”,强调“今日最大的责任与需要,是把科学方法应用到人生问题上去”。此后,以张君劢、张东荪为一派,以丁文江、胡适为另一派,梁启超试图居中调和,思想界的名流除吴稚晖外,还有林宰平、王星拱、唐钺、任叔永、孙伏园等均卷入了论争,陈独秀、邓中夏、瞿秋白等共产党人也积极介入。这一论战的论文集《科学与人生观》,收录了张君劢的《人生观》《再论人生观与科学并答丁在君》《科学之评价》三文,丁文江的《玄学与科学——评张君劢的〈人生观〉》《玄学与科学——答张君劢》《玄学与科学的讨论的余兴》三文,梁启超的《关于玄学科学论战之“战时国际公法”——暂时局外中立人梁启超宣言》《人生观与科学》二文,胡适的《孙行者与张君劢》,任叔永的《人生观的科学或科学的人生观》,孙伏园的《玄学科学论战杂话》,章演存的《张君劢主张的人生观对科学的五个异点》,朱经农的《读张君劢论人生观与科学的两篇文章后所发生的疑问》,林宰平的《读丁在君先生的"玄学与科学"》,唐钺的《心理现象与因果律》《"玄学与科学"论争所给的暗示》《一个痴人的说梦——情感真是超科学的吗》《科学的范围》四文,张东荪的《劳而无功——评丁在君先生口中的科学》,菊农的《人格与教育》,陆志韦的《"死狗"的心理学》,王星拱的《科学与人生观》,吴稚晖的《箴洋八股化之理学》《一个新信仰的宇宙观及人生观》二文,王平陵的《"科哲之战"的尾声》等。

玄学派的主张以张君劢为代表,批评科学万能论,认为科学的适用范围是有限的,尤其无法用科学来解决人生观问题。理由是:①科学是客观的,人生观是主观的;②科学为论理的方法所支配,而人生观则起于直觉;③科学可以从分析方法下手,而人生观则为综合的;④科学为因果律所支配,而人生观则为自由意志的;⑤科学起于对象之相同现象,而人生观起于人格的单一性(《人生观》)。具体来说,"生物之来源、心理与身体之关系,科学家无法解释";"心理状态变迁之速,故绝对无可量度,无因果可求";"历史之新陈代谢,皆人类之自由行为,故无因果可言"(《再论人生观与科学并答丁在君》)。由于在生物、心理、社会、历史领域没有因果律,所以,不可能有科学的人生观①。

科学派的丁文江则认为,科学能够解决人生观问题。"科学不但无所谓向外,而且是教育同修养最好的工具。因为天天求真理,时时想破除成

---

① 引自《科学与人生观》,上海亚东图书馆,1923年。以下所引这次论战的资料,均出自该书。有意思的是,从论战双方出版的论文集可以看出双方的态度。1923年底,上海亚东图书馆出版了科学派的集子,名为《科学与人生观》,由陈独秀、胡适作序,收录了29篇文章。同时,上海泰东图书局出版了玄学派的集子,名为《人生观的论战》,由张君劢作序,也收录了29篇文章,二书篇目基本相同,差别仅仅是后者比前者多收屠孝实一文,少收王星拱一文,其余一样。可见,同样的文章,双方都未能说服对方,而且都觉得真理在握。所谓论战后科学派完全取胜的说法,来自后代的总结,而当事人却认为并未说透。读陈独秀和胡适序言,就可看出二人对讨论的看法。

见,不但使学科学的人有求真理的能力,而且有爱真理的诚心。无论遇见什么事,都能平心静气去分析研究,从复杂中求简单,从紊乱中求秩序,拿论理来训练他的意想,而意想力愈增;用经验来指示他的直觉,而直觉力愈活。了然于宇宙生物心理种种的关系,才能够真知道生活的乐趣。这种'活泼泼地'心境,只有拿望远镜仰察过天空的虚漠,用显微镜俯视过生物的幽微的人,方能参领得透彻,又岂是枯坐谈禅、妄言玄理的人所能梦见。"(《科学与人生观》)

持折中调和态度的梁启超则认为,科学可以用来解决人生观问题,但不能全部解决。"人生问题,有大部分是可以——而且必要用科学方法来解决的。有小部分——或者还是最重要的部分,是超科学的。"具体来说,梁启超认为,人生的涉及理智方面的事项,绝对要用科学方法来解决。生活的原动力是情感,也就是爱和美,是绝对超科学的。进一步,他不主张用一种观点来统一对人生观的认识。"人生观的统一,非惟不可能,而且不必要。非惟不必要,而且有害。要把人生观统一,结果岂不是'别黑白而定一尊',不许异已者跳梁反侧?"(《人生观与科学》)

这次论战在思想史上并未超出当时已有的理论成果。玄学派的理论基础,为自由意志论和心物二元论,实际上是先验主义哲学早已提出的观点;科学派的理论基础,为决定论和还原论,实际上是经验主义和实证主义哲学早已提出的观点。这次论战之所以重要,不在于论战的学术内容本身,而在于学术之外。论战的双方,都在一定程度上超出了学术论争的尺度,把社会问题和政治问题纳入了辩论的范围并作为辩论的论据。而且论战的方法,也超出了心平气和进行理论探究的尺度,带上了意气用事甚至互相攻讦的色彩。张君劢反对迷信科学,不仅仅是从理性的角度提出质疑,而是立足于西方的现实对社会问题的反思。他说:"一国偏重工商,是否为正当的人生观,是否为正当的文化,在欧洲人观之,已成大疑问矣。"(《人生观》)"西欧之物质文明是科学上最大的成绩……物质有限,人欲无穷。谓如此而可为国家之安计,为人类幸福计,吾不信焉。""吾国自海通以来,物质上以炮利船坚为政策,精神上以科学万能为信仰,以时考之,亦可谓物极将返矣。”所以他认为:“人生观既无客观标准,故惟有返求诸己。”(《再论人生观与科学并答丁在君》)丁文江提倡科学的人生观,也不仅仅是学术性论证,而是立足于解决中国现实问题的对策式考虑,所以他不是以学术论争的态度,而是以政治批判的态度来解决学术争论。他说:“一班的青年上了他(指张君劢)的当,对于宗教、社会、政治、道德一切问题,真以为不受论理方法支配,真正没有是非真伪;只须拿他的所谓主观的、综合的、自由意志的人生观来解决他。果然如此,我们的社会是要成一种什么社会?”(《科学与人生观》)“君劢反对富强,说‘在寡均贫安之状态下,当必有他法可想’。中国现在寡到甚么程度,贫到甚么田地,君劢研究过没有?那一年北方遭旱灾,没有饭吃的人有二千万人,卖儿女的也有,吃人肉的也有。这种贫安得了么?中国人每人每年平均的收入,据我所研究不过五十元至六十元,同松坡图书馆的听差的工资差不多。这种寡均得了么?”(《玄学与科学——答张君劢》)

作为科学派领袖人物的胡适,则更是直接从救国的角度讨论这一问题。他说:“欧洲的科学已经到了根深蒂固的地位,不怕玄学鬼来攻击了。几个反动的哲学家,平素饱餍了科学的滋味,偶尔对科学发几句牢骚话,就像富贵人家吃厌了鱼肉,常想尝尝咸菜豆腐的风味:这种反动并没有什么大风险。那光焰万丈的科学,决不是这几个玄学鬼摇撼得动的。一到中国,便不同了,中国此时还不曾享着科学的赐福,更谈不到科学带来的‘灾难’。我们试睁开眼看看:这遍地的乩坛道院,这遍地的仙方鬼照相,这样不发达的交通,这样不发达的实业,——我们哪里配排斥科学?”(《科学与人生观》序)显然,是用科学来指导人生和社会,还是用形而上学来指导人生和社会,是这次论战的焦点。因此,这次论战的意识形态意义和社会改造意义,远远超出其学术思辨意义。

## 第四节 《学衡》与国学重构

在新文化运动的后期,出于对传统文化的反思,1922 年,东南大学教授吴宓、梅光迪、胡先骕在东南大学副校长刘伯明的支持下,于南京创办了《学衡》杂志,吴宓任总编,从 1922 年 1 月到 1933 年 7 月共出版 79 期。这个杂志聚集的相关学人,后来被称为“学衡派”。所谓学衡派,实际上是一批以弘扬传统文化精神、促进传统文化转型为理念的学人的松散联合。

《学衡》的宗旨,由留学美国的梅光迪提出。即:“论究学术,阐求真理,昌明国粹,融化新知。以中正之眼光,行批评之职事,无偏无党,不激不随。”体裁与方法要求分为国学和西学两个方面,对国学,要求:“以切实之功夫,为精确之研究,然后整理而条析之,明其源流,著其旨要,以见吾国文化,有可与日月争光之价值。后来学者,得有研究之津梁,探索之正轨。不致望洋兴叹,劳而无功;或盲肆攻击,专图毁弃,而自以为得也”。对西学,要求:“博极群书,深窥底奥,然后明白辨析,审慎取择,庶使吾国学子,潜心研究,兼收并览,不致道听途说,呼号标榜,陷于一偏而昧于大体也”(见《学衡》各期扉页《学衡杂志简章》)。在这种宗旨与要求的指导下,一批对于国学有深入研究的学者相继为《学衡》撰文,包括梁启超、王国维、陈寅恪等学人。这些学人反复从学术角度论证传统与现代的关系问题。他们认为,在社会的变动时期,新旧思想的交锋之中,传统不可能中断,更不可能废除,思想和学术具有延续性。他们维护中国文化,推崇渐进式的变革,不主张摧枯拉朽的革命方式。但他们的思想,已经不是纯粹的“国故”,而是将西方的人文主义同中国传统文化相结合,用西式方法研究中国典籍,受哈佛大学汉学家白璧德的影响较大。他们强调的不是固守传统,而是着手进行“学术结构重建”。正是在这种指导思想下,他们开了新儒学的先声。近代对于中国传统文化中占据支配地位的儒学进行真正现代意义上的诠释和转化,是由《学衡》开始的。对于民国初年的尊孔读经、孔教会陈焕章[①]等人对儒学的宗教式阐释，梅光迪、吴宓都极为反感，认为这种形式上的尊孔只会毁坏传统[②]。同时，他们也对以胡适等人为代表的西化派有不同意见，认为不尊重传统无助于中国的近代化。他们的基本思想，是以中国儒家的人文传统为立足点，运用西方学术方法，融汇贯通中西文明，建立世界性的新文化。

对于胡适和陈独秀等人在新文化运动中的否定传统倾向，学衡派进行了学理上的批评。吴宓认为："物质科学，以积累而成，故其发达也，循直线以进，愈久愈详，愈晚出愈精妙。然人事之学，如历史、政治、文章、美术等，则或系于社会之实境，或由于个人之天才，其发达也，无一定之轨辙，故后来者不必居上，晚出者不必胜前。因之，若论人事之学，则尤当分别研究，不能以新夺理也。总之，学问之道，应博极群书，并览古今，夫然后始能通底彻悟，比较异同。如只见一端，何从辩证？势必以己意为之，不能言其所以然，而仅以新称，遂不免党同伐异之见。则其所谓新者，何足重哉？而况又未必新矣。"（吴宓：《论新文化运动》，《学衡》1922年第4期）从这种特点出发，柳诒徵认为，真正的新文化应当是古今中西一切优秀文化积淀融汇而成，完成这一使命，需要进行文化重建和文史结构重构。

吴宓像

学衡派的领军人物吴宓认为，古希腊的苏格拉底和犹太的耶稣代表西方文明，中国的孔子和印度的释迦牟尼代表着东方文明。孔学是世界文明大厦的支柱之一。"宓曾间接承继西洋道统，而吸收其中心精神。宓持此所得之区区以归，故更能了解中国文化之优点与孔子崇高中正。"（《吴宓诗话·空轩诗话》之二十四，商务印书馆2005年版）在《孔子之价值及孔教之精义》一文中，吴

① 陈焕章是康有为的弟子，曾留学美国哥伦比亚大学，其论文《孔门理财学》获经济学博士学位。民国初年发起孔教会，主张立孔教为国教。

② 当梅光迪还未见陈焕章书时，曾在致胡适信中赞扬过。但梅一直反对儒学的宗教化，而主张对孔子予以理性解读。

宓指出，研究孔子与儒学，应当古今中西贯通比较。“理论方面，则须融汇新旧道理，取证中西历史，以批判之态度、思辨之工夫，博考详察，深心领会，造成一贯之学说，阐明全部之真理。然后孔子之价值自见，孔教之精义乃明。”（吴宓：《孔子之价值及孔教之精义》，载《大公报》1927年9月22日）他高度赞扬孔子的道德模范意义，说：“孔子者，理想中最高之人物也。其道德智慧，卓绝千古，无人能及之，故称为圣人。圣人者模范人，乃古今人中之第一人也”。他从人性二元性（善恶二元，理欲二元）来探讨儒学的精义，认为“执两用中”为宇宙与人生的正道，“仁”为道德之本。“仁也者，人之所以同也。仁者诸德之本。而仁又人性之别名、人道之特征也。”儒学的本质在于道德实践。具体途径有三：克己复礼，行忠恕，守中庸。中国新文化的建设，“宜博采东西，并览古今，然后折衷而归一之”（吴宓：《白璧德中西人文教育谈》编按，《学衡》1922年第3期）。正是在这样的观点上，吴宓提出了具体的中国文化重建设想。他认为，希腊文化和佛陀文化“主智”，中国孔子和犹太基督“主仁”，新文化应当是世界性的，融合四者。具体方法上，要“观其全，知其通，取其宜”。即在学术方法上观其全，不激不随，一多兼具，博览古今东西；在学术目标上知其通，沟通东西，观其异同，探求真知正见；学术目的上，取其宜，仁智合一，情理兼到，知行合一，执两用中，追求个人修养与完善，重建社会和谐，完善道德，从根本上改良社会。一直到老年，在“文革”批孔的浪潮中，吴宓还挺身而出，为“克己复礼”辩护。

梅光迪像

梅光迪本来与胡适为同乡好友，但二人关于中国传统文化的见解不合。据吴宓记载，梅光迪在哈佛留学时曾与他竟日讨论中国文化。“慷慨流涕，极言我中国文化之可宝贵，历代圣贤、儒者思想之高深，中国旧礼俗、旧制度之优点，今彼胡适等所言所行之可痛恨。昔伍员自诩‘我能覆楚’，申包胥曰：‘我必复之’。我辈今者但当勉为中国文化之申包胥而已，云云。”（《吴宓自编年谱》，三联书店1998年版，第177页）如果说，吴宓侧重于儒学的道德垂范作用,梅光迪则更侧重于学术梳理。他认为,汉儒和宋儒只是发展了孔子学说中的心性之学,使后人把儒学看作伦理政治学,其流弊影响深远,导致了近代儒学的生存危机。主张全盘西化者和主张孔教救国者,都“不识真孔教”,都是孔教的“大蠹”。“欲得真孔教,非推倒秦汉以来诸儒之腐说不可。”因而,梅光迪主张尊崇原始儒学,推倒汉儒和程朱在儒学上附加的三纲五常等邪说,恢复儒学的本来面目,发扬光大儒学的反专制、重人文传统。“不推倒汉宋学说,则孔孟真学说不出,而国必亡。”并提议“开一经学研究会,取汉以来至本朝说经之书,荟萃一堂,择其可采者录之,其谬妄者尽付之一炬。”(参见耿云志主编:《胡适遗稿及秘藏书信》第33册,黄山书社1994年版,第67-81页)面对西方基督教向中国的渗透,梅光迪以中国传统文化为本位,提出“孔耶相同”“两教合一”之说,主张二者的宗教性和世俗性互补,以应对西方的挑战。在他给胡适的信中强调:“迪极信孔耶一家。孔教兴则耶教自兴,且孔耶亦各有缺点,必互相比较,截长补短而后能美满无憾,将来孔耶两教合一,通行世界,非徒吾国之福,亦各国之福也。”“我辈急欲复兴孔教,使东西两文明融化,而后世界和平可期,人道始有进化之望。”(参见耿云志主编:《胡适遗稿及秘藏书信》第33册,黄山书社1994年版,第69-70页,第100页)

柳诒徵也推崇孔子和儒学,而且更多地从学术层面对孔子思想展开研究。他认为,中国最大的问题,不是奉行孔子学说,而是不尊孔子学说。孔子讲仁,而世人多不仁;孔子讲义,而世人多谋利;孔子尚诚,而世人多伪;孔子尚恕,而世人多责人不克己。“盖中国最大之病根,非奉行孔子之教,实在不行孔子之教。”(柳诒徵:《论中国近世之病源》,《学衡》1922年第3期)柳诒徵认为,孔子学说在历史上并未完全实行,君主专制和科举制度对孔子多有歪曲,反对孔子者多数指责的正是这种对孔子学说的歪曲。真正理解孔子思想,需要以客观公正的态度进行研究。在他看来,孔子的真正价值“惟在人伦道德”,而不是宗教或政治。“孔子以为人生最大之义务,在努力增进其人格,而不在外来之富贵利禄,即使境遇极穷,人莫我知,而我胸中浩然，自有坦坦荡荡之乐。无所歆羡，自亦无所怨尤，而坚强不屈之精神，乃足历万古而不可磨灭。儒教真义，惟此而已。”（柳诒徵：《中国文化史》上卷，东方出版中心 1988 年版，第 234－235 页）也就是说，如果以孔学为教，其教宗旨在文明教化，修己安人，养成高尚境界。因此，柳诒徵在《中国文化史》中强调“儒学即史学”，并对孔子以后儒学的变迁尤其是汉宋之学有较详细的学术梳理。在文化建设上，柳诒徵强调人的主体地位，主张以儒家的人文精神重建社会人格。“今日社会国家重要问题，不在信孔子不信孔子，而在成人不成人，凡彼败坏社会国家者，皆不成人者之所为也。苟欲一反其所为，而建设新社会新国家焉，则必须先使人人知所以为人，而讲明为人之道，莫孔子之教若矣。”（柳诒徵：《论中国近世之病源》，《学衡》1922 年第 3 期）“以儒家之根本精神，为解决今世人生问题之要义。”“东方文化一语，其内涵之意义，决非仅如国故之陈腐干枯。精密言之，实含有中国民族之精神，或中国民族再兴之新生命之义蕴。”（柳诒徵：《中国文化史》下卷，东方出版中心 1988 年版，第 870 页）

学衡派除集中论述儒家学说外，在文学、语言文字、教育、社会等各方面都有一定建树，其思想核心是弘扬中国传统的伦理道德和人文精神。他们强调人类在物质文明不断发展的同时必须重视精神价值，怀有追求至善境界、建设美好精神家园、彰显终极关怀的理想。

## 结　语

1919 年爆发的五四运动是中国民主革命新时期的开端。马克思主义传入中国不久，经过陈独秀、李大钊等人的倡导，它成为社会上有影响的思想和意识形态。与国民党倡导的三民主义相比，尽管当时马克思主义没有官方的强力后盾，但它却取得了社会性的广泛关注。中国人接受马克思主义的主要原因是它有切实可行的具体行动方案，有适应经济落后国家革命活动需要的战略和策略，尤其是提供了俄国 1917 年十月革命已见成效的经验借鉴。

1921年中国共产党成立,在发展过程中,对马克思主义的认识逐渐加深。到延安时期,毛泽东从马克思主义与中国革命具体实践相结合的高度,对马克思主义有了重大发展,形成了毛泽东思想。尤其是毛泽东关于新民主主义革命的理论,立足于中国历史与社会的实际状况,发展了马克思主义。1949年毛泽东思想指导中国人民取得了新民主主义革命的胜利,建立中华人民共和国。此后的中国思想史跨进到一个崭新的历史阶段,有待学者们作进一步研究。

# 第六章　近代思想史料介绍

## 第一节　原始资料及其出版状况

### (一)近代史的原始资料

学习和研究中国近代思想史,要有近代史的基础。了解近代史,教科书只能提供框架式知识,学者需要有爬梳原始资料的功力。何为原始资料见仁见智,从严格意义上讲,历代正史也不是真正的原始资料,从起居注到实录再到正史,经过了多次编纂程序,有大量筛选加工。然而,史学界一般把正史看作原始资料(当然并不排斥比正史更原始的各种历史记录),本书所说的原始资料,以正史以及正史编纂之前的文献为主。野史稗乘因其杂芜,除非影响较大者一般不收录。关于近代史的原始资料,思想史研究需要选读的主要有:

《清史稿》:是研究晚清历史的基本史料之一。该书是北洋政府时期的清史馆编修的,由馆长赵尔巽主编,缪荃孙、柯劭忞总纂。1914 年始纂,1920 年初稿成,1926 年修订,1928 年刊印。全书 536 卷,含本纪 25 卷,志 142 卷,表 53 卷,列传 316 卷。1977 年中华书局出版有点校本。本书依历代正史体例,但交通志、邦交志、畴人传等内容,反映了古代没有的近代变化。《清史稿》虽然存在讹误和瑕疵,但保存了丰富的史料。

《筹办夷务始末》:是清政府官修对外关系档案资料汇编,起于道光十六年(1836 年),迄于同治十三年(1874 年),包括由文庆等人编纂的道光朝 80 卷,由贾桢等人编纂的咸丰朝 80 卷,由宝鋆等人编纂的同治朝 100 卷,共收录涉外上谕、廷寄、奏折、照会等档案文件 9300 余件。中华书局出版有点校本,上海古籍出版社于 2008 年出版有影印本。

《清朝续文献通考》:刘锦藻编,原名《皇朝续文献通考》,依照《文献通考》体例,续写《清朝文献通考》,记载乾隆五十一年(1786 年)至宣统三年(1911 年)清朝典章制度的变化。在原《通考》的基础上增加了《外交考》(包括交际、界务、传教、条约),《邮政考》(包括船政、路政、电政、邮政),《实业考》(包括农务、工务、商务),《宪政考》,旧有的《征榷考》中,也增加了《厘金》《洋药》等子目。商务印书馆 1937 年出版石印本(属于"十通"的一种),浙江古籍出版社 2000 年重新出版。

《清经世文编》:贺长龄主持,魏源编辑,原名《皇朝经世文编》,是清人文献辑录,道光六年(1826 年)成书,共 120 卷,辑录了从清初到道光时期的学者书札、官员奏议、官方文书 2236 篇,分为学术、治体、吏政、户政、礼政、兵政、刑政、工政八纲,汇集了清朝前期求本务实的各类代表作。道光二十九年张鹏飞作《皇朝经世文编补》,全录贺书,作了补选或续选,对新旧各篇均加总评和眉批,增补了"姓名总目"。中华书局 1992 年影印出版。《皇朝经世文编》问世后,补编、续编和新编不断,主要有:《皇朝经世文编续集》104 卷,饶玉成辑,光绪八年(1882)刊。增选 519 篇,截至光绪初年。《皇朝经世文续编》两种:一种为葛士浚辑,120 卷,集道光至光绪间有关奏议、文章 1368 篇,在贺书门目外增加洋务一纲和算学、疆域诸目;另一种为盛康辑,亦 120 卷,所集文章时间及体例同葛书,惟所收文章不同,选文 2085 篇。《皇朝经世文三编》两种:一种为陈忠倚辑,80 卷,选文 592 篇,时间自光绪十四年至二十三年;另一种为三画堂主人辑,48 卷,选文 82 篇。《皇朝经世文新编》,麦仲华辑,21 卷,选文 615 篇,其中多维新之文,光绪二十四年刊。《皇朝经世文统编》,邵之棠辑,107 卷,选文2664篇，光绪二十七年刊。《皇朝经世文新编续集》，甘韩辑，21卷，选文560篇，光绪二十八年刊。《皇朝经世文四编》，何良栋辑，52卷，选文670篇，光绪二十八年刊。

民国史的原始资料较为分散，因为官方不再沿用旧的正史体例编修民国史，所以，中国社会科学院近代史研究所中华民国史研究室（原中国科学院近代史研究所中华民国史组）修撰、李新主编的《中华民国史》成为接续历代正史的基本著作①。该室在编修过程中，先行出版过系列性的《中华民国史资料丛稿》，由中华书局陆续出版。李新等人主编的多卷本《中华民国史》从80年代开始由中华书局出版，至今尚未出版完整，但关于辛亥革命和北洋政府时期已经出齐（第一编《中华民国的创立》1卷，第二编《北洋政府时期》5卷）。但是，非官方依然有采用传统纪传体的民国史撰写，如朱汉国、杨群主编的《中华民国史》，包括"论"（替代过去的纪）1册、"志"4册、"传"4册、"表"1册。四川人民出版社2006年出版。

民国史的资料整理汇编出版较多，详见后述。

**（二）近代思想史的原始资料**

中国近代思想史的原始资料，最重要的是思想家的原作。华夏出版社于2002年出版的由罗炳良主编的"影响中国近代史的名著"，将近代思想史原著影响最大者汇集为丛书，包括林则徐的《四洲志》，张之洞的《劝学篇》，严复的译作《天演论》，郑观应的《盛世危言》，康有为的《大同书》，梁启超的《变法通议》，谭嗣同的《仁学》，邹容的《革命军》，陈天华的《猛回头·警世钟》，章炳麟的《訄书》，孙中山的《建国方略》，李大钊的《平民主义》。这套书收录数量偏少，但所收均为近代思想史上的必读原著。尤其是林则徐的《四洲志》，是第一次出版点校本。

除上述名著外，还有：

---

① 由历代正史到《中华民国史》的编纂体例变化，可以看作历史编纂学完成由古代向近代的转型标志。正是这种从术语到体例再到思维方式的变化，反映了中国近代思想史的学术转型。放弃已有的《清史稿》体例重修《清史》，可以看作对新范式和旧范式之间替代裂痕的弥合。

鸦片战争时期:林则徐的文稿,后人编为《林文忠公文集》,1963—1965年中华书局出版有多卷本《林则徐集》。龚自珍的文稿,有《己亥杂诗》《定盦文集》传世。1959年中华书局出版《龚自珍全集》,1975年上海人民出版社再版。1976年中华书局出版《魏源集》上、下册,1983年再版,只收录了魏源的短篇文章。2011年,岳麓书社出版了魏源最重要的著作《海国图志》。

太平天国时期:1956年上海人民出版社出版了罗尔纲编辑的《太平天国文选》,收录了洪秀全、洪仁玕等人的主要作品。1976年中华书局出版了扬州师范学院中文系编选的《洪秀全选集》。1978年中华书局出版了扬州师范学院中文系编辑的《洪仁玕选集》。

洋务运动方面:曾国藩是洋务运动的早期代表,岳麓书社于1987年至1994年出版了《曾国藩全集》,共30册,是国内比较权威的版本,分为奏稿、批牍、诗文、读书录、日记、家书、书信等分册。另外,岳麓书社1986年还出版了黎庶昌撰、梅季标点的《曾国藩年谱》,湖南大学出版社1989年出版了钟叔河整理点校的《曾国藩家书》,中华书局曾在1959年出版了汪世荣编的《曾国藩未刊信稿》。天津古籍、北京古籍、中州古籍等多家出版社都分别出版过曾国藩的家书、日记或者部分言论摘编。曾国藩著作流传比较广泛的是由李翰章编纂的《曾文正公全集》,167卷,光绪二年(1876年)由湖南传忠书局刻印,其后几经传刻,卷数不一。2011年中国书店出版了传忠书局版《曾文正公全集》的简体校勘本。

李鸿章的幕僚吴汝纶编辑并在金陵刊刻了《李文忠公全书》,165卷,700万字,1921年商务印书馆据此影印一次。此书名为全书,实为文选。1985年,上海人民出版社出版了顾廷龙、叶亚廉主编的《李鸿章全集》。该书对《李文忠公全书》的全部文稿作了校订,增补了原来未收未录的大量内容,共39卷,2800万字。全集分为电稿、奏稿和函稿三部分,陆续出版。与曾、李齐名的左宗棠,清末有《左文襄公全集》刊行,其中奏稿、家书和函稿是研究左宗棠思想的主要资料。同时代的张之洞遗著也被辑为

《张文襄公全集》刊行。清末刊刻的曾、左、李、张全集，在台湾文海出版社的“近代中国史料丛刊”中均有影印本。

从洋务到维新：这一时期人物众多，洋务派晚期的重要人物有郭嵩焘、王韬、冯桂芬、郑观应、马建忠、薛福成等人，他们比较重要的著作基本上都有点校本出版（关于近代史料的各种丛书多有选录）。郭嵩焘的著作有1984年岳麓书社出版的《郭嵩焘诗文集》。冯桂芬的《校邠庐抗议》成书于1861年，刊行于1876年，戊戌变法时冯桂芬的孙子冯世澂重刻，晚清到民国有多种刻本，现有2002年上海书店版。1982年上海人民出版社出版了夏东元编的《郑观应集》上、下册。1959年中华书局出版了王韬的《弢园尺牍》和《弢园文录外编》。1960年中华书局出版了马建忠的《适可斋纪言纪行》。

康有为的主要著作出版较多，1956年北京古籍出版社出版了《新学伪经考》，1958年中华书局出版了《孔子改制考》；他的《大同书》曾于1919年印制单行本，1935年由中华书局出版，1985年江苏古籍出版社、1998年中州古籍出版社、2005年上海古籍出版社、2010年中国人民大学出版社均出版了不同版本的《大同书》；北京人民出版社和人民文学出版社分别于1952年和1958年出版了《康有为诗文选》。严复的著作可分为两类：一是他自己的著作，二是他的译著。他的《原强》《辟韩》《救亡决论》和《论世变之亟》收入1901年修纂的《侯官严氏丛刻》、1903年石印的《严侯官先生全集》、1922年上海中华书局出版的《严几道诗文钞》中；其译著收入《严译名著丛刊》，共8种，1930—1931年由商务印书馆出版，1982年商务印书馆重印了严译名著8种。严复诗文收录较全的有王栻主编的《严复集》，5册，分按语、诗文、书信、著译、日记、附录，1986年中华书局出版。谭嗣同的著作最主要的是《仁学》，1917年上海文明书局出版了《谭浏阳全集》，1954年三联书店出版了蔡尚思、方行主编的《谭嗣同全集》，1981年该书出版增订本。梁启超的著作多数被其弟子何天柱收入《饮冰室合集》中，光绪二十九年（1903）由上海广智书局印行，后多次增补再版,合集包括文集16册,专集24册,共40册,1936年由上海中华书局出版,1941年重印,1989年中华书局影印再版。1983年上海人民出版社出版了丁文江、赵丰田编著的《梁启超年谱长编》,学界对这一《年谱》评价颇高。

关于近代中国开眼看世界和西学东渐的原始资料,20世纪80年代以来比较有影响的出版物首推湖南人民出版社组织出版的由钟叔河主编的《走向世界丛书》(后来由岳麓书社续出)。这套丛书,可以为了解近代西学和中学的关系提供大量第一手背景资料,原计划出版60种,1980年至1983年湖南人民出版社实际出版27种共20册,其后岳麓书社出版38种共10册,其中包括:康有为《欧洲十一国游记(一)》,徐建寅《欧游杂录》,李圭《环游地球新录》(以上为1980年出版),张德彝《航海述奇》,张德彝《欧美环游记(再述奇)》,刘锡鸿《英轺私记》,黄遵宪《日本杂事诗广注》,黎庶昌《西洋杂志》,钱单士厘《癸卯旅行记/归潜记》,梁启超《新大陆游记(一)》,斌椿、谢清高《乘槎笔记/海录》,薛福成《出使四国日记》,曾纪泽《使西日记/使德日记》,志刚《初使泰西记》,容闳《西学东渐记》(以上为1981年出版),王韬《漫游随录/扶桑游记》,李鸿章《历聘欧美记》,戴鸿慈《出使九国日记》,张德彝《随使法国记(三述奇)》(以上为1982年出版),罗森等《早期日本游记五种》(1983年出版)。岳麓书社出版的10册为:林鍼、斌椿、志刚、张德彝《西海纪游草/乘槎笔记·诗二种/初使泰西记/航海述奇·欧美环游记》,容闳、祁兆熙、张德彝、林汝耀等《西学东渐记/游美洲日记/随使法国记/苏格兰游学指南》,罗森、何如璋等、王韬、黄遵宪《日本日记/甲午以前日本游记五种/扶桑游记/日本杂事诗(广注)》,郭嵩焘《伦敦与巴黎日记》,曾纪泽《出使英法俄国日记》,王韬、李圭、黎庶昌、徐建寅《漫游随录/环游地球新录/西洋杂志/欧游杂录》,薛福成《出使英法义比四国日记》,康有为、梁启超、钱单士厘《欧洲十一国游记二种/新大陆游记及其他/癸卯旅行记·归潜记》(以上为1985年出版),刘锡鸿、张德彝《英轺私记/随使英俄记》,蔡尔康等、戴鸿慈、载泽《李鸿章历聘欧美记/出使九国日记/考察政治日记》(1986年出版)。此后,丛书主编钟叔河于1989年在上海人民出版社出版了《从东方到西方——“走向世界丛书”叙论集》。这套丛书对于了解近代中西往来,西学东渐有着极大参考价值。

上海书店出版社2001年出版了由上海历史研究所标点的《近代文献丛刊》10种,包括徐继畬的《瀛寰志略》,蔡尔康翻译英国麦肯齐的《泰西新史揽要》,丁韪良翻译美国惠顿的《万国公法》,由苏舆主编的反对维新的守旧人士文集《翼教丛编》,德国传教士花之安的《自西徂东》,英国傅兰雅的《佐治刍言》,日本森有礼的《文学兴国策》,王韬的《弢园文录外编》,冯桂芬的《校邠庐抗议》,张之洞的《劝学篇》。除最后3种外,前面各种都未曾出版过点校本。这套书对于学者了解晚清的中学与西学关系,具有参考价值。

近代守旧派的思想,代表人物倭仁的《倭文端公遗书》,流传有清光绪元年(1875)六安求我斋刊本等4种版本。戊戌时期的守旧学者王先谦,有《虚受堂诗存》《虚受堂文集》和《葵园自订年谱》传世。反映守旧思想最集中的,有叶德辉挂名、苏舆编辑的《翼教丛编》,除上述上海书店版本外,台湾文海出版社有影印本。

辛亥革命时期:近代革命思想,最有代表性的是孙中山。1930年,胡汉民主编《总理全集》,由上海民智书局出版;30年代,商务印书馆出版过孙中山的《建国方略》《三民主义建国大纲》等单行本。1956年人民出版社出版了《孙中山选集》上、下卷;1981—1986年中华书局出版了《孙中山全集》1—11卷。1950—1952年台湾的国民党中央党史委员会陆续编辑出版了《总理全书》12册;1957年改版定名为《国父全集》;1965年和1973年两次增补。1988年,组织“国父全集编辑委员会”,秦孝仪任主编,1989年台北近代中国出版社出版《国父全集》16开本12册。

章太炎的《章氏丛书》共13种48卷,1914年由章氏手定,所收大部分都是学术专著,1915—1919年刊行;《章氏丛书续编》7种17卷,1933

年由章氏弟子吴承仕、钱玄同校刊于北平;章太炎逝世后,章氏国学讲习会又编印了《章氏丛书》三编,1 种 7 卷。坊间流行的还有静庵编辑、1914 年上海中华图书馆石印本《章太炎文钞》5 卷;钱须弥编辑、1915 年上海国学书社铅印本《太炎最近文录》1 册。1977 年中华书局出版汤志钧主编的《章太炎政论选集》;1979 年中华书局出版汤志钧主编的《章太炎年谱长编》上、下册。章太炎的代表作《訄书》,分别有 1958 年中华书局和上海古典文学出版社、1975 年上海人民出版社的不同版本。1982—1986 年,上海人民出版社组织人员编辑校勘《章太炎全集》,出版 1—6 册,2008 年又出版第 7、8 册。

宣传革命思想的著作比较常见的还有:1958 年和 1971 年中华书局先后出版过邹容的《革命军》。1958 年湖南人民出版社出版《陈天华集》,收录《猛回头》《警世钟》《狮子吼》等 8 种陈著。此外,中华书局还于 1981 年出版《黄兴集》,1963 年出版、1983 年增订再版《廖仲恺集》,1981 年出版《宋教仁集》,1979 年出版《朱执信集》,1986 年出版《陶成章集》,1960 年出版《秋瑾集》,1959 年出版《蔡元培选集》,1984 年出版《蔡元培全集》。

新文化运动与北洋时期:新文化运动的代表人物胡适著作相当多,主要有《中国哲学史大纲》《尝试集》《胡适文存》《胡适文存二集》《胡适文存三集》《胡适自传》《白话文学史》《胡适文选》《胡适论学近著》(即《胡适文存四集》)《四十自述》《藏晖室札记》《胡适日记》等,这些著作大部分都有多种版本,如《胡适文存》4 种,先后有 1924、1930 年上海亚东图书馆、1935 年商务印书馆版本。1986 年岳麓书社曾以"旧籍新刊"名义影印《白话文学史》,1988 年上海古籍出版社出版了《胡适古典文学论集》和《胡适〈红楼梦〉研究论述全编》,1997—1998 年中华书局按照学科类别分册出版了《胡适学术文集》(分中国哲学史、哲学与文化、教育、新文学运动、中国佛学史、语言文字研究等分册),1998 年人民文学出版社出版了《胡适文集》(全 7 册),1998 年北京大学出版社出版了《胡适文集》(12

册)，黄山书社出版了简体横排《胡适文存》4 种。2003 年安徽教育出版社出版了《胡适全集》(全 44 卷)。新文化运动的另一代表陈独秀，主要著作收入《独秀文存》，1984 年和 1993 年，上海人民出版社出版了任建树编辑的《陈独秀著作选》3 册本，2009 年又出版了《陈独秀著作选编》6 册本。李大钊的作品，1959 年人民出版社出版了《李大钊选集》，1981 年人民文学出版社出版了增订的《李大钊诗文选集》，1984 年人民出版社出版了 110 万字的《李大钊文集》上、下册；1999 年人民出版社又出版了新编 5 卷本《李大钊文集》。鲁迅的作品在国内发行非常广泛，主要有人民文学出版社出版的《鲁迅全集》和小说、散文、杂文各种单行文集。《学衡》派的资料，1998 年三联书店出版有《吴宓日记》10 册；柳诒徵的《中国文化史》在国内有多个版本，1991 年上海古籍出版社出版《柳诒徵史学论文集》和《柳诒徵史学论文续集》；值得关注的还有 2001 年辽宁教育出版社出版的《梅光迪文录》，其中收录了当年梅光迪在《学衡》与新文化论战的主要文章，如《评提倡新文化者》《评今人提倡学术之方法》《论今日吾国学术界之需要》以及同胡适的往来书信等。科学与玄学论战的资料，基本都收录于 1923 年上海亚东图书馆出版的《科学与人生观》一书中，2008 年黄山书社、2009 年中国致公出版社分别重新出版该书。

关于近代思想史的原始资料，还有一个重要来源是报刊。最早向中国传播西学的是传教士在东南亚创办的中文期刊，包括《察世俗每月统记传》《特选撮要每月纪传》《天下新闻》《东西洋考每月统记传》等。维新运动期间，国内报刊迅速兴起，影响较大的有《时务报》，1896 年 8 月 9 日在上海创刊，汪康年任总经理，梁启超主笔，以变法图存为宗旨，分设论说、谕折、京外近事、域外报译等栏目，为中国人办的首份杂志，至 1898 年 8 月 8 日停刊，共出刊 69 期。地方报刊的代表有《湘报》，由谭嗣同、唐才常等 1898 年 3 月 7 日创办于湖南长沙，设论说、奏疏、电旨、公牍、本省新政、各省新政、各国时事、杂事、商务等栏目，倡导变法维新，1898 年 10 月 15 日停刊，共刊出 177 号。戊戌政变后，1898 年 12 月 23 日保皇会在日本横滨创办《清议报》,梁启超主编,设论说、名家著述、文苑、外论汇译、纪事、群报撷华等栏目,以“主持清议,开发民智”为宗旨,至1901年12月21日停刊,共出刊100期。从1902年2月8日起,梁启超在日本横滨创办《新民丛报》,1907年8月停刊,前后历时6年,共出96期。在国内,1896年6月26日胡璋在上海创办《苏报》,1903年章士钊任主笔,增设“学界风潮”和“舆论商榷”栏目,鼓动革命,引发著名的“《苏报》案”,1903年7月7日被查封。章太炎1897年10月26日创办《译书会公报》,主张“开民智、广见闻”,“以广译东西方重要书籍报章为之,辅以同人论说”,半年后经费困难,1898年5月24日停刊。在国外,1905年11月26日同盟会在东京创办了《民报》(前身为宋教仁创办的《二十世纪支那》),至1910年2月停刊。清廷预备立宪后,蒋智由1907年10月在上海创办《政论》月刊,设有演讲、论著、批评等栏目,共出7期,是梁启超主持的政闻社的机关报,1908年8月被清廷查禁。《政论》停刊后,梁启超1910年2月20日又在上海创办《国风报》,旬刊,是当年立宪派的主要舆论阵地,1911年6月停刊,共出52期。民国建立后,1912年12月1日梁启超在天津创办《庸言》,1914年6月停刊,共出30期,取《易·文言》“庸言之信,庸行之谨”命名,“浚牖民智,熏陶民德,发扬民力,务使养成共和法治国家之资格”,以贯彻其“新民说”。

另外,近代中国还有一份特殊的商业报纸,就是1872年英国商人美查(Ernest Major)创办的《申报》(最初全称《申江新报》),至1949年5月停刊,出版时间长达78年2.56万期,全面记载了整个近代时期的中国舆情,具有重要的资料价值。还有一份十分特殊的杂志,就是1904年由商务印书馆创办的《东方杂志》,至1948年12月停刊,历时46年,共发行44卷819期,该杂志以“启导国民,联络东亚”为宗旨,在近代以来的中国思想变迁中发挥过重要作用。

新文化运动时期,报刊更是主要的思想史资料来源,影响最大的《新青年》从1915年创刊到1922年7月出至9卷6期后休刊,一直是新文化运动的旗帜（后来复刊作为中国共产党机关刊物，出版至1926年7月停刊）。20世纪50年代，人民出版社出版了《新青年》影印本；2011年，中国书店出版社出版了《新青年》简体横排本。《学衡》杂志从1922年1月创刊到1933年7月停刊，共出版79期。1999年凤凰出版集团（原江苏古籍出版社）出版了16册的《学衡》影印本。

近代的报刊，是当时最主要的思想论战阵地。从20世纪90年代起，中华书局组织编辑《中国近代期刊汇刊》，先后影印出版了《强学报·时务报》（全5册），《清议报》（全6册），《新民丛报》（全14册），《苏报》《民报》（全6册），《国风报》（全10册），《湘报》（上、下册），《译书会公报》（上、下册），《庸言》（全8册），《昌言报》《集成报》《实学报》等。上海书店出版社有全套《申报》和《东方杂志》的影印本。

## 第二节　汇编资料及其出版状况

### （一）近代档案资料的编纂出版

档案资料在历史研究中具有重要作用。近代史档案资料的出版，以中国第一历史档案馆（原故宫博物院档案部）和第二历史档案馆最具实力与影响。第一历史档案馆收藏明清两朝的档案，卷帙浩繁，该馆编辑出版的档案史料较多，其中有关近代部分影响较大的有：《鸦片战争档案史料》7册，天津古籍出版社1992年出版；《清政府镇压太平天国档案史料》26册，社会科学文献出版社2002年出版；《戊戌变法档案史料》1册，中华书局1958年出版；《清末筹备立宪档案史料》上、下册，中华书局1979年出版。这些专题资料选自上谕档、剿捕档、录副奏折以及照会函札，可资补充、匡正有关研究需要。除专题资料外，近年随着印刷技术的发展，编辑出版和影印出版大部头档案资料已成趋势。如1995年第一历史档案馆编辑、中华书局出版的《光绪朝朱批奏折》，共120册；1996年广西师范大学出版社出版的《光绪宣统两朝上谕档》等，便于研究者查阅。

中国第二历史档案馆主要收藏国民党统治时期的档案。该馆主编的《中华民国史档案资料汇编》,包括第1辑《辛亥革命》,1979年江苏人民出版社出版,1991年江苏古籍出版社再版;第2辑《南京临时政府》,江苏人民出版社1981年出版;其后开始分类分册编辑,第3辑《北洋政府》,分为财政、军事、工矿业、教育、民众运动、文化、金融、农商、外交、政治分册,江苏古籍出版社1991年出版;第4辑《从广州军政府至武汉国民政府》,江苏古籍出版社1989年出版,1991年再版;第5辑《南京国民政府》,分为三编,按政治、财政、经济、军事、教育、文化、外交等分册,江苏古籍出版社(后更名为凤凰出版社)1999—2000年出版;全书出齐后整合为精装41册。第二历史档案馆编纂的与近代思想史有关的其他资料还有:《五四爱国运动档案资料》,中国社会科学出版社1980年出版;《中国无政府主义和中国社会党》,江苏人民出版社1981年出版;《中国民主社会党》,档案出版社1988年出版;《中国青年党》,档案出版社1988年出版;《晏阳初全集》,湖南教育出版社1989年版;《中国国民党第一、二次全国代表大会会议史料》上、下册,江苏人民出版社1986年版。

**(二)近代历史资料的汇编出版**

近代历史资料的范围比档案资料大得多,这方面最有代表性的是由中国史学会主编的《中国近代史资料丛刊》,其中包括《鸦片战争》《太平天国》《第二次鸦片战争》《回民起义》《捻军》《洋务运动》《中法战争》《中日战争》《戊戌变法》《义和团》《辛亥革命》专题资料11部,共68册,2758万字。从50年代起,先后由神州国光社、新知识出版社、上海人民出版社出版。由于这套丛刊尚有《北洋军阀》《抗日战争》等专题未出版,已出版的专题需要补充续编,从20世纪90年代起,这套大型资料丛刊的续编交由中华书局出版。从内容的全面性、完整性,收集资料的准确性等方面来看,这套丛刊是最重要的近代史资料,在国内外都有很大影响。近代思想史的重要资料,基本上都摘录其中。

台湾文海出版社出版的、由沈云龙主编的《近代中国史料丛刊》,也具有重要史料价值,该丛刊共三编,以“辑”为单位出版,一编共100辑。一辑包含10种。由于著作篇幅不同,所以在编号上有不同著作的合并分拆。该丛刊的100辑(不含续编和三编)共1181册,收录著作870种,包括个人文集217种、日记23种、奏疏59种、年谱89种、函牍手札电文53种、传记(含碑传)30种、史料汇编11种,均为影印,从1966年至1973年出版。这套丛刊的优点为影印,可以保持原样,缺点是没有经过校勘标点,使用不方便。海峡两岸的两套丛刊,能够互相补充。

**(三)近代思想史资料的汇编出版**

近代思想史资料搜集选编比较全面的,有石峻主编的《中国近代思想史参考资料简编》,三联书店1957年出版,全书87.5万字,收录的人物包括龚自珍、林则徐、魏源、洪秀全、杨秀清、肖朝贵、洪仁玕、冯桂芬、容闳、王韬、薛福成、马建忠、何启、胡礼垣、陈虬、陈炽、郑观应、康有为、梁启超、严复、谭嗣同、章炳麟、邹容、陈天华、吴樾、徐锡麟、秋瑾、孙中山、朱执信、蔡元培、钱玄同、吴虞、胡适、陈独秀、鲁迅、李大钊(部分《民报》文章未标作者),所收文章偏重于思想论战,没有收录学术论文。中华书局1963年出版的《中国哲学史资料选辑》(近代部分),1982年出版的《中国哲学史教学资料选辑》(第四编为近代部分),1986年出版的《中国近代政治思想论著选辑》上、下册,都可以作为学习近代思想史的基本资料。

按照专题或时代分类编辑的近代思想史资料,有中华书局1963年出版的《鸦片战争时期思想史资料选辑》,收录了林则徐等20人50篇文章。三联书店于1960年和1977年两次出版了张枬、王忍之选编的《辛亥革命前十年间时论选集》3卷5册本,摘录了1901—1911年间出版的期刊文章,兼收当时出版的影响较大的书籍章节。

## 第三节　资料运用与研究状况

早期对中国近代史研究的代表作,有蒋廷黻著《中国近代史大纲》。

这本书虽然不是专论近代思想史之作，却对研究近代思想史有参考价值。该书为蒋廷黻乘辞去驻苏大使的空闲，于1938年用了两个多月时间完成的，书中对中国固有的外交观念进行了批评和反思，对鸦片战争后中国没有及时进行变革发出了“民族丧失二十年的光阴”之感叹，对洋务派评价较高，推崇近代的务实人物，反感士大夫的清议。全书渗透了抗日战争时局对学术观点的影响，体现了蒋廷黻主张“开明专制”的政治思想，确立了近代史就是中西冲突与中国近代化过程的历史这一主线。东方出版社1996年、江苏教育出版社2006年分别重新出版了该书。

研究近代政治史的代表作，有李剑农的《最近三十年中国政治史(1898—1928年)》，1931年由太平洋书店出版，1942年作者在原著基础上增补扩展，改为《中国近百年政治史(1840—1926年)》出版。复旦大学出版社2002年、武汉大学出版社2006年、湖南教育出版社2008年分别重新出版了该书。

关于近代思想史的全面研究，有侯外庐的《近代中国思想学说史》，该书完成于抗日战争后期，1947年由生活书店出版。其内容第一编为明末清初的启蒙思想，第二编为清代汉学专门研究，第三编为19世纪的思想巨变。这部书在学术上有很大贡献，被《剑桥中国史》的作者誉为对中国近代思想史“最好的马克思主义分析”。1960年，作者把该书1840年以前的内容修订后题名为《中国早期启蒙思想史》，列为《中国思想通史》的第五卷。

1955年，石峻、任继愈、朱伯昆的《中国近代思想史讲授提纲》由人民出版社出版，这本书尝试建立中国近代思想史的基本框架。此后，赵靖、易梦虹主编的《中国近代经济思想史》上、中、下三册，在近代经济思想研究上具有开创性，由中华书局在1964—1966年出版。李泽厚的论文集《中国近代思想史论》，有较为广泛的社会反响，由人民出版社1979年出版。

20世纪80年代以来，关于近代思想史的专门研究不断深化，学术交流也广泛展开。对中国近代思想史的专门研究,海外汉学的研究成果在学术上值得参考,其中有影响的专著很多,已经有汉译本的有:列文森的《儒教中国及其现代命运》,中国社会科学出版社2000年出版;余英时的《中国思想传统及其现代变迁》,广西师范大学出版社2004年出版;墨子刻的《摆脱困境——新儒学与中国政治文化的演进》,江苏人民出版社1996年出版;艾尔曼的《从理学到朴学——中华帝国晚期思想与社会变化面面观》,江苏人民出版社1995年出版;史景迁的《"天国之子"和他的世俗王朝:洪秀全与太平天国》,上海远东出版社2001年出版;芮玛丽的《同治中兴:中国保守主义者的最后抵抗(1862—1874)》,中国社会科学出版社2002年出版;柯文的《在传统与现代性之间——王韬与晚清改革》[①],江苏人民出版社1998年出版;张灏的《梁启超与中国思想的过渡(1890—1907)》,江苏人民出版社1995年出版;萧公权的《近代中国与新世界:康有为变法与大同思想研究》,江苏人民出版社1997年出版;史华兹的《寻求富强:严复与西方》,江苏人民出版社1996年出版;格里德的《胡适与中国的文艺复兴——中国革命中的自由主义(1917—1950》,江苏人民出版社1989年出版;余英时的《重寻胡适历程:胡适生平与思想再认识》,广西师范大学出版社2004年出版;周策纵的《五四运动史》,岳麓书社1999年出版;林毓生的《中国意识的危机——"五四"时期激烈的反传统主义》,贵州人民出版社1986年出版;纪文勋的《现代中国的思想冲突——民主主义与权威主义》,山西人民出版社1989年出版;郭颖颐的《中国现代思想中的唯科学主义(1900—1950)》,江苏人民出版社1998年出版;迈斯纳的《李大钊与中国马克思主义的起源》,中共党史资料出版社2010年出版。这些著作在资料应用、学术观点、研究方法和思路等

① 需要说明的是,这本书的封面和扉页上的书名副题均为《王韬与晚清革命》,而版权页上的书名为《王韬与晚清改革》。英文书名为 Between Tradition and Modernity: Wang T'ao and reform in late Ch'ing China. 封面和扉页的"革命",明显是校勘不精造成的错误。20世纪80年代以后,翻译出版的西方著作日增,但编校质量似乎存在或多或少的问题,需要读者在阅读时鉴别。

方面,可以给国内研究者不同的借鉴。

除直接研究近代思想史的专著外,海外汉学中的其他中国近代史著作可以从思想背景、经济基础、社会结构、学科交叉研究,乃至微观的事件分析、宏观的研究范式、中外比较等方面,为中国近代思想史研究提供参考。这方面的汉译专著有:孔飞力的《中华帝国晚期的叛乱及其敌人》,中国社会科学出版社 1990 年出版;康念德的《李鸿章与中国军事工业近代化》,四川大学出版社 1992 年出版;周锡瑞的《义和团运动的起源》,江苏人民出版社 1998 年出版;任达的《新政革命与日本——中国,1898—1912》,江苏人民出版社 1998 年出版;陈锦江的《清末现代企业与官商关系》,中国社会科学出版社 2010 年出版;费维恺的《中国早期工业化:盛宣怀(1844—1916)和官督商办企业》,中国社会科学出版社 1990 年出版;黄宗智的《法典、习俗与司法实践:清代与民国的比较》,上海书店出版社 2003 年出版;史景迁的《追寻现代中国:1600—1912 年的中国历史》,上海远东出版社 2004 年出版;石约翰的《中国革命的历史透视》,东方出版中心 1998 年出版;黄宗智的《中国研究的范式问题讨论》,社会科学文献出版社 2003 年出版;余英时的《现代危机与思想人物》,三联书店 2005 年出版。

国内近代思想史的研究,20 世纪 80 年代到 90 年代从主要关注政治思想史扩展到关注社会思潮史,90 年代后扩展到文化史和学术思想史,近代思想史不断拓宽研究的广度,渐次深化研究的层次,兼及方法论的变革,进入 21 世纪后,在近代思想家研究、思潮史研究和学术史研究方面,在采用社会史研究范式方面,都有了较大的进展。以三联书店出版的"三联·哈佛燕京学术丛书"为例,其中同中国近代思想史有关的专著有:冯崇义的《罗素与中国:西方思想在中国的一次经历》,1994 年出版;桑兵的《清末新知识界的社团与活动》,1995 年出版;杨念群的《儒学地域化的近代形态:三大知识群体互动的比较研究》,1997 年出版。虽然不是直接研究近代思想史,但能够深化和拓展思想史研究的专著有:茅海建的《天朝的崩溃:鸦片战争再研究》,1995 年出版;王振忠的《明清徽商与淮扬社会变迁》,1996 年出版;周晓虹的《传统与变迁:江浙农民的社会心理及其近代以来的嬗变》,1998 年出版;何怀宏的《选举社会及其终结:秦汉至晚清历史的一种社会学阐释》,1998 年出版;张新颖的《20 世纪上半期中国文学的现代意识》,2001 年出版;论文集《儒家与自由主义》(收录杜维明、德累本、白鲁恂、狄百瑞、姚治华、孟旦、安延明、罗思文、David B. Wong、德里达、埃德加·莫寒、顾昕、吴根友的文章),2001 年出版;蒋庆的《政治儒学:当代儒学的转向、特质与发展》,2003 年出版。从中西对话角度能够为近代思想史研究提供启迪的还有:钱满素的《爱默生和中国——对个人主义的反思》,1996 年出版;张祥龙的《海德格尔与中国天道:终极视域的开启与交融》,1996 年出版。这些专著,从一个侧面反映了近 20 年中国近代思想史的研究状况。

# 后　记

2011 年,当文化传承与创新成为大学的共识时,这给我们在大学从事中华文化研究的教师以很大的鼓励和促进;我们是在这种情况下完成《中国思想史》两卷本修订工作的。

我们所在的大学是一所综合性大学,新中国建立后在这所大学担任首届校长职务的,是著名史学家和中国思想史研究家侯外庐(1903—1987年)先生。他在这所大学建立了中国思想文化研究所,将研究所的任务规定为三项:①从事中国思想文化、特别是中国思想史研究,既要传承,又要创新;②培养中国思想史方面的专业人才,招收硕士生与博士生;③在社会上进行与专业有联系的学术交流与学术传播。较长时间以来,我们就是这样做的,越做越觉得文化传承与创新是一件十分重大的工作,不是可有可无的。

我们之所以要用近两年时间来做《中国思想史》一书的修订工作,是想在中国思想史这个学科范围内为中华文化的传承与创新做一些力所能及的工作。

完成一部较大份量的书稿,实际上并不仅仅是几个署名的作者,西北大学出版社马来社长派出一名有经验的打字员专门打印稿件,使得全稿减少了许多编排上的错误。编辑们对此书倾注了大量精力,这里我要向他们表示感谢。

张岂之

2012年6月于西安市

西北大学中国思想文化研究所

**图书在版编目(CIP)数据**

中国思想史:全2册/张岂之主编.—修订本.—西安:西北大学出版社,2012.7

ISBN 978-7-5604-3077-5

Ⅰ.①中… Ⅱ.①张… Ⅲ.①思想史—中国 Ⅳ.①B2

中国版本图书馆CIP数据核字(2012)第155321号

**中国思想史**(全2册)

| | |
|---|---|
| **作　　者** | 张岂之　主编 |
| **出版发行** | 西北大学出版社 |
| | (西安市太白北路229号　邮编:710069) |
| **经　　销** | 新华书店经销 |
| **印　　刷** | 陕西向阳印务有限公司 |
| **开　　本** | 787mm×1092mm　16开 |
| **印　　张** | 66.25 |
| **字　　数** | 953千字 |
| **版　　次** | 2012年7月第1版　2012年7月第1次印刷 |
| **书　　号** | ISBN 978-7-5604-3077-5 |
| **定　　价** | 158.00元 |